P. Schweizer, Walther Glättli

Quellen zur Schweizer Geschichte

Das habsburgische Urbar

P. Schweizer, Walther Glättli

Quellen zur Schweizer Geschichte
Das habsburgische Urbar

ISBN/EAN: 9783741171826

Hergestellt in Europa, USA, Kanada, Australien, Japan

Cover: Foto ©ninafisch / pixelio.de

Manufactured and distributed by brebook publishing software (www.brebook.com)

P. Schweizer, Walther Glättli

Quellen zur Schweizer Geschichte

QUELLEN

ZUR

SCHWEIZER GESCHICHTE

HERAUSGEGEBEN

VON DER

ALLGEMEINEN GESCHICHTFORSCHENDEN GESELLSCHAFT

DER SCHWEIZ.

FÜNFZEHNTER BAND.

2. Teil.

BASEL 1904
Verlag der Basler Buch- und Antiquariatshandlung
(vormals Adolf Geering).

Das

Habsburgische Urbar.

Band II. 2.

Register, Glossar, Wertangaben, Beschreibung, Geschichte und Bedeutung des Urbars.

Von

P. Schweizer und **W. Glättli**

in Zürich.

Mit 2 Karten und 3 Facsimiletafeln.

BASEL 1904
Verlag der Basler Buch- und Antiquariatshandlung
(vormals Adolf Geering).

REGISTER

der

Orts- und Personen-Namen.

———

Erklärung der Abkürzungen.

A. = Amt.
Bez.-A. = Bezirksamt.
Df. = Dorf.
Gh. = Grossherzogtum.
Kgr. = Königreich.
n. v., s. v., ö. v., w. v. = nördlich von, südlich von, östlich von, westlich von
n. w. v. etc. = nordwestlich von, etc.
O.-A. = Oberamt.
Pfd. = Pfarrdorf.
t. u. b., d. u. v. = twing und bann, düb und vrefel.

A

Ā. (alter Name der Limmat bei Zürich).
— möli uf der, II 764.
A, s. Ah.
A., zu der, s. Bürgi.
Aach, s. Ach.
Aarau, s. Arau.
Aarburg, s. Arburg.
Aare, s. Are.
Aargau, s. Argau.
Abbertus (verschrieben für Albertus, Bauer zu Embrach, Kt. Zürich).
— scopoza Abberti, II 78.
Abdorf (Name hatsburg. Eigenleute zu Staffelbach, Kt. Argau).
— liberi Chunradi dicti — II 282. s. auch Dorf, ab.
Abbévillers (Ort, w. v. Pruntrut, in Frankreich).
— Albrechtswilr, II 268.
Ablach (Df. im O.-A. Sigmaringen, Kgr. Preussen).
— gütli zu — II 460, (461).
— (Nebenfluss der Donau).
— vrie lüte erfunnt der — I 426.
— vischents uf der — I 444/445.
Abtwil (Pfd. im Kt. Argau, s.-w. v. Sins).
— t. u. b., d. u. v. zu Apwile, I 145.
— vogty zu Abwil, II 534.
Ach (Df., u. Stadt, w. v. Stockach, Gh. Baden).
— Ach, Aha, I 452, 453, II 734.
— — burger von, I 453.
— — officium in, I 453—457.
— — stat zu, I 458.
— — t. u. b., d. u. v., I 453.
— — vogt, vogtei über, I 453.
Achdorf (Df. im Gh. Baden).
— Hartman von Achttorf, II 770.
Acker, langer (Flurname).
— reben an dem Langen — (bei Dächliswil, Kt. Zürich, II 508.
— uf dem Langen Aker (zu Hansen, Kt. Argau,) II 530.

Ackermann (Geschlecht zu Embrach, Kt. Zürich).
— Hans — von Emrach, II 524.
Ackern (Hof auf dem Lindberge, bei Wintertur, Kt. Zürich).
— acker zu Akern, II 478.
— curtis Achern, Akkern, II 72, 93, 130, 145, 147, 148.
— hof, der haizt Achern, II 382.
— hof ze — I 319.
Adelsperg, s. Attlisberg.
Adelgenwiler, s. Adligenswil.
Adelheidis, s. Kiburger.
Adelheil, s. Lupfermen.
Adelisperg, s. Attlisberg.
Adelmatswil (Df., w. v. Menzingen, Kt. Zug).
— Adelmütswile, II 171.
Adeloth (Bauer zu Blochingen, Kgr. Würtemberg).
— villicus, II 156.
— Adloldus villicus, II 255.
Adelswile, s. Adiswil.
Adelwil (Df., s.-ö. v. Sempach, Kt. Luzern).
— Adelwile, dinghof, I 181.
— — lüte des dorfes, I 181.
— — t. u. b., d. u. v., I 180.
— — stüre, I 191.
— — vrye lüte, I 181.
Adernhofen (Df., n.-ö. v. Riedlingen, Kgr. Würtemberg).
— (früher) Obern — Meringen d. u. v., I 393.
— — — zehende, I 393. (decima), II 248.
Adetswil (Df., ö. v. Pfäffikersee, Kt. Zürich).
— Adoltzwile, II 314.
Adiswil (Hof, n.-ö. v. Münster, Kt. Luzern).
— Adelswile, Adelwile, I 175, II 178, 199.
— t. u. b., d. u. v., I 229.
— vogtie, II 105.

Adletshausen (Df., s.-ö. v. Grüningen, Kt. Zürich).
— Adlashusen, dorf ze — I 270.
— — Mya de — II 287.
Adligenswil (Pfd., n.-ö. v. Luzern).
— Adelgeswile, Adelgeswiler, Adlegeswile, I 204, 209, II 570.
— kilche, I 209.
— meigerampt, I 209.
— stür, 204.
— t. a. b., d. n. v., I 204.
— vogty, II 570.
— zehende, I 209.
Adlikon (Df., n. v. Regensdorf, Kt. Zürich).
— Adlinkon, II 309.
— ussidelinge, I 247.
Adlikon (Df., s. v. Andelfingen, Kt. Zürich).
— Adlinkon, Hadlincon, II 331, 404.
— (des) Kriegs güt ze — II 494.
— (die) widem ze — II 494.
— zehend ze — II 476.
— dominus Rudolfus de, II 331.
— Rudolf von — II 494.
Adlingen (Df., ö. v. Rotenburg, Kt. Luzern).
— güt ze — II 580.
Adlinger, s. Hadlinger.
Adlinkon, s. auch Hadlikon.
Adloldus, s. Adelolb.
Adolf (von Nassau, deutscher König von 1292—98).
— Adolfus, dominus rex, II 573.
Adoltswiler (Geschlecht von Adliswil, Kt. Zürich).
— Burckart, II 493.
Aeffligen (Df., n.-w. v. Kirchberg, Kt. Bern).
— Effingen, II 18.
Ägeri (Pfd. am Ägerisee, Kt. Zug).
— Agren, Aegre, Agrei, Agire, Agre, Egree, Egri, I 152, II 116, 168, 170, 173, 178, 550, 605.
— — die von, II 605.
— — güt ze, II 116.
— — hof ze, II 605.
— — hof (Einsiedler), I 152.
— — piscatores in, II 168.
— — stür, I 152.
— — t. u. b., d. n. v., I 152.
— — vallis, II 194, (wo Hasle wohl verschrieben ist).
— — villa in, II 193.
Ärlisbach, s. Erlisbach.
Aesch (Df., ö. v. Wettingen, Kt. Argau).

— Esche, I 115, II 36.
Aesch (Weiler bei Strengelbach, Kt. Argau).
— Esche, II 552.
Aesch (Pfd. am Hallwilersee, Kt. Luzern).
— Esche, Esche, I 220, II 100, 101, 213, 214, 274, 330, 338, 570, 634.
— — curia in — II 338.
— — ecclesia — II 338.
— — güter ze — II 634.
— — piscina in — II 214.
— — t. u. b., d. n. v. — I 220.
— — t. u. b. — II 330.
— — zehend (decima) — II 338, 570.
— — Beli de — II 274.
Aesch (Df., n.-w. v. Bonstetten (Kt. Zürich).
— Esche, I 147).
— — d. n. v., I 147.
Aesch (Df., s. w. v. Maur, Kt. Zürich).
— Esche, II 205.
Aesch (Df., n. v. Neftenbach, Kt. Zürich).
— Esche, II 358.
— — dominus de — II 358.
Aesch (Df., s. w. v. Hettlingen, Kt. Zürich).
— Esche, Eschaw, II 494, 498, 512.
— — gut ze — II 512.
— — gütli ze — II 512.
— — wingart in — 494.
— — zehend ze — 496.
Aesch (Ort bei Waldshut, Gh. Baden?)
— Äsche, II 546.
— Äsch (?), Hans Viner genant von — II 523.
— — Johans Viners genant von — II, 546.
Aeschi (Pfd. w. v. Herzogenbuchsee, aber im Kt. Solothurn).
— Esche, II 8.
Aeschli (Df., s.-w. v. Rüderswil, Kt. Bern).
— Eschile, II 25.
Aeschwile (wohl verschrieben für Neswile, s. Neswile), II 89.
Aettenswil (auch Aettenswil, Df., s.-ö. v. Sins, Kt. Argau).
— Egliswile, I 145.
Aeugst (Pfd., s.-ö. v. Affoltern am Albis, Kt. Zürich).
— Osten, I 148.
— — d. n. v. ze — I 148.
Affoltern (Pfd., ö. v. Burgdorf, Kt. Bern).
— Affoltren, II 347.
— — gener quondam de — II 347.
Affoltern (am Albis, Pfd. im Kt. Zürich).
— Affoltron, I 148.

— — t. u. b., d. u. v. ze — I 148; s. auch Freiamt.
Affoltern (Ober- u. Unter. — Pfd. bei Höngg, Kt. Zürich).
— Affaltren, Affoltren, Affoltron, Appholtern, I 247, II 305, 482, 484, 504, 543, 760, 765.
— — güt ze — II 484, 504 760.
— — hoff ze — II 482.
— — hus und hofstatt, II 544.
— — stura der nsidelinge ze beiden — I 247/248.
— — sechend ze — II 543.
Affoltern (unbestimmbar, ob Gross-Affoltern bei Arberg, Kt. Bern, oder Affoltern am Albis).
— Affoltren, der von — II 120.
Affoltern, s. auch Gross-Affoltern, Moos-Affoltern, Ober-Affoltern, Unter-Affoltern.
Agnes (Name einer Bäuerin z. Bolstern, Kgr. Württemberg.)
— Cnurat Agnesen sun (Conradus filius Agnetis in Polster), I 381, II 253; s. auch Konrad.
Agnes (wohl Name einer Bäuerin auf dem Bötzberg im Aargau).
— Heinricus filius Agnese, II 51.
Agnes (Königin von Ungarn), s. Habsburger.
— St., s. Schaffhausen.
Agra (jetzt Daigra genannt, Df., n. v. Olivone, Kt. Tessin); s. auch Daigra.
— Agren I 525.
Agstein (wohl Name eines habsburgischen Söldners?); II 727.
Ah (Nebenfluss der Are vom Baldeggersee und Hallwilersee her).
— A., die, I 222.
Aha, s. Aeb.
Ahusen (Df., n.-ö. v. Mersburg, Gh. Baden).
— Ahusen, II 470.
— Werner von Ahusen, I 465; s. auch Anhausen 2.
(Ahusen, s. Ahansen und Anhausen).
Aicha, s. Eichen.
Aichen (Pfd., n.-ö. v. Waldshut, Gh. Baden).
— Eige, I 73.
Aichen, s. Einkein.
Aitlinger, der (Lehensinhaber an Rheinau, Kt. Zürich), II 779.
Aker, s. Acker.
Akkern, s. Ackern.
Alaphen, s. Ober- und Nieder-Alpfen.

Alaphon, s. Alpfen.
Alasbach, s. Allensbach.
Alasbart (abgegangener Hof bei Weiningen im Kt. Turgau).
— Alasbart, Alesbart, II 498, 513.
Alaswile, s. Alliswil.
Alb (Nebenfluss des Rheins).
— I malt an der —, nempt man die Owe, II 544.
s. auch Albbruck.
Albans (unbestimmbarer Rittergeschlechtsname aus Elsass-Lothringen oder Burgund).
— Renandus de —, miles, II 451.
Albbruck (an der Einmündung der aus dem Schwarzwald kommenden Alb in den Rhein, Gh. Baden).
— Alb, twing ze — II 534.
— — vogtatōr — II 534.
Albenswile, s. Allmanswiler.
Alber (wohl Name eines Bauern zu Altheim, Kgr. Württemberg), II 236.
— Kraft — II 465.
Alber-Eschen (Flurname zu Günsberg Kgr. Baiern), II 473.
Alberswil (Df., w. v. Ettiswil, Kt. Luzern).
— Alberswile, I 182.
— — t. u. b., d. u. v., I 182
Albertus, Alberthos, s. Albrecht.
Albis (Bergzug, s. v. Zürich).
— Albis, Alben, Johannes de — II 91, 363, 397.
— — uxor sua — II 363, 364.
Albisrieden (Pfd., w. v. Zürich).
— Ryeden, d. n. v., I. 119.
Albnach, s. Alpnach.
Albolz (unbestimmbar, aber bei Ertingen, Kgr. Württemberg).
Curia — II 159.
Albrecht (König), s. Habsburger.
Albrecht (Name verschiedener Leute).
— Albrecht, Albreht, Albertus, Abhertus, I 261, 262, 326, 374, 390, 408, II 62, 72, 78, 86, 240, 262, 384.
— der Canceller, s. Canceller.
— — güt — I 390, II 249.
— — hūbe, I 326, II 384.
— — mansus, II 72, 86.
— — pratum dictum — II 262.
— — scoposa, scopoza, II 62, 78.
— — schüpos, I 261, 262.
— — ymm Entreche, I 408; s. auch Entreche.
Albrechtstal (das Tal v. Weiler [Villée] n.-w. v. Schlettstadt im Ober-Elsass)

— Alberechtztal, Albrechttal, Oberchtztal, Obhrechttal, I 18—20, 23, 52, 56, II 439, 446, 449.
— Amt, I 18—23, 52, 56.
— sture, I 52.
Albrechtswilr, s. Abbévillers.
Alchirtorf (Alchenstorf, Df., n.-w. v. Ristwil, Kt. Bern).
— Alchirstorf, II 6.
Aleshart, s. Alashart.
Algehof (Hof im bad. Bez.-A. Messkirch).
— Elkoven, II 334.
Alikon (Df., w. v. Meienberg, Kt. Argau).
— Alikon, Alinchon, Alinken, Alinkon, Alikon, I 146, II 52, 118, 215, 216, 608.
— curia in — II 210.
— eigen des gotzhus von Mure, I 146.
— stûr, I 146.
— t. n. b., d. n. v., I 146.
Aliswende, s. Engelschwand.
Allensbach (Df. im bad. Amt Konstanz).
— Alasbach, Fridericus de — II 248.
Allenwinden (Weiler ö. v. Gossau, Kt. Zürich).
— curia — II 30.
Allerheiligen, s. Schaffhausen.
Alliswil (Df., bei Seugen, Kt. Argau).
— Alaswiler, d. n. v. ze — I 172.
Allmansweiler (Df., ö. v. Saulgau, Kgr. Würtemberg).
— — Albenswile, Albenswille, I 384, II 219, 252, 255.
— — ecclesia in — II 252.
— — der kilchenwidome, I 384.
— — sturn in II 219, 255.
— — t. n. b., d. n. v. — I 384.
Allmendingen (Df., n. v. Ebingen, Kgr. Würtemberg).
— Almendingen, II 463.
Allo, s. Geri.
Almeswile (unbestimmbar, wohl verschrieben für Adalswile), II 105.
Aloswende, s. Engelschwand.
Alpfen (Nieder- und Ober-Alpfen).
— Alaphon, II 544, 545.
— höltzli ze — heisset Rapoltzbûl, II 345; s. auch Rapoltzbûl.
— s. auch Nieder-Alpfen und Ober-Alpfen.
Alpnach (Pfd. Kt. Obwalden).
— Albnach, Alpnach, hof ze — II 348, 366.
Alshausen (Hof bei Königsegg im O.-A. Saulgau, Kgr. Würtemberg).
— Alshuserin, curia — II 151.
Alta, s. Alten.

Alt-Bechburg (Ruine bei Holderbank, Kt. Solothurn).
— — sö der alten Bechburg, II 722.
Alt-Büren (ehemalige Burg, n.-w. v. Willisau, Kt. Luzern.
— Alt-Bürren, gesess von — II 612.
Altdorf (jetziger Name für Nordhofen in der Gemeinde Sundhofen oder Südhofen im Ober-Elsass).
— Northof, II 446.
Altdorf; s. Altorf, auch Fehr-Altorf, Mönch-Altorf.
Alten (Df., w. v. Andelfingen, Kt. Zürich).
— Alta, bûhe ze — II 524.
Altenach (Df., n.-w. v. St. Ulrich im Ober-Elsass).
— Altenach, II 411, 412.
Altenberg (unbestimmbar, wohl bei Veringen in Hohenzollern-Sigmaringen).
— Altenberge, acker uf — I 397.
Altenberen (Df., n.-w. v. Ueberlingen am Bodensee, Gh. Baden).
— Atenburen (verschr. f. Altenburen) zehenden ze — II 470.
Altenburg (Burg bei Veringen in Hohenzollern-Sigmaringen).
— Altemberg, Altenburg, Altenburn.
— — tor (porta, porta dicta), I 397, II 222, 257.
Altenburg (ein Haus, wohl zu Winterthur, Kt. Zürich).
— — l hus genannt — II 504.
Altenburg (Df., w. v. Brugg, Kt. Argau).
— — Altemburg, Altenburg, I 133, II 537.
— — gemure, I 133.
— — hofstat, I 133.
— — vischentze, I 133.
Altenschwand (Df. bei Seckingen, Gh. Baden).
— Altzenswanden, I 64.
— stûre, — I 64.
Altensweiler (Df., w. v. Ursendorf, O.-A. Saulgau, Kgr. Würtemberg) jetziger Name für:
— Bettenwile, Bettenwiler, I 879, II 153.
Alten-Veringen, s. Veringen.
Althäusern (Df., n. v. Aristau, Kt. Argau.
— Althüsern, d. n. v. ze — I 143.
Altheim (Pfd., s. w. v. Riedlingen, Kgr. Würtemberg).
— Altheim, Altheim, Altheim, I 412 bis 414, II 221, 226—227, 260—262.

— — die banwarten, I 413; feodnm dicti banwart, II 260.
— — garten (ortnm, orta), I 413, II 221, 226.
— — kelnhof des gotshus von Owe, I 413, curia cellararia (monasterii Augiensis), II 227, 262.
— — der kilchen güt, I 413, II 227.
— — das meigerampt, I 413, officium villici, II 226, 227, 260.
— — melchlehen, melklehen, I 413, II 227.
— — ein müli, I 412, dö ober müli, I 413, molendinam superius, II 227, 2 molendina, II 262.
— — der sigrist, I 413, editnus, II 227.
— — sture, stüra, I 414, II 227.
— — t. n. b., d. n. v., I 414.
— — villa Althaim, II 226.
— — vischentz, I 413, piscina, II 226, 260.
— — das vorwlampte, I 413, feodum custodie nemorum, II 227.
— — des Zehenden hof, I 413, curia decime, II 227, 260, 261.
Altikon (Pfd., w. v. Ellikon an der Tur, Kt. Zürich), II 510.
— Altlikon, burg ze — II 483.
— — hoff vor der burg — II 483.
s. auch Haltikon.
Altishofen (Pfd., n.-w. v. Dagmersellen, Kt. Luzern).
— Altishofen, Altisoven, Altlishoven.
— — d. n. v. ze — I 186.
— — (kilche) — II 721, 724, 737.
Altkirch (Städtchen im Elsass).
— Altkilch, II 412, 413, 417, 432, 435, 437, 448, 591.
— — banwin von — II 448.
— — dinkhof ze — II 432.
— — geseme ze — II 435.
— — hus — II 448.
— — muli, mölin ze — II 415, 437.
— — nider möllin, öber möllin ze — II 591.
— — sesslechen gen — II 417.
— — die statt — II 412.
Altorf (Fehr-Altorf, oder Mönch-Altorf).
— Alldorf, Altorf, Altorff.
— datum (wohl Mönch-), II 681.
— — güt ze — II 517 (unsicher, aber doch wohl eher Fehr-Altorf).
— — güter ze — II 688.
Alt-Pfirt (Ort, n.-w. v. Pfirt L Sundgau).
— Altenbirt, Alten-Pfirt.
— bann ze — II 429.

— müli ze — II 451.
— sechenden ze — II 422.
— Hanman von —, Burkart des schaffners sun von — II 429.
Alt-Rapperswil (ehemalige Burg, gegenüber Neu-Rapperswil, auf dem linken Züricheeeufer, s.-w. v. Lachen, Kt. Schwiz).
— die alt(e) Rapperswil, II 491 (ih. auch einfach Rapperswil genannt).
— die alt(e) Raperwile II, 708, 711.
— — hoff in dem Geröte an der alten — II 491.
— — ein güt genant der Tiergart gelegen under der alten — II 491.
— — hoff in der alten — II 491.
— — Wege hinder der alten — II 708;
s. auch Wäggital.
Altstetten (Pfd., w. v. Zürich).
— güt ze — II 484.
— hofstat, dö ist ein weithüba, I 118
— d. n. v. ze — I 118.
— t. n. b. ze — II 552.
— s. auch Unter-Altstetten.
Alt-Stenzslingen, s. Stenzslingen.
Alt-Tann (Df., s. ö. bei dem Städtchen Tann im Elsass).
— I matten ze Tanne dem dorf (der spricht man bi dem grossen Nussböm), II 441.
Altwiden, s. Widenhof.
Altwis (Df., n. v. Hitzkirch, Kt. Luzern).
— Altwis, Altwise, I 221, II 3, 101, 272, 338, 534, 555, 562, 778.
— — güt ze — II 555 (s. auch Wald).
— — schüppos (scopoca), I 221, II 338, 534.
— — d. n. v. ze — I 221.
— — twing ze — II 534, 562.
— — vogtei ze — II 778.
— Gerung von — s. unter Vilmergen.
— Peter Vorster in — II 272.
Altzenswanden, s. Altenschwand.
Alznach (Df., s. v. Cham, Kt. Zug).
— Altznach, II 533.
Amarin, St. (Pfd. n. w. v. Tann i. Elsass und Sitz eines adeligen Geschlechtes).
— Sänt Amarin, Sant Amerin, II 417, 418.
— Herman und Burkart von —, den man sprichet Nortwin, gebrüder, II 417.
— Herman von — II 418.
Ambeck (Leibeigener des Klosters St. Leodegar in Luzern).
— Nicolans dictus, II 278.

Amden (Pfd., Kt. St. Gallen).
— stür uff Andemē, II 692.
— tagwan der lüten uf Andinen (doch wohl verschrieben für „Andman"), I 506.
Amelgeswile, I 176, und
Amilgeswiler, II 3 (unbestimmbare Orte in der Nähe von Gontenswil, Kt. Argau).
Amelzeich, s. Ammansegg.
Amerswilr, s. Ammersweier.
Amman (Geschlecht zu Mengen, Kgr. Würtemberg).
— Hans, II 459.
Amman (Geschlecht v. Zusmarshausen, Kgr. Baiern).
— Heinrich — von Sumerhusen, II 467.
Amman (Geschlecht v. Günzburg, Kgr. Baiern), II 467.
Amman (Geschlecht von Grüningen im Kanton Zürich).
— Jost — von Grüningen, II 582.
Ammanhusen, s. Ohmenhausen.
Ammann (ein Bürgergeschlecht von Frauenfeld, Kt. Turgau).
— Claus und Heinrich die Ammannen ze Frowenfelt, II 517.
Ammann (ein Bürgergeschlecht von Mellingen, Kt. Argau).
— Peter Amman burger ze Mellingen, II 740.
Ammansegg oder Ammanseich (Df., s. v. Solotum).
— Amelzeich, II 17.
Ammersweier (Df., s.-w. v. Sigolsheim im Elsass).
— Amerswiler, Amerswilr, Amerswilre, Amerswilr, Amerswilre. I 17, 56, II 426—428, 434, 439, 447, 591.
— dinkhof, II 439.
— feld, II 447.
— leyenszehend, II 434.
— reben, II 426—428.
Ammerswil (Pfd., s.-ö. v. Lenzburg, Kt. Argau).
— Ombrechtswila, Omerswile, Umereswil, I 165, 173, II 206, 735.
— Imrichswilr (?) II 551.
— d. u. v. ze — I 173.
— kilhe — II 735.
— schüpos ze — I 165.
Ammerswil (Df., w. v. Gross-Affoltern, Kt. Bern).
— Amartswilere, II 23.
Amoltern (Df. im bad. Kreis Freiburg und Sitz eines Ministerialen-Geschlechts).
— Amolton, Amolter.
— her Johans von — I 44, 52.
— her Ludwig von — (burgman ze Ortenberg), I 44, 52, II 439; s. auch Ortenberg.
Amstalden, s. Stalden am
Amt, s. Frei-Amt.
Andelfingen (Df. im O.-A. Riedlingen, Kgr. Würtemberg).
— Hans von Andolfingen, amman ze Rüdlingen — II 469.
Andelfingen (Gross- —, Pfd. am linken Ufer der Tur, Kt. Zürich).
— 'Andelfingen, Andelingen (?), Andolfingen, Andolffingen — I 349—352, II 331, 366, 368, 409, 476, 477, 480, 484, 499, 505, 507, 510, 512, 693, 696.
— — ampt ze — II 693.
— — in Bůla ze — II 505.
— — berg gen — II 505.
— — burglin, das — II 507.
— — I gůt ze — II 476.
— — I holtz ze — 476.
— — I hus ze —, genant das Zeltern hus, II 505.
— — kilche ze — I 350.
— — kilchensatz ze — I 350.
— — losung ze — II 693.
— — meigerhof ze — I 351.
— — müli ze — I 349, 350.
— — obermüli, vrimüli ze — I 350.
— — nyder-kelnhof ze — I 349, 350.
— — ober-kelnhof ze — I 349, 350.
— — stür ze — I 351.
— — t. u. h., d. u. v., ze — I 351.
— — vischrecht in der Tur ze — II 499.
— — zehend ze — I 349, II 510.
— — Heinrich Maris von — II 507.
— — Ülrich Müller von — v. Winttertur, II 476.
— — dominus Rudolfus et fratres sui dicti de — II 366.
— — s. auch Klein-Andelfingen.
Andemē, s. Amden.
Andinen (wohl verschrieben für Andmen), s. Amden.
Andolnheim (Df., s. ö. v. Kolmar im Elsass).
— — Anselzein — II 432.
Andwil (Df., n. ö. v. Sulgen, Kt. Turgau).
— Einwyle, II 616.
Anfang (Name eines Knechtes zu Ebingen, Kgr. Würtemberg).

— Fritz — [tel Elzbrechts knecht,
II 464.
Angeot (Df., n.-ö. v. Belfort in Frankreich).
— Angutie — II 455.
— decima de Angot, II 457.
Anger (Flurname bei Gundelfingen Kgr. Württemberg).
— Cunrats güt nf dem — I 465.
— Heinrichs göt an dem — I 405; s. auch Heinrich und Konrad.
Anggistalden (Df., n.-w. v. Grindelwald, Kt. Bern).
— Angustalden, II 471.
Anglikon (Df., n.-ö. v. Vilmergen, Kt. Argau).
— I 166.
Angutie, s. Angeot.
Anhausen (Df., w. v. Durgau, Kgr. Baiern).
— garten gelegen ze Ahnsen, II 466.
Anhausen (Df. bei Bichishansen, O.-A. Münsingen, Kgr. Württemberg).
— Wernher von Ahusen, I 465; s. auch Ahausen.
Anseldingen, s. Ansoltingen.
Anselfingen (Df., s.-w v. Engen, Gh. Baden).
— — Anselringen, II 370.
Anselzein, s. Andolsheim.
Ansoltingen (Pfd., s. w. v. Tun, Kt. Bern).
— Anseldingen, Ansoltingen.
— — Heinrich von — II 464, 472.
Antrage, Antrege, s. Antrage.
Anwil (Df., n.-ö. v. Rotenflub, Kt. Baselland).
— Anwille, I 61.
Appo (Name verschiedener Leute).
— der Artzat, I 408.
— der Canceller, s. Canceller.
— mansus Appen dicti Dyabolus, II 160, 229.
— Appen schüppös, I 405.
— der Zehender, s. Zehender.
Appol (nichtnachweisbares Geschlecht von Rapperswil, Kt. St. Gallen).
— Heinrich der herr — von Haperschwile, II 707.
Apwile, s. Abtwil.
Ar, s. Are.
Arau (Hauptstadt des Kantons Argau).
— — Arow, Aröw, Arowa, Aröwa, Arowe, Aröwe, I 137, 160, II 4, 5, 102, 105, 131, 135, 549, 567, 578, 581/82, 586, 602, 608, 667, 673, 725,

726, 727, 729, 734, 743, 744, 745, 756, 757.
— — burg ze —, gelegen usnen nach bi der stat unt der böngarten do bi, II 549.
— burger von — I 137, II 102.
— datum (geben ze) — II 667, 673.
— die von — II 756.
— fleischbänk und brotbenk ze — II 744.
— der herrschaft zins, II 744.
— hofstatzinsen (hof(f)stettzinsen), II 105, 602.
— kirch (kirichun) ze — I 160, II 745.
— lütpriester — II 745.
— 2 mülinen, die mülinen ze — II 578, 586.
— ordnung des glaites zu — II 745.
— schultheiss ze (scultetus de) — II 131, 135, 602, 608, 743, 745.
— stat (statt) ze — I 187, II 102, 549, 744.
— stür von — I 137, II 744.
— t. u. b., d. u. v. ze — I 137, II 745.
— zoll ze — II 745;
— s. auch Stieber, Trüllerei, Trutman, von Wiggen.
Arberg (Anhöhe oberhalb Waldshut Gh. Baden).
— lantgarben uff Arberg, II 544, 545.
Arberg-Valangin (Burgund. Grafengeschlecht).
— — graf Hans von Vallensis, II 640.
Arbon (Städtchen am Bodensee, Kt. Turgau).
— datum — II 631.
Arburg (Städtchen und Festung im Kt. Argau).
— Arburg, I 488—493, II 343, 347, 556, 575, 629—634, 673, 674, 750 bis 753.
— — ampt (ambt) ze — I 488, II 575, 630, 750, 751.
— — bann ze — I 489.
— — burg und stat ze — II 629, 630.
— — burg und vorburg ze — I 489.
— — castrum — II 343.
— — hus und hofstatt zů — in dem port, II 556.
— — möli ze — I 489, II 750.
— — mtz ze — II 630, 631, 632.
— — stür, II 750.
— — t. u. b. in dem ampt ze — II 575.
— — t. n. b., d. u. v. se — I 489.
— — t. n. b., klein und hoch gericht, büm und bewrung, II 750.

— — vesto ze — II 750, 753.
— — vorburg ze, II 753.
— — zol (zoll) ze — I 489, II 631, 752.
— — dominus de — II 347.
— — Hans Kriech, vogt zu — II 750; s. auch Kriech.
— Hans (von — genannt) Lubetsch, s. Lubetsch.
— — Rådolf (I) von —, (Arburger), II 673, 674.
— — Rådolf (III) von — II 715, 731. — s. auch Smid.
Are, die — (Nebenfluss des Rheins) — — I 160, 491.
— kellerampt hie diesent der Ar, II 635.
— do der Rin in die Aren gat, II 565, 593.
Arech (Name einer Mühle zu Meienberg, Kt. Argau).
— molendinum dictum — II 215.
Argau (alte Landgrafschaft.)
— Argogia, Ergew, Ergow, Ergöw, Ergöw, II 197, 528, 593, 611, 642, 645, 652, 658, 661, 682, 711, 713, 720.
— Brugg in — s. Brugg.
— clöster, ze — II 720.
— edellüt, clöster und pfaffen in — II 713.
— gülten zu nützen ze — in dem Büstal, II 642.
— lantvogty und pfleg im — II 711.
— leben in — II 528.
— zets und gült in — II 593.
Argentinensis, s. Strassburg.
Aristan (Df., n.-ö. v. Muri, Kt. Argau).
— Arnstöwe, d. n. v. ze — I 143.
— Arenstdag, die hofstatt, do die burg uff statt, II 538.
Arlikon (Abgegangener Ort bei Seen, Kt. Zürich).
— Arlinken — II 827.
— Hans von Artlingen (verschrieben für Arlingen), II 477.
Armenee, s. Ermensee.
Arni (Gross- und Klein-, Höfe, n. v. Kössnach, Kt. Luzern).
— vorst ze Arnon, I 209.
Arnold (Name verschiedener Leute).
— Arnoldes höbe, I 390, II 384.
— Arnoldin, Mechhildis dicta — et liberi ejus, II 294.
— Arnoltinen schöpse, I 432.
— Cunrat Arnolts güt, I 432.
— Arnoldus Senn, II 60.

— Arnoldus villicus (in Rinach), II 202.
— Arnoldus (in Emlingen), II 300.
— Arnoldus de Wins, s. Windisch.
Arow, Arôw, Arowa, Arôwa, Arowe, Arôwe, s. Aran.
Arôwere (Name eines Bauern auf dem Bötzberg, Kt. Argau).
— — Conradus — II 51.
Art (Pfd., Kt. Schwiz).
— Art, Arta, Arte, Arto, I 212, 213, II 135, 169, 170, 173, 193, 585.
— hof ze (curia in) — I 212, II 169, 193.
— hof ze — da die kilch uff statt, II 585.
— redditus in — II 109.
— schüppossen ze — I 212.
— sweigleben ze — I 212.
— t. n. b., d. n. v. (ober) — I 213.
— val ze — I 213.
— vischenz ze — I 213;
— s. auch Ober-Art.
Artikon, s. Attikon.
Artlingen, s. Arlikon.
Artolsheim (Df. bei Schlettstatt im Elsass).
— das güt und das recht zü Artolsheim, II 768.
Artzat, s. Appo und Arzat.
Arwangen (Pfd. am rechten Aarufer, Kt. Bern und ehemaliger Sitz des gleichnamigen Rittergeschlechts).
— der von — (Arwansch), I 167, 170.
— Hans von — II 627.
Arzat (Name eines alten Zürcher Burgergeschlechts).
— Claus Artzat von Zürich und sin brüder Jacob, II 763.
Asch, s. Aesch (Waldshut).
Asen, (Df., n.-ö. v. Donaueschingen, Gh. Baden).
— Chünrat von Asenheim, II 469.
Aspach, s. Nieder-Aspach.
Aspenrüti (Df., s.-ö. v. Neukirch, Kt. Turgau).
— — hoff ze Aspernuy, II 513.
Aspermont (Burg oberhalb Trimmis in Rätien, Sitz eines ritterlichen Geschlechts).
— Ulrich von Aspermont, II 680.
Asuel, s. Husenburg.
Atdorf (Df., w. v. Gebisbach, Gh. Baden).
— Abedorf, I 64.
— stüre — I 64.
Atenburen, s. Altenburen.
Atmanswilr, s. Attenschweiler.

Attelwil (Df. im Surtal, Kt. Argau).
— Attelwile, t. n. b., d. n. v. ze — I 185.
Attenhöfen (jetziger Name für Hattenhusen, Ort, s.-ö. v. Zwiefalten, Kgr. Würtemberg).
— Hattenhusen, I 471.
Atterschweiler (Df. im Elsass, w. v. Basel).
— Atmanswilr, Attemanswilr, I 14, 30, 55.
— munichhof ze — I 14.
Altikon (Weiler, n. v. Wisendangen, Kt. Zürich).
— Artikon, Altikon, II 488, 509, 526.
— göt ze — II 520.
— kelenhof ze — II 488, 509.
Attlisberg (Ort, s.-ö. v. St. Blasien, Gh. Baden).
— Adelasperg, Adelisperg, I 80, 83.
— d. n. v. ze — I 83.
— lehen ze — I 83.
Atzelin (Name eines Bauern z. Embrach, Kt. Zürich).
— Azeli, II 63, dictus Azili, II 78.
— Atzelins schüpos, I 262.
Atzmanswil (unbestimmbar), II 481, 498.
Au (Flur bei Talheim, Kt. Argau).
— Rûdolf us der Owe ze Talhein, II 528.
Au (Ort, n. v. Windisch, Kt. Argau).
— Owe, Owon, I 127, II 35.
— — dû schüprotze — I 127.
Au (Flur bei Waldshut, Gh. Baden).
— Owe, Owe, I 75, II 544.
— — in der — ze Waltshôt, I 75.
— — 1 matt an der Alb, nempt man die — II 544.
— — 1 müli in der — ze Waltshôt, II 544.
Au (Hof, s.-w. v. Bar, Kt. Zug).
— Own, Owe, I 151, II 171.
— — bona in der — pertinentia curie in Zuge, II 171.
— — ein zehende in der — I 151.
Au (Weiler, n.-w. v. Zell, Kt. Zürich).
— in der Owe, II 60.
Asenstein (Pfd. s.-w. v. Brugg, Kt. Argau).
— Gowenstein, Göwenstein, Gowenstein, I, 129, II 851, 736.
— die burg ze — II 551.
— Gowensteins celer, I 129.
— (kilche) — II 736.
Asenstein (Name eines Mannes von —)

— Gowenstein, Chunradus dictus — II 284.
Anshofen (Df., ö. v. Schwarzenbach, Kt. St. Gallen).
— Ufhofen, Utchoven, I 363, II 83.
— — vogtey ze — I 363.
Auggen (Ort, gegenüber von Ottmarsheim, Gh. Baden).
— her Brûnwart von Ôghein, I 48.
Auhof (Ort auf dem rechten Arafer, gegenüber von Gippingen, Kt. Argau), oder auf einer Insel in der Are selbst).
— Owe, I 77.
Aningen (Df., ö. v. Münsingen, Kgr. Würtemberg).
— Owingen, I 408, 469.
Aulikon (Df. b. Pfäffikon, Kt. Zürich).
— Auelinkon, II 315.
Austria, s. Oesterreich.
Autrage (Ort, s.-ö. v. Belfort, Frankreich).
— Antrage — (villa dicta), II 454.
— Antrege, decima de — II 455.
Auw (Pfd., n. v. Meienberg, Kt. Argau).
— Owa, Owe, I 145, 146, II 215.
— die burger in der — ze Meyemberg, I 146.
— totus districtus in — II 215.
Aw, s. Bernau.
Azeli, Azili, s. Atzelin.

B.

Baar, s. Bar
Babenberg (oder Bamberg, abgegangener Hof auf d. Bötzberg, Kt. Argau).
— Babenberch, Babenberg, I 105, 106, II 51, 559, 559.
— — güt, güttlin ze — I 106.
— — lehen ze — I 106.
— — müli ze — II 559.
— — rûtinan (rûtin) ze — I 105/106.
— — t. n. b., d. n. v. ze — I 106.
— — Petrus de Babenberch, II 51.
Bach (Df. im O.-A. Münsingen, Kgr. Würtemberg).
— Cunradus de Bache, II 265.
Bach, s.-ö. v. Zwiefalten, Kgr. Würtemberg).
— → vogtrecht ze — I 471.
Bach (wohl die Lint bei Schännis, Kt. St. Gallen).
— hofstat in dem Bache, I 500.
Bach (Bach zu Uerikon, Kt. Zürich.)
— Herman zum — von Uricon, II 478.
Bach (wohl der Bach zu Dielsdorf, Kt. Zürich).

— bi dem Bache. I 235.
Bach (der Kammbach bei Hegnau, Kt. Zürich.)
— Heinricus bi dem Bache. II 316.
Bach (unbestimmbar).
— Hela in dem Bache, II 273.
Bach (unbestimmbar).
— ... Anna uxor ... as d. Bache, II 285.
Bach (unbestimmbar).
— Nicolaus et Ulricus dicti an dem Bache — II 284.
Bach; s auch Bächli.
Bach, im (Bürgergeschlecht von Waldshut. Gh. Baden).
— Johans im — und Lütold sin sun von Waltzhüt, II 544.
— der egenant sum — und sin sun von Waltzhüt, II 545.
— Lüti im — II 720, 731.
Bache, Berchta in dem — s. Gospertingen.
Bachlen (ein Gut zu Zell, Kt. Zürich).
— ein güt. das heisset das — I 295.
Bachman (Name eines Bauern im Eigen, Kt. Argau).
— Rüdolfus — II 48.
Bachman (Name eines Bauern zu Embrach, Kt. Zürich).
— Bechman, Bachman, II 62, 78.
— Bachmans schüpos, I 262.
Bachritter, die (Ministerialen d. Klosters Reichenau, zu Kanzach im O.-A. Riedlingen, Kgr. Würtemberg anaässig).
— — (dictus) Bachrieter, Bachritter, II 223, 258.
Bachtal (Ort, zu Brächli bei Hergiswil, Kt. Nidwalden gehörend?).
— — lehen ze — II 762.
Bachteller (Geschlecht vom Berg und Hof Bachtel, Kt. Zürich).
— — Cunradus — II 289.
Bachwil (Ort, s. v. Pfd. Entlebuch, Kt. Luzern).
— die vogty im —, ob dien gotshüsern. güter von Sant Blesyen, II 564.
Baden (Städtchen u. Badeort im Kt. Argau).
— das amt (ampt, officium) — I 118, II 32, 36, 106, 107, 109, 135, 172, 173, 174, 185, 189, 195, 735.
— — pfander — güter — II 106—118, 174 ff., 185 ff., 189.
— — stüran ze — II 195.
— — summa (summe), II 36, 135, 172, 173, 178.

— (die Stadt, stat, statt) I 128, 129, II 32, 108, 109, 121, 131, 176, 191, 285, 531, 543, 566, 571, 574, 575, 585, 600, 601, 602, 606, 704, 713, 726, 729, 732, 733, 734, 756, 757, 772.
— — Arnolt von — II 600; s. auch Rheinsfelden.
— das beschloss (bad) — II 572.
— das heisse bad ze — II 531, 585, 587.
— beder ze — II 572, 587.
— Bernhart, vogt ze — II 600.
— bougarte, der uf d. burg höret, I 129.
— burg (castra) ze — I 129, II 88. 42, 606.
— nidere burg ze — II 662.
— burger ze — s. Berner, Birchidorf, Kaufmann, Meyer, Ollinger, Satler, Wichen, Winterturer.
— burgleben ze — II 108.
— burgerstür ze — 595.
— curie in villa — II 32.
— datum II 121, 131, 593, 594, 598, 602, 604, 606, 607, 608, 609, 612, 627, 633, 643, 659, 662, 669, 671, 674, 681, 692. 699, 704, 707.
— die von — II 756.
— ein nuwe gerutlin ze — I 129.
— Hartmannus de —, mater et soror sua, II 285.
— wen höve ze — I 128.
— hüser ze — I 128.
— hus und ergel daran in der statt ze — an der ringgmur, II 575.
— hus und hofstat ze den Nidern Baden, II 585.
— kylche ze — I 129, widame der kirchen ze — I 129.
— littera sigillata in — (Archiv.) II 452.
— Lütolde von — II 772.
— müli ze — I 128, mittel müli ze — II 594.
— nider müli ze — II 608, obere müli ze — II 607.
— niderste müli ze — II 669.
— reblüt ze — II 109.
— stüren ze — II 647.
— der schultheiss von — II 783.
— t. u. b., d. n. v. ze — I 130.
— der vogt von — II 756.
— der wachter uf der burg ze — I 129, II 109.
— Wernher, vogt ze Wernberus (Werner) advocatus de (in) — II 106, 131. 178, 185, 191.
— wingarten under der burg ze — I 129.

— sol uffen der brugge ze — I 129.
Baden (in dem Dorfe, zem Dorfe), s.
Ennetbaden.
Baden, von (Name ein Rittergeschlechts
im Schwarzwald, Gh. Baden).
— Götzman von — II 672.
— Marquard von — II 672.
Badenberg, s. Bodenberg.
Badensperg, s. Haidensberg.
Bader (Name eines Lehensinhabers zu
Ehingen an der Donau, Kgr. Würtemberg).
— Herman der — II 465.
Bader (Name eines Bürgers v. Zürich).
— Hans der — II 598.
— Johans des Baders wittwe und ire
erben, II 598.
Baderin (Name einer Mühlenbesitzerin
zu Veringen, im Kgr. Preussen).
— der — müli, I 400.
— molendinum dicti — II 222.
Bach (Name eines Bauers).
— Bäch dictus Köter, II 212.
Bäch (Ort, s. v. Walde bei Münster,
Kt. Luzern).
— d. u. v. ze Beche, I 233.
— Gertrudis de Beche II 231.
Bächli (der östliche Teil von Ober-
Bötsberg, Kt. Argau).
— das nüwe gerut ze Bechlin, I 94.
Bächli (Flurname, n. v. Unter-Embrach,
Kt. Zürich).
— Bach, Becha, Beche, Bechi.
— acker ze — II 475.
— curia, curtis — II 63, 79, 94.
— hof ze — II 494.
— kelnhof ze — I 258.
Bänzwil, s. Benziwil.
Bär (Name verschiedener Leute).
— Ber, Bere, Bero.
— Heinricus Ber et Ulricus (von Langenhard, Kt. Zürich), II 316.
— der Bere (von Wintertur, Kt. Zürich),
I 335.
— Heinricus Bero (von Kempten, Kt.
Zürich), II 296.
— Rudolfus Bero (von Greifensee, Kt.
Zürich), II 296.
Bärenbrunnen (Ort, s.-ö. v. Möntal,
Kt. Argau).
— — Bernbrunnen, Bernbrunnen, I
104, II 534, 539.
— — güter ze — I 101.
— — matten ze — II 539.
— — müli ze — II 534.
— — t. a. b., d. n. v. ze — I 105.

Bärenfels, von (alt-argauisches Rittergeschlecht).
— Adelberga kint von Berenvels (Berenfels), II 714, 731.
Bäretswil (Pfd. im Kt. Zürich).
— Beroltzwile, II 315.
— dominus de — II 315.
Bätterkinden (Pfd., w. v. Utzenstorf,
Kt. Bern).
— Beturchingen, II 16.
Balb, s. Balm.
Balb, von (Geschlecht von Balm, n. w.
v. Bar, Kt. Zug).
— Hans von — II 491, 706.
Balba (Balb bei Jestetten, Gb. Baden).
— Conradus de — II 94.
Balbe, s. Balm.
Balber (altes Bürgergeschlecht von
Wintertur, Kt. Zürich).
— der — I 330.
— des Balbaers chint, II 382.
Baldegg (Dl., am gleichnamigen See, Kt.
Luzern, Sitz eines ritterlichen Geschlechts).
— Baldeg(g), Baldegg, Baldegge, Baldekk, Baldekke, Baltegg, Valdegge.
— — de — (Hartmann (jgr.) III und
Markwart (jgr.)), II 208.
— — der von — (Hartmann der III),
II 388, 391, 394.
— — dez (Hartmanns II) kint von —
I 41.
— — die von — (Hartmann III, Markwart jgr. etc.), II 691, 723.
— — domini de — (Hartmann III,
Markwart jgr.), II 275. 279, 342
— — dominus de — (Hartmann II,
resp. III), II 186, 307, 310, 314, 315,
326, 327, 353, 354.
— — dominus Hartmannus (II) de —
II 188.
— — Gerdrut uxor villici Heinrici
de — II 275.
— — Hartman (II), Marquartz sun
von — II 602.
— — Hartman (III) von — und Markwart sin brüder, II 609.
— — hern Hartmans (II) seligen kinden
(kint) von — I 44. 163.
— — Markwart (II) von — II 609.
— — Markwart (IV) von — II 609.
— — Markwartz (IV) von — seligen
wip und kint, II 717.
— — puer domini quondam Hartmanni
(II) de — II 212.

— — pueri domini Hartmanni (II) quondam de — II 214.
— — Rûdolf von — II 737.
— — diu vrowe von — II 384.
Baldegg (Anhöhe, w. v. Baden, Kt. Argau).
— Baltderengkon, t. u. b., d. u. v. ze — I 122.
Baldeggersee, der (zwischen Baldegg und Richensee, Kt. Luzern).
— der se ze Richense, I 221.
Baldensberg (Ort, s. w. v. Unter-Embrach, Kt. Zürich).
— hoff ze Badensperg, II 475.
Baldenswiler, s. Baltenswil.
Baldenweg, Baldenwek (Name eines Baners zu Kloten, Kt. Zürich), II 67.
Baldern (Ort, S. v. Talheim im Kt. Argau).
— aker gelegen an Balder, II 529.
Baldesberg (unbestimmbarer, abgegangener Ort im Amt Sigmaringen, Kgr. Preussen).
— hûben ze — I 424.
Baldesperg, s. Baltensberg.
Baldeswile, Baldeswiler, s. Baltenswil.
Baldewile, s. Ballwil.
Baldinger (Caplan des Ritters Peter von Torberg; ein Bürger von Waldshut (?) im Gh. Baden).
— des Baldingers gût, I 544.
— herr Hans — II 726, 727, 732.
— herr Hans — den von Torberg capplan, II 729, 730.
— s. auch Torberg.
Baldinsperch, s. Haltsberg.
Baldinswille, s. Baltenswil.
Baldinswiller (von Haltenswil bei Bassersdorf, Kt. Zürich, oder von Baltenswil bei Spreitenbach, Kt. Argau).
— Cûnrat — II 776.
Baldisberge, s. Baltsberg.
Baldistal, s. Baltilinpero.
Baldwil, Baldwile, s. Ballwil.
Balgau (Ort, im Elsass, gegenüber von Breisach).
— Balgôwe, Balgôwe, I 6, 47, II 445.
— das dorf (das torf), I 6, II 445.
— reben, II 445.
— sture von vogtlûten, I 6, 47.
— twing und banne, II 445.
Balkenbach (b. Kempten, Kt. Zürich).
— Ulricus de Balkembach et Heinricus frater suus, II 298.
Dallersdorf (Ort, s.-ö. v. Dammerkirch im Elsass.)

— Valdersdorf, II 412.
Ballinhalden, s. Bannhalden.
Ballwil (Pfd., s.-ö. v. Hochdorf, Kt. Luzern, mit einer ehemaligen Burg als Sitz habsburg. Ministerialen).
— Baldewile, Baldwil, Baldwile, II 97, 103, 104.
— Harr Diethelm von — II 104.
— Her Hartman von — II 97, 103, 104.
Balm (Hof, s.-ö. v. Wernetshausen, Kt. Zürich).
— Balbe, I 308, II 61, 76.
Balm (verschwundene Burg, wohl w. v. Unterseen, Kt. Bern).
— Palme, Palmen, I 477, II 663.
— burg — II 663.
— dâ — I 477.
Balm (Ort b. Lottstetten im Gh. Baden).
— die mûli ze Balb, II 767.
Balme, s. Hochbalm.
Balmos (Weiler bei Jegenstorf, Kt. Bern, ehemals Sitz eines ritterlichen Geschlechtes).
— Wölfin von Banmos, II 754.
Balnhalde, Balnhalden, s. Bannhalden.
Balster (ausgestorbenes Geschlecht von Wintertur, Kt. Zürich).
— der — I 329.
Balsweiler (Ort, n.-w. v. Altkirch im Elsass.)
— die wyer ze Balswilre, II 420.
Baltensberg (Hof, s.-w. v. Unter-Embrach, Kt. Zürich).
— Baldensperg der hof, I 263.
Baltenswil (Df., s.-ö. v. Bassersdorf, Kt. Zürich).
— Baldenswiler, Daldeswile, Baldenswiler, Baldinswille, I 303, II 31, 59, 94.
— gût ze — I 303.
Baltersheim (Ort, s. v. Ensisheim im Elsass).
— Baltersheim, I 9, 10, 11, 45.
— der epthischin gût ze — I 9.
— der Kinden gût von — I 10.
— des Veisen gût von — I 10.
— stûre ze — I 11, 45.
— t. u. b., t. u. v. ze — I 11.
Baltilinpero (wohl irrig für Baltilinpero, vielleicht Baldistal, n. bei Biglen, Kt. Bern), II 11.
Baltsberg (Hügel und Hof, s. v. Kloten, Kt. Zürich).
— Baldinsperch, Baldisberge, I 254, II 63, 79.
— ungerute affen — I 254.

— Wilapsrch (wohl verschrieben für Baldisperch), II 66.
Bamberg, s. Babenberg.
Banczen, s. Bantzen.
Banmos, s. Balmos.
Bann (Wald zwischen Regensberg und der Lägern, Kt. Zürich).
— ein holtz, heisset das Nůban, I 234.
Bannental (unbestimmbarer Flurname, wohl im Lautertal, Kgr. Würtemberg, zu suchen), I 465.
Bannbalden (Wald, w. v. Kiburg, Kt. Zürich).
— Ballinbaldon, Balnbalde, Balnhalden, Banhaldon, I 306, II 30, 58, 406.
Bannhols (Df., w. v. Waldkirch, Gh. Baden).
— Banholtz, Banoltz, I 73, II 129.
— vrige lote von — I 73.
— t. u. b., d. u. v., L 73.
— vogtsture, I 73.
Bantzen (?) (wohl Name eines Bauern zu Ertingen, Kgr. Würtemberg).
— Bancuin, Bantzen, Banzen, I 386, II 159, 228, 248.
— — bonum dicti — II 228, 248.
— — feodum — II 159.
— — gůt, I 886.
Bantzier (Bürgergeschlecht v. Mengen, Kgr. Würtemberg).
— — Cunradus dictus — II 245.
— — Cunrat Bantziere gůt, I 444.
— — bonum Banziers, II 155.
— — dicta Bantzierin, II 254.
— — Chůnrat Pantzer v. Mengen, II 460.
Banvillard (Ort, s.-w. v. Belfort, Frankreich).
— Banveler, Banviler, Banwilers, II 267, 432, 438.
— bann ze — II 432.
— de — II 267.
— Högli von — II 438.
Banward (Name eines Bauern zu Unlingen, Kgr. Würtemberg).
— Wernherus — II 162.
Banwart (wohl Name eines Bürgers von Mengen, Kgr. Würtemberg).
— dictus — II 291.
Banwart (Name verschiedener babenburgischer Eigenleute).
— Conradus — II 311.
— dictus Banwart et fratres sui, II 320.
— liberi Heinrici dicti Banwarts, II 282.
— Rudolfus — II 316.
Banzenheim (Df., s.-ö. v. Ensisheim, Elsass).

— Bancenheim, I 7.
— sture ze — I 7.
— t. u. b., d. u. v., I 8.
Bar (Pfd., n. v. Zug, ebemals Sitz eines habsburg. Ministerialengeschlechts).
— Barra, Barre, I 152, 154, II 110, 111, 169, 194, 215.
— sture ze — I 154.
— t. u. b., d. u. v. — I 153.
— zehends (decima) ze (in) — I 152, II 169.
— Her Rudolf von — II 110, 111.
— pueri quondam de — II 215.
Barchan (Geschlecht von Unlingen, Kgr. Würtemberg).
— Albercius Barcham, II 162.
— — bonum Conradi — II 228.
— — bonum dicti Barchans, II 249.
— — Conrat Barchans gůt, I 388.
Baregg (Waldung, ő. v. Dättwil, Kt. Argau).
— Owe in Raregge, I 120.
Barer (Name eines Bauern zu Gemmingen, Kgr. Würtemberg).
— bonum dicti Barers, II 242.
— Heinrichs des Barers gůt, I 436.
Baris, s. Pairis.
Baromsweiler (im Kanton Dammerkirch, Elsass).
— decima de Barozwilr, II 457.
Barra, Barre, s. Bar.
Bartelstein (ehemalige Burg gegenüber Scher, Kgr. Würtemberg).
— Bartelstein, Bartelnstein, Partelstein, II 260, 333, 334, 438.
— — ... de — II 334.
— — dominus de — II 333.
— — Heinricus de — II 260.
— — Heintz von — II 458.
Barziberg, s. Benzenberg.
Basel (Stadt und ehemaliger Bischofs-Sitz am Rheine).
— Basel, Basilea, I 25, II 301, 346, 428, 438, 600, 601, 624, 628, 632, 643, 647, 648, 649, 650, 651, 654, 655, 657, 663, 665, 725, 740, 770.
— bistům ze — II 428.
— burger (purger) von (ze) — ... von — s. Efringer, Heinrich, Münch, Rich, Rhein ze —, Schaler, Zur Sunne.
— datum (ze) —, (geben ze) — II 624, 629, 632, 643, 646, 651, 655, 657, 663, 665.
— episcopus Basiliensis, II 267.
— holtzer zwischent Basel und Roggenhusen, I 25; s. auch Roggenhausen.

— wechselbenke ze — II 441.
Basel-Augst (Ort an der Ergolz im Kt. Baselland).
— — Ögst, leben ze — an Ergenzenbrugge. II 776; s. auch Ergolzbrücke.
Baseler (Geschlecht im alten Amt Lenzburg, Kt. Argau).
— Arnoldus dictus — II 295.
Bassenberg (Df., s. w. v. Weiler i. Elsass).
— — das dorf gelegen in Oberechtatale, II 446.
Bassersdorf (Pfd., ö. v. Kloten, Kt. Zürich).
— — Basilstorf, Basserstorf, Bamilsdorf, Passelsdorf, Passelstorf, I 251, II 64, 77, 307, 353, 511.
— — buben ze — I 251.
— — sture ze — I 251.
— — t. n. b., d. n. v. — I 251.
— — usschidelinge ze — I 251.
— — vogty ze — II 511.
Battenheim (Df., s. v. Ensisheim im Elsass).
— Battenheim, Battenhein, Beitenhein, I 11, 55, II. 441, 443, 450.
— — bann ze — II 441.
— — sture ze — I 11.
— — t. n. b., t. u. v., I 11.
— — twing und benne, II 443.
— — (die) wirtin von — II 441.
Baum (Ortsname auf dem Bötzberge, Kt. Argau).
— — aker, geheissen sô dem auren Böm, II 543.
Baumgarten (chemaliges Cistercienserkloster bei Schlettstadt im Elsass).
— — das kloster ze Bögarten, I 23.
Baumgarten (Flurname zu Embrach, Kt. Zürich).
— — Bomgarten, Böngarten, I 259, II 62.
— — Eschinkon de — II 62.
— — Eschinkons schüpos von — I 259.
Baumgarten (Flurname zu Rein, Kt. Argau).
— — der Bomgarte, I 97.
Baumgarten (Flurname zu Altheim, Kgr. Würtemberg).
— — der Bongarten, I 413.
— — Pomerium, II 226.
Baumgarten (Flurname bei Birr, Kt. Argau).
— — Böngarten, Uli im — II 539.
Baumgarten (Flurname bei Winterthur, Kt. Zürich).

— — Bongarten, gütlin ze — II 484
Baumgartner (adelig. Bürgergeschlecht von Interlaken, Kt. Bern).
— — der Böngarter, II 553.
Baumgartner (Bauer zu Birr, Kt. Argau).
— — des Böngarters güt, II 529.
Bauwil (Hof, s. v. Williman, Kt. Luzern).
— Buwile, t. u. b., d. n. v., I 184.
Bavans (Ort, s.-w. v. Montbéliard, Frankreich).
— — dominus Petrus de Bevans, II 267.
Be (Berchtold ?) vigilator (Name eines Bauern zu Embrach, Kt. Zürich). — II 78.
Bebelerin, die (Name einer Bäuerin bei Ilgensberg, Kt. Zürich).
— — der — acher, I 235.
Bebikon (Df., s.-ö. v. Wald, Kt. Zürich).
— — hoff ze Bebingen, II 522.
Bebler (Bürgergeschlecht von Klingnau, Kt. Argau oder Waldshut, Gh. Baden).
— Johans Bebler der iunge von Klingnô, II 703.
Bech, s. Buch.
Becha, s. Bächli.
Beche, s. Bach n. Bächli.
Bechen (unbestimmbarer Name zu Ertingen, Kgr. Würtemberg).
— curia — II 159 (s. auch Bekken).
Bechi, s. Bächli.
Bechlin, s. Bächli.
Befert, Befort, Befurt, s. Belfort.
Beyllin (unbestimmbarer Name), II 720.
Beigler (Geschlecht von Kiburg, Kt. Zürich).
— Heinrich — von Kyburg, II 497.
Beiniger, s. Denninger.
Beinwil (Pfd., n. v. Meienberg, Kt. Argau).
— d. u. v. ze Beinwile, I 145.
Beinwil (Df., n.-ö. v. Reinach, Kt. Argau).
— Beinwil, Beinwile, Beinwiler, I 175, II 3, 104, 133, 100, 202, 206.
— — districtus in villa — II 202.
— — d. n. v. ze — I 175.
— — her Peter von — II 104.
— — pueri de — II 133, 190.
— — relicta domini Petri quondam de — II 202, 206.
— — twing ze — II 378.
Beinhofen auch Beitzkofen (Ort, n. w. v. Hohen Tengen, Kgr. Würtemberg).
— — Batzkoven, Bötzkoven, Bözinkoven, I 378, II 159, 335.

— — Conradus villicus de — II 335.
— — der vrien lute güt ze — I 378.
— — Heinricus molitor de — II 335.
— — villicus de — II 335.
Bek, Bekk (wohl Name eines Bauern und Bäckers zu Hailtingen im Kgr. Württemberg).
— — bonum dicti Beken, II 251.
— — des Bekken güt, I 391.
Bela, s. Dollikon.
Belfort (Stadt u. Festung in Frankreich).
— — Befert, Befort, Befort, I 39, II 267, 417, 432, 443.
— — hoffstat ze — in der stat, II 432.
— — holtz ze — II 417.
— — Macrel de — II 267.
— — senlchen — II 443.
Beli (Geschlecht von Waltikon, Kt. Zürich).
— Durchardus — II 296.
s. auch Aesch, Homberg.
Beli (Argauer Geschlecht).
— Rütschman Belin, II 728.
Belle, s. Bourogne.
Bellikon (Df., s.-w. v. Spreitenbach, Kt. Argau).
— — Bellinkon, I 122.
Bellikon, von (Bürgergeschlecht zu Rheinfelden, Kt. Argau).
— Herman von Bellekon, II 441.
Belp (Pfd., s.-ö. v. Hern, ehemals Sitz eines ritterlichen Geschlechts).
— quidam nobilis de Belpe, II 197.
Beltz, Belz (Name eines Bauern zu Wintertur, Kt. Zürich).
— — Beltzen hube, I 325.
— — mansus dicti Belz, II 72.
Benchach, s. Bergach.
Bencher (wohl Name eines Bauern bei Wintertur, Kt. Zürich).
— — mansus dicti — II 87.
Benchon, s. Benken.
Bencken, s. Benken.
Bendorf (Df., s.-w. v. Pfirt im Ober-Elsass).
— — das dorf, qwin (twing) und ban, und die lüte, II 591.
— — dinkhof gen — II 422.
— — hof ze — II 414.
— — müli ze — II 414.
— — weld in dem banne se — II 414.
Benken (Df., s.-ö. v. Wolfiswil, Kt. Argau).
— das dorf ze Bönkon, I 61.

Benken (Pfd., n.-w. v. Schännis, Kt. St. Gallen).
— — Banchon, Bencken, I 499, 500, 504, II 69.
— — ecclesia in — II 69.
— — hof ze — I 499, 500.
— — tagwan der lüten ze — I 504.
Benken (Pfd., n.-w. v. Andelfingen, Kt. Zürich).
— — Bencken, Bencon, II 481, 498.
— — hoff ze — II 481, 498.
Bennen (? wohl Name eines Bauern Benno zu Kloten, Kt. Zürich).
— — predium — II 67.
Benninger (Bürgergeschlecht von Embrach, Kt. Zürich).
— Reiniger, Benninger, I 269, II 63, 79.
— — bonum — II 63.
— — des Benningers güt, I 269.
— — B. Beiniger, II 79.
Bentz, Benz (Name verschiedener Leute).
— Bentzen güt (zu Hendorf b. Mengen, Kgr. Württemberg), I 404.
— Bentzen güt (zu Schmeihen bei Sigmaringen, Kgr. Preussen), I 432.
— Bentzen müli (bei Langen-Enslingen im Kgr. Württemberg), I 400.
— Bentzen Tegans, zehende (ebendaselbst), I 406.
— Ulrich — von Schaffhusen (Schaffhausen), II 306.
— mansus Benzen (zu Unlingen, Kgr. Württemberg), II 160.
— Bur. Benzen sun von Stein (Kt. Schaffhausen ?), II 767.
— Pentze der — (Pfandinhaber zu Ottikon, Kt. Zürich), II 391.
Bentzingen, s. Benzingen.
Benzlingen, s. Benzlingen.
Bentswils, s. Bensiwil.
Benz, s. Bentz.
Benzenberg (Hof, n. v. Lauperswil, Kt. Bern).
— — Barziberg, II 10.
Benzingen (Df., w. v. Veringen in Hohenzollern-Sigmaringen, Kgr. Preussen).
— Bentzingen, Benzingen, I 400, II 223, 225, 257, 462, 465, 466.
— — 3 brülen ze, II 465.
— — curia Dotarii in — II 222/23.
— — curia villici in — II 223, 257.
— — curia dicte Widmerin, der Widmerin hof, I 400, II 223.
— — ecclesia (kilchen) — I 400, II 223, 462.

2

— — güt ze — II 462.
— — güt bi —, heisset Schenkenberg, II 460.
— — gütli ze — buwet der Peyer, II 462.
— — Chünts Swartzen güt bi — II 466.
— — hof lit ze — bi der kilchen. II 462.
— — hof obnan in dem dorf, II 462.
— — hüb gelegen ze — II 466.
— — lantgarbe in II 224.
— — meigerhof ze — I 400.
— — der Nüwe Hardberg ze — II 462.
— — omnia judicia in — II 225.
— — sturs in — II 225.
Benziwil (Ort, s.-ö. v. Rotenburg, Kt. Luzern).
— Bentzwile, I 199.
— — süre ze — I 199/200.
— — t. u. b., d. u. v. ze — I 199/200.
Benzlingen (Ober und Unter —, n.-ö. v. Vor dem Wald, Kt. Argau).
— — Bentzlingen I 491, 492.
— — süre, I 492.
— — t. u. b., d. u. v. ze — I 491.
Ber, s. Bär.
Beran (ehemaliges Kloster, n.-w. v. Krenkingen (Gb. Baden).
— Beröw (?), Beröwe, I 90, II 735.
Berchach, s. Bergach.
Berchingen, s. Birkingen.
Berchta in dem Bache, s. Gospertingen.
Berchtold, Berchtolt (Name verschiedener Leute).
— — der Meier (von Mörsberg bei Wintertur?), II 694.
— — ortus Berchtoldi (zu Brentzkofen, Kgr. Preussen,) II 220.
— — Berchtoldus in curia (im Eigen. Kt. Argau,) II 49.
— — Berchtoldus de Wege (im Eigen. Kt. Argau, II 49.
— — Berchtoldus villicus (zu Rheinbart b. Schaffhausen,) II 328.
— — Bertholdus, filius Cristine (zu Blochingen, Kgr. Württemberg,) II 159.
— — Berchtolts güt von Hochdorf. (wohl Hochdorf im O.-A. Waldsee, Kgr. Württemberg), I 381.
— — Berchtolts güt bi der Eiche (zu Hattingen, n. v. Engen, Gb. Baden), I 452.
— — graf — von Kyburg, s. Kiburg.
Berchtolt, s. Martzen.
Bere, s. Bär.

Berenberg (ehemaliges Franziskaner-Kloster b. Wülflingen, Kt. Zürich).
— — unser fröwen zelle uf dem Perper, II 698.
Berenbrunnen, s. Bärenbrunnen.
Berg (Hügel, n. v. Ossingen, Kt. Zürich).
— Berge, dü güter, die vogtey und dü bofstat uf dem — I 345.
— s. auch Ossingen.
Berg (wohl der Berg, n.-ö. v. Sengen Kt. Argau).
— an dem — II 101.
Berg (Ort, n. v. Ehingen, Kgr. Württemberg).
— Berg, Berge, I 459, II 262, 263, 463.
— Bentz von — II 463.
— Chünts von — II 463.
— curia in — II 262, 263.
— zwen hove ze I 458.
Berg (Pfd. am Irchel, Kt. Zürich).
— Berg, Berge, II 312, 523, 547.
— curia — II 312.
— das dorf ze — II 547.
— hoff ze — II 523.
Berg, das Gebiet der jetzigen Gemeinden Menzingen u. Neuheim, Kt. Zug.
— die lute an dem Berge, I 154.
Berg (unbestimmbar, im Kt. Zürich).
— Mechtildis ab dem Berge, II 314.
Berg, der —, s. Zugerberg.
Bergach (Ort, n. von Ehingen, Kgr. Württemberg).
— — Berchach by Ebingen, II 463.
— — vischentzen ze Benchach bi Ecbingen, II 463.
Bergalingen (Df., s. v. Gersbach, mit dem Hof Glashütten, im Gh. Baden).
— — Beringering, Beringeringen, I 64.
— — Glashüt(t)e Beringering (die alte) — I 64, 65.
— — süre, I 64.
Bergen (Ort, s. v. Ruswil, Kt. Luzern).
— Beringeringen, I 200.
— süre ze — I 201.
— t. u. b., d. u. v. ze — I 200.
Bergerriet (unbestimmbar, vielleicht Bergerhausen, ö. v. Biberach, Kgr. Württemberg), II 472.
— 7 tagwan wisentz gelegen in — II 472.
Bergheim (Ort, s.-w. v. Schlettstadt im Elsass).
— Bercheim, Bergheim, I 49, II 269, 270, 271.
— — der von — I 49.
— — universitas ville de — II 269.

— — villa de — II 270.
Berg-Öschingen (Ort, n. v. Kaiserstuhl, im Gh. Baden).
— — der hof Eschinon, II 770.
Bergatos (Ort, n.-ö. v. Romoos, Kt. Luzern).
— Heinrich von Bernatos, II 462.
Berikon (Berkon, Df., ö. v. Bremgarten, Kt. Argau).
— Bergheim, I 148.
— — d. a. v. ze — I 148.
— — weybhübe (weid- oder weibelhube) ze — I 148.
Beringen (Habsburgischer Eigenmann, zu Ringwil, Kt. Zürich), II 201.
Beringen; s. auch Böringen.
Beringer (Name eines Bauern zu Winterthur, Kt. Zürich).
— — der — I 333.
Beringering, s. Bergalingen.
Beringeringen, s. Bergalingen u. Bergen.
Berkamer zehend (unbestimmbar, kaum von Berkheim im württembergischen O.-A. Esslingen), II 461.
Berlikon (Df., s. v. Wolfhausen, Kt. Zürich).
— — Berlincon, Berlinkon I 269, 270, II 80.
Berlincon, Berlinkon, s. Berlikon.
Bern (Hauptstadt des Kantons Bern).
— Bern, Hern, II 373, 554, 557.
— Gerhart von — burger ze Tun, II 557; s. auch Tun.
— Peter ze Kröchtal von —, II 554; s. auch Krauchtal.
— scultetium in —, II 373.
Bernau (Pfd., n.-w. v. St. Blasien, Gh. Baden).
— — dorf ze Bernowe, I 82.
— — dûb und totslag ze — I 82.
— — vogtrecht ze — I 82.
Bernau (Ort, unterhalb von Waldshut, im Kt. Argau).
— — nûtz gen A(w) an die burg, II 565.
— — untz gen Bernow in die burg, II 592.
Bernbrunnen, s. Bärenbrunnen.
Bernegg (Weiler, n.-w. v. Wald, Kt. Zürich, Heimat eines St. Galler Ministerialengeschlechts).
— — . . . de Bernegge, II 287.
Berner (Name verschiedener Leute).
— der — selig (von Baden im Argau), II 572.
— — Henmans Berner's hofstat (daselbst), II 557.

— — Heinrich —, von Burgow (Burgau in Baiern), II 460.
Bernhart, die — (Bauern zu Pfungen, Kt. Zürich), II 477.
Bernol, s. Perlen.
Bernow, s. Bernau.
Bernatos, s. Bergatos.
Bernweiler (Ort in Hohenzollern-Sigmaringen, Kgr. Preussen).
— Bernwiler, I 426.
— — der vrien lüte güt ze — I 426.
— — stüre ze — I 426, 427.
— — t. u. b., d. u. v. ze — I 426/427.
— — wüsts güt ze — I 426/427.
Bero, s. Bär.
Berolzhamer (Geschlecht zu Günzburg, im Kgr. Baiern).
— — der alt — II 467.
Beroltzwile, s. Büretswil.
Bero-Münster (auch St. Michaels-Münster, Chorherrenstift, n.-ö. v. Sursee, Kt. Luzern).
— der cunter von Münster, II 697.
— die herren (von Münster), I 223, II 721, 724, 728.
— ecclesia Beronensis, II 277, 337.
— mancipium ecclesie Beronensis, II 277.
— mancipium Sancti Michaelis, II. 280.
— (dominus) prepositus Beronensis (probst ze Münster), I 226, 227, II 214, 281.
— Sand Michels lüt von Münster, II 645.
— Sant Michels (Michels) ampt, II 735, 756.
— s. auch Münster.
Berów, Bernwe, s. Berau.
Bersikon, Bersincon, Bersinkon, s. Bertschikon.
Bertenhöle (unbestimmbar, wohl bei Meggen, Kt. Luzern).
— — die lüte ze — I 210/211.
Bertholdus, s. Berchtold.
Bertiswil (Df., n.-w. v. Rotenburg, Kt. Luzern).
— — Berteswile, I 199.
— — sture ze — I 199/200.
— — t. u. b., d. u. v. ze — I 200.
Bertoldus (Bauer zu Unlingen, Kgr. Würtemberg).
— — mansus Bertoldi, II 229.
Bertschikon (Ort, n.-ö. v. Wintertur, Kt. Zürich).
— — hüb ze Bersikon by Winttertur, II 497.

Bertschikon (Df., n. v. Gossau, Kt. Zürich).
— — Bersincon, Bersinken, Persinchon, I 279, II 91, 294, 295, 299, 300, 396, 501.
— — der vryen laten gût ze — I 279.
— — ein gütli ze — I 279.
— — t. u. h., d. u. v. ze — I 279.
— — Mechtildis de — II 294.
— — filie Walteri de — II 294.
— — Cunradus villicus de II 299.
— — dictus Höber de — II 300.
— — Waltherus sutor de — II 295. 2 hoff ze Hertzikon (verschrieben), II 501.
Bertschiss, Rüdy — (Bauer im Birrfeld, bei Brugg, Kt. Argau) II 536.
Besenbüren (Df., s. v. Hermetswil, Kt. Argau).
— — Bessembürron, Besenbüren, I 141, II 583.
— — d. u. v. ze — I 141.
— — vogty ze — II 563.
Besser, Heinrich der — (von unbestimmbarer Herkunft), II 464.
Besser dictus (Name von schwäbischer Herkunft), II 242.
Besserer, dicta (habsburgische Hörige in Zürich), II 247.
Besserstein (Ruine, s.-w. v. Villigen, Kt. Argau).
— — das burgstal, das da heisset — I 106.
Bessoncourt (deutsch Bischingen, Ort, ö. v. Belfort, Frankreich).
— — Wilhelm von Wisskurt, II 432.
Betelnhusen, Betlenhusen, s. Bettelhausen.
Betler (Geschlecht von Borg Herdern, Kt. Turgau).
— — Cünrat — von Herdern, II 514.
— — Her Jacob gehaissen Betlaer, II 400.
— — Jacob der Betbler, II 639.
— — des egenanten Bethlers erben, II 600.
Betmaringen, von (Geschlecht zu Schaffhausen).
— — Wernher Betmeringer, II 547.
Betschler (Ritterliches Geschlecht von Kaisersberg im Elsass).
— — die Betscheler, II 435.
Bettelhausen (Df., s.-w. v. Strass, Kt. Turgau).
— Betelnhusen, Betlenhusen, II 485, 498.
— — hoff (ze) — II 485, 498.

— — zehenden, II 498.
Bettendorf (Df. bei Hagenau im Elsass).
— — Bettendorf, Böttendorf; bi Hagnów, II 594, 677,678.
Betwil (Pfd., s.-w. v. Muri, Kt. Argau).
— — das dorff ze — mit twing und mit bennen ober holtz, ôber veit und mit allen gerichten, ân allein das den tod anrürt, mit vogtstör etc. — II 533.
Bettenwile, Bettenwiler, s. Altenzweiler.
Beturchingen, s. Ritterkinden.
Betzental (Weiler, n.-ö. v. Unter-Embrach, Kt. Zürich).
— — Betzendal, Betzental, Bezendal, Bezzendal, I 261, 262, II 62, 63, 78, 497.
— — de — II 63.
— — Heinricus de — II 62, 78.
— — Heinrichs schöpos von — I 261.
— — hof ze — II 497.
— — Betzendals höbe, I 262.
Betzing (Name eines Bauern zu Langenenslingen, Kgr. Würtemberg), I 408.
Benggen (Pfd. mit ehemaligem Deutschordenshaus, n. v. Rheinfelden, im Gh. Baden).
— — Bucheim, Bukeim, Bôkein, Buochen, II 122, 123, 126, 128, 129, 132, 714, 720, 724, 731.
— — Bertschmann von — II 724.
— — Henman von — II 714, 724, 731.
— — die herren von — II 720, 724.
— — her Mangolt (Manegolt) von — II 122, 123, 126, 128, 129, 132.
Beuren, von (ritterliches Geschlecht, wohl von Beuren im Kgr. Würtemberg).
— — dominus de Burron, II 253.
— — dictus Burrer, II 334.
Beuron (ehemaliges Chorherrenstift bei Friedingen im O.-A. Sigmaringen, Kgr. Preussen).
— — Burren, Burron, I 442, 467, II 244.
— — das gotzhus von — I 442.
— — der herren muli von — I 467.
— — domini de — II 244.
— — dû vogtey der güter von — I 442.
Bevans, s. Bavans.
Bewangen (Weiler, s.-w. v. Frauenfeld, Kt. Turgau).
— — Clausen säligen kint von Bewang, burger ze Frowenfelt, II 510.
Bezenhusen, s. Botzenhausen.

Bezikon (Hof, a.-ö. v. Hinwil, Kt. Zürich).
— — Betzinkon, Bezicon, Bezzen, I
309, II 30, 406.
— — advocatia super liberos, II 30.
— — der vryen lute güt ze — I 308.
— — vogtey ze — II 406.
Bibelos (Hof, n.-ö. v. Bremgarten, Kt.
Argau).
— — invang genant Libellos (wohl
verschrieben für Bibellos), II 564.
Biber (Bürgergeschlecht von Zürich).
— — der — von Zürich, II 611.
— — dictus Byher, II 353.
— — her Rûdolf — II 761. 776.
Biber (Gutsbesitzer zu Dogern im Gh.
Baden).
— des Bibers güt ze Togern, II 544.
Biberach (Würtemberg, O.-A.-Stadt).
— — wisen ze — II 472.
Biberli (Bürgergeschlecht von Zürich).
— Cunrat — von Zürich, II 495.
— Cunrat und Wernher Biberlin, ge-
brüder von Zürich, II 481.
Biberlochin (wohl an der Töss?).
— — by den — II 495.
Biberstein (Df., n.-ö. v. Arau, Kt. Argau,
mit einer ehemaligen Johanniter-
Comturei).
— Biberstein, I 160, II 106, 177, 199,
721, 723, 727, 759.
— — (der) commendur ze (von) — II
721, 723.
— — dû grossen gericht von dem
Wissenbache ze — II 759.
— — (ein) owe ze — I 160, II 106.
— — Johans — II 539.
— — Johannes dictus — II 204.
Bickishausen (Ort, n. v. Münsingen,
Kgr. Würtemberg).
— — Bichinshusen, Bichlshusen, I 468,
470, II 265.
— — gerichte und gemeinmerche ze —
I 408.
— — gerichte ze — I 470.
— — güter (bona) ze (in) — I 461, II
265.
— — turn (turris) ze (in) — I 468,
II 265.
Bickingen (oder Bickigen, Ort, n.-w.
v. Gutisberg, Kt. Bern).
— — Biechingen, II 7.
Biedermanne, dicti — ze dem Wile.
(Hörige der Propstei Zürich zu Küss-
nach, Kt. Zürich), II 319; s. auch
Wile.

Biedertal (Ort, a.-ö. v. Pfirt im Elsass.)
— — Bidertal, Biedertal, Biederten,
Byedertan, I 13, 51, II 723, 792, 778.
— — hof (bov) ze — I 13, 51.
— — mûli ze — I 13.
— — t. u. b., d. n. v. ze — I 13.
— — Rûdi von — II 723, 792.
Bielicker (Orl, n.-ö. v. Lupfig, Kt.
Argau).
— — Jekli von Biela, II 337.
Biere, s. Birr.
Bierhof, der(Hof zu Kiburg, Kt. Zürich).
— — Bierhof, Birhoff, byerhof, I 306,
II 75, 698.
— — curtis — II 75.
— — hoff, genannt — ze Kyburg,
II 698.
— — curia Bierdorf(wohl verschrieben),
II 58.
Bierli (Bauer im Eigen bei Brugg, Kt.
Argau).
— Burcardus — II 47, 48.
Bierstetten (Ort, ö. v. Saulgau, Kgr.
Würtemberg).
— — Büstetten, Bülstetten, I 384,
II 219, 254.
— — stura, sture, I 384, II 219, 254.
Bietal, s. Riotal.
Bietenholz (Weiler, w. v. Illnau, Kt.
Zürich).
— — Rudolfus de Bôtenholtz, II 316.
— — Ulricus de — II 316.
Bletingen (Ort, n.-w. v. Diessenhofen,
im Gh. Baden).
— — villici in Bütingen, II 329.
Bigenstoss (nnbestimmbar, wohl bei
Uriadelwald, Kt. Bern).
— — gut am — II 579.
Biglen (Pfd., ö. v. Worb, Kt. Bern).
— — Bigiln, II 11.
Bikkenweiler (abgegangener Ort, wohl
bei Friedberg, Kgr. Würtemberg).
— — Bikkenwile, Bikkenwiler, I 372,
II 251.
— — hof ze (curia in) — I 372, II 251.
Bildstein (Schloss, n.-w. v. Rappolts-
weiler im Elsass).
— — Bilstein, I 19, 20, 41, 44, 52, II 446.
— — burg — I 19.
— — burgman ze — I 44, 52.
— — das nider huse ze — II 446.
Bilgri (altes Bürgergeschlecht von
Zürich).
— — Nicolaus — II 7d5.

— — Nycolaus — und Heinrich sin brüder, II 765.
— — Nycolaus — Johans und Heinrich gebrüder, II 765.
Bilgris Rüti (unbestimmbarer Flurname, wohl bei Bur, Kt. Argau), II 568.
Billikon (Weiler, s. w. v. Kiburg, Kt. Zürich).
— — Billicon, der hof ze — II 402.
Bilstein (Ober und Unter —, zerstreute Häuser, s. bei Urberg, Gh. Baden).
— — Bilstein, dub u. totslag ze — I 82.
Billen (Pfd. im Kt. Glarus).
— — Billiton, tagwan ze — I 505.
Bilsheim (Df., ö. v. Rufach im Elsass).
— — Biloltzheim, I 3, 47.
— — sture von darkomenen luten, I 3.
Binchincon, s. Binzikon.
Binder (Bürgergeschlecht von Winterthur, Kt. Zürich).
— die Binderre, I 329.
Bindo (Name eines Bauern von Birr bei Brugg, Kt. Argau).
— Conradus — de Biro, II 48, 50.
Bingen (Pfd., n.-ö. v. Sigmaringen, im Kgr. Württemberg).
— — Buningen, Büningen, I 437, II 220, 243, 244, 333.
— — bargstal und holtz und berge ze — I 438.
— — güt ze (bona in) — I 437, II 244.
— — hof, der köffel ist umb den von Bötelschiess, I 437.
— — kilchen ze (ecclesia in) — I 437, II 220.
— — meyerhof ze (curia villici in) — I 437, II 243.
— — muli ze — I 438.
Bingen (Stadt, w. v. Mainz, Gh. Hessen).
— datum vor Pingen, II 653.
Binhausen (abgegangener Ort bei Riedlingen, Kgr. Württemberg).
— Binbusen, I 414, II 227, 261.
— güt ze (bona in) — I 414, II 227.
Binhuser, der (von Binhausen), I 385.
— curia dicti Binbusers — II 229, 247.
Binsholz (Name eines Bauern vom Binsberg bei Dürnten, Kt. Zürich).
— dictus — II 80.
Binz (Df., ö. v. Wettingen, Kt. Argau).
— Bintzen, t. u. b., d. u. v. ze — I 115.
Binzikon (Df., s. v. Grüningen, Kt. Zürich).

— — Binchincon, Bintzikon, I 275, II 80.
— — der vryen luten dingstat ze — I 275.
— — t. u. b., d. u. v. ze — I 275.
Bira, s. Birr.
Birch (Flurname, s. v. Unter-Embrach, Kt. Zürich).
— — Petrus de — et soror sua in Birche, II 311.
— — vogty ze — II 475.
Birchartzwile, s. Richartzwile.
Birche, s. Birchenfeld, Birri.
Birchenfeld (Ort, s.-ö. v. Arburg, Kt. Argau).
— — schüppossen ze Birche, I 490.
Birchenhof, s. Birrenlauf.
Birchidorf (Bürgergeschlecht v. Baden, Kt. Argau).
— — Birchidorf von Baden, II 549, 593.
— — Heini — burger ze Baden, II 585.
Birchingen, s. Birhingen.
Birchwil (Df., n. v. Bassersdorf, Kt. Zürich.)
— — Birchwile, I 252, 306, II 60, 76.
— — der vryen lute güt ze — I 306.
— — sture ze — I 252.
— — t. u. b., d. u. v. ze — I 306.
Birckfelt (unbestimmbarer Flurname).
— — zehent uff dem — II 489.
Birdorf, s. Birndorf.
Bire, s. Birr.
Birfeld, s. Birrfeld.
Birhart, s. Birrhard.
Birhoff, s. Bierhof.
Birkingen (Ort, w. v. Waldshut, Gh. Baden).
— — Berchingen, Birchingen, I 70, 84, II 128.
— — die vrigen lüts d. dorfes ze — I 70.
— — d. u. v. ze — I 84.
— — leben ze — I 84.
— — vogtüre ze — I 70.
— — zwei hove ze — I 70.
Birmensdorf (Pfd., w. v. Baden, Kt. Argau).
— — Birmenstorf, Birmestorf, I 120, II 528, 531, 532, 538, 540, 565, 737, 38.
— — d. u. v. ze — I 120.
— — güt, daz der Ütikon ze — buwet, II 528.
— — götli ze — II 540.
— — kilche — I 737, 738.
— — schüpposzen ze — II 531.

— — twing ze — II 565.
— — vogteya ze — II 761.
— — Peter von — II 565.
— — Werne von — II 540.
Birmensdorf (Pfd., s. v. Urdorf, Kt. Zürich).
— Birmistorf. I 119.
— d. n. v. ze — I 119.
— ussidelinge ze — I 119.
— vogtstöre ze — I 119.
s. auch Oberrudorf.
Birndorf (Pfd., w. v. Waldshut, Gb. Baden).
— — Birdorf, d. o. v. ze — I 71, 84.
— — zwei lehen ze — I 84.
Birr (Pfd., n. v. Brugg, Kt. Argau).
— Biere, Birn, Biro, Diren, Byrn, I 132, 133, II 50, 114, 529, 530, 532, 536, 539, 542.
— dorf ze — II 114.
— hof ze — I 132.
— schöpos, schöppotzan ze — I 132, II 533.
— t. a. b., d. n. v. ze — I 133.
— ze — in banne, II 542.
— Conradus Bindo de — s. Bindo.
— Chüny und Johans Swab von — s. Schwab.
— Johans Widmer von — s. Widmer
— vidus de — II 50.
Birrenlauf (Df., w. v. Lupfig, Kt. Argau).
— — Birchenlof, Birelöf, Birolof, Birolf, II 49, 114, 528, 529.
— — Conradus de — II 49.
— — das güt zû — II 528.
— — möli ze — II 114.
Birrfeld (Ebene, n.-ö. v. Birr, Kt. Argau).
— — Birfeld, Birrfeld, Birveld, Birvelde, I 135, II 529, 530, 532, 536 bis 538, 540, 543.
— — aker uf dem — II 543.
— — gerûte uffen — I 135.
— — juchert (lehen) uff dem — II 520, 530, 533, 536—538, 540.
Birrhard (Df., ö. v. Birr, Kt. Argau).
— — Birhart, Birharte, Birrhart, I 135, II 49, 50, 51, 528, 531—533, 643, 644.
— — t. n. b., d. n. v. ze — I 135.
— — Gernngus nzer — II 49.
— — Jta in — II 49.
— — Johannes Brevis o(n;zer — II 49.
— — Johannes nzer — II 50.
— — Johannes der Lango nzer dem — II 51.

— — Ülricus nzer — II 51.
— — (Personalname) Rûdi Birhart, II 536.
Birri (Df., ö. v. Egg bei Mori, Kt. Argau).
— — Birche, I 148, II 111, 533, 775.
— — d. o. v. ze — I 148.
— — vogtei (vogty) ze — II 533, 775.
Birrwil (Pfd., n. v. Beinwil, Kt. Argau).
— — Byrwile, d. u. v. ze — I 176.
Birs (Nebenfluss des Rhains).
— — Dirze, I 35.
Birstal, s. Laufen.
Birveld, Birvelde, s. Birrfeld.
Bischof (Name verschiedener Leute).
— — Berchtoldus — (Hörig. d. Klosters Einsideln zu Egg, Kt. Zürich), II 209.
— — Peter — (Bürger zu Tun oder Unterseen, Kt. Bern] II 556.
Bischofbach (unbestimmbarer Bach im Elsass), II 410.
Bisel (Ort, s.-w. v. Hirsingen im Elsass).
— — Bisal, Byzol, I 34, II 430.
— — ban ze — II 426.
— — hus ze — II 480.
— — sture — I 84.
— — t. n. b., d. n. v. — I 34.
— Sinselil (wohl verschrieben), II 426.
Bisenstein selig (Bauer bei Grindelwald, Kt. Bern), II 579.
Bisikon (Df., w. v. Illnau, Kt. Zürich).
— Bisech, Bisecht, Bisechten, Bischt, Bissebt, Pisachten, I 290, II 45, 59, 75, 89, 390, 482, 683.
— — hof (ze) — I 290, II 390, 683.
— — vogty ze — II 482.
Bisin (Gutsbesitzerin zu Unlingen, Kgr. Würtemberg).
— — bonum dicte — II 228.
Bittelschiess (ehemalige Burg, s.-w. v. Krauchenwies im preussischen O.-A. Sigmaringen).
— — Biteschies, Bhtelschies, I 437, II 244.
— — bona in — II 244.
— — der von — I 437.
Bitterkrut (Bürgergeschlecht von Mellingen, Kt. Argau).
— — Bitterkroth, Pitterkrut, II 576, 740.
— — Hans — scholtheiss ze Mellingen II 576.
— — Hans — II 740.
Bittwil (Df., n.-ö. v. Rapperswil, (Kt. Bern).
— — Butwiler, II 18.

Bladollzhein, s. Blodelsheim.
Blanco, Blanko (Geschlecht v. Sur oder Arau, Kt. Argau).
— — Gerung — von Sar, II 567.
— — Rüdi — II 567.
Blasen, der (Berg u. Hof, n.-ö. v. Höchstetten, Kt. Bern).
— —Blasim, II 12.
Blasien St. (ehemalige Benediktinerabtei im Gb. Baden).
— Sant Blasien, Sant Bläsi, Sanctus Blasius, Sant Ble(i)sen, Sant Bleisigen, Sant Blesi. Sant Bles(i)en, Sant Blesien, Sant Blesien, Sant Blesigen, Sant Blesy, Sant Blesyen. I 64, 78, 79, 85, 86. 109—111, 114, 289, 241, 450, II 127, 243, 802—304, 307, 324, 332, 349—351, 352, 353, 357, 365, 370/371, 440, 495, 550, 584, 720, 723, 727, 736.
— — der abt (apt) von — II 127, 723, 727, 736.
Besitzungen:
— — curia in Aszelvingen — II 370.
— — curia Luvingen — II 357.
— — curia ze Nidern-Entberg — II 353.
— — curia in Nider-Rode — II 350.
— — curia in Nüristorf — II 353.
— — curia in Obern-Affoltern — II 353.
— — curia Schiffon — II 350.
— — curia in Sneyssang — II 349.
— — curia in Stadeln — II 351.
— — curia in Winlach — II 350.
— — curia in Wysch — II 351.
— — curia in Zielvingen — II 243.
— — curia Zimbern — II 370/371.
— — die gotshuserngüter von — in der kilchery ze Entlibûch, II 564.
— — ein halb hof ze Toyerfelt — I 114.
— — hof ze Uaden sem Dorfe — I 111.
— — hof der herren von — ze Walabûch, I 64.
— — 3 hôve ze Obern-Eredingen — I 111.
— — kastvôgt d. gotshuses von — I 79.
— —kelnhof ze Oiselingen — I 86.
— — der kilchen wideme ze Kilchdorf, I 109.
— — lüte des gotshuses von — I 85.
— — lüte von Ildeinrholtz und von Vinsterlo, I 79 ff.
— — löt in dem kilchspel ze Öre-stetten, II 440.
— — (die) löt von — ze Holtzikon, II 559.

— — mancipia Sancti Blasii — II 302, 303, 304, 307, 328, 332.
— — mansus in Engen, II 370.
— — manasus in Obern-Glatta, II 352.
— — meigerhof ze kilchdorf — I 109.
— — possessiones juxta Thuregum, II 365.
— — schüppüs ze Nussbomen — I 110.
— — schüppose ze Suntzingen — II 495.
— — schüppozan ze Obern-Löcbringen, I 85.
— — schüppozen ze Wile — I 111.
— — villa Mettendorf — II 349.
— — zwo widemen ze Obern-Löchringen, I 85.
Diaster (Geschlecht von Winterthur, Kt. Zürich).
— — Johans — von Winterthur, II 511.
Blatten (Ort, w. v. Grindelwald, Kt. Bern).
— güttli (gütli) uff der — II 570.
Blatten (Ort bei Maltern, Kt. Luzern).
— — Balletten, vogty ze — II 584.
Blatten, s. Platten.
Blatter, (Bauer zu Embrach, Kt. Zürich).
— — der — I 263.
— — dictus — II 79.
Hlatzheim, -n, s. Blotzheim.
Blauenstein (Burg bei Balstal, Kt. Solothurn, Sitz eines ritterl. Geschlechts.
— — (der von) Blawenstein, II 722, 732.
Bleienbach (Pfd. b. Langental, Kt. Bern.)
— — Bleichenbach, der (kilchherr) von — II 725.
Bleiken (Df., s. v. Saigen, Kt. Turgau).
— Bleichon, II 510.
Ble(i)sen St., Bleisigen St., s. Blasien St.
Blent, s. Pleigne.
Blesi St., Bles(i)en St., Blesien St., Blesien St., Blesigen St., Blesy St., Blesyen St., s. Blasien St.
Blete, s. Plete.
Bleulikon (Ort, n. v. Hitzkirch, Kt. Luzern).
— — Blawelikon, Blüwelinchon, Plawelinkon, I 222, II 3, 101.
— — gût ze — I 222.
Blickensdorf (Df., n.-ö. v. Bar, Kt. Zug).
— — Bliggenstorf, d. n. v. ze — I 154.
Blidesheim (abgegangener Ort, wohl ö. v. Ensisheim im Elsass).
— — Blidollzhein, I 7.
— — store — I 7,8.
— — t. n. b., t. u. v. — I 8.

Bliensweiler (Ort, n. v. Schlettstadt im Elsass).
— — Bliensswilr, I 20, 56.
— — sture se — I 20.
Blochingen (Ort, n. v. Mengen, Kgr. Würtemberg).
— — I 374, II 156, 220, 236, 254, 255, 256.
— — güt ze (bonnm in, feodnm apnd) — I 374/375, II 156, 254.
— — Cnnrats güt bi der mnli (bonam Conradi apud molendinnm), I 374, II 220, 256.
— — hof ze — I 874.
— — kilche ze (ecclesia apnd) — I 375, II 156, 250.
— — kilcher ze — II 468; s. anch Schelklingen.
— — meyerhofer ze (cnria villici in) — I 374, II 156, 255.
— — muli ze (molendinnm apnd) — I 374, II 156, 256.
— — stura, sture — I 376, II 157, 220.
— — t. n. b., d. n. v. se — I 376.
— — vischentz ze (piscina in) I 375, II 256.
Blodelsheim (Df., 0. v. Ensisheim im Elsass).
— — Bladoltzhein, Blodeltzhein I 7, 46, 52, II 427.
— — muli ze — I 7.
— — sture ze — I 7.
— — t. u. b., L. u. v. ze — I 7.
Blomberg, s. Blnmenberg.
Blotzheim (Df. u. ehemaliges Kloster, n., w. v. Basel, im Elsass).
— — Blatzheim, Blatzhein, I 15, 30.
— — chloster — I 15.
— — dingbof ze — von Mürbach, I 30.
— — dorf ze — I 30.
— — sture ze — I 30.
— — t. n. v. ze — I 30.
Blum (Bürgergeschlecht von Baden, Kt. Argau).
— Adelheit Blümin seligen husfröw, II 511.
Blumenan (unbestimmbarer Flurname).
— — die öwen, die man nempt Blümnow, II 592.
Blnmenberg (Blomberg, Burg bei Tengen, Gh. Baden).
— — Ecbreht von Blümenbr, II 737.
Blnmenegg (Ort im had. Bez.-A. Bonndorf, Sitz eines ritterl. Geschlechts).

— — Blümenegg, Blümenegge, II 328, 680.
— — dominus de — II 328.
— — Margareta von — II 680/681.
Bnmpenbach (Burg bei Waldshnt, Gh. Baden).
— — her Sifrid von — II 127.
Blümenberg, s. Florimont.
Blümöow, s. Blomenan.
Bluwclikon, Blüwelinchon, s. Blenlikon.
Bobensol, s. Boppelsen.
Boche (Bauerngeschlecht v. Dentingen bei Riedlingen, Kgr. Würtemberg).
— — Bentz — I 387.
— — ein andre Bentz — I 387.
Bochseler (Geschlecht zu Embrach, Kt. Zürich).
— — Bochseler, Bochseeller, Bochslarius, II 103, 122, 187.
— — der Cnonrat der — II 103, 122.
— — relicta dicti — militis, II 187.
— — her Cnonrat der Wächsler (wohl verschrieben) II 113, 115.
Bodenberg (Weiler u. Berg, n. v. Zell, Kt. Luzern).
— — Bodemberg, t. n. b., d. n. v. ze — I 183.
Rodenberg (unbestimmbarer Ort bei Brittnau, Kt. Argau, vielleicht der Beatenberg).
— — Badenberg, Bodenberg, I 402, II 751.
Bocklin (Bürgergeschlecht von Luzern).
— — Hans Höckkli, Anna sin tochter, II 586.
— — Hans Böklin, II 667.
Bjczberg, s. Bötzberg.
Böchlin (Name eines Bauern zu Embrach, Kt. Zürich).
— — Bokelin, Böklin, I 261, II 02, 78.
Bög (unbestimmbarer Ort, wohl bei Hettlingen, Kt. Zürich).
— gût ze — II 510.
Böhringen (Pfd. im bad. Bez.-A. Konstanz).
— Beringen, I 457.
Bölle, Rölle, s. Bonrogne.
Böle, s. Röhl.
Bönkon, s. Benken.
Böschenrot (Ort, ö. v. Meierskappel, Kt. Luzern).
— — Böschenroden, I 229.
Bösenwil (Ort, w. v. Brittnau, Kt. Argau).
— — Bösenwile, scopose in — II 343.
Bösinger (Name eines Söldners?), II 728.

Böllendorf, s. Boltendorf.
Böllingen (Ort, ö. v. Münsingen, Kgr. Würtemberg).
— — Böllingen, I 465, 469, 470.
Bötstein (Df. u. Burg, s. v. Langgern, Kt. Argau).
— — Bötstein, Bötzstein, I 78, II 551, 505, 592.
— — dú dritten gerichts, d. n. v. ze — 77/78.
— — die kleinen gericht und all gotzhuseläte Sant Fridlis und die frigen lát ze — II 592.
— — vogtgüter (vogtgüter) und vogtlüt(e) ze — II 551, 565.
Bötzberg (Berg u. Pfd., im Kt. Argau).
— — Döcxberg. Bolxberg, Hötzberg, Bötzberg, Butzperg, Itoxberg, Bösberg, Bözberk, Bözeberch, Bösiberg, Bössberg, I 102, 103, 107, II 51, 121, 179, 184, 187, 190, 195, 539, 542, 543, 614, 635, 664, 673, 710, 724, 725, 732, 735, 736.
— — äcker n.rütinan affen dem — I 103.
— — aker uff dem — II 542, 543.
— — ampt (officium) — I 102—107, II 187, 190, 195, 735.
— — bona obligata in — II 179, 184.
— — census in — II 51—52.
— — der (kilchherr) von — II 725.
— — die ab dem — II 725.
— — di eigen affen — II 121—123.
— — kilche — II 736.
— — lechen uff dem — II 539—542.
— — mons — II 190.
— — redditus obligati in officio — II 187, 190.
— — stüre uffen — II 195.
— — t. u. b., d. o. v. ze — I 107.
Bötzen (Pfd., s.-ö. v. Frick, Kt. Argau).
— — Bötzen, zehende ze — I 94.
Bogenweiler (Df, s. v. Saulgau, Kgr. Würtemberg).
— — Bogenwile, I 380.
— — die lute ze — I 380.
— — gůt ze — I 380.
— Bůbenwiler (wohl verschrieben), II 158.
Bogner (Bauer z. Degernau, Gh. Baden).
— — des Bogners höbe, II 766.
Bois de l'Achal (Ort bei Grandvillars, Frankreich).
— — Lou bois de Laichail, II 452.

Bokelin, s. Böklin.
Boll (Hügel, s. v. Möntal, Kt. Argau).
— — Bolle, acker an dem — I 105.
Bollingen, s. Boningen.
Bollweiler (Ort, n.-w. v. Mülhausen im Elsass, Sitz eines adeligen Geschlechtes).
— Bollwilr, Isabelle de — II 431.
Bolon, s. Wolen.
Bolstern (Hof, s. v. Ober-Seen, Kt. Zürich).
— Bolsterberg, I 296, II 57.
— — zehende ze — I 296.
Bolstern (Ort, s.-w. v. Saulgan, Kgr. Würtemberg).
— — Bolster, Polster, I 880, II 157, 219, 252, 253, 254.
— — bonum in — II 253, 254.
— — güter ze — I 380/381.
— — hof ze — heisset des Hitzkovers hof (curia dicti Hitzkofers, I 380, II 252.
— — meyerhof ze — (curia villici in) — I 380, II 253.
— — mnli ze (molendinum in) — I, 381, II 157, 254.
Böm s. Baum.
Bombotes, s. Brébolte.
Bomgarte, Bomgarten, s. Baumgarten.
Bomgarthen (Name eines Bauern zu Frauenfeld, Kt. Turgau).
— — Berchtold — II 481.
Boncourt (Pfd., n.-w. v. Pruntrut, Kt. Bern).
— Boncourt, Bůbendorf, I 36, II 457.
— — dú urbar ze — I 36.
Bongarten, Bongarten, s. Baumgarten.
Bongarter, s. Baumgartner.
Boningen (Weiler, n. v. Arburg, Kt. Argau).
— — Bollingen, Boningen, I 490, II 751.
— — güt ze — II 751.
— — hofstat ze — I 490.
— — schüppüssen — I 490.
Boniswil (Df., s.-w. v. Sengen, Kt. Argau).
— — Bonoldswile, vogty ze — II 550.
Bonlanden (Name eines Bauern, Kloten, Kt. Zürich), II 68.
Bondorf (Df., ö. v. Saulgau, Kgr. Würtemberg).
— — Bondorf, stura, sture ze (in) — I 384, II 219, 252, 253.
Bonstengel (Bauerngeschlecht zu Böttingen, Kgr. Würtemberg).

— — Bentze — I 469.
Bonstetten (Pfd. und Burg, n.-ö. v.
 Hedingen, Kt. Zürich, ehemals Sitz
 eines freiherrlichen Geschlechts).
— — Bönstetten, Bonsteten, Bonstetten, Bönstetten, Boumsteten, Baum-
 stetten, Bünstetten, I 147, II 89, 100,
 387, 389, 394, 396, 681, 691, 692, 698.
— — der Bonstetter, II 693.
— — der von — II 387, 389, 394, 396.
— — dominus de — II 89.
— — d. n. v. ze — I 147.
— — Hans von — II 691.
— — Haas n. Rûdolf (Rûdolf von —
 II 681, 692.
— — her Herman von — II 100.
— — Johannes de — II 681.
Boppelsen (Df., n.-ö. v. Otelfingen, Kt.
 Zürich).
— — Bobensol, Boppensol, I 115, 240.
— — hof des gotshus von Einsidellen
 ze — I 240.
— — t. n. b., d. n. v. ze — I 240.
— — nsidelinge ze — I 115.
— — vogtlüte ze — I 115.
— — vogtstûre ze — I 115.
— — widemo ze — I 240.
Boracher, der (unbestimmbarer Flur-
 name im Kt. Zürich), II 515.
Boroigne, s. Bourogne.
Borte, s. Port.
Boschen (Name eines Gutsbesitzers zu
 Altheim, Kgr. Württemberg).
— — molendinum dicti — II 226.
Bosinkem (Name eines Gutsbesitzers
 bei Embrach, Kt. Zürich).
— Bosinkems hofstat, II 473.
Bosshart (Geschlechtsname im Kt.
 Zürich)
— — Heinricus Boshart et sui liberi
 (Hörige des Fraumünsters in Zürich
 zu Hörnen bei Bauma), II 314.
Bossikon (Df. u. Burgruine, w. v. Hin-
 wil, ehemals Sitz eines ritterlichen
 Geschlechts).
— — Bossinkon, I 264, II 64.
— — der von — I 264.
— — dominus de — II 63/64.
Bosso (Name eines Gutsbesitzers zu
 Kirchheim, Kgr. Württemberg).
— — Wolf — und sin brûder Walther,
 II 463.
Boswil (Pfd., n. v. Muri, Kt. Argau).
— Boswil, Boswile, Boswilr, I 141, II
 340, 531, 719, 732, 735, 775.

— — d. u. v. ze — I 141.
— — kilche — II 735.
— — vogtei ze — II 775.
— — zehenden ze — II 531.
— — Eberli von — II 719, 732.
— — Heinricus de — II 340.
Botans (Ort, s. v. Belfort, Frankreich).
— — Botten, zehenden ze — II 438.
Bottenwil (Df., ö. v. Zofingen, Kt.
 Argau).
— Bottenwil, Bottenwile, II 283, 585.
— — schûpossen, holtz und velt ze —
 II 585.
— — Walthernu. Burchardus, Ulricus
 et Arnoldus de — et tres eorum
 sororess, II 283.
Bottigen (Df., w. v. Bümplitz, Kt. Bern).
— — Bottingen (novalia), II 24.
Boltin, Margreta — (Gutsbesitzerin bei
 Birr, Kt. Argau), II 530.
Botzen, s. Bozen.
Botzenhausen (Ort bei Freiburg im
 Breisgau, Gh. Baden).
— — her Friderich von Bezenhusen,
 II 767.
Böchove, s. Buchau.
Bögarten, s. Baumgarten.
Böhari, der (ritterlicher Gutsbesitzer
 zu Blodelsheim, Elsass), I 46.
Bömer (habsburg. Eigenmann v. Ans-
 likon, Kt. Zürich), II 815.
Bonmstetten, s. Bonstetten.
Böngarten, s. Baumgarten.
Bönstetten, s. Bonstetten.
Bonrogne (Ort, n.-w. v. Delle, Frank-
 reich).
— — Belle, Bölle, Bölle, Boroigne, I
 38, 56, II 418, 452.
— — bann ze — 416.
— — lute in dem meiertûn ze — I 38.
— — mûli ze — I 38.
— — sture ze — I 38, 56.
— — t. u. b., d. n. v. ze — I 38.
— — villa seu parochia de — II 452.
Bowald ? (Wald, s.-ö. v. Rikeu, Kt.
 Argau).
— Bonwald, ze Riken vor dem — II
 752; s. auch Riken (Kt. Argau).
Bozen (Stadt in Tirol).
— — Botzen, datum in — II 702.
Brüchli (Ort bei Hergiswil, Kt. Nid-
 walden).
— — Brechli, lehen ze — — II 762.
Brüttigen (Weiler, ö. v. Menzingen,
 Kt. Zug).

— — Brettingen, d. u. v. (ze) — I 153.
Brailveltt, s. Breitenfeld.
Brandes (Bauer zu Kloten, Kt. Zürich).
— — predium — II 67.
Brandholz (Wald, s. v. Wetzikon, Kt. Zürich).
— — Brandholtz, das — ze Wetzikon, II 496.
Brandis (verschwundene Burg zwischen Lützelflüh und Rüegsau, Kt. Bern, Sitz eines freiherrlichen Geschlechts).
— — Jacob von — schultheiss ze Undersewen, II 579.
Bratt, s. Bretten.
Brattelen, s. Prattelen.
Brunnenweiler (Pfd. ö. v. Saulgau, Kgr. Würtemberg).
— — Brunenwile, kilche ze (ecclesia in) — I 384, II 232.
Bréhotte (Bruderbach, Ort, n. v. Delle, Frankreich).
— —Bomhotes, Bûhotes, II 450, 453.
— — Birchart von (Richardus de) — II 450, 453.
Brechli, s. Brächli.
Dreisach (Alt —, Stadt u. Festung, o.-w. v. Freiburg, Gh. Baden).
— — Brisach, hern Spenlis sûne von — I 6.
Breite (unbestimmbarer Hof, jedenfalls bei Mensiken, Kt. Argau).
— — Gebreiten, hof an der — I 173.
Breitelen (Ort bei Hombrechtikon, Kt. Zürich).
— — Gebreiton, Heinricus de — II 297.
Breitenbach (Df., n. v. Weiler i. Elsass).
— Breitenbach, das torf ze — I 21.
— — zwo sagmülin ze — I 21.
Breitenfeld (abgegangener Ort, s. v. Bach, Kgr. Würtemberg).
— — Braitvelt, I 471.
Breitenfeld (Ort, s. v. Detzeln, Gh. Baden).
— — Breitenvelt, wingarte ze — I 02.
Breitenheim (abgegangener Ort, ö. v. Rappoltsweiler im Elsass).
— — Breitenhein, Breithein, II 421, 442.
— — hof, matten und reben zû — II 442·43.
— — twing, henne und gericht von — II 421.
Breitenholz, s. Grand-Bois.
Breiten-Landenberg (ehemalige Burg, s.-ö. v. Turbental, Kt. Zürich. Sitz eines Zweiges derer von Landenberg).

— — her Hermann von der Breitten Landenberg — II 500.
— — her Herman und sines bruders sün von Landenberch, II 390; s. auch Landenberg.
Breitenloh (Flurname zwischen Egliswil und Vilmergen, Kt. Argau).
— Breitenlo, II 205.
Breitenloo (Weiler, n. v. Bassersdorf, Kt. Zürich).
— — Breitlelo, gût ze — II 475.
Breitenmatten (unbestimmbarer Ort).
— — Breitenmatten, gût ze — II 496.
Dreiter (Geschlecht im Kt. Zürich).
— — Berchtoldus dictus — (von Effretikon), II 59.
— der Breitner (von Wintertur), I 398.
Breithein, s. Breitenheim.
Bremen (Df., w. v. Hohen-Tengen, Kgr. Würtemberg).
— Dremen, güter und lute ze — I 378.
Bremen (Hof, s. v. Menzingen, Kt. Zug).
— Bremen, d. n. v. ze — I 153.
Bremgarten (Städtchen im Kt. Argau).
— — Bremgarten, II 111—113, 125, 177, 186, 195, 553, 555, 554, 564, 573, 578, 598, 605, 635, 642, 647, 722, 726, 734, 736, 756, 757, 701.
— — die (Bürger) von — II 756.
— — güte ze — II 177.
— — hofstetthüsen ze — II 112.
— — kilche — II 736.
— — mülinen ze — II 113.
— — officium — II 186.
— — schultheiss ze — II 573; s. a. Eychiberg.
— — stat (ze) — II 112.
— — stüre, stüren ze — II 195, 647.
— — summa de — II 135.
— — vischenz, vischentzen ze — II 112, 558.
— — vogtie ze — II 111.
— — werschatz an der brugg ze — II 112.
— — zol ze — II 112, 635, 642.
— — Chûnrat der meyer von — II 605.
— — s. auch Hus, Pfunang, Sager, Salzmann, Sidler, Slûmeli, Tekko.
Dremse (Bauer zu Seen, Kt. Zürich).
— Dremsen, scopcas dicti, — II 85, 141.
Brennwald (Bürger-Geschlecht von Rapperswil, Kt. St. Gallen).

– – Warlin – von Rapperswile, II 524.
Brentzkofen (abgegangener Ort, a.-ö. v. Sigmaringen, Kgr. Preussen).
– – Brentakon, Bre(n)takoven, Brentzkoven, Bretakoven, I 417, 420, 421, II 220, 237, 238.
– – acker und nawe geräte ze – I 417.
– – census arearum in – II 239.
– – güt ze (bonum in) – I 417, II 239.
– – mühli ze (molendinum in) – I 420, II 237.
– – lüte ze – I 421.
– – stüre ze (stura de) – I 421, II 220.
Bretten (Ort, n. v. Tranbach i. Elsass).
– – Bratt, Bretten, II 430, 457.
– – decima de – II 457.
Brettlingen, s. Brättligen.
Bretakoven, s. Brentzkoven.
Breusch (Franz. Bruche, Dt., n.-ö. v. Zabes im Elsass).
– – Bruch, I 20, 23.
– – kilchen ze – I 23.
– – mühli ze – I 20.
Brichsen, s. Brixen.
Brimer. Cunradus – (habsburgischer Eigenmann zu Masmünster i. Elsass), II 301.
Brinkheim (Df., n.-w. v. Basel, i. Elsass).
– – Brinkein, I 30, 46.
– – stüre ze – I 30, 48.
– – t. u. h., t. u. v. ze – I 30.
Brisach, s. Breisach.
Brisecken (Df., n.-ö. bei Zell, Kt. Luzern).
– – Prisikon, I 188.
Briser (Bauer zu Mehrstetten, Kgr. Württemberg).
– – des Briser's güt, I 464.
Britton, s. Brütten.
Brittnau (Pfd., s. v. Zofingen, Kt. Argau).
– – Brittenowe, Brittnow, I 491, 492, II 279, 753.
– – kirche ze – I 492.
– – schüppossen (schüpossen) ze – I 491, II 753.
– – stüre – I 492.
– – t. u. b., d. n. v. ze – I 492.
Brixen (Stadt und Bistum in Tirol).
– – Brichsen, der bischof von – II 641, 665.
– – s. auch Hans.

Brixinach (Obermünstertal im Gb. Baden).
– – vogty ze Brixena, II 444.
Broghart (habsburgischer Eigenmann zu Zürich).
– – liberi dicti Broghartz, II 287.
Brubach (Ort, s.-ö. v. Mülhausen im Elsass).
– – Brüpach, das gross und das klein gericht ze – II 424.
Bruchen (unbestimmbar im Elsass), II 442, doch eher Appellativum für Brüche, Abgaben.
Bruchi (Geschlecht von Zug).
– Ulrich – II 550.
Brücke, die stiebende (ehemalige Verbindung zwischen der Teufelsbrücke und Andermatt, Kt. Uri).
– – die stiebenden Brugge, I 286.
Brüel oder Brühl (Anhöhe w. v. Winterthur, Kt. Zürich).
– – Brül, Brül, Brüle, II 27, 487, 514, 689.
– – acker uff dem – (ager super) – II 27, 514.
– – der – by Wintterthur, II 514.
– – infang und wingarten an dem – II 487.
Brüler, der (Bauer auf dem Brüel bei Winterthur, Kt. Zürich).
– – des Brülers bübe, I 326.
– – mansus dicti – II 72, 86.
Brögg (Df., ö. v. Biel, Kt. Bern).
– – Brugge, II 21.
– – piscina, II 22.
– – 2 scopome, II 22.
Brümsi (Bürgergeschlecht von Schaffhausen).
– – Brumsi, Brümsi, Brünnsy, II 511, 699, 779.
– – Cünrat – II 699.
– – Hainrich – II 779.
– – Hans – von Schauffhusen, II 511.
Brün (Geschlecht von Rapperswil, Kt. St. Gallen).
– – Hans – von Rapperswile, II 508.
Brundlen (Ober- u. Unter-, Ort, ö. v. Rain. Kt. Luzern).
– – Bronlon, t. u. b., d. n. v. ze – I 225.
Brünggen (Weiler, ö. v. Kiburg, Kt. Zürich).
– – Brünnigen, Brüngon, Brungon, I 297, II 59, 76, 94, 478.

— — acker ze — uff dem Büle, II 478.
— — der vrier lüte güt ze — I 297.
— — stüre der lüte ze — I 297.
Brüngger (Bauerngeschlecht v. Brünggen, Kt. Zürich).
— Hrugger? Bru(n)ger, Brunger, Prünger, I 262, 315, II 63, 78, 139.
— Brungers, des — schüpos (zu Seen, Kt. Zürich), I 315.
— Prüngers, des — schüpos (zu Ober-Embrach, Kt. Zürich), I 262.
Brünighofen (Ort, n.-w. v. Altkirch im Elsass).
— — Brunkoven, II 423.
— — Kuntz von — II 423.
— — vischentz uff der Largo ze — II 423.
Brünnsy, s. Brümsi.
Brütten (Pfd., s.-w. v. Wintertur, Kt. Zürich).
— — Britton, Brütten, Brüten, Brütten, Brutton, I 289, 290, II 389, 482, 685, 709.
— — d. u. v. ze — I 290/291.
— — hof ze — I 283, II 709.
— — manlehen ze — II 482.
— — stoure, sture(ze) — I 289, II 389,
— — t. u. b, d. u. f. ze — I 289.
— — vogtey, vogty ze — I 289, II 089.
Brüttisellen (Df., s. v. Bassersdorf, Kt. Zürich).
— — Brütisellon, Hruttensellen, Bruttisellen, I 303, II 354, 497.
— — curia in — II 354.
— — t. n. b., d. n. v. ze — I 303.
— — weihelhüb ze — II 497.
Brugemuli (unbestimmb. Mühle, wohl bei Schwital, Kt. Zürich).
— (molendinum), II 143, 147, 149.
Brugg (Städtchen im Kt. Argau).
— Hrug(g), Brugg, Drugga, Brugge, Prugga, I 98, 100, 138, II 99, 115, 122, 133, 135 (richtiger als Turge), 179, 195, 529, 560, 638, 644, 648, 726, 734, 756, 757 und unter datum.
— — die burger von — I 138.
— — Cuonrat von — II 99.
— — datum (ze) — II 596, 600, 602, 603, 609, 611, 625, 632, 634, 640, 644, 645, 652, 655, 658, 661, 667, 668, 673, 675, 682, 685, 689, 693, 700, 704, 708, 709, 710, 711.
— — die von — II 529, 756.
— — die Eych ze — I 98.

— — die garten ze — II 529.
— — der haberzol ze — II 644.
— — hofstette ze — I 138.
— — hofstettzinse(n) ze — I 138, II 133, census arearum in — I 138 s. 3.
— — aidrent der Rebgassen ze — I 98.
— — obligati redditus in — II 133. (135).
— — der schultheis von — II 122, 133; s. auch Mülinen.
— — Peter selig, der schultheis von — II 179; s. auch Mülinen.
— — (Wernher) Schultheiss von — II 520.
— — (die) stat ze — I 138, II 133.
— — stür, sture ze — I 138, II 105, 648,
— — (das) tor ze — I 100,
— — t. n. b., d. u. v. ze — I 139.
— — ungelt ze — II 115.
— — wingarte und matte ze — I 138,
— — zol, zoll ze — I 138, II 115. 133, 638.
Brugge, s. Brügg.
Brugge, die stiebenden, s. Brücke.
Brugger (Name verschiedener Leute).
— — (Bauer zu Ober-Embrach, Kt. Zürich?), II 63.
— — dictus Bruggere (Bauer auf dem Hölzberg, Kt. Argau), II 52.
— — Johannes — (habsburg. Eigenmann zu Schenken, Kt. Luzern), II 281.
Bruglin (habsburgischer Eigenmann zu Ober-Meilen, Kt. Zürich).
— — uxor dicti Bruglini et sui liberi, II 205.
Bruglal (Name eines Bürgers v. Luzern).
— — Cůno dictus — civis Lucernensis, II 348.
Brügel (Name eines Bauern, wohl zu Heisenburg, Kgr. Baiern).
— — Rûta der — von Risburg, II 465.
Bruggräw, s. Burggraf.
Brüngou, s. Brünggen.
Brünig (Bauer z. Wintertur, Kt. Zürich),
— des Brünigs büb, II 495.
Brünin, Gerwig (Lehensinhaber z. Dächliswil, Kt. Zürich), II 489.
Brünkein, s. Brinkheim.
Brüsch, s. Breusch.
Brumsloher (Bauern-Geschlecht zu Hettingen i. Hohenzollern, Kgr. Preussen).
— — Burchardus et Conradus — II 335.

Brunan (Hof, a.-ö. v. Malters, Kt. Luzern).
— — der meyerhof ze Brunöw, II 549.
Brunegg (Df. u. Burg. s. v. Birr, Kt Argau).
— — Bruneggo, Brunekke, I 133, II 51.
— — geräte ze — I 133.
— — t. n. b., d. n. v. ze — II 133.
— — Niesali von — II 543.
— Petrus Tizi de — II 51.
Brunenwile, s. Brunnenwailer.
Brungon, s. Urünggen.
Brunlon, s. Bründlen.
Brunman, dictus (habsburg. Eigenmann zu Däretswil, Kt. Zürich), II 315.
Brunnadern (Ort, n.-w. v. Waldkirch, Gh. Baden).
— — Brunoadere, Brunnadern, I 73, II 126.
— — die vrige lute ze — I 73.
— — t. n. h., d. n. v. ze — I 73.
— — vogtaöre ze — I 73.
Brunnegüt, das (unbestimmber, vielleicht Brunnenbühl, Weiler, s.-ö. v. Dürnten. Kt. Zürich) I 269.
Brunnen (abgegangener Ort bei Zwiefalten, Kgr. Württemberg), I 471.
Brunnen, Chüni ab dem — (Bürger von Baden, Kt. Argan?), II 539.
Brunnen (verschrieben), s. Ursen.
Brunnenhof, fallender (Hof, n. v. Unterstrass-Zürich).
— — hof ze dem Vallendem Brunnen, I 249.
— — ze dem Vallenbrunnen, II 65.
— — dictum Walkentenbrunnen, II 77
Brunnentrut, s. Prontrut.
Brunstal (Ort, s.-w. v. Mülhausen im Elsass).
— Brunstal, Brunstatt, II 458.
— — die burg — II 458.
— — dorf in — II 458.
Brunwil (Df., w. v. Beinwil bei Muri, Kt. Argau).
— — Brunwile, I 142, II 52.
— — hof ze — I 142.
Brunwile, Waltherus (Ortsbesitzer an Altwis, Kt. Luzern), II 398.
Brüder (Geschlecht von Waldshut, Gh. Baden).
— — Hilpolt — von Waltshüt, II 545.
Brüeilacker, die (Flurname zu Erzingen, Gh. Baden), I 87.
Brüle, s. Hrüel.

Brüpach, s. Urubach.
Brysinger (Geschlecht zu Rapperswil, Kt. St. Gallen).
— Ulrich —, Elsbetha, sin wirttin und Bertzschi, sine brüder sun von Rapreswil, II 496.
Bubendorf (Pfd., s. v. Liestal, Kt. Haselland, ehemals Sitz eines ritterlichen Geschlechts).
— — Bübendorf, Dübendorf, Bübendorff, II 575, 608, 716, 737, 731, 748, 749, 750, 754; Hübenberg (verschrieben), II 597, s. a. Honcoari.
— — Götz von — II 597.
— — Henman von, II 727.
— — Henman oder Henman von — II 716, 731, 748, 749, 750, 754.
— — Henman und He(i)nzman von — II 598.
— — ber Johans von — ritter und sines brüders selligen kind, II 575.
Bubikon (Pfd., s.-w. v. Dürnten, Kt. Zürich mit einer ehemaligen Johanniter-Comtnrei).
— — Bübinkon, fratres de — II 287, 291, 299.
Bubisheim (Ort, s.-w. v. Günzburg, Kgr. Baiern).
— — Buhesheim, Bübisheim, II 463, 466.
— — matten ze — II 466.
— — Heintz Binder von — II 463.
Buch (Pfd. am Irchel, Kt. Zürich).
— — Buche, Büch, Bächa, I 322, 323, II 321, 381, 482, 488, 510, 521, 522, 702.
— — bongarte ze — I 323.
— — dorf ze (villa) — I 323, II 321.
— — gornealtte ze — II 381.
— — gät ze — II 489, 488, 522.
— — holtz ze — I 323.
— — kilche ze — I 323.
— — rütinan ze — I 323.
— — schöppüzen ze — I 323.
— — t. u. b., d. u. v. ze — I 323.
— — vogty ze — II 702.
— — zehend ze — II 521.
— s. anch Unter-Buch.
Buch (unbestimmbarer Ort, jedenfalls im Kt. Luzern).
— Cunradus de Büch, II 345.
Buch (wohl abgegangener Ort bei Neuhewen, Gh. Baden).

— Büch, hof, höhe, helnhof, t. u. b.,
d. n. v. se — I 450.
Buchau (Stadt und Kloster, n.-w. v.
Saulgau, Kgr. Würtemberg).
— — Büchove, Buchowe, Büchowe,
I 393, 440, II 164, 251.
— — burgstal ze — I 393.
— — matte ze — I 393.
— — vischentze in dem sewe ze (pis-
cina in, — (lacu), I 393, II 164, 251.
Bucheim, s. Beuggen.
Buchen (Geschlecht von Burgau, Kgr.
Baiorn).
— — Burkart von — von Burgöw und
Adelheit sin husfrowe, II 409.
Buchenrain (Pfd., n.-ö. v. Luzern).
— — hof gen Büchre, II 667.
Duchheim (Ort, n.-ö. v. Tuttlingen, im
Gh. Baden).
— — Buchein, Dūchein, Dūchhein, I
421, II 220, 237.
— — der vrien lūte gūt ze — I 421.
— — jus advocatie in — II 237.
— — stūre (sturu) ze (in) — I 421,
II 220.
— — t. u. b., d. u. v. ze — I 421.
Buchholtersberg (Berg und Kirchge-
meinde, s.-ö. v. Diesbach, Kt. Bern).
— — Büchoitron, Būcoltron II 19, 20.
— — scoposus, II 19.
Buchholz (wohl Flurname, n. v. Birr-
hard, Kt. Argau).
— — jachert uff dem Bûchholtz, II 538.
Buchholz (Geschlecht aus Sursee, Kt.
Luzern).
— — Heinrich von Bûcholz von Surse,
II 613.
Ducbholz (Ort n.-ö. v. Iswil, Kt. Luzern).
— — Bûchoitz, I 196, 201.
— — an dem ackere ze — I 198.
— — stūre ze — I 198/200.
— — t. u. b., d. u. v. ze — I 198/200.
Buchknecht (Bauer zu Gūnzburg, Kgr.
Baiern), II 467.
Buchs (Df., n.-ö. v. Egolzwil, Kt. Luzern).
— — Duchse, d. u. v. ze — I 185.
Buchs (Df, n. v. Sur, Kt. Argau).
— Huchs, Buchse, II 4, 578, 586.
— — foresta — II 4.
— — runs und mülinstett (mülistatt)
ze — II 578, 586.
Buchs (Pfd., s. v. Dieladorf, Kt. Zürich).
— — Buchse, I 240, 248, II 305,
483, 763.

— — eigen ze — I 240.
— — hofstat ze — 240.
— — leben ze — II 763.
— — mat ze — genannt die Würin,
II 483.
— — schūpos ze — I 240.
— — sture ze — I 248.
— — t. u. b., n. v. ze — I 240.
— — nnsidelinge ze — I 247/248.
Duchs, s. Herzogenbuchsee.
Bucheer (Geschlecht aus Sursee, Kt.
Luzern).
— — Burkhart — von Sursee, II 613.
Buck (Geschlecht zu Langen-Enslingen,
Kgr. Würtemberg o. Sigmaringen,
Kgr. Preussen).
— — Bucko, Bugko, I 408, 423.
— — Bucken gūt, I 422.
— — Bugken hof, I 423.
Budenheim (auch Butenheim, Butten-
heim, Burg u. Df., s.-ö. v. Homburg
im Elsass).
— — Būtenhein, Būttenheim, Dutten-
hein, I 8, 25, 55, II 436, 446.
— — stūre aften — I 55.
— — stūre von darkomenen lūten ze
— I 8.
— — Johans selig, vogt von — I 25.
— — Hanman Viseden, dem man
sprichet von — II 446.
Bûblikon (Df., w. v. Mellingen, Kt.
Argau).
— — Bûbelikon, Bûblikon, Rûblikon,
Büblinchon, Būeibelinkon, I 157, II
5, 106, 610.
— — der hof ze — I 157, II 610.
— — stūre ze — I 157.
Būchen (unbestimmbarer Ort im Kt.
Zūrich oder St. Gallen).
— — gūtli zu der — II 489.
Būel (Df., n.-w. v. Eschenbach, Kt.
St. Gallen).
— — dominus de Bühle, II 91.
Būel (Df., s. v. Merslingen, Kt. Bern.
— Hūle, II 22.
Būel, (Wolfbühl, Anhōhe bei Wolf-
lingen, Kt. Zürich).
— — Būel, I 322.
— — Brūel (verschrieben), II 380.
— — perg, der da haizzet — II 380.
— — rūtinen an dem — I 322.
Būemikon (oder Būusikon, Ort, n.-ö.
v. Neuheim, Kt. Zug).

— Bůsikon, Bůsinkon, I 151, II 116.
— — zehende(n) ze — I 151, II 116.
Büetingen (Ort, n. v. Harderen, Kt. Bern).
— Bötingen scopossa, II 22.
Bühl, s. Hohenbühl.
Bühl (unbestimmbarer Ort, vielleicht Hertenbühl, u. v. Grindelwald, Kt. Bern).
— lechen ze Grindelwald uff dem Büle, II 579.
Bühl (Flurname, n. v. Herrischwand, Gh. Baden).
— Büle, die vrigen lüte von Herswande uffen dem — I 69.
Bühl (Anhöhe, n. v. Altikon, Kt. Zürich).
— hoff am Bůll, II 483.
Bühlen (Anhöhe, n. v. Schännis, Kt. St. Gallen).
— hofstat uf dem Büla, I 500, 517.
Bühli (Ort, ö. v. Andelfingen, Kt. Zürich.)
— wisen ze Andolfingen in Bůla nader Herta, II 505.
Bůl, s. Bühl nnd Hohenbühl.
Bůl, s. Ettiswil.
Bülach (Städtchen im Kt. Zürich).
— Bulach, Bullach, I 250, II 306, 509.
— — unsidelinge ze — I 250.
— — die Vogler von — II 509; s. anch Vogler.
Bülacherin (habsburg. Eigenfran von Bülach, zn Adlikon, Kt. Zürich).
— dicta Bullacherin, II 331.
Büle (wohl der Bühlhof, s. ö. v. OberEmbrach, Kt. Zürich).
— vogty ze — II 475.
Bůlhof der (Hof zn Gossan, Kt. Zürich).
— — ze Gossawe der hof, — gehaissen, II 895.
Buliberg (Hof, w. v. Embrach, Kt. Zürich).
— Bülachberch, Bőllachberch, Bullachberg, Wüllachperg, I 264, II 63, 79, 397.
— — hübe ze — I 263/264.
Bull, s. Bühl.
Bünde (Flurname, w. v. Klein-Hüningen, im Elsass).
— — zwen morgen in den Bůnden, I 11.
Bůnsikon, s. Büesikon.
Bünt (unbestimmbarer Flurname, wohl bei Wisendangen, Kt. Zürich).
— pomerium dictum Bunte, II 361.
Bünt (Flurname s. Küsnach, Kt. Zürich).

— Bertholdus in der Bůnte et dno sui fratres, II 292.
— Cunradus in der Bůnte et Ulricus frater suus, II 292.
Bünter (Bauer zu Ober-Embrach, Kt. Zürich).
— Bůnter, II 63.
— dictus Bůnther, II 79.
— Bůnters schöpos, I 262.
Bůntzlistal (unbestimmbar, wohl Flurname im Birrfeld, Kt. Argau).
— Büntzlistal, II 537.
Bünzen (Pfd., n.-ö. v. Boswil, Kt. Argau).
— Büntzuach, d. u. v. ze — I 141.
Büren (Ortschaft in der Gemeinde Gansingen, Kt. Argau).
— Bůrron, dorf II 765.
Büren (Pfd., n. v. Snrsee, Kt. Luzern).
— Bůrren (kilche), II 737.
Büren (ein Teil von Stans, Kt. Unterwalden).
— Bůrren, hof ze — ze Stans, II 585.
Bürg (Weiler, s.-ö. v. Grüningen, Kt. Zürich).
— Bůrge, I 268, II 777.
— — das dorf ze — I 268.
— — kamerleben ze — II 777.
Bürgistein (Schloss n. Dörfchen, n. v. Wattenwil, Kt. Bern, ehemals Sitz eines ritterlichen Geschlechts).
— Burgenstein, Hartman von — II 558.
Bürglen (Ort, n. v. Schönbolzerswilen, Kt. Turgau), II 502.
Büsingen (Ort, ö. v. Schaffhausen, im Gh. Baden).
— Busingen, hůb ze — II 478.
Büsinger (Geschlecht von Winterthr, Kt. Zürich).
— Heinrich der Büsinger, II 607
— — ain sun Lútold 607. (II 530. A 4, irrig identifizirt mit s. Schwiegersohn Lútold zum Tor).
— Otten Büsingers sun, II 543.
Büsslingen (Ort, s.-ö. v. Tengen, Gh. Baden).
— Büselingen, Buselingen, Bösslingen, I 354, 355.
— — acker, ze — der heisset der Wingarte, I 354.
— — der nider hof ze — I 354.
— — der ober hof ze — I 354.

— — hofstat ze — I 354, 355.
— — hilchen ze — I 355.
— — schüppüz (schüppüzen) ze — I 355.
— — t. a. b., d. u. v. ze — I 355/356.
— — vormenampt ze — I 355.
Bästetten, Bötstetten, s. Bierstetten.
Bâtenholtz, s. Bietenholz.
Bottikon (Dorf, s.-ö. v. Vilmergen, Kt. Argau, ehemals Sitz eines ritterlichen Geschlechts.)
— Bótikon, Bûtikon, Bútikon, Båtken, Böttikon, Böttincon, Böttinkon, Hntinchon, Buttikon, Bultincon, Buttinkon, Puttikon, I 165, II 3, 177, 178, 279, 280, 281, 343, 554, 559, 579, 635, 637, 716, 721, 728, 731, 737, 748, 762.
— — . . . de — II 279.
— — die lute ze — I 165.
— — eidem de — II 280.
— — Hans von — II 737.
— — Heinrich, Walther und Wernher von — II 762.
— — Hencsman(s) wip von — II 716, 731.
— — Henman von — II 737.
— — (dominus) Johannes de —, dictus ritter Soli, II 343.
— — Mat(h)is, (Mathys) von — II 579, 637, 716.
— — Mattis seligen wib von — II 737.
— — predicti de — II 281.
— — Rûdi von — II 716, 724, 728.
— — Rûdolf, Hartman und Walther von — gebrüder, hern Hartmans seligen sun von — II 554.
— — Ůlrich von — II 559.
— — Walther (Schilawelti) von — II 635, 716, 724, 728, 731.
— — Walther (der ältere), Heinrich und Ůlrich von — II 635.
Bôlingen, s. Bietingen.
Boetweiler (Ort, n.-w. v. Altkirch, im Elsass)
— Bütwilr, das gesesse ze — II 433.
— — garto vor dem hofe bi der möly ze — II 433.
— — grâbe vor der bruggen se — II 433.
— — lute ze —, die frônde darkomend, II 433.
— — müli an der bruggen ze — II 433.
— — müli vor dem hofe an der bruggen ze — II 433.

— — steg, bongarten, wyer und hûrste ze — II 433.
— — tich ze — II 433.
Buggeler (Geschlecht zu Wittenheim im Elsass).
— des Buggelers gût ze Wittenheim, I 9/10.
Buggin, die (Gutsbesitzerin, im Bennental, Kgr. Wortemberg), I 465.
— Bugginnn gût, I 465.
Buggingen (Ort, im bad. Bez.-A. Müllheim)
— Bükingen, vogty ze — II 672.
Buggo (Hauer zu Ertingen, Kgr. Wortemberg).
— area Buggen, II 159.
Bugken hof s. Buck.
Buyko, s. Rucko.
Bubel, s. Unterbûbel.
Bühle, s. Bûel.
Bühein, s. Benggen.
Bûkingen, s. Uuggingen.
Bûlachberch, s. Bûliberg.
Bûlen (Flurname, zu Egolzwil, Kt. Luzern).
— — gût ze — I 184.
Bûllachberch, s. Bûliberg.
Bûningen, s. Bingen.
Hûntzlistal, s. HüntzlistaL.
Büntznsch, s. Dünzen.
Bûrge, s. Hürg.
Bûrgenden, s. Burgund.
Bûrgi an der A (Bürger von Lenzburg, Kt. Argau), II 742
Bûrgi ?(Geschlecht z. Brugg, Kt. Argau).
— Heinis Bûrgis — seligen kind, II 529, 530.
— Ûli Bûrgis — II 532.
Bûrron, s. Büren.
Bûrsch, s. Hurv.
Bûrzer (Hauer zu Ertingen, Kgr. Wortemberg).
— — bonum Heinrici — II 159.
Bûselingen, Bû-lingen, s. Bomlingen.
Bûtelschies, s. Bittelschies.
Bûtikon, Bûtken, Bûttikon, Böttincon, Büttinkon, s. Bottikon.
Bûtzkoven, s. Heiskofen.
Buheim, s. Benggen.
Bulach, Bullach, s. Bûlach.
Bullachberg, s. Bûliberg.
Buman (Hauer z. Günzburg, Kgr. Baiern), II 407.

Register.

Bumas (Bürgergeschlecht von Olten, Kt. Solothurn).
— — Arni — schultheiss ze Olten, II 753.
— — Hainrich (Haini) — II 748, 754.
Bumas (Gutsbesitzer an Engelwies im Gb. Baden).
— Bumannes gůt, I 430.
Bumbach (Df, a. v. Menzingen, Kt. Zug.)
— — Bunbåch, d. u. v. za — I 153.
Buningen, a. Bingen.
Bůbenberg, s. Bubendorf.
Bübendorf, s. Boucourt a. Bubendorf.
Bůbenweiler, s. Bogenwil.
Båbinkon, s. Bubikon.
Böhisheim, s. Buhisheim.
Bůhlinkon, s. Bůblikon.
Bůholts, s. Bréholts.
Bůch, Bůcha, s. Bach.
Bůchein, s. Buchheim.
Bnochen, s. Benggen.
Bůchenass, s. Ober-Buonas.
Bůcher (Name hahshurg, Eigenleute).
— — Carradus dictus — et filius suus Heinricus (zu Tössriedern, Kt. Zürich), II 307.
— — Ulricus et Ileinricus dicti — (zu Meilen, Kt. Zürich), II 290.
Bůchbein, s. Buchheim.
Bůcboltron, s. Buchboltersberg.
Bůcholtz, Bůcholz, s. Buchhols.
Bůchorn (unbestimmbarer Ort, vielleicht Bucheren, s. v. Elgg, Kt. Zürich), II 516.
— — (Geschlecht an Winterthur, Kt. Zürich).
— — Bödolf — von Winttertur, II 514.
Bůchows, s. Buchau.
Bůchwis (Ort bei Benzingen, in Hohenzollern-Sigmaringen) II 468, 468.
— — garten hinder dem kilchhof in — II 468.
— — gůt in — II 468.
— — mansmatt in — II 468, 468.
Bůesbelinkon, s. Bůblikon.
Bůeila, s. Bůel.
Bůcoltron, s. Buchholtersberg.
Bůl (Bauer an Hailtingen, Kgr. Wörtemberg).
— bonum dicti Bůlen, II 249.
-- feodum Bölin, II 165.
— Bülen gůt — I 391.
Bôle, Heinricus de —, et Burchardus frater suus (Eigenleute des Stiftes Einsideln, im Amt Richensee) II 278.
Bôle, s. Bůel.

Bůnrieten, s. Bonstetten.
Bösalps. (Berg bei Grindelwald, Kt. Bern), I 47K.
— — gadenstette, I 478.
— — gůter, I 479.
— — gůt, I 479.
Bůsenach, s. Buesslingen.
Bůsingen, s. Buningen.
Bůtenhein, s. Bodenheim.
Bůtingen, s. Bietingen.
Båtoltswil (wohl verschrieben für Gůtoltzwile), s. Gutenswil.
Büttenheim, s. Bodenheim.
Burcardus, s. Burkhart.
Burch, a. Burg.
Burchalda, s. Burghalden.
Burchardus, Burchart, s. Burkhart.
Burchein, s. Burgheim.
Burchof, s. Burghof.
Bure (Ort, n.-w. v. Pruntrut, in Frankreich).
— Bůrch, Bures, I 39, II 456.
— — kilchen zo — I 39.
— — decima de — II 456.
Burg (Flurname, w. v. Zell, Kt. Zürich).
— — Burch, Burg, I 205, II 29, 57, 74, 393.
— — curtis, hof (ze) — I 295, II 74, 393.
Burg (Ort, n. v. Gör(v)wil, Gb. Baden).
— i. n. b. n. die vogtabr ze — II 535.
Burgan (Ort, s.-ô. v. Günzburg, Kgr. Baiern).
— Burgow, Bargôw, Burgöw, II 466, 469.
— — aker ze — in dem etter, II 466.
— — Hans von — II 469.
— — hof gelegen ze — II 469.
— — 2 mülinen ze — II 469.
— — s. auch Berner, Buchen, Smit.
Burgdorf (Städtchen n. Schloss im Kt. Bern).
— Burgdorf, Burgtorf, II 12, 620, 656.
— — datum in — II 620.
Burge, Rudolfus in der — (Bauer zu Küsnach, Kt. Zürich), II 317.
Burgendar (Name eines Gutsbesitzers zu Talheim, Kt. Argan).
— Burgendars gůt, II 529.
Burgender, Bertoldus dictus — (habsburgischer Eigenmann zu Schafisheim, Kt. Argan), II 285.
Burger (Bauer zu Hettlingen, Kt. Zürich).
— der Burgern schöppon, II 464.
Burggraf (Adels-Geschlecht, wohl von Salzmatt im Elsass).
— Heintz Brnggrâv II 429.

— Johannes Burgrawe von Osthofen, II 442; s. auch Osthofen.
Burghalden (Ort, s.-w. v. Seen, Kt. Zürich).
— Burcbalds, II 29.
Burghart, s. Burkhart.
Burgheim (Ort bei Breisach, Ob. Baden, ehemals Sitz eines ritterlichen Geschlechts).
— her Dietrich von Burchein, II 770.
Burghof (Name verschiedener Burggüter in Schwaben).
— Burchof, Burghof, I 417, 425, 443, II 151, 152, 165.
— — der (curia dicta) —(zu Krauchenwies, Kgr. Preussen), I 425, II 151, 152.
— der — (zu Hailtingen, Kgr. Würtemberg), II 165.
— — der — (zu Mengen, Kgr. Würtemberg), I 443.
— — der — (zu Sigmaringen, Kgr. Preussen), I 417.
Burgrain (Ort zwischen Gettnau und Ettiswil, Kt. Luzern).
— Burgrein, das gotzhus ze — I 186.
Burgrawe, s. Burggraf und Osthofen.
Burgstall (Flurname, n. v. Hettlingen, Kt. Zürich).
— buchholtz genant das Burgstal, II 474.
Burgtorf, s. Burgdorf.
Burguud (wohl Klein —, alte Landschaft auf dem rechten Arufer, Kt. Bern).
— Burgenden, II 628.
Burguud (Alt —, französisches Herzogtum und Herzogshaus).
— fröw Catherine von Burgûme, hertzogin von Österrich, II 591; s. auch Habsburger.
Burgundia (alter Name der heutigen West-Schweiz), II 196.
Buri (Bürger von Schaffhausen).
— Buri von Schafhusen, II 767.
Burkhart (Name verschiedener Leute).
— Burcardus villicus de Oberaburch (Meier zu Ober-Burg, Kt. Argau), II 47, 48.
— Burchardus (Bauer zu Friedberg, Kgr. Würtemberg), II 156.
— Burchardus molitor (Müller zu Talheim, Ob. Baden), II 369.
— Burchardus (von Langenmos, Kt. Zürich), II 331.
— Burchardus sacrista (Küster zu Krauchenwies, Kgr. Preussen), II 151.

— Burchardus scaldedus (Schultheiss von Wintertur, Kt. Zürich), II 141, 142.
— Burchart der amman ze Zuge (Ammann zu Zug), II 117.
— Burchart der Vizetüm (Ritter von Basel), I 48.
— Burghart der Smit (von Sigmaringen, Kgr. Preussen), I 419.
Burnentrut, s. Pruntrut.
Bornhaupt (Nieder —, Ort w. v. Mülhausen, Elsass).
— Nidern-Burböhen, lechen ze — II 418.
Burren, a. Beuron.
Burrer, s. Beurer.
Burron, s. Beuren u. Beuron.
Burst (Geschlecht von Überlingen, Ob. Baden).
— Albertus Burst, II 246.
Bus (auch Huos, Pfd., n.-ö. v. Sissach, Kt. Baselland).
— Bus, kilch und lütpriester, II 738.
Buschweiler (Df. w. v. Basel, im Elsass).
— Buswilr, II 426, 438.
— — ban ze — II 426.
— — das banwertüm ze — II 438.
— — das dorf ze — II 438.
— — t. u. b., t. n. f., kleio und grose gerichte ze — II 438.
— — das meyertüm ze — II 438.
— — die taverne ze — II 438.
Buselingen, s. Büsslingen.
Busingen (Ort, s. v. Goldau, Kt. Schwiz).
— Büsingen, t. u. b., I. 213.
Buslinger (Bauer zu Kiburg, Kt. Zürich).
— Hug — von Kyburg, II 512.
Bussen (Berg und Burg, ö. v. Riedlingen, Kgr. Würtemberg).
— Bussen, I 302, 303, II 150, 161, 162, 163, 164, 166, 226, 248, 249, 251.
— — die burg ze dem — (castrum —) I 303, II 226.
— — die hindere burg ze dem — I 302.
— — die vordere burg ze dem — I 392.
— — feodum castrense in — II 163, 164, 166.
— — feodum castrense serviendum in — II 248, 249, 251.
— — die kilche ze — (ecclesia de —) I 302, II 161.
Busslingen (Ort, s. v. Nordorf, Kt. Argau).
— Büsenach, d. a. v. ze — I 123.
Butenbach das tal, (unbestimmbares Tal im Elsass), II 444.
Butinchon, s. Büttikon.
Buttenberg (Berg und Höfe, s. v. Schötz, Kt. Luzern).

— Buttemberg, t. u. b., d. u. v. ze —
I 186.
Buttenheim, Buttenhein, s. Budenheim.
Buttikon, Buttincon, Buttinkon, s.
Büttikon.
Buttinholz (Pfd., n.-w. v. Ruswil, Kt.
Luzern).
— Buttensaltz, Buttensalz, I 195, II
102, 210.
— — gölte, d. n. v. ze — I 195.
— — kilchböri ze — I 195.
— — Rüedgerus de — II 210.
— — Ruodolfus von — II 102.
Buttwil (Df., w. v. Muri, Kt. Argau).
— Buttwil, Butwil, Butwile, I 141,
II 52, 110, 177, 274, 603.
— — d. u. v. ze — I 141.
— — schüppösen ze — des gotzhus
von Mure eigen. I 141.
— — stür ze — II 603.
— — Gerdrudis de — II 274.
Butwil (Ort, n.-O. v. Inwil, Kt. Luzern).
— Botwile, I 198.
— — stüre ze — I 198/200.
— — t. u. b., d. u. v. ze, I 198/200.
Butwiler, s. Bittwil.
Butzkoven, s. Beizkofen.
Buwile, s. Bauwil.
Büzinkoven, s. Beinkofen.
Byber, s. Biber.
Byedertan, s. Biedertal.
Byerhof, s. Dierhof.
Byrn, s. Birr.
Byrwile, s. Birrwil.
Byzol, s. Bisol.

C
(s. auch K und Z.)

Càstris, s. Kästris.
Canceler, Cancellarius, Canceller, Canzeller, s. Kanzler.
Capella, s. Kappel u. Kapellen.
Capellen, s. Meierskappel.
Cappel, s. Kappel.
Castel, s. Kastel.
Castelberg, s. Kastelberg.
Casteln, s. Kastel u. Kasteln.
Cella, Celle, s. Zell, Neuen-Zell.
Celler, s. Zeller.
Cerdo, Lutoldus — (habsburg. Eigenmann zu Lichtensteig, Kt. St. Gallen),
II 300.
Cervus, s. Hirtz.
Ceswille, s. Zeswil.
Chelen (Flurname zu Veringen, Kgr.
Preussen).

— aker in — ze Veringen, II 465.
Chelimman (Bauer zu Heimiswil, Kt.
Bern).
— Chelimmannes (scil. scopossa), II 6.
Chèvremont (Df., n. v. Delle, Frankreich).
— Geisemberg, Geisenberg, I 39, 47,
56, II 266, 267.
— — bona quondam Petri de — II 266.
— — dorf ze — I 47.
— — homines in — 267.
— — lüte in dem meiertûn ze — I 39.
— — sture ze — (stûre ufien) —
I 39, 56.
— — t. u. h., t. u. v., ze — I 39.
Chinthusen, s. Kindhausen.
Chirchen-Ekke, s. Egg.
Chircherer (Gutsbesitzer zu Regensberg, Kt. Zürich).
— — ein schoephus, gehaissen des
Chirchenars, II 387.
Chlingenhercb, Chlingenberg, Chlingenberge, s. Klingenberg.
Chloten, Chlotten, Chlotan, s. Kloten.
Choûbôl, s. Knubel.
Chozinchoven, s. Kozhofen.
Chrenlingen, s. Krailingen.
Chrintz, s. Kriens.
Christenbrunn (Ort, bei Rappoltsweiler,
im Elsass).
— Cristensbore, II 271.
Chrombtmr, Heinrich — (Bauer zu Sigmariogen, Kgr. Preussen), I 422.
Chüny, Etter — (Bauer im Birrfeld,
Kt. Argau), II 536.
Chûnrat, s. Konrad.
Cyburch, s. Kiburg.
Cinge (Bauer zu Sept im Elsass), I
34, 51.
Clarus, s. Glarus.
Clen (Gutsbesitzer am Bötsberg, Kt.
Argau), II 539.
Clericus, s. Pfaffe.
Clingelfûs, s. Klingelfûs.
Clingeberc, Clingenberc, Clingenberg,
s. Klingenberg.
Clingnow, s. Klingnau.
Clodarius, s. Kloter.
Cloggo (unbestimmbarer Name, vielleicht das Klettgau, Kt. Schaffhausen
u. Gh. Baden).
— das — (Amt), II 735.
Cloter, s. Kloter.
Clotirperge, s. Ober-Klotisberg.
Cloton, Clotun, s. Kloten.
Cocus, cocus, s. Koch.
Cöllichon, s. Köllikon.

Coinat (Ort, bei Aegeol in Frankreich).
— Cona, II 453.
— Hainricus de — alias de Prato, II 453.
— villa de — II 453.
Colroy (Ort, n. v. La Salée, im Elsass).
— Kolrein, I 21.
Cona, s. Coinat.
Conrad, Conradus, s. Konrad.
Constancia, Constantia, Constantiensis, s. Konstanz.
Contents s. Konstanz.
Courcelles (Df., n. v. Prontrut, Kt. Bern).
— Kürzel, Kurtstal, Kurzel, I 35, 56.
— — das dorf ze — I 35.
— — gerichte ze — I 85.
— — möli von — I 35.
— — sture ze, (sture uffen) — I 35, 56.
— — dô urbar von — I 35.
Courtelevant (Herbsdorf, Ort, n. v. Courcelles, Kt. Bern).
— Herbestorf, I 36.
— — bann ze — I 36.
— — cehenden ze — I 36.
Crispalt (Berg, n. v. Oberalppass, Kt. Graubünden).
— Crispalt, Crispaltz, I 296, 525.
Crisperg, s. Kriessiberg.
Cristan (Bürger von Brugg, Kt. Argau), II 529.
Cristenshure, s. Christenbrunn.
Cristina (Gutsbesitzerin zu Friedberg, Kgr. Württemberg).
— — filias Cristine, II 156; s. anch Berchtold.
Croix (Df., s.-w. v. Delle, Frankreich).
— Krütz, I 38, 39.
— das torf ze — I 38.
— dô kilch ze — I 39.
Croix-St. (Ort, s. v. Kolmar, im Elsass).
— das Heilge Crütz, II 426, 429, 430.
— ze (zü) dem Heilgen Crütz(e) — II 426, 430.
— zechenden von dem Crütze — II 429.
Crütze das Nider — (Ort bei Waldshut, Gb. Baden).
— garten by dem Nidern — II 509.
Cullin, s. Zülli.
Cün (habsburg. Eigenleute ze Ensswil, Kt. Luzern).
— Volmar, Arnoldus et Ulricus dicti — et tres sororer, II 282.
Cûno (Gutsbesitzer zu Müswangen, Kt. Luzern), II 339.
Cur (Chur, Hauptstadt des Kantons Graubünden).
— Cure, I 526.

— hofstatt ze — in der stat under der burg, I 526.
— t. u. b., d. u. v. ze — I 526.
— civitas Curiensis, II 291.
Curia, s. Hof.
Cussel (Bauer an Waldsteig, Kgr. Preussen).
— bonum dicti Cusels, II 250.
Cymern, s. Zimer.

D.

s. auch T.
Dachelsen (Df., n.-w. v. Mettmenstetten, Kt. Zürich).
— Dachelshoven, Tachelshoven, Tscholtzhoven. I 147, II 53, 112, 177.
— — d. u. v. ze — I 147.
— — villa — II 53.
Dachslern (Df. w. v. Schleinikon, Kt. Zürich).
— Tachsarn, Tachsnerron, I 240, 241, II 674.
— — die vrien za — I 240.
— — güter ze — II 674.
— — sture der lute von — I 241.
— — t. n. b., und alle vrevel ze — I 241.
Däbingen (Ort, n. v. Ebingen, Kgr. Württemberg).
— Tebingen, Tebingen, I 459, II 268.
— — weybelbûbe ze — (manous preconis in), I 459, II 268.
Dächliswil (Ort, ô. v. Herrliberg, Kt. Zürich).
— Techleswile, Tschliswil(e), II 317, 489, 508.
— — manlehen ze — II 489.
— — reben ze — II 508.
— — reben an dem Langen Acker by dem weg. II 508.
Dägerlen (Pfd. n. v. Winterlur, Kt. Zürich).
— Tegerle, Tergerlo, Tögeren, II 511, 518, 526.
— — hoff ze — II 518, 526.
— — zehenden ze — II 511.
Dällikon (Pfd., im Kt Zürich).
— Tellinkon, I 249, II 293, 298, 354.
— — curia in — II 354.
— — stare ze — I 249.
— — usidelinge ze — I 247,248.
— — Rudolfus · · II 298.
— — Ulricus de — II 293.
Dändlikon (Weiler, n.-w. v. Hombrechtikon, Kt. Zürich).

— Dentilincou, Tentlincon, Tentlinkon,
  I 276, II 80, 298.
— — die vryen lüte ze — I 276.
Dänikon (Df., s.-w. v. Gretzenbach, Kt.
  Solothurn).
— Tennikon, II 747.
Dänikon (Df., ö. v. Würenlos, Kt. Zürich).
— Tenincon, Thenikon, I 115, II 34.
— — d. u. v. ze — I 115.
Dattwil (Df., n.-w v. Baden, Kt. Aargau).
— Detwil, Detwille, Tetwile, Tetwiler,
  I 121, II 33, 602, 760.
— hof ze — I 121, II 602.
— schüppoß ze — I 121.
— vogteia ze — II 760.
— zol und zolhus ze — (teloneum,
  domus apud telonea), I 121, II 33.
Dattwil (Df., ö. v. Andelfingen, Kt.
  Zürich).
— Tettwile, dorff ze — II 505.
Dagmersellen (Pfd., n.-ö. v. Altishofen,
  Kt. Luzern).
— Tagemersellen, Tagmersellen, I 185,
  186, 561.
— Tagwersheim (verschrieben), II 283.
— — dinghof ze — II 561.
— — d. u. v. ze — I 180.
— — gerichte ze — 561.
— — güt ze — I 185.
Daigli, Conrat — (Bauer zu Warmtal,
  Kgr. Württemberg), I 407.
Daigra, s. Agra.
Dale (Ort, s.-ö. v. Montbéliard, in Frankreich).
— Dania, dominus Johannes de — miles,
  II 452.
Dammerkirch (Städtchen, w. v. Altkirch,
  Elsass).
— Damerkilch, Domerkilch, Thomarkilch, I 31, 33, 36, II 412.
— — alle darkomen lute ze — I 34.
— — alle die lüte ze — II 412.
— — das ampt ze — I 31.
— — die vrigen lüte ze — I 33/34.
— — stüre offen das meyertům ze — I 30.
— — t. u. b., t. n. v. ze — I 34.
Danne s. Tan.
Dattenriet (Delle, Städtchen, s.-ö. v.
  Belfort, Frankreich).
— Dattenriet, Dela, Tannruil, Tatonriet, Tattenriet, I 31, 85, 36, 37, 39,
  56, II 267, 268, 433, 452, 453, 454,
  455, 456.
— — aker ze — I 37.
— — ampt ze — I 31.
— — castellania de — II 452.

— — cortina de — II 456.
— — dinghof ze — I 89.
— — dominium in — II 267, 268.
— — ello gericht ze — I 37.
— — feodum de — II 456.
— — güt ze — I 35.
— — hof ze — I 35, 36.
— — hofstette ze — I 36.
— — hus ze — II 433.
— — jurisdictio et justicia de — II 456.
— — kilche ze (ecclesia de —), I 39,
  II 456.
— — lüte ze — I 35.
— — lütpriester von — I 36.
— — 16 manwerch matten ze — I 37.
— — piscatio in aqua seu riparia de —
  II 456.
— — stat ze — I 36, 37.
— — stüre, sture (ze, uffen) — I 37,
  39, 56.
— Edle von —:
— — die edeln lüte ze — I 36.
— — Heinricus (Henricus) de —, nobilis vir, dominus, miles, (et) Guillelmus frater (ejus, sui, armiger, scutifer) et Richardus de — (armigeri
  milites), II 455/456.
— — Hüge, her, (von —) und sine
  vetern ze — I 37.
— — Johannes dictus Magares (Marroge)
  de — II 453, 456.
— — Johannes Ulrici (Holrici), (dominus, miles) de — II 454, 455, 456.
Dedricus, s. Dietrich.
Degerfelden (Pfd., n.-ö. v. Wörenlingen,
  Kt. Argau, Sitz eines ritterlichen
  Geschlechts).
— Tegerfelt, Tegerveld, Tegervelt, I
  113, II 122, 129, 130, 132, 179, 184,
  187, 190, 638, 715, 731.
— — geroti ze — I 113.
— — wingarten ze — I 113.
— Herren von —:
— — dominus de — II 184, 190.
— — Francz Ulrichs kint (von —), II
  715, 731.
— — Hartman von — II 638.
— — Rüdolfus dominus de —, her Rudolf von — II 122, 129, 130, 132, 187.
Degernau (Df., s. v. der Burg Oftringen
  im Wutachtal, Gh. Baden).
— Tegernô, Tegernô, Tegernow, Tegernôwe, Tegernôwe, Teggenôwe, II
  766, 767, 770, 771, 774.
— — akker ze — II 774.
— — dorf ze — II 766.

— — gôtli ze — II 767, 774.
— — korn ze — II 770.
— — vogteiie ze — II 771.
— — zehend, zehenden ze — II 770, 771, 774.
Degerschen (Ort, a. v. Wil, Kt. Turgau).
— Tegerschen, II 324.
Deggenbrunnen (Flurname in der Gegend von Gebisdorf, Kt. Argau), I 126.
— — schöppotzan, schöppozze ze — I 126/127.
Deinheim (Df., zwischen Kolmar und Hausen, im Elsass).
— Theigenheim, I 4, 44.
— — dorf (torf) ze — I 4, 44.
— — herberig ze — I 4.
— — (mâchhof) mönchhof ze — I 4, 44.
— — sture ze — I 44/45.
— — L n. v. ze — I 4.
Deinikon (Weiler, n.-ö. v. Bar, Kt. Zug).
— Teninkon, d. u. v. ze — I 153.
Deiwil (Ort, n.-w. v. Menznau, Kt. Luzern).
— Tenwile, t. u. b., d. n. v. ze — I 184.
Deke, Walther — (Bauer zu Böttingen, Kgr. Würtemberg), I 469.
Dekker, der (Gutsbesitzer zu Böttingen, Kgr. Würtemberg).
— Cunrat des Dekkers gût, I 465.
Dela, s. Daltenriet.
Delembahon (Name eines Gutes, wohl zu Gänikon, Kt. Luzern).
— scopora dicta Delembahon, II 212.
Delschenmatt (Flurname, a. v. Ober-Wil, Kt. Zürich).
— Telschenmatt, Telschenmatte, II 311, 519.
Delstorf, s. Dielsdorf.
Denney, s. Düringen.
Dentilincon, s. Dändlikon.
Dentingen (Weiler, ö. v. Riedlingen, Kgr. Würtemberg).
— Dentingen, Tentingen, Toilingen (verschrieben), I 387, II 162, 164, 221, 249.
— — güter ze — bona in — I 387, II 249.
— — jus quod dicitur inkeri — II 221.
— — possessiones in — II 162.
Dentinger (Geschlecht von Dentingen, Kgr. Würtemberg).
— dictus Tentinger, II 229, 258, 262.
Dentzlingen, s. Denzlingen.

Denzingen (Ort, s. v. Günzburg, Kgr. Baiern).
— Tenzingen, der meyer von — II 467.
Denzlingen (Df., i. bad. Bez.-A. Emmendingen).
— Dentzlingen, Tenzlingen, II 769, 780.
— — gût ze — in dem dorf, II 769.
— — hoff ze — genant Vogelins hoff. II 780.
Derizen, s. Ober-Tarzen.
Desiderius, Sanctus, s. St. Disier.
Dessenheim (Df., s. v. Breisach, i, Elsass).
— Desnken, Dessenheim, Tessenthein, Thessenhein, I 4, 11, 47, 55, II 432, 439.
— — das dorf (torf) ze — I 4, 55.
— — dô gût von — I 11.
— — sture, (sture) ze — I 4, 47, 55.
— — t. u. b., l. n. v. ze — I 4.
Deldricus, s. Dietrich.
Dettenriet (Df., n.-ö. v. Weisslingen, Kt. Zürich).
— Dietenreit, Dietenried, Dietenriet, Dieterieth, Dyettenriet, I 304, II 61, 76, 94, 508.
— — ein vri gût ze — I 304.
— — hoff ze — II 508.
— — magister Otto de — II 76.
— — t. u. b., d. n. v. ze — I 304.
Dettigkofen (Burg, n. v. Pfin, Kt. Turgau, Sitz eines ritterlichen Geschlechts).
— Tettinchon, ber Rudolf von — II 399.
Dettikofen? (Ort, w. v. Rafz, aber im Gh. Baden).
— Tottinkoven, Burchart von — ze Friburg, II 769; s. auch Freiburg i. Ur.
Dattingen, s. Klein-Döttingen.
Detwil, Detwille, s. Dättwil.
Detzeln (Df., s. v. Kreuzlingen, Gh. Baden).
— Tetselnheim, I 91.
— — das dorf ze — I 91.
— — die lüte ze — I 91.
— — ein meigerhof ze — I 91.
— — ein muli ze — I 91.
— — schöppozzan ze — I 91.
— — t. u. b., d. u. v. ze — I 91.
— — vogtstûre ze — I 91.
Deutschherren, die — (Ritter des deutschen Ordens).
— der Tbnschenhern gût, I 10.
— fratres domus in Hitzkilchen, dicti von dem Tutschen Hus, II 212; s. auch Hitzkirch.

Deutaletten, s. Tittstetten.
Deyler, dictus — (habshurg. Eigenmann
 zu Bingen. Kgr. Würtemberg?), II 333.
Dickbuch (Df., w. v. Eigg, Kt. Zürich).
— Tickenbuch, güt ze — II 520.
Dichtler, s. Tichtler.
Didenheim (Df., s.-w. v. Mülhausen, im
 Elsass).
— Dudenheim, Thudenhein I 27, 55.
— — das torf ze — I 27.
— — huser ze — I 27.
— — stûre uffen, stûre ze — I 27, 55.
— — t. u. b., t. u. v. ze — I 27.
Dieffental (auch Tieffental, Df., n.-w. v.
 Schlettstadt, im Elsass).
— Dieffental, Thiefental, I 20, 22, 56,
 II 440.
— — das torf ze — I 20, 22.
— — rebakker sô — II 440.
— — stûre uffen, — (stûre ze) —
 I 20, 56.
Diefmatten, s. Tiefmatten.
Dielsdorf (Pfd., ö. v. Regensberg, Kt.
 Zürich).
— Delstorf, Dielsdorf, Dielstorf, Dyelstorf, I 236, 237, 248, II 669, 704.
— — das dorf ze — I 237.
— — eigen ze — I 236.
— — güter ze — II 669.
— — gütli ze — I 237.
— — hof ze — I 236, 237.
— — hübe, hûben ze — I 236, 237.
— — kilche ze — I 237.
— — schûppossen ze — I 237.
— — stûre ze — I 237, 248.
— — tavern ze — I 237.
— — t. u. h. n. v. ze — I 237.
— — ansideliuge ze — I 247/248.
— — zehenden ze — II 704.
Dieltenhoven, s. Dietelhofen.
Diem (Hauer zu Engelwies, Gb. Baden).
— Berchtold Dyemen gût — I 430.
Dienberg (Ort, n.-w. v. St. Gallenkappel,
 Sitz eines ritterlichen Geschlechts).
— Dienberg, Dienenberg, II 508, 509,
 510, 698.
— — ein erber frôw, genant von —
 II 698.
— — Peter von — II 508, 510.
— — vogty ze — II 509.
Diengen, s. Hohen-Tengen.
Dienglerin, s. Tiglerin.
Dienstman (n) der (Gutsbesitzer zu Un-
 lingen, Kgr. Würtemberg), I 389, II
 161, 229, 249.

— — des Dienstmans gût, — bonum
 dicti Dienstmans (Dienstmannes), I
 389, II 229, 249.
— — feodum dicti Dienstmans, II 161.
Dierberg, s. Tierberg.
Dierikon (Df., s.-w. v. Rot, Kt. Luzern).
— Tyerinkon, I 144.
— — die lüte des dorfes ze — I 144.
— — stûre ze — I 144.
— — t. u. b., d. u. v. ze — I 144.
Diernheim (abgegangener Ort bei Hal-
 gau, im Elsass).
— Diernhein, Thiernheln, I 5, 47, 55.
— — das dorf (torf) ze — I 5, 6, 47, 55.
— — stûre, (stûre ze) — I 5, 55.
— — t. u. v. ze — I 516.
Diessbach (Ober —, Pfd., n. v. Tun, Kt.
 Bern).
— Diespach, scopose, mansus et molendinum in villa — II 19.
Diessenhofen (Städtchen im Kt. Turgau).
— Diessenhofen, Diessenhofen, Diessenhoffen, Diessenhoven, Diessenhoven,
 Diss. (abgekürzt), Dissenhofen, Dissen-
 hoffen, Disinhoven, Dyessenhofen, I
 340, 341, 349, II 45, 54, 233, 328, 366,
 507, 513, 517, 525, 526, 596, 620, 677,
 690, 692, 703, 734.
— — acker by (ze) — II 513.
— — ampt (ze), officium — I 340—
 352, II 54, 328, 366.
— — bona revocanda in officio —
 II 366.
— — Cûnrat der ritter von — II 525.
— — datum in (ze) — II 590, 620, 677,
 690, 703.
— — die burger von — I 341.
— — die burgerstür ze — II 690.
— — garten ze — I 341.
— — hofstette ze — I 341.
— — homines revocandi in officio —
 II 328—332.
— — infang an der Steige ze — II
 526; s. auch Stegmatte.
— — kilchen ze — I 341.
— — monasterium (dominarum in) —
 s. Katharinental.
— — mûntze ze — I 341.
— — stat (ze) — I 341, II 734.
— — stûre von — I 341.
— — summa in officio — II 54.
— — t. u. b., d. u. v. (ze) — I 841.
— — vogt von — I 340.
— — wingartten under — II 517.
— — wingartten ze — in der Lage,
 II 507.

— Truchsessen von — ;
— — der Truchsessen (von —) knecht, II 519.
— — Götfrides des drugsetzen witwen von — II 652; s. auch Elsbeth von Laodenberg.
— — Heinrich Frantz, Agnesa sin husfrow (von —-), II 513.
— — Heinricus dapifer de — II 235.
— — Johans der trachsetze (von —), II 550.
— — Johans der vogt (von —), I 351; vgl. auch vogt von — I 349.
Dietelhofen (Ort, n.-ö. v. Riedlingen, Kgr. Würtemberg).
— Dieltenhoven, Dietelnhoven, Dyetelnhoven, I 391, II 162, 164, 249, 251.
— — der junge sebenden — I 391.
— — ein meyerhof ze (curia in) — I 301, II 162.
— — ein sehende ze (decima in, decima major in) — I 391, II 164, 251.
Dietenreil, Dietenried, Dietenriet, Dieterrieth, s. Dettenriet.
Dietershofen (Ort, s.-ö. v. Messkirch, Kgr. Preussen).
— Dietelshoven, I 426.
— — der vrien löte gūt ze — I 426.
— — ståre der löte ze — I 427.
— — t. u. b., d. n. v. ze — I 427.
— — wåstå gūt ze — I 427.
Dieterswil (Df., s.-ö. v. Rapperswil, Kt. Bern).
— Dieterswilere, II 14.
Dietikon (Pfd., n.-w. v. Zürich).
— Dietigkon, II 542.
— Dietlinkon (verschrieben), I 117.
— — die Sigristin von — II 542.
— — d. u. v. ze — I 117.
— sol ze — I 117.
Dietingen (Df., n.-w. v. Frauenfeld, Kt. Turgau).
— Dietingen, Dyethingen, I 368, II 71.
— — die löte ze — I 368.
— — die vogtståre ze — I 368.
Dietlikon (Pfd., s. v. Dassersdorf, Kt. Zürich).
— Thietlinkon, I 251.
— — ståre ze — I 251/252.
— — usschidelinge ze — I 251.
Dietlin (Richlis Knecht), II 728; s. auch Richli.
Dietrich (Geschlecht von Günsburg, Kgr. Baiern).
— — Hans — II 466.
— — Itele — II 466.

Dietrich (Name verschiedener Leute).
— curia Dedrici, curia magistri Detdrici in Lisberc (bei Wintertur, Kt. Zürich), II 141, 146; n. auch Lindberg.
— — dicta Dietlrichin et liberi ejus (habsburg. Hörige zu Dürren-Aesch, Kt. Argau), II 285.
— — feodum Dietrici (zu Friedberg, Kgr. Würtemberg), II 156.
— — hern Dieterich gūt, — bonum domini Dietrici, bonum Dietrici (zu Altheim, Kgr. Würtemberg), I 414, II 227, 262.
Dietter (Bauer zu Günzburg, Kgr. Baiern), II 467.
Dietweiler (Df., s.-ö. v. Mülhausen, im Elsass).
— Dietwilr, Tietwilr, I 26, 55.
— — das tort ze — I 26.
— — ståre uffen — I 55.
— — t. n. h., t. u. v. ze — I 26.
Dietwil (Pfd., s. v. Sins, Kt. Argau).
— Tütwile, d. n. v. ze — I 146.
Dietwil (Gross —, Pfd., n.-w. v. Willisau, Kt. Luzern).
— Dietwil, Tuetwile, I 195, II 557.
— — gülte und dåbe und vrefel ze — I 195.
— — Hans von — II 557.
Diessenhoven, s. Diessenhofen.
Digenbart, s. Digenbart.
Diglikon (verschwundener Hof bei Henggart, Kt. Zürich).
— Diglinkon, Dincklikon, Dinglikon, II 368, 476, 499, 506.
— — gūt ze — II 506.
— — hoff ze (curia —) — II 368, 499.
— — sehenden ze — II 476.
Dillendorf (Df., n. v. Stülingen, Gh. Baden).
— Dillendorf, Tillendorf, II 136, 137, 144, 146, 605.
— — Chūnrat von — II 605.
— — dominus de — II 136, 137, 144, 146.
— — dominus meus — II 138, 144–146.
Dincklikon, s. Diglikon.
Dingenhart (Df, ö. v. Frauenfeld, Kt. Turgau).
— — Digenhart, II 323.
Dingenhartin, dicta, — (habsburg. Eigenfrau zu Zürich, von Dingenhart, Kt. Turgau), II 204.
Dinglikon, s. Diglikon.

Dingsheim (abgegangener Ort im Elsass).
— Thüngensheim, Tungensheim, I 8, 45.
— — dorf (torf) ze — I 8, 45.
— — herberig ze — I 8, 45.
— — t. n. v. ze — I 3.
Dintikon (Df., s.-ö. v. Ammerswil, Kt. Argau).
— — Tintikon, Tintinkon, I 167, II 98.
— — d. u. v. ze — I 167.
— — ein huoben suo — II 98.
Dirmedingen, s. Dürmentingen.
Dirminach, s. Dürmenach.
Diss., Diessenhofen, Diessenhoffen, s. Diessenhofen.
Distelberg (Bergrücken zwischen Arau und Entfelden, Kt. Argau).
— Tistelberg, aker an dem — II 582.
Ditikon (Hof, s. v. Dielsdorf, Kt. Zürich).
— Titinkon, Tytinchon, I 248, 255, II 65, 77, 310, 339.
— — hof ze — I 255.
— — sture ze — I 248.
— — t. u. b., d. u. v. ze — I 255.
Dizier, St. (Ort, a. v. Delle, Frankreich).
— St. Desiderins, St. Sthörgen, St. Sthörgien, St. Störgen), I 37, 38, 39, 56, II 456.
— — decime Sancti Desiderii, II 456.
— — garten ze — I 38.
— — hofstat ze — I 38.
— — kilchen ze —, ecclesia de Sancto Desiderio — I 39, II 456.
— — meiertûn (meiertôm, meigertûn) ze — I 37, 38.
— — sture ussen —, sture ze — I 37, 56.
— — torf ze — I 57.
— — t. n. b., t. u. v. ze — I 38.
— — val ze — I 38.
Dizinhoven, s. Diessenhofen.
Dörflingen (Pfd., n.-w. v. Diessenhofen, I, Kt. Schaffhausen).
— Dörflingen, Dorflingen, I 341, II 506.
— — die lûte von — I 341.
— — sture von — I 341.
— — t. u. b., d. u. v. von — I 341.
— — zehend ze — II 506.
Dörflinger (Bürgergeschlecht von Schaffhausen).
— Dörflinger, Frantz (?) von Schaffhnsen, II 517.
Döss, die (unbestimmbarer Flurname bei Villigen, Kt. Argau).
— acker in der — ze Viliugen, I 97.
Dössevelt, s. Tössfeld.
Döttingen (Gross- n. Klein-, am r. u. l. Arafer s. v. Klingnau, Kt. Argau).

— Tettingen, her Burchart von — II 125.
— — s. auch Klein-Döttingen.
Dôzza, s. Töss und Toss.
Dogetzwil (Df., w. v. Oberkirch, Kt. Luzern).
— Toboltzwile, t. n. b., d. n. v. ze — I 232.
Dogern (Ort, w. v. Waldshut, Gh. Baden.)
— Tegeren, Thogerren, Togern, Togerren, Toggarren, I 73, 74, 84, II 121, 184, 190, 191, 540, 544, 545, 770, 771, 775.
— — bann ze — II 770.
— — Bibers gût ze — II 544.
— — Conradus de — II 184, 190, 191.
— — der Fr(i)åker von — s. Fr(i)åker.
— — gût ze —, heisset der Ellenbôl, II 544.
— — Hard ze — II 545.
— — hof, hove ze — I 74, 84.
— — höbe ze — II 771.
— — kilche ze — I 74.
— — kilchensatz ze — I 74.
— — leben ze — I 84.
— — müli ze — I 74.
— — schüppozan ze — I 73.
— — Togern zehenden — II 510.
— — t. n. b., d. u. v. ze — I 74.
— — Ûlrich von — II 540.
Dollikon (Ort, ö. v. Meilen, Kt. Zürich).
— Tollinkon, II 290, 295.
— — Bela de — II 295.
— — Pressli de — II 290.
Domarkilch, s. Dammerkirch.
Donan, die (Strom)
— Tûnow, Tûnowe, I 375, II 458.
— — dâ — I 375.
— — (leben) an der — II 458.
Doppleschwand (Pfd., n.-ö. v. Romoos, Kt. Luzern).
— Toboltzwanden, I 194.
— — kilchöri ze — I 194.
— — gülte, dûbe und vresel ze — I 194.
Dorans (Ort, s.-w. v. Botans, Frankreich?).
— Dorfarn, zechenden ze — II 438.
Dorf (unbestimmbarer Heimatname verschiedener Leute).
— Arnoldus de — et Waltherus frater snus (von Richensee, Kt. Luzern), II 277.
— Cuonrat (Conradus) ab — (von Embrach, Kt. Zürich), I 261, II 62.
— Heinricus ab — (zu Wetzwil, Kt. Zürich), II 317.

Dorf, s. Ober-Dorf.
Dorf (Pfd., s.-w. v. Andelfingen, Kt. Zürich).
— Dorf, Dorff, II 322, 519.
— das gericht ze — II 510.
— villa — II 322.
Dorfarn, s. Dorans.
Dorfer, der ((Gutsbesitzer zu Neftenbach, Kt. Zürich).
— der — von Neftenbach, II 477.
Dorff, uffen —, s. Bengen.
Dorfflingen, s. Dördingen.
Dorlikon (auch Torlikon, jetzt Talheim, Pfd., s.-ö. v. Gross-Andelfingen, Kt. Zürich).
— Torlikon, Torlinkon, Turchlikon, I 351, II 482, 487, 497, 511.
— — gütlin ze — by der linden, II 497.
— — güt ze — by der linden, II 497.
— — hoff ze — II 511.
— — hüb ze — II 487.
— — manleben ze — II 482.
— — t. u. b., d. u. v. ze — I 351.
Dornach (Ort, w. v. Mülhausen im Elsass, Sitz eines adeligen Geschlechts).
— Durnich, Durnicht, II 416, 421.
— — Güterolf (Beiname eines Herrn von —), II 422.
— — Henman von —, genannt Jüchterlin, II 416.
— — Johans von — und sin vetter, II 421.
Dose, Dosse, s. Töss.
Dotarius de Hödorf (Höriger des Klosters St. Blasien von Hendorf, im Gh. Baden), II 332.
— s. auch Widmer, Widemer.
Dottenberg (Tatenberg, Ort, n.-ö. v. Adligenswil, Kt. Luzern).
— Tantberg, vogt und meyer ze — II 570.
Dottikon (Df., ö. v. Lenzburg, Kt. Aargau).
— Tottikon, Tottinkon, I 157, II 573, 664.
— — t. u. b., d. u. v. ze — I 157.
— — Walther von — II 573, 664.
Drabe (Bauer zu Seen, Kt. Zürich).
— des Draben hübe, I 315.
— Drabe, II 140.
Drullingarius, s. Trullinger.
Duchtlingen (Ort, im bad. Bez.-A. Engen).
— — Tüchtlingen, kelnhof ze — II 463.
Dudenheim, s. Didenheim.
Dübendorf (Pfd., ö. v. Zürich).

— Thóbelndorf, Tuchelndorf, Tübelndorf, Tüblendorf, I 256, II 64, 77, 307, 308, 311, 763.
— — — — de — II 308.
— — d. n. v. ze — I 256.
— — leben ze — II 763.
— — meyerhof ze — I 256.
— — Obern — II 308.
— — sture ze — I 256.
Düringen, französisch Denney, (Ort, n.-ö. v. Belfort, Frankreich).
— Düriken, Düringen, II 450.
— — reben in dem ban ze — II 450.
Dürlinsdorf (Ort, w. v. Pfirt im Elsass).
— Dürlistorf, Dürlestorf, II 414, 415.
— — bann ze — II 414.
— — berg ze — II 415.
Dürmenach (Ort, n.-ö. v. Pfirt im Elsass).
— Dirminach, Thiermenach, Tirminach, II 413, 417, 591.
— — dorf ze — II 417.
— — gerichte ze — II 417.
— — her Henman von Flachslanden von — s. Flachslanden.
— — lüte ze — II 417.
— — 4 manwerchmatten ze — II 413.
— — t. u. h. ze — II 417.
— — vischentzen ze — II 417.
— — wasserrünse ze — II 417.
Dürmentingen (Ort, n. v. Saulgau, Kgr. Würtemberg).
— Dirmedingen, Dirmendingen, Dürmedingen, I 386, II 161, 162, 218, 248.
— — advocatia in — 162.
— — bonum, bona in — II 162, 248.
— — dorf ze — I 387.
— — hübe, hüben ze — I 386.
— — kelnhof ze — (curia in) — I 386, II 161.
— — kilche ze (occlesia in) — I 387, II 161.
— — lute ze — I 387.
— — sture ze — I 387.
— — t. u. b., d. u. v. ze — I 387.
Dürnten (Pfd., ö. v. Grüningen, Kt. Zürich).
— Türnton, Türnten, Tuerten, Tuorton, I 267, 268, 271, 274, II 80, 91, 286, 287, 288, 291, 394.
— — dinghof (hof, hov) ze —, curia, (curtis) in — I 267, 268, 271, 274, II 80, 91, 286, 288, 291, 394.
— — dorf ze — I 208.
— — filia Cunradi textoris de — II 287.
— — hofman ze — I 271.

— — kilche ze — I 271.
— — kilchensatz ze — I 271.
— — t. a. b., d. o. v. ze — I 271.
— — val ze —
— — villicus de —, des maires von — chint, II 288, 394.
— s. auch Nieder-Düroten, Ober-Düroten.
Dürren-Aesch (Df., n.-ö. v. Kulm, Kt. Argau).
— Escbe, Eschi (juxta Lutwile), I 101, II 3, 190, 285.
— — d. n. v. ze — I 161.
Dürrenberg, (Berg n.-w. v. Grindelwald, Kt. Bern).
— Dürrenberg, gälli im — II 550.
Dürrenwaldstatten (Ort, n.-w. v. Riedlingen, Kgr. Würtemberg).
— Waltstetten, weibelbübe se — I 399.
Dürst (Geschlecht im Kt. Zürich).
— Türst, Turste, II 282, 321.
— Conradus et Heinricus, dicti — (habsburgische Hörige zu Buch am Irchel, Kt. Zürich), II 321.
— Heinricus — et fratres sui, (habsburgische Hörige zu Goldbach, Kt. Zürich), II 282.
Düriken, Döringen, s. Düringen.
Dürlesdorf, a. Dürlinsdorf.
Dürmedingen, s. Dürmentingen.
Dullikon (Df., ö. v. Olten, Kt. Solothurn).
— Tollikon, II 747.
Ddeingen, s. Tiengen.
Durenkein, s. Türkheim.
Durmuli, s. Türmelen.
Durnich, Durnicht, s. Dornach.
Durocher, der (Bauer zu Heisenburg, Kgr. Baiern).
— — der — von Risenspurgk, II 467.
Durremola, s. Türmelen.
Dyaholus, s. Tafel.
Dyelstorf, s. Dielsdorf.
Dyemen, a. Diem.
Dyessenhoven, s. Diessenhofen.
Dyetelnboven, s. Dietelbofen.
Dyetbingen, s. Dietingen.
Dyettenriet, s. Dettenriet.
Dyexelbach, a. Thieselbach.

E

Ebbinen sunes hof. (Sohn der Ebba, bei Sigmaringen, Kgr. Preussen), II 235.
Ebene (Flurname, n.-ö. v. Nusebanzen, Kt. Argau).
— Ebeni, schüppüsen uffen der — I 110.

Ebenböl, der (unbestimmbare Anhöhe, wohl bei Wintertor, Kt. Zürich).
— — acker in dem — II 500.
Eberchtswile, a. Ebertswil.
Eberhardin, Mechtildis dicta — (habsburgische Hörige, wohl zu Liebegg, Kt. Argau), II 286.
Eberhardswille, Eberbardtswille, Eberhartswille, s. Ebratswailer.
Ebernandus, s. Konstanz.
Ebersberg von — (edles Geschlecht zu Wetzikon, Kt. Zürich).
— Ebersperg, Peter von — II 682.
Ebersegg (auch Eberneck, Df., n.-w. v. Schötz, Kt. Luzern mit ehemaligem, Frauenkloster).
— Ebersegge, Ebersegk, II 346, 722, 732.
— — die frowen ze — II 722.
— — die von — II 732.
— — domin(a)e in — II 346.
Ebersheim (Df., n.-ö. v. Schlettstadt, im Elsass).
— Ebershein, das torf ze — I 22.
Ebersol, s. Ober-Ebersol u. Unter-Ebersol.
Ebertswil (Df., ö. v. Kappel, Kt. Zürich).
— Eberchtswile, Ehratswile, II 169, 566.
— — ager sitos in — II 169.
— — kornsechenden ze — II 566.
Eberwin (Name eines Bauern zu Sigmaringen, Kgr. Preussen).
— Eberwines güt — I 422.
Ebgatingen s. Kwattingen.
Ebinger (Geschlecht von Ebingen, zu Mengen, Kgr. Würtemberg).
— — Bentzline der — von Mengen, II 459.
— — Frikke — II 245.
— — Heinrice — von Mangen, II 459.
Ebinoda, s. Ebnit.
Ebinus, carnifex (Gutsbesitzer im Eigen bei Brugg, Kt. Argau), II 49.
Eblin (Name eines Bauern zu Gutenstein, Gb. Baden).
— Cnurat Eblins güt, I 432.
Ebnet (unbestimmbarer Ort, wohl im Kt. Zürich, Sitz eines ritterlichen Geschlechts).
— Ebnet, Ebnöd, II 488, 491, 772.
— Dilgry und Rudi von — II 488.
— Burckhart und Ulrich von — II 491.
— Frischi von — II 772.
Ebnet (zerstreute Häuser, s. v. Wolhusen, Kt. Luzern).

— — t. u. b. des dorffes ze — II 559.
Ebnit (Weiler, gegenüber Lauperswil, Kt. Bern).
— Ebimode, II 11.
Ebratsweiler (Ort, ö. v. Pfullendorf, Gh. Baden).
— Eberhardswille, Eberhardtzwille, Eberhartzwille, II 241, 243, 251.
— — llens de — II 241.
— — Heinricus de — II 243.
— — dominus de — II 251.
Ebratzwile, s. Ehertswil.
Ebringer der (Beiname eines Gutsbesitzers von Mengen, Kgr. Würtemberg).
— Chänts Münch, der — von Mengen, II 460.
— — s. auch Münch.
Echeltswil (Ort, s.-w. v. Goldingen, Kt. St. Gallen).
— Echoltswile, der hof ze — I 280.
Echenans (Ort, s.-w. v. Belfort, Frankreich).
— Eschenons, II 455.
Echigen, Echingen, s. Ehingen.
Echwile, s. Eckwil.
Eckartsbrunn (Ort, im badiseh. Bez.-A. Engen.
— Ekartzbrunnen, II 332.
Ecke, s. Egg.
Eckenbach (Nebenfluss der Ill, im Elsass).
— (der) Eggenbach, I 35.
Eckwil (Ort, s.-w. v. Mellingen, Kt. Argau).
— Echwile, Egwile, I 173, II 49.
— — d. u. v. ze — I 173.
— — Conradus de — II 49.
Edikon (Weiler, n. v. Dürnten, Kt. Zürich).
— Hedinkon, filius Hugonis de — II 287.
Edlibach (Weiler, w. v. Menzingen, Kt. Zug).
— Edlibach, t. n. b., d. u. v. ze — I 154.
Elfingen (Df., ö. v. Bötzen, Kt. Argau).
— Evingen, I 93, 91.
— — dafern ze — I 93.
— der — mere zehend ze — I 94.
— der — minre zehend ze — I 94.
— — osterzehenden ze — I 94.
Elfänger (Bürgergeschlecht von Brugg, Kt Argau).
— Effinger, II 638, 642.
— — der — von Brogg, II 642.
— — Hans — von Brugg, II 634.
Effingen, s. Aeffigen.

Effretikon (Df., ö. v. Tagelswangen, Kt. Zürich).
— Effretikon, Erfraticon, Erfratincon, Erfreitinchon, Erfretticon, Erfrettinkon, I 201, II 59, 75, 389, 404, 514.
— — curtis — II 75.
— — das güt — II 514.
— — hub, hüben (ze) — I 291, II 389.
— — löte von — I 291.
— — schöphus, schöpfäse) — I 291, II 380.
— — süre von, (sturze) — I 201, II 404.
— — t. n. b., d. u. v. ze — I 291.
Eflikon, Cünrat von — (Bürger von Seckingen, im Gh. Baden), II 772; s. auch Oeflingen.
Efringer (Basler Bürgergeschlecht, aus Efringen, Gh. Baden).
— — der — purger ze Basel, II 650.
— — der — von Basel, II 651.
Efroy, s. L'Evrenille.
Egelingen, s. Eglingen.
Egelsee (Weiler zu Oberhünen bei Dammerkirch, im Elsass).
— Egolse, wyer, heimst der — II 433.
Egeno (Name eines Bauers zu Laix, bei Sigmaringen, Kgr. Preussen).
— Egenen güt, bonum dicti Egen, I 419, II 240.
Egensheim, s. Eglsheim.
Egenwil, Egenwile, s. Eggenwil.
Egerden (unbestimmbarer Flurname).
— bern (Wernhers) kind(en) von — II 108, 109.
Egerswile, s. Egliswil.
Egersmoss (unbestimmbarer Flurname, wohl im Kt. Zürich).
— — I acker im — II 527.
Egetswil (Weiler, n. v. Kloten, Kt. Zürich).
— Eghertswile, Conradus de — II 87.
Egg (Weiler, w. v. Zofingen, Kt. Argan).
— Abakke, Egg, I 490, II 751.
— güt uff der — II 751.
— hofstette ze — I 490.
— schöppüsen ze — I 490.
— t. n. b., d. u. v. ze — I 490.
Egg (Weiler, ö. v. Mari, Kt. Argau).
— Ecke, Egg, Egre, II 142, II 53, 110, 214.
— — bons an dem — II 214.
— — d. u. v. ze — I 142.
— — in loco an der — II 53.
— — pfand an der — II 110.
— — schöppüsen an der — I 142.

Egg (Ort, bei Hergiswil, Kt. Luzern).
— Eggen, t. n. b., d. n. v. ze — I 183.
Egg (Pfd., s.-w. v. Mönch-Altorf, Kt. Zürich).
— Eggn, Egge, Ekg, Ekke, I 273, 274, 276, 277, II 80, 81, 91, 299, 363, 396, 472.
— die vryen lüte ze — I 276.
— ecclesia — II 362.
— güt ze — II 472.
— kilcben — (Cbircben —), t. n. b. d. n. v. ze —, zehende ze (zehent) — I 277. II 396.
— kilcbensatz ze — I 274.
— t. n. b., d. n. v. ze — I 276.
— Vryen — I 276, 277, gulte und vaden ze — I 276, zehende ze — I 277.
— zehenden ze — decima, decime (in) — I 277, II 81, 91.
Eggeler, Heinricus et Cunradus dicti — (habsburgische Eigenleute zu Zürich), II 294.
Eggelin (Bauer zu Unlingen, Kgr. Würtemberg).
— Eggelius güt, bonum Eggelin, bonum dicti Eglins, I 389, II 229, 250.
— mansus Hegelins, II 160.
Eggenbach, s. Eckenbach.
Eggenhof (Ort, z.-ö. v. Littau, Kt. Luzern).
— vogty nffon Egge. II 589.
Eggenwil (Weiler, ö. v. Unter-Bötsberg, Kt. Argau).
— Egenwil, Egenwile, I 107, II 51.
— — t. n. b., d. n. v. ze — I 107.
Eggenwil (Pfd., z. v. Bremgarten, Kt. Argau).
— Egenwile, Engenwile, I 140, 169, II 171, 179.
— — die lüte ze — I 140/141.
— — güter ze — I 140.
— — kirichun von — I 160.
— — stüre ze — I 140/141.
— — t. n.b., d. n. v. ze — I 140.
— — umideliuge ze — I 140/141.
Eghartswile, s. Egetswil.
Egisheim (Stadt, s.-w. v. Kolmar, im Elsass).
— Egensbein, I 8, 51, II 426.
— — das güt ze, I 8, 51.
— — der dinghof, hof ze — I 8, II 426.
— — s. auch Hoben-Egisbeim.
Egli (Bauer zu Winterthur, Kt. Zürich).
— Egglin höbe, I 327.
— — Eglichen hube, II 384.

Eglingen (Ort, im O.-A. Münsingen, Kgr. Würtemberg).
— — Otto de — II 255.
Eglingen (Ort, n.-ö. v. Hagenbach, im Elsass).
— Egelingen,d le lüte ze — II 411
Egliswil (Df., n. v. Sengen, Kt. Argau.
— Egernswile (verschrieben), II 200,
— Egliswil, Egliswile, I 172, II 101, 616, 617, 619, 735.
— — das dorf — II 735.
— — das dorf ze — mit twingen und bännen etc., II 616.
— — der kilkun wideme ze — I 172.
— — die gmessme ze — II 101.
— — die kilcbun ze — I 172.
— — die lüte von dem dorfe ze — I 172.
— — phant ze — II 617.
— — satz ze — II 619.
— — schüpossen ze — I 172.
— — t. n. b., d. u. v. ze — I 172.
— — villa dicta — II 200.
Eglolfus (Name zweier habsburgischer Eigenleute).
— Eglolfus in Obern-Affoltron, II 305.
— Eglolfus villicus de Regensperg antiquus et ejus liberi, II 308; s. auch Regensberg.
Egolf (Name eines Bürgers zu Scher, Kgr. Würtemberg).
— dictus — civis in Schere. II 212.
Egolswil (Df., n.-ö. v. Schötz, Kt. Luzern).
— Egoltswile, Egoltswile, I 181, II 345, 346, 561.
— — der herschaft landgerichte (zu) — I 184/185.
— — ein gütli, heisset das güt ze Bölen — I 184.
— — hof ze — II 561.
— — lacus inferior in — II 345.
— — maior lacus in — II 346.
— — schüppos ze — I 184.
— — t. n. b., d. n. v. ze — I 185.
— — weibhübe ze — I 184.
Egree, Egri. s. Aegeri.
Egtiswile, s. Aetterswil.
Egwile, s. Eckwil.
Ebingen (Pfd., s.-w. v. Ach, Gh. Baden).
— Ebingen, eigene güter ze — I 453.
Ebingen (Oberamtsstadt an der Donau, Kgr. Würtemberg).
— Ecbigen, Ecbingen, Ebingen, I 459, II 263, 461—465, 468, 472. Einkein (verschrieben?), II 465.

— — aker ze — II 405.
— — burgmüli ze — II 467, 472.
— — Burkart Hug von — s. Hug.
— — Conrad Heylant von — s. Heylant.
— — der Schůlmeister von — II 465.
— — des Swartzen müli ze — II 462.
— — die frônwage za — II 464.
— — die gerichts ze — II 464.
— — die lantgarben ze — II 465.
— — die obern bafstnben ze — II 485.
— — Dietrich Reinstetter von — s. Reinstetter.
— — die Wismůli ze — II 462.
— — die wyermůli (wygermůli) ze — II 461, 472.
— — Herliz gůt ze — II 464.
— — Herman Schriber von — s. Schriber.
— — meningmatten ze — II 461.
— — tublí ze, (molendinum in) — I 459, II 261, 472.
Ehrenstetten (Dorf ö. v. Krotzingen, Gh. Baden).
— Örestetten, Sant Blesyen lůt in dem kilchspel ze — II 440.
Ei (Flurname s.-w. v. Kriens, Kt. Luzern).
— Eye, güter in der — I 203.
Ei (Häusergruppe bei Oberkirch, Kt. Luzern).
— Eya, II 278.
Eich (mit Ober-, Höfe, s. v. Iberg ,Kt. Argau).
— Eige, der mere zehende ze —, der minre zehende ze — I 95.
Eich (Pfd., n.-w. v. Sempach, Kt. Luzern).
— Eiche, die kilchen ze —, t. u. b., d. u. v. ze — I 181.
Eich, Berchtolds gůt bi der — (zn Hattingen, Gh. Baden), I 452.
Eich, vor der — in Urswile (vielleicht Eicholteren, w. v. Urswil, Kt. Lnzern), II 212.
Fich (Häusergruppe, s. v. Büren, Kt. Bern).
— Fiche, mansus in dem — II 12.
Eichen (Ort, n. v. Friedberg, Kgr. Würtemberg).
— Aicha, Eicha, I 377, II 158.
— — die lute des dorfes ze — I 377/378.
— — vrie güter ze — I 377.
Eichen? (Flurname, wohl n. v. Reinach, Kt. Argau).
— Eiche, pratum in — II 205.
Eichhof, s. Hünikon.

Eichholter (Wald, n.-ö. v. Veltheim, Kt. Zürich).
— Eicholtron, Eicholtzron, Eycholtron, I 319, II 504, 517.
— — acker im — II 517.
— — acker in dem holtze ze — I 319.
— — die — II 504.
Eichholtz, güter, heissent das — (zn Ober-Wil, Kt. Zug), I 150.
Eichholz (Hof, ö. v. Nussberg, Kt. Zürich).
— Eicholtz, curia — II 31.
Eichholz (Wald, n. v. Hilterfingen, Kt. Bern).
— Eichholtz, walt heisset das — I 482.
Eichiberg (Geschlecht zu Bremgarten, Kt. Argau).
— Eychiberg, Johans (Johann, schultheiss ze Bremgurten), II 579, 642.
Eicholtron, Eicholttron, s. Eichholter.
Eichornner, Conradus (Bauer im Eigen bei Brugg, Kt. Argau), II 49, 51.
Eidberg (Df., s.-ö. v. Seen, Kt. Zürich).
— Eiperc, Eiperch, Eitberch, Eitberg, I 289, II 59, 76, 84.
— — der vrien lute gůt ze — I 289.
— — stûre ze — I 289.
— — t. n. b., d. n. v. ze — I 289.
— — zehende ze — I 289.
Eiental (Tal o. abgegangenes Dorf am Pilatos, Kt. Luzern).
— Eygental, t. n. b., d. n. v. in — I 205, 206.
Eige, s. Aichen.
Eige, s. Eich.
Eigen, s. Sengen.
Eigen ? (unbestimmbarer Ort, jedenfalls im Fricktal, Kt. Argau).
— Eigen, t. u. b., d. u. v. ze — I 61.
Eigen, s. Ueken.
Eigen, das (alt-habsburg. Gebiet zwischen Are n. Reuss, s. v. Brugg, Kt. Argau).
— Eigen, Fygen, Predium, I 132, 136, II 47, 48, 113, 135, 176, 184, 187, 189, 190, 195, 537, 600, 614, 719, 724, 732, 735.
— — ampt im (in dem) — officium, quod dicitur das — II 184, 195, 719, 735.
— — census in Predio — II 48.
— — die in dem — II 724, 732.
— — gülte in dem — II 176.
— — gülte, nútze etc. in dem — I 132—136.
— — lúte in dem — I 132, 136.
— — pfand-güter in dem —, bona ob-

ligata in Predio, II 113—115, 184, 187, 189, 190.
— — reditus in Predio — II 47—51, 190.
— — ature, sturan in dem — I 130, II 195.
— — summa obligatorum off dem — II 135.
Eigen (verschrieben), s. Sengen.
Eiken (Pfd., a.-ö. v. Ober-Mumpf, Kt. Argau).
— Eitchon, Eitken, Eithon, I 60, II 769, 772.
— — d. u. v. ze — I 60.
— — vogteile über die lüte ze — II 772.
— — vogtature ze — II 769.
Einfelgend (unbestimmbarer Ort, vielleicht verschrieben für Entfelden), II 568; s. auch Entfelden.
Einisberg (Ort, s.-w. bei Hasli, Kt. Bern).
— Meinhartsperg, II 12.
Einkein ? (unbestimmbarer Ort, vielleicht verschrieben für Ebingen, oder für Aichen bei Nellingen, Kgr. Württemberg).
— — aker ze — II 465.
— — lantgarben ze — II 465.
— — s. auch Ebingen.
Einsideln (Benediktinerablei an d. Alp, Kt. Schwiz).
— Einsidelen, Einsidellen Einsideln, Eynsideln, Heremitarum (gotshus, monasterium) I 110, 152, 153, 188, 231, 240, 282, 288, II 275, 277—280, 290, 295, 296—300, 305—311, 313, 315 bis 318, 330, 331, 333, 348, 352—355, 364, 561, 580, 721, 725, 732.
— Neisideln (verschrieben), II 721
— — advocatia cujusdam scopose pertinentis monasterio — II 353.
— — apt von (ze) — II 725, 732.
— — bona monasterii — II 364.
— — bona pertinentia monasterio — II 352, 354.
— — curiae monasterio — pertinentes, II 355.
— — des gotshus güter ze den — II 721.
— — löt des gotshus zů den — II 561.
— — mancipia, mancipium (monasterii) — II 275, 277—280, 290, 295, 296—300, 305—311, 313, 315—318, 330, 331, 333.
— — monasterium — et incolae, II 364.
— — vogty über teil lüte, die gen — hörent, II 580.

Einwyle, s. Andwil.
Eiperc, Eiperch, s. Eidberg
Eischon, s. Oschgen.
Eisi (Flurname bei Brugg, Kt. Argau).
— Enni, garten gelegen in dem — II 540.
Eisideller, Johans — (Gutsbesitzer am Geisberg bei Balm, Ob. Baden) II 773.
— — s. auch Neisideller.
Eitberch, Eitberg, s. Eidberg.
Eitchon, s. Eiken.
Eitenberg (Berg, n.-ö. v. Birr, Kt. Argau).
— Eitenberg, Frielberg, Etelberg, Etenberg, Ettenberg, II 520, 530, 536 — 538, 542, 543.
— aker vor dem — II 543.
— — reben an dem — II 530.
— — trotten und reben an dem — II 542.
— — wingarten am — II 529.
Eiterstalden (Heiterstalden, Ort, s. v. Mensingen, Kt. Zug).
— Eiterstalden, vogty ze — II 585.
Eitken, Eitkon, s. Eiken.
Ekartsbrunnen, s. Eckartsbrunn.
Ekenwise ? (unbestimmbarer Ort, wohl bei Veltheim, Kt. Zürich).
— Ekenwise, muli ze — II 482.
Elfingen (Pfd., n.-ö. v. Bötzen, Kt. Argau).
— Elfingen, Elvingen, Eolfingen, I 92— 95, 100, 101, II 48, 736.
— — Burcardus de — II 48.
— — hof (hoff) ze — I 93, 95, 100, 101.
— — kilchen (ze) — I 93, 95, II 736.
— — sigerist ze — I 93.
— — t. u. h., d. a. v. ze — I 95.
— — zehenden der mere ze — I 94.
— — zehenden der miure ze — I 94.
Elgg (Pfd., ö. v. Wintertur, Kt. Zürich).
— Elgöw, Elgowe, II 327, 393, 681, 682, 704, 707, 708.
— kellenhof ze — II 704.
— löt und güter und zehenden ze — II 681.
— mancipium in — II 327.
— pfand ze — II 682, 707.
— satz (losung) ze — II 708.
— Walther von — II 393.
— Wilhelm, Ulrich und Walther die Sütern, von — II 704; s. a. Suter.
Eligurt, s. Héricourt.

Elihon, bruoder — (Wettinger Mönch?, II 99.
Elisabeth (Gemahlin König Albrechts I), s. Habsburger.
Elkoven, s. Algehof.
Ellbach (Ort, n.-w. v. Dammerkirch im Elsass).
— Ellbach, II 412.
— — das kloster (wo?), II 412.
— — die lüte ze — II 410/412.
Ellenböl (unbestimmbarer Gutsname bei Dogern, Gh. Baden).
— güt, heisset der —, gelegen ze Togern, II 544.
Ellenes, s. Ellsi.
Ellikon (Pfd. an der Tur, w. v. Frauenfeld, im Kt. Zürich).
— Ellicon, Ellihon, Ellincon, Ellinkon, I 300, II 71, 84, 143, 147, 149, 377, 378, 405, 473, 478, 481, 498, 499, 510, 513, 515, 521, 522.
— — advocacia, (advocatia) in — II 71, 143.
— — gütlin (güt, gütlin, gut) ze — II 478, 498, 499, 506, 510, 513, 521, 522.
— — hoff ze II 481, 515.
— — hofstat and gütlin (gut) ze — I 310, II 378.
— — kelnhof ze —, curtis cellerarii in —, hove cheler — ze — I 309, II 84, 143, 377.
— — muli (molendinum in, müle dats) ze — I 310, II 71, 378, 405.
— — molendinum[Retden in — II 143.
— — platea in — II 71.
— — schöpen (scopossa) scopoza in schuephaus dats) ze — I 310, II 71, 143, 378.
— — stura ze — I 310.
— — t. u. h., d. n. v. ze — I 310.
— — vryer luten güter ze — (der chinde gut) — I 310, II 378.
— — wideme (widen) ze — I 309, II 378.
— — zehend ze — II 473.
Ellina (Gutsbesitzerin zu Unlingen, Kgr. Würtemberg).
— Conradus, filius Elline, II 160.
— feodum Elline dicte Täfelin, II 162.
Ellsi, im —, (Flurname unterhalb Perlen, Kt. Luzern).
— Ellenes, güt ze — II 687.
Elmenegg (Ort, w. v. Segalen im Gh. Baden).
— Elmegge, I 83.

— — d. n. v. ze — I 83.
— — leben ze — I 83.
Elrbrecht (Gutsbesitzer, wohl zu Khingen, Kgr. Würtemberg).
— Itel Elrbrechtz knecht, II 464.
— — s. auch Anfang.
Elsass (alte Landgrafschaft zwischen Rhein und Vogesen).
— Alsacia, Elsass, Elsas, I 1, 16, 18, 23, 31, 32, 35, 40, 41 409, 681.
— — Albertus comes de Hapspurg et de Kyburg, Alsacize lantgrafius serenissimus, II 681; s. auch Habsburger und Kyburg.
— — daz lantgericht in obern — 32.
— — dü lantgrafschaft in obern — I 35.
— — die landgraven (lantgraven) in obern — I 1, 16, 18, 25, 31, 40.
— — leben im Sontgew und — II 409 ff.
Elsass, von —, (ritterliches Geschlecht zu Zofingen, Kt. Argau, Luzern und Zug).
— Elsas, Elsass, II 552, 553.
— — Hartmans seligen erben von — II 553.
— — Johans sin brüder, II 552.
— — Walther von —, schultheim(e) [ze] Zovingen, II 552, 553.
Elsau (Pfd., ö. v. Winterter, Kt. Zürich).
— Elsow, das götli ze — II 443.
Elsberg (unbestimmbarer Ort i. Elsass).
— Elsperg, die möli under dem — II 444.
Eltbach, s. Ellbach.
Eltingen (unbestimmbarer Ort, jedenfalls im Kt. Baselland).
— Eltingen (kilche), II 736.
Elvingen, s. Elfingen.
Elwis (ehemaliges Geschlecht zu Wintertur, Kt. Zürich).
— Elwis, der —, I 332.
Elzas, s. Elsass.
Embrach (Unter —, Pfd. und ehemaliges Chorherrenstift, n.-ö. v. Kloten, Kt. Zürich).
— Embrach, Emerach, Emerrach, Emmerach, Emmerach, Emrach, I 257, 260, 264, 265, (II 386, 388, richtiger als Regensperch, Regensberg?) II 475, 480, 514, 516, 524, 642, 689, 698, 737.
— — ampt ze —, officium Ymbriacense, (officium Imbriacense), I 257, 265, II 61, 64, 78, 91, 311, 357, 386.

— — bona monasterio Ymbriacensi pertinentia, II 354.
— — bona revocanda in officio Ymbriacensi, II 357.
— — Cûnrat Giger von — II 516.
— — dube und vrevel und gulte ze — I 265.
— — gotzhus von —, (ecclesia Ymhriacensis, korherren — monasterium Ymbriacense), I 260, II 307, 309, 312, 313, 327, 331, 353, 854, 737.
— — Hans Ackermann von — II 524.
— — hof ze — II 689.
— — holtz ze —, heisset Emmerracher hart, I 264.
— — homines, mancipia, mancipium ecclesie Ymbriacensis — II 307, 309, 312, 313, 327, 331.
— — homines, revocandi in officio Ymbriacensi, II 311-313.
— — kellenhöfe ze — II 682.
— — lute des amptes ze — I 265.
— — possessiones obligate in officio, Imhriacensi, II 94/95.
— — reditus in officio Ymbriacensi (Imhriacensi), II 61—64, 79—79.
— — steur (sture) ze — I 265, II 326, 608.
— — schöpos (schüppos) ze — I 261, II 521.
— — s. auch Embracherberg, Embrachertal, Ober-Embrach.
Embracherberg (wohl der Berg westlich von Unter-Embrach, Kt. Zürich).
— Enerrecherberg, hoff uff — II 476.
Embrachertal (wohl das Tal von Embrach, Kt. Zürich).
— Embrachertal, 4 hoff im — II 519.
Emerkingen (Ort, s.-w. v. Ehingen, Kgr. Württemberg, ehemals Sitz eines ritterlichen Geschlechts).
— Emerchingen, die von — I 450.
Emerrachin, Metzi (Name einer Frau, von Embrach im Kt. Zürich), II 476.
Emme, die grosse (Nebenfluss der Aar).
— Emma, aqua, que — dicitur, II 6, 10.
Emmen (Pfd., n. v. Luzern).
— Emmen, das kellerampt ze — bi Lutzern, II 586.
Emmental, das (Tal der grossen Emme, Kt. Bern).
— reditus in valle aqne, que Emma dicitur, II 10—12.
Emmenwald (Hof, s. v. Rippertschwand, Kt. Luzern.

— Emmenwalt, I 199.
— sture ze — I 199/200.
— t. u. b., d. n. v. ze — I 199/200.
Emmerach, Emmerrach, s. Embrach.
Enmûte, Enmûten (das heutige Oberdorf von Walchwil, Kt. Zug), I 153, II 170.
— — villa — II 170.
Emperg (Hof, n. v. Rat, Kt. Zürich).
— Nidern-Entberg, bona et homines curie ze — II 350.
Emrach, s. Embrach.
Endbach (unbestimmbarer Ort, jedenfalls bei Masmünster im Elsass).
— — malten gelegen ze Masmünster, genant ze — II 442; s. a. Masmünster.
Endenvelt, Endfeld, s. Entfelden.
Enderlin (Bauer zu Kranchenwies, Hohenzollern, II 151.
Endingen (Ober- n. Unter-, Pfd., s. v. Zurzach, Kt. Argau), II 594.
— — s. auch Ober-Endingen.
Endinger der —, (Name eines Mannes, von Endingen, im Gh. Baden, II 720, 731.
Endren-Baden, s. Ennet-Baden.
Enerrecherberg, s. Embracherberg.
Engelberg (Ort s.-ö. v. Olten, Kt. Solothurn).
— Engleberg, die von —, II 732.
Engelschwand (Ort, n. v. Strittmatt, im Gh. Baden).
— Aliswende, Aloswende, Engelswand, Engewschwanden, Engeswande, I 69, II 129, 551, 565, 592.
— — die kleinen gericht über lüt und güter ze — II 592.
— — die rechtunge in dem fryen walde ze böwenne ze — II 565.
Engelwies (Ort, s.-w. v. Sigmaringen, im Gh. Baden).
— Ingoltswis, Ingolswies, I 426, II 240.
— — dorf ze — I 431.
— — bûhe ze — I 428—430.
— — lute ze — I 431.
— — abgernte ze — I 431.
— — sture ze — I 431.
— — t. n. h., d. n. v. ze —) 431.
Engen (Stadt im Gh. Baden).
— Engen, I 449, II 370.
— — mansus in — II 370.
— — Sant Martin ze — I 449.
Engersheim, s. Ingersheim.
Engeschwanden, Engeswande, s. Engelschwand.

Engleberg, s. Engelberg.
Engzislen ? (abgegangener Ort bei
Eschenbach, Kt. Luzern).
— Engzislen, I 198.
— — stüre ze — I 198/200.
— — t. u. b., d. u. v. ze —, I 198/200.
Enkendorf (Df., s. v. Wehr im Gh.
Baden).
— Enkendorf, I 65.
— — blowestat ze — I 65.
— — dorf ze — I 65.
— — d. u. v. ze — I 65.
— — eigene lüte ze — I 65.
— — güt ze — I 65.
— — mülinen ze I 65.
— — schüppos ze — I 65.
— — stüre ze — I 65.
— — t. u. b. ze — I 65.
— — umidoln ze — I 65.
Ennenda (Pfd. s. ö. v. Glarus).
— Obront-Ennent-A, I 512.
— — büssen, sture, tagwan der lüte
ze — I 512.
Ennet-Ach (ehemals Mengendorf, Df.
gegenüber der Stadt Mengen, Kgr.
Würtemberg).
— Memmingen, Mengen (villa), Meyngen (villa), I 439, II 154, 220, 221,
241, 243, 244, 246, 459.
— — advocatia ecclesie in villa —
II 241.
— — bauwart ze — I 440.
— — dorf, villa — I 439, 440, II 154,
220, 221, 241, 243, 244, 246, 459.
— — gartenzins ze (census arearum) —
I 440, II 246.
— — güt ze — (bonum in villa) —
I 440, II 246.
— — hof ze — (curia in villa) — I
440, II 244, 246.
— — meyerhof ze (curia villici) — I
440, II 246.
— — muli ze (molendinum in villa) —
I 440, II 244, 246.
— — redditus bonorum de — in villa
II 154/155.
— — sigriste ze — I 440.
— — sture ville — sture ze — I 440,
II 220.
— — t. u. b., d. u. v. ze — I 440.
— — wideme der kileben. ze — I 440.
— — zechenden ze — II 459.
Ennet-Baden (die kleinen Bäder gegenüber d. Städtchen Baden, Kt. Argau).

— Alind Badin, Baden zem dorfe, dorf
ze Baden, Endren-Baden, villa Baden,
I 111, 112, II 32, 34, 107, 108, 109,
— — hof ze — curia in villa — I 111,
II 32.
— — hofstat ze — I 112.
— — lüte ze — I 112.
— — schüppözen ze — I 119.
— — stüre ze — I 112.
— — t. u. b., d. u. v. ze — I 112.
— — vare ze — I 112.
Ennetbühls (Df., unterhalb Ennenda,
Kt. Glarus).
— Nydern-Ennant-A, I 512.
— — büsse, sture, tagwan der lüte ze —
I 512.
Ensebingen (Esehingen, Ort, s.-w. v.
Ober-Spechbach im Elsass).
— Enscberringen, die tavernon ze —,
II 423.
Enselingen, s. Langen-Enslingen.
Ensi, s. Eisi.
Ensisheim (Städtchen im Elsass).
— Enseshein, Enshein, Ensichshein,
Emsisbein, I 1, 11, 13, 15, 40, 41, 50,
52—55, II 416, 418, 421, 426, 427,
429—432, 440, 442, 445, 450, 458, 576,
— — ampt ze — (officium in), I 1,
15, 40.
— — ampter (empter) des vogtes von
— I 40, 53.
— — bann, bänne ze — II 418, 431,
435.
— — banwarton ze — I 13, 50.
— — burgman, die ze — böront I 41 ff.
— — garten ze — II 418.
— — güt, des Sthörun, ze — I 11.
— — güt von Rindwe, I 1.
— — mulí (mälin, mäly) ze — I, 50,
II 435, 436.
— — seelechen (gen, von, ze) — II
416, 418, 421, 426, 427, 429, 430,
432, 442, 445, 576.
— — senman von — I 52.
— — stat ze — I 15, 50, 55, II 431.
— — sture, sture ze — I 40, 50, 55.
— — tor ze — II 418.
— — t. u. b., d. u. v. ze — I 1.
— — vogt von — I 40, 50, 53.
— — vogt Rudolf von — I 54.
Enswil ? (unbestimmbarer Ort, kaum
Elswil, s.-ö. v. Ettiswil, Kt. Luzern).
— Enswile, Enswille, II 289, 556.
— — güter ze — II 550.

Enswilr, s. Zeinwiler.
Entberg Conradus —, (habsburg. homo revocandus su Melsdorf, Kt. Argau). II 302.
Entfelden (Pfd., s. v. Arau, Kt, Argau).
— Kadenvolt, Endfeld, Entfelt, II 282, 550, 725, 735.
— — der (kilchherr) von II 725.
— — (kilbe) — II 735.
— — Rechner von, s. Rechner.
— Einfelgend (verschrieben ?), II 508.
— — s. auch Nieder-Entfelden, Ober-Entfelden.
Entlebuch (Pfd., a. v. Schüpfheim, Kt. Luzern).
— Entlibůch, I 193, II 564, 596, 735.
— — gůter ze — II 596.
— — kilche (kilbe) ze — I 193, II 735.
— — kilchery ze II 564.
— — t. u. b., d. n. v, se — I 108.
Entli (Bauer zu Assch, Kt. Luzern).
— scoposs, dicta Entlis schůpos. II 338.
Entlosin Mechtilt dicta — de Richensee (habsburg. Hörige zu Richensee, Kt. Luzern), II 273; s. auch Richensee.
Entreche (anbestimmbarer Flurname bei Langnau-Esslingen, Kgr. Würtemberg).
— — Albrecht ymm — I 408.
Enskofen (Ort, n.-w. v. Friedberg, Kgr. Würtemberg).
— Entzkoven, die lute ze — I 379.
Eolfingen, s. Elfingen.
Eppenberg (Ort, ö. v. Schönenwerd, Kt. Solothurn).
— Eppenberg, Rüdi von — II 747.
Eppenstein (Burg, s.-w. v Weinfelden, Kt. Turgau, Sitz eines ritterlichen Geschlechts).
— Eppenstain, Eppenstein, II 322, 360, 391, 399, 401, 403–406.
— — ampt von — II 401, 403–406.
— — der von — II 391.
— — di von — II 392.
— — dictus de — II 322.
— — domini de — II 360.
Eptingen (Df., ö. v. Waldenburg, Kt Baselland, ehemals Sitz eines ritterlichen Geschlechts).
— Eptingen, I 25, II 423, 450, 451, 686, 715, 718, 722–725, 731, 732.
— Chůntzmaan von — II 450.
— — die von — die man nempt im Bag. II 725.
— — Göts von — II 723.

— — Gotfrit von — I 25.
— — Hans Poliant (Hensli Puliant) von — II 423, 715, 724.
— — herr Heinrichs wip von — II 718, 731.
— — Petermana seligen wip von — II 722, 732.
— — Trut von — von Rinach, II 636; s. auch Rinach.
Erben, Heinricus et Ulricus dicti — (habsburg. Hörige zu Zürich), II 294.
Erbheim (zerstörter Ort zwischen Ober-Aspach u. Sennheim, im Elsass).
— Erbsbein banu se — II 448.
Erchingen, s. Langdorf.
Erchinzenbrugga, s. Ergolzbrücke.
Erenbolgen (Weiler, n. v. Römerswil, Kt. Luzern).
— Erkemboldingen, Burchardus de —, liber, II 276.
Erendingen (Pfd., n.-ö. v. Kirchdorf, Kt. Argau).
— Eredingen, Erendingen, I 110, II 304, 310, 530, 543, 763.
— — leben ze — II 763.
— — t. u. b., d. n. v. se — I 111.
— — Hensli von — II 543.
— — Mechtildis de — II 304.
— — Ulricus de — II 310.
— — s. auch Nieder-Erendingen, Ober-Erendingen.
Erfraticon, Erfratincon, Erfreitinchon, Erfrettinchon, Erfrettinkon, s. Effretikon.
Ergëw, s. Argau.
Ergolzbrücke, die (Brücke über die Ergolz bei Basel-Augst).
— Erchinzenbrugga, Ergeosen brugge, II 767, 776.
— — berberga an — II 767.
— — bofstat und akker an — II 776.
Erikon (Ort, s. v. Wildberg, Kt. Zürich.)
— Ericon, Erinchon, Erincon, Erinkon, Ernchon I 294, II 60, 74, 76, 94, 892, 406.
— — gůt der vrien, ze — I 294.
— — lüte des dorfes ze — I 294.
— — meyenstar ze — II 406.
— — stüre ze — I 294.
— — viam, infra, in — II 60, 74.
— — viam supra, (in) — II 60, 76, 94.
— — t. n. b., d. n. v. se — I 204.
Erisberg (verschwundener Ortsname, ö. v. Knonikon, Kt. Zürich).

— Erinsperch, Erisberg, Erisperch,
Erispergie), Erperg 1 303, II 58, 75,
391, 408, 489, 710.
— — hof ze — (beimsel der Sennehof,—
curia Sennen in) — 1 303, II 391, 710.
— — t. n. b., d. n. v. ze — 1 303.
— — zehenden ze — II 489.
Erisperger, der (Bürger zu Winterthur),
Kt. Zürich), 1 332.
Eriswil (Pfd., s.-ö. v. Huttwil, Kt. Bern.
— Erniwiler, 11 12.
Erkemboldingen, s. Erenbolgen.
Erklingen? (unbestimmbarer Ort im
Kgr. Württemberg).
— — acker ze — II 461.
Erlebach (Ort, n. v. Weiler, im Elsass),
— Erlibach, I 19, 22, 52
— — sturo ze — I 19, 52.
Erlelberg, s. Eitenberg.
Erlenbach (Pfd. am Zürichsee).
— Erlibach — II 318, 355.
— — curia — II 355.
Erlisbach (oder Erlinsbach, Pfd., n.-w.
v. Aran, halb z. Kt. Argau, halb z.
Kt. Solothurn gehörend).
— Arlispach, Erlispach, Erndesbach,
Ernispach, II 48, 738, 747, 759.
— — bach ze — II 759.
— — kilche — II 747.
— — Conradus de — II 48.
— — Haini Kupfer von — s. Kupfer.
Erlosen (Ober- u. Unter —, zwei Weiler,
n.-w. v. Hinwil, Kt. Zürich).
— Erloswile, das dorf ze — I 269.
Erloswille, s. Ernetswil.
Ermensee (Df., s.-w. v. Altwis, Kt.
Luzern).
— Armensae, Ermense, I 221, II 3, 100,
213, 339.
— — d. n. v. ze — I 221.
— — scoposa in — II 213, 339.
— — Cnonrat von — II 100.
Ernbrechtinkon (verschwundener Ort,
wohl bei Lnnnern oder Dachelsen,
Kt. Zürich).
— Ernbrechtikon, Ernbrechtinkon, I
147, II 172.
— — dorf ze — I 147.
— — d. n. v. ze — I 147.
— — zehende ze (decima in —), I 147,
II 172.
Ernchon, s. Erikon.
Erndesbach, s. Erlisbach.
Ernetswil (Ort, n.-ö. v. Schmerikon,
Kt. St. Gallen).

— Erloswille, II 820.
Erni (Name eines Mannes im Siggen-
tal, Kt. Argau), II 723.
Erni, Bürgi — (Bauer im Birrfeld, Kt
Argau), II 536.
F.rnispach, s. Erlisbach.
Ernstswidach? (unbestimmbarer Ort,
vielleicht bei Ebingen, Kgr. Württem-
berg), II 472.
— — wisen in — II 472.
Erniwiler, s. Eriswil.
Erperg, s. Erisberg.
Erte (unbestimmbarer Flurname auf
dem Bözberg, Kt. Argau).
— Burcardus zem — von Remingen,
II 51; s. auch Remigen.
Ertingen (Ort, n. v. Saulgan, Kgr. Wür-
temberg).
— Ertingen, I 385, II 159, 218, 227/228,
247, 248, 251.
— — güter ze —, bona, bonum in —
I 385/386, II 247/248, 251.
— — libera in — II 218.
— — propria dominii in — II 227/228.
— — redditns in — II 159.
— — Lütrans gät — I 886.
— — Lutrns de — II 251.
Eruach (abgegangener Ort, w. v. Pfirt,
im Elsass).
— Orensach, I 34.
Erzingen (Pfd., n.-ö. v. Geislingen, Gh.
Baden. Sitz eines ritterlichen Ge-
schlechts).
— Ertsingen, Ersingen, I 87, II 770,
774.
— — Brüeilacker ze — I 87.
— — hüben, schüppos und hofstette
ze — I 87.
— — lüte des dorfes ze — I 87.
— — sturo ze — I 87.
— — t. n. b., d. n. v. ze — I 87.
— — zoll ze — I 87.
— — Heinrich, Friderichs säligen sun
von — II 774.
— — Hug von — II 770.
Escaberc, Escaberg, s. Eschenberg.
Esch (Flurname, ö. v. Wildegg. Kt.
Argau).
— Escha, Esche, I 155, II 177.
— gheiter ze — I 155.
Esch (unbestimmbarer Flurname, wohl
bei Ebingen, Kgr. Württemberg).
— aker gelegen im — II 472.
Escha, s. Aesch.
Eschaberch, Eschaberg, s. Eschenberg.

Eschaw, s. Aesch.
Eschbach (Df., n.-w. v. Waldshut, Gb. Baden).
— Eschehach, Eschibach, Eschwach, I 71, II 127, 129.
— — die vrigen lüte ze — I 71.
— — hof in dem dorfe ze — I 71.
— — pfand ze — II 127.
Esche, s. Aesch. Dürren-Aesch.
Escheca von (Geschlecht zu Zofingen, Kt. Argau),
— — die von — (ze Zovingen), II 722, 723; s. auch Zofingen.
Escheman, s. Eschman.
Eschenbach (Pfd. o. Burg, n.-w. v. Inwil, Kt. Luzern, Sitz eines Freiherren-Geschlechts).
— Eschenbach, Eschibach, Obern-Eschibach, Oschibach, I 199, 472, 478, II 186, 371—374, 553, 613/614, 615, 667.
— — der von — I 472, 478, II 613/614.
— — dominium de — II 371.
— — dominus de — II 186, 372—374.
— — güt ze — II 615.
— — stüre ze I 199/200.
— — t. u. b., d. u. v. ze — I 199/200.
— — var ze — II 667.
Eschenbach (Ort im Ber.-A. Staufen, Gb. Baden).
— Eschenbach, vogty ze — II 672.
Eschenberg (bewaldeter Hügel, s. v. Wintertur, Kt. Zürich).
— Escaberc, Escaberg, Eschaberch, Eschaberg, Eschaberg, I 317, 318, II 29, 73, 139, 145, 146, 378,
— — datz — gülte, II 378.
Eschène (Ort, s.-ö. v. Belfort, Frankreich).
— Eschenes, II 454.
Eschenhau, der (Flurname, n. v. Ober-Schelklingen, Kgr. Würtemberg).
— Esche, in dem — ze Schelklingen, II 463; s. auch Schelklingen
Eschenmosen (Df., w. v. Bülach, Kt. Zürich).
— Eschimos, I 250, II 309.
— — Conradus de — II 309.
— — nüsdelinge ze — I 250.
Eschens (ehemalige Burg u. Pfd., w. v. Steckborn, Kt. Turgau, Sitz eines ritterlichen Geschlechts).
— Eschentz, Heuman von — II 836.
Eschensweiler (Ort, s.-ö. v. Mölhausen, im Elsass).

— Escholtzwilr, I 26, 49, 55.
— — stüre über, stüre ze — I 26, 55.
— — torf ze — I 26, 49.
— — t. u. b., d. u. v. ze — I 26.
Eschernse, s. Hallwilersee.
Eschgrüben (unbestimmbarer Ort), II 470.
— — hof in — II 470.
Eschgut, (Gut zu Teufental bei Egg, Kt. Zürich).
— — das — ze Tüffental, II 526; s. auch Teufental.
Eschibach, s. Eschbach u. Eschenbach.
Eschikofen (Df., s. v. Mölheim, Kt. Turgau).
— Heschikon, Heschincon, I 359, II 70.
— — dinghof ze — I 359.
— — d. u. v. ze — I 359/361.
— — hübe ze — I 359.
— — lüte und güt ze — I 359.
— — stüre ze — I 359/361.
Eschikon (Weiler [und Leute von da], n.-ö. v. Lindau, Kt. Zürich).
— Eschicon, Eschincon, Eschinkon, Esencon, II 61, 78, 317, 403, 508.
— — Eschinkon de Böngarten — II 62; s. auch Baumgarten.
— — Eschikons schöpos von Bomgarten, I 259; s. auch Baumgarten.
— — hof ze — II 403.
— — scoposss — II 61.
— — Walther — 95.
— — Wernherus de — II 317.
Eschikon, s. Öschgen.
Eschile, s. Aeschi.
Eschimos, s. Eschenmosen.
Eschinun, s. Berg-Oeschingen.
Eschlikon (Df., n.-w. v. Dinhard, Kt. Zürich, Sitz eines Freiherren-Geschlechts).
— Eschlinkon, I 364.
— — Th. von — I 364.
Eschman (Bauer zu Embrach, Kt. Zürich).
— Escheman, Eschman, I 262, II 63, 79.
— Eschemans schöpos, I 262.
Escholtzwilr, s. Eschensweiler.
Escholzmatt (Pfd., im Entlebuch, Kt. Luzern).
— Escholzmatte, I 192.
— — gülte ze — I 192.
— — t. u. b., d. u. v. ze — I 192.
Eschon, de —, s. Oeschgen.

Eschol, Berchtoldus de — et soror ejus et liberi (basisburgische Eigenleute zu Dürren-Aesch, Kt. Argau), II 285.
Faisseren (Ort im Elsass).
— — die mulynen — II 455.
Esler (Bürger zu Mengen, Kgr. Würtemberg).
— — Albrecht(s) des Eslers seligen wirtin von Mengen, II 450; s. auch Mengen.
Eslingen, s. Esslingen.
Espan (Gut zu Bertschikon, Kt. Zürich).
— — bonum dictum —, II 91.
Essacon, s. Eschikon.
Eschaberg, s. Eschenberg.
Eschenons, s. Echenans.
Essendorf (Df. u. Burg. n. v. Waldsee, Kgr. Würtemberg, Sitz eines ritterlichen Geschlechts).
— Essendorf, dominus de — II 247.
Essert (Ort, w. v. Belfort, Frankreich).
— Schert, die kilchen ze — vor Besert, I 30.
Esslingen (Df., s.-ö. v. Egg, Kt. Zürich).
— Eslingen, Esselingen, Esslingen, I 277, 278, II 80, 81, 291, 296, 299, 300, 363, 397, 471—473, 600, 629, 773.
— — datum (in) — II 600, 629.
— — güt, der vryen lüte, ze — I 278.
— — hof ze — II 472.
— — muli se. molendinum in — I 278, II 80.
— — sehende, zehent se. decima (in) — I 277, 278, II 81, 363, 397.
— — Heinrich herr Adam von — II 471.
— — Heinrich Müller von — II 773.
— — Henricus de — II 291.
Eswile, Esswille, s. Etzwil.
Etelberg, Etenberg, Etlenberg, s. Eitenberg.
Ettenbanen (Weiler, s. v. Kiburg, Kt. Zürich).
— Etenhusen, Ettenbasen, I 308, II 70.
— — güt, der vryen luten, ze — I 308.
Ettenhausen (Df., ö. v. Wetzikon Kt. Zürich).
— Etenhusen, Ettenhusen, I 280, II 61, 81.
— — gericbte ze — I 280.
— — güt, der vryen luten, ze — I 280.
— — stara ze — I 241.
Ettisweiler (Ort, ö. v. Messkirch, Kgr. Preussen).

— Ötiswiler, I 426.
— — güt, der vrien lüte, ze — I 426.
— — t. u. b., d. u. v. ze — I 426, 427.
— — wüstü güt ze — I 426/427.
Ettiswil (Pfd., s.-ö. v. Schötz, Kt. Luzern).
— Ethiswile, Etteswile, Ettiswile, I 182, II 282, 557.
— — d. u. v. ze — I 182.
— — meyerhof uff dem Böl ze — II 557.
Etzelwil (Ort, ö. v. Triengen, Kt. Luzern).
— Etzenwille, Etzwille, II 284, 285.
Etzwil (Ort, s.-ö. v. Lenggern, Kt. Argau).
— Eswile, Esswille, Etwile (?), Etzwil, Etzwille, I 77, II 550, 551, 565, 592.
— — all gotzhus löt sant Fridlis ze — II 592.
— — bann ze — II 550.
— — dü dritten gerichte ze — I 77.
— — d. u. v. ze — I 77.
— — gericht ze — II 551, 565, 592.
— — t. u. b. ze — I 77.
— — vogtlöt, (vogtlüti) ze I — II 551, 565, 592.
— — vogty ze — II 551, 565.
Etzwil (Ort, w. v. Birndorf, Gh. Baden).
— Etzwilre, I 84.
— — d. u. v. ze — I 84.
— — grütelin ze I 84.
— — lehen ze — I 84.
Eutenberg ? (Ort, n. v. Zezikon, Kt. Turgau).
— Eytberg, vrie güt ze — I 370.
Everoy, s. L'Evreuille.
Evingen, s. Effingen.
Ewattingen (Ort, n.-w. v. Donndorf, Gh. Baden).
— — Ebgatingen, Üli von — II 478.
Eye, s. Ei.
Eych, göttin ze Brugge zu der — (zu Brugg, Kt. Argau), I 08.
Eychiberg, s. Eicbiberg.
Eycholtron, s. Eichholtern.
Eye, s. Ei.
Ergen, s. Eigen.
Eygental, s. Eiental.
Eynsidelen, s. Einsideln.
Eyswilr, s. Zeiswiler.
Eytberg, s. Eutenberg.
Eytzenberg, Hädi — (Bauer im Amt Lenzburg, Kt. Argau), II 743.

F
(s. auch V.)

Faber, Conradus dictus — (Gutsinhaber zu Embrach, Kt. Zürich), II 94/95; s. auch Konrad.
Fägswil (Df., n.-ö. v. Rüti, Kt. Zürich).
— Vegswile, II 289.
Fällanden (Pfd., s.-ö. v. Dübendorf, Kt. Zürich).
— Vellanden, II 296.
Fäsi (Gutsbesitzer zu Embrach, Kt. Zürich).
— Veso, Vesin, Vesius, Wesins, I 262, II 62, 78, 327.
— des Vesen schuephus, II 327.
— Vesinen schupos, I 262.
Fafans, s. Pfaffans
Fahr (Kloster an d. Limmat, argauische Enklave bei Weiningen, Kt. Zürich).
— Fare, Varo, I 238, II 720, 724, 732.
— die von — II 720, 724, 732.
— muli, dâ gegen — horet, I 238.
Falk, s. Valk.
Falkenstein (Burg b. Balstal, Kt. Solothurn, Sitz eines Freiherren-Geschlechts).
— — Hans von — II 715, 731.
Fallender Brunnenhof, s. Brunnenhof.
Fallerieden, s. Vallriet.
Famkenhusen? (unbestimmbarer Ort, wohl im Kt. Turgau).
— — ein gutlin, heisset —, II 510.
Fare, s. Fahr.
Farwangen (Pfd., ö. v. Meisterschwanden, Kt. Argau).
— Varewanch, Varwanch, Varwang, Varwank, I 170, II 3, 763.
— — güter ze — I 170.
— — lute ze — I 170.
— — schüpozzan, des gotzhus ze Mure eigen, I 170.
— — sture ze — I 170.
— — t. n. b., d. a. v. ze — I 170.
— — weibhübe ze — I 170.
— — zol ze — II 763.
Faverois (Ort, n.-w. v. Contcelles, Frankreich?)
— Varorauch, I 36, 37.
— — der cuhend ze — I 37.
— — dü urbar ze — I 36.
Feche-l'Eglise (Ort, w. v. Delle, Frankreich).
— Fychen Liglise, Vitz, I 38, II 452.
— — hübe in dem dorf ze — I 38.

— — villa vel vinagium de — II 452.
Federicus (?) villicus (zu Hailtingen, Kgr. Würtemberg), II 165.
Federli (Bürgergeschlecht v. Frauenfeld, Kt. Turgau).
— Federlin, Berchtold — von Frowenfelt, II 502.
Federli (Bauer zu Überlingen am Ried, Gb. Baden).
— Federlis schüpos, I 458.
Fehr-Altorf (Pfd., s.-w. v. Bassikon, Kt. Zürich).
— Altdorf, Altdorp, Altorf, Altorff, I 298, II 31, 58, 314, 358, 390, 515, 517.
— — advocatia in hominibus liberis in — II 358.
— — der vrien und der vogtlüte gût ze — I 298.
— — gût ze — II 517.
— — phand data — II 390.
— — vogty ze (advocacia) — II 31, 515.
Feissabaggo? (Übername, vielleicht für Fassabag, Bürger von Wintertur, Kt. Zürich), I 343.
Felben (Pfd., n.-ö. v. Frauenfeld, Kt. Turgau, Sitz eines ritterlichen Geschlechts).
— Velwen, dominus de — II 87.
Felber, s. Velwer.
Feldbach (Ort, n.-w. v. Rapperswil, im Kt. Zürich).
— Velbach, I 269, 270.
— — schüpos ze — I 270.
Feldmühle, s. Veltmuli.
Feltbein, s. Veltheim.
Fendringen (Ort, s. v. Laupen, im Kt. Freiburg, Sitz eines ritterlichen Geschlechts).
— Venringen, Ulrich von — II 180.
Fenhrieden (Df., s.-w. v. Sins, Kt. Argau).
— Venchrieden, I 145.
— — d. u. v. ze — I 145.
— — hof ze — I 145.
Ferren, Stephan und Walther die — von Winttertur (Gebrüder von Wintertur, Kt. Zürich), II 498.
Ferren (Ort, s.-w. b. Klein-Wangen, Kt. Lusern).
— Kidern-Verchen, Obern-Verchein, Verch, Verchen, Werch, I 223, II 210, 275, 279, 340, 341, 612.
— — der (frye) hof (hov) ze — curia (is) — I 227, II 210, 211/212, 340, 341, 612.

— — die fryen lüte ze — I 223.
— — stüre, sture (se) — I 223, II 211.
— — t. n. b., d. u. v. ze — I 223.
— — Obernberg (verschrieben), II 211/212.
Ferrenberg (Ort, 0. v. Winigen, Kt.
  Bern).
— Verrichperg, II 7.
Ferretnm, s. Pfirt.
Ferro (Geschlecht von Franenfeld Kt.
  Turgau).
— Heinrich — von Frowenfelt, II, 483.
Fessenheim (Ort, n.-ö. v. Eneisheim,
  im Elsass).
— Vessenhein. I 6, 45, 46.
— — dorf (torf) ze — I 6, 45, 46.
— — sturn ze — I 6.
— — t. n. b., t. n. v. ze — I 7.
Fillingen, s. Villingen.
Filmeringen, s. Vilmergen.
Filsingen (Vilsingen, Ort, s.-w. v. Sig-
  maringen, im Gh. Baden).
— Vilsisingen, I 433.
— — dû kilche ze — I 433.
— — stûre ze — I 433.
— — nmidelinge ze — I 433.
Fingerbut, s. Vingerbût.
Fink (Bürgergeschlecht von Zürich).
— Vinke. Vinho, II 542, 776.
— — Hans — von Zürich, II 542.
— — Rûdger und Johans — von Zürich
  gebrûdera, II 776.
Finnelius. Vinalin Judaeus —, in Mun-
  derchingen, (Pfandinhaber zu Mun-
  derkingen, Kgr. Württemberg), II 249,
  264.
Finsler (Geschlecht von Brugg, Kt.
  Argau).
— Vinsler, II 529, 543.
— — Heinrich — II 529.
— — Henoli — II 543.
Finsterbach, s. Vinsterbach.
Finsterlingen (Ort, n. v. Wolpadingen,
  Gh. Baden).
— Vinsterlo, I 79, II 129, 755.
— — die lûte von —, des gotshuses
  von Sant Blesien eigen, I 70.
— — d. n. v. ze — I 80.
— — gûtter ze — II 755.
Finsterse (Weiler u. See, s.-ö. v. Men-
  zingen, Kt. Zug).
— Vinsterse, d. u. v. ze — I 153.
First (Dſ., w. v. Wesslingen, Kt. Zürich).
— First. Virst, I 202, II 31, 58, 75,
  402, 404, 512, 522, 688, 698.

— — acker ze — II 512.
— — die lûte des dorfes ze — I 292.
— — ein gût ze — heisset Lûgotten,
  I 202.
— — gûter ze — II 698.
— — hof in dem — II 688.
— — hûben ze — I 292.
— — stûre, stur ze — I 292, 404.
— — t. u. b., d. n. v. — I 292.
— — Hans und Heinrich, die Sennen
  von — II 522.
— — Johans Sennen gût ze — II 402.
— — Ulrich Sennen gût ze — II 402.
— — Ulrich und Rûdolf, die Sennen
  von — II 511/512.
Fischbach (Ort, n.-ö. v. Welen, Kt.
  Argau).
— Vischbach, Vischpach, Visibach, I
  169, II 574, 775.
— — t. n. b., d. n. v. ze — I 169.
— vogtei ze —, II 775.
Fischbach (Ort, w. v. Bodenberg, Kt.
  Luzern).
— Vischbach, d. n. v. ze — I 183.
Fischental (Pfd., n. v. Wald, Kt. Zürich).
— Fischetal, Vischatal, Vischental, I
  280, II 81, 394, 695, 777.
— — gûter im — II 695.
— — gût, der fryen luten, (irrig: der
  chinde guot) ze — I 280, II 394.
— — leben ze — II 777.
— — lute ze — I 280.
— — sture ze — I 280.
Fischer (Bauer am Bötzberg, Kt. Argau).
— Vischer, Hans —, II 539.
— — s. auch Vischer.
Firchingen (Kloster, n. v. Hörnli, Kt.
  Turgau).
— Fischingen, dominus abbas de — II
  314.
Fisibach (Teil des Pfd. Bachs, Kt.
  Zürich).
— Obern-Visibach, Visenbach, I 239,
  II 487.
— — t. n. b., n. v. ze — I 239.
Fislisbach (Pfd., s.-ö. v. Birmensdorf,
  Kt. Argau).
— Fislispach, Visslisbach, I 120, II
  737.
— — d. n. v. ze — I 120.
— — kilche — II 737.
Flach (Pfd., s.-w. v. Andelfingen, Kt.
  Zürich).
— Flach, II 525,
— — rietbub ze — II 525.

— — zehent ze — II 525.
Flach, Rüdi (Bürger von Mellingen, Kt. Argau), II 740.
Flach (?) (Mann aus Flach, Kt. Zürich).
— Vlacher (?), predium — II 67.
Flachelanden (Ort, s. v. Mülhausen, Elsass, Sitz eines ritterlichen Geschlechts).
— Flachelanden, Flaceslanden, II 412, 417.
— — Hanman von — und sin brüder Claus, II 412.
— — Henman von — von Tirminach, ritter, II 417; s. auch Dürmenach.
Flachtal (Tal von Flach, Kt. Zürich).
— Flachtal, güt inne dem —, II 409.
Flecke (Bauer zu Altheim, Kgr. Württemberg).
— Flecke, Vlekke, I 413, II 226, 262.
— dictus — II 262.
— her — I 413.
Fli (Gegend, ö. v. Wesen, Kt. St. Gallen).
— Vlige, tagwan der låten ze — I 506.
Flimserwald, der (Wald bei Flims, Kt. Graubünden).
— Vlinwalt, I 329.
Flitzweg, der (unbestimmbarer Flurname bei Brugg, Kt. Argau), II 530.
— — 3 juchert uff dem — II 530.
Florimont (Ort, n. v. Pruntrut, i. Elsass).
— Blômenberg, Floridus Mons, II 449, 455, 456.
— — anthessementum in — II 455.
— — chassamentum de — II 456.
— — müli ze — II 449.
— — parrochia de — II 455.
Flüacker der (Flurname zu Hergiswil, Kt. Unterwalden), I 284.
Fluder, Ber. — (Bauer zu Günsburg, Kgr. Baiern), II 467.
Flöelen (Ort, w. v. Tracheelwald, Kt. Bern).
— Flöien, super Fld, I 190, II 11.
— — ein hof, heisset —, I 190.
Flühgasse (und Vorder-Flüh, Häusergruppe zwischen Zollikon u. Zürich).
— — Flüen, villa dicta —, II 319.
Fluntern (Gemeinde, ö. v. Alt-Zürich).
— Fluntren, II 317.
Fölins (hababurg, Eigenleute zu Hadlikon, Kt. Zürich).
— Heinricus et Rudolfus dicti — II 289.
Fol (Bürgergeschlecht von Olten, Kt. Solotarn).

— Fol, Col, II 715, 724.
— Cünrat — II 715.
— der Col von Olten, II 724.
Folkenswil, s. Volketswil.
Fontannen (Weiler, s.-w. v. Romoos, Kt. Luzern).
— Fontanne, götli gelegen in — II 462.
Forster, Rüdi — (Bauer in Birmensdorf, Kt. Argau), II 539.
— — s. auch Vorster.
Forwen (verschrieben), s. Horw.
Fossal, der (Flurname zu Schlieren, Kt. Zürich).
— — schüppossen und matten, heisset der — II 552.
Fraumunde (Eigenleute des Klosters Einsideln an Nieder-Ferren, Kt. Luzern).
— — Rudolfus, Cunradus et Heinricus fratres, dicti — II 275.
Franchen, des — gût (an Embrach, Kt. Zürich), II 386.
Fransema? (unbestimmbarer Ort im Elsass), II 454.
Franta (Bauer zu Diessenhofen, Kt. Turgau).
— — Heinrich — Agness sin busfrow, II 513.
Fraubrunnen (Df. n. ehemaliges Kloster, n.-w. v. Burgdorf, Kt. Bern).
— mulinon, mansus et scopossa, II 15.
Franenfeld (Hauptort des Kantons Turgau).
— Fröwenfeld, Fröwenveld, Fröwenvelt, Frowenfelt, Vrowevelt, Vrowenvelt, I 356, 359—362, II 53, 70, 82, 323, 397, 399, 400, 407, 480, 481, 483, 485, 498, 499, 503, 507, 510, 513, 515—517, 682, 695, 697, 701, 704, 709, 734.
— — acker ze — II 510.
— — ampt ze —, officium — I 356, II 55, 70, 82, 323, 397, 407.
— — homgartten ze — II 510.
— — burg ze — II 490.
— — burglehen, parchlehnreht —, parchrecht-lehen ze — II 399, 499.
— — burgsetze gan — II 709.
— — gût ze —, by der stat, II 507.
— — guet, versetzet in dem ampt — II 397—400.
— — homines revocandi in officio — II 320—327.
— — lehen, gelegen under — II 498.

— — redditus in officio — II 70.
— — redditus obligati in officio — II 82.
— — (stat) — II 734.
— — summa in officio — II 55.
— — wingarten ze — I 359–362, 364. 365, 367, 368, 510.
— — wingartt, acker, garten, gelegen by — II 485.
— — wingartten in dem Tal, gelegen by — s. Tal.
— — wisen bi — II 697.
— — Berchtold Federlin von — s. Federli.
— — Claus u. Heinrich, die Ammanen ze — s. Ammann.
— — Clansen säligen kint von Bewang, burger ze — s. Bewang.
— — Claus Wilhelm von — s. Wilhelm.
— — Hass (Johans, Hofmeister) von — II 480, 481, 682; s. auch Hofmeister.
— — Hans Kundigman von — s. Kündigmann.
— — Heinrich Ferro von — s. Ferro.
— — Heinrich Rüdlinger, vogt ze — II 481; s. auch Rüdlinger.
— — Jacob, vogt von (ze) — II 695, 701, 704.
— — Rüdolff Swegler von — s. Swegler.
Frauental (Kloster an d. Lorze, Kt. Zug).
— Frowental, II 722, 723, 726.
— — die von — II 722/723.
Frechen, s. Rechterhöfe.
Frei-Amt, das (auch Knonauer-Amt, zwischen Albis u. Reuss im Kt. Zürich).
— Fryampt, Officium-Liberum, Vri-Ampt, I 148, II 172, 173, 642.
— — redditus in officio Libero — II 172.
Freiburg, im Breisgau (Kreishauptstadt im Gh. Baden).
— Friburg (in Brisgöw, Brisgöw), II 431, 439, 601, 769.
— — datum ze — II 601.
— — Burchart von Tottinkoven ze — s. Dettikofen?
— — Chünrat Snewli, schultheiss ze — s. Schnewli.
— — Marti Maltrer von — s. Malterer.
Friburg im Uechtland (Hauptstadt des Kantons Freiburg).
— Friburg, Vriburg (in Úcht(e)land(en), I 483, 485, 487, II 624 (?), 659.
— ampt ze — I 483.
— datum — II 659.

— die hertzogen von Oesterrich, die graven ze Habispurg, ze Kyburg und herren ze — I 483; s. auch Habsburge, s. Kiburg.
— hofstette ze — I 485.
— kilchen ze — I 485.
— ral ze — I 487.
— schultheilsse ze — I 487.
— stat ze — I 483, 485–487.
— t. u. b. u. elló gerichte, d. s. v. ze — I 486.
— vorstat ze — I 485.
— zol (zoll) ze — I 486.
Friburger, s. Friburger und Vriburger.
Freien-Egg (Vryen-Egge), s. Egg.
Freienstein (Df. mit Ruine, n.-ö. v. Rorbas, Kt. Zürich, Sitz eines ritterlichen Geschlechts).
— Vryenstein, Johannes de — II 355.
Freien-Wil (Ort, n.-w. v. Ober-Erendingen, Kt. Argau).
— Wile, ein schüppüzen ze —, Sant Blesien eigen, I 111.
Freimigen, Freimingen, Fremingen, s. Fröningen.
Frenhoff (Gut zu Opfikon, Kt. Zürich).
— — ein güt ze Opfikon, genant — II 489.
Freudenau (Ruine, n.-ö. v. Rein, Kt. Argau).
— Frödenöve, Frödenowe, Fröidnöw, I 98, 100, II 530.
— — acker und bongarte ze — I 98.
— — halde ze — I 98.
— — hofstat ze — I 98.
— — müli, mölinan ze — I 98, 100.
— — torn ze — II 530.
Freudenfels (Burg am Untersee, s.-ö. v. Eschenz, Kt. Turgau).
— Fröidenvels, das bürgli ze —, gelegen am Undersew, II 641.
Freudwil (Df., s.-w. v. Fehr-Altorf, Kt. Zürich).
— Friedewile, Fröidwile, Vredenwile, Vreidenwile, Vridenwiler, I 288, II 61, 59, 89, 390, 684.
— — advocacia — II 69.
— — güt, der vrien lüte, ze — I 298.
— — göter ze — II 688.
— — t. u. b., d. n. v. ze — I 298.
Fribolt, s. Fridbolt.
Friburg, s. Freiburg.
Friburger (Bürgergeschlecht v. Zürich).
— — Johans — und Wernher sin brüder von Zürich, II 773.

— — s. auch Vriburger.
Frick (Pfd., s. d. v. Eiken, Kt. Argau,
 Sitz eines ritterlichen Geschlechts).
— Frick, Fricka, Frik, Frikke, I 59,
 II 490, 730, 738, 767, 776.
— — d. n. v. ze — I 59.
— — (kilche) — II 736.
— — Sant Johans alter — II 738.
— — unser Frowen alter — II 739.
— — Lotwis, Lotwisen ze — s. Lotwis.
— — Lütold von — ritter, II 490.
— — Lütold von — und sin brüder,
 II 490.
Frick, Burkhart von (Protonotar König
 Albrechts I., Verfasser des habsburgischen Urbars).
— Vrike, meister Durchart von —, des
 Römschen küniges schriber, I 55.
Fricke de Richenbach (von Rickenbach
 im würtembergischen O.-A. Saulgau),
 II 252.
Frickgau (alte Landgrafschaft zwischen
 Rhein, Jura u. Are).
— Frikgöve, Vriggöws, I 58, 60.
— lantgrafschaft in — I 56, 60.
— — lantgraven in — I 56.
Frickin, Methilt — güt (zu Brenzkofen,
 Kgr. Preussen), I 420.
Fridberg, s. Friedberg.
Friderich (Bauern-Geschlecht im Eigen
 bei Brugg, Kt. Argau), II 530, 538.
— — Friderich, II 538.
— — Katerina, II 530.
Fridbolt (Bürgergeschlecht von Schaffhausen).
— Friholt, Fridbolt, Frydbolt, II 496,
 502, 679, 687, 703.
— Friboltin von Schafhusen, Secheims
 wip, II 703; s. auch Seen.
— — Hans — von Schaufhusen, II 496.
— — Heinrich — von Schaffhusen, II 502.
Fridoberc, s. Friedberg.
Fridericus, molendinator (zu Hailtingen,
 Kgr. Würtemberg), II 165.
Fridericus (Bauer zu Kranchenwies, Kgr.
 Preussen), II 151.
Fridingen (Ort an der Ach bei Radolfzell, Gh. Baden, Sitz eines ritterlichen
 Geschlechts?)
— Fridingen, II 164, 335, 658.
— — advocatus de — II 335.
— — Heinrich und Rüdolf von — II
 658.
— — Rüdolfus de — II 164.

Fridinger (Bauer aus dem sigmaringischen Fridingen).
— des Fridingers güt, — bonum dicti
 — I 398, II 232, 257.
Fridinger, der — satz (Pfandschaft
 Heinrichs u. Rudolfs von Fridingen),
 II 658.
Fridli, Fridlin, Fridollo, SL, s. Seckingen.
Fridrich (Gutsbesitzer zu Waldshut,
 Gh. Baden).
— Peter — von Waltzhůt, II 545.
Friedberg (Pfd., w. v. Saulgau, Kgr.
 Würtemberg).
— Fridberg, Frideberc, I 370, 371, 381,
 II 150, 156, 157, 158, 247, 251, 253,
— — advocatia ecclesie in — II 252.
— — bona in comitia in — II 247.
— grafschaft ze —, comitia in — comi.
 tatus de — I 370, 381, II 150, 156,
 157, 247.
— — jus patronatus ecclesie in —
 II 158.
— — kilchen ze —, ecclesia in — I
 371, II 158, 252.
— — zins der hofstette ze —, census
 domorum apud — I 370, II 158.
Friedewile, s. Freudwil.
Friedrich, s. Habsburger.
Fries (Bauer zu Embrach, Kt. Zürich).
— Fryes(e), Frieso, I 268, II 62.
— Fryesen schüpos — I 261.
Friese, Ulricus — (Eigenmann der Fraumünsterabtei zu Zürich, in Watt, Kt.
 Zürich), II 310.
Friesen (Df., s.-w v. Altkirch im Elsass),
 II 440, 443.
— — ein gesesse ze — in dem dorf,
 II 443.
Frieswil (Df., n.-ö. v. Ottigen, Kt. Bern).
— Friesowilere, II 24.
Frik, s. Frick.
Frikgöve, s. Frickgau.
Frikke, s. Frick.
Fr(i)kker der (Bauer zu Dogern im Gh.
 Baden).
— der — von Toggerren, II 775.
Frischember, Frischenberg (Bauer im
 Kgr. Würtemberg).
— Frischembers güt, bonum dicti Frischenberg, I 436, II 342.
Frittenbach (Gegend bei Lauperswil,
 Kt. Bern).
— Fritinbach, II 10.
Froberg, s. Montjoie.

Froburg (Ruine, a.-w. v. Olten, Kt.
 Solotum, Sitz eines Grafen-Geschlechtes).
— — comites de — II 844.
— — graf Hans (Henman) von — II
 622, 656.
— — grave Marchwart, I 491.
Froburg, caris — (Besitz der Grafen
 von Froburg im Tal von Schwiz),
 II 184.
Frödenöve, Frödenowe, s. Frendanan.
Fröldenvels, s. Freudenfels.
Fröldnöw, s. Freudenau.
Fröidwile, s. Freudwil.
Fröniagen (Ort, s. w. v. Flachslanden,
 im Elsass).
— Freimigen, Freimingen, Fremingen,
 II 412. 413.
— — burg, II 412.
— — gericht, II 418.
— — gerichte alle, II 418.
— — lût ze — II 413.
— — müli ze — II 418.
— — t. a. b., II 412/413.
— — vischents, II 413.
Fröwenfeld, Fröwenveld, Fröwenvelt,
 Frowenfelt, s. Frauenfeld.
Frowental, s. Fracental.
Früge, der — (Bauer zu Dentingen,
 Kgr. Würtemberg), I 587.
Frütinbach, s. Frittenbach.
Fry, Hans — von Wermetswil, (Lehens-
 inhaber zu Gossau, Kt. Zürich), II 524.
Fryampt, s. Frei-Amt.
Frydbolt, s. Fridbolt.
Fryen (?) Anna — (Bäuerin v. Günsburg,
 Kgr. Baiern), II 467.
Fryes, s. Fries.
Fuchs, Chuoni — (Bauer zu Mülligen,
 Kt. Argau), II 528.
Fuchs, dictus — (Bauer zu Sigmarin-
 gen, Kgr. Preussen), II 241.
Fuchselöcheren (unbestimmbarer Ort,
 wohl bei Reinach, Kt. Argau).
— — novale situm ze — II 204.
Füger, Ûlz — (Bauer zu Ehingen, Kgr.
 Würtemberg), II 472.
Füllera (Ort, w. v. Hirzbach I, Elsass).
— Vilvin, die lûte ze — II 410/411.
Fürten (Ober- u. Unter —, Ort, s.-w. v.
 Sumiswald, Kt. Bern).
— Furtin, II 11.
Fülchi, Ûlrich — amman ze Schelk-
 lingen (Gotsinhaber zu Schelklingen,
 Kgr. Würtemberg), II 63.

Füllerin, dö — (Bürgerin von Winter-
 tur, Kt. Zürich).
— dö Bällerin (wohl verschrieben), I
 332.
Fürdering (Bäuerin zu Langen-Enslin-
 gen, Kgr. Würtemberg).
— — der — schüppus, I 405.
Fürkel, s. Furkel.
Fürte, in dem —, s. Wölflingen.
Fulach, von — (Geschlecht von Schaff-
 hausen).
— Fula, Hans von — II 525.
Fulgenstadt (Ort, n.-w. v. Saulgau,
 Kgr. Würtemberg).
— Fulgenstat, I 884, II 227, 235.
— — ein gût ze — bonum quoddam
 in — I 414, II 227.
— — ein hof ze — curia in — I 384,
 II 255.
— Sulgenstat (verschrieben), I 414.
Fülledern, area — (zu Krauchenwies,
 Kgr. Preussen), II 151.
Funtannen, s. Fontannen.
Furka, die (Pass vom Kt. Uri in den
 Kt. Wallis).
— Furke, I 286.
Furkel, die (wohl der Passeinschnitt
 des Bernhardin im Kt. Graubünden).
— Fürkel, I 524.
Furkel (die Passhöhe d. Kunkelspasses).
— Turkel (verschrieben), I 526.
Furt (Vorder- u. Hinter-, Höfe, s.-w.
 v. Wäldingen, Kt. Zürich).
— Furte, Vürte, I 322, II 384.
— bof im (ze) — I 322, II 384.
Furt (Furtbach u. Furtsteg, n. v. Oetwil,
 Kt. Zürich ?)
— Furte, Johannes, filius Adelheidis
 am — II 301.
Furte ? (unbestimmbarer Ort, wohl bei
 Muri, Kt. Argau).
— d. o. v. xü dem — I 143.
Furtin, s. Fürten.
Fyches Liglise, s. Feche-l'Eglise.

G.

Gabartingen, s. Gebertingen.
Gachnang (Df., s.-w. v. Frauenfeld, Kt.
 Turgau, Sitz eines ritterlichen Ge-
 schlechts).
— Gachchenanc, Gachenang, Gachnang,
 Gachnangen, Gabnang, Gahnangen,
 Geichnang, I 365, II 45, 70, 379, 398,
 399, 499, 514, 637, 648, 701, 705, 709.
— — dinghof ze — I 565.

— — d. a. v. ze — I 864.
— — kylchen (ze) — ecclesia — I 366, II 70.
— — lûte ze — I 365.
— — steûr, stûre ze — 365, II 399.
— — vogtey, vogty ze — I 365, II 687.
— — Chunrat (Chunrat, I) von —, der von — II 378, 701, 705.
— — Cûnrat (II) von — II 514.
— — Hans von — II 688.
— — Walther (I) von —. (der dais sitzet —, der von —, dictus de Lapide), II 399, 687, 709.
— — Walther (II) von — II 499.
— — Walther und Hans von — II 499.
— — Wil. de — II 45.
Gadlingen (Ort, s. v. Riken, Kt. Argau).
— Gadelingen, I 491.
— — ein hofstat und Schiltwalte gût ze — I 491.
— — lûte ze —, die graven Marchwartes sint, I 491.
— — t. u. b., d. u. v. ze — I 491.
Gângerswile, s. Gangolswil.
Gais (Ort, s. v. Waldkirch, Gh. Baden). — Geis, I 71.
— vrige lûte von — I 71.
— wiebel von — I 71.
Galbers hofstat (wohl bei Embrach, Kt. Zürich), II 475.
Galfingen (Ort, s.-w. v. Mülhausen, im Elsass).
— Galfingen, II 432, 436.
— I holtz ze — II 432.
— lût ze — II 436.
Galgenen (Pfd. in d. March, Kt. Schwiz).
— Galgennon, bôbe gelegen ze — II 739.
Galgenhalden (unbestimmbar, wohl bei Wintertur, Kt. Zürich), II 502.
— — acker am — II 502.
Galgenbül (Flurname zu Ober-Kulm, Kt. Argau).
— — ein geräte, heitzzet — I 162.
Gallen, St. (ehemaliges Kloster an der Steinach, Centrum von Stadt u. Kt. St. Gallen).
— Sant Gallen (getubne von —, monasterium Sancti Galli), I 234, 236, 266, 267, 272, 281, 294, 300, 301, 303, 315, 316, 427, II 327, 363, 502, 708, 777.
— — die äbte von — II 708.
— — hof ze Dielstorf, der — eigen ist, I 236.

— — kamerampt zu — II 502.
— — leben (lehene von — feodum a monasterio —), I 234, 235, 266, 267, 272, 281, 294, 300, 301, 303, 315, 316, 427, II 363, 777.
— — mancipium monasterii — II 327.
Gallica, loquela (die französ. Schriftsprache), II 457.
Galmet (Ort, ô. v. Gross-Wangen, Kt. Luzern, Heimat eines ritterlichen Geschlechts).
— Galmaton, Galmiton, Galmeten, Galnita, Galniton, II 580, 585, 671, 672, 732, 724, 763.
— — die von — II 722, 724.
— — Hantlyou (Hentelli) von — II 580, 672.
— — Johans von — II 585.
— — Ulrich von — II 671, 703.
Galten (Ort, s.-w. v. Gansingen, Kt. Argau).
— Galmton, II 768.
Gamertingen (Ort, n. v. Veringen, Kgr. Preussen).
— Gamartingen, Gamertingen, I 399, II 221.
— — Walthers gût von — bonum Waltheri de — I 399, II 221.
Gamlikon (Ort, s.-ô. v. Stallikon, Kt. Zürich).
— — Gemrikon, Henman von — und ir kind, II 526.
Gangolswil (abgegangener Hof b. Risch, Kt. Zug).
— Gângerswile, Gangoltzwile, I 149, II 217.
— — hof ze —, curia in — I 149, II 217.
Gansingen (Pfd., s.-ô. v. Laufenburg, Kt. Argau).
— Gansingen, Gansungen, II 725, 765.
— — der (kilchherr) von — II 725.
Gans, s. Kantz.
Garten (Weiler, ô. v. Ober-Langenhard, Kt. Zürich).
— Garten, Garton, Gartun, I 296, II 57, 71, 393, 407, 438.
— — gût (das haizzet) ze — I 296, II 393.
— — hof — II 407.
Gasler, Heinricus dictus — (Eigenmann des Stiftes St. Blasien zu Seglingen, Kt. Zürich), II 303.
Gassen (Holzgasse, n. v. Rickenbach, Kt. Zürich?)
— Gassan, hofstat in der — I 311.

Gassen, hofstetten an der Rinderen — (zu Regensberg, Kt. Zürich), I 235.
Gassen (Dorfgasse zu Gebisdorf, Kt. Argau).
— Gassen, platea, I 124, II 34.
— hûbe in der Nidern-, Obern — mansus in — superiori — I 124, II 34.
Gasser, Chûni — (Eigenmann Rudolfs von Hettlingen), II 474.
Gassun, an der (Eigenleute des Stiftes Seckingen, zu Dübendorf, Kt. Zürich).
— Heinricus an der — et Rodolfus frater suus, II 311.
Gassun, i. der — (Eigenleute d. Klosters Einsideln, zu Regensdorf, Kt. Zürich).
— Conradus in der — uxor et liberi sui, II 309.
— Ulricus in der — II 310.
Gebenbrunnen, s. Goppenbrunnen.
Gebersweiler (Ort, n.-w. v. Rufach im Elsass).
— Gebliswilr, II 435.
— — bann ze — II 435.
— — reben ze — II 435.
Gebertingen (Ort bei Ernetswil, Kt. St. Gallen).
— Gabartingen, vogty ze — II 509.
Gebistach (Ober- und Nieder —, Ort, n.-ö. v. Altenschwand).
— Gebelspach, zwei Geboltzspach, I 64, II 659.
— — güter ze — II 650.
Gebisdorf (auch Gebensdorf, Pfd., ö. v. Brugg, Kt. Argau).
— Gebestorf, Gebisdorf, Gebistorf, II 124, 127, 128, 129, II 34, 35, 108, 176, 178, 190, 195, 500, 638, 671, 721, 737.
— — ampt ze — II 724.
— — dorf ze — I 127, II 108.
— — güter ze — II 671.
— — gült ze — II 638.
— — gût ze — II 178.
— — höve, zwen, ze —, 2 curie — I 124, II 34.
— — hûbrn ze — I 124.
— — kilchen, kylchen(ze) — I 128, II 737.
— — lûte des dorfes ze —, die von —, I 127, 129.
— — pfand ze — II 108.
— — stûren, stûre ze — I 127, II 195.
— — summa (apud), summe — II 35, 176.
— — t. u. b., d. m. v. ze — I 127.
Gebliswilr, s. Gebersweiler.

Gebraiten? (Flurname bei Zell, Kt. Zürich).
— Gebraitten, Gebreitten, äckeher di heizzent — II 384.
— — Uebretlden, dicti — II 137.
— — Gebreton, agri, qui — nominantur, II 74.
Gebreite, s. Breite.
Gebreiton, s. Breitelen.
Gebweiler (Städtchen im Elsass).
— Gehwilr, Ge'bwilr, I 42, 40, II 301, 442, 445, 775.
— — der Schultheiss (schultheis, Chûnrat) von — I 42, 46.
— — die Schultheissen von — II 775.
— — Rüdger schultheisse? und sin vettern von — II 445.
— — statt ze — II 442.
Gedewigis, s. Steinhuseria.
Goffingen, s. Göffingen.
Geginer, Hans — de Uberlingen (Guts-inhaber von Überlingen i. Gh. Baden), II 470.
Geichnang, s. Guchnang.
Geilingen (Pfd., gegenüber Diessenhofen, aber im Gh. Baden).
— Geilingen, Geylingen, Nider-Geilingen, I 342, 343, II 474, 487, 496, 505, 500.
— — güter ze — heissent fro Willeburg güter, I 342.
— — güt ze — II 496.
— — hof ze — der leben ist von Coslanze, I 312.
— — köflâte ze — I 342.
— — kylchen ze — I 342.
— — lûte den dorfes ze — II 342.
— — t. u. b. d. u. v. — I 342.
— — vogtey ze — I 342.
— — wingarten ze — I 342, II 487.
— — zehenden, zehent, zenhende ze — I 342, II 470, 505, 500.
Geiloch (unbestimmbarer Ort in Schwaben), II 474.
— hof ze — II 474.
Geilvingen, s. Gelfingen.
Geis, s. Gais und Geiss.
Geisberg (Berg bei Halm oder Balb im Gh. Baden), II 773.
Geisberg; s. auch Geissberg.
Geisholtzhein, s. Geispitzen.
Gaisemberg, Geisenberg, s. Chèvremont.
Geisbuse, s. Geisshof.
Geislingen, (Ort, n. v. Kaiserstuhl, aber im Gh. Baden).

— Giselingen, Gisalingen, I 86, 87, II 778.
— — böngarten ze — II 778.
— — gût ze — I 86.
— — kelnhof ze —, der Sant Blesien eigen ist, I 86.
— — juta ze — I 87.
— — maigerhof ze — I 86.
— — stûre ze — I 87.
— — t. u. b., d. u. v. ze — I 87.
— — triges gût ze — I 87.
— — wingarten ze — II 778.
Geispitzen (Ort, n.-ö. v. Altkirch, im Elsass).
— Geisboltzhein, Geispoltzhein, I 28, 56.
— — stûre uffen — I 56.
— — torf ze — I 28.
— — t. u. v. ze — I 28.
Geiss (Pfd., w. v. Ruswil, Kt. Luzern).
— Geis, I 195.
— gülte, d. u. v. ze — I 195.
— kilchôri ze — I 195.
Geiss (unbestimmbarer Ort im Argau). II 563.
— vogti ze — uff dem hoff, II 563.
Geiss (unbestimmbarer Ort, im Gb. Baden), II 495.
— gütlin ze — II 495.
Geissberg, der — (Berg, s.-w. b. Willisau, Kt. Luzern), II 565.
Geissberg (Berg, w. v. Villigen, Kt. Argau).
— Geisberg, Geissberg, I 100, 105.
— — acker uff dem — I 100.
— — gûter uff dem — II 105.
— — lehen (8 juchart) uff dem — II 539.
— — t. u. b., d. u. v. über den — 105.
Geisshof (wohl ein Hof, n. v. Reinach. Kt. Argau).
— Geishuse, bona zem — II 205.
Gelbherg (Berg, n.-ö. v. Vorder-Weggital, Kt. Schwiz).
— Gelwen Berg, zwo stells, gelegen zem — II 759.
Geleber, s. Monte Roberto.
Gelfingen (Df., s. v. Hitzkirch, Kt. Luzern).
— Geilvingen, Gelvigen, Gelvingen, I 223, II 3, 5, 100, 213, 273, 274, 340, 341, 343.
— — balchi (fische) apud — II 5.
— — decima in — II 343.
— — d. u. v. ze — I 223.
— — piscina — II 3.

— — schopossen, scoposss, scopose in (ze) — II 100, 213, 340, 341.
— — Bele dicta Vincheria in — II 274.
— — Gisla et Hemma et earundem liberi in — II 273.
— — liberi Heinrici in dem Bache in — II 274.
Gelfrat (Name eines Bürgers von Schaffhausen).
— Gelfritin von Schaffhusen, II 477.
— Gelfrits kinder von Schaffhusen, II 478.
Gelterkinden (Pfd., ö. v. Sissach, Kt. Baselland).
— — Gelterchingen, I 126, 127, II 738.
— — Heinrich von — I 126, 127.
— — kilche — II 738.
Geltmatte (Flurname bei Zug).
— Geltmatts, Geltmatte, I 151, II 160.
Geltwil (Weiler, s.-w. v. Muri, Kt. Argau).
— Geltwil, Geltwile, Geltwiler, I 141, II 52, 110, 177, 604.
— Chûnrat von — II 603/604.
— d. u. v. ze — I 141.
— schuppûsen ze — des gotzhus von Mure eigen, I 141.
— zwein taglen ze — I 141.
Gelvigen, Gelvingen, s. Gelfingen,
Gelwen Berg, s. Gelbberg.
Golzi, s. Golzi.
Gemmingen (abgegangener Weiler bei Scher, Kgr. Würtemberg).
— — hof ze — curia — I 435, II 242.
Gemrikon, s. Gamlikon.
Gendrisôwe? (Flurname im Rlet bei Wald, Kt. Zürich).
— Gendrisôwe im Wunnenbach und im Ried, II 494.
Gengingen (Df., n. v. Art, Kt. Schwiz), I 213.
— — t. u. b., d. u. v. ze — I 213.
Genspisso, Heinricus — (Eigenmann des Klosters Einsideln, zu Fluntern-Zürich), II 318.
Gentherch, s. Jensberg.
Geppenowa, s. Gettnau.
Gersvilie, s. Grût.
Gerdrudis, s. Gertrud.
Gereit, s. Grent.
Gerhar, Canradus — de Zimikon (Eigenmann des Klosters Einsideln zu Zimikon, Kt. Zürich), II 316.
Gerhart (Bauern-Geschlecht zu Blochingen, Kgr. Würtemberg).

— Gerhardus, Gerhart, I 375, II 150, 254, 256.
— Gerhartz gůt bi dem bache — bonum Gerhardi apud ripam — Gerhardus prope ripam de feodo — I 375, II 156, 256.
— Heinrich Gerhartz gůt, — bonum Heinrici dicti Gerhard, I 375, II 254.
Gerhart (wohl Name eines Wirtes zu Baden, Kt. Argau).
— Gerhart, der wirt, II 729, 729.
Gerhartzholtz (Flurname zu Tengen, im Gh. Baden).
— — ein geräte, heisset — I 354.
Geri, soror Allonis (habsburg. Eigenfrau zu Zürich), II 294.
Gerin, sweater — (Nonne aus d. Kloster Schännis, Kt. St. Gallen), II 105.
Gerinsu, Heinrich — sun (habsburglaufenburgischer Eigenmann), II 775.
Gerispach, s. Gersbach.
Geriswendi? (unbestimmbarer Flurname im Kt. Zürich oder St. Gallen), II 489.
— — gülli in — II 489.
Geriswiler, s. Gervillers.
Gerlisberg (Weiler, n.-ö. v. Kloten, Kt. Zürich).
— Gerlosperg, II 311, 312.
Gerlisberg (Hans von Gerlisberg, zu Embrach, Kt. Zürich).
— Gerlisper's schöpos, I 203.
— — Gerlolzberch, II 79.
— — Gerlosperg, II 63.
Gerliswil (Df., s. v. Rotenburg, Kt. Luzern).
— Geroltzwile, I 199.
— — störe ze — I 199/200.
— — t. u. b., d. u. v. ze — I 199/200.
Garnixhab (unbestimmbarer Ort im Argau?), II 570.
— — hof ze — II 570.
Gerod (Flurname, s. v. Brittnau, Kt. Argau).
— Gerode, II 279.
— Mechtildis in dem — II 279.
— Petrus in dem — II 279.
— Ulricus in dem — II 279.
Geroltzhamer, Harman — (Gutsinhaber zu Günzburg, Kgr. Baiern), II 487.
Geroltzwile, s. Gerliswil.
Garrâti (unbestimmbarer Ort, jedenfalls im Kt. Bern), II 25.
Gersau (Pfd. am Vierwaldstättersee, Kt. Schwiz).
— Gersaw, Gersöwe, I 283, II 671.

— — gůt und gült ze — II 671.
— — hof (hoff) ze — I 283, 284.
— — hof ze — des gotzhuses von More eigen, I 283/284.
— — t. u. b., d. u. v. ze — I 283/285.
Gersau (Name eines Pfandinhabers von Gersau, Kt. Schwiz).
— Gersowe, II 115, 131, 135.
Gersauer (Bauern-Geschlecht v. Gersau, Kt. Schwiz, zu Remigen, Kt. Argau).
— Gersöwer, Petrus — II 51.
Gersbach (Pfd., n. v. Wehr, Gh. Baden).
— Gerispach, t. o. b. ze — I 64.
Gertrud (Eigenfrau des FraumUnsterstiftes zu Zürich, in Römikon, Kt. Zürich).
— Gerdrudis mancipium Sancte Regule, II 320.
Gertrud (habsburg. Eigenfrau zu Kempten, Kt. Zürich).
— Gerdrudis vidua et sui liberi, II 289.
Geräte, Gerätt, s. Grät.
Gerät, Geräte, s. Grät, Röti.
Geroug (Bürger von Winterter, Kt. Zürich), I 232.
Gerutde, Gerute, s. Grüt.
Gervillers (zerstörtes Df. bei Pfettershausen im Elsass).
— Geriswiler, terra que vocatur — II 456.
Gerwer (Gutsinhaber zu Unlingen, Kgr. Würtemberg).
— — feodum dicti — II 161.
Gerwils, Gerwilz, s. Görwil.
Gesseler (Bauer zu Seen, Kt. Zürich).
— Gesselar, II 139.
— Gesselers hofstat — platea Gesselers, I 316, II 87.
Gesseler (Bauer zu Hailtingen, Kgr. Würtemberg).
— des Gesselers hof — curia dicti Gesselers, I 300, II 248.
Gesser, Hans — zer Isxpurg (Gutsinhaber zu Reisenburg bei Günzburg, Kgr. Baiern), II 473.
Gesserswil (Df., w. v. Willisau, Kt. Luzern).
— Gösserswile, Gösserswile, I 184, II 344.
— — judicia dicta twing und ban, in — II 344.
— — liberi homines in — II 344.
— — t. o. b., d. u. v. ze — I 184.
Gessler (ein arganisches Rittergeschlecht).

– – der — II 729.
– – die Gesslerin und ir sun — II 737.
– – Hans (der) — II 603, 604.
– – Heinrich der (Sohn v. Hans) — II 604, 605.
– – Heinrich (der) — (Sohn Ulrichs), II 603, 604, 605.
– – Reinhart der — und Ûlrich sin bruder, II 603.
– – Ulrich der — II 602.
Getter (Hausbesitzer zu Arburg, Kt. Argau), II 753.
Gettnau (Ort, n.-w. v. Willisau, Kt. Luzern).
– Geppenowe, I 183, 188.
– güler zu — des gotzhus von Mure eigen — I 183.
– hofstat ze — I 188.
– t. n. b., d. n. v. ze — I 183.
Genensee (Df., n. v. Sursee, Kt. Luzern).
– Göwissen, Gowensson, I 170, II 282.
– gülte, d. n. v. ze — I 179.
Gevenne, s. Gfenn.
Gevenner, dictus — (Eigenmann des Klosters Einsideln, zu Dübendorf, Kt. Zürich), II 508.
Geverde, Cunradus an — (Eigenmann des Klosters Einsideln zu Kusenach, Kt. Zürich), II 316.
Gevetterlin (Bürgergeschlecht zu Winterthur, Kt. Zürich).
– Gefetterlin, Heinrich — schultheiss ze Winterthur, II 521.
Geville, s. Gfil.
Gewig, s. Wigge.
Geylingen, s. Geilingen.
Geyrsperge, s. Girsberg.
Gezoller, Heinrich — (habsburg. Lehensmann in Schwaben), II 474.
Gfenn (Df., ö. v. Dübendorf, Kt. Zürich).
– Gevenne, die herren im —, die sant Lazarus ordens sint, I 254.
Gfil (Weiler, s.-w. v. Nieder-Wil, Kt. Argau).
– Geville, I 490.
– acker in dem — I 490.
– schuppossen in dem — I 490.
– t. n. b., d. n. v. in dem — I 490
Gibel (Ort, ö. v. Wald, Kt. Zürich).
– Gibelon, vogty ze — II 509.
Gibelfüh (Hof, bei Dallwil, Kt. Argau).
– Gibelfü, Rudolfus de — II 285.
Giel, die (Ministerialengeschlecht der Abtei St. Gallen).

– Giel, Gyel, I 275, II 299, 362, 501. 707, 708, 773.
– dominus — II 209.
– her Johannsen der — Itieker, II 773.
– her Ulrich der — dominus Ulricus dictus — I 275, II 362.
– Heini Walther der — von Glattburg, II 501.
– Wernli — II 707, 708.
– Wernli Giels husfröwe, II 708; s. auch Langenhart.
Gigental (unbestimmbarer Flurname, vielleicht Diegental bei Kloten, Kt. Zürich), II 519.
Giger, Cûnrat — von Embrach (Inhaber des Hofes zu Teufental, Kt. Zürich), II 516.
– s. auch Gyger.
Gildweiler (Ort, n. v. Dammerkirch, im Elsass).
– Giltwilr, II 413, 419, 440.
– – aker gelegen ze — II 440.
– – bann (pann) ze — II 413, 419.
– – holtz, velt und matten ze — II 419.
– – jarmerket ze — II 419.
– – kilchen ze — II 440.
– – kleingericht ze — II 440.
– – vogtye ze — II 419.
– – zol ze — uff dem berg, II 413.
– Giperg (wohl verschr.), s. Girsberg.
Gipf, (Df., s.-w. v. Frick, Kt. Argau).
– das Gipfsampt, II 719.
– die Gipfe, II 776.
Gippingen (Weiler, n. v. Leuggern, Kt. Argau).
– Gippingen, I 77.
– – dú dritten gerichte ze — I 77.
– – t. n. b., d. n. v. ze — I 77.
Girisberg (Quirzmont, Hof, n. v. Burgdorf, Kt. Bern?).
– Quirsmône, II 17.
– molendinum, II 17.
– scopossse R, II 17.
Girsberg (Burg bei Quotalingen, Kt. Zürich, Sitz eines ritterlichen Geschlechts).
– Geyrsperge, Girsperg II, 330, 361, 476, 522 ?
– güt by — II 522.
– hoff ze — II 476.
– Heinrich her von — II 381.
– Rudolfus de — II 330.
– Giperg (wohl verschrieben), II 522.
Gisela, conversa — (Gutsinhaberin zu Möswangen, Kt. Luzern), II 339.

Gisilingen, s. Geislingen.
Gisla (habsburgische Eigenfrau zu Gelfingen, Kt. Luzern), II 279.
Gislingen, s. Geislingen.
Giswil (Pfd. am Sarnersee, Kt. Obwalden), II 582.
— das meyerampt se Unterwalden in der kilcheie se — gelegen, II 582.
Glarus (Land und Flecken).
— Clarona, Clarus, Glarus, Klarona, I 498, 499, 507, II 46, 4»2, 483, 680, 710.
— Glarus, (das Land).
— — das nider ampt ze — II 680, 719.
— — in dem selant in — II 483.
— — lant ze — I 499.
— — meiger und vôgte (vogte) ze — I 49», 507, 509.
— — officium vallis Klarone. I 498.
— — val, velle — I 507, 509.
— Glarus (Hauptort u. seine Teile):
— Glarus(Nyderndorf, Oberndorf, Insel).
— büsse der lüte ze Nyderndorf, I 512.
— kamerleben us der stür ze — II 483.
— manleben ze — in der Insel, II 482.
— rechtunge ze — I 507.
— sture der lüte ze Nyderndorf, I 512.
— sture der lüte ze Oberndorf. I 514.
— tagwan der lüte ze Oberndorf, I 514.
— tagwan der lüte ze Nyderndorf, I 512.
Glarus, von — (Bürgergeschlecht zu Zürich).
— Clarus, dictus de — II 254.
Glashütte (Weiler, s. v. Altenschwand, Gh. Baden).
— Glashutte, I 64.
Glashüt(t)te Heringering, Glashütten die alte, s. Bergalingen.
Glashart (Flurname zu Veringen, Kgr. Preussen).
— Glashart, aker, die do heissent — hinder dem Zigelhof, II 462.
Glatis (Bauer zu Mengen, Kgr. Württemberg).
— — Glatises gût, bonum dicti Glatis, feodum Glatus, I 444, II 154, 245.
— — Glatlis lechen (wohl verschrieben für Glatis, II 459.
Glatt, die (Nebenfluss der Tur).
— Glatt, heid Glatten, II 502.
— du vischete in der — II 502.
Glatt, s. Nieder-Glatt u. Ober-Glatt.

Glattburg (Burg gegenüber Nieder-Glatt, Kt. St. Gallen; s. a. Giel).
— Glattburg, II 501, 502.
— Heini Waltherder Giel von — II 501.
Glattfelden (Pfd., s.-w. v. Eglisau, Kt. Zürich).
— — Glatvelden, I 250, II 302.
— — amidelinge ze — I 250.
Glattlingen, s. Schlattingen.
Glatti, s. Glatis.
Glay (Ort, u. v. Blamont, Frankreich. Sitz eines ritterlichen Geschlechts)
— Ole, Eglof von — II 445.
Glementen, s. Gngelmunt.
Glères (Df., s.-w. v. Pruntrut, (n Frankreich, ehemals Sitz eines ritterlichen Geschlechts).
— Glerys, Gliers, II 268, 446, 447, 454.
— parrochia de — II 454.
— dominus de — II 268.
— Johans von — ein frye, II 446.
— Rudolfus de Monte gaudii, alias — II 454; s. auch Montjoie.
Glérosse, s. Ligers.
Glesshart, s. Glasshart.
Glitzis gût (zu Rödikon, Kt. Luzern), I 169.
Glockner, Johans — (Gutsinhaber zu Talheim, Kt Argan), II 532.
Glogner (Geschlecht von Eigenleuten des Stiftes Seckingen).
— der Glognerren kint, II 759.
Glöckern, Sanct — (Ort, s.-w. v. Dammerkirch, im Elsass).
— Sant Luckart, II 411.
Glussing, Wernher — s. Schultheiss. Werner — von Brugg.
Glur (Bürgergeschlecht v. Wintertur, Kt. Zürich).
— Glûr, Glur, I 834, II 86, 486.
— Conradus — II 86.
— hoff ze Ober=Winttertur genant Glaren hoff. II 486.
Gnadental (Kloster, s.-ö. v. Bremgarten, Kt. Argau).
— Gnadental, die von — II 721, 723, 724, 732.
Gnosen, s. Knosen.
Godel (Gutsinhaber zu Unlingen, Kgr. Württemberg).
— des Godels gût, — bonum dicti Godels, I 389, II 228, 249.
Göberg (Bürgergeschlecht von Schaffhausen).
— Göber, Hans — von Schaffhausen, II 498.

Göffingen (Ort, ö. v. Riedlingen, Kgr. Würtemberg).
— Geffingen, Göffingen, I 393, II 163, 249.
— mūli ze — molendinum in — I 393, II 163, 249.
Göldli, Chūnts — von Sumerhusen (Gutsinhaber zu Zusmarshausen, Kgr. Baiern), II 468.
Gūnhard (Wald, s.-ö. v. Arau, Kt. Argau).
— Gūnren, Gonrein, Gūnsem, I 137, II 567, 568.
— hofstette, garten und acher ze — I 137.
— juchert in — II 568.
— matten im — II 567.
Görwil (Pfd., ö. v. Altenschwand, Gh. Baden).
— Gerwile, Gerwilr, I 69, II 128.
— die vrigen lūte von — I 69.
— pfand ze — II 128.
Gösgen (Df. n. Ruine, s.-w. von Arau, im Kt. Solotarn. Heimat eines ritterlichen Geschlechts).
— Gösinken, Gōskon, Göskon, Gössekon, Gosicon, Gosikon, Gosincon, Gossicon, Gozsicon, I 156, II 86, 103, 137, 138, 144, 146, 163, 190, 201, 207, 606.
— das ampt ze — II 606.
— der von — I 156.
— domina dicta de — II 86.
— dominus (Cunradus) de — II 183, 190, 201, 207.
— her Gerhart von — II 103.
— Messina (Mezon, Mezzin) de — II 137, 138, 144, 146.
Göslikon (Pfd., n.-ö. v. Wolen, Kt. Argau).
— Göslikon, Gösslikon, Götlinchon, Goslinkon, I 168, II 48, 573, 576, 737.
— d. u. v. ze — I 168/169.
— (kilche) — II 787.
— matten ze — genant Metznerow, II 573/574.
— zwo schōpos ze — des gotshuses von Mure eigen, I 168/169.
— zwo schāpossen ze — der kirichun von Egenwile eigen, I 168/169.
— twing ze — II 576.
— Waltherus de — II 48.
Gösserswile, Gösserswile, s. Gesserswil.
Gössikon (Ort, w. v. Zimikon, Kt. Zürich).
— Gossinkon, antiqnus molitor in — II 318.
Gömin, dicta — (Gutsinhaberin i. Birrfeld bei Brugg, Kt. Argau), II 536.

Gömli, domus dicti — (zu Lenzburg, Kt. Argau), II 209.
Gōselikon, s. Gōselikon.
Gössow, s. Gossau.
Göswin (Bauer zu Friedberg, Kgr. Würtemberg).
— Göswini, feodum — II 156.
Götlinchon, s. Göslikon.
Gōtzi dictus — (Pfandinhaber in Ottikon, Kt. Zürich), II 94.
Götsach, s. Seuzach.
Göwe (unbestimmbarer Flurname i. Kt. Argau).
— Gōwe, Göwen, II 207.
— forst in — II 207.
— ortus vinearum in — II 207.
Göwisen, s. Genensee.
Goldau (Df., s.-ö. v. Art, Kt. Schwiz).
— Goltowe, dorf, I 213.
Goldbach (Ort, n. v. Kūssnach, Kt. Zürich).
— Goltbach, II 292, 298.
Goldbach (abgegangener Ort, n.-w. v. Niederweningen, im Kt. Argan).
— Golpach, Goltbach, I 115, II 42.
— ein höbe ze —, der eigenschaft höret, gegen Schennis, I 115.
— t. n. b., d. u. v. ze — I 115.
— vinea — II 42.
Goldenberg (Burg, ö. v. Dorf, Kt. Zürich, Sitz eines ritterlichen Geschlechts).
— Goldenberch, Goldenberg, Goldenberk, II 84, 85, 384—386, 392, 483, 694, 695, 698, 699.
— die von — II 483.
— — dominus (Egebertus) de —, her Egbrecht von — II 84, 85, 385, 386, 392, 698.
— — Egbrecht (II) von — II 699.
— — Egbrecht und Rūdolf von — II 699.
— — Eglis wip von — II 691.
— — her Welzl (Welzel) von — II 384, 695.
Goldenwil (Goldwil, Ort, ö. v. Tun, Kt. Bern).
— Goldenwile, daz gūt am — II 557.
Goldswil (Ort, n.-w. v. Unterseen, Kt. Bern).
— Goltzwile, güter ze — I 481.
Golpach, s. Goldbach.
Goltbach, s. Goldbach.
Goltowe, s. Goldau.
Goltswile, s. Goldswil.
Golzi (Bauer zu Embrach, Kt. Zürich).
— Gelzi, Goltzin, Golzi, I 262, II 62, 78.

— Goltzinen schûppos, I 262.
Gommerkinden (Ort, a. v. Hasli, Kt. Bern).
Gomirchingen, II 11.
Gommersdorf, (Ort, w. v. Altkirch, Elsass).
— Gumersdorf, II 412.
Gonrein, s. Gönhard.
Gontenswil (Pfd., w. v. Reinach, Kt. Argau).
— Gundeswile, Gundolswile, Gundoltswile, I 176, II 178, 199.
güter; zwei se — I 176.
t. o. b., d. u. v. ze — I 176.
Gontringen, s. Guntelingen.
Goppenbrunnen (Mühle zwischen Brugg und Umiken, Kt. Argau).
— Gebenbrunnen, bóngarten se — II 382.
Gorheim (Ort, w. v. Sigmaringen, Kgr. Preussen).
— Gorheim, Gorhein, I 420, 421, II 220, 238.
ackere und nägerhts ze — I 420.
censue arearum in — II 238.
— garten ze — I 420.
lûte ze — I 421.
— sture ze, sturn in — I 421, II 220.
— — t. u. b., d. u. v. ze — I 421.
Gorkeit (Bürgergeschlecht v. Zürich).
— Johans — II 764.
Gosicon, Gosikon, Gosincon, s. Gösgen.
Goslinkon, s. Göslikon.
Gospertingen (Ort, s. v. Römerswil, Kt. Luzern).
— Gosbrechlingen, Gossbrechtingen, II 213, 342.
Herchta dicta in dem Bache de, von — II 213, 342.
Gossau (Pfd., a. v. Grüningen, Kt. Zürich).
— Gossow, Gossawe, Gosow, Gossows, Grôssow, I 278, 279, II 80, 299, 395, 396, 486, 522, 524.
gülli ze — II 522.
— gût, der vryen luten ze — I 278.
hof, hoff ze dats —, curtis in — I 279, II 80, 396.
— hof ze — gehaizzen Bülhof, II 395.
hof im Riete, Ryete — I 279.
— muli ze — II 524.
— t. o. h., d. u. v. ze — I 279.
— wisen ze — II 486.
— ûlie dicti Melman de — II 299.
Goswenzogen (Ort, n.-w. v. Zwiefalten, Kgr. Würtemberg).

— Gossenanben, vogtrecht, I 471.
Gossicon, s. Gösgen.
Gossinkon, s. Gössikon.
Gossolts hof (Hof eines Bauern zu Sigmaringen, Kgr. Preussen), I 423.
Gossow, Gossowe, s. Gossau.
Gotschach, Judaeus — in Solgen (Pfandinhaber in Sanlgau, Kgr. Würtemberg), II 251.
Gotst(r)ûwo, Albrecht — (Bauer im Argau), II 531.
Gotthard St. (Pass und Central-Gebirgsstock der Schweiz).
— Sant Gothart, I 286.
Gotz, liberi dicti Gotzen (Eigenleute des Fraumünsterstiftes in Zürich, zu Mörishalden bei Zürich ?), II 307.
Gotzenwil (Ort, s.-ö. v. Wintertur, Kt. Zürich).
— Gotzentwiler, Gozendwille, II 322, 403, 404.
— hof ze — II 403.
— vogtey ze — II 404.
Götzenburg, s. Gutenburg.
Göwenstein, Göwenstein, s. Auenstein.
Gowenson, s. Geuensee.
Gowenstein, s. Auenstein.
Gozendwille, s. Gotzenwil.
Gozsicon, s. Gösgen.
Graben (Hof bei Brittnau, Kt. Argau), II 534.
— müli im — II 534.
Graber, der — (Bauer zu Wintertur, Kt. Zürich).
— des Grabers hûbe, I 325.
Grabmans hoffstat, schûppos (wohl bei Embrach, Kt. Zürich), II 475.
Grade, an dem — s. Stad, am.
Gränichen (Pfd., s.-ö. v. Aras, Kt. Argau).
— Grencha, Grenchen, Grenchon, Grenlachen, Grenlnkon, Grenkon, Krenchen, I 161, 162, II 3, 103, 177, 180, 190, 206, 230, 284, 551, 735.
— — burglene ze — II 180.
— — forst in — II 109.
— — gerhte nûwe ze — I 162.
— — gût, ethewliche ze — I 162.
— — hof ze — curia — I 161, II 3.
— — kilbe —, kylebe m —, I 162, II 735.
— — lûte ze — I 162.
— — molendinum inferius in — II 109.
— — schuppossen in dem gericht ze — II 551.
— — stûre ze — I 162.

— — t. u. b., d. u. v. ze — I 162.
Grässlikon (Df., d. v. Teufen, Kt. Zürich).
— Gresslikon, sebenden se — II 521.
Graf, Eberhart der —, (Bürger zu Wintertur, Kt. Zürich), II 700.
— s. auch Grave.
Grafen, des — wisen, (zu Frauenfeld, Kt. Turgau), II 697.
Grafenmühle, die — (unterhalb Lensburg, Kt. Argau).
— Gravenmüli, ein muli, heisset —, molendinum dictum — I 156, II 205.
— — s. auch Lensburg.
Grafenriet ? (Pfd., s.-w. v. Fraubrunnen, Kt. Bern).
— Reide, II 15, 17.
Grafstal (Df., s. v. Winterberg, Kt. Zürich).
— Grastal, Grawenstal, I 390, II 359, 389.
— — d. u. v. ze — I 290, 291.
Gramer, s. Kramer.
Grampen (Flurname bei Bülach, Kt. Zürich)
— Gruupen, hüb gelegen ze — II 509.
Grand-Bois (Wald, w. v. Seppois, im Elsass).
— Breitenbolz, das, I 83.
Grandvillars (Ort, n.-w. v. Delle, in Frankreich, Heimat eines ritterlichen Geschlechts).
— Grandivilarium, Vilarium, II 451 bis 453.
— — bannus de — II 451, 452, 453.
— — castrum de — II 451.
— — munitio opidi de — II 452.
— — Hainricus de —, miles, II 452.
Granheim (Ort, n.-ö. v. Munderkingen, Kgr. Württemberg).
— Granbein, bonum Weruberi de — II 151.
Granpen, s. Grampen.
Grnoltzwiler, s. Graswil.
Grasberg, der (unbestimmbar, wohl an d. Lägern, b. Regensberg, Kt. Zürich), 1235.
— — juchert am — I 235.
Grasbühl (Hof, ö. v. Unter-Embrach, Kt. Zürich).
— Grasbül, Trabsbül, Traspül (verschr. für Grasböl), I 262, II 63, 78.
— Grashüle güt, I 262.
Graser, Heinricus dictus — et filius suus (habsburgische Eigenleute zu Zürich), II 294.

Grstal, s. Grafstal.
Graswil (Ober- u. Nieder —, Df., s.-w. v. Herzogenbuchsee, Kt. Bern).
— Graoltswiler, II 8.
Grave (Name verschiedener Leute).
— Grave, I 390, 452, II 165, 249, 284, 298.
— des Graven gût, — bonum feodum dicti Graven (zu Hailtingen, Kgr. Württemberg), I 390, II 165, 249.
— ein gût, heisset des Graven gût (zu Hattingen bei Engen, im Gh. Baden), I 452.
— Rudolfus et Ulricus, dicti Graven (Eigenleute des Klosters Einsiedeln, zu Lutikon, Kt. Zürich), II 298.
— Waltherus dictus Grave (habsburgischer Eigenmann zu Schöftland, Kt. Argau), II 284.
Gravenmûli, s. Grafenmühle, Lensburg.
Grawenstal, s. Grafstal.
Graz (Hauptstadt d. Herzogtums Steiermark).
— Grets, datum (ze) — II 630, 637.
Greifensee (Städtchen im Kt. Zürich).
— Griffense, II 296, 772.
— — die Stollen von — II 772.
Grencha, Grenchen, Grenchon, Grenichen, Greninkon, Grenkon, s. Gränichen.
Grentlinger, Albrecht — von Rapperswil, (Gsteinhaber zu Happerswil, Kt. St. Gallen), II 506.
Grensingen (Ort, s.-ö. v. Altkirch im Elsass).
— Gretsingen, II 432.
Greppen (Pfd., s. v. Küssnach, Kt. Luzern).
— Greppen (dorf), I 210.
— — inte ze — I 210.
— — etûre ze — I 210.
— — t. n. b., d. n. v. ze — I 210.
Gresslikon, s. Grässlikon.
Grettelberg (Wald, n.-w. v. Veltheim, Kt. Zürich).
— Grettenlenberg, schüppüz offen — I 319.
Grets, s. Graz.
Gretzenbach (Pfd. zwischen Arau und Olten, Kt. Solotorn).
— Gretzenbach, Gresembach, Gresxembach, II 283, 747.
Gretzingen, s. Grensingen.
Greütte, s. Grüt.

Greot? (oder Gröthof, s.-ö. v. Matzingen, Kt. Turgau).
— Gerwil, hoff ze — II 516.
Greutenberg? (Hof, s.-ö. v. Tobel, Kt. Turgau)
— Grölisperg, II 516.
Grexembach, Grezzenbach, s. Gratzenbach.
Griesheim (Ort im bad. Amt Staufen, Heimat eines ritterlich. Geschlechts).
— Griesheim, Oriesshein, II 672, 771.
— Hans von — II 672.
— Syfrit von — II 771.
Griessenberg (Burg bei Leutmärken, Kt. Turgau, Sitz eines Freiherren-Geschlechtes).
— Griessemberg, dominus de — II 324.
Griessingen (Ober- u. Unter —, Ort. s.-ö. Ehingen, Kgr. Würtemberg).
— Griessingen, Bächznis hof ze — II 463.
Grifenstein (Ort, n. v. Zabern im Elsass).
— Grivenstein, der von — I 51.
Griffense, s. Greifensee.
Grifhaber (Bauer zu Gutenstein, Gb. Baden).
— Grifhabern hof, I 431.
Grimbre hof (unbestimmbar, wohl im Kt. Argau).
— hof, heisset des — hof, II 562/563.
Grimmen, filia dicta — et liberi sui (habsburg. Eigenleute zu Zürich), II 235.
Grimmonch, Grimmong (Bauer bei Kiburg, Kt. Zürich), II 76, 88.
— bonum dicti — II 88.
Grinau (Ort, s.-w. v. Utznach, im Kt. Schwiz).
— Grinowe, II 289.
Grindelwald (Tal u. Pfd. im Kt. Bern).
— Grindelwald, Grindelwalt, I 478,479, 482, 483, II 440, 471, 558, 554, 556, 579.
— berg ze — heisset Bösalpa, I 478; s. auch Dösalpa.
— — güttli uff der Blatten, II 570; s. auch Blatten.
— — güter ze — I 478, 479, 482.
— — gütli, genant im Dürrenberg, II 556; s. auch Dürrenberg.
— gütli uff der Töfläß — II 579; s. auch Tuftbach.
— güt am Bigenstom und zer Balme, II 579; s. auch Bigenstom, Hochbalm.
— güt ze Rufach, gelegen ze — II 558; s. auch Rufach.

— güt ze — uf der Halten, II 553; s. auch Halten.
— — güt an der Spilstat ze — II 553; s. auch Spielstatt.
— — güt in dem Wege ze — in Losner bistum, II 556; s. auch Weg.
— güt im Zingelberge ze — II 579; s. auch Tschingelbern.
— güt vor dem Stege ze — II 579; s. auch Steg.
— — lechen Angustalden, II 471; s. auch Anggistalden.
— — lechen an Roten Egg ze — II 471; s. auch Rotenegg.
— — lechen in der Slücht, II 579; s. auch Schlucht.
— lechen ze — uff dem Bäle, II 579; s. auch Bühl.
— — leben ze — I 478, 479, 482, 483, II 579.
— — löts ze — I 478. 479, 483.
— stnre ze — I 478, 479, 483.
— tal ze — I 479.
— t. u. b., d. u. v. ze — I 478, 482.
Grindlen (Ort, n. v. Malters, Kt. Luzern.
— Grindolt, II 588.
Grisperger, Conradus dictus — et frater suus Berchtoldus (habsburg. Eigenleute zu Reutlingen, Kt. Zürich), II 321.
Grivenstein, s. Grifenstein.
Grölisperg, s. Greutenberg.
Gröningen, s. Grüningen.
Gröninger, s. Grüninger.
Grömow, s. Gossau.
Grone, s. Grosnea.
Grongli, Heinricus dictus — et 3 fratres sui (Eigenleute des Klosters Einsideln zu Vollikon, Kt. Zürich), II 296.
Groniberg, Stephan — (Bürger von Wintertur, Kt. Zürich).
— Stephans Gronibergs kinder von Winttertur, II 487.
Groshobt, Rudolfus — (habsburgischer Eigenmann zu Zürich), II 289.
Grosnea (Ort, n. v. Delle, Frankreich).
— Grone, Gronna, Grüna, II 268, 452, 453, 454.
— bona omnia de — II 453.
— decime parrochie de — II 452.
— parrochia et jurisdictio de — II 454.
Gross-Affoltern (Pfd., n.-ö. v. Arberg, Kt. Bern).
— Affoltren, Affoltron, II 23, 24, 120.
— — curia — II 24.

— — novalis in — II 24.
— — plebanus — II 23.
— — scopose — II 23.
— — summa ab — II 23.
— — der von — ? II 120.
Gross Dietwil, s. Dietwil.
Gross-Kitzigkofen (Ort, n. v. Buchloe, Kgr. Baiern)
— Kalshoven, Johannes de — II 253.
Gross-Wangen (Pfd., n.-w. v. Buttisholz, Kt. Luzern).
— Wangen, I 195.
— — gulte, d. a. v. se — I 195.
— — kilchöri as — I 195.
Grotsen (Hütte in der Bannalp, Kt. Nidwalden ?), II 762.
— lehen ze — II 762.
Gruber (Bürger von Wintertur, Kt. Zürich).
— Gräber, der — I 334.
Grünenberg (Burg bei Melchnau, Kt. Bern und Ruine, s.-w. v. Hitzkirch, Kt. Luzern, Sitz eines Freiherrengeschlechts).
— Grünenberg, II 540, 564, 610, 621 — 626, 628, 629, 631, 638, 720, 732.
— — sechenden as — II 564.
— der von — II 622.
— die von — II 625.
— Berchtoll von — II 631.
— Grim, Grimmo von — II 610, 638.
— — Hans von — II 610.
— — Heini (Heim) und Hans von — II 720, 732.
— — Henman von — II 624, 625, 626.
— — Peter von — II 621, 622/623, 624.
— — Petermann von — II 540.
— — Snabel von — II 564.
— — Ulrich von — II 628.
— — Walther von — II 629.
— — Wernher von — II 628/620.
Grünholz (Ort, n.-w. v. Luttingen, Gh. Baden).
— Grünholtz, Grünhols, Grünholtz, I 68, II 127, 493.
— hoff ze — genant der Nachgepurn hoff, II 493.
— schüppos ze — I 68.
Grüningen (Ort im würtemberg. O.-A Riedlingen, Heimat eines ritterlich. Geschlechts).
— Grüningen, II 250, 251, 262.
— — dominus Heinricus de — II 250, 251, 262.
Grüningen (Städtchen und ehemalige Burg im Kt. Zürich).

— Grüningen, Grüningen, Gruningen, Grueningen, Grüningen, I 266, 281, II 80, 81, 91, 281, 289, 362, 394—396, 486, 496, 497, 503, 517, 519, 521, 522, 524, 525, 582, 727.
— ampt — officium — I 266, II 80, 91, 266, 362, 394.
— bona revocanda in officio — II 362 bis 365.
— bömgarte ze — I 281.
— büsse ze — I 281.
— burg ze — I 281.
— burger ze — I 281.
— curtis apud — II 81.
— hoff ze — II 517.
— hoffzehnden by — II 496.
— homines revocandi in officio — II 286—296.
— krutgarte ze — I 281.
— manlehen ze — II 525.
— pfande in dem ampt — II 394—397.
— purchrehtleben ze — II 396.
— redditus in officio — II 80—81.
— stüre ze — I 281.
— t. n. b., d. n. v. ze — I 281.
— zehenden ze — II 497.
— zehenden ze — vor der stat, II 522.
— Amman, Jost von —, s. Amman.
— Heinricus frater fabri de —, II 289.
— Hundler, Fritzschi von — s. Hundler.
— Jestetten, Fridrich von, von —, s. Jestetten.
— Liper, Heini von —, s. Liper.
— Loberin, Metzin von —, s. Loberin.
— Murer, Hans von —, s. Murer.
— Neisideller, Lütold von —, s. Neisideller.
— Pfister, Hans von —, s. Pfister.
— Schnewlin, dô von —, s. Schnewlin.
— Swager, Clin von — s. Swager.
— Zimer, dicti — de — II 362.
Grüninger (Leute aus Grüningen, Kt. Zürich).
— des Grüningers acker, (bei Wintertur, Kt. Zürich), II 488.
— dictus Grüninger (zu Zollikon, Kt. Zürich), II 296.
— Elsbeth, Stephans des Grüningers wilw, II 700.
— Rüdiger Grüninger von Zürich, II 514.
Grüt (Hof, w. v. Walde, Kt. Luzern).
— Gerüte, t. n. b., d. n. v. in dem — I 232.
Grüt (Vorder- n. Hinter-, Weiler. n. v. Dinhard, Kt. Zürich).

— Gerütt, Heinrich und Werlin im — II 506.
Grüt (Flurname in der Gegend von Gröningen, Kt. Zürich).
— Gerût, curtis in dem — II 81.
Grüt (Flurname bei Reutlingen, Kt. Zürich).
— Gerneûtte, Gerûte, Gerût, Geröte, Gerutde, Gerute, Greûtte, I 314, II 72, 142, 146, 140, 381, 382, 389, 699.
— hof (gelegen) in dem — curia Hobarii im — curtis dicti Höher in dem — I 314, II 72, 142, 382.
— wiee in dem — I 314, II 381.
— s. auch Rüti.
Grüt, Konrad von — (Bauer zu Hailtingen, Kgr. Würtemberg).
— Geräte, Gerate, I 390, II 251.
— Conrads, güt von — bonum Conradi de — I 390, II 251.
Grüt (Weiler, ö. v. Zug).
— Gerüte I 154, II 046.
— t., a., b., d. n. v. ze — I 154.
— zechente in dem — II 640.
Grûter, der — (Bürger von Wintertur, Kt. Zürich).
— des Grûters garte, I 333.
Grötter, Wernher — (Bauer zu Ellikon, Kt. Zürich), II 513.
Grütze (Ort, ö. v. Wintertur, Kt. Zürich).
— Grütze, Grützen, II 500, 526.
— acher uff dem, den — II 500, 526.
Grünger, Rudolf — (Gutsinhaber zu Delle, Frankreich), I 36.
Grund, im —, s. Mörsberg.
Grundelosen (Flurname bei Klingnau, Kt. Argau), I 100.
Grunder (Name eines Bürgers v. Arau).
— Grunders acher, I 137.
Grundlin, des Grundlins güt (wohl bei Basserstorf, Kt. Zürich), II 475.
Grüningen, s. Gröningen.
Grüben (Hof, n. v. Rüegsau, Kt. Bern).
— Grüben, II 11.
Grüber, s. Gruber.
Grüeningen, s. Gröningen.
Grüns, s. Gronse.
Grünholtz, s. Grünholz.
Grüningen, s. Gröningen.
Grusenheim (Ort, n.-ö. v. Kolmar, im Elsass).
— Grusenhen, das dorf, II 427.
Grysberger, Wilhelm — von Rütlingen (zu Seuzach u. Reutlingen, Kt Zürich). II 511.

Gundiman (Df., n.-ö. v. Rumikon, Kt. Zürich).
— Gundinow, Gundisowe, II 359, 489.
— liberi residentes in — II 359.
— vogty ze — II 489.
Gündlikon (Df., ö. v. Wisendangen, Kt. Zürich).
— Gundicon, Gundlicon, Gundlikon, Gunlikon, II 488, 489, 504, 525.
— gütlin ze — II 504, 525.
— güt ze — II 489.
— hoff zu — II 488.
Günikon (Df., n. v. Hohenrain, Kt. Luzern).
— Gônikon, Guninchon, I 223, II 274.
— d. n. v. ze — I 223.
Günlicher, der — (Bauer zu Hendorf bei Mengen, Kgr. Würtemberg).
— des Günlichers güt — I 404.
Günnikon (abgegangener Ort bei Krailigen, Kt. Bern).
— Guninchon, II 16.
Günren, s. Gönhard.
Güntisherg (Df., s. v. Wald, Kt. Zürich).
— Gurttensperg, vogty ze — II 509.
Günzburg (Stadt, n.-ö. v. Ulm, im Kgr. Baiern).
— Günsburg, Güntzburg, Günsburg, Güntzburg, Guntzburch, Guntzburg, II 463, 466, 469, 473.
— aker ze — II 466/467, 473.
— Alber Eschen ze — II 473.
— die von — II 466.
— hof ze — II 466, 473.
— hofstetten ze — II 466.
— holtz und veld ze — II 469.
— mall — II 467.
— tagwerkmalten ze — II 466 467, 473.
— Metzger, Ülrich von —, s. Metzger.
— Smit, Claus von — s. Smit.
— Smit, Hans von —, s. Smit.
— Smit, Sitz der — von —, s. Smit.
— Swöa, Heintz der — von —, s. Swöa.
Günzkofen (Ort, n.-w. v. Friedberg, Kgr. Würtemberg).
— Guntzhoven, I 378.
— die lute des dorfes ze — I 378.
— dâ vrien güt ze — I 378.
— Gunghoven (verschrieben), II 158.
Güpfen (Name eines Hofes zu Beinach, Kt. Argau).
— Güppfen, hof in der — I 173.
Gütolswile, s. Gutenswil.

Götikhausen (Df., a.-ö. v. Andelfingen, Kt. Zürich).
— Götighusen, zehent ze — II 489.
Göttingen (Pfd., am Bodensee, Kt. Turgau. Heimat eines Freiherren-Geschlechtes).
— Guttingen, II 87, 366.
— dictus Hafner de — II 87.
— domini de — II 366.
Gugeler, der (Bauer zu Haillingen, Kgr. Würtemberg).
— des Gugelers gůt — bonum dicti Guglers — feodum Gugeler, I 390, II 165, 250.
Gugelment (Ort, ô. v. Andelfingen, Kt. Zürich).
— Clementen, gartlen aff — II 507.
Gugentzer, Heinricus dictus — (Eigenmann des Klosters Einsideln, zu Heslibach, Kt. Zürich). II 297.
Günsburg, s. Günsburg.
Günikon, s. Gönikon.
Güntscherach, s. Joncherey.
Günzburg, s. Günsburg.
Göpfanti, s. Gipf.
Göpphen, s. Göpfen.
Goirzmône, Goirzmont, s. Girisberg.
Gulfer, Ratchino, Chunradus, Rudolfus et Heinricus fratres dicti —, item sorores et liberi eorum (habsburg. Eigenleute zu Rüed, Kt. Argau), II 284.
Gulhorn, der (Bauer u. Deggenbrunnen ?, Kt. Argau).
— des Gulhorns schüppose, I 126.
Gullehaben, filie dicti — (habsburg. Eigenleute zu Rapperswil, Kt. St. Gallen), II 289.
Guller, der (Bauer zu Gebisdorf, Kt. Argau).
— des Gullers hůbe, I 124.
Gumersdorf, s. Gommersdorf.
Gumpe, s. Guntenbach.
Gundelfingen (Df., s. v. Münsingen, Kgr. Würtemberg mit d. Burg Hohen-Gundelfingen. Heimat eines ritterlichen Geschlechts.)
— Gundelfingen, Gundolvingen, I 463, 468, 467, 469, 470, II 155, 164, 166, 265.
— — burg ze — castrum — I 406, II 265.
— — güter ze — I 469.
— — kilche ze — I 469.
— — l. n. b., d. n. v. ze — I 470.

— — Bertholdus dominus de — II 265.
— — Burger der von — I 463, 467.
— — Conradus dominus de — II 164.
— — die beiden von — I 470.
— — Heinrich der Alte von — I 463, 467.
— — Heinricus dominus de — II 265.
— — ille de — II 155.
— — Ulricus de — II 166.
— s. auch Hohen-Gundelfingen.
Gundeswile, s. Gontenswil.
Gundetswil (Df., n.-ö. v. Winterthur, Kt. Zürich).
— Gundelswil, Gundelswile, Gundeltswil, Gundeswiller, Gundoltswil, Gundoltzwil, Gunswiler, Guntedelswil, II 479, 481, 482, 488, 489, 499, 502, 510, 511, 526, 569.
— das dorff ze — II 482.
— gericht, zwing und bann ze — II 482.
— gůtli ze — II 499.
— gůt ze — heisset in dem Holtz, II 509.
— gůt ze — II 479, 488, 510, 511, 526.
— hůb ze — II 481.
— kelnhoff ze — II 482.
— zehende ze — II 499.
Gundicon, s. Gündlikon.
Gundisow, Gundisowe, s. Gündisau.
Gundlicon, Gundlikon, s. Gündlikon.
Gundoldingen (Df., n.-ö. v. Sempach, Kt. Luzern).
— Gundoldingen, I 180, II 626.
— gnossami, die vrye, von — I 180.
— hofe frye ze — II 626.
Gundolfingen, s. Gundelfingen.
Gundolsheim (Ort, s. v. Rufach im Elsass).
— Gundoltzheim, II 413, 430.
— — burg in dem dorf ze — II 430.
— — Peter, Clewy, Hans gebrüder und Heinrich von — II 413.
Gundolswile, s. Gontenswil.
Gundoltswil, Gundoltzwil, s. Gundetswil.
Gundoltzhusen, s. Guntershausen.
Gundoltzwile, s. Gontenswil.
Gundolvingen, s. Gundelfingen.
Gungels, s. Kunkelspass.
Gunghoven, s. Günnikofen.
Gunichon, s. Günikon, Gönnikon.
Gunlikon, s. Gündlikon.
Gunswiler, s. Gundetswil.

Guntalingen (Df., a.-ô. v. Schlatt, Kt. Zürich).
— Gontringen, Guntringen, I 343, II 330, 366, 469, 476, 505, 694, 696.
— — güter ze — I 343, II 469.
— — grüt ze — II 476.
— — hof ze — I 343.
— — kellenhof ze — II 694.
— — lute ze — I 343/344.
— — sture ze — I 343 344.
— — t. n. b., d. n. v. ze — I 343/544.
— — wisen ze — II 504/505.
— — zehanden ze — II 504/505.
Guntenbach (und Guntenmühle, Weiler, s. v. Villigen, Kt. Argau).
— Gompe, ein gütlin ze — I 98.
Guntershansen (Ort, s.-ô. v. Tänikon, Kt. Turgau).
— Gundolzhusen, II 323, 324.
Guntringer, Heinrich (Bauer von Günzburg, Kgr. Baiern), II 467.
Guntzburch, Guntzburg, s. Günzburg.
Guntzdelswil, s. Gundetswil.
Guntzen, curia dicti — (Hof zu Veringen, Kgr. Preussen), II 258.
Gantzkoven, s. Günzkofen.
Guntzo, Heinricus — (Eigenmann des Klosters Einsideln an Fi, Kt. Luzern), II 270.
Gunzenhausen (Ort, n. v. Ostrach, Kgr. Würtemberg).
— Guntzenhusen, Gunzenhüsen, I 380, II 158.
— güt ze — I 380.
Gunzwil (Pfd., w. v. Münster, Kt. Luzern).
— Guntzwil, Guntzwile, Gunzwiler, I 175, 231, II 4, 105, 199.
— d. n. v. ze — I 231.
— pfand ze — II 105.
— schöpos ze — I 175.
Gútenberg, Gútenburg, s. Gutenberg.
Gútenegga, s. Gutenegg.
Gútenstein, s. Gutenstein.
Gùtiaria, area — (zu Ertingen, Kgr. Würtemberg), II 159.
Gútôisperg, Gútolsperg, s. Gutisberg.
Gútolzwile, Gútolzzwile, Gútoltzwile, s. Gutenswil.
Gurtlensperg, s. Güntisberg.
Gurtweil (Pfd., n.-ô. v. Waldshut, Gh. Baden).
— Gurtwilr, d. u. v. ze — I 74.
Gusse, Ülz — (Bauer von Günzburg, Kgr. Baiern), II 467.
Gutenberg (Burg b. Balzars i. Fürstentum Liechtenstein).

— Gûtenberg, Gûtenburg, II 615, 696.
— vesli (ze) — II 615, 696.
Gutenburg (Barg b. Gurtwil, Gh. Baden, Heimat eines ritterl. Geschlechtes).
— Gûtenburg, her Hug von — II 767.
Gutenegg (Ort, s.-ô. v. Hergiswil, Kt. Luzern).
— Gütenegga, L u. h., d. u. v. ze bei den — I 183.
Gntenstein (Ort, w. v. Sigmaringen im Gh. Baden).
— Gûtenstein, Gntenstein, I 427, 431, 433, II 240.
— barg ze —, castrum et oppidum —, I 427, II 240.
— gûter ze — I 433.
— kelnhof ze — I 431.
— lute ze — I 433.
— muli ze — I 433.
— stare ze — I 433.
— t. u. b., d. u. v. ze — I 433.
— vischants ze — I 433.
Gutenswil (Df., ô. v. Volketswil, Kt. Zürich).
— Gûtolswile, Gûtolswile, Gûtolzwile, Gûtoltzwile, I 303, II 60, 89, 390, 508.
— Hûtoltzwil (verschrieben), II 489.
— gûter ze — I 303.
— possessio in — II 89.
— t. n. b., d. n. v. ze — I 303.
— zehent ze — II 480, 508.
Gûterolf, s. Dornach.
Gutighnser, Heinrich — von Winterthur (Bauer an Dorliken, Kt. Zürich), II 497.
Gutlisberg (Weiler u. Berg, n. v. Heimiswil, Kt. Bern).
— Gûtôisperg, Gûtolsperg, II 6.
— — reditus in monte — II 6.
Guttingen, s. Göttingen.
Gyel, s. Giel.
Gyger, Johannes der — (Eigenmann des Frauenmünsterstiftes in Zürich zu Tandorf, Kt. Turgau), II 826.
— s. auch Giger.

H.

Hababurg, s. Habsberg.
Habchensheim, s. Habsheim.
Habchern (Pfd., n. v. Interlaken, Kt. Bern).
— Habicherron, I 481.
— die lute an dem berge bi — I 480/481.
— sturn der lute bi — I 481.
— t. n. b., d. n. v. uber die lute bi — I 481.

Habenbagge, s. Hachab.
Haberscherina (Bäuerin am Bötzberg, Kt. Argau), II 52.
Habertoris, maritus filie dicti — (habsburgischer Eigenmann zu Küsnacb, Kt. Zürich), II 292.
Habenbesburc, s. Habsburg.
Haberburc, s. Habsburg.
Habspurg, s. Habsburg-Laufenburg.
Habicbegger dictus — (habsburg. Eigenmann zu Reutlingen, Kt. Zürich), II 321/322.
Habicherron, s. Habebern.
Habichrein, s. Hakenrain.
Habispurg, s. Habsburg.
Habrer, Burcardus — (Bauer im Eigen bei Brugg, Kt. Argau), II 50.
Habrer, Peter Habrers güt von Rinikon (zu Rinikon, Kt. Argau), II 528.
Habsberg (Berg mit Ruine u. Hof, a. bei Warmtal, Kgr. Württemberg).
— Hababurg, burg ze — I 400.
Habsburg (Df., n.-w. v. Birr, Kt. Argan, mit der Stammburg des Grafengeschlechtes der Habsburger).
— Haberburc, Habispurg. Habsburg, Habspurc, Habspurg, Ha(b)spurg, Hapspurg, I 58, 63, 66, 78, 85, 92, 102, 108, 116—119, 132, 133, 146, 155, 321, 322, 483, II 146, 166, 184, 216, 345, 359, 366, 367, 369, 542, 602, 620, 657, 681, 698.
— acker ze — I 133.
— geräte ze — I 133.
— grafen, graven, die von ze — I 56, 63, 66, 78, 85, 92, 102, 116, 132, 146 — comites in — II 345.
— graffen, graven, die ze — und Kyburg — comites de — et de Kibure, I 108, 155, 493, II 106; s. auch Habsburger und Kiburg.
— grafschaft, die, von — I 117, 118, 119
— herschaft, die, von — I 321.
— herschaft, die, von — und von Kyburg, I 322; s. auch Kiburg.
— dominus dapifer de — II 164; s. auch Wildegg.
— güt ze — I 133.
— lechen von — II 542.
— t. n. b., d. n. v. ze — I 133.
— waltbüba der grafschaft von — I 119.
Habsburg (Name eines Bauers zu Seen, Kt. Zürich).
— Habenbesburc, II 189.

— Habsburgs schöpos, I 316.
Habsburg; s. auch Neu-Habsburg.
Habsburger (ältere Linie).
— (Herzogin Agnes, † 1296, Gemahlin Rudolfs II).
— — Agnes domina mea dei gratia ducissa Austrie, II 182.
— — domina mea ducissa, II 187, 188, 191.
— — domina nostra ducissa Austrie, regali prosapia exorta, II 194.
— — mine fröw die herzogin, II 174.
— (Königin Agnes von Ungarn † 1364. Tochter Albrechts I., Gemahlin Andreas').
— — die köngin, künigin von Ungern, II 597, 629.
— — dö chûneginne von Uugern, I 113.
— — min fröwen güt von Ungern, II 566.
— — miner fröwen kamrer, II 540; s. auch Jacob.
— — miner fröwen soller, II 540; s. auch Jegli.
— (Graf Albrecht der Weise, † 1239, Vater Rudolfs I).
— graf Alberecht, künig Rudolfs seligen vatter, I 13.
— (Albrecht I., † 1308, 1. Sohn Rudolfs I., deutscher König).
— — Alb(e)rtus comes de Hapspurg et de Kyburg, Alsacie lantgrafius serenissimus domini Rüdolfi, Romanorum regis primogenitus, II 681; s. auch Elsass, Kiburg.
— — Albrecht und Hartman von Kyburg und von Hapspurg grafen, II 698; s. auch Kiburg.
— — graf Albrecht von Habspurg, II 602.
— — wilent graf Albrecht von Habspurg, des Römischen künges sun, II 657.
— — comes Albertus, II 70.
— — dominus Albertus dux Austrie, II 232, 234, 236.
— — dominus dux, II 106.
— — dominus noster dux (Austrie), II 193, 194.
— — herzog Albrecht, II 677, 690, 694, 697, 701, 703, 704.
— — hertzog Albrecht selig, II 676, 679.
— — herzog Albrecht küng, II 696.
— — der künig, I 50.
— — küng Albrecht (sellg), II 644, 653, 683, 690, 692, 709.

— — küng Albrecht von Österrich, II 694.
— — nunc rex Albertus, II 361.
— — der Römische künig, I 55.
— (Herzog Albrecht II., oder d. Lahme, † 1358, 3. Sohn Albrechts I).
— datum (litterae) ducis Albrechti, II 628.
— — herzog Albrecht 597, 604, 610, 613, 615, 616, 619, 626, 629, 630, 631, 632, 668, 669, 672, 696, 697.
— — wilent hertzog Albrecht, jetz hertzog Lúpolts vatter, II 692.
— — herzog Albrecht (yetz) miner herren vatter, II 607, 614, 629, 637, 649, 705, 709.
— — herzog Albrecht selig, II 645, 616, 689.
— — hertzog Albrecht selig, miner herren vatter, II 688.
— — herzog Albrecht und herzog Lúpolt, II 669.
— — hertzog Albrecht und herzog Rúdolf, II 662.
— — herzog Albrecht und hertzog Ott, II 613, 617, 627, 658, 670, 671, 674, 686.
— — hertzog Albrecht und hertzog Ott brúder seligen, II 683.
— (Herzog Albrecht III., † 1395 3. Sohn Albrechts II.)
— Albrecht und Lúpolt bede hertzogen, II 692.
— — herzog Albrecht, II 605, 606, 654.
— — hertzog Albrecht und herzog Lúpolt, II 638.
— — hertzog Albrecht und hertzog Lúpolt gebrúder, jetz unser herren, II 696.
— — hertzog Albrecht und herzog Lúpolt, ietz min herren, II 600.
— — ietz herzog Albrecht und herzog Lúpolt Lúpold, II 611, 621, 624, 641, 659.
— — ietz min her herzog Albrecht, II 631.
— — min beden herren herzog Albrecht und herzog Lúpolt, II 652, 699, 707.
— (Anna (Gertrud) von Hohenberg (Gemahlin König Rudolfs I, † 1281).
— — min frow, die küngin, II 99, 108, 114.
— — min frow selig die küngin, II 105.
— (Elisabeth, † 1313, Gemahlin Albrechts I).

— — dú chúneginne von Rome, I 113.
— — Elsbeth, Römschi küngin, II 700.
— (Friedrich I. (der Schöne) als römischer König († 1330).
— — dominus Fridericus dux Austrie, II 235.
— — dominus dux Fridericus, II 259.
— — dux Fridericus, II 245.
— — Fridrich und Lúpolt, hertzogen ze Österrich, die eltern, II 690, 700.
— — die alten fürsten, II 691.
— — hertzog Rúdolf und hertzog Fridrich, II 698.
— — küng Fridrich, II 694.
— (Herzog Friedrich II., † 1344, 1. Sohn Ottos).
— — herzog Friderich Fridrich, II 636, 700.
— — herzog Friderich selig, II 599.
— — herzog Friderich und herzog Lúpolt, II 614, 616.
— — wilent herzog Friderich, II 613.
— (Herzog Friedrich III., 2. Sohn Albrechts II.)
— — hertzog Lúpolt und herzog Friderich, II 606.
— (Katharina, Tochter Philipps d. K. v. Burgund, Gemahlin Herzog Leopolds IV., 1371—1411).
— — fröw Catherine von Burgúnn, hertzogin ze Österrich, II 591.
— (Katharina v. Savoien, Gemahlin Leopolds I., † 1337.)
— — des alten herzog Lúpolts witwe, II 609.
— (Herzog Leopold I., † 1326, 3. Sohn Albrechts I.)
— littera ducis Lúpoldi, II 705.
— — brief des alten hertzog Lúpolts, II 691.
— — der alt herzog Lúpolt, II 638.
— — Fridrich und Lúpolt, hertzogen ze Österrich, die eltern, II 690, 700.
— — die alten fürsten, II 691.
— — herzog Albrecht und herzog Lúpolt, II 669.
— — herzog Lúpolt, II 593—596, 598, 600, 602—605, 607, 608—610, 612, 625, 627, 629, 633, 635, 636, 639, 643, 644, 648, 654, 655, 650, 667, 670, 672—674, 685, 702—704, 706, 709.
— — herzog Lúpolt der alt, II 596, 634, 684, 685, 688.
— — herzog Lúpolt der elter, II 599, 687, 688, 689, 705.

— — herzog Lûpolt selig. II 601, 608,
611, 626, 829, 634, 645, 647, 654, 655,
658, 666, 663, 669, 671, 677—678,
679, 682, 686, 691.
— — hertzog Lûpolt selig der alt,
II 684.
— — hertzog Lûpolt, dem got gnad,
II 694.
— — hertzog Lûpolt seliger gedenk-
nusse, II 700.
— — wilent herzog Lûpolt, II 611, 619,
674, 708, 710, 711.
— — wilent hertzog Lûpolt der alt,
II 695.
— (Herzog Leopold II., † 1344, 2. Sohn
Ottos.)
— herzog Friderich und herzog Lûpolt,
II 614, 616.
— (Herzog Leopold III., † 1396, 4.
Sohn Albrechts II.)
Albrecht u. Lûpolt bede hertzogen,
II 692.
— — littera jam ducis Lûpoldi, II
692, 705.
— — brief jetz hertzog Lûpolts, II
691.
— — herzog Albrecht und herzog
Lûpolt gebrûder jetz min herren,
II 600, 621, 624, 652, 696.
— — herzog Lûpolt, II 599, 606, 613,
622, 624—626, 638, 642, 651, 657,
660, 661, 663, 670, 675, 680, 685,
691—693, 703, 704, 708, 711, 712.
— — hertzog Rûdolf und hertzog Lûpolt, II 684.
— — ietz herzog Albrecht und herzog
Lûpolt, II 611, 621, 611, 659.
— — ietz hertzog Lûpolt, II 605, 606,
621, 624, 632, 635, 638, 650, 656, 661,
662, 664, 695, 690, 701, 702, 705, 711.
— — ietz min herren bede, II 686.
— — jetz min herren hertzog Albrecht
und hertzog Lûpolt, II 699, 707.
— — min her hertzog Lûpold, II 684.
— (Herzog Otto, † 1339, 4. Sohn Albrechts I.)
— herzog Albrecht und herzog Ott
(brûder, seligen), II 613, 617, 627, 659,
670, 671, 674, 683, 686.
— — herzog Ott, II 596, 603, 616, 633,
671, 695, 711.
— — herzog Ott selig, II 597, 644, 678.
— — wilent herzog Ott von Österrich,
II 616.
— (Rudolf I., † 1291., deutscher König).
— comes Rodulphus, Rûdolfus, II 41, 44.

— Rudolfus tunc comes de Hahs-
burg. — graf Rûdolf von Habspurg,
II 216, 359, 366, 367, 620.
— — dominus noster rex, II 193.
— — dominus Rudolfus Romanorum
rex, II 681.
— — her Rûdolf der Römsche kûng,
II 683.
— — kûng, kuunig, der II 99, 117.
— — kûnig Rûdolf, Rudolf, I 13, II 686.
— — min her der kûng, II 88.
— — min her der kûng, kung Ruodolf,
Rudolf, II 107, 131.
— — min herre der kuneg, II 120.
— — min herre der kunic, do er grave
was, II 120.
— — min herre der kunig Rudolf, do
er grave was, II 116.
— — quondam dominus Rudolfus rex,
II 367.
— — quondam rex Rudolfus, II 361.
— — Rudolfus Romanorum rex, II 204.
— (Herzog Rudolf II., † 1290, 3. Sohn
König Rudolfs I.)
— dominus dux Rûdolfus, II 230.
— — hertzog Rûdolf der elter, II 699.
— — hertzog Rûdolf, kûng, kûnig
Rûdolfen sun, II 686/687.
— herzog Rûdolf selig, kûng Rûdolfs
sun, II 633.
— — hertzog Rûdolf, wilent des durch-
lûchtigen her Rûdolfs d. Römschen
kûnges sun, II 683.
— — quondam dux Rudolfus, II 361.
— (Rudolf III., † 1307, 1. Sohn König
Albrechts I.)
— herzog Rûdolf, II 710.
— hertzog Rûdolf der älter, II 689,
690.
— hertzog Rûdolf und hertzog Fridrich, II 698.
— (Herzog Rudolf IV., † 1365, 1. Sohn
Albrechts II.)
— herzog Albrecht und herzog Rûdolf,
II 662.
— — herzog Rûdolf, II 602, 608, 611,
642, 646, 650, 651, 654, 656—658,
667, 675, 682, 697, 699, 700, 708,
709, 711.
— — herzog Rûdolf selig, II 632, 650,
653, 664.
— — hertzog Rûdolf seliger gedächt-
nusse, II 408.
— — hertzog Rûdolf und hertzog Lûpolt, II 683.

60   Register.

— — unser her von Osterrich, II 527.
— — s. auch Oesterreich.
Habsburg-Laufenburg (jüngere Linie d.
Hauses Habsburg).
— Habespurg, Habsburg, Habsporg,
Habspurg, Hapbespurg, Happspurg,
Hapschburg, Hapschporg, Hapsburg,
Hapspurg, II 1-4, 206, 298, 318, 355,
519, 638, 646, 600, 712, 714, 728,
732, 760, 761, 766—768, 769, 770,
772—780.
— (Eberhard † 1284.)
— comes Eberhardus, II 131.
— (Elisabet von Happerswil, Gemahlin
Rudolfs III.)
— domina comitissa de — et de Raprechtswile, II 355; s. a. Rapperswil.
— (Gottfried II., † 1375.)
— graf Götfrit von —, II 638.
— (Johann L, † 1337.)
— graf von — II 770.
— der herre von — II 775.
— min herre von — II 767, 773, 774.
— min iungherre, iuncherrn (von) —
II 759—761, 766, 768, 772, 775, 777.
— (Johann II., † 1380.)
— graf Hans von — II 638, 646.
— der von — II 519.
— graf Johan, Johans von — II 761,
769, 771, 775.
— (Johann III., † 1393.)
— graf Hansen sun — II 647.
— (Johann IV., † 1408).
— graf Hans von — II 714, 728, 732.
— graf Hans von — sellig, II 778, 779.
— her Hans — II 726.
— min herr, der lantvogt, II 729.
— (Rudolf III., † 1315).
— comes de — II 298, 320.
— comes de Haprechtswile, II 298; s.
a. Rapperswil.
— der grave von Löfenberg, II 179.
— dominus comes de — II 296, 300.
— dominus de — II 318.
— grave Ůtfrides sun, II 108.
— (Rudolf IV., † 1383.)
— graf Růdolf, II 638.
— graf Rudolf von — II 660, 661, 712.
— (Ursula, Tochter Johanns IV., Gemahlin Hermanns von Sulz.)
— min wipb von — II 780.
— die berschaft von II 777.
— lehen von — II 519, 760, 772, 775,
776, 778, 780.
Habsburg vor den Sewen, s. Neu-Habsburg.

Habsheim (Df., s.-ö. v. Mülhausen im
Elsass).
— Habchensheim, I 12, 45.
— dorf ze — I 12, 45.
— stbre ze — I 12, 45.
— t. u. b., d. u. v. ze — I 12.
— zol ze — I 12.
Habspurc, Habspurg, s. Habsburg.
Hachberg (Schloss bei Emmendingen
im Breisgau, Sitz der Markgrafen von
Baden-Hachberg).
— Hachberg, margrafen von — I 66.
Hackab (Ort, ö. v. Hausersdorf, Kt.
Zürich).
— Habenhagge, sehend ze — II 494.
Hadlikon(Df., s.-ö. v. Hinwil, Kt. Zürich).
— Adlinkon, Hadlinkon, I 307, II 61,
289.
— gůt ze — I 307.
Hadlincon, s. Adlikon.
Hadlinger (Bauer zu Embrach, Kt.
Zürich), I 250, II 25.
— des Hadlingers hůbe, I 250.
Hägglingen (Pfd., ö. v. Lenzburg, Kt.
Aargau).
— Heggelingen, Hegglingen, Heglin-
gen, I 179, II 725, 735.
— der (kilchherr) von — II 725.
— d. u. v. ze — I 179.
— (kilhe) — II 735.
— schůpos ze — I 179; s. auch Hegg-
linger.
Hämikon (Df., w. v. Müswangen, Kt.
Luzern).
— Hermikon, hofzins ze — II 533/534.
Häuserhof? (Ort bei Weinswil, im Gb.
Baden).
— Husen, I 88.
— schůppos, schůpposen ze — I 88.
— sture ze — I 88.
Hänsern (auch Hasenhäusern, Ort, n. v.
Hochenschwand im Gb. Baden).
— Husern, däb und totslag ze den —
I 82.
Hag (Hauer zu Madetswil, Kt. Zürich),
II 522.
Hag, der — (Streifen d. Schwarzwaldes
im Gh. Baden).
— Hag, stür hinder dem — II 652.
Hag, im — s. Eptingen.
Hagel (Geschlecht von Tengen, im Gh.
Baden).
— Hagel, dictus — II 252, 255.
— Walther, dictus — II 252.

Hagelsberg (Weiler mit Mühle bei Veringendorf, Kgr. Preussen).
— Hagolsberg, dů můli ze —, molendinum, in — I 399, II 222, 223, 257.
Hagelstein (Name zweier Eigenleute des Klosters Einsideln, zu Ober-Dürnten, Kt. Zürich).
— Hagelstein, soror dicti — et ipse — II 289, 290.
Hagelstein (Bauer zu Ertingen, Kgr. Württemberg).
— Hagelsteins, curia Heinrici — II 159.
Hagelstein (Bauer zu Blochingen, Kgr. Württemberg).
— Hagelstein, I 375, II 156, 254.
— feodum — II 156.
— Hagelsteins gůt, bonum dicti — I 375, II 254.
Hagen? (Bauer zu Hailtingen, Kgr. Württemberg).
— Hagenen gůt, bonum dicti Hagenen, I 390, II 251.
Hagenach (Flurname in der Gemeinde Bergheim, im Elsass).
— Hagenach, II 270, 271.
— almenda, que dicitur — II 270.
— vineae sitae in —, dicte Hagenachban, II 271.
Hagenau (Stadt, im Elsass).
— Hagnów, II 594, 601, 678.
— datum in — II 601.
— datum ze Bettendorf, Böttendorf bi — II 594, 677/678; s. auch Bettendorf.
Hagenbach (Df., n.-w. v. Altkirch im Elsass, Heimat eines ritterlichen Geschlechtes).
— Hagenbach, II 409, 410, 430, 433.
— das dorf zu —, lut und gůt, twing, ban etc., II 410.
— das gesezze zu — II 409.
— Hanman von — II 430.
— Henman und Heintzman, gebrůder von — II 409.
— Jeglis wip von — II 433.
Hagenbůch (Bauer zu Stadel bei Oberwintertur, Kt. Zürich), II 520.
Hager (Bauer zu Mehrstetten, Kgr. Württemberg).
— Hagern, des — bůbe, I 465.
Hagman (Geschlecht von Mengen, Kgr. Württemberg), II 460.
— Chůntz — von Mengen, II 460.
— Heintz — von Mengen, II 460.

Hagnan, von — (Geschlecht zu Wintertur, Kt. Zürich, von Hagnan im badischen Bez.-A. Mersburg?)
— Hagnowe, Heinrich von — I 331.
— Hagnower, der — I 334.
Hagnów, s. Hagenau.
Haidelberch, Haidilberch, s. Heidelberg.
Haigerloch, s. Hohenberg.
Hailtingen (Ort, s.-ö. v. Riedlingen, Kgr. Württemberg).
— Hailtingen, Kirch-Hailtingen, Kirich-Hailtingen, I 390, II 165, 219, 249, 250, 251.
— acher ze — I 391.
— advocatia ecclesie in Kirch — II 249.
— curia castri in — II 250.
— fůterhaber ze —, stura ville — in avena, I 391, II 219.
— gůt ze —, dů zů dem Bussen horent und von dem gotzhus von Owe lehen sint, I 390.
— Kirch, Kirich — I 390, II 249.
— lute des dorfes ze — I 391.
— medium molendinum in — II 251.
— 2 mülinen ze —, duo molendina in — I 391, II 165.
— redditus in — II 165—166.
— somma in — II 165.
— t. u. b., d. u. v. ze — I 391.
— t. u. b., d. u. v. ze Kirich — I 390.
— wideme ze Kirich — I 390.
Hainrich, s. Heinrich.
Haintzlini, Nicolaus — (Gutsinhaber zu Talheim bei Tengen, Gh. Baden), II 369.
Haken, s. Hocken.
Hakenrain (Ort, w. v. Kriens, Kt. Luzern).
— Habichrein, gůter ze — I 203.
Halbstein (Bauern-Geschlecht im Eigen bei Brugg, Kt. Argau), II 48, 49.
— Conradus — II 49.
— Heinricus — II 48.
Halde? (wohl die Burghalde ze Lenzburg, Kt. Argau).
— Haldon, in der — II 4.
Halde, die — (Abhang, s. v. Hohenwülflingen, Kt. Zürich).
— Halde, I 322.
— bongarte an der — I 322.
— dů — I 322.
Haldenburg (Bauern-Geschlecht zu Sigmaringendorf, Kgr. Preussen).
— Chůnrats Haldenburgs gůt, I 422.
— hof, heisset Haldenburges hof —, curia dicti Haldemburgs, II 241.

Haldenhüsli (Gut, n. v. Malters, Kt. Luzern).
— Husbald, güsli ze Malters, nempt man die — II 588; s. auch Malters.
Halder (Bauer zu Hohen-Gundelfingen, Kgr. Würtemberg).
— Halders, des — güt, I 465.
Halderwanch, Halderwang, Halderwank, s. Holderbank.
Heldun, s. Halde.
Hall (Stadt am Inn, Tirol).
— Hall, datum ze — im tntal, II 606.
Haller (Bauer zu Krauchenwies, Kgr. Preussen).
— Hallers, des — hof —, curia dicti — I 425, II 241.
Halleron? (unbestimmbarer Ort, wohl bei Regensdorf, Kt. Zürich), II 309.
— Cunradus in — II 309.
Hallöwer, Peter der — (Bauer aus Hallau, Kt. Schaffhausen), II 774.
Hallwil (Df. u. Schloss, ö. v. Seugen, Kt. Argau, Sitz eines freiherrlichen Geschlechts).
— Hallwil, Hallewile, Halwil, Halwile, Halwille. Halwilr, I 171, 172, 174, II 96, 97, 101, 102, 114, 179, 180, 182, 186, 188, 199—200, 202, 206, 208, 210, 211, 231, 613, 614, 616, 617—620, 621, 629, 630, 636, 664, 717, 723, 727, 737.
— d. u. v. ze — I 171.
— die von, I 172, II 614, 616.
— her Berchtold, Berchtolt von — dominus Bertholdus. Bertoldus de — II 102, 114, 182, 189.
— Hans von — II 613, 617, 618, 619, 621, 629, 630, 636.
— dominus Hartmannus de — II 186, 188, 189, 214.
— dominus Ruedgerus de — II 208.
— her Rüdolf von —, dominus Rudolfus de — II 180, 210.
— Rüdolf (II. oder III.?) von — II 717, 723, 727, 737.
— Rütschman von — II 664.
— Türing (I. † 1386) von — II 621.
— Türing (II. † om 1450) von — II 737.
— her Walther von —, dominus Waltherus de — II 101, 179, 182, 189, 199, 200, 202, 206, 208.
— Walther (II. † 1310?) von — II 620.
— hern Walthers seligen sun von —, Johannes, I 174.

— her Walther und Hartman von —, dominus Waltherus et Hartmannus —, iidem domini de — II 96, 200.
— Walther (III.) von — II 737.
— her Werner (wohl verschrieben für Walther?) von — II 97.
— liberi Waltheri de — II 231.
Hallwilersee (See, s. v. Hallwil, Kt. Argau).
— Escherne, piscina in lacu — II 337.
Halten (Flurname, s.-ö. v. Grindelwald, Kt. Bern).
— Halten, das güt ze Grindelwald uf der — II 553.
Haltikon (oder Altikon, Ort, n.-w. v. Küssnach, Kt. Luzern).
— Haltenkon, Haltinkon, I 208, 210, II 762.
— 3 jucherten ze — I 208.
— lüte des dorfes ze — I 210.
— stüre ze — I 210.
— L. u. b., d. u. v. ze — I 210.
— zehenden ze — II 765.
Haltingen, s. Haillingen n. Hettingen.
Hamberg, s. Homburg.
Hambizs (? unbestimmbares Geschlecht, vielleicht Humbiz, von Altdorf, Kgr. Baiern).
— Hambizs, Ulricus — II 256.
Hanberg, s. Homburg.
Haubroanen, s. Hembrunn.
Hang, le — (Ort, ö. b. Saales i. Elsass).
— Hanne, hof ze — I 23.
Hangr(r)ion (Flurname b. Regensberg, Kt. Zürich).
— Hangston, acher im — I 234.
Hanger, der (Bürger v. Rapperswil, Kt. St. Gallen).
— Hanger, Haus — von Raperswil, II 707.
Hans, bischof — der kantzler, (Bischof Johann von Gurk, resp. Brixen), II 682.
— s. auch Brixen.
Hans; s. a. Habsburg-Laufenburg.
Hapsspurg, s. Habsburg-Laufenburg.
Happingen (Ort, s. v. St. Blasien im Gh. Baden).
— Haping, Happingen, I 72, II 127, 546.
— hof von, ze — I 72, II 127.
— lüte, vrige, von — I 72.
— t. n. b., d. u. v. ze, I 72.
Hapsburg, Hapschburg, Hapschpurg, s. Habsburg-Laufenburg.

Hapsparg, s. Habsburg. Habsburg-Lauffenburg.
Hapspurg hinder Lutzern, s. Neu-Habsburg.
Harbach, s. Horbach.
Hard, das — (Gehölze bei Dogern im Gh. Baden).
— Hard, lböllufi, nempt man das — ze Togern, II 545.
Hard, das — (Flurname bei „Böchwis"), II 468.
Hard, (Feld und Turm, w. v. Zürich).
— Harde, Heinrich Manesso in dem — II 777.
Hardberg (Anhöhe bei Benzingen, Kgr. Preussen).
— Hardberg, der Nüwe — ze Denzingen, II 402.
Harde, vor dem — s. Vorhard.
Harder (Geschlecht von Zusmarshausen, Kgr. Baiern).
— Harder, Hents —, Ctz —, Chünts — von Sumerhusen, II 467/468.
Harder, der (Bauer zu Seen, Kt. Zürich).
— Harders, des — hübe, I 315.
Harderen (Ort, n.-ö. v. Liss, Kt. Bern.
— Hardun, II 22.
Harnbach, s. Hornbach.
Hart (oder Lötzelhart, s. v. Nussbaumen, Kt. Argau).
— Lötshart, schüppäzen offen — I 110.
Hartelswende, s. Hartschwand.
Harthausen (Ort, n. v. Benzingen, Kgr. Preussen).
— Hartbusen, I 401, II 221, 223, 224, 259.
— des hirten ampt ze —, pastor in — I 401, II 224.
— hafner ze —, figuli in —, I 401, II 224.
— kilchen ze —, ecclesia in —, I 401, II 224.
— lhte ze — I 401, 402.
— meigerhof ze —, curia villici in — I 401, II 224.
— stdre ze —, I 401/402.
— t. n. b., d. u. v. ze — I 401/402.
— vogti der kilchen ze — I 401.
Hartmann (Bauer zu Mönch-Altorf, Kt. Zürich).
— Hartmannes schöpos, I 273.
Hartmans gut (wohl bei Winterthur, Kt. Zürich), II 495.
Hartschwand (Df., n.-ö. v. Strittmatt, im Gh. Baden).

— Hartelswende, Hartolswendi, I 89 II 129.
— vrige lhte, I 89.
Harwenhof, s. Wesen.
Has, der — (Bürgergeschlecht von Mengen, Kgr. Würtemberg).
— Bentz der Has von Mengen, II 459.
Hase, Heinricus —, (Bauer zu Unlingen, Kgr. Würtemberg), II 229.
Hasel, Mechtildis in dem — et liberi ejus (habsburgische Eigenleute im Amt Lenzburg, Kt. Argau), II 284.
Hasel, s. Haslach.
Hasela, s. Hasli.
Hasen, fratres dicti — (Eigenleute des Klosters Einsideln zu Ober-Dürnten, Kt. Zürich), II 289.
Hasenburg (Asuel, Burg im Berner Jura, Sitz eines freiherrlichen Geschlechts).
— Hasenburg, Hasenborg, II 344, 415, 437, 611, 639, 640.
— der von — II 415.
— die trachsessse von — II 415.
— domini de — II 344.
— Hans Ulrich von — II 437.
— Heimo und Markwart von — II 639/640.
— Walther, Marchwart und Heimo, gebrüder von — II 611.
Hasenhäusern, s. Häusern.
Hasenhausen, (Ort, ö. v. Gunzwil, Kt. Luzern).
— Hasenhusen, güt ze — II 570.
Hasenweid (Flurname, n. b. Veringen, Kgr. Preussen).
— Hasenweide, acker, heiset — I 397.
Haslach (Ort, b. Neunkirch, Kt. Schaffhausen, Heimat eines ritterlichen Geschlechtes).
— Hasel, Hasla, Haslach, Haslnach, II 684, 685, 869, 711.
— Ober-, — II 711.
— Otto von — II 684, 685, 689.
Hasle (Pfd., s. v. Burgdorf, Kt. Bern) II 12.
Hasle, (Pfd., im Entlebuch, Kt. Luzern).
— Hasle, I 192.
— güter ze — I 192.
— kilchöri ze — I 192.
— lehen ze — I 192.
— t. u. b., d. u. v. ze — I 192/193.
Hasle? (wohl verschrieben für Agrei), s. Aegeri.
Hasle; s. a. Hasli.

Hasler (Bauern-Geschlecht zu First, im Kt. Zürich).
— dictus — II 58.
— Heinricus — II 58.
— Rüdger Haslers güt, II 402.
Hasler, Wernher — (wohl) ein Bürger zu Winterthur, von Nieder-Hasli, Kt. Zürich), II 479.
Hasler (Name habsburgischer Eigenleute zu Zürich).
— Haslerrn, Mechtildis —, uxor Heinrici preconis et sui liberi, II 294.
Hasler (Bürgergeschlecht zu Zürich?)
— Heinrich — und Johann sin brůder II 764.
Hasli (Weiler, a. v. Muri. Kt. Argau).
— Hasle, I 142, II 110.
— acker ze — I 142.
— d. u. v. ze — I 142.
— schůppůsen ze —, des gotshus von Mure eigen, I 142.
Hasli (Ober- und Unter — Ort s. v. Kriens, Kt. Luzern).
— Hasla, I 203.
— gůter in dem — I 203.
— lüte und gůt in dem — I 203.
— t. u. b., d. a. v. in dem — I 203.
Hasli (Höfe, s. v. Biglen, Kt. Bern).
— Hasela, II 10.
Hasli, s. Mettmen-Hasli, Ober-Hasli.
Haselach, s. Haslach.
Hatich, Rüs —, (Ontsinhaber zu Schelklingen, Kgr. Württemberg), II 471.
Hattenhusen, s. Attenhöfen.
Hattingen (Ort, a. v. Engen, im Gh. Baden).
— Hattingen, I 451.
— gůt ze — I 451/452.
— hof ze — I 451/452.
— schůpos ze — I 451/452.
Hattstadt (Ort, s. v. Kolmar im Elsass mit der Burg Hoch-Hattstatt, Sitz eines ritterlichen Geschlechtes).
— Hatstat, Hattstat, Hattstatt, I 41, 43, 45, II 430, 444, 446.
— die von — I 41, 45.
— Eppo von — ritter und sin vetter, II 444.
— Heinrich und Fridrich ritter und Chůntzman von —, alle gebrüdere, II 446.
— her Wernher und her Conrad von — I 43.
Hauenstein (Ort und Amt, a.-ö. v. Luttingen, im Gh. Baden).

— Howenstein, Höwenstein, Howenstein, I 68, II 130, 647, 655, 660, 661, 725, 769, 774.
— der — II 647, 660, 661.
— lantgrafe ze — II 769.
— losung des Höwensteins, II 660.
— unts ze — II 661.
— stören uff dem — II 647.
— zol ze — I 68, II 130, 655.
— Herman von — II 774.
Hus, von —, (ritterliches Geschlecht von Mülhausen, im Elsass).
— Hůs, Hus, Huse, I 41, 45, II 458, 727, 728, 732, 733.
— Claus von, vom, zem — ritter, II 458, 727, 728, 732, 733.
— die von dem —, her Johans Ulrich und her Dytrich, I 41, 45.
Hus von — (Geschlecht, von Bremgarten, Kt. Argau?).
— Hus, Anna von, vom — ze Bremgarten, II 722, 732.
Hausen (Ort, s. v. Brugg, Kt. Argau).
— Hůsen, Husen, I 134, II 49, 50, 528, 529, 530, 532, 537, 540, 543.
— aker ze — II 529, 530, 540.
— gůtli ze — II 540.
— gůlti ze — II 528.
— Honrůti ze — II 540; s. auch Hochrůti.
— Langer Aker ze — II 530; s. auch Acker, langer.
— matten ob — II 540.
— nüwe gerüte ze — I 134.
— schůppos ze — I 134.
— t. u. h., d. a. v. ze — I 134.
— Herman von — II 537.
— Kalchner, des, sun von — II 543; s. auch Kalchner.
— Petrus de — II 50.
— Rádolfus Richeler de — II 49; s. auch Richeler.
— Stäli, Üli von — II 537; s. auch Stäli.
— Weger, der ze — II 540; s. auch Weger.
Hausen (Ort, n.-w. v. Ober-Erendingen, Kt. Argau).
— Friemhůsern, Hůsern, Husen, I 111, II 36, 49.
— schůppůsen ze — die vrie sint, I 111.
— Wernherus de — II 49.

Hausen (Ort, s.-ö. v. Mellingen, Kt. Argau).
— Husen, Husen, I 122, 164, II 781.
— d. u. v. ae — I 122.
— güt von — I 166.
— vogteya ae — II 781.
Hausen (Weiler, s.-w. v. Oeningen, Kt. Zürich).
— Husen, I 345, II 526.
— acker ze — II 526.
— hoffstatt ze — II 526.
— heinhof ze — I 345.
— kilchen ze — I 345.
— stüre ze — I 345.
Hausen (Hof, ö. b. Ober-Embrach, Kt. Zürich).
— Husen, I 263, II 63, 79, 311.
— bäbe ze —, mansus, in — I 263, II 63, 79.
Hausen (Ort, am Albis, Kt. Zürich?)
— Husen, güt ze — II 587.
Hausen (Ort, s. v. Kranchenwies, im Kgr. Preussen).
— Husen, I 426, II 237, 242.
— güt der vrien lüte ze — I 426.
— güt wüsth ze — I 426/427.
— lüte ze — I 426/427.
— stüre ze — I 426/427.
— t. u. b., d. u. v. ze — I 426/427.
Hausen (unbestimmbar, wohl bei Mailingen, Kgr. Württemberg).
— Husen, II 165.
— feodum Heinrici de — II 165.
— feodum Walteri de — II 165.
Hausen (einer der aargauischen Orte dieses Namens.)
— Husen, II 283.
Hausen (unbestimmbarer Ort, wohl im Fricktal, Kt. Argau).
— Husen, d. u. v. ze — I 61.
— Obern-Husen, güter ze — II 657.
Hausen (unbestimmbar, in Schwaben).
— Husen an Honberg), II 462.
Hausgauen (Ort, ö. v. Altkirch, im Elsass).
— Ausgöw, II 432.
Hawart, Heinricus dictus — in Clotisperge (habsburgischer Eigenmann zu Ober-Klotisberg, Kt. Luzern), II 215.
Havenstein, s. Hauenstein.
Havmesser, s. Pült, St.
Heber (Beiname von Angehörigen des Geschlechtes Zobel in Mölbausen, Elsass).

— Heber, Henslin — II 420; s. auch Zobel.
Hebstrit, Hebstritt, s. Mandach.
Hechi (Gutsinhaber zu Gutenstein, im Gh. Baden).
— Hechin, Heinrich — güt, I 432.
Hechinswande, s. Höchenschwand.
Hedgeringen, s. Herretingen.
Hedikover (Gutsinhaber zu Mengen, Kgr. Württemberg).
— des Hedikovers güt, I 444.
— Hedighofers, des — lehen, II 459.
— dictus Hidikover, II 220.
Hedingen (Pfd., s.-w. v. Bonstetten, Kt. Zürich, Sitz eines ritterlichen Geschlechts).
— Hedigen, Hedingen, Hödiugia, I 147, II 180, 189, 206, 209.
— d. u. v. ze — I 147.
— der von —, dominus de —, quondam de — (Johannes), II 180, 183, 208.
— domini de — filius, puer de —, (Pantaleon), II 209.
Hedingen (Ort, s. v. Sigmaringen, Kgr. Preussen).
— Hedingen, I 417, 418, 420, II 220, 234, 235, 237 — 239, 470.
— acker und nüwe geräte ze —, heisset ein witraite, I 417.
— garte ze — I 418.
— gätli ze — II 470.
— gät ze —, bona sita apud —, quaddam bonum in —, I 418, II 234, 237, 239.
— hof ze — curia in —, I 418, II 239.
— hof ze — heisset Koppenhof, curia dicti Koppe, I 418, II 239.
— landgarben in — II 235.
— sturn de — II 220.
— t. u. b., d. u. v., ze — I 418.
— vischentze ze — I 418.
— zehenden ze —, major decima in — I 420, II 238.
Hedinkon, s. Edikon.
Hefeni (Bauer auf dem Bötzberga, Kt. Argau).
— Hefeni, Häfeni, Conradus — II 51, 52.
Hegelins, mansus — (zu Unlingen, Kgr. Württemberg), II 160.
Hegen, der — hof (unbestimmbar, wohl im Kt. Argau), II 535.
Hegenlin (Beiname eines Bauern zu Unlingen, Kgr. Württemberg.)

— feodum Tůssers dicti — II 161.
Hegenowe, s. Hegnau.
Hegenower, s. Hegnauer.
Hoggelingen, Högglingen, s. Hägglingen.
Hegglingerematt (wohl zu Bremgarten, Kt. Argau), II 574.
Hegi (Df. u. Burg, ö. v. Wintertur, Kt. Zürich, Heimat eines ritterlichen Geschlechts).
— Hegi, Hegy, II 311, 327, 479, 480, 494, 513, 679, 691, 705.
— vogti über löts und güt ze — II 494.
— zehenden ze — II 513.
— Hug von — II 679.
— Wetzel von — II 480, 691, 705.
— Wetzel und Hug von — II 479, 480.
Hegibach (nordöstlicher Teil der alten Gemeinde Neumünster zu Zürich), II 319.
Höglingen, s. Högglingen.
Hegnau (Df., ö. v. Volketswil, Kt. Zürich).
— Hegenowe, II 316.
Hegnauer (Geschlecht österreichischer Dienstleute von Hegnau, im Kt. Zürich).
— Hegenower, Hegnower, II 726, 728, 729.
— der, (Jakob?), II 726, 728, 729.
— Wilnhelm, Willnhelm, II 729.
Hegy, s. Hegi.
Heidegg (Burg, s.-ö. v. Hitskirch, Kt. Luzern, Sitz eines ritterlichen Geschlechts).
— Heidek, Heideg(g), Heidegg, Heidegge, Heidegge, Heydeck, Heydeg, Heydegg, Haydegk, II 100, 171, 184, 190, 213, 274, 277, 341, 357, 475, 533, 555, 502, 569, 610, 611, 633, 680, 692, 705, 717, 724, 731.
— müli ze — II 555.
— dicti de — II 171.
— die von — II 562.
— domina de — II 213, 341.
— Cuonrat von —, Chunradus et sui fratres de —, dominus Chunradus quondam de — II 100, 341.
— Elsbeth von Landenberg, Walthers von — husfröwe, II 692; s. auch Landonberg.
Hans und Walther von — II 731.

— Hartman von —, quondam dominus Hartmannus de — II 357, 533, eine vettern, II 534.
— Heinricus de —, Heinrich von — und Vine, sine husfröwe II 184, 190, 213, 633.
— Heintzi, Johans und Peterman von — II 474, 475.
— Hentz von — II 683.
— Johans, Hans von — II 562, 569, 717, 724.
— Peterman von — II 705, 717, 731.
— relicta de Wagemberg, quondam domini Hartmanni de — II 357.
— Ülli von — II 717, 731.
— Walther von — II 610, 611, 717, sin wib, II 610, 611.
Heidegger, der — (einer der Herren von Heidegg?).
— Heideg(g)er, Heidegger, der — II 727, 731.
Heidelberg (Burg, n.-w. v. Bischofzell, Kt. Turgau, Sitz eines ritterlichen Geschlechts).
— Haidelberch, Haidilberg, Heidelberch, II 63, 85, 88.
— dominus dictus Dietagen de — II 88.
— dominus, Ulricus de — II 63, 85.
Heiden, Bentz der — (Baner zu Engelwies, im Gh. Baden), I 430.
Heiden-Swandon (unbestimmbarer Ort, immerhin im Kt. Bern), II 25.
Heidingen? (unbestimmbarer Ort, vielleicht bei Wolfurt im Vorarlberg).
— Heidingen, hoff ze — II 513.
Heidolzheim (Heidelsheim, Ort, n.-ö. v. Gemar, im Elsass).
— Heidoltzhein, twing, benne und gerichtt — II 421.
Heigerloch, s. Hohenberg.
Heigerlos hoffstat (bei Embrach, Kt. Zürich), II 475.
Heiligenberg (Anhöhe und Chorherrenstift südlich von Wintertur, Kt. Zürich).
— Heiligen Berg, Heiligenberge, I 316, II 511, 522.
— acker uff dem — by Winttertur, II 511.
— pfrůnden uf dem — I 316.
— wise under dem — II 522.
Heilwigin, Ita — et duo liberi ejus (habsburgische Eigenleute zu Triengen, Kt. Luzern), II 283.
Heimbrunnen, s. Hembrunn.

Heimenstein (Burg, n. v. Seuzach, Kt.
Zürich), Sitz eines ritterlichen Ge-
schlechts).
— Heimenstein, Hemenstein, II 545,
720, 723.
— die von — II 545.
Heimersdorf (Ort, s. v. Hirsingen, im
Elsass).
— Heinmerstorf, Heanmertorf, I 83.
— eigen ze — I 33.
— wald ze — I 33.
Heimiswil (Pfd., n.-ö) v. Burgdorf, Kt.
Bern).
— Helmolstwiler, II 6.
— feoda et mansus apud — II 6.
— scoposm, scoposme — II 6.
Heimsprang (Ort, s.-w. v. Mülhausen,
im Elsass).
— Heimsprong, das dorf, twing und
bau und die gezög, die darzû hörent
— II 436.
Heinis, des sennen schöpos (zu Stadel,
bei Wintertur, Kt. Zürich), I 813;
s. auch Senn(e).
Heinrich (Name verschiedener Leute).
— Hainrich, meister — pfarrer ze
Wien, II 670.
— Heinrich der amman von Rinach,
II 104/105; s. auch Rinach.
— Heinrich, der hofschriber ze Basel,
II 770.
— Heinrich, vogt ze Lenczburg —,
Helni vogt von einen kilchen, II
718, 724, 725.
— Heinrich, vogt — ze Sekingen,
I 58.
— Heinrichs des Pfaffen suos höbe
(zu Gutenstein, im Gh. Baden), I
4 431.
— Heinrichs gût an dem Anger (zu
Mehrstetten, im Kgr. Württemberg),
I 465.
— Heinriche hof im Steynhuse (zu
Hattlingen, im Gh. Baden), I 452.
— Heinrichs hûbe von Obren-Stetten (zu
Mehrstetten, im Kgr. Württemberg),
I 405.
— Heinrici, uxor — preconis et sui
liberi (zu Zürich), II 294; s. auch
Hasler.
— Heinricus carpentarius (im Eigen
bei Brugg, Kt. Argau), II 50.
— Heinricus cellerarius (zu Seen, Kt.
Zürich), II 145.
— Heinricus cellerarius (zu Rheinhart,
Kt. Schaffhausen), II 329.

— Heinricus, der Alte (zu Hegnau,
Kt. Zürich), II 316.
— Heinricus de Vilingen (am Bötz-
berg, Kt. Argau), II 51.
— Heinricus de Wins (von Windisch,
Kt. Argau), II 41.
— Heinricus faber (im Eigen bei
Brugg, Kt. Argau), II 49.
— Heinricus faber (zu Unlingen, Kgr.
Württemberg), II 160, 229.
— Heinricus filius Agnese (am Bötz-
berg, Kt. Argau), II 51; s. auch
Agnes.
— Heinricus filius pistoris (zu Ferren,
Kt. Luzern), II 279.
— Heinricus frater fabri de Grünin-
gen (von Grüningen im Kt. Zürich),
II 289.
— Heinricus molitor in Buti (zu Rüti
bei Rapperswil, im Kt. Zürich), II
300.
— Heinricus sutor et scrores sue (zu
Wilen oder Wilhof im Kt. Zürich),
II 313.
— Heinricus villicus (im Eigen bei
Brugg, Kt. Argau), II 47, 48.
— Heinricus villicus in (Obern-Hasla)
Ober-Hasli, im Kt. Zürich, II 306.
— Heinricus villicus (zu Rheinhart,
Kt. Schaffhausen), II 329.
— Heinricus villicus et Berchtoldus
.... fratres sui (zu Eckartsbrunn,
im Gh. Baden), II 332.
Heintzinen, der — hofstat (unbestimm-
bar, wohl bei Embrach, Kt. Zürich),
II 475.
Heirth, Rös — von Schelklingen (Kgr
Württemberg), II 472.
Heirzena, s. Herznach.
Heiterheim (oder Heiteren, Df., s. v.
Breimch, im Elsass).
— Heiterheim, Heiterbein, Heitern-
hein, I 5, 55, II 553.
— dorf ze —, I 5, 55.
— stûre, se —, I 5, 55.
— tûb und vreven ze —, I 5.
Heiternsberg (Bergrücken und Hof, s.
v. Kilwangen, Kt. Argau).
— Heitersperg, II 33.
Heiterstalden, s. Eiterstalden.
Heittental, s. Ilesental.
Hekkin, Irmen — schöpos (zu Guten-
stein, im Gh. Baden), I 432.
Helbeling (Geschlecht von Zielfingen,
Kgr. Württemberg).

— Helbeling, II 153.
— Heinricus — II 153.
— Hermannus filiaster Helbelingen, II 153.
He(i)deswile, Heldeswile, s. Heliswil.
Helding (Bauern-Name zu Ertingen, Kgr. Würtemberg).
— Heldingen, area Iliitradis — II 159.
Helenweg, s. Herrenweg.
Helfenstein, Peter von — (Ritter zu Ensisheim, im Elsass), I 43, 52.
Helfö, s. Kohlfah.
Helfranzkirch (Df., s.-ö. v. Altkirch, im Elsass).
— Helfrantzkilch, Helfratzkilch, I 29, 56.
— herberg, se — I 29, 56.
— stüre affen — I 56.
— torf ze — I 29.
— l. a. b., d. a. v. ze — I 29.
Helinger, Burchardus — (Dauer zu Kloten, Kt. Zürich), II 67.
Heliswil (Ort bei Emmen, Kt. Luzern).
— He(i)deswile, Heldeswile, I 180.
— dinghof ze — I 180.
— lüte des dorfes ze — I 180.
— lüte, vrye ze — I 180.
— t. a. b., d. a. v. ze — I 180.
Hellikon (Ort bei Wegenstetten, Kt. Argau).
— Hellikon, Hellikon, II 767, 776.
Helling (Hauer zu Degernau im Gh. Baden), II 770.
Hellinker, Chunrades dictus — (habsburgischer Eigenmann zu Staffelbach, Kt. Argau), II 283.
Helstab, Wernher der — (habsburgischer Lehensmann im Argau), II 636.
Helzinkon, s. Holzikon.
Hemberg (Ort, ö. v. Wattwil, Kt. St. Gallen).
— Hemberg, relicta Conradi de — II 324.
Hembrunn (Vorder- und Hinter-Höfe, n. v. Vilmergen, Kt. Argau).
— Henebrun, Heimbrunnen, II 2, 208.
— curia — II 208.
— feoda babulcorum. II 2.
— mansus apud ripam — II 2.
— mansus ? — II 2.
— novalia — II 2.
— wisungen — II 2.
— Hanbrunnen (verschrieben), II 531.
Hemenstein, s. Heimenstein.

Hemma (habsburgische Eigenfrau zu Gelfingen, Kt. Luzern).
— Hemma, Gisla et — et earundem liberi, II 273; s. auch Gelfingen.
Hendschikon (Df., ö. v. Lenzburg, Kt. Argau).
— Hentschiken, Hentschinkon, I 156, II 210.
— districtus in — II 210.
— t. a. b., d. a. v. ze — I 156.
Henggart (Pfd. und ehemalige Burg, s. v. Andelfingen, Kt. Zürich).
— Ilenkart, burg ze — II 766.
Henmertorf, s. Heimersdorf.
Hennischmalt (Weiler, n.-ö. v. Heimiswil, Kt. Bern).
— Hennolsmatte, II 8.
Henstetten? (Ort bei Bittelbronn im Elsass).
— Hensteten, Ölmaa von — II 420.
Hoppenschwand (Ort, s. v. Höchenschwand, im Gh. Baden).
— Heppiswanden, I 83.
— d. a. v. ze — I 83.
— hov ze — I 83.
— vogtisture ze — I 83.
Heratingen, s. Herretingen.
Herberger (Gstsinhaber zu Baden, Kt. Argau).
— Harberge(r)s, des — hofstat, I 123.
Herbertingen (Df., ö. v. Mengen, Kgr. Würtemberg).
— Herbrechtingen, Hertbrechtingen, I 376, 377, II 157, 158, 219, 252 253, 460.
— garte ze — I 377.
— güter ze —, die der herschaft eigen sint, propria bona dominii in — I 376, II 253.
— güter ze —, dû gegen Owe horent, I 377.
— hof ze — II 460.
— hof ze — des eigenschaft an das gotshus von Schafhusen horet (curia abbatie Scafusensis), I 376, II 158.
— jus advocatilium ecclesie in — II 219.
— kilchen ze —, ecclesia in — I 377, II 219.
— lute ze — I 377.
— t. n. b., d. a. v. ze — I 377.
— weybelbube ze — I 377.
Herbestorf, s. Courtelevant.
Herblingen (Pfd., n. v. Schaffhausen).
— Horblingen, II 469.
— güter ze — II 469.

— schüppos ze — II 525.
— wingartten ze — II 525.
— ||öwbelingen (? verschrieben). II 525.
Herbsdorf, s. Courtelevant.
Herdegen (Gutsinhaber zu Hailtingen, Kgr. Würtemberg).
— Herdegen, I 390, II 165, 249, 250.
— des Herdegens hof —, curia dicti — I 390, II 248.
— feodum Rådolß — II 165.
— Walther Herdegens gůt bonum Waltheri dicti — I 390, II 250.
Herdern, s. Beller.
Herdiberg, s. Herrliberg.
Herdmanningen (Ort, n. v. Hellbühl, Kt. Luzern).
— Hermanningen, Hertmeningen, I 199, II 348.
— lüte ze — I 199/200.
— stüre ze — I 199/200.
— t. u. b., d. n. v. ze — I 199/200.
Heremitarum monasterium, s. Einsideln.
Herenkein, s. Hergheim.
Heretingere, s. Herretingen.
Hergenswile, Hergerswile, s. Hergiswil.
Hergesperg, s. Herlisberg.
Hergestorf, Ulricus von — (Eigenmann des Klosters Einsideln zu Hombrechtikon, Kt. Zürich), II 298.
Hergheim (Ort, ö. v. Rufach, im Elsass).
— Herenkein, allmenden zů — II 432.
Hergiswil (Pfd., s.-w. v. William, Kt. Luzern).
— Hargoswile, t. u. b., d. n. v. ze — I 183.
Hergiswil (Pfd. am Vierwaldstättersee, Kt. Nidwalden).
— Hergenswile, Hergerswile, I 204, 284.
— Finacker ze — I 284.
— lüte des dorfes ze — I 204.
— stüre ze — I 204.
— t. u. b., d. n. v. ze — I 204.
Hergo, s. Herrgrass.
Héricourt (Stadt, s.-w. v. Delfort, Frankreich).
— Eligurt, Elikurt, II 623, 624, 660.
Hering (Name eines Bauern zu Hailtingen, Kgr. Würtemberg).
— Heringes, curia — II 165.
Herings hôb (wohl bei Wintertur, Kt. Zürich), II 404.
Herlachen, s. Horlachen.

Herlis gůt ze Ehingen (Kgr. Würtemberg), II 464; s. auch Ebingen.
Herlisberg (Df., w. v. Hitzkirch, Kt. Luzern).
— Hergesperg, I 224.
— d. u. v. ze — I 224.
— weibhäbe ze — I 224.
Herman (Name verschiedener Leute).
— curia Hermani dicti Ulmer (zu Haillingen, Kgr. Würtemberg), II 165.
— der Hermannen hofstat (wohl bei Embrach, Kt. Zürich), II 475.
— feodum Hermanni pastoris (zu Ertingen, Kgr. Würtemberg), II 159.
— Hermannus filiaster Helbelinges (zu Zielfingen, Kgr. Würtemberg), II 153.
— Hermannus filiaster dicte Langerin (zu Völkofen, Kgr. Würtemberg), II 334.
— scoposes Hermanni (wohl bei Seen, Kt. Zürich), II 140.
Hermanningen, s. Herdmanningen.
Hermanswil, Hermanswile, s. Hermetswil.
Hermatswil (Df., ö. v. Russikon, Kt. Zürich).
— Hermanswile, Hermolswile, Hermoltswile, Hermoltswiler, Hermolswille, I 299, II 61, 89, 406, 678.
— advocacia in —, vogtrecht ze — II 61, 678.
— gůt der vrien lüte ze — I 299.
— meyenstür ze — II 406.
— t. u. b., d. n. v. ze — I 299.
Hermentingen (Ort im O.-A. Gamertingen, Kgr. Preussen).
— Hermtingen, Cunrat von — I 431.
Hermetswil (Pfd. und Frauenkloster, s. v. Bremgarten, Kt. Argau).
— Hermanswil, Hermanswile, Hermenwile, Hermoltswile, Hermolswile, Hermoswile, I 140, 167, 211, II 111, 171, 173, 179, 604, 605, 609, 721, 723, 735, 737.
— ampt —, officium in — II 171, 735.
— ampt ze Mure und ze — II 605; s. auch Muri.
— closter — II 721, 737.
— die von — II 723.
— gotshus von — I 140, 167, 211.
— güter ze — des gotshus von — eigen, I 140.

— gůt, das gegen — und gen Mure horet, I 211; s. auch Muri.
— herbstůr ze — II 604.
— lůte ze — I 140/141.
— pfand ze — II 111.
— schůpossen, der eigenschaft horel gegen Mure und ze — I 167; s. auch Muri.
— stůr ze — I 140/141, II 609.
— usmidelinge ze — I 140/141.
Hermikon, s. Hämikon.
Hermolswile, Hermoltzwile, Hermoltzwiler, Hermolzwills, s. Hermatswil.
Hermtingen, s. Hermentingen.
Herrenweg? (Ort, s.-ô. v. Unter-Embrach, Kt. Zürich).
— Helenweg, vogty uff — II 475.
Herretingen (Hof, s.-w. v. Eschenbach, Kt. Luzern).
— Hedgeringen, Heratingen, Heretingere, I 190, II 277, 584.
— lůte ze — I 190/200.
— stůre ze — I 199,200.
— t. u. b., d. u. v. ze — I 199/200.
— vogti ze — II 584.
— Rudolfus de — II 277.
Herrgass (unbestimmbarer Ort, entweder bei Hombrechtikon, Kt. Zürich, oder bei Gauen, Kt. St. Gallen).
— Hergo, II 289.
Herrischriet (Pfd., w. v. Striltmatt, im Gh. Baden).
— Herschisriet, Hórschinsriet, I 70, II 126.
— dinghof von Sekingen ze — I 70.
— lůte des dorfes ze — I 70.
— meyer ze — I 70.
— pfand ze — II 126.
— t. u. b., d. u. v. ze — I 70.
— vogt ze — I 70.
Herrliberg (Pfd., am Zürichsee, Kt. Zürich).
— Hardiberg, II 297, 299, 320.
Herta (Ort, bei Andelfingen, Kt. Zürich), II 505.
Hertbrechtingen, s. Herbertingen.
Hertenberg (Ort, w. v. Rheinfelden, im Gh. Baden. Heimat eines ritterlichen Geschlechts).
— Hertemberg, der von — II 130.
Hertenberg (Ort, Im Kt. Baselland, Heimat eines ritterlichen Geschlechts), II 714, 724, 731.
— Berschman, Bertschman von — II 714, 731.

— Cůncali von — II 731
— Hůgli von — II 714, 724.
Hertenstein (Burg bei Sigmaringen, Kgr. Preussen, Sitz eines ritterlichen Geschlechts), II 241, 244, 261.
— Hurcardus, Burchardus de — II 244, 261.
— Uoswin de — II 241.
Herting, Rudolfus — (Eigenmann des Klosters Einsideln zu Dübendorf, Kt. Zürich), II 311.
Hertmeningen, s. Herdmanningen.
Hertschwand (Vorder- und Hinter — Höfe, w. v. Emmen, Kt. Luzern).
— He(r)tswanden, I 199.
— lůte ze — I 199,200.
— stůre ze — I 199,200.
— t. u. b., d. u. v. ze — I 199,200.
Hertzikon (unbestimmbarer Ort, verschrieben für „Bersikon"?, im Kt. Zürich), II 501; s. auch Hertschikon.
Herzingen (Ort, n. v. Rein, Kt. Luzern).
— Hertzingen, II 212, 342.
— judicia in — II 342.
— liberi in — II 342.
— villa dicta — II 212.
— villa in — II 342.
Herzach (Pfd., s.-ô. v. Frick, Kt. Argau).
— Heirzona, d, u. v. ze — I 59.
Herzogenbuchsee (Flecken im Kt. Bern).
— Buchsa, II 8.
— advocacia supra curiam et ecclesiam, II 9.
— laberna — II 9.
Heschikon, Heschincon, s. Eschikofen.
Hesental (Ort, s. v. Seen, Kt. Zürich).
— Heittental, Hesimdal, Hesintal, II 30, 509, 517.
— mulin ze — molendinum sub castro — II 30, 516, 17.
— zehenden ze — II 509.
Hesliestaige? (unbestimmbarer Ort, wohl bei Hoben-Gundelfingen, Kgr. Würtemberg).
— der borren mull von Burren ze — I 487.
Hesson, Berchtold — gůt (zu Gutenstein im Gh. Baden), I 431.
Hessenheim (Ort, bei Artolsheim im Elsass).
— Hessenh[eim], II 768.
— kirchsbar ze — II 768.
— meierhof ze — II 768.
— zehenden ze — II 768.

Hesso, Johans — (Bürger von Sursee, Kt. Luzern), II 541.
Hettenowe, s. Hittnau.
Hettingen (Ort, n. v. Veringen, Kgr. Preussen).
— Haltingen, Hetingen, II 335.
— Rudolfus de — (Eigenmann des Stiftes Luzern), II 335.
Hettlingen (Pfd., n. v. Winterthur, Kt. Zürich, ehemals Sitz eines ritterlichen Geschlechts).
— Hetdelingen, Hetelingen, Hetilingin, Hetlingen, Hetteling, Hettelingen, Hettilingin, Hettlingen, II 28, 39, 42, 104, 148, 183, 190, 205, 322, 331, 367, 383, 392, 474, 484, 485, 494, 497, 512, 678, 683.
— acker ze — II 485, 512.
— advocacia et predium in — II 38 39, 42.
— bächbolts genant das Burgstal, II 474.
— bärg — II 474.
— .... de — II 322.
— des Burgers schüppos ze — II 484.
— dictus de — II 205.
— domina de — II 148.
— dominus de — II 331.
— eichbolts genant das Wocholtz, II 474.
— gütlin ze — II 485.
— hoff ze — II 497.
— hofstetten — II 474.
— höb, gelegen ad — II 474.
— bus ze — II 485.
— hus und gartten ze — II 485.
— schüpossen ze — II 474.
— vogty ze — nber die kilchen, II 494.
— wingartten ob dem dorff ad — II 474.
— wis gelegen in den artwisen zû — II 474.
— zehend zû — II 484.
— Hans, Johans von — II 678, 683.
— her Heinrich von —, Heinrich von — and Ulrich sin sun, II 383, 392, 678.
— Hentz von — II 678.
— Martinus, dominus, de — II 367.
— Rûdolff von — II 474.
— Ulrich von — II 383, 474.
— her Wernher von —, Wernherus de — II 104, 183, 190.

Hettlinger (Geschlecht von Rapperswil, Kt. St. Gallen.
— Hans — II 478.
— Hans, Rûdin — und Bertzenbi ir brûder selig von Rapperswil, II 478.
— Heinrich und Hans — II 478.
Hetzel, Johannes (Bauer zu Lôgswil im Kt. Luzern), II 276.
Heuberg (Ort bei Maur, n. v. Egg, im Kt. Zürich).
— Hôberg, II 204.
— Judenta de — II 204.
— Nicolaus et Bertholdus de — II 204.
— Rudolfus von — II 204.
Heudorf (Ort im badischen Bez.-A. Stockach).
— Hôdorf, Dotarius de — II 332.
Heudorf (Ort, s.-ö. v. Riedlingen, Kgr. Würtemberg).
— Hôdorf, I 380.
— gütlü ze — 1 380.
— l. a. b., d. o. v. ze — 1 382.
Heudorf (auch Mengisch — Ort, n. v. Mengen, Kgr. Würtemberg).
— Hôdorf, Hôdorf, Hôidorf, Hoidorf, I 403, 404, II 154, 259, 463, 470, 473.
— burg ze —, castrum — I 404, II 230.
— güter ze — 1 402.
— hof ze —, curia de —, curia dicti Lutzen in — II 154, 259, 463, 473.
— kilche, ze — II 401.
— l. u. b., d. u. v. ze — 1 404.
— Chûntz und Ulrich, gebrûder von — II 470.
— Ulrich von —, der alt, II 470.
Heuhof (Ort, s.-ö. v. Mûnsingen, Kgr. Würtemberg).
— Hodorf, l. u. b., d. u. v. ze — I 470.
Hevenlin (Bauer zu Hailtingen, Kgr. Würtemberg).
— Hevenline gût, bonum dicti Hevenlins, I 391, II 254.
Hewen (Neu — Burgruine, n.-w. v. Engen, im Ob. Baden, Sitz eines ritterlichen Geschlechts).
— Hewen, Now — 1 446, 447, II 334, 470.
— acher und bröl bi der burg ze der Nuwen — I 447-448.
— burg ze der Nuwen — 1 446/447.
— bon. ines revocandi circa — II 392.
— hüser, schûre, rûtinen and garten in der vorburg — 1 448 449.

— officium — I 446.
Heydeck, Heydeg, Heydegg, Heydegk, s. Heidegg.
Heyden, Rudolfus — (habsburgischer Eigenmann zu Küsnach, Kt. Zürich), II 292.
Heylant, Conrad — von Ehingen (Kgr. Würtemberg), II 472.
Hiczhilch, s. Hiltzkirch.
Hidikover, s. Hedikover.
Hierbach (Ort, n.-w. v. Willfingen, im Gh. Baden).
— Hheinrbach, d. n. v. se — I 81.
Hierhols (Ort, w. v. Wolpadingen, im Gh. Baden).
— Hôrnholtz, Hñeinrholtz, I 79, II 755.
— Hornlon? (verschrieben), II 129.
— d. n. v. se — I 79/80.
— güter zu — II 755.
— löte von — I 79,80.
Hilashusen, s. Iltishausen.
Hilferdingen (Df., n.-w. v. Hergiswil, im Kt. Luzern).
— Hilwerdingen, t. o. h., d. n. v. ze — I 183.
Hilfikon (Df., s. v. Vilmergen, Kt. Argau, Heimat eines ritterlichen Geschlechts).
— Hilfikon, Hilfinchon, Hilfinkon, I 165, II 1, 100, 183, 190, 206.
— hof se — II 100.
— hûbe se —, mansus I 165, II 1.
— molendinum — II 1/2.
— schûposeen se — I 165.
— Arnoldus de — II 190.
— Marchwardus de — II 183.
Hilprechtingen (wohl abgegangener Ort bei Bäch, Kt. Luzern).
— Hiltprechtingen, d. u. v. se — I 232.
Hilterfingen (Pfd., am Tunersee, Kt. Bern).
— Hiltelfingen, II 511.
Hiltger (Bauern-Geschlecht zu Engelwies im Gh. Baden).
— Hiltger, I 431.
— Hiltgerinen güt, I 430.
Hiltich, s. Illzach.
Hiltrudis, s. Hielding.
Hiltzkilch, Hiltzkilchh, Hiltzkirch, Hiltzkirich, s. Hitzkirch.
Hilwerdingen, s. Hilferdingen.
Hilzkilche, s. Hitzkirch.
Himelhusen, s. Iltishausen.
Himmelspforte (Kloster, bei Wilen, im Gh. Baden).

— Himelport, der apt von der — II 722, 724, 732.
Hindelbank (Pfd., ö. v. Jegistorf, Kt. Bern).
— Hindelwanch, II 14.
Hindenan, Heinricus dictus — (Eigenmann des Frauenmünsterstiftes zu Zürich, in Lenzikon, Kt. St. Gallen), II 320.
Hinderhôl, Hinder-Bôl, s. Hinterbühl.
Hinderhurg, s. Hinterhurg.
Hinderlappen, s. Interlaken, Unterseen.
Hinder-Wile, s. Hinter-Wil.
Hindlingen (Df., n.-w. v. Altkirch, im Elsass).
— Hundelingen, Hundlingen, II 411, 447.
— das meyertûm von — II 447.
Hinnikos, s. Hanikon.
Hinterbühl (Weiler, s.-ö. v. Neuheim, Kt. Zug).
— Hinderbôl, Hinder-Dôl, I 153, II 360.
— gût se — I 153, II 560.
Hinterburg (Burg, s. v. Tengen, Gh. Baden).
— hinderburg, dû — ze Tengen, I 353; s. auch Tengen.
Hinterhurg (Weiler, s. v. Neuheim, Kt. Zug).
— Hinderburg, I 151.
— gelt, heisset tagwanphenninge se — I 151.
— lembersehende ze — I 151.
— schûpos se — I 151.
Hinter-Wil (Ort, ö. v. Mühletal, Kt. Argau).
— Hinder-Wile, güter und hofstette se — I 490/491.
Hinwil (Pfd., n. v. Dürnten, Kt. Zürich, Heimat eines ritterlichen Geschlechts).
— Hunwile, II 287, 289, 315.
— ..... de — II 315.
Hinzinse? Gerdrudis dicte — liberi, (habsburgische Eigenleute zu Triengen, Kt. Luzern), II 282.
Hippolyte St., s. Pelt, St.
Hirschgarten (Ort, n.-ö. v. Rikon an der Töss, Kt. Zürich).
— Hirsgarten, Hirsgarton, Hirtzgarton, Hyrsgarten, I 296, II 29, 57, 75, 383.
— hof se — hof, der haist — I 296, II 383.

Hirschtal (Df., s. v. Muhen, Kt. Argau).
— Hirsental, Hirstal, II 282, 283.
— Jacobus de — II 283.
Hirsingen (Ort, a. v. Altkirch, im Elsass).
— Hirsingen, Hirsungen, I 31, 32, 33, 45, 56, II 447.
— hof ze — I 31, 32, 33, 45, II 447.
— kilchensats ze — II 447.
— meyertûm ze — I 56.
— twing und ban und gerichte ze, II 447.
Hirslanden (südöstlicher Teil von Zürich-Neumünster).
— Hirslanden, II 293, 318.
Hirsli, Jenni — (Bürger zu Lenzburg, Kt. Argau), II 742.
Hirt (Name verschiedener Leute).
— Hirt, Heinrich — von Winterthur, (Kt. Zürich), Heinrich der Hirte, burger ze Winterthur, II 476, 700.
— Hirten, des — lehen (zu Unlingen, Kgr. Würtemberg), I 389.
— Hirtin, Ita dicta — et filii sui (habsburgische Eigenleute zu Siglisdorf, Kt. Argau), II 301.
— Hirto, Otto — von Winterthur (Kt. Zürich), II 525.
Hirts? (Bauer zu Kranchenwies, Kgr. Preussen).
— Hirtzes, des — hof, curia Cervi, curia dicti Hirz, I 425, II 151, 241.
Hirtzgarton, s. Hirschgarten.
Hirsbach (Ort, s. v. Altkirch, im Elsass, Sitz eines ritterlichen Geschlechts).
— Hirtzbach, II 411, 429, 432.
— ze — ob dem bollisbôme, II 411.
— I zog gen — II 429.
— Henman von — den man spricht Switzer, II 438.
— Johans, Gözze und Klei von — II 432.
— Hirtznach (verschrieben), II 438.
Hirzental, s. Hirschtal.
Hirzfelden (Df., n.-ö. v. Ensisheim, im Elsass).
— Hirtzvelden, I 5, 48, 55, II 442.
— dorf ze — I 5, 48, 55.
— stûre ze — I 5, 48, 55.
Hirstal, s. Hirschtal.
Hitnôw, s. Hittnau.
Hittelin (Bauer zu Winterthur, Kt. Zürich).

— Hitlin, Hittelin, Hittli, Hittlin, I 327, II 72, 86, 385.
— Hittelins bûbe, mansus dicti Hittlin, I 327, II 72, 86.
— Hitlins bove? (wohl irrig für bûbe), II 385.
Hittelina (Lehensinhaber in Unlingen, Kgr. Würtemberg), II 162.
Hittenberg (unbestimmbare Anhöhe im Elsass).
— Hittenberg, die vogty, die man nempt ze dem obern — II 439.
Hittnau (Pfd., ö. v. Pfäffikon, Kt. Zürich).
— Hittenowe, Hitnôw, Hittenowe, Hittnowe, II 290, 205, 313, 482, 700.
— manlehen ze — II 482.
— wisen gelegen ze — II 760.
— Johannes de — II 295.
Hittnauer (Eigenmann des Fraumünstern in Zürich, von Hittnau, Kt. Zürich).
— Hittenower, dictus — et fratres sui — II 313.
Hitzkirch (Pfd., n.-ö. v. Richensee, Kt. Luzern, ehemals Sitz einer Comturei des Deutsch-Ordens).
— Hieskilch, Hiltskilch, Hiltzkilchh, Hi(l)tzkirch, Hiltzkirich, Hilzkilche, Hitzkilch, Hitzkirich, I 222, II 3, 102, 212, 213, 336, 338, 339, 634, 721, 734.
— domini de, in — II 336, 338.
— fratres domus in —, dicti von dem Tutschen Hus, II 212.
— fratres in — II 339.
— hof ze —, curia in — I 222, II 3, 213, 634.
— liberi — II 3.
— lûte ze — I 222.
— swestern von — II 102.
— t. u. b., d. o. v. ze — I 222.
Hitzkofen (Ort, n.-ö. v. Sigmaringen, Kgr. Preussen).
— Hitzkofen, Hitzkoven, Hizzinkoven, I 402, II 153, 154, 221, 260.
— advocatia in — II 221.
— curia in — II 200.
— gûter ze — I 402.
— jus advocaticum in — II 260.
— molendinum de — II 153/154.
— redditus de — II 153/154.
— summa de — II 154.
Hitzkofer (Bauer zu Bolstern, Kgr. Würtemberg).

— des Hitzkovers hof. curia detii Hitzkofer, I 380, II 252.
Hobarius, s. Huber.
Hobe, s. Hübe.
Hochbalm (Anhöhe, n.-w. v. Blatten bei Grindelwald, Kt. Bern).
— Balme, güt zer — II 579.
Hochböller, der — (Lebensinhaber, wohl zu Ebingen, Kgr. Würtemberg), II 465.
Hochdorf (Pfd., s. vom Baldeggersee, Kt. Luzern).
— Hochdorf, I 225, II 278, 609.
— stūr ze — II 609.
— t. u. b., d. u. v. ze — II 225.
Hochdorf (Ort im O.-A. Waldsee, Kgr. Würtemberg).
— Hochdorf, I 381, II 253.
— Berchtolts gūt von —, bonum Berchtoldi Hochdorfs, I 381, II 253.
Hochenang, s. Hobenack.
Hochen-Egensheim, s. Hoben-Egisheim.
Hochen-Landenberg, s. Hohen-Landenberg.
Hochenwank, s. Hochwang.
Hochfelden (Df., w. v. Bülach?, Kt. Zürich).
— Hochvelden, II 299, 315.
— Cunradus de — II 315.
— villicus de — et fratres sui 4, II 299.
Hochkirch (abgegangener Ort, n. v. Sierenz, im Elsass).
— Hobenkilch, I 28.
— herberig ze — I 28.
— t. u. v. ze — I 28.
Hochlandsberg (Ruine, s.-w. v. Winzenheim, im Elsass).
— Lantzberg, Lantzburg, I 16, 18, 40, 51, 52.
— ampt von, ze —, officium —, I 16, 18.
— burglen ze I 51.
— der von — I 52.
— gült ze — I 40; s. auch Landsburg.
Hochrüti (Flurname, s.-ö. v. Hausen bei Brugg, Kt. Argau).
— Honrūti, aker, heisset — gelegen ze Husen, II 540; s. a. Hausen.
Hochsaal (Pfd., n.-ö. v. Laufenburg, im Gh. Baden).
— Hochsel, Hochso), I 67, 69, 70, II 127, 128, 503, 769.
— burglechen ze — II 127.
— dinghof, dinghofstat ze — I 67, 69.

— dorf ze — I 69.
— geräte ze — II 769.
— hof ze — I 70.
— lüte ze — I 69.
— t. u. b., d. u. v. ze — I 69.
— vogtature ze — I 69.
— Hans Mit von — s. Mit.
Hochstatt (Ort, s.w. v. Mülhausen, im Elsass, Heimat eines ritterlichen Geschlechts).
— Hochstatt, Hostad, Hostat, II 424, 430, 442.
— bann ze — II 430.
— Chūntzelin, Chūnrat von — II 424, 442.
Hochvelden, Hochfelden.
Hochwald (Wald bei Rappoltsweiler im Elsass).
— Hochwalt, silva, que dicitur — II 271.
Hochwang (Ort, s. v. Günsburg, Kgr. Baiern).
— Hochenwank, hofstat ze — II 467.
Hochwart (Df., n. v. Petershols, im Elsass).
— Hohenwart, I 21, 52.
— almeinde ze — I 21, 52.
— dorf ze — I 21.
Hocken (Weiler, n.-w. v. Rotenburg, Kt. Luzern).
— Haken, Hokken, I 199, II 569.
— lüte ze — I 199/200.
— schüppos ze — II 569.
— stūre ze — I 199/200.
— t. u. b., d. u. v. ze — I 199/200.
Hodorf, s. Heuhof.
Höberg, s. Henberg.
Höchenschwand (Pfd., s.-ö. v. St. Blasien, im Gh. Baden).
— Hechinewande, I 82.
— dorf ze — I 82.
— dub und lotzing ze — I 82.
Höchstetten (Pfd., s.-ö. v. Worb, Kt. Bern).
— Honstetten, scopose — II 20.
Hödorf, Höderf, Hōidorf, s. Heudorf.
Höngg (Pfd., n.-w. v. Zürich).
— Höngge, gūt ze — II 776.
Hörfelden ? (unbestimmbarer Ort, vielleicht Herrfelden, n.-ö. v. Ebingen, Kgr. Würtemberg), II 465.
Höri (End-, Nieder- und Ober — Gemeinde, s.-w. v. Bülach, Kt. Zürich).
— Höri, Hori, I 248, 250, II 65, 77, 761, 776, Käglers-Höri, II 405.

— güt ze —, das das gotzhus of
Zurichberg anhoret, I 248.
— osuideliuge ze — I 250.
— vogtei ze — II 776.
— vogteia oder ander güt ze — II
761.
— vogtey ze Küglers Höri II 405.
Hörnlin, Conradus — (Lebensinhaber
zu Unlingen, Kgr. Würtemberg), II
162.
Hörschinsriet, s. Herrischriet.
Hösch (Bürgergeschlecht von Zürich).
— Hösch, Jacob — von Zürich, II 763.
Höwbelingen, s. Herblingen.
Hof (wohl ein Hof zu Hürnen bei
Bauma, Kt. Zürich).
— Curia, Berchtoldus de — et liberi,
II 314.
Hof (Weiler, s. v. Egg, Kt. Zürich).
— Hove, I 273, 277, II 294, 396.
— schöpossen ze — I 278.
— zehende ze — I 277, II 396.
— Kater et soror sua de — II 294.
Hof (wohl ein Hof zu Hittnau, Kt.
Zürich).
— Curia, Cuuradi in — liberi, II 313.
— Hove, Heinricus im — et sorores
sue, II 313.
Hof (wohl der untere Hof zu Zell im
Tössslal, Kt. Zürich).
— hof ennunt dem hove, curia dicta
enent dem hove, trans curtim, I 295,
II 57, 74.
Hof (wohl ein Hof bei Gebisdorf, Kt.
Argau).
— Hove, schöppozen im — I 126.
Hof (wohl ein Hof zu Lenzburg, Kt.
Argau).
— Hove, filia Thuringi in dem — II
209.
Hof (wohl ein Hof bei Oberkirch, Kt.
Luzern).
— Hove, Ita et Elizabetha, sorores,
filie Heinrici dicti in dem — II 278.
Hof, Gerung im — (Bürger von Arau,
Kt. Argau), II 567.
Hof, Heini — (Lebensinhaber im Birr-
feld bei Brugg, Kt. Argau), II 537.
Hof, ber Hesso Snöwli im — ritter,
s. Schneweli.
Hof, Jenny im — (Lebensinhaber zu
Ettliswil, Kt. Luzern), II 557.
Hofer, der — (Hauer zu Winterlur,
Kt. Zürich), I 328.
Hoferen (Ort, ö. v. Burgdorf, Kt. Bern).

— Honvarte, II 7.
Hoffacker, der (Flurname zu Stamm-
heim, Kt. Zürich), II 512; s. auch
Stammheim.
Hofman (Name verschiedener Leute).
— Hofman, Cunradus — (Eigenmann
des Stiftes Einsideln zu Ilegnau,
Kt. Zürich), II 816.
— Hofmann, Hofman, Rûdolf, Rûdolff
— 'Hauer) von Winterlur (Kt. Zürich),
I 380, II 503.
— Hofmanne, dicti — (Eigenleute des
Stiftes Einsideln zu Dachliswil, Kt.
Zürich), II 317.
Hofmeister, Wälch — (Lehensinhaber
zu Möntal, Kt. Argau), II 539.
Hofmeister (Beiname eines habsburgi-
schen Dienstmannengeschlechtes zu
Frauenfeld, Kt. Turgau).
— Hofmeister, magister curie, II 326,
682.
— Hans — von Fröwenvelt, II 682;
s. auch Frauenfeld.
Hof-Mölin (Ort, s. vom Pfd. Mölin, im
Fricktal, Kt. Argau).
— Hofmeli, fûnf schöppose ze —
II 771.
Hofstetten (Df., n.-w. v. Ober-Glatt,
Kt. Zürich).
— Hofsteten, Hofstelten, I 250, II 701.
777.
— güt ze — II 701.
— lûte ze — I 250.
— sture ze — I 250.
— vogtei ze — II 777.
Hofstetten (Ort bei Baden, Kt. Argau),
II 33.
Hofstetter (Name eines Bürgers von
Baden, Kt. Argau).
— Hofstetter, der — II 727, 728.
— Hofstetters hus, II 730.
Hofstetter, der — (Bürger zu Winter-
tur, Kt. Zürich), I 332.
Hohenack (Ort, s.-ö. v. Kolmar, im
Elsass).
— Hochenang, die burg und das dal
darounder, II 434.
Hohenberg (Haigerloch) von — (Gra-
fengeschlecht, begütert zu Neu-
Hewen, Gh. Baden).
— Haigerloch, grave Albrecht von —
I 446.
Hohenbûhl (Anhöhe, s.-w. v. Frick,
Kt. Argau).
— Bôle, hano ze Wile uffen dem —
II 776.

Hohen-Egisheim (drei Burgen bei der Stadt Egisheim im Elsass).
— Hochen-Egensheim, die mittel burg zů der — II 420; s. auch Egisheim.
Hohenfels (Neu — Burg im O.-A. Sigmaringen, Kgr. Preussen, Heimat eines ritterlichen Geschlechts).
— Hohenvels, Honvels, II 333, 335.
— dominus de — II 333, 335.
Hohen-Gundelfingen (Dorgruine, 5. v. Gundelfingen, Kgr. Würtemberg).
— Gundolvingen, I 463, 466.
— lute, gůt und nútze zů der hohen — I 463.
— ze — under der burg, I 466; — s. auch Gundelfingen.
Hohenkilch, s. Hochkirch.
Hohen-Landenberg (Burg bei Turbental, Kt. Zürich, Sitz eines Zweiges der Familie von Landenberg).
— hochen Landenberg, Landenberg, II 593, 594, 676, 692, 695, 696.
— Elsbeth von — Götfrides des drugsetzen witwe von Diessenhofen, II 692; s. auch Diessenhofen.
— Herman und Beringer von — II 676.
— Hug von der hochen —, von —, II 593, 594, 695, 696.
— s. auch Landenberg.
Hohenrain (Pfd. und ehemalige Johanniter-Comturei, n.-ö. v. Hochdorf, Kt. Luzern).
— Honrein, Hônrein, II 213, 216, 272, 338, 339, 340, 721, 724, 728, 735.
— der comendůr, von, ze — und ze Reiden, II 724, 728; s. auch Reiden.
— domini de —, die herren von Sant Johanne, I 172, II 334.
— domus de, in — II 339, 340.
— fratres de, in — II 216, 272.
— fratres domus Sancti Johannis in — II 213.
— Sant Johans ze — II 721.
Hohen-Rein (unbestimmbarer Ort, wohl bei Andelfingen, Kt. Zürich).
— Hohen Rein, acker uff — II 507.
Hohenstoffeln (Burg im badischen Bez.-A. Engen, Sitz eines ritterlichen Geschlechts).
— Stoffeln, Stoßen, II 329, 330.
— dominus de, ... de —, II 329, 330.
— iidem de — II 329.
Hohen-Tengen (Ort, n.-w. v. Friedberg, Kgr. Würtemberg)

— Diengen, Diengôwe, I 373, 374, II 157, 158, 249, 252.
— advocatia in — II 157, 158, 252.
— advocatia ecclesie in —, jus patronatus ecclesie in —, vogtrecht der kilche se — I 374, II 157, 249, 252.
— d. n. v., L n. h. ze — 374.
— hofstette ze — I 373.
— kilchen ze —, ecclesia in —, I 373 374, II 157, 249, 252.
— kilchensatz ze — I 373.
— lute ze — I 374.
— meyerhof ze —, curia in — curia villici in —, I 373, II 157, 252.
— rector ecclesie in — II 157.
— redditus de advocatia in — II 157, 158.
— schüpossen, schüpos ze —, scopose, scopose in, ze — I 373, II 157, 252.
Hohenvels, s. Hohenfels.
Hohenwart, s. Hochwart.
Hohflůh (Ort bei Hombrechtikon, Kt. Zürich).
— Helßā, Heinricus de — et Rudolfus, frater suus, II 298.
Hoh-Wart (Hügel, ö. v. Kiburg, Kt. Zürich).
— Warte, holtz an der hohen — I 307.
Hoidorf, s. Hendorf.
Hokken, s. Hocken.
Holczman, Wernher — und sin swester und der kint (Eigenleute von Habsburg-Laufenburg), II 773.
Holderbank (Pfd., w. v. Wildegg, Kt. Argau).
— Halderwanch, Halderwang, Halderwank, I 136, II 49, 725, 739.
— curia in — I 136.
— kilche — II 739.
— kilcherre, der, von — II 725.
— Wernherus de — II 49.
Hollant, der müller (von Günsburg, Kgr. Baiern), II 467.
Holtz, gůt, heisset in dem (zu Contenswil, Kt. Argau), II 569.
Holtz, Cuonradus im — et 4 filii fratris sui (Eigenleute des Stifters Einsideln zu Esslingen, Kt. Zürich), II 299.
Holtz, das gůte zem — ze Tossenbach (unbestimmbarer Florname bei Wintertur, Kt. Zürich), II 504.
Holtze, in dem — (Flurname zu Seckingen, Gh. Baden).
— hube uffen dem Stade, heisset in dem — I 59.

Holtshuseu, s. Holzhausen.
Holtshusern (unbestimmbarer Ort, jedenfalls bei Gontenswil, Kt. Argau), I 176.
Holtzikon, s. Holzikon.
Holtzwilr, s. Holzweier.
Holzhäusern (Ort, n. v. Bertiswil, Kt. Luzern).
— Holtzhusern, I 199.
— låte ze — I 199.200.
— stüre zs — I 199.200.
— t. u. b., d. o. v. se — I 199/200.
Holzhäusern (Ort, u.-w. v. Buouas, Kt. Zug).
— Husern, I 214.
— die låte ze — I 214.
— stüre ze — I 214.
— t. u. b., d. o. v. ze — I 214.
Holzhausen (Weiler, ö. v. Oetwil, Kt. Zürich).
— Holtzhusen, Holzhusen, I 276, II 60.
— güter der vryen ze — I 276.
Holzikon (Df., zwischen Uerkheim und Köllikeu, Kt. Argau).
— Helziukon, Holtzlkon, II 283, 285, 559.
— vogty ze — II 550.
— Hedewigis dicta ze Niderost et liberi ejus, residens in — II 283.
— Rudolfus et Johannes fratres de — II 283.
Holzweier (Df., n.-ö. v. Kolmar, im Elsass).
— Holtzwilr, I 8.
— dorf ze — I 8.
— tüb und vrevel ze — I 8.
Homberg (Weiler am Homberg, n. v. Reinach, Kt. Argau).
— Homberg, Homberge, I 174, II 104, 202, 203, 274.
— rütine an dem —, novale spectans ad montem —, I 174, II 202.
— t. u. b., d. o. v. an dem — I 174 175.
— Heli de — II 274.
Homberg Burgruine, w. v. Ober-Frick, Kt. Argau. Heimat eines Grafengeschlechts).
— Homberg, Homberg, Homberg, I 61, 74, II 646, 766, 768, 771, 775, 777.
— d. o. v. in dem tal under — I 61.
— vent — II 646.
— graven von — I 74.
— herschaft von — I 74, II 766, 771, 775, 777.

— graf Wernher von — II 768.
Homberg (Berg und Df., ö. v. Ober-Bötsberg, Kt. Argau).
— Homberg, Homberg, Hömburg, I 106, II 177, 529, 539.
— lehen ze — I 106.
— mawerk ze — II 539.
— matten ze — II 529.
— t. u. b., d. o. v. ze — I 106.
Homberg (Neu — Burg bei Laufelfingen, Kt. Baselland, Sits eines Zweiges der Grafen von Homberg).
— Homberg, der grave von — I 28.
Homberg (Hommert, Ort, s. v. Ottiswil, Kt. Bern).
— Homberg, II 23.
Homberg (wohl der Berg zwischen Obersteinbrunn und Geispitzen im Elsass).
— Homberg, Homberg, I 27, 55.
— der herschaft låte, die ober dem — sint gesessen, I 27.
— stüre der herschaft låte ober dem —, stüre uffen die låte die uber dem — gesessen sint, I 27, 55.
— t. u. b., t. u. v. der herschaft låte ober dem — I 27.
Hombrechtikon (Pfd., n.-ö. v. Stäfa, Kt. Zürich).
— Humbrechtikon, Humbrechtinkon, Hünbrehtincou, I 270, 276, II 80, 288, 296.
— einouge und benne ze — I 270.
— hofstette und achere ze — I 270.
— hübe ze — I 270.
— lute, vrye, ze — I 270.
— zehenden ze — I 270.
Homburg (Df., ö. v. Mülhausen, Elsass).
— Hamberg, Hanberg, Honberg, I 8, 55, II 436.
— stüre von den darkomenen luten ze —, stüre uffen —, I 8, 55.
Hommert, s. Homberg.
Honher?. Husen an — (in Schwaben), II 402.
Homberg, Homberg, s. Homberg.
Hömburg, s. Homberg, Homburg.
Honcourt, s. Hugsbosen.
Honegg (Ort, s.-w. v. Willisau, Kt. Luzern).
— Honegg. Honegge. II 348, 553, 571.
— vogty ze — II 553, 571.
— Wernherus de — II 348.

Hongp? (unbestimmbarer Ort, vielleicht Hunggenwil im Kt. Turgan), II 27.
Honrain, s. Hohenrain.
Honrüti, s. Hochrüti.
Honstetten, s. Höchstetten.
Honvarte, s. Hoferen.
Honvels, s. Hohenfels.
Hopho, Johans — (Lehensinhaber am Bötzberg, Kt. Argau), II 532.
Hoppesolle? (wohl Hoppetennell im bad. Kreis Stockach?).
— güt ze — II 508.
Hoppler (Bürgergeschlecht von Winterthr. Kt. Zürich).
— Hopler, Hoppler, I 331, II 358, 432, 508, 515, 701, 707.
— Andres — von Winttertur, II 508.
— Hans — II 707.
— Mathis und Hans — II 482.
— Rüdolf — von Stat, II 515.
— Rudolf — von Wintertur, II 701.
— Stephanus — civis in Wintertur, II 358.
Hopplis, libari dicti — (Eigenleute des Klosters Einsideln zu Ober-Dürnten, Kt. Zürich), II 289.
Höptz, herren — güt ze Talhein (Talhein im Kt. Argau), II 528.
Horbach (Ort, w. v. Urberg, im Gh. Baden).
— Harbach, dub und totslag ze — I 82.
Horben (Weiler, ö. v. Illnau, Kt. Zürich).
— Horwen, I 200.
— löte ze — I 289/200.
— störe ze — I 200.
Horben (Weiler mit Mühle bei Bimbach im Elsass).
— Horwen, ze — uff der mülli, II 437.
Horblingen, s. Herblingen.
Horburger, acker, heisst der — (Grundstück zu Russchheim oder Rüstenhart im Elsass), I 4
Horgen (Pfd. am Zürichsee, Kt. Zürich).
— Horgen, güt ze — II 615.
Horgenbach (Df., n.w. v. Frauenfeld, Kt. Turgau).
— Horgenbach, Horgenbach, I 362, II 82, 398, 682.
— bona in — II 82.
— dinghof ze —, des eigenschaft gegen Owe höret, I 362.

— d. n. v. ze — I 362.
— güter ze — II 682.
— gülte, II 398.
— schüppössen ze — I 362.
— störe ze — I 362.
— tagwan ze — I 362.
Horgenberg (Hof zwischen Millödi und Glarus).
— Horgenberg, I 511.
— störe der lute ze — I 511.
— tagwan der lute ze — I 511.
Horheim (Df., n.ö. v. Lauchringen, im Gh. Baden).
— Horheim, Horhein, I 89, II 774.
— dorf ze — I 89.
— lute des hoves ze — I 89.
— meigerhof ze — I 89.
— störe ze — I 89.
— t. o. h. ze — I 89.
— viechsnitze ze — I 89.
— zehenden ze — I 60.
— Johans sun von Znhen von — II 774; s. auch Znhen.
Hori, s. Höri.
Horlachen (Ort bei Wolenswil, Kt. Argau).
— Horlachen, Horlachen, I 158, II 743.
— acker ze, zu der — I 158, II 743.
Hormochen, s. Hornossen.
Hornbach (Höfe bei Sumiswald, Kt. Bern).
— Harnbach, II 10.
Hornstein (ehemalige Burg und Dorf bei Sigmaringen, Kgr. Preussen, Heimat eines ritterlichen Geschlechtes).
— Hornenstein, Hornstein, I 389, II 163, 166, 239, 242, 243, 244, 247, 248, 249, 255, 259, 260, 261, 333, 334, 335, 460, 461, 463, 464, 473, 474, 719, 732.
— talernen in dem dorf — II 464.
— domini de — II 334.
— dominus, idem de — II 163, 166, 259, 334, 335.
— Hentz von, Bentze de — II 243, 460.
— Brun von — II 461.
— Conradus, Conradus de — II 243, 255.
— Herman von — II 474.
— Herman, pfaffe, von — II 389.
— dominus Johannes de —, Hans von — II 239, 243, 249, 261, 461.
— dominus Ludwigus de —, Ludwig von —, II 248, 464.

— dominus Mangoldus de — et Conradus filius, Manes von —, Mangoldus de —, Manta de —, Mantz von —, II 242, 244, 247, 463, 473, 719, 732.
— Petrus de — II 260.
Hornussen (Pfd., a.-ö. v. Frick, Kt. Argau).
— Hornachen, Horneschkon, Horneschon, I 59, II 129, 736.
— d. o. v. ze — I 59.
— kilche — II 736.
— lüte und güt des boves ze — I 59.
— meier, meyer ze — I 59.
— pfand ze — II 129.
Horw (Pfd., a. v. Luzern).
— Horowe, Horwen, I 201, II 584.
— kelner und meyer ze — II 588.
— kilche ze — I 201.
— vogty ze — II 584.
— Forwen (verschrieben!), II 589.
Horwen (unbestimmbarer Flurname bei Heinach, Kt. Argau).
— Horwe, Horwen, I 174, II 204.
— rütine ze —, novale in dem —, I 174, II 204.
— t. n. b., d. o. v. ze — I 174.
Horwen; s. a. Horben.
Hospes, Heinricus dictus — (Höriger des Klosters Einsideln zu Farren, Kt. Luzern), II 279.
Hospes; s. auch Wirt.
Hostad, Hostat, s. Hochstatt.
Hospental (Df., a.-w. v. Andermatt, Kt. Uri).
— Hospendal, sölle von — unts an Reyden — I 218.
Hottingen (Gemeinde im Südosten von Zürich).
— Hottingen, villa — II 318.
Hottinger, Heinricus dictus — (habsburgischer Eigenmann in Zürich), II 286.
Hottwil (Df., w. v. Mandach, Kt. Argau).
— Hotwil, Henman ze — II 532.
Höber, s. Huber.
Höbt, Ita, uxor dicti — et sui liberi (Eigenleute des Klosters St. Blasien, zu Stadel bei Schöpfheim, Kt. Zürich), II 304.
Hödorf, s. Hendorf.
Höurein, s. Hobenrain.
Höwenstein, s. Hauenstein.
Hove, s. Hof.
Howenstein, s. Hauenstein.

Hub (Flurname, w. v. Wilen, Kt. Turgau?).
— Hûbe, gût genant die Nidern — II 507.
Hubäcker (Hof, w. v. Stanfen, Kt. Argau).
— Hüben, ze — uff dem hof, II 566.
Huben (Hof, s.-w. v. Rotenburg, Kt. Luzern).
— Hüben, I 199.
— lüte ze — I 199/200.
— sture ze — I 199/200.
— t. n. b., d. o. v. ze — I 199 200.
Huben (Häuser, s.-w. v. Münster, Kt. Luzern).
— Hübe, Nidre —, Ober — I 232.
— t. n. b., d. u. v. in der Nidren — in der Obern — I 232.
Huber (Lehensinhaber zu Brugg, Kt. Argau).
— Hüber, Heini — und sin brüder von Brugg, II 566.
Huber (Eigenleute des Klosters Einsideln zu Regensdorf und Nieder-Affoltern, Kt. Zürich).
— Hüber, II 309.
— Rudolfus — uxor sua et eorum liberi, II 309.
— Rudolfus dictus — II 309.
Huber, — (Bauer zu Wolfingen, Kt. Zürich).
— Hüber, der — II 468.
Huber, — (Bauer zu Pfungen, Kt. Zürich).
— Hüber, der — II 476.
Huber (Bauer im Grüt bei Wintertur, Kt. Zürich).
— Hüber, curtis dicti — II 72.
Huber (Bauer zu Reutlingen, Kt. Zürich).
— Hobarii, curia — II 141, 142.
Huber (Bäuerin zu Neen, Kt. Zürich).
— Hübera, mansus dicte — II 87.
Huber (Eigenleute der Habsburger und des Klosters Einsideln zu Lindau, Kt. Zürich).
— Höber, II 295, 299.
— Heinricus dictus — et frater suus, II 299.
— uxor dicti Hübers et filii sui, II 295.
Huber (habsburgische Hörige zu Zürich).
— Hüber, Hüberin, Hüberius, II 294, 295.
— filie dicte Hüberin de Volchinkon, II 204.

Register.

— filie Heinrici dicti Hübers de Volchinkon, II 205.
— filius sororis Hüberii de Volchinkon, II 294; s. auch Vollikon.
Huber (Bauerngeschlecht an Ober-Embrach, Kt. Zürich).
— Höber, Hüber, I 202, II 70.
— Walter — II 70.
— Walther Hübers schöpos, I 262.
Huber (Bauer zu Ülingen, Kgr. Württemberg).
— Hüber, Heinricus, dictus — II 160, 220.
Huber, — (Bauer zu Oftringen im Gb. Baden).
— Hüber, Johans der — von Oftringen, II 774.
Hucksacker (bei Wintertur, Kt. Zürich). I 334; s. a. Hug.
Hübscher, Rudolfus — (habsburgischer Eigenmann aus Dürnten, Kt. Zürich, zu Cur, Kt. Graubünden), II 291.
Hügi, Benz — (Bürger von Winterthur, Kt. Zürich), II 498.
Hünaberg (Burg und Df., w. v. Cham, Kt. Zug, Heimat eines ritterlichen Geschlechts).
— Hünaberg, Hünsberg, Hünsberg, Hünenberg, Hünoberc, Hünoberch, Hunsberg, II 110, 116, 117, 118, 170, 179, 181, 185, 188, 193, 215, 217, 585, 606, 648, 719, 732.
— die von — II 117.
— dominus Götfridus, Gotfridus, Gütivridus de —, Götfrid Götfride von — II 118, 170, 181, 186, 188, 193, 215, 217, 606.
— der, Gottfried von — II 170.
— her Götfried, Gotfrit und her Hartman von — II 110, 113.
— Götfrid und Peter, brüder von — II 616.
— Hans von — II 719, 732.
— Hartmannus et Rüdolfus fratres de — II 132.
— her Heinrich von — II 585.
— her Peter von —, dominus Petrus quondam de — II 116, 170.
— her Walther von — II 117.
Hüne (Bürgergeschlecht von Schaffhausen).
— Hüns, Hermann — von Schaffhusen, II 585.
Hünikon (Df., n. w. v. Wintertur, Kt. Zürich, Heimat eines ritterlichen Geschlechts).

— Hinnikon, Hünikon, Hünikon, Hunicon, II 94, 176, 485, 488, 528.
— gütlin, güt ze — II 485, 488, 505.
— hoff ze — II 503.
— hoff ze — genant der Eichhoff, II 470.
— zehend ze — II 485, 488.
— Heinricus de — II 94.
— Humikon (verschrieben), II 503.
Hünikon (Weiler, w. v. Aeschi, Kt. Solotarn).
— Hanninchon, II 8.
Hünikon (Mann von Hünikon, an Wülflingen, Kt. Zürich).
— Hunikons wisen ze Wülflingen, II 498.
Hünikon (Bürgergeschlecht aus Hünikon, an Wintertur, Kt. Zürich).
— Heinrich — von Wintertur, II 511.
Hüningen (Ort, n. v. Basel, im Elsass).
— Hüningen, Volmar selig von — I 13.
Hürling (ritterlicher Gutsinhaber zu Sigmaringen, Kgr. Preussen).
— Hürling, dominus, idem — II 236, 237.
Hürlinger (Geschlecht von Hürlingen bei Waldshut, im Gb. Baden).
— Hürlinger, Hans — von Waltshüt, II 544.
Hürnen (Weiler, ö. v. Baama, Kt. Zürich).
— Hörnis, Hörnos, Hörnen, Hurnin, Hurnon, I 209, II 29, 57, 75, 314, 350, 301.
— advocacia, in — II 29, 57, 350.
— d. u. v. ze — I 209.
— hof ze — I 209.
— Cunradus et Rudolfus fratres in — II 314.
Hürnboltz, s. Hierholz.
Hürus (Heiname eines ritterlichen Geschlechts von Schönau, am Rheine im Elsass und von Schönau im Schwarzwald, Gb. Baden).
— Hürus, II 651—659, 661, 662, 664, 714, 724, 725, 731.
— des alten — seligen wip und kint, II 714.
— die Hürusin, II 724.
— Rudolf der —, der, derselbe —, II 651—659, 661.
— Rüdolf — der jung, herr Rüdolf —, II 662, 664, 714, 724.
— Walther — II 714, 725, 731.

Hüslen (Ort, ö. v. Rotenbarg, Kt. Luzern).
— Hüsli, Häslin, I 198, II 669.
— Tiergarten bi —, s. Tiergarten.
— t. n. b., d. o. v. ze — I 199.
— vogty ze — II 669.
Hüsrer, dictus — (habsburgischer Eigenmann zu Ziberwangen, Kt. St. Gallen), II 321.
Hüterin, s. Hüterin.
Huttikon (Df., ö. v. Wärenlos, im Kt. Zürich).
— Huttinkon, I 115.
— lüte ze — I 115.
— t. n. b., d. n. v. ze — I 115.
Hüttwilen (Pfd., n.-w. v. Frauenfeld, Kt. Turgau).
— Hütwiler, II 483.
— dorff ze — II 483.
— zwing und bann ze — II 483.
Hug (Bauer zu Gutenstein im Gb. Baden).
— Hugs güt, I 432.
Hug (Bauer von Scher, Kgr. Württemberg).
— Hugs gut, bonum Hugen, I 436, II 242.
Hug, Burkart — von Ebingen, Kgr. Würtemberg, II 461.
Hug (Bauer zu Ertingen, Kgr. Württemberg).
— Hugs hof, curia Hugonis, I 385, II 247.
Hug, faber Heinricus dictus — (Eigenmann des Klosters Einsideln, zu Toggwil, Kt. Zürich), II 297.
Hugler (Bauern-Name zu Langen-Enslingen, Kgr. Württemberg).
— der Huglerin, schüppös, I 406.
Hugo (Bauer zu Ertingen, Kgr. Württemberg).
— Hugonis, curia — II 227.
Hugshofen (oder Honcourt, ehemaliges Kloster bei St. Martin, im Elsass).
— Hugeshoven, Hugshoven, I 23.
— 4 aker reben ze — I 23.
— kloster ze — I 23.
— vogteige ze — I 23.
Hüge, her — (Herr Hugo von Delle), I 37; s. auch Dattenriet.
Hunbrehtincon, s. Hombrechtikon.
Hün ..., s. Hün ...
Hüntzwilr, s. Hundsweiler.
Hür ..., s. Hür ....

Hürtzi, Berchtoldus et Heinricus dicti —, (Eigenleute des Fraumünsterstiftes in Zürich, zu Pfäffikon, Kt. Zürich), II 315.
Hüs, s. Haus.
Hösen, Hösern, s. Hansen.
Hüsli, Häslin, s. Hüslen.
Hulwegge (Name eines Gutsinhabers zu Sausheim, im Elsass).
— Hulweggen, des — güt, I 9.
Humbrechtikon, Humbrechtinkon, s. Hombrechtikon.
Humerbusen (verschrieben), s. Zusmarshausen.
Humikon, s. Hünikon.
Hümlikon (Df. und Burgruine bei Andelfingen, Kt. Zürich. Heimat eines ritterlichen Geschlechts).
— Hümlicon, Hümlikon, Hümlinkon, II 382, 524, 703.
— hoff ze — II 524.
— Johans, der von — II 703.
— des von — witib, II 382.
Hummenberg (Rebberg, n.-ö. von Wesperbühl, Kt. Zürich).
— Hungerberg, der — ze Westerppdl (?), II 496.
Hunaberg, s. Hünaberg.
Hund, der — (Bürger von Mengen, Kgr. Württemberg).
— Üli, der — von Mengen, II 459.
Hundelingen, s. Hindlingen.
Hundler (Lehensinhaber von Gröningen, Kt. Zürich).
— Fritzschi — von Gröningen, II 524.
Hündlingen, s. Hindlingen.
Hundsbach (Ort, s.-ö. v. Altkirch, i. Els.).
— Hontzbach, II 423.
Handsweiler (abgegangener Ort, wohl bei Hochwart, im Elsass).
— Hüntzwilr, I 21. 22.
— lüte ze — I 21.
— 3 manwerchmatten ze — I 22.
— torf ze — I 22.
Hungerberg, s. Hummenberg.
Hunicon, Hunikon, s. Hünikon.
Hunnichon, s. Hünikon.
Huninger? (Bauern-Name zu Seen, Kt. Zürich).
— Hunigers bobe, II 140.
— Huningerin, der — habe, I 315.
Huntlein, bona dicta — (Name von Gütern in der Gegend von Reinach, Kt. Argau), II 205.

Huntubel? (Bürger zu Mengen, Kgr. Würtemberg).
— Huntůbel, Huntubel, I 443, II 232, 244.
— Walther Huntubels hof, I 443.
— Waltherus dictus — civis in Meyngen, II 232.
— Waltherus — junior, II 241.
Huntzbach, s. Hundsbach.
Huntzeliswille, s. Hunzenswil.
Huntzikon (Bürgergeschlecht zu Wintertur, Kt. Zürich).
— Hans — von Winttertůr, II 478.
Hnnwil (Ort, ö. v. Römerswil, Kt. Luzern, Heimat eines ritterlichen Geschlechts).
— Hunwil, Hunwile, II 278, 677, 582, 544, 666, 670, 710, 775.
— Arnoldus de — advena (habsburgischer homo revocandus zu Hochdorf, Kt. Luzern), II 278.
— Fridrich von — II 710.
— Hans von — II 594.
— Jörya von — II 582.
— her Walther von — II 666, 670.
— Wernhert seligen von — tochter — II 577.
— Wernher and Johans von — II 775.
Hunwile; s. a. Hinwil.
Hunzenswil (IM., ö. v. Arau, Kt. Argau).
— Huntzeliswille, Huntziswile, Huntzliswile, I 157, II 210, 582.
— Wiler?, II 4.
— districtus in — II 210.
— d. n. v. ze — I 157.
— zechenden ze — II 582.
— s. auch Wiler.
Hunzikon (Hůfe, ö. v. Genensee, Kt. Luzern).
— Urnzinkon, II 283.
Hůbe (Name zweier Hufen zu Mönch-Altorf, Kt. Zürich).
— Hinter — I 272.
— Vorder — I 272.
Hůbe (Flurname zu Ober-Embrach, Kt. Zürich).
— Hůba, Hůbe, I 262, II 63, 79.
— hůbe in der — I 262.
— in der — II 63, 79.
Hůbe (Name einer Hufe zu Seen, Kt. Zürich).
— Hoba, Hůbe, I 316, II 139.
— hůbe in der — I 316.

— mansus dicta Hůbers, II 67; s. auch Huber.
— reditus in Sehein in der — II 139; s. a. Seen.
Hůbe (Flurname bei Gebisdorf, Kt. Argau), I 125.
— hůbe in der — I 125.
Hůbe, Hela nsser der — (habsburgische Eigene? zu Zürich), II 294.
Hůbe, s. Hub, Hubern.
Hůben, Hemma de — et sui liberi (habsburgische Eigenleute zu Lůgswil, Kt. Luzern), II 276/277.
Hůben, s. Hubäcker, Huben.
Huber, s. Huber.
Hůbern, s. Huber.
Hůberin, Hůberius, s. Huber.
Hůeinrbach, s. Hierbach.
Hůeinrholtz, s. Hierholz.
Hůmlicon, Hůmlikon, Hůmlinkon, s. Humlikon.
Hůrer, s. Mantz.
Hůrnen, s. Hůrnen.
Hůterin? (Bäuerin zu Blochingen, Kgr. Würtemberg).
— Hůterin, Hůterin, Hůtterin, I 375, II 156, 256.
— der — gůt, bonum dicta —, feodum —, I 375, II 156, 256.
Harnlon (verschrieben), s. Hierholz.
Hurnin, Hurnon, s. Hůrnen.
Hus, Huse, s. Hans.
Husen, s. Häuserhof, Hausen.
Huser (Hauern-Geschlecht zu Langen-Enslingen, Kgr. Würtemberg).
— Huserin, der — gůt, bona, bonum, dicta — I. 409, II 259, 261.
Husern, s. Häusern, Holzhäusern.
Husgöw, s. Hausgauen.
Husbald, s. Haldenhüeli.
Hutlinkon, s. Hüttlikon.
Huwen muli (unbestimmbar, wohl im Kt. Zürich), II 494.
Hyrsgarten, s. Hirschgarten.

I.

(S. auch Y.)

Iberg (und Ibergböfe, Ort, s.-w. v. Linn, Kt. Argau).
— Yberg, I 94.
— zehende, der mere — ze — I 94.
— zehende, der minre — ze — I 94.
Iberg (Burg bei Inwil, Kt. Zug, Heimat eines ritterlichen Geschlechts).

— Iberg. II 110, 188, 581.
— die burg — II 581.
— her Heinrich von — II 110.
— Walther, Waltherus de, von — II 188, 581.
Iberg (Weiler, ø. v. Mulchlingen, Kt. Zürich).
— Iberg, Yberch, I 317, II 28, 377, 487, 523.
— das hinder — II 487.
— feoda, duo — II 28.
— gülte — II 377.
— hof, ze — I 317, II 377.
— zehenden ze — II 523.
Iffental (ehemalige Burg bei Trimbach, Kt. Solothurn, Sitz eines ritterlichen Geschlechts).
— Ifental, Iffental, II 185, 187, 190, 192, 197, 555, 582.
— dominus de — II 185, 190.
— Heinricus, dominus — de — II 197.
— Henman von — II 555.
— Johans von — ritter, genant von Scherenberg, II 582.
— Marchwardus, dominus — de — II 187, 192.
Iffwil (Df., n.-w. v. Jegisdorf, Kt. Bern).
— Iffiwiler, scopose 9, II 14.
Ifinhöfzerit? (unbestimmbarer Ort, im Kt. Bern, vielleicht der Ifinhof zu Riet), II 23.
Igelswies (Ort, n.-ö. v. Messkirch, in einer hohenzoller'schen Enclave).
— Ingeswis. II 333.
Ilgen St. (Ort im badischen Bez.-A. Müllheim.
— Zilyax, Sant — lut, II 440.
Ill, die — (Nebenfluss des Rheines, im Elsass).
— Ille, matten gelegen ze Mülnhusen uff der — II 420; s. a. Mülhausen.
Illfurt (Ort, gegenüber Spechbach, im Elsass).
— Illefurt, Illesturt (verschrieben), II 413, 432.
— ze — in den bennen und der ober wijer, II 413.
Illinger Mühle (n. v. Unter-Embrach, Kt. Zürich).
— Illingen, I 260, II 61, 78.
— muli ze —, molendinum —, I 260, II 61, 78.
Ilinau (Ober- und Unter — Pfd., s. v. Kiburg, Kt. Zürich).
— Illow, Ilnaōwe, Ilnōwe, Ilnowe, I 288, 289, 292, II 31, 45, 54, 60, 94, 404, 406.
— advocacia in utroque — II 45.
— advocatia, vogtey ze — II 31, 406.
— curtis fratrum in — II 94.
— dinghof ze —, curia in —, I 292, II 60.
— hof, der nider — ze — II 404.
— hof, der ober — ze —, hof in dem obern dorfe ze — I 289, II 404.
— kelnhof ze — I 288.
— müli ze —, molendinum in —, I 292, II 60.
— officium — II 54.
— schüppōssen ze — des gotzhus von Schafhusen eigen, scoposza, scoposse in —, I 292/293, II 60.
— t. u. h., d. u. v. ze — I 292/293.
Illower (Geschlecht von Illnau, zu Wintertur, Kt. Zürich).
— Eberhart — von Winttertūr, II 480.
Illzach (Df. und Burgruine, n. v. Mūlhausen, Elsass, Heimat eines adeligen Mülhauser-Geschlechts).
— Hültich, Ilzich, Ilsig, I 42, 44, 45, 47, II 441, 449.
— die von — I 42, 45, II 449.
— her Ulrich von — I 44, 47.
Iltishausen (Weiler, s.-ö. v. Elgg, im Kt. Turgau).
— Hilashusen, Ilmelhusen, II 327, 521.
— das gūt — II 521.
Iltzkirich, s. Ilitzkirch.
Imadingen, s. Immendingen.
Imberc, s. Lindberg.
Imbriacense, officium — s. Embrach.
Imetal? (unbestimmbarer Ort).
— hof ze — II 474.
Immendingen (Ort im badischen Bez.-A. Engen, Heimat eines ritterlichen Geschlechts).
— Imadingen, Ymadingen, II 695, 779.
— ein fröwe, heisset die von — II 695.
— Hainrich von — II 779.
Immeneich (Df., n. v. Ober-Alpfen, im Gh. Baden).
— Ymmeneich, I 81.
— dorf ze — I 81.
— d. u. v. ze — I 81.
— müli, die nider — ze — I 81.
Immensee (Ort am Zugersee, Kt. Schwiz).
— Immense, Irmense, I 208, 209, 210, 211.

— güter ze — I 209.
— Obern —, läte. ze — t. u. b., d. o. v. ze — I 211.
— släre ze — I 209/210.
— t. u. b., d. u. v. ze — I 210.
— zehenden ze — I 208.
Immerman (Bauer im Gerüt bei Wintertur, Kt. Zürich). II 142.
Impendaler? (Bauer zu Embrach, Kt. Zürich).
— Impedaler, Impendal, Impendaler, Inpedal, Ympendeler, I 260, 263, II 62, 63, 78, 79, 387.
— des Impendalers hübe, I 283.
— des Impendalers schüpos. I 260.
— hueb, di heizet des Ympendelers, II 386, 387.
Inrichswilr, s. AmmerswiL
Inchstetten, s. Ingstetten.
Ingemberg, s. Inkenberg.
Ingenhusen, s. Irgenhausen.
Ingersheim, oder Engersheim, Df., w. v. Kolmar, im Elsass).
— Engersheim, Engershein, Ongersheim, I 17, 56, II 449.
— herberig ze — I 17.
— stare ze, stäre offen —, I 17, 56.
— torf ze — I 17.
— tób und vreven ze — I 17.
— Wilhelm von — II 449.
Ingeswis, s. Igelwies.
Ingoltswis, Ingolswies, s. Engelwies.
Ingstetten (Ort im würtembergischen O.-A. Münsingen, Heimat eines ritterlichen Geschlechts).
— Inchstetten, Ingstetten, II 152, 157, 241.
— Walter de — Walter, Waltherus de — II 152, 157, 241.
Ingwila, s. Inwil.
Inkenberg (Weiler, s.-ö. v. Bar, Kt. Zug).
— Ingemberg, Inkenberg, I 154, II 547
— t. u. b., d. u. v. ze — I 154.
— weg der von — gat, II 547.
Innlauf (Hôfe, n.-ö. v. Birrhart, bei Brugg, Kt. Argau).
— Inlöf, Inlöf, II 49, 529.
— relicta quondam Burcardi sem — II 49.
Innsbruck (Hauptstadt von Tirol).
— Isbrugg, Isprug, II 625, 660.
— datum. ze — II 625, 660.
Inpedal, s. Impendaler.
Insel (Teil des Fleckens Glarus zwischen zwei Kanälen).

— Insel, manleben ze Glarus in der — II 482; s. auch Glarus.
Interlaken (Ort und Kloster zwischen dem Brienzer- und dem Tunersee, Kt. Bern).
— Hinderkappen, I 472, 473, 475, 479, 757.
— bona revocanda in officio Interlacensi, II 371—375.
— burger von — I 475.
— gotzhus von — I 473, 479.
— güter, die ze — horent, II 757.
— herrschaft von —, dominium Interlacense, I 472, 476.
— hofstette ze — I 473.
— officium Interlacense — I 472, II 371.
— stat ze — I 473.
— störe ze — II 757.
— t. n. b., d. u. v. ze — I 475/476; s. auch Unterseen.
Inwil (Pfd., w. v. Gisikon, Kt. Luzern).
— Ingwile, Irwil, I 198, II 735.
— hübe — II 735.
— läte ze — I 198/200.
— stäre ze — I 198/200.
— t. n. b., d. u. v. ze — I 198, 200.
Inwil (Weiler, n.-ö. v. Zug).
— Ingwile, t. u. b., d. u. v. ze — I 154.
Inzigkofen (Ort, w. v. Sigmaringen, Kgr. Preussen).
— Untzikoven, Untzkoven, Unzkoven, I 421, II 220, 240.
— hof ze —, curia in —, I 421, II 240.
— nügerüte ze —, novalia in —, I 421, II 220..
Inzikon, s. Zinzikon.
Irgenhausen (Df., s.-ö. v. Pfäffikon, Kt. Zürich).
— Ingenhusen, Irgenhusen, II 315, (470?), 486.
— zehende ze — II (470?) 486.
Irgenhausen (Ort bei Ravensburg, Kgr. Würtemberg?).
— Irgenhusen, zehende ze — II 470
Irital? (unbestimmbarer, wohl abgegangener Ort, vielleicht bei Zell, Kt. Zürich).
— Irital, I 305, II 60, 76, 392.
— muli ze —, molendinum — molendinum in —, mül —, I 305, II 60, 76, 392.
Irmen Hekkin, s. Hekkin.
Irmensee (Bürgergeschlecht von Schaffhausen).

— Irmese, Irmense, II 496, 504.
— Hans — von Schaffhusen, II 496, 504.
Irmense, s. Immensee.
Irwil, s. Inwil.
Isbrugg, s. Innsbruck.
Isenbergewil (Dfr., ö. v. Gelfwil, Kt. Luzern).
— Isembrechtswile, Isenbrechtswile, Ysenbergewil, I 143, II 110, 215.
— d. n. v. ze — — I 143.
— pfand ze — II 110.
Isenhutin, dicta — et sui liberi (habeburgische Eigenlente in Zürich), II 204.
Isenli (Bauer zu Dentingen, Kgr. Würtemberg), I 387.
Isni (Städtchen und ehemalige Abtei, ö. v. Wangen, Kgr. Würtemberg).
— Isenin, I 382, II 161.
— güt, dů an das gotzhus ze — horent, bona de — I 381/382, II 161.
Ispani, s. Spanien.
Isprug, s. Innsbruck.
Issel, s. Glarus und Insel.
Issewspurg, s. Reisenberg.
Issikon (Df., w. v. Fehr-Altorf, Kt. Zürich).
— Issinkon, Itsikon, Zisikon, II 859, 489, 511.
— liberi residentes in — II 359.
— wysen ze — II 511.
— Hans von — II 489.
Issporg, s. Reisenberg.
Ita dicta Saltzmannin, s. Saltzmannin.
Ita filia Heinrici dicti in dem Hove, s. Hof.
Ita Langelina, s. Langelina.
Ita Stappherin, s. Stappherin.
Ita Wambsecherin, s. Wambsecherin.
Ita villica de Obernburch, s. Oberburg.
Italen (Vorder- und Hinter — zwei Höfe, n.-w. v. Remigen, Kt. Argau).
— Ital, Ytal, I 100, 107, II 534, 566.
— hof im — II 534.
— t. n. h, d. n. v. ze — I 107.
Italsich? (Lehensinhaber zu Ehingen, im Kgr. Würtemberg), II 462.
Itental (unbestimmbarer Ort, wohl Wiedental, n.-w. v. Muri, Kt. Argau).
— Ytental, I 142.
— d. n. v. ze — I 142.
— güter ze — I 142.
Ittental (Ort, s. v. Kaisten, Kt. Argau).

— Uttendal, lehen, ze — II 771.
Ittingen (Kloster, ö. v. Ceslingen, Kt. Torgau).
— Ittingen, I 368, 369, II 71, 309, 682, 695.
— custvogt über das gotzhus — I 370.
— lute des gotzhus von — I 369.
— göter ze — II 682.
— güt des gotzhns ze — I 368.
— redditus in — II 71.
— steur ze — II 399.
— vogty ze — II 695.
Itsikon, s. Issikon.
Izikon (Df., s.-ö. v. Grüningen, Kt. Zürich).
— Itsinchon, Ytsikon, Ytsinkon, I 279, II 317, 396.
— güt der vryen luten, chinde! ze, datz — I 279, II 306.
— t. n. h. d. n v. ze — I 279.
— Ulricus de — (habsburgischer Eigenmann zu Rossbach-Herrliberg, Kt. Zürich), II 317.

J.

Jacob, Hofmeister, der, ein vogt von, ze Fröwenveld, Fröwenvelt, II 695, 701, 704; s. auch Franenfeld und Hofmeister.
Jacoh, miner fröwen kamrer (ein Beamter der Königin Agnes von Ungarn), II 540.
Jacobs, Cůni (Gutsinhaber bei Laufenburg, Kt. Argau), II 707.
Jacobus advena (habsburgischer Eigenmann zu Rulöngen, Kgr. Würtemberg), II 333.
Jacobus, servus domini de Langhoft (habsburgischer Eigenmann zu Zürich), II 287.
Jeger, der — (Lehensinhaber zu Titstetten, Kgr. Prenssen).
— des Jegers lehen, I 398,
Jeger, Lutz der — (Lehensinhaber in Schwaben), II 473.
Jegisdorf (oder Jegensdorf, Pfd., w. v. Burgdorf, Kt. Bern).
— Jegistorf, II 13, 14.
— bonum quoddam — II 14.
— officium — II 13 — 15.
— scoposse — II 14.
Jegli, miner fröwen zoller (Beamter der Königin Agnes von Ungarn), II 540.
Jennin, meister — (Koch, zu Ensisheim, im Elsass), I 50.

Jensberg (Häusergruppe, s. v. Nidau, Kt. Bern).
— Geolberch, II 22.
— fertones — II 22.
— pratum, II 22.
— scoposes — II 22.
Jestetten (Ort im Klettgau, Gh. Baden, Heimat eines ritterlichen Geschlechts).
— Jestetten, Jetstetten, II 352, 486, 502, 700.
— zehent ze — II 502.
— Bertholdus de — II 352.
— Fridrich von — von Grüningen, II 486; s. auch Grüningen.
— Heinrich von — den man nemmet Ramli, II 706.
Jetkofen (Ort, s.-ö. v. Mengen, Kgr. Würtemberg).
— Ćikoven, I 426.
— gút der vryen lüte, ze — I 426.
— gút, wústú — ze — I 426/427.
— stúre ze — I 426/427.
— t. u. h., d. u. v. ze — I 426/427.
Johan der Spiser von Rinvelden, s. Spiser.
Johan, Sant — ze Tungstetten, s. Tungstetten.
Johann, St. Alt — an der Tur (ehemaliges Kloster im Toggenburg, Kt. St. Gallen).
— Johanne, Sant — in Turtal, I 280, 303.
— gotzhus von — I 289.
— gút, das horet gegen — I 303.
— hof, des eigenschaft an das gotzhus von — höret, I 289.
Johannes (Eigenmann des Klosters Einsideln zu Wangen, Kt. Zürich), II 316.
Johannes (Bauer im Eigen bei Brugg, Kt. Argau), II 50.
Johannes (habsburgischer Eigenmann zu Dändlikon, Kt. Zürich), II 296.
Johannes an der Matten, s. Matten.
Johannes der Reitmanne, s. Reitmann.
Johannes dictus Paternoster, s. Paternoster.
Johannes, ber — (von Baden?), II 106.
Johannes, St., s. Hohenrain.
Johannis, ecclesia Sancti —? in Mellingen, s. Mellingen.
Johannis, uxor — sutoris et soror sua, (habsburgische Eigenleute zu Siglisdorf, Kt. Argau), II 301.

Johans, der vogt (von Diessenhofen), I 351; s. auch Diessenhofen.
Johans, Sant — altar, s. Frick.
Johans, Sant — ze Clingnow, s. Klingnau.
Johans, Sant ze Honrein, s. Hohenrain.
Johans, Sant — ze Lütgern, s. Leuggern.
Johans, Sant — ze Reiden, s. Reiden.
Johans, Sant ze Rinvelden, s. Rheinfelden.
Johans von Regensperg, s. Regensberg.
Jonchéry (Ort, n. v. Delle, in Frankreich).
— Güntscherach, Joncheres, I 36, II 453.
— pratum, quod dicitur Lay Noc de — II 453.
— urbar der dörfer ze — I 36.
Jonen (Df., s.-ö. v. Ober-Lunkhofen, Kt. Argau).
— Jonon, II 172.
— redditus in — II 172.
Jordanus, miles (Ritter Jordan von Tun und Burgistein, Kt. Bern), II 20.
Juchterlin, s. Dornach.
Jucker (? Bürgergeschlecht von Rapperswil, Kt. St. Gallen).
— Junckher, Rúdolff — von Rapperswile, II 517.
Judaeus, Goischach — in Sulgen, s. Goischach.
Judaeus, Vinelin, Finnelius de —, (Pfandinhaber zu Munderkingen, Kgr. Würtemberg), II 249, 204.
Judenta (Name einer habsburgischen Eigenfrau zu Schöftland, Kt. Argau), II 294.
Judenta, Judente (Gutsinhaberin zu Stocken, Kt. Argau).
— Judente, I 114.
— scopoza dicta Judente — II 75.
Jungelins tor (ein Tor zu Veringen, Kgr. Preussen), I 397.
— hofstette vor — I 397.
— lantgarbe vor — I 397.
Jungherr? (Bauerngeschlecht zu Ober-Embrach, Kt. Zürich).
— Junchherre, Jungharro, Jongherro, I 261, II 62, 78.
— des Juncherrren schöpos, I 261.
— dictus — II 78.
Jungherren, die — (Gutsinhaber zu Winterthur, Kt. Zürich), I 329.

K.
(S. auch C.)

Kadelburg (Pfd., ö. v. Waldshut, im Gh. Baden).
— Kadelburg, vischentze ze — I 86.
Kämleten (Weiler, s. ö. v. Kiburg, Kt. Zürich).
— Keminaton, Kemnaton, Kemnatton, Kempnaton, Kennaton, Khominaton, I 293, II 30, 38, 42, 59, 75.
— hove ze —, curie de —, curtes in — I 293, II 59, 75.
— lhte ze — I 293.
— schüppözan ze — I 293.
— stüre ze — I 293.
— t. u. b., d. o. v. ze — I 293.
Kämmaten (Ort, w. v. Dübendorf, Kt. Zürich).
— Kemnaton, II 808.
Kaserren, Waltherus de — (Gotsinhaber bei Meienberg, Kt. Argau), II 216.
Kästris (Pfd., ö. v. Ilanz, Kt. Graubünden).
— Cástris, I 528.
— willthanu in dem buchwalt ze — I 528.
Kaiser (Geschlecht von Lenzburg, Kt. Argau).
— Keyser, Walther der — von Lenzburg, II 599.
Kaisersberg (Städtchen im Kreis Rappoltsweiler, Elsass, Heimat eines ritterlichen Geschlechts).
— Keisersperg, I 50, II 428, 447.
— her Walther von — ritter, I 50, II 447.
— Walther und Henman, gebrüder von — II 428.
Kaiserstuhl (Städtchen, s.-ö. v. Zurzach, Kt. Argau), Heimat eines ritterlichen Geschlechts).
— Keiserstüle, Keyserstöl, II 514, 715, 781.
— die von — II 715, 731.
— Bertzschine von — II 514.
Kaisten (Pfd., s.-w. v. Laufenburg, Kt. Argau).
— Keisten, II 769.
Kalberer (Geschlecht von Winterthur, Kt. Zürich).
— Heinrich der — von Winttertür, II 478.
Kalche? (Flurname bei Reinach, Kt. Argau).

— Kalche, bona an dem — II 203.
Kalche? (Flurname an der Lägern bei Regensberg, Kt. Zürich).
— Kalche, 14 juchert an dem — I 235.
Kalchner (Geschlecht von Hausen bei Brugg, Kt. Argau).
— Kalchnera, der — sun von Husen, II 543; s. auch Hausern.
Kalerspach; s. Karsbach.
Kallenberg (Burg zwischen Beuron und Friedingen, im Gh. Baden).
— Kallemberg, castrum — I 416.
Kallern (Df., n.-w. v. Boswil, Kt. Argau).
— Kaltherren, d. u. v. ze — I 141.
Kaltbrunn(en) (Pfd., s.-ö. v. Utznach, Kt. St. Gallen).
— Kaltprunn, stören der tagwan ze — II 680.
Kaltbrunnen, die — (Geschlecht von Kaltbrunn(en), Kt. St. Gallen).
— der — güt, II 480.
Kaltbrunnerhof (Ort, w. v. Engelwies, im Gh. Baden).
— Kaltbrunnen, güt ze — I 439.
Kaltenbronn (ehemaliges Kloster, n.-w. v. Delle, in Frankreich).
— Kaltenbrunnen, advocatia monasterii — II 269.
Kaltenbrunnen (Df., n.-ö. v. Gross-Affoltern, Kt. Bern).
— Kaltenbrunnen, scoposa, II 23.
Kalthäusern (Ort, s.-ö. v. Frauenfeld, Kt. Turgau).
— Kalthusern, II 323.
Kaltherren, s. Kallern.
Kaltisen (Bauerngeschlecht zu Langenenslingen, Kgr. Württemberg).
— Heinrich Kaltisens schöppös, I 406.
— Heinrich Kaltisens sehende, I 406.
— Kaltisens güt, I 408.
Kaltprunn, s. Kaltbrunn(en).
Kaltwmitzhoffstat (unbestimmbar, wohl bei Embrach, Kt. Zürich), II 475.
Kambli, Heinricus — (Eigenmann des Klosters Einsiedeln zu Bassersdorf, Kt. Zürich), II 307.
Kancellerius, s. Kanzler.
Kandern (Ort im badischen Bez.-A. Lörrach).
— Kander, II 772.
— bongarten, hols, hofstette und matten ze — II 775.
Kanis? (Bauer zu Sulz, Kt. Zürich).

Gans, Kants, Kans, I 312, II 71, 143, 380.
— des Ganzen hueb, II 380.
— Kantusen hüb, mansus dicti Kaozen, I 312, II 71, 143.
Kanzach (Burg und Dorf im Kanzachtal, Kgr. Würtemberg).
— Kantzach, II 460.
— burg ze — II 460.
— güter in dem dorfe se — II 460.
Kanzach-Tal (Tal der Kunzach, zwischen Hailtingen und Zwiefaltendorf. Kgr. Würtenberg).
— Kanzertal, bona in — II 166.
Kanzler 'Bauerngeschlecht zu Blochingen, Kgr. Würtemberg).
— Canceler, Cancellarius, Canceller, Canzeller, Kancellerius, Kanzellarius, Kanzeller, I 374, 375, II 156, 254, 255, 256.
— Albrechts des Cancellers güt, Albertus Kanzeller, bonum Alberti Cancellers, Kanzellers, I 374, II 156, 255 256.
— Appo der —, bonum Appen Cancellarii, I 375, II 256.
— bona Bertoldi dicti Canzellers, II 254.
— Cuurats des Cancellers güt, bonum Conradi dicti Kanzellarii, I 375, II 254.
— des alten Cancellers güt, bonum antiqui Canzellers, feodum antiqui Kancellerii, I 375, II 156, 254.
— Ulricus — II 156.
Kanzler (Bauer zu Langen-Enslingen, Kgr. Würtemberg).
— Canceler, I 405.
— Wernhers des Cancelers höbe, I 405.
Kanzler? (Bauer zu Laiz, Kgr. Preussen).
— Canceler, Kanzellarius, I 410, II 240.
— des Cancelers güt, bonum dicti Kanzellarii, I 419, II 240.
Kapellen (Df. ö. v. Winigen, Kt. Bern).
— Capella, II 7.
Kappel (Weiler, n. v. Elgg, Kt. Zürich).
— Kappel, hoff ze — II 499.
Kappol (Pfd. und ehemaliges Kloster, s.w. v. Hausen, Kt. Zürich).
— Cappel, Cappell, Kappel, II 721, 723, 724, 732, 737.
— die von — II 721, 723, 724, 732.

Kappelen (Ort, n.w. v. Rasel, im Elsass).
— Cappelle, Kapel, Kappel, Kappele, I 30, 48, II 421, 438, 439.
— dorf — II 421, 439.
— herberig ze — I 30.
— sture ze — I 30, 48.
— t. n. b. ze — II 439.
— t. n. b., d, u. v. ze — I 30.
Kappeler, die — (adeliges Geschlecht von La Chapelle-sous-Rougemont bei Belfort, Frankreich).
— Kapeller, her Heinrich der — II 440.
Kappeller (Name eines Bauern im Eigen bei Brugg, Kt. Argau), II 48.
Karer? (Bauerngeschlecht zu Uolingen, Kgr. Würtemberg).
— Karer, Karrer, II 160, 229.
— mansus des Waltheri dicti — II 160.
— Walther — II 229.
Karrelina, (Carolina?, Bäuerin zu Schwandi, Kt. Argau), II 52.
Karrer, Ütz — (Lehensinhaber zu Günsburg, Kgr. Baiern).
Karsbach (Ort, s.w. v. Altkirch, im Elsass).
— Kalerspach, Karollspach, Karspach, II 429, 438, 591.
— das dorf — mit quin (twing) und banne, II 591.
— möli ze — II 439.
— zog gen — II 429.
Kastel (Gegend zwischen Eschenbach und St. Gallen-Kappel, Kt. St. Gallen).
— Castel, I 280.
— der hof ze —, des eigenschaft gegen Schennis höret, I 280.
— gerichte ella ze — I 280.
— lute ze — I 280.
— sture ze — I 280.
Kastel (zwei ehemalige Burgen bei Tägerwilen, Kt. Turgau, Sitze eines ritterlichen und eines freiherrlichen Geschlechts).
— Castaln, II 86, 87.
— domina de — II 87.
— dominus de — II 86.
Kastelberg (Burg im badischen A. Waldkirch.
— Castelberg, die burg — II 431.
Kasteln (Burgruine, w. v. Ettiswil, Kt. Luzern).
— Castaln, Kastaln, I 187, 188, 189, II 118, 120, 317.

— ammet se — II 118.
— blöwe se — I 188.
— burg ze —, castrum —, I 187, II 347.
— güt, daz ze — hort, II 120.
— lût ze — I 189.
— müli ze — I 188.
— rechinnge an der burg ze — I 187.
— schüppaxan ze —, die gegen den Einsideien hörent, I 188.
— schüppnxan zö der burg ze —, scopose pertinentes castro — I 187, II 347.
— t. u. b., d. u. v. ze — I 189.
Kater, et soror sua, s. Hof.
Katharinental (Frauenkloster unterhalb Diessenhofen, Kt. Turgau).
— monasterium Dyessenhoven, II 366.
— monasterinm dominarum in Dyessenhoven, II 366.
Katzen — ? (unbestimmbarer Ort, vielleicht Katzenwiller oder Katzenbach bei Ammerswetier, Elsass).
— Katzen, reben ze — II 427.
Katzenrüti (Weiler, u. v. Unter-Affoltern, Kt. Zürich).
— Katzenrüti, I 248.
— aturo ze — I 248.
— nusidelinge ze — I 247/248.
Katzental (Ort, s. v. Ammerweier, im Elsass).
— Katzental, I 17, 56.
— alure ze —, alûre uffen —, I 17, 56.
— torf ze — I 17.
— tüh und vreven ze — I 17.
Kaufmann (Bürgergeschlecht von Baden, Kt. Argau).
— Köfman, Köfman, Köffman, II 588, 729, 732.
— Heini — II 588.
— Wernlin — II 729, 732.
Kaufmann (Bürgergeschlecht zu Wintertur, Kt. Zürich).
— Köfman, der — I 330.
Kaufmann (Geschlecht von Schelklingen, Kgr. Würtemberg).
— Hans Köfman, von Schelkelingen, II 463.
Kefikon (Burg, w. v. Ellikon, Kt. Zürich und Kt. Turgau, Sitz eines ritterlichen Geschlechts).
— Kefincon, dominus Garuagus de — II 91.

Kegler, Ulricus — uxor et liberi eorundem (Eigenleute des Stiftes Luzern zu Liebigen, Kt. Argau), II 280.
Keig? (Geschlecht aus dem Elsass).
— Keygen, Koigin, II 443.
— Hennmann — II 443.
— Hug, Eman und Görye — II 443.
Keisersperg, s. Kaisersberg.
Keiserstdle, s. Kaiserstuhl.
Keishof? (Hof zu Lenzburg, Kt. Argau).
— Keishof, curia dicta der — II 209.
Keist, Bûrgi — (Lehensinhaber zu Hausen bei Brugg, Kt. Argau), II 537.
Keiston, s. Kaisten.
Kelbelin, Conradus, dictus — (Bauer zu Unlingen, Kgr. Würtemberg), II 160, 229.
Kelberg (Vorder- und Hinter — zwei Höfe, n. v. Inwil, Kt. Luzern).
— Kelberg, I 198.
— lûte ze — I 198-200.
— sture ze — I 198/200.
— t. u. b., d. u. v. ze — I 198/200.
Kele, dictus — (Eigenmann des Klosters Einsideln zu Waltalingen, Kt. Zürich), II 330.
Kelen (Flurname? bei Lachen oder Alt-Rapperswil, Kt. Schwiz).
— Kelen, II 491, 492.
— bomgart gelegen under — II 492.
— bomgartten gelegen under — ze Rapperswile, II 491.
— wingart, gelegen under — II 492.
Keller (Geschlecht von Tengen im Gh. Baden).
— Eberhart — und Burckart sin sun von Tengen, II 498.
Keller, im (Zürcher Bürgergeschlecht, nach einem Haus in Zürich, nicht wie es II 351 heisst, nach einem Ort, bei Kloten benannt).
— liberi Rudolfi in Kelre, II 298.
— Rudolfus dictus in Keire, II 351.
Keller (Geschlecht von Wintertur, Kt. Zürich).
— Heinrich — von Wintertur, II 489.
— Ulrich — von Wintertur, II 515.
Kellerlins, des — hofstat (unbestimmbar, wohl bei Embrach, Kt. Zürich), II 475.
Kelmuli (Mühle zu Unlingen, Kgr. Würtemberg).
— molendinum, quoddicitur — II 160.

Kelner, dicti — (Eigenleute des Klosters St. Blasien zu Taingen, Kt. Schaffhausen), II 330.
Kelner, Cunradus dictus — (Eigenmann des Stiftes Einsideln zu Seebach, Kt. Zürich), II 305.
Kelner (Bauer bei Weggis, im Kt. Luzern). — Rûdolfs Kelners gût, I 207.
Kelnhove, Waltherus im — (Eigenmann des Klosters Einsideln zu Dübendorf, Kt. Zürich), II 311.
Kelr? Hans im — (Lehensinhaber zu Mellingen, Kt. Argau), II 575.
Kelre, s. Keller.
Kelnse, hoffstal im — (unbestimmbar, wohl bei Embrach, Kt. Zürich), II 475.
Kembratten, s. Kempraten.
Kembs (Df., s.-ö. v. Mülhausen, im Elsass).
— Kembes, Kems, I 8, II 443.
— lôte, die darkomen — se — I 8.
— sture ze — I 8.
— tàh und vreven ze — I 9.
Keminaton, s. Kämleten.
Kemnaton, s. Kämletan, Kämmaten.
Kennatton, Kempnaton, s. Kämleten.
Kempraten (Df., a. v. Rapperswil, Kt. St. Gallen.
— Kembratten, I 270.
— lute ze — I 270.
— 4 schûpos ze — I 270.
— sture ze — I 270.
Kempten (Df. und Burg, n.-ô. v. Wetzikon, Kt. Zürich, Heimat eines ritterlichen Geschlechts).
— Kempten, Kempton, II 289, 298, 356, 654, 686, 772.
— curia — II 356.
— Gerung von — II 772.
— Heinrich von — II 684, 686.
Kems, s. Kembs.
Kenel, zum — (Bauerngeschlecht im Dirrfeld, bei Brugg, Kt. Argau).
— Hans zum — II 536.
— Heini zû dem — II 587.
Kêni (Name eines Bauern, wohl zu Wil bei Mettan, Kt. Argau), II 766.
Kening? (Bauer zu Veringendorf, Kgr. Preussen).
— Kenig, Kening, I 399, II 221, 258.
— Kenings gût, honum dicti Kenigs, bonum dicti Kenings, I 399, II 221, 258.
Kennaton, s. Kämleten.
Kennunsteine? (unbestimmb. Ort, wohl bei Münsingen, Kgr. Württemberg).
— gebreite ze — I 168.

Kerenzen (jetzt Obstalden, auf dem Kerenzerberg, Kt. Glarus).
— Kirichzen, I 506.
— stûre uffen — I 506.
— tagwan der lûte uffen — I 506.
Kerlute, dicti — (habsburgische Eigenleute zu Fägswil, Kt. Zürich), II 289.
Kernberg, der — (Berg bei Seckingen, Gh. Baden), II 546.
Keros, Cuonradus dictus — et Heinricus frater suus (habsburgische homines revocandi ad Rat, im Kt. Zürich), II 303.
Kerrer (Bauerngeschlecht am Bôlsberg, Kt. Argau).
— des Kerrers sun von Habenberg, II 542.
— Rôdi — II 530.
Kerniten (Ort am Bürgenstock, n. v. Stans, Kt. Nidwalden).
— Kirnaten, Kirniton, Kyrsiton, I 210, II 577, 585.
— stûre so — I 210.
— t. a. h., d. u. v. ze — I 210.
— vogty za — II 577, 585.
Keselach, s. Küstlach.
Keseler, et frater suus (Eigenmann des Frauenmünsterstiftes in Zürich, zu Hittnau, Kt. Zürich), II 313.
Ketziswert (Name einer Wiese zu Sigmaringen, Kgr. Preussen).
— Ketzingswert, Ketziswert, II 230, 235.
— pratum dictum — II 230, 235.
Keyh, dictus — (Pfandinhaber, zu Scher, Kgr. Württemberg), II 242-243.
Keybenhalden, Burchardus ab — (Eigenmann des Klosters Einsideln zu Toggwil, Kt. Zürich), II 297.
Keygen, s. Keig.
Keyser, s. Kaiser.
Keyserstûl, s. Kaiserstuhl.
Kheminaton, s. Kämleten.
Kiburg (Pfd. und Burg, s. v. Wintertur, Kt. Zürich, Stammburg der Grafen von —.
— Chyburch, Kiburch, Kiburg, Kyburc, Kyburch, Kyburg, I 108, 155, 163, 187, 226, 243, 280, 287, 304—308, 322, 325, 330, 658, 483, II 20, 37, 41—43, 45, 58, 61, 74, 82, 94, 96, 97, 105, 136, 166, 170, 201, 210, 211, 273, 313, 332, 336—340, 342, 344, 354, 352, 350—361, 365—369, 374, 349, 390, 401, 405—407, 480, 497, 500, 508—510, 512, 516, 517, 523, 527, 631, 635, 662, 663, 681, 684, 685, 693, 695, 698, 699, 715, 727, 730, 735.

— acker an der vestin ze — II 527.
— acker in der graffschatz (!) ze — II 497.
— acker vor — off dem tobel, II 500.
— acker ze — II 517.
— ampt, ze —, officium, in —, I 287, 304, II 58, 81, 88, 94, 138, 313, 358, 365, 389, 401, 405, 406, 510, 698, 735.
— ampt ze Vrowenfelt, das och gen — gehort, II 407; s. auch Frauenfeld.
— Bisboff, byerhof ze — s. Bierhof.
— bomgarten an der vesti ze — II 512.
— bona revocanda in officio — II 358.
— burg, ze —, castrum, vesti, vestin, ze —, I 306/307, 325, II 41, 43, 512, 527, 693.
— burgleben, purchrehtlehen ze —, II 378, 509, 510.
— comes, quondam de — II 854.
— comites de, in — II 96, 166, 273, 336, 337, 339, 340, 342, 348, 359, 360, 367, 369.
— comes de —, (Hartmann der ältere, † 1264), II 332.
— comes Hartmannus quondam de — II 170.
— dominus Hartmannus comes de — (Hartmann der ältere?), II 362.
— dominus Hartmannus senior — (Hartmann der ältere, † 1264), II 368.
— graf Hartman von — comes, comes Hartmannus, junior de, comes quondam, Hartmannus de —, min her, der junge von — (Hartmann der jüngere, † 1263), II 45, 96, 105, II 201, 203, 204, 210, 211, 368.
— die gravinne —, domina, Margareta comitissa de —, domina quondam comitissa in — I 341, II 87, 41/42, 45, 368.
— datum in, ze — II 635, 689, 693, 699.
— domini de — II 368.
— gerichte ze — I 305.
— gerömpte wisen, gelegen ze — II 512.
— graffschatz (!) ze — II 497.
— güter ze — II 698.
— bald gelegen in der graffschatz (!) ze — II 497.
— graf der von — (Kiburg-Burgdorf), II 621.

— graf Berchtold, Berchtolt — II 715, 728, 727, 730.
— graf Hartman (III.) von — (Kiburg-Burgdorf, † 1377), II 662.
— graf Rüdolf von — (Kiburg-Burgdorf, † 1384), II 662.
— graffen, graven, die ze Habspurg und ze — I 108, 155, 483; s. auch Habsburg.
— comites de Habspurc et de Kiburc, II 166.
— Albertus comes de Hapspurg et de — II 621; s. auch Habsburger.
— Albrecht und Hartman, von — und von Hapspurg grafen, II 698; s. auch Habsburger.
— herschaft, die von — dominium de, in — I 163, 225/226, II 337, 338.
— herschaft, die von Habsburg und von — I 322; s. auch Habsburg.
— hof ze Zell bi der Töss bi — II 698; s. auch Töss, Zell.
— I hults in der graffschatz (!) ze — II 497.
— homines revocandi in officio — II 313—317.
— hunzins ze — II 406.
— hussins in der vorburg ze — census domorum in suburbio, I 306, II 30.
— jus castrense in — II 301.
— kamerlen in officio — II 365.
— lehen von — I 260.
— molendinum sub castro — II 30.
— officium dispensatoris, II 53.
— pfunde in dem ampte ze — redditus obligati nomine pignoris in officio — II 88 (94), 359.
— reditus officii in — redditus prope —, II 58—61, 74—76.
— stur in dem ampte ze — I 306, II 406.
— summa officii de — II 61.
— ussidelinge in dem ampte ze — I 304.
— vigilatores aput — II 58.
— vogty ze — II 523.
— vorburg ze —, suburbium, I 306, II 30.
— wingarten ze — II 407.
— wingartten ze — an der halden, II 500.
— 1 wisen ze — II 497.
— 1 wisen in der graffschatz (!) ze — II 497.
— 1 wis under — an der Tösse — II 500; s. auch Töss.

— sehend se — II 480.
— sins, der gen — gehört, II 401.
— sins in dem ampt se — II 40.).
— Hartman de — (verschrieben für Kienberg?), II 97; s. auch Kienberg.
— Beigler Heinrich, von, — s. Beigler.
— Buslinger, Hug, von — s. Buslinger.
— Hans von — II 516.
— Johannes von —, Kyburg? (Bauer zu Wintertur, Kt. Zürich), I 330. (331?)
— Rüdiger Rips von — s. Rips.
— Speixerinne die von (ze) — II 390, 6^M.
— Stäcki, Peter von — s. Stucki.
Kiburg, curia de — (Hof der Grafen von Kiburg bei Schwia), II 134.
Kiborg (Bauer von —, zu Wintertor, Kt. Zürich, wohl Joh. v. Kiburg). — Kyburg, I 331.
Kiburger (Geschlecht zu Winterlor, Kt. Zürich.
— Kyburger, Heinrich — von Wintertur, II 514.
Kiburger (Geschlecht habsburgischer Eigenleute von Mönch-Altorf, Kt. Zürich).
— Kyburger(s), Adelheidis filia dicti — de Altorf, II 295.
Kieme, Johannes — (Pfandinhaber zu Berg, Kgr. Würtemberg), II 263.
Kienberg (Df. und Burgruine, n.-ö. v. Aarwil, Kt. Solotorn. Heimat eines ritterlichen Geschlechts)
— Kienberg, Kyemberg, Kyenberg. I 62, II 531, 598, 599, 607, 738, 759, 777.
— dorf ze — I 62.
— kilche — II 738.
— lute von — I 62.
— der von — I 62.
— Hans von — II 607.
— Hartman de — (Kiburg, verschrieben?), II 97; s. auch Kiburg.
— Hartman von — II 599.
— bur Johans von — den man nennet Johans Prissener, II 777.
— her Ulrich von — II 750.
— Hug von — II 531.
— Wernher wilent von —, der von —, II 598, 599.
Kiensheim (Ort, w. v. Sigolsheim, im Elsass).
— Könsheim, Könsheim, Kössen, I 16, 56, II 428.
— sinro se, stüre offen —, I 16, 56.
— torf ze — I 16.
— tüb und vreven ze — I 16
Kiesenbach (Ort, s.-w. v. Dogern, im Gh. Baden).
— Kiesenbach, Kiesenbach, II 124, 559.
— schüpos ze — II 559.
— Johans Wiler von — s. Wiler.
Kiffis? (Ort, n.-w. v. Klein-Lützel, Kt. Solothurn? Heimat eines ritterlichen Geschlechts).
— Kiphf, Kynff, Kyphf, II 722, 724, 732.
— Hätschman von — II 722, 724, 732.
Kilchau (abgegangener Ort bei Wintertor, Kt. Zürich).
— Kilchowe, I 328, 333.
— Heinrich, Heintzli im — I 329. 333.
Kilchdorf, s. Kirchdorf.
Kilchen (Ort, w. v. Asseltingen, Kt. Bern).
— Kilcheim, hof ze — II 541.
Kilchen, Rudolfus ser — (habsburgischer Eigenmann zu Liebegg, Kt. Argau), II 285.
Kilchen, s. Kirchen.
Kilchen-Egg(e), s. Egg.
Kilchener, Conradus — (habsburgischer Eigenmann zu Zürich), II 294.
Kilchgassen (Flurname zu Radolfzell oder Überlingen am Riet, im Gh. Baden).
— hof in der — I 456.
Kilchhein, s. Kirchen.
Kilchlerew, Kilchlerowe, s. Kirch-Lerau.
Kilchowe, s. Kilchau.
Kilchsperg, s. Kirchberg.
Kilchtorf, s. Kirchdorf.
Killhols (Ort. n.-ö. v. Birr, Kt. Argau).
— Kilchholts, II 529.
Kilwangen (Df., n.-w. v. Spreitenbach, Kt. Argau).
— Külliwangen, Kulwangen, I 122, II 34.
— widome ze — I 122.
— Kulwangen, Chnaradus — (habsburgischer Eigenmann von —, zu Schöftland, Kt. Argau), II 264.
Kinchi, Kinci, s. Kyntzi.
Kinden, der — (ritterliches Geschlecht von Basel).
— der — güt, I 10.

Kindhausen (Df., n.-w. v. Volketswil, Kt. Zürich).
— Chinthnsen, Kinthnsen, I 307, II 60, 76, 390, 683.
— hof ze — I 307, II 8-9.
Kinzikon (abgegangener Ort, wohl bei Gebisdorf, Kt. Argau?).
— Kinzikon, 4 schüpozan ze — I 126.
Kintzin, s. Kyntzi.
Kiphf, s. Kiffis.
Kirchberg (Pfd., n. v. Arau, Kt. Argau).
— Kilcheperg, kilche — II 736.
Kirchdorf (Pfd. im Siggental, Kt. Argau).
— Kilchdorf, Kilchtorf, I 109, 110, II 35, 107.
— dorf ze — I 109.
— melger ze — 109, I 10.
— meigerhof ze —, der höret gegen Sant Blesien, I 109, 110.
— pfand ze — II 107.
— reht des vogtes ze —, advocacia —, I 109, II 35.
— t. u. b., d. u. v. ze — 110.
— vogt ze — I 109, 110.
— wideme der kilchen ze — I 110.
Kirchen (Ort, n. v. Hüningen, im Gh. Baden?).
— Kilchen, Kilchheln, I 12, 13, 44.
— hol ze — I 12, 44.
— sol uf dem Rine ze — I 13.
Kirch-Haltingen, s. Hailtingen.
Kirchheim (Ort, w. v. Ebingen, Kgr. Würtemberg).
— Kirchen, hof ze — II 463.
Kirch-Leran (Teil des Pfd. Leran, im Sortal, Kt. Argau).
— Kilchlerew, Kilchlerowe. Kylchleren, Kylchlerowe, I 160, II 283, 570, Berdw, verschrieben für Lerdw? — II 735.
— d. u. v. ze — I 160.
— kilhe — II 735.
— 3 schüpossen ze — II 570.
— twing ze — II 570.
Kirich Haltingen, s. Hailtingen.
Kirichze? (abgegangener Ort bei Mollis, Kt. Glarus).
— Kirichze, I 513.
— stüre (ze) — I 513.
— tagwan der lüte (ze) — I 513.
Kirichzen, s. Kerenzen.
Kirssten, Kirsilon, s. Kersiten.
Kisling (Bauerngeschlecht zu Zell im Töestal, Kt. Zürich).

— Kysilinges, scoposus — II 57.
Kisling (Bauerngeschlecht zu Kloten, Kt. Zürich).
— Kiselinch, Kiseling, II 67.
— prediom — II 67.
— Rüdolfus — II 67.
Kisling (Geschlecht von Wintertur, Kt. Zürich).
— Eberhart — von Wintertur, II 704.
Kislinges hofstat (unbestimmbar, wohl bei Embrach, Kt. Zürich), II 475.
Klarona, s. Glarus.
Kleib(e) (Bürgergeschlecht von Wintertur, Kt. Zürich).
— Kleibe, der — I 332.
— des Kleiben garten, II 885.
Kleiber, Chörrat der — und Margareta sin eliche wirtin (Lehensinhaber im Elsass), II 439.
Klein-Andelfingen (Ort gegenüber Gross-Andelfingen, am rechten Ufer der Tur, Kt. Zürich).
— Andolfingen ennunt der Tore, I 351.
— oppositam Andolfingen ultra Thuram, II 369.
— s. auch Andelfingen.
Klein-Döttingen (Ort gegenüber Gross-Döttingen, am linken Arufer, Kt. Argau).
— Dettingen, I 77.
— t. u. b., d. u. v. ze — I 77.
— s. auch Döttingen.
Kleinikon (Weiler, n. v. Eschikon, Kt. Zürich).
— Kleinicon, hof ze — II 403.
Klein-Landen (Ort, ö. v. Mülhausen, im Elsass).
— Landöwa, Landöw, Landowe, I 8, 55, II 436.
— dorf ze — I 8.
— stüre nffen — I 55.
— stüre von den darkomenen lüten ze — I 8.
— tüb und vreven ze — I 8.
Kleinmann (Geschlecht von Wintertur, Kt. Zürich).
— Kleinman, I 329.
Klein-Wangen (Ort, s.-w. v. Lieli, Kt. Luzern).
— Wangen, d. u. v. ze — I 223.
Klemm (Bauer zu Veringen, Kgr. Preussen).
— Klemmen, des — mūli, molendinum dicti —, I 400, II 222.

Klette (ritterliches Geschlecht im Elsass).
— her Fridrich — von Ülenhein, ritter, II 446.
Klingelfuss (Bürgergeschlecht von Baden, Kt. Argau).
— Clingelfůs, Klingelfůs, II 728, 732.
— Kůnis — von Veringen, II 468.
Klingenberg (Burg bei Wigoldingen, Kt. Turgau, Heimat eines ritterlichen Geschlechts).
— Chlingenberch, Chlingenberg, Chlingenberge, Clingeberc, Clingenberc, Clingenberg, Klingenberch, Klingenberg, I 352, II 82, 83, 84, 137, 143, 144, 147, 148, 149, 234, 259, 377, 384, 398, 699.
— domina de — II 83, 137, 143.
— dominus de — II 82, 84, 144, 147, 148, 149.
— her Albreht von — I 352.
— Rüdolf von — II 699.
— her Ulrich von —, dominus de —, dominus Ulricus de, Ulrich von —, II 234, 259, 377, 384, 398.
Klinger (Lehensinhaber von Veringen, Kgr. Preussen).
Klingler (Bauer zu Veringendorf, Kgr. Preussen).
— des Klinglers gůt, bonum dicti — Klinglers, I 309, II 221, 258.
Klingnau (Städtchen an der Are, Kt. Argau, mit einer Johanniter-Comtůrei).
— Clingnow, Klingnô, Klingnow, II 720, 723, 726, 769.
— der comendûr von — II 723.
— Johans Bebler der iunge von — s. Bebler.
— Sant Johans ze — II 720.
Klosbach, ripa dicta — (Teil von Zürich-Riesbach), II 319.
Kloten (Pfd. im Kt. Zürich).
— Chloten, Chlotten, Chlotun, Cloton, Clotun, Kloten, Kloton, Klotten, Klotton, Klottun, I 243, 253, 254, 255, 313, II 66, 67, 85, 305, 310, 351, 397, 398, 401, 402, 404, 405, 480, 509, 691, 768.
— ampt. ze —, officium, in —, I 243, 250, II 67, 305, 351, 397.
— bona, que dant hofmitter in — II 67.
— bona revocanda in officio — II 351—356.
— dorf ze — I 255.
— gnet ze pfande in dem ampte — II 397—388.
— gůt ze — II 489, 509.
— homines revocandi in officio — II 305—311.
— ius patronatus ecclesie de — II 66.
— keller ze —, cellerarius de —, II 66, 401.
— kelnhof ze —, der lehen ist von Costentz, curia cellerarii de —, I 253, II 66, 401.
— kilche ze —, ecclesia de —, I 255, II 66.
— pistor quilibet in —, singuli pistores in —, swer ze — brot veile hat, I 254, II 67.
— lute des dorfes ze — I 255.
— reditus de, in — II 66.
— rotinan ze — II 402.
— statuta in — II 67.
— stür ze — I 255, II 404.
— summa in — II 388.
— summa officii in — II 67.
— tavern ze — I 254.
— L. u. b., d. u. v. ze — I 255.
— vogtey ze — I 255, II 402.
— vogistur ze — II 405.
— vorster ze —, nemorarius in —, I 255, II 67.
— vorstenzampt ze — I 255.
— sehenden ze — II 482.
Kloten, von — (kiburgisches Ministerialengeschlecht von Kloten, Kt. Zürich).
— Clotun, Kloten.
— Fritz von — II 708.
— dominus Petrus de — II 85.
Kloten, von — (ritterliches Geschlecht der Stadt Zürich).
— Cünrat und Berchtold von — II 691.
Kloter (Geschlecht aus Kloten, zu Winterlur, Kt. Zürich).
— Chlotten, dû frowe von — I 389.
— Clodarius, Yohannes — II 138, 145, 148.
Kloter (Geschlecht aus Kloten, Kt. Zürich, begütert zu Soppensee, Entlibuch etc. im Kt. Luzern).
— Cloter, Kloter, II 570, 596, 756.
— Chünrat der — II 596.
— Margaretha, Ulrich Kloters seligen eliche tochter, II 570; s. auch Heitnau.

Kloter (Geschlecht habsburgischer Eigenleute, aus Kloten, zu Hegensdorf, Kt. Zürich).
— Cloter, Conradus dictus — et frater suus, Rudolfus et Heinricus frater eorum — II 300.
Klotern, des — juchert (unbestimmbar, wohl bei Dürr, Kt. Argau), II 538.
Kloton, Klotten, Klotton, Klottun, s. Kloten.
Klub (Geschlecht habsburgischer Eigenleute im Amt Lenzburg, Kt. Argau).
— Klube, Klüb, II 283.
— Heinricus dictus — II 283.
— Johannes dictus — II 283.
Knabe, Heinricus — (habsburgischer Eigenmann zu Zürich), II 287.
Knebelins güt (zu Rieden im Siggental, Kt. Argau), I 100.
Knecht, Heinricus dictus — (Eigenmann des Klosters Einsideln zu Unter-Affoltern bei Hönggg, Kt. Zürich), II 309.
Knechtenweiler (unterer Teil von Friedberg, Kgr. Würtemberg).
— Knechtenwiler, Knechtenwille, I 379.
— güter ze — I 379.
— lute ze — I 379.
Kneller (Bauer zu Blochingen, Kgr. Würtemberg).
— des Kuellers güt —, bonum dicti —, feodum Kuellers —, I 374, II 156, 256.
Knellingen, Wernheros — (Eigenmann des Klosters Einsideln zu Ober-Dürnten, Kt. Zürich), II 289.
Kuellner, der — (Bauer zu Engelwies im Gh. Baden).
— bübe, die der — buwet, I 428.
Knolber, Melzi — (Lebensinhaberin im Birrfeld bei Brugg, Kt. Argau), II 540.
Knousu (Pfd. im Freiamt, Kt. Zürich).
— Knonowe, d. u. v. ze — I 153.
Knosen (abgegangener Ort, wohl bei Römerswil, Kt. Luzern).
— Gnowon, Knowen — II 213, 342.
— scopose in — II 213, 342.
Knubel (Ort bei Langenswil, Kt. Bern).
— Chnübôl, II 11.
Knuserin, dicta — (Pfrundinhaberin zu Hohen-Tengen, Kgr. Würtemberg), II 252.
Knutwil (Pfd., n.-w. v. Sursee, Kt. Luzern).

— Knutwil, stûren ze — II 673.
Koblenz (Df., u. v. Klingnau, Kt. Argau).
— Kobelz, Kobolts, I 75, II 125.
— var ze — I 75.
Koch (Bauerngeschlecht zu Unlingen, Kgr. Würtemberg).
— Cocus, cocus, Koch, I 389, II 161, 219, 229, 249.
— des Koches lehen, I 389.
— Johans des Koches lehen, feodum Johannis Coci, feodum Joannis coci, Johannes Cocus de feodo, I 389, II 219, 229, 249.
— Walter dictus — de feodo, feodum Waltzen Coci — II 161, 229.
Kochmeister, Chünrat — (Lehensinhaber zu Tann im Elsass), II 447.
Köiffi, Jegli — (Lehensinhaber zu Baden, Kt. Argau), II 587.
Kölliken (Pfd., s. v. Entfelden, Kt. Argau).
— Cöllichon, Köllinkon, II 283, 735.
— hilhe — II 735.
Königsegg (Burg, s. v. Bolstern, Kgr. Würtemberg).
— Küngesegge, Kunigesegge, Knuigesegge.
— ..... de — I 382.
— der von — II 234.
— dominus de — II 335.
Königsfelden (ehemaliges Kloster bei Brugg, Kt. Argau).
— Küngsfeld, Küngsfelt, Küngsveld, Küngsvelt, II 614, 631, 646, 726, 737, 743, 749, 777.
— datum ze — II 631.
— die von — II 726.
— die frôwen, frowen, klosterfröwen von, zu — II 614, 640, 749.
Könsheim, Könshein, s. Kienzheim.
Könshein? (unbestimmbarer Ort, vielleicht Koez bei Gänzburg oder Konzenberg bei Burgau, im Kgr. Baiern).
— zechenden, reben, hûl in — banne, II 468.
Kösin, Cunradus — Heinricus frater suus, soror sua et eorum liberi (Eigenleute des Klosters Einsideln zu Heslibach, Kt. Zürich), II 297.
Kössen, s. Kienzheim.
Köstlach (Ort, w. v. Pfirt, im Elsass).
— Keselach, II 487.
Kötzingen (Df., n.-ö. v. Altkirch, im Elsass).

— Kötzingen, I 27, 55.
— herberig, ze — 1 27, 55.
— stüre uffen — 1 55.
— torf ze — 1 27.
— tåb und vrevel ze — 1 27/28.
Kobler (Ort, a. v. Mühletal, Kt. Argau).
— Kolshusen, güter ze — 1 492.
Koigin, s. Keig.
Kolben, liberi dicti — (habsburgische Eigenleute, zu Küssnach, Kt. Zürich), II 292.
Koler (Bauerngeschlecht zu Kranchenwies, Kgr. Preussen).
— des Kolers güt, 1 425.
— Kolerin, de area, II 151.
Kolbasse, dictus — (Eigenmann des Klosters Einsideln zu Esslingen, Kt. Zürich), II 300.
Kolmar (Stadt im Elsass).
— Colmar, Kolmer, I 44, 47, II 436, 605.
— datom ze — II 605.
— her Johans der schultheis, schultheiss von — I 43/44, 47.
— her Sifrid, Siffrid, Schultheiss von — ritter, II 434, 436, 455.
Kolmotze (Name eines Bauern zu Wintertur, Kt. Zürich), 1 333.
Kolrein, s. Colroy.
Konrad (Name verschiedener Leute).
— Chünrdi matertere et eorundem liberi (habsburgische Eigenleute zu Kirchleren, Kt. Argau), II 283.
— Chunradus faber, item liberi predicti Conradi, item pater et mater predicti fabri (habsburgische Eigenleute zu Kulm, Kt. Argau), II 285.
— Chünradus, Conradus, cellerarius (Gutsinhaber zu Ober-Embrach, Kt. Zürich), II 63, 79, 95.
— Chünrat der alte (Bauer zu Sigmaringendorf, Kgr. Preussen), 1 422.
— Chünrat, der meyer von Bremgarten, Kt. Argau, II 605; s. auch Bremgarten.
— Chünrat der schultheiss von Gebwilr (Schultheiss von Gebweiler im Elsass), 1 46.
— Chünrat der smit (Schmied zu Ensisheim im Elsass), I 11.
— Chünrats matten (zu Bärenbronnen am Hölsberg, Kt. Argau), II 539.
— Conradus (Bauer zu Illochingen, Kgr. Würtemberg), II 156.
— Conradus cellerarius (Gutsinhaber

zu Ober-Embrach, Kt. Zürich), II 79, 95.
— Conradus faber (Gutsinhaber zu Ober-Embrach, Kt. Zürich), II 63.
— Conradus filius Elline (Bauer zu Blochingen, Kgr. Würtemberg), II 160.
— Conradus in coria (Bauer im Eigen bei Brugg, Kt. Argau), II 48.
— Conradus molendinator de Mölinos (Müller von Mülligen, Kt. Argau), II 49.
— Conradus nauta (Schiffer im Eigen bei Brugg, Kt. Argau), II 47, 48.
— Conradus prope turrim (Bauer zu Kranchenwies, Kgr. Preussen), II 151.
— Conradus vinitor (Winzer zu Kindhausen, Kt. Zürich), II 76.
— Cunradus cellerarius (Einsidler-Eigenmann zu Dübendorf, Kt. Zürich), II 307.
— Cunradus faber (habsburgischer Eigenmann zu Liebegg, Kt. Argau), II 285.
— Cunradus faber junior (habsburgischer Eigenmann zu Küssnach, Kt. Zürich), II 317/318.
— Cunradus mancipium Sancte Regule (Eigenmann des Fraumünsterstiftes in Zürich zu Dingenhart, Kt. Turgau), II 323.
— Cunradus sacrista (habsburgischer Eigenmann zu Brittnau, Kt. Argau), II 279.
— Cunradus superior cellerarius (Eigenmann des Klosters Einsideln zu Dübendorf, Kt. Zürich), II 307.
— Cunrat Agnesen sun — Conradus filius Agnetis in Polster — (Bauer zu Bolstern, Kgr. Würtemberg), I 381, II 253; s. auch Agnes.
— Cunrats des hirten güt (zu Bolstern, Kgr. Würtemberg), II 381.
— Cunrats güt bi der müli (zu Blochingen, im Kgr. Würtemberg), I 374.
— Cunrats güt uf dem Anger (zu Mehrstetten, im Kgr. Würtemberg), I 465; s. auch Anger.
Konstanz (Stadt und Bischofssitz am Bodensee, Gh. Baden).
— Constancia, Constantia, Costens, Kostentz, Kostenze, I 254, 313, 314, 342, II 88, 329, 770.
— ecclesia Constantiensis, II 327.

— episcopi Constantienses — II 44.
— episcopus Constantiensis, dominus
  episcopus, II 44, 301 (302), 349, 351.
— leben von — I 254, 313, 314, 342,
  II 770.
— Ebernandus de — (in Winterthur,
  Kt. Zürich), II 68.
Koppenhof (Hof zu Hedingen bei Sigmaringen, Kgr. Preussen), I 418.
Koppo, Cunrat — von Wilachen
  (Lehensinhaber, von Windlach, Kt.
  Zürich), II 493.
Kostentzer, Ebers — (Lehensinhaber
  von Konstanz, Gh. Baden), II 472.
Kostbofen (Df., n.-ö. v. Arberg, Kt.
  Bern).
— Chozinchoven, scoposes, II 23.
Kottwil (Df., n.-ö. v. Ettiswil, Kt. Luzern).
— Kotwile, gütli ze — I 188.
Köfman, Köfman, Köfman, s. Kaufmann.
Krähenbühl (Höfe, s. v. Mühlau, Kt.
  Aargau).
— Kriembüle, d. u. v. ze — I 143.
Kraft, s. Alber.
Krailingen (Ort, n. v. Bätterkinden,
  Kt. Bern).
— Chreulingen, scoposes, II 16.
Kramer (Bürgergeschlecht von Winterthur, Kt. Zürich).
— Heinrich — von Wintterthur, II 507.
Kramer (Bauerngeschlecht zu Laiz,
  Kgr. Preussen).
— Heinrich der Krammer, bonum
  Heinrici Grames, I 419, II 238.
Krattigen (Df. am Thunersee, Kt. Bern).
— Krattingen, villa dicta — II 371.
Krauchenwies (Df. und Burg, s. v. Sigmaringen, Kgr. Preussen).
— Kruchenwis, Krüchenwis, Kruchenwise, Krukenwies, I 424, 426, II 151,
  152, 236, 241, 458, 460, 465.
— bauwart ze — I 426.
— bona sita in — II 236.
— burg, II 458.
— Burghof ze, in —, curia dicta Burghof in —, I 425, II 151, 152.
— dorf ze, villa —, I 424, II 241, 458.
— hirten ze — I 426.
— hof ze — I 425, II 460, 465.
— höwer ze — I 426.
— kilche ze —, ecclesia in —, I 426,
  II 151, 152.
— müli ze — I 425, II 458.
— rector ecclesie in — II 152.

— t. n. h., d. n. v. ze — I 426.
— türne ze —, turris in —, I 424, II
  151, 152.
— vischentz, vischentzen, ze —, piscina
  in —, I 425/426, II 151, 152, 458.
— vogtrebt der kilche ze —, advocatia
  de ecclesia in —, jus patronatus ecclesie in —, I 426, II 151, 152.
Krauchtal (Pfd. und Burg, s.-w. v.
  Burgdorf, Kt. Bern, Heimat eines
  adeligen Bürgergeschlechts von
  Bern).
— Kröchtal, Peter ze — von Bern,
  II 554; s. auch Dorn.
Kremphli (Bauerngeschlecht zu Bolstern, Kgr. Würtemberg).
— Wernhers Kremphlis güt, bonum
  dicti Kremphlins güt, I 381, II 253.
Krenchen, s. Gränichen.
Krenkingen (Pfd., s.-ö. v. Waldshut,
  Gh. Baden, Heimat eines edlen Geschlechts).
— Chrenchingen, Krenkingen, I 85,
  88, 89, 91, 349, II 337, 338, 718,
  724, 778.
— ampt ze —, officium in —, I 85.
— burg ze — I 88.
— burglehen ze — II 778.
— brukke ze — I 89.
— curia dicta de — II 337.
— garte in der Halden ze — I 89.
— garte vor der brukke ze — I 89.
— gerüte an den Halden ze — I 89.
— güt ze Oberen —, das gegen Riedern höret, I 91.
— Halde ze — I 89.
— hofstat vor der brukke ze — I 89.
— hofstette an der Halden ze — I 89.
— meigerhof ze Oberen — I 91.
— Oberen — I 91.
— schüpposzan bi der burg ze — I 89.
— störe ze Oberen — I 91.
— vogt ze, von — I 89, 349.
— wideme ze Oberen —, dâ höret an
  die kilchen ze Düeingen —, I 91,92;
  s. auch Tiengen.
— wigger ze — II 778.
— wingarten an der Halden ze — I 89.
— herren, die — ze —, domini de —,
  I 85, II 337.
— domina de — II 338.
— Diethelm, Diethelm von — II 718,
  724.
— s. auch Neu-Krenkingen.

Kreuzlingen (ehemaliges Chorherrenstift, s. v. Konstanz, im Kt. Turgau).
— Krätzlingen, Krutzelingen, I 321, 347.
Kriech, die — (habsburgisches Ministerialengeschlecht zu Arburg, Kt. Argau).
— Kriech, Kryech, II 618, 629, 630, 631, 632, 716, 723, 724, 728, 730, 735, 737, 750, 751.
— ampt, des Kryechen, II 735.
— erben des Kriechen (I.) — II 631.
— Hans (I.) der — der — II 616, 629, 630, 631, 632.
— Hans, von — der elter — II 632, 716, 724, 730.
— Hans (II.) — II 737.
— Hans — der innger, der iung Hans — der innge — II 716, 723, 728, 730.
— Hans — vogt zu Arburg, der — II 750, 751; s. auch Arburg.

Kriegen, Peter und Chüny die — (Lehensinhaber zu Hansen am Homberg in Schwaben), II 462.

Kriegs, des — güt ze Adlikon (Gut zu Adlikon, bei Andelfingen, Kt. Zürich), II 404.
— s. auch Adlikon.

Kriemböle, s. Krähenbühl.

Kriens (Pfd., s. w. v. Luzern).
— Chrintz, Kriens, I 202, 203, II 549, 584, 588.
— kellerampt ze — II 549.
— kelnhof ze — I 203.
— kilchen ze — I 202.
— meigerhof ze — I 202.
— vogty ze — II 584, 585.
— vorst ze — I 203.

Kriesiberg (Ort, s. v. Nieder-Mumpf, Kt. Argau).
— Crisperg, wil ze — II 771.

Krilberg (Lehensinhaber von Krilberg, Kt. Turgau, zu Rapperswil, Kt. St. Gallen), II 480.

Krimmo, Ulricus — (Bauer am Bötzberg, Kt. Argau), II 51.

Kriezntal? (Weiler bei Dänikon, Kt. Solotnrn).
— Kryes, Uli von — II 747.

Kron (Bürgergeschlecht von Schaffhausen).
— Herman — von Schafhusen, II 712.

Kröchtal, s. Krauchtal.

Krotzingen (Ort, s.-w. v. Freiburg i. Br., Gh. Baden).
— Krozingen, das fry gericht ze — II 440.

Kruchenwis, Krüchenwis, Kruchenwise, s. Krauchenwies.

Krügeltal (unbestimmbarer Ort, jedenfalls im Kt. Zürich).
— acker by dem — II 520.

Krügli ? (Bauerngeschlecht zu Ertingen, Kgr. Würtemberg).
— Krüeglis güt, bonum dicti Krügli, bonum dicti Krüglis —, I 885, II 228, 247.

Krüzach (Lehensinhaber in Schwaben), II 461.

Krütnöwe ? (Flurname bei Kembs, im Elsass).
— Krütenowa, Krütnöwe, I 8, 23.
— die — I 25.
— lâte in der — I 8.

Krütz, s. Croix.

Krützlingen, s. Kreuzlingen.

Krukenwies, s. Krauchenwies.

Krumbach (Df., n.-ö. v. Gennense, Kt. Luzern).
— dinghof ze — I 180.
— lûte ze — I 180.
— stûre ze — I 180.
— t. u. h., d. n. v. ze — I 180.

Krumbach, Burchardus de — (Pfandinhaber zu Mengen, Kgr. Würtemberg), II 244.

Krumhwie, dû — (Flurname zu Tittstetten bei Veringen, Kgr. Preussen), I 398.

Krutzelingen, s. Kreuzlingen.

Kryech, s. Kriech.

Kryes, s. Kriesntal.

Kuchelbach (Df., w. v. Waldshut, im Gh. Baden).
— Küchelbach, I 71, 84.
— d. u. v. ze — I 84.
— leben ze — I 84.
— lûte, die vrigen — des dorfes ze — I 71.

Küchler, Heinricus et Cunradus dicti — (Eigenleute der Abtei Seckingen zu Dubendorf, Kt. Zürich), II 311.

Kühschwand (früherer Wald, jetziger Weiler, n. v. Rotenburg, Kt. Luzern).
— Küswanden, ein walt, heisset — I 197.

Kündigmann (Bürgergeschlecht von Frauenfeld, (Kt. Turgau).

— Kundigman, Hans — von Frowenfelt, II 816; s. auch Frauenfeld.
Küngstein (ehemalige Burg bei Erlinsbach, im Kt. Argau, Heimat eines ritterlichen Geschlechts).
— Küngstein, II 605, 606, 717, 724, 725, 731, 747, 750.
— kilchherre der — von — II 725.
— Albrecht Ruman von — II 606.
— Femla (Femia?) von — II 717.
— Hans Wernli, Wernly von — II 717, 724, 731, 747.
— her Heinrich von — II 759.
Künten (Df., s.-ö. v. Rordorf, Kt. Argau).
— Küntenach, d. a. v. se — I 123.
Küsnach (Pfd. am Vierwaldstättersee, Kt. Schwiz).
— Küsnach, Küsseusch, Küssnach, Kussenach, I 208, 209, II 119, 669, 670, 762.
— güter ze — I 209.
— keinhof, hof ze —, I 209.
— korngült and pfenninggült ze — II 670.
— löte ze — I 209.
— stüre ze — I 209.
— t. u. b., d. u. v. ze — I 209.
— zehenden ze — I 208.
— Eppo von — II 669.
— her Hartman von — II 762.
— her Johans von — II 119.
Küssnach (Pfd. am Zürichsee, Kt. Zürich).
— Kussenach, II 292, 297, 317, 319, 365.
— vinea in — II 305.
Küswanden, s. Kühschwand.
Küttinger, die — (ritterliches Geschlecht von Rheinfelden, Kt. Argau).
— Küttinger, II (766, 767), 772, 775, 776.
— Burkart und Cünrat, die —, die —, II 775, 776.
— des Küttingers seligen kint, II 766.
— Küttingern, II 767.
— Wernher — II 772.
Kücbelbach, s. Kuchelbach.
Küglers-Ilöri, s. Höri.
Külla, Berthold — (Bauer zu Wenslingen bei Oltigen, Kt. Baselland), II 766.
Külliwangen, s. Kilwangen.

Kündig, Conrad — (Lehensinhaber von Günzburg im Kgr. Baiern), II 467.
Küngsegge, s. Königsegg.
Küngs, Dietschi — (Bauer zu Schönenwerd, Kt. Solotarn), II 747.
Küngsfeld, Küngsfelt, s. Königsfelden.
Küngstein, s. Küngstein.
Küngsveld, Küngsvelt, s. Königsfelden.
Küntenach, s. Künten.
Kürnach, Küssenach, Küssnach, s. Küsnach.
Küttinger, s. Küttinger.
Kulm (Pfd. im Winental, Kt. Argau).
— Kulm, Kulme, II 285, 600, 735.
— kilhe, II 735.
— s. auch Ober-Kulm, Unter-Kulm.
Kulwangen, s. Kilwangen.
Kundigman, s. Kündigmann.
Kunig, dictus — (habsburgischer Eigenmann zu Lindau, Kt. Zürich), II 295.
Kunigesegge, Kunigsegge, s. Königsegg.
Kunkelspass (Verbindung zwischen dem Tamina-Tal im Kt. St. Gallen und dem Vorderrhein-Tal im Kt. Graubünden).
— Gungela, der walt unter — I 528.
Küntzman, s. Kunz.
Kuosen (Ort bei Küssnach, Kt. Zürich).
— Künshein, Rudolfus de — et 4 sui fratres (habsburgische Eigenleute zu Küssnach), II 318.
Kupfer (Geschlecht von Erlisbach, Kt. Argau).
— Haini — von Arlispach, II 747.
— s. auch Erlisbach.
Kupferschmid (Geschlecht von Wil, Kt. St. Gallen).
— Kuppfersmit, die — von Wil, II 579.
Kupfersmit, der — selig (wohl ein Bürger von Franenfeld, Kt. Turgau), II 461.
Kupfersmit (? Geschlecht von Wintertur, Kt. Zürich).
— Cünrat — von Winttertur, II 512.
— Hans — von Winttertur, II 523.
Kupfrin, Mechtilt dicta — et Rudolfus frater suus (Eigenleute des Stiftes Luzern zu Wolfetswil, Kt. Luzern), II 275.
Kuppler, dictus — (Eigenmann des Fraumünsterstiftes in Zürich zu

Willberg (Wildberg), Kt. Zürich), II 326.
Kurnagel, Arnoldus — (habsburgischer Eigenmann zu Siglisdorf, Kt. Zürich), II 301.
Kussnach, s. Küssnach.
Kussenberg, Ulrich — (Lebensinhaber zu Ober-Wintertur, Kt. Zürich), II 523.
Kutzkoven, s. Gross-Kitzigkofen.
Kybo, Johannes — (Bürger zu Wintertur, Kt. Zürich), I 333.
Kyburc, Kyburch, Kyburg, s. Kiburg.
Kyburger, s. Kiburger.
Kyemberg, Kyenberg, s. Kienberg.
Kylchleren, Kylchlerowe, s. Kirch-Leran.
Kyntzi (Bauerngeschlecht zu Embrach, Kt. Zürich).
— Kinchi, Kinci, II 61, 78.
— Kyntzins schüpos, I 260.
Kypff, Kyphf, s. Kiffis.
Kyppha (wohl Flurname bei Wenslingen im Kt. Baselland).
— Burkart tochter in der — II 766.
Kysiling, s. Kisling.

L.

Lachen (unbestimmbarer Ort oder Flurname bei Veringen, im Kgr. Preussen).
— Lachen, I 398, II 402.
— dú schüre, der brüle und dú wise ze — I 398.
— 1 wisen, die do heisset — II 402.
Ladebach? (abgegangener Ort, wohl zwischen Höchenschwand und Häusern, im Gh. Baden).
— Ladebach, dub und totslag ze — I 82.
Lägern (Bergzug zwischen Baden, im Kt. Argau, und Regensberg, im Kt. Zürich).
— Legern, Legerren, I 234.
— borgstal uf dem — I 234.
Läng (Bauer von Schinznach, Kt. Argau).
— Längs, Ülis — gůt von Schintznach, II 528.
Lagelnbein, s. Logelsheim.
Lagenberg (Burgruine, n. v. Lags, im Kt. Graubünden).
— Lagenberg, I 528.
— burg ze —, leben vom riche, I 528.
— hofstette under der burg ze — I 528.

— jarmercht ze — I 528.
Laggut (Rehberg unterhalb Diessenhofen, aber im Kt. Schaffhausen).
— Lage, wingartten ze Diessenhoffen in der — II 507.
Lags (Df. im Vorderrheintal, Kt. Graubünden).
— Lags, I 286, 522, 529.
— grafschaft, die —, I 522, 523, 526, 529.
— grafschaft, dú frye, von — I 286.
— vrien, die, ze — I 529.
Laibach (Hauptstadt von Krain).
— Laibach, datum ze — II 712.
Laichsil, Lou bois de — s. Bois de l'Achat.
Laißwiler, s. Leversweiler.
Laimbach (Bauer zu Dentingen, Kgr. Würtemberg), I 387.
Laiterberg, s. Leiterberg.
Laiz (Ort, s.-w. v. Sigmaringen, im Kgr. Preussen).
— Laitze, Laitzen, I 419, 420, 421, 422, 423, II 220, 235, 236, 237, 238, 239, 240.
— ackere und adwe gerüte ze —, die man heisset witraite, I 420.
— dorf ze — I 421.
— kilchen ze —, ecclesia in —, I 420, 422, II 220.
— landgarben in — II 235.
— lüte ze — I 421.
— lüte der kilchen ze —, homines ecclesie, I 422, II 220.
— meigerhof ze —, curia villici in —, I 419, II 239.
— mûli ze —, molendinum in —, I 419, II 238, 239.
— stûre ze —, stura de —, I 421, 422, II 220.
— t. u. h., d. u. v. ze — I 420.
— vischentze ze —, piscine in —, I 420, II 236.
— zehenden ze —, major decima in —, I 420, II 238.
— Chůnrat von — I 423.
— Chůnrats gůt von — I 422.
Lamparten, s. Lombardei.
Lamperdingen (Ort, n. v. Luzern).
— Lamprechtingen, I 206.
— hof ze — I 206.
— lüte ze — I 206.
— stûre ze — I 206.
— t. u. h., d. u. v. ze — I 206.
Lanco, vgl. Lango.

Landan (abgegangene Burg, s.-w. v. Riedlingen, Kgr. Württemberg, Sitz eines Grafen-Geschlechtes).
— Landôwe, Landow, Landowa, Landowe, I 405, 406, 407, 408, 409, 432, II 226, 260.
— graf Eberhart von —, der graf von —, comes de —, I 406, 407, 408, 409, II 226.
— grefinne dů, von —, domina comitissa de —, I 406, 407, II 260.
— Wernae von — I 432.
Landegg (Ort im Bez.-A. Wolfach, Ob. baden).
— Landegk, her Hamman Snewelin von — II 779; s. auch Snewelin.
Landenberg von — (kiburgisch-habsburgisches Ministerialengeschlecht, von Alt-Landenberg. Burgruine bei Banma, Kt. Zürich).
— Landemberg, Landenberch, Landenberg, I 271, 275, II 89, 91, 291, 295, 296, 299, 300, 305—311, 313, 315, 316, 320, 326, 327, 353, 360, 390, 391, 395, 397, 505, 593, 594, 670, 680, 682, 688, 691, 692, 695, 696, 703, 707.
— .... de — II 300, 306—311, 313, 316.
— die von — II 691.
— die herren von —, domini de —, II 313, 360, 390.
— domina de — II 313, 315, 316, 327.
— Elsbeth von — (Landenberg-Greifensee), Gôtfrides des drugsetzen witwe von Diessenhofen, II 692; s. auch Diessenhofen.
— Elsbeth von — (Landenberg-Greifensee), Walthers von Heidegg husfrôwe, II 692; s. auch Heidegg.
— Hermannus dominus de —,(Hermann II. der Marschall), II 89.
— dominus de —, (Hermann II. der Marschall), II 91.
— der marschalch selig von —, der marschalch von —, domini marschalchi de —, marschalchus, marschalchus de —, quondam marschalchus de —, (Hermann II. der Marschall, † 1306), I 271, 274/275, II 296, 299, 305, 309, 320, 353, 395.
— des marschalchs chint von —, liberi domini marscalchi de —, liberi marscalchi de —, liberi marschalchi —, liberi quondam marschalchi de —, eidem de —, illi de —, predicti

de —, II 296, 305, 306, 309, 320, 353, 395, 897.
— Herman und Beringer von —, (Hermann der Marschall und Beringer von Hohen-Landenberg), II 676.
— Herman her, und her Hug von —,(von Breiten-Landenberg), II 391; s. auch Breiten-Landenberg.
— Herman her, und eines bruders sůn von — (Breiten-Landenberg), II 390; s. auch Breiten-Landenberg.
— deß chinder weilent hern Hermane und hern Hugen von — II 391.
— Hermannus dominus de —,(Hermann IV.?), II 295.
— Herman (IV.) von — von Grifense († 1301), dominus Hermannus de —, II 295, II 682, 696.
— Herman pfaf. von —, von Grifensee), II 680, 682, 703, 707.
— Hermans pfaf von — von Grifensee husfrôwe (Margarete von Blumenegg), II 680/681; s. auch Blumenegg.
— Hermans pfaff wip, wirtinne von — II 682, 703.
— Hug von, der hochen —; s. Hohen-Landenberg.
— Rudolfus dominus, de —, (Rudolf III. von Alt-Landenberg, † 1315), II 291, 295, 326.
— Rûdolf (II.) von — (Landenberg-Greifensee, † 1380), II 680.
— Rûdolf von —, Albrecht sin sun von — (Breiten-Landenberg?), II 505.
— Rûdolf, Herman und Ulrich? von —, (Landenberg-Greifensee?), II 650.
— Ulrich (II.) von — (Landenberg-Greifensee), II 692.
Landenberg? (Berg im badischen Bes.-A Waldshut.
— Landenberg, Lendenberg, II 774.
— akker an — II 774.
— wingarten an — II 774.
Landerswil (Weiler, s. v. Arberg, Kt. Bern).
— Landolswiler, II 24.
Landôwe, s. Klein-Landau, Landan.
Ladow, s. Landau.
Landôw, s. Klein-Landan.
Landowe, s. Klein-Landau, Landau.
Landquart, die — (Nebenfluss des Rheines, im Kt. Graubünden).

— Langwar, I 523, 526.
— das wasser, das heisset — I 523.
— die — I 526.
Landsburg, s. Hochlandsberg.
Landser (Ort, s.-ö. v. Mülhausen, im Elsass).
— Landser, Lantzer, I 24, 25, 31.
— ampt ze —, officium in —, I 24 bis 31.
— burg ze — I 24.
— cehenden und cinse des amptes ze — I 31.
— gerten ze — I 25.
— herberig ze — I 25.
— hofstelle ze — I 25.
— kilche ze — I 25.
— matten ze — I 25.
— müllistat ze — I 25.
— muli ze — I 25.
— stat ze — I 24, 25.
— stüre des amptes ze — I 31.
— tor ze — I 25.
— t. a. h., t. n. v. ze — I 25.
Lang (Geschlecht von Schaffhausen).
— Heinrich der — von Schaffhusen, II 512.
Lang, Rüdi — und Üli sin brüder, (Lehensinhaber am Eilenberg bei Birr, Kt. Argau), II 537.
Langäcker (Flurname, n. v. Unterhützberg, Kt. Argau).
— Langen Acker, güt zem — I 106.
— s. auch Acker, langer —.
Langater? (Bauern-Name zu Stadeln bei Sulz, Kt. Zürich).
— Langadarius, Langarte, Langater, I 318, II 141, 140, 381.
— bonum Langadarii, II 146.
— Langartes schöpos, schöphus, I 313, II 381.
— reditus Langater, II 141.
Langdorf (ehemals Langen-Erchingen, Df., n. v. Frauenfeld, Kt. Turgau).
— Erchingen, Langen-Erchingen, Langen-Erkingen, I 366, II 71, 83, 399, 400, 435, 513, 690, 708.
— acker hinder — II 513.
— burglehen in — II 485.
— dinghof, hof ze — I 366/367.
— dorf ze — II 690, 709.
— d. n. v. ze — I 367.
— hüb, gelegen zu — II 485.
— kelner ze — I 367.
— mâli ze — I 366.
— redditus in — II 71.

— redditus obligati in — II 63.
— steor ze — II 399, 400, 690.
Lange, Bartholdus der — (Eigenmann des Klosters Einsideln zu Herrliberg, Kt. Zürich), II 292.
Langeli, Rüdolfus — de Lupfanch (Bauer von Lupfig, Kt. Argau), II 48; s. auch Lupfig.
Langelius, domina Ita — (Osteinbaberin im Eigen bei Brugg, Kt. Argau), II 48.
Langemos, s. Langenmoos.
Langenberg (Ruine und Hof, n.w. v. Kiburg).
— Langemburg, Langenbure, Langenburg, I 306, 307, II 60, 76, 360.
— hof ze — I 306.
— molendinum in — II 360.
— prata — II 60.
— redditus de — II 76.
— t. n. h., d. n. v. ze — I 306.
Langen-Enslingen (Ort, w. v. Riedlingen, Kgr. Württemberg).
— Enselingen, Enslingen, I 405, 407, 408, II 217, 259, 260, 261, 262.
— gartenzins ze — I 406.
— güter ze —, bona in —, I 406 407, 408, II 260, 261.
— hof ze — I 405.
— husinus ze — I 406.
— kilchen ze —, ecclesia in —, I 409, II 261.
— lantgarben ze — I 406.
— lôte ze — I 408.
— meigerhof ze — I 405.
— meyerhof hinder der kilchen ze —, curia retro ecclesiam in —, I 409, II 261.
— gerüts, nôwe, ze — I 406.
— müli an dem Wier ze — I 408/400; s. auch Weiher.
— muli, dû heisset Veltmuli, ze — I 408.
— muli ze — I 406.
— stûre ze — I 406.
— todfall — I 406.
— t. a. h., d. n. v. z — I 409.
— weier ze —, vivarium in —, I 409, II 259.
— Appen des Zehenders hof, curia dicti Zehender, I 400, II 361.
— Hartmannus de — II 217, 262.
— der Hoserin güt ze —, bona, bonum dicte Huserin in —, I 408, II 259, 261; s. auch Hoserin.

Langenhard (Ober- und Unter —, Gemeinde, n.-w. v. Zell, im Tösstal, Kt. Zürich).
— Langenhart, I 296, II 57, 74, 316, 398, 486.
— hof ze, daz Obern —, curtis —, I 296, II 74, 398.
— habe ze Obern — I 296.
— kelnhoff ze — II 486.
— s. auch Ober-Langenhard.
Langenhart (Geschlecht von Langenhard, Kt. Zürich, zu Rapperswil, Kt. St. Gallen).
— Langenhart, II 708, 711.
— Elsbeth Langenharts witwe, Warnli Giels husfröuwe —, frow Elsbeth, II 708; s. auch Giel.
— wilent Langenhart, II 711.
— wilent Langenharts sun von Raperswile, II 708.
Langenmatt (Weiler, w. v. Muri, Kt. Argau).
— Langenmatta, Langenmatten, I 142, II 49.
— d. u. v. ze — I 142.
— güter ze — I 142.
— schüpposen ze —, des gotzhus von Muri eigen, I 142.
— Heinricus de — (Bauer im Eigen bei Brugg, Kt. Argau), II 48 49.
Langen Matten, die —, s. Matten.
Langenmoos (Hof, s.-ö. v. Trüllikon, Kt. Zürich).
— Langemos, Lanmos, II 331, 476.
— hof ze — II 476.
Langenriet (Ort, s.-ö. v. Hombrechtikon, Kt. Zürich).
— Langenriet, I 269, 270.
— dorf ze — I 269.
— muli ze — I 270.
Langensand (Hof, ö. v. Horw, Kt. Luzern).
— Langensant, I 201, 202.
— güter ze — I 202.
— gut ze —, heisset ein zweighof —, I 202.
— löte ze — I 202.
— meiger ze — I 202.
— meigerhof, hof, dingbof ze —, I 201 202.
— süre ze — I 202.
— t. u. b., d. u. v. ze — I 202.
Langen-Schemmern (Ort, n. v. Biberach, Kgr. Würtemberg).
— Langenschemer, II 472.
— aker ze — II 472.

— 1 hofreiten ze — II 472.
Langnau (Pfd. am Albis, Kt. Zürich?).
— Langnöw, hof ze — II 763/764.
Langnau (Pfd. im Emmental, Kt. Bern).
— Langnöw, Langnowe, I 190, II 628.
— güter ze — I 190.
— Johannes der — II 190.
Langnau (Df. an der Wigger, Kt. Luzern).
— Langnöw, Langnöw, Langnowe, I 185, II 573, 635.
— d. u. v. ze — I 185/190.
— gütli ze — I 185.
— hof ze — II 573.
— stür in dem dorf ze — II 635.
Lango (Bauer im Eigen bei Brugg, Kt. Argau).
— Lanco, Lango, II 49, 51.
— Heinricus —, II 49.
— Johannes der — II 51.
Langwar, s. Landquart.
Lanmos, s. Langenmoos.
Lantman, dicti — (habsburgische Eigenleute zu Bingen bei Sigmaringen, Kgr. Preussen). II 333.
Lantzberg, Lantsburg, s. Hochlandsberg, Landsburg.
Lantrer, s. Landser.
Lapide, de —, s. Rechtenstein.
Larg, Large, s. Ober-Larg.
Large, die — (Nebenflüsschen der Ill, im Elsass).
— Large, II 419, 423.
— vischentz uff der — II 423.
Largitzen (Ort, s.-w. v. Hirsingen, im Elsass).
— Largitz, sture, I 34.
La Salée, s. Salée.
Lattenrein? (unbestimmbarer Ort, wohl im Albrechtstal, Elsass).
— Lattenrein, I 21.
— münchhof ze — I 21.
— vogtrecht ze — I 21.
Laubegg, von (ritterliches Geschlecht von Laubegg im badischen Bez.-A. Stockach).
— Löbegge, dominus Waltherus de — II 236.
Lauben, zur — (adeliges Geschlecht von Pfaffenheim im Elsass).
— Löbe, Löben, I 42, 46, II 432.
— Bertechman und Hetzel, gebrüder zů — II 432.
— der ze — müter, I 46.
— die ze — I 42.

— Johans und Heinrich ze — I 46.
Laübenberch, s. Löwenberg.
Laubgraſſen, von — (adeliges Geschlecht von Burg Laubegg bei Hofach im Elſaſs).
— Löbgaſſen, Löbgaſſe, Löbgraſſen, I 42, 43, 47, 50, 52, II 445.
— Burkart von — II 445.
— her Johans, Johanſes ſun, ſüns von — I 42/43, 47.
— her Nibelung und her Heinrich von — I 50.
— her Wernher von — I 52.
Lanchert, die — (Nebenfluss der Donau, in Hohenzollern-Sigmaringen.
— Locha, Löcha, I 398, 436, II 220.
— viſchenz, viſchenze an der —, piscina in aqua —, I 398, 436, II 220.
Lauchringen, s. Ober-Lauchringen.
Lanfen (Städtchen an der Birs, s.-w. v. Basel, aber im Kt. Bern).
— Löfen, hof ze — in dem Birstal, I 52.
Laufenburg (Gross-, Städtchen am Rhein, im Kt. Argau, ehemals Sitz der Grafen von Habsburg-Laufenburg).
— Loffenberg, Löffenberg, Löfenberg, Löffenberg, II 179, 492, 546, 725, 734, 736, 768, 769.
— grave, der von — II 179; s. auch Habsburg-Laufenburg.
— kilche — II 736.
— kilchherr von — II 725.
— stat — II 734.
— winstöre ze — II 769.
— Unmus, Hans von —, s. Unmus.
Lauffohr (Df., s. v. Rein, Kt. Argau).
— Lamphar, Lunfar, Lunvar, I 96, 97, 98, 99, 102, II 123.
— äcker ze — I 98.
— gütlin, ze — I 97, 98.
— hofstat ze — I 99.
— höbe ze — I 96.
— hütte ze — I 102.
— phand ze — II 123.
— rieth ze — I 98.
— schüppös ze — I 97.
— stüre ze — I 102.
— viſchenz ze — I 98.
— zehende ze — I 99.
Laupen (Ober- und Unter —, Ort, s.-ö. v. Wald, Kt. Zürich).
— Löpen, I 290.
— gerichte, ellü, ze — I 290.
— lute ze — I 290.

— stura ze — I 290.
Laupen (Städtchen zwischen Sane und Sense im Kt. Bern).
— Lohunen, datum vor — II 634.
Lausanne (Stadt und ehemaliger Bischofssitz am Genfersee, Kt. Wadt).
— Losner bistům, II 556.
Lay Noc de Joncheres, s. Jonchéry.
Lazarus St. von — (geistlichen Ordenshaus im Gfenn bei Dübendorf, Kt. Zürich).
— die herren im Gevenne, die sant Lazarus ordens sint, I 254; s. auch Gfenn.
— illi de Sancto Lazaro, II 66.
Lebetain (Ort, s. v. Delle, Frankreich).
— Lebetain, Liebtal, I 38, II 456.
— decima de — II 456.
— garten ze — I 38.
Lehnanft (Bauern-Geschlecht zu Altheim und Unlingen, Kgr. Würtemberg).
— Lebchanften güt, bonum dicti Lehnanft, bonum dicti Lehnanfte, I 413, II 220, 261.
— mansus Lehnanft, II 220.
Lederzniderin, die — (Lehensinhaberin zu Scherznmatten, bei Brugg, Kt. Argau), III 537.
Legern, Legerren, s. Lägern.
Le Hang, s. Hang.
Leidenberg? (Weiler, w. v. Brittnau, Kt. Argau).
— Leide, hof an der — II 534.
Leim? (unbestimmbarer Flurname, wohl im Kt. Zürich).
— Leim, lehen an dem — II 512.
Leimbach (Df., n. v. Reinach, Kt. Argau).
— Leimbach, I 176, II 205.
— d. n. v. ze — I 176.
— lüte ze — I 176.
— mansus in — II 205.
Leimen (Ort, s.-w. v. Basel, im Elsass).
— Leimen, II 446, 450.
— dinkhof ze — II 446, 450.
— gericht, twing und ban und die lüt, das als in den dinkhof gehört, II 450.
Leingrippe (wohl eine Gips- oder Lehmgrube bei Gebistorf, Kt. Argau).
— dü hübe an Leingrippe, mansus Leingrippun, I 124, II 34.
Leipferdingen (Ort, n.-w. v. Engen, im Gh. Baden).

Register. 125

— Lötfridingen, I 451.
— güt ze — I 451.
— löte ze — I 451.
— sture ze — I 451.
Leiterberg (Burg bei Leverlsweiler im Amt Sigmaringen, Kgr. Preussen, Sitz eines ritterlichen Geschlechtes).
— Lailerberg, Leiterberg, I 424, 420.
— der von — I 424, 426.
Leitishofen (Ort, ö. v. Möskirch, im Gb. Baden).
— Lutisboven, I 426.
— güt der vrien löte ze — I 426.
Lelbestorf, s. Liebsdorf.
Lenczburg, s. Lenzburg.
Lendenberg, s. Landenberg.
Lendichcon, s. Lenzikon.
Lenge, der — (Bürger zu Wintertur, Kt. Zürich). I 329.
Lengerin, dicta — (habsburgische Hörige zu Völkofen, Kgr. Wortemberg), II 331.
Lengnan (Ober- und Unter —, Ort, s.-ö. v. Ober-Endingen, Kt. Argau).
— Lengnach, Lengnow, II 594, 737.
— kilcbe — II 737.
— s. auch Ober-Lengnan.
Lentz (Niederlenz, Kt. Argau).
— Lentz. stüren ze — II 672.
— s. a. Nieder-Lenz.
Lenzburg (Städtchen und Burg im Kt. Argau).
— Lenczburg, Lentsburg, Lensburg, Lenseburg, I 155, 156, 158, 159, 165, II 1, 4, 5, 96, 97, 99, 105, 135, 172, 173, 177, 180, 182, 189, 195, 198, 199, 200, 202, 208, 217, 230, 231, 242, 339 (342?, 531, 578, 583, 597, 599, 600, 608, 615, 617, 633, 636, 641, 654, 718, 724, 725, 731, 734, 735, 737, 742, 756, 757.
— acher ze — II 55, 156, II 531.
— ampt, ze —, officium —, officium de, in —, I 155, II 1, 5, 105, 185, 172, 173, 177, 182, 189, 195, 199, 597, 735.
— bona obligata in officio — II 182.
— bongarte ze — I 155.
— burg. ze —, castrum, in —, I 155, 156, II 97, 198, 200, 202, 208, 338, 342, 578.
— burger ze — I 159, II 742.
— burghüta castri — II 342. Note 1.)
— burglêne ze — II 180.
— burgness ze — II 617, 641.

— capelle uf der burg ze — I 155.
— census — II 4.
— datum, ze — II 602, 685, 654.
— domus bubulcorum — II 4.
— forum salis — 4.
— fräßinen ze — II 743.
— güter, die zu — hören, II 96.
— güter in dem ampte ze — II 105.
— bof an dem Santwege ze — I 155 a. auch Santweg.
— hof ze — (Zenware!, verschrieben), II 97.
— bofstatt ze — II 742.
— bofstete in dem markte ze — I 158.
— hofstettenzinsen ze — II 97.
— homines revocandi in officio sculteti de — II 282, 286.
— hus ze — uff der burg, II 578.
— hus und garten ze — vor dem tor, II 583.
— jus castronse in — II 230 (231).
— march ze — I 156, 158, II 97.
— mons an castro — (verschrieben statt molendinum ante castrum?), II 208.
— mons — II 208.
— muli bi dem marcbe ze —, heisset Gravenmüli, I 156; s. auch Grafenmühle.
— müli ze —, molendinum —, II 5, 97 (208?).
— pfand ze — II 97.
— pfand an dem Santweg ze — II 636; s. auch Santweg.
— pignora obligata ad castrum pertinentia, II 200.
— pignora obligata in officio sculteti de — II 230, 231.
— pomerium situm in monte — II 208.
— rät ze — II 742.
— redditus ad castrum in — spectantes, II 198.
— reditus ad officium — pertinentes, II 1—5.
— reditus obligati in officio — II 189.
— schultheim von — II 641.
— schultheissenampt ze —, officium sculteti de —, II 230, 282, 641.
— schüppoz an, schüppoz ze —, acoposse —, I 155, II 4.
— schöpüm by dem wasser ze — II 742.
— stat — II 734.

— stall ze — II 742.
— stór se — I 159, II 742.
— sthran in dem ampte ze — II 195.
— II stuk in den twingen ze — II 531.
— summa annone — II 200.
— summa in officio — II 172.
— summa officii, in — II 5, 173.
— summa totius bluilii non obligati in — II 217.
— tor ze — II 583.
— lorwart von — II 99.
— torwerterampt der borg ze — I 156.
— trugness, der, von — II 737.
— t. u. b., d. u. v. ze — I 159.
— twing und bann, klain und gross gericht ze — II 743.
— zol ze —, telonium in —, II 180, 208, 742.
— Heinrich vogt ze — II 718, 724, 731.
— Keyser, Wallher der von — s. Kaiser.
— Scherer, Úli, von —, s. Scherer.
Lenzikon (Df., ö. v. Eschenbach, Kt. St. Gallen).
— Landichcon, Lentziscon, Lentzinkon, II 320, 356, 509.
— der ober hoff ze —, curia —, II 356, 509.
Leodegar St. (Schutzheiliger des Klosters „im Hof" zu Luzern).
— Sancti Leodegarii, monasterium, s. Luzern.
Leodegar St. (Schutzheiliger des Klosters Masmünster im Elsass).
— Sant Leodeguryen löte, s. Masmünster.
Leonhard St. (Kirche in Zürich-Unterstrass).
— Sant Lienharts kilchen bi Zürich, II 765.
Lerau (Kirch — und Moos — Pfd. im Surtal, Kt. Argau).
— Lerowe (Lerówe stat Doröw?), II 282, 735; s. auch Kirch-Lerau und Moos-Lerau.
Lerebeorein, Lerchrin, s. Löchenrain.
Lerckenbül? gůt ze — (unbestimmbar), II 494.
Letten (Flurname, s. v. Gebiedorf, Kt. Argau).
— Letten, Letton, I 125, 126, II 35.
— bůbe an —, mansus super —, I 125, II 35.

— schůppots an — I 126.
Letzerin, dicta — (Guteinhaberin zu Egg bei Muri, Kt. Argau).
— bona dicte — II 214.
Leu (Ort, s. v. Haslen, Kt. Glarus).
— Newelowe, I 510.
— stůre ze — I 510.
— ingwan der lüte ze — I 510.
Leudegarii, Sancti — monasterium, s. Luzern.
Leuggeren (Pfd. und ehemalige Johanniter-Comturei, w. v. Klingnau, Kt. Argau).
— Lůtgern, Sant Johans ze — II 720.
Leuhausen (Hof zu Biedertal, bei Pfirt, im Elsass).
— Löwenhosen, II 423.
— hof, wyer und aker ze — II 423.
Leutwil (Pfd., n.-w. v. Dirrwil, Kt. Argau).
— Lůtwil, Lůtwil, Lůtwile, Lutwile, I 176, II 101, 199, 566.
— d. u. v. ze — I 176.
— pfand ze — II 101.
— schůpos ze — I 176.
— sture ze — I 176.
— vogty ze II 566.
Lavertsweiler (Ort, s. v. Mengen, Kgr. Würtomberg).
— Laißswiler, der vrien lůte gůt ze — I 426.
L'Evreuille (Df., ö. v. Saales, Frankreich?).
— Efroy, Evcroy, I 19, 32.
— stůre ze — I 19, 52.
Lewenberg, s. Löwenberg.
Libellos, s. Bibelos.
Libenstein, s. Liebenstein.
Lichtensteig (Städtchen im Toggenburg, Kt. St. Gallen).
— Lichtensteign, Liechtensteige, II 295, 300.
Lieta (habsburgische Hörige zu Herge, im Amt Grůningen, Kt. Zürich?), II 289.
Liebe (Bauer zu Culingen, Kgr. Würtemberg).
— Licben, des — hof, bonum dicti —, curia dicti, I 388, II 162, 228, 249.
Liebegg (Burg, s. v. Grünichen, Kt. Argau, Heimat eines ritterlichen Geschlechtes).
— Liebegg, Liebegge, I 162, II 273, 284, 295, 716, 724, 737.
— d. u. v. ze — I 162.

— Gertradis de — et soror ejus et liberi eorum (habsburgische Eigenleute zu Dürren-Aesch, Kt. Argau), II 285.
— Heaman von —, der Liebeger, Liebegger —, II 716, 723/724, 728, 730, 737.
— Wernherus et Johannes dicti de — II 273.
Liebenberg (Burgruine zu Au, n. w. v. Zell, Kt. Zürich, Heimat eines kiburgisch-habsburgischen Ministerialengeschlechtes).
— Liebemberg, Liebenberch, Liebenberg, Lieberberg, II 80, 300, 310, 311, 312, 327, 377, 393, 477, 494, 686.
— die burg — und lût und gût, II 477.
— summa honorum de — II 30.
— die Schencken — II 460.
— die Schenkin von — und ir kind, II 477.
— domina pincerna de — II 306, 310, 311.
— Gôtfrid der schench von —, Gotfridus pincerna de —, II 312, 686.
— Gotfridus des schenchon chint von II 393.
— bern Gôtfrids von — wilibe, II 377.
— pincerna, de — II 140, 145, 146, 148, 327.
Liebenstein (Burg, s.-w. v. Pfirt, im Elsass, Heimat eines ritterlichen Geschlechtes).
— Libenstein, Liebenstein, II 414, 423, 591.
— die burg, die vesten —, ze —, II 414, 591.
— die von — II 414.
— Walther von — II 423.
Lieber (habsburgischer Eigenmann zu Tempriken, Kt. Luzern), II 275.
Liebigen (Weiler, s.-w. v. Brittnau, Kt. Argau).
— Liebingen, II 260.
Liebsdorf (Ort, s.-w. v. Pfirt, im Elsass).
— Leibestorf, II 426.
Liebtal, s. Lebetain.
Lieburg (Weiler, ö. v. Egg, Kt. Zürich).
— Liebemberg, Liebenberge, I 277, 278, II 897.
— sehende ze — I 277, 278, 897.
Liechtensteigo, s. Lichtensteig
Lieli (Df. und ehemalige Burg, s.-ö.

v. Hitzkirch, Kt. Luzern, Heimat der Ritter von Liela).
— Liel, Liele, Liele, Lyel, I 272, II 100, 101, 179, 184, 190, 193, 206, 214, 273, 336, 337, 389, 625, 626.
— d. u. v. ze —) 272.
— dominus de — II 336.
— dominus, dictus Marchwardus, Marcwardus de —, II 193, 206, 214, 273, 339.
— dominus quondam de —, (Walther I.), II 337.
— her Walther von —, dominus Waltherus de —, II 100, 101, 179, 184, 190, 339.
— Walther (II.) von — II 623, 620.
Lienhartz, Sant — kilchen, s. Leonhard St.
Ligerz (Gléresse, Pfd. am Bielersee, Kt. Bern).
— Ligerc, scoposse, II 22.
Limbere, s. Lindberg.
Limmat (Nebenfluss der Are).
— Lindimage (Grundstück), Lingmag, II 35, 531.
— das heisse bad ennend der — II 531.
Limper, Limperch, Limperg, s. Lindberg.
Linbere, s. Lindberg.
Lindau (Kloster in der Stadt Lindau am Bodensee, Kgr. Baiern).
— Lindowe, das gotzhus von — I 329, 324.
Linden (Pfd., ö. v. Bassersdorf, Kt. Zürich).
— Lindenowa, Lindenowe, Lindow, Lindowe, I 304, II 45, 59, 76, 295, 299, 302, 404, 476, 508.
— bonum in villa — II 45.
— d. u. v. ze — I 304.
— gerichte; twing und bann ûns über das plut — II 476, 477.
— güter ze — II 476.
— hof ze —, heisset der Ryethof, hof in dem Riet daiz — I 304, II 302.
— jus patronatus ecclesie apud — II 59.
— kyriche ze —, ecclesia apud — I 304, II 59.
— ster ze — II 404.
— Jacob Widmer von — s. Widmer.
Lindberg (ehemalige Burg und Wald, n. v. Winterthur, Kt. Zürich).
— Limbere, Limper, Limperch, Limperg, Linbere, I 319, II 27, 72, 129, 141, 145, 148, 363, 464, 498, 515.

— Imbere (verschrieben), II 146.
— acker uff — II 515.
— curia magistri Deidrici in, curia Dedrici — II 141, 146.
— drotte ze — I 319/320.
— gütlein uff dem — II 494.
— hof ze — I 319.
— reben gelegen am — II 498.
— reditus in — II 139.
— schüppän ze — I 319/320.
— silva super — II 27.
— t. n. b., d. n. v. ze — I 319/320.
— zehend uff dem — II 484.
— zehend gelegen am — II 498.
Linden, Heinrich ze der — (Gut-inhaber zu Meisterschwanden, Kt. Argau), I 170.
Linden (Ort bei Esslingen, Kt. Zürich?).
— Lindum, filii Werneberi de — II 204.
Linden (unbestimmbarer Ort, jedoch im Kt. Zürich).
— hof ze — II 563.
Linden? (unbestimmbarer Ort, vielleicht Lindau, Kt. Zürich).
— Linden, hof ze — II 485.
Lindenowa, Lindenowe, s. Lindau.
Lindimage, s. Limmat.
Lindow, Lindowe, s. Lindau.
Lindum, s. Linden.
Lindun, Rudolfus von — (habsburgischer Eigenmann zu Römlang, Kt. Zürich), II 309.
Lingg, Chuntz, der — (Lehensinhaber, wohl zu Dachtlingen bei Engen, Gh. Baden), II 403.
Lingi? (Bauer zu Embrach, Kt. Zürich).
— Linggi, Lingi, I 262, II 63, 79.
— Linggis schöpos, I 262.
Lingis, Bertschis — güt (zu Waldshut, im Gh. Baden), II 546.
Lingmag, s. Limmat.
Linn (Ort, n.-ö. v. Effingen, Kt. Argau).
— Linne, osterzehenden ze — I 94.
Linsi (Geschlecht von habsburgischen Eigenleuten zu Liebegg, Kt. Argau).
— Burchardus dictus — fratres et sorores sui, et liberi ejusdem — II 285.
Linsi (Bürgergeschlecht von Winterthur, Kt. Zürich).
— Cunrat — von Winterthur, II 505.
Liol, die — (Fluss im Kt. Glarus).
— Linte, Lintte, I 501, 509.

— das wasser, das heisset dü — I 501.
— dü visschentze in der — I 508.
Linttal (Pfd. im Kt. Glarus).
— Lintal, Obern-Lintal, I 508, 509.
— höwe der lüten ze Nydern, Obern — I 509.
— kornzehende, der, ze — I 508.
— rütinien, hofstette und ander güter ze — I 508.
— stüre der lüten ze Nydern — I 509.
— stüre der lüten ze Obern — I 509.
— twgwan der lüten ze Nydern, I 509.
— twgwan der lüten ze Obern — I 509.
— t. n. b., d. n. v. ze — I 508/509.
— zehende, der junge, ze — I 508.
— s. auch Nieder-Linttal.
Linz (Hauptstadt von Ober-Oesterreich).
— Lintz, datum ze — II 630, 701.
Liper, Reini — von Gröningen (Lehensbaber von Gröningen, Kt. Zürich), II 519.
Lipperiswil (Ort, n. v. Küssnach, Kt. Luzern).
— Läppherswile, I 209.
— meigerhof ze — I 209.
Liracher, Hartman — (Lehensinhaber zu Aran, Kt. Argau), II 568.
Litten (Ort. w. v. Luzern, Heimat eines ritterlichen Geschlechtes).
— Litowe, Littö, Littowe, Littöwe, I 205, II 275, 280, 282, 589, 762.
— hof ze —, der ein meigerhof und ein kelnhof heisset, I 205.
— löte des hofes ze — I 205.
— t. u. b., d. u. v. ze — I 205.
— vogty, kelner und meyer ze — II 589.
— vorst ze — in der Rüsehalden, I 205.
— Arnoldus et Ulricus de — (Eigenleute des Stiftes Luzern zu Nieder-Ferren, Kt. Luzern), II 275.
— Heinricus de — (Eigenmann des Stiftes Luzern, zu Liebigen, Kt. Argau), II 280.
— Mechthildis de — und ir kint und ir brüder zwene (habsburgische Eigenleute zu Winikon, Kt. Luzern), II 282.
— Ortolf von — ritter, II 589.
— Ortolf von — und sin sun, II 762.

Littenheid (Ort und ehemalige Burg, s.-d. v. Sirnach, Kt. Turgau).
— Lutenheit, Heinrich von — II 507.
Lobenhof (Hof zu Lais bei Sigmaringen, Kgr. Preussen).
— hof, der heisset — I 419.
Loberin, Metzin — von Grüningen (Lebensinhaberin zu Grüningen, Kt. Zürich), II 522.
Löbgassen, s. Laubgassen.
Lobnnen, s. Lanpen.
Loch (Hans und Rehberg, w. v. Unter-Embrach, Kt. Zürich).
— Loche, wingarten im — ze Emrach, II 475.
Lochs, s. Lanchert.
Locher (Bauer zu Embrach, Kt. Zürich).
— Locher, I 261, II 62, 78.
— des Lochern schüpos, scoposa Locher, I 261, II 62.
Locher (Geschlecht halsburgischer Eigenleute zu Brittnau, Kt. Argau).
— Rudolfus et Heinricus dicti — II 279.
Lochler (Bürgergeschlecht von Mengen, Kgr. Würtemberg).
— Lochler, Lochli, Löchler, I 443, II 245, 459.
— Chûnrade — von Mengen, II 459.
— Cunradus — II 245.
— Cuprat Lochlis hof, I 443.
Lochli (Bauerngeschlecht zu Engelwies im Gb. Baden).
— Lochlin, Dentz — gût, I 430.
— s. auch Lobli.
Lochli, Rûdolff — (Lebensinhaber zu Wintertur, Kt. Zürich), II 527.
Löbe, s. Lauben.
Löben, curia dicti — (Hof zu Sigmaringen, Kgr. Preussen), II 239.
Löchenrain (Ober- und Unter —, Ort n.-ö. v. Rotenburg, Kt. Luzern).
— Lerchenrein, Lerchrin, I 199, II 552.
— hof ze — II 552.
— lûte ze — I 199/200.
— stûre ze — I 199/200.
— t. u. b., d. u. v. ze — I 199/200.
Löcherhof (Hof zu Mengen, Kgr. Würtemberg).
— hof ze Mengen zû der statt, genant der — II 460.
Löchlechher, die (Geschlecht von Lebensinhabern zu Villingen, im Gb. Baden).

— Walther und Heinrich die — gebrüder von Villingen, II 464.
Löchler, s. Lochler.
Lödinger (Müller zu Veringendorf, Kgr. Preussen).
— Lödinger, Lödingarius, Lödinger, I 400, II 222, 258.
— des Lüdingers müll, molendinum dicti Lödinger, molendinum Lödingarii, I 400, II 222, 258.
Löhningen (Ort, s.-w. v. Mettingen, im Gb. Baden).
— Löningen, I 90.
— hof, höfe ze — I 90/91.
— lûte ze — I 90/91.
— schüppos ze — I 90/91.
— stûre ze — I 90/91.
— t. u. b. ze — I 90/91.
— vogtstûre ze — I 90/91.
Löweli, Heinricus — (Bauer zu Unlingen, Kgr. Würtemberg), II 229.
Lötterlin, Burkart — (Lebensinhaber zu Florimont, im Elsass), II 449.
Löw (Bürgergeschlecht von Schaffhausen).
— Löw, Löw, II 509, 523.
— der — von Schaffhusen, II 523.
— Hans — II 509.
Löwenberg (Burg, n.-ö. v. Zurwil, im Kt. St. Gallen, Helmat eines ritterlichen Geschlechtes).
— Ladhenherch, Lewenberg, Löwenberge, Lowemberg, Lowenbere, I 363, II 143, 378, 393, 687.
— dominus de — II 143.
— Frikk von — II 687.
— hern Ulrichs witib von —, die vrowe von — II 378, 393.
— Ülrich von — I 363, II 687.
Löwenhusen, s. Leuhausen.
Löwennen, Löwinen, Löwinen, Löwinon, s. Lowinen.
Loffenberg, Löffenberg, s. Laufenburg.
Logelnheim (Logelnheim, Df., w. v. Breisach, im Elsass).
— Lagelnhein, I 3.
— dorf ze — I 3.
— d. u. v. ze — I 3.
— herberig ze — I 3.
— sture ze — I 3.
Lohli? (Bauern-Name zu Engelwies, im Gb. Baden, s. a. Lochli).
— Lohlis, des alten — gût, I 430.
Lombardei (mittlerer Teil Ober-Italiens).

9

— Lamparten, II 705.
Lon (Ort, s. v. Solothurn).
— Lon, scopose, II 16.
Lorze, die — (Nebenfluss der Reuss).
— Lorenize, die — II 547.
Losger histům, s. Lausanna.
Lostorf (Ort, n.-ö. v. Olten, Kt. Solothurn).
— Lostorf, II 577, 73d.
— kilche — II 736.
— twing und bann ze — II 577.
Lotstetten (Df. im bad. Bez.-A. Jestetten),
— Lotstetten, Johans Wernher von — II 772.
Lotwis? (Flurname bei Frick, Kt. Argau).
— Lotwis, Lotwisen, II 767, 776.
— achker in — ze Fricks, II 767.
— bann in — ze Frikhe, II 776.
— s. auch Frick.
Lotzhof? (Hof en Winterthur, Kt. Zürich).
— Lotzhof, der kelnhof, der da heisset —, curtis dicti Loz, Lützen hov, I 327, II 87, 355.
Löbegge, s. Lanbegg.
Löben, s. Lauben.
Löbenherge, s. Löwenberg.
Löbserzböl, s. Opfertsböhl.
Löbgasse, Löbgassen, s. Lanbgassen.
Löcha, s. Lanchert.
Lödingarius, Lödinger, s. Lödinger.
Löfen, s. Lanfen.
Löfenberg, s. Habsburg-Laufenburg, Laufenburg.
Löffenberg, s. Lanfenburg.
Löpen, s. Laupen.
Löper der — (Bürger von Winterthur, Kt. Zürich), I 330.
Löwen, des — hübe (unbestimmbar, vielleicht im Tösstal, Kt. Zürich), II 494.
Löwennen, Chüny (Lehensinhaber zu Lowinen bei Remigen, Kt. Argan), II 539.
Löwinan, Löwinon, s. Lowinen.
Lowe, Heinricus dictus — et filii sui (habsburgische Eigenleute zu Zürich), II 2-7.
Lowemberg, Lewenberc, s. Löwenberg.
Lowerz (Pfd., s.-ö. v. Goldau, Kt. Schwiz).
— Lowerts, dorf, I 213.
Lowrs, s. Lugano.

Lowinen (oder Lowental, Flurname bei Remigen, Kt. Argan).
— Löwennen, Löwinan, Löwinen, Löwinon, Löwinnan, Löwinon, Lowingen, I 100, 103, 104, II 177, 539.
— geröte, ze — I 103, 104.
— juchert in — II 539.
— mälin ze — I 104.
— rütinan ze — I 104.
— t. u. b., d. u. v. ze — I 104.
Loz, s. Lotzhof.
Lubendorf, s. Luffendorf.
Lubetsch (Beiname eines Edelknechtes, Hans von Arburg).
— Lubetsch, Hans —, II 722/723, 728, 732.
Lucalle, s. Lützel.
Lucelnowe, s. Lutikon.
Lucern, Lucernae, Lucerren, s. Lusern.
Luchental (Gut bei Töss, Kt. Zürich).
— Luchendal, II 28.
Luchental (Bauer von Luchental bei Töss, Kt. Zürich), I 334.
Luchsingen (Pfd. an der Lint, im Kt. Glarus).
— Luchsingen, I 510.
— büsse der lüte ze — I 510.
— süre der lute ze — I 510.
— tagwan der lute ze — I 510.
Lucia? (Gutseinhaberin bei Winterthur, Kt. Zürich), II 148.
Luckart, Sant — s. Glöckern, Sanct —
Ludgaryen, Sant —, s. Lusern.
Ludiswil (Ort, n.-ö. v. Sempach, Kt. Lusern).
— Ludiswile, I 179.
— dingbof ze — I 179.
— süre ze — I 179, 180.
— t. u. b., d. u. v. ze — I 179/180.
Lückart, St. (ehemaliges Dorf bei Karsbach, s. v. Altkirch, im Elsass).
— Lüggart, Sant —, II 429.
Luegeten (Ober- und Unter —, Gut zu First im Kt. Zürich).
— Lügaten, Lügotten, I 292, II 58.
— güt, heisset —, bonum dictum —, I 292, II 58.
Lügisingen (Ort, w. v. Rotenburg, Kt. Lusern).
— Lugosingere, I 199.
— lüte ze — I 199/200.
— süre ze — I 199/200.
— t. u. b., d. u. v. ze — I 199/200.
Lüguwil (Ort, s. v. Hochdorf, Kt. Lusern).

— Lnzwille, II 276.
Lötenstege (Brücke über die Lange an Brünighofen, im Elsass), II 423.
Löthartigen (Weiler, n.-w. v. Menzingen, Kt. Zug).
— Lnthartingen, I 154.
— lnte ze — I 154.
— t. n. h., d. u. v. ze — I 154.
Lötigen (Ort, s.-w. v. Eschenbach, Kt. Luzern).
— Lutingere, I 199.
— låte ze — I 199/200.
— ståre ze — I 199/200.
— t. n. b., d. u. v. ze — I 199/200.
Lötschental (das Tal der schwarzen Lötschine?, im Kt. Bern).
— Lötschental, Lotschental, Lutzschental, I 460, II 471.
— die lnte ze — I 460.
— stare ze — I 460.
— t. n. b., d. u. v. ze — I 460.
— walt ze — II 471.
Lötzwil (Ort, ö. v. Sitterdorf, im Kt. Turgau).
— Lötzwil, II 516.
Lotwil, s. Leutwil.
Lützel (Lucelle, ehemaliges Kloster, im Elsass).
— Lötzla, chloster ze — I 14.
Lützelhart, s. Hart.
Lützel-Höchstetten (oder Klein-Höchstetten, Ort, s. v. Worb, Kt. Bern).
— Luzilinstetten, scopose, II 20.
Lözdorf (Ort, s.-w. v. Pârt, im Elsass).
— Logstorf, müli ze — II 451.
Luffendorf (Welschen —, Ort, s.-w. v. Dürlinsdorf, im Elsass).
— Lubendorf, Lavendorf, II 414, 415, 416, 436.
— aker ze — II 415.
— buhof ze — II 414, 436.
— das halb dorf ze — II 415, 436.
— halb twing und bann, holtz und velt und das gerichte ze — II 415, 436.
Lufingen (Pfd., s. v. Unter-Embrach, Kt. Zürich).
— Lufingen, Lövingen, Luvingen, I 263, II 63, 79, 357, 475.
— curia — II 357.
— güt — I 263.
— vogty ze — II 475.
Lugano (Stadt am Luganersee, Kt. Tessin).
— Lowes, I 528, 529.
— köfman von — I 528, 529.

Luggenmein, s. Lokmanier.
Lngösingern, s. Lögisingen.
Lugstorf, s. Lüsdorf.
Lüdner, s. Luzner.
Lüggart, Sant — s. Lückart, St.
Lüppherswile, s. Lippertswil.
Lůtewil, s. Lůtzwil.
Lůtfridi, mansus — (zu Unlingen, im Kgr. Würtemberg), II 160.
Lůtfridingen, s. Leihpferdingen.
Lůtgern, s. Lenggeren.
Lůtingen, s. Luttingen.
Lůtran? (Ontsinhaber zu Ertingen, Kgr. Würtemberg).
— Lůtrans güt, bonum dictum Lůtran, I 386, II 229.
Lůtschental, s. Lötschental.
Lůtwil, Lůtwile, s. Leutwil.
Lůtzhart, s. Hart.
Lůtzla, s. Lützel.
Lövingen, s. Lufingen.
Lokmanier (Pass zwischen dem Oberrheintal im Kt. Graubünden und dem Blegnotal im Kt. Tessin).
— Luggenmein, crüo uf — I 525.
Lumpbar, s. Lauffohr.
Lundenerron, s. Lannern.
Lunfar, s. Lauffohr.
Lunkhofen (Ober —, Pfd. an der Reuss, im Kt. Argau, Heimat eines ritterlichen Geschlechtes).
— Lungboft, Langboft, Lunkofen, Lunkoft, II 172, 173, 287, 352, 595, 611, 642.
— dominus de — II 287.
— dominus Rudolfus de —, de Tharego, II 352; s. anch Zürich.
— hof ze —, curia in —, II 172, 611.
— kelnampt ze —, keller ampt hie dient der Ar, II 635, 642; s. anch Are.
— kelnhof ze — II 595.
Lunnern (Ober- und Unter — Ort, w. v. Dachelsen, Kt. Zürich).
— Lundenerron, I 147.
— d. n. v. ze beiden — I 147.
Luntzen güt (zu Langen-Enslingen im Kgr. Würtemberg), I 408.
Lunvar, s. Lauffohr.
Lůguton, Lůgotten, s. Lnegeten.
Lůnstorf, Lůstorf, s. Lustorf.
Lützen hov, s. Lotzhof.
Lupfen (abgegangener Weiler im O.-A. Tuttlingen, Kgr. Würtemberg).

— Luphan, aker ze — II 461.
Lupfermen, (wohl verschrieben statt Lupferin.) Ber. der — sun nnd Adelheit sin swester (babsburgisch-laufenburgische Eigenlente). II 773.
Lupfig (Df., n. v. Birr, Kt. Argau).
— Lupfanch, Lupfang, Lupfangen, Lophang, Luphen, Luphengg, I 135, II 49, 50, 114, 529, 532, 537.
— gerüte ze — I 135/136.
— hof ze — I 135.
— hůb an, ze — I 135.
— pfand in dem Eggen ze — II 114.
— schüppoz, schüppotzen, ze — I 135, 136.
— t. n. b., d. n. v. ze — I 135/136.
— Langeli, Rudolfus, de — s. Langeli.
— Talheins gůt ze — II 529.
— Textrix de — II 50.
— Weber, Bürgi, von — s. Weber.
Lupus, s. Wolf.
Luener ? (wohl Flurname bei Ebingen im Kgr. Württemberg).
— Lüdner, Luener, II 465.
— lantgarben zum — II 465.
— meyerteil am — II 465.
Lůwie, mansus dicti — (an Uolingen im Kgr. Württemberg), II 229.
Lustorf (Pfd., ö. v. Franenfeld, Kt. Turgau).
— Lünstorf, Lůstorf, Lnstdorf, I 361, II 82, 398, 691.
— dinghof ze —, des eigenschaft gegen Owe höret, I 361.
— dorf ze — I 301.
— d. n. v. ze — I 361.
— gülte ze — II 898.
— hof ze — II 691.
— hůben ze — I 361.
— lůte ze — I 361.
— phant ze — II 398.
— schüppůz ze — I 361.
— stůre ze — I 301, II 398.
Lutengun, s. Lnttingen.
Lutenheit, s. Littenheid.
Luterman (Burg, n.-ö. v. Rottisholz, Kt. Luzern, Heimat eines ritterlichen Geschlechtes).
— Luternöw, Luternow, II 556, 599, 716, 723.
— die von — II 556.
— Peterman von —, Luternow —, II 716, 723.
— Wilhelm von — II 599.
Lutertal (Tal, n. v. Napf, im Kt. Luzern).

— Lutertal, I 182.
— die fryen lůte nnd ander ze — I 182.
— t. n. b., d. n. v. ze — I 182.
Lothartingen, s. Lôthartigen.
Lotikon (wohl Ober- und Unter — Weiler, n. v. Hombrechtikon, Kt. Zürich).
— Locelnowe, Lotinkon, I 273, II 298.
— Ita de — et Berchtoldus frater suus, II 298.
— schüpos ze — I 273.
Lutingen, s. Lnttingen.
Lotingers, s. Lütigen.
Lutisbofen, s. Leitisbofen.
Lutoldina (Gutsinhaberin zu Winterthur, Kt. Zürich), I 835.
Lutolt, der Wirt, s. Wirt.
Lůtran, s. Lůtran.
Lutschental, s. Lütschental.
Lutttingen (Pfd., s.-w. v. Hauenstein, im Gb. Baden).
— Lůtingen, Lutengun, Lutingen, Lottingen, I 68, II 127, 503, 534, 546.
— gütlein ze — I 68.
— gůt, das Reinbartz, von — II 503.
— gůt, des Wirtes, von — II 503.
— hof — II 534.
— hof ze —, der ein meierhof ist, I 68.
— lantgarben ze — I 68.
— pfand ze — II 127.
— schüppoz ze — I 68.
— t. n. b., d. n. v. ze — I 68.
— zins ze — I 68.
Lutwile, s. Lentwil.
Lutz, Chůntz —, (Gutsinhaber zu Ebingen, im Kgr. Württemberg), II 462.
Lotz, Heinricus —, (habsburgischer Eigenmann zu Elkoven ? im Gb. Baden), II 634.
Lotz, Hiltbrand —, (Gutsinhaber von Günzburg, im Kgr. Baiern), II 467.
Lutzen, curia dicti — (zn Ilendorf, im Kgr. Württemberg), II 259.
Luizern, s. Luzern.
Lutzchental, s. Lütschental.
Lavendorf, s. Loffendorf.
Luvingen, s. Lufingen.
Luzwille, s.Lůgwil.
Luzern (St. Leodegars Stift und Hauptstadt des Kantons Luzern).
— Lucera, Lucerne, Lucerren, Lutzern,

I 202, 203, 205, 215, 216, 217, 218, 219, 221, 287, II 548, 649, 567, 570, 573, 583, 584, 588, 604, 616, 646, 664, 665, 666, 667, 668, 670.
— anmanampt ze — II 668.
— burger der stat ze —, civee Lucernenses, I 218, II 172.
— burgstal ze Hapspurg binder —, s. Neu-Habsburg.
— civis Lucernensis, s. Brugtal.
— datum ze — II 640, 666.
— garte ze — I 217.
— gerichte, unndrige, ze — I 218.
— gotshus von, ze —, monasterium Sancti Leudegarii, Sanctus Leudegarius, Sant Ludgaryen, I 202, 203, II 272, 273, 274, 275, 276, 278, 279, 291, 335, 440.
— güter des gotzhus von —, bona sancti Leudegarii, I 136, 202, 203.
— güter ze — I 217.
— herren im hofe ze — I 202, 217.
— herrenpfründe ze —, pfründen der herren im hofe ze —, I 202, 203, 205.
— hof ze Langnöw ze — s. Langnau.
— hof ze — I 202, 217, II 669.
— hofstat ze — bi dem vischmerkt, II 685.
— hofstette, hofstatt ze — I 216, 217, II 567, 570.
— hüser ze — I 217.
— hus ze — an dem vischmargt, II 604.
— kellerampt ze — II 549.
— kelner ze — I 219.
— mancipia, monasterii Sancti Leudegarii —, Sant Ludgaryen löt —, II 272, 273, 274, 275, 276, 278, 279, 291, 335, 440.
— matten in dem Mose ze — I 217.
— meiger ze — I 202, 219.
— probst ze — I 219.
— rat ze — I 218, 219.
— schultheiss ze — I 219, II 670.
— spicher der herren im hofe ze — I 217.
— spital ze —, hospitale Lucernense, I 217, II 340.
— spitals güt ze —, propria hospitalis Lucernensis, I 217, II 340.
— stat ze — I 215, 216, 218.
— stür ze — I 218, II 584.
— swer da brot mischachet, I 219.
— t. u. b., d. a. v. ze — I 218.
— vart ze — I 217.
— vischentzen ze — II 548, 667.
— vogty usser dem kasten in dem hofe ze — II 660.
— vorstelle ze — I 216.
— zol, zölle, ze — I 218, 287, II 616, 670.
— Christa bi — s. Kriens.
— Emmen bi — s. Emmen.
— Welti von — s. Welti.
Luzilinstetten, s. Lützel-Höchstetten.
Lyol, s. Liell.

M.

Mabere, Johann — de Walchhüt, (Lehenseinhaber von Waldshut im Gh. Baden), II 770.
Machtollzbein? (abgegangener Ort bei Ensisheim im Elsass).
— Machtolzein, Machtoltzhein, Mahtoltzhein, I 9, 46, 48, II 429, 435.
— bann zů — II 435.
— dorf ze — I 9, 48, II 429.
— herberig ze — I 9.
— müli ze — I 9, 48.
— sture ze — I 9, 48.
— t. u. b., t. a. v. ze — I 9.
Maczingen, s. Metzingen.
Madaltzwile, s. Madelswil.
Madelswiler, s. Madiswil.
Madelswil (Df., n.ö. v. Russikon, Kt. Zürich).
— Madaltzwile, Madeswile, Madolswile, Madoltswile, Madoltzswile, Madoltzwile, Madoltzwiler, I 298, II 61, 74, 500, 512, 518, 522.
— burggraben ze — II 500.
— dorff ze — II 518.
— güt ze — II 512.
— güt der vrien löte ze — I 279.
— hoffstat ze — by dem burggraben, II 500.
— leyenschenden gelegen in dem dorff ze — II 518.
— schüppos ze — II 522.
— stüre ze — I 298.
— t. u. b., d. u. v. ze — I 298.
Madiswil (Pfd., s.-ö v. Herzogenbuchsee, Kt. Bern).
— Madelswiler, scopose — II 7.
Magenwil (Df., n.ö. v. Lenzburg, Kt. Argau).
— Magenwil, Magenwille, Maginwiler, I 150, II 5, 67.
— güeiter ze — I 150.

— llberi — II 5.
— lôte ze — I 158.
— pfand ze — II 97.
Maeli (Bauer zu Altheim, im Kgr. Wurtemberg), II 226.
Män, Burkart — (Bauer in Schwaben), II 464.
Männedorf (Pfd. am Zürichsee, Kt. Zürich).
— Menidorf, II 300.
— Heinricus villicus de — II 800.
Märingen (Ort. a.-ö. v. Tübingen, im Kgr. Württemberg).
— Meringen, das güt ze — II 461.
Mätlen, s. Mettlen.
Mag, der —, (Bürger zu Winterthur, Kt. Zürich), I 333.
Mag, dictus —, (habsburgischer Eigenmann zu Gunzlingen, Kt. Zürich), II 330.
Magaren, s. Dattenried.
Magden (Pfd., a. v. Rheinfelden, Kt. Argau).
— Mugten, kilch und lütpriester, II 738.
Magelsperg, s. Mogelsberg.
Magenbuch (Df. und Burg in Hohenzollern-Sigmaringen, Heimat eines ritterlichen Geschlechtes).
— Magenbuch, Magenbüch, I 425, II 240, 256.
— der von — I 425.
— dominus Heinricus de — II 240.
— Rudgerus de — II 256.
Magenwil, Magenwille, s. Mägenwil.
Magg (Bauerngeschlecht von Günzburg, Kgr. Baiern).
— Hans — II 407.
— Heini — II 467.
Maginwiler, s. Mägenwil.
Magten, s. Magden.
Mahloltshein, s. Machloltshein.
Mair, s. Meier.
Maisprach (Df., bei Dus, im Kt. Baselland).
— Meispach, kilche, II 739.
Maler (Lehensinhaber von Günzburg, Kgr. Baiern), II 467.
Malterer (Bürgergeschlecht von Freiburg im Breisgau, Gh. Baden).
— Maltrer, Marti — von Friburg in Briesgöw, II 431.
Malters (Pfd., im Entlebuch, Kt. Luzern).
— Malters, Malte(r)s, I 194, 205, II 549, 568, 598, 671.

— gûter ze —, an ackern, an matten und an holtze, I 204.
— gütli ze —, nempt man die Hushald, II 588; s. auch Haldenhüsli.
— güt in der kylchöri ze — I 194.
— güt und gült ze — II 671.
— hâhe ze — I 204.
— kelnhof ze — II 568.
— hilche ze — I 204.
— kylchöri ze — I 194.
— lôte ze — I 205.
— meigerhof, hof ze — I 204, 205.
— stûre ze — I 205.
— t. n. h., d. n. v. ze — I 205.
— nsidelinge ze — I 205.
— vorst ze — I 205.
— Jost von — II 549.
Man, Heinricus dictus —, (habsburgischer Eigenmann zu Zürich), II 289.
Man, zû dem — (Flurname bei Baden, Kt. Argau).
— huser und hofstett, die man nempt zû dem — II 587.
Manassen, s. Manesse.
Mandach (Pfd., n. v. Böttstein, Kt. Argau).
— Mandach, I 78, II 51, 551, 592.
— d. n. v. ze — I 78.
— gericht ze — II 592.
— gotzhushlt Sant Fridlin ze — II 592.
— kastvogty ze — II 551.
— lôte, frige, ze — II 592.
— meigerhoff ze — II 592.
— stûr, dienste und all gehorsamy ze — II 592.
— Conradus de — II 51.
Mandach (abgegangene Burg bei Regensberg, Kt. Zürich, Heimat eines ritterlichen Geschlechtes).
— Mandach, II 804, 350, 523, 764, 775.
— burg ze — II 775.
— dominus de — II 804, 350.
— Hebstritt (H.) von — II 523.
— her Heinrich von —, hern Heinrichs seligen sun von — II 764.
— Johans Hebstrit von — II 775.
Manesse (ritterliches Geschlecht von Zürich).
— Manessen halda (zu Regensberg), I 235; s. auch Mennweg.
— die Manassen, II 723
— Anna Manassen und ir swester von Schellenberg, II 717; s. auch Schellenberg.

— Heinrich Manesso in dem Harde, II 777; s. auch Hard.
— Manesse (Rüdiger der Ältere?), II 36.
Mangold (Bauer zu Ellikon a. d. Tur, Kt. Zürich).
— Manegoldi, scoposa — II 143.
Mangolt, Rudolfus (habsburgischer Eigenmann zu Liebegg, Kt. Argau), II 296.
Mangolt (Bauer zu Embrach, im Kt. Zürich).
— bonum Mangoldi, II 95.
— Mangolt, II 78.
— Mangolts schûpos, scoposa Manegoldi, I 259. II 62.
Mansbach (Ort, n.-w. v. St. Ulrich, im Elsass), II 412.
Mants (Bauer zu Unlingen, Kgr. Würtemberg).
— Mantzen leben, bonum Mantzen, feodum Mantzen, I 349, II 229, 249.
Mants, der Zehender (Guteinhaber zu Langen-Enslingen, Kgr. Würtemberg), I 408.
Mantzen des llürern(?)gût (zu Langen-Enslingen, Kgr. Würtemberg), I 408.
Marbach (Pfd., n.-ö. v. Schangnau, im Kt. Luzern).
— Marpach, t. o. b., d. u. v. se — I 102.
Marbach (Kloster, s.-w. v. Fgisheim, im Elsass).
— Mârpach, das chloster, I 14.
Marbach (Ort, ö. v. Herbertingen, Kgr. Württemberg).
— Marbach, Marpach, I 377, II 158.
— curia Wiellina in — II 158.
— güter se —, dü gegen Owe horent, I 377.
— hof ze —, des eigenschaft an das gotzhus von Schafhusen horet, I 377.
March, die —, (das Gebiet zwischen der Lint und dem obern Zürichsee, im Kt. Schwiz).
— March, Mark, II 491, 517, 759.
— bomgarten in der — II 517.
— bomgarten in der — ze Ruchenstein, II 491; s. auch Ruchenstein.
— her Chonrat us der — ab Schorren, II 759; s. auch Schorren.
Marchlen (Vorder- und Hinter —, Weiler, s. v. Embrach, Kt. Zürich).
— Marchein, Marchrein, I 259, 263, II 62, 63, 78, 79, 95, 387.

— schnephus des — II 887.
— Heinrichs von — schûpos, bonum Heinrici de —, scoposa Heinrici de —, scopoza Heinrici de —, I 259, II 62, 78, 95.
— Heinricus de — II 63, 79.
— Wernher — II 7·).
— Wernhers von — gût, I 263.
— Wernherus de — II 63.
Marchstekke (Geschlecht von Mengen, Kgr. Würtemberg).
— Berchtoll Marchstekken hof, I 444.
— Conradus senior dictus Marchstekke(n) et sui heredes — II 233, 234.
Marchwart, der Weber (Guteinhaber zu Hailtingen, Kgr. Würtemberg).
— Marchwarts des Webers gût, bonum Marchwardi textoris, feodum Marchwardi textoris, I 391, II 105, 251; s. auch Weber.
Maris, Heinrich — von Andolfingen (Lehensinhaber von Andelfingen, Kt. Zürich), II 507.
Markolsheim (Ort im Kreis Schlettstadt, Elsass).
— Marckolshein, aker, ze — II 770.
Mark, s. March.
Marpach, Mârpach, s. Marbach.
Marschalch (Marschall, Geschlecht von Rapperswil, Kt. St. Gallen).
— Maresehalch, marschalchus, II 322, 362, 777.
— Heinrich — II 777.
— liberi mareschalchi de Raprechtzwile, Raprehtzwile, II 322, 362.
Marschalk (Rittergeschlecht von Basel).
— Turing — II 435.
Mareschlins (Burg im Rheintal, Kt. Graubünden).
— Marsinins, vesti ze — II 615.
Marsteg, Hans — von Mengen (Lehensinhaber zu Mengen, Kgr. Würtemberg), II 459.
Marti, Wernherus — (Eigenmann des Klosters Einsideln zu Hombrechtikon, Kt. Zürich), II 297.
Marti, Heinricus dictus — et liberi ejus (habsburgische Eigenleute zu Ober-Kulm, Kt. Argau), II 283.
Martin, Sanct —, (Kirche und Kirchhof bei Oltingen im Elsass).
— Martini, parrochia Sancti — II 453.
Martin, St. —, (Kirche zu Altdorf bei Engen, im Gh. Baden).
— Martin, Sant — ze Engen, I 449.

Martin St. —, Df., n.-w. v. Weiler, im Elsass).
— Martin, Sant — I 19, 22.
— clus ze — I 22.
— sture ze — I 19.
— torf se — I 22.
Martins, Sant — hof ze Wesen, s. Wesen.
Martislon (Flurname zu Ober-Kulm, Kt. Argau).
— geräte, heizent — I 162.
Marsinius, s. Marschlins.
Maschwanden (Pfd., e.-w. v. Mettmenstetten, Kt. Zürich, Heimat eines ritterlichen Geschlechtes).
— Maschewanden, Maschswangen, Maswanden, II 5*4, 615, 621.
— güt ze — II 615.
— hof ze — II 584.
— müli ze — II 584.
— mis ze — II 621.
— Hans und Claus von — gebrüder, II 584.
Masmünster (Städtchen und Kloster, b.-w. v. Tann, im Elsass, Heimat eines ritterlichen Geschlechtes).
— Maxmünster, Masmünster, I 42, 45, II 301, 414, 421, 424, 436, 442, 448.
— banwertům ze — II 424.
— euenbus ze — II 442.
— garten ze — II 442.
— hof ze — 442.
— hus ze — II 442.
— lüte Sant-Leodegaryen — II 441.
— matten ze — genant ze Endbach, II 442; s. auch Endbach.
— merkt ze — II 424.
— mülin ze — II 442.
— mülinbach ze — II 442.
— der schultheissen snitter, die schultheiss sniter ze — II 424, 442.
— tal ze — II 414, 424, 443.
— der von — I 42, 45.
— dominus in — II 301.
— Eberhart von — II 418.
— Hans von — II 446.
— Heinizmann von — II 421.
— Hostat, Chönrat von, sesshaft jelz ze — II 424; s. auch Hochstatt.
Matenheim, s. Modenheim.
Matrei (Ort, s. v. Innsbruck, Tirol).
— Matray, II 623.
— besess ze — II 623.
Matten, Ita dicta an der — et liberi ejus (habsburgische Eigenleute zu Rüed, Kt. Argau), II 284.
Matten, Johannes an der — (Sasser zu Lenzborg, Kt. Argau), II 209.
Matten, die Langen — (Flurname im Birrfeld, bei Brugg, Kt. Argau).
— die Langen — II 536.
— matten uff dem Birfeld, die man nempt die Langen — II 536.
Mattenheim, s. Modenheim.
Matzerola, des — güt (zu Rütisheim im Elsass), I 10.
Matzingen (Pfd., s.-ö. v. Frauenfeld, Kt. Turgau, Heimat eines Freiherrengeschlechtes).
— Maczingen, II 720, 731.
— herr Wernherr, Wernher von — II 720, 731.
Mauensee (Burg, Df. und See, w. v. Sursee, Kt. Luzern).
— Mawensee, Mowense, I 179, II 673.
— der ze re — und das burgstal darinne, I 179.
— stören ze — II 673.
Maur (Pfd. am Greifensee, Kt. Zürich).
— Mure, I 278, II 81, 296, 317.
— güt der vryen luten ze — I 278.
— redditus in — II 81.
— Cunradus de — (habsburgischer Eigenmann zu Küsnach, Kt. Zürich), II 317.
Mayer, s. Meier.
Mechtildis, soror cellerarii de Altorf (habsburgische Hörige zu Fällanden, Kt. Zürich), II 296.
Mechtildis (habsburgische Hörige zu Orlingen, Kt. Zürich), II 331.
Mechtildis dicta Arnoldin, s. Arnold.
Mechtildis in dem Gerode, mater et soror ejus, II 279.
Mechtildis in dem Hasel, s. Hasel.
Mechtildis, uxor dicti Nukomen, s. Neukomm.
Mechtbilt ob der Wolfsgrube, bonum Mechtildis ob der Wolfgrůbun in Meyngen, I 444, II 220; s. auch Mengen, Wolfgrůbe.
Megg (Bürgergeschlecht von Wintertur, Kt. Zürich).
— Megg, Meggo, I 331, II 704.
— ein burger von Winterthur genant — II 704.
Meggen (Pfd., s.-w. v. Küssnach, Kt. Luzern).
— Meggen, I 211.
— dorf ze — I 211/212.

— kilchen ze — I 211.
— låte, vrie, ze — I 211/212.
— ståre ze — I 211/212
— t. u. b., d. u. v. ze — I 211/212.
Meggen, von — (Bürgergeschlecht zu Luzern).
— Hans von — II 668.
— Herman von — II 668.
— Peter von — II 667, 608 069, 756.
Meggenborn (Ort und Burgruine, s.-w. v. Meggen, Kt. Luzern).
— Meggenborn, das burgstal ze — I 214.
Mehrstetten (Ort, s.-ö. v. Münsingen, Kgr. Würtemberg).
— Merstetten, I 404, 407, 470.
— gütli ze — I 467.
— güt ze — I 407.
— t. u. b., d. u. v. ze — I 470.
Meienberg (Df. und ehemaliger Burgflecken, w. v. Sins, Kt. Argau).
— Meiemberg, Meienberg, Meigenberg, Meienberch, Meyemberg, Meyenberg, Meysiberg, I 144, 146, II 52, 118, 172, 173, 179, 188, 195, 213, 214, 215, 216, 217, 526, 555, 587, 606, 632, 735.
— acker ze ze — I 146.
— aker in der obern zelg, II 587.
— ampt ze —, officium —, officinm in — I 144, II 52, 172, 179, 188, 215, 735.
— bongarte ze — I 140.
— burger in der Owe ze —, cives in — I 146, II 213, 216.
— districtus in Own in — II 215.
— feodum castrense in — II 214, 215.
— güt, das heisset Zwier ze — II 118; s. auch Zweiern.
— hag in — II 216.
— hof ze — II 606.
— hofstetten sins ze —, census arearum in — I 146, II 215.
— lehen ze — II 555.
— mŭli ze — I 146.
— orti in — II 216.
— redditus officio in — pertinentes, II 215.
— reditus obligati in officio — II 188.
— stat ze —, die der grafen von Habsburg eigen ist, I 146; s. auch Habsburg.
— stŭran ze —, stŭre ze —, stura in — I 146, II 195, 216.

— stůr, unsere, ze — II 632.
— summa bladi in — II 173.
— summa totius bladii non obligati in — 217.
— t. u. b., d. u. v. ze — I 140.
— zehenden ze — II 526.
— Johans — II 587.
Melenhart (abgegangener Ort zwischen Dietwiler und Schlierbach, im Elsass).
— Meienhart, I 26.
— herberig ze — I 26.
— store ze — I 26.
— torf ze — I 26.
— t. u. b., t. u. v. ze — I 26.
Meienheim (Ort, n. v. Regisheim, im Elsass).
— Meienhein, Meigenhein, I 8.
— Mergentheim (verschrieben), II 440.
— dorf ze — I 8.
— herberig ze — I 8.
— lehen ze — II 440.
— stůr ze — I 8.
— tåb und vreven ze — I 8.
— Wernli von — II 440.
Meier (Geschlecht verschiedener Leute).
— Mair, Meyer (zu Embrach, Kt. Zürich), I 261, II 387.
— der Meyer, des Maires gute, I 261, II 387.
— Mayer, Hänni — (Bürger zu Lenzburg, Kt. Argau), II 742.
— Meiger, der — (zu Wintertur, Kt. Zürich), I 312.
— Meiger, Heinrich der — (von Langen-Enslingen, Kgr. Würtemberg), I 406, 408.
— Meigers, Heinrich des — schüppôs, I 406.
— Meigers, des — güt (zu Veringendorf, Kgr. Preussen), I 302.
— Meiger, Rüdger — (Pfandinhaber zu Baden, Kt. Argau), II 660.
— Meiler, die — (Bauern zu Wölflisuil, Kt. Argau), II 767.
— Meyer, Bertoldus dictus — et liberi sui chabsburgische Eigenleute zu Liebegg, Kt. Argau), II 735.
— Meyer, Claus — von Waltzhůt (Lehensinhaber zu Waldshut im Gh. Baden), II 545.
— Meyer, Conradus, Waltherus dicti — (habsburgische Eigenleute zu Schöftland, Kt. Argau), II 224.
— Meyer, der — hůb ze Graupen (bei

Bülach, Kt. Zürich), II 509; s. auch Grampen.
— Meyer, der — von Mengen (Lehensinhaber zu Mengen, Kgr. Würtemberg), II 459.
— Meyerin, dicta — et sui liberi (llörige des Klosters Einsideln zu Uster, Kt. Zürich), II 299.
— Meyer (Geschlecht von Baden, Kt. Argau), II 571, 600.
— Götz — von Baden, II 571.
— Götz — der jung, des Vingerlis eydem, II 600.
— Meyer, Hartman — (Lehensinhaber im Eigen bei Brugg, Kt. Argau), II 532.
— Meyers, Hedwigis uxor Cunradi dicti — et 4 sui liberi (Eigenleute des Klosters Seckingen zu Glattfelden, Kt. Zürich), II 302.
— Meyer, Heinricus dictus — (habsburgischer Eigenmann zu Nänikon, Kt. Zürich), II 313.
— Meyer, Heiny — (Lehensinhaber zu Schwendi am Bötzberg, Kt. Argau), II 530.
— Meyer, Johannes, filius Bertoldi dicti — liberi et mater sua (habsburgische Eigenleute an Liebegg, Kt. Argau), II 285.
— Meyer von Mörsberg, s. Mörsberg.
— Meyger, der — von Wingarten (bei Wintertur-Neftenbach, Kt. Zürich), I 332.
— Meyger, Hermannus dictus — (Eigenmann des Klosters St. Blasien zu Rheinhart bei Schaffhausen), II 329.
— Meyer (Geschlecht von Lehensinhabern im Birrfeld bei Brugg, Kt. Argau), II 536, 538.
— Johans — II 538.
— Uli — II 536.
— Myen? (Meyen). Myni, (Bauerngeschlecht zu Embrach, Kt. Zürich), I 264, II 62.
— Rüdis — schöpos, Rüdolfi — schöposs, I 264, II 62.
— Villici, 3 fratres dicti — (habsburgische Eigenleute zu Nänikon, Kt. Zürich), II 313.
Meierskappel (Pfd. im Kt. Luzern).
— Cappellen, I 214.
— dorf ze — I 214.
— lüte zo — I 214.
— stüre ze — I 214.

— t. n. b., d. u. v. ze — I 214.
Meigenberg, Meilenbarch, s. Meienberg.
Meigenbein, s. Mönenheim.
Meilen (Pfd. am Zürichsee, Kt. Zürich).
— Meilant, Meilen, Meylan, II 290, 297, 498, 522.
— acker ze — an Zürcher sewen, II 522.
— hofstat ze — II 498.
— s. auch Ober-Meilen.
Meinbartsperg, s. Einisberg.
Meispach, s. Maispruch.
Meister, Cunradus dictus — et Johannes —, fratres (Eigenleute des Klosters Luzern zu Nieder-Ferren, Kt. Luzern), II 275.
Meisterli (Bürgergeschlecht von Brugg, Kt. Argau).
— Meisterli, Meisterlin, II 529, 530.
— Flli — II 530.
— Johans, Hans — II 529, 530.
Meisterli, Heinricus — (Lehensinhaber zu Ertingen, Kgr. Würtemberg), II 159.
Meisterschwanden (Pfd. am Hallwilersee, Kt. Argau).
— Meisterswand, Meisterswang, Meisterswangen, Meysterswang, I 170, 171, II 3, 101, 199, 200, 573.
— gnossame die, ze — II 101.
— schöpos, schöpossen ze — I 171.
— t. n. b., d. u. v. ze — I 171.
— twing ze — II 573.
— Heinrichs ze der Linden gût ze —, I 170, s. a. Linden.
Meiwiler, s. Minzenwiler.
Mekgingen, Mekingen, s. Möggingen.
Melen, Rüscho des — s. Rüscho.
Mellingen (Städtchen und Df. an der Reuss, Kt. Argau).
— Mellingen, Mellingin, I 120, 129, 130, 131, II 5, 35, 121, 188, 195, 201, 565, 575, 647, 734, 736, 739, 740, 741, 756, 757.
— brotbank ze — II 741.
— brugg ze — II 741.
— burger ze — I 131, II 740, 741.
— die von — II 756.
— d. u. v. ze — in dem dorfe, I 120.
— d. u. fr. ze — II 741.
— fleischbank ze — 741.
— frowen die ze — II 741.
— garten-zins ze —, census de ortis —, I 130, II 5, 121.

— gericht. klain and gross, ze — II 741.
— glait ze — II 742.
— haingarten (ze) — II 741.
— hofstat ze — I 131.
— hofstettezinse ze —, census de domibus, I 130, II 5, 121.
— kilche, ze —, ecclesia Sancti Johannis in — I 131, II 201, 736.
— kilchensatz ze — II 742.
— muli ze —, molendinum — I 130, 131, II 5.
— officium — II 739.
— ow ze — II 741.
— reben ze — II 575.
— reben vor der statt ze — II 576.
— schultheiss von —, schultheizz, sculletus de — II 121, 188, 576, 740, 741, 742.
— sture, stüran, ze — I 131, II 195, 647, 740.
— thor ze — I 120.
— t. u. b., d. n. v. ze — I 131.
— zoll ze — uff der brugg, II 741.
— Amman, Peter, burger zu —, s. Ammann.
— Bitterkruth, Hans, schultheiss ze —, s. Bitterkrut.
— Flach, Rüdi, burger zu —, s. Flach.
— Pitterkrut, Hans, burger zu — s. Bitterkrut.
— Segenser, Hans, der, schultheizz zu —, s. Segenser.
— Sidler, Üli, burger zu — s. Sidler.
— Tachelhoven, Rüdi von, burger zu — s. Tachelshofer.
— Witzig, Heinrich von —, s. Witzig.
— Wolleb, Wernly, burger zu —, s. Wolleb.
Melman, filie dicti — (habsburgische Eigenfrauen zu Zürich), II 269.
Melsdorf (Df., n.-w. v. Sigliedorf, Kt. Argau).
— Melstorf. II 301, 302.
Melsecken (Ort, n. v. Langnau an der Wigger, Kt. Lucern).
— Melsikon, I 185.
— d. n. v. ze — I 185/186.
Melwer, Hans — von Zovingen (Lebensinhaber, zu Bottenwil bei Zofingen, Kt. Argau), II 585.
Mely, s. Mölin.
Memmingen, s. Ennet-Ach.
Mencingen, s. Mensingen.
Mener, der — und ein sun von Rei-
ningen (Lebensinhaber zu Remigen, Kt. Argau), II 542.
Mengen (Städtchen, n.-w. v. Saulgau, Kgr. Württemberg).
— Mengen, Meyngen, I 370, 441, 445, II 150, 154, 155, 157, 163, 220, 232, 233, 234, 244, 245, 250, 254, 459, 460, 698, 703.
— advocacia unius molendini — II 246.
— advocatus de — II 163.
— bannus frugum de — II 155.
— bauwart ze —, custodes campi — I 445, II 246.
— bona in civitate — II 154.
— burger ze — I 445.
— curia medici de — II 154.
— curia molendinarii de — II 154.
— curia retro ecclesiam de — II 154.
— curia sita juxta — II 234.
— datum in — II 698, 703.
— feodum quoddam de — II 155.
— grabmöll ze — II 460.
— güter, die das gotshus von Borron anhorent, bona preposili de Büron, I 442, II 155; s. auch Beuron.
— götli ze — II 459, 460.
— götli ze —, genant des Sachsen lechen, II 459; s. auch Sachs.
— götli ze — genant Glatlis lechen, II 459; s. auch Glatis.
— güt ze — das man nempt des Hedigbofers lechen, II 459; s. auch Hedikofer.
— hirten ze —, pastor de —, officium pastorie — I 445, II 155, 246.
— hof ze —, curia in — II 232, 233, 459, 460.
— hof ze —, genant der klein hof, II 459.
— hof ze —, heisset der Burghof, curia castri —, curia castri juxta oppidum, I 443, II 154, 241.
— hof ze —, zu der statt genant der Löcherhof, II 460; s. auch Löcherhof.
— hofstettezinse ze — in der stat, census arearum —, census arearum oppidi —, census domorum in civitate — I 442, II 153, 244, 246.
— jus patronatus ecclesie in civitate — II 155.
— lechen ze —, genant des Wolfslechen, II 459; s. auch Wolf.
— löbenzinse in der stat ze —, lobium de — I 442, II 155.

— lute, die — vor der stat ze — I 445.
— 4 manwerk matten ze — II 460.
— müli ze —, molendinum ante portam de —, molendinum juxta oppidum — I 414, II 154, 244.
— nemorarius de — II 155.
— officium Schiltungi, advocati in — I 370.
— porta de — II 154.
— redditus bonorum de — in civitate, II 154.
— redditus circa — II 150.
— stat ze, —, civitas —, oppidum — I 441, 442, 445, II 154, 220, 244, 459.
— sture ze —, stûra de —, stura opidi —, I 445, II 155, 220.
— summa de — II 155.
— t. n. b., d. u. v. ze — I 445.
— vischentz uf der Ablach bi —, piscina de —, I 444/445, II 155, 244; s. auch Ablach.
— vogtey der güter, die das gotzhus von Burron anhorent, advocacia bonorum prepositi de Buron, advocatis dominorum de Burron in — I 442, II 155, 244; s. auch Heuron.
— weybelhôbe ze, —, mansus preconis in — I 444, II 220, 459.
— Eberhardus minister in — II 233; s. auch Roena.
— Ebinger, Bentzline der, von —, s. Ebinger.
— Ebinger, Heinrice von —, s. Ebinger.
— Eslers, Albrechts des seligen wirtin von —, s. Esler.
— Hagman, Chûnts von —, s. Hagman.
— Hagman, Heintz von —, s. Hagman.
— Has, Bentz der, von —, s. Has.
— Hund, Ûli der, von —, s. Hund.
— Huntôbel, Waltherus dictus civis in —, s. Huntobel.
— Löchler, Chûnrade von —, s. Lochler.
— Marsteg, Hans von —, s. Marsteg.
— Mechtilt ob der Wolfgrûbe, bonum Mechtildis ob der Wolfgrûben, I 444, II 220; s. auch Mechtilt, Wolfgrûbe.
— Meyer, der, von —, s. Meier.
— Mûnch, Chûntz, der Ebringer von —, s. Mûnch, Ebringer.
— Murer, dictus civis in —, s. Murer.
— Niblung, Heintz von —, s. Niblung.

— Ott Chûntz von — s. Ott.
— Pantzer, Chûnrat von —, s. Bantzler.
— Rall, Chûnz von —, s. Rall.
— Röchloch, Chûnz von —, s. Röchloch.
— Trebinger, Merkli von —, s. Trebinger.
— Wild, Hans der, von —, s. Wild.
— Wilde, Cunradus dictus civis in —, s. Wild.

Mengendorf, s. Ennet-Ach.
Menidorf, s. Männedorf.
Monnweg (Weg zu Regensberg, Kt. Zürich).
— Mennewege, Mannassen halda an dem — s. auch Manesse, I 235.
Mentellin (Bauerngeschlecht zu Ertlingen, Kgr. Württemberg).
— Mentellins, Cunrat — gût, bonum Conradi dicti Mentellin, curia Conradi Mentellis, I 385, II 228, 247.
Mentzeller, Heinrich — (Lehensinhaber zu Diessenhofen, Kt. Turgau), II 526.
Mentzingen, s. Menzingen.
Mentzis, filia dicti — (habsburgische Hörige zu Zürich), II 204.
Mentznowe, s. Menzman.
Menziken (Df., a. v. Heinach, Kt. Argau).
— Mentzkon, I 173.
— Neutechon? (verschrieben), II 199.
— hov ze —, curia in — I 173, II 199.
— schôpos za — I 173.
Menzingen (Pfd. im Kt. Zug).
— Mencingen, Mentzingen, I 155, II 172.
— d. n. v. ze — I 153.
Menznau (Pfd., z.w. v. Geiss, Kt. Luzern).
— Mentznowe, I 195.
— gûlte, dôb und vrefel ze — I 195. Mer, Waltherus et Johannes, dicti —, et sorores sue (Eigenleute des Klosters Luzern zu Hochdorf, Kt. Luzern), II 275.
Meran (Stadt in Tirol).
— Meran, Merân, Meron, Merôn, I 515, 516, 517, II 693.
— erbe der lûte, dû gegen — horten, I 514.
— gûter, die gegen — horten, I 516.
— gût von — I 515.
— lûte, die, von — I 517.

Mercin, s. Merzlingen.
Mergenthein, s. Meienheim.
Meringen, s. Märingen, Möhringen.
Meringer, der — (Gotsinhaber zu Warmtal bei Langen-Enslingen, Kgr. Würtemberg), I 407.
Meringerin (Name einer Gotsinhaberin zu Ertingen. Kgr. Würtemberg).
— Meringerin, der — güt, bonum dicts —, bonum dicti — I 386, II 228, 247.
Merishalden, s. Mürishalden.
Meron, Merön, s. Meran.
Merstetten, s. Mohrstetten.
Mertemwile, s. Mettenwil.
Merzen (Df., n. v. Stroet, im Elsass).
— Mörentz, Mürenze, II 411, 443.
— die låte ze — II 410/411.
— vischentz in dem gerichte ze — II 443.
Merzlingen (oder Merzligen, Df., n. v. Arberg, Kt. Bern).
— Mercin, II 21.
— scoposse — II 21.
— silva — II 21.
Mesella, s. Pintla.
Meserner? (Gotsinhaber zu Veringendorf, im Kgr. Preussen).
— Meseners, des — güt, bonum dicti Mewner, I 399, II 222.
Mesikon (Weiler, s.-ö. v. Illnau, Kt. Zürich).
— Mesicon, Mesikon, II 525, 760.
— büh ze — II 525.
— Cůnrat Sutin von — II 760; s. auch Sutin.
Messen (Pfd., w. v. Fraubrunnen, aber im Kt. Solotum).
— Messon, II 13.
Messer (Geschlecht zu Wintertur, Kt. Zürich).
— Chůnrat — I 333.
— Walther — I 328.
Methilt, der Webrin hofstat (zu Langen-Enslingen, Kgr. Würtemberg), I 408; s. auch Webrin.
Metlen, s. Mettlen.
Metli? (Gotsinhaber zu Altheim, Kgr. Würtemberg).
— Metlis güt, bonum dicti Mettelins, I 418, II 261.
Metlon, s. Mettlen.
Metmenstetten (Ober- und Unter —, Weiler, n.-ö. v. Ober-Embrach, Kt. Zürich).

— Mettmenstetten, hoff ze — II 479.
Metmenstetten, s. a. Mettmenstetten.
Metlan (Pfd., ö. v. Lanfenburg, Kt. Argau).
— Mettöwe, leben ze — II 769.
Mettendorf (Df., s.-ö. v. Wellhausen, Kt. Turgau).
— Mettendorf, I 367, II 83, 398, 691.
— dinghof ze —, des eigenschaft gegen Owe höret, I 367.
— d. n. v. ze — I 367.
— gülte ze — II 398.
— güter ze —, bona in — I 367, II 83.
— herberge ze — I 367.
— hof ze — II 691.
— kelner ze — I 367.
— låte, die vrien, und ander late ze — I 367.
— stůre ze — I 367/368, II 398.
— twing ze — I 367.
Mettendorf? (das heutige Ennet-Höri, Df. im Kt. Zürich?).
— Mettendorf, II 65, 77, 349.
— villa — II 349.
Mettenwil (Weiler, ö. v. Ballwil, Kt. Luzern).
— Mettenwile, I 145, II 625.
— d. u. v. ze — I 145.
— hof ze — I 145, II 625.
Mettenwil (Ort, s.-w. v. Meggen, Kt. Luzern).
— Mertemwile, I 210.
— die låte, die güt buwent ze — I 210/211.
— t. u. h., d. u. v. ze — I 210/211.
Mettersdorf (ehemaliges Df. bei Ballersdorf, im Elsass), II 412.
Mettingen (Ort, s.-w. v. Stülingen, im Gh. Baden).
— Mettingen, I 90.
— hof ze — I 90.
— låte ze — I 90.
— schůppoz, schůppozan ze — I 90.
— stůre ze — I 90.
— t. n. b. ze — I 90.
Mettlen (Ort, s.-ö. v. Eschenbach, Kt. Luzern).
— Metlen, Metlon, II 553, 571.
— hof ze — II 571.
Mettlen (Ort, s.-w. v. Wald, Kt. Zürich?).
— Mütlen, vogty ze — II 509.
Mettmen-Hasli (Df. bei Nieder-Hasli, ö. v. Regensberg, Kt. Zürich).

— Metmen-Hasla, I 248.
— lute ze — I 247/248.
— sture ze — I 248.
— nesidelinge ze — I 247/248.
Mettmenstetten (Pfd., a. v. Affoltern, Kt. Zürich).
— Metmenstetten, I 148.
— d. u. v. ze — I 148.
Mettöwe, s. Mettan.
Metzer (Geschlecht von Lehensinhabern zu Wintertur, Kt. Zürich).
— Metzer, Metzerin, II 480, 518.
— Burkart — von Winttertor, II 480.
— der alt Sigrist — von Winttertur, II 518.
Metzger, Cli (Lehensinhaber von Sur, Kt. Argau), II 568.
Metzger, Ulrich — von Guntzburch (Lehensinhaber von Günzburg, Kgr. Baiern), II 466.
Metziers, filie dicti — (habsburgische Eigenfrauen zu Hirslanden-Zürich), II 293.
Metznerow, s. Gösslikon.
Meyeler, Conradus (habsburgischer Eigenmann zu Rat bei Weisch, Kt. Zürich), II 303.
Meyemberg, Meyenberg, s. Meienberg.
Meyer, Meyger, s. Meier.
Meyngen, s. Ennet-Ach, Mengen.
Meylan, s. Meilen.
Meysiberg, s. Meienberg.
Meysterswang, s. Meisterschwanden.
Michaelis, Sanctus —, s. Bero-Münster, Münster.
Michelbach, s. Ober-Michelbach.
Michelfelden (Ort, n. v. St. Louis, bei Hüningen, im Elsass).
— Michelveld, hof ze — I 15.
Michels, Sand — lut von Münster, s. Bero-Münster, Münster.
Michels, Sant — ampt, Michels, Sant — ampt, s. Bero-Münster, Münster.
Mierterkingen (Ort im O.-A. Saulgau, Kgr. Würtemberg).
— Müterkingen, Eghardus de — II 253.
Miltenberg? (unbestimmbar, wohl Mittelburg, bei Tann, im Elsass).
— Miltenberg, II 425, 433.
— reben am — II 425, 439.
Mindelheim (Stadt im Allgäu, Kgr. Baiern).
— Mindelheim, datum ze — II 688.
Minna, Hans — (Lehensinhaber in Schwaben), II 470.

Minneman, Rudolfus — (Bauer zu Remigen, Kt. Argau), II 51.
Minrenwiler (auch Meiwiler, abgegangener Ort bei Ammerswejer im Elsass).
— Minrenwiler, I 17.
— torf ze — I 17.
— toh und vreven ze — I 17.
Miswangen, s. Müswangen.
Mit, Hans — von Hochsel (Lehensinhaber von Hochsal, zu Luttingen, Gh. Baden), II 503.
Millödi (Pfd., s. v. Glarus).
— Nydern-Mitledi, I 511.
— stüre der lute ze — I 511.
— tagwan der lute ze — I 511.
Mittelburg, s. Miltenberg.
Mittelest, Heinricus — (Eigenmann des Klosters Einsideln zu Oberkirch, Kt. Luzern), II 279.
Mittelmarch, die — (mittlere Abteilung der March am obern Zürichsee, Kt. Schwiz), II 711.
— die pfleg in der — II 711.
Mittel-Widen, s. Widen.
Mochli, von Oftringen (Bauer von Oftringen, im Gh. Baden), II 774.
Modenheim (Ort, n. v. Mülhausen, Elsass).
— Matenhein, Muttenhein, I 11, II 416, 441.
— güter ze — II 416, 441.
— wasser ze — I 11.
Möggingen (Ort, n.-ö. v. Radolfzell, im Gh. Baden).
— Mekgingen, Mekingen, II 460, 772.
— Chůnrat, Cůnrat von — II 772.
Möhringen (Ort, n.-ö. v. Riedlingen, Kgr. Würtemberg).
— Meringen, Nider-Meringen, Nidern-Meringen, I 387, II 162, 163, 164, 247.
— decima in — II 164.
— hof ze —, curia in — I 387, II 247.
— possessiones in — II 162.
Mölin (Pfd. im Fricktal, Kt. Argau).
— Mely, kilche, II 736.
Mömpelgard, s. Montbéliard.
Mönch, s. Münch.
Mönch-Altorf (Pfd., n.-w. v. Grüningen, Kt. Zürich).
— Altdorf, Altorf, I 271, 272, 273, 274, Munch-Altorf, Munch-Aldorff, Munch-Altorf, Münch-Altdorf, II 61,

Register. 148

91, 291, 292, 295, 296, 362, 363, 395, 486.
— dingbof ze — I 271.
— dorf ze — I 272.
— hof ze —, curia —, curia dominii in —, curia in —, cortis in — I 271, 273, 274, II 91, 291, 292, 295, 362, 363, 395.
— buben ze — I 272.
— jus ravocnadi in — II 292.
— lute des boves ze — I 271.
— meyerhof ze —, villicatus dominii in —, I 272, II 363.
— schūpos, schūpossen ze — I 272, 273.
— sture ze — I 271, 274.
— t. u. b., d. u. v. ze — I 274.
— velle und erben ze —, mortuaria curie, I 274, II 363.
— zubenden ze —, decima in —, decima curie dominii in — II 91, 363, 485/488.
— Adelheidis, filia dicti Kyburgers de —, a. Kiburger.
— Mechtildis, soror cellerarii de —, a. Mechtildis.
— Mya de — (habsburgische Eigenfrau zu Maur, Kt. Zürich), II 290.
Mönchenstein (Pfd. und Burg, s. v. Basel, im Kt. Baselland, Heimat eines Zweiges der Ritter Münch von Basel).
— Münchenstein, II 429, 434.
— burg ze — II 434.
— gericht ze — II 434.
— löt und gūt ze — II 434.
— twing und bann ze — II 434.
— vorburg ze — II 434.
— wasserrhūsen ze — II 434.
— wiltbenne ze — II 434.
— ber Chūrat der Mönche von — II 434.
— Lūtoll Münch von — II 420.
Möntal (Pfd., w. v. Rein, Kt. Argau).
— Mönendal, Mōneutal, Mūdentat, Mūnetal, Mōnentat, Mūnendal, Mōnental, Mūnentat, Mōtental, I 104, 105, II 52, 122, 177, 531, 532, 534, 540, 673.
— acker ze — I 105.
— gūter ze — I 104, II 673.
— gütli ze — II 532.
— küche ze — I 105.
— lehen im — II 534.

— phaod in — II 122.
— rūti ze — I 105.
— stār ze — I 104/105.
— t. u. b., d. u. u. v. ze — I 105.
— zebende in —, decima in —, II 52, 177.
— zebende, der mer und der miare —, der kilchen ze — I 105.
Mōrents, a. Merzen.
Mōrgeli (Geschlecht zu Wintertur, Kt. Zürich).
— Mōrgenali, Cūnrat — von Wintertur, II 482.
— Morgellis hūb, II 406.
Mōriken (Df., n. v. Lensburg, Kt. Argau).
— Mōrikon, II 532.
Mōrisegg (Hinter-, Ober- und Unter —, Hōfe, n.ō. v. Lauperswil, Kt. Bern).
— Morinseggs, II 10.
Mōrisbalden (Ort bei Fluntern-Zürich).
— Merishalden, II 307.
Mōrlen (Hof, n.w. v. Wildisbuch, Kt. Zürich).
— Morla, I 348.
— bābe ze —, der eigenschaft gegen Rinowe hōret, I 348.
Mōrsberg (oder Mōrsburg, Burg, n.w. v. Wintertur, Kt. Zürich).
— Mōrsperg, Mōrspurg, Morspere, Morsperg, II 88, 42, 487, 493, 503, 525, 527, 705.
— acker, ekker ze — II 487, 503, 705.
— bomgartlen ze — II 503.
— bomgart, der grosse, ze — II 493.
— breitacker, der —, genant Tieracker ze — 494; s. auch Tieracker.
— burg ze — II 487.
— hofstett umb die burg ze — II 487.
— holtzer ze — II 487.
— ritterbuser ze — II 705.
— wingarten ze — II 487, 705.
— wisen ze — II 705.
— zehenden ze — II 525.
— Grund Heinin im, von — II 527.
— Meyer Hans von — II 487.
Mōrsberg (Morimont, Burg bei Oberlarg im Elsass).
— Mōrsperg, II 414, 415, 416, 436, 437.
— burg, ze — II 415, 416, 437.
— burg, die nidere, ze — II 415.
— burg, die obere, ze — II 415, 437.

— garten zu — II 415, 416.
— gerichte zu — II 437.
— hofstatt in der vorburg ze — II 416.
— knecht ze — under der burg, II 437.
— vorburg za — II 416.
— Chüntz von —, und sin brůder, II 414, 436.
— Diebolt von — II 416.
— her Heinrich von — II 436.
— Hug von — und Wernli einer brůders seligen sun Eberharts, II 415.
— Matis von — II 436.
— Năsse, Heinrich von — II 414.
— her Peterman von — und her Jacob, sin bruder ritter, II 416.
— her Richshart von — II 415.
Mogelsberg (Pfd. im Bezirk Unter-Toggenburg, Kt. St. Gallen, Heimat eines ritterlichen Geschlechtes).
— Magelsperg, Heinrich von — II 491.
Molchingen, Molkingen, s. Mulchlingen.
Molitor, s. Mülner.
Mollis (Pfd. im Kt. Glarus).
— Mollis, I 512.
— bůssen der lüte ze — I 512.
— stüre der lüte ze — I 512.
— tagwan der lüte ze — I 512.
Montbéliard (Mömpelgard, Stadt, s. v. Belfort, Frankreich, Heimat eines Grafengeschlechtes).
— Montisbeligard(is), Mümpelgart, II 267, 268, 417.
— bann von — II 417.
— comes Montisbeligardis, II 267, 268.
Montbouton (Ort, s. v. Delle, Frankreich).
— Montebotone, Mónpeton, Múnpetůn, I 38, 39, II 456.
— kilchen die, ze —, ecclesia de — I 39, II 456.
— pfafe der, von — I 38.
— torf das, ze — I 38.
Montegaudii, s. Montjoie.
Monte Roberto, mansus quondam dicti Gelebér de — in hanno de Grandivilario (unbestimmbar, wohl bei Grandvillars in Frankreich), II 452.
Montfort, von — (Grafengeschlecht in Schwaben).
— Montfort, Montisfortis, I 415, 434, II 457.

— die grafen von — I 415.
— dominus comes Montisfortis (Wilhelm III.), II 457.
— grave Hugo von — I 434.
Montisbeligardia, s. Montbéliard.
Montjoie (Froberg, Ort, w. v. Glères, Frankreich, Sitz eines ritterlichen Geschlechtes).
— Montegaudii, dominus Rudolfus de —, alias de Gliers, II 454; s. auch Glères.
Montreux, s. Münsterol.
Montrond (Ort bei Montjoie, in Frankreich).
— Munrun, II 447.
— die burg ze — II 447.
— die burger ze — II 447.
Moorschwanden (Weiler im Bezirk Horgen, Kt. Zürich).
— Morswanden, hof ze — II 761, 776.
Moos, das — (Flurname, n. v. Beinach, Kt. Argau).
— Mose, matten in dem — I 174.
Moos (Hof, s.-ö. v. Weisslingen, Kt. Zürich).
— Mose, I 290, II 389.
— d. u. v. ze — I 290/291.
— lůte ze — I 290/291.
— steore — II 389.
Moos (Orts- und Flurname bei Rotenburg, Kt. Luzern).
— mos, I 197.
Moos (Gegend, s.-ö. v. Ober-Embrach, Kt. Zürich).
— Mose, I 263, II 63, 70, 475.
— gůt im — II 475.
— reditus in — II 63.
— schůpos bi dem — I 203.
Moos (Weiler bei Ober-Winterthur, Kt. Zürich).
— Moss, gůt ze — II 476.
Moos? (unbestimmbarer Ort).
— Moss, vogty ze — II 509.
Moos, von — (Bürgergeschlecht von Luzern).
— Mos, Moss, II 548, 549, 671.
— Heinrich von —, und sin husfrŏw, II 549, 671.
— Heinrich, Peter und Hans von — und ir swester, II 548.
Moos-Affoltern (Df., n. v. Münchenbuchsee, Kt. Bern).
— Affoltern, scoposue, II 14.
Moosburg (Ruine bei Effretikon, Kt. Zürich)

— Mosburg, Moseburc, Mosenburc,
Moseburch, II 40, 43, 75, 94, 516.
— castrum — II 43.
— dorn ze — II 516.
— Bertoldus de — II 94.
Mooser-Allmend (Orts- und Flurname,
w. v. Kriens, Kt. Luzern).
— Mose, I 203, 217.
— güter in dem — I 203.
— matten in dem — I 217.
Mooshof? (Hof am Embracherberg,
Kt. Zürich).
— Mosshoff, hoff genant der —, lit
nff Enerrecherberg, II 476.
Moos-Lerau (Ort im Surtal, Kt. Argau, Teil vom Pfd. Lerau).
— Mosleren, Moslerowe, I 160, II 282.
— d. n. v. ze — I 160.
Moreswiler, Moreswilr, s. Nieder-Morsweier.
Morgelli, s. Mörgelli.
Morgen, Hans — (Pfandinhaber im
Siggental, Kt. Argau), II 606.
Morimont, s. Mörsberg.
Morinseggo, s. Mörisegg.
Morla, s. Mörlen.
Morlin, Cunrat — hâbe (zu Engelwies
im Gh. Baden), I 431.
Morneaweg, Cunradus dictus — (habsburgischer Eigenmann zu Kaltháusern bei Frauenfeld, Kt. Turgau), II
323.
Morschwilr, s. Nieder-Morsweier.
Morsperc, Morsperg, s. Mörsberg.
Morswanden, s. Moorschwanden.
Morswilr, s. Nieder-Morsweier.
Mortal (Flurname an der Reuss bei
Luzern).
— Mortaden, II 588.
— vogty uber 1 gütli ze — II 588.
Morvillars (Ort, n.-w. v. Grandvillars,
Frankreich).
— Mortivilare, Morvelar, II 451, 452.
— villa de — II 452.
— Johannes de — II 451.
Mosburg, s. Moosburg.
Mose, s. Moos.
Mose, Bertoldus de — (habsburgischer
Eigenmann zu Liebegg, Kt. Argau),
II 286.
Mose von — (st. gallisches Ministerialengeschlecht von unbestimmter
Heimat).
— Mose, domina de — II 139, 142,
144, 145, 147, 148, 149.
Mose; s. auch Mooser-Allmend.

Moseburc, s. Moosburg.
Mosen (Df., a. vom Hallwilersee, im
Kt. Luzern).
— Mosbein, I 220, II 336.
— d. n. v. ze — I 220.
— scoposa in villa — II 336.
— zehenden ze — I 220.
Mosenburc, s. Moosburg.
Moser, Welti — (Lehensinhaber im
Birrfeld bei Brugg, Kt. Argau), II
538.
Mosbein, Heinricus — (Bauer im Eigen
bei Brugg, Kt. Argau), II 48.
Mosleren, Moslerowe, s. Moos-Lerau.
Mosman, Cunrat — (Lehensinhaber zu
Watt, bei Regensdorf, Kt. Zürich),
II 515.
Moss, s. Moos.
Moseburch, s. Mooseburg.
Mosshoff, s. Mooshof.
Mowense, s. Mauensee.
Muchein, Muchein, s. Mühen.
Muchein, tres sorores Johannis dicti
de —, (habsburgische Hörige zu
Gretzenbach, Kt. Solothurn), II 283.
Mudental, s. Müntal.
Mühle (zu Sulz im Kt. Luzern).
— Muli, Rudolfus, dictus ze der — II
339.
Mühle (wohl bei Ettiswil, Kt. Luzern).
— Müli, Hans zû der — II 557.
Mühleberg (Weiler, ö. v. Unter-Embrach, Kt. Zürich).
— Müliberg, II 475.
— güt ze — Nidern — II 475.
— güt ze — Oberen — II 475.
Mühledorf (Df., w. v. Bätterkinden,
im Kt. Solothurn).
— Mulidorf, scoposa, II 16.
Mühlehalden (Name eines Gutes zu
Oberstrass-Zürich).
— Mulihalten, locus dictus an — II
319.
Mühletal (Ort, n.-ö. v. Zofingen, Kt.
Argau).
— Mülital, I 492.
— dorf ze — I 492.
— stûre ze — I 492.
— t. u. b., d. n. v. ze — I 492.
Mülenheim, von — (Bürgergeschlecht
von Strassburg im Elsass).
— Mûlhein, Mûlhein, Mûlhen, Mulhein,
II 740, 742, 744, 748.
— die von — II 740.
— die von — gen Strassburg, II 742.

10

— die von — zu Strassburg, II 744, 748.
Mülhausen (Stadt an der Ill im Elsass).
— Mülhusen, Mulnhusen, II 418, 420, 767.
— hof ze —, dem man sprichet des Zobels hof, II 420; s. auch Zobel.
— matten se — uff der Ille, II 420; s. auch Ill.
— Swab, Frantz, der alt von —, s. Schwab.
Mülheim (Pfd., u.-ö. v. Frauenfeld, Kt. Turgau).
— Mülheim, Mülhein, Mülnhein, Mülbeim, I 357, II 70, 71, 84, 347, 685.
— cultura vinearum — II 71.
— der von — II 397.
— dinghof ze — I 357.
— dorf (ze) — I 357, II 685.
— d. u. v. ze — I 359.
— güts ze — I 358.
— gults ze — II 397.
— herberg ze — I 359.
— hüben ze — I 357/358.
— löte ze — I 357/359.
— stüra ze — I 359, II 398.
Mülheim, s. Mülenheim.
Mülherr? (Bauerngeschlecht zu Altheim, Kgr. Württemberg).
— Mölber, Mölherre, Mulberre, I 413, II 226, 261, 262.
— Mulherren gůt, bonum dicti Mölher, bonum dicti Mölherre, I 413, II 261, 262.
Muliberg, s. Mühleberg.
Mülinen, von — (ritterliches Geschlecht von Mülligen, Kt. Argau, zu Bern).
— Mülinen, Mölinon, Mulinon, II 123, 185, 187, 190, 528, 602, 643, 644, 716, 723, 731, 737.
— Albertus de —, et mater sua, II 185, 187, 190.
— Albrecht von — II 644.
— Anna von — II 602.
— Berchtolt von — II 643, 644.
— Egbrecht von —, ritter, II 528.
— Egli von — (und sin brůder), II 716, 717, 723.
— Henman von — II 731, 737.
— Peter von — (der schultheis von Brugg, der schultheiss von Brugg, die witwe Peters seligen des schultheissen von Brugg), II 122, 123, 133, 179; s. auch Brugg.

Müller (Geschlecht von Wintertur, Kt. Zürich).
— Müller, Ulrich — von Winttertur, II 505.
— Muller, der — I 332.
Möller (Name versch. Leute).
— Mulier, Bertoldus dictus — (habsburgischer Eigenmann zu Kölliken, Kt. Argau), II 283.
— Muller, Heinrich — von Eslingen und Rerchte sin swester und Ölrichs seligen ir brůders kint (habsburgisch-laufenburgische Eigenleute von Esslingen bei Egg, Kt. Zürich), II 773.
— Muller, Ulrich — von Andolfingen von Winttertur, II 476.
— Mullers, des — gůt (bei Scher im Kgr. Württemberg), I 436.
Müller (Geschlecht von Rapperswil, Kt. St. Gallen).
— Mölkr, Muller, II 518, 711.
— Göts, Götfrid, der — II 711.
— Rüdin — von Rappreswil, II 518.
Mülligen (Df., u.-ö. v. Hausen bei Brugg. Kt. Argau).
— Mülinen, Mölinon, Mulinon, I 135, II 49, 52², 536.
— geräte ze — I 135.
— gütli ze — II 526.
— hofstette ze — I 135.
— Conradus molendinator de —, s. Konrad.
— Heinrich von — (Lehensinhaber im Birrfeld, Kt. Argau), II 536.
Müllner (Bauerngeschlecht von Buswil, Kt. Luzern).
— Mollners, Peter — gůt, I 194.
Mülner (oder Müllner, ritterliches Geschlecht von Zürich).
— Molitor, Müller, Möller, Mulner, II 107, 293, 296, 298, 318, 595, 596, 711.
— .... dictus — II 298.
— dominus — II 318.
— domnus dictus — II 293, 296.
— Eberli — von Zürich, II 596.
— Göts der — II 711.
— her Jacop der — von Zürich, II 107.
— Růdolf des Müllers aun von Zürich, II 595.
Mümpelgart, s. Montbéliard.
Münch (oder Mönch, ritterliches Geschlecht von Basel).

— Münch, II 601, 649, 654, 655, 714, 724, 731.
— Burkart — II 714, 724, 731.
— Gotfrid der — II 655.
— Heinrich, der —, von Basel, II 654, 655.
— Küntzlin der — von Basel, II 601.
— Lütold der — von Basel, II 649, 655.
— des Münches erben, II 655.
München (Hauptstadt des Kgr. Baiern).
— München, datum ze — II 697.
Münchhausen (Ort, ö. v. Enzisheim, im Elsass).
— Münchehusen, Münchhusen, Müschosen, I 5, 48, II 442.
— aker ze —, heissent die Vogteige, I 5; s. auch Vogteige.
— dorf ze — I 5, 48.
— herberig ze — I 5.
— sture ze — I 5, 48.
— tüb und vreven ze — I 5.
Münchingen (Ort bei Bonndorf, im Gh. Baden, Heimat eines ritterlichen Geschlechtes).
— Münchingen, Münchingen, Munchingen, Munichingen, II 124, 495, 509, 545, 720, 723, 770, 774.
— hube ze — II 770, 774.
— des Münchingers wip und kint, II 719.
— Hans von — II 509.
— Hencz von — II 720, 723.
— Peter von — II 124, 545.
— Peter von — und Hans sin brüder, II 495.
— Peter, Hans, Heintz von — gebrüder, II 545.
Münchwilen (oder Münchweiler?, Df., s.-ö. v. Stein im Fricktal, Kt. Argau).
— Munchwille, Munewilre, I 62, II 775.
— d. n. v. ze — I 62.
— zehenden ze — II 775.
Münchwilen (Pfd. und Burg, n. v. Sirnach, Kt. Turgau. Heimat eines ritterlichen Geschlechtes).
— Münchwile, Münchwile, Munichwile, II 378, 516, 709.
— hof ze — II 516.
— Cüntz von — II 709.
— her Jans von — II 378.
Münental, Münetal, s. Montal.
Münrichingen (Ort, w. v. Hindelbank, Kt. Bern).

— Munderchingen, zoopoxxe, II 14.
Münsingen (Pfd. im Amt Konolfingen, Kt. Bern, Heimat eines ritterlichen Geschlechtes).
— Münsingen, II 633.
— Hartman der Senne von —, II 632/633.
— Katerin Sennin genant von Scherrenberg, II 638; a. auch Scherenberg.
Münster (auch Bero —, Pfd. und Chorherrenstift, n.-ö. v. Sursee, Kt. Luzern).
— Münster, Munster, Monster, I 225, 227, 229, II 119, 645, 697, 718, 721, 724, 728, 736.
— ampt Sant Michels, Michels, II 735, 756.
— custer, der, von — II 697.
— dorf das, ze — I 227.
— gerichte, alli ze — ane dub und totslag, I 227.
— gericht des dorfes ze — I 227.
— gotzhus das, ze —, ecclesia Beronensis, I 225, 226, 227, 228, 229, II 277, 337.
— güter ze — I 226.
— güt des gotzhus, ze — I 228.
— herren die ze — I 226, II 721, 724, 728.
— hof der herren ze — I 228.
— korharren, die, — II 736.
— löte, die, ze — I 227.
— löte, frye, ze — I 227.
— löte des gotzhus ze —, Sand Michels lüt von — I 227, II 645.
— löte, harkomen, ze — I 227.
— löte und güt zu — I 225.
— mancipium ecclesie Beronensis, II 277.
— mancipium Sancti Michaelis, II 280.
— probst, ze —, dominus prepositus Beronensis, I 226, 227, II 214, 281.
— sture ze — I 227, II 119, 645.
— nssidelinge von —, die das gotzhus anhörent, I 228.
— valle ze — I 228.
— vogt ze — I 227, 228.
— vogty ze — I 226.
— Henman trugsecz von — II 724.
— Peter truksecz von — II 718.
— s. auch Bero-Münster.
Münster (im Gregoriental, Kloster, w. v. Egisheim, Elsass).

— Münster, der apt von — I 22.
Münsterol (Montrenz, Ort, w. v. Dammerkirch, Elsass, Heimat eines ritterlichen Geschlechtes).
— Münsteral, Johans von — II 422.
Münzlishausen (Ort, n. v. Dättwil, Kt. Argau).
— Muntzlinshusen, t. n. b., d. n. v. ze — I 122.
Münzmeister? (Bürgergeschlecht von Freiburg i. Br., Gh. Baden).
— Müntzmeister, Gebin — II 444.
Müsbach (Ober —, Nieder —, Ort, w. v. Basel, im Elsass).
— Müspach, das meyertům von — II 447.
Müsern? (abgegangener Ort, w. v. Baden, Kt. Argau).
— Musirn, scoposae, II 33.
Müsli? (Ort und Kloster bei Malters, Kt. Luzern).
— Müslin, in dem — an dem kloster, II 569.
Müswangen (Df., ö. v. Altwis, Kt. Luzern).
— Miswangen, Nuswangen, I 222, II 3, 211, 212, 339, 533.
— bona in —, bona ad curiam in — II 211, 212, 339.
— d. n. v. ze — I 222.
— gůt ze — I 222.
— hof ze —, curia in — I 222, II 211, 212 (634, irrig gůter ze Richensee); s. auch Richensee.
— hof ze —, heisset der hof ze Niderndorf, I 222; s. auch Niderndorf.
— hofzins ze — II 533.
— lůte die vrigen, ze I 222.
— piscina de — II 211.
— stůre nomine advocatie in — II 212.
Mötental, s. Möntal.
Mötersheim, s. Mötersheim.
Müttersholz (Ort, n.-ö. v. Schlettstadt, im Elsass).
— Müllirsholtz, der grafen matten im ban ze — II 427.
Mugerol (Daner zu Bisikon, Kt. Zürich).
— bonum dicti — II 73.
Mugrel, uxor dicti —, et liberi sui (Eigenleute des Klosters Einsideln zu Herrliberg, Kt. Zürich), II 299.
Muhen (Ort, s. v. Arau, Kt. Argau).
— Mucheim, Muchein, Můchhein, I 156, 160, II 103, 178, 282, 283, 628, 629.

— acher ze — I 156.
— dorf ze — II 103.
— pfand ze — II 103.
— stůr ze — II 628, 629.
— t. n. b., d. n. v. ze — I 160.
Muhnser, Jacob — von Winterturr (Lehensinhaber von Winterturr, Kt. Zürich), II 503.
Mů......, s. Mô......
Mülibach, Cůnradus dictus — (habsburgischer Eigenmann zu Melsdorf, Kt. Argau), II 301.
Mülibach, dictus — (Daner zu Grünichen, Kt. Argau), II 109.
Münch, Chůnts — der Ebringer von Mengen (Lehensinhaber zu Mengen, Kgr. Würtemberg), II 460.
— s. auch Ebringer.
Münch, der — gůt von Underlinden (Gut zu Unterlinden bei Sennheim im Elsass), I 10.
Münch, Wernher der — (Daner zu Langen-Emlingen, Kgr. Würtemberg), I 405.
Münch-Altorf, s. Mönch-Altorf.
Münchenstein, s. Mönchenstein.
Müncbli, Johannes — (Eigenmann des Klosters Schännis zu Meilen, Kt. Zürich), II 290.
Münpeton, Münpetan, s. Montbozton.
Müntzer (Banergeschlecht zu Gutenstein, im Gh. Baden).
— Müntzers, Eberhart — gůt, I 432.
Münzer, Johannes et Hedewigis soror ejus, dicti — (habsburgische Eigenleute zu Reiden, Kt. Luzern), II 282.
Müre, s. Mari.
Mürer, s. Murer.
Müschusen, s. Münchhausen.
Müslin (unbestimmbarer Flurname bei Rotenburg, Kt. Luzern).
— Müslin, aker ze Rotenburg in dem — II 560; s. auch Rotenburg.
Mulcbüngen (Weiler, s. v. Seen, Kt. Zürich).
— Molchingen, Molkingen, Mülchingen, I 317, II 29, 73, 87, 141, 146, 377, 487.
— gůt ze — II 487.
— hof ze —, curia — I 317, II 29, 141, 146, 377.
— zehende ze —, decima in — I 317, II 73.

Mulhein, s. Mülenheim.
Mulherren güt, s. Mülherr
Muli, s. Mühle.
Mulidorf, s. Mühledorf.
Mulihalten, s. Mühlehalden.
Mulinen (alter Name des seit Gründung des Klosters Frauenbrunnen genannten Ortes), II 15.
Mulinou, s. a. Mülinen, Mülligen.
Muller, s. Müller.
Mulner, s. Mülner.
Multen (Hof, n. v. Langnau, Kt. Bern).
— Multa, güt heisset die — I 190.
Mumpf (Nieder- und Ober —, Pfd., w. v. Stein, Kt. Argau).
— Mumpha, Mumph, II 726, 736.
— kilcha — II 736.
— s. auch Nieder-Mumpf, Ober-Mumpf.
Munch, Heinricus dictus — (Eigenmann des Klosters Einsidelu zu Döbendorf, Kt. Zürich), II 307.
Munch-Aldorff, Munch-Altorf, s. Mönch-Altorf.
Munchingen, s. Münchingen.
Munchwilla, s. Münchwilen.
Munderchingen, s. Münrichingen.
Mundeldingen (Ort im O.-A. Ehingen, Kgr. Würtemberg, Heimat eines ritterlichen Geschlechtes).
— Mungoltingen, II 248, 262
— dominus de —, idem de —, predictus de — II 248.
— dominus Waltherus de — II 202.
Munderkingen (Stadt, s. v. Ehingen, Kgr. Würtemberg).
— Munderchingen, Munderichingen, I 459, 461, II 166, 167, 220, 249, 263, 264.
— acher ze —, ager in —, I 460, II 220.
— ampt des hirten ze —, feodum pastoris de — I 460, II 167.
— banlen de —, in —, II 167, 220.
— beche, dû, ze —, pistrina in — I 460, II 220.
— bomgarte ze —, ortus de —, I 460, II 167.
— burger ze —, cives in —, I 461, II 261.
— hirte der smalen vihes, ze —, pastor pecudum in — I 460, II 220.
— hofstetainee und gartensinze ze —, census arearum in —, census domorum et ortorum de — I 460, II 166, 263.
— lute, die umb — gesessen, I 461.
— malte ze —, pratum juxta piscinam in — I 460, 264.
— minister in — (I 460. Dorsualnotiz).
— muli ze —, molendinum in —, I 460, II 264.
— redditus de — II 166/167.
— relicta ministri in — II 264.
— stûra ze —, stura in — I 461, II II 264.
— summa de — II 167.
— L. u. b., d. n. v. ze — I 461.
— ungelt das mere ze —, majus ungeld de —, majus ungeldum in — I 461, II 167, 264.
— ungelt das minre, ze —, minus ungeld de — I 461, II 167.
— vischentz ze —, piscina in I 461, II 264.
— Vinelin, Finnelius, Judaeus in —, s. Judaeus.
Munewilre, s. Münchwilen.
Mungoltingen, s. Mundeldingen.
Munich, der — (Bauer zu Wisendangen, Kt. Zürich), II 488.
Munichingen, s. Münchingen.
Munichwile, s. Münchwilen.
Munph, s. Mumpf.
Munrun, s. Montroud.
Munster, Heinricus — (Eigenmann des Klosters Einsidelu zu Ober-Dübendorf, Kt. Zürich), II 308.
Munster, s. Münster.
Muntzlinshausen, s. Münslishausen.
Munzihûbt, Ulricus dictus — et uxor et liberi ejusdem (habsburgische Eigenleute zu Liebegg, Kt. Argau), II 286.
Mû...., s. Mu...., a. Ma....
Mülchingers, des — höbe (zu Seen, Kt. Zürich), I 816.
Mûnch-Altdorf, s. Mönch-Altorf.
Mûneudal, Mûuental, Mûnuntal, s. Möutal.
Mûrense, s. Merzen.
Mûselgans (Bauer zu Ertingen, Kgr. Würtemberg).
— area Berchtoldi — II 159.
Mûshotter, s. Musotter.
Müterkingen, s. Mieterkingen.
Mütersheim (abgegangener Ort bei Ensisheim, im Elsass).
— Müternhein, Mütersheim, Mütersbein, I 14, 52, II 430.
— banwartûm ze — I 52
— hof zu — II 430.
— mûnichhof ze — I 14.

Mátizaholtz, s. Müttersholz.
Mura („Auf der Maner", Flurname zu Ober-Ferreu, Kt. Lozern).
— bona under der — II 211.
Murbach (ehemaliges Kloster im Elsass).
— Mûrbach, Murbach, I 80, 93, 95, 105, 163, 201, 202, 204, 205, 208, 215.
— burgrtal, das, Besserstein, das lehen was von — I 105; s. auch Besserstein.
— dinghof von — ze Blatzheim (Blotsheim), I 30; s. auch Blotzheim.
— dinghof ze Schafhusen, der lehen ist von dem gotshuse von — I 163; s. auch Schafsheim.
— gotshus, das, von — I 163, 201, 202, 204, 208, 215.
— hof ze Ebringen, der gegen — horte, I 93; s. auch Elfingen.
— hof ze Rein, der gegen — horte, I 95; s. auch Rein.
— kelnhof ze Käsnach, der von dem gotshus von — geköffet war, I 209; s. auch Käsenacht (Kt. Schwiz).
— lechen von — ze Littowe, I 205.
— meigerhof ze Kriens, der umbe das gotshus von — geköffet ist, I 202; s. auch Kriens.
— meigerhof ze Läppherswile, der von dem gotshus von — geköffet ist, I 203; s. auch Lippertswil.
— meigerhof ze Malters, der umbe das gotshus von — höffet ist, I 204; s. auch Malters.
Murczel, Murzel.
Mure, s. Maur, Mori.
Murense, monasterium —, s. Muri.
Murer (Geschlecht von Arau, Kt. Argau).
— Murera, des — hus, II 668.
Murer (Geschlecht von Basel).
— Mûrer, der — selig, I 13.
Murer (Bürger von Mengen, Kgr. Württemberg).
— dictus —, civis in Meyngen, II 216, 250.
Murer (Geschlecht von Grüningen, Kt. Zürich).
— Hans — von Gröningen, II 517.
— Rôdolf — von Gruningen, Anna sin wirttin, II 511.
Murer, der — (Baner zu Unter-Eggingen, im Gh. Baden), II 771.

Murg, die — (rechter Zufluss des Rheins oberhalb Seckingen, im Gh. Baden).
— Murge, die — I 65.
Murg (Pfd. am Walensee, Kt. St. Gallen).
— Murg, I 506.
— büsse der löten ze — I 506/507.
— sture der löten ze — I 506/307.
— tagwan der löten ze — I 506.
Murg (Pfd., ö. v. Seckingen, Gh. Baden).
— Murg, Mûrg, Murge, I 67, II 130, 546.
— dinghof ze —, der rüeirot von Sekingen, I 67; s. auch Seckingen.
— hof ze — I 67, II 130.
— kelnhof ze — I 67.
— lüte des dorfes ze — I 67.
— meyer ze — I 67.
— pfand ze — II 130.
— t. o. b., d. n. v. ze — I 67.
— vogt ze — I 67.
— vogty ze Rins zwischens Löffenberg und Mûrg, II 546; s. auch Rhein, Laufenburg.
Muri (Pfd. und ehemaliges Kloster im Kt. Argau).
— Mûre, Mure, Mûre, I 139, 141, 142, 146, 149, 167, 169, 170, 171, 173, 181, 185, 211, 234, II 32, 53, 104, 135, 172, 175, 177, 178, 188, 214, 217, 274, 601, 605, 721, 723, 727, 735, 737.
— ampt ze —, officium — I 139, II 52, 53, 172, 177, 188, 214, 735.
— ampt ze — und ze Hermenswil, II 603; s. auch Hermetswil.
— apt, der, von — II 723, 727.
— dorf ze —, villa — II 53, 100, 178.
— d. n. v. ze — I 142.
— gotshus das, von —, closter —, monasterium in —, monasterium Murense, I 141, 142, 146, 149, 169, 170, 171, 183, 234, II 274, 322, 352, 721, 737.
— güter, der ein teil horet gegen — I 171.
— güter, die des gotshuses von — eigen sint, I 183.
— gütli, das höret gegen — I 182.
— gütli, höret gegen — I 185.
— güt, das gegen Hermoltswile und

Register. 151

zu — höret, I 211; s. auch Hermetswil.
— gůt versezzet, in dem dorfe ze —, obligatum in villa, II 52, 178.
— hof, der des gotzhus(es), von — eigen ist, I 149, 284.
— lůte, in dem ampte ze — I 141, 143.
— mancipia monasterii Murensis, mancipium monasterii in —, II 274, 322.
— redditus in officio — II 214.
— reditus obligati in officio — II 188.
— schůpposen, der eigenschaft hoert gegen — und ze Hermoltzwile, I 167; s. auch Hermetswil.
— schůppůsen, die des gotzhus von — eigen sint, scopose pertinens monasterio Murensi, I 141, 142, 146, 169, 170, 171, II 352.
— stůr(e), in dem ampte ze — I 141, 143.
— stůr ze — II 601.
— summa bladii in — II 173.
— summa de — obligatorum reddituum, II 135.
— summa denariorum particularis in officio — II 172.
— summa totius bladii non obligati in — II 217.
— taglen, die des gotzhuses von — eigen sint, I 142.
— vogtie in dem dorfe ze — II 109.
— Jacob von — I 173.
Murn (Bauer zu Ertingen, Kgr. Würtemberg).
— Murn gůt, bonum dicti — I 386, II 228, 248.
Murr (Gutsinhaber zu Ertingen, Kgr. Würtemberg).
— bonum dicti Murren — II 159.
Murroz, des — gůt (zu Heudorf bei Mengen, Kgr. Würtemberg), I 404.
Murtze (Bauerngeschlecht zu Bolstern, Kgr. Würtemberg).
— Berchtolts des Murtzen gůt, bonum dicti Murtzen, I 381, II 253.
— ortus dicti Murtzen, II 219.
Murtsel (Bauer zu Ertingen, Kgr. Würtemberg).
— Murtsels hof, curia dicti Murczels, curia dicti Murzels, I 885, II 227, 228, 247.
Murzelen (Df., w. v. Wolen, Kt. Bern).
— Murtzenden, scoposae, II 24.

Musirn, s. Müsern.
Musotter (Bauerngeschlecht von Unter-Marchtal bei Munderkingen, Kgr. Würtemberg).
— Mushotter, Eberhart — I 461.
Mutzig (Ort, ö. v. Schlettstadt, im Elsass).
— Musich, II 421, 427.
— hilcheuamt ze — II 427.
— leyanzecheuden ze — II 427.
— twing, benne und gerichte ze — II 421.
Mutzo? (Bauern-Name zu Embrach, Kt. Zürich).
— Mülzen schůpos, scoposa Müzen, I 261, II 62.
— Müzo, II 78.
Muzzel (Bauerngeschlecht zu Ertingen, Kgr. Würtemberg).
— Muzzels, curia Berchtoldi — II 159.
Myen, Rôdis — schůpos (zu Embrach, Kt. Zürich), I 264.

N.

Nachgepurn, s. Grünholz.
Naf, s. Nevo.
Näfels (Pfd. im Kt. Glarus).
— Nevels, I 509, 513.
— hüse der lüte ze Nydern — I 513.
— stüre der lüte ze Nydern — I 513.
— sture der lüte ze Obern — I 509.
— tagwan der lüte ze Nydern — I 513.
— tagwan der lüte ze Obern — I 513.
Nägeli (Bürgergeschlecht von Wintertur, Kt. Zürich).
— Negelin, Ekbrecht — von Wintertur, II 485.
— Negellin, Ulrich — I 333.
Nänikon (Df., n.-w. v. Uster, Kt. Zürich).
— Neujokon, II 313.
Nambsheim (Ort, s. v. Breisach, im Elsass).
— Nammeshein, Nammshein, Naomensheim, I 6, 47, 55, II 432.
— aker-ciuse ze — I 6.
— dorf ze — I 6, 47, 55.
— stüre ze — I 6, 55.
— t. u. h., L o. v. ze — I 6.
— vogtlute ze — I 6.
Nase (Nase, d. h. Vorsprung des Beatenberges in den Thunersee, Kt. Bern).
— locus, qui — dicitur, I 482, 483. (Dornusluotis).

Nasen, Berchtoldus mit der — (habsburgischer Eigenmann zu Küssnach, Kt. Zürich), II 318.
Nasseman (Name eines Waldes bei Gemar, im Elsass).
— Nassenowe, dicta — II 271.
Nassenwil (Df., s.-ö. v. Dieledorf, Kt. Zürich).
— Nassenwils, Nassenwiler, I 248, 255.
— hof ze —, der chorherren von Zürich eigen, I 255; s. auch Zürich.
— lute ze — I 247/248.
— sture ze — I 248.
— t. u. b., d. n. v. se — I 255.
— ussideliuge ze — I 247/248.
Nater, Heinricus — et Cunradus frater suus (habsburgische Eigenlents zu Lichtensteig, Kt. St. Gallen). II 295.
Nebikon (Df., n. v. Schötz, Kt. Luzern).
— Nebinkon, I 186.
— d. n. v. ze — I 186.
— lüte zu — I 186.
— stüre ze — I 186.
Neftenbach (Pfd., n.-w. v. Wintertur, Kt. Zürich).
— Neftenbach, II 476, 477, 478, 480, 487, 497, 511, 519, 525.
— acker ze — II 519.
— götli ze — II 476.
— güt ze — II 487, 511, 525.
— hoff ze — II 478.
— wingartten se — II 480, 497.
— Dorfer, der, von —, s. Dorfer.
— Fritzschis Rotten güt ze — II 477; s. auch Rotten.
Negelin, Negellin, s. Nägeli.
Neglisperg? (unbestimmbarer Ort, im Kt. Zürich).
— Neglisperg, güt ze — II 499.
Neisideller, Lütold — von Grönigen (Lehensinhaber von Grüningen, Kt. Zürich), II 521.
— s. auch Eisideller.
Neisideln, s. Einsideln.
Neisteller, Ulrich — von Raprewil und Hans sin brüder (Lehensinhaber von Rapperswil, Kt. St. Gallen), II 498.
Nellenburg, von — (Grafengeschlecht in Schwaben).
— Nellemberg, grave Manigold von — I 370.
Nendinger, Chünrad — (Lehensinhaber von Nendingen, Kgr. Würtemberg), II 409.

Neninkon, s. Nänikon.
Nerach (Ober- und Unter —, Df., n.-ö. v. Steinmaar, Kt. Zürich).
— Nerach, Nerrach, I 246, 247, II 36, 65, 66, 69, 387, 621, 776, 778.
— bona sita in — II 681.
— dorf ze — I 247, II 887.
— dos — II 65.
— lute ze — I 247.
— meyerhof ze —, curia —, curia in —, curia villici — I 246, II 36, 65, 681.
— mnli ze —, molendinum —, molendinum in —, I 247, II 36, 65, 89/90, 681.
— phond ze — II 887.
— schüpos ze —, scopossa —, scopoza in — I 246, II 65, 69.
— stura ze — I 247.
— t. n. b., d. u. v. se — I 247.
— widemen ze — I 247.
— zehenden ze — II 776, 778.
— Petrus de — II 66.
Neschinkon, s. Nöschikon.
Neschwil (Df., ö. v. Weisslingen, Kt. Zürich).
— Neschwile, Neswile, I 299, II 61, 678.
— Aeschwile (verschrieben), II 69.
— güt der vrien lüte ze — I 298.
— lüte, dä vrien, ze — I 298.
— stüre se — I 298.
— t. n. b., d. n. v. ze — I 298.
— vogtrecht ze — II 678.
— s. auch Aeschwile.
Nesselbach (Df., n.-ö. v. Göslikon, Kt. Argau).
— Nesselibach, d. u. v. ze — I 169.
Nesselowe, s. Len.
Neswile, s. Neschwil.
Netstal (Pfd. unterhalb von Glarus).
— Netstal, I 514.
— stüre der lute ze — I 514.
— tagwan der lute ze — I 514.
Neuberg, der — (Berg bei Tann im Elsass).
— Nüwenberg, ze Tanne an dem — II 447; s. auch Tann.
Neuburg (Weiler zu Neu-Wülflingen, Kt. Zürich).
— Newenbürge, Novum Castrum, Nüngenberg, Nöwenburg, Nöwenburg, Nuwenburg, II 142, 149, 380, 477, 487, 519, 525.
— güt zu der — II 519, 525.

— holtzer ze — II 487.
— hus und hoffstatt, genant Strucken hus ze der — II 477; s. auch Strucken.
— mair, der, von der —, villicus —, villicus de Novo Castro — II 142, 146, 148, 380.
— reben zu der — II 477, 525.
— wis ze der — II 525.
— wyse ze —, genant Peters wise, II 477; s. auch Peter.
Neuburg (Ort, w. v. Unter-Marchtal, im Kgr. Würtemberg).
— Nůwebarch, Nuweburc, Nuwemberg, Nuwenburg, I 469, II 162, 220, 264.
— advocatia in — II 162.
— dorf ze — I 462.
— kilche ze —, ecclesia apud — I 462, II 102.
— juchert ze —, jugera agrorum in — I 462, II 220.
— jus patronatus ecclesie apud — II 102.
— lute des dorfes ze —, homines apud — I 462, II 162.
— pratum in — II 220.
— sture ze —, stûra apud —, stura in —, I 462, II 162, 264.
— t. o. b., d. n. v. ze — I 462.
— wisen ze — I 462.
Neubrechten (abgegangener Ort, jetzt Sennhof, s. v. Seen, Kt. Zürich).
— Nôbrechten, Nůbrechton, Nubrechten, Nuprahton, I 304, II 39, 42, 60, 407.
— redditus lacticiniorum — II 39, 42.
— sennehof, hof ze — I 304, 305, II 407.
Neuchomen hov, s. Neukomm.
Neudorf (Pfd., s.-ö. v. Münster, Kt. Luzern).
— Nádorf, Nudorf, I 229, II 204.
— d. n. v. ze — I 229/230.
— kilchen, die ze — I 229, 230.
— Cunradus de — II 211.
Neuenburg (Ort am Rhein, im Elsass).
— Nôwenburg, I 46.
— Berchtolt der Sermenzer von —, s. Sermenzer.
Neuenburg (Stadt in Oesterreich).
— Nůwenburg, datum ze — In Österrich. II 707.
Neuenburg? (Ort im Breisgau, Gh. Baden?).

— Nůwenburg, II 741.
Neuenburg, von — (burgundisches oder westschweizerisches Grafengeschlecht).
— Nůwenburg, Nuwenburg, I 485, II 268, 624.
— lehen von — I 485.
— nobilis de — II 268.
— graf Diepolt von — II 624.
Neuen-Schwanden (Df., s.-ö. v. Signau, Kt. Bern).
— Nůwen-Swanden, II 25.
Neuenstein (ehemalige Burg, w. v. Tierslein, Kt. Bern, Heimat eines ritterlichen Geschlechtes).
— Nůwenstein, II 422, 429.
— Metza von —, her Thiebolts seligen tochter von Phirt, II 422; s. auch Phirt.
— Meinzi von — II 429.
Neuenzell (Nova Cella, Ort, s. v. Ibach, im Gh. Baden).
— Celle? Nůwen Zelle, Zelle, I 72, 76, II 122.
— gût vriges, das gen — hôret, I 72.
— kapellen die, ze — in dem Swarzwalt, I 76.
— pfand ze der Nuwen Zelle, II 122.
Neu-Habsburg (Burgruine im Vierwaldstätterzee, s.-ö. v. Meggenhorn, Kt. Luzern).
— Habsburg, Hapspurg, I 206, 214, II 664.
— ampt ze — vor den Sewen, I 206.
— burg ze — I 214.
— burgstal ze — binder Lutzern, II 664.
Neuhaus (Ort, ö. v. Schalchen, Kt. Zürich?).
— Nôwahusen, I 307, II 61.
— růti ze — I 307.
Neuheim (Pfd., ö. v. Bar, Kt. Zug).
— Nůhein, I 153.
— dinghof ze —, des eigenschaft gegen Einsidellen hôret, I 153.
— d. n. v. ze — I 153.
Neu-Hewen (Burgruine, n.-w. v. Engen, im Gh. Baden).
— Nuw(en)-Hewen, I 446, 447.
— acher ze der — I 447.
— brůl ze der — I 447, 448.
— burg ze der — I 446, 447.
— garten ze der — I 447, 448.
— hůser ze der — I 447, 448.
— rütinen ze der — I 446, 447.

— schûre ze der — I 417/448.
— vorburg ze der — I 447,448.
— z. auch llewan.
Neukomm (Geschlecht habsburgischer Eigenleute zu Stadel bei Schöpfheim, Kt. Zürich).
— Mechtildis uxor dicti Nukomen, et sui liberi, II 303; s. auch Mechtildis.
Neukomm (Geschlecht zu Stadel bei Wintertor, Kt. Zürich).
— des Nukomen hof, Neuchomen hov, I 312, II 330.
Neukomm (habsburgischer Eigenmann zu Elkoven, im Gh. Baden).
— Nûkom, Cuoradus — II 334.
Neu-Krenkingen (Ort, 5. v. Griessen, Gh. Baden).
— Nûwen-Krenckingen, II 495.
— Oberen-Krenkingen (?), I 91.
— güt ze Oberen — I 91.
— meigerhof ze — I 91.
— stûre ze — I 91.
— vogtstûre ze — I 91 92.
— wideme ze — I 91 92.
— z. auch Krenkingen.
Neunforen (Ort, z.-ö. v. Uster, im Kt. Zürich).
— Nûvoron, II 317.
Neunforn (Ober- und Unter —, Pfd., w. v. Dietingen, Kt. Turgau).
— Nôforen, I 368.
— eigens, vrie, ze — I 368.
— lûte ze — I 368.
— tagwan der lûte ze — I 368.
— vogtstûre ze — I 368.
Neu-Regensberg, s. Regensberg.
Neurüti (Ort, w. v. Rueggeriagen, Kt. Luzern).
— Rûti, t. u. h., d. o. v. ze der — I 200.
Neustadt (Ort bei Wien).
— Nûwenstat, datum ze der — II 653.
Neutschon (verschrieben), s. Menziken.
Neu-Veringen (ehemalige Burg bei Riedlingen, Kgr. Wörtemberg).
— Novum-Veringen, Nûwen-Veringen, I 393, II 262.
— burg zû der —, castrum nomine Veringen, I 393, II 248.
— herrengulte ze — I 394.
— jochert zû, jugera — I 393/394, II 249.

— piscina in Novo Veringen, II 262.
Nevels, s. Näfels.
Nevo (NaN, Radolfus — (habsburgischer Eigenmann, zu Küssnach, Kt. Zürich), II 317.
Newenbürge, s. Neuburg.
Niblung, He(i)nts — von Mengen (Gutsinhaber zu Mengen, Kgr. Würtemberg), II 459.
Niderea......, s. Nieder.......
Nideren-Gassen (Flurname zu Gebisdorf, Kt. Argau).
— Nideren-Gassen, Nidergassen, Platea, I 124, 126, II 34.
— hûbe in der —, mansus in Platea, I 124, II 34.
— schöppozan in — I 120.
— z. auch Gassen.
Nideren-Kulme, s. Unter-Kulm.
Nideresr, Ulricus der — (habsburgischer Eigenmann zu Lûgewil, Kt. Luzern), II 277.
Nideresten, Arnoldus. Ulricus et Cuonradus die — (habsburgische Eigenleute zu Lûgewil, Kt. Luzern), II 277.
Nider-Geilingen, s. Geilingen.
Nider......, s. Nieder.......
Nider-Martelle, z. Unter-Marchtal.
Nider-Meringen, s. Möhringen.
Nidern-Altstetten, s. Unter-Altstetten.
Nidern......, s. Nieder.......
Nidern-Bürhöben, s. Hornhaupt.
Niderndorf? (wohl das Unterdorf bei Mûswangen, Kt. Luzern).
— Niderndorf, I 222, II 273, 274.
— hof ze Miswangen, heisset der hof ze — I 222; s. auch Mûswangen.
— Richardis dicta de — (Hörige des Klosters Muri zu Gelfingen, Kt. Luzern), II 274.
— Waltherus de — (kiburgischer Eigenmann), II 273.
Nidern-Ebersol, s. Unter-Ebersol.
Nidern-Eggingen, s. Unter-Eggingen.
Nidero-Eiche, s. Unter-Eich.
Nidern-Entberg, s. Emperg.
Nidernhofe, Nidernhoven, s. Unterhof.
Nidern-Martel, s. Unter-Marchtal.
Nidern-Martelle, s. Unter-Marchtal.
Nidern-Meringen, s. Möhringen.
Nidern-Mûliberg, s. Mohlsberg.
Nidern-Orringen, s. Unter-Oringen.
Nidern-Rommos, s. Röolmos.
Nidern-Rode, s. Rat.

Nidern-Sehein, s. Unter-Seen.
Nidern-Verchen, s. Ferren.
Nidern-Wille, s. Unter-Wil.
Nidern-Zummerhelm, s. Zimmersheim.
Nider-Örringen, s. Unter-Oringen.
Nideroat, Hedewigis dicta ze — et liberi ejus (habsburgische Eigenleute zu Holzikon, Kt. Argau), II 285.
Nideroat, Hedwigis uxor dicti Ulrici ze — (habsburgische Hörige zu Glattfelden, Kt. Zürich), II 302.
Nideroat, Heinricus et Ulricus die —, (Eigenleute des Klosters Einsideln zu Bassersdorf, Kt. Zürich), II 307.
Niderr . . . . . ., s. Nider . . . .
Nider-Rode, s. Unter-Rat.
Nider-Ruti, s. Ruti.
Nider-Wile, s. Unter-Wil.
Nider-Wolfhusen, das —, s. Unter-Wolfhausen.
Nidfurn (Df., n. v. Haslen, Kt. Glarus).
— Nidforn, Nitfure, I 510, II 482.
— büsse der lüte ze — I 510.
— güt ze — II 482.
— stüre der lüte ze — I 510.
— tagwan der lüte ze — I 510.
Nidingen? (abgegangener Ort, s.-w. v. Muri, Kt. Argau).
— Nidingen, I 143, II 214.
— d. a. v. ze — I 143.
— lüte ze — I 143.
— stüre ze — I 143.
Nidren-Büch, s. Unter-Buch.
Nidren-Güter, die — (Güter zu Spitzenberg bei Langnau, Kt. Bern).
— höve und güter, dú heissent die I 190.
Nidren-Stambein, s. Unter-Stammheim.
Nidren Veld? (Flurname bei Winterthur, Kt. Zürich).
— acker uff dem — II 479.
Nidrun-Endvelten, s. Nieder-Entfelden.
Nidrun-Glatta, s. Nieder-Glatt.
Nidweg, Jacob — (Lehensinhaber zu Teufental bei Egg, Kt. Zürich), II 026.
Nieder-Affoltern (unterer Teil von Affoltern, Df., b. Höngg, Kt. Zürich).
— Niderr-Affoltren, II 764.
— zechenden ze — II 764.
Nieder-Alpfen (Ort, s.-w. v. Waldkirch, im Gh. Baden).
— Nideren-Alspfen, Nideren-Alephen, I 73, 84.

— d. a. v. ze — I 84.
— lüte, dú vrige, ze — I 73.
— — lehen ze — I 84.
Nieder-Aspach (Ort, n. v. Altkirch, im Elsass).
— Aspach, Nidern-Aspach, II 418, 433.
— bann ze — II 418.
— banwartům ze — II 433.
— gerichte ze — II 433.
— tavernen ze — II 418.
— vall ze — II 418.
Niederdorf, das (unterer Teil von Glarus).
— Nyderndorf, I 512.
— büsse der lüte ze — I 512.
— stüre der lüte ze — I 512.
— tagwan der lüte ze — I 512.
— s. auch Glarus.
Nieder-Düruten (Teil des Pfds. Dürnten, ö. v. Grüningen, Kt. Zürich).
— Nidern-Turniten, II 493.
— leyenzehenden ze — II 493.
Nieder-Entfelden (unterer Teil von Entfelden, Df., s. v. Arau, Kt. Argau).
— Nideren-Entvelt, Nidrun-Endvelten, I 161, II 562.
— d. a. v. ze — I 161.
— matte, matten ze — I 161, II 562.
Nieder-Flachs (Df., w. v. Bülach, Kt. Zürich).
— Nieder-Flachte, Niderschlacht, I 250, II 777.
— hof ze — II 777.
— stüre ze I 250.
— ussidelinge ze — I 250.
Nieder-Glatt (Df., s. v. Höri, Kt. Zürich).
— Nidern-Glat, Nidern-Glatta, Nidern-Glatte, Nidrun-Glatta, I 248, 250, II 65, 77, 405.
— schöpos ze —, dú offen Zurichberg horst, I 248.
— stüre ze — I 250.
— ussidelinge ze — I 250.
— vogtey ze — II 405.
Nieder-Gösgen (Df., gegenüber von Schönenwerd, Kt. Solothurn).
— Nidern-Gösskon, II 747.
Niederhofen (Ort, n.-ö. v. Ehingen, Kgr. Würtemberg).
— Niderhofen, leyenzechenden ze — II 465.
Nieder-Lenz (Df., n. v. Lenzburg, Kt. Argau).

— Nider-Lentz, Nider-Lenz, Nideren-Lentz, Nidern-Lentz, I 155, 158, II 4, 199, 200.
— Lentz, II 672.
— dinghof ze —, curia in — I 155, II 199, 200.
— reditus curie in —, redditus in — II 199, 200.
— schüppos ze — I 158.
— stüren ze — II 672.
— s. auch Lentz.
Nieder-Linttal (oder Linttal-Matt, unterer Teil des Pfds. Linttal, Kt. Glarus).
— Nydern-Lintal, I 509.
— büsse der läten ze — I 509.
— stüre der läten ze — I 509.
— tagwan der läten ze — I 509.
— s. auch Linttal.
Nieder-Martalen (Weiler, s. v. d. Pfd. Martalen, Kt. Zürich).
— Nidern-Martelle, I 346.
— hof ze —, des eigenschaft gegen Rinowe höret, I 346; s. auch Rheinau.
— hübe ze —, dä gegen Rinowe höret, I 346; s. auch Rheinau.
— müli ze —, dä gegen Rinowe höret, I 346, 347; s. auch Rheinau.
— schüppüs, schüppüzen, schüppüzen ze —, die gegen Rinowe hörent, I 346; s. auch Rheinau.
— t. u. b., d. u. v. ze —, I 346/347.
Nieder-Michelbach (Ort, w. v. Basel, im Elsass).
— Nidern-Michelbach, Nidern-Michelbach, I 29, 55.
— herberig ze — I 29.
— stüre uffen — I 55.
— torf ze — I 29.
— t. u. b., d. u. v. ze — I 29.
Nieder-Morsweier (Df., s. v. Ammerweier, im Elsass, Heimat eines ritterlichen Geschlechtes).
— Morswiler, Moreswilr, Morschwilr, Morswilr, I 17, 44, 50, 56, II 421, 422, 426, 427.
— dorf, das ze — I 17, II 427.
— drotten ze — II 427.
— herberig ze — I 17.
— kilchensats ze — II 427.
— reben ze — II 426.
— sture ze, sture uffen —, I 17, 56.
— — tüb und vrevel se — I 17.

— — twing und ban, gerichte und lüte se — II 421.
— — horn Rüstheins, Rüstheinis ehn von — I 44, 50.
Nieder-Mumpf (Pfd., s.-w. v. Ober-Mumpf, Kt. Argau).
— Nideren-Muntphein, Nider-Muupher, I 60, II 772.
— d. u. v. ze — I 60.
— hof ze — II 772.
Nieder-Ramsbach (Ort, n.-w. v. Basel, im Elsass).
— Nidern-Ramspach, Nidern-Ramsbach, I 29, 55.
— herberig ze — I 29 (55).
— stüre uffen — I 55.
— torf das ze — I 29.
— t. u. b., t. u. v. ze — I 29.
Nieder-Rordorf (Teil des Pfds. Rordorf, ö. v. Mellingen, Kt. Argau).
— Nideren-Rordorf, I 123.
— d. u. v. ze — I 123.
Nieder-Schlatt (Pfd., s.-w. v. Diessenhofen, Kt. Turgau).
— Nidern-Schlatte, Nidern-Slatt, I 344, II 366, 367, 512.
— hüb ze — II 512.
— judicia dicta d. u. v. in — II 367.
— scopose in — II 366.
— t. u. b., d. u. v. ze — I 344.
Nieder-Schwörstadt (Ort, w. v. Ober-Schwörstadt, im Gh. Baden).
— Nideren-Swertzslat, Nidern-Swetstatt, I 63, II 444.
— dorf ze — II 444.
— t. u. b. ze — I 63.
— twing, benne und die kleinen gerichte ze — II 444.
Nieder-Sept (nordwestlicher Teil von Sept, im Elsass).
— Nidersept, I 34.
Nieder-Steinbrunn (Ort, n.-ö. v. Altkirch, im Elsass, Heimat eines ritterlichen Geschlechtes).
— Nidern-Steimbrunnen, Steinbrunne, Steinbrunnen, Stiembrunnen, I 26, II 420, 428.
— dinghof — II 420, 428.
— dorf ze — I 26, II 420.
— gerichte, das klein — II 420.
— herberig ze — I 26.
— höltzer — II 420.
— kilchensats — II 420.
— korngelt — II 420.
— wyer — II 420.

— lûb and vrevel ze — I 26.
— twinge und ban — II 420.
— Walther von — II 428.
Nieder-Steinmaur (unterer Teil vom Pfd. Steinmaur bei Dielsdorf, Kt. Zürich).
— Nidern-Steynmur, I 248.
— umidelinge ze — I 247/248.
Nieder-Urdorf (unterer Teil von Urdorf, s.-ö. v. Dietikon, Kt. Zürich).
— Nideren-Urdorf, Nidern-Urdorf, I 118, II 352.
— d. u. v. ze — I 118.
— twing und bann ze — untz an den lib, II 352.
Nieder-Uster (Dorfteil, w. v. Ober-Uster, Kt. Zürich).
— Nidern-Ustra, zehenden ze — II 497.
Nieder-Weningen (Pfd. im Wental, Kt. Zürich).
— Wenigen, Weningen, I 241, 242, II 65, 77.
— güter, dû gegen — horent, I 242.
— kilchen ze — I 242.
— wideme, dû horet gegen — I 241.
Nieder-Wil (Ort, s. v. Görwil, im Gh. Baden).
— Nideren-Wilr, Nidern-Wil, I 81, II 514.
— by — in dem wald, II 514.
— d. u. v. ze — I 81.
— leben ze — I 81.
Nieder-Wil (Ort, n. v. Gettnau, Kt. Luzern).
— Wiler, I 189.
— lûte ze — I 188.
— schüppossen ze —, der eigenschaft an das gotzus ze Burgrein höret, I 188.
— — stûre ze — I 188.
Nieder-Wil (Pfd., s. v. Arburg, Kt. Argau).
— Nidern-Wile, I 490, II 279, 280.
— schüppüssen und acker in dem Geville ze — I 490; s. auch Gäll.
— t. a. b., d. u. v. ze — in dem Geville, I 490; s. auch Gäll.
— Petrus de — (habsburgischer Eigenmann zu Liebigen, Kt. Argau), II 280.
— Ulricus de — (habsburgischer Eigenmann zu Brittnau, Kt. Argau), II 279.
Nieder-Wil (Pfd., n.-ö. v. Wolen, Kt. Argau).
— Wil, Wile, I 166, II 99(?), 102(?), 735, 760(?).

— hûwe, dû minre, ze — I 166.
— burglechen ze — II 102.
— güt ze — II 760.
— hof ze —, der eigen ist des gotshuses ze Schennis, I 166; s. auch Schännis.
— kilche — II 735.
— vogtie ze — II 99.
Nieder-Windegg (Burgruine zwischen Schänis und Wesen, Kt. St. Gallen. Heimat eines ritterlichen Geschlechtes).
— Windecke, Windegg, Windegge, I 503, II 38, 42, 68, 477, 679, 680.
— ampt ze — II 477.
— burg ze, castrum —, I 503, II 38, 42.
— Hartman der meiger von — II 679, 680.
— redditus in — II 68—69.
— telonium, magnum, in — II 68.
Niesseli (Bauer zu Degernau, im Gh. Baden), II 774.
Niewli von Brunegg (Lehensinhaber im Birrfeld bei Brugg, Kt. Argau), II 543; s. auch Brunegg.
Nietstein, Hans — von Winttertur (Lehensinhaber zu Stadel bei Wintertur, Kt. Zürich), II 502.
Nievergalt, dictus — (habsburgischer Eigenmann zu Bingen bei Sigmaringen, Kgr. Preussen), II 333.
Niffer, der — (Bürger zu Winlertur, Kt. Zürich), I 333.
Niffern (Ort, n. v. Kembs, im Elsass).
— Nôfar, II 450.
— dorf — II 450.
— Rûtlieb von — und sin vettern, II 450.
— Rûtlieb und sines brûders kind, II 450.
Nignasin, dû — (Lehensinhaberin von Günaburg, im Kgr. Baiern), II 466.
Nikhof? (Ort, n. v. Inzigkofen, im Gh. Baden).
— Uthoven, viechents ze — I 432.
Nitfûre, s. Nidfurn.
Noc, Lay — de Joncherees, s. Jouchéry.
Nôrdi, filii Heinrici — (habsburgische Eigenleute zu Zürich), II 295.
Nôrinkon? (abgegangener Ort, wohl bei Münchwilen, Kt. Argau).
— Nôrinkon, d. u. v. ze — I 62.
Nôschikon (Df., n. v. Nieder-Hasli, Kt. Zürich).
— Neschinkon, I 249.
Nôt, Ulrich — (Lehensinhaber zu

Weidach, Kgr. Würtemberg), II 465.
Nölger, meiger — (Meier zu Degerfelden, Kt. Argau), I 114.
Nonneber? (unbestimmbarer Ort, wohl bei Delle, in Frankreich), II 454.
Nordgasse (Ort bei Geberswoiler im Elsass, Heimat eines ritterlichen Geschlechtes).
— Norgassen, Nortkas, I 43, 47, II 426.
— Giferman, Penignosa sin swester von — II 425.
— her Johans von — I 47.
— her Johans von —, her Rütlieb sin bruder, I 43.
— her Rütlieb von — II 47.
Nordhalden (Ort, w. v. Uttenhofen, im Gh. Baden).
— Nordhalden, Northalden, I 356, II 469, 483, 498.
— bann ze — II 498.
— dorff ze — II 483.
— gutlin ze —, heisset das Spiessengütlin, II 483; s. auch Spies.
— hof ze — II 469, 483.
— lüte ze — I 356.
— stüre ze — I 356.
Nordikon, s. Notikon.
Norgassen, s. Nordgasse.
Normendingen, Normindingen, s. Ormalingen.
Northuf, s. Altdorf.
Nortkas, s. Nordgasse.
Nortwin, s. Amarin St.
Nosiberg, s. Nussberg.
Nothalden (Ort, n. v. Schlettstadt, im Elsass).
— Nothalden, Othalden (irrig), I 20, 56.
— lute ze — I 20.
— sture ze —, store nffen — I 20, 56.
Notikon (ehemals Nordikon, Weiler, n. v. Bar, Kt. Zug. Heimat eines freien oder ritterlichen Geschlechtes).
— Nordikon, die von — II 116.
Nova Celle, s. Neuenzell.
Novum Castrum, s. Neuburg.
Novum-Veringen, s. Neu-Veringen.
Nubrechten, s. Neubrechten.
Nudorf, s. Nendorf.
Nüngenburg, s. Neuburg.
Nürensdorf (Df., ö. v. Bassersdorf, Kt. Zürich).

— Nüristorf, I 251, II 353.
— advocatia curie pertinentis monasterio Sancti Blasii (in —), II 353; s. auch Blasien St.
— advocatia in — de scoposis pertinentibus monasterio Thuricensi, II 353; s. auch Zürich.
— advocatia unius scoposs pertinentis ecclesie Ymbriacensi, II 353; s. auch Embrach.
— sture ze — I 251.
— ussidelinge ze — I 251.
Nürnberg (Stadt in Mittel-Franken, Kgr. Baiern).
— Nürnberg, datum ze — II 597.
Nüwenburg, s. Neuburg.
Nüwen Wisen, die —, s. Wisen.
Nüban, s. Hans.
Nü....., s. Neu.....
Nüfar, s. Niffern.
Nüforon, curia Ulrici — (zu Mengen, Kgr. Würtemberg), II 154.
Nüsse, s. Mörsberg.
Nüwenburg? (unbestimmbarer Ort, vielleicht Bourg, n. v. Saales, im Elsass).
— Nüwenburg, dorf, I 20.
Nüwenstat, s. Neustadt.
Nukomen, s. Neukomm.
Nunhart, des binder — (unbestimmbarer Flurname in Schwaben), II 408.
Nuuwil (Df., n.-w. v. Hochdorf, Kt. Luzern).
— Nuuwile, II 276.
— Ulricus villicus de — (Eigenmann des Klosters Luzern), II 276.
Nuprehton, s. Neubrechten.
Nusberg, s. Nussberg.
Nusplingen (Ort im O.-A. Spaichingen, Kgr. Würtemberg).
— Jacobus de — II 237, 241.
Nussbaumen (Ort, s.-ö. v. Kirchdorf, Kt. Argau).
— Nusbomen, Nusbömen, I 110, II 110.
— güter ze — I 110.
— güter, dû des gotzhus von Sant Blesien eigen sint, I 110; s. auch Blasien St.
— hof ze —, der des gotzhus von Einsidelen eigen ist, I 110; s. auch Einsideln.
— hova ze — I 110.

— haben, dû des gotzhus von Sant Blesien eigen sint, I 110; s. auch Blasien St.
— lantgarbe ze — I 110.
— lôte ze — I 110.
— schüppôs, schüppôzan ze — I 110.
— schüppôzen, dû des gotshus von Sant Blesien eigen sint, I 110; s. auch Blasien St.
Nussbaumen (Pfd., s.-ô. v. Stammheim, im Kt. Turgau).
— Nüssbomen, Nusbomen, II 506, 525.
— gût ze — II 525.
— hûb ze — II 506.
Nussbaumen (Weiler, n.-ô. v. Bülach, Kt. Zürich).
— Nusbomen, II 306.
— Berchtoldus villicus de — (Eigenmann des Fraumünsterstiftes in Zürich, an Bülach, Kt. Zürich), II 806.
Nussberg (Df., w. v. Schlatt, im Kt. Zürich).
— Nosiberg, Nmberg, Nusberg, II 31, 500, 503, 515.
— gût ze — II 515.
— gût ze —, genant der Oberhoff, II 503.
— vogty ze — II 500.
Nussböm, bi dem grossen —, s. Alt-Tann.
Nuswangen, s. Müswangen.
Nuweburc, Nnwemberg, s. Neuburg.
Nnwenburg, s. Neuburg, Neuenburg.
Nuwen-Hewen, s. Neu-Hewen.
Nuwen Zelle, s. Neuenzell.
Nuw-Hewen, s. Hewen, Neu-Hewen.
Nyderndorf, s. Glarus, Niederdorf.
Nydern-Ennant-A, s. Enuetbühle.
Nydern-Lintal, s. Linttal, Nieder-Lintal.
Nydern-Mitlodi, s. Mitlödi.
Nydern-Nevels, s. Näfels.
Nydern-Wesen, s. Wesen.

O.

Obbrechtstal, s. Albrechtstal.
Ober-Affoltern (Dorfteil von Affoltern bei Höngg, Kt. Zürich).
— Obern-Affoltron, II 305.
— s. auch Affoltern.
Ober-Alpfen (Ort, n.-ô. v. Unter- oder Nieder-Alpfen, im Gh. Baden).
— Oberen-Alephen, Obren-Allapfen, I 79, II 755.

— lute, die vrige, ze — I 73.
— t. u. b., d. u. v. ze — I 73.
Ober-Art (Df., s. v. Art, im Kt. Schwiz).
— Oberndorf, I 212, 213.
— lôte ze — I 213.
— schüppossen ze — I 212.
— s. auch Art.
Ober-Bergheim (oberer Teil von Bergheim bei Schlettstadt im Elsass).
— Obern-Berchein, II 446.
Ober-Buonas (Ort, s.-w. v. Risch, im Kt. Luzern).
— Büchennas, I 214.
— lôte ze, I 214.
— stûre ze — I 214
— t. n. b., d. u. v. ze — I 214.
Ober-Burg (Weiler, s. v. Windisch, im Kt. Argau).
— Oberenburg, Obernburch, Obernburg, I 135, II 47, 48, 113.
— hof, ze — 135, II 113.
— schüppotzan ze — I 135.
— summa ville in — II 48.
— t. u. b., d. u. v. ze — I 135.
— villa in — II 48.
— Burcardus villicus de — II 47, 48; s. auch Burkhart.
— Ita villica de — II 47, 48; s. auch Ita.
— Wûl Heinricus, de —, s. Wûl.
— Wûl Ulricus, dictus, de —, s. Wûl.
Ober-Burg (Pfd., s. v. Burgdorf, Kt. Bern).
— Obernburg, scoposse, II 12.
Oberchtstal, s. Albrechtstal.
Oberdorf (Ort, s.-ô. v. Altkirch, im Elsass).
— Oberdorf, I 15.
— munichhof ze —, der da hôret gen Sant Urban, I 15; s. auch Urban, St.
Ober-Dorf (Ort bei Mülligen, Kt. Argau).
— Dorf, I 125, II 35.
— hûbe uffen —, mansus super — I 125, II 35.
Ober-Dürnten (oberer Teil von Dürnten, Pfd. im Kt. Zürich).
— Obern-Tûnrton, II 289.
Ober-Ebersol (Ort, s. v. Hohenrain, Kt. Luzern).
— Obern-Ebersol, d. u. v. ze — I 223.
Ober-Eich (Ort, ô. v. Ober-Embrach, Kt. Zürich).
— Obern-Eicha, II 475.

— hof ze — II 475.
Ober-Embrach (Dorfteil, s.-ö. v. Unter-
Embrach, Kt. Zürich).
— Obern-Emberrach, Obern-Embrach,
Obern-Emerrach, Obern-Emmerrach,
I 262, II 63, 78, 475, 478.
— kelenhoff ze — II 478.
— müli ze — II 475.
— s. auch Embrach.
Oberen-Alephen, s. Ober-Alpfen.
Oberenburg, s. Ober-Burg.
Ober-Endingen (Df. im Surbtal, Kt.
Argau).
— Obern-Endingen, I 113.
— d, u. v. ze — I 113.
— lüte, die vrien, ze — I 113.
Oberendorf? (oberer Teil von Birmens-
dorf, Kt. Zürich).
— Oberendorf, d. u. v. ze — I 118.
Ober-Entfelden (Dorftail, s.-ö. v. Nie-
der-Entfelden, Kt. Argau).
— Oberen-Entvelt, d. n. v. ze — I
161.
Ober-Enzen (Ort, ö. v. Ensisheim, im
Elsass).
— Obern-Essen, II 444.
Oberen-Gassen (Flurname zu Gebisdorf,
Kt. Argau).
— Oberen Gassen, superior Platea, I
124, 126, II 34.
— hube in der —, mansus in superiori
Platea, I 124, II 34.
— schüppoze in — I 126.
Oberen . . . . . , s. Ober . . . . .
Oberen-Krenkingen, s. Krenkingen,
Neu-Krenkingen.
Oberen-Müliberg, s. Mühleberg.
Oberfeld (Flurname, n.-w. v. Winter-
tur, Kt. Zürich).
— Obren Felde, acker uff dem — II
502.
Ober-Glatt (Ort, s.-ö. v. Nieder-Glatt,
Kt. Zürich).
— Ober-Glatte, Obern-Glatte, Obern-
Glatte, Obrun-Glatta, I 240, II 65,
77, 352, 482.
— dorf ze — I 240/250.
— hof ze — I 249.
— lute ze — I 249/250.
— manlehen ze — II 482.
— mansi siti in —, monasterio Sancti
Blasii pertinentes, II 352; s. auch
Blasien St.
— schüpossen ze — I 249.
Ober-Gösgen (Df., s.-w. v. Nieder-Gösgen, Kt. Solotarn).

— Obern-Gösken, II 747.
Ober-Hasli (Df., s.-ö. v. Regensberg,
Kt. Zürich).
— Obern-Hasla, Obern-Hasle, Obrun-
Hasla, I 247, II 65, 77.
— dorf ze — I 247.
— hof ze — I 247.
— lute des dorfes ze — I 247.
— schüpos ze —, die das gotshus von
Seldenowe anhoret, I 247; s. auch
Selnan.
— schüpossen ze —, die die chorherren von Zürich anhoren, I 247;
s. auch Zürich.
— t. u. b., d. n. v. ze — I 247.
Oberhausen (Weiler, s. v. Kloten, Kt.
Zürich).
— Obern-Hûsen, Obern-Ilnsen, Obrn-
hnsen, Obra-linsen, Obrohusen. I
245, II 65, 77, 404, 488, 657.
— dorf ze — I 245.
— d. n. v. ze — I 245.
— gûter ze — II 657.
— gûter ze — vom gotshus von Zurich, I 245; s. auch Zürich.
— lute des dorfes ze — I 245.
— stur ze — II 404.
Oberhof (Ort, n.-w. v. Oberkirch, Kt.
Luzern).
— obern hofe, t. n. b., d. n. v. zû dem
I 231.
Oberhofen (Df., n. v. Murg, im Gh.
Baden).
— Obarenhofen, Obernhofe, I 67, II
130.
— dingbof ze —, der rörut von Sekingen, I 67; s. auch Seckingen.
— dorf ze — I 67.
— kelnhof, hof ze — I 67, II 130.
— lûte in dem dorfe ze — I 67.
Oberhofen (Burg und Dorf am Tunersee, Kt. Bern).
— Oberhofen, Oberhoven, I 481, 482,
483, II 663.
— bôngarte ze — I 481.
— burg ze — I 481, II 662/663.
— gûter ze — I 481, 482.
— hofstette ze — I 482.
— lute, die, von — I 483.
— sture von — I 483.
— t. u. b., d. n. v. ze — I 482.
— walt ze —, heisset das Eichholtz,
I 482; s. auch Eichholtz.
— wingarte ze — I 482.
Oberhoff, der —, s. Nassberg.

Ober-Immensee (Ort, a. v. Immensee, Kt. Schwiz).
— Obern-Immense, I 211.
— gût ze —, das gegen Hermoltswile und gen More hôret, I 211; s. auch Hermetswil, Muri.
— lûte, die, ze — I 211.
— t. n. b., d. n. v. ze — I 211.
Oberkirch (Pf., s. v. Surnee, Kt. Luzern).
— Obernkirch, I 231, II 278.
— d. u. v. ze — I 231.
— kirch ze — I 231.
— schûpposen ze — I 231.
Ober-Klotisberg (Ort, n.-ö. v. Gelfingen, Kt. Luzern).
— Clotisperge, II 275.
Ober-Kulm (Ort, s. v. Pfd. Unter-Kulm, im Kt. Argau).
— Oberen-Kulme, Obern-Kulmen, I 162, II 265, 569.
— dorf ze — II 569.
— d. u. v. ze — I 162.
— gerihte ze —, beizzet Galgenmôs. I 162; s. auch Galgenmôs.
— gerihte ze —, beizzet Martislon, I 162; s. auch Martislon.
— gûeter ze — I 162.
— hof und müli ze — II 569.
— lûte ze — I 162.
— schûpposen ze — I 162.
— stûre ze — I 162.
— twinge und gerichte ze — âne tod, II 569.
Ober-Langenhard (Ort, n.-w. v. Zell im Toestal, Kt. Zürich).
— Langenhart, Obern-Langenhart, I 296, II 57, 393, 486.
— hof, kelnhoff se. dats — I 296, II 393, 486.
— hûbe ze, hube dats — I 296, II 393; s. auch Langenhard.
Ober-Larg (Ort, n.-ö. v. Luffendorf, im Elsass).
— Larg, Large, II 415, 437.
— ban ze — II 415, 437.
— gûter in dem banne ze — II 437.
— mulin und aker, matten und hôltzer ze — II 415.
— zehenden ze — II 437.
Ober-Lauchringen (Pfd., ö. v. Waldshut, im Gh. Baden).
— Obern-Lôchringen, I 85.
— dafern ze — I 85/86.

— dorf ze — I 85/86.
— hof und schûppoz ze —, die hôrent gegen Hinowe, I 85/86; s. auch Rheinau.
— lute das dorfes ze — I 85/86.
— stûre ze — I 85/86.
— t. u. b., d. n. v. ze — I 85/86.
— viechenize ze — I 85/86.
— widemen und schûpposen ze —, die hôrent gen Sant Blesien, I 85; s. auch Blasien St.
Ober-Lengnau (Df. im Surbtal, Kt. Argau).
— Obern-Lengnang, I 113.
— d. n. v. ze — I 113.
— lûte, die vriez, ze — I 113.
— vogtrehte ze — I 113.
Ober-Magstatt (Ort, ö. v. Altkirch, im Elsass).
— Obern-Macbstat, I 27, 55.
— berherig ze — I 27, 55.
— stûre offen — I 55.
— t. n. b., d. u. v. ze — I 27.
Ober-Meilen (Ort, ö. v. Pfd. Meilen, Kt. Zürich).
— Obern-Meylan, II 295.
Ober-Michelbach (ehemaliges Kloster, w. v. Basel, aber im Elsass).
— Michelbach, Obern-Michelbach, I 14, 55.
— chlosterlin, das, ze — I 14.
— stûre offen —, für herberg, I 55.
Ober-Mumpf (Df., s.-ö. v. Nieder-Mumpf, Kt. Argau).
— Oberen-Muntpbein, Ober-Münpbier, Obern-Maupher, Obern-Münphier, I 60, II 767, 769, 771.
— d. u. v. ze — I 60.
— twing unt ban ze — II 771.
— vogtaiie ze — II 769.
Obern . . . . . . , s. Ober . . . . . .
Obernberg, s. Ferren.
Oberndorf, s. Ober-Arl, Glarus.
Obernheim (Ort, ö. v. Rottweil, im Kgr. Würtemberg).
— Obernhein, dictus de — II 255.
Obern-Husen, s. Hausen.
Obern-Lintal, s. Linttal.
Obern-Meringen, s. Aderzhofen.
Obern-Mitledin? (vielleicht Schwändi, oberhalb von Schwanden, Kt. Glarus).
— Obern-Mitledin, I 511.
— bâme der lûte ze — I 511.
— stûre der lûte ze — I 511.

11

— lagwan der lûte ze — I 511.
Obern-Nevels, s. Näfels.
Obern-Tal? (unbestimmbar, wohl bei Andelfingen, Kt. Zürich).
— Obern-Tal, holtz in — II 507.
Obern-Tübelndorf, s. Dübendorf.
Obern-Ustern, s. Uster.
Obern-Verchein, s. Ferren.
Obern-Visibach, s. Fisibach.
Oberost, ze — (Geschlecht babshurgischer Eigenleute zu Windlach, Kt. Zürich).
— Rudolfus dictus ze —, et Heinricus eius filius et Johannes ze —, uxor et sui liberi, II 304.
Ober-Ramsbach (Ort, n.-w. v. Basel, im Elsass).
— Obern-Ramsbach, Obern-Ramspach, Obern-Ranspach, I 29, 55, II 446.
— herberig ze — I 29, 55.
— stûre affen — I 55.
— torf ze — I 29.
— t. u. b., t. u. v. ze — I 29.
— zehenden ze — II 446.
Ober-Rordorf (oberer Teil der Pfarrei Rordorf, im Kt. Argau).
— Oberen-Rordorf, d. u. v. ze — I 123.
Ober-Schlatt (Df., s.-w. v. Nieder-Schlatt, im Kt. Turgau).
— Obern-Schlatta, t. u. h., d. u. v. ze — I 344.
— s. auch Schlatt.
Ober-Schwörstadt (Pfd. am Rhein, im Gh. Baden).
— Oberen-Swertzstat, t. u. b. ze — I 63.
Ober-Seckingen (oberer Teil der Stadt Seckingen, im Gh. Baden).
— Oberen Seckingen, göt ze — II 772.
— s. auch Seckingen.
Ober-Seen (Ort, ö. v. Seen, Kt. Zürich).
— Obern-Sehein, Ohrn-Sehein, Ohrn-Senhein, Ohren-Sehein, Ohren-Sehen, Ohro-Sehen, I 318, II 140, 145, 403, 406, 496, 505.
— eigen, die vryen, ze — I 318.
— gülli ze — II 486.
— hof ze — II 403.
— scoposse, duo, de — II 140.
— vogt-ture ze — I 318.
— widemen ze — I 318.
— zehendli ze — II 505.
— Seneweli de — II 140, 145; s. auch Schneweli.
Ober-Steinmaur (oberer Teil vom Pfd. Steinmaur im Kt. Zürich).

— Obern-Steinimur, Obern-Steynimur, Obern-Steynmur, Obern-Steynamur, I 238, 239, 248.
— kelnhof ze — I 238.
— lehen, des sigristen, ze — I 238.
— lûte, die, von — I 239.
— sture von — I 239, 248.
— t. u. b. ze — I 239.
— nsideling ze — I 248.
— vrevel ze — I 238.
— wideme ze — I 238.
Ober-Strittmatt (Teil von Strittmatt, im Gh. Baden).
— Oberen-Stritmatten, obern Strittmatten, I 70, II 128.
— lûte, die vrigen, von — I 170.
— sture, vogtrechte in dem I 70, II 128; s. auch Strittmatt.
Ober-Terzen (Df., n.-w. v. Walenstad, Kt. St. Gallen).
— Dertzen, vogtey von — I 519.
Ober-Urdorf (Ort, s.-ö. v. Dietikon, Kt. Zürich).
— Oberen-Uridorf, d. u. v. ze — I 110.
Ober-Weningen (Df., im Wehntal, Kt. Zürich).
— Obern-Weningen, I 241, 248, 255.
— hûba ein, ze —, der eigenschaft affen Zurichberg horet, I 255; s. auch Zurichberg.
— hûbe ze —, die Sant Blasien eigen ist, I 241; s. auch Blasien St.
— lute, die, von — I 241.
— muli bi —, heisset dû ober muli, I 241.
— schûpos ze — I 241.
— sture von — I 248.
— t. u. b. u. v. ze — I 241.
— ussidelinge ze — I 247/248.
Ober-Wil (Weiler, s.-w. v. Nieder-Wil bei Arburg, Kt. Argau).
— Obern-Wile, Obern-Wyl, I 490, II 751.
— acker ze — I 490.
— t. u. b., d. u. v. ze — I 490.
Ober-Wil (Pfd. an der Limmat, Kt. Argau).
— Wile, I 127, II 572.
— gût ze — II 572.
— schûpozen ze — I 127.
Ober-Wil? (unbestimmbar, jedenfalls im Kt. Argau).
— Obern-Wile, zehenden ze — II 604.
Ober-Wil (Df. am Zugersee, Kt. Zug).
— Ober-Wile, I 150, 151, 152.
— lute, die, von — I 152.

— güter ze — I 150, 151.
— güter ze —, heissent das Eichholtz,
I 150; s. auch Eichholtz.
— hofstette ze — I 150.
— t. u. b., d. u. v. se — I 152.
— vischenzs ze — I 151.
— zehende ze — I 151.
Ober-Wil (Df., n.-ö. v. Kloten, Kt. Zürich).
— — Ober Wile, II 306, 310.
Ober-Wil (Df., s. v. Görwil, im Gh. Baden).
— Ober-Wilr, I 81.
— d. u. v. ze — I 81.
— leben ze — I 81.
Oberwil (Df., n. v. Hettlingen, Kt. Zürich).
— Obern-Wile, hub ze — II 510.
Ober-Wiler, s. Wil.
Ober-Wintertur (Pfd., n.-ö. v. Wintertur, Kt. Zürich).
— Obern-Winterture, Obern Winttertur, Ober-Wintertur, Obren-Winttertur, II 28, 86, 486, 500, 513, 523, 526.
— aker ze — II 500, 523.
— hoff ze —, genant Glurenhoff, II 486; a. auch Glur.
— hüb ze — II 523.
— wingartten ze — II 523.
— wisen ze — II 523.
— zehenden ze —, decime — II 29, 513.
— Conradus de — II 86.
— Heinrich, Cüntzi und Cünrat von — II 526.
Ober-Wolfhausen (Df., s.-ö. v. Grüningen, Kt. Zürich).
— Ober-Wolfhusen, I 268.
Obfurn (abgegangener Ort, wohl oberhalb von Nidfurn, im Kt. Glarus).
— Obfure, I 310.
— büssen der löte ze — I 510,511.
— stüre der löte ze — I 510/511.
— tagwan der löte ze — I 510/511.
Obkilchon (oberer Teil vom Pfd. Meggen, Kt. Luzern).
— Obkilchun, I 210.
— die löte ze —, die güt buwent, I 210/211.
— t. u. b., d. u. v. ze — I 210/211.
Obra . . . . . . , s. Ober . . . . . .
Obra-Winterturer, der — (Bauer bei Wintertur, Kt. Zürich), I 333.
Ohren . . . . . . , s. Ober . . . . . .
Obro . . . . . . , s. Ober . . . . . .

Ohront-Ennant-A., s. Ennenda.
Ohrnn . . . . . . s. Ober . . . . . .
Obschalg? (Name einer Mühle zu Heidegg, Kt. Luzern).
— Obschalg, die müli ze Heidegg, der man sprichet — II 555; s. auch Heidegg.
Obtincon, Obtinkon, s. Ottikon.
Ochsenbach (Ort, s.-ö. v. Pfullendorf, im Gh. Baden).
— Ochsembach, Ocbsenbacb, I 426, II 465.
— güt, der vrien löte, ze — I 426.
— güt, wüsth, ze — I 426/427.
— hof ze — II 465.
— löte ze — I 426,427.
— stüra ze — I 426/427.
— t. u. b., d. u. v. ze — I 426/427.
— vogtreht ze — I 426,427.
Ochsenstein (Ruine, w. v. Manersmünster, im Elsass, Heimat eines edlen Geschlechtes).
— Oebsenstein, Ohsenstein, I 28, 52, II 191.
— der von — I 28.
— der alte von — I 52.
— dominus de — II 191.
Odelgeswile, s. Udligenswil.
Öchsterrich, s. Oesterreich.
Oeßingen (Ort, s. v. Wehr, im Gh. Baden).
— Eßikon, II 772.
— Cünrat von — (Bürger zu Seckingen), II 772.
— s. auch Eßikon.
Ögenwiler, s. Wiggiswil.
Oekingen (auch Oetkingen, Df., ö. v. Kriegstetten, im Kt. Solothurn).
— Othichingen, II 18.
Oelegg (Hof, n. v. Menzingen, Kt. Zug).
— Ölegg, Öllegge, I 153, II 650.
— d. u. v. ze — I 153.
— güt ze — II 560.
— Rudolf, Jacobs sun ab — II 560.
Öngerrhein, s. Ingersheim.
Oenz (Ober- und Nieder —, Df., w. v. Herzogenhuchsee, Kt. Bern).
— Onze, Owze, II 8, 17.
Örestetten, s. Ehrenstetten.
Oerlikon (Df., w. v. Schwamendingen, Kt. Zürich).

— Örlichen(?), Örlincon, Örlinkon, Orlikon, I 253, II 55, 77, 488, 692.
— dorf ze — I 253.
— d. u. v. ze — I 253.
— lute des dorfes ze — I 253.
— schöpos ze —, die sunt Regelen eigen sint, I 253.
— sture, stüren ze — I 253, II 692.
Oerlingen (Df., n. v. Andelfingen, Kt. Zürich).
— Örlingen, Orlinkon, I 345, II 331.
— hof ze —, des eigenschaft gegen Rinnowe höret, I 345; s. auch Rheinau.
— hübe ze —, die gegen Rinowe höret, I 345 346; s. auch Rheinau.
— schöppüssen ze —, die gegen Rinowe hörent, I 345/346; s. auch Rheinau.
— t. u. b., d. u. v. ze — I 345/346.
Öschgen (Pfd., a. v. Frick, Kt. Argau).
— Eschon, Eschlkon, Eschon, I 59, II 113, 736.
— d. u. v. ze — I 59.
— kilche — II 736.
— diu frow von — II 113.
Oeschgen, von — (Geschlecht zu Rheinfelden, Kt. Argau).
— Eschon, H. de — de Rinveldin, II 772.
Öschibach, s. Eschenbach.
Öschicon, Öschingen, Öschinkon, s. Wutöschingen.
Osten, s. Aengst.
Oesterreich (habsburgisches Herzogshaus und Herzogtum).
— Austria, Öchsterrich, Osterich, Österrich, Oesterrich, Osterrich, I 16, 18, 31, 40, 56, 63, 66, 78, 85, 92, 102, 108, 116, 132, 155, 483, 498, II 408, 412, 456, 458, 527, 590, 591, 592, 616, 649, 655, 676, 690, 694, 706, 707, 713, 732, 733, 748, 750, 755.
— die, dd. unse, hoser, unsere herrschaft, herschaft, herrschaft von, zu — II 408, 412, 458, 590, 649, 655, 713, 748, 750, 755.
— die hertzogen, herzogen von —, duces Austrie, I 16, 18, 31, 40, 56, 63, 66, 78, 85, 92, 102, 108, 116, 132, 155, 483, 498, II 150, 268.
— domini duces (Austrie) —, mine herren die hertzogen —, mine herron, die hertzoge von —, mine herren, von — II 201, 215, 676, 692, 732, 733.
— domina mea, nostra, ducissa Austrie (Herzogin Agnes, † 1296), II 182, 194.
— dominus Albertus (Albrecht I., † 1308), dux Austrie, II 232, 234, 236.
— dominus noster dux Austrie (Albrecht I.), II 193, 194, 196, 231, 234, 236.
— küng Albrecht von — (Albrecht I.), II 694.
— fröw Catherine von Burgûms, hertzogin ze — II 591; s. auch Burgund.
— dominus Fridericus dux Austrie (Friedrich I. der Schöne, † 1330), II 235.
— Fridrich und Lópolt (Fridrich I. und Leopold I., † 1326) hertzogen ze — II 690, 706.
— herzog Ott von — (Otto, † 1339), II 616.
— dominus dux Austrie (Herzog Rudolf IV., † 1365), II 456.
— unser her von — (Herzog Rudolf IV.), II 527.
— s. auch Habsburger.
— lechen von — II 592.
— redditus ducum Austrie, II 150.
— Nüwenburg in —, s. Neuenburg.
Ostenbach (jetzt Hornbach, Bach zu Zürich-Riesbach).
— Ötenbach, II 319.
Ötensperg, s. Otzenberg.
Oetikon (Df., w. v. Stäfa, Kt. Zürich).
— Ötincon, Ötinkon, Ötliakon, Öttincbon, I 273, II 21, 356, 395.
— schöposen ze — I 273.
Ötiswiler, s. Ettisweiler.
Oetkingen, s. Oekingen.
Ötligelswile, s. Udligenswil.
Oetwil (Df., s.-ö. v. Wärenlos, Kt. Zürich).
— Ötwille, Otwile, I 116, II 542.
— d. u. v. ze — I 116.
— lechen ze — II 542.
Oetwil (Pfd., s.-w. v. Grüningen, Kt. Zürich).
— Ötwile, I 277, II 397.
— zehenden ze — I 277, II 397.
Offenburg (Stadt an der Kinzig, im Gh. Baden).

— datum ze — II 689.
Offenburger, der — (Müller zu Langen-Enslingen, Kgr. Würtemberg).
— Offenburgers, des — müli, I 406.
Offerœya, s. Opferœi.
Officium-Liberum, s. Frei-Amt.
Offingen (Ort. 6. v. Riedlingen, Kgr. Würtemberg).
— Offingen, I 392, II 161, 162, 164, 219.
— advocatia de curia — II 161.
— advocatia in — II 164.
— bona in — II 219.
— censos arearum in — II 219.
— d. n. v. ze — I 392.
— jus patronatus ecclesie de Bowen, II 161; s. auch Howen.
— helnhof ze —, curia —, curia in —, I 392, II 161, 164.
— kilcha zu Bowen, ecclesia de Bowen, I 892, II 161; s. auch Bowen.
— possessiones in — II 162—164.
— schôpos ze — I 392.
— wisen ze — I 392.
— zehende ze — I 392.
Ofner (Gutseinhaber zu Modenheim im Elsass).
Ofners, Heinrichs des — hofstat. I 11.
Oftringen (Df., 6. v. Arburg, Kt. Argau).
— Oftringen, I 489.
— güter ze — I 489.
— schüppüssen ze — I 480.
— t. u. b., d. u. v. ze — I 489.
Oftringen (Df. im Klettgau, Gb. Baden, Heimat eines ritterlichen Geschlechtes).
— Oftringen, II 127, 766, 774.
— hus ze — II 766.
— wingarten ze — II 774.
— her Gerung von — II 127.
— Johans der Hüber von —, s. Huber.
— Johans und Friderich von gebrüder, II 766.
— Mochli von —, s. Mochli.
Ohmenhausen (Ort, s.-ö. v. Tübingen, Kgr. Würtemberg).
— Ammanhusen, das holtz ze — II 461.
Obsenstein, v. Ochsenstein.
Ollenden, bonum — (Gut bei Embrach, Kt. Zürich, II 95).
Olrich, Olricus, s. Ulrich.
Olsberg (Frauenkloster, w. v. Rheinfelden, Kt. Argau).

— Olsperg, die frowen von — II 721.
Olten (Städtchen im Kt. Solotern).
— Olten, II 726, 748, 753.
— officium — II 758—754.
— rät dar, ze — II 753.
— statt ze — II 753, 754.
— Arni Buman schultheiss ze — II 753; s. auch Buman.
— Heinrich Buman von —, s. Buman.
Oltingen (Burg und Df., n.-ö. v. Kerzers, Kt. Bern, Heimat eines gräflichen und eines ritterlichen Geschlechtes).
— Oltingen, Ottingia, II 21, 24, 46, 599, 656.
— agri — II 24.
— burg ze — II 656.
— novalia in — II 24.
— officium — II 21.
— reditus ad officium — pertinentes, II 21—(24).
— summa redituum — pertinencium, II 24.
— villa — II 24.
— Hartman von — und Riechlin sin brüder, II 599.
Oltingen (Ort. 6. v. Pfirt, im Elsass).
— Oltingen, II 425, 437.
— gewesse ze — II 425.
— kappel ze — II 425.
— müli ze — II 437.
Oltingen? (Pfd. an der Sehafmatt, im Dez. Sissach, Kt. Baselland).
— Eltingen, kilche — II 786.
— s. auch Eltingen.
Oltinger, Johans — von Baden (Lebensinhaber zu Baden, Kt. Argau), II 374.
Ombrechtswile, Omerswile, s. Ammerswil.
Ongersheim, Ongersheim, s. Ungersheim.
Onze, s. Oens.
Opferœi (Hôfe, s. v. Hergiswil, Kt. Luzern).
— Offerœya, I 182.
— die vryen und ander lüte ze — I 182/183.
— t. u. b., d. u. v. ze — I 182/183.
Opfertabühl (Orts- oder Flurname, w. v. Hergiswil, Kt. Luzern).
— Löbsersbül, mansus in — II 344.
Opfikon (Df., s. v. Kloten, Kt. Zürich).
— Opficon, Opfikon, Opfikon, Opphincon, Opphinkon, I 245, II 65, 77, 306, 405, 449.

— dorf ze — I 245.
— güt ze —, das des gotzhus von Zurichberg eigen ist (Zurichberger güt ze —). I 425, II 405; s. auch Zurichberg.
— güt ze —, genant Frenhoff, II 489; s. auch Frenhoff.
— inte des dorfes ze — I 425.
— sture ze — I 425.
— vogtey ze —, uf Zurichberger güt, II 405.
Or, Hans — (Name eines Boten), II 727.
Orenzach, s. Erzach.
Oringen (Ober- und Unter —, Weiler, n. v. Veltheim, Kt. Zürich).
— Orringen, I 821, II 28, 707.
— der hof ze — II 707.
— der nider hov ze — I 321; s. auch Unter-Oringen.
— die hove zů dem —, der eigenschaft gegen Krützlingen höret, I 821; s. auch Kreuzlingen.
— die lüte ze — I 321.
— L. u. b., d. u. v. ze — I 321.
— vogtstüre ze — I 321.
— s. auch Unter-Oringen.
Oringer (Name verschiedener Leute von Oringen, Kt. Zürich).
— Orringer, der — (Bürger zu Wintertur, Kt. Zürich), I 333.
— Orringer, der junger — (Bürger zu Wintertur), I 830.
— Orringers, des — hübe —, mansus dicti Orringer (zu Wintertur), I 327, II 72, 87.
— Orringers, des — schüpos (zu Seen, Kt. Zürich), I 815.
Orlikon, s. Oerlikon.
Orlinkon, s. Oerlingen.
Ormalingen (Pfd. im Bez. Siessach, Kt. Baselland).
— Normendingen, Normindingen, II 738, 766.
— kilche — II 738.
— lehen ze — II 766.
Orringen, s. Oringen.
Ort, Chüntz (im) — von Überlingen (Lehensinhaber zu Cherlingen, im Gh. Baden), II 470.
Ort, am — (Geschlecht zu Wintertur, Kt. Zürich).
— Orth, Walther am — von Wintertur, II 522.

Ortenberg (Burg, s. v. Scherweiler, im Elsass).
— Ortenberg, Ortenburg, I 19, 20, 22, 23, 40, 44, 52.
— ampt ze — I 23.
— burg — I 19.
— her Lütwig von Amolton, burgman ze — I 44, 52; s. auch Amoltern.
Oschwand (und Ober-, Weiler, s. v. Ober-Burg, im Kt. Bern).
— Oswandon, II 12.
Osheim, Oshein, s. Ostheim.
Ossingen (Pfd., s.-w. v. Waltalingen, Kt. Zürich).
— Ossingen, I 344, 345, II 367, 476, 478, 484, 485, 496, 502, 509, 512, 525, 696, 712.
— acker ze — II 512.
— burg ze —, genant Wida, II 484; s. auch Widen.
— huw ze — II 484.
— dorf ze — II 484, 485, 696.
— dü güter ze — I 345.
— dü eigenen güter, die vogtey und dü hofstat uf dem Berge ze — I 345; s. auch Berg.
— güt ze — II 512.
— hofstett in dem dorff ze — II 484, 485.
— hübe, ein, ze — I 345.
— hüb ze — II 502, 525.
— kelnhof ze —, der lehen ist von Owe, I 344; s. auch Reichenau.
— korngült ze — II 712.
— lüte und güter ze — II 485.
— lüte von — I 345.
— mansus duo in -- II 367.
— müli ze — II 484.
— sewen, zwen — II 485.
— stüre ze — I 345.
— t. u. h., d. u. v. ze — I 345.
— wingarten, wingärten ze — I 345, II 475, 476, 485, 509.
— wingarten ze —, genant Swabenbül, II 496.
— winzehenden ze — II 478.
Osterfingen (Pfd., s.-ö. v. Hallau, Kt. Schaffhausen).
— Ostrafingen, hof ze — II 514.
Ostergau (Ort, ö. v. Willisau, Kt. Luzern).
— Ostergöwe, t. u b., d. u. v. ze — I 184.
Osterhalden (Weiler, n.-w. v. Frauenfeld, Kt. Turgau).

— Osterhalde, Osterhalden, Österhaldon, I 370, II 45, 82, 398.
— bona apud — II 45.
— hof ze — I 370, II 398.
— wise ze — I 370.
Ostern, Osteron, s. Ostrach.
Osterrich, s. Oesterreich.
Ostheim (abgegangener Ort bei Riedlingen, Kgr. Würtemberg).
— Oshaim, Oshein, I 414, II 227, 261.
— güt ze —, bona in —, bonum — I 414, II 227, 261.
— vogtrecht ze —, jus advocaticum in, I 414, II 227.
Osthofen, Johannes Borgrawe von — (Lehensinhaber zu Breitenheim im Elsass), II 442.
— s. auch Burggraf.
Ostrach (Pfd. in Hohenzollern-Sigmaringen, Heimat eines ritterlichen Geschlechtes).
— Ostern, Osteron, Ostra, II 108, 109, 184, 190, 201, 717, 723, 737.
— dicti de — II 201.
— pueri de — II 184, 190.
— Antony von — II 737.
— her Heinrich von — II 108, 109.
— Henman von — II 717, 723.
Ostrüngen, s. Osterfingen.
Oswalt (Graf Oswald von Tierstein), II 728.
— s. auch Tierstein.
Oswandon, s. Oschwand.
Otelfingen (Pfd., n.-w. v. Regensberg, Kt. Zürich).
— Otolvingen, Ottolsüngen, I 115, 239.
— dorf ze — I 115.
— meyerhof ze —, der des gotshus von Sant Blasien eigen ist, I 239; s. auch Blasien St.
— schüpos, schüpossen ze — I 239.
— unsidelinge ze — I 115.
— vogtlüte ze — I 115.
— vogtstüre, vogtrecht ze — I 115, 239.
Otenhusen, s. Ottenhausen.
Othalden, s. Nothalden.
Othichingen, s. Oehingen.
Otis (Name der St. Martinskirche zu Wesen, Kt. St. Gallen).
— Sant Martins kilchen, dá heisset — I 517; s. auch Wesen.
Otlingen, Bentzen kint von — von Wintertur (Lehensinhaber von Wintertur, Kt. Zürich), II 533.
Otmarshein, s. Ottmarsheim.

Otmarsingen (Df., n.-ö. v. Lenzburg, Kt. Argau).
— Otwisingen, d. n. v. ze — I 157.
Otolfingen, s. Otelfingen.
Ott, Chünts — von Mengen (Lehensinhaber von Mengen, Kgr. Würtemberg), II 460.
Ott graf —, s. Otto.
Ott, herzog —, s. Habsburger.
Ottenhalden? (unbestimmbarer Ort, wohl bei Dächliswil, Kt. Zürich).
— Ottenhalden, trotten, lit uff — II 508.
Ottenhausen (Df., s. v. Ebersol, Kt. Luzern).
— Utenhusen, d. u. v. ze — I 223.
Ottenhausen (Df., ö. v. Seegräben, Kt. Zürich).
— Otenhusen, Otenhusen, Ottenhousen, Ottenhusen, I 305, II 31, 59, 313, 360, 392, 497, 502.
— gütli ze — I 305.
— kelnhof ze —, hof ze —, curia in —, I 305, II 360, 392.
— kamerlen ze — II 502.
— len ze — II 502.
— vogty ze — II 497.
Ottenswang (Ort im O.-A. Waldsee, Kgr. Würtemberg).
— Ottolfswang, ecclesia in — II 160.
Ottikon (Df., n.-ö. v. Grüningen, Kt. Zürich).
— Obtincon, Obtinkon, I 278, II 80.
— güt, der vryen lüte, ze — I 278.
— t. u. b., d. u. v. ze — I 278.
— vogtrecht ze — I 278.
Ottikon (Df., n. v. Illnau, Kt. Zürich, Heimat eines ritterlichen Geschlechtes).
— Otticon, Ottiken, Ottikon, Ottinchon, Ottincon, Ottinkon, I 299, II 75, 88, 94, 300, 391, 302, 404, 502, 510, 678, 688, 704.
— advocacia in —, vogtay ze — II 75, 94, 391.
— güt, der vrien lüte, ze — I 209.
— lüte die vrien, ze I 209.
— berpstater ze — II 404.
— meyenstor ze II 404.
— stüre ze —, steure dala —, I 299, II 391.
— t. u. b., d. u. v. ze — I 299.
— vogtrecht, vogtrechte ze — I 299, II 678, 704.
— Hans von — II 510.

— Hans und Herman von —, gebrüder, II 510.
— Herman von — II 502.
— dominus Johannes et Be. frater suus dicti de — II 88.
— Johannes de —, Johans von — II 360, 392, 688.
— Rüdolfus de — II 88.
Ottikon, von — (Geschlecht habsburgischer Eigenleute in Zürich).
— Oblinken, Mathilda de — II 294.
Ottmarsheim (M., e.-d. v. Ensisheim, im Elsass, Heimat eines ritterlichen Geschlechtes).
— Otmarshein, I 3, 48, II 430.
— herberig so — I 8.
— store ze — I 8, 48.
— t. u. v. se — I 8.
— soll ze — I 8, 48.
— torf ze — I 8, 48.
— Rötsman von — und sin brüder, • II 430.
Otto (Graf von Tierstein).
— graf Otto, II 715, 723, 727, 728, 730, 731.
— graff Otto von Tierstein, II 730.
— min her graf Ott, II 737.
— s. auch Tierstein
Ottolfingen, s. Otelfingen.
Ottolfswang, s. Ottenswang.
Otwile, s. Uetwil.
Otwissingen, s. Otmaringen.
Otzenberg? (Ort, s. v. Uasli a. d. Emme, Kt. Bern).
— Ötersperg, curia — II 12
Ögat, s. Basel-Augst.
Ôsterhalden, s. Osterhalden.
Üttinchon, s. Oetikon.
Owe, s. An, Auhof.
Owe in Baregge, s. Barogg, Spital-Au.
Owe ze Waltshût, s. Waldshut.
Owon, s. Au.
Owa, s. Anw. Meienberg.
Owe, s. An, Anw. Meienberg, Reichenau, Steinhausern. Waldshut.
Owenmuli (Mühle, wohl bei Burr, Kt. Argau), II 111.
— pfand ze — II 111.
Owingen, s. Auingen.
Owze, s. Oenz.

P.
(S. auch B.)
Pagmen (Paginen?; der — gütter (wohl bei Ossingen, Kt. Zürich), II 484.

Pairis (ehemaliges Kloster, w. v. Orbay, im Elsass).
— Paris, I 4, 14.
— münichhof, heilset se Rinvelden, der se — höret, I 14; s. auch Rheinfelderhof.
— münchhof se Theigenhein, von —, I 4; s. auch Deinheim.
Palme, Palmen, s. Balm.
Pantzer, s. Bantzier.
Partelstein, s. Bartelstein.
Passan (Stadt in Nieder-Baiern).
— Passöw, datum se — II 678.
Passeldorf, Passelstorf, s. Bassersdorf.
Paternoster, Johannes dictus — (Bauer zu Nieder-Lenz, Kt. Argau), II 209.
Paulterhof (Domäne, s. v. Insigkofen bei Sigmaringen, Kgr. Preussen).
— Polt gût ze — I 419.
Pekko, Peter — (Lehenssinhaber im Birrfeld bei Brugg, Kt. Argau), II 537.
Pentse, der —, s. Bentz.
Perlen (Ober- und Unter —, Weiler, unterhalb Buchenrain, im Kt. Luzern).
— Bernol, zechenden ze — II 667.
Pérouse (Ort, ö. v. Belfort, Frankreich).
— Perum, villa de — II 453.
Perper, s. Berenberg.
Persenchon, s. Bertschikon.
Peter (Bauer zu Sulz bei Winterthur, Kt. Zürich).
— Peters höbe —, mansus dicti domini Petri, I 312, II 71, 143, 380.
Peter, der Smit von Waltzböt (Lehensinhaber von Waldshut, im Gh. Baden), II 771.
Peter, Sant — (Hospiz zu St. Peter auf der Höhe des Septimerpasses im Kt. Graubünden).
— ze sant — uf den Sepmen, I 521.
— s. auch Septimer.
Peter, St. (unbestimmbar, wohl verschrieben für St. Martin, bei Oltingen im Elsass).
— Petri, homines Sancti — II 453.
Peterhuse, s. Pfaffershausen.
Peters, Burgi — (Eigenmann des Stiftes Einsideln, zu Ober-Dübendorf, Kt. Zürich), II 809.
Petershausen (ehemaliges Kloster gegenüber Konstanz, im Gh. Baden).
— Petershusen, Petri domus, I 414, II 227.

— güt ze Binhusen, die an daz gotzhus von — hörent, bona in Binhusen pertinentia monasterio de Petri domo, I 414, II 227; s. auch Binhausen.
Petershols (Ort, n.-w. v. Schlettstadt, im Elsass).
— Petersholtz, Sant — I 21, 22, 52.
— dorf ze — I 21.
— güt ze — I 22.
— zehende ze — I 22, 52.
Peters wise im nidern ried ze Nüwenburg (zu Neuburg bei Wülflingen, Kt. Zürich), II 477.
— s. auch Nenburg (Kt. Zürich).
Petrus, dominus — dapifer (ein Schenk von Wildegg, Kt. Argau), II 50; s. auch Wildegg.
Peyer, der — (Bauer zu Benzingen, Kgr. Preussen), II 462.
Peyer, Üly — (Gutsinhaber zu Schönenwerd, Kt. Solothurn), II 747.
Pfäffikersee, der — (See bei Pfäffikon, im Kt. Zürich).
— lacus dominii in Pfeffinkon, II 360.
— sew ze Pfepficon, II 406.
Pfäffikon? Ort, s.-w. v. Reinach, im Kt. Luzern).
— Pfeffikon, Phephinkon, I 173, 232.
— d. n. v. ze — I 232.
— hof von — I 173.
Pfäffikon (Df. am Zürichsee, Kt. Schwiz).
— Pfeffincon, II 356.
— curia — II 355. 356.
Pfäffikon (Pfd. am Pfäffikersee, im Kt. Zürich).
— Pfeffikon, Pfeffinkon, Pfepficon, Pheffenchon, Pheffinkon, I 301, II 295, 314, 366, 391, 405, 406, 501, 682.
— dominium in — II 360.
— hüb ze — II 501.
— kelnhof, hof, kellenhof ze — II 391, 405, 682.
— kelnhof ze —, der von Sant Gallen lehen ist, I 301; s. auch Gallen St.
— t. n. b., d. n. v. ze — I 301.
Pfävers (ehemaliges Kloster, z. v. Ragaz, im Kt. St. Gallen).
— Pfafers, Phefers, I 207. 518.
— gotzhus von — I 207, 518.
— hof ze Quarte, der eygen ist des gotzhuses von — I 518; s. auch Quarten.

— lehen von dem gotzhus von — I 207.
Pfaffanwerd? (unbestimmbarer Flurname in Schwaben), II 461.
— wismatt im — II 461.
Pfaffe, Rudolf der — (Gutsinhaber an Veringendorf im Kgr. Preussen).
— Rüdolfs des Pfaffen güt, bonum Rüdolphi Clerici, bonum Rüdolfi, dictum Pfaffengüt, I 399, II 221, 258.
Pfaffenürst (Gut am Bötzberg, Kt. Argau).
— Phaffenürst, I 138. A. 3.
Pfaffen, Heinrich des — son (Bauer zu Gutenstein, im Gh. Baden), I 431
— s. auch Heinrich.
Pfaffenheim (Ort bei Rufach im Elsass).
— Pfaffenhein, Pfaffenhen, II 424, 432.
— reben in, zu —, bann, II 424, 432.
Pfaffnau (Pfd., s.-w. v. Reiden, im Kt. Luzern).
— Pfaffnach, I 182.
— lüte ze — I 182.
— stüre ze — I 182.
— l. n. b., d. n. v. ze — I 182.
Pfaffwil (Df., n.-w. v. Gisikon, im Kt. Luzern).
— Pfaffwile, I 198.
— lüte ze — I 200.
— stüre ze — I 200.
— t. n. h., d. n. v. ze — I 200.
Pfeferhartin, Utilia dicta — (habsburgische Hörige zu Konstanz, im Gh. Baden), II 329.
Pfefers, s. Pfävers.
Pfeffikon, Pfeffincon, Pfeffinkon. Pfepficon, s. Pfäffikon.
Pfettershausen (Ort, n. v. Bonfol, im Kt. Bern).
— Peterhusse, zechende von — II 443.
Pfirt (Städtchen, s.-ö. v. Altkirch, im Elsass, Heimat eines gräflichen und einer ritterlichen Geschlechtes).
— Ferretum, Pfirt, Phirt, I 2, 51, II 413, 416, 421, 422, 424, 445, 451, 452, 590, 591.
— amptlütte in der grafschaft ze — II 591.
— contractus de Ferreto, II 452.
— garten, die hörent gen — I 416.
— grafschaft ze — II 416, 591.

— grave der, von — I 2.
— lechen zu — II 413.
— manlechen von — II 443.
— marktgericht ze — II 591.
— zol ze — II 591.
— Hanman und Maltis gebrüder von — II 424.
— Thisbolt, grave, von — I 51.
— Thieholts hern, seligen tochter von — II 422; s. auch Neuenstein.
— Ülman von —, ber Ülman, Ulman, II 421, 422, 455.
— Ulrich von — und sine brüder Anthein und Penthelin, II 590.
Pfister, Hans — von Gröningen (Lehensinhaber zu Gossau, Kt. Zürich), II 460.
Pfister, Mantze der — von Veringen (Lehensinhaber von Veringen, kgr. Preussen), II 465.
Pfenser (Flurname zu Ufholz bei Sennheim im Elsass).
— Pfentser rehen in dem — II 418.
Pfony, Jenny — (Lehensinhaber im Dirrfeld bei Brugg, Kt. Argau), II 536.
Pfrűnder, der — (Bürger zu Winterthur, Kt. Zürich), I 339.
Pfullendorf (Ort, n.-ö. v. Ueberlingen, im Gh. Baden).
— Phullendorf, Phulwendorf, II 465, 470.
— aker ze — II 470.
— die von — II 465.
Pfung(e) (Bürgergeschlecht von Zürich).
— Pfungo, Heinrich — von Zürich, II 703.
Pfungen (Pfd., n.-w. v. Winterthur, Kt. Zürich).
— Pfunggingen, Pfungigen, Pfungingen, Phunggengen, II 476, 477, 518, 519.
— gütlin ze — II 476.
— güt ze — II 477, 519.
— wingarten ze — II 518.
Phaenli, s. Phenli.
Phaffans (Ort, n.-ö. v. Belfort, Frankreich).
— Fafans, parrochia de — II 454.
Pfaffenfirst, s. Pfaffenfürst.
Phefers, s. Pfävers.
Pheffenchon, Pheffinkon, Phephinkon, s. Pfäffikon.
Phendern, honnen dez — (zu Ertingen, im Kgr. Würtemberg), II 159.

Phenli (Ministerialen-Geschlecht der Grafen von Toggenburg, im Kt. St. Gallen).
— Phaenli, Phenli, Phënli, Phenlino, II 31, 360, 392, 393, 698.
— der — II 392.
— dictus — II 360.
— Heinrich — II 698.
— her Johans — II 398.
Pfeinr(?), die antwerk — (unbestimmbar), II 462.
Phirt, s. Pfirt.
Phullendorf, Phulwendorf, s. Pfullendorf.
Phunggengen, s. Pfungen.
Pincerna, s. Liebenberg, Wildegg.
Pingen, s. Bingen.
Pitterkrut, s. Ritterkrut.
Planscher(?), Kyat von — (Lehensinhaber zu Tann, im Elsass), II 440.
Plates, s. Garsen, Nideren-Gassen, Oberen-Gassen.
Platta, Piz — (Berg zwischen dem Avrersertal und dem Oberhalbsteinertal, im Kt. Granbünden).
— Platten-Mesella, I 524.
Platten (Höhe, w. v. Unter-Embrach, Kt. Zürich).
— Blatten, müli und schöpos an —, molendinum et scoposam dicta an —, I 264, II 63.
Platten (Häusergruppe, w. v. Unter-Wolfhausen, im Kt. Zürich).
— Blatten, ze Wolfhusen an den — I 270.
Plaudem, mansus ad — (unbestimmbar, wohl bei Gebisdorf, Kt. Argau), II 84.
Pleigne (Df., n.-w. v. Delsberg, Kt. Bern).
— Blent, Plene, I 34.
— lúte, in dem dorfe ze — I 34.
— sture ze — I 84.
— t. u. b., t. u. v. ze — I 34.
Plete (Bleta, Bürgergeschlecht zu Winterthur, Kt. Zürich).
— Plet, Plete, Pleto, I 329, II 368.
— Pletten acker, II 500.
— Pletzen, der — güt, II 515.
— Rudolf — I 329.
— Walther — I 329.
— Walther der —, purger ze Winterthur, II 387.
Plos (Geschlecht von Lehensinhabern in Schwaben).
— Plos, II 469, 470.

Register. 171

— Eglolf, II 470.
— Rüdolf, II 409.
Plötman, acker gelegen uff — (unbestimmbar, wohl im Thurgau), II 503.
Pluwelinkon, s. Blenlikon.
Polster, s. Bolstern.
Pult, s. Paulterhof.
Port (Ort, s.-ö. v. Nidau, Kt. Bern).
— Borte, scopoma — II 22.
Portenhusen? (unbestimmbarer Ort, wohl verschrieben für Fleckenhausen, s.-ö. v. Arburg, im Kt. Argau).
— Portenhusen, I 490.
— güter und hofstette ze — I 490, 491.
Prato, de —, s. Coinat.
Prattelen (Pfd., s.-ö. v. Basel, im Kt. Baselland).
— Brattelen, II 723.
— Götschi von — II 723.
Predinm, a. Eigen.
Presli, s. Dollikon.
Prisikon, s. Briaecken.
Prissener, s. Kienberg.
Pruckenslegel, Cünrat — von Winttertur (Lehensinhaber zu Wintertur, Kt. Zürich), II 512.
Progga, s. Brugg.
Prünger, s. Brüngger.
Pruntrut (Städtchen im Kt. Bern).
— Brunnentrutz, Bornentrut, II 419, 447.
— vogtye ze — II 419.
— zecbenden von — II 447.
Pült, St. (St. Hippolyte, Ort bei Rappoltsweiler im Elsass).
— Pült, Sant — II 449.
— Summit von —, genant Hawmesser, II 449.
Pömang, Heinrich — von Bremgarten (Lehensinhaber von Bremgarten, Kt. Argau), II 564.
Püliant, Hans —, s. Eptingen.
Puttikon, s. Büttikon.

Q.

Quarten (Pfd. am Walensee, im Kt. St. Gallen).
— Quarte, I 519, 521.
— gut, varendes, ze — I 518.
— hof ze —, der eygen ist den gotzhusen von Pheforn, I 518; s. auch Pfävers.
— löte und göte ze — I 519.
— tagwan ze Walastat, sö dem hoeret — II 521; s. auch Walenstad.
— t. u. b., d. n. v. ze — I 518.

R.

Rad (Ober- und Unter —, Weiler, n. v. Wäldingen, Kt. Zürich).
— Rad, hoff zu — II 479.
Badegg (ehemalige Burg am Irchel, Kt. Zürich, Sitz eines freiherrlichen Geschlechtes).
— Radegg, Anna von — II 676.
Radelfingen (Df., n. v. Vechingen, Kt. Bern).
— Ratolfingen, II 11.
Badhof (Ort, n.-w. v. Murtelen, Kt. Zürich).
— Rode, I 349.
— hof und güt ze —, des eigenschaft gegen Rinowe höret, I 348; s. auch Rheinau.
— vogtreht ze — I 348.
Radolfzell (Stadt am Untersee, im Gh. Baden).
— Ratolfs-Celle, Zell?, I 452, 453, II 734.
— büssen ze — I 435.
— burger ze — I 455.
— d. u. v. ze — I 455.
— güter, dü ze der herren pfründen borent, I 454.
— muli bi der stat ze — I 454.
— stat ze — I 453, 454, II 734.
— sture ze — I 455.
— vogtrecht ze — I 455.
— winbann ze — I 455.
— sins der hofstetten ze — I 455.
Rämiegrat (oberer und unterer —, Ort, ö. v. Lauperswil, Kt. Bern).
— Bemisgrate, güt an — I 191.
Rämismühle (Weiler, s. v. Zell, Kt. Zürich).
— Rinis muli, II 494.
— vischeta von — unts in den Wisenbach, II 494.
Rämli, s. Jestetten.
Räsee, Chüny — (Lehensinhaber zu Schwendi am Bötzberg, Kt. Argau), II 539.
Rätz (Geschlecht von Seckingen, im Gh. Baden).
— Rats, Razzo, II 673, 769, 772.
— II. — II 760.
— Hartman — II 673.
— Herman — von Seckingen, II 772.
Rafarswiler, s. Rapperswil.
Rain (abgegangener Ort im badischen Bez.-A. Messkirch).
— Rain, Reine, I 426, II 238.

— gůt, der vrien lûte, ze — I 426.
— gůt, wůstů, ze I 426/427.
— lûte, dů vrien, ze — I 426/427.
— stùre ze — I 426/427.
— t. n. b., d. n. v. ze — I 426/427.
— vogtrakt ze — I 426.427.
— Albertus de — II 238.
Rall, Chůni — von Mengen (Lehensinhaber zu Mengen, Kgr. Württemberg), II 459.
Rambach (ehemalige Burg bei Alt-Rapperswil, Kt. Schwiz, Heimat eines ritterlichen Geschlechtes).
— Rambach, Ranbach, II 583, 639, 709.
— Otto von — II 583, 638/639, 709.
Ramlô, s. Ranflûe.
Ramstein (Burg, a. v. Scherweiler, im Elsass).
— Ramstein, burg — I 19.
Ramstein, von — (Ministerialengeschlecht von Basel).
— Hamstein, II 848, 649.
— Burkart Wernher von — und Ulrich sin brůder, II 648.
— Hans vom — und sin můter, II 649.
Ramswag (Burgruine, G. v. Bischofzell, im Kt. St. Gallen, Heimat eines ritterlichen Geschlechtes).
— Ramswach, Ramswag, II 82, 83, 398, 691.
— domina de — II 83.
— dominus de — II 82.
— Rudolf von — II 398.
— Ulrich von Sumberg von — II 691.
Ranbach, s. Rambach.
Randaltzswilr, s. Ranzweiler.
Randen, der — (Gebirgszug im Kt. Schaffhausen bis zum Gh. Baden).
— Randen, Randenberg (= Randenberg), II 485, 503.
— gůt ze Slatt an dem — II 485.
— lehen ze Schlatt under — II 508.
— s. auch Schlatt.
Randenberg (ehemalige Burg bei Schleitheim, Kt. Schaffhausen, Heimat eines Schaffhauser Geschlechtes).
— Rannenberg?, II 700.
— der scultheisse von Schafhusen (Egbrecht der Altere von Randenberg), II 379.
— Egbrecht der schultheiss von Schaf-

husen, der Bote (Egbrecht der ältere von Randenburg), II 690.
— Ekbrecht Schultheiss von Schaffhusen (Egbrecht der jüngere von Randenburg), II 508.
— Heinrich von — II 700.
— Margretha, Ursel und Elsbetha, Burkarts des Schultheissen von Schaffhusen seligen kinden, II 444.
— s. auch Schaffhusen.
Randoltzwilr, s. Ranzweiler.
Ranflûe (Ort, G. v. Rüderswil, Kt. Bern).
— Ramlô, II 25.
Rangen, der — (Berg bei Tann im Elsass).
— Rangen, II 425, 433.
— reben am — II 425, 433.
Rannenberg, s. Randenberg.
Ranrupt, s. Roschbach.
Ransbach (Ober- and Nieder —, Ort, n.-w. v. Basel, im Elsass).
— Ranspach, kilchensatz ze — II 446.
— s. auch Nieder-Ransbach, Ober-Ransbach.
Ranzweiler (Ort, n.-ö. v. Altkirch, im Elsass).
— Randaltzswilr, Randoltzwilr, I 27, 49, II 458.
— dorf ze — I 27, II 458.
— herberig ze — I 27, 49.
— lehen ze — uff dem dorf, II 458.
— L. b. b., d. u. v. ze — I 27.
Rapelswil, a. Rapperswil.
Raperg, s. Rotberg.
Rapoltzbôl? (Gehölz bei Alpfen, im Gh. Baden).
— Rapoltzbôl, bôltzli ze Alaphon, heisset — II 545.
Rapperswil (Pfd., w. v. Jegisdorf, Kt. Bern).
— Raferswiler, scopossa — II 13.
Rapperswil (Stadt am Zürichsee, im Kt. St. Gallen, ehemals Sitz eines gräflichen Geschlechts).
— Rapelswil, Raperschwile, Raperswil, Raperswile, Rapoltzwiler, Rapperswil, Rapperswile, Rapprewsil, Rapprswile, Raprechtswile, Raprechtswile, Raprehtswile, Raprswile, Raprewile, Ratprechtswile, I 285, II 288, 289, 290, 208, 310, 321, 322, 354, 355, 362, 395, 478, 480, 496, 498, 506, 508, 517, 518, 521, 524, 636, 616,

706, 707, 708, 709, 710, 711, 712, 734.
— burg und stat ze —, stat und vest ze — II 646, 711.
— burgesesse ze — II 710.
— burgman ze — II 710.
— comes de — (Rudolf III. von Habsburg-Laufenburg, † 1315), II 298; s. auch Habsburg-Laufenburg.
— comitissa de — (Elisabet von —), II 289.
— domina comitissa de — (Elisabet von —), II 310.
— domina comitissa de Habsburg et de — (Elisabet von —), II 335; s. auch Habsburg-Laufenburg.
— datum ze — II 646.
— graf, der von — I 285.
— hospitale in — II 354.
— ime ze — II 709.
— mülin ze — in der stat, mölinese — II 480, 638.
— mülin und sagen von der stat ze —, mülin und sagen se — II 506, 519.
— satz ze — II 712.
— stat ze — II 480, 506, 640, 711, 734.
— vest ze — II 646.
— Appol, Heinrich der herr, von —, s. Appol.
— Brennwald, Werlin, von —, s. Brennwald.
— Brün, Hans, von —, s. Brün.
— Brysinger, Ulrich, Elsbetha sin wirtin und Bertschi sins brüders sun von —, s. Brysinger.
— Grentlinger, Albrecht, von —, s. Grentlinger.
— Hanger, Hans, von —, s. Hanger.
— Hettlinger, Hans, Rüdin, und Bertschi ir brüder selig von —, s. Hettlinger.
— Junckher, Rüdolff, von —, s. Jucker.
— Langenharts sun von —, s. Langenhart.
— liberi marschalchi de —, liberi quondam marschalchi de —, liberi marschalchi, des marschalchs von chint, der tot ist, II 322, 362, 363, 395.
— Müller, Rüdin von —, s. Müller.
— Neisteller, Ulrich von — und Hans sin brüder, s. Neisteller.
— Schnepb, Berchtold der, von —, s. Schneph.

— Sigli, Cunrat, von — s. Sigli.
— Stoll, Ulrich, burger ze — s. Stoll.
— s. auch Alt-Rapperswil.
Rapperswil, von — (Bauerngeschlecht im Eigen bei Brugg, Kt. Argau).
— Raprechswile, Rüdolfus de — II 50.
Rappoltstein (Ort, n.-w. v. Rappoltsweiler, im Elsass, Heimat eines ritterlichen Geschlechtes).
— Rapoltzsteins, II 269, 271.
— domini de — II 269, 271.
— domini de — et de Rapoltswilre, II 271.
— ipsi de Rapoltswilre, II 271.
Rappoltsweiler (Städtchen im Elsass).
— Rapoltswilre, II 271.
— domini de Rapoltzsteine et de — II 271.
— ipsi de — II 271.
— s. auch Rappoltstein.
Rasor, s. Scherer.
Rat (Ober- und Unter —, Ort, s.-ö. v. Weiach, Kt. Zürich).
— Roda, Rode, I 248, 255, II 65, 77, 303.
— güt ze — I 255.
— sture ze — I 247/248.
— ussidelinge ze — I 247/248.
— s. auch Unter-Rat.
Ratersdorf, s. Rodersdorf.
Ratgeben, die — (Ritterliche Gutsinhaber zu Leipferdingen im Gb. Baden) I 451.
Ratolfingen, s. Radelfingen.
Ratolfs-Celle, s. Radolfzell.
Ratolswile, s. Rotterswil.
Ratoltzdorf, Ratoltstorf, s. Rodersdorf.
Ratoltswile, s. Rotterswil.
Ratprechtswile, s. Rapperswil.
Ratsamhausen (Ort ö. v. Schlettstadt i. Elsass, Heimat eines ritterlichen Geschlechtes.)
— Ratzenhusen, Rotzenhusen, II 421, 426, 427.
— Iliebols von — II 426.
— Hensli von — II 427.
— Jacob und Hans, gebrüder von — II 421.
Rattoltzdorf, s. Rodersdorf.
Ratz, s. Rätz.
Ratzenhofen (abgegangener Ort bei Hohen-Gundelfingen, Kgr. Württemberg).
— Ratzenhoven, I 466.

— gebreite ze — I 466.
— matte ze — I 466.
Razzo, s. Rätz.
Rebgasse, die — (Gasse zu Brugg, Kt. Argau).
— Rebgassen, acker nidrent der — ze Brugge, I 98; s. auch Brugg.
Rebmoos, das — (Gut bei Brugg, Kt. Argau).
— Rebmose, wingarte und matte in dem — I 134.
Recbas (Rclbas?), Berchtold — (Lehensinhaber zu Kiburg, Kt. Zürich), II 500.
Recbberg (Ort, s.-w. v. Erzingen, im Gb. Baden).
— Rechberg, t. u. b., d. u. v. ze — I 67.
Rechenholtz, s. Reckenholz.
Rechenriet? (abgegangener Ort zwischen Unochs und Deggenriet, Kt. Unterwalden).
— Röschenried, Tomanns de — II 133.
Recher, der — (Bauer zu Regensberg, Kt. Zürich).
— Rechers, der — acher, I 235.
Récbéay (Ort, n. v. Pruntrut, in Frankreich).
— Rüschlin, I 31.
Rechner, von Einfelgend (Lehensinhaber, wohl von Entfelden, Kt. Argau). II 568.
Rechtenstein (Burgruine und Df. im O.-A. Ebingen, Kgr. Würtemberg, Sitz eines ritterlichen Geschlechtes).
— Stein, Lapis, II 153, 166, 243, 250, 262, 263.
— dictus von dem Steine, II 153.
— dominus Burchardus, Burcardus de Lapide, II 250, 262, 263.
— dominus dictus von dem Steine, II 160.
— ille de Lapide, II 243.
Rechterhöfe (Höfe, ö. v. Schmidrued, Kt. Argau).
— Frechen, schüpossen ze — II 569.
Recke, Wigman dictus — (Pfandinhaber zu Buchau, Kgr. Würtemberg), II 251; s. auch Wigman.
Reckenbach, s. Rickenbach.
Reckenholz (Hans und Wald, bei Seebach, Kt. Zürich).
— Rechenholtz, II 305, 306.
— Heinricus dictus — (Eigenmann des Klosters Einsideln zu Ober-Affoltern, bei Höngg, Kt. Zürich), II 306.
Reckholtern (Ort, s. v. Ober-Glatt, Kt. Zürich).
— Rekolterhöl, reben uff dem — II 563.
Reckwilerhof (Hof bei Hesingen, n.-w. v. Basel, im Elsass).
— Rehwilr, müli zu — II 437.
Redamans, Heinis — schuposs (wohl bei Embrach, Kt. Zürich), II 475.
Rederstorf, s. Rödersdorf.
Redmans boffatat (wohl bei Embrach, Kt. Zürich), II 475.
Reflin, Anneln — (Lebensinhaberin im Birrfeld bei Brugg, Kt. Argau), II 536.
Regelen, sant —, s. Zürich.
Regenbart (habsburgischer Eigenmann zu Bubikon, Kt. Zürich), II 287.
Regensberg (Burg und Städteben im Kt. Zürich, Sitz eines freiherrlichen Geschlechtes).
— Regensberg, Regensperch (irrig), Regnsperch (irrig). I 128, 213, 234, 236, 266, 301, 305, 308, 349, 350, 363 (366, 369), 487, 674, 675, 727, 773, 776, 777.
— acher ze — I 234.
— ampt ze —, officium — I 233, II 301, 305, 349, 675.
— ampt ze — in dem Turgöw, II 674; s. auch Turgau.
— bona revocanda circa officium — II 349-351.
— bongarte ze — I 234.
— burg ze — I 233, 234, II 488, 675.
— burg dü inre, mit dem turne ze — I 234.
— burg dü usre, ze — I 234.
— der von — I 233, 234.
— die von — I 266.
— domini de — II 363.
— dominus, Lutoldus de — II 349, 350.
— gartlen in der burg ze — II 488.
— homines revocandi circa officium —, in officio — II 301-305.
— hus ze — im hoff hy dem turn, II 487, 488.
— lehen, gemein, von Hapsburg und von — II 776; s. auch Habsburg-Laufenburg.
— schultheiss und rat ze — I 236.
— turn ze — I 234, II 488.
— t. u. b., d. u. v. ze — I 236.
— vogtei von — II 776, 777.

— vorburg ze — 1 214.
— Eglolfus, villicus de — antiquus et ejus liberi, II 3u8.
— Jôhans hus von — (vu Baden, Kt. Argau), 123.
— Stuolinger, Cûnts, von —, s. Stülinger.
Regensberger? (Geschlecht von Regensberg, Kt. Zürich).
— Regensperg, Regenspergerin, II 474.
— Ellin Regenspergerin, II 474.
— Ulin Regensperg, II 474.
Regensdorf (Pfd., n.-w. v. Affoltern bei Höngg, Kt. Zürich).
— Regenstorf, Regisdorf, II 307, 309, 310, 764, 765.
— leben ze — II 764.
— zechenden ze — II 765.
Regisheim (Df., n. v. Ensisheim, im Elsass, Heimat eines ritterlichen Geschlechtes).
— Regensheim, Regensheim, 1 2, 50, 55, II 421, 430, 431.
— banwarton ze — 1 2.
— eins des torfes und ibinghofes ze — I 50.
— dinghof ze — 1 2, 50.
— dorf ze — I 2, 50, 55, II 421.
— gebrüder, die, von — I 50.
— herberig ze — 1 2.
— hûs ze — 1 2.
— hûs, nôwe ze — 1 2.
— hûben ze — 1 2.
— hûber ze — I 2, 50.
— leben zû — 1 451.
— stûre ze — 1 2, 50, 55.
— t. u. b., d. u. v. ze — I 2.
— her Jacob von — II 430.
Reg....li, Herebtold — von Öschicon (Bauer zu Wut-Öschingen, im Gb. Baden), II 774.
Reglikon, Reglinkon, s. Rellikon.
Regnotswilr, s. Renhartsweiler.
Regula, Sancta —, s. Zürich.
Reich, deutsches
— rich, I 228, 523, 529.
— leben von dem — 1 226, 523, 528.
Reichenau (ehemaliges Kloster, im Bodensee, Gb. Baden).
— Augia Major, Owe, Richnôw, I 344, 358, 359, 361, 362, 364, 365, 366, 367, 377, 386, 389, 390, 392, 413, 431, 456, II 160, 227.
— abt von —, dominus abbas Augie Majoris, I 359, II 160.

— bona in Kanzertal, concessa a domino abbate Augie Majoris, II 166; s. auch Kanzach-Tal.
— dinghof, des eigenschaft das gotshus ze — anhôret, I 365.
— dinghof, des eigenschaft gegen — hôret, 1 359, 361, 362, 364, 366, 367.
— gotshus, von — monasterium Augiense, I 359, 365, 386, 390, 413, II 227, 691.
— güter, dû gegen — horent, I 377.
— hûben, der eigenschaft gegen — horet, I 386.
— kelnhof, der des gotshus von — eigen ist, curia celleraria monasterii Angiensis, I 413, II 227.
— kelnhof, des eigenschaft an das gotshus — horet, I 386.
— kelnhof, des eigenschaft gegen — horet, 1 456.
— leben von dem gotshus von — I 344, 358, 366, 388,389, 390, 392, 431.
Reichenweier (oder Reichenweiler?, Ort und Burg, n.w. v. Kolmar, im Elsass).
— Richenweier (verschr.) II 767 a II.
— Richenwilr, II 458, 767, 773.
— die burg, zwing und ban, boltz, vekle, akker, matten, wunne und weide, II 458.
— leben ze — II 767.
— zehenden ze — II 773.
Reichlingen (Df., s.-ö. v. Diessenhofen, Kt. Turgau).
— Richtlingen, hûbe ze — II 506.
Reide, s. Grafenried.
Reiden (Pfd. und chemalige Johanniter-Comturei, s.-ö. von Langnau, Kt. Luzern).
— Reiden, Reyden, I 186, 218, II 252, 580, 721, 724, 728.
— der comendur ze Honrein ze — II 724.
— der comendur ze Hônrein und — II 728.
— d. u. v. ze — 1 186.
— ôd ze — II 580.
— Sant Johans ze — II 721.
Relgio? (Geschlecht von Lehensinhabern im Birrfeld bei Brugg, Kt. Argau).
— Reigio, II 538.
— Chûny — II 538.
— Heini — II 538.

Reiio, Wernherus — et filius fratris
sui (Bauern im Eigen bei Brugg,
Kt. Argau), II 60.
Reimbrunnen, Adelheidis uxor Burchardi — (habsburgische Eigenfrau
zu Urswil, Kt. Luzern), II 277.
Rein (Df., a. v. Brugg, Kt. Argau).
— Rein, Reine, I 92, 95, 96, 97, 98,
 100, 101, 102, II 503, 725, . . .)
— erbschende ze — I 99.
— hof ze — I 92, 96, 97, 98, 102.
— hof ze —, der ethewenne gegen
Mürbach horte, I 85; s. auch Murbach.
— höwesehende ze — I 99.
— hübe ze — I 99.
— kilche ze — I 101, II 736.
— kilchherr, der, von — II 725.
— kilchspel ze — I 99.
— lütte, die, ze — I 101 102.
— schüppös ze — I 97.
— schüppös ze —, heisset der Bomgarte, I 87; s. auch Baumgarten.
— stür ze — II 591.
— vorstümlechen ze — I 98.
— wintergerstenzehend ze — I 99.
— zehende ze — I 98.
— zehende, der klein, ze — I 99.
Rein, am — (unbestimmbares Geschlecht).
— Jägli, Jegli am — II 720, 725,
 729, 731.
Reinach (Pf., w. v. Hallwilersee, Kt.
Argau).
— Rinach, Rinnach, I 173, 175, II
 103, 104, 105, 106, 177, 179, 199,
 202, 203, 204, 506, 619, 620, 637,
 644, 672.
— dorf ze — villa —, II 177, 179,
 190, II 637, 644.
— güter ze — II 620.
— hof ze — curia in —, II 104, 202.
— hova, fünf, ze — I 173.
— pfand ze — II 103, 105, 106, 619.
— pfand ze — in dem dorf, II 637,
 644.
— schüpos ze — I 174.
— schüpossen ze — I 173/174.
— stören ze — II 672.
— twing ze — II 560.
— t, u. b., d. a. v. ze — I 175.
— vronhof ze —, curia — dicta fronhof, I 173, II 202.
— Heinrich, der amman von — II
 104/105; s. auch Heinrich.

— Wernherus de — II 204.
— s. auch Rinach, von —.
Reine, s. Hain.
Reinhardi, area — (zu Krauchenwies,
Kgr. Preussen), II 151.
Reinhartz, das — gut von Luttingen
(von Luttingen im Gh. Baden), II
 403.
Reiningen (Ort, ö. v. Mülhausen, im
Elsass).
— Reiningin, Reinningen, II 422, 501.
— taverne ze — II 422, 501.
Reiningen, s. a. Reiuigen.
Reinlone, Conradus — (Bauer im Eigen
bei Brugg, Kt. Argau), II 50.
Reimerswiler, s. Remetswil.
Reinnolt, Conradus — (Bauer im Eigen
bei Brugg, Kt. Argau), II 48.
Reinstetter, Dietrich — von Ehingen
(Lehensinhaber von Ebingen, Kgr.
Würtemberg), II 472, 473.
Reischach (Weiler bei Wald, im O.-A.
Sigmaringen, Kgr. Preussen, Heimat
eines ritterlichen Geschlechtes).
— Rischach II, 235—238, 240, 255, 259.
— Andreas de — II 239.
— Appo de — II 237, 259.
— Eberhardus (I.) de — II 238.
— Eberhardus (II.) de — II 238.
— Eglinus et Eberhardus de — II
 235.
— dominus Ekhardus, Ekhard de —
 II 235, 255, 259.
— Nicolaus de — II 236, 237, 238,
 240.
— Valwin de — II 239.
— Wilhelmus de — II 239.
Reizenburg (Ort, u. d. v. Günsburg,
Kgr. Baiern).
— Isburg, Iseuspurg, Risburg, Risens-
purgk, II 465, 467, 473.
— Bongarten zer — by dem wyer, II
 473.
— Brügel, Rötz der, von — II 465;
s. auch Brügel.
— der Durocher von — II 467; s. auch
Durocher.
— Gesser, Hans, zer — II 473; s. auch
Gesser.
Reite, s. Reutehöfe.
Reitmann? (Bürgergeschlecht von
Winterthur, Kt. Zürich).
— Reitmann, Retman, I 317, 331.
— der — I 331.
— Johannes der — von Wintertur, I
 317.

Reitnau (Pfd. im Surtal, Kt. Argau, Heimat eines adeligen Geschlechtes).
— Reitnöw, Reitnow, Reitnowe, I 160, II 103, 104, 106, 570/571, 719, 723, 730, 737.
— d. u. v. ze — I 160.
— kilche — II 737.
— meyger, der, von — II 730.
— pfand ze — II 106.
— stüre us — II 103.
— Bernharts kint von — II 104.
— Heinrich von — II 719, 723.
— Johans von — Margeretha, Ülrich Kloters seligen eliche tochter, des von — eliche wirtin, II 570/571; s. auch Kloten.
Roke, der — von Waldshuot, s. Waldshot.
Rekk, Hans — von Humerhusen (Lebensinhaber von Zusmarshausen, Kgr. Baiern), II 468.
Rekolterbül, s. Reckholtern.
Rekwilr, s. Reckwilerhof.
Rallikon (Df., n.-ö. v. Egg. Kt. Zürich).
— Reglikon, Reglinkon, II 295, 496, 563.
— hof ze — II 496, 564.
— ruben ze — II 564.
— zechenden ze — II 563/564.
— Adelheidis de — (habsburgische Hörige zu Zürich), II 295.
— Margreta de — (habsburgische Hörige zu Zürich), II 295.
Remen göt (zu Hailtingen, im Kgr. Würtemberg), I 391.
Remerswile, Remerswiler, s. Römerswil.
Remetswil (Ort, n.-w. v. Waldkirch, im Gh. Baden).
— Heymboltswilr, Reynboldswilr, I 80, 84.
— d n. v. ze — I 84.
— hov ze — I 80.
— vogtsture ze — I 84.
Remetswil (Df., n.-w. v. Dellikon, Kt. Argau).
— Reinmerswiler, Reymerswilr, Romillswile, I 122, II 34, 777.
— d. n. v. ze — I 122.
— hof ze — II 777.
Remigen (Df., w. v. Rein, Kt. Argau, Heimat eines ritterlichen Geschlechtes).
— Reiningen, Remigen, Remingen, Rèmingen, I 96, 99, 103, II 50, 51,

52, 111, 121, 177, 541, 542, 543, 598, 673, 712.
— acker und rütinan under Löwinan ze — I 103; s. auch Lowinen.
— acker und rütinan offen dem Botzberg ze — I 103; s. auch Botzberg.
— burglehen von — II 541.
— domina de — II 50.
— eigen ze — II 121.
— göter ze — II 673.
— hof ze — II 598.
— hübe ze — I 90.
— lechen ze — II 542,513.
— meigerhof ze — I 100.
— schüppös ze — I 90, 103.
— villa — II 51.
— zehende ze — I 99.
s. auch Erte.
— Conradus de — II 51, 52.
— Erte, Burcardus zem, von — II 51.
— Fridrich von — II 712.
— her Heinrich von — II 111.
— der Mener und sin sun von — II 542; s. auch Mener.
Remisgrate, s. Rämisgrat.
Rengetsweiler (Ort, s.-ö. v. Messkirch, in Hohenzollern-Sigmaringen).
— Reyngerswiler, I 426.
— güt, der vrien lüte, ze — I 426.
Renhartsweiler (Pfd. im O.-A. Saulgau, Kgr. Würtemberg, Heimat eines ritterlichen Geschlechtes).
— Regnotzwilr, Renoltzwile, Reyngbartswile, II 222, 257, 402.
— Otto, Ott de —, Otto von — II 222, 257, 402.
Rennenstel, s. Rumstel.
Rentzenhof (Hof zu Sigmaringendorf, Kgr. Preussen).
— hof der heisset — I 422.
Rentzo, dictus — (Pfandinhaber zu Wil, Kt. Argau), II 207.
Reppenweiler (Ort, s.-ö. v. Mengen, Kgr. Würtemberg).
— Roperwilr, zechenden ze — in dem dorf, II 460.
Reprehtiswanden, s. Rippertschwand.
Resso, Chöni — (Lebensinhaber im Birrfeld bei Brugg, Kt. Argau), II 537.
Retden, molendinum — (Mühle zu Ellikon a. d. Tur, Kt. Zürich), II 143.
Retman, s. Reitmann.
Retschenlo? (Flurname zu Degerfelden, Kt. Argau).

12

— Retschenlo, geröte ze Tegerfelt, heisset ze — I 113; s. auch Degerfelden.
Retswil (Pfd. am Baldeggersee, Kt. Luzern).
— Richartswile, I 224.
— d. u. v. ze — I 224.
— weihhübe ze — I 224.
Rettenbach (Ort, ö. v. Günsburg, Kgr. Baiern).
— Rötenbach, Rotenbach, II 469, 472.
— Heinrich Wegenli von —, s. Wegenli.
— hof ze — II 460.
Retterswil (Df., s.-w. v. Lenzburg, Kt. Argau).
— Röterswille, II 284.
— Ulricus de —, et fratres sui Heinricus, Ulricus et Chunradus (habsburgische Eigenleute zu Schöftland, Kt. Argau), II 284.
Retzweiler (Ort, n.-w. v. Manzbach, im Elsass).
— Retzwilr, II 412.
— die lûte ze — II 410/412.
Renental (Df., s. v. Louggern, Kt. Argau).
— Ruwental, t. u. b., d. o. v. ze — I 77.
Renental (Mühle, ö. v. Ofringen, im Gh. Baden).
— Rûwendal, Rûwental, II 766, 775.
— müli ze — II 766, 775.
Reuss (Ort, w. v. Gebisdorf, Kt. Argau).
— Ruse, II 35.
Reuss, die — (Nebenfluss der Are).
— Rûse, I 201.
— vischenzen in der — I 201.
— vischenzen ze Lutzern in der — II 548/540; s. auch Luzern.
Reussbalden? (Wald bei Littau, Kt. Luzern).
— Rûsebalden, I 205.
— vorst ze Littowe in der — I 250; s. auch Littau.
Reusstal, das — (das argauische Reusstal).
— Rûstal, II 042.
— gülten und nûtzen ze Ergöw in dem — II 042; s. auch Argau.
Reute (Weiler, n.-ö. v. Döhringen, im Gh. Baden).
— Ruti, I 457.
— hof ze — I 457.

— schûpossen ze — I 457.
— vogtrecht ze — I 457.
Reutehöfe (Höfe, s. v. Griessen, im Gh. Baden).
— Reite, I 90.
— hof, der, ze — I 90.
— holtz, ein, ze — I 90.
— lûte, die, ze — I 90.
— t, u. h. ze — I 90.
Reutlingen (Df., n. v. Ober-Wintertur, Kt. Zürich).
— Rütlingen, Rütlingen, Rütlingen, Rutdelin, Rutdelingen, Rutelingen, Rutilingen, I 314, II 42, 72, 141, 146, 148, 321, 381, 477, 511, 525, 699.
— acker zu — II 511.
— curia Hoharii in — II 141; s. auch Huber.
— güter ze — I 314.
— hof ze —, curtis —, hof datz — I 314, II 72, 381.
— hûbe ze —, dâ heisset des Sennenhûbe, I 314; s. auch Sennen.
— kelenhof ze — II 477, 525.
— lehen von Costentz, ze — I 314; s. auch Konstanz.
— lûte, die, ze — I 314.
— malte ze —, pradum in —, pratum, I 314, II 72, 141.
— 2 schûpossen ze —, 2 scoposce —, duo scoposse in —, 2 schûphus dalz — I 314, II 72, 141, 381.
— sture ze — I 314.
— t, u. h., d. u. v. ze — I 314.
— wiler ze — II 609.
— wise in dem Geröte ze —, wis in dem Grœtte), I 314, II 381; s. auch Grüt.
— Grysberger, Wilhelm von —, s. Grysberger.
Reutlingendorf (Ort, n.-ö. v. Riedlingen, Kgr. Würtemberg).
— Rötelingen, I 301, II 163, 240, 251.
— gût ze — I 301.
— hof ze —, curia apud, curia in —, I 381, II 163, 251.
— zehende ze — I 301.
— Albertus de — II 240.
Reymboltzwilr, Raymerswilr, Heynholdzwilr, s. Remetzwil.
Reyngerswiler, s. Rengetsweiler.
Reynghartzwile, s. Reuhartsweiler.
Rhein, der — (Strom).
— Rin, I 0, 15, 520, II 131, 496, 545, 546, 565, 592.

Register. 179

— boungarten ze Waldshůt uf dem —
II 545; s. auch Waldshut.
— der — 1 526, II 496.
— äschentz uff —, da der — und die
Ar in einander gant, II 592; s. auch
Are.
— gleite, die, ze Sekingen, den — ab,
II 131; s. auch Seckingen.
— die öwen, die disshalb dem —
ligen under dem far, II 592.
— die öwen, die enthalb dem —
ligent, die man nempt Blůmöw,
II 592; s. auch Blumenau.
— vischentzene uff dem —, do der —
in die Aren güt, II 565; s. auch Are.
— vogty ze Rine zwischent Löffenberg
und Murg, II 546; s. auch Laufen-
barg, Murg.
— zol uf dem Rine ze Kilchen, I 13;
s. auch Kirchen.
— zol. kleiner, uf dem Rine, I 6.
Rhein, an — (ritterliches Geschlecht
zu Basel, Breisach und Mülhausen).
— Rin, Rine, ze — II 416, 600, 634,
635, 664.
— Fritschman ze — II 634.
— Hans ze —, von Basel, II 600.
— Hertrich (I.) se — II 416.
— Hertrich (I.?) ze —, Fritschmans
sun, II 635.
— Hertrich (II.) se — II 664.
— Küntzman ze — II 600.
Rheinau (ehemaliges Kloster, n.-w. v.
Andelfingen, Kt. Zürich).
— Rinnowe, Rinów, Rinówa, Rinówe,
Rinowe, Rynaugya, Rynowe, I 1, 44,
86, 87, 90, 345, 346, 347, 348, 351,
354, II 331, 737.
— dominus abbas de — II 831.
— gotzhus von —, closter — I 87,
90, II 737.
— güt von — I 1, 44.
— hof, des eigenschaft gegen —
hörel, I 345, 346, 847.
— hof, kelnhof, hüben hofstette, schůp-
possen und ander güt, der eigenschaft
gegen — hörel, I 86, 87, 90, 345—348,
351, 354.
— müli, die gegen — hörel, I 347.
Rheinau, von — (Bürgergeschlecht
von Winterthur, Kt. Zürich).
— Rinów, von —, Rinower, II 518,
700.
— Eberhart Rinower von Wintlertur,
II 518.

— Eberhart von —, burger ze Wintertur, derselbe von —, II 700.
Rheinfelden (Städtchen und ehemalige
Johanniter-Comturei am Rhein, im
Kt. Argau).
— Rinfelden, Rinvelden, Rinveldin,
Rynvelden, I 63, II 122, 133, 444,
589, 599, 650, 651, 652, 653, 636,
660, 661, 662, 672, 675, 714, 721,
724, 725, 726, 727, 729, 731, 732,
735, 736, 771, 772.
— ampt — II 735, 736.
— burgerschr ze — II 650.
— comendur, der, ze —, der comendur
ze Sant Johans ze — II 721, 724.
— corherren, die, ze —, die korherren
von — II 721, 724, 732, 736.
— datum — II 599, 656, 661, 662,
672, 675.
— kilchen in dem ampt — II 786.
— ratio facta in — II 183.
— mis ze — II 651, 652.
— schultheissenampt ze — II 651.
— vorst bi — II 653.
— truchsetze, der, von — I 63.
— trugsessin, die, ze — II 724, 731.
— Claus von — II 589, 660, 727, 729,
731.
— IL de Fachon de — II 772; s. auch
Oeschgen, von —.
— Henman trubeses und sin müler
von — II 714.
— Jacob von — II 122.
— Spiser, Johan der, von — und
Entzli sin brůder, II 771; s. auch
Spiser.
— Wernli truchsels von — II 444.
Rheinfelderhof (Hof, s. v. Neu-Breisach,
im Klass).
— Rinvelden, münichhof, der da
heitzet ze —, der ze Paris hörel, I
14; s. auch Pairis.
Rheinhart (Wald und abgegangener
Ort, ö. v. Schaffhausen).
— Rinhart, II 828, 523.
— Berchtoldus villicus in — II 323;
s. auch Berchtold.
— hoff an dem bindern — II 523.
Rheinsberg (Ruine unterhalb von Murg,
im Gb. Baden).
— Rinsperg, pfand ze — II 130.
Rheinsberg (ehemalige Burg, s.-ö. v.
Egliseu, oder bei Fischental, Kt.
Zürich?).
— Rinsperg, die vestin, II 526.

Rheinsfelden (Weiler bei Glattfelden, Kt. Zürich).
— Rinsveld, Arnolt von — II 593, 594.
Rhina (Df., ö. v. Murg, im Gh. Baden).
— Rine, II 130, 766.
— hof zo — II 130.
— vogtaiie ze — II 766.
Riburg (Weiler, n -ö. v. Rheinfelden. Kt. Argau).
— Ròburg, dorf ze — II 442.
Rich (Bürgergeschlecht von Basel).
— Richen, Heintzman — von Basel, II 438.
Rich, Heinrich der — von Teinngen, Tengen (Lehensinhaber von Tengen, im Gh. Baden), II 483, 550.
Rich, Johans der — (Lehensinhaber zu Arburg, Kt. Argau), II 556.
Richardus (Höriger des Stiftes Konstanz, zu Elgg, Kt. Zürich), II 327.
Richartzwile, s. Relswil.
Richeler, Rûdolfus — de Hûsen (Bauer im Eigen bei Brugg, Kt. Argau), II 49; s. auch Hausen.
Richembach, s. Rickenbach, Ringgenbach.
Richen, s. Riken, Rikon.
Richenbach, s. Rickenbach.
Richenschwanden? (unbestimmbarer Ort, jedenfalls im Kt. Bern).
— Richenswanden, I 480.
— gût ze — I 480.
— lute ze — I 480/481.
— sture ze — I 480/481.
— t. u. b., d. u. v. ze — I 480/481.
Richensee (Df. und Burg am Baldeggersee, Kt. Luzern).
Richense, Richensewe, Rychense, I 220, 221, II 173, 210, 211, 213, 214, 217, 273, 336, 337, 338, 340, 343, 348, 584, 634, 735, 756.
— ampt —, officium in — I 220, II 172/173, 210 (272), 336, 735.
— castrum in — II 211, 214.
— garten ze — I 221.
— güter ze — II 634.
— hofstette ze — I 221.
— homines revocandi in officio — II 272/281).
— jarmarckt, jarmerckt ze — I 221.
— piscina in — II 211, 213.
— pomerium dictum Statgarte situm in — II 339/340; s. auch Statgarte.
— redditus officii in — II 210.
— redditus revocandi in officio — II 330—349.
— se ze — I 221.
— summa annone tocius officii in — II 173.
— summa in officio — II 172/173.
— summa totius bladii non obligati in — II 217.
— t. u. b., d. u. v. ze — I 221.
— wege des sewes ze — I 221.
— zol ze — I 221.
— Arnoldus quondam advocatus in —, advocatus in —, quondam advocatus in — II 337, 338, 340, 343, 348.
— Mechtilt dicta Entlosin de —, s. Entlosin.
— Rûdolf von — von Sant Michels ampt, II 736; s. auch Bero-Münster, Münster.
— Waltherus, pistor in — II 340.
— Weger, Calus, von —, s. Weger.
Richensheim, s. Rixheim.
Richental (Pfd., s.-w. v. Langnau, Kt. Luzern).
— Richental, I 185.
— d. u. v. ze — I 185/186.
Richenweier, Richenwilr, s. Reichenweier.
Richenza (Bäuerin zu Schwendi am Götzberg, Kt. Argau), II 52.
Richenza Sweva, s. Sweva.
Richberre? (Gutsinhaber zu Blochingen, Kgr. Würtemberg).
— Richer, Richber, Richberre, I 375, II 156, 256.
— Burchart Richberren gût, bonum Burcardi Richer, Burchardus Richber, I 375, II 156, 256.
Richli? (unbestimmbarer Name).
— Richli, Richlin, II 715, 720, 726, 727, 728, 729, 730, 731.
— Richlis knecht (Dietlin), II 727, 728; s. auch Dietlin.
Richnôw, s. Reichenau.
Richon, Richun, s. Rikon.
Richtlingen, s. Reichlingen.
Rickenbach (Pfd., n.- v. Seckingen, im Gh. Baden).
— Richembach, Rychembach, I 64, 65.
— daserne ze — I 65.
— dorf ze — I 65.
— mulistat ze — I 65.
— stûre ze — I 64.

— t. u. b. ze — I 65.
Rickenbach (Ort an der Reuss, im Kt. Argau).
— Rikenbach, stûr ze — II 500.
Rickenbach (Ort, w. v. Wald, Kt. Zürich).
— Richembach, filii magistri Conradi de — II 259.
Rickenbach (Pfd., s.-w. v. Ellikon a. d. Tur, im Kt. Zürich).
— Reckenbach, Richembach, Richenbach, Rickkenbach, Rikkenbach, I 310, 311, II 40, 42, 45, 75, 85, 88, 143, 147, 149, 370, 506, 521, 700.
— dorf ze — I 311, II 379.
— güt ze — II 506.
— hof bi —, heisset im Gerute, I 811; s. auch Grût.
— hof ze — II 379.
— hofstat ze — in der Gassun, I 311; s. auch Gassen.
— hûben ze — I 311.
— kelnhof ze — I 810.
— lute des dorfes ze — I 311.
— müli ze — I 311.
— pfant in dem dorfe ze — II 370.
— reditus totalis in — II 143.
— ruti ze — I 311.
— schûpos ze — II 521.
— schûpomen ze — I 311.
— sture ze — I 311, II 379.
— totreht und gerihte ze — II 379.
— t. u. b., d. u. v. ze — I 311.
— urbar ze — II 379.
— wingarten ze — II 379.
— wise, wisen ze — I 311, II 706.
Rickenbach (Ort im O.-A. Saulgau, Kgr. Würtemberg).
— Richembach, Fricke de — II 252.
Ried, Riede, s. Riet.
Rieden (Df., s.-ö. v. Opfikon, Kt. Zürich).
— Ryedern, I 245.
— das dorf ze — I 245/246.
— die lute des dorfes ze — I 245 bis 246.
— schûpos ze —, dû hôret zû dem gotzhus von Zurichberge, I 245 246; s. auch Zürichberg.
— sture ze — I 245 246.
Rieden (Weiler, s.-ô. v. Kirchdorf, Kt. Argau).
— Rieden, Knebelins güt ze — I 109; s. auch Knebelins.
Rieden-Wil (verschrieben), s. Nieder-Wil.

Rieder, dictus — (Haner zu Kloten, Kt. Zürich), II 67.
Riedern am Wald (Ort und Kloster, n. v. Kaiserstuhl, im Gh. Baden).
— Riedern, Ryedern, I 88, 90, 91, 92.
— gotzhus von — I 90.
— güt von — (91), 92.
— hûbe ze — I 88.
— schûpos des gotzhuses von — I 90.
Riedikon (Df., s. v. Uster, Kt. Zürich).
— Rietinkon, Riettinkon, I 272, 273, 274.
— hôbe ze — I 272.
— schûpos, holbû, ze — I 273.
— schûpossen ze — I 274.
Riedlingen (Stadt an der Donau, im Kgr. Würtemberg).
— Rüdelingen, Rüdlingen, Rödlingen, Rötlingen, I 410, 411, II 163, 221, 225, 226, 261, 262, 463.
— ackerlin ze — I 411.
— banmiet ze —, obventiones dicte banmiete in — I 411, II 225, 261.
— burger ze — I 411.
— hofstatzinse ze —, census arearum in — I 410/411, II 225, 261.
— hofstette ze — I 411.
— matte ze —, pratum juxta opidum — I 412, II 225.
— melchleben ze —, officium dictum melchleben in — I 413, II 261.
— minister in — II 261.
— mülenben ze — II 469.
— müli ze —, molendinum, molendinum in — I 411, II 225, 262.
— rechtunge ze — I 410(—414).
— stat ze —, opidum — I 410, 411, II 225.
— sture ze —, stura libera in —, stura major hominum in — I 411, II 221, 225.
— t. u. b., d. u. v. ze —, omnia judicia in — I 411, II 226.
— ungelt ze —, ungeltum in — I 411, II 225 226, 261.
— vischentz ze —, piscina in — I 411, 412, II 163, 226, 262.
— vorstampt ze —, officium forestarii in — I 413, II 261.
— ziegelhütten ze, — fornaces laterum in — I 412, II 221.
— zins, der loben, ze —, census lobii, census lobiorum in — I 411, II 225, 261.

Hans von Andolfingen, ammann zu
— II 409; s. auch Andelfingen
(Kgr. Würtemberg).
Riesbach (südöstlicher Teil von Zürich).
— Riespach, circa — II 319.
Riespach (Ort, n.-w. v. Pfärt, im Elsass).
— Hinspach, decima de — II 457.
Riet (Df., ö. v. Ober-Steinmaur, Kt. Zürich).
— Riet, Ryet, I 239, 247, II 05, 77, 397.
— advocatia in — II 05.
·· hof dats — II 396/397.
— lute von — I 239.
— stare von — I 239.
— wideme ze —, dos in — I 247, II 65, 77.
Riet? (Df., n. v. Wald, Kt. Zürich).
— Hied, lehen, im — II 494.
Riet (Flurname an der Donau, oberhalb von Riedlingen, Kgr. Würtemberg).
— Riet, hanmiet uf dem — I 411; s. auch Riedlingen.
Riet (Flurname bei Ossan, Kt. Zürich).
— Riet(e), Ryet(e), I 279.
— hof im — I 279.
Riet (Ort, n. v. Klein-Andelfingen, Kt. Zürich).
— Riett, II 476.
— hofts ze Andolfingen im — II 476; s. auch Andelfingen.
Riet (Ort, n. v. Ober-Winterthur, Kt. Zürich).
— Ryede, II 327.
— Ulricus de — II 327.
Riet? (wohl Flurname bei Rappoltsweiler, im Elsass).
— Rieth, in deme — II 271.
Riet (Rebberg, s.-ö. v. Tan, Kt. Bern).
— Ryde, wingarten von — II 557.
Riet (Weiler, n. v. Lauperswil, Kt. Bern).
— Iliede, II 10.
Rieto, Heinricus am — (habsburgischer Eigenmann zu Küsnach, Kt. Zürich), II 313.
Rietheim (Df., n.-w. v. Zurzach, Kt. Argau).
— Riethein, hoff ze — II 509.
Riethof (Hof zu Lindau, Kt. Zürich).
— Ryethof, hof in dem Riet, I 304, II 392; s. auch Lindan (Kt. Zürich).
Riethuser, Albrecht der — (Lehensinhaber zu Mari, Kt. Argau), II 601.

Rietinkon, s. Riedikon.
Kirtmühle (Mühle, n. v. Waltalingen, Kt. Zürich).
— Ryetmüli, molitor dictus in der — II 330.
Rietmühle (Mühle, n.-w. v. Sulz, Kt. Zürich).
— die mölin im Riet by Sultz, II 482; s. auch Sulz.
Riett, s. Riet.
Riettal (oder Riedtal?, Tal und Ort, s.-ö. v. Zofingen, Kt. Argau).
— Bietal (verschrieben). Riettal, I 491, II 281.
— Rudolfus et Cuonradus de — (Eigenleute des Klosters Luzern zu Wikon, Kt. Luzern), II 281.
— t. n. b., d. n. v. ze — I 491.
Riettinkon, s. Riedikon.
Rietweier (Df., n.-ö. v. Kolmar, im Elsass).
— Rietwilr, I 3.
— dorf ze — I 3.
— stare ze — I 3.
— tüb and vrevel ze — I 3.
Rietwil (Df., s. v. Herzogenbuchsee, Kt. Bern).
— Rietwilere, II 8.
Rifers, s. Rivière, la —.
Rifferswil (Pfd. im Knonauer-Amt, Kt. Zürich).
— Rifferswile, I 148.
— d. n. v. ze — I 148.
— weybel ze — I 148.
— weybhübe ze — I 148.
Rigoltzräti, s. Rütihof
Rik, im — (Höfe bei Pfäffikon, Kt. Zürich).
— Riken, bamgart im — II 494.
Riken (Df., s. v. Nieder-Wil, bei Zofingen, Kt. Argau).
— Richen, Iliken, Rych, I 490, II 735, 752.
— güter and hofstette ze — I 490 bis 491.
— kilbe — II 735.
— ze — vor dem Ronwald, s. Ronwald.
Rikenbach, s. Rickenbach.
Rikenbacher, dictus — (Bauer zu Bolstern, im Kt. Zürich), II 57.
Rikkenbach, s. Rickenbach.
Rikon (Df., n. v. Effretikon, Kt. Zürich).
— Richen, Richon, Richon, Riken, I 201, II 404, 478, 485.
— gåt ze — II 478.

— låte, die, von — I 291.
— ståre von — I 291, II 404.
— l. n. b., d. n. v. ze — I 291.
— vogty ze — II 485.
Rikon (Df., w. v. Zell, im Tösstal, Kt. Zürich).
— Richen, Richon, Riken, I 296, II 57, 74, 393, 486.
— ein mûli ze —, molendinum in —, molendiunm dictum —, die mûl zo —, die mülin, I 296, II 57, 74, 393, 486.
Rimbach (Df., n.-w. v. Masmünster, im Elsass).
— Rinpach, das torf, twing und bann, II 445.
Rimlinkon, s. Römlikon.
Rimpach, Johannes et Johannes, fratres, dicti — (Eigenleute des Klosters Einsideln, zu Oberkirch, Kt. Lazern), II 278.
Rin, s. Rhein.
Rinach, s. Reinach.
Rinach, von — (ritterliches Geschlecht von Ober- und Unter-Rinach, Burgen im Seetal und Winental, Kt. Argau).
— Rinac, Rinach, Rinak, Rinoach, Rynach, I 174, II 101, 102, 104, 165, 120, 182, 189, 191, 203, 204, 205, 273, 281, 550, 566, 575, 606, 612, 634, 635, 636, 644, 645, 715, 716, 718, 720, 727, 728, 729, 731, 732, 737, 742.
— die von — II 742.
— Albrecht von (Unter-?) —, Heintali sin brûder und Hemman ir brûder sun, II 550.
— Anna von (Unter-?) —, geborn von Swarzenhorn, II 635; s. auch Schwarsenborn.
— Berchtolt (III.) von (Unter-?) —, II 635, 644, 645.
— her Cuonrat von Ober- —, her Chûnrat von —, dominus Chûno de —, dominus Cuoradus de — II 101, 120, 189, 191, 281.
— Cûnzlin und Rôlin von — II 728.
— Hans Rûdolf von — II 737.
— Hartmann, Hartmannus de — II 120.
— officium Hartmanni — (das Amt Karteln), II 120.
— Heinrich (III.) von (Unter-) — II 566, 634.
— Heinrich (III.) und Johans von (Unter-) — II 566.
— Heinrich (IV.) von (Unter-) — II 634.
— herr Heinrichs (IV.) seligen sun von (Unter-) —, herr Heinrichs sun von — II 718, 731.
— Henman, Gunther und Fridrich von (Unter-) — II 645.
— herr Henman von (Unter-) — II 715, 727, 729, 731, 737.
— her Jacob von (Unter-) — und sines brûders kint, dominus Jacobus de —, et pueri fratris sui, dominus Jacobus de — et filii sui fratris, iidem de —, dicti de — etc. — [I 174/175, II 182, 189, 203, 204, 205.
— her Jacop und Heinrich von (Unter-) — II 104.
— Rûtzman von (Unter-) —, Rûtschmans seligen kint von —, Rûtschman kint von —, II 606, 720, 732.
— Trut von Eptingen von (Unter-) —, Trut von —, II 636, 731; s. auch Eptingen.
— Trut von (Unter-) — und ir tochter, II 716.
— her Ulrich von (Ober-) —, dominus Ulricus de —, dominus Ulricus de — II 102, 105, 189, 191, 273.
— Ûlrich (VI.?) von (Unter-) — II 575.
— Ûlrich von (Ober-) — und sin sun, II 612.
Rinderbat, Conradus — [soror sua] (habsburgische Eigenleute zu Zürich), II 294.
Rine, s. Rhein, Rhina.
Rinfelden, s. Rheinfelden.
Ringgenbach (Ort, ô. v. Meßkirch, in Hohenzollern-Sigmaringen, Kgr. Preussen).
— Richembach, I 420.
— gût der vrien låte, ze — 426.
— gût, wåstá, ze — I 426/427.
— låte, dâ vrien, ze — I 426/427.
— ståre ze — I 426 427.
— t. n. b., d. n. v. ze — I 426/427.
Ringlikon (Weiler, s.-ô. v. Uetikon bei Albisrieden, Kt. Zürich).
— Ringlinkon, I 119.
— d. n. v. ze — I 119.
Ringwil (Df., n. v. Hinwil, Kt. Zürich).
— Ringwile, II 291.
Rinhart, s. Rheinhart.
Riniken (Df., n. v. Umiken, Kt. Argau).
— Rinikon, I 107, II 528, 529, 531, 532, 540, 566.

— acher ze — I 107.
— d. u. v. ze — I 107.
— gütli ze — I 107.
— leben ze — II 520, 531.
— leyenzehenden zn — II 540.
— schüppös zc — I 107.
— wise ze — I 107.
— zehenden ze — II 566.
— Peter Hahrern gût von — II 528; s. auch Hahrer.
Rinis muli, s. Rämismühle.
Rinnach, s. Reinach. Rinach.
Rinnowe, Rinöw, Rinöwa, Rinöwe, Rinowe, s. Rheinau.
Rinower, s. Rhoinan, von —.
Rinpach, s. Rimbach.
Rinsmit, der — (Bauer zu Schor, Kgr. Würtemberg).
— Rinsmit, I 436, II 242.
— des Rinsmits gût, bonum dicti — I 430, II 242.
Rinspach, s. Rietpach.
Rinsperg. s. Rheineberg.
Rinsveld, s. Rheinsfelden.
Rinvelden, s. Rheinfelden, Rheinfelderhof.
Rinveldin, s. Rheinfelden.
Rinwin, Heinrich — (Bürger zu Wintertur, Kt. Zürich), I 332.
Rippach (Bauer zu Mehrstetten, Kgr. Würtemberg), I 465.
Ripperlschwand (Df., w. v. Rotenburg, Kt. Luzern).
— Repprchizwanden, I 199.
— Idle ze — I 199/200.
— ståre ze — I 199 200.
— t. u. b., d. u. v. ze — I 199/200.
Rips, Rüdiger — von Kiburg (Lehensinhaber zu Kiburg, Kt. Zürich), II 480.
Risaere, s. Rivibre, la —.
Risburg, s. Heisenburg.
Rischbach, s. Reischach.
Rische, Bertholdus im — (habsburgischer Höriger zu Sigliedorf, Kt. Argau), II 501.
Rischman (Bauer zu Kloten, Kt. Zürich), II 67.
Risenspurgk, s. Heisenburg.
Riso, Heinricus dictus — (habsburgscher Eigenmann zu Hegnau, Kt. Zürich), II 316.
Ritters, des — hoff by Tossenbach (unbestimmbar), II 501.

Ritzman (Bürger zu Wintertur, Kt. Zürich), I 332.
Rinsegge, s. Rüsegg.
Rivière, la — (Rifers, Df., s.-w. v. Angeol, in Frankreich).
— Rimers, II 441.
— der hof, die güter und die lüt ze — II 441.
Rixheim (oder Rixen, Df., ö. v. Mülhausen, im Elsass).
— Richenshein, I 11, 45.
— burglehen ze — I 45.
— dorf ze — I 11, 45.
— herberig ze — I 11.
— sture ze — I 11, 45.
— t. u. h., t. u. v. ze — I 11/12.
Rod? (unbestimmbarer Flurname, im Kt. Zürich).
— Rod, vogty im — II 515.
Roda, s. Rat.
Rode, s. Radhof, Rat.
Roden, s. Rot.
Roderadorf (Pfd., n. v. Biedertal, im Kt. Solothrn, Heimat eines ritterlichen Geschlechtes).
— Ratersdorf, Ratolisdorf, Ratolistorf, Rattoltztorf, I 13, 14, 42, 45, 50, 51, II 418, 423.
— zechenden ze — II 423.
— die von — I 14, 42, 45, 51.
— gebröder, die, von — I 50.
— hern Johans seligen kint von — I 14.
— her Lutzman von, II 418.
— her Ülrichs seligen von — vatter, hern Ulrichs vatter von — I 13, 14.
Rodeswile, s. Rutiwil.
Rodulphus, comes —, s. Habsburger (Rudolf I.).
Rödersdorf (Ort, s.-ö. v. Pfirt, im Elsass).
— Rodersdorf, II 446.
— leben ze — uff dem forst, II 446.
Rölin, Adelheit —, Rüdolf von Scharents seligen tochter (Lehensinhaberin im Eigen bei Brugg, Kt. Argau), II 532; s. auch Scherns.
Rölingen (abgegangenes Dorf bei Tagelsheim, im Elsass).
— Rölingen, Roevingen, Rolingen, Röllingen, II 417, 437, 447.
— dinghof ze — II 417.
— herbergen ze — II 437.
— kilchensatz ze — II 417, 437.
— zechenden ze — II 447.

Römerswil (Pfd., n.-ö. v. Sempach, Kt. Luzern). Heimat eines ritterlichen Geschlechtes).
— Remerswile, Romerswiler, II 212, 342.
— Rudolfus de — II 212, 342.
Rönimos (und Klein- —, Ort, ö. v. Littau, Kt. Luzern).
— Nidern-Renmos, gütli nempt man — II 589.
Rörimos (Bauerngeschlecht im Eigen bei Brugg, Kt. Argau).
— Rörimos, Rörimos, Rormos, II 49, 537, 538.
— Bürgi — II 537.
— Rudolfus — II 49.
— Welti — II 538.
Röschenried, s. Hechenriet.
Rösehliz, s. Néchévy.
Roesingen, s. Rölingen.
Rösl? (Bürgergeschlecht von Winterthur, Kt. Zürich).
— Heinrich — I 333.
— Wernher — I 333.
— s. auch Rost.
Roetelen, von — (Markgrafengeschlecht im Gh. Baden).
— Röteln, der margraf von — II 653, 655.
Roeten (ehemaliges Dorf bei Goldau, Kt. Schwiz).
— Röten, I 313.
Roetenbach (Df., n.-w. v. Herzogenbuchsee, Kt. Bern).
— Rötenbach, II 7.
Rötenbach, s. Rettenbach.
Röterswille, s. Retterswil.
Röttenbül, s. Rotenbüb.
Roggensbach, s. Roschbach.
Roggenhausen (Df., n.-ö. v. Ensisheim, im Elsass).
— Roggenhusen, I 5, 25, 46, 55.
— burgleben uf dem dorf ze — I 46.
— dorf ze — I 5, 46, 55.
— herberig ze — I 5.
— holtzer zwischent Basel und — I 25; s. auch Basel.
— stüre ze —, stüre uffen das dorf ze — I 5, 55.
— t. n. b., t. u. v., ze — I 5.
Rokkerters Bül, gütli ze — (unbestimmbar), II 500.
Rolingen, s. Rölingen.
Rollin? (Bauerngeschlecht, wohl von Owingen, Kt. Zürich).
— Rollin, Heini und Chüny, die — II 484.
Rome, dû chôreginne von —, s. Habsburger (Elisabet).
Romiltswile, s. Hemetswil.
Romoos (Pfd., n.-w. v. Entlebuch, Kt. Luzern).
— Ronmos, I 104.
— göter ze — I 104.
— gülte, d. u. v. ze — I 104.
— kilchöri ze — I 191.
Roperwilr, s. Heppenweiler.
Roppe (Ort, n.-ö. v. Belfort, Frankreich, Heimat eines ritterlichen Geschlechtes).
— Ropuch, II 443.
— die burg, der vorhoff und die graben ze — II 443.
— die geburen ze — II 443.
— die zechende von — II 443.
— die von — II 443.
Ror (Df., ö. v. Arau, und Torm zu Arau, Kt. Argau, Heimat eines ritterlichen Geschlechtes).
— Rore, II 117, 170, 190, 207, 208.
— filii domini Waltberi de — II 190.
— Heinricus de — II 170, 207, 208.
— her Walther von, dominus Waltherus de — II 117, 190.
Rorbas (Pfd., n.-ö. v. Bülach, Kt. Zürich).
— Rorbos, II 358.
— judicia dicta dube und vrevel in villa — II 335.
Rorberg (abgegangene Burg zu Rorbach, n.-w. v. Huttwil, Kt. Bern).
— Rorberg, II 630.
— stür zû dem huw gen — II 630.
Rorbomgarten? (Flurname zu Lenzburg, Kt. Argau).
— Horbomgarten, pomerium dictum — II 208; s. auch Lenzburg.
Rordorf (Ober- und Nieder —, Pfd., ö. v. Mellingen, Kt. Argau).
— Rordorf, II 33, 710, 724, 737.
— das ampt ze — II 724.
— das frygampt ze — II 710.
— das nider ampt ze — II 719.
— kilcho — II 737.
— mannus — II 33.
— s. auch Ober-Hordorf, Nieder-Hordorf.
Rordorf (Ort im bad. Bez.-A. Messkirch, Sitz eines ritterlichen Geschlechtes).

Register.

— Rordorf, dominus de — II 332.
Rordorfer (Bauer zu Kranchenwies, im Kgr. Preussen), II 152.
Rormos, s. Rörimos.
Rormoos (ehemalige Burg bei Oberburg, Kt. Bern, Heimat eines ritterlichen Geschlechtes).
— Rörmos, Rormos, II 119, 192.
— her Albrecht von —, dominus de — II 119, 192.
Rorsweiler (Df. bei Rappoltsweiler, im Elsass).
— Rorswilr, das dorff ze — II 427.
Rosbach, s. Rossbach.
Rosberch, Rosberg, s. Rossberg.
Roschbach (oder Raanrapt, Df., n. v. La Salde, im Elsass).
— Roggenshach, I 21.
Rosen, Peter zem —, und Henman sin sun und Chünman sin brüdern sun (Lehensinhaber zu Ottingen, im Elsass), II 425.
Rosna (Ort im O.-A. Sigmaringen, Kgr. Preussen, Heimat eines ritterlichen Geschlechtes).
— Rosenowe, Rosnowe, II 245, 256, 259.
— dominus de — II 245, 256, 259.
— Eberhardus, minister in Meyngen, II 283; s. auch Mengen.
Rosmu (Df., s.-ö. v. Mettmenstetten, Kt. Zürich).
— Rosnow, Rosnowe, I 149, II 490.
— d. n. v. ze — I 149.
— leben ze — II 490.
Rossbach (ehemalige Burg zu Herrliberg, Kt. Zürich).
— Rosbach, II 290, 317.
— magister Cunradus de — II 290.
Rossberg (Weiler, n.-ö. v. Kämleten, Kt. Zürich).
— Rosberg, Rosperch, Rosperg, Rossberg, Rossiberg, I 293, II 30, 42, 50, 358, 359, 407.
— advocatia dotis in — II 359.
— predium in — II 42.
— tres curie et due scoposae in —, 3 curie et 2 scoposae in — II 59, 358.
— t. n. b., d. n. v. ze — I 293.
— wingarten ze — II 407.
Rossberg (Hof bei Wald, Kt. Zürich).
— Rosberch, advocacia — II 80.
Ros(s)berger, der — (Bauer zu Stadel bei Sulz, Kt. Zürich).

— Rosberg, Rosperge, Rosperger, I 313, II 93, 141, 381.
— des Rosbergers hübe, mansus dictus —, mansus —, Rosperges hub, I 313, II 93, 141, 381.
Rossow, Rosnowe, s. Rosnow.
Rost, Chünrat — (Bürger zu Winterthur, Kt. Zürich), I 332.
— s. auch Röst.
Rot (Pfd. im Kt. Luzern).
— Roden, Rota, I 144, II 735.
— d. n. v. ze — I 144.
— kilche ze —, kilhe — I 144, II 735.
Rotberg (Berg, n. v. Villigen, Kt. Argau).
— Rothenberg, Rottenberg, I 97, 103.
— rütinan an dem — I 103.
— sehendbletz ze Vilingen an dem — I 97; s. auch Villigen.
Rotberg (Ort, s.-w. v. Basel, im Kt. Solothurn, Heimat eines ritterlichen Geschlechtes).
— Raperg, Hanman von — II 423.
Rotbrunnen (Ort, n.-w. v. Hochfelden, Kt. Zürich).
— Rottenbrunnen, wysen und acher zu dem — II 514.
Rota, Walther, der — (Bauer zu Unter-Marchtal, Kgr. Würtemberg), I 461.
Roten (Weiler, n.-ö. v. Neukirch, Kt. Turgau, Heimat eines ritterlichen Geschlechtes).
— Rotte, II 513.
— Heinrich und Hug von — II 513.
Roten, der — göt (unbestimmbar, wohl zu Veringen, Kgr. Preussen), II 465, 469.
Rotenbach, s. Rottenbach.
Rotenberg, s. Rongemont.
Rotenbühl (Weiler, n.-ö. v. Lanpersswil, Kt. Bern).
— Rütenbül, censns, II 10.
Rotenburg (Burg und Pfd., n. v. Luzern, Heimat eines freiherrlichen und eines ritterlichen Geschlechtes).
— Rotemburg, Rotenburg, Rottenburg, I 196, 197, 198, 200, 201, 205, II 274, 348, 557, 560, 568, 598, 622, 623, 624, 625, 626, 642, 668, 756.
— advocatus, advocati in — II 274.
— aker ze — in dem Müslin, II 560; s. auch Müslin.
— amman, der, von — II 756.

— ampt ze — in der Swand, II 598
bis 599; s. auch Schwanden (Kt.
Luzern).
— bongarten amb die burg ze — I
197.
— burg ze —, how se —, reat ze —,
reat — 197, 200, 201, II 622, 623,
625.
— burg und stat ze — II 621/622.
— burgstal bi Wolhusen, das gegen
— böret, I 198; s. auch Wolhusen.
— herren, die, von — I 107, 205.
— herrschaft, die, von —, dominium
in — I 196, II 349.
— jus advocaticum in — II 274.
— mos in dem Turne ze — I 197;
s. auch Moos (Kt. Luzern), Turm
(im Kt. Luzern).
— müli ze — I 198.
— officium — I 196—200.
— salz ze — II 626.
— schäppossen, schäppossen in und
bi der vorburg ze — I 197/198.
— tiergarten ze — II 668.
— L. a. b., d. u. v. ze — I 198.
— walt ze —, heisset Küswanden, I
197; s. auch Kübschwand.
— Andres von — II 568.
— Hartman Andres und Klare sin
husvrôwe von — II 642.
— Johans von — II 557.
— Rûdy und Jenny von -- II 560.
Rotenegg (Orts- oder Flurname, w. v.
Grindelwald, Kt. Bern).
— Rotenegg, lechen an — ze Grindel-
walt, II 471; s. auch Grindelwald.
Rotenflûh (Weiler, n.-ö. v. Ober-Em-
brach, Kt. Zürich).
— Röttenbûl, Rotenflû, Rotbenflû,
Rotinvlû, I 263, II 63, 79, 311, 483.
— lehen ze — II 483.
— Heinrich von —, Heinricus de —
I 163, II 63, 79.
— Heinriche von — schôpos, I 263.
Rotenhub (Pfd. im Bezirk Sissach,
Kt. Baselland).
— Rotenflo, die lûte von — I 60.
Rotewile, s. Rottenswil.
Rothardus (Bauer zu Bolstern, Kt. Zü-
rich).
— Rothardi, scoposus — II 57.
Rothenberge, s. Rotberg.
Rotin, die — (Gotsinhaberin von Wut-
öschingen, im Gh. Baden).
— Rotin, dû — von Öschinkon, II 774.

— Rotinen, der — tochterman, II 774.
Rolina, Mechtildis dicta — et sui li-
beri (Eigenleute des Klosters Ein-
sideln zu Pfäffikon, Kt. Zürich), II
815.
Rotinvlû, s. Rotenflûh.
Rololfswile, Rotoswile, s. Rottenswil.
Rotsel s. Rotzel.
Rotte, s. Roten.
Rotten, Fritzschis — güte ze Neften-
bach (Gut zu Neftenbach, Kt. Zürich),
II 477; s. auch Neftenbach.
Rottenberge, s. Rotberg.
Rottenbronnen, s. Rohrunnen.
Rottenburg, s. Rotenburg.
Rottenswil (Df., w. v. Lunkhofen, Kt.
Argau).
— Roteswile, Rololfswile, Rotoswile,
Rottoswile, I 140, II 111, 171, 177.
— dorf ze — II 111.
— güter ze —, dû des gotshus von
Hermolzwile eigen sint, I 140;
s. auch Hermetswil.
— redditus in — II 171.
— l. u. h., d. u. v. ze — I 140.
Rotterswil (Df., ö. v. Rotenburg, Kt.
Luzern).
— Ratollswile, Ratollswile, I 199, II
585.
— hof ze — II 585.
— lûte ze — I 199.200.
— stûre ze — 1 199/200.
— l. n. b., d. u. v. ze — 199 200.
Rotzenhusen, s. Ratzenhausen.
Rotzel (oder Rotsel, Df., n.-w. v. Hochsal, im Gh. Baden).
— Hotzal, Rotzol, Rozsal, I 69, II
128, 706.
— güte ze — I 69.
— lehen ze — II 706.
— lute, die vrigen, ze — I 69.
— pfand ze — II 128.
Röbman, der — (Bauer zu Birmensdorf an der Reuss, Kt. Argau), II
540.
Röchloch, Chûns — von Mengen
(Lehensinhaber von Mengen, Kgr.
Würtemberg), II 459.
Rougemont (Ort, s.-w. v. Murmünster,
in Frankreich).
— Rotenberg, II 443.
— senlehen — II 443.
— zechend von — II 443.
Rubenswile, Ruberswil, Rubiswil(e),
Rubiswille, s. Rapperswil.

Ruchenschwand (Ort, a.-ö. v. Unterlhach, im Cb. Baden).
— Rüchswanden, I 81.
— dah und totalag se — I 81.
Ruchenstein (Ort bei Galgenen, Kt. Schwiz).
— Ruchenslein, Ruchsenstein, II 491, 773.
— boingartten in der Mark ze — II 491; s. auch March.
— hofstat se — II 773.
Rudens (Df. und ehemalige Burg bei Giswil, Kt. Obwalden, Heimat eines ritterlichen Geschlechtes).
— Rudentz, II 547.
— Johans und Wernher von — und Heintzli ir brüder sun, II 547/548.
Ruderbach (Ort, a.-ö. v. Hirsingen, im Elsass).
— Rüderbach, güt ze — I 33.
Rudger, s. Rüdiger.
Rudolf (Name verschiedener Leute).
— Rudolfus (habsburgischer Eigenmann zu Liehigen, Kt. Argau), II 2-0.
— Rudolfus cellerarius (Eigenmann des Klosters Einsideln, zu Dübendorf, Kt. Zürich), II 307.
— Rudolfus et 3 fratres (Eigenleute des Fraumünsterstiftes in Zürich, zu Herrliberg, Kt. Zürich), II 320.
— Rudolfus et liberi sui (Eigenleute des Fraumünsterstiftes in Zürich, zu Ober-Wil bei Kloten, Kt. Zürich), II 306.
— Rudolfus maritus dicte Eglinca (Eigenmann des Klosters Einsideln zu Regensdorf, Kt. Zürich), II 310.
— Rudolfus minister (habsburgischer Eigenmann in Zürich), II 293.
— Rudolfus minister (Eigenmann des Klosters Embrach zu Hausen bei Ober-Embrach, Kt. Zürich), II 311.
— Rudolfus, uxor sua et liberi sui (habsburgische Eigenleute zu Toggwil, Kt. Zürich), II 290.
— Rudolf, vogt — (Vogt zu Ensisheim, im Elsass), I 81; s. auch Ensisheim.
— Rüdolfus faber (Gutsinhaber zu Ilisikon, Kt. Zürich), II 80.
— Rüdolfus, filius Rödegeri (Bauer zu Kloten, Kt. Zürich), II 67; s. auch Rüdiger.
— Rüdolfus nemorarius (Förster im Eigen bei Brugg, Kt. Argau), II 47.

— Rüdolfus nemorarius (Förster zu Embrach, Kt. Zürich), II 78.
— Rüdolfus nemorarius (Förster zu Blochingen, Kgr. Würtemberg, II 156; s. auch Vorster.
— Rüdolfus scultetus senior (ein ehemaliger Schultheiss zu Winterthur, Kt. Zürich), II 88; s. auch Schultheiss.
— s. auch Habsburger.
Rudolfstetten (Df., a.-ö. v. Bremgarten, Kt. Argau).
— Rüdolfstetten, d. o. v. ze — I 119.
Rüchieöwe, s. Rügenau.
Rüdelingen, s. Riedlingen.
Rüdelins, feodum Heinrici dicti — (zu Unlingen, Kgr. Würtemberg), II 160.
Rüdiger (Name verschiedener Leute).
— Rudger (Eigenmann des Klosters Einsideln zu Dübendorf, Kt. Zürich), II 307.
— Rödegers güt (zu Hendorf bei Mengen, Kgr. Würtemberg), I 403.
— Rödegerus (Bauer zu Kloten, Kt. Zürich), II 67; s. auch Rudolf.
— Rüdgerin, Agnesa — (Lebensinhaberin von Günsburg, Kgr. Baiern), II 467.
— Rödgers, bern — güt, bonum dicti Rödgeri (zu Gemmingen bei Scher, Kgr. Würtemberg), I 435, II 242.
— Rüdiger, Cunrat — von Winttertur (Lebensinhaber von Wintertur, Kt. Zürich), II 497.
— Rüdiger, Hans — von Winttertur (Lebensinhaber von Wintertur, Kt. Zürich), II 522.
Rüdikon (Ort, ö. v. Aesch, Kt. Luzern).
— Rüdinkon, Rüdlikon, Rüdinkon, I 169, 220, II 201, 38.
— curia in —, curtis in villa — II 201, 338.
— drie schöposmen ze —, die eigen sint des gotzhus ze Mure, I 169; s. auch Muri.
— t. p. b., d. o. v. ze — I 169/170, 220.
Rüdins, Fridrich — (Bürger zu Lemburg, Kt. Argau), II 742.
Rüdisperg? (unbestimmbarer Flurname, im Kt. Argau).
— Rüdisperg, II 200, 204.
— bona dicta II 203.

— mans — II 204.
Rüdiswil (Df., n.-g. v. Ruswil, Kt. Luzern).
— Rüdiswile, schüpposen ze — I 197.
Rüdivar (Ort bei Rheinau, Kt. Zürich).
— Rüdivar, I 348.
— vischeniz ze — I 348.
— vischer ze — I 348× 349.
Rüdlikon, s. Rüdikon.
Rüdlingen, Rüdlingen, s. Riedlingen.
Rüdlinger, Heinrich —, vogt ze Frowenfelt (Vogt zu Frauenfeld, Kt. Turgau), II 481; s. auch Frauenfeld.
Rüed (Kirch —, Schloss — und Schmid —, Pfd. und Schloss, s. w. v. Kulm, Kt. Argau, Heimat eines ritterlichen Geschlechtes).
— Rüd, Rüda, Ruoda, Rüde, I 170, II 98, 183, 190, 201, 278, 282, 284, 562, 570, 735, 757.
— burg ze — II 569.
— hof under der burg ze — II 569.
— kilhe — II 735.
— leben ze —, in dem tal, II 562.
— lüte in dem tal ze — II 570.
— stewer de — II 757.
— tal ze — II 569, 570.
— twing und gerichtû ze —, in dem tal, II 562.
— vogty in dem tal zo — II 562.
— herren, die, von —, domini de — I 170, II 278.
— her Hartmann von —, Hartmannus de —, dominus Hartmannus de — II 98, 189, 190, 201.
— Waltherus de — (habsburgischer Eigenmann zu Muben, Kt. Argau), II 282.
— s. auch Rüedertal.
Rüedertal (Tal von Rüed im Bezirk Kulm, Kt. Argau).
— Rüdatal, tal ze Rüda, I 170, II 560, 570.
— leben in dem tal ze Rüda, II 562.
— lute, die im —, lüte in dem tal ze Rüda, I 170, II 570.
— t. u. b., d. u. v. im —, twing und gerichtâ in dem tal ze — I 170, II 562.
— vogty in dem tal ze Rüda, II 562.
— s. auch Rüed.
Rüedlisbach (Ort, n.-ö. v. Winigen, Kt. Bern).
— Rüdispach, II 2.

Rüedlingen (Df., w. v. Kirchberg, Kt. Bern).
— Rüdelingen, II 12.
Rüeggeringen (Hof, s. v. Neukirch, Kt. Luzern).
— Rügeringen, Rökeringen, Rüggeringen, Rûkosingen, I 200, II 318, 625, 646.
— herbstlêhr ze — II 646.
— lûte, ze — I 200.
— pfand ze — II 625.
— scopose in villa — II 318.
— t. u. h., d. u. v. zo — I 200.
— villa — II 318.
Rüegsau (Pfd., s.-ö. v. Burgdorf, Kt. Bern).
— Hôchisôwe, advocacia — II 9.
Rüfenach (Ort, w. v. Rein, Kt. Argau).
— Rufenach, Rufennach, Rüfenach, I 99, II 529.
— leben ze — II 529.
— zehende ze — I 99.
Rûñ (Df., n. v. Schännis, Kt. St. Gallen).
— Rus, I 506.
— blûme der lûte ze — I 506.
— tagwan der der lûte ze — I 506.
Rügsbauwen (Ober- und Unter —, Weiler, s.-ö. v. Wolfhausen, Kt. Zürich).
— Rüdishusen, hof ze — I 268.
Rükeringen, s. Rüeggeringen.
Rûlingen, s. Rülingen.
Rülishein (Df., s. v. Ensisheim, im Elsass).
— Rülesheim, Rülisheim, Rûlshein, I 9, 47, II 416, 441, 450.
— almende ze — II 416.
— hauwalton ze — I 9.
— dingbof ze — I 9.
— dorf ze — I 9, 47.
— gût ze — I 9.
— leben zu — II 450.
— sture ze —, sture des dorfes ze —, stôre ze — I 9, 47, II 416.
— t. u. b., t. u. v. ze — I 9.
— vogt von — II 441.
Römersheim (Df., ö. v. Ensisheim, im Elsass).
— Rômersheim, Romersheim, I 7, 46, II 432, 490.
— almende ze — I 7.
— dorf ze — I 7, 46, II 490.
— herberig zo — I 7.

— kilchensatz in dem dorff ze — II 400.
— lehen zû — II 432.
— lûte ze — I 7.
— t, n. b., t. n. v. ze — I 7.
Rümikon (Df., ô. v. Wintertur, Kt. Zürich).
— Rûminkon, II 324.
Rümlang (Pfd., a. v. Oberglatt, Kt. Zürich, Heimat eines ritterlichen Geschlechtes).
— Rümlang, Rûmelancb, Rûmelang, Rômlang, Rumelang, II 86, 304, 305, 309, 310, 315, 321, 357, 547, 609, 704, 711, 727, 748, 763, 778, 779.
— advocacia — II 36.
— curia — II 300/310.
— dominus de —, ... de — II 304, 305, 309, 310, 321, 357.
— Chüntzli von — II 609.
— Heintzen sâlligen wib von — II 748.
— Hartman (von) — II 727, 779.
— Heinrich (I.) von — II 704, 710 bis 711.
— Heinrich (II.) von — (und sin vater), II 587.
— Ilentz (III.) von — II 778.
— Johannes — (Eigenmann des Klosters Einsideln zu Irgenhausen, Kt. Zürich), II 315.
— Johans und Pilgrin, Pilgri von — II 711, 763.
— Ulrich und Cûntz von — II 711.
Rümlikon (Df., s.-w. v. Illnau, Kt. Zürich).
— Rimlinken, Rûmliken, I 200, II 762.
— die lûte ze — I 200.
— stûre ze — I 200.
— sehenden ze — II 762.
Rüsegg (Df., n. v. Sins, Kt. Argau, Heimat eines ritterlichen Geschlechtes).
— Rûsegge, Rûsegge, Rûsegge, Rûsegg, Rûsegge, Rûsegge, Rusegge, II 100, 118, 186, 188, 193, 215, 216, 272, 274, 343, 718, 700.
— der von — (Heinrich?), II 718.
— dominus de —; .... de — II 210, 272, 274, 343.
— servi domini de — II 216.
— Heinricus minister de — II 216.
— her Marquart von —, dominus Marcchwardus de —, dominus Marcwardus de —, dominus Marewardus bone memorie de — II 118, 188, 188, 193, 210.
— her Ulrich von —, dominus Ulricus de —, dominus Ulricus de —, dominus Ulricus — II 109, 186, 188, 215, 216, 217.
— iungher Ulrich und iungher Heinrich von — II 760.
— pueri quondam domini Ulrici de — II 215.
Rüstenhart (Df., n.-ô. v. Ensisheim, im Elsass).
— Rûchesbein, Rûchsheim, Rûchsheim, I 4, 45, 55, II 435.
— acker — eins ze — I 4.
— dorf ze — I 4, 45, 55, II 435.
— herberig ze — I 415.
— sture ze — I 4, 55, II 435.
— t. n. b., t. n. v. ze — I 415.
Rüstenswil (Df., n. v. Anw, Kt. Argau).
— Rustiswile, t. n. b., d. n. v. ze — I 145.
Rüter, s. Bäch.
Rueterswil (Df., n. v. Utznach, Kt. St. Gallen).
— Rûberswille (verschrieben), II 321.
Rüti (Ort bei Fislisbach, Kt. Argau).
— Rûti, I 120.
— dorf ze — I 120.
— schüpposzan ze —, die hôrent gegen Schennis, I 120; s. auch Schännis.
— t. n. b., d. n. v. ze — I 120.
— vogtrecht ze — I 120.
Rüti (Ober- und Nieder —, Ort, s. v. Bülach, Kt. Zürich).
— Nider-Ruti, Rüttin, Ruti, I 250, II 352, 511.
— acker ze — II 511.
— bonz sita in — II 352.
— t. n. b., d. n. v. ze — I 250.
Rüti (Ort, w. v. Fehr-Altorf, Kt. Zürich).
— Geräte, Wechsiriuräti?, Wehseriuräti?, I 290, II 30, 60.
— die lûte im — I 290/291.
— d. n. v. im — I 290/291.
— vogtreht im — I 290/291.
Rüti (Hof, n.-w. v. Feldbach, Kt. Zürich).
— Ruti, oben der — I 200.
Rûti (Pfd. und ehemaliges Kloster, n. v. Rapperswil, im Kt. Zürich).

— Râti, Râty, Roti, II 300, 737, 773.
— closter — II 737.
— Conrat von — II 779.
Roti (unbestimmbarer Ort bei Baden, Kt. Argau, vielleicht Rätiback).
— Röti, dû matte se — I 129.
Rôti (unbestimmbarer Flurname, im Kt. Zürich).
— Rôti, acker se — by den geberten, II 512.
Rati (unbestimmbarer Flurname, wohl bei Ehingen, Kgr. Würtemberg).
— Rôty, wiseu gelegen an der — II 473.
Roti, s. auch Vogelrûti.
Rütihof (Hof bei Gibelflüh, Kt. Luzern).
— Rigoltzrûti, herbstlór ze — II 604.
Rütlingen, s. Reutlingen.
Rüllingen, s. Reutlingen, Biedlingen.
Rötimans schöppos (unbestimmbar, jedenfalls im Kt. Luzern), II 557.
Rötzin, s. Rôti (Ober- und Nieder-).
Bötzwil (Weiler, n.-ô. v. Bäretswil, Kt. Zürich).
— Râtzwile, Râtzwiler, Râzwille, I 308, II 61, 76.
— güter se — I 308.
Rufach (Städtleben im Elsass).
— Rufach, II 435.
— Johans Schedler, ritter ze — und Chûnlz Schedler sin sune, s. Schedler.
Rufach? (unbestimmbarer Ort, bei Grindelwald, Kt. Bern).
— Rufach, II 553.
— güt ze —, gelegen ze Grindelwald, II 553; s. auch Grindelwald.
Rufenach, Rufennach, s Rüfenach.
Huß, s. Rûß.
Rûberg, s. Riburg.
Rû...., s. Rô....
Rûmetingen, s. Runtingen.
Rûrs? (unbestimmbarer Flurname, wohl verschrieben für Tôss).
— Rûrs, vischelz in der — II 495.
Rûscho der Melen (Gutsinhaber zu Uolingen, Kgr. Würtemberg), II 162.
Rûse, s. Rensa.
Rûsebalden, s. Reusbalden.
Rûsinkon, s. Russikon.
Rûtal, s. Reustal.
Râtelingen, s. Reutlingendorf.

Rûti, s. Neurûti, Roti, Vogelrûti.
Rûttlingen, s. Reutlingen.
Rûly, s. Rôti.
Rûwendal, Rûwental, s. Reuental.
Rulângen (Ort, s.w. v. Mengen, im Kgr. Preussen).
— Rûlângen, I 423, II 220, 239, 241, 333.
— dorf ze — I 424.
— gurten ze — I 424.
— hof und ander güt ze —, der eigenschaft das gotshus von Lindowe anhoret, I 423; s. auch Lindan.
— bûbeu ze — I 424.
— lûte ze — I 424.
— matte ze — I 424.
— redditus in — II 241.
— schöppûs ze — I 424.
— schöppôssen ze — I 424.
— stura ze —, stura in — I 424, II 220, 241.
— t. a. b., d. n. v. se — I 424.
— vogtrecht ze — I 423, 424.
— liberi Ulrici de — II 230.
Rumelang, s. Römlang.
Rumendingen (Df., w. v. Winigen, Kt. Bern).
— Rumedingen, II 8.
Romenstal, s. Romstel.
Rumer (ritterliches Geschlecht von Zürich).
— Rûmer, Rûdolf — II 596.
Rumersbein, s. Rämersheim.
Rumstel (Ort, s.-ô. v. Pfungen, Kt. Zürich).
— Renmenstel, Romenstal, Rumestal, II 479, 496, 504, 500.
— hoff ze — II 479.
— reben im — II 496.
— reben und acker in dem — II 504.
— wingart, der alt, ze — II 506.
Rumwers hoff (unbestimmbarer Hof, im Kt. Zürich), II 512.
Runsern, Rela zer — (habsburgische Eigenfrau zu Liebegg, Kt. Argau), II 236.
Runtingen (Ober- und Unter —, Weiler, s. v. Radelfingen, Kt. Bern).
— Rûmetingen, scopose, II 24.
Rûberswille, s. Rusterswil.
Rûchsbein, Rüchsheim, Rûchsbein, s. Rûstenbart.
Rûchswanden, s. Ruchenschwand.
Rûd, Rûda, Ruoda, s. Rûed.
Rûdalal, s. Rôedertal.

Rüde, s. Rüed.
Rü...., s. Rue...., Ra...., und Ru....
Rüdishusen, s. Rügshausen.
Rüdewile, s. Rutswil.
Rüggeringen, Rükosingen, s. Rüeggoringen.
Rüprecht St., s. Trudpert St.
Rüsslngen, s. Rusingen.
Rüsthein, s. Nieder-Morsweier.
Rütenbül, s. Rotenbühl.
Rütlieb, her — (Burgmann zu Ensisheim, im Elsass), I 42, 47, 50.
Rütlieb, her —, von Norgassen, I 43.
— s. auch Nordgasse.
Rütz?, der — (Zolleinnehmer zu Olten, Kt. Soloturn), II 751.
Rützschwile, Rützswile, s. Rutswil.
Rützwile, s. Rutzwil.
Rütswiler, s. Rutzwil, Rutswil.
Rützwille, Rützwilr, s. Rutswil.
Rüzswille, s. Rutzwil.
Rupperswil (Pfd., ö. v. Aran, Kt. Argau, Heimat eines ritterlichen Geschlechtes).
— Ruberswile, Ruberswil, Rubiswil, Rubiswile, Rubiswille, I 157, II 99, 182, 189, 205, 281, 550.
— d. u. v. ze — I 157.
— zechenden se — II 550.
— du kind von — II 99.
— Úlricus de —, dictus de —,... de — II 182, 189, 205, 281.
Ruse, s. Reuss.
Rusegge, s. Rüsegg.
Russikon (Pfd., n. v. Pfaffikon, Kt. Zürich).
— Russinkon, Russicon, Russiokon, I 302, II 61, 316, 523.
— d. u. v. ze — I 302/303.
— eygenli se — I 302.
— vogtrecht ze — I 302.
— Werlin Walther von — II 523.
Rust, zu — (ritterliches Geschlecht im Elsass).
— Röst, I 43, 47, II 439.
— her Köntzman se(m) — I 43, 47.
— Merkli an dem — II 439.
Rust, die — von Wolhusen (ritterliches Geschlecht von Wolhusen, Kt. Luzern).
— Röst, Rüsten, II 564, 716, 723.
— die — von Wolhusen, II 564.
— Ülrich — II 716.
Rustiswile, s. Rüstenswil.

Ruswil (Pfd., n.-ö. v. Wolhusen, Kt. Luzern).
— Ruswil, Ruswile, I 194, 195, II 565.
— göter so — I 194.
— gülte, d. u. v. ze — I 194.
— kilche ze — I 195.
— kilchöri se, von — I 194.
— schöpes ze —, der man sprichet Stantasers, II 565; s. auch Stantaser.
Rutdelin, Rutdelingen, Rutelingen, s. Reutlingen.
Ruti, s. Reute, Rüti.
Rutilingen, s. Reutlingen
Rutswil (Df. und ehemalige Burg bei Adlikon. Kt. Zürich, Heimat eines ritterlichen Geschlechtes).
— Rodeswile, Rüdeswile, Rützschwile, Rützswile, Rützswile, Rützwilr, II 145, 146, 148, 331, 477, 488, 542.
— dorf ze — II 542.
— lechen ze — in dem dorf, II 542.
— zehende, ze — II 477, 488.
— dominus de —, ... de — II 145, 146, 148, 331.
— Rützwiler und sin vetter, II 542.
Rutswil (Orl, s.-ö. v. Utzenstorf, Kt. Bern).
— Rutzwilers, scoposse, II 17.
Ruwental, s. Reuental.
Ruzingen (Ober- und Unter —, Ort, w. v. Eschenbach, Kt. Luzern).
— Rüssingen, Petrus de — II 277.
Rych, s. Rihen.
Ry...., s. Ri....
Ryeden, s. Albisrieden.
Rynaugya, Rynowe, s. Rheinau.
Rynvelden, s. Rheinfelden.

S.

Saales (Df., n.-ö. v. St. Dié, im Elsass).
— Selch, I 19, 20, 23.
— dorf ze — I 19, 20.
— sture ze — I 10.
Sachso, der — (Gutsinhaber zu Mengen, Kgr. Würtemberg).
— Sachsen, des — hof, curia dicti Sachsson, des Sachsen lechen, I 444, II 245, 439; s. auch Mengen.
Sack, der — (Wald, n. v. Gösliken, Kt. Argau).
— Sakken, der infang zum — II 574.
Sacrista, s. Sigrist.
Säriswil (Df, n.-w. v. Wolen, Kt. Bern).
— Serzowilere, II 24.

Safenwil (Df., n.-ö. v. Zofingen, Kt. Argau).
— Safenwile, Savenwile, II 196, 582.
— twing ze — II 582.
— villa — II 196.
— vogty ze — II 583.
Saffental, von — (Bürgergeschlecht zu Sursee, Kt. Luzern).
— Safaten, Saffaton, Saffoton, II 581, 613.
— Heinrich von — II 613.
— Heumann von —, Bertholts seligen sun, burger ze Sursee, II 581; s. auch Sursee.
Sager, Johans — von Bremgarten (Lehensinhaber von Bremgarten, Kt. Argau), II 555.
Sailer, s. Seiler.
Sakken, s. Sack.
Sal (ehemalige Burg bei Pfungen, Kt. Zürich, Heimat eines Winterturer Geschlechtes).
— Sal, Sala, Saler, I 330, II 86, 504, 685.
— dictus — II 86.
— domina de — II 86.
— Cůnrat von —, schultheiss ze Winterturr, II 685.
— Henali — von Winttertur, II 504.
— Johannes, Hans von — I 330, II 685.
Salbühl (Ort, s.-w. v. Hergiswil bei Willisau, Kt. Luzern).
— Sall, vogty im — II 565.
Salée, La — (Df., ö. v. Saales, im Elsass).
— Salzsi, Zalcel, I 19, 52.
— dorf ze — I 19, 52.
— stůre zer, sture ze — I 19, 52.
Saler, Heinricus dictus — et sorores ane (habsburgische Eigenleute zu Dorf, Kt. Zürich), II 322.
Salwe, Ulricus dictus — (habsburgischer Eigenmann zu Zetzwil, Kt. Argau), II 285.
Salzsi, s. Salée.
Saltzmann (Geschlecht von Bremgarten, Kt. Argau).
— Saltzman, Jacob — von Bremgarten, II 578.
Salzmannin, — (habsburgische Eigenfrau zu Ferren, Kt. Luzern).
— Saltzmannin, Ita dicta —, II 278.
Sanat? (unbestimmbarer Ort im Elsass).
— Sanat, lehen ze — II 443.

Sanct —, Sancta —, Sanctus —, Sant —, s. den Grundnamen.
Santgans, s. Sargans.
Sautgräber (Geschlecht von Eigenleuten des Klosters Einsideln, zu Dübendorf, Kt. Zürich).
— Bertoldus — II 307.
— Cunradus — II 311.
Santweg, der — (Weg zu Lenzburg, Kt. Argau).
— Santweg, I 155, II 96, 209, 509, 636.
— hof an dem — ze Lentzburg, I 155.
— pfand an dem — II 599.
— pfand an dem — ze Lentzburg, II 96, 636.
— scoposa una an dem — II 209.
— s. auch Lenzburg.
Sappenheim (abgegangener Ort, wohl bei Balgau im Elsass).
— Sappenbein, I 8.
— dorf ze — I 8.
— herberig ze — I 8.
— sture ze — I 8.
— t. u. h. t. n. v. ze — I 8.
Sargans (Städtchen und Burg im Kt. St. Gallen, Heimat eines Grafen-Geschlechtes).
— Santgans, I 520, 521.
— graf Růdolf von — I 520.
— grafschaft — I 521.
Sarmensdorf (Pfd., s. v. Vilmergen, Kt. Argau).
— Sarmarsdorf, Sarmenstorf, Sarmerstorf, I 168, II 210, 735.
— districtus in — II 210.
— d. n. v. ze — I 168.
— kilhe — II 735.
Sarnen (Hauptort des Kts. Obwalden).
— Sarnen, kellenhof ze — II 660.
Sarwerden (Ort, n. v. Sarburg, im Elsass, Heimat eines Grafen-Geschlechtes).
— Sarwerd, graf Heinrich von — II 434.
Sasen, s. Sausheim.
Satler, Hans — von Waltzhůt (Lehensinhaber zu Waldshut, Gh. Baden), II 522.
Satler (Bürgergeschlecht zu Baden, Kt. Argau).
— Satler, Sattler, II 566, 601, 729.
— Heinrich —, burger ze Baden, II 566.

— Rüdi, Rüdin — II 601, 729.
Satsach, s. Seuzach.
Satzacker, Heinrich der — von Winterthur (Lehensinhaber von Winterthur, Kt. Zürich), II 496.
Sancy (Ort bei Trétudans, in Frankreich).
— Sanceys, terra de — II 451.
Saulgau (Stadt, ö. v. Friedberg, Kgr. Württemberg).
— Sulgen, I 380, 382, 384, II 254.
— amt — I 383—384.
— burger ze — I 384.
— gůt ze — I 383.
— stat ze —, oppidum — I 380, 383, II 254.
— stare ze —, stara oppidi — I 384, II 254.
— t. u. h., d. n. v. ze — I 384.
— Gotschach, Judaeus in —, s. Gotschach.
Sausheim (Df., n. v. Mülhausen, im Elsass).
— Sasen, Söwenshein, Söwenshein, I 9, 11, 45, II 448, 451.
— dorf ze — I 11, 45.
— gůt ze — I 9.
— herberig ze — I 11.
— lehen ze — II 448, 451.
— stare ze — I 11, 45.
— t. u. h., t. n. v. ze — I 11.
Savenwile, s. Safenwil.
Savendinen, bonum dicti — (Gut zu Veringendorf, im Kgr. Preussen), II 258.
Scafusa, s. Schafisheim.
Scafusensis, abbas —, s. Schaffhausen.
Scafusin, s. Schafhusen.
Scaler, s. Schaler.
Scandanes, monasterium —, s. Schännis.
Scandensis, ecclesia —, s. Schännis.
Scenedal, s. Schneit.
Schaberer, Üli — (Lehensinhaber im Birrfeld bei Brugg, Kt. Argau), II 536.
Schachen (Ort, n-d v. Hochsal, im Gh. Baden).
— Schachen, Schahhein, II 495, 535.
— twing ze — ze dem halb teil, II 535.
— vogtstůr ze — II 535.
— vogty ze — II 495.
— swing und bann ze halb dorf — II 495.

Schacher, der — (Flurname bei Villigen, Kt. Argau).
— Schacher, acker an dem — I 108.
Schad, Conrad — (Lehensinhaber in Schwaben), II 473.
Schade, dictus — (Ritter, von Kiburg oder Madetswil, Kt. Zürich), II 316.
Schädlern, des — schuppos (bei Altikon, Kt. Zürich), II 482.
Schännis (ehemaliges Frauenkloster, im Kt. St. Gallen).
— Schennis, Shennis, I 115, 120, 166, 175, 280, 498, 499, 501, 503, 517, II 38, 42, 69, 365.
— ahtuiiss et capitulum de — II 69.
— advocacia in — II 42.
— gotshus ze —, ecclesia in —, ecclesia Scandensis, monasterium Scandense, monasterium ecclesie Scandensis, I 166, 498, II 69, 291, 300 (301), 320, 321, 365.
— hof ze — I 499, 501, 517.
— mancipia, monasterii, ecclesie Scandensis, II 291, 320, 821.
— mancipium ecclesie Scandensis, II 300 (301).
— predium in — II 38, 42.
— tagwan der lüte ze — I 503.
Schaffelfeld, s. Staffelfelden.
Schaffhausen (Stadt am Rhein, mit den Klöstern Allerheiligen und St. Agnes).
— Schaffhusen, Schafhusen, Schafhusn, Schauffhusen, Schauffhusen, I 171, 292, 293, 354, 355, 376, II 376, 477, 478, 481, 498, 502, 507, 511, 512, 515, 517, 523, 605, 606, 621, 624, 626, 638, 657, 664, 670, 677, 679, 684, 685, 687, 690, 691, 697, 703, 708, 712, 753, 757, 767.
— abt, der, von —, abbas Scafusensis, I 355, II 158, 737.
— datum ze — II 605, 606, 621, 624, 625, 626, 638, 657, 664, 684, 685, 690, 691, 696, 697, 708, 712.
— gotshus von — (Kloster Allerheiligen) — I 171, 292, 293, 354, 376, 377.
— Agnes, Sant — (Kloster), I 354.
— Bürger und Einwohner von —, s. Hentz, Brümsi, Bari, Dörflinger, Fridbolt, Gelfrat, Göberg, Hüne, Irmensee, Kron, Lang, Löw, Randenberg, Stad am —, Turn im —.

— sculthaisse, der, von — (Egbrecht von Handenberg), und ein stauf- mäier, II 379; s. auch Randenberg.
— schultheiss, Egbrecht (I.), der, von —, s. Randenberg.
— Schultheiss, Ekbrecht (II.), von —, s. Randenberg.

Schaffnat (Gross- und Klein —, Ort bei Dammerkirch, im Elsass).
— Schavenciz, lehen uff den — II 433.

Schaffnsen (?), hoff se — /verschwundener Hof bei Embrach, Kt. Zürich, oder doch in der Stadt Schaffhausen?), II 479.

Schafhusen (Weiler, n. v. Gomerkinden, Kt. Bern).
— Scafnsin, II 11.

Schafisheim (Df., ö. v. Sar, Kt. Argau).
— Scafnm, Schafhnm, Schafhusen, Schafuse, Schafusen, I 163, II 4, 207, 285, 286.
— dinghof ze — I 163.
— d. n. v. ze — I 163.
— redditus in villa — II 207.
— Gerdrudis de — et liberi ejus (habsburgische Eigenleute su Liebegg, Kt. Argau), II 286.
— Ota de — (habsburgischer Eigenmann zu Liebegg, Kt. Argau), II 285.
— Ottonis, uxor, de —, et liberi ajus (habsburgische Eigenleute su Liebegg, Kt. Argau), II 286.
— Rudolfus zer Kilchen de — (habsburgischer Eigenmann zu Liebegg, Kt. Argau), II 285.

Schahhein, s. Schachen.

Schalchen (Df., s. v. Wildberg, Kt. Zürich).
— Schalchen, Schalchon, Schalcon, Schalkon, I 294, II 60, 76, 390.
— dorf ze — II 390.
— eigen der vrien läten, ze — I 294.
— lüte, die vrien, ze — I 294.
— stüre, steur ze — I 294, II 390.
— t. u. b., d. n. v. ze — I 294.
— vogtrebt ze — I 294.

Schaler (Geschlecht von Basel).
— Scaler, Schaler, I 10, II 346, 441.
— des Schalers güt, I 10.
— Scaler de Basilea, II 346.
— Peter, Wernher und Lüdeman die — ritter, II 441.

Schancher (Lehensinhaber von Günsburg, Kgr. Baiern), II 467.
Schangnau (Pfd. im Emmental, Kt. Bern).
— Schöngowe, d. n. v. ze — I 192.
Scharentz, s. Scherns.
Scharentzmatten, s. Schernsmatten.
Schatzberg (Ruine, s.-ö. v. Veringen, im Kgr. Würtemberg?).
— Schatzberg, I 404, II 245, 259.
— burg ze —, castrum — I 404, II 259.
— castrense feodum in —, feodum castrense — II 249, 250.
Schauenburg (Burg, n.-w. v. Rufach, im Elsass, Heimat eines ritterlichen Geschlechtes).
— Schöwenberg, I 41, 45.
— der von — I 41, 45.
Schauffhusen, Schaufhusen, s. Schaffhausen.
Schavenetz, s. Schaffnat.
Schechko, Hetzel — (Bauer im Eigen bei Brugg, Kt. Argau), II 49.
Schechli (Lehensinhaber von Günsburg, Kgr. Baiern), II 467.
Schedler (ritterliches Geschlecht von Kolmar, im Elsass).
— Schedler, Scheller, I 42, 45, II 435.
— der — I 42, 45.
— her Johans — ritter, gesessen zn Rufach, und Chünzi — sin son, II 435.
Scheferin, Elizabetha dicta — et liberi ejus (habsburgische Eigenleute zu Schöftland, Kt. Argau), II 284.
Scheffelstorf, s. Schöflisdorf.
Scheffion, s. Schöftland.
Scheflach, Scheftenlon, Scheftlang, Scheftlank, Scheftlankt, Scheftlen, s. Schöftland.
Scheidegg (Hof, ö. v. Signan, Kt. Bern?).
— Scheidegge, II 25.
Scheidegg (Ort, n.-ö. v. Wald, Kt. Zürich).
— Schendegg, das holtz an der — II 494.
Scheimer, s. Seheimer.
Schelhli, dictus — (habsburgischer Eigenmann zu Zürich), II 289.
Schelklingen (Ort im würtembergischen O.-A. Blanheuren, Heimat eines gräflichen Geschlechtes).
— Schelkelingen, Schelklingen, II 263, 463, 469, 471, 472.

Register.

— aker ze — II 463, 472.
— barg ze — II 463.
— garten zo — II 463.
— lehen ze — in dem Esche, II 463.
— matten zo — II 463, 471, 472.
— môli ze — — II 463.
— wassergraben von der mūli unz an die burg ze — II 463.
— Chūnrat, pfaff, von —, kilcher ze Blochingen, II 409.
— Fulchi, Ûlrich, amman ze —, s. Fülebi.
— Heirth, Rûs, von —, s. Heirth.
— Kôfman, Hans, von —, s. Kaufmann.
— Ulricus, dominus comes, de — II 263.
Schellemberg, s. Schöllenberg.
Schollenberg, s. Manesse, Schöllenberg.
Schencken, die —, s. Liebenberg.
Schendegg, s Scheidegg.
Schenken (Df. und ehemalige Burg, O. v. Sursee, Kt. Luzern, Heimat eines ritterlichen Geschlechtes).
— Schencken, Schonkon, I 280, II 191, 281.
— d. u. v. ze — I 233.
— dominus de — II 281.
— dominus Jacobus de — II 191.
Schenken, die — (Geschlecht zu Bremgarten, Kt. Argau).
— Schenk, Wernlin der — von Wil, II 632.
— Schenken, des — môter, II 632.
— s. auch Wil (bei Bremgarten, Kt. Argau).
Schenkenberg? (Gut zu Benzingen, im Kgr. Preussen?).
— Schankenberg, gût hi Benzingen, heisset — II 468.
— s. auch Benzingen.
Schenkin, die — von Liebenberg, s. Liebenberg.
Schenkons, filii dicti — (Eigenleute des Stiftes Luzern, zu Meilen, Kt. Zürich), II 291.
Schennis, s. Schännis.
Schepernlena, s. Tschepernleba.
Scher (Städtchen und Schloss, O. v. Sigmaringen, im Kgr. Würtemberg).
— Schere, Schēre, Shere, I 402, 403, 404, 425, 434, 436, II 220, 233, 234, 242.
— burg ze der — I 434.

— die — I 402, 403, 404.
— garten ze der — I 436.
— gūt ze der —, bona juxta oppidum, I 436, II 242.
— gūt, des Mullers, ze der —, bonum molendinatoris in — I 436, II 243; s. auch Müller.
— herschaft zū der — I 425.
— hirte, der, ze der — I 436.
— hofstette ze der — I 436.
— kilche, die, ze der — I 436.
— mūli ze der — I 436.
— rechtunge, dû, zū der — I 434.
— sigillum civitatis — II 234.
— stat ze der —, civitas —, oppidum — I 434, II 234, 242, 243.
— stura oppidi — II 242.
— L. u. h. d. a. v. ze der — I 436.
— vischents ze der —, piscina in — I 436, II 220.
— zins der hofstette ze der —, census arearum oppidi — I 436, II 243.
— Egolf dictus, civis in — II 242; s. auch Egolf.
Scherenberg (abgegangene Burg und Ortschaft, bei Safenwil, Kt. Argau, Heimat eines ritterlichen Geschlechtes).
— Scherenberg, II 582, 633.
— die burg — mit holtz, mit veld, II 582.
— dorf — II 583.
— vogty ze — II 583.
— her Johans von Iffental, ritter, genant von — II 582; s. auch Iffental.
— Katerin Sennin genant von — II 633.
Scherer (Geschlecht verschiedener Leute).
— Hasor, Conradus — et Ulrici frater suus (habsburgische Eigenleute zu Gebweiler, im Elsass), II 301.
— Hasor, Ulricus — (Eigenmann des Klosters Schännis zu Lichtensteig, Kt. St. Gallen), II 300.
— Scherer (Geschlecht zu Scher, Kgr. Würtemberg).
— Scherer, bonum dicti — II 242.
— Schereria, der — gūt, I 436.
— Scherer (Geschlecht von Waldshut, im Gh. Baden).
— Hans der lang — von Waltzhût, II 545.
— Henslin — II 727, 728, 729, 732.

— Scherer, Johannes der — (Bürger zu Winterthur, Kt. Zürich), I 331.
— Scherer, Johannes dictus — et liberi ejus (habsburgische Eigenleute zu Schöfsland, Kt. Argau), II 284.
— Scherer, Rudolfus — (Eigenmann des Klosters Einsideln zu Römlang, Kt. Zürich), II 309.
— Scherer, Ueli — von Lentzburg (Pfandinhaber von Lensburg, Kt. Argau), II 600.
— Scherers, Ülrich — seligen kind (Lebensinhaber zu Möntal, Kt. Argau), II 532.
Scherleiben, Berchta —, fratres et sorores ejus et liberi corundem (habsburgische Hörige zu Rüed, Kt. Argau), II 284.
Scherns (Ort, s.-w. v. Brugg, Kt. Argau).
— Scharents, II 532, 537.
— Chöni — II 537.
— Rüdolf von — II 532.
Scherzmatten (Flurname, u.-ö. v. Scherns, Kt. Argau).
— Scharentzmatten, matton in — II 537.
Schert, s. Esert.
Scherweiler (Df., n.-w. v. Schlettstadt, im Elsass).
— Scherwilr, I 19, 20, 23.
— ban ze — I 19.
— ldte und gůt in dem ban ze — I 18/19.
— müchhof, der, ze — I 20.
— sture — I 20.
Schetler, s. Schedler.
Schetleleite? (Flurname bei Bergheim, im Elsass).
— almends, que dicitur — II 270.
Schetwin, Johans — (Lebensinhaber, wohl von Bremgarten, Kt. Argau), II 531.
Schezer, Ülrichs der — (Bauer im Eigen bei Brugg, Kt. Argau), II 48.
Schiber, Ülrich — (Lebensinhaber zu Grindelwald, Kt. Bern), II 550.
Schiffen, Schiffon, s. Schüpfheim.
Schikken, Hangken — gůt (an Warmtal, Kgr. Würtemberg), I 407.
Schiko? (Bauerngeschlecht zu Friedberg, Kgr. Würtemberg).
— Schikken gůt, area dicti Schikken, I 373, II 256.
— Schiko, Heinricus — II 156.

Schilawelti, s. Hültikon.
Schilling, Conradus — (Bauer zu Krauchenwies, Kgr. Preussen), II 151.
Schilling, Johan — (Bauer von Homberg, im Frichtal, Kt. Argau), II 771.
Schiltung (Name eines habsburgischen Vogtes in Schwaben).
— Schiltungus, II 218, 234, 244.
— advocatus — II 234, 244.
— notatus advocatus, II 245.
— officium Schiltungi, II 218.
Schiltwalte gůt (Gut zu Gadlingen, Kt. Argau), I 491.
Schina? (unbestimmbarer Ort, in der Gegend von Winterthur, Kt. Zürich).
— Schina, göllin ze — II 478.
Schinbein (Bauerngeschlecht zu Altheim, Kgr. Würtemberg).
— Schinbain, Heinricus — II 220.
— Schinbeins, Heinrich — garte, I 413.
Schingelberg, s. Tschingelberg.
Schinznach (Pfd. im Kt. Argau).
— Schinznach, Schintznach, II 523, 572, 736.
— güter ze — II 572.
— kilche — II 736.
— Üelis Längs gůt von — II 528; s. auch Läng.
Schiphon, s. Schüpfheim.
Schirin, Geri — (Lebensinhaber zu Hansen bei Brugg, Kt. Argau), II 540.
Schirmensee (Weiler, s.-ö. v. Hombrechtikon, Kt. Zürich).
— Schirmense, I 209, 271.
— rüti — I 269.
— var ze — I 271.
Schlageten (Ort, s. v. Unter-Kutteran, im Gh. Baden).
— Slagaton, d. u. v. ze — I 82.
Schlatt (Nieder- und Ober--, Pfd., s.-w. v. Diessenhofen, Kt. Turgau).
— Slatta, I 343.
— güte, vrie, ze — I 345.
— ldte, die, ze — I 343.
— sture ze — I 343.
— s. auch Nieder-Schlatt, Ober-Schlatt.
Schlatt (Ort bei Unter-Alpfen, im Gh. Baden).
— Slatt, II 546.
— lantgarben in — II 545, 546.

Schlatt (Pfd., s.-ö. v. Tengen, im Gh.
  Baden).
— Schlatt, Statt, II 485, 503.
— güt ze —, an dem Randen, II 485.
— lehen ze — under Randenburg, II
  503; s. auch Randen.
Schlatt (Unter —, Pfd. im Kt. Zürich,
  Heimat eines ritterlichen Geschlechtes).
— Schlatte, Slat, Slatt, Slatta, Slatte,
  Slatten, II 108, 178, 180, 189, 312,
  389, 392, 480, 487, 497, 501, 505,
  515, 516, 526, 693, 705.
— acker ze — II 526.
— güt ze — II 487, 505.
— hoff ze — II 501.
— kilchensatz ze — II 501.
— schüppos ze — II 515.
— toren ze — II 515.
— wald ze — II 705.
— Burcharts seligen von — witwe,
  II 683.
— Dietrich von — II 516.
— Elsbet von —, Elsbeth die Slatte-
  rine, II 497, 687.
— Heinrich der —, Heinrich von —,
  Heinricus de — II 108, 178, 180,
  189.
— hern Heinrichs witib von — II
  389.
— Hoppler, Rüdolf, von —, s. Hoppeler.
— Hug von — II 480.
— Jacob von — II 392.
— Jacobus et Burchardus de — II
  312.
Schlatt (Weiler, s.-ö. v. Hombrechti-
  kon, Kt. Zürich).
— Slat, Slatta, I 269, II 80.
— dorf ze — I 269.
— molendinum de — II 80.
Schlattgarten? (Flurname zu Richen-
  see, Kt. Luzern).
— Sladergarte, viridarea dicta der —
  II 214.
— Slatgarte, pomerium dictum — II
  339.
Schlattingen (Df., s.-ö. v. Diessenhofen,
  Kt. Turgau).
— Glattingen (verschrieben), Schlat-
  lingen, II 506, 524.
— bûb ze — II 524.
— zehent ze — II 524.
Schlatthof (Ort bei Degernau, im Gh.
  Baden).

— Slatte, akker ze — II 774.
Schlechte (Geschlecht zu Winterthur,
  Kt. Zürich).
— slehte, Peter — I 328.
Schlegellin (Bauerngeschlecht zu Tittstetten, Kgr. Preussen).
— Schlegellins, Albrecht — hof, ho-
  mnm dicti — I 398, II 257.
Schleinikon (Df., w. v. Dielsdorf, Kt.
  Zürich).
— Schlininkon, Slinikon, I 240, 241,
  II 305, 674.
— dorf ze — I 241.
— güter ze — I 240/241, II 674.
— lüte, die, von — I 241.
— sture ze — I 241.
— t. u. b. u. v. ze — I 241.
— vogtrecht ze — I 241.
— vrien, die, ze — I 240.
Schlierbach (Df., s.-ö. v. Mülhausen,
  im Elsass).
— Slierbach, I 26, 55.
— herberig ze — I 26.
— sture ze —, stûre offen — I 26,
  55.
— torf ze — I 26.
— t. u. h., t. u. v. ze — I 26.
Schlieren (Pfd., ö. v. Dietikon, Kt. Zürich).
— Slieren, Slierren, I 118, II 552.
— d. u. v. ze — I 118.
— schüpposen und matten, heimet
  der Fossel, gelegen ze —, s. Fossal.
Schliffen, Burchardus et frater suus,
  dicti — (Eigenleute des Klosters
  Einsideln, zu Dübendorf, Kt. Zürich),
  II 307.
Schlininkon, s. Schloinikon.
Schlucht, die — (Lütschine-Schlucht
  bei Grindelwald, Kt. Bern).
— Slücht, lechen in der — II 579.
Schlöffli seligen kint (Gutsinhaber,
  wohl von Öftringen, im Gh. Baden),
  II 774.
Schmalenberg (Ort zwischen Buchen-
  schwand und Urberg, im Gh. Ba-
  den).
— Smalemberge, dub und totalag sex
  — I 82.
Schmeiben (Ober- und Unter —, Ort,
  w. v. Sigmaringen, Kgr. Preussen).
— Smyeben. Heinzen güt von — I
  432.
Schmerikon (Pfd. am obern Zürichsee,
  Kt. St. Gallen).

— Smerikon, villa — II 320.
Schmied (Name verschiedener Leute).
— faber, Conradus —, s. Konrad.
— faber, Heinricus —, s. Heinrich.
— Smid, Renta der — von Veringen (Lebensinhaber von Veringen, Kgr. Preussen), II 485.
— Smid, Chúnta — von Sumerhoven (Lebensinhaber von Zasmarshausen, Kgr. Baiern), II 463.
— Smid, Hänsli — (Bürger von Olten, Kt. Solothurn), II 754.
— Smid, Matis — (Bauer an Arburg, Kt. Argau), II 556.
— Smide, Heinricus et Eberhardus, dicti — (Eigenleute des Klosters Einsideln zu Urswil, Kt. Luzern), II 278.
— Smides, des — schüpos (zu Embrach, Kt. Zürich), I 258.
— Smidin, Elli — (Lebensinhaberin von Günzburg, Kgr. Baiern), II 467.
— Smidli, Cunradus — (Höriger des Klosters Einsideln zu Rümlang, Kt. Zürich), II 309.
— Smit, Burghart, der — (zu Lais, Kgr. Preussen), I 419.
— Smit, Claus — von Guntzburch (Lebensinhaber von Günzburg, Kgr. Baiern), II 466.
— Smit, der — von Tagelswang (von Tagelswangen, Kt. Zürich), I 329.
— Smit, Hans — von Günsburg (Lebensinhaber von Günzburg, Kgr. Baiern), II 473.
— Smit, her Johans —, ein priester von Walsböl, Rûdolf unt Katherina unt Adelheit, sine geswistrige. Elsa sin môter (Lebensinhaber von Waldshut, im Gh. Baden), II 770.
— Smit Johans —, ein müler, von Burgow (Lebensinhaber von Burgau, im Kgr. Baiern), II 466.
— Smit, Peter der — von Walsböt (Lebensinhaber von Waldshut, im Gh. Baden), II 771.
— Smit, Sitz der — von Güntzburg (Lebensinhaber von Günzburg, im Kgr. Baiern), II 463.
— Smittins, filius Cunradi — (Höriger des Klosters Einsideln zu Rümlang, Kt. Zürich), II 309.
— Smits, des — gût (zu Scher, Kgr. Würtemberg), I 436.
— Smits, des — gût von Ufholtz (von

Ufholz, im Elsass), I 10; s. auch Ufhols.
Schnartwil (Ort, w. v. Seon, Kt. Argau).
— Snartwil, Chunradus de —, dictus Zapfe, fratres et sorores sui et liberi predictarum (habsburgische Hörige zu Liebegg, Kt. Argau), II 284.
Schneisingen (Pfd., s.-w. v. Kaiserstuhl, Kt. Argau).
— Sneymng, curia in — II 309.
Schneit (Ort, s. v. Elgg, Kt. Zürich).
— Scenedal, Sneiton, Sneytal, Sneytale, I 318, II 73, 74, 142, 145, 378.
— bonum in — II 142.
— census in — II 74.
— dats — II 378.
— schüpos se —, scoposa in — I 318, II 73.
Schnepb, Berchtold der — von Rapreschwile (Bürger von Rapperswil, Kt. St. Gallen), II 706.
Schnetzer (Geschlecht von Krenkingen, im Gh. Baden).
— Schnetzer, Hans — und sin sun Heinrich, II 778.
Schneweli? (Bauerngeschlecht zu Oberseen, Kt. Zürich).
— Seneweli, II 140, 141, 145.
— Snewelin, der — schüpossen, I 315.
Schneweli (ritterliches Geschlecht zu Freiburg im Br., Gh. Baden).
— Snewli, Snöwli, II 431, 439.
— Chûnrat —, schaltheim ze Friburg, II 439.
— her Hesso — im Hof, ritter, II 431.
Schnewlin, dié — von Groningen (Lebensinhaber von Grüningen, Kt. Zürich), II 503.
Schnoltwil (Ort am Bucheggberg, Kt. Solothurn).
— Snotenwiler, Snotwilere, II 13, 22.
— mansus — II 13.
— molendinum — II 22.
Schodellers müli (zu Meienberg, Kt. Argau), II 215, 216.
Schöflisdorf (Pfd., w. v. Steinmanr, Kt. Zürich).
— Scheffelstorf, I 241.
— eigen ze — I 242.
— gûter ze — dâ gegen Weningen horent, I 242; s. auch Nieder-Weningen.
— lüte des dorfes ze — I 242.

— sture ze — I 242.
— t. u. b., d. u. v. ze — I 242.
— vogtrecht zo — I 241 242.
— wideme zo —, dâ horst gegen Weningen, I 211; s. auch Nieder-Weningen.
Schöftland (Pfd. an der Sur, Kt. Argau).
— Schefflon, Scheübach, Schaftenlon, Scheftlang, Scheftlank, Scheftlankt, Scheftlen, I 161, II 123, 283, 284, 534, 560, 735.
— d. n. v. ze — I 161.
— lûte, ze — I 161.
— schûpos, schûpossen ze — II 531, 569.
— stûra se — I 161.
— Anna et Katherina sorores de — II 283.
— Heinrich von — II 123.
Schöllenberg (Berg, n. v. Benzingen, Kgr. Preussen).
— Schellemberg, Schellenberg, I 401. II 222, 224, 257.
— dû lantgarbe an dem —, lantgarba in —, lantgarba in monte — I 401, II 222, 224, 257.
Schömlet (Hof, a.-ö. v. Illnau, Kt. Zürich).
— Schönbolt, I 290.
— lûte, ze — I 290.
— stûro ze — I 290.
Schönau (Ort, s.-ö. v. Schlettstadt, im Elsass)
— Schônôwe, der gût von — I 10.
Schönau (Tal im Schwarzwald, Gh. Baden).
— Schönow, II 719, 724, 727.
— die von — II 724.
Schönenberg (Burg und Weiler, s. v. Pfirt, im Elsass, Heimat eines ritterlichen Geschlechtes).
— Schönenberg, Schönnenberg, I 41, 44, II 430, 431.
— hus und hof und gassen ze — II 430.
— der von — I 41.
— Dietschman von — II 430.
— her Wernher von — I 41.
Schönenwerd (Burg und Hof zwischen Dietikon und Schlieren, Heimat eines ritterlichen Geschlechtes).
— Schönewert, Schönnenwert, II 552, 761.
— burg — II 552.

— meyerhof vor der burg — II 552.
— Hartman von —, iungher Hartman von — II 552, 761.
Schönenwerd (Df. und ehemaliges Chorherrenstift, s.-w. v. Arau, im Kt. Solothurn).
— Werd, Werde, II 721, 724, 728, 735, 736, 747, 748.
— ambt ze —, ampt —, officium — II 735, 747, 748.
— corherren, die, ze —, die herren von —, die korherren — II 721, 724, 728, 736.
— frûfflinen, hûss und besazzung in dem ampt ze — II 747.
— gericht, die klainen, ze — II 747.
— das gotzhus ze — II 748.
— honht, das best, ze val) — II 717.
— korherr ze — II 748.
— stûr ze — II 747.
— t. n. b., d. u. f. ze — II 748.
— vogstûr ze — II 748.
— vogt ze — II 748.
Schöngowe, s. Schangnau.
Schönneu, des — kind von Zollikon (Lehensinhaber von Zollikon, Kt. Zürich), II 543.
Schönôwe, Schönow, s. Schönau.
Schöntal (ehemaliges Kloster bei Waldenburg, Kt. Baselland).
— Schöntal, die von — II 722, 732.
Schöre, s. Störe.
Schötz (Df., n. v. Willisau, Kt. Luzern).
— Schötsch, Schötz, I 182, 186.
— d. u. v. ze — I 182, 186.
Schomer? (verschrieben), s. Scheimer.
Schongau (Ober-, Mittel- und Unter —, Pfd., ö. vom Hallwilersee, im Kt. Luzern).
— Schongowe, Schongowen, I 171, II 101.
— güter ze — I 171.
— schûpos ze beden — I 171.
— t. n. b., d. n. v. ze beden und ad dem drittem — II 171.
— vogtreht ze beden — I 171.
Schopf, Rûdolff under dem — von Wintertur (Bürger von Wintertur, Kt. Zürich), II 482.
Schoren (Ort bei Siebnen in der March, Kt. Schwiz).
— Schorren, her Chourat us der March, ab — II 750; z. auch March.
Schotten gût (zu Hendorf bei Mengen, Kgr. Würtemberg), I 404.

Schottenwernher (Gutsinhaber zu Kranchenwies, Kgr. Preussen), II 151.
Schottikon (Df., ö. v. Wintertur, Kt. Zürich).
— Schottikon, hof ze — II 482.
Schöwenberg, s. Schauenburg.
Schrantz (Scharents?), Chôni — (Lehensinhaber im Birrfeld bei Brugg, Kt. Argau), II 537; s. auch Scherns.
Schrentzfös (Hof bei Schinznach, Kt. Argau).
— hof, der do heisset — II 573.
Schriber, die — von Tengen (Lehensinhaber von Tengen, Gh. Baden), II 547.
Schriber, Hermann — von Ehingen (Lehensinhaber von Ehingen, Kgr. Würtemberg), II 464.
Schrudels hofstat (unbestimmbar, wohl bei Embrach, Kt. Zürich), II 475.
Schüepphach (Df., a.-ö. v. Signau, Kt. Bern).
— Schuppach, II 25.
Schülen (Weiler, w. v. Menzuau, Kt. Luzern).
— Schülon, t. o. h., d. o. v. ze — I 184.
Schöpfheim (Ort, s.-ö. v. Rat, Kt. Zürich).
— Schiffen, Schiffon, II 303, 350.
— curia —, monasterio Sancti Blasii pertinentis, II 350.
Schüpfheim (Pfd. im Entlebuch, Kt. Luzern).
— Schiphon, Schyphon, I 193.
— güter ze — I 193.
— kilchen ze — I 193.
— kilchöri ze — I 193.
— t. o. h., gülte, d. o. v. ze — I 193.
Schürla rutty (unbestimmbar, wohl im Kt. Turgau), II 409.
Schuftinge, dicti — et sororee eorum 'Hörige des Klosters St. Blasien zu Regensdorf, Kt. Zürich), II 307.
Schülon, s. Schülen.
Schürers, des — gut (wohl zu Waldshut, Gh. Baden), II 546.
Schülzen, des — gut (zu Mehrstetten, Kgr. Würtemberg), I 405.
Schulmeyer, Rudolfus — (Eigenmann des Stiftes Embrach, zu Nieder-Alfoltern, Kt. Zürich), II 308.
Schultheiss, Dentze — (Pfandinhaber zu Sigmaringen, Kgr. Preussen), II 237.
Schultheiss, Burkart der — von Schaffhusen. s. Handenberg.
Schultheiss, Ekbrecht — v. Schaffhusen, s. Randenberg.
Schultheiss, Johans — von Veringen (Lehensinhaber von Veringen, Kgr. Preussen), II 468.
Schultheiss, Sifrid, Siffrid —, von Colmar, s. Kolmar.
Schultheiss, Wernher — von Brugg, s. Brugg.
Schultheiss (oder Schultheiss, ehemaliges Scholtheissen Geschlecht von Wintertur, Kt. Zürich).
— Schultheiss, Schultheiss, schultheiss, sculdedus, scultetus, Scultetus, I 329, 332, II 88, 93, 141, 112, 317, 504, 525, 680, 710.
— Bertoldus scultetus, II 93.
— Durchardus sculdedus, II 141, 142.
— des Schultheissen tochter von Wintertur, II 710.
— Johannes der Schultheiss, Johannes Scultetus, I 332, II 317.
— Marckwart, Schultheiss von Wintertur, II 525.
— Rudolfus scultetus senior, II 88.
— Wutzel (II.) der Schultheiss, II 504; s. auch Wetzilo.
— Wetzel, des schultheissen sun ze Wintertur, II 686; s. auch Wetzilo.
— Welzilo Schultheiss, I 329; s. auch Wetzilo.
— Wetzilo sculletus et Ile. frater sune, II 89; s. auch Wetzilo.
Schulmeister, der — von Ehingen (Lehensinhaber von Ehingen, Kgr. Würtemberg), II 465.
Schüppos, Gut in Art, Kt. Schwiz, I 212.
Schuster, Rudolfus dictus — (Eigenmann des Fraumünsterstiftes in Zürich, zu Pfäffikon, Kt. Zürich), II 315.
Schupfart (Pfd. im Fricktal, Kt. Argau).
— Suphart, I 60.
— d. o. v. ze — I 60.
— zehenden ze — I 60.
Schuppach, s. Schüepphach.
Schurheims hof (zu Hattingen, im Gh. Baden), I 451.
Schurin, Ueri Wernhers — seligen tochtern (Lehensinhaberinnen zu Hausen bei Andelfingen, Kt. Zürich), II 526.

Schwab (adeliges Geschlecht von Mül-
hausen, im Elsass).
— Swah, Frantz — der alt von Müln-
hausen, II 418.
Schwab (Bauern-Geschlecht von Birr,
Kt. Argau).
— Swab, II 536, 543.
— Chůnrad — von Bire, II 543.
— Chůny — von Biren, II 536.
— Johans — von Byrn, II 536.
Schwaben (Landschaft zwischen Rhein
und Donau).
— Swaben, II 438, 656, 609.
— lantvogt in — II 656, 699.
— lehen in — II 458-474.
Schwaderloch (Df. h. Laufenburg, Kt.
Argau).
— Swatterla, das gůt — II 767.
Schwäblishausen (Ort. s. v. Krauchen-
wies, aber im Gh. Baden).
— Swehrishusen, hof ze — II 465.
Schwändi, s. Obern-Mitledin.
Schwager (ritterliches Geschlecht von
Schaffhausen).
— Swager, dictus — II 367.
— Swager, Clin — (?), II 517.
Schwamendingen (Pfd. im Kt. Zürich).
— Svamendingen, Swahadingan, Swa-
hadingen, Swahindingen, Swahin-
gen, Swahndingen, Swamendingen,
Swamendingon, I 252, II 64, 77, 89,
90, 388, 692, 711.
— acher ze — I 252.
— dinghof ze —, der des gotzhus von
Zurich eigen ist, I 252; s. auch Zürich.
— dorf ze — I 252.
— d. u. v. ze — I 252.
— höhen ze —, der eigenschaft gegen
Zurich horet, I 252; s. auch Zürich.
— kelner ze — I 252
— lute des dorfes ze — I 252.
— officium — II 64, 77, 89, 90.
— pfand ze — II 711.
— reditus in —, reditus in officio,
redditus in officio —, II 64, 77.
— schupossen ze —, der eigenschaft
gegen Zurich horet, I 252; s. auch
Zürich.
— stura ze —, stenr ze —, stören ze
—, I 252, II 388, 692.
— vogt ze — I 252.
— vogtrecht ze — I 252.
— widemo ze —, der eigenschaft
gegen Zurich horet, I 252; s. auch
Zürich.

Schwand (Ort. ö. v. Urberg, im Gh.
Baden).
— Swande, dáb und tolslag zer — I
62.
Schwand (Flurname, s.-w. v. Brem-
garten, Kt. Argau).
— Swand, II 574.
Schwandegg (Burg bei Stammheim,
Kt. Zürich, Heimat eines ritterlichen
Geschlechtes).
— Swandeche, Swandeck, Swandecke,
Swandegg, Swandegge, Swandekche,
Swandekh, II 147, 149, 330, 389,
390, 476, 483, 694, 695.
— ein Swandegger, II 709.
— dominus de — (Heinrich?), II 330.
— Burckart von —, Burkart von —
II 476, 694.
— her Eppen von —, dominus Eppo
de — II 330, 389.
— her Heinrich von —, Heinrich von,
Heinricus de —, II 147, 149, 399,
694, 695.
— Heinrich von — seligen kinde, II
476.
— her Niclaus und her Johans von —
II 483.
Schwanden (Ort. ö. v. Dickingen, Kt.
Bern).
— Swandon, II 7.
Schwanden (Df., w. v. Räderswil, Kt.
Bern).
— Swandon, II 25.
Schwanden (Hof, s.-ö. v. Wolhusen,
Kt. Luzern).
— Swand (?), Swanden, I 200, II 599.
— lůte ze — I 200.
— pfand in der — II 598,599.
— stûre von libe und von gůte ze —
I 200.
— t. u. h., d. u. v. ze — I 200.
Schwanden (Pfd. im Kt. Glarus).
— Swanden, I 511.
— hűser der lűte ze — I 511.
— sture der lűte ze — I 511.
— Lagwan der lűte ze — I 511.
Schwanden (unbestimmbarer Ort, im
Kt. Bern).
— alind Swandon, II 25.
Schwandorf (Ort im badischen Bez.-A.
Stockach. Heimat eines ritterlichen
Geschlechtes).
— Sweindorf, liberi Theobaldi de —
II 370.

Schwarzenbach (Df., s.-ö. v. Wil, Kt. St. Gallen).
— Swartzenbach, Swartzenbach, I 362, II 398, 481, 507.
— acker ze — I 364.
— burg ze — II 507.
— dorf ze — I 362, II 481, 507.
— d. u. v. ze — I 364.
— güte ze —, by der burg, II 507.
— stüre ze — I 364.
— vogtey und twing und ban des dorfes ze — I 362.
— vogty uber das dorff ze — II 481.
— vogtststüre gewaltis, ze — I 364.
Schwarzenbach (Pfd., s.-ö. v. Reinach, im Kt. Luzern).
— Swartzenbach, I 232.
— d. u. v. ze — I 232.
— löts und güt ze — I 232.
— vogtrecht ze — I 232.
Schwarzenbach (Ort, s.-ö. v. Saulgau, Kgr. Würtemberg).
— Schwarzenbach, Swartzenbach, I 385, II 255.
— hof ze —, curia in — I 385, II 255.
— L. n. h., d. u. v. ze — I 385.
Schwarzenbach, der — (Bach im Kt. Zug).
— Swartzenbach, der — II 547.
Schwarzenberg (Ort bei Gontenswil, Kt. Argau).
— Schwartzemberg, Swartzemberg, I 174, II 203.
— bonum — II 203.
— rätino an (dem) — I 174.
Schwarzenhorn, von — (ritterliches Geschlecht im Kt. Graubünden).
— Swarzenhorn, Anna von Rinach geborn von — II 635; s. auch Rinach.
Schwarzwald, der — (Wald-Gebirge zwischen dem Rhein und der Donau).
— Swarzwalt, Swartzwald, Wald, I 66, 67, II 127, 128, 129, 658, 660, 661, 711, 719, 724, 728, 735.
— der — II 660, 719, 735.
— die ab dem — II 724, 728.
— güte uffen dem I 67.
— lantvogty und pfleg im — II 711.
— officium uffem — I 66.
— pfand in dem — II 127, 128.
— pfand uf dem — II 658.
— mls uf dem — II 661.
— stur nsser dem — II 128.
— vogtie in dem — II 128.

— der Höwenstein uf dem — II 661.
Schweiger, s. Sweiger.
Schweighausen (Ort, w. v. Mülhausen, im Elsass).
— Sweichusen, Sweighusen, II 436, 439.
— lehen ze — II 436.
— stüre ze — II 439.
Schweighüsern (Ort, ö. v. Bottishols, Kt. Luzern).
— Sweighusern, Burcbardus de — II 291.
Schwend (Bürger-Geschlecht von Zürich).
— Swendio, dicta — de Thurego, II 352; s. auch Zürich.
Schwende? (Ort bei Embrach, Kt. Zürich?).
— Schwende, güt ze — II 475.
Schwendi (Df., n. v. Hilterfingen, Kt. Bern).
— Swendi, I 481.
— güter ze — I 481.
— zins ze — I 481.
Schwendi (Tal, ö. v. Möntsl, Kt. Argau).
— Schwendi, Swendi, Swendy, I 103, 104, II 52, 177, 529, 532, 539.
— acker, äcker ze — I 101.
— garten in — II 532.
— gerüts, gerütiman ze — I 104.
— gülli in — II 539.
— güt in — II 529.
— hofstatt in — II 532.
— hus in — II 532.
— juchart in — II 539.
— lechen zs — II 539.
— manwerk in — II 539.
— schöppöten ze — I 104.
— Faber de — II 52.
— Rüdolfus de — II 52.
Schwerzenmoos (Flurname, n.-ö. v. Ober-Embrach, Kt. Zürich).
— Swertzenmüss, hoff ze — II 470.
Schwerzlen (Ort, n.-ö. v. Inwil, Kt. Luzern).
— Swertslo, I 108.
— löte ze — I 200.
— stüre ze — I 200.
— L. n. h., d. u. v. ze — I 200.
Schwerzenbach (Pfd., s.-ö. v. Dübendorf, Kt. Zürich).
— Swertzenbach, I 251 252, II 355.
— curis — II 355.
— stnro ze — I 252.

— nscbidclinge se — I 251.
— Swertzembach, dictus — (habsburgischer Eigenmann zu Maur, Kt. Zürich). II 296.
Schwin (Hauptort des Kantons Schwiz).
— Switz, II 134. 364, 591, 607.
— homines de — II 364.
— liberi homines de — II 133/134.
— sinsphenninge ze — II 667.
Schwörstadt (Nieder- und Ober —, Pfd. am Rhein, im Gb. Baden).
— Swerstat, Johannes de — II 51.
— s. auch Nieder-Schwörstadt, Ober-Schwörstadt.
Schyphon, s. Schüpfheim.
Scultetissa senior (eine Schultheissin von Lenzburg, Kt. Argau), II 207; s. auch Lenzburg.
Scultetus, s. Schultheiss.
Sechsim, Sechein, s. Seen.
Seckingen (Stadt und ehemaliges Kloster am Rhein, im Gb. Baden).
— Seckingen, Sekingen, Sekkingen. I 54—59, 64, 67, 77, 507, 509, II 125, 130, 131, 546, 589, 595, 649, 721, 725, 732, 734, 736, 756, 757, 771, 772.
almüsenpfrunde ze — I 58.
— ampt ze —, officium in — I 58. II 130.
— burger von —, burgern ze — I 58. II 130.
— burger und stat ze — II 649.
— datum ze — II 505.
— die von — II 736.
— eptischin, die, ze — II 721, 725, 732.
— frowen, die von — II 725, 730.
— gleits, die, ze — den Rin ab, II 131; s. auch Rhein.
— gotzhus ze —, ecclesia Secconiensis, Sant Fridlien, I 56, 57, 77, 507, 509, II 302, 311, 592, 759.
— gotzhusläüt Sant Fridlis, lüte, die Sant Fridlin anhörent, II 592, 759.
— herren, die, von (!, und münch, ze — II 721.
— kastvogt von —, kastvögt ze — I 59, 66.
— mancipia ecclesie Secouiensis, II 302, 311.
— meier von — I 59.
— meyerhof ze —, mit twing und bann, II 589.
— schultheiszenampt ze — I 58.
— spiesswerter, der von — II 125, 127.

— stad ze — II 546.
— stat ze — I 56, 734, 757.
— störe von — I 58, II 721.
— vogtstöre von — I 58.
— Heinrich, Vogt von —, s. Heinrich.
— Kernberg ze —, s. Kernberg.
— Razzo, Herman, von —, s. Rätz.
— Seholtz ze —, s. Seeholz.
— Vasolt, Johans, von —. s. Vasolt.
— Vasolt, Jost, von —, s. Vasolt.
— Vasolt, Walther, von —, s. Vasolt.
Seebach (Pfd., s.-w. v. Kloten, Kt. Zürich).
— Sebach, I 213, II 65, 77, 305, 602.
— lute des dorfes — I 244.
— d. u. v. ze — I 244.
— gätti, ze — I 244.
— güt ze — I 244.
— hof ze —, der chorherren von Zürich eigen, I 243; s. auch Zürich.
— sture ze, stüre(n), ze — I 215, II 092.
— vogtrecht ze — I 244.
Seegräben (Pfd., ö. v. Uster, Kt. Zürich).
— Segrebeln. Se(gre)beln, Segrebern, I 274, II 81, 305.
— schüpossen ze — I 274.
— stat ze — II 395.
— vogtstöre ze — I 274.
Seeholz (Wald bei Seckingen, im Gb. Baden).
— Seboltz, zu Sekingen, II 546.
Seen (Pfd., ö. von Winterthur, Kt. Zürich).
— Sechsim, Sechein, Sehaim, Sehain, Sehan, Sebeim, Sebein, Sehen, Sebin, Senhein, Techein(!), I 315, 360, II 28, 29, 30, 42, 72, 85, 87, 137, 139, 140. 141, 145, 146, 148, 314, 359, 377, 380, 382, 403, 494, 489, 490, 500, 505, 510, 515, 520, 678, 683, 684, 687, 690, 691, 699, 701—703.
— acker by dem dorff ze — II 505.
— area quaedam, in — II 73.
— census ortorum in — II 145.
— curtis inferior, inferior curia in — II 85, 141.
— dorf, ze — I 315, II 382, 505, 690, 699.
— feodum de — II 28.
— güter ze —, bona in — I 315, II 146, 684, 687.
— gütlin ze — uf dem obern kelenhoff, II 500.

— gülte ze — II 362.
— güt ze — II 529.
— hof, der ober, ze —, superior curia in — I 316, II 139.
— hofstat ze —, domicilium in — I 315, II 28.
— hov ze —, curia —, curtis in — II 28, 73, 377.
— hube, ein helbū, ze —, dimidius mansus, dimidius mansus in — I 316, II 28, 72, 73.
— kamerlehen ze — II 488.
— kelnhof ze —, curia celleraria in — I 315, II 139, 145.
— kilche ze — I 317.
— leben von Sant Gallen, ze — I 315 316; s. auch Gallen St.
— leben ze — II 510.
— lute ze — I 316.
— mansus de — II 28.
— mansi medietas de — II 28.
— mansus unus in — II 73.
— pfand ze — II 678.
— predia in, utroque — II 39, 42.
— reditus in — II 139, 140, 148.
— schupos, dú, bi dem bache ze —, scopoza prope ripam in — I 315, II 72.
— schupos, ein halbū, ze —, dimidia scopoza in —, I 315, II 72.
— scopossa —, scoponse —, scopoza in —, scopoza quaedam in —, scopoze in —, 2 scopoze in — II 24, 73, 87.
— sture, steur ze — I 316, II 382.
— summa — II 29.
— t. u. b., d. u. v. ze — I 310.
— vogtey uber die kilchen ze — I 317.
— wis ze — II 401.
— zehende ze —, decima in —, decima quaedam in —, zehend ze —, zehenden ze —, zehent in der hübe ze —, zehent ze — I 316, II 73, 484, 496, 505, 515.
— zins ze — I 315/316.
— Cellerarius in — II 73.
— Friboltin von Schafhusen, Socheinus vip, s. Fridbolt.
— die von — II 691, 703.
— Hartman von — II 702.
— Heinrich (II.?) von —, Heinricus de —, II 314, 359, 380, 702.
— her Heinrich selig von —, pfleger der von —, dispensator, dominus de —, dominus Heinricus de —.

Heinrich von —, Heinricus de —), I 860, II 53, 87, 137, 139, 140, 145, 140, 148, 683, 684.
— Rudolf von — II 701.
— s. auch Ober-Seen, Unter-Seen.
Seftigen (Df., n.-w. v. Tun, Kt. Bern, Heimat eines ritterlichen Geschlechtes).
— Seftingen, Jacob von — II 448.
Segalen (Ort, s. v. Strittberg, im Gb. Baden).
— Segeln, I 93.
— d. u. v. ze — I 83.
— vogtrecht ze — I 83.
Segelhof (Ort, n. v. Dättwil, Kt. Argau).
— Segeln, Seigeln, I 121, II 32, 33.
— ager, — II 32.
— molendinum, inferius, II 32.
— molendinum medium, II 32.
— molendinum superius, II 32.
— schüppoza, scopose ze — I 121, II 33.
— zins ze — I 121.
Segenzer (Bürger-Geschlecht von Mellingen, Kt. Argau).
— der — II 742.
— der —, schultheizz ze Mellingen, II 741.
— Hans —, schultheizz, II 739/740.
— Hans —, schultheizz zu Mellingen, II 742.
Seglingen (Df., gegenüber von Eglisau, Kt. Zürich).
— Segelingere, II 303.
Segrebeln, Segrebern, s. Seegräben.
Sebaim, Sebain, Sehan, Seheim, s. Seen.
Seheimer (Bauerngeschlecht zu Stadel bei Sulz, Kt. Zürich).
— Scheimer, Schomer, Seheimer, Seheiner, I 313, II 94, 141, 146, 380.
— Schomers hūbe, mansus dicti Seheimers, mansus Seheiners, Scheimers huob, I 313, II 94, 141, 380.
Sahein, Sehen, Sebin, s. Seen.
Seifried, s. Sigfrid.
Seigeln, s. Segelhof.
Seiler (Bürger-Geschlecht von Wintertur, Kt. Zürich).
— Sailer, Seiler, II 488, 490, 509, 521, 526.
— Cuorat — von Wintterture, II 509.
— Herman — von Wintertur, II 490.
— Rudi, Rudolff — von Wintlertur, II 489, 521.

— Ulrich — II 526.
Seiler, dictus — (Eigenmann des Stiftes zu Embrach, in Wagenberg, Kt. Zürich), II 311, 312.
Seiler, Hans — von Zürich (Lehensinhaber von Zürich), II 587.
Sekingen, Sekkingen, s. Seckingen.
Selch, s. Saalen.
Seldenowe, s. Selnau.
Selensetal (Ort, ö. v. Andelfingen, Kt. Zürich).
— Seligutal, acker in — II 507.
Selle, der — (Bauer zu Baillingen, Kgr. Würtemberg).
— Sellen, des — güt, feodum Sellen, bonum dicti Sellen, I 391, II 165, 251.
Selle, Heinrich der — (Bauer zu Dentlingen, Kgr. Würtemberg), I 387.
Selnau (ehemaliges Kloster zu Zürich).
— Seldenowe, gotzhus von — I 247.
Sels (Stadt im Elsass).
— Sels, datum ze — II 685.
Sempach (Städtchen am Sempachersee, Kt. Luzern).
— Sembach, Sempach, I 179, II 185, 191, 195, 284, 339, 341, 553, 581, 584, 585, 750, 757.
— ampt ze —, officium — I 179, II 191, 195.
— burger, die, ze —, cives in — I 179, II 339.
— die von — II 756.
— lant und lüte ze — I 179.
— müli ze — II 553/553, 585.
— müli ze — in der statt, II 584.
— quidam in — II 341.
— stat ze — I 179, II 584.
— stüran ze —, stura in — II 195, 339.
— stura — juxta civitatem, II 185.
— t. n. b., d. u. v. ze — I 179.
— usläte, die, ze — II 195.
— wyer, der grosse ze — II 581.
— Anna de —, et liberi ejus (habsburgische Hörige zu Schöftland, Kt. Argau), II 284.
Sengen (Pfd. am Hallwilersee, Kt. Argau, Heimat eines ritterlichen Geschlechtes).
— Sengen, Siengen, I 171, 172, II 101, 202, 562, 610, 611, 718, 724, 731, 735, 737, 760.
— Eigen (verschrieben), II 619.
— ammann ze — I 172.
— dorf, I 172, II 202, 619.

— d. u. v. ze — I 172.
— gerihte, ellä, ze —, judicium offen Dorf in — I 172, II 202.
— güter ze —, offen dorff, I 172.
— kilche — I 171, II 735.
— pfand ze — II 101.
— satz ze —, uf dem dorf, II 619.
— vogtrebt ze — I 172.
— vritphennige ze — I 172.
— Berthold von — II 760.
— Concuman, Cunaman von — II 718, 724, 731, 737.
— Heinrich, Henz von —, ritter, II 562, 610, 611.
— Imer, Immer von — II 718, 724, 731, 737.
Senhein, s. Seen, Sennheim.
Senn, der — (Bauer im Grüt bei Rentlingen, Kt. Zürich).
— Sennen, des — hübe, mansus dicti — I 314, It 72, 382.
Senn (Bauern-Geschlecht zu Stadel bei Salz, Kt. Zürich).
— Senne, Heinricus —, bonum Heinrici Sennonis, II 141, 146; s. auch Heini.
— Sennen, curia Nicolai — II 141, 142, 146.
— Sennen, curtis dicti — II 94.
— Sennen, mansus dicti — II 93.
Senn (Johann —, (Bischof von Basel).
— Senn, bischof, II 729, 732.
Senne, Hartman der — (von Münsingen), s. Münsingen.
Sennehard ob Stadeln (Flurname zu Stadel bei Suls, Kt. Zürich), II 502; s. auch Stadel.
Sennen, curia — (Hof zu Fint, Kt. Zürich), II 58.
Sennen, des — schöpos (zu Mönchaltorf, Kt. Zürich), I 274.
Sennen die —, von Virst, s. First.
Sennheim (Städtchen, ö. v. Tann, im Elsass, Heimat eines ritterlichen Basler-Geschlechtes).
— Senhein, Senhin, I 47, 48, II 412, 413, 420, 422, 423, 436, 591.
— hof, der ober, ze — mit garten und graben, II 591.
— hus, das alte, ze — II 423.
— leben ze — II 436.
— molin, alle, ze — II 420.
— müli, die ober, ze — II 412, 422.
— müllinen, die, von — II 413.
— müllin, die innere, ze — II 591.

— stat, die, ze — II 591.
— står ze — II 413.
— der von — II 413.
— Henrich, her, von — I 47, 48.
Sennhof, der — (Hof, ö. v. Russikon, Kt. Zürich).
— Sennehof, der —, curia Sennen, I 303, II 58.
Sennhof, der — (Hof zu Stadel bei Sulz, Kt. Zürich).
— sennhof, der — I 312.
— Sennehof, hov ze — II 58; s. auch Stadel.
Sennin, Katerin — genant von Scherenberg, s. Münsingen, Scherenberg.
Senno, Arnoldus — (Bauer zu Rüti bei Fehr-Altorf, Kt. Zürich), II 60.
Senno, Heinricus — (Bauer zu Remigen, Kt. Argau), II 51.
Seon (Pfd. und ehemalige Burg, w. v. Lenzborg, Kt. Argau, Heimat eines ritterlichen Geschlechtes).
— Seon, Zeon, I 156, II 4, 183, 190, 207, 273, 280, 733.
— kylche, die, ze —, kilhe, I 156, II 735.
— t. u. b., d. u. v. ze — I 156.
— weybbåbe ze — I 156.
— Heinricus de —, mater sua, materera sua, fratres et sorores (Eigenleute des Klosters Luzern) II 273.
— Johannes de — II 207.
— Nicolaus et Rudolfus de — II 183, 190.
— Rudolfus sutor de — (habsburgischer Eigenmann zu Liebegg, Kt. Argau), II 286.
Sept (Ober- und Nieder —, Ort, s.-w. v. Hirsingen, im Elsass).
— Sept, Septe, I 31, 34, 51, 56.
— ampt, ze — I 34.
— lûte ze — I 34.
— meiertum, ze — I 31, 34, 56.
— stûre ze —, stûro uffen dan meiertum ze — I 34, 50.
— t. u. b., t. u. v. ze — I 34.
— Weithåbe, dû, ze —, dû weithåbe ze — I 34, 51.
Septimer, der — (Pass vom Oberhalbsteinertal ins Bergell, Kt. Graubünden).
— Sepmen, uf den — ze sant Peter, I 526; s. auch Peter, Sant.
Sergant? der — (Bürger zu Winterthur, Kt. Zürich), I 335.

Serioche, Burchart — (Bauer im Grüt bei Winterthur, Kt. Zürich), II 142.
Sermentzer(?), die — (ritterlichen Geschlecht von Neuenburg am Rhein, im Elsass).
— Sermenzer, her Jacob und her Berchtolt die — von Nüwenburg, I 46.
Serzewilere, s. Säriswil.
Sessafröt? (Hofstatt bei Lagenberg, im Kt. Graubünden).
— Sessafröt, I 526.
— hofstatt ze — I 526.
— t. u. b., d. u. v. ze — I 526.
Setzwile, s. Zetzwil.
Seuzach (Pfd., n. v. Winterthur, Kt. Zürich).
— Sutzach, Sötzach, Sötzbach, Sotzach, II 478, 484, 496, 505, 510, 511, 512, 515, 522.
— Götzach (verschrieben), II 507.
— acker ze — II 496, 511.
— güllin ze — II 484, 505.
— gût ze — II 478, 510, 512, 522.
— schüppossse, ze — II 507, 515.
Sevogel, Heinricus — (Höriger des Klosters Einsiedeln zu Küssnach, Kt. Zürich), II 318.
Sewen (Ort bei Masmünster, im Elsass).
— Sewen, hilwi ze — II 424.
Shenois, s. Schännis.
Shere, s. Scher.
Sibelingen (Hof, s.-w. v. Rotenburg, Kt. Luzern).
— Sigboldingen, I 200.
— lûte ze — I 200.
— stûre ze — I 200.
— t. u. b., d. u. v. ze — I 200.
Siber (Bauer zu Zell, Kt. Zürich).
— Sibers feodum — II 57.
Siber, Hans — von Teilauc (Lehensinhaber zu Teilingen, Kt. Zürich), II 527.
Sibers, Anna uxor dicti — (habsburgische Hörige zu Zürich), II 295.
Sibolsrieden (Ort, ö. v. Gränichen, Kt. Argau).
— Sibelsriede, Sibolcsried, I 158, II 742.
— das gût — I 158, II 742.
Sichental, s. Siggental.
Sidler (Geschlecht von Sulz, zu Bremgarten, Kt. Argau).
— Sidler, II 527, 558, 561.

— Peter — von Sulz, II 561.
— Rûdolf — von Bremgarten. II 558.
— Sidlern, Katherina, Rûdolff — tochter von Sullze, II 527.
Sidler, Ueli — (Burger von Mellingen, Kt. Argau), II 740.
Sieyfried (Bauer zu Mengen, Kgr. Würtemberg).
— Sifrides hof, curia Sifridi, curia Sigfridi, I 443, II 154, 215.
Siegfried (Bauer zu Stadel bei Sulz, Kt. Zürich).
— Syfrides hûbe, mansus Siferidi — I 313, II 142, 146.
Siegfried (Gutsinhaber zu Altheim, Kgr. Würtemberg).
— Sifrides gût in dem Bongarten, bonum Sifridi, Sivridus in l'omerio, I 413, II 226, 261.
Siengen, s. Sengen.
Sierens (Ort, n.-ö. v. Altkirch, im Elsass).
— Siorentz, Sirntz, I 25, 56.
— dorf ze — I 28.
— berberig ze — herberg, I 28, 56.
— stûre nöen — für berberg, I 56.
— t. a. b. ze — I 28.
Sifrid, s. Siegfried.
Sigboldingen, s. Sibelingen.
Sigbotte? (Gutsinhaber zu Dreszhofen, Kgr. Preussen).
— Sigbottin gût, bonum dicti Sigbotten, I 420, II 238.
Sigholtze? (Bauer zu Winterthur, Kt. Zürich).
— Sigbotten, ager — II 27.
Sigenhof (Hof zu Tengen, im Gh. Baden), I 354.
Sigerswil (Df., s.-w. v. Oberkirch, Kt. Luzern).
— Sigerswile, t. u. b., d. a. v. ze — I 232.
Sigfridss, s. Siegfried.
Siggental, das — (unteres Limmatthal, n.-w. v. Baden, Kt. Argau).
— Sickental, Siggental, Siggital, Sigtal, Sikental, I 108, 111, II 600, 606, 608, 620, 659, 719, 723, 724, 728, 732, 735.
— ampt im — I 108, II 719, 732, 735.
— das — I 111, II 600, 608.
— die im — II 723, 724.
— gûter in dem — II 606.
— lüte und gûtte in — I 108.

— meyenstûr im — II 626.
— pfand in dem — II 600, 608.
— stûr in dem — II 659.
— vogt in dem — II 728.
Siggingen (Ober- und Unter —, Df., gegenüber von Turgi, Kt. Argau).
— Siggen, Siggingen, Sikingen, I 108, II 35, 36, 107.
— höbe ze — I 109.
— meigerhof ze —, curia — I 108, II 36.
— pfand ze — II 107.
— schupphâzen ze — I 109.
— t. u. b., d. u. v. ze — I 109.
Sigginger, Peter — (Lehensinhaber im Dirrfeld bei Brugg, Kt. Argau), II 530.
Siggmeringen, s. Sigmaringen.
Siggro, villicus — (Meier zu Unlingen, Kgr. Würtemberg), II 229.
Sigins gût (unbestimmbar, jedenfalls im Kt. Zürich), II 479.
Sigli, Cunrat — von Rapperswil (Lehensinhaber von Rapperswil, Kt. St. Gallen), II 521.
Siglisdorf (Df., s.-w. v. Kaiserstuhl, Kt. Argau).
— Siglistorf, II 301, 302.
Sigmaringen (Hauptstadt des Landes Hohenzollern-Sigmaringen, Kgr. Preussen).
— Siggmeringen, Sigmaringen, Sigmeringen, I 403, 415—418, 420, II 220, 232, 234—239, 333, 439.
— advocatia ecclesie in — II 235.
— burg ze —, castrum in — I 415, 417, II 220.
— burger von — I 418.
— ecclesia in — II 235.
— gartenzinse ze —, census ortorum in —, I 417, II 237.
— grafschaft ze —, comitia in —, I 416, II 232.
— gütli ze — II 450.
— herschaft ze —, dominium — I 403, 416.
— hof ze —, heisset der Burghof, curia castri in —, I 417, II 220; s. auch Burghof.
— hofstatzinse in der stat ze —, census arearum in —, census arearum in oppido —, census arearum oppidi —, I 417, II 236, 237, 238.
— homines revocandi in officio — II 333—335.
— matte, matten ze — I 417.

— mali ze —, molendinam juxta oppidum — I 417, II 238.
— obligata in comitia — II 232—246.
— officium — I 415—427, II 333—335.
— piscinae in — II 236.
— schultheiss, der ze — I 417, 420.
— stat ze —, opidum —, oppidum — I 415, 417, II 236, 237, 238.
— store von —, store opidi —, store oppidi — I 418, II 237, 238.
— t. a. b., d. n. v. ze — I 417.
— vise, wisen ze — I 417.
— witraite ze — I 417.
— zehenden ze — I 420.
— zins ze — I 417.
— Bertholdus de — II 234/235, (dictus Wielli), II 248; s. auch Wielli.Welli.
— Heinricus et Ulricus de — II 234.
Sigmaringendorf (Df., s.-ö. v. Sigmaringen, Kgr. Preussen).
— Sigmaringen, Sigmeringen, dorf ze —, villa — I 422, 423, II 220, 236, 239, 241, 460.
— acker ze — in dem dorfe, I 423.
— garten des dorfes ze — I 423.
— gütli ze — im dorf, II 460.
— gut ze — in dem dorfe, I 422/423.
— hof ze — in dem dorfe, I 422.
— hof ze — in dem dorfe, der heimet Rentzenhof, I 422; s. auch Rentzenhof.
— hofstetteszinse des dorfes ze — I 423.
— kilche, dö, des dorfes ze — I 423.
— lute, die, des dorfes ze — I 423.
— möli ze — in dem dorfe, I 423.
— nügeröte ze — in dem dorfe, novalia in villa — I 423, II 241.
— pignus in villa — II 239, 241.
— redditus in villa — II 236.
— stüre des dorfes ze — I 423.
— stora ville — II 241.
— t. u. b., d. u. v. des dorfes ze — I 423.
— vischentz ze — in dem dorfe, piscina in villa — I 423, II 241.
— vogtrebt des dorfes ze — I 423.
Signower, Heinricus — (habsburgischer Eigenmann zu Hegibach-Zürich), II 319.
Sigolsheim (Df., n.-w. v. Kolmar, im Elsass).
— Sigoltzhein, I 16, 56.
— herberig ze — I 16.
— stura ze —, stüre uffen — I 16, 56.

— törf, daz, ze — I 16.
— t. u. v. ze — I 16.
Sigonen, s. Sion.
Sigrist (Bürger-Geschlecht von Frauenfeld, Kt. Turgau).
— Sigrist, Heinrich — von Fröwenvelt, II 690.
Sigrist (Geschlecht zu Embrach, Kt. Zürich).
— Sigristen, des — schöpos, Sacrista. I 259, 261, II 78.
— Sigristen, Eberhards — schöpos, scoposza Eberhardi sacriste, I 204, II 82.
Sigrist (Geschlecht verschiedener Lente).
— Sacriste, liberi dicti — et eorum liberi (habsburgische Hörige zu Küsnach, Kt. Zürich), II 292.
— Sigrist, Adelheidis, filia sua et maritus filie (Hörige des Klosters Einsideln, zu Andelfingen, Kt. Zürich), II 331.
— Sigrist, der — (Bauer zu Niederschlatt, Kt. Turgau), II 512.
— Sigrist, der alte — Metzerin, s. Metzer.
— Sigrist, Hans — von Wintertûr (Lehenszinshaber von Wintertur, Kt. Zürich), II 479.
— Sigristinen, dicta —, et sui liberi (Hörige des Klosters Einsideln zu Regensdorf, Kt. Zürich), II 309.
Sigtal, Sikental, s. Siggental.
Sikingen, s. Siggingen.
Siler, Berchtoldus dictus — (Höriger des Klosters Einsideln zu Egg, Kt. Zürich), II 209.
Simlisberg (Berg bei Vor dem Wald, Kt. Argau).
— Simlesper, II 751.
Sinde, Ulricus an dem —, et liberi ejus (habsburgische Hörige, zu Unsnau, Kt. Argau?), II 264.
Sindelfingen (abgegangener Ort im O.-A. Sigmaringen, Kgr. Preussen).
— Sindelvingen, I 402, II 224, 259.
— güter ze —, der eigenschaft gegen Zwivalten höret, bona monasterii Zwifalten, bona pertinentia monasterio Zwivalten, I 402, II 224, 259; s. auch Zwiefalten.
— hof ze —, curia in — I 402, II 224, 259.
— t. u. b., d. u. v. ze —, omnia judicia in — I 402, II 224.

— vogtreht ze —, jus advocacie in —, jus advocaticium in — 1 402, II 224, 259.
Sinder, Hans am — (Lehensinhaber im Birrfeld, bei Brugg, Kt. Argau), II 536.
Sinder, Heinis —, von Bäbisheim (Lehensinhaber von Bubisheim, im Kgr. Baiern), II 463.
Sinder, Welti am — (Lehensinhaber im Eigen bei Brugg, Kt. Argau), II 539.
Sinneringen (Df., ö. v. Bern).
— Sineringen, advocacia — II 15.
Sins (Pfd. an der Reuss, im Kt. Argau).
— Sins, d. u. v. ze — I 148.
Sinwaldesfrid, bona dicta — (Güter bei Lenzburg, Kt. Argau), II 210.
Sion (ehemaliges Kloster bei Klingnau, Kt. Argau).
— Sigonen, Syon, II 721, 724, 732.
— die von — II 732.
— herren, die, von — II 721.
— priol, der, von — II 724.
Sirutz, s. Sierenz.
Sisin, die — (Gutsinhaberin zu Unlingen, Kgr. Württemberg).
— Sisin, der — gût, bonum dicte —, feodum Sisine, I 388, II 162, 249.
Sisselil, s. Bisel.
Sits der Smit, s. Schmied.
Sitalisbach? (unbestimmbarer Ort, wohl bei Tann, im Elsass).
— Sitalisbach, reben in — II 436.
Sivridus, s. Siegfried.
Sladergarta, s. Schlattgarten.
Slagaton, s. Schlageten.
Slappach, Chünrad — (Lehensinhaber, im Argau), II 543.
Slat, s. Schlatt.
Slatgarte, s. Schlattgarten.
Slatt, Slatta, s. Schlatt.
Slatte, s. Schlatt, Schlatthof.
Slatten, s. Schlatt.
Slehte, s. Schlechte.
Slierbach, s. Schlierbach.
Slieron, Sllerren, s. Schlieren.
Slinikon, s. Schleinikon.
Slöchl, s. Schlucht.
Slösseli, Jögli —, burger ze Bremgarten (Lehensinhaber von Bremgarten, Kt. Argau), II 761.
Smalemberge, s. Schmalenberg.
Smerikon, s. Schmerikon.
Smid, Smide, Smidin, Smidli, Smit, Smitlin, s. Schmied.

Smyeben, s. Schmeihen.
Sneiton, s. Schneit.
Snewell, s. Schnewell.
Snewelin, herr Hamman —, von Landegk (Lehensinhaber von Landegg, im Gh. Baden), II 779.
Snewli, s. Schnewell.
Snewlys Röttin (unbestimmbar, jedenfalls im Kt. Zürich), II 509.
Sneysang, s. Schmeisingen.
Sneytal, Sneytale, s. Schneit.
Snetzer? (Bauer zu Mulheim, Kt. Turgau).
— Snetzers des — gût, bonum dicti Snetzer, bonum Snezer — 1 358, II 71, 84.
Snezer, Eberhart der — von Walshût (Pfandinhaber von Waldshut, im Gh. Baden), II 125.
Snider, dictus — et frater suus, et filii fratris sui (Hörige des Klosters Einsideln zu Irgenhausen, Kt. Zürich), II 315.
Snizeli, Wernherus — (Bauer zu Bemigen, Kt. Argau), II 51.
Snizere, Wernherus — (Bauer zu Schwendi, Kt. Argau), II 52.
Snöwli, s. Schnewell.
Snotenwiler, Snotwilere, s. SchnottwiL.
Sölzach, Sölzbach, s. Seusach.
Söwessehein, s. Saushein.
Sol (Df. oberhalb Schwanden, Kt. Glarus).
— bûsen des Soler tagwans, I 512.
— die lûte des Soler tagwans, I 512.
— sture des Soler tagwans, I 512.
Solberg (Ort, n.-ö. v. Dickingen, Kt. Bern).
— Solberc, II 7.
Soldan, der — (Bürger von Wintertur, Kt. Zürich), I 383.
Solotorn (Hauptstadt des Kantons Solotorn.)
— Solotern, Solotorn, II 601, 636, 645, 673, 691.
— datum ze — II 601, 636, 645, 673, 691.
Sondersdorf (Ort, s.-ö. v. Pfirt, im Elsass).
— Sudersdorf, II 426.
— Claues von —, Durkart schaffners seligen sun, II 426.
Sonnenberg (Schloss, n.-w. v. Kaltbäusern, Kt. Turgau, Heimat eines ritterlichen Geschlechtes).
— Sunnemberg, Rudolfus de — II 323.

Sotzach, s. Seznach.
Söwenshein, s. Sansheim.
Spätenbard? (Flurname, wohl bei Ehingen, Kgr. Würtemberg).
— Spätenhard, lanigarben in — II 484.
Spanien (Königreich).
— Ispani, zerung gan — II 700.
Sparo, Wernherus et Rudolfus dicti — (Hörige des Klosters Einsideln zu Urswil, Kt. Luzern), II 276.
Spechbach (Ort, n. v. Altkirch, im Elsass, Heimat eines ritterlichen Geschlechtes).
— Spechbach, Spechibach, II 419, 451.
— büchel und graben ze — II 451.
— matten ze — II 461.
— wiyer ze — II 413.
— Peterman von — II 451.
Spechbach, der — (Bach im Elsass), II 449.
Specli, Cuoradus — (habsburgischer Eigenmann zu Hitlnau, Kt. Zürich), II 290.
Spenlin (Geschlecht von Alt-Breisach, im Gh. Baden).
— Spenlis, hern — söne von Brisach, I 6; s. auch Breisach.
Sperrer (Bauern-Geschlecht zu Unlingen, Kgr. Würtemberg).
— des Sperrerers güt, bonum dicti Sperrer, bonum dicti Sperrers, feodum Waltri Sperrer, I 388, II 162, 228, 249.
Sperrogels hube (zu Engelwies, im Gh. Baden), I 429.
Spettelin (Bürger zu Winterthur, Kt. Zürich), I 383.
Spettlen? (unbestimmbarer Flurname, wohl bei Veringen, Kgr. Preussen).
— Spettlen, manumatt an — II 469.
Spiegel (Flurname zu Könsheim?, im Kgr. Baiern).
— zeebenden, den man in dem — spricht, II 468.
Spiegelwart, dictus — (Gutsinhaber zu Wetzikon im Kt. Turgau), II 325.
Spielstatt (Flurname, n.-w. v. Grindelwald, Kt. Bern).
— Spilstat, I 479, II 553.
— Cunrat an der — I 479.
— güt an der — ze Grindelwald, II 553; s. auch Grindelwald.
Spiessen, des — güllin (zu Nordhalden, im Gh. Baden), II 483.

Spilhover, Cuoradus — (habsburgischer Eigenmann zu Pfäffikon, Kt. Zürich), II 314.
Spilhover, dictus — (Höriger des Klosters Einsideln, zu Schleinikon, Kt. Zürich), II 305.
Spilman, Ulrich — (Bauer zu Langen-Enslingen, Kgr. Würtemberg), I 405.
Spilmannin, der — schüpos (zu Embrach, Kt. Zürich), I 259.
Spilstat, s. Spielstatt.
Spiser, Eberhart der — (Gutsinhaber zu Sigmaringendorf, Kgr. Preussen), I 422.
Spiser, Johan der — von Rinvelden und Entzli sin bröder (Lehensinhaber von Rheinfelden, Kt. Argau), II 771.
Spital-An (Wald, ö. v. Dättwil, Kt. Argau).
— Öwe, I 120.
— schüpposen ze — in Baregge, I 120; s. auch Baregg.
Spitzenberg (Burg bei Urstalden, Kt. Bern).
— Spitzemberg, Spitzenberg, I 189, 190, 191, II 628.
— ampt ze —, officium — I 189, 191.
— burg ze — I 189.
— güter umb — I 190.
— lüte, die ze — hörent, I 190.
— lüte und güter in dem ampt ze — I 189.
— pfand ze — II 628.
— sture ze — I 190.
Sprauger (Bauern-Geschlecht zu Embrach, Kt. Zürich).
— Sprauger, II 61, 78.
— Sprangers, der — schüpos, I 260.
Spregers, des — güt (zu Mehrstetten, Kgr. Würtemberg), I 405.
Spreitenbach (Df., n.-w. v. Dietikon, Kt. Argau).
— Spreittenbach, Spretambach, I 117, II 52.
— d. u. v. ze — I 117.
— Rudolfus de — (Bauer zu Schwendi, Kt. Argau), II 54.
Sprenge, Ulricus — (habsburgischer Eigenmann, zu Zürich), II 287.
Springen (Weiler, ö. v. Mehrstetten, Kgr. Würtemberg).
— Springnn, dù müli in — I 464.

Springetal, das — (Flurname zu Regensberg, Kt. Zürich), I 235.
Spül, Chůnrat —, schultheiss zu Zofingen (Kt. Argau), II 748; s. auch Zofingen.
Stad, am, von — (Bürger-Geschlecht von Schaffhausen).
— Stad, II 507, 515, 677, 678.
— Grade (verschrieben), II 515.
— Cůnrat, Herman und Wilhalm, gebrüder am — von Schaffhusen, Cůnrat, Herman, Wilhalm an dem —, gebrüder von Schaffhusen, II 507, 515.
— Herman (I.?) am — burger von Schafhusen, II 677.
— Herman (III.) am — von Schafhusen, II 678.
Stad, Rüdi am — (Lehensinhaber im Dirrfeld bei Brugg, Kt. Argau), II 537.
Stad, Ůli am — (Lehensinhaber zu Birmensdorf, Kt. Argau), II 538.
Stadegen, s. Stadion.
Stadel (Df., s.-w. v. Sulz, Kt. Zürich).
— Stadelen, Stadeln, Stadiln, Stadlen, I 313, II 42, 72, 93, 141, 146, 148, 380, 381, 484, 486, 487, 502, 514, 520, 521, 678, 694, 699.
— appendicia — II 42.
— dorf ze — I 313, II 381, 699.
— gütlin ze — II 484.
— güt ze — II 520, 521.
— hof ze — II 694.
— lute des dorfes ze — I 313.
— pfand ze — II 380, 381, 678.
— reben ze — II 486.
— schůpos ze —, quedam scoposa in — I 312, 313, II 72.
— sennhof ze — I 312, 313; s. auch Sennhof.
— sture ze —, steure des dorfes ze — I 314, II 381.
— t, n. h., d. n. v. ze — I 313.
— wingariten ze — II 486.
— zehend ze —, zehent ze — uff der höh, II 487, 514.
— Bertoldus scultetus in — II 93.
— Sennehard ob —, s. Sennehard.
Stadel (Pfd., n. v. Windisch, Kt. Zürich).
— Stadeln, I 248, II 303, 351.
— curia in — II 351.
— sture ze — I 248.
— ansidelinge ze — I 248.

Stadel, Rudolfus im — (Höriger des Klosters Einsideln zu Kloten, Kt. Zürich), II 310.
Stadellute dicti — et eorum liberi (habsburgische Hörige zu Adetswil, Kt. Zürich), II 314.
Stadeln, s. Stalden.
Stadion (Ober —, Ort im würtembergischen O.-A. Ehingen, Heimat eines ritterlichen Geschlechtes).
— Stadegen, Statgen, II 163, 251.
— dominus de — II 163, 251.
Stafa (Pfd. am Zürichsee, Kt. Zürich).
— Stevey, II 320, 355.
— curia — II 855.
— Heinricus de — et frater suus (Hörige des Fraumünsterstiftes in Zürich), II 320.
Stäfflingen (Df. am Baldeggersee, Kt. Luzern).
— Stevenigen, I 224.
— d. n. v. ze — I 224.
— weinhöbe ze — I 224.
Stäli, Ueli — von Husen (Lehensinhaber von Hausen bei Brugg, Kt. Argau), II 537.
Staffelbach (Df., s. v. Zofingen, Kt. Argau).
— Staffelbach, Staffelnbach, Staffelveld (verschrieben), I 160, II 282, 283, 284.
— d. n. v. ze — I 160.
— Arnoldus de — (habsburgischer Eigenmann zu Lenzburg, Kt. Argau), II 282.
— Wernherus de — (habsburgischer Eigenmann zu Liebegg, Kt. Argau), II 284.
Staffelfelden (Df., n.-w. v. Mülhausen, im Elsass).
— Schaffelfeld, Stafelvelden, Staffelvelden, I 12, 45, II 421, 436.
— burg ze — II 421, 436.
— dorf ze — I 12, 45, II 436.
— holtz ze — II 436.
— matten ze — II 436.
— store ze — I 12, 45.
Staffeln (Weiler, w. v. Hermetswil, Kt. Argau).
— Staffeln, Stapheln, I 140, II 111, 179.
— d. n. v. ze — I 140.
— güter ze —, des golzhus von Hermolzwile eigen, I 140; s. auch Hermetswil.
— pfand, satz ze — II 111, 179.

Stagelwand, die — (Bergwand im obern Sihltal, Kt. Schwis).
— Stagelwant, die — 1 292.
Stagmat (Ort bei Hagenau im Elsass).
— Stagmat, datum — II 603.
Stabelers, des — gůt (zu Auingen, Kgr. Würtemberg), I 460.
Stainimur, s. Steinmaur.
Stalden (Flurname, w. v. Grindelwald, Kt. Bern).
— Stalden, I 470.
— gůt an dem —, des gotshus von Hinderlappen eigen, I 479; s. auch Interlaken.
Stalden (Weiler, s.-w. v. Bötzberg, KL. Argau).
— Stadeln, I 106.
— acker se — I 106.
— lehen ze — I 106.
— wise se — I 106.
Stalden, Gisla de —, et suus vir cum suis liberis (habsburgische Hörige zu Nieder-Ferren, Kt. Luzern), II 275.
Staldern (Flurname, s.-w. v. Regensberg, Kt. Zürich).
— Stalden, acker am — I 235.
Staltan, der am — (Pfandinhaber zu Blodelsheim, im Elsass), I 46.
Stammheim (Ober- und Unter —, Pfd., n.-ö. v. Ossingen, Kt. Zürich).
— Stambein, II 506, 512.
— der Hoffacker ze —, s. Hoffacker.
— höb ze — II 506.
— s. auch Unter-Stammheim.
Stampoumont (Ort bei La Salée, im Elsass).
— Stanberg, I 91.
Stanbach (Weiler bei Hohrbach, Kt. Bern).
— Stambach, II 7.
Stanger, der — (Bauer zu Mehrstetten, Kgr. Würtemberg).
— Stanger, der —, I 465.
— Stangers, des — gůt, I 465.
Stans, Wernher von — (Bürger zu Luzern), II 665, 666.
Stanlaters, schôpos ze Ruswil (zu Ruswil, Kt. Luzern), II 565.
Stapfer, Berschi — (Lehensinhaber zu Buchholz, Kt. Argau), II 538.
Stapheln, s. Staffeln.
Stappben gůt (zu Gutenstein, im Gh. Baden), I 432.
Stappherin, Ita — et liberi sui (Hörige des Klosters Einsideln zu Oberkirch, Kt. Luzern), II 278.

Staretswil (Df., n. v. Rordorf, Kt. Argau).
— Starcholzwille, d. u. v. zs — I 123.
Statgen, s. Stadion.
Staufen (Pfd., ö. v. Aran, Kt. Argau).
— Stöfen, Stöffen, Stäpfen, I 158, II 566, 575, 736.
— d. u. v. ze — I 158.
— kylche ze —, kilche — I 158, II 736.
— lüte ze — I 158.
— schüpose, schüpposen ze — II 566, 575.
— stüre ze — I 158.
Staufendal, das gůt in — (unbestimmbar, jedenfalls im Kt. Zürich), II 402.
Stech, Üli — (Lehensinhaber am Eitenberg bei Birr, Kt. Argau), II 530.
Stechellin, Heinrich — (Lehensinhaber von Günzburg, Kgr. Baiern), II 467.
Stecho, s. Stekko.
Steg? (abgegangener Ort bei Oberkirch, Kt. Luzern).
— Stege, I 231.
— L u. b., d. u. v. ze — I 231.
Steg, acker zů dem Langen — (unbestimmbar, jedenfalls im Kt. Zürich), II 500.
Steg, gůt vor dem — (bei Grindelwald, Kt. Bern), II 579.
Stege, Chunradus et Rudolfus, fratres dicti an dem —, et soror ejus (habsburgische Hörige zu Dagmersellen, Kt. Luzern), II 283.
Stege, Ulricus ze dem — (habsburgischer Eigenmann zu Zürich), II 295.
Steger, der — (Bauer zu Dentingen, im Kgr. Würtemberg), I 387.
Stegmatte (Flurname gegenüber Diessenhofen, Kt. Turgau).
— Steige, infang an der — ze Diessenhoffen, II 526; s. auch Diessenhofen.
Stehelli, Ulricus dictus — (habsburgischer Eigenmann zu Zürich), II 294.
Stehellin (Bürger zu Winterton, Kt. Zürich), I 334.
Steig, Heinrich — (Lehensinhaber), II 514.
Steig? (Ort, s. v. Töss, Kt. Zürich).
— Steygge, Hertholdus ab — et frater suus (habsburgischer Eigenmann zu Zürich), II 294.

214   Register.

Steige (Df., n.-w. v. Weiler, im Elsass).
— Steige, I 19, 22, 52.
— cim se — I 22, 52.
— dorf se — I 19, 23, 52.
— store ze — I 19, 52.
Steige, molendinum an — (Mühle zu
   Wintertur, Kt. Zürich), II 27.
Steige, s. Stegmatte.
Steige, Rudolfus an der — et Cunradus frater suns (Hörige des Fraumünsterstiftes in Zürich, zu Glattfelden, Kt. Zürich), II 302.
Stein (Df. n. Burg, gegenüber Seckingen, im Kt. Argau, Heimat eines
   ritterlichen Geschlechtes).
— Stein, Steine, I 60, 61, II 129, 132,
   213, 339, 620, 627, 653, 657, 658,
   659.
— meiger se — I 61.
— pfand ze — II 129.
— der von dem — I 60.
— die von dem — II 132.
— dominus von dem — II 213.
— dominus Heinricus vom — II 3-9.
— Heinrich vom —, Henzelin von —
   II 626, 627, 658, 659.
— Rüdolf und Heinrich von — II
   653.
— Rüdolf von — II 657.
— s. auch Rechtenstein.
Stein (unbestimmbarer Ort).
— Hur. Heuzen sua von — II 767.
— datum ze — II 607.
Stein, der — (ehemalige Festung zu
   Baden, Kt. Argau).
— Stein, ze dem — II 727.
Steinacker (oder Steinhalden?, Flur-
   name bei Maltern, Kt. Luzern).
— Steinakker, der — II 589.
Steinbach (Ort. & v. Tann, im Elsass).
— Steinbach, Steinibach, II 412, 435,
   449, 451, 457, 576.
— bann se — II 435.
— wingelt ze — II 412, 576.
— sechenden ze —, decima de — II
   412, 449, 457.
Steinbach (Ort bei Kaichingen, im
   Elsass).
— Steinbach, bann ze — II 455.
Steinberg?, der - (unbestimmbarer
   Berg, im Kt. Argau).
— Steinberge, phand an dem — II
   129.
Steinbrunne, Steinbrunnen, s. Nieder-
   Steinbrunn.

Steinbrunner (Lehensinhaber von Gäns-
   burg, Kgr. Baiern), II 466.
Steinbrunner, Conrad — (lehens-
   inhaber von Gänsburg, Kgr. Baiern).
   II 467.
Steine, Erni Michel de — (Höriger
   des Klosters Einsideln zu Liebigen,
   Kt. Argau), II 250.
Steinegg (Ort, n.-ö. v. Wehr, im Gb.
   Baden), II 546.
Steinen (Pfd., s.-ö. v. Art, Kt. Schwiz).
— Steine, I 212.
— güter ze — I 212-213.
— lehen se - I 212,213.
— nuhöpposeen ze — I 212/213.
— wert ze — I 212/213.
Steinenbach (Bach zu Wila, Kt. Zü-
   rich).
— Steinbach, acker by dem — II 517.
Steinhalden, s. Steinacher.
Steinhausen (Pfd. im Kt. Zug).
— Steinhusen, I 154.
— dorf se — I 154.
— d. n. v. se — I 154.
— lute ze — I 154.
— store ze — I 154.
Steinheim (Ort bei Dollern im Elsass,
   Heimat eines ritterlichen Geschlech-
   tes,).
— Steinheis, II 418, 451.
— Walther von — (und sin vettern),
   II 418, 451.
Steinhuseria, Gedewigis — de Owe
   (Hörige des Fraumünsterstiftes in
   Zürich, zu Gönikon, Kt. Luzern), II
   274.
Steinibach, s. Steinbach.
Steinkeller (Hörger Geschlecht zu
   Wintertur, Kt. Zürich).
— Hans — von Wintertur, Wintler-
   tur, II 521, 703/704.
Steinlina, Ita — (Bäuerin zu Remigen,
   Kt. Argau), II 51.
Steinman, Cunradus dictus — (Höriger
   des Fraumünsters in Zürich, zu
   Hürnen, Kt. Zürich), II 314.
Steinmur (Ober- und Nieder —, Pfd.
   im Wental, Kt. Zürich, Heimat eines
   ritterlichen Geschlechtes).
— Steinimur, Steinimur, Steinmure,
   Steynimur, I 235, 247, II 90, 107,
   779.
— garten ob dem huse se — I 235.
— hof se — II 779.
— dominus de — II 90.
— her Ulrich von — II 107.

— s. auch Ober-Steinmaur, Nieder-Steinmaur.
Stehen, s. Stocken.
Stekko? (Bauer zu Embrach, Kt. Zürich).
-- Steche, dictus — II 78.
— Stekken schüpos, scopossa Steken, I 261, II 69.
Stélli, Conradus — (Bauer im Kigen bei Brugg, Kt. Argau), II 50.
Stentzo, dictus — (Onteinhaber zu Egg bei Muri, Kt. Argau), II 214
Sterr, Rüdi — (Lehenseinhaber zu Ursprung, Kt. Argau), II 530.
Strihein? (unbestimmbarer Ort, wohl bei Gundelfingen, Kgr. Würtemberg).
— Stetbein, I 467, 469, 470.
— güter ze — I 467.
— gut ze — I 469.
— l. u. b., d. u. v. ze — I 470.
Stettbach (Weiler, w. v. Dübendorf, Kt. Zürich).
— Stethach, Stetebach, Stétebach, Stettebach, I 253, II 61, 77, 692.
— höhen und schüpos ze —, die sant Regelen eigen sint, I 253; s. auch Frauenmünster.
— lute des dorfes ze — I 253.
— stûre(n) ze — II 692.
— vogtrecht ze — I 253.
Stetten, Albrechts gût von — (zu Engelwies, im Gh. Baden), I 430.
Stetten, Cuorats gût von — (zu Engelwies, im Gh. Baden), I 430.
Stetten (Df., s. v. Hordorf, Kt. Argau).
— Stetten, I 121, II 33.
— dorf ze — I 123.
— d. u. v. ze — I 123.
— gût, güeiter ze — I 123.
— schüppos, schüpposen ze — I 123.
Stetten (Df., ö. v. Altkirch, im Elsass).
— Stetten, I 29, 55.
— herberig ze — I 29.
— stûre uffen — I 55.
— torf ze — I 29.
— l. u. b., l. u. v. ze — I 29.
Stetten (Ort, n.-w. v. Engen, im Gh. Baden).
— Stetten, I 419.
— gût ze — I 449.
— hûbe ze — I 449.
— hûbe, ein helbâ, ze — I 449.
— keinhof ze — I 449.

— meyerhof ze —, des eigenschaft gegen Sant Blasien horet, I 450; s. auch Blasien St.
— muli ze — I 450.
— schûpos ze — I 450.
— t. u. b., d. u. v. ze — I 450.
— vogtrecht ze — I 449/450.
— wideme ze — I 449.
— zins ze — I 449/450.
Stenselingen (Alt —, Ort im O.-A. Ebingen, Kgr. Würtemberg). Heimat eines ritterlichen Geschlechtes).
— Stûsslingen, dominus de — II 263.
Steveningen, s. Stäfflingen.
Stevey, s. Stäfa.
Steygge, s. Steig.
Steynhuse, Heinrichs hof im — (zu Hattlingen im Gh. Baden), I 452.
— s. auch Heinrich.
Steynimur, s. Steinmaur.
Sthôr, Sthôre, s. Stôre.
Sthôrgen St., Sthörgien St., s. Dizier St.
Slieber (Bürger-Geschlecht zu Arau, Kt. Argau).
— Slieber, Slyeher, II 649, 602, 608.
— Hans, der —, schultheiss von —, Arôw, Arôw, II 519, 602, 609.
Stiembrunnen, s. Nieder-Steinbrunn.
Stigenhol (Ort, ö. v. Unter-Embrach, Kt. Zürich).
— Stigen, gût ze — II 475.
Stockach (Ort, s.-ö. v. Tübingen, Kgr. Würtemberg).
— Stokach, gût, das gen — hört, II 461.
Stocken (Ort, ö. v. Degerfelden, Kt. Argau).
— Stokken, dû wise in — I 114.
Stocken (Ober- und Nieder —, Ort, s. v. Ansoltingen, Kt. Bern).
— Steken, Stok, II 464, 472.
— borg, vesty ze — II 464, 472.
— güter ze — II 472.
— hôltzer und graben zc — II 472.
— t. u b. ze — II 472.
Stockmatt?, die — (Flurname, wohl bei Birmensdorf, im Kt. Argau).
— Stohmatt, matten, heisset dâ — II 531.
Stöhli, dictus — (habsburgischer? Eigenmann zu Elgg, Kt. Zürich), II 327.
Stôre, die — (ritterliches Geschlecht zu Ensisheim, im Elsass).

— Schören, des — göt ze Ensichsheim, I 11; s. auch Ensisheim.
-- Sthör, her Wilhelm der — und sin brüder hern Wilhelms Sthörers süne, I 42.
— Sthöre, her Wilhelm der — und sin brüder, hern Wilhelms dez Sthören süne, I 46.
— Sthöre, die — I 42.
— Sthörn, hern Heinrichs seligen sun, des Sthörn, I 46.
— Störe, Frantz — und Uelc — gebrüder, II 427.
— Storn, Heintz — und sin vetter her Cün Store sun, II 412.
Störgen, St., s. Disier, St.
Stoßeln, Stoßen, s. Hohenstoffeln.
Stok, s. Stocken.
Stokach, s. Stochach.
Stokken, s. Stocken.
Stokmatt, s. Stockmatt.
Stoll, Uolrich —, burger zo Rapreswil (Lehensinhaber zu Rapperswil, Kt. St. Gallen), II 460.
Stollen, die — von Griffense (Bauern von Greifensee, Kt. Zürich), II 772; s. auch Greifensee.
Stoltzin, Rudolfus et Conradus dicti — (habsburgische Hörige zu Dürnten, Kt. Zürich), II 269.
Storn, s. Störe.
Stöfen, Stöffen, s. Stanfen.
Stöffer, Arnoldus et Wernherus — (habsburgische Hörige zu Liebigen, Kt. Argau), II 290.
Stranners, des — göt (zu Tittstetten, Kgr. Preussen), I 398.
Strasburg, s. Strassburg.
Strasers liberi dicti — (habsburgische Hörige zu Esslingen, Kt. Zürich), II 296.
Strass (Burg bei Frauenfeld, Kt. Turgau, Heimat eines ritterlichen Geschlechtes).
— Strass, Strass, Strasse, II 385, 399, 485, 697.
— hoff ze — II 485.
— der von — II 385.
— her Jans von —, Johans von —, Hans von —, Hans der Strasser, II 399, 485, 697.
Strass, schöpos an der — (zu Överlingen am Ried, im Gh. Baden), I 456.
Strassburg (Stadt und Bistum im Elsass).

— Strasburg, Strasburg, Stramburg, II, 257, 258, 259, 260, II 595, 604, 630, 647, 659, 742, 744, 748.
— datum, II 595, 601, 639, 647, 659.
— der von Mülhein, Mülhein, Mölhein, gen zu —, s. Mülenheim.
— episcopus Argentinensis, II 43, 44.
— gotzhus ze —, ecclesia Argentinensis, I 257, II 43.
— lehen von —, lehen von dem gotzhus ze —, feuda — I 1, 257—260, II 44.
— litterae episcopi et capituli Argentinensis ecclesiae, II 43.
Strassenhölzli (Gehölz, ö. v. Strass, Kt. Turgau).
— Strassers halden das holtz, II 485.
Strasser (Baner an Embrach, Kt. Zürich).
— Strasser, II 63, 79.
— Strassers, des — schöpos, I 262.
Strazz, Strazze, s. Strass.
Strengelbach (Df., s.-w. v. Zofingen, Kt. Argau).
— Strengelbach, I 491, 492.
— dorf — I 492.
— sture — I 492.
— t. u. b., d. n. v. ze — I 491.
Strittberg (Df., s. v. Höchenschwand, im Gh. Baden).
— Stritperg, I 82.
— dorf ze — I 82.
— d. u. v. ze — I 82.
— lehen ze — I 82.
— vogtrecht ze — I 82.
Strittmatt (Df., n.-w. v. Görwil, im Gh. Baden).
— Stritmatte, Strittmatt, Strittmatten, I 69, II 126 (120).
— dorf — I 69.
— lüte, vrige — I 69.
— sture ze —, süre in dem obern — II 126, 128/129.
— vogtrecht — I 60.
— s. auch Ober-Strittmatten.
Ströli (Geschlecht von Hörigen des Fraumünsterstiftes in Zürich, zu Herrliberg, Kt. Zürich).
— Heinricus — et fratres sui, II 320.
— Johannes — II 320.
-- Rudolfus dictus — II 320.
Ströli, dictus — (Höriger des Klosters Einsideln zu Meilen, Kt. Zürich), II 207.
Ströffer, dictus — (habsburgischer

Eigenmann zu Grinau, Kt. Schwiz), II 288.
Strubel, Conrad — (Lebensinhaber von Günsburg, Kgr. Baiern), II 467.
Struben, predium — (Gut zu Kloten, Kt. Zürich), II 67.
Strubo, Cunradus — et frater suus (Hörige des Klosters Einsidelu zu Reckenhols, Kt. Zürich), II 305.
Strubo, Rodolfus — (Höriger des Klosters Einsideln zu Bauerredorf, Kt. Zürich), II 307.
Strucken hoes ze der Nüwenburg (Hans zu Neuburg, Kt. Zürich), II 477.
— z. noch Neuburg.
Struct (Df., n.-w. v. Hindlingen, im Elsass).
— Strût, leben se — II 411.
Struct, die — (Nebenflüsschen der Lange, im Elsass).
— Strût, die — II 411.
Strûtze, Ulricus — (habsburgischer Eigenmann zo Cur, Kt. Graubünden), II 291.
Strûtzo, Lotolfus — et frater suus (habsburgische Eigenleute zu Zürich), II 289.
Strumphel (Bauern-Geschlecht zu Blochingen, Kgr. Würtemberg).
— Strümphel, Conradus — II 157.
— Strumphels, des — gût (bona dicti Strumpbels), I 375, II 255.
Stubenweg, Heinricus —, et fratres sui (habsburgische Hörige zu Gebweiler, im Elsass), II 301.
Stuchelini, manses — (Gut zu Unlingen, Kgr. Würtemberg), II 160.
Stuchi, s. Stukki.
Stucki (Geschlecht zu Winterthur, Kt. Zürich).
— Stucki, Stuki, II 480, 518.
— Hans — von Winterthur, II 489.
— Strubel — von Winterthur, II 519.
Studach? (Gutsinhaber zu Oemmingen, im Kgr. Würtemberg).
— Studach, gût —, bonum —, I 435, II 242.
Studelin? (Bauern-Geschlecht zu Laiz, im Kgr. Preussen).
— Studelinen gût, I 419.
— Studelins, bonum Uerchtoldi — I 419.
— Studelins, Heinrich — gût, bonum Heinrici —, I 419, II 240.

— Stûdelins gût, bonum dictum Studelins, I 419, II 239.
Studen (Ort, s. v. Kriens, Kt. Luzern).
— Studen, güter in den — I 203.
Stöfline, Heinrich — gût (zu Gutenstein, im Gh. Baden), I 432.
Stülinger (ritterliches Geschlecht zu Regensberg, Kt. Zürich).
— Stülinger, Stûlinger, Stoolinger, II 487, 488, 608, 674, 675.
— Cûnis — von Regensperg, II 487.
— Conrat, Chûnrat — II 488, 675.
— Dietrich — II 674.
— Hans der — (I.), II 608.
— Hans — (II.), II 608.
— Heinrich und Chûnrat — II 674.
Stûlli, Hans — (Bürger von Brugg, Kt. Argau), II 532.
Stûrin, der — zehend (unbestimmbar, wohl bei Allikon, Kt. Zürich), II 483.
Stûsslingen (Pfd. zwischen Lostorf und Erli(n)sbach, Kt. Solothurn).
— Stüsslingen, Stüslingen, II 736, 747.
— dorf — II 747.
— kilche — II 736.
Stücki, Peter — von Kyburg (Lebensinhaber von Kiburg, Kt. Zürich), II 508.
Stüdelins gût, s. Studelin.
Stüsslingen, s. Steusslingen.
Stuki, s. Stucki, Stukki.
Stukki? (Bauer zu Embrach, Kt. Zürich).
— Stuchi, Stuki, II 62, 78.
— Stukkins schûpos, I 260.
Stukli (Bauer zu Unlingen, Kgr. Würtemberg), II 229.
Stultz, Ulricus der — und sin brûder (habsburgische Hörige zu Zürich), II 294.
Stunzingen (ehemaliges Pfd., n. v. Waldshut, im Gh. Baden).
— Stuntzingen, Stunzegen, Stunzingen, Suntzingen, I 74, II 129, 495, 508, 768, 770.
— d. u. v. se — I 74.
— schûppos ze — II 495.
— vogty nber die fryen guter ze — II.
— wideme ze — II 120.
— zehenden ze — II 770.
— zwing und bann zû dem dorff ze — II 495.
— Cûnrat von — von Waltshût (Lebens-

inhaber von Waldshut, Gh. Baden), II 508.
Stuntzinger, Hans — von Waltzhût (Lehensinhaber von Waldshut, im Gh. Baden), II 508.
Stuolinger, s. Stülinger.
Stöpfen, s. Staufen.
Sturm (Bauer zu Sulz, Kt. Zürich).
— Sturmen hûbe, Sturmes houb, I 312, II 380.
Sturn, s. Störe.
Sturtzinger, Heinricus, Ulricus et Cunradus dicti — (Hörige des Frauminsterstiftes in Zürich, zu Winkel, Kt. Zürich), II 308.
Styeber, s. Stieber.
Suderstorf, s. Sondersdorf.
Sünikon (Df., s.-w. von Steinmaur, Kt. Zürich).
— Sûnikon, Sûmikon, Sünikon, Sünnikon, Sünninkon, Sunninkon, I 242, 248, II 669, 677, 703, 770.
— eigen ze — I 242.
— meyenstüre ze — I 242.
— stüre ze — I 248.
— unsideliage ze — I 247/248.
— vogtrecht ze — I 212.
— xehenden ze — II 763, 770.
— Wilhelm von — II 669, 677.
Süllerin (?), diu — (Bürgerin zu Winterthur, Kt. Zürich), I 332.
Süngeller, der — (Lehensinhaber zu Rogental bei Oftringen, im Gh. Baden), II 775.
Sünthoven, s. Sundhoven.
Sûr, Sûre, s. Sur.
Sûri, Rudolfus — (habsburgischer Eigenmann zu Zürich), II 204.
Sûss (?), güt zo — (unbestimmbar, jedenfalls im Kt. Zürich), II 484.
Sûtern, die —, s. Suter.
Sûtrin, die — (Bäuerin zu Lenzburg, Kt. Argau), II 742.
Suice, Suicz, s. Sulz.
Sulgen, s. Saulgau.
Sulgenstat, s. Fulgenstadt.
Sultz, s. Sulz.
Sultzbach, s. Sulzbach.
Sultzbacher, der — (Bauer zu Gossau, Kt. Zürich), II 305.
Sultzbacher, Rudolfus — (habsburgscher Eigenmann zu Zürich), II 204.
Sultzberg, Sultzberge, s. Sulzberg.
Sulz (Df., s. v. Hordorf, Kt. Argau).
— Sultze, d. o. v. ze — I 123.

Sulz (Ort, n. v. Bremgarten, Kt. Argan).
— Sultze. II 527.
— Katherina, Rûdolff Sidlers tochter von —, s. Sidler.
— vischenta von — II 527.
Sulz (Pfd., s.-ö. v. Laufenburg, Kt. Argau).
— Sulcz, kilche — II 736.
Sulz (Df., a. v. Müswangen, Kt. Luzern).
— Sultz, I 223, II 339.
— bona sita in — II 339.
— d. u. v. ze — I 222.
Sulz (Df., s. v. Rickenbach, Kt. Zürich).
— Solcc, Sultz, Sultze, Sulz, Sulza, Sulze, I 311, 312, II 42, 71, 93, 143, 147, 149, 379, 380, 482, 484, 609.
— hof, der oider, ze —, antiqua curtis in —, der oider hov ze — I 312, II 93, 379.
— hof, der ober, ze —, superior curia in —, superior curtis in — I 311, II 71, 143, 147.
— hûb, hûben ze —, mansus in — I 312, II 143, 484.
— lute des dorfes ze — I 312.
— mülin im Riet by —, s. Rietmûhle.
— muli ze — I 312, II 380.
— schüpos ze — I 312, II 380.
— sturo ze —, steuro des dorfes ze — I 312, II 380.
— t. u. b., d. u. v. ze — I 312.
— wiler ze — II 609.
— zins ze — I 311, 312.
Sulz (Df. bei Dinhard, Kt. Zürich. Heimat des ritterlichen Geschlechtes Sulzer (von Sulz) zu Winterthur.
— Sultz, Sultze, Sulse, II 382, 493, 495, 706.
— Cûnrat und Ûlrich von — II 493.
— Cûnrat von — II 706.
— Cûnrat — von Wintterthur, II 523.
— Hans der — II 680.
— Heinrich — von Wintterthur, II 517.
— Rûdger (der) — II 684, 705.
— Rûdiger von — und sin husfrowen, II 495; s. auch Sulzer.
— Rûdegers husvrowe von — II 382.
Sulz (Ort, s.-w. v. Rufach, im Elsass).
— Sulta, Sultze, II 271, 424, 430, 432, 445.
— almenda, que dicitur die — II 271.
— bann ze — II 430, 445.
— haiden ze — II 445.

— hof ze — II 430.
— holtz ze — II 445.
— matten ze — II 445.
— reben ze — II 430, 445.
— ceebenden ze —, dem man sprichet des hertzogen zechenden, II 424.
— zechenden, kleiner, ze — II 430.
— zendli ze — II 432.
Sulz, von — (schwäbisches Grafen-Geschlecht).
— Sultz, graf Herman von — II 779.
Sulabach (Dif., n.-ö. v. Mönch-Altorf, Kt. Zürich).
— Sultzbach, höbe ze — I 272.
Sulebach (Ober- und Nieder —, Ort, n.-w. v. Tiefrnatten, im Elsass, Heimat eines ritterlichen Geschlechtes).
— Sullabach, II 413, 419, 425, 428, 429, 433.
— aker ze — II 419.
— bann, ze — II 413, 433.
— holtz ze — II 413.
— hus, halb, und halber graben ze — II 429.
— leben ze — II 433.
— matten ze — II 419.
— möli ze — II 419.
— der von — II 413.
— Otto, Heinrich, Rütsche und Sifrid von —, gebrüder, II 419.
— Swab, der — von — II 428.
Sulzberg (Dif., n. v. Pfäffikon, Kt. Zürich).
— Sultzberg, Sultzberge, II 497, 516.
— hoff ze —, hoff uff dem — II 497, 516.
Sulzer (ritterliches Geschlecht zu Wintertur, Kt. Zürich).
— Sultzer, II 517, 523, 684, 686, 705, 706.
— Chůnrat der — II 706.
— Chůnrat und Ülrich gebrůder, die —, Cůnrat und Ülrich brůder, die —, Cůnrat und Ůlrich, die —, II 705, 706.
— Rödger der — von Winterlur und Elsbeth sin swester, II 705.
— Ülrich der — II 705.
Sulzmatt (Ort, w. v. Rufach, im Elsass).
— Sulzmat, Berchtold ze Brugg von — II 424.
Sumanay, Hedy —, und ir swester (Lebensinhaberinnen zu Windisch, Kt. Argau), II 538.

Sumerhusen, s. Zusmershansen.
Sumerlis, filii dicti — (habsburgische Hörige zu Zürich), II 289.
Sundenberg, vogty ze — (bei Wald, Kt. Zürich?), II 509.
Sundgau, der — (das heutige Ober-Elsass).
— Songöw, Songöwe, Suntgow, II 409, 422, 437.
— geboren in dem — II 437.
— land ze — II 422.
— leben, die, im — II 409.
Sundhofen (Hof, s.-ö. v. Kolmar, im Elsass).
— Sönthoven, I 3, 51.
— dingbof ze — I 3, 51.
Sunne, zů der —, s. Zur Sunnen.
Sunnenberg, s. Sonnenberg.
Sunninkon, s. Sünikon.
Suntgew, s. Sundgau.
Sunthaimers, Suntheimern, des — gůt (zu Mehrstetten, Kgr. Würtemberg), I 465.
Suntzingen, s. Sinzingen.
Sur (Pfd., s.-ö. v. Arau, Kt. Argau).
— Sůr, Sůre, Sur, Sure, Sure, Suren, I 159, 160, II 4, 102, 103, 110, 205, 206, 291, 550, 567, 569, 578, 584, 586, 609, 610, 674, 745.
— dorf ze — II 586.
— forst ze —, foresta — I 159, 160.
— geräte ze — I 159.
— gütli ze — II 584.
— hof ze —, curia —, curia in — I 159, II 4, 102, 205, 609, 674.
— kilche ze —, kirche ze —, pfarrkirche ze — I 160, II 674, 745.
— kilchensatz ze — II 674.
— lehen ze — II 550, 569.
— mansos in — II 205.
— mülistat ze —, molendinum in — müli ze — I 160, II 205, 578, 586.
— pfand ze — II 102, 103.
— redditus curie in — II 205.
— schüppozan ze —, schüppozen ze —, scoposmo ze — I 159, II 4, 584.
— stüre ze — II 103.
— Blanko, Gerung, von —, s. Blanco.
— Wernherus piscator de —, soror et liberi ejus (habsburgische Hörige zu Liebegg, Kt. Argau), II 284.
Surderin, der — gůt (zu Warmtal, im Kgr. Würtemberg), I 407.
Sursee (Städtchen im Kt. Luzern).
— Surse, Sursee, I 177, 178, 233, II

119, 190, 191, 195, 211, 554, 571, 580, 581, 582, 612, 613, 730, 731, 734, 756, 757.
— bann ze — II 581.
— burger von — I 177.
— garten ze — I 177.
— gesellen, die, ze — II 731.
— hofstete ze —, arme in —, hofstetten ze — I 177, II 211, 581.
— hofstetzinse ze —, census arearum in —, hofstatzinse ze — I 177, II 211, 612.
— höptman, der, ze — II 730.
— hus, das grosse, ze — II 571.
— kilchen ze — I 178, 233.
— kilcher, ze — I 178.
— lant und lüte ze — I 177.
— leymzechenden ze — II 554.
— müli ze —, mola aput — I 177, II 119, 190, 613.
— officium — I 177, II 191.
— pfründen ze — I 178.
— schüpposzen ze — I 178, II 581.
— stat ze — I 177, II 581, 613, 734, 757.
— stüre ze —, stüran ze — I 177, II 195.
— t. u. b., d. u. v. ze — I 177.
— wideme der kilchen ze — I 233.
— zehnten, der grosse, ze — II 580, 582.
— zins ze — I 177.
— Bůchelz, Heinrich von, von —, s. Buchbols.
— Buchser, Burkhart, von — s. Buchser.
— Henmann von Saffaton, Berthollz von Saffaton seligen sun, burger ze —, s. Saffental.
Susannen, s. Susanne.
Suter (Bauern-Geschlecht zu Unlingen, Kgr. Würtemberg).
— Suters, des — gůt, bonum sutoris, I 388, II 249.
— Suters, des — lehen, feodum sutoris, I 389, II 240.
— Sutor, Heinricus — II 160.
— Sutor, Johannes —, feodum Johannis sutoris, II 161, 929.
— Sutor, Růdegerus — II 160.
Suter (Geschlecht von Elgg, Kt. Zürich).
— Sůtern, Wilhelm, Ulrich und Walther die — von Elgöw, II 704.
Suter, Bertoldus et Rudolfus dicti —,

(Hörige des Fraumünsterstiftes in Zürich zu Tundorf, Kt. Turgau), II 325.
Suter, Chunradus dictus — (habsburgischer Eigenmann zu Liebegg, Kt. Argau), II 285.
Suter, der — (Gutsinhaber zu Hailingen, Kgr. Würtemberg).
— Suters, Heinrichs des — gůt, bonum Heinrici sutoris, feodum Sutoris, I 391, II 165, 251.
Sutere, Rudolfus, Ulricus, Johannes et Cunradus fratres dicti —, et due sorores (habsburgische Hörige zu Kirchleren, Kt. Argau), II 283.
Suterin, die — (Gutsinhaberin zu Schar, Kgr. Würtemberg).
— der — gůt, bonum sutricis, I 436, II 242.
Suterin, Richenza —, et liberi ejus (habsburgische Hörige zu Liebegg, Kt. Argau), II 286.
Sutio, Cůnrat —, von Menikon (Lehensinhaber von Mennikon, Kt. Zürich), II 760.
Sutoris, area — apud ripam (Gut zu Ertingen, Kgr. Würtemberg), II 159.
Sutorie, predium — (Gut zu Kloten, Kt. Zürich), II 67.
Suzanne (Ort, w. v. Montbéliard, Frankreich).
— Susannen, die kilchen ze Sant — I 39.
Svamendingen, s. Schwamendingen.
Swab, s. auch Schwab.
Swab, der — von Sultzbach, s. Sulzbach.
Swab, Ůlricus — (Bauer im Eigen bei Brugg, Kt. Argau), II 50.
Swabadingen, Swabadingen, s. Schwamendingen.
Swaben, s. Schwaben.
Swaben, Cunradus, Wernherus et Waltherus, fratres dicti — (habsburgische Hörige zu Kölliken, Kt. Argau), II 283.
Swabenbůl (Flurname zu Ossingen, Kt. Zürich), II 496.
Swabindingen, Swabingen, Swabadingen, s. Schwamendingen.
Swager, Ůli — und sin swester (Lehensinhaber beim Geisberg, im Gb. Baden), II 773.
Swager, s. auch Schwager.

Swamendingen, Swamendingon, siehe Schwamendingen.
Swand, Swande, s. Schwand, Schwanden.
Swandeche, Swandeck, Swandecke, Swandegge, Swandegge, Swandekche, Swandekk, s. Schwandegg.
Swanden, Swandon, s. Schwanden.
Swarczwalt, s. Schwarzwald.
Swartz, Ebelli der — (Bauer zu „Büchwis", Kgr. Würtemberg), II 468.
Swartz, Heinrich — von Uslingen (Gutsinhaber von Uesslingen, Kt. Torgau), II 473.
Swartz, Heints der — (Lehensinhaber zu Ebingen, im Kgr. Würtemberg), II 461, 472.
Swartzembach, s. Schwarzenbach.
Swartzemberg. s. Schwarzenberg.
Swartzen, Chünts — gût bi Benzingen (bei Benzingen, Kgr. Preussen), II 466.
Swartzen, des — müli ze Ebingen (Mühle zu Ebingen, im Kgr. Würtemberg), II 462.
Swartzen, Walter filius dicti — (habsburgischer Eigenmann zu Zürich), II 205.
Swartzenbach, s. Schwarzenbach.
Swartzwald, s. Schwarzwald.
Swarzenhorn, s. Schwarzenhorn.
Swatterla, s. Schwaderyloch.
Swehrichusen, s. Schwäblisbausen.
Swederlinn hofstat (Gut zu Mengen, im Kgr. Würtemberg), I 445.
Swegler (Bürger-Geschlecht von Frauenfeld, Kt. Torgau).
— Swegler, Rûdolff — von Frowenfelt, II 498.
— Sweglers, des — gût, II 499.
Sweichusen, s. Schweighausen.
Sweigers, des — gût (Gut zu Steinen, im Kt. Schwiz), I 212.
Sweighusen, s. Schweighausen.
Sweighusern, s. Schweighäsern.
Sweigmatte? (Flurname zu Zug).
— Sweigmatte, pratum dictum Sweigmatta, I 151. II 169.
Sweindorf, s. Schwandorf.
Swenden, predium Berchtoldi — (Gut zu Kloten, Kt. Zürich), II 67.
Swendi, Swendy, s. Schwendi.
Swendin, s. Schwend.
Swertstat, s. Schwörstadt.
Swertzembach, s. Schwerzenbach.

Swertzenmoss, s. Schwerzenmoos.
Swertzlo, s. Schwerzlen.
Swera, domina Richenza — (Gutsinhaberin im Eigen bei Brugg, Kt. Argau), II 50.
Swichli, Conradus — (Bauer im Eigen bei Brugg, Kt. Argau), II 49.
Swiger, filii dicti — (Hörige des Klosters Einsideln zu Ober-Affoltern, Kt. Zürich), II 309.
Swietere, von Burgöw (Gutsinhaber von Burgau, im Kgr. Baiern), II 470.
Switz, s. Schwiz.
Switzer, der —, s. Hirsbach.
Swôs, Heints der —, von Günsburg (Lehensinhaber von Günsburg, Kgr. Baiern), II 473.
Syfrid, s. Siegfried.
Symon (Höriger des Klosters Einsideln zu Meilen, Kt. Zürich), II 297.
Symonis, liberi — (Lehensinhaber bei Delle, Frankreich), II 453.
Symons hofstat (zu Embrach, Kt. Zürich), II 475.
Syon, s. Sion.
Stupbart, s. Schupfart.

T.
(S. auch D.)

Taa (Hof, n.-ö. v. Iberg, Kt. Zürich?).
— Danne, Tanna, Tanne, Tannen, I 318, II 73, 141, 146, 378, 486.
— gût ze — II 486.
— bistum in — II 141.
— hof in dem —, curia in —, curia —, hof ze — I 318, II 141, 146, 378.
— redditus in dem — II 73.
Tachelsbofer (Bürger-Geschlecht von Mellingen, Kt. Argau).
— Tachelhoven, Rûdi von — II 740.
Tachelshoven, Tacholtshoven, s. Dachelsen.
Tacheer, der — (Bauer zu Ober-Mumpf, Kt. Argau), II 767.
Tachsern, Tachsnerron, s. Dächslerun.
Tägerig (Df., s.-ö. v. Mellingen, Kt. Argau).
— Tegerang, Tegrach, I 169, II 581.
— d. u. v. ze — I 169.
— lehen ze — II 581.
Tägermoos (Ort, n.-w. v. Grüningen, Kt. Zürich).
— Tegrinos, acker ze — II 515.
Tály, s. Tal.

Tagelswangen (Df., a. v. Lindau, Kt. Zürich).
— Tagalswang, Tagallaswand, Tagelswag, Tagelswang, I 291, 329, II 382, 404, 512.
— guter, der vrien ze —, der chindliüte gute dats —, I 291, II 382.
— störe, ze — I 291, II 404.
— t. u. b., d. u. v. ze — I 291.
— vogtreht ze — I 291.
— vogty ze — II 512.
— Smit, der, von —, s. Schmied.
Tagemersellen, Tagmersellen, Taymersheim, s. Dagmersellen.
Tagolsheim (Ort. n.-ö. v. Altkirch, im Elsass).
— Tagerzin, Tagoltzhein, II 417, 437, 591.
— lehen ze — II 417, 437.
— zehende ze — II 591.
Taingen (Ort. n.-w. v. Dietingen, Kt. Schaffhausen).
— Tayngen, Teinigen, II 330, 471.
— lehen ze — II 473.
Tal, das — (das Tal der Murg oberhalb Frauenfeld, Kt. Turgau).
— Taly, tal, Tal, II 481, 513, 517.
— acker in demselben — II 517.
— nüsetzen in dem — II 513.
— wingarthen in dem — II 481.
— wingarlten in dem — by Frowenfelt, II 517; s. auch Frauenfeld.
Talheim (Ort, w. v. Tengen, im Gh. Baden).
— Talbein, Talheinb, I 356, II 369, 485, 523, 547, 550.
— akerwisen in — II 550.
— gut ze — II 523.
— lüte ze — I 356.
— mannus in — II 369.
— schüpos ze — II 547.
— störe ze — I 356.
— t. u. b., d. u. v. ze — I 356.
— vinarium in — II 370.
— wisen ze — II 485.
— her Johans der truchsetze ze — II 550.
Talhein (Df., n.-ö. v. Tuttlingen, im Kgr. Preussen).
— Talheim, Talhein, I 421, II 240.
— dorf ze —, villa —, I 421, II 240.
— gut der vrien lüten ze — I 421.
— lute ze — I 421.
— redditus et utilitates — II 240.
— sture ze — I 421.
— t. u. b., d. u. v. ze — I 421.
— vogtreht ze — I 421.
Talheim (Pfd., w. v. Brugg, Kt. Argau).
— Tulheim, Talhoin, II 528, 532, 549, 736.
— aker zu — II 532.
— kilche — II 736.
— kilchensatz ze — II 519.
Talheim (Kt. Zürich), s. Dorlikon.
Talhein, Hans —, Ita sin müter (Lehensinhaber am Eitenberg bei Birr, Kt. Argau), II 513.
Talheins güt (Gut zu Lupfig, Kt. Argau), II 528.
Talmeiger, Eberhardus — (Bauer zu Blochingen, Kgr. Würtemberg), II 156.
Tann (Städtchen, n.-w. v. Mülhausen, im Elsass, Heimat eines ritterlichen Geschlechtes).
— Tann, Tanne, II 412, 413, 418, 419, 422, 424, 425, 433, 436, 439, 440, 441, 443, 444, 450, 591.
— bann ze — II 424, 591.
— burglechen ze — II 433.
— garte vor dem tor hinder der smitten ze — II 439.
— güter ze — II 591.
— hof und garten zo — II 441.
— hof ze — in der statt, II 443.
— hus ze — an der broggen, II 439.
— lehen ze — an dem Nüwenberg, s. Neuberg.
— matten ze — II 591.
— müllin, die ober ze — II 591.
— reben ze — II 422, 424, 436.
— reben ze —, hinder der burg, reben hinder burg ze — II 418, 419.
— reben in den widen ze — II 433.
— sesslechen ze —, seslechen ze —, seslehen ze —, sezlehen geo —, II 418, 419, 424, 439, 440, 443, 444, 450.
— stat und gebiet ze — II 591.
— statt ze — II 413, 423, 441.
— widen vor der statt ze — II 425.
— zol ze — II 440.
— Heinrich und Richart von — II 433.
— Richart von —, genosses zü — II 425.
— s. auch Alt-Tann.
Tanna, Tanne, Tannen, s. Tas.
Tannenfels (Weiler und Schloss bei

Notwil, Kt. Luzern, Sitz einer Deutschherren-Commende).
— Tannenfels, II 721, 724.
Tanner, Rudolfus — (habsburgischer Eigenmann zu Zürich), II 286, 287.
Tannreit, s. Dattenriet.
Tantberg, s. Dottenberg.
Tatenriet, Tattenriet, s. Dattenriet.
Tayngen, s. Taingen.
Techein (verschrieben), s. Seen.
Techingen, s. Dächingen.
Techleswil, Techliswil, Techliswile, s. Dächliswil.
Tecknau (Ort bei Gelterkinden, Kt. Baselland).
— Tegnöwe, leben ze — II 766.
Tegans, Bentzen — zehende (zu Langen-Enslingen, Kgr. Würtemberg?), I 400.
Tegerang, s. Tägerig.
Tegeren, s. Dogern.
Tegerfelt, s. Degerfelden.
Tegerle, Tegerlo, s. Dägerlen.
Tegerio, Eberhart — (Bürger zu Winterthur, Kt. Zürich), I 328.
Tegernô, Tegernô, Tegernow, Tegernôwa, Tegernôwe, s. Degernau.
Tegerschen, s. Degerschen.
Tegerveld, Tegervelt, s. Degerfelden.
Teggenôwe, s. Degernau.
Tegnôwe, s. Tecknau.
Tegrach, s. Tägerig.
Tegrans, Heinrich — zinslechen (zu Fischbach, im Kt. Argau), II 574.
Tegrinos, s. Tägermoos.
Tehleria (Lebensinhaberin von Günzburg, Kgr. Baiern), II 466.
Tebingen, s. Dächingen.
Teilingen (bl., s. v. Weisslingen, Kt. Zürich).
— Teilanc, Teilang, Teylang, I 302, II 75, 76, 527.
— acker ze — II 527.
— advocacia — II 75.
— gût der vryen lute, ze — I 302.
— gût, vri, ze — I 302.
— t. n. b., d. u. v. ze — I 302.
— vogtrecht ze — I 302.
— Siber, Hans, von —, s. Siber.
Teilinger, Hans — von Winterthur (Lehensinhaber von Winterthur, Kt. Zürich), II 500.
Teinigen, s. Taingen.
Teiningen? (unbestimmbarer Ort).
— Teiningen, Cûnrat von —, der Teininger, II 718, 724.
Teiningen, s. Tengen.
Teilingen, s. Dentingen.
Tek, Jogli — (nicht nachweisbar), II 727.
Tekko, Heinricus dictus — (Höriger des Grossmünsterstiftes in Zürich, zu Schöpfheim, Kt. Zürich), II 303.
Tekko, Heini — von Bremgarten und Ita, sin wirtin (Lehensinhaber von Bremgarten, Kt. Argau), II 553.
Tekli, Rûdi — (Lebensinhaber im Birrfeld bei Brugg, Kt. Argau), II 538.
Tellin, Heininin in der — und Werlin ir brûder und Metzi ir swester (Hörige eines Bürgers von Winterthur, Kt. Zürich), II 478.
Tellinkon, s. Dällikon.
Telschenmatt, Telschenmatte, s. Delschenmatt.
Telscher, filius dicti — (Höriger des Fraumünsterstiftes in Zürich zu Ober-Wil, Kt. Zürich), II 310.
Temprikon (Weiler am Baldeggersee, Kt. Luzern).
— Temprikon, I 224, II 275.
— d. u. v. ze — I 224.
— weibhûbe ze — I 224.
Tengen (Städtchen mit Burg, n. v. Schaffhausen, im Gh. Baden, Heimat eines freiherrlichen Geschlechtes).
— Teinngen, Tengen, Tèngen, I 254, 332, 353, II 66, 302, 303, 304, 307, 350, 351, 369, 370, 483, 497, 498, 547, 550, 570, 595, 717, 724, 731, 770.
— bona revocanda in officio — II 369—371.
— bongarten ze — I 353.
— burg, dû hinder, ze — I 353.
— die von — I 253, 254.
— dominus de — II 66, 302, 303, 304, 307, 350, 351, 370.
— garten ze — under der burg, I 497.
— gerête ze —, heisset Gerharts holtz, I 354; s. auch Gerharts holtz.
— hof ze —, heisset Sigenhof, I 353 —354; s. auch Sigenhof.
— lûte und gût ze — I 352.
— mûli ze —, am bach, II 517.
— mulistein — grûbe bi der burg ze — I 353.

— officium — II 369.
— rechtunge, dú, ze — I 352.
— stettelin, das ze — I 353.
— L. u. h., d. u. v. ze — I 353.
— Anna, fro. von Wartenfels von — II 576; s. auch Wartenfels.
— Heinrich, junghor, von — I 352.
— Heinrich (der) Rich von — s. Rich.
— Hencsman von — II 724, 731.
— Henman, Hans von — von Wartenfels, II 505, 717; s. auch Wartenfels.
— Keller, Eberhart, und Burckart sin sun von —, s. Keller.
— die Schriber von —, s. Schriber.
— Vogt, Andres, von —, s. Vogt.
— Welti von — II 770.
Tenincon, s. Dänikon.
Tenlnkon, s. Deinikon.
Tennikon, s. Dänikon.
Tennwil (Df. am Hallwilersee, Kt. Argau).
— Tennwil, Tenwile, I 170, II 99.
— lute ze — I 170.
— schöposen ze — I 170.
— L. u. b., d. u. v. ze — I 170.
— her Peter, von —, der vogt — II 90.
Tentingen, s. Dentingen.
Tentinger, s. Dentinger.
Tentlicon, Tentlinkon, s. Dändlikon.
Tenwile, s. Deiwil.
Tenzingen, s. Densingen.
Tenzlingen, s. Denzlingen.
Teosm, s. Töss.
Terrerin, dicta —, et sui liberi (Hörige des Klosters St. Blasien, zu Windlach, Kt. Zürich), II 304.
Tessa, s. Töss.
Tessenheim, s. Dessenheim.
Tettinchon, s Dettigkofen.
Tettingen, s. Döttingen.
Tettnau (Weiler und ehemalige Burg, s.-w. v. Töss, Kt. Zürich, Heimat eines ritterlichen Geschlechtes).
— Tetinowa, Tetnow, II 193, 194, 481.
— dominus Petrus de — II 103, 194.
— zehenden ze — II 481.
Tettwile, Tetwile, Tetwiler, s. Dattwil.
Tetzelnheim, s. Detzeln.
Teufen (auch Tüfen, Ort mit Schloss, n.-ö. v. Bülach, Kt. Zürich, Heimat eines ritterlichen Geschlechtes).

— Tuffen, Tüffen, II 303, 307, 312, 367, 497, 520, 693, 708, 709.
— .... de — II 303, 307.
— die burg ze — II 520.
— wingarten ze — II 497.
— dominus de — II 312
— Jacob, Jecli von — II 693, 708, 709.
— Wilhelmus de — II 367.
Teufental (Df., n. v. Ober-Kulm, Kt. Argau).
— Thufental, Thöfetal, Töfftal, I 163, II 566, 592.
— d. u. v. ze — I 163.
— gericht, die kleinen, ze — II 592.
— leben ze — II 566.
— lüt und güttor ze — II 592.
Teufental (Hof und Mühle, ö. v. Egg, Kt. Zürich).
— Tieffental, Tüffental, Tuffental, I 273, II 295, 516, 526.
— hoff ze — II 516.
— schüpos ze — I 273.
— das Eschgut ze — II 520; s. auch Eschgut.
— Bertholdus de — (habsburgischer Eigenmann zu Zürich), II 294/295.
Teylang, s. Teilingen.
Thecort, s. Thiancourt.
Theigenheim, s. Deinheim.
Theirberg, s. Tierberg.
Thenikon, s. Dänikon.
Thessenheim, s. Dessenheim.
Thiancourt (Ort, n. v. Delle, Frankreich(.
— Thecort, Troncourt (?), I 36, II 452.
— Bertoldus quondam dictus de — II 452.
— dú urbar ze — I 36.
Thiefental, s. Dieffental.
Thierberg, s. Tierberg.
Thieringer, dictus — (Pfandinhaber von Tieringen, Kgr. Würtemberg), II 258.
Thiermenach, s. Dörmenach.
Thiernhein, s. Diernheim.
Thierntein, s. Tierstein.
Thieselbach ? (unbestimmbarer Ort im Elsass).
— Dyxelbach, Thieselbach, I 22, 52.
— cins ze — I 22, 52.
— dorf ze — I 22, 52.
— histûre ze — I 52.
— sture ze — I 52.

Thietlinkon, s. Dietlikon.
Thogurren, s. Dogern.
Thomas et soror sua (Hörige des Klosters Luzern, an Liehigen, Kt. Argau), II 280.
Thor, Johans sem — (Bürger von Basel), I 36.
Thoracker, der — ob dem weg (Flurname bei Winterlur, Kt. Zürich), II 479.
Thore, Rodolfus vor — et Peter frater suus (Hörige des Stiftes Embrach in Ober-Embrach, Kt. Zürich), II 311.
Thotmos, s. Totmoos.
Thudenhein, s. Didenheim.
Thübelndorf, s. Dübendorf.
Thufental, s. Tenfental.
Thálen von —, s. Waldshut.
Thúngensheim, s. Dingsheim.
Thúringhein, s. Türkheim.
Thun, s. Tun.
Thurn, s. Tur.
Thuregum, s. Zürich.
Thurgöw, s. Turgau.
Thuricense, monasterium —, s. Zürich.
Thuricensis, ecclesia —, s. Zürich.
Thurensis, lacus — s. Zürichsee.
Thuricensia, mancipia —, s. Zürich.
Thuringi, filia — in dem Hove (Hausrio an Lensburg, Kt. Argau), II 209.
Thuschenhorn, s. Deutschherren.
Tichtler (Name eines Söldners?).
— Dichtler, der — II 733.
— Tichtler, Eberlin — II 727, 728.
Tickenhnch, s. Dickhuch.
Tiefenstein (ehemalige Burg an der Alb, im Gh. Baden, Sitz eines freiherrlichen Geschlechtes).
— Töfenstein, II 121, 127.
— her Hüg, Hug von — II 121, 127.
Tieffental, s. Dieffental, Tenfental.
Tiefmatten (Ort, n.-w. v. Gildweiler im Elsass).
— Diefmatten, Tieffenmatt, II 413, 420.
— pann ze — II 413.
— sehentli ze — II 420.
Tiengen (Stadt, n.-ö. v. Waldshut, im Gh. Baden).
— Düeingen, Tüngen, I 92, II 774.
— die kilche(n) ze — I 92.
Tierachern (Pfd., w. v. Tun, Kt. Bern).
— Tierachern, das dorf ze — II 556.
Tieracker, der — (Flurname zu Mörsberg, Kt. Zürich), II 494.

Tierberg (Burg bei Lanflingen, im Kgr. Würtemberg, Heimat eines ritterlichen Geschlechtes).
— Dierberg, Hans von — II 464.
Tierberg (Hof, n. v. Detzeln, im Gh. Baden).
— Theirberg, Thierberg, I 92.
— brüderhof ze — I 92.
— schüppos ze — I 92.
— tbub und vrevel ze — I 92.
— wingarte se — I 92.
Tiergarten (Wäldchen, n.-w. v. Höslen, Kt. Luzern).
— Tiergarten, das gůt im — bi Höslin, I 198; s. auch Höslen.
Tiergarten (Flurname, s.-w. v. Lachen, Kt. Schwiz).
— Tiergart, gůt genant der — under der alten Klapperswil, II 491.
— s. auch Alt-Klapperswil.
Tierfurt, pratum dictum — (Matte bei Blochingen, Kgr. Würtemberg), II 250.
Tierstein (ehemalige Burg bei Büsserach, Kt. Solotrum, Heimat eines gräflichen Geschlechtes).
— Thierstein, Tierstein, II 650, 730, 738.
— der von — II 738.
— graf Ott, Otto von — II 715, 729, 727, 728, 730, 731, 737.
— graf Symon von — II 650.
Tietwilr, s. Dietweiler.
Tiglerin? (Gnteinhaberin zu Bolslern, Kgr. Würtemberg).
— Tiglerin, Mechthilt — gůt, honum dicte Dienglerin, I 381, II 354.
Tilstetten, s. Tiltstetten.
Tintikon, Tinlinkon, s. Dintikon.
Tirminach, s. Dürmenach.
Tirol (Landschaft in Oesterreich).
— Tirol, Tyrol, II 606, 706.
— datum ze — II 606, 706.
Tissen (Gross- und Klein —, n. v. Saulgau, Kgr. Würtemberg).
— Thüsen, I 381, II 161, 162, 254.
— hof und ander gůt ze —, dů an das gotshus ze Isenio horent, bona in — de Isenin, I 381/382, II 161; s. auch Isni.
— vogtey ze —, advocatia in — I 382, II 161, 162, 254.
Tislelberg, s. Distelberg.
Titschly (Lebensinhaber von Arau, Kt. Argau), II 569.

15

Tilisletten (abgegangener Ort bei Veringen, Kgr. Preussen).
— Tilstetten, Titatecken. Titsletten. I 397, II 222, 257, 259, 462.
— gůt, das, ze — II 462.
— homines et bona in — II 259.
— kilchen, die, ze — I 397.
— seunehof in — II 222, 257.
— villa — II 259.
— vogtrebt ze — I 397.
Tini, Petrus — de Brunegge (Bauer im Eigen bei Brugg, Kt. Argau), II 51.
Tobel (unbestimmbarer Ort im Kt. Zürich).
— Tobel, schůpos ze — I 273.
Toboltzewanden, s. Doppleschwand.
Tobeltzwile, s. Dogelzwil.
Todtnau (Tal und Ort im Schwarzwald, Gh. Baden).
— Totnow, II 719, 724, 725, 727.
— die von — II 724.
Tögeren, s. Dägerlen.
Tör, s. Tor.
Töri, Heinricus — (Bauer zu Remingen, Kt. Argau), II 51.
Tösserfelt, s. Tössfeld.
Töss (Zufluss des Rheines, im Kt. Zürich).
— Töss, Tösa, Tösz, Tösse, Tössen, II 482, 494, 500, 509, 518, 520, 677, 708.
— die — II 520.
— fischentz uff der — II 798.
— hof ze Celle an der — II 677; s. auch Zell.
— ouve, die, uff der — II 494.
— wisen by der — II 518.
— wise under Kyburg an der — II 500; s. auch Kiburg.
— zehenden (ze) Zoll by — II 482; s. auch Zell.
— zehendli by der — II 509.
Töss (Pfd. und ehemaliges Kloster, s.-w. v. Winterthur, Kt. Zürich).
— Dozze, Dose, Dosse, Teosan, Tessa, Tös, Töss, Tosse, I 331, II 85, 86, 144, 147, 149, 359, 360, 391, 706, 710, 737.
— curtis Heinrici de — II 85.
— die frowen von —, di vrowen von —, moniales de — I 331, II 360, 391.
— lehen ze — II 500.
— monasterium —, closter — II 359, 737.

— priorin und covent ze — II 710.
— vigiladores in — II 144, 147, 149.
— Rd. de — II 86.
Tössegger, der —, s. Willberg.
Tössfeld (Flurname bei Töss, Kt. Zürich).
— Dössevelt, Tössarfelt, II 488, 517.
— acker uff — II 517.
— acker uff — hy der strasse, II 488.
Tössriedern (Df., s.-ö. v. Eglisau, Kt. Zürich).
— Tösrieden, Tösriedern, I 250, II 307.
— sturn ze — I 250.
— urnidelinge zu — I 250.
Togern, s. Dogern.
Togerns gůt Uut, wohl bei Uerikon, Kt. Zürich), II 422.
Togerren, s. Dogern.
Toggenburg, von — (Grafen-Geschlecht aus dem Turgau).
— Toggemburg, Toggenburg, I 257, 265, II 313, 320, 324, 711, 712.
— dominus comes de —, idem comes de — II 320, 321, 324.
— die grafen, graven, von —, die von — I 257, II 711, 712.
— herren, die, von —, domini de — I 265, II 313.
Toggerren, s. Dogern.
Toggwil (Df., n. v. Meilen, Kt. Zürich).
— Togwile, II 290, 297.
Toitingen, s. Dentingen.
Tollinken, s. Dollikon.
Tonren, dictus — (Bauer zu Grafstal, Kt. Zürich), II 359.
Tor, Hug zum — (Lehensinhaber von Mulhausen im Flims), II 413.
Tor, zum — (Bürger-Geschlecht von Schaffhausen).
— Tor, zu, zů dem — II 699, 700.
— Cili zů dem — II 699, 700.
— Elsbeth zů dem — II 700.
Tor, zum — (Bürger-Geschlecht von Zürich oder Winterthur, Kt. Zürich).
— Tör, Hans ze — und sin brůder, II 520.
— Tor, di vrowe bi dem — II 394.
— Tore, Johannes dictus ze dem — II 302.
Tor, zum — (Geschlecht von Freudenau, Kt. Argau).
— Tor, zem, zů dem — II 186, 530, 605, 718, 719, 723, 726, 731.
— Adelheit zem — II 606.

— die zem — II 723, 728.
— Lůtis wip zem — II 719.
— Lůtold zem —, Lůtold zů dem —, Lůtoll zem — II 530, 718, 731.
— Sigis wip zem — II 719.
— uxor quondam Diethelmi dicti zem II 186.
Torberg (ehemalige Burg bei Krauchtal, Kt. Bern, Heimat eines ritterlichen Geschlechtes).
— Torberg, II 714, 723, 728, 748.
— der von — II 723.
— des von — capplan, II 728, 730; s. auch Baldinger.
— ber Peter von — II 714, 748.
Töre, Conradus vor — de Villingen (Bauer von Villigen, Kt. Argau), II 51.
Torlikon, Torlinkon, s. Dorlikon.
Tormans, scopoza — (Gut zu Weisslingen, Kt. Zürich). II 73.
Toschanin? (Unteinhaberin zu Altheim, Kgr. Würtemberg).
— Toschaninen gůt, bonum Toschanins, bonum dicte Toschaninen, I 413, II 226, 261.
Toms, von —? (Geschlecht im Kt. Turgau).
— Dünse, Johans von — II 400.
Toms, s. Töss.
Tossenbach? (unbestimmbarer Florname, wohl bei Wintertur, Kt. Zürich).
— Tossenbach, II 504.
— das gůte zem Holtz ze — II 504.
— des Ritters hoff by — II 504.
Tosser, der — (Bauer zu Wintertur, Kt. Zürich).
— Tossers, des — hof, des Tossers hov I 326, II 384.
Totmoos (Pfd. im Webrstal, Gb. Baden).
— Thotmos, I 66.
— die kapelle(n) ze — I 66.
— die lehen ze — I 66.
— zins ze — I 66.
Totnow, s. Todtnau.
Tottikon, Tottinkon, s. Dottikon.
Tottinkoven, s. Dettikofen.
Tosser, s. Tosser.
Traber (Bauer bei Wintertur, Kt. Zürich).
— Traber, mansus dicti —, des Trabers hoeb, II 86, 384.
Traber, der — (Unteinhaber zu Blochingen, Kgr. Würtemberg).

— Trabers, des — gůt, bona dicti Trabers, I 375, II 255.
Traber, die — (Hörige der Fraumünsterstiftes in Zürich, zu Gunterschausen, Kt. Turgau?).
— Traberrs, dicti — II 324.
Trabman (Bauer zu Embrach, Kt. Zürich).
— Trabeman, II 78.
— Trahmans schöpos, scopoza Trabman, I 261, II 62.
Trabsbül, s. Grasbühl.
Trachsels, Richi et Mechtildis, filie dicti — (Hörige des Klosters Schännis zu Uznetersvil, Kt. St. Gallen), II 321.
Tradedan? (unbestimmbar, vielleicht Trétudans, bei Belfort, Frankreich).
— Tradedan, feodum de —, situm in Boncourt, II 457; s. auch Boncourt.
Traspöl, s. Grasbühl.
Traubach (Ort, n.-w. v. Altkirch, im Elsass).
— Tröbach, Tröbach, II 430, 441, 448.
— gericht ze — II 448.
— lehen ze — II 441, 448.
— zehenden ze — II 436.
Trebinger, Merkli — von Mengen (Lebensinhaber zu Mengen, Kgr. Würtemberg), II 460.
Trebstetten? (unbestimmbarer Ort in Schwaben).
— Trekstetten, des Meigers gůt von —, bonum villici de — I 399, II 222.
Trechsel, Haus — von Überlingen (Lebensinhaber von Überlingen, im Gb. Baden), II 470.
Trenke (Bauer zu Überlingen, im Riet, Gb. Baden), I 456.
Trétudans (oder Troschbeltingen, Ort, s. v. Belfort, Frankreich).
— Troschbeltingen, II 416.
— bann ze — II 416.
— Henman und Peterman von —, gebrüder, II 416.
— s. auch Tradedan.
Triber, der — (Bürger zu Wintertur, Kt. Zürich), I 331.
Triengen (Pfd., n. v. Sursee, Kt. Luzern).
— Triengen, II 282, 283, 785.
— kilbe — II 735.
Trimbach (Df., s.-ö. v. Weller, im Elsass).

— Trübenbach, I 19, 52.
— dorf ze — I 19, 52.
— bisthre ze — I 52.
— stare ze — I 19, 52.
Trineumoos (Hof, n. v. Ober-Embrach, Kt. Zürich).
— Trillimosere, des — hoffstat. II 475.
Trinlimoos (Ort, n.-ö. v. Unter-Embrach, Kt. Zürich).
— Trilimos, lehen ze — II 483.
Trobach, Tröbach, s. Tranbach.
Tröbeln? (unbestimmbarer Ort).
— Tröbeln, hof ze — II 461.
Trüuli, Heinricus — (Bauer zu Uolingen, Kgr. Wörtemberg), II 229.
Tröschelin, Claus — von Winttertur (Lehensinhaber von Wintertur, Kt. Zürich), II 480.
Trogen (Wald, n. v. Halbkern, Kt. Bern).
— Troge, alpis dicta — II 371.
Troucourt, s. Thiancourt.
Troscheltingen, s. Trétudans.
Trostberg (Burg bei Kulm, Kt. Argau, Heimat eines ritterlichen Geschlechtes).
— Trosberg, Trosperg, Trostberg, Trostperg, II 208, 279, 346, 506, 631, 716, 724, 728.
— dominus de — II 206, 279, 346.
— her Jacob von — II 631.
— Jacob und Johans von — gebrüder, II 560.
— Mathys, Mathis von —, und sin brüder, II 716, 724.
Trothofen, von — (Bürger-Geschlecht von Mülhausen im Elsass).
— Trothoven, Wernher von — und sin brüder, I 49.
Trotten, zur — (Bürger-Geschlecht zu Wintertur, Kt. Zürich).
— Trotton, Walther user der — I 332.
Trub (Pfd. und ehemaliges Kloster, im Kt. Luzern).
— Trüb, I 189, 192.
— gotzhus von — I 189.
— kirchörl ze — I 192.
— löte ze — I 192.
— L. u. h., d. u. v. ze — I 192.
Truben, mansus dicti — (Gut zu Uolingen, Kgr. Würtemberg), II 160, 229.
Truchsesse, die —, s. Diessenhofen.
Trudpert, St. (Kloster, n.-ö. v. Sulzburg, im Gb. Baden).

— Rüprecht, Sant — löt, II 440.
Trübenbach, s. Trimbach.
Trüllerei (Bürger-Geschlecht von Arau, Kt. Argau).
— Tröllerer, Trüller, II 581, 743.
— Hans — schultheiss ze Arow, II 743.
— Hennman und Jacob die — von Aröw, II 581/582.
— s. auch Arau.
Tröllikon (Pfd., n. v. Andelfingen, Kt. Zürich).
— Trüllikon, I 347.
— hof ze —, des eigenschaft gegen Rinowe böret, I 347; s. auch Rheinau.
— hof ze —, der gegen Krutzelingen böret, I 347; s. auch Kreuzlingen.
— schüppös, schüppös ze — I 347.
— schüppözun ze —, die gegen Rinowe börent, I 347; s. auch Ilhelnau.
— L. u. h., d. u. v. ze — I 347.
— vogtrebt ze — I 347.
— wideme ze — I 347.
— sehende ze —, der gegen Krutzelingen böret, I 347; s. auch Kreuzlingen.
Trollinger? (Bauer zu Stadel bei Sulz, Kt. Zürich).
— Trullingers, des — hof, bonum dicti Trüllinger, des Trüllingers hov, mansus Drullingarii, I 313, II 94, 142, 880.
Truogen (Ort, n.-w. v. Wil, Kt. St. Gallen).
— Trüngen, die vogty ze —, mit twing und bann, II 573.
Trüh, s. Trub.
Trutler? (Bauer zu Blochingen, Kgr. Würtemberg).
— Trutlers, des — güt (bonum dicti Trutlers), I 375, II 256.
Trutler? (Bauer zu Laiz, Kgr. Preussen).
— Trutlers, des — güt, bonum dicti Trutleri, I 419, II 240.
Trutman (Geschlecht von Münster und Arau, Kt. Argau).
— Trutmas, II 183, 190, 206, 339, 549.
— Arnoldus dictus — II 338.
— Heinrich — von Aröw, II 549.
— Heinricus (I.) — II 183, 190.
— Heinricus (II.?) — II 206.

Trotai (Bürger zu Winterthur, Kt. Zürich), I 329.
Tschepersiohn (Ort, ö. v. Wolhusen, Kt. Luzern).
— Schoperslane, gåtli ze — I 198.
Tchingelberg, der — (Berg, w. v. Grindelwald, Kt. Bern).
— Schingelberg, Zingelberg, II 541, 579.
— der — II 541.
— güt im — II 570.
Tubstigon? (unbestimmbarer Ort im Kt. Bern).
— Tabstigon, scopossa, II 20.
Tuebelndorf, Töbelndorf, Täblendorf, s. Dübendorf.
Tüfel (Geschlecht zu Winterthur, Kt. Zürich).
— Tufel, der — I 334.
Tüfel (Herren-Geschlecht zu Unlingen, Kgr. Wurtemberg).
— Dyabolus, mansus Appen dicti —, mansus Apponis Dyaboli, II 160, 229.
— Töfelin, feodum Elline, dicte —, s. Ellina.
— Tävelin, der — güt, bonum dicte Tufelin, I 388, II 228.
Tüfelbein, Jo. — (Lehensinhaber im Dirrfeld bei Brugg, Kt. Argau), II 537.
Tüfen, s. Teufen.
Türkheim (Ort, w. v. Kolmar, im Elsass, Heimat eines ritterlichen Geschlechtes).
— Durenhein, Thåringhein, Turinghein, I 17, 43, 47, 56.
— sture ze —, sture uffen — I 17, 56.
— torf ze — I 17.
— f. u. v. ze — I 17.
— her Ludwig, Ludwig von — I 43, 47.
Türmelen (Ort, ö. v. Egg, bei Muri, Kt. Argau).
— Durmuli, Durremula, Törmul, I 143, II 215, 533.
— d. u. v. ze — I 143.
— vogty ze — II 533.
Türschen (abgegangener Ort, s. v. Netstal, Kt. Glarus).
— Turserron, I 514.
— büsse der Inte ze — I 514.
— süre der Inte ze — I 514.
— tagwan der Inte ze — I 514.
Tuetwile, Tåtwile, s. Dietwil.
Tafel, Tufelin, s. Täfel.
Tuffen, s. Tenfen.
Tuffental, s. Teufental.
Tuffentalern, filii dicti — (habsburgische Hörige zu Zürich), II 201.
Tüftal? (unbestimmbarer Ort).
— Tüftal, vogty ze — II 585.
Tuftüub, die — (Felswand, n.-w. v. Grindelwald, Kt. Bern).
— Tüftüü, gütli uff der — II 579.
Tugel, der — (Bürger zu Winterthur, Kt. Zürich), I 333.
Tugenner, Conradus — (habsburgischer Eigenmann zu Künsnach, Kt. Zürich), II 318.
Tüfelin, s. Ellina.
Tüfenstein, s. Tiefenstein.
Tüffen, s. Tenfen.
Tüffensteiner (Bauern-Geschlecht zu Degerfelden, Kt. Argau).
— Burghart, I 114.
— Heinrich — I 114.
Tüffental, Tüffctal, Tüfftal, s. Teufental.
Tüftüü, z. Tuftünh.
Tüllikon, s. Dullikon.
Tünrton, s. Dürnten.
Tüphi (Bauern-Geschlecht zu Kloten, Kt. Zürich).
— Conradus — II 66.
— predium — II 67.
Türe, v. Tor.
Türmul, s. Türmelen.
Türnton, s. Dürnten.
Türst, s. Dürst.
Tüssen, s. Tissen.
Tüsser? (Hauer zu Unlingen, Kgr. Wurtemberg).
— Tüssers, feodum —, dicti llegenlin, II 161; s. auch llegenlin.
Tävelin, s. Täfel.
Tumbe, der — (Pfandinhaber zu Kiburg, Kt. Zürich), II 693.
Tun (Burg und Städtchen im Kt. Bern, Heimat eines ritterlichen Geschlechtes).
— Thon, Tun, Tuna, Tune, Tuno, II 19, 20, 22, 557, 656.
— census de domibus apud — II 20.
— mansus apud — II 20.
— officium — II 19—20.
— ordi apud — II 20.
— piscina apud — II 20.

— pons apud — II 20.
— redditus ad officium — pertinentes, II 19.
— statt und burg ze — II 656.
— summa ad — pertinencium, II 20.
— Gerhart von Bern, burger ze — II 557; s. auch Bern.
— Jordanus miles de — II 20; s. auch Jordanus.
Tondorf (Df., s.-ö. v. Frauenfeld, Kt. Turgau).
— Tåndorf, Tůndorff, II 325, 481, 483, 498, 500.
— hoff ze — II 498.
— höben, hůb ze — II 483, 500.
— vogty ze — II 481.
Tangenshein, s. Dingsheim.
Tangli, Ulricus — (Höriger des Klosters Einsideln zu Bassersdorf, Kt. Zürich), II 307.
Tangstetten, s. Tunstetten.
Tuerten, Tuurton, s. Dörnten.
Tunstetten (ehemalige Johanniter-Comturei, s.w. v. Langenthal, Kt. Bern).
— Tungstetten, II 722, 724, 728, 730.
— die von — II 724, 728, 730.
— Sant Johan ze II 722.
Tüchtlingen, s. Dachtlingen.
Tåndorf, Tůndorff, s. Tondorf.
Tůngen, s. Tiengen.
Tůnow, Tånowe, s. Donau.
Tur, die — (Zafluss des Rheines).
— Thura, Tůre, Tur, Ture, I 351, 360, 361, II 309, 485, 490, 502, 505, 524.
— Andolfingen ennunt der —, Andolfingen ultra Thuram, s. Klein-Andelfingen.
— die, dâ — I 360, 361, II 502.
— vischents in der — II 485, 505, 524.
— vischrecht in der — ze Andolfingen, II 499; s. auch Andelfingen.
Turbel (Bauern-Geschlecht zu Embrach, Kt. Zürich).
— Turbel, Walther — II 62.
— Turbels, Walther — schůpos, I 261.
Turchlikon, s. Dorlikon.
Turegum, s. Zürich.
Turgau, der — (alte Landgrafschaft im Gebiete der Tur).
— Thurgôw, Turgaw, Turgôw, Turgow, Turgôw, II 474, 674, 676, 711.

— die leben im — II 474.
— grafschaft — I 361.
— lantvogty und pfleg im — II 711.
— phender und gůlt in dem — II 676.
— Regensperg in dem —, s. Regensberg.
Turge (verschrieben), s. Brugg.
Turingheim, s. Türkheim.
Turkel, s. Furkel.
Turlerin, dicta —, et sui liberi (habsburgische Hörige zu Esslingen, Kt. Zürich), II 296.
Turlina, Elli — (Lehensinhaber im Eigen bei Brugg, Kt. Argau), II 537.
Turlogen, hof ze — (unbestimmbar, in Schwaben), II 463.
Turn, im — (Bürger-Geschlecht von Schaffhausen).
— Eberhart im — II 485.
— Eberhart im — von Schauffhusen, der junger, II 512; s. auch Schaffhausen.
Turner (Gutsinhaber zu Lais, Kgr. Preussen).
— Turners, Burghart des — gůt, bonum dicti Turnen, I 419, II 220.
Turliman, Heinricus — de Urswil (habsburgischer homo revocandus von Urswil, Kt. Luzern), II 277.
Turserron, s. Türschen.
Turste, s. Dürst.
Tulsche Hus, das —, s. Deutschherren.
Tuwinger? (Gutsinhaber zu Warnital, Kgr. Würtemberg).
— Tuwingers, des — gůt, I 407.
Twersten, die — (Ort der Aremündung bei Koblenz, Kt. Argau), II 502.
Tyerinkon, s. Dierikon.
Tyrol, s. Tirol.

U.

Ubbenvar? (unbestimmbarer Ort, im Kt. Argau).
— Ubbenvar, schůppotz ze — I 127.
Ubelli (Bauer zu Kloten, Kt. Zürich), II 489.
Uberstrass, s. Oberstrass.
Udligenswil (Pfd., w. v. Küssnach, Kt. Luzern).
— Odelgeswile, Ötligelswile, I 210, II 762.
— lůte des dorfes ze — I 210.
— stûre ze — I 210.

— t. u. b., d. u. v. se — 1 210.
— zebenden ze — 1 210.
Ueberlingen am Riet (Ort, w. v. Radolfzell, im Gb. Baden).
— Überlingen, Uberlingen im Ryete, Oberlingen, Uiberlingen, I 456, II 457, 470.
— d. u. v. zo — 1 457.
— garte ze — 1 456.
— güter ze — II 470.
— hof in der Kilchgassen ze — 1 456; a. auch Kilchgassen.
— hof ze — 1 456.
— häben ze — I 457.
— kelnhof ze —, des eigenschaft gegen Ows horet, I 456; a. auch Reichenau.
— lute ze — I 457.
— muli ze — 1 456.
— officium in — II 457.
— schöpos an der Strassn ze — I 456; s. auch Strassn.
— schöpossen ze — I 456.
— sture ze — I 457.
— vogtrecht ze — 1 457.
— wingarte, wingarten ze — 1 456, II 470.
— zins ze — 1 456.
— Geginer, Hans, de —, s. Geginer.
— Ort, Chünis im, von —, s. Ort.
— Trechsel, Hans von —, s. Trechsel.
Überstrass (Ort, a.-w. v. Hirsingen, im Elsass).
— Uberstraz, stare ze — I 84.
Übertal (Weiler, s. v. Müntal, Kt. Argau).
— Uebeltal, Uibeltal, I 100, II 534.
— leben in — II 534.
Uckem? (Df. bei Herzmach, Kt. Argau?).
— Eigen, t. u. b., d. u. v. ze — 1 61.
Uelin (Banern-Geschlecht zu Langen-Enslingen, Kgr. Würtemberg).
— Uelins, Herman — güt, 1 408.
Ulingen (Ort im badischen Bez.-A. Bonndorf, Heimat eines ritterlichen Geschlechtes).
— Uilingen, Ulingen, II 388, 606, 762, 770.
— den von — zellgen fröwe, II 762.
— die von — II 770.
— Hans von — II 608.
— Otto von — II 388.
Uerikon (Ort, d. v. Stäfa, Kt. Zürich, Heimat eines ritterlichen Geschlechtes).

— Uiricon, Urinkon, II 288, 473.
— .... de — II 288.
— Herman zum Bach von —, s. Bach, zum —.
Uerkheim (Pfd. im Surtal, Kt. Argau).
— Urtkon, I 160, II 569.
— d. u. v. ze — 1 100.
— schüpposzen ze — II 569.
Uerzlikon (Df., b.-w. v. Bar, im Kt. Zürich).
— Urzlikon, Urtzlinkon, 1 152, II 490.
— grätli ze — 1 152.
— leben ze — II 490.
— lute ze — 1 152.
— t. u. b., d. u. v. ze — 1 152.
Uesikon (Df., a.-w. v. Mönch-Altorf, Kt. Zürich).
— Usaingen, Uesinkon, 1 278, II 80, 294.
— gerichte ze — 1 278.
— güt der vryen lute, ze — I 278.
— vogtrecht ze —, advocacia —, I 278, II 80.
— Süri, Rudolfus, de —, s. Süri.
Uesslingen (Pfd., n.-w. v. Frauenfeld, Kt. Turgau).
— Uisilingen, Usslingen, Uslingen, 1 368, II 71, 473.
— güt des golabus ze Ittingen, 1 368; s. anch Ittingen.
— redditus in — II 71.
— Swarts, Heinrich von —, s. Swartz.
Uetebe, domina — (von Wildegg, Kt. Argau?), II 50; s. auch Wildegg.
Uetikon (Pfd., w. v. Albisrieden, Kt. Zürich).
— Utinkon, d. u. v. ze — 1 119.
Uetlingen, Ita et Bela dictl — filie (habsburgische Hörige zu Zürich), II 293.
Uethoven, s. Jetkoven.
Uetweiler (ehemaliges Dorf bei Dalsweiler, im Elsass).
— Ütwilre, wyer ze — II 420.
Uezwil (Df., ö. v. Sarmensdorf, Kt. Argau).
— Ützwile, d. u. v. ze — I 168.
Uffikon (Pfd., ö. v. Dagmersellen, Kt. Luzern).
— Uffinkon, d. u. v. ze — 1 186.
Ufheim (Df., s.-w. v. Sierenz, im Elsass).
— Ufheim, I 28, 56.
— berberig ze, herberge — 1 28, 56.

— störe nffen | 1 56.
— torf ze — 1 28.
— t. n. b., t. n. v. ze — 1 28.
Ufheim, von — (ritterliches Geschlecht von Basel).
— Ufhein, der von — 1 48.
Ufhofen, s. Aufhofen.
Ufholz (Ort, n. v. Sennheim, im Elsass).
— Ufholtz, I 10, II 417, 427.
— bann von — II 417.
— des Smits güt von —, s. Schmied.
— reben in dem banne von —, reben ze — II 417, 427.
Uibeltal, s. Übertal.
Uibeltalin, Katerina — and Wernher ir sun (Leheneinhaber im Eigen bei Brugg, Kt. Argau), II 529.
Uiberlingen, s. Ueberlingen am Riet.
Uilingen, s. Ülingen.
Uirgler, Borckart (Leheneinhaber zu Riben, Kt. Zürich), II 478.
Uiricon, s. Uerikon.
Uiringinun, predium — (Gut zu Kloten, Kt. Zürich). II 67.
Uirsprink, s. Ursprung.
Uirtinun, s. Urtenen.
Uisilingen, s. Uesslingen.
Uitikon, der — (Bauer zu Birmensdorf, Kt. Argau), II 328.
Uittendal, s. Ittental.
Uixandorf, Uisansdorf, s. Utzensdorf.
Ulingen, s. Ölingen.
Ulm (Stadt im Kgr. Würtemberg).
— Ulm, Ulmå, II 473, 688.
— datum ze — II 688.
— Walther Winman von —, s. Winman.
Ulmer, predium — (Gut zu Kloten, Kt. Zürich), II 67.
Ulmer (Bauern-Geschlecht zu Hailtingen, Kgr. Würtemberg).
— Ulmer, curia Hermani dicti — II 165.
Ulrich (Name verschiedener Leute).
— Olrich, meister — (zu Seen, Kt. Zürich), II 140.
— Olricus (Bauer zu Sula bei Winterthur, Kt. Zürich), II 143, 149.
— Uolrichs, meister — hdb (bei Winterthur, Kt. Zürich), II 435.
— Ulricus de .... (Landenberg?), II 31.
— Ulricus, magister — et pueri fratris sui, Ulricus (zu Effretikon, Kt. Zürich), II 50, 75.

— Ulricus molendinator (Müller im Eigen bei Brugg, Kt. Argau), II 40.
— Ulricus molitor et fratres sui (habsburgische Hörige zu Pfaffikon, Kt. Zürich), II 295.
— Ulricus molitor et sui liberi (habsburgische Hörige zu Hirslanden-Zürich), II 318.
— Ulricus sutor (habsburgischer Eigenmann zu Schenken, Kt. Luzern), II 281.
Ulricha, Franca — hint, s. Degerfelden.
Ulrich, St. (Ort, n.-w. v. Stroet, im Elsass).
— Ülrich, leben ze Sant — II 411.
Umerswil, s. Ammerswil.
Umiken (Pfd., s.-w. v. Brugg, Kt. Argau).
— Umiken, Umikon, Umniken, Umykon, I 107, II 532, 725, 735.
— äcker und geräte ze — I 107.
— d. n. v. ze — I 107.
— güt ze — II 532.
— der kilchherr von — II 725.
— kühe — II 735.
— zins ze — I 107.
Ummenhofen (abgegangener Ort, ö. v. Riedlingen, Kgr. Würtemberg).
— Umenhoven, Ummenhoven, I 392, II 162, 164, 219.
— güt ze —, bona in — I 392, II 219.
— possessiones in — II 162.
— wisen ze —, prata in — I 302, II 219.
Undalingen? (onbestimmbarer Ort, jedenfalls im Gh. Baden).
— Undalingen, sechenden ze — II 470.
Underlinden, s. Unterlinden.
Undersew, s. Untersee.
Undersewen, s. Unterseen.
Underwalden, s. Unterwalden.
Undgerichten güt (wohl bei Winterthur, Kt. Zürich), II 405.
Ungarn (Königreich).
— Ungern, I 113, II 566, 597, 629.
— chünegine, dü, von —, küngin, königin, die, von —, I 113, II 597, 629.
— güt miner fröwen von — II 566.
— s. auch Habsburger (Königin Agnes).
Ungemach, Elias dicti Vasadides —

(habsburgischer Eigenmann zu Dürnten, Kt. Zürich), II 287.
Ungerichtli, Rudolfus dictus — (habsburgischer Eigenmann zu Siglisdorf, Kt. Argau), II 301.
Ungerichtig? (Bauern-Name zu Seen, Kt. Zürich).
— Ungeribode, II 140.
Ungerichtig? (Bauern-Name zu Art, Kt. Schwiz).
— Ungeribliges hofstat, I 212.
Ungerichtin, Ilemlna dicta — habsburgische Hörige zu Siglisdorf, Kt. Argau), II 302.
Ungern, s. Ungarn.
Ungersheim (Df., n.-w. v. Enaisheim, im Elsass, Heimat eines ritterlichen Geschlechtes).
— Ongersheim, Ongersheim, Ungersheim, I 12, 47, 55, II 591, 767, 778.
— dorf ze — I 12, 47, 55.
— herberig ze — I 12.
— lehen ze — II 591.
— sture ze —, sture uffen das dorf ze — I 12, 55.
— t. n. b., l. a. v. ze — I 12.
— Henneman von — II 767.
Unlingen (Ort, n.-ö. v. Riedlingen, im Kgr. Wärtemberg).
— Unleingen, Unlengen, I 388, 389, II 160, 161, 162, 219, 225, 228, 229, 249, 250, 461.
— advocatia in — II 161.
— cauponen in — II 219.
— dorf ze — I 389.
— güt ze — I 388.
— holtzlehen ze — I 389.
— hübe ze —, mansus in — I 389, II 219.
— hüben ze — I 389.
— kelmöli ze —, molendinum, quod dicitur Kelmuli, molendinum dictam Kelomuli in — I 389, II 160, 229.
— kelnhof ze —, curia celle in —, curia cellenaria in — I 388, II 160, 161, 219, 228.
— kilche ze —, ecclesia in — I 389, II 161, 229, 250.
— lehen von Owe ze — I 388; s. auch Reichenau.
— lute des dorfes ze —, homines in — I 389, II 229.
— mâlirecht ze — zû der kleinen mâly, II 401.

— muli ze —, molendinum in — I 388, II 228.
— pistor in — II 229.
— pistorem in — II 219.
— possessiones in — II 161, 162.
— redditus in — II 160.
— sture ze —, stura in — I 389, II 219, 229.
— summa de advocatia in — II 162.
— summa possessionum in — II 161.
— tabernarius in — II 229.
— t. u. b., d. a. v. ze — I 389.
— vogtrecht der kilche ze —, advocatia ecclesia in —, jus advocaticium de ecclesia in —, jus advocatie ecclesie in — I 389, 161, 229, 250.
— zins ze — I 389.
Unmuss, Hans — von Loffenberg der junger (Leheneinhaber von Laufenburg, Kt. Argau), II 492 493.
Unspunnen (Ruine, n. v. Wilderswil, Kt. Bern).
— Uspunnen, I 477, II 663.
— die burg ze —, die burg — I 477, II 663.
Unsuber, der — (Bauern-Name zu Unlingen, Kgr. Wärtemberg).
— Unsubern, des — gût, bonum dicti Unsuber, I 388, II 249.
— Unsubrin, bonum dicte — II 228.
Unter-Altstetten (unterer Teil von Altstetten, n.-w. bei Zürich).
— Nidern-Altstetten, gût ze — II 481/482.
Unter-Buch (unterer Teil von Buch, Pfd. am Irchel, Kt. Zürich).
— Nidern-Büch, gût ze — II 511.
Unterbühel (Ort bei Nambsheim im Elsass).
— Bahel, I 6.
Unter-Ebersol (Ort, s. v. Hohenrain, Kt. Luzern).
— Nidern-Ebersol, d. a. v. ze — I 233.
Unter-Eggingen (Df. im badischen Bez.-A. Waldshut).
— Nidern-Eggingen, hof ze — II 771.
Unter-Eich (Ort, s.-ö. v. Ober-Embrach, Kt. Zürich).
— Nidern-Eiche, gût ze — II 475.
Unter-Embrach, s. Embrach.
Unterhof (Hof, n.-w. v. Oberkirch, Kt. Luzern).

— Nidwakole, Nidernhoven, I 231, II 569.
— des hofes güt ze — I 231.
— hof ze —, des eigenschaft gen Eynsidelen hôret, I 231; s. auch Einsidelen.
— schûpos ze — II 569.
— t. u. b., d. u. v. ze — I 231.
Unter-Ibach (Pfd., s.-w. v. St. Blasien, im Gh. Baden).
— Ybach, dub und totslag ze — I 81.
Unter-Kulm (Pfd. im Winental, Kt. Argau).
— Nidern-Kulma, I 162.
— hof ze —, des eigenschaft gegen Schennis hôret, I 162; s. auch Schännis.
— t. u. b., d. u. v. ze — I 162.
Unterlinden (Ort, n. v. Sennheim, im Elsass).
— Underlinden, I 10.
— der Münch güt' von —, s. Münch.
Unter-Marchtal (Ort, w. v. Munderkingen, Kgr. Würtemberg).
— Nider-Martelle, Nidern-Martel, Nidern-Martelle, I 461, II 162, 184, 264, 265.
— bonum, bona in — II 164, 264.
— d. u. v. ze — I 402.
— possessiones in — II 162.
— vischentz ze —, piscina in — I 462, II 265.
Unter-Oringen (unterer Teil von Oringen, Kt. Zürich).
— Nidern-Orringen, Nider-Orringen, I 320, II 383.
— da hûbe zû dem —, hneb, di haisset dats — I 320, II 383.
— inferior Orringen, II 03, 138, 145, 146.
— die lûte, die zû dem nidern hove ze Orringen horent, I 321.
— s. auch Oringen.
Unter-Rat (unterer Teil von Rat, Kt. Zürich).
— Nider-Rode, II 303, 350.
— curia in — II 350.
Unteras, der — (der untere Teil des Bodensees).
— Undersew, II 641.
— das bürgli ze Fröidenvels am —, s. Freudenfels.
Unterseen (Städtchen gegenüber Interlaken, Kt. Bern).

— Hinderlappen, die stat, Undersewen, I 473, 475, II 579, 663.
— die barg — II 663.
— die burger von — I 475.
— hofstette ze — I 473, 475.
— sture ze — I 476.
— t. u. b., d. u. v. ze — I 476.
— sins ze — I 474.
— Jacob von Brandes schultheiss ze —, s. Brandis.
— s. auch Interlaken.
Unter-Seen (der untern Teil von Seen, Kt. Zürich).
— Nidern-Sebein, gütli ze — II 467.
Unter-Stammheim (unterer Teil von Stammheim, Kt. Zürich).
— Nidren-Stambein, gut ze — II 478.
Unterwalden (Obwalden und Nidwalden, Kanton der Schweiz).
— Underwalden, II 548, 582.
— hof ze Altnach ze — ob dem Kernwald, II 548.
— meyerampt ze — ze Giswil, II 582.
— s. auch Alpnach, Giswil, Kernwald.
Unter-Wil (Weiler bei Gebisdorf, Kt. Argau).
— Nidern-Wille, Nider-Wile, I 125, II 35.
— hûbe ze —, mansus ze — I 125, II 35.
— molendinum ze — II 35.
— schüpposen ze —, scoposse ze — I 125, II 35.
Unter-Wolfhausen (Ort, s. v. Bürg, im Kt. Zürich).
— Nider-Wolfhusen, das — I 208.
Untsikoven, Untskoven, s. Inzigkofen.
Unsenowe? (unbestimmbarer Ort, wohl im Kt. Argau), II 284.
Unzkoven, s. Inzigkofen.
Uol (verschrieben), s. Fol.
Uolrich, s. Ulrich.
Uolrich, Sant —, s. Ulrich St.
Uolricus, s. Ulrich.
Uotenbein, Fridrich Kletta von —, s. Kletta.
Uotinger, Rudolfus — (Höriger des Klosters Einsideln zu Egg, Kt. Zürich), II 299.
Uotwiler, s. Uetweiler.
Uolzingen, s. Utzigen.
Uotzwile, s. Uezwil.
Uosingen, s. Utzigen.

Uppfar, Chüny von — (Lehensinhaber im Birrfeld bei Brugg, Kt. Argau), II 537.
Urannen, s. Urnen.
Urban, St. (ehemaliges Kloster im Kt. Luzern).
— St. Urban, I 15, II 721, 724, 736.
— apt von — II 721, 724.
— closter — II 736.
— münichhof ze Oberdorf, der höret gen — I 15; s. auch Oberdorf.
Urbeis (Ort, s.-w. v. Weiler, im Elsass).
— Urbeis, I 20.
— eins ze — I 20.
— lantzal ze — I 20.
Urberg (Ort, s. v. St. Blasien, im Gb. Baden).
— Urberg, I 71.
— dûb und dotslag ze — I 71.
— gût, vriges, ze — I 71.
— sins ze — I 71.
Uriola, von — (ritterliches Geschlecht zu Laufenburg, Kt. Argau).
— Uriola, dû fröwe von — II 765.
Urim (unbestimmbarer Ort, wohl im Kt. Bern), II 11.
Uringere, die — (Lehensinhaber, wohl im Kgr. Baiern), II 468.
Urinkon, s. Uerikon.
Urlinger, Hans — (Lehensinhaber im Turgau), II 519.
Urnen (Ober- und Nieder —, Ort, unterhalb Näfels, Kt. Glarus).
— Urnnnen (verschrieben „Urannen"?), I 513.
— büsse der lûte ze — I 513/514.
— störe der lûte ze — I 513.
— tagwan der lûte ze — I 513.
Urnsinkon, s. Hansikon.
Urnane St. (Städtchen, s.-ö. v. Pruntrut, Kt. Bern).
— Sancti Ursicini, homines in villa et parrochia — II 452/453.
Ursendorf (Ort, w. v. Friedberg, im Kgr. Würtemberg).
— Ursendorf, I 378, II 158.
— güter ze — I 378.
— lute des dorfes ze — I 378.
— vogtrecht ze — I 378.
Urserental, das — (Tal im Gotthard, Kt. Uri).
— Urseron, Urserron, Ursental, I 285, II 582.
— gerichte in der vogty ze — I 206.

— lûte in der vogtey ze — I 286.
— manschaft im — II 582.
— nütze von den gerichten ze — I 267.
— officium — I 285.
— störe in der vogtey ze — I 266.
— teilhalbe ze — I 286.
— vogty, die vrige vogtey, ze — I 285—287.
Urui (unbestimmbarer Name im Amt Winterthur, Kt. Zürich), II 147.
Ursprung (Weiler, s. v. Bötzberg, Kt. Argau).
— Ursprich, Urspring, Ursprung, I 106, II 177, 539.
— acker ze — I 107.
— gût ze — II 539.
— leben ze — I 106.
— mechlin ze — I 107.
— t. u. b., d. u. v. ze — I 107.
— zins ze — I 107.
Urstalden (Hof, s. v. Langnau, Kt. Bern).
— Urstalden, hûbe ze — I 189.
Urswil (Df., s. v. Hochdorf, Kt. Luzern).
— Urswile, Urswilr, I 225, II 212, 277, 342.
— scopam quaedam, in — II 342.
— scopam una, vor der Eich in —, s. Eich, vor der —.
— t. u. b., d. u. v. ze — I 225.
— Turliman, Heinricus, de —, s. Turliman.
Urtenen (Df., ö. v. Münchenbuchsee, Kt. Bern).
— Uirtinun, scoposes, II 14.
Urthon, s. Uerkheim.
Urtalikon, Urtslinkon, s. Uetzlikon.
Uselingen, Uslingen, s. Usslingen.
Uspunnen, s. Unspunnen.
Uster (Pfd. im Kt. Zürich).
— Obern-Ustern, Ustra, II 209, 380, 486, 521.
— boû ze — II 486.
— parchrebbleben ze II 389.
— s. auch Nieder-Uster.
Ustorft?, dû burg ze — (unbestimmbar, in Schwaben), II 474.
Utchoven, s. Aufhofen.
Utenberg (Ort, n.-ö. v. Luzern).
— Utenberg, I 206.
— lûte ze — I 206.
— störe ze — I 206.
— t. u. b., d. u. v. ze — I 206.

Utenhofen, Utenhoven, s. Uttenhofen.
Utenfron, bona in — (unbestimmbar, jedenfalls im Kt. Argau), II 203.
Utenhusen, s. Ottenhausen.
Utinkon, s. Uetikon.
Utkoven, s. Nikhof.
Uttenhofen (Ort, a.-w. v. Tengen, im Gh. Baden).
— Utenhofen, Utenhoven, I 354, II 699.
— mûl ze — II 699.
— schöppûz se —, der eigenschaft gegen Rinowe hôret, I 354; s. auch Rheinau.
— t. u. b., d. a. v. ze — I 354.
— vogtrecht ze — I 354.
Utzenstorf (Pf., n.-ö. v. Fraubrunnen, Kt. Bern).
— Uzandorf, Uzanstorf, Uzanstorf, II 15, 17, 18.
— banwartus in — II 17, 18.
— domicilium in — II 17, 18.
— mansus in — II 17.
— officium — II 15—18.
— pars superior in — II 17.
— pomarium in — II 17.
— redditus ad officium — pertinentes, II 15—18.
— scoposus in — II 17, 18.
— summa — II 18.
— tabernarius in — II 18.
— villa inferior in — II 17.
Utzigen (Ort, n. v. Vechingen, Kt. Bern, Heimat eines freiherrlichen Geschlechtes).
— Uotsingen, Uosingen, Utsingen, II 11, 280, 385, 518, 670.
— ..... de — II 280.
— dominus de — II 345.
— Gerhart von — II 518, 670.

V.
(S. auch F.)

Valangin, s. Arberg-Valangin.
Valche, s. Walachen.
Valdersdorf, s. Ballersdorf.
Valk, Chûnis — (Lehensinhaber zu Ehingen, Kgr. Würtemberg), II 461.
Vallenbrunnen, Vallender-Brunnen, s. Braunenhof, fallender —.
Vallensis, s. Arberg-Valangin.
Vallriet (Ort, n.-w. v. Zusmarshausen, im Kgr. Baiern).
— Vallerieden, aker ze — bi Sumerhusen, II 468.
Valsin (?), pratum dictum — (Matte zu Laix, im Kgr. Preussen), II 236.

Vandoncourt (Ort, s.-ö. v. Montbéliard, Frankreich).
— Wendengurt, homines in — II 268.
Varo, s. Fahr.
Varewanch, s. Farwangen.
Varungen? (unbestimmbarer Ort, im Gb. Baden).
— Varungen, pfand ze — II 126.
Varwanch, Varwang, Varwank, s. Farwangen.
Vasdides, s. Ungemach.
Vaser, Albertus — (Pfandinhaber zu Mengendorf, Kgr. Würtemberg), II 346.
Vaser (Bauer zu Gutenstein, im Gb. Baden).
— Vasers, Cunrat — güt, I 432.
Vasolt (Geschlecht von Seckingen, im Gh. Baden).
— Johans — von Sekingen, II 546.
— Joel — von Sekingen, II 546.
— Rûdolf — II 546.
— Walther — von Seckingen, II 771.
Vastello, quercus de — (unbestimmbar, wohl bei Gières, in Frankreich), II 454.
Vauthiermont, s. Waltersberg.
Varereech, s. Faverois.
Ventre, la — (Flurname für Gervillers, im Elsass).
— terra, que vocatur la — II 456.
Vegswila, s. Fägswil.
Veigenstein, der — (Name eines Pfandbesitzers der Burg Baden), II 662.
Veisen, des — güt (zu Baltersheim, im Elsass), I 10.
Velbach, s. Feldbach.
Velde, Mechthildis an dem — et Ulberi ejus (habsburgische Hörige zu Liebegg, Kt. Argau), II 286.
Vellanden, s. Fällanden.
Velotschen, bongarten, der — genant (wohl zu Bremgarten, Kt. Argau), II 553.
Veltalsbein, s. Wettolsheim.
Veltheim (Pfd., n.-w. v. Winterthur, Kt. Zürich).
— Veltheim, Veltheim, Veltbein, I 260, 318, 320, 329, 334, II 40, 42, 62, 72, 73, 138, 145, 148, 382—384, 403, 407, 482, 679, 680, 688, 699.
— Acker ze —, ager in —, ackehern ze — I 319, II 72, 383.
— dorf ze — I 320, 482, 699.
— güter ze — II 403, 686.

— hofstette ze —, platzas in — I
318, II 72.
— jus patronatus ecclesie in — II 42.
— kelnhof ze —, curia cellerarii in,
curtis cellerarii in —, ein chelrhof
dats — I 318, II 72, 138, 145, 148,
382 383.
— kilche ze —, ecclesia in — I 320,
II 42.
— leben ze — in dem dorff, II 462.
— lüte des dorfes ze — I 320.
— müli ze —, molendinum in —,
mül ze — I 319, II 72, 383.
— predium in — II 42.
— reblüt von —, vinitores de — I
334, II 73.
— schüppös ze —, scopoza in —,
scopoze in —, scopozza in —,
schuphuser ze — I 318, 319, II 72,
138, 383.
— stûre ze —, steure ze —, steur ze
—, stûr ze —, stûr des dorfes ze —
I 320, II 383, 384, 679, 698.
— t. u. b., d. n. v. ze — I 320.
— wingarten ze — I 319, II 407,
639.
— Heinrich von — (Bürger zu Wintertur, Kt. Zürich), I 329.
— Johans von —, bonum Johannis
de — I 260, II 62.
Veltheim (Pfd., e.-w. v. Brugg, Kt.
Argau).
— Feltheim, Veltheim, II 5, 736.
— decima — II 5.
— kilche — II 736.
— navigium — II 5.
— scopowe — II 5.
Veltmüli, dd — (Mühle zu Langen-
Enslingen, Kgr. Württemberg), I
408.
Velwen, s. Falben.
Velwer (Bauer zu Gutenstein, im Gh.
Baden).
— Velwers, des — schûpos, I 431.
Velwer, Wernher —, Johans —, ge-
brüder von Frowenfelt (Lehens-
inhaber von Frauenfeld, Kt. Tur-
gau), II 512.
Velwere, Wernherus — (Bauer im
Eigen bei Brugg, Kt. Argau), II 42.
Venchrieden, s. Fenkrieden.
Vendelincoart, s. Wendelsdorf
Venringen, s. Fendringen.
Vêr, Albertus — (Bauer zu Unlingen,
Kgr. Württemberg), II 162.

Verch, Verchen, s. Ferren.
Verenen, Sant —, s. Zürich.
Veringen (Stadt in Hohenzollern-Sigmaringen, Kgr. Preussen, Heimat
eines gräflichen Geschlechtes).
— Veringen, I 387-389, 391, 394-396,
398, 402, 410, II 162, 222—225, 241,
257, 258, 262, 335, 459, 462, 465,
466, 468.
— acker ze — heisset Hasenweide,
I 397; s. auch Hasenweide.
— acker ze — uf Altenberge, I 397;
s. auch Altenberg.
— aker, die do heissent Glessbart,
hinder dem Zigelhof, II 462; s. auch
Glessbart, Ziegelhof.
— aker in Cholen ze — II 465;
s. auch Cholen.
— burg ze —, castrum — I 394, 395,
II 222, 223, 258.
— burger ze — I 396.
— capelle uf der burg ze — I 395.
— castrense feodum in — II 257.
— comitia — II 257.
— dominus comes de — II 224.
— fleischbencke ze — I 396 397.
— grafen, graven, von, ze — I 387,
388, 389, 391, 393, 394, 410, 412.
— gütli ze — II 459.
— gût, der Roten, von —, s. Roten.
— hofstatt ze — II 462.
— hofstette ze — I 397.
— hofstettezinse ze —, census ararum
in — I 396, II 222, 258.
— lantgarbe ze — I 397, II 257.
— meyer von — I 387.
— müli ze —, molendinum prope
opidum, molendinum juxta oppidum
— I 397, II 222, 257.
— phistria ze — I 301.
— pignora in comitia — II 257—262.
— rechtung ze — I 394-409.
— stat ze —, opidum —, oppidum —
I 394, 396, 397, 402, II 222, 257, 258
— stüre ze — I 397.
— tabernen ze — I 397.
— t. u. b., d. n. v. ze — I 397.
— wisen umbe — heissent kuppelweiden, I 398.
— zins ze — I 397.
— zol ze —, telonium —, thelonium
in — I 397, II 222, 257, 462.
— Heinricus comes, de —, dominus
Heinricus comes de — II 162, 223,
241, 258, 259, 335.

— Mangoldus comes, de — II 225, 262.
— Klinger, Kûnzt, von —, s. Klinger.
— Pfister, Mantze, der, von — s. Pfister.
— Smid, Benz der, von —, s. Schmied.
— Schultheiss, Johans, von —, s. Schultheiss.
— Walther der schultheis von — II 462.
— Wortz, Kûnrat, von —, s. Wortz.
— s. auch Neu-Veringen.
Veringendorf (Df. und Ruine, s. v. Veringen-Stadt, Kgr. Preussen).
— Veringen, das dorf, villa Veringen. I 399, 400, II 221, 223, 257, 258, 259, 461.
— bona in — II 258, 259.
— burg, ein zerbrochen, hi —, castrum destructum dictum Veringen, I 400, II 222.
— hof ze —, curia in — I 399, II 221.
— hof, ein halber, ze — II 461.
— hôve, halbe, ze —, dimidie curie in — I 399, II 221.
— jus patronatus ecclesie in — II 221.
— kilche ze —, ecclesia in — I 399, II 221.
— kilchenmta ze — I 399.
— lantgarbe ze —, lantgarla in — I 400, II 222.
— lûte ze —, homines in — I 400, II 222, 258/259.
— meigerhof ze —, curia villici in — I 399, II 221, 223, 257, 258.
— stura ze —, stura in — I 400, II 222
— t. a. b., d. a. v. ze —, omnia judicia in — I 400, II 222.
— zins ze — I 399.
Verlie hof (Hof zu Hattingen, im Gh. Baden), I 451.
Verren, Burcardus, Jacobus, Cunradus et Bertoldus, dicti (habsburgische Hörige zu Neunforen, Kt. Zürich), II 317.
Verrichperg, s. Ferrenberg.
Veschen, area — (Gut zu Ertingen, im Kgr. Würtemberg), II 159.
Vess, Vesin, Vesina, s. Füsi.
Vesenhein, s. Fesenheim.
Vétrigne (Ort, w. v. Roppe, in Frankreich).

— Winteringen, zachenden von — II 443.
Vetter, dictus — (Pfandinhaber zu Unter-Marchtal, Kgr. Würtemberg), II 264.
Vilarium, s. Grundvillars, Villars-le-Sec.
Vilbringen (Ort, s. v. Worb, Kt. Bern).
— Vilmeringen, scoposse, II 19.
Viligen, s. Villigen, Villingen.
Vilinger, Rûdolfus — (Bauer zu Schwendi, Kt. Argau), II 52.
Villars-le-Sec (Ort, s. v. Delle, Frankreich).
— Viler, Vilarium, I 38, II 267, 450.
— eine ze — I 38.
— decima de — II 450.
— homines et bona de — II 267.
— torf ze —, villa dicta — I 38, II 267.
Villée, s. Weiler.
Villigen (Ort, n. v. Rein, Kt. Argau).
— Viligin, Vilingin, I 96, 97, 99, 102, II 51, 121, 123, 177, 593, 636.
— acker ze — I 102, 103.
— acker ze — an dem Schacher, I 103; s. auch Schacher.
— acker ze —, in der Dôss, I 97; s. auch Dôss.
— äcker ze —, die wüste sint, I 103.
— dorf ze — II 123.
— eigen ze — II 121.
— haben ze — I 96.
— meigerhof, meyerhof ze — I 102, II 593.
— schüppus ze — I 102.
— t. u. b., d. u. v. ze — I 103.
— wingarte ze — I 102.
— ze — an dem Rothenberge, s. Rotberg.
— zehend ze — I 90, II 638.
— zins ze — I 102, 103.
— Heinricus de — (Bauer zu Remigen, Kt. Argau), II 51.
— Tôre, Cunradus vor, de —, v. Tore.
Villingen (Ort im Schwarzwald, Gh. Baden, Heimat eines ritterlichen Geschlechten).
— Filingen, Vilingen, II 128, 464, 636.
— her Berchtold von — II 128.
— Walther und Heinrich die Löchlechher, gebrûder von —, s. Löchlechher.
— zehenden ze — II 464.

Villmchern (Df., s.-w. v. Brugg, Kt. Argau).
— Wilnach, d. u. v. se — I 107.
Vilmergen (Flecken im Kt. Argau, Heimat eines ritterlichen Geschlechtes).
— Filmeringen, Villmeringen, Vilmeringen, Vilmeringen, Vilmeringin, I 163, 165, 166, II 1, 2, 88, 99, 100, 180, 182, 199, 200, 201, 205, 206, 208, 209, 230, 535, 536, 551, 608, 612, 617, 618, 633, 645, 735.
— dorf ze —, villa — II 98, 206.
— güt ze —, bona quaedam, guot ze — I 184, II 1, 90.
— herbstatür ze — II 633.
— hof ze —, curia superior — I 185, II 199, 201.
— höve ze —, curia superior et inferior, I 163, II L
— hübe ze —, mansus inferior, mansus apud ripam — I 164, II 1, 2.
— hüben ze —, mansus — I 164, 185, II 2.
— kilchensatz ze — II 617, 618.
— kiriche ze —, kilhe — I 166, II 735.
— lehen ze —, feoda — I 164, II L
— lute ze — I 165.
— matten ze —, prata —, pratum — I 165, II L
— meyerestür ze — II 645.
— pfand ze —, obligata in —, satz ze — II 98, 98, 106, 201, 608.
— protpekken ze — I 166.
— redditus in — II 199, 205, 208.
— Hütmatten, die grosse, ze — II 536.
— schöpos, schöposen, schöposzan, schöpossen ze — I 163, 164, 165, II 551.
— stüre ze — I 165.
— summa — II 2.
— taberne, tabernen ze —, taberna — I 166, II L
— t. u. b., d. u. v. ze — I 165.
— vall ze — I 165.
— wisungen ze — II 1.
— der von — II 180.
— dicta de — II 206.
— domina de — II 230.
— Conradi, relicta domini quondam de — II 209.
— Gerung von — II 535.
— Hans von — II 612.

— Wernherus de —, dominus Wernherus de — II 182, 189, 199, 200.
Vilmeringen (Pfandinhaber zu Brugg, Kt. Argau), II 115, 132.
Vilmeringen, s. Vilbringen.
Vilrin, s. Pöllern.
Vilslingen, s. Filsingen.
Vinelin, s. Finnelius.
Viner (Geschlecht von Waldshut, im Gh. Baden).
— Viner, Hans — genant von Asch, II 523.
— Vinern, Johans — genant von Ásche, II 546; s. auch Aesch.
Vingerhut? (Bauern-Geschlecht zu Mehrstetten, Kgr. Würtemberg).
— Vingerböte, die — I 465.
— Vingerhüts, Cunrat — güt, I 465.
Vingeris hübe (Gut zu Hirsingen, im Elsass), I 33.
Vingerlin, Henman — (Lehensinhaber von Baden, Kt. Argau), II 600.
— Vingerlis, des — sydem, II 600.
Vinke, Vinko, s. Fink.
Vinkoo, s. Wiggen.
Vinsler, s. Finsler.
Vinsterbach, liberi Berchtoldi dicti — (Hörige des Klosters Muri, zu Reutlingen, Kt. Zürich), II 322.
Vinsterlo, s. Finsterlingen.
Vinsterse, s. Finsterzee.
Virst, s. First.
Vischaial, s. Fischental.
Vischbach, s. Fischbach.
Vischental, s. Fischental.
Vischer, Burkart der — (Lehensinhaber von Günsburg, Kgr. Baiern), II 467.
Vischer (Geschlecht zu Lais, im Kgr. Preussen).
— Vischern, des — güt, bonum dictum Vischer, I 418, II 218.
Vischerin, Bele dicta — (habsburgische Hörige zu Gelfingen, Kt. Luzern), II 274.
Vischli (Höriger des Klosters Einsiedeln zu Herrliberg, Kt. Zürich), II 207.
Vischpach, s. Fischbach.
Visclisbach, s. Fislisbach.
Visenbach, s. Fisibach.
Visibach, s. Fischbach und Fisibach.
Vite, s. Fèche-l'Eglise.
Vitztum, die — (ritterliches Geschlecht von Basel).
— Visedan, Berchtold — II 450.
— Vizedomen, der — güt, II 421.

— Vizetům, her Burchart der — I 42.
Vizedon, Hacman —, dem man sprichet, von Bütenhein, s. Budenheim.
Vlacher, s. Flach.
Vleischli, Heinricus dictus — et Lieber frater suus (hatsburgische Hörige su Tempriken, Kt. Losern), II 275.
Vlekke, s. Flecke.
Vligs, s. Fli.
Vlinwalt, s. Flimmerwald.
Vochenloch, s. Vollochmühle.
Völkofen (Ort, w. v. Friedberg, Kgr. Würtemberg).
— Völken, Völkofen, Völhoven, Völkoven, I 377, II 158, 252, 314.
— güter, vrie, ze — I 377.
— lute des dorfes ze — I 377.
— vogtrecht ze — I 377.
Vogelbach (Ort, ö. v. Wilflagen, im Gh. Baden).
— Vogelbach, I 81.
— dorf ze — I 81.
— d. o. v. ze — I 81.
Vogelrüti (Hof, s. v. Ober-Rordorf, Kt. Argan).
— Rüti, d. o. v. ze — I 121.
Vogesen, die — (Grensgebirge zwischen dem Elsass und Frankreich).
— Wesge, der — I 35.
Vogler, die —, von Bulach (Lebensinhaber zu Bülach, Kt. Zürich), II 309.
Vogt, Andres — von Tengen (Lebensinhaber von Tengen, im Gh. Baden), II 433.
Vogteige? (Flurname zu Münchhausern, im Elsass).
— Vogteige, aker, die heissent die — I 5.
Volchenswilere, Volchenswille, Volcheswile, s. Volketswil.
Volchinkon, s. Vollikon.
Volchiswils, Volchiswiler, Volchiswille, s. Volketswil.
Volchlikon, Volchlinchon, s. Vollikon.
Volchwin (Bauern-Geschlecht zu Blochingen, Kgr. Würtemberg).
— Volchwins, Heinrich — gût, bonum Heinrici Volchwin, I 375, II 256.
Volchwin (Bauern-Geschlecht von Sigmaringen, Kgr. Preussen).
— dictus — II 238.
— Eberhardus — II 241.
— Petrus — II 260.

Volclicon, Volclincon, s. Vollikon.
Volge, her Rudolf — (Pfandinhaber zu Lanffohr, Kt. Argan), II 123.
Volkensberg (Ort, w. v. Basel, im Elsass).
— Volkemperg, zechenden ze — II 422.
Volketswil (Pfd., s.-w. v. Illnau, Kt. Zürich).
— Folkenswil, Volchenswilere, Volchenswille, Volcheswile, Volchiswile, Volchiswiler, Volchiswille, Volkinswiler, I 292, II 30, 31, 59, 80, 358, 390, 404, 426.
— advocatia —, vogty ze — II 31, 400.
— advocatia quorundam bonorum in —, vogtey auf ettelicher gute daz — II 358, 390.
— güter ze —, dû hörent an das gotzhus ze Schaffhusen, I 292; s. auch Schaffhausen.
— lûte des dorfes ze — I 292.
— possessio in — II 89.
— redditus in — II 59.
— stûre ze — I 292, II 404.
— t. u. b., d. u. v. ze — I 292.
— vogtreht ze — I 292.
Vollikon (Weiler, s.-w. v. Mönch-Altorf, Kt. Zürich).
— Volchinkon, Volchlikon, Volchlinchon, Volclicon, Volcliqcon, Volklikon, I 272, 277, 278, II 80, 294—296, 390, 471, 472.
— gût ze — II 472.
— hûbe ze — I 272.
— lute, die vryen, ze — I 278.
— t. u. b., d. u. v. ze — I 278.
— vogtrecht ze — I 278.
— zehende ze —, zehent dalz — I 277, II 396, 471.
— zins ze — I 272.
— Hûberia, filie dicte, de —, s. Huber.
— Hûberii, Elias sorori, de —, s. Huber.
— Hûbern, filie Heinrici dicti de —, s. Huber.
Vollochmühle (Mühle, n. v. Kanzach, im Kgr. Würtemberg).
— Vochenloch, müli ze — II 400.
Volmar selig von Höningen (Gutsinhaber von Höningen, im Elsass), I 13.
Vorchhalden? (unbestimmbarer Ort, wohl bei Tengen, im Gh. Baden).

— Vorchalden, hof ze — II 547.
Vorhard (Ort, n. v. Lanffohr, Kt. Argau).
— vor dem Harde, I 98.
— garten vor dem Harde, I 98/99.
— eine vor dem Harde, I 98/99.
Vorster? der — (Bauer zu Embrach, Kt. Zürich).
— Vorsters, des — schöpos, des Forsters schnephus. I 259, II 387.
Vorster? (Bauer zu Blochingen, Kgr. Würtemberg).
— Rûdolfus nemorarius, bonum Rûdolfi dicti Vorsters, II 156, 258.
Vorster, der — (Bürger zu Wintertur, Kt. Zürich).
— Vorsters, des — hof, des Vorsters hov, I 325, II 384.
Vorster, Petrus —, in Altwise (Höriger des Fraumünsterstiftes in Zürich zu Altwis, Kt. Luzern), II 272.
Vorster, scopossa vidue dicte — (zu Zell, im Kt. Zürich), II 56.
Vorsterin, dicta — et sui liberi (Hörige der Kirche Embrach, zu Andelfingen, Kt. Zürich), II 331.
Vredenwile, Vreidenwile, s. Freudwil.
Vri-Ampt, s. Frei-Amt.
Vriburg, s. Freiburg.
Vriburger, predium — (Gut zu Kloten, Kt. Zürich), II 67.
Vridenwiler, s. Freudwil.
Vrie, der — (Bauer zu Langen-Enslingen, Kgr. Würtemberg).
— Vrien, Chuonrat des — schöppos, I 408.
Vrie, der — (Guteinhaber zu Sigmaringendorf, Kgr. Preussen), I 422.
Vrieso, s. Fries.
Vriggöwe, s. Frickgau.
Vrike, s. Frick.
Vri Mûli, dû — (Mühle zu Andelfingen, Kt. Zürich), I 350.
Vrônden, hof der — (wohl an der Ill, bei Rülisheim im Elsass), I 10/11.
Vrônt? (Flurname, wohl bei Rülisheim im Elsass).
— Vrônt, dû gût, dû genant sint dû — I 10.
Vrowenfelt, Vrowenvelt, Vrowevelt, s. Frauenfeld.
Vrûnd, der — (Bauer zu Gutenstein, im Gh. Baden).
— Vrûndes, Cuonrat des — hûbe, I 431.

Vryen-Egge, s. Egg.
Vryenstein, s. Freienstein.
Völkoven, s. Völkofen.
Vöhslini, feodum — (Lehen zu Hailtingen, Kgr. Würtemberg, II 165.
Vûrto, s. Furt.

W.

Wachterre, dû — (Bürger zu Wintertur, Kt. Zürich), I 383.
Wächsler, s. Bochseler.
Wäckerschwänd (Ort, s. v. Oehlenberg, Kt. Bern).
— Wecherswende, II 7.
Wädenswil (Pfd. und Schloss am Zürichsee, Kt. Zürich, Heimat eines freiherrlichen Geschlechtes).
— Wediswile, II 372.
— dominus Berchtoldus de — II 372.
— filius ejusdem Berchtoldi — II 373.
Wäge (Ort, n. v. Spreitenbach, Kt. Argau).
— Wäge, mûli ze — II 543.
Wäggis, s. Weggis.
Wäggistal, das — (Gebirgstal im Kt. Schwiz).
— gut ze Wegi im tal, II 492.
— lehen (mulchen) ze Wege, II 583.
— mulchen ze Weg in dem Tal, II 524.
— mulchen auo Wegi, II 495.
— zweiggen ze Wege hinder der alten Rapperswile, II 708; s. auch Alt-Rapperswil.
Wähinger, s. Wehingen.
Wällsmühle (Mühle gegenüber von Bremgarten, Kt. Argau).
— Wells mûli, II 574.
Wängi (Pfd., s.-ö. v. Frauenfeld, Kt. Turgau).
— Wengen, II 320.
Wäni (Alp im obern Sihltal, Kt. Schwiz).
— Weni, mulchen in — I 283.
Wärikon, s. Werikon.
Wafenrochin, curia — (Hof zu Ertingen, Kgr. Würtemberg), II 159.
Wagen, Johannes dictus — (Pfandinhaber von Luzern), II 341.
Wagen (Ort bei Jona, im Kt. St. Gallen).
— Wagen, hûba ze — II 777.
Wagenberg (Ort und ehemalige Burg bei Embrach, Kt. Zürich, Heimat eines ritterlichen Geschlechtes).

16

— Wagemberch, Wagenberg, Wagenberch, Wagenberg, Wagenburg, I 504, II 93, 94, 311, 312, 313, 357, 475, 497, 518, 682, 707, 711.
— burg se — II 475.
— Largleben ze — II 475.
— Bilgrin, her, von — I 504.
— ......, de — II 312.
— domini de — II 313.
— dominus de — II 93, 94.
— Hans von — II 497.
— Heinrich von — II 518.
— Johans von — II 707.
— relicta de — II 657.
— Rudolfus de — II 311.
— Ulrich von — II 682, 711.
Wagman, Cuonradus — (habsburgischer Eigenmann in Zürich), II 294.
Wagmannes, soror dicti — (habsburgische Hörige zu Aesch bei Maur, Kt. Zürich), II 295.
Wagner (Bauer zu Ertingen, Kgr. Württemberg).
— Wagners, Heinrichs des — güt, bonum Heinrici dicti Wagner, bonum dicti Wagners, I 385, II 238, 247.
Wagner, Cuonradus — (habsburgischer Eigenmann in Zürich), II 294.
Wagner (Geschlecht von Günsburg, Kgr. Baiern).
— Rûf — II 467.
— Ûlz — II 467.
Wagner, der — (Bauer zu Engelwies im Gh. Baden).
— Wagners, des — güt, I 431.
Walabûch, s. Wallbach.
Walachen (Ort, s.-w. v. Ristwil, Kt. Bern).
— Valche, II 8.
Walahnsen, s. Walhnsen.
Walasellen, s. Walisellen.
Walaseller, Rudolfus dictus — (Höriger des Klosters Einsideln zu Ilesliach, Kt. Zürich), II 318.
Walaselli, Walasellon, Walasseldon, s. Walisellen.
Walastat, s. Walenstad.
Walaswile, s. Walenswil, Wolenswil.
Walchen, von — (ritterliches Geschlecht, von Basel).
— Walchen, der güt von — I 10.
Walcho (Bauer zu Ertingen, Kgr. Württemberg).
— Walchen hof, curia Walkos, curia dicti Walchen, I 386, II 159, 223, 247.
Walchnsern? (unbestimmbarer Ort, jedenfalls im Kt. Argau), I 126.
Walchwil (Pfd. am Zugersee, Kt. Zug).
— Walchwile, I 153, II 170.
— d. u. v. ze — I 153.
— villa — II 170.
Walczhöl, Walczhûl, s. Waldshut.
Wald (Pfd. im Kt. Zürich).
— Walde, I 280.
— gerichte, allh. ze — I 280.
— lute ze — I 280.
— lute und güt ze — I 280.
— stura ze — I 280.
Wald (Hof, ö. v. Ellikon an der Tur, im Kt. Zürich).
— Walde, Walden, I 309, II 84, 144, 147, 149, 377, 405.
— hof se —, curia in —, curtis — I 309, II 84, 144, 147, 149, 377, 405.
Wald, der —, s. Schwarzwald, Waldhaus.
Walde (Ort, s.-w. v. Münster, Kt. Luzern).
— Walde, I 232, II 272.
— l. u. b., d. u. v. se — I 232.
— Heinricus et Rudolfus, dicti se —, fratres (Hörige des Klosters Luzern), II 272.
Waldegg (Ort zwischen Leimen und Rödersdorf, im Elsass).
— Waldegg, II 446, 450.
Waldener, die — (ritterliches Geschlecht von Gehweiler, im Elsass).
— Waldener, der — I 45.
— Waldnerin, du —, die Waltnerin, I 42, 45.
Waldern, Gisela — (habsburgische Hörige zu Liebegg, Kt. Argau), II 286.
Walderin, der — güt am Wartlberg (bei Neftenbach, Kt. Zürich), II 477.
— s. auch Wartberg.
Waldhäusern (Df., w. v. Hermetswil, Kt. Argau).
— Walthûsirn, Walthusen, Walthusern, I 140, 169, II 577.
— güt ze — I 140, 169.
— l. u. b., d. u. v. ze — I 140, 169.
— vogty ze — II 577.
Waldhaus (Hof, n. v. Altwis, Kt. Luzern).
— Wald, Werali zû dem — II 555.
Waldikon, s. Wallikon.

Waldkirch (Pfd. und Kloster, n.-w. v. Waldshut, im Gh. Baden).
— Walkilch, Waltkilch, I 71, 75, 84, II 125.
— d. a. v. ze — I 84.
— gůt, ein vrige, ob der kilchen zů — I 71.
— hof ze — I 84.
— vogtrecht zo — I 75, 84.
— vrowe, dô, von — II 125.
— wideme ze — I 75.
Waldkirch (Städtchen, a.-ö. v. Freiburg i. Br., Gh. Baden).
— Walkilche, die statt, lût und gůt, II 431.
Waldnerin, du —, s. Waldener.
Waldsborg (Ort, n.-w. v. Hergiswil, im Kt. Lozern, Heimat eines ritterlichen Geschlechtes).
— Waltzberg, Adelheit de — II 344.
Waldshut (Stadt am Rhein, im Gh. Baden).
— Walczhůt, Walczhůt, Waldshuot, Waltzhůt, Walthůt, Walshůt, Walzhůt, Walzhut, I 66, 67, 74—76, II 124—126, 128, 506, 514, 522, 523, 544, 545, 546, 559, 725—728, 732, 734, 738, 756, 757, 770, 771.
— ampt ze —, officium ze — I 66, 67.
— burger, die, von —, die von — I 76, II 756.
— garten, gart. gartten ze — II 508, 514, 522, 544, 545.
— garten vor dem türlin ze — II 445.
— garten ze — by dem Nidern-Crützze, II 508; s. auch Crütz.
— gůt, eigen, ze — I 75.
— herren ze — I 66.
— hůbe, hub ze — I 75, II 545.
— hus mit hof ze — II 523, 546.
— hus und bůngarten ze — uf dem Rin, II 545; s. auch Rhein.
— hus ze — II 544.
— keinhof ze —, der heizet von Thůfen, I 75.
— kilche, die — II 738.
— kilche, dô nider, ze — I 74.
— matten ze — II 508, 544.
— mûll in der Öwe ze — I 75, II 544.
— mülinen ze — I 75, II 544.
— muli ze — I 124.
— der schultheiss von, ze — II 727, 728, 732.
— schöppozan ze — I 75.
— seilrecht, dô, ze — II 126.
— stat, die — II 734, 757.
— steinbruch, der — II 545.
— stûre ze — I 76.
— t. u. b., d. a. v. ze — I 76.
— wingarten in dem dorfe ze — II 545.
— wingarten vor dem nidern tor ze II 545.
— wingarten ze — bi dem steinbruch, II 544.
— wise, ein kleine, ze — I 76.
— wisen, die ober, ze — II 508, 545.
— zins ze — I 75.
— zol ussen der Rinbruggen ze — I 75, 76.
— zol, zoll ze — I 75, II 125.
— Bach, Johans im, und Lütolt sin sun von —, der zum Bach und sin sun von — II 544, 545; s. auch Bach, im —.
— Baldingern den gůt ze — II 544; s. auch Baldinger.
— Bürger und Einwohner von —, s. Bröder, Fridrich, Hörlinger, Maherr, Meier, Reku, Satler, Scherer, Schmied, Snezzer, Stunzingen, Viner, Warmhach.
Waldsteig (Ort im O.-A. Sigmaringen, Kgr. Preussen).
— Waltsteige, dominus de — II 250.
Waldwils, s. Waltwil.
Walen (Ort, w. v. Tierachern, Kt. Bern).
— Walon, II 558.
— das dorf ze — mit dem kilchensatz (von Tierachern), II 558.
Walensee, der — (See im Kt. Glarus und Kt. St. Gallen).
— der sê, I 521.
— der see ze Walostat, II 606; s. auch Walenstad.
Walenstad (Städtchen am Walensee, im Kt. St. Gallen).
— Walastat, I 519, 520, 521, II 696.
— gůter bi — I 519.
— see ze — II 696.
— stat ze — I 520.
— tagwan ze —, sô dem höret Quarte, I 521; s. auch Quarten.
— t. n. b. u. v. ze — I 520.
Walenswil (oder Wallswil?, Ort, s.-ö. v. Beinwil, Kt. Argau).
— Walswile, Walswil, I 143, II 587.

— d. o. v. ze — I 143.
— lüte ze — I 143.
— stüre ze — I 143.
— vogty ze — II 587.
Walfershusen (Df., a. v. Ober-Wetzikon, Kt. Zürich).
— Walfershusen, I 279, II 81.
— güt, der vryen lüte —, I 279.
— vogtrecht ze — I 279.
Walfhart (Lehensinhaber von Gänsburg, Kgr. Baiern), II 467.
Walbusen (abgegangener Ort, s. v. Brüttlen, Kt. Zürich).
— Walahusen, Wallahusen, I 290, II 389.
— dorf ze — I 291, II 389.
— d. n. v. ze — I 291.
— lüte ze — I 290/291.
— steure ze — II 389.
— vogtreht ze — I 291.
Waligen (Ort, w. v. Rotenburg, Kt. Luzern).
— Walingen, I 199.
— lüte ze — I 199/200.
— stüre ze — I 199/200.
— t. n. b., d. n. v. ze — I 199/200.
Walikein, s. Wallikon.
Wallsellen (Pfd., a. v. Kloten, Kt. Zürich).
— Walasellen, Walaselli, Walasellon, Walasseldon, Wallaselden, I 246, 252, II 64, 77, 351.
— güter ze —, dü horent an das gotzhus uffen Zurichberge, I 246; s. auch Zürichberg.
— hübe ze —, der eigenschaft gegen Zurich hœret, I 252; s. auch Zürich.
— hübe ze —, die die sbliesshinne von Zurich anboret, I 246; s. auch Zürich.
— lüte des dorfes ze — I 246.
— mansus in — II 351.
— redditus — II 64, 77.
— stüre ze — I 246.
— t. n. b., d. u. v. ze — I 246.
— vogtrecht ze — I 246.
Waliswil, s. Walenswil.
Walkilch, s. Waldkirch.
Walkon, curia —, s. Walcho.
Walküni, s. Wallküni.
Wallahusen, s. Walbusen.
Wallaselden, s. Wallsellen.
Wallbach (Ort, n.-w. v. Seckingen, im Gb. Baden).
— Walabuch, I 64.

— hof der herren von Sant Blesigen ze — I 64; s. auch Blasien St.
— vogtrecht ze — I 64.
Wallbach, von — (Bürgergeschlecht zu Basel).
— Walpach, II 567, 649, 650, 655.
— der von — II 649, 650, 655.
— Johans von — II 567, 655.
Wallentenbrunnen, s. Brunnenhof, fallender.
Wallikon (Df., n. v. Wisendangen, Kt. Zürich).
— Walikein, hof de — II 509.
Wallikon (Df., n.-ö. v. Pfäffikon, Kt. Zürich).
— Waldikon, Waltlikon, II 482, 484.
— gut ze — II 482, 484.
Walon, s. Walen.
Walpach? (unbestimmbarer Ort, wohl bei Arau, Kt. Argau).
— Walpach, I 137.
— hofstette, garten und acher ze — I 137.
— zins ze — I 137.
Walpach, von — s. Wallbach.
Wallalingen (Df., s.-ö. v. Guntalingen, Kt. Zürich).
— Waltalingen, Waltringen, I 344, II 830, 696.
— dorf ze — I 344.
— lute ze — I 344.
— lüt und güter — II 696.
— nütze und velle — II 696.
— stok und galgen — II 696.
— stüre ze — I 344.
— t. n. b., d. n. v. ze — I 344.
Waltbotte, Eberhart — (Pfandinhaber, wohl zu Waldshut, im Gb. Baden), II 125.
Waltenheim (Df., n.-ö. v. Altkirch, im Elsass).
— Waltenhein, Walthein, I 28, 56.
— herberig ze —, herberg — I 28, 56.
— stüre uffen — I 56.
— torf ze — I 28.
— t. n. b., t. n. v. ze — I 28.
Waltenstein? (Df., s.-w. v. Elgg, Kt. Zürich).
— Waltistal, II 73, 482.
— advocacia in — II 73.
— lehen ze — II 482.
Waltenswil (Pfd., w. v. Hermetswil, Kt. Argau).
— Walterswile, Walteswile, Waltiswile, I 140, 168, II 535, 562, 760, 762.

— hof ze — II 762.
— lehen ze — II 762.
— schüpos ze — I 562.
— turn ze — II 760.
— t. n. h., d. u. v. ze — I 140, 168.
— wachenden ze — II 575.
Waltersberg (Vanthiermont, Ort, n.-ö. v. Belfort, Frankreich).
— Waltersberg, II 450.
— benne ze — II 450.
— lehen ze — II 450.
Walterswil (Df. im Kt. Solothurn).
— Walterswyler, dorf, II 747.
Walterswil (Pfd., w. v. Huttwil, Kt. Bern).
— Waltrichwiler, II 7.
— s. auch Waltenswil.
Waltheim, s. Waltenheim.
Walther (Vor-Name verschiedener Leute).
— Walter, filius dicti Swartzen, s. Swartzen.
— Walter molendinator (Müller zu Kranchenwies, im Kgr. Preussen), II 151.
— Walther, Waltherus cellerarius (Bauer zu Ober-Embrach, Kt. Zürich), II 69, 79.
— Walther der Rote, s. Rote.
— Walther usser der Trotton, s. Trotten.
— Waltherus villicus (Pfandinhaber zu Sursee oder Sempach, Kt. Luzern), II 192.
Waltherus de Götlinchon, s. Gäslikon.
Waltherus sutor de Bersinkon, s. Bertschikon.
Walthüsirn, Walthusen, Walthusern, s. Waldhäusern.
Waltikon (Ort, n.-w. v. Zumikon, Kt. Zürich).
— Waltlinkon, II 295.
Waltistal, s. Waltenstein.
Waltiswile, s. Waltenswil.
Waltkilch, Waltkilche, s. Waldkirch.
Waltküni? (Bauer zu Unlingen, Kgr. Würtemberg).
— Waltkünis gût, bonum Walkoni, bonum Walkünis, I 388, II 228, 249.
Waltlikon, s. Wallikon.
Waltlinkon, s. Woltikon.
Waltman, Conradus — (Bauer im Eigen bei Brugg, Kt. Argau), II 48, 50.
Waltnerin, die —, s. Waldener.

Waltrichwiler, s. Walterswil.
Waltringen, s. Wallalingen.
Waltshût, s. Waldshut.
Waltsteige, s. Waldsteig.
Waltstetten, s. Dürrenwaldstetten.
Waltwil (Df., n.-ö. v. Emmen, Kt. Luzern.
— Waldwile, Waltwile, II 577, 585.
— hof ze — II 577.
— schüppossen ze — II 585.
— vogty ze — II 577, 585.
Waltz (Bauer zu Langen-Enslingen, im Kgr. Würtemberg?).
— Waltzen hûbe, I 406.
Waltzberg, s. Waldshurg.
Waltshût, Walshôt, Walzhût, Walzhut, s. Waldshut.
Wambescherin, Ita — (Hörige des Klosters Beromünster zu Lügswil, Kt. Luzern), II 277.
Wandelberg (Burg, s. v. Benken, Kt. St. Gallen).
— Wandelberg, I 504, II 518.
— burg ze —, vesti —, I 504, II 518.
Wangen (Pfd. im Kt. Zürich).
— Wangen, I 249, 251, 305, II 60, 76, 77, 316, 405.
— gütli ze — I 305.
— gût ze — I 305.
— gût ze —, das gegen Zurichperg horet, I 249; s. auch Zürichberg.
— reditus, redditus in, de — II 60, 64, 76, 77.
— siure ze — I 251/252.
— usschideliuge ze — I 251.
— vogty ze — II 405.
— vogtrecht ze — I 305.
Wangen (Städtchen an der Are, Kt. Bern).
— Wangen, II 730.
Wangen, Ingel von — (Bürger zu Olten, Kt. Solothurn), II 754.
Wangen; s. auch Gross-Wangen und Klein-Wangen.
Warmbach, Johans — von Waltshût (Lehensinhaber von Waldshut, im Gh. Baden), II 559.
Warmtal (Hof, n.-w. v. Langen-Enslingen, Kgr. Würtemberg).
— Warntal, Warnthal, I 407, II 407.
— garten ze — I 407.
— güter, gût ze — I 407.
— hof ze — I 407.
— villa — II 260.
— wise ze — I 407.

Warntal (Bauer zu Warntal, Kgr. Würtemberg), I 407.
Wart (Flurname bei Dattwil, Kt. Argau?).
— Warte, schöppoze an der — I 127.
Wartberg (Berg, w. v. Neftenbach, Kt. Zürich).
— Wartberg, Wartberg. II 477, 519.
— der Walderin güt am —. s. Walderin.
— güt uff dem — II 519.
Warte, s. Hoh-Wart.
Wartenfels (Burg, n.-w. v. Lostorf, Kt. Solotum, Heimat eines freiherrlichen Geschlechtes).
— Wartenfels, Wartenvels, I 7, 8, 41, 44, II 576, 595, 717, 731.
— der von — I 7, 8, 41, 44.
— fro Anna von — von Tengen, II 576; s. auch Tengen.
— Hans von Tengen von — II 717; s. auch Tengen.
— Hans von — II 731.
— Niclaus von — II 595.
Wartenfels (Haus zu Zofingen, Kt. Argau).
— hus ze Zovingen, dem man sprach — II 675; s. auch Zofingen.
Wartensee (Ort, n.-w. v. Sempach, Kt. Luzern).
— Wartenss, hof ze — II 581.
Wartenstein (Ruine, s.-ö. v. Ragaz, Kt. St. Gallen), I 526.
Warthausen (Ort, n. v. Biberach, Kgr. Würtemberg, Heimat eines ritterlichen Geschlechtes).
— Warthusen, der truchsesse von — I 383.
Wartstein (ehemalige Burg, n.-ö. v. Zwisfalten, Kgr. Würtemberg, Heimat eines gräflichen Geschlechtes).
— Wartstein, I 457, II 220, 262.
— grafschaft ze —, comitiva in —, comitia de —, comitia — I 457—462, II 220, 262—265.
— graven von — I 457.
— pignora in comitia — II 262—265.
Wartberg, s. Wartberg.
Waschenegg (Ort, s. v. Elmenegg, im Gh. Baden).
— Wassenegge, I 83.
— d. u. v. ze — I 83.
— lehen ze — I 83.
— vogtrecht ze — I 83.
Wasen, Jenny am — (Lehensinhaber im Birrfeld bei Brugg, Kt. Argau), II 537.
Wasman (Bauer zu Ober-Embrach, Kt. Zürich).
— Wasman, II 63, 79.
— Wasmans, des — schüpos, I 263.
Wasterkingen (Df. bei Wil, im Bezirk Bülach, Kt. Zürich).
— Wastachingen, güt ze — II 703.
Watt (Df., n.-ö. v. Regensdorf, Kt. Zürich).
— Wät, Watts, I 247, II 310, 773.
— hof ze — II 773.
— stuce ze — I 247, 248.
— ussidelinge ze — I 247.
Watt, wysen im — (unbestimmbar, wohl im Kt. Zürich), II 515
Wattenwil (Df., n.-ö. v. Worb, Kt. Bern).
— Watinwilere, II 20.
Wattweiler (Städtchen, w. v. Ensisheim, im Elsass, Heimat eines ritterlichen Geschlechtes).
— Watwilr, Wattewilr, Wattwilr, I 12, 42, 45, 47, II 439, 441.
— herberig ze — I 12.
— lechen ze — uff reben und uff matten, II 441.
— stat ze — I 12.
— t. u. v., ze — I 12.
— Andres von —, Andres von — und ein brüder, I 42, 47.
— Jacob, hern Richarts seligen sun von —, und Jacob sines brüders seligen sun, II 439.
Weber, Dürgi, — von Lupfen (Lehensinhaber im Birrfeld bei Brugg, Kt. Argau), II 537; s. auch Lupfig.
Weber, Cunrat der — (Gutsinhaber zu Gutenstein, im Gh. Baden), I 432.
Weber, Diethelm der — (Gutsinhaber zu Langen-Enslingen, Kgr. Würtemberg), I 408.
Weber, Marchwart der — (Gutsinhaber zu Railtingen, Kgr. Würtemberg), I 391.
Weberin, Adelheit — (Lehensinhaberin in Schwaben), II 464.
Webrin, Methilt die — (Gutsinhaberin zu Langen-Enslingen, im Kgr. Würtemberg), I 408.
Webschit, villicus dictus — (Bauer zu Zielfingen, im Kgr. Würtemberg), II 152.

Wecherswende, s. Wäckerschwänd.
Wechselmatte, die — (Flurname, wohl bei Bremgarten, Kt. Argau).
— Wechselmatten, invang in der — II 574.
Wechsirisrüti, s. Rüti.
Weckenstein (Burg im O.-A. Sigmaringen, Kgr. Prensen, Heimat eines ritterlichen Geschlechtes).
— Wekkenstein, dominus de — II 239.
Weckolsheim (Ort, s. v. Neu-Breisach, im Elsass).
— Wegoltheim, mänichhof ze — I 14.
Wecsilo (habsburgischer Eigenmann zu Iltisbausen, Kt. Turgau), II 327.
Wediswile, s. Wädensweil.
Weg, güt in dem — ze Grindelwalt (Gut zu Grindelwald, Kt. Bern), II 558.
Weg, im — (Hof bei Holderbank, Kt. Argan).
— Weg, Uli an dem — II 539.
— Wege, Berchtoldns de — II 49.
Weg, Wege, s. Wäggital.
Wegenli, Heinrich — von Rotenbach (Lehensinhaber zu Rattenbach, im Kgr. Baiern), II 472.
Wegenstetten (Pfd., s. v. Ober-Mumpf, Kt. Argan).
— Wegenstet, Wegensteten, Wegenstetten, I 60, II 725, 736, 738, 776.
— kilche — II 736, 738.
— kilchherre, der, von — II 725.
— leben ze — II 770.
— lute ze — I 60.
— l. u. h., d. u. v. ze — I 60.
Weger, Cülns —, von Ilichensee (Lehensinhaber zu Ilichensee, Kt. Luzern), II 584.
Weger, der —, ze Husen (Lehensinhaber zu Hausen, Kt. Argan), II 540.
Weggis (Pfd. am Vierwaldstättersee, Kt. Luzern).
— Wetlegis, I 207, 208.
— d. u. v. ze — I 208.
— güt ze — I 207.
— kilchöri ze — I 208.
— lüte ze — I 208.
Wegi, s. Wäggital.
Wegoltheim, s. Weckolsheim.
Wehingen, von — (ritterliches Geschlecht zu Olten, Kt. Solotorn).
— Wähinger, der — II 754.

Wehr (Flecken, n.-w. v. Seckingen, im Gh. Baden).
— Werr, Worrs, Werrach, Werre, Werrental, I 63, 65, 66, II 131, 546, 653, 654, 655, 656, 657, 719, 725, 732.
— ampt ze —, officium in —, officium de — I 63—66, II 131—133, 653, 654, 655, 710.
— burg ze — II 653.
— dal, tal, tall ze — I 65, 66, II 653, 655.
— die von — II 725.
— gericbt ze — II 655.
— herren ze — I 63.
— herschaft ze — I 63.
— kirchhern, die, von — II 131.
— leben ze — II 546.
— möli ze — II 657.
— redditus officii de — II 131(—133).
— satz ze — II 656, 657.
— stür ze — II 654.
Webserisrüti, s. Rüti.
Wei (Ort, s. v. Muri, Kt. Argau).
— Wye, d. u. v. ze — I 143.
Weinch (Pfd., s. v. Kaiserstuhl, im Kt. Zürich).
— Weynach, Winch, Wynch, I 248, II 304, 351.
— homs et homines in — II 351.
— curia in — II 351.
— sture ze — I 248.
— nesidelinge ze — I 247/248.
Weibel (Bauer zu Embrach, Kt. Zürich).
— Weibel, Waibli, II 62, 78.
— Weybels, des — schöpos, I 200.
Weiblingen (Ort, ö. v. Schönholzerswilen, im Kt. Turgau).
— Weiblingen, hoff ze — II 496, 502.
Weidach (Ort bei Herrlingen, im Kgr. Würtemberg).
— Widach, wisen hinder — II 465.
Weidhoff, der — ze Wulflingen (Hof zu Wülfingen, Kt. Zürich), II 506.
Weiern, s. Zweiern.
Weiertal (Ort, n.-ö. v. Kirch-Lerau, Kt. Argan).
— Werental, matte im — II 370.
Weiler (Villée, Hauptort des Weilertales im Elsass).
— Wilr, I 21.
— cins ze — I 21.
— dorf ze — I 21.

— hofstet ze — I 21.
Weiler (Ort, s.-ö. v. Altkirch, im Elsass).
— Wilre, leben ze — II 432.
Weinfelden (Pfd. im Kt. Turgau).
— Winfelden, II 501, 513, 514.
— hoff ze — II 513, 514.
— kilchensatz ze — II 501.
Weingarten (Flurname, n. v. Neftenbach, Kt. Zürich).
— Wingarten, Wingartin, Wingarton, Wingartten, I 324, 329, 332, II 27, 72, 73, 136, 145, 146, 460, 512.
— acker ze — II 512.
— hofstat ze — I 324.
— hûbe ze —, mansus in — I 324, II 72.
— lûte von — I 329.
— sture von — I 329.
— vinitores de — II 73.
— wingarte, wingarton ze — I 324, 326, II 460.
— zins ze — I 324.
— Meyger, der, von —, s. Meier.
Weingarten (ehemaliges Kloster im O.-A. Ravensburg, Kgr. Würtemberg).
— Wingarten, Wingarton, I 403, II 153, 221, 260.
— bona monasterii in — II 260.
— gotzhus ze —, monasterium —, monasterivm in — I 403, II 221, 260.
— homines pertinentes monasterio — II 221.
— vogtrecht ze —, advocatia in —, advocatia de —, jus advocaticum in — I 403, II 153, 221, 260.
Weini, Cûnrat — von Winttertur (Lehensinhaber von Wintertur, Kt. Zürich), II 502.
Weiningen (Ort, n. v. Frauenfeld, Kt. Turgau).
— Winigen, gût ze — II 514.
Weissenbach, der — (Zufluss der Töss).
— Wisenbach, der — II 404.
Weissenburg, von — (Freiherren-Geschlecht im Kt. Bern).
— Wissemburg, domini de — II 371.
Weissbaldenmühle (Mühle, ö. v. Embrach, Kt. Zürich).
— muli an den Wyssiuen, molendinum dictum ze dien Wisinan, molendinum Wisina, molendinum Wissinan, müle ze den Wissenon, I 258, II 63, 79, 95, 386.

Weisskirch (Weiler und Kirche bei Leimen, im Elsass).
— Wiskilch, kilchensatz ze — II 450.
Weisslingen (Pfd., n. v. Rumlikon, Kt. Zürich).
— Wissanach, Wissenang, Wissano(?), Wissenang, Wissenange, Wizenanc, I 290, 301, II 31, 38, 42, 60, 75, 76, 88, 392.
— Wilanc(?), Bertoldus de — II 94.
— dorf ze —, villa — II 60, 392.
— gütli ze — I 302.
— hof, der ober, ze —, curia superior in —, I 301, II 60.
— kelnhof ze —, curia cellerarii in —, curtis cellerarii in —, I 302, II 60, 75, 88.
— meyerhof ze —, curia villici in —, curtis villici in — I 301, II 60, 75.
— müli ze —, molendinum in —, I 302, II 60, 75.
— phand ze — II 392.
— predium in — II 88, 42.
— schûpos ze —, sunnat des bachs, scoposa ex alia parte ripe in —, scoposa prope ripam in — I 301, II 60, 75.
— schûpos ze — hindenan, I 302.
— schûpos ze — vorm tore, scoposa ante portam in — I 302, II 60.
— schûppas ze — I 290.
— stûre, sture ze — I 290, 302.
— t. u. b., d. u. v. ze — I 302.
— zins ze — I 301, 302.
Weiswil (Df., s.-ö. v. Ersingen, im Gh. Baden).
— Wisswil, Wiswille, I 87, 88, II 776.
— berglechen ze — II 776.
— hûbe ze — I 87.
— kelnhof ze — I 87.
— lûte des dorfes ze — I 88.
— schûppozen ze — I 87.
— stûre ze — I 88.
— t. u. b., d. u. v. ze — I 88.
— vogtrecht ze — I 88.
Wekkenstein, s. Weckenstein.
Weleswile, s. Wolenswil.
Welhusen, Welhusen, s. Wellhausen.
Welis müli, s. Wallismühle.
Wellenberg (ehemalige Burg, ö. v. Frauenfeld, Kt. Turgau, Heimat eines ritterlichen Geschlechtes).
— Wellemberg, Wellemberge, Wellenberc, Wellenberch, Wellenberg, Wel-

lenberge, II 84, 146, 148, 149, 323, 882, 399, 510, 685.
— her mayr von —, villicus de — II 84, 882, 399.
— dominus de — II 146, 148, 149.
— Cunradus de — II 823.
— Hans und Rudolf von — II 510.
— Rudolf von — II 685.
Wellhausen (Df., n.-ö. v. Frauenfeld, Kt. Turgau).
— Welhusen, Welhus, I 364. II 84, 399.
— dinghof ze —, des eigenschaft gegen Owe höret, I 364; s. auch Reichenau.
— d. n. v. ze — I 365.
— herberg ze — I 365.
— bâbe ze — I 365.
— lüte ze — I 365.
— pband za — II 399.
— schüpplüssen ze — I 364.
— stûre ze — I 365.
— tagwan ze — I 365.
— vogtey ze — I 364.
— vogtrebt ze — I 364.
Welli, Bertholt — (von Sigmaringen, Gutsinhaber von Brenzkofen, Kgr. Preussen), I 420; s. auch Sigmaringen.
Wallnau (Weiler, ö. v. Hürnen, Kt. Zürich).
— Welnôw, Welnowe, I 300, II 57, 891, 695.
— güter ze — II 695.
— hof, hov ze — I 300, II 391.
— kamerlen ze —, feodum camere de — I 300, II 57.
— t. u. b., d, n. v. ze — I 300.
— zins ze — I 300.
Wellnau (Weiler, ö. v. Triengen, Kt. Luzern).
— Welron, Walrowe, II 285.
— Chunradus de — II 285.
— Wernherus de — II 285.
Welsikon (Df., w. v. Dinhard, Kt. Zürich).
— Welsikon, Welsincon, II 73, 496.
— ager in — II 73.
— das Brandholtz ze — II 496; s. auch Brandholz.
— molendinum et ager in — II 73.
Welti von Lutzern (Lehensinhaber von Luzern), II 583.
Welwer, der — (Bürger zu Winterthur, Kt. Zürich), I 329.

Wendelsdorf (Ort, n.-ö. v. Pruntrut, Kt. Bern, Heimat eines ritterlichen Geschlechtes).
— Wendolstorf, II 470.
— banofen — II 470.
— vesty — II 470.
— Richart von — II 470.
Wendengurt, s. Vandoncourt.
Wengen, s. Wängi.
Wengen, villa — (Df., s.-ö. v. Interlaken, Kt. Bern), II 372.
Wengi (Pfd., n. v. Rapperswil, Kt. Bern).
— Wengw, scoposa una, II 13.
Weni, s. Wäni.
Wenigen, s. Nieder-Weningen.
Weningen, s. Nieder-Weningen, Wenslingen.
Wenslingen (Df. bei Ottingen, Kt. Baselland).
— Weningen, Wenslingen, II 736, 766, 775.
— burgstal und burghalde ze — II 775/776.
— güt ze — II 766.
— kilche — II 736.
Wepech, der — (Berg am Panixerpass, zwischen dem Kt. Glarus und Kt. Graubünden).
— Wepch, I 525.
Wepferman? (Name eines Söldnerführers?).
— Wepferman, Wepherman, Wephferman, II 720, 723, 727, 728, 729, 730.
— Heinrich — II 719/720, 723, 727, 729, 729, 730.
Werben (abgegangener Ort bei Urswil, Kt. Luzern).
— Werben, Werbon, I 224, II 212, 342, 612.
— hof, ein fryer, ze —, curia in —, curia —, hov ze — I 224, II 212, 342, 612.
— lüte, die fryen, ze — I 224.
— t. u. b., d. u. v. ze — I 225.
Werberg, hûb am — (unbestimmbar, wohl im Kt. Zürich), II 479.
Werbichswile, s. Wermetswil.
Werch, s. Ferren.
Werd, s. Schönenwerd.
Werd (Ort, s.-ö. v. Besenbüren, Kt. Aargau).
— Werdegg, vogty ze — II 563.
Werde, Rudolfus am — (Höriger des Klosters Einsiedeln zu Hombrechtikon, Kt. Zürich), II 297.

Wegia. Ulricus molitor am — (Höriger
  des Klosters Einsideln an Dübendorf,
  Kt. Zürich), II 308.
Werden, datum in — (unbestimmbar),
  II 709.
Werdegg (ehemalige Burg, ö. v. Unter-
  Hittnau, Kt. Zürich, Heimat eines
  ritterlichen Geschlechtes).
— Werdegge, II 290, 313, 314, 315.
— dominus de —, ... de —, de
  — II 290, 313, 314, 315.
Werdenberg-Sargans, von — (Grafen-
  Geschlecht).
— Santgans, graf Rüdolf von — I
  520; s. auch Sargans.
Werdenstein, s. Wertenstein.
Werdingen, s. Werlingen.
Werdsteg, der — (der untere Mühle-
  steg zu Zürich).
— Wertsteg, lehen an dem — II 764.
Wereutal, s. Weiertal.
Werenshausen (Ort, n.-ö. v. Pfirt, im
  Elsass).
— Wernhusen, Wernlhusen, II 414,
  437, 446.
— lehen ze — II 414, 446.
— müly ze — II 437.
Werikon (Df., n.w. v. Uster, Kt. Zü-
  rich).
— Wärikon, II 480.
— der Kaltbrunnen güt ze —, s. Kalt-
  brunnen.
Werlingen (Ort, s.-w. v. Neuenkirch,
  Kt. Luzern).
— Werdingen, t. u. b., d. u. v. ze —
  I 232.
Wermetswil (Df., n.-ö. v. Uster, Kt.
  Zürich).
— Werbichswile, Wermliswil, Werm-
  reswille, Wermberchswiler, Wern-
  brechswile, Wornbrechtswil, Wil-
  brechtswil, I 306, II 61, 76, 405,
  482, 480, 524.
— güt, ein vri, ze — I 306.
— redilus, redditus in — II 61, 76.
— vogtey ze — II 406.
— vogtrecht ze — I 306.
— zehenden ze — II 482, 489.
— Hans Fry von —, s. Fry.
Wernetshausen (Df., ö. v. Hinwil, Kt.
  Zürich).
— Wernoltzhûsen, Wernoltshusen, I
  279, II 81.
— güt, der vryen lüte, ze — I 279.
— redditus — II 81.

— t. u. b., d. u. v. ze — I 279.
— vogtrecht ze — I 279.
Wernher (Bauer zu Birchwil, Kt. Zü-
  rich), II 76.
Wernher, der vogt ze Baden, s. Baden,
  Wolen.
Wernher (Bauer en Kranchenwier, im
  Kgr. Preussen).
— Wernhers, Heinrich — hof, curia
  Heinrici Wernhers, I 425, II 241.
Wernher, Johans — von Lotstetten
  (Bauer zu Lotstetten, im Gh. Baden),
  II 772.
Wernher, ritter — (unbestimmbar), II
  723.
Wernherns (habsburgischer Eigenmann
  zu Lutikon, Kt. Zürich), II 298.
Wernhusen, s. Werenshausen.
Wernlivi, pratum — (Gut zu Rütl bei
  Fehr-Altorf, Kt. Zürich), II 60.
Wernoltzhûsen, Wernoltshusen, s. Wer-
  netshausen.
Wernswiler, Wernswille, s. Wirns-
  weiler.
Wernze von Landowe, s. Landau.
Werr, Werra, Werrach, Werre, Werren-
  tal, s. Wehr.
Wertenstein (Burg, ö. v. Wolhusen,
  Kt. Luzern).
— Werdenstein, burgstal, das heisset
  — I 198.
Wertsteg, s. Werdsteg.
Werufhusen, s. Werenshausen.
Werwiller, der — (Gutsinhaber zu
  Baden, Kt. Argau), I 128.
Wesen (Städtchen am Walensee, im
  Kt. St. Gallen).
— Nydern-Wesen, Wesen, I 515, 516,
  517, 518.
— ammann ze — I 516, 517.
— busse der lüte ze — I 518.
— güter ze — I 516.
— hof ze —, der heisset Harwenhof,
  I 515; s. auch Harwenhof.
— Sant Martins hof ze — I 516.
— hofstette ze I — 516.
— Sant Martins kilchen ze —, dû
  heisset Otis, I 517.
— lüte ze — I 516.
— Sant Martins lüte ze — I 517.
— phand ze — I 517.
— rötinan ze — I 517.
— stat ze — I 516.
— stüre der lüte ze — I 518.

— tagwan der lûte ze — I 518.
— t. a. h., d. u. v. ze — I 517.
— vall ze — I 516.
— viehphenning ze — I 516.
— wisen ze — I 516.
— zins ze — I 515, 516.
— zol ze — I 517.
Wevge, s. Vogesen.
Wevina, s. Fänl.
Wespersbühl (ehemalige Burg, s. v. Andelfingen, Kt. Zürich, Heimat eines ritterlichen Geschlechtes).
— Westerppal, Westerphal, Westerspal, II 368, 496, 524.
— reben ze — II 524.
— Heinricus de — II 368.
Wespi, Berchtoldus — (wohl Höriger des Fraumünsterstiftes in Zürich zu Herslibach, Kt. Zürich), II 320.
Wessenberg (Burg bei Mandach, Kt. Argau, Sitz eines freiherrlichen Geschlechtes).
— Wessemberg, Wessenberg, II 128, 551, 565, 592, 715, 723, 728, 729, 730, 731, 737, 742, 781.
— Egli und Hans von —, gevettern, II 592.
— Egli, Egly von — II 715, 731, 737.
— Hans von — II 737.
— Hans von — und sine brûdern kind, II 551.
— her Hartman von — II 128.
— Panthaleon von — II 761.
— Pantlyon von —, junger, Pentelli von —, II 565, 715, 723.
— Uolrich, Uolli von — II 715, 723, 730.
Wetelizhein, s. Wettolshsim.
Wettgis, s. Weggis.
Wetter, dictus — (Pfandinhaber zu Schwarzenbach, Kgr. Württemberg), II 255.
Wetter, dominus (Pfandinhaber zu Inzigkofen, Kgr. Preussen), II 240.
Wettingen (ehemaliges Kloster, s. v. Baden, Kt. Argau).
— Wettingen, Wettingen, Wettingin, II 85, 97, 98, 101, 107, 114, 115, 141, 146, 148, 177, 178, 208, 302, 343, 353, 720, 724, 729, 737.
— abt, apt von — II 176/177, 724, 728/729.
— die von — II 720.
— gotahus ze —, monasterium in —, monasterium —, closter — II 107, 302, 358, 737.

— herren, die — von —, die herea von —, domini de —, domini in — II 85, 97, 98, 114, 115, 141, 146, 148, 178, 208.
— münch, die, von — II 101.
Wettolsheim (Ort, s.-w. v. Kolmar, im Elsass, Heimat eines ritterlichen Geschlechtes).
— Veltsishein, Wetelizhein, II 426, 427.
— daz holtz wider — II 426.
— Johans von — II 427.
Wetzel, Rûdolf —, von Zollikon (Lehensinhaber von Zollikon, Kt. Zürich), II 563.
Wetgikon (Df., s.-ö. v. Lustorf, Kt. Turgau).
— Wetzinkon, Wetzzinkon, I 361, II 325.
— gerihte ze — I 361.
— hofstette ze — I 361.
— vri lüte ze — I 361.
— vogtreht, vogtstûre ze — I 361.
Wetzikon (Pfd., s.-ö. v. Pfäffikon, Kt. Zürich).
— Wetzinkon, Ulricus villicus de — II 900.
Wetzilo (oder Wetze), Schultheiss zu Wintertur, Kt. Zürich).
— Wetzels hanevrowe des schulthaizzen von Winterlur, II 382.
— Wetzilo Schultheiss, I 320.
— Weziliane scultetus in Winterture, II 70.
— Wexilo scultetus, II 84.
— Wesilo scultetus et Be.. frater suus, II 84.
— Wuzzelo sculdedus, Wezzelo, II 138, 145, 148.
— s. auch Schulthess, Winterlur.
Wetzstein, Ruodolfus —, liberi sui et fratres sui (habsburgische Hörige zu Kûssnach, Kt. Zürich), II 292.
Wetzwil (Ort, n.-ö. v. Herrliberg, Kt. Zürich).
— Wetzwile, II 306, 317.
— Heinricus de — II 306.
Weyach, s. Weiach.
Weybel, Rents der — (Gutsinhaber zu Engelwies im Gh. Baden), I 430/431.
— s. auch Weibel.
Wi, böngarten, den man nempt der — (unbestimmbar, wohl im Kt. Argau), II 531.
Wiach, s. Weiach.

Wichen, s. Wigge.
Wichen, des — hus und bad (zu Baden, Kt. Argau), II 572.
Wickershoven?, matten ze — (unbestimmbar, wohl im Gb. Baden), II 771.
Wida, s. Widen.
Widach, s. Weidach.
Wideme, die — (Gut zu Seen, Kt. Zürich).
— Wideme, I 316, II 139.
— dù schöpos in der — I 316.
— Heinricus in der — II 139.
Widemer, Heinricus dictus — (Höriger des Klosters St. Blasien zu Taingen, Kt. Schaffhausen), II 330.
Widemer, Waltherus dictus —, fratres et sorores sui et eorundem liberi (habsburgische Hörige zu Kirch-Lerau, Kt. Argau), II 288.
Widen (Ort, s. v. Dietingen, Kt. Turgau).
— Widen, I 368.
— eigen, die vrien, in den — I 368.
— lüte, die — in den — I 368.
— lagwan der löle in den — I 368.
— vogtslére in den — I 368.
Widen (Burg bei Ossingen, Kt. Zürich, Heimat eines ritterlichen Geschlechtes).
— Wida, II 85, 86, 331, 367, 381, 434.
— burg ze Ossingen, genand — II 484; s. auch Ossingen.
— huw, so daruß gehöret, I 484.
— müli under der burg — II 484.
— dominus de —, idem de — II 85, 86, 367.
— dominus Heinricus de —, Heinricus predictus, II 331, 369.
— Heinrich von — II 381.
Widenhof (Ort, s. v. Utzenstorf, Kt. Bern).
— Widon, mansus, II 16.
Widernheim? (unbestimmbarer Ort im Elsass).
— Widernheim, lann in — II 443.
Widers schüppos (unbestimmbar, wohl bei Embrach, Kt. Zürich), II 475.
Widerspan, Rûf — (Leheneinhaber zu Veringendorf, Kgr. Preussen), II 461.
Widmer, Jacob —, von Lindow (Leheninhaber von Lindau, Kt. Zürich), II 508.

Widmer, Johans —, von Birr (Leheninhaber von Birr, Kt. Argau), II 536.
Widmerin, die — (Gutseinhaberin zu Benzingen, im Kgr. Preussen?).
— Widmerin, der — hof, curia dicta Widmerin, I 400, II 223.
Widmers, Mechtildis dicta — et sui liberi (Hörige des Fraumünsterstiftes in Zürich zu Hussikon, Kt. Zürich), II 316.
Widmers, Stephan — höh (Gut bei Wintertur, Kt. Zürich), II 404.
Widon, s. Widenhof.
Wiedental, s. Ilental.
Wiel? (unbestimmbarer Ort, wohl im Kt. Zürich).
— Wiel, die wismatt ze — II 494; s. auch Wismat.
Wieladingen (Df. u. Burgruine, a.-ö. v. Seckingen, im Gb. Baden, Heimat eines ritterlichen Geschlechtes).
— Wieladingen, Wielandingen, Wyeladingen, I 59, 61, 63, 70, II 130, 769.
— der von — I 59, 61, 63, 70.
— die von — II 769.
— her Uolrich von — II 130.
Wielli, dictus — (von Sigmaringen, Kgr. Preussen), II 249; s. auch Sigmaringen.
Wiellins, curia — (Hof zu Marbach, Kgr. Württemberg), II 158.
Wien (Hauptstadt von Oesterreich).
— Wien, Wiene, Wienn, Wiennn.
— datum ze, in — II 600, 604, 610, 616, 618, 621, 622, 625, 626, 629, 631, 638, 641, 650, 653, 654, 656, 657, 658, 660, 661, 671, 674, 680, 683, 686, 688, 690, 691, 693, 695—699, 704, 706, 707, 708, 710, 712.
— meister Hainrich, pfarrer ze — II 670; s. auch Heinrich.
Wier, müli an dem — (zu Langen-Enslingen, Kgr. Württemberg), I 408.
Wiemendangen, s. Wiesendangen.
Wietlisbach (Städtchen, n. v. Wangen, Kt. Bern).
— Wietliwpach, II 730.
Wigant, Wigant — et Rudolfus frater suus (Hörige der Kirche Embrach, zu Tösriedern, Kt. Zürich), II 307.
Wigge? (Flurname zu Seen, Kt. Zürich).

— Wigge, dù hàbe am —, mansus in dem Gewig, mansus Wichen, I 316, II 87, 139.
Wiggen, s. Wikon.
Wiggen, von (Bürger-Geschlecht zu Arau, Kt. Argau).
— Viukon, Wigen, Wig(g)en, Wiggen, II 567, 568, 601, 602, 608.
— Chünrat von — schultheiss ze Aröw, II 602, 608.
— der schultheiss von — II 568.
— Johans von — von Aröw. Hans von —, burger ze Aröw, Henman von — von Aröw, II 567, 601, 602.
— s. auch Arau.
Wiggern (Ort. ö. v. Hergiswil, Kt. Luzern).
— Wiggeron, t. u. b., d. u. v. ze — I 183.
Wigginwil? (Ort, n.-ö. v. Münchenbuchsee, Kt. Bern).
— Ögeswiler, scopossa — II 14.
Wiggwil (Df., n. v. Beinwil, Kt. Argau).
— Wigwile, d. n. v. ze — I 145.
Wiglisböch, s. Wildisbuch.
Wigman, dictus Recke (Pfandinhaber zu Buchau, im Kgr. Würtemberg), II 251.
— s. auch Recke.
Wikiln, s. Winkel.
Wikon (Ort, n. v. Reiden, Kt. Argau).
— Wiggen, II 281.
Wil (Ort, s.-ö. v. Andelfingen, Kt. Zürich).
— Wile, vogty ze — II 519.
Wil (Ort bei Wolen, Kt. Argau).
— Ober-Wiler, II 2.
Wil (Nieder- und Ober —, Ort, s. v. Görwil, im Gh. Baden).
— Wile, dorf, I 69.
— lúte vrige, ze — I 69.
— vogtrecht ze — I 69.
Wil (Weiler, n. v. Muri, Kt. Argau).
— Wile, I 142, II 53, 110.
— d. n. v. ze — I 142.
— taglen ze —, die des gotzhuses von Mure eigen sint, I 142; s. auch Muri.
— vogtreht ze — I 142.
Wil (Df., ö. v. Laufenburg, Kt. Argau).
— Wil, Wile, II 540, 736, 766, 776.
— bunn, ze — II 776.
— gût ze — 766.

— gût ze —, dem man sprichet uff der Wisen, II 540; s. auch Wisen.
— kilche — II 736.
— wingarten ze — II 776.
Wil (Städtchen im Kt. St. Gallen).
— Wil II 573.
— die Kupfersmit von —, s. Kupferschmid.
Wil (oder Wilhof, Df, s.-ö. v. Birrwil, Kt. Argau).
— Wiler. I 175, II 4.
— das dörflein ze — I 175.
Wil (unbestimmbarer Ort, jedenfalls im Kt. Argau).
— Wile, II 608, 610.
— hof ze —, curia in — II, 207, 609, 610.
Wil, s. a. Nieder-Wil.
Wil, von — (auch Wile, von —, ritterliches Geschlecht zu Bremgarten, Kt. Argau).
— Wil, Wile, Wyle, II 111, 114, 179, 183, 188, 610, 632, 710, 732, 760.
— Berhtolde, Bertoldus, Berchtolt, Bechtold, von, de — II 179, 183, 188, 610, 760.
— Fölmi von — II 719, 732.
— her Ott von — II 114.
— Peterman von — II 719, 732.
— Wernlin der Schenke von —, desselben Schenken müter, II 632.
— her Wernher von —, Wernher von — II 111, 760.
Wilachen, s. Windlach.
Wilaperch, novalia — (unbestimmbar, vielleicht Baldisperch bei Kloten, Kt. Zürich), II 60; s. auch Baltsberg.
Wilbersmatten (Flurname bei Issikon, Kt. Zürich).
— wysen ze Issikon, heisset — II 511; s. auch Issikon.
Wilbrechtzwil, s. Wermetswil.
Wild (Geschlecht zu Mengen im Kgr. Würtemberg).
— Wild, Wilde, II 252, 254, 460.
— Cunradus dictus —, civis in Meyngen, II 254.
— dictus —, civis in Meyngen, II 252.
— Hans der —, von Mengen, II 460.
Wildberg, s. Willberg.
Wildegg (Burg, n. v. Lenzburg, Kt. Argau. Heimat eines ritterlichen Geschlechtes).
— Wildegge, Wildegge, Wildegk, I 136, 165, II 113, 114, 124, 184, 187, 189, 572, 637.

— dominus dapifer de Habsburg, II 164; s. auch Habsburg.
— dominus tapiferus, II 189.
— dominus pincerna, pincerna de — II 184, 1×7.
— der schenke selig von —, pincerna de — I 136, 185.
— her Hartman der schenk, dominus Hartmannus pincerna de — II 114, 160.
— Heinrich truchsetz von —, sin bruder, II 572, 573.
— her Herkenvrit der truchseze von — II 124.
— dominus Petrus dapifer, II 50; s. auch Petrus.
— her Peter der truksās von, Peter, der trugsetze von —, II 113, 114, 607.
— domina Ütche, II 50; s. auch Ütche.
Wilden, dicti — (Hörige des Klosters Einsideln, zu Irgenhausen, Kt. Zürich), II 312.
Wildenberg (Ort und Burg, s.-ö. v. Bar, Kt. Zug).
— Wildenberg, II 547.
— burg ze — II 547.
— gewesse ze — II 547.
Wildenstein (Burg, s.-w. v. Gutenstein, im Gh. Baden, Heimat eines ritterlichen Geschlechtes).
— Wildenstein, I 427, II 210.
— der von —, dominus de — I 427, II 240.
— die von — II 729.
Wildern (Schloss bei Tobel, Kt. Turgau).
— Wildenrain, her Arnolt von — II 309.
Wilderswil (Pfd. im Lötschental, Kt. Bern).
— Wilderswile, I 480.
— alpen ze — I 480.
— dinghof ze — I 480.
— lute, die, ze — I 480.
— mulchen das ze — I 480.
— store ze — I 480.
— t. u. b., d. u. v. ze — I 480.
Wildi, Conradus der — (habsburgischer Eigenmann zu Küssnach, Kt. Zürich), II 317.
Wildin, Heinricus — (Höriger des Klosters Einsideln zu Küssnach, Kt. Zürich), II 297.

Wildisbuch (Df., n.-w. v. Trüllikon Kt. Zürich).
— Wiglisbüch, I 348.
— hofstat ze — I 348.
— hübe ze —, dú gegen Rinowe höret, I 348; s. auch Rheinau.
— hüben ze —, der eigenschaft gegen Rinowe höret, I 348; s. auch Rheinau.
— schüppösen, die gegen Rinowe hörent, I 348; s. auch Rheinau.
— t. u. b., d. u. v. ze — I 348.
— vogtreht ze — I 348.
— wideme ze — I 348.
Wile, dicti Niedermanne ze dem — (Hörige der Propstei Zürich zu Küssnach, Kt. Zürich), II 319; s. auch Niedermanne.
Wile, s. a. Freien-Wil, Nieder-Wil, Ober-Wil, Wil, Wilen, Zechenwil.
Wilen (Ort, s.-ö. v. Weggis, Kt. Luzern).
— Wile, gút offen — I 207.
Wilen (Ort, s. v. Wil, im Kt. Turgau?).
— Wille, hoff genant — II 597.
Wilen (Hof, s. v. Hittnau, Kt. Zürich?).
— Wille, II 313.
Wilenhoff, s. Wilman.
Wiler? (Bauer zu Ober-Embrach, Kt. Zürich).
— Wiler, Willer, II 63, 70.
— Willerus hübe, I 263.
Wiler (Df. bei Buch, Kt. Zürich?), II 65, 77.
Wiler (Df., n. v. Steinenberg, im Kt. Zug?).
— Wiler, dorf, I 214.
— lute ze — I 214.
— süre ze — I 214.
— t. u. b., d. u. v. ze — I 214.
Wiler (Df., n. v. Utzenstorf, Kt. Bern).
— Wilere, II 17.
— domicilium — II 17.
— mansus — II 17.
— scoposse — II 17.
Wiler? (unbestimmbarer Ort, wohl bei Spreitenbach, Kt. Argau).
— Wiler, Wilere, I 121, II 32.
— hüben ze —, mansus — I 121/122, II 32.
— schüppotzan, schüppozan ze —, scoposse — I 121/122, II 32.
— sine ze — I 121/122.

Wiler? (unbestimmbarer Ort, wohl bei Kanaach, im Kgr. Würtemberg).
— Wiler, güt, das gän — höret, II 461.
Wiler, dicti — (Bauern zu Kloten, Kt. Zürich), II 67.
Wiler, Johans — von Kiesenbach (Lehensinhaber von Kiesenbach im Gh. Baden), II 559.
Wiler, Petrus de — (Baner zu Kloten, Kt. Zürich), II 67.
Wiler, von — (Bauern-Geschlecht zu Engelwies, im Gh. Baden).
— Heinrichs güt von — I 431.
— Heinrichs häbe von — I 430.
— Heinrichs sun von — I 432.
Wiler, s. auch Nieder-Wil, Wil.
Wilfertsweiler (Ort, a. v. Bogenweiler, im Kgr. Würtemberg).
— Wolfochswille, Wolfoswille, I 380.
— gerichte, ellö, ze — I 380.
— güter ze — I 880.
— ints ze — I 380.
— vogtrecht ze — I 380.
Wilfingen (Df., a.-ö. v. Görwil, im Gh. Baden).
— Willeflngen, I 81.
— dorf ze — I 81.
— d. n. v. ze — I 81.
— leben ze — I 81.
— vogtrecht zu — I 81.
Wilhelm, Claus — von Frowenfeld (Lehensinhaber von Frauenfeld, Kt. Turgan), II 513.
Wilhelm, Ueli —, von Zürich (Lehensinhaber von Zürich), II 764.
Wilhelmiter, die — (religiöse Druderschaft zu Mengen, im Kgr. Würtemberg).
— Wilhelmi, fratres, monasterium ordinis S. — I 445.
Wilhof, s. Wil.
Wiliedorf (oder Willadorf, Df., s.-w. v. Diessenhofen, Kt. Turgan).
— Wilistorf, Wilistorff, Willistorff, I 343, II 506, 524.
— güt, vries, ze — I 343.
— hofstette ze — I 343.
— höwzehenden ze — II 524.
— löte ze — I 343.
— stüre ze — I 343.
— t. a. h., d. a. v. ze — I 343.
— vogtreht ze — I 343.
— weibelhäbe der vrien ze — I 343.
— wingart ze — II 506.

Wilisöw, s. Willisau.
Wilkönin (Lebensinhaber zu Unlingen, Kgr. Würtemberg), II 162.
Willach, s. Windlach.
Willberg (auch Wildberg, Pfd., w. v. Turbental, Kt. Zürich, Heimat eines ritterlichen Geschlechtes).
— Wildberg, Willeberg, II 326, 359, 489, 777.
— domini de — II 359.
— häbe ze — II 777.
— Johans von — II 489.
— Tösegger, Hans der, von — II 639.
Wille (Bauern-Geschlecht zu Bolstern, Kgr. Würtemberg).
— Willen, Cunrat — sun, dicti Willen sun — I 341, II 254.
Wille, s. a. Wilen und Willen güt.
Willeburg, fro — (Gutsinhaberin zu Geilingen, im Gh. Baden), I 342.
Willehnrgis (habsburgische Hörige zu Oerlingen, Kt. Zürich, II 331.
Willeflngen, s. Wilfingen.
Willen güt (Gut zu Engelwies, im Gh. Baden), I 430.
Willer, s. Wiler.
Willerhach (Bach und Wald bei Masmünster, im Elsas).
— Wilrhach, die welde ze — II 442.
Willero, s. Wiler.
Willikon (Weiler, ö. v. Oetwil, Kt. Zürich).
— Wilrinchon, Wilrinkon, I 277, II 81, 294, 396.
— redditus in — II 81.
— zehende ze —, zehnt datz — I 277, II 396.
— Mechtildis de — (habsburgische Hörige zu Zürich), II 294.
Willinkon, s. Zwillikon.
Willisau (Städtchen und Burg im Kt. Luzern).
— Wilisöw, Willisöws, Willisowe, I 161, 181, 184, 186, 196, II 135, 343, 845, 639.
— acker ze —, ager situs in clivo castri — I 184, II 345.
— ampt ze —, officium — I 181, 186, II 843.
— bona revocanda in officio — II 343.
— burg ze —, castrum — II 343, 345, 639.
— d. n. v. ze — I 184.
— hofstat ze — I 181.

256   Register.

— lûte von — I 198.
— stûre des amptes ze — I 186.
— zins ze — I 184.
Willistorff, s. Williedorf.
Williswil (Ort, a. v. Römerswil, Kt. Luzern).
— Williswile, II 277.
— Burchardus de —, et Johannes frater suus (Hörige des Klosters Beromünster, zu Lögswil, Kt. Luzern), II 277.
Wilman, Rudolff — von Wilenhoff (Lebensinhaber im Kt Zürich), II 512.
Wilnach, s. Villnachern.
Wilpisberg, s. Wulpisberg.
Wilr, s. Weiler.
Wilrbach, s. Willerbach.
Wilre, s. Weiler.
Wilrinchon, Wilrinkon, s. Willikon.
Wilsis gût (Gut an Farwangen, Kt. Argau), I 170.
Wiman, filii dicti — (Hörige des Klosters Einsideln, zu Römlang, Kt. Zürich), II 309.
Wincenbein, s. Winzenheim.
Winchein, Winchiln, s. Winkel.
Winczwille, s. Winzwilen.
Windecke, s. Nieder-Windegg.
Windegg, von — (Ministerialen-Geschlecht der Grafen von Rapperswil).
— Windekk, her Dietrich von — II 394.
— s. auch Nieder-Windegg.
Windegg(e), s. Nieder-Windegg.
Windegger, Wernli — (Bürger zu Rapperswil, Kt. St. Gallen), II 709.
Winderberge, s. Winterberg.
Winderdure, s. Wintertur.
Windisch (Pfd., 5. v. Brugg, Kt. Argau).
— Windesch, Windichs, Windisch, Windische, Wins, I 127, 134, 135, II 47, 48, 113, 176, 528, 538, 540, 598, 644, 738.
— dorf ze —, villa in — I 134/135, II 48.
— garten ze — an dem stad, II 538.
— gerutin ze — I 134.
— gût ze — II 528.
— hof, hov ze —, curia in — I 134, II 48, 113, 176, 540.
— hûbe, ein helbu, ze — I 134.
— hûben, drie halba, ze — I 134.
— kylche, die, ze —, die kilch — I 134, II 738.

— lantgarba regis, lantgarbe ze — II 49, 176.
— leben ze — in dem werd, II 538.
— phand ze — II 598.
— pischaria in — I 134.
— schöppelze ze —, schöppozan ze —, schöppoze ze — I 127, 134, 135.
— stûr ze — II 644.
— summa ville in — II 48.
— t. u. b. d. u. v. ze — I 134.
— var ze — I 134.
— zins ze — I 127, 134.
— Arnoldus de — II 47, 48.
— Heinricus de — II 48.
Windlach (Df., s.-ö. v. Weiach, Kt. Zürich).
— Wilachen, Willach, Windlach, Winlach, Zwinlach, I 248, II 304, 350, 498, 764.
— curia — II 350.
— sture ze — I 248.
— ussidelinge ze — I 248.
— zehenden ze — II 764.
— Koppo, Cunrat, von — s. Koppo.
Winegg (Burg bei Katzental, im Elsass).
— Winegge, II 427.
— burg ze — II 427.
— reben ze — II 427.
Winenmoos (Flurname, s. v. Menziken, Kt. Argau).
— Winmos, bonum dictum — II 203.
Winfelden, s. Weinfelden.
Wingarte, der — (Flurname an Büsslingen, im Gb. Baden).
— Wingarte, acker, der heisset der — I 364.
Wingarten, Wingartin, Wingarton, Wingartien, s. Weingarten.
Winigen (Pfd., n. v. Heimiswil, Kt. Bern).
— Winigen, II 7.
Winigen, s. s. Weiningen.
Winikon (Pfd., s. v. Reitnau, Kt. Luzern).
— Winikon, Wininken, Wininkon, I 185, II 282, 348.
— d. u. v. ze — I 185.
— t. n. b. in villa — II 347/348.
Winikon (Ort, n. v. Uster, Kt. Zürich).
— Winninkon, zehenden ze — by Ustra, II 521.
Winkel (Df., s. v. Bülath, Kt. Zürich).
— Wikiln, Winchein, Winchiln, Winheln, Winkiln, Winklen, I 250, 264, II 63, 65, 77, 79, 306, 352, 761, 776.

— dorf ze — I 250.
— lute ze — I 250.
— reditus —, redditus in — II 63, 65, 77, 79.
— schöpos ze —, scopoen in — I 264, II 352.
— schöpos ze —, die die oberherren von Zürich anboret, I 250; s. auch Zürich.
— sture ze — I 250.
— t. u. h., d. n. v. ze — I 250.
— umidelinge ze — I 250.
— vogtei ze — II 761, 776.
— vogtrecht ze —, advocatia in — I 250, 264, II 352.
Winkel, Heinricus dictus in dem — (Höriger des Klosters Luzern, zu Wolfetswil, Kt. Luzern), II 275.
Winlach, s. Windisch.
Winman, Walther — von Ulm (Lehensinhaber von Ulm, Kgr. Württemberg), II 478.
Winmos, s. Winenmoos.
Winninkon, s. Winikon.
Wins, s. Windisch.
Winschenke, Hermannus — (Bauer zu Unlingen, Kgr. Württemberg), II 229.
Wintderdore, s. Wintertur.
Winterberg (Weiler und Dorg, s.-ö. v. Brütten, Kt. Zürich, Heimat eines ritterlichen Geschlechtes).
— Winderherge, Winterberch, Winterberg, Winterperg, I 182, 290, II 386, 389, 438.
— dorf ze — I 290/291, II 389.
— d. n. v. ze — I 290/291.
— lüte ze — I 290/291.
— steure des dorfes — II 389.
— vogtrebt ze — I 290/291.
— der von — II 386.
— kinden, die, von — I 188.
— frow Anna, von — II 434.
Winterdure, s. Wintertor.
Winterhalde, holtz, heisset — (zu Degerfelden, Kt. Argau), I 114.
Winteringen, s. Vétrigne.
Winterzigen (Pfd. im Bezirk Siesach, Kt. Baselland).
— Winteringen, kilche, II 738.
Winterstetten (Ort und Burgruine bei Biberach, im Kgr. Württemberg, Heimat eines ritterlichen Geschlechten).
— Winterstetten, die schenken von — I 382.

Winterswil (Df., a. v. Beinwil, Kt. Argau).
— Winterswila, Wynterswile, II 285, 760.
— güt ze — II 760.
— hof ze — II 585.
Wintertur (Stadt im Kt. Zürich).
— Winderdure, Wintderdore, Winterdure, Wintertor, Wintertor, Winttertur, Winttertur, Wintertore, I 309, 322, 324, 325, 326, 328, 335, 336, 338, 339, II 26, 27, 39, 40, 42, 47, 53, 70—72, 84, 85, 88, 91, 137, 144, 147, 321, 376, 381, 384, 404, 406, 476, 478—480, 482, 485, 486—490, 495—498, 500—505, 507—515, 517—523, 525, 527, 677—679, 684—690, 692, 694, 698—707, 710, 711, 727, 734.
— acker by den nidern wysen by — II 514.
— acker in den zelgen ze — II 522.
— acker uff dem Heiligen Berg by — II 511; s. auch Heiligenberg.
— acker ze —, acker an —, acker ob — I 328, 336, II 480, 490, 521.
— ampt ze — I 322.
— ampt, das usser, ze, von — I 309—335, 339.
— ampte, die innern und ausseren, II 376.
— bach ze — I 336.
— badstuben ze — II 482.
— banchschilling ze —, mense vendencium in foro — I 376, II 20.
— brotbekken, die, ze — I 336.
— burger, die, ze, von — I 337, 339.
— der Brül by —, s. Brül.
— burgerstûr ze — II 377.
— cellerarii in — II 144, 148.
— census piscinarum — II 20.
— contumatie in — II 144, 147.
— cultura ante portam superiorem — II 26.
— datum — II 677, 678, 679, 686, 687/688, 692, 694, 698, 701, 702, 703, 706, 711.
— domicilia in — II 27.
— domicilium in — II 27.
— erechals von — I 339.
— fleischbakker ze —, officia carnificium — I 336, II 26.
— garten ze —, gartten ze —, horti —, orti ze — I 328, II 26, 137, 144, 147, 495, 678.

17

— gartenzins ze —, census ortorum in
 —, I 328, II 137, 144, 147, 705, 706.
— gassen, die, ze — I 336.
— gebreiten ze — I 325, 828.
— graben, der usser, ze —, fossatum
 in —, I 325, II 27.
— güter ze — II 689.
— birtenampt von — I 339.
— hofstette ze — I 337.
— hofzins ze — II 694.
— homines in officio sculteti de —
 revocandi — II 321—322.
— büb, ein balbes, ze — II 331.
— hüben ze —, mansus —, mansi —,
 mansi prope — I 324, II 26, 72.
— bus der feltsiechen, ze — II 527.
— buser ze — I 337.
— buszirs ze —, census de domibus,
 census domorum in — I 326, II 26,
 88, 137.
— kellenhofe, die, ze — II 685.
— kelnhof ze — II 698.
— kelnhofe ze — I 324.
— kelnhof, der nider ze —, inferior
 curtis — I 326, II 85, 404.
— kelnhof, der ober ze — II 404.
— kilrhe, die, ze — I 325.
— kornmess, das nider, ze — II 406,
 645, 700.
— lenberpfenning ze — II 406.
— marchrecht ze — I 334.
— marct, der rebte, ze —, forum —
 I 326, II 26.
— mes, das, an korne ze —, mensura-
 cio frumenti in foro, I 326, II 26.
— metzgen ze — II 699.
— molendinum an Steige —, s. Steige.
— molendinum inferius in — II 27.
— molendinum majus in — II 39, 42
— muli ze —, genant spitals mülin,
 II 505.
— muntze, die, ze —, moneta — I
 338, II 26.
— nütze und rechtunge ze — I 335.
— nütze, nüt ze — I 337, 338, II 406.
— officiales sculdedi — II 141.
— officium —, officium prope — I
 309, II 71, 84, 93, 137, 144, 147.
— officium sculteti — II 26, 53, 321.
— phistri, die, ze —, die pfisteri ze
 —, pfistrin ze — I 326, II 684, 699.
— pomarium quoddam in — II 27.
— rechtung, dü, ze — I 335.
— redditus, reditus in officio prope —
 II 71—73, 147.

— schultheiss, der ze, von — I 337,
 839.
— spital, der ze — I 331.
— stat, die stat, ze —, civitas, civitas
 in — I 309, 325, 337, II 40, 137,
 144, 147, 406, 734.
— stüre, die, von —, die steur ze —,
 die stüren ze — I 330, II 384, 685.
— tavern ze —, taberne —, tafern
 ze — I 336, II 26, 406, 684, 609.
— t. u. b., d. u. v. ze — I 339.
— veodarii in — II 144, 148.
— voralat, die, ze — II 689.
— vorsteltt, die, ze — I 336, II 685.
— vorster von —, venatores de ne-
 more in — I 339, II 27.
— vronwage ze — I 348.
— wachtpfenning ze — II 406.
— widmen, die, ze — II 685.
— wingarten ze — I 336, II 694.
— wisen ze —, prata —, wisen by —
 I 328, II 26, 510.
— zehendlin ze — II 490.
— zeigen ze — II 522.
— zins ze — I 326, 328.
— zinse und nütze ze — I 337.
— der zol, zoll ze —, theloneum —,
 teloneum in — I 337, 339, II 26,
 88, 137, 406, 703.
— zoller, der, ze — I 337, 339.
— Bürger und Einwohner von —,
 s Andelfingen, von —, Dinster,
 Büchorn, Ferren, Gevetterlin, Graf,
 Groniberg, Gulighuser, Hirt, Hofmann, Hoppler, Hügi, Hünikon,
 Huntzikon, Illower, Kalberer, Keller,
 Kiburger, Kisling, Kupfersmit, Linsi,
 Megg, Metzer, Mörgeli, Möller, Mu-
 buser, Nägeli, Nietstein, Ort, am —,
 Ottingen, von —, Pruckenslegel,
 Rheinau, von —, Rudolf, Rüdiger,
 Sal, von —, Satzucker, Schopff,
 under dem —, Schultbess, Seiler,
 Sigrist, Steinkeller, Stucki, Sulzer,
 Teilinger, Tröschelin, Weini, Wetzilo,
 Ziegler, Zinser, Zoller.
— s. auch Ober-Winterthur.

Winterturer, Heinrich —, von Baden
 'Pfandinhaber von Baden, Kt. Argau), II 600.

Winzelin, Richenzza dicta — et liberi
 ejus (habsburgische Hörige zu Ober-
 Kulm, Kt. Argau), II 245.

Winzenheim (Df., w. v. Kolmar, im
 Elsass).

— Wincenhein, Winzenhein, I 17, II 576.
— atore ze — I 17.
— torf ze — I 17.
— t. u. v. ze — I 17.
— wingelt ze — II 576/577.
Wingwilen (Weiler, n.-ö. v. Menzingen, Kt. Zug).
— Winczwille, Winzwile, I 153, II 773.
— dorf — I 153.
— d. a. v. ze — 153.
— hof ze — II 773.
Wirnalingen, s. Würenlingen.
Wirnsweiler (Ort, s. v. Friedberg, im Kgr. Würtemberg).
— Wernewiler, Wernewille, I 379, II 153.
— güter ze — I 379.
— lute des dorfes ze — I 379.
— vogtrecht ze — I 379.
Wirse (Bauer zu Hailtingen, Kgr. Würtemberg).
— Wirsen, Hermans des — gůt, bonum Hermanni dicti —, feodum — I 390, II 165, 251.
Wirt (Hospes, Bauer zu Erlingen, Kgr. Würtemberg).
— Wirtes, Lutolt des — hof, curia Ludwici Hospitis, curia Hospitis, I 385, II 227, 247.
— s. a. Hospes.
Wirtemoos, s. Wittenmoos.
Wirtes, des — gůt von Lutingen (Gut zu Luttingen, im Gh. Baden), II 503.
Wirtinmos, s. Wittenmoos.
Wimkurt, s. Bessoncourt.
Wise (Flurname bei Bergheim im Elsass), II 271.
Wisen, die Nůwen (unterhalb Kiburg, Kt. Zürich), II 500.
Wisenbach, s. Weissenbach.
Wisendangen (Pfd., n.-ö. v. Winterthur, Kt. Zürich, Heimat eines ritterlichen Geschlechtes).
— Wisendangen, II 28, 361, 398, 481, 486, 496.
— acker ze — II 486.
— gůt ze — II 403, 496.
— hub ze — II 481.
— kornschenden ze — II 431.
— dominus de — II 361.
— Chunrades chint von — II 396.
— Herman von — II 491.
Wisenauch, Wisenang, s. Weisslingen.

Wishein? (unbestimmbarer Ort, im Elsass), II 445.
Wisinan, molendinum —, s. Weisshaldenmühle.
Wiskilch, s. Weisskirch.
Wisling, s. Wissling.
Wirman (Bauer zu Kloten, Kt. Zürich), II 67.
Wismano?, s. Weisslingen.
Wismůli, die —, s. Ehingen.
Wisse, dictus (Höriger des Klosters Einsiedeln, zu Lindau, Kt. Zürich), II 290.
Wissembühel, s. Wisshubel.
Wissemburg, s. Weissenburg.
Wissen, dicti — (Hörige des Klosters Einsiedeln, zu Ottenhausen, Kt. Zürich), II 315.
Wissen, uff der —, s. Wil. (Kt. Argau).
Wissen, uxor dicti —, et sui liberi (habsburgische Hörige zu Lindau, Kt. Zürich), II 295.
Wissen, zwene — (Hörige des Klosters Einsiedeln, zu Rümlang, Kt. Zürich), II 309.
Wissenang, Wissenange, s. Weisslingen.
Wissenbach, der — ze Biberstein (Bach zu Biberstein, im Kt. Argau), II 759.
Wissenhart, hůbe ze der (unbestimmbar, wohl bei Ensisheim, im Elsass), I 11.
Wissenon, mole ze den —, s. Weisshaldenmühle.
Wisshubel (Ort, s. v. Opfersei, im Kt. Luzern).
— Wissembühel, I 182.
— lůte, die vryen, ze — I 182/183.
— t. u. b., d. a. v. ze — I 182/183.
Wissinan, molendinum —, s. Weisshaldenmühle.
Wissling (Geschlecht von Rapperswil, Kt. St. Gallen?).
— Wisling, Wissling, II 493.
— Heini — und des selb — (sin) geswitergit, II 493.
Wisman, Claus und Bürcklin die — (Lehensinhaber, wohl von Diessenhofen, Kt. Turgau), II 524.
Wiswil, Wiswille, s. Weisswil.
Witellikon (Ort, n. v. Zollikon, Kt. Zürich).
— Wittellinkon, villa — II 297.

Wilenowa, s. Wittnau.
Wilenswanden, s. Wittenschwand.
Witikon (Pfd., e. v. Zürich).
— Willikon, II 497.
— Berchtold von — und Elsbet von Slatt, sin wirttin, II 497; s. auch Schlatt.
Witlisberg? (abgegangener Ort, n. v. Höchenschwand, im Gh. Baden).
— Willisperg, dah und dotslag ze — I 85.
Wilnöw, s. Wittnau.
Witsteige, s. Wittsteig.
Wittellinkon, s. Witellikon.
Wittenheim (Df., e. v. Ensisheim, im Elsass, Heimat eines ritterlichen Geschlechtes).
— Wittenhein, I 10, II 443.
— des Buggelers güt ze —, s. Buggeler.
— Wernli von — II 443.
Wittenmoos (oder Wirtemoos, Weiler, s. v. Heimiswil, Kt. Bern).
— Wirtinmos, Wiltnmos, II 6, 9.
— decima — II 9.
Wittenschwand (Df., a. v. St. Blasien, im Gh. Baden).
— Wilenswanden, I 72.
— dorf ze — I 72.
— d. u. v. ze — I 72.
— güt, vriges ze —, das gen Celle höret, I 72; s. auch Neuenzell.
— vogtstüre ze — I 72.
Witterstorf? (unbestimmbarer Ort, im Elsass), II 591.
Wittikon, s. Witikon.
Wittnau (Pfd., s.-w. v. Frick, Kt. Argau).
— Wilenowa, Witnöw, I 60, II 736.
— d. u. v. ze — I 60.
— kilche — II 730.
— zehenden ze — I 60.
Wittsteig (Mühle, ö. v. Gundelfingen, im Kgr. Würtemberg).
— Witsteige, dà muli ze — I 466.
Witwil (Df., ö. v. Münster, im Kt. Luzern).
— Witwile, I 229, II 534.
— t. u. h., d. u. v. ze — I 229.
— zehenden ze — II 534.
Witzig, Heinrich — von Mellingen (Lehensinhaber von Mellingen, Kt. Argau), II 565.
Wiwan? (Bauer zu Lais, im Kgr. Preussen).

— Wiwans hof, Wiwangs hof, I 419, II 235.
Wizenans, s. Weiselingen.
Wisins, molendinum —, s. Weismbeldemmühle.
Wizingen, scoposa Fæcbinken, dicta — (bei Embrach, Kt. Zürich), II 61.
Wölflin (Lehensinhaber von Günsborg, im Kgr. Baiern), II 466.
Wölfliswil (Pfd., s. v. Frick, im Kt. Argau).
— Wulfiswille, Wulviswile, I 61, II 767.
— d. u. v. ze — I 61.
— lehen ze — II 767.
Wöttendal, s. Wutachtal.
Wolen, dâ gût von — (unbestimmbar, wohl bei Rülisheim, im Elsass), I 11.
Wolen (Pfd., ö. v. Vilmergen, Kt. Argau, Heimat eines ritterlichen Geschlechtes).
— Wolen, Wolon, Wolun, Woly, I 138, 167, II 98, 162, 189. 541—543, 555, 578, 614, 718, 723, 725, 727—729, 731, 735, 737.
— Dolon (verschrieben), II 621.
— dorf ze — II 621.
— d. u. v. ze — I 167.
— gût ze — I 167.
— hof, höfe ze — I 167, II 98, 578.
— kilhe — II 735.
— kirchansatz ze — I 167/168.
— lechen von —, lehen ze — II 541, 555.
— lüte ze — I 167.
— schüppossen ze —, der eigenschaft horet gegen Mure und Hermoltzwile, I 167; s. auch Muri, Hermetswil.
— stûre ze — I 167.
— twing und ban ze —, twing und ban im dorf ze — I 167/168, II 621.
— vogtreht ze — I 167.
— der von — I 139.
— Chünrad, Chünrat von —, der von — II 541, 542, 543.
— Heuman von —, der von — II 614, 718, 723, 725, 727, 728, 729, 731, 737.
— her Wernher von —, Wernherus de — I 167, II 182, 189.
— Wernher von —, der vogt ze Baden, Wernherus advocatus de, in officio Baden, Werner advocatus in officio Daden, s. Baden.

Wolenswil (Pfd., s.-w. v. Mellingen, Kt. Argau).
— Walaswile, Weliswille, Wolswile, Woliswil, I 157, II 738, 760, 775.
— d. u. v. ze — I 157.
— hof ze — II 760.
— kilche — II 738.
— vogtei ze — II 775.
— weibhübe ze — I 157.
— weybel ze — I 157.
Wolf (Bauer zu Laiz, im Kgr. Preussen).
— Wolfs, des — güt, bonum dicti Wolf, I 419, II 237.
Wolf (Lupus, Bauer zu Mengen, im Kgr. Würtemberg).
— Wolfs, des — hof, curia Lupi, curia dicti Wolfs, I 444, II 154, 245.
— Wolfs, des — lehen, II 458.
Wolfartsweiler (Df., ö. v. Friedberg, im Kgr. Württemberg).
— Wolferswiler, Wolferswille, Wolfbartswilr, I 379, II 158, 460.
— göter ze — I 379.
— lute des dorfes ze — I 379.
— vogtrecht ze — I 379.
— zehenden ze — II 460.
Wolfbühl, s. Buel.
Wolfetswil (Weiler am Baldeggersee, Kt. Luzern).
— Wolfarswile, Wolfartzwile, Wolfhartswile, I 224, II 273, 275.
— d. u. v. ze — I 224.
— weibhübe ze — I 224.
Wolfgranzen (Ort, u.z. v. Breisach, im Elsass).
— Wolfgansheim, I 4.
— dorf ze — I 4.
— herberig ze — I 4.
— t. u. v. ze — I 4.
Wolfgrübe? (unbestimmbarer Flurname bei Mengen, im Kgr. Württemberg).
— Wolfgrübe, Mechthilt ob der —, Mechtild ob der Wolfgrüben in Meyngen, I 444, II 220.
— s. auch Mechthilt, Mengen.
Wolfhag, der — (unbestimmbarer Ort, wohl bei Gehweiler, im Elsass).
— Wolfhage, reben in dem — II 442.
Wolfhardi, feodum — (Gut zu Hailtingen, im Kgr. Württemberg), II 165.
Wolfbartswilr, s. Wolfartsweiler.
Wolfhartswile, s. Wolfetswil.
Wolfhausen (Ober- und Unter —, Ort, s. v. Bürg, im Kt. Zürich).

— Wolfhusen, I 270.
— ze — an den Blatten, s. Platten.
— s. auch Ober-Wolfhausen, Unter-Wolfhausen.
Wolfsbühl (Ober- und Unter —, Ort bei Emmen, Kt. Luzern).
— Wolfsbuhel, I 180.
— lüte der gnossmi des dorfes ze — I 180.
— störe ze — I 180.
— t. u. b., d. u. v. ze — I 180.
Wolfingen, s. Wölflingen.
Wolfochswille, Wolfoswille, s. Wilfertsweiler.
Wolfurt (Ort, s. v. Bregenz, in Oesterreich, Heimat eines ritterlichen Geschlechtes).
— Wolfurt, Rudolff von — und Burckard sin sun, II 513.
Wolfwile, s. Wolschweiler.
Wolhüslios güt (Gut zu Art, im Kt. Schwiz), I 212.
Wolhusen (Flecken mit Burgen im Entlebuch, Kt. Luzern, Heimat eines freien, ritterlichen Geschlechtes).
— Wolhusen, I 191—194, 196, 198, II 348, 554, 560, 564, 578, 580, 597, 601, 605, 666.
— ampt ze —, officium — I 191(—196).
— ampt, das nider, ze — II 601.
— burg ze — I 194.
— burgtal bi —, das gegen Rotenburg höret, I 198; s. auch Rotenburg.
— herschaft von — I 192.
— lüte von —, lüte von der inren —, II 554, 560, 580.
— marcht under der burg ze — I 194.
— pfandsatz ze — II 497.
— störe gegen — I 193, 194.
— stör, die unser, ze — II 605, 666.
— zug von, den luten von —, zug der lüten von der inren — II 554, 560, 580.
— dominus junior de — II 348.
— her Peter der truchsetz von — II 578.
— lüsten die von —, s. Rust.
Wolhusen, Cuonradus —, et filius suus et eorum liberi (Ilörige des Klosters Luzern, zu Drittnau, Kt. Argau), II 279.
Woliswil, s. Wolenswil.
Wolleh, Weruly — (Bürger zu Mellingen, Kt. Argau), II 740.

Wolleran (Pfd., im Kt. Schwiz).
— Wolrua, curia — II 356.
Wolmůt, der — (Bürger zu Winterthur, Kt. Zürich), I 332.
Wolon, s. Wolen.
Wolpadingen (Df, s. v. St. Blasien, im Gh. Baden).
— Wolpatingen, Wolpolingen, I 72, 81, II 544.
— dorf ze — I 81.
— d. n. v. ze — I 81.
— laben ze — I 81, II 544.
— vogtrecht ze — I 81.
— vogtature ze — I 72.
— vrige, ein, ze — I 72.
Wolschweiler (Ort, s.-ö. v. Pfirt, im Elsass).
— Wolfwile, matten ze — II 430.
Wolun, Woly, s. Wolen.
Wormes gůt (Gut zu Bolstern, im Kgr. Würtemberg), I 381.
Wortz, Kůnrat — von Veringen (Lehensinhaber von Veringen, im Kgr. Preussen), II 406.
Wucherer (Geschlecht von Basel).
— Wucherers, des — gůt, des Wucherez gůt, I 2, 44.
Wucholtz?, das — (Gehölz bei Hettlingen, Kt. Zürich).
— Wucholtz, eichholtz, genant das — II 474.
Wolflingen (Pfd. mit Burgruinen, n.-w. v. Wintertur, Kt. Zürich).
— Wolflingen, Wöldingen, Wälfelingen, Wälflingen, Walfelingen, Wulflingen, Wulflingen, Wülvelingen, I 321—323, II 144, 147, 148, 383, 474, 475, 479, 487, 488, 494, 496, 506, 511, 517, 522, 702.
— acker ze — II 487, 517.
— almeinde ze — I 322.
— burclehein ze —, purcbrechtlehen ze —, bůrgleben gen — II 148, 383, 474.
— burg ze —, vesty zu — I 321, 322, 323, II 474.
— dorf ze — I 321/322, 323, 324.
— gůt ze — II 475, 488, 496, 511.
— holtzer ze — I 322.
— kilche ze — I 323.
— der kilche kelherre (kilchherre) ze — I 323.
— kilchensatz ze — II 702.
— lůte des dorfes ze — I 324.
— pfleger ze — I 322, 323.

— reben ze — II 522.
— schäppöz ze —, dâ heisset in dem Fůrte, I 322.
— stůre, stûr ze — I 323, II 702.
— turn der burg ze — I 322.
— t. n. b., d. u. v. ze — I 323.
— wisen, wise ze — II 479, 522.
— wisen ze — by Hänikons wisen, II 496; s. auch Hönikon.
— zehent ze — II 522.
— zins ze — I 322.
— Weidhoff, der, ze —, s. Weidhoff.
Wülpelsberg, s. Wulpisberg.
Wünnenberg, von — (adeliges Geschlecht von Mülhausen, im Elsass).
— Wünnenberg, Bartholomaens von — II 417.
Würenlingen (Pfd., n. v. Siggental, Kt. Argau).
— Wirnulingen, I 113, II 608.
— korngült in dem dorf ze — II 608.
— lůte, die vrien, ze — I 113.
— t. n. b., d. n. v. ze — I 113.
— vogtrebt ze — I 113.
— weidhůbe, dů, ze — I 113.
Würenlos (Pfd., n. v. Baden, Kt. Argau).
— Würkenlos, Würchenlos, Würchlos, Wörkenlos, I 114, 239, 240, II 542, 543, 600.
— lehen ze — II 542, 543.
— lůte ze — I 114.
— schüpos ze — I 239.
— stůre, stûr ze — I 239, II 600.
— tavern von — II 543.
— t. u. b., d. u. v. ze —, t. u. b. u. v. ze — I 114, 239.
— vogtrecht ze — I 239.
Wůl, s. Wull.
Wülfelingen, Wölflingen, s. Wulflingen.
Wülle, , Wull.
Wöllachperg, s. Büliberg.
Wünnenberg, s. Wünnenberg.
Würchenlos, Würchlos, Würkenlos, s. Würenlos.
Wulfelingen, Wulflingen, s. Wulflingen.
Wulßn, dâ — (Bäuerin zu Laiz, im Kgr. Preussen), I 410.
Wallswilla, s. Wöldiswil.
Waldigen (Ober- und Unter —, Ort, w. v. Menzingen, Kt. Zug).
— Waldingen, t. u. b., d. u. v. ze — I 154.

Walßingen, s. Wölßingen.
Woll? (Bauern-Geschlecht im Eigen bei Brugg, Kt. Argan).
— Wôl, Heinricus — (de Obernburch), II 47, 48.
Wôl, Ulricus dictus —, de Obernburch, Ulricus der —, Ulricus — de Obernburch, II 47, 48.
— Wûll, Wulli — II 537.
— s. auch Ober-Burg.
Wulpisberg (oder Wülpelsberg, Burg, n.-ö. v. Habsburg, Kt. Argan, Heimat eines ritterlichen Geschlechtes).
— Wilpisberg, Wulpisberg, Wulpisperg, Wulpisperh, II 107, 114, 178, 185, 189, 542.
— lechen von — ze Habspurg, II 542; s. auch Habsburg.
— Cuonrat von —, Conradus de —, Chûnrat von — II 107, 114, 178, 185, 189.
— Diethelm von — II 114.
Walviswile, s. Wölfiswil.
Wunnenbach, im — (Ort beim Riet, n. v. Wald, Kt. Zürich), II 494.
— Gendriesôwe im —, s. Gendriedwe.
Wölvelingen, s. Wölfingen.
Würin, die —, s. Buchs.
Wutachtal, das — (Tal der Wutach im Klettgau, Gh. Baden).
— Wöltendal, II 766.
Wut-Öschingen (Ort im Wutachtal, Gh. Baden).
— Öschicon, Öschingen, Öschinkon, II 774.
— Burkart von — II 774.
— Regli, Berchtold, von —, s. Regli.
— Rotin, dû, von — s. Rotin.
Wyach, s. Weiach.
Wydbronnen? (unbestimmbarer Ort, vielleicht Weid bei Seebach, Kt. Zürich).
— Wydbronnen, güt ze — II 760.
Wye, s. Wei.
Wyeladingen, s. Wisladingen.
Wyle, s. Wil.
Wynterswile, s. Winterswil.
Wyminen, muli ze den —, s. Weimbaldenmühle.

Y.
(S. auch I.)
Ybach, s. Unter-Ibach.
Yberch, Yberg, s. Iberg.
Ymedingen, s. Immendingen.

Ymbriacenæ, monasterium —, s. Embrach.
Ymbriacenæ, officium —, s. Embrach.
Ymbriacensis, ecclesia —, s. Embrach.
Ymmeneich, s. Immeneich.
Ympendeler, s. Impendeler.
Ysenbergewil, s. Isenbergewil.
Ytal, s. Italen.
Ytental, s. Itental.
Yzikon, Ytzinkon, s. Izikon.

Z.
(S. auch C.)
Zähringen, von — (schwäbisch-burgundisches Grafen- und Herzogs-Geschlecht).
— Zeringen, dominus dux de — II 180.
Zizingen (Ort, ö. v. Altkirch, im Elsass, Heimat eines ritterlichen Geschlechtes).
— Zessingen, Zessinggen, II 428, 437, 447.
— her Richart von — und Hanman gebrüder, II 447.
— Richart von —, Richart von — der alte, II 428, 437.
Zalcei, s. Salée, La —.
Zapfe, dictus -, s. Schnartwil.
Zebelli (Bauer zu Degernau, im Gh. Baden), II 774.
Zechenwil (Df., n.-ö. v. Murg, im Gh. Baden).
— Wile, I 68, II 130, 535.
— dorf — I 68.
— pfand ze — II 130.
— selûte — I 68.
— vogtrecht — I 68.
— vogtye ze — II 535.
Zehenden, des — hof (Hof zu Altheim, im Kgr. Würtemberg), I 413.
Zehender (Bauern-Geschlecht zu Langen-Enslingen, im Kgr. Würtemberg).
— Albrecht der — I 405.
— Appo der — I 409.
— Chûnrat der — I 409.
— dictus — II 261.
— Heinrich der — I 405.
— Manta der — I 408.
— Zenhender, Wernher der — I 406.
Zehender, Chunradus dictus — (habsburgischer Eigenmann zu Muhen, Kt. Argau), II 283.
Zehender, Heinricus dictus — (habsburgischer Eigenmann zu Schöftland, Kt. Argau), II 283.

264		Register.

Zeiswiler (abgegangener Ort bei Brinkheim, im Elsass).
— Enswilr, Eyswilr, Zoiswilr, I 30, 48, II 446.
— dinkhof ze — II 446.
— dorf se — I 30, 48.
— sturo se — I 30, 48.
— t. n. b., t. u. v. se — I 30.
Zeken, bona dicti — (Güter zu Reipach, Kt. Argau), II 199.
Zell (Pfd. im Töestal, Kt. Zürich).
— Cell, Cella, Celle, Zell, Zella, Zelle, I 294, 296, 297, II 29, 54, 56, 57, 74, 390, 406, 482, 484, 520, 677, 686, 691, 698.
— agri in —, qui Gebreton nominantur, II 74; s. auch Gebreiten.
— curia cellerarii in —, curtis cellerarii in —, II 56, 74.
— dorf ze —, dorff — II 390, 520.
— feoda — II 29.
— gebreite, gebreiten ze —, gebroti in — I 295, 296, II 50.
— güt ze —, heisset das Bachlen, bonum dictum bachlen, I 295, II 56; s. auch Bachlen.
— hof ze —, curia —, curie — I 294, II 29.
— hof ze — an der Töse, hof ze — hi der Töss, II 677, 698; s. anch Töss.
— hof ennunt dem hove ze —, inferior curia —, curia dicta enent dem hove in —, trans curtim in —, I 295, II 29, 57, 74.
— jus patronatus ecclesie in — II 56.
— kilche ze —, ecclesia in — I 297, II 56.
— leben im dorff — uff der Töese, II 520; s. anch Töss.
— lüte von — I 297.
— müli ze —, molendinum —, molendinum in — I 295, II 29, 56, 74.
— officium —, officium de — II 54, 56, 57.
— pfand in dem dorf ze — II 390.
— reditus in officio — II 56—58.
— schüppür, schüppüs ze —, scopoza in —, scopoza in — I 295, 296, II 94.
— sennelen ze —, dictum senlen in — I 295, II 74.
— stüre von, ze —, stüre ze — bi der Töse, II 686, 691.
— summa —, summa in officio —, summa officio de — II 29, 54, 57.

— t. n. b., d. u. v. ze — I 296.
— sehende (uf den gebreiten) ze —, decima —, decima in —, zehent — I 296, II 29, 74, 484
— sehenden — by Töss, II 482; s. auch Töss.
— zins ze, von — I 294, 295, 296, II 406.
Zell (Pfd., n.-w. v. Willisau, Kt. Luzern).
— Zell, der, kilchherr von — II 725.
Zell, s. auch Radolfzell.
Zelle, s. Neuenzell.
Zelle, Borchardus an der — (habsburgischer Eigenmann zu Hausen, Kt. Argau?), II 283.
Zellenberg (unbestimmbarer Ort, wohl im Kt. Zürich), II 772.
Zeller (Bauer zu Zell, Kt. Zürich).
— Celler, scopoza vidne dicte — II 56.
Zellers, des — hus ze Andolfingen, II 505; s. auch Andelfingen.
Zenbender, s. Zehender.
Zenwure, s. Lenzburg.
Zeon, s. Seon.
Zeringen, s. Zähringen.
Zessingen, Zessinggen, s. Zäsingen.
Zewiherius, s. Zwiherr.
Zezwil (Df., n. v. Gontenswil, Kt. Argau).
— Cetzwille, Setzwile, Zetzwile, I 176, II 206, 285, 569.
— d. u. v. ze — I 176.
— homines in — II 206.
— schüpos ze — II 569.
Ziberwangen (Ort, ö. v. Wil, Kt. St. Gallen).
— Zibrawanger, II 324.
Ziegler (Bauer zu Heudorf bei Mengen, im Kgr. Württemberg).
— Ziegeler, der — I 404.
Ziegler (Bauer zu Dentingen, im Kgr. Württemberg).
— Ziegler, der — I 387.
Ziegler, Ülrich — von Wintterter (Lehensinhaber von Wintertur, Kt. Zürich), II 523.
Zielemp (Bürger-Geschlecht von Olten, Kt. Solothrn).
— Zielemp — II 715, 724, 731.
— Heinrich — II 715, 731.
Zielfingen (Df., s.-w. v. Mengen, im Kgr. Württemberg).
— Zielvigen, Zielvingen, Zyelvingen, I 436, II 152, 236, 243, 459/460

— güt ze — I 437.
— güter ze —, bona sita in — I 437, II 236, 243.
— hof ze —, curia in — I 437, II 243, 459/460.
— hof ze —, des eigenschaft gegen Sant Blasien hoert, curia in —, pertinens monasterio Sancti Blasii, I 437, II 243; s. auch Blasien St.
— meyerhof ze —, curia villici in — I 436, II 243.
— redditus in — II 152.
— t. n. b., d. n. v. ze — I 437.
— vogtrecht ze —, advocatia in — I 437, II 243.
Zigelhof, der — (Hof wohl bei Veringen, im Kgr. Preussen), II 462.
Zigere, Cunradus — (Höriger des Klosters Einsideln, zu Römlang, Kt. Zürich), II 309.
Zigermülle, dictus — (Höriger des Fraumünsterstiftes in Zürich, zu Bülach, Kt. Zürich), II 306.
Zillisheim (Ort, s.-w. v. Mülhausen, im Elsass).
— Züllischein, Zöllishein, Zollenshein, II 424, 437.
— aker und matten ze — II 424.
— herberge(n) ze — II 437.
— hus und hof ze — II 424.
— pann ze — II 424.
Zilyaz, Sant —, s. Ilgen, St.
Zimberholtz, s. Zimmerholz.
Zimberli, Ulricus — (Höriger des Klosters Einsideln, zu Küsnach, Kt. Zürich), II 318.
Zimberman, Berchtoldus —, et frater suus et eorum liberi (Hörige des Klosters Einsideln, zu Fluntern-Zürich), II 317.
Zimberman, Martinus — (Höriger des Klosters Einsideln, zu Hemlibach, Kt. Zürich), II 318.
Zimberman, Rudolfus — et filius suus Ulricus et Heinricus filius suus (Hörige des Klosters Einsideln, zu Dübendorf, Kt. Zürich), II 307.
Zimberman, s. a. Zimmermann.
Zimbern, s. Zimmern.
Zimer, die — (Bürger von Grüningen, Kt. Zürich).
— Cymern, Zimer, II 362, 395.
— dicti —, de Grüningen, II 362.
— die purger datz Grüningen, di da haizzent, di — II 395.

— s. auch Grüningen.
Zimern, s. Zimmern.
Zimikon (Weiler, s.-w. v. Volketswil, Kt. Zürich).
— Zimikon, Zimincon, II 91, 316.
— Cunradus Gerhar de —, s. Gerhar.
Zimmerholz (Ort, n.-w. v. Engen, im Gh. Baden).
— Zimberholtz, I 449.
— hofstette und endrö gültli ze —, die an Sant Martin hoerent, I 449; s. auch Martin St.
— schüpos ze — I 449.
— vogtrecht ze — I 449.
— zins ze — I 449.
Zimmermann (Geschlecht zu Blochingen, im Kgr. Würtemberg).
— Zimbermann, Albrechts des — güt, Albertus carpentarius, bonum Alberti Zimbermans, I 374, II 156, 256.
— Zimbermans, des —, güter, carpentarii feodum, bona dicti Zimbermans, I 375, II 156, 256.
Zimmermann (Geschlecht von Sigmaringendorf, im Kgr. Preussen).
— Zimmermann, Chünrats — güt, I 422.
Zimmermann, der — (Lehensinhaber zu Uslingen, im Kgr. Würtemberg).
— Zimbermans, Ulrichs des — lehen, feodum carpentarii, I 389, II 249.
Zimmermann (Bauer im Birrfeld bei Brugg, Kt. Argau).
— Zimberman, Ruodi — II 536.
Zimmern (Df. im badischen Bez.-A. Engen).
— Zimbern, Zimern, II 370, 779.
— zehent ze — II 779.
Zimmersheim (Df., s.-ö. von Mülhausen, im Elsass).
— Nidern-Zummerhein, Zümershein, I 26, 55.
— herberig ze —, herberg — I 26, 55.
— störe ze —, stüre offen — I 26, 55.
— torf ze — I 26.
— t. n. b., t. u. v. ze — I 26.
Zingelberg, s. Tschingelberg.
Zinglixx, der — (Bürger zu Winterthur, Kt. Zürich), I 335.
Zinser, Rudolff — von Winterthur (Lehensinhaber von Winterthur, Kt. Zürich), II 513.

Zinsikon? (Ort, n. v. Ober-Wintertur, Kt. Zürich).
— Insikon, wisen ze — II 524.
Zisikon, s. Insikon.
Zobel (Geschlecht von Mülhausen, im Elsass).
— Zobel, Henman —, Otman —, gebrüder und Henslin Heber ir vetter, II 420; s. auch Heber.
— Zobelle, Henman und Ottman die —, gebrüder, II 420.
— Zobels, des — hof, II 420.
Zobrost, Anna — (Lehensinhaberin im Birrfeld, bei Brugg, Kt. Argau), II 538.
Zofingen (Stadt im Kt. Argau).
— Zofingen, Zoflingen, Zovingen, I 493, 494, 497, II 408, 552, 553, 598, 590, 602, 670, 675, 684, 694, 721, 722, 724—797, 734, 736, 748, 749, 751, 752, 756, 757.
— bencke an dem marchte ze —, benke zu — I 496, II 749.
— brotbenke zu — II 749.
— die burger von —, die von — I 493, 497, II 749, 756.
— die chorherren von, zu —, die herren von —, korherren — I 497, II 721, 724, 736, 749.
— datum —, datum in — II 598, 590, 602, 670, 684, 694.
— frävel, bössen und besserung zu — II 749.
— glait zu — II 749.
— das gotshus von —, kilche — I 493, 497, II 736, 749.
— des gotshus güter ze — I 493.
— güter vor dem walde ze — I 497.
— güter ze — II 751.
— hofstette ze — I 496.
— hus ze —, dem man sprach Wartenfels, II 675; s. auch Wartenfels.
— marcht ze — I 496.
— metzibenke zu — II 749.
— müline ze —, mülinen zu —, mülinen zu — I 496, II 749.
— mülityche ze — II 751, 752.
— müntze ze —, muntse ze —, munts zu — I 494, 495, II 748, 751.
— officium — II 748.
— die probste von — I 497.
— der rät zu — II 748.
— schultheiss zu — II 749.
— schöppässen ze — II 751.
— schöppässen ze, by —, des gotshus von, zu — eigen, I 497, II 749.

— spital ze — II 752.
— stat, statt ze, zu —, stat — I 493, 494, II 408, 734, 748, 749.
— stüre ze —, stür zu — I 497, II 748.
— ungelt zu — II 748.
— vogtrecht ze, zu — I 497, II 749.
— zins ze, zu — I 490, 497, II 749.
— zol ze —, zoll zu — I 496, II 749.
— Elsass, Walther von, schultheiss ze —, s. Elsass.
— Escherz, die von, ze —, s. Escherz.
— Spül, Chünrat, schultheiss zu —, s. Spül.
Zoller (Geschlecht von Winterthur, Kt. Zürich).
— Zoller, Cünrat der — von Wintertur, II 690.
— Zoller, Jans der — II 384.
— Zoller, Otto — von Winttertur, II 520.
— Zollers, Burghart des — kint, I 331.
— Zollers, Jansen witib des — II 383.
Zollikon (Pfd., a.-ö. r. Zürich).
— Zollicon, Zollikon, Zollinkon, I 281, II 296, 319, 320, 363, 543, 563, 564.
— ussidelinge ze — I 281.
— Anneli von — II 564.
— Rudolfus de — II 363.
— Schönnen, des kind — von —, s. Schönnen.
— Wetzel, Rüdolf von —, s. Wetzel.
Zollinger, predium — (Gut zu Kloten, Kt. Zürich), II 67.
Zollors?, des — hofstat (zu Wesen, im Kt. St. Gallen), I 517.
Zoppenlo? (Flurname zu Degernau, im Gh. Baden).
— Zoppenlö, achcher, biesset — II 771.
Zouger, Heinricus — (habsburgischer Eigenmann zu Lügswil, Kt. Luzern), II 276.
Zovingen, s. Zofingen.
Zuben (Flurname bei Brugg, im Kt. Argau).
— Zuben, I 100, 126.
— dö schöppos ze der — I 126.
Zuben, Johans von —, von Horhein (Lehensinhaber von Horheim, im Gh. Baden), II 774.
Zuhman (Bauer zu Zell, Kt. Zürich), II 74; s. auch Zögman.

Zurzchen, s. Zuzgen.
Zäl, der — (Bürger zu Winterthur, Kt. Zürich), I 392.
Zülli (Geschlecht zu Winterthur, Kt. Zürich).
— Zullis bäbe, manens dicti Cullin, Züllins habe, I 327, II 87, 385.
Zürcher (Geschlecht zu Arau, Kt. Argau).
— Züricher, Bertschman — und ein brüder, II 578.

Zürich (Hauptstadt des Kantons Zürich).
— Thuregum, Turegum, Zürich, Zürich, Zurich, I 119, 237, 240, 243—247, 249—252, 253, 256, 329, II 67, 107, 280, 289, 293, 295, 300, 317, 352, 481, 495, 514, 520, 542, 587, 595, 596, 611, 624, 763—765, 773, 774.
— abtischinne, dû, von —, die abtischenne von — I 244, 246.
— brobst, ein, von — I 119.
— chorherren, die, von — I 243, 247, 250, 251, 255.
— das gotzhus von —, ecclesia Thuricensis monasterium Thuricense, I 237, 245, 249, 252, 256, 303, 308, 318, 319, 320, 353, 357, 358.
— Regelen, sant — I 253.
— Regula, Sancta — II 272, 274, 298, 302, 303, 304, 306, 307, 309, 310, 311, 313, 314, 315, 316, 320, 323, 324, 325, 326, 327, 331, 360.
— ecclesia, monasterium, Sancte Regule, II 272, 298.
— götli, des gotzhus von — eigen, I 247.
— gût der chorherren von —, bona monasterio Thuricensi pertinentia, I 243, II 357, 358.
— hof, der chorherren von — eigen, I 243, 255.
— homines revocandi in Thurego, Turego, II 286, 287, 289, 293, 294, 295, 300, 317.
— homines monasterio Thuricensi pertinentes, II 357.
— hus vor dem rathus ûber an der nidern bruggen — II 520.
— lehen bi —, ob Sant Lienhartz kilchen, II 765; s. auch Leonhard, St.
— mancipia, mancipium ecclesie Thuricensis, II 303, 308, 318, 319, 320.
— mancipia Thuricensia — II 318.
— mancipium monasterii Thuricensis, II 303.
— mancipia ecclesie Sancte Regule, II 298.
— mancipium monasterii Sancte Regule, I 272.
— mancipium, mancipia, homines Sancte Regule, II 274, 302, 303, 304, 306, 307, 309, 310, 311, 313, 314, 315, 316, 320, 323, 324, 325, 326, 327, 331, 360.
— meyerhof, des gotzhus von — eigen, I 246.
— schöpos, des spitals von — eigen, I 240.
— scopos pertinentes monasterio Thuricensi, II 353.
— das spital von — I 240.
— vinum de Thurego, II 67.
— Ulrich von — (Bürger zu Winterthur, Kt. Zürich), I 329.
— Bürger und Einwohner von —, s. Arzat, Biber, Biberlin, Fink, Friburger, Grüninger, Häsch, Laukhofen, Mülner, Pfunge, Schwend, Seiler, Wilhelm.

Zürichberg, der — (ehemaliges Chorherrenstift auf dem Zürichberg, östlich bei Zürich).
— Zurichberg, Zurichberge, Zurichperg, I 245, 246, 248, 249, 251, 255.
— gotzhus von, uf, uffen — I 245, 246, 248, 249, 251, 255.
— gût, des gotzhus von — eigen, Zurichberger gût, I 245, II 405.

Zürichsee, der (See, bei Zürich).
— sewe, der, lacus Thuricensis, Zürchersewe, der — I 282, II 317, II 522.

Zufikon (Ober- und Unter —, Pfd. im Bezirk Bremgarten, Kt. Argau).
— Zufiken, vogteia ze — II 761.

Zug (Hauptstadt des Kantons Zug).
— Zug, Zuge, Züge, I 149, 151, 152, II 116—118, 168—171, 173, 178, 191, 193—195, 550, 560, 602, 603, 614, 627, 725, 756.
— der amman von — II 756.
— amptman, ein, ze —, minister de — I 151, II 168.
— ampt ze —, officium in —, officium —, ammt ze —, ampt — I 149 —154, II 116—118, 169—170, 171, 173, 178, 193, 194, 550, 602, 618, 627.
— die burger ze —, cives in —, die von — I 152, II 171, 194, 756.
— computatio facta in — II 118.
— gût ze — II 116.
— güter ze — I 151.

— hof ze —, curia in —, hof — I 151, II 116, 170, 171, 181, 193, 603.
— hofstette ze —, area apnd, et in — I 149, II 168.
— die kilcbe(n) ze — I 151.
— kilchherr, der, von — II 725.
— matten, zwo, ze —, duo prata in — I 151, II 117, 160.
— officium ministri de — II 118.
— phand ze —, obligationes pignorum in officio —, pignora obligata in officio — II 118, 170, 193—194.
— redditus ad officium — spectantes, II 168.
— stat ze —, opidum — I 149, 152, II 168.
— ståre ze —, stůran ze —, stůr I 152, II 105, 618.
— summa in —, summa in officio — II 170, 173.
— t. u. b., d. u. v. ze — I 152.
— vischenta ze — I 151.
— vogt ze — II 560.
— zehenden (n) ze — I 151, II 181.
— zins ze —, cins ze —, census apud et in — I 149, 151, II 116, 168.
— Burchart der amman ze — II 117.
Zugerberg, der — (Berg, ö. v. Zug).
— Berge, zehende an dem — I 151.
Zügman? (Bauer zu Zell, im Kt. Zürich).
— Zügman, II 56.
— Zügmanni, scopossa — II 56.
— s. auch Zubman.
Züllisheim, Züllizhein, s. Zillisheim.
Zömersheim, s. Zimmersheim.
Zünnen? (Bauer zu Blochingen, im Kgr. Würtemberg).
— Zünnen, des — gůt, bonum dicti Zunden, feodum Zunden, I 374, II 156, 255.
Zürich, s. Zürich.
Zůrzach, s. Zurzach.
Zullensheim, s. Zillisheim.
Zulli, s. Zulli.
Zullinan, duo fratres dicti — (Hörige des Klosters Einsiedeln, zu Näniken, Kt. Zürich), II 313.
Zunde, Heinricus dictus — (habsburgischer Eigenmann zu Ober-Kulm, Kt. Argau), II 285.
Zunden, s. Zünnen.
Zumikon, s. Zuzgen.
Züllin, s. Zulli.
Züswiler, s. Zuswil.

Zurczach, s. Zurzach.
Zürich, s. Zürich.
Zürichberg, Zurichberge, s. Zürichberg
Züricher, s. Zürcher.
Zurichers, filie dicti — et soror eus (habsburgische Hörige zu Zürich), II 294.
Zurichperg, s. Zürichberg.
Zur Sunnen (Bürger-Geschlecht von Basel).
— Hug zů der Sunne, II 647.
— ein erben zů der Sunne, II 648.
Zurzach (Flecken mit ehemaligem Chorherrenstift, am Rhein, im Kt. Argau).
— Zůrzach, Zurczach, Zurtzach, Zursach, I 113, II 270, 405, 500, 545, 720, 723, 737.
— closter — II 720.
— die herren von —, korherren — II 723, 737.
— Sant Verenen ze — I 113.
— zehenden ze — II 495, 509, 545.
— Hemma de —, et ejus liberi (Hörige des Klosters Luzern, zu Drittnau, Kt. Argau), II 279.
— Rudolfus de —, uxor et liberi sui (Hörige des Klosters Luzern, zu Drittnau, Kt. Argau), II 279.
Zusmarshausen (Ort, s.-ö. v. Burgau, Kgr. Baiern).
— Homerhusen, Somerhusen, II 467, 468.
— aker ze — II 467.
— aker ze Fallsrieden bi —, s. Vallriet.
— hof ze — II 468.
— hofstatt ze — II 468.
— holtz ze — II 468.
— markt ze — II 468.
— matten ze — II 468.
— statt ze — II 468.
— zechenden, zehenden ze — II 467, 468.
— Amman, Heinrich, von —, s. Amman.
— Göldli, Chůntz von —, s. Göldli.
— Harder, Henta, Ůtz Harder, Chůntz Harder von —, s. Harder.
— Rekk, Hans, von —, s. Rekk.
— Smid, Smit, Chůntz, von —, s. Schmied.
Zuzgen (Pfd., s.-w. v. Mumpf, Kt. Argau).
— Zuczchen, Zunizkon, II 736, 776.

— kilche — II 736.
— lehen ze — II 776.
Zaswil (Df., w. v. Jegisdorf, Kt. Bern).
— Zäswiler, domicilium — II 14.
Zweckhofen (abgegangener Ort im O.-A. Sigmaringen, Kgr. Preussen).
— Zweckhovan, I 427.
— gůt, der vrien lůte, ze — I 426/427.
— gůt, wůrth, ze — I 426/427.
— stůre ze — I 426/427.
— t. u. b., d. u. v. ze — I 426/427.
— vogtreht ze — I 426/427.
Zweiern (Ort, s. v. Buonas, im Kt. Luzern).
— Zwier, Zwigern, Zwigirn, Zweyern, I 149, II 118, 179, 193.
— d. n. v. ze — I 149.
— gůt, das heiswet — II 118.
— hof ze —, des gotzhus von More eigen, hov ze — I 149, II 179; s. auch Mori.
— villa — II 193.
— vogtrechl ze — I 149.
Zwenpfenning? (Bauer zu Embrach, Kt. Zürich).
— Zwenpfenning, dictus — II 62.
— Zwenphenninch, dictus — II 78.
— Zwenphennige, bonum — II 95.
Zwiefalten (ehemaliges Kloster, s. v. Münsingen, im Kgr. Würtemberg).
— Zwifalten, Zwivalten, I 402, 470, II 220, 224, 259.
— bona monasterio — pertinentia, bona monasterii — II 224, 259.
— gotshus ze —, monasterium — I 470, II 224, 259.
— vogt ze — I 471.
— vogtei ze —, advocacia in — I 471, II 220.
Zwiherr? (Geschlecht von Winterthur, Kt. Zürich).
— Zewiherius, II 145, 147, 148, 149.
— Zwiherre, Heinrich — I 331.
— Zwyer, Albrecht — II 500.
Zwillikon (Df., n.-w. v. Affoltern a./A., Kt. Zürich).
— Willinkon, t. u. b., d. n. v. ze — I 148.
Zwislach, s. Windlach.
Zwivalten, s. Zwiefalten.
Zwyer, s. Zwiherr.
Zwyern, s. Zweiern.
Zysylvingen, s. Zielfingen.

Nachträge.

A.

Abakke, s. Egg.
Affolterra, s. Moos-Affoltern.
Affoltren, Affoltron, s. Gross-Affoltern.
Alind Badin, s. Ennet-Baden.
Alvacia, s. Elms.
Augia Major, Augiense, monasterium —, s. Reichenau

C.

Cappell, Cappelle, s. Kappel, Kappelen.
Chrenckingen, s. Krenkingen.
Chôâradus, s. Konrad.
Claronn, s. Glarus.
Colmar, s. Kolmar.
Cunradus, Cuurat, s. Konrad.

D.

Diengôwe, s. Hohen-Tengen.
Dyengen, s. Hohen-Tengen.

E.

Elikurt, s. Héricourt.
Eltingen, s. a. Oltingen.
Engersheim, s. Ingersheim.
Enslingen, s. Langen-Enslingen.

H.

Hohen-Tengen.
— Dyengen, hof ze — I 380.

GLOSSAR.

Vorbemerkung.

So instruktiv das Glossar Pfeiffers ist, der hiefür mehr Fachmann war als für die Edition, so erschien es doch nicht genügend, weil es, abgesehen von einigen Irrtümern, das reiche Material unseres II. Bandes fast gar nicht enthält und neben den deutschen Ausdrücken auch die in unserm II. Band enthaltenen lateinischen zur gegenseitigen Erklärung zugezogen werden mussten. Mit Benützung der Vorarbeiten des Hrn. Dr. Maag hat Hr. Dr. Giatlli ein vollständiges Zeddelverzeichnis aller Wörter aufgenommen; doch hätte der Abdruck dieses vollständigen Sachregisters in dem ohnehin belasteten Bande zu viel Raum in Anspruch genommen. Der Gesellschaftsrat beschloss eine Reduzirung der Zeddel auf das notwendigste, d. h. der Erklärung am meisten bedürftige. So wurden die Zeddel auf etwa einen Dritteil redusirt, dabei auch versucht, statt allgemeiner Erklärungen, wie sie allgemeine Wörterbücher bieten, den speziellen Sprachgebrauch und die Anwendung im Urbar zu geben.

Herr Prof. Bachmann, der die Güte hatte, diese Zeddel vom germanistischen Standpunkt zu prüfen und viele Erklärungen zu berichtigen oder zu ergänzen, urteilt über das jetzt vorliegende Glossar, es sei in der Wörtererklärung gegenüber Pfeiffer jedenfalls ein bedeutender Fortschritt gemacht worden.

P. Schweizer.

A

ablegen: mit Angabe des Vergehens = für etwas Busse bezahlen. (Vergl. Lexer I p. 1058, und Idiotikon III 1177). Hier „umb frevel" II 742.

abniessen = von verpfändeten Einkünften, deren jährlicher Bezug nicht nur als Verzinsung, sondern auch zur Amortisirung des verschriebenen Kapitals dient; vergl. die Erklärung II 92. Note 1. II 92, 121, 254, 391, 636, 640.

abelag = Ablösung, Abzahlung von einem Pfande, bei dem die Nutzniessung nicht vom Kapital abgezogen wird; nur gebraucht in der Verbindung: âne (ohne) abelag, abschlag, also das Gegenteil von abniessen, ebenso das Gegenteil von unserm modernen: „an Abschlag". II 595, 597, 599, 602, 604, 606, 614, 648, 650, 651, 654, 670, 674, 677—680, 689—707, 710—712.

abelahen, abelan = abziehen, verpfändete oder verliehene Einkünfte von der Bruttosumme, auch in der Verbindung: „abnemen und abelahen" gebraucht. I 22, 40, 53, 54. II 678.

achtoge = acht. I 64. (Lexer I 29 kennt nur die Ordinalform „ahtode"). Die Grundzahl heisst sonst im Alemannischen häufig „ahtowe", dazu ist „achtoge" Nebenform.

advena = Ankömmling, Hergezogener, neuer Ansiedler. II 278, 281, 314, 327, 330, 333—335.

advocatia = Vogtei, Vogtrecht, Recht einer Vogtei über Leute und Güter, einzelne oder gesamte Besitzungen eines Gotteshauses, aber auch über Freie (vergl. a. vogtei). II 9, 15, 29—31, 35, 36, 38, 42, 45, 57, 58, 61, 65, 71, 73, 75, 80, 89, 94, 143, 152, 153, 155—158, 161, 162, 171, 220, 221, 235, 237, 241, 243, 244, 246, 249, 252, 254, 269, 309, 312, 349—354, 357—359, 370, 371; advocaticium jus = Vogtrecht, II 274, 275. S. a. vogtei.

advocatus = Vogt, Schutzherr und Richter eines Gotteshauses, bezw. Untervogt, der das Recht ausübt. II 69, 131, 152, 161, 163, 185, 189, 191, 204, 217, 234, 244, 245, 274, 312, 335—338, 340, 343, 348. S. a. vogt.

arwes, s. erwis.

albchen, albelle, albling, alpchen, vom latein: „albola", in Zürich jetzt „albeli" = eine Art „kleiner Fische" (vergl. Idiotikon I 185 u. IV 1127). I 270, 273, 284, 503. II 68, 395, 406, 752.

almende, allmenda, almein, almeinde, almenda = Gemeindeflur. I 7, 21, 46, 52, 193, 322, II 269—271, 416, 432.

alpe, latein, alpis = Alp, Bergweide (Interlaken und Einsiedeln, I 480, II 364, 371).

altach = ehemaliges Rinnsal eines Flusses, öfters zu trockenem Wiesboden geworden (vergl. Fischer, schwäb. Wörterb. I 158); an zwei Stellen, nach den davor stehenden Zahlen zu schliessen, als Flächenmass gebraucht (nur in Schwaben,: 1/2 altach, 1 1/2 altach. II 467.

a m b t, ammt. ampt. latein. officinm = Amt, Verwaltungsbezirk im Sinne der Aemtereinteilung des Urbars. I 1 n. a. f. II 105, 106 n. a. f.; im engern Sinne für Teile eines solchen Amtes, aber mit näherer Bestimmung: das Fryampt, das fryg ampt, das Vri Amt, latein. officium liberum (Bez. Affoltern). I 148, II 642, 715, das ober u. nider ampt za Glarus II 680, 710, das nider ampt ze Rordorf II 719, das nider ampt (der Grafen v. Habsb.-Laufenb.) II 769, das usser ampt (v. Winterth.) I 309, 339.
a m e, Plur. ämen, ömo, latinis. omina = Ohm, ein Weinmass von ¹/₂ Saum, = 50 Liter. I 12, 15, 17, 21—23, 45, 53, 56. II 386, 412, 418, 419, 424, 425, 443, 449, 591.
a m m a n, amptman, Plur. amptlüte, latein. minister = Amtmann, Verwaltungsbeamter, Richter u. Vorgesetzter eines habsborg. Verwaltungsamtes. I 151, 172, 187, 516, 517. II 104, 105, 117, 422, 463, 469, 591, 758, 762.
a m m a n a m p t = Amt eines Amtmannes. II 666. S. a. officium ministri.
a n c k e n, anken = Butter I 212, 213, 504, 509, 510, 512, 522, 529. II 480, 708. S. a. butirum.
a n l e i t a m b t uff dem lautag = Geleit auf den Landtag? II 458.
a n t h a s s a m e n t u m, von entasser, entassement, ein Recht, Holz aufzuhäufen, Oberh. Holzrecht, da es wirkl. im Zusammenhange mit „lignum" vorkommt; doch ist es wohl eher eine Verschreibung statt des auf der folg. Seite vorkommenden chassamentum oder ein Compositum desselben mit a oder ln. (Weder Romanisten, noch Germanisten vermochten dieses rätselhafte Wort befriedigend zu erklären). II 455. Vergl. a. chassamentum.
a n t w e r c h, antwerk, die, ein = Handwerks- und Belagerungszeug. II 462, 660.
a n t w ö r t e n, antwirten = überantworten, abliefern, übergeben, aushändigen (Geld, Güter, Vieh, etc.). I 227, 582. II 675, 698.
a r t w i s e n, die = in Wiesen umgewandeltes Ackerland (vergl. Lexer. art = Ackerbau, artacker). II 474.
a r w i s, s. erwis.
a s o b e r, s. esche.
a v e n a pablaris = Futterhaber II 219; s. a. füterhaber.

B
siehe auch P.

b a b a t u m = Hufeisen. II 215. S. a. rossisen.
b a c h e n = gemästetes Schwein, Speckseite: ein halber bachen. I 304.
b a l c h e, latinis. balchus = eine Fischart (salmo) marænа, auch 'Weissfelchen; I 151, 213, 217, 221; II 5, 116, 117, 170, 173 211, 341, 570.
b a n, bann, latinis. bannus, pan, paun (auch Plur.: die benne) = die sogen. niedere Gerichtsbarkeit und deren Gebiet, wohl auch die Civilgerichtsbarkeit und das Gebot- und Verordnungsrecht über landwirtschaftliche Dinge (vergl. Schmidlin: Ursprung der bahn. Rechte im Ober-Elsass, 1902, p. 60). Die Stelle II 414 „twing, benne und die kleinen gericht" spricht auch dafür, dass Twing und Bann zur niederen Gerichtsbarkeit gehört. I 19, 22, 23, 36 270; II 410, 413, 414, 416, 419, 421, 424, 426—433, 435, 437, 441, 443—445, 417, 448, 450—452, 455, 468, 498, 533, 542, 543, 550, 572, 575, 581, 584, 589, 591, 600, 770, 776; in der Verbindung: twing u. ban(n) = die ganz niedere Gerichtsbarkeit, oft auch die für die landwirtschaftliche Ordnung erforderlichen Gebote und Verbote. I 1, 4—6, 9, 59, 70, 76—526; II 336, 344, 348, 412, 413, 415, 417, 420, 421, 434, 436, 438, 439, 443, 445, 450, 456, 462, 472, 477, 492, 483, 495, 552, 559, 573, 575, 577, 599, 591, 616, 621, 664, 743, 745, 748, 750, 771; twing

und han uns an den lib. II 552; twing und ban Ane über das plöt II 477. (Aus letzterem geht hervor, dass Twing und Bann doch nicht nur die für die landwirtschaftliche Ordnung erforderlichen Gebote und Verbote umfasst, wie Friedr. v. Wyss: „Schweiz. öffentl. Recht", p. 34, annimmt, zumal I 103 gerade diese von Twing und Bann ausgenommen sind).

banchschilling = Bankschilling, die Abgabe der Bäcker und Metzger von den Brot- und Fleischbänken (in Winterthur). I 338.

banhaber = Hafer, der als Abgabe für Twing- und Banngerichtsbarkeit entrichtet wird (nur im Elsass). I 12, 45.

bank, latein. mensa = Bank, Stand, Verkaufstisch auf dem Markt einer Stadt, namentlich der Metzger und Bäcker; I 496; II 744, 749.

banlen = ein vom Bannherrn (Gerichtsherrn) verliehenes Leben, hier speziell auf Käse bezogen, ein Monopol der Käsefabrikation; I 160; II 167, 220.

banmiet = Bannmiete, die Einkünfte aus der Vermietung des Fischerei- und Jagd-Mannes, auch Bussen für die Uebertretung desselben. I 411 II 225, 261.

bannen = herrschaftliche Vorrechte der Jagd und Fischerei etc. in Feld und Wald polizeilich (durch den Bannwart) wahren. I 413.

bannus = durch herrschaftliches Monopol und Verleihung an einzelne geschütztes Gewerbe, speziell Bäckerei und Weinausschank; banni de pistrina et propinatione vini. II 227.

bannus frugum = Feldbann, Obhut der Feldfrucht. II 155.

banwart, latinis.: banwarius = Bannwart, Aufseher über herrschaftliche Rechte in Feld und Wald, s. a. custodes campi. I 87, 413, 426, 440, 445; II 17, 18, 260.

banwarton, banwertûm = Bannwartum, das Leben oder Amt des herrschaftlichen Feld- und Waldbüters (nur im Elsass, im Sundgau und in Schwaben). I 2, 9, 13, 50, 52; II 424, 433, 438.

banwin = Wein, den zu verkaufen die Herrschaft sich vorbehält, dann das jährliche Tavernen-Recht, mit Ausschluss Anderer Wein auszuschenken, aber auch die Abgabe für dieses Recht (Sundgau). II 421.

beche = Bäckerei, als herrschaftliches Leben, Monopol; dö beche. I 460. s. a. phistri.

begriff = Bezirk, Umfang, Zubehör eines Dorfes, einer Burg (Elsass). II 443, 458.

berechten = über einen oder etwas richten, verurteilen, abstrafen (Uebeltäter). II 742.

berne = Bär. I 508.

berwart, berwertüch = rauher Kleiderstoff aus Schafwolle, wohl dieselbe Tuchart, die im Richtebrief (Arch. f. Schweiz. Gesch. V 250) „Berower" und in einer Zürcher Urkunde von 1287 „pannus de Berowsto" heisst (Zürch. Urk.-Buch V 119), auch Berwer genannt (nach Lexer von berbicinus = Schaffell abgeleitet?) II 745, 752. (Vergl. a. Idiotikon IV 1636).

beschozung, statt besetzung = Festhaltung, Einsperrung. II 700.

best, das, best höpt, best brot, beste schalter, das beste, beim Tode eines Hörigen dem Gutsherrn zu entrichtende Stück Vieh, Teil eines solchen, oder Brot. I 23, 33, 37, 94, 71, 95, 165, 213, 271, 284, 516; II 418; auch mit Ausnahme: Ane ros, Ane eines = das zweitbeste.

beste, der = der meist Begüterte und daher Besteuerte. I 112.

bewidemen = anstatten (Kirchen und Kapellen mit Pfründen). I 66, 178.

besess s. gesess.

bierhof = ein Hof, wo Bier gebraut wird. I 306; II 392.

binwis = eine gewisse Art von Grundstücken. I 36, 37, Da der Ausdruck sich im franzö. Sprachgebiet bei Delle findet, könnte er mit dem franz. biner zusammenhängen: einen Acker oder Weinberg zum zweiten Mal umackern, was dann mit Pfeiffers zweiter Erklärung: binalis, stimmt.

blöwe, blöwe, blöwa, blowa = Hanfmühle, Hanfreibe. I 188; II 12, 32, 751. bluwestat. I 65.

böny = mit Bohnen bestelltes Feld. Bohnenacker: die böny. II 500.

boiltabôm = Holzbaum, ein für Bolzen (Balken) goeigneter Baum? oder eber ein Wehr im Bach? oder Name eines Baumes? II 411 (wenn nicht ein Schreibfehler vorliegt).

bourquele = Burglehen. II 456. S. a. chasamentum.

brotbänk, brothenk = Brotbänke, Stände zum Brot-Verkauf (in aargauischen Städten). II 741, 744, 719.

brûl,-e, brûeil = bewässerte, buschige Wiese auf früherem Waldgrund. I 87, 398, 448; II 465. Brüeilacker. I 87.

bruggegarbe = Abgabe, Brückenzoll an Garben; manipuli, qui dicuntur Bruggegarbe. II 101, s. a. manipulus.

braggekorn = Brückenzoll in Korn, Kornzins für Benützung einer Brücke. I 493; II 709.

bubulcus = Viehhirt. II 2.

bôwhof, buhof = Bauernhof, den hier ein Ritter bebauen soll. II 414, 436.

bûcbatock = Buchenstumpf. II 517.

büsse, bûs, büse, pâsse, die mere, höchste, minre, minste, die kleinen, alle = Strafgeld für Vergehen. I 50, 61, 67, 70, 110, 166, 281, 456, 457, 487, 504-514, 518, 521, 522, 520; II 605, 653, 675, 747, 749, 750, 751.

borgbût, burckhûta = Burghut, Bewachung eines festen Platzes. II 222, 693; s. a. castellanium.

burglehen, hurelen etc., purchrechtleben = Lehen mit Verpflichtung zur Bewachung einer Burg (vergl. feodum castrense, morale), das aber gewöhnlich nicht in der Burg selbst besteht. I 44-47, 51, 52; II 91, 102, 108, 125, 127, 130, 137, 139, 146, 148, 178-180, 378, 383-380, 392, 394, 396, 432, 433, 474, 475, 485, 499, 510, 519, 541, 641, 705, 778.

burgman = Inhaber eines Burglehens, Hüter einer Burg. I 41, 43, 44, 52; II 710.

burgsess, burgsesze, -setze, -sezz, das = Burglehen. II 617, 641, 700, 710.

borgstal, das = Stelle einer Burg, Ruine. I 105, 179, 104, 214, 234, 390, 393, 438; II 664, 775/76.

butirum = Butter. II 169, 170, 173.

butkin (verschr. bukelin), Dimin. von Bütte (vergl. Lexers böttichin) = ein Fässchen, hier a. Transport und als Maass f. Fische. II 752, 753.

C

siehe auch K.

caligao (nicht Stiefel, sondern) Seitshosen, Hosen aus dünnem Wollenzeug. I 308. S. a. seitzhosen.

carnifex = Fleischer, Fleischhacker, Metzger (nicht Henker). II 20, 49.

casalis = Hütte oder Hofstatt. II 452.

castellanium = Burghut. II 452. S. a. burgbût.

castrense feodum = Burglehen. II 243, 218, 249, 251, 257, 265, 361.

cellerarius = Kelner. II 56, 60, 63 ff. bis 161, 298, 307, 320.

cendringes, cendring-visch = geräucherter Fisch. I 502; II 68.

cerevisia, cervisia = Bier. II 26, 72, 85-87, 137.

chassamentum = Lehen, speziell Burglehen, wie es hier heisst: „alias bourquele nuncupatum" II 456. (Vergl. bei Godefroy chasement, casement, casamentum = fief, domaine, sowie Waitz, Deutsche Verfassungsgeschichte VI p. 8 u 9;. Vergl. a. antbassamentum.

chantesom, unerklärliche Benennung eines Zehnten.

cifus, ciphus = Napf, Kopf, Becher, Weinmass. II 67, S. a. koppb.

cblobin, latinis. clobus, kloben = Bündel, Kloben (Flachs). II 20, 28, 29, 31, 54-58, 61. S. a. fasciculus, ligatura, schôt.

c o r t i n a = kleiner Hof, Hofstatt (Du Cange). II 456.
c n e n h u s = Kuhhaus, Stall(?) oder eher verschrieben statt cornhus. II 442.

D
siehe auch T.

d a p i f e r = Truchsess (hier derjenige der Grafen von Habsburg; das Amt war erblich in dem Ministerialgeschlecht von Wildegg; dann auch der ursprünglich kiburgische Truchsess von Diessenhofen). II 60, 184, 189, 233, 234.
d e x t r a r i u s = Handpferd, eher Zugpferd („strassross") als Streithengst. II 259, 362.
d i n g h o f = Hof, wo die Dingstat sich befindet, Ort des jährlichen Gerichtes, Fron- oder Vogthof. I 2, 3, 9, 30, 39—480; II 417, 420, 422, 426, 428, 432, 439, 446, 450, 560, 561.
d i n g s t a t = Gerichtsstätte, hier für freie Bauern. I 275.
d i n k e l, dingel, dingkel = Dinkel, Spelt, eine Weizenart. I 12, 18, 40, 44, 51, 53, 64—493; II 415, 417, 425, 426, 442, 552, 553, 575, 751, 768, 771, 772, 776.
d i s p e n s a t o r = Speiser, Speisemeister, Verwalter der Lebensmittel. II 53.
d i s t r i c t u s = der Teil der niedern Gerichtsbarkeit, welcher Twing und Bann genannt wird. II 202, 203, 209, 210, 215. (Vergl. dazu I 175).
d u b, dubo, thub, tüb und vrefel = Diebstahl und Frevel, d. h. gräfliche oder vogteiliche Kriminal-Gerichtsbarkeit über Diebstahl und alle mit Todesstrafe oder Leibesstrafe belegten Frevel, mit oder ohne die eigentliche Blutgerichtsbarkeit (vergl. Fr. v. Wyss, Abh. 32), Note 1, und Pfeiffer gegen Scholte 522, der darin nur die niedere Gerichtsbarkeit sieht). I 1, 2, 3, 4—519; II 355, 366, 741, 745, 748, 750. S. a. gericht, judicium, vrevel.
d u r = vornehm, begütert, reich. I 113.

E

e d i = haedi, Böcke, junge Ziegen, Zicklein. II 57, 139. S. a. kitzi.
e d i t u u s = Kirchendiener, Köster, Sigrist. II 227. S. a. morista.
e g g e r d e = Grundstück, das längere Zeit brach liegt (s. Idiotikon, I 129), brach liegendes Ackerfeld. I 106.
e i c h o l s p h e n n i n g e = Geldabgabe, Zins für Benützung eines Eichwaldes zur Schweinemast, also gleichbedeutend mit swinphenninge (?). II 116.
e i n u n g(e) = Uebereinkunft, Gemeinde-Flurordnung und darin festgesetzte Busse. I 276 (s. a. Idiotikon, I 281).
e n d i c h = Indigo, blauer Farbstoff. II 746 (s. a. Idiotikon, I 319.)
e n t w e r e n = wegnehmen, berauben. I 175; II 702
e r i t a g = Dienstag. II 656.
e r n e = Ernte, Erntezeit. I 171, 229, 339, 366; II 413, 751, 771.
e r s c h a t z = Abgabe von Lehengut, besonders von Zehnten, bei eintretendem Wechsel des Inhabers (oder hier eher alljährlich, da sonst kaum ein Maximum und Minimum unterschieden werden könnte). I 87, 99, 278, 339; II 406, 407. S. a. weglósi.
e r s c h e t z i g = verpflichtet den erschatz zu geben. II 425.
e r w i s, ärwes, arwis = Erbsen. I 68, 99, 134; II 4, 35, 464, 467, 546, 753.
e s c h e = Aesche, Fischart. II 527, 558, 561.
e s t e r, ester (= esch-tor) = Tor, Gatter im Zaun um die Saatzelgen (Esch). I 118, 227.
e s t ü r = Aussteuer, Hochzeitsgeschenk des Lehensherrn an den Vasallen, Ministerialen und Dargmann. I 45, 46. Vergl. a. heinstür, histura, hunstür.

e t t e r = geflochtene Umzäunung eines Hofes oder Dorfes, Dorfmark. II 466
(s. a. Idiotikon, I 597).

F
siehe auch V.

f a s c i c u l u s (lini) = Bündel, Kloben (Flachs, Werg). II 74, 80. S. a. chlobin, kloben, ligatura, schöf.
f e s e n - g e l t = Zins von Vesen oder unenthülstem Spelt. II 506.
f r o n h o f, vronhof = Fronhof, Herrenhof. I 173; II 203.
f r o n m e s = das von der Herrschaft bestimmte Mass; (s. a. Idiotikon, IV 454).
f r ô n w a g e = öffentliche, der Herrschaft gehörende Wage, Stadtwage. I 338; II 464.
f r ö s c h i n g, frisching, vrisching = junges Schwein, Schaf (in Glarus), auch ein Gut, das Frischlinge als Zins entrichtet. I 03, 236, 237, 241, 242, 350, 421, 465, 507.
f r ö s c h i n g p h e n n i n g = Frischlingszins. I 222.
f û s i t z e, fuese = Füsse, als Längen-Mass. I 485.
f û g t i g, s. vogtei.
f û t e r h u b e r = Hafer zur Fütterung der Pferde des Vogtes oder anderer Verwaltungsbeamter beim Jahres-Gericht, dann auch stehende Zins-Pflicht. I 144, 148, 170, 190, 200–206, 242 (323 haber ze füter), 377–382, 391, 492; II 373, 675, 747. S. a. (Idiotikon, II 932) u. a v e n a pabluris.

G

g e b r e i t e, latinis. gebreta, geberta (Schreibfehler) = Ackermass, mehrere (cirka 6) Aecker, die mit der langen Seite nebeneinander liegen, auch Flurname. I 295, 296, 325, 328, 466; II 56 512.
g e b ü r n = sich belaufen auf, betragen. II 753.
g e d i n g e = 1. Gerichtsversammlung, Tagfahrt. I 109, 156; 2. Bedingung. II 610.
g e f a l l e n, s. vallen.
g e i s h û t e, geyshûte = Geissenhäute, Ziegenfelle. I 216, 264.
g e l d o n, das = Gesamteinkünfte einer Gegend. II 592.
g e l e i t e, glait = Abgabe (Zoll) für das landesherrliche Geleitsrecht. II 106, 131, 661, 742, 744, 745, 749.
g e l ô t e = Gewicht, oder Münz-Währung. II 677.
g e l t e n = 1. als Abgabe, Zins entrichten. 2. eintragen, abwerfen. I 306, 336, 406.
g e l t h a b e r = Zinshafer. I 69. S. a. habergelt.
g e l t m a t t e = Zinsmatte, Flurname (oder verschrieben statt gallmatte?) II 117.
g e m e i n m e r c h i = Grundeigentum einer Gemeinde, Gemeindeflur, Almend. I 468. (S. a. Idiotikon, IV 390/391).
g e m u r e = Gemäuer, römische (?) Mauerreste. I 133.
g e n g e und g e b e = gangbar und gültig, kursfähig (von Münzen). I 227.
g e r i c h t, die kleinen. II 414 (vgl. jurisdictio alta et infima, II 454, 455).
g e s a t z t, gesatt, meist in der Verbindung: „alt und gesatzt" = festgesetzt, von Steuern, Abgaben und Rechten im Gegensatz zu veränderlichen. I 58, 65–70, 85, 89, 112, 157, 159, 319, 364, 467; II 406.
g e s e s s e, gesäss, gesezze, bezeu = 1. Wohnsitz, Besitztum, hier anschliesslich von Burglehen gebraucht, auf denen der Dienstherr den Burgmann ansiedelt, und die meist mit Mauer und Graben umgeben sind. II 409, 425, 433, 435, 443, 472, 547. = 2. Lager, Belagerung als Datum. II 612, 623.

Glossar. 279

g e w e t t e = (Pfand) Geldbusse, Gerichtsbusse. I 37.
g e z ô g e (wohl = gezoc, bei Lexer, I 1000) eher = Mannschaftsrecht, als Appellationsrecht oder Abzugsgebühren. II 436.
g e z û g = Zeug, Stoff (hier von Metall). II 746.
g e s u h e n = gebühren, zukommen. I 143, 154.
g i f t = Uebergabe, Auflassung (?) von verkauften Häusern und Grundstücken (auffallend ist freilich das Masculinum und die ganze Ausdrucksweise, daher hat Pfeiffer „gît" korrigiert). I 337.
g i s e l s c h a f t = Bürgschaft, II 682, 686.
g n o z a m i, gnozami = 1. Genossenschaft, bald freier Bauern, bald unfreier Hofleute, die sich nicht mit Leuten anderer Herrschaften verheiraten dürfen. I 179, 180, 318; = 2. die Busse für Verheiratung ausserhalb der Herrschaft. II 101.
g o t z h u s l û t e = Gotteshausleute, Hörige eines geistlichen Stiftes (Klosters), hier nur solche, die unter habsburgischer Vogtei stehen. I 07, 79, 80, 132, 182, 227, 341; II 592.
g r i f f = Griff, Handvoll, Wegnahme dieser als Zollabgabe. II 753. S. a. Idiotikon, II 711 u. 712.
g ù l t e, gult = Gülten, die auf Grundstücken ruhenden Naturalzinse. I 1, 16, 18, 31, 35, 40, 51, 53, 56, 63, 65, 66, 78, 85, 92, 102, 108, 116, 132, 155, 176, 192—195, 265, 270, 309, 350, 378, 380, 483, 498; II 176, 177, 377 380, 382, 383, 386, 388, 390—392, 394, 307, 398, 495, 528, 520, 593, 507, 601, 603, 604, 610, 611, 616, 636, 638, 642, 670, 676, 677, 680, 684, 687, 691, 692, 604, 695, 698, 700, 702, 709.

H

h a b e r g e l t = Haferzins, Abgabe an Hafer. II 101, 123, 126—129, 416, 418, 425, 430, 439, 450, 478, 490, 506.
h a b e r b û n = ein zur Zeit des Haferschnittes, oder für Haferfelder zu entrichtendes Zinshuhn. I 3, 4.
h a b e r z o l = Zoll für Haferfuhren (bei Brugg). II 644.
h a i n g a r t e n = (öffentlicher) Platz für gesellige Zusammenkünfte u. Unterhaltung (vergl. Heimgart, Idiotikon, II 434 435). II 741.
h a r k o m e n e lüte = neue Ansiedler. I 227. S. a. darkomene und advena.
h a z t, s. hut.
h e i m s t û r, haimstûre, himstûre, histûre, histura (zwei etymologisch verschiedene Wörter, aber hier von gleicher Bedeutung) = Heimsteuer, Heiratsgabe, Aussteuer der Dienstherrn an den Vasallen oder Ministerialen. I 46, 52; II 137—143, 148, 602, 620, 635, 657, 686, 687, 690, 695, 699, 705. S. a. husstûr, estûr.
h e i n s û c h i = Heimsuchung, Bruch des Hausfriedens. I 281.
h e l m = Helm, behelmter Krieger, Reiter. II 682.
h e r b e r g e, herberga, herberig = Herberge: 1. Das Recht (des Vogtes) beherbergt und verpflegt zu werden, im Elsass allgemein, sonst auf den Kelnhof eines Klosters beschränkt. I 2, 3, 4—40, 45, 49, 53—56, 350, 360, 362, 365—367, 374; II 437. 2. Von der Herrschaft verliehenes Herbergsrecht und Wirtshaus. II 767.
h e r b s t b û n, herbistbûn, ein bûn ze herbste = ein im Herbst der Herrschaft zu entrichtendes Huhn. I 5—8, 11 17—174, 193, 194, 237, 238, 240, 254, 255, 258, 260—302, 309, 310, 322, 323, 360, 364—367, 373, 374, 380, 400—402; II 533, 508, 572, 747, 774, 775.
h e r b s t s t û r = Herbststeuer, eine im Herbst zu entrichtende Steuer. II 404, 604, 683, 636.
h e r r e n g ü l t (e) = Gesamte Einkünfte des Grundherrn von einem Amte und daselbst gebräuchliche Währung (hier fast nur in Schwaben, aber s. a. Idiotikon, II 286). I 394, 402, 446; II 650, 750, 751.

19

birse = Hirse, eine Getreideart. I 99, 267, 272. S. a. wil i am.
höwat, höwot = Heuet. Heuernte. I 304, 358.
höwgelt = Heuzins, Abgabe an (von) Heu. II 465.
hö(we)sehende = Hemehnten. I 99; II 116, 524.
holding = Hofgericht, Gerichtsversammlung in einem Dingbof. I 30.
hoffrehnde = Hofsehnten, Gesamtheit der von einem Hofe zu entrichtenden Zehnten. II 406.
hofgarte = zu einer Burg gehöriger Garten. II 753.
hofjungfrow = Hofdame der Herzogin. II 602.
hofman = Hofbauer, der zu einem Hofe gehörige Bauer. I 271.
hofmatt = Hofmatte, zu einer Burg gehörige Wiese. II 753.
hofmes = Hofmaass, das auf einem bestimmten Hofe (hier im „Hof" zu Luzern; vergl. Idiotikon, IV 454) gebräuchliche Maass. I 209.
hofschriber = Schreiber eines Dinghofes, aber (an der zweiten Stelle) auch einer bischöflichen Curie. I 51; II 770.
hofstat = Platz, Stelle, Grund und Boden eines Hofes mit oder ohne Haus. I 21, 22, 25 - 36, 39, 30, 69, 87, 89, 98, 99, 112, 116, 128, 130, 146, 156, 177, 216 - 326 - 307, 410 - 528; II 378, 415/16, 432, 462, 466 - 468, 472 - 475, 477, 484, 487, 498, 500, 522, 526, 533, 539, 540, 544, 556, 567, 509, 570, 575, 581, 585, 587, 665, 742, 772, 773, 776; s. a. platea.
hofstatzins(e) = Zins von Hofstätten, besonders in Städten. I 396, 410, 411, 417, 423, 425, 442, 480; II 97, 105, 112, 116, 121, 133, 178, 602, 612, 744 (s. a. census arearum; vergl. aber auch husains und die Stelle über Zinse von Hofstätten, I 137, 138, 149, 216, 341).
hofsins = der von einem Gutshofe zu entrichtende Zins. II 533, 694.
holtzhön = ein als Zins für Holznutzen zu entrichtendes Huhn. I 323.
hospes = Hauswirt, Familienvater (hier nicht Gastwirt!). II 221, 225.
hüner-gelt, hünregelt = in Hühnern bestehende Abgabe. II 414, 418, 419, 425, 435, 436, 591.
hürst; Pluralform von hurst = Busch, Unterholz. II 432, 433.
hütte, s. hut.
hube = Hufe, ein Grundstück von grösstem Maasse (meist zu einem Eigenhof gehörig). I 2, 33, 36, 38, 59, 75, 87, 88, 93, 96, 108 - 115, 121, 124, 134, 135 - 465, 507; II 98, 140, 141, 380 - 382, 384 - 386, 389, 893, 404, 406, 466, 474, 477, 478, 481, 484, 485, 487, 494, 495, 497, 500 - 525, 750, 774, 777; s. a. mansus.
huber = Hebauer, Inhaber einer Hube, Huber. I 2, 36, 38, 50; s. a. veodarius.
hůt(e) = Hut, Aufsicht über Feld, Wald und Reben etc. II 271, 468.
hütte = Hutte, Tragkorb, auch ein bestimmtes Maass. I 529.
husstûr = Heimsteuer, Beisteuer des Herrn (Lehnherrn) zur Vermählung eines Ministerialen. II 107, 108; s. a. heimstür.
husains = Hausains, Abgabe von einem Hause, Mietgeld. I 306, 336, 408, 419; II 406, 751. (S. a. hofstatsins).
hut, haut (Plural hievon: hütte?) = Haut (von Rindern), Fell. I 294, 305, 342, 529; II 391, 746.
hyratgülte = Heimsteuer, Ausstattung bei Verheiratung eines Ministerialen. II 597.

I

infang, invang = ein eingefriedigtes Grundstück, wohl innerhalb einer Almend. II 487, 513, 526, 561, 574 (vergl. Idiotikon, I 855).
inkeri = Einkehre, das Recht des Vogtes einzukehren, eher als das Tavernenrecht. II 221; vergl. herberge.

i r g a n g = das herrschaftliche Recht, verirrtes Vieh einzuziehen. (II 778. S. a. Idiotikon, II 345.

J

j a r g e r i c h t = im Frühjahr und Herbst stattfindendes Gericht des Vogtes auf einem Dinghofe. I 252.
J u r i s d i c t i o alta et infima. II 454, 455 (vergl. gericht).

K

siehe auch C.

k a m e r a m p t = Amt eines Kämmerers (hier des Stiftes St. Gallen). II 502.
k a m e r l e h e n, -en = das zu Lehen erteilte Recht auf bestimmte Einkünfte der herrschaftlichen Kammer (II 365, Note 5); oder vielleicht auch Einkünfte, die dem Inhaber des herzoglichen Kammeramtes als Amtslehen zukamen. I 300, 317; II 365, 483, 482, 502, 777.
k a m r e r = Kämmerer (der Königin Agnes). II 540.
k a n b a l c h e n = Balchen aus dem Zugersee (Chamsee). I 200, 229. (S. a. Idiotikon, IV 1192).
k a p p e, cappa = Kapaun. I 20—22, 33, 36; II 769.
k a r r a t a = Fuder, Wagenladung. I 15.
k a s t e n = Kastvogtei und deren Einkünfte, eigentl. die Kasse, in die die Einkünfte flossen. II 669.
k a s t v o g t, castvogt = Kastvogt, weltlicher Schirmherr und Richter eines geistlichen Stiftes. I 23, 56, 57, 59, 63, 66, 79, 282, 370, 498.
k a s t v o g t r e c h t = Amt eines Kastvogtes und dessen Einkünfte. I 59.
k a s t v o g t y = Amt, Befugnis eines Kastvogtes als Lehen. II 551.
k e i t l i n g a, keitlinga, s. ketteling.
k e l l e r a m p t, kelnampt = Amt eines Kelners, Verwaltung eines Kelnhofes auch Name des ganzen, zum Kelnhof (Lunkhofen) gehörigen Gebietes II 549, 586, 635, 642.
k e l m ü l i = Mühle eines Kelnhofes. I 380; II 161.
k e l n e r, kellor = allgemeiner Verwaltungsbeamter eines Stiftes, aber auch speziellor Verwalter eines einzelnen Dinghofes oder Kelnhofes, der einem Stift gehört. I 210, 252, 359, 360, 362, 365—367; II 401, 495, 588; s. a. cellerarius.
k e l n h o f, kellenhof, chelrhof = Hofgut, das von einem Kelner verwaltet wird oder ihm als Amtslehen überlassen ist. I 67, 75, 86—88, 203—205, 209, 238, 253, 258, 288, 289, 301, 302, 305, 309, 310, 315, 318, 324—328, 344, 345, 349—351, 365, 386, 389, 392, 413, 431, 449, 450, 456; II 401, 404, 405, 463, 477, 478, 482, 486, 488, 509, 525, 568, 595, 666, 682, 685, 694, 698, 703, 704.
k e r n e (n), kern = das gedroschene, enthülste Getreide, Körner von Dinkel, Spelt (nie Hafer). I 13, 59, 65, 70, 71, 73, 75, 76, 80, 84, 86—457; II 97, 100, 101, 105, 109, 111, 113, 116, 117, 119, 122, 123, 126, 128, 129, 176—179, 401—403, 405, 470, 473, 474, 478, 480, 484, 485—780.
k e r n e n - g e l t = Kernenzins, Abgabe an Kernen. II 100, 101, 106, 109, 111, 122, 123, 129, 403, 473, 470, 484, 489, 503, 516, 517, 519, 526, 529, 530, 532, 538, 539, 552, 555, 765, 774, 777.
k e t t e l i n g (e)? keitlinga, keitlinga = eine Fischart (im Zugersee). I 152; II 169, 170, 173.
k i l c h e n s a t z, kirchensatz = Besetzungsrecht einer Kirchenstelle (Pfarrei an einer habsburgischen Eigenkirche) und deren Genuss. I 74, 107, 108,

271, 274, 350, 373, 399, 492; II 417, 420, 427, 437, 446, 447, 450, 490, 501, 549, 558, 617, 618, 674, 702, 742, 760, 768.

kilchher, kirchher (I 323 verschr. kelherre, wofür der seither entdeckte Wiener-Rodel richtig „kylcherre" hat); = 1. der von Habsburg belehnte Pfarrer (rector ecclesie), der die faktische Besorgung weiter verleihen kann. I 178, 823; II 468, 725. = 2. aber nicht für Habsburg, sondern für das Nonnenkloster Klingenthal, der Patron und Eigentümer der Kirche selbst. II 131, 132.

kilchhof = Kirchhof, Friedhof. II 468.
kilchöri = Kirchspiel. I 192—195, 208; II 564. (S. a. parrochia).
kilchspel = Kirchspiel, Kirch- oder Pfarrgemeinde. I 98; II 440. (S. a. parrochia).
killwi = Kirchweih. II 424.
kitzbüeb = Keule einer jungen Ziege. I 467, 469.
kitzö, Plural von kitzi = Zichlein, junge Ziegen. I 300. (S. a. edi).
klobe(n) = Bündel, Büschel (Flachs). I 279, 292, 295, 242, 315, 349, 893. S. a. chlobin, fasciculus, ligatura, schôl.
kôlgarte = Kohlgarten, Gemüsegarten. II 516.
kopf; Plural köpphe = rundliches Gefäss als Weinmaass, zwei Maass haltend. II 255.
korn = Korn, Getreideart, wohl Dinkel, Spelt, Weizen, soweit nicht Brotfrucht überhaupt. I 2, 4, 31, 44, 242, 336, 339, 402, 422, 416, 453, 457, 496; II 97, 99, 111, 174, 496, 541, 544—546, 553, 508, 569, 571, 581, 643, 678, 677, 699, 701—704, 706, 712, 728, 749, 755, 770—772, 780.
korngelt = Einkünfte; Ertrag an Korn, Kornzins. II 98, 99, 101, 413, 416, 420, 424, 426, 427, 429—431, 435—437, 447—450, 458, 553, 588, 591, 690, 711, 771.
korngült = Korngelt, Kornzins. II 593, 608, 670, 691, 695, 698, 712.
kornhus = Kornhaus, Kornspeicher. II 685.
kornmess = die Städte, wo das Korn amtlich gemessen wurde; das nider kornmess. II 685. (Es gab in Winterthur auch ein oberes Kornmess, vergl. Idiotikon, II 685.)
kornphensing = Korngeld, Kornzins. II 458.
kornzehends = Zehnten an Korn. I 508; II 481, 508, 556, 775.
kouffpfärd = Kaufmannsross, Saumtier: ain lär kouffpfärd. II 752.
kram = Kram, Waare, Geschenk: ze krame. I 341; kleiner kram. I 529.
krancb = schlecht, gering, unergiebig (von Lehen): das (lehen) ist so kranch, das es nickt gelten mag. I 83.
kuntsami = Gesamtheit der (beeidigten) Sachkundigen, Zeugen. I 25, 96.
kuntschaft = Kundschaft, Zeugnis (beeidigter Sachverständiger, Urkunde. II 625, 696.
kuppelweide = Kuppelweide, gemeinsamer Weideplatz, Almende, wisen, die man heisset kuppelweiden. I 398. (Schwäbisch).

L

lacticinia = Milchprodukte, Käse, Ziger, Molken. II 39, 42. S. a. mulchen.
lantag = Landtag, Versammlung zum Landgerichte. II 458.
lantgarho = Zinsgarbe, in Abgabe der 3. oder 4. Garbe bestehender Zins, anch Grundstück, von dem dieselbe entrichtet wird; (in Verbindung mit Nengrot gebraucht I 406), und das vielleicht zum Landgericht dient, oder das herrenlos ist (I 110; II 751), daher oft im Wald oder auf einem Berg und nicht immer bebaut (II 769). Pfeiffers Erklärung, dass dieser Zins nicht in einer bestimmten Getreideart und einem gleichen Maass entrichtet worden sei, wird durch die Stellen I 64, II 49, 222 und

235 widerlegt. 1 68, 75, 87, 110, 384, 397, 400, 401, 406, 431, 433, 491; II 49, 176, 222, 224, 235, 257, 464, 465, 544, 545, 769; regis lantgarba II 49. (S. a. Idiotikon, II 413.)

lantgericht = oberstes Gericht einer (habsburgischen) Landgrafschaft. I 34, 195, 520.

lantgrafschaft = richterliche Befugnis, Herrschaftsgebiet eines Landgrafen. I 20, 35, 56, 59—62, 224.

lantgrave, lantgrafine = Landgraf (nur im Elsass gebraucht). I 1, 16, 18, 25, 31, 40, 56.

lantvogt = Statthalter der Landesherrschaft über grössere, mehrere Aemter umfassende Gebiete (hier Schwaben und Elsass). II 656, 665, 682, 884, 699, 729. S. a. vogt.

lantvogty = Amt eines Landvogtes. II 660, 661, 711, 712. S. a. vogtei.

lantzal = Grundzins zahlende Einwohner eines Dorfes oder Meierhofes oder auch der Zins selbst. I 20, 35, 39.

lehen, lechen = ein gegen Abgabe oder Dienstpflicht verliehenes Amt, Gut, Recht oder auch eine ganze Herrschaft, in welch letzterm Falle die Habsburger die Empfänger sind. I 1, 6, 8, 19, 23, 34, 36, 37, 48, 49, 51, 63, 60, 70, 81—84, 105—107, 163, 164, 174, 192, 205, 207, 226, 234—328; II 110, 111, 114, 399, 400, 412, 415—420, 422, 423, 425, 427 429, 431, 440, 441, 459, 470, 471, 474, 478, 498, 503, 504, 512, 518, 519, 522, 523, 525—528, 541—543, 547, 551, 553, 556, 557, 564, 572, 570, 584, 588, 590—592, 650, 703, 759—780. S. a. banlehen, burglehen, forstumlehen, boltzlehen, kamerlehen, manlehen, melchlehen, pfrundlehen, rehlehen, schaflehen, sennehen, zweiglehen, taglehen, tagwanleben.

leistung = Bürgschaft, Gisselschaft. II 656, 670, 674.

leman = Inhaber eines bäuerlichen Lehens. II 403.

lemberzehende = Abgabe des 10. Lammes. I 151. (Er wird aber in diesem Falle nicht in natura ausgerichtet.)

lenberpfenning = Lämmerzins? Abgabe von Lämmern = lemberzehende. II 406.

leyenzehende = Laienzehnten, Zehnten, der trotz der ursprünglich kirchlichen Bestimmung von Laien erhoben wird, was übrigens von allen in habsburgischen Händen befindlichen Zehnten gilt. II 427, 434, 465, 492, 518, 546, 554, 557.

liber = ein Freier, freier Mann. II 3, 30, 273, 275—277, 327, 339, 342, 359, 365. S. a. vrie.

liber, a, um = 1. frei, selbständig (von Personen) beredes liberi, II 207; liberi homines, II 133, 134, 237, 242, 322, 344, 358; libera mancipia, II 323—326, s. a. heres, homines, mancipium. 2 = frei, unversolt, eingelöst (von Gütern und Gefällen) hec sunt libera, II 218; libera atura, II 219—221; s. a. vrie.

ligatura = Bündel, Kloben (Flachs, Werg). I 308. S. a. ehlobin, fasciculus, klobe, schöt.

lobe, lobe, latinisirt: lobium = Laube, mit Kaufläden versehener Bogengang vor den Häusern am Markte. I 411, 442; II 225, 261.

lof, löff, gemeine = gewöhnliche Verhältnisse, Friedenszeiten. II 407, 470, 691.

löpschaf = schwerlich, wie Lexer meint, Schafe, für welche das Laubgedinge (Benützung eines Waldes?) entrichtet wurde, eher eine geringwertige Art Schafe, die nur im Walde weideten. I 501.

lhtpriester = Leutpriester, Pfarrer. I 36; II 739, 745. S. a. pfaff.

M

mânipen, Plural von mâni = Frohndienst mit Fuhrwerk. II 753 u. a. minare.
magöl = Mohnöl. I 375, 386, 400, 402, 406, 413, 420, 423, 436, 440, 458. S. a. papaver.
maiden, s. meiden.
mair, s. meier.
mancipium = Eigenmann, Leibeigener, Höriger; auch mancipia libera = freie Gotteshausleute. II 272—335.
manleben = Mannleben, ein ritterliches, nur für die männlichen Nachkommen erbliches Lehen. I 188; II 408, 413, 424, 435, 445, 482, 489, 525, 765.
manschaft = Mannleben (vergl. Idiotikon, IV 282). II 582.
mansus = Hufe, Hube. II 1, 2, 6, 13, 15—20, 26—28, 32—35, 68, 71—73, 76, 79, 87, 93, 137, 138, 141—160, 205, 207, 219, 220, 227, 229, 249—251, 260, 263, 344, 352, 357, 367—370, 452. S. a. hube.
mansus preconis = Weibelhufe, irrig für Weidhufe. II 220, 263.
marchrecht = Abgabe für die zum Weichbild der Stadt (Winterthur) gehörigen Aecker und Weinberge. I 336.
marke, die gemeinen = Allmenden von Städten und Dörfern. I 101.
marktgericht = Marktgerichtsbarkeit. II 591.
marschalch, marscalchus (Herm. v. Landenberg) = Marschall der Herrschaft, Befehlshaber der Reisigen. I 271, 274, 296, 298, 305, 309, 320, 353, 395. — marschalcus = Marschall des Grafen von Rapperswil. II 322, 362, 363.
marschalchampt = Amt eines Marschalls des Hauses Habsburg im engeren alten Sinne (Johannes v. Hallwyl). I 174.
meiden, maiden = verschnittenes, männliches Pferd. Wallach (hier schwerlich auch für Hengst, was immer „henget" heisst; vergl. II 594, 603, beides unterschieden von ross und pherit, II 604 und 752). II 604, 614, 752.
meier, mair, mayr, meiger, meyr = Verwalter eines grösseren habsburgischen Dinghofes (Meierhofes) oder auch Centralverwaltungsbeamter eines Gotteshauses, Inhaber der niederen Gerichtsbarkeit und eines Teiles ihrer Einkünfte, der kleineren Domen, (für einige Klöster ist die Herrschaft selbst Meier I 202, 408), auch blosser Titel von Herren, die ehemals ein Meieramt innehatten (Windegg). I 35, 52, 59, 61, 67, 70, 109, 110, 114, 166, 202, 219, 398, 488, 507, 509; II 380, 382, 394, 399, 467, 570, 605, 679 680, 694, 730. S. a. villicus.
meieramt = Meieramt, Verwaltungsgebiet, Recht und Befugnis eines Meiers als sein Lehen. I 200, 413, 507—509; II 582, 586. S. a. officium villici, villicatus.
meierhof, meigerhof, meyerhof = Habsburgischer Eigenhof, Dinghof, den ein Meier inne hat, oder Gotteshaushof unter habsburgischer Vogtei. I 68, 86, 89, 91, 102, 103, 106—110, 201, 202, 204, 205, 208, 239, 246, 256, 272, 301, 351, 373, 374, 880, 381, 399—401, 405, 419, 436, 437, 430, 450; II 468, 349, 352, 357, 589, 592, 593, 768.
meiertûm, meigertûm = Verwaltungsgebiet eines Meiers, nach seinem localen Umfang (hier elsässisch, sonst aber auch im Idiotikon, IV 1415) bezeugt). I 31, 34, 35, 37—39, 56; II 438, 447.
meigenhûn, meygenhûn, ein hûn so meigen. I 90, 96, 97.
meiger, s. meier.
melchleben, melklehen = ein nur zur Milchwirtschaft geeignetes Lehengut. I 413; II 227, 261.
menschen, mentschen = mit einem Gut angekaufte oder verliehene Leibeigene, überhaupt dienende Leute, Knechte. I 92, 459, 470; II 474, 506, 577.
menskalb = ein Kalb von 1—2 Jahren, das noch nicht trächtig gewesen ist. I 300. (Vergl. Idiotikon III 219; IV 354).

Glossar.

mensura = Maass. II 61, 157, 159—167, 212, 219, 222—224, 227—239, 250.
metzibenke = Metzgbänke, Fleischstände auf dem Markte. II 749. S. a. fleischbank.
meyenstür, stura in majo = eine im Mai jedes Jahres zu entrichtende Steuer. I 242; II 59, 404, 626, 645.
meyerhof, s. meierhof.
meygenhöf, s. meigenhöf.
meyr, s. meier.
milium = Hirse. II 59, 60. S. a. hirse.
minare = (mennen) führen, treiben (Vieh). II 33, 34, 36. (S. a. füren).
minister = Amtmann, Verwalter eines einzelnen habsburgischen Verwaltungsamtes und Eigenstädtchens, auch Beamter einer andern Herrschaft. II 118, 160, 216, 253, 261, 264, 293, 311. S. a. amman.
misbachen = schlecht backen, zu leichtes Brot backen. I 219.
mola = Mühle. II 189, 100, 192. S. a. müli.
molendinarius = Müller. II 154. S. a. müller.
molendinator = Müller. II 49, 151, 165, 248. S. a. müller.
molendinum = Mühle. II 2, 5, 7, 16, 17, 19, 22, 27, 29, 30, 32, 35, 36, 42, 57, 60, 61, 63, 65, 71, 73, 78—159, 165, 199, 200, 215, 223, 227, 228, 244, 248, 249, 251, 258, 262, 265, 691. S. a. müli.
molitor = Müller. II 295, 299, 300, 308, 318, 330, 335, 369. S. a. müller.
moneta = Münze. I 19, 20; II 26, 30. S. a. müntze.
mortuarium = Todfall. II 362. S. a. val, toLrechL
mülechen (eigentl,: müllechen) = eine Mühle als Lehen. II 469.
müli = Mühle. I 1, 7, 9, 13, 20, 25, 33, 35, 39, 46, 50, 65, 74, 75, 81, 91, 93, 94, 100, 104, 129, 131, 146, 156, 177, 188, 194, 198, 235, 238, 241, 247. 258, 260, 264, 270, 278, 284, 292, 293, 295, 296, 309, 305, 310—312, 319, 347, 349, 350, 380, 386, 374, 3x1, 382, 388, 391, 393, 397, 399, 400, 403, 406, 408, 411, 412, 417, 419, 420, 423, 425, 433, 436, 438, 440, 444, 450, 454, 456, 459, 460, 464, 477, 489, 496, 503; II 97, 114, 119, 123, 124, 215, 216, 378, 380, 389, 396, 392, 393, 405, 412—415, 419, 420, 422, 433, 435 bis 438, 440, 442, 444, 449, 450, 455, 458, 460—463, 469, 472, 475, 480, 482, 484—496, 495, 505, 506, 516, 518, 524, 534, 544, 545, 547, 552, 555, 559, 569, 574, 578, 584—586, 591, 594, 608, 613, 638, 657, 669, 698, 749, 750, 754, 764, 766, 767, 775.
mülikorn = Korn, Abgabe von einer Mühle oder gemischtes Korn, wie es zur Mühle gebracht wird (?). I 1, 15, 25, 31, 35, 37—40, 50, 53, 489; II 437, 750, 754.
mülirecht = Recht auf eine Mühle, Recht zu mahlen. II 461.
mülistat = Mühlen-Platz, Ort auf dem eine Mühle steht oder gestanden hat, die nicht mehr betrieben wird (vergl. I 25, 380). I 25, 37, 65, 100, 366; II 378, 586.
mülityh = Mühlteich. II 752.
mu(ü)chhof, müchhof = Mönchhof, Gutshof eines Mönchsklosters (die Form Meuchhof ist für das so genannte Gut bei Kilchberg am Zürichsee noch heute gebräuchlich). I 4, 14, 15, 21, 23, 44.
münts(e), müns, müns, monta = Münze, Münsstätte, von einer bestimmten Münzstätte geprägte Geldsorte, in Winterthur eine Abgabe in Form einer Kopfsteuer (I 838). I 227, 338, 341, 494, 495; II 506, 679, 686, 689, 700, 748, 750, 751, 776. S. a. moneta.
mul, plur. mule = Maultier. I 486.
molchen = die an einem Tage (resp. an bestimmten Tagen) gemolkene Milch und deren Produkte. I 282, 478—480; II 493, 524, 583. S. a. lacticinia.
mnlchenpfenninge = Milchpfennige, Geldabgabe für Mulches. II 168.
mullafech = herrenloses, verirrtes Vieh, hier eigentlich das der Grafschaft zustehende Recht darauf, das mullafech. II 776. Vergl. irgang.

N

nachgedinge = Nachgericht, eigentlich eine ausserordentliche Einberufung und Versammlung des Gerichts als Appellationsinstanz, hier vor der wohl ebenfalls ungewöhnliche Versammlungsplatz. II 769.
nägellin = Gewürznelken. II 746.
nawe = Lastschiff. I 202.
nemorarius = Förster, Waldhüter, vielleicht auch Eigenname. II 35, 47, 62, 67, 78, 86, 155, 156. S. a. vorster.
novale = Neubruch, neues Gereute. II 2, 4, 5, 24, 30, 60, 202, 204, 220, 241.
nügeröte = neues Gereute, Neubruch. I 254, 420, 421, 423, 431, 458. S. a. gerüte.

O

obventiones = Einkünfte, Sporteln. II 225, 235, 261. S. a. banmiet.
officialis = Diener, untergeordneter Beamter. Untervogt. II 144, 202, 457.
officium = Amt, habsburgischer Verwaltungsbezirk. I 1, 16, 18, 24, 31, 56, 63, 68, 85, 102, 139, 144, 149, 177, 170, 181, 189, 191, 196, 206, 220, 233, 243, 257, 266, 285, 309, 340, 356, 370, 415, 446, 452, 188, 408, 522; II 1, 5, 13, 15, 10, 21, 29, 26, 32, 34, 52—58 etc. bis 193, 199, 210, 214, 215, 227, 230, 246, 301, 305, 311, 313, 323, 328, 334, 336, 343, 349, 351, 358, 362, 365, 366, 369, 371, 457, 743. S. a. ampt.
ôme(n), omina, s. âme.
oppidum, opidum = kleinere, befestigte stadtähnliche Ortschaft, aber ohne eigentliches Stadtrecht. II 168, 220, 222, 235, 236—238, 240, 242—245, 254, 257, 258, 452. S. a. stat.
ops = Obst II 752.
ordeum = Gerste. I 3—6, 15; II 58. S. a. gerste.
osterzehende = Osterzehnten, ein auf Ostern zu entrichtender Zehnten. I 94.
ova = Eier als Abgabe. I 250, 265, 398; II 2, 4, 6—12, 14—18, 22—24, 32, 34, 35, 64, 55, 57—59, 61, 221, 222, 224, 227, 232, 397. S. a. eiger.
ovis = Schaf. II 1, 2, 4, 5, 9, 15—18, 20, 25, 26, 28, 30—35, 54, 55, 60, 68—72, 76, 82—64, 98, 170, 173, 199, 207, 224, 225. S. a. schaf.
owe = Aue, wasserreiches Gelände, besonders an einem Gewässer. I 349, 350; II 97, 106, 494, 565, 592, 741.

P
siehe auch B.

pablaria, s. avena pablaria, füterhaber.
pagiment(um) = Zahlung, Währung von Geldsorten. I 529.
papaver = Mohn (öl). II 157, 218, 220, 224, 228. S. a. magöl.
parisikorn = ein Gewürz, Paradieskorn, Ersatz für Pfeffer (vergl. Idiotikon, IV 1445). II 746.
parrochia, s. kilchöre, kilchspel.
patronatus, jus patronatus = Patronat, habsburgisches Eigentumsrecht über eine Kirche, namentlich das Recht den Priester zu ernennen, und die überschüssigen Einkünfte der Pfründe zu beziehen. II 42, 56, 59, 60, 151, 155—158, 161, 162, 160, 186, 221, 338. S. a. kilchensatz.
pecia = Stück, Landparzelle, hier von einer Wiese. II 457.
pfaffe, pfafe, phafe : Pfarrer, Leutpriester einer unter habsburgischem Patronat stehenden Kirche, aber auch Bezeichnung des geistlichen Standes

im allgemeinen. I 23, 25, 38, 39, 74, 95, 101, 105, 128, 129, 131, 134, 144, 151, 158, 160, 162, 166, 181, 200, 201, 203, 204, 208, 209, 211, 230, 231, 256, 271, 274, 297, 304, 320, 328, 341, 342, 345, 350, 355, 371, 379, 376, 377, 389, 397, 399, 401, 404, 409, 420, 426, 436, 437, 462, 481, 492, 517; II 468, 680, 682, 702, 703, 707, 713, 742. S. a. lütpriester.

pfafheit = Priesterschaft. 1 178.

pfarre = Farren, Zuchtstier. 1 300. S. a. var.

pfeffer, phefer = Pfeffer, ein Gewürz, häufig als Abgabe. I 21, 22, 40, 52, 53, 75, 87, 112, 129, 130, 140, 158, 166, 234, 270, 240, 455, 493, 509, 520; II 106, 121, 544, 560, 563/564, 570, 745, 752. S. a. piper.

pfist(e)ri, pfistrin, phistrin = Pfisterei, Bäckergewerbe, von der Herrschaft verliehenes Recht zu backen, auch nur der Zins der Brotbäcker in einer Stadt. I 336, 396; II 684, 690. S. a. pistrina.

pfleg = Pflege, Verwaltung, Vogtei. II 711.

pflegen = Pfleger, Vogt sein. I 105.

pfleger, pholeger = Pfleger, Verwalter, Vogt, Ammann. I 5, 322, 323, 361.

pfründe, phründe = Pfründe, geistliches Amt und besonders dessen Einkommen bei Pfarrkirchen, Caplaneien und Chorherrenstiften. I 58, 131, 178, 202, 316, 317, 373, 454. S. a. prebenda.

pfründleben = zu einer Pfründe gehörige Lehen als Alterszulagen. I 226.

phenninggölt = Pfennigzins, Geldzins im Gegensatz zu Naturalzinsen. II 670, 695.

phenningzinse = Pfennigzinse, Geldzinse. I 225. S. a. zinsplenning.

phröntbrot = Brotabgabe von Chorherrenpfründen. I 455.

pincerna = Schenk, auch Schenkin, Mundschenk, Hofamt bei den Kiburgern und Habsburgern den Rittern von Liebenberg, resp. von Windegg erblich verliehen. II 140, 145, 146, 148, 184, 187, 189, 300, 310—312, 327. S. a. schenk.

piper = Pfeffer. I 30, 256; II 5, 81, 215. S. a. pfeffer.

piscatio = Fischenz, Fischereirecht. II 456. S. a. vischentz.

piscator = Fischer. II 47, 168, 170, 284.

pisciculus = kleiner Fisch. II 170, 173.

piscina = Fischenz, Fischereirecht. II 3, 20, 22, 20, 151, 152, 155, 157, 163, 164, 211, 213, 214, 220, 225, 226, 230, 241, 244, 251, 256, 260, 262, 264, 265, 337, 340. S. a. vach, vischentz.

pistor = Bäcker. II 67, 219, 229, 279, 340. S. a. brotbeck.

pistrina = pfistri, Pfisterei, Zins der Bäcker. II 220, 227, 261. S. a. pfust(e)ri.

pistrix = Bäckerin. II 203.

platea, blatea = Hofstatt (hier nicht Gasse, was es sonst auch heissen kann). II 71, 72, 85, 87 (= I 316), 141. S. a. area, hofstat.

plaustrum = Lastwagen, Fuder. II 70, 219.

pinelmatte = zu einer Stampfmühle für Hanf gehörende Matte. II 493.

porcus = Schwein als Abgabe. I 256, 308; II 1—18, 20—22, 24, 25, 27—36, 54—61, 65, 66, 68—76, 82, 85, 87, 89, 93, 94, 137—139, 141—144, 146, 156, 157, 172, 173, 199, 206, 217, 361, 367, 369. S. a. swin.

pratum, pradum = Matte, Wiese. II 1, 8, 9, 22, 26, 30, 46, 60, 72, 141, 157, 159, 160, 205, 219, 220, 225, 226, 235, 238, 250, 251, 262, 264, 451, 453, 454, 457. S. a. matte, wiese.

prebenda = Pfründe. II 223. S. a. pfründe.

preco = Weibel, Gerichtsbote. II 220, 263, 284. S. a. weibel.

pullus = Huhn als Abgabe. I 25, 256, 265, 308, 438; II 7, 32, 34, 35, 54, 55, 59, 61, 154, 221—223, 232, 234, 352, 350, 361, 369, 390, 393. S. a. hün (gallina).

R

rebleben, reblen = Leben an Reben. I 307, 334.

recht = herrschaftliche Rechte, Gerichtsbarkeit, Rechtsgewohnheit, namentlich in der Formel recht und gewohnheit, Vorrecht, Befugnis, aber auch finanzielle Rechte, lokales Recht, Sonderrecht. I 14, 16, 18, 23, 30, 31, 33, 35, 40, 45—50, 56, 63, 67, 74, 77, 79, 85, 89, 92, 90, 97, 100, 102, 105, 109—112, 114, 116, 119, 128, 129, 132, 139, 141, 142, 144, 149, 155, 166, 167, 175, 176, 178, 181, 187, 189, 191, 196, 202, 206, 213, 215, 219, 220, 222, 227, 229, 233, 243, 257, 268, 274, 275, 282, 285, 287, 301, 309, 315, 340, 351, 352, 367, 370, 394, 415, 441, 446, 452, 472, 478—490, 483, 485, 488, 493, 506, 517, 521, 522, 526; II 378, 383, 387, 391, 395, 306, 417, 431, 439, 442, 444, 560, 571, 585, 590, 616, 671, 695, 706, 761, 768, 771. (S. a. jus.)

rechtung = nachträglich in den Reinschriftkopien angebrachte Titel für die Gesamtheit der Rechte und Einkünfte in Städten und andern Gegenden, die nicht eigentliche Aemter bilden, aber auch einzelne Berechtigung, z. B. zum Holzhauen. I 78, 95, 132, 187, 215, 225, 282, 283, 335, 352, 394, 427, 434, 441, 463, 507; II 413, 565, 660.

rechtstifter = Schreib- oder Druckfehler statt recht stifter = der rechtmässige Stifter des Chorherrenstiftes. I 317.

reiten = rechnen, berechnen, verrechnen (Einkünfte, Ausgaben, namentlich bei Reduktion auf eine andere Währung). I 402; II 116, 388.

reitung, raitung = Rechnung, Rechnungsablage, Rechenschaft. II 106, 060, 693, 733.

revocare = zurückrufen, revindiziren, zunächst mit Bezug auf ohne Erlaubnis aus dem Gebiet der Herrschaft weggezogene Eigenleute, dann auch auf entfremdete, von andern Herrschaften occupirte Güter übertragen: bona revocanda, II 349, 351, 357, 358, 362, 360, 371; homines revocandi, II 267, 282—286, 301, 305, 311, 313, 317, 321, 323, 328, 332, 333, 336. jus revocandi 'et repetendi' homines, II 280, 292, 312; mancipia revocanda, II 296, 320.

rich, das = das römisch-deutsche Reich als Lehensherr Habsburgs für verschiedene Herrschaften, Vogteien, Güter und Rechte. I 220, 285, 478—482, 509, 523, 528; II 653, 766.

richten, rythen = 1. richten, Gericht halten, urteilen über bestimmte Verbrechen 'Formel': twing u. ban, düb u. vrevel ze richten). I 1, 2, 3—526; II 501, 741, 745, 748, 750. = 2. ausrichten, entrichten, liefern. I 034, 359. = 3. einrichten, anstalten (einen Hof mit Vieh und Gerätschaften). I 300, 304; II 711.

rintfleisch = geschlachtetes Rind mit oder ohne Haut, als Abgabe. I 86, 89, 294, 305, 342. (S. a. bos).

rishalde = Bergrinne, durch die Holz „gerisst", herabgerollt wird. I 65.

ritterhuser = Ritterhäuser innerhalb einer Burg, Burgwohnungen (in Mörsburg). II 705.

rochhaber = Rauchhaber, Hafer, der von Haus und Herd entrichtet werden musste. I 351.

rodale = Rodel, Liste, Verzeichnis. Originalrodel des Urbars und Vorarbeit; rodale arbore, II 242; rodalia antiqua I 343; II 339, 341, 360, 367, 368.

rodolns = Rodel, Verzeichnis. II 145.

rören, s. rüsiren.

röteli(n), röttelin, roten = Rötel, Fischart im Zugersee. I 151, 152, 209; II 110, 117, 168, 170, 173, 490.

rofen (roufen) = raufen, die Haare ausraufen. I 526.

Glossar. 289

roggen, rocken, rokken = Roggen, Getreideart. I 9, 13, 15, 21, 22, 33, 35—39, 47, 48, 50—55, 59, 65, 67—70, 72, 73, 75, 78, 80, 85—91, 97—99, 102—104, 106—168 etc. — 378, 387—460; II 97, 98, 102, 106, 109—113, 123—129, 138, 139, 151, 152, 154—200, 214, 229—252, 380, 383, 387, 416, 417, 425, 430, 435, 437, 525, 528, 532, 533, 537, 542, 567, 568, 575, 742, 743, 749, 751, 755, 760, 766—768, 773, 775, 778. S. a. sigulum, siligo.

roggengelt = Roggenzins (verpfändete) in Roggen bestehende Einkünfte. II 96, 113, 124—126, 129, 130, 412, 416, 418, 425, 429, 432, 439, 458, 490, 532.

ros(s) = Ross, Stute, Saumpferd. I 14, 213, 229, 398, 486, 528; II 109, 113, 120, 600, 602—605, 608, 611, 620, 625, 636, 644, 645, 648, 658, 661, 669, 672, 690, 691, 694, 709, 711, 726, 741, 740, 752. S. a. hengst, dextrarius.

rossisen = Hufeisen als Abgabe. I 146, 216, 504; II 215. S. a. habaloun.

roten, s. röteli(n).

rüsfisch = Reussfisch, eine in der Reuss vorkommende Fischart. II 527, 558, 561. S. a. visch.

rüti(n), rütelin, rutty = Gereute, Neubruch, durch Reuten urbar gemachtes Stück Land. I 105, 106, 136, 174, 175, 269, 279, 300, 307, 311, 322, 323, 448, 449, 503, 516; II 402, 406, 499. S. a. geröte.

runse = Bach, hier Mühlekanal. II 578, 586.

rüren, rüeiren, rören = herrühren, zu Lehen, eigentümlich zugehören, herstammen, abgeleitet sein von einem bestimmten Rechtsverhältnisse. I 67, 70, 168; II 416.

S

saltzgelt = Salzzins, Abgabe an Salz. II 443.

saltzphenninge = Salzpfenninge, Abgabe an Geld statt Salz. I 516.

saltzschiff = Salzschiff. II 753.

satz = Setzung zu Pfand, Pfandschaftsrecht, auch Pfand. II 503, 509, 601, 605, 606, 608, 613, 619—622, 624—628, 630—633, 635—640, 646, 647, 649—652, 654, 656—662, 660—671, 674, 685, 688, 690, 691, 696, 699—701, 703—708, 711, 712. S. a. pfand.

satzung = Pfandsatz, Verpfändung. II 396.

sayffe(n) = Seife. II 746.

scapula, schapula = Schulter, Vorderschinken eines Schweines als Abgabe. II 5—12, 13—19, 20, 22—25, 221—228. S. a. schulter.

schaffner = Schaffner, Aufseher (nicht habsburgischer, aus der früheren Verwaltung der Grafen von Pfirt). II 426, 429.

schafgelt = Schafzins, Geldabgabe für Schafe. II 109, 127.

schaflehen = Lehen gegen Zins an Schafen. I 164.

schafzehende = Zehnten an Schafen. II 116.

schenk(e), schencke = Schenk, Mundschenk, kiburgisches und habsburgisches Hofamt (der Ritter von Wildegg, Liebenberg und von Teufen). I 165; II 114, 393, 686, 693; aber auch Reichshofamt (der Ritter von Winterstetten). I 382.

schenken = ausschenken (Wein), eine Schenkwirtschaft betreiben. I 166, 221, 254, 301, 336, 355, 389; II 392, 418, 423, 424.

schindlan = Schindeln als Abgabe. I 503.

schlagsatz = Schlagschatz, die von jedem neuen Münzschlage dem Münzherren zu entrichtende Abgabe (in Zofingen). I 494; II 749.

schlyffmöli = Schleiferei. II 752.

schöt, schot = ein Bündel (Flachs), wohl = klobe. II 391, 393, 395, 396. S. a. chlobin, fasciculus, ligatura.

schulter = Schulter, Schulterblatt, geräucherter Vorderschinken eines Schweines als Abgabe. I 70, 71, 73, 93, 96—98, 190, 373, 380, 809, 402, 411, 413, 429—431, 438, 451, 465; II 124—126. S. a. scapula.

schultheiss(e) = Schultheiss, Richter und Vorsteher einer städtischen Gemeinde, von der Herrschaft oder von den Bürgern gewählt. I 42, 44, 46, 47, 218, 230, 337, 339, 420, 487; II 102, 106, 121—123, 179, 379, 382, 424, 430, 442, 445, 462, 521, 552, 568, 573, 576, 579, 597, 602, 608, 641, 670, 685, 696, 600, 727, 728, 732, 733, 740—743, 748, 749, 753, 754. S. a. scultetus.

schultheissenampt = Amt, Befugnis und Busseneinkünfte eines Schultheissen. I 58; II 611, 651, 744. S. a. officium sculteti.

schüpos, schoposse, schoppos, schöphus, schöphus, schöpposse, schüppos = Schupposse, ein kleines Grundstück, der dritte oder vierte Teil einer Hufe, zirka zwölf Juchart. I 65, 68, 73—75, 77, 85—88, 90, 93, 96, 97, 102—104, 107—112, 129—137, 141, 142, 146, 151, 155, 158, 159, 161—176, 178, 184, 187, 188, 190, 197, 198, 212, 221, 222, 231, 237, 230—241, 245—248, 250, 252, 253, 258—264, 270, 272—274, 284, 290, 291, 293, 295, 296, 301, 302, 310—320, 322, 324, 316, 347, 350, 354, 355, 361, 362, 364, 365, 373, 392, 403, 405, 406, 408, 424, 431, 432, 440, 450, 452, 456, 457, 490, 491, 493, 497; II 100, 115, 127, 199, 338, 377, 378, 380, 391, 383, 387, 389, 474, 475, 483, 484, 507, 515, 531, 531, 538, 547, 551, 552, 557, 559, 561, 562, 565, 566, 569, 570, 575, 578, 581, 584, 742, 749, 750, 751, 754, 767, 771.

schurlitz, schûrlntz = (scharlachfarbiges?) Wollenzeug, Mantelltuch. II 745, 752. S. a. vardel.

schurtochse = eher Frohnochse als wie Pfeiffer erklärt: am Schurtag (Aschermittwoch) zu liefernder Ochse. I 206. S. a. vronochse.

scoposa, scobosse = Schupposse, vergl. schôpos. II 1, 3—8, 12, 14—24, 29, 29, 32, 33, 35, 39, 56, 57, 59—63, 65, 70—75, 85, 87, 89, 93, 94, 131—135, 138, 140, 141, 143, 157, 160, 202, 204, 207, 209, 212, 213, 252, 330—338, 343, 316, 348, 351—354, 358, 360, 366—368.

scultetus, schultetus = Schultheiss. II 26, 53, 70, 86, 88, 93, 131, 135, 137, 138, 141, 142, 144, 148, 183, 188, 190, 220, 372. S. a. schultheiss.

segessen = Sensen. II 745.

seil = ein Erntemass, eigentl. für soviel Heu, als in ein Heuseil gefasst werden kann, dann auch für eine Wiese von entsprechender Grösse. I 75; II 126.

seilrecht = Abgabe von jedem Seil. I 75; II 126.

seitzhosen, seinhosen = Hosen aus dünnem Wollenzeug. I 301; II 112, 392. (S. a. caligas).

selg(e)ret, selgereit = Jahrzeitstiftung für Seelenmessen. I 339; II 101, 107.

senne, senno = Senn, Inhaber eines Sennhofes (zur Betreibung von Milchwirtschaft). I 304; II 407.

sennehof = Sennhof, Hof für Betreibung von Milchwirtschaft. I 304, 812, 398. II 222, 257, 407.

sennelen = Sennleben, Leben zur Betreibung von Milchwirtschaft. I 295; II 57, 74.

seracium, seracenm = Ziger. II 57, 58, 169, 170, 173. S. a. ziger.

servus = Höriger, Leibeigener. II 216, 273, 287. S. a. mancipium.

sesslechen = schwerlich, wie Lexer meint, ein Lehen, worauf der Beliehene gewöhnlich sitzen musste, da hier die Sesslehen oft nur aus Einkünften, nicht aus Gütern und Häusern bestehen, vielmehr ergibt sich, dass die im Lehenbuch vorkommenden Sesslehen, soweit sie nicht mit der Grafschaft Pfirt neu erworben sind, identisch sind mit den elsässischen Burglehen des Urbars, vergl. II 421 ff. mit I 45 ff., also = Lehen, welche zur Ver-

teidigung eines festen Platzes (einer Stadt) an Burgmannen verliehen sind. II 408, 412, 413, 416 419, 421, 424, 426, 427, 429, 430, 432, 435, 436, 439, 440, 442—445, 450, 576, 501.
* s e m a n = Burgmann. I 52.
* s i g u l u m = Roggen. II 71—73, 75, 89, 04, 138, 139, 143. S. a. roggen.
* s i l i g o = Roggen. I 1—35, 39, 40, 44—46, 256, 308; II 3—6, 9, 12, 15, 22—24, 27, 28, 31—36, 47, 49—59, 70, 200, 201, 206, 207, 219, 380, 388. S. a. roggen.
* s i r m a n d a n s = Sermontain (Lexer: silermontán) = ein Gewürz oder etwas ähnliches. II 746.
* s m a l e s v ih = Schmalvieh, kleines Vieh, besonders Schafe, Ziegen und Kälber. I 460.
* s m a l s a t = Gemüse, Hülsenfrüchte (namentlich Hirse, Bohnen Erbsen) im Gegensatz zu Getreide. In lateinischen Rödeln sind die entsprechenden Stellen mit legumen übersetzt, z. B. II 143 = I 311. I 292, 311, 313, 314, 324; II 176, 379 380, 381—384, 392, 395, 398, 402, 502.
* s p a n g r ö n = spanisches Grün, Grünspan (zum Färben von Sigelwachs). II 746.
* s p e l t, spelta = Spelt, Dinkel, Getreideart. I 115, 274; II 3, 6—11, 16—20, 24—26, 81—170, 210, 212, 222, 363, 455. S. a. dinkel.
* s p i e s s = Spiessträger, Krieger. II 730.
* s p i n n w i d e r = ein Widder, der noch saugt (vergl. Schmeller, II 677). II 541. S. a. urfor?
* s p i c h w e r t e r (spicalarius) = Centralverwalter der herrschaftlichen Einkünfte von den Höfen (im Amt Seckingen). II 125, 127.
* s t a n b a l c h e n, stanbalken = Balchen aus dem See bei Stans. I 215, 284.
* s t a t = Stadt. I 1, 12, 15, 36, 37, 50, 55, 56, 75, 101, 120, 130, 137, 138, 148, 149, 152, 177, 179, 180, 200, 215, 216, 218, 300, 335, 337, 341, 356, 380, 383, 394, 397, 410—412, 415, 417, 427, 434, 441, 442, 445, 453, 454, 459, 473, 483—487, 493, 494, 516, 520, 521, 526; II 102, 105, 112, 130, 133, 395, 406, 408, 412, 413, 425, 431, 432, 440, 442, 459, 460, 468, 480, 506—613, 622, 624, 620, 630, 646, 649, 650, 740, 744, 748, 749, 751. S. a. civitas, oppidum.
* s t a t tón = gestatten. II 818.
* s t e f l a, Plur., (fem.!) von stafel = Alphütten oder Alpweiden (im Wäggital). II 759.
* s t i p e n d i u m = Sold für Kriegsdienst. II 83, 194.
* s t o k, stokeb = Stock, Block zum Einspannen, Fesseln der Füsse von Gefangenen, Zeichen der Strafgewalt oder eigenen Gerichtsbarkeit in der Formel: stok und galgen. II 410, 606.
* s t o l l e n = Stück, Teil. II 752.
* s t r á l = Kamm. II 746.
* s t r a s r o s = Saumpferd, Lastpferd. II 701. S. a. dextrarius und ros.
* s t ú r(e), stúra, steur(e), stiura, stúr = Geldsteuer, hauptsächlich die sogen. Vogtsteuer der Freien und Gotteshausleute, dann auch die Steuer der Eigenstädte. I 1 etc.—529; II 100, 119 etc.—757. S. a. herbststúr, meyenstúr.
* s t ù r a advocatie (statuta) = Vogtsteuer. II 171, 172, 201, 211, 212, 215. S. a. vogtstúr.
* s t ú r i g, stùrig = steuerpflichtig. I 145, 148, 154, 270.
* s t u p f e l h û n = Stoppelhuhn oder Sommerhuhn, das auf der Stoppelweide gehalten wird oder (nach Idiotikon, II 1376) Huhn als Abgabe für Benützung der Stoppelweide. II 753. 'S. a. sumerhûner).
* s u b u r b i u m = Vorburg (bei Kiburg). II 30, 58. S. a. vorburg.
* s u m e r h ú n e r = im Sommer zu entrichtende Zinshühner. I 190; II 753.
* s w e i c m a t t e = zur Viehweide dienende Matte. II 117.
* s w e i g g e n = Schweighöfe, Sennhöfe. II 708.

sweighof = ein Hof, auf dem nur Vieh gehalten und Milchwirtschaft
   betrieben wird. 1 202. S. a. sennehof.
sweigleben = Viehhof, Sennerei oder Weideplatz als Lehen. 1 212.
swertbrand, Plur. = Schwefelbrand, Süssbrand, Fassbrand. II 745.
swertature = die einem Burgmann vom Dienstherrn gewährte Aus-
   rüstungsunterstützung. 1 50.
swingelt = Schweinezins, Geldabgabe zum Ersatz für Naturallieferung an
   Schweinen. II 108, 109, 122, 380, 381, 507, 695, 699.
swinphenning = swingelt oder Schweinezins, Abgabe für die Eichelmast
   der Schweine? 1 150; II 116. S. a. eicholsphenninge.

T
siehe auch D.

tabernarius = Schenkwirt. II 18, 229. S. a. caupo, wirt.
taberne(n), s tavern(e).
taglen = ein Lehen auf unbestimmte Zeit. I 141, 112.
tagwan = 1. Tagewerk, Fronarbeit eines Tages, hier in herrschaftlichen
   Weinbergen. I 359—302, 365, 368; II 769. 2. = Landmass für Wiesen
   = 1 Morgen. II 466, 468, 472, 772. 3. = Gesamtheit der frondienst-
   pflichtigen Leute eines Ortes, eine Gemeinde (im Glarnerland) I 503—506,
   509—514, 518; 686, 696.
tagwanphenning = Geldabgabe statt des Frondienstes. 1 151, 203;
   II 114, 178.
tavern(e), dafern(e), tabern, taberna, taferne = von der Herrschaft verliehene, in einer Ortschaft ausschliesslich berechtigte Schenke, Taverne.
   1 33, 65, 86, 93, 166, 237, 254, 336, 397; II 2, 9, 82, 406, 418, 422, 423,
   438, 464, 543, 591, 684, 699.
teilhalle = Abgabe, Zoll von Säumer-Gütern (in Ursern), von Pfeiffer aus
   dem italienischen taglio = Bündel und ballla = Vogtei abgeleitet, doch
   dürfte der zweite Teil eher mit dem deutschen (Waren) Halle zusammenhängen. 1 286.
teloneum, thelonium = Zoll. II 26, 30, 68, 88, 137, 208, 222, 257. S. a. zol.
thub, s. düb.
tich = Teich, Weier. II 433. S. a. vivarium, wier.
tiergarten = Flurname, Bezeichnung eines Waldes oder (ehemaligen?)
   Tiergeheges. 1 196; II 668. S. a. Idiotikon. II 439.
totrebt = Recht des Todfalles. II 379, 395. S. a. val. (mortuarium).
totslag = Totschlag und die dafür zu bezahlende Busse. 1 114; II 413,
   749, 750.
trachsea? = fahrendes Gut, Fahrhabe? II 3.
tribphenning = Abgabe zu Gunsten des Hirten, der die Zinsschafe dem
   herrschaftlichen Einnehmer zuführt. 1 502.
triticum, dritdicum = Weizen, Getreideart. I 15, 40, 59, 239, 256, 265,
   308; II 1—5, 24—36, 47, 51—56, 95, 98, 137—142—152—212, 385, 388,
   393, 397, 400, 466. S. a. waizen.
trotte = Kelter. 1 320, 324; II 427, 477, 508, 542.
trochsesse, trochsetz, trugsetz, trugsess, trugsetze, drogsetze, trachsesze,
   troksss, truksecz = Truchsess, Speisemeister, Hofbeamter der Kiburger,
   Habsburger (erbliche Würde der Ritter von Wildegg) und anderer Herrschaften, auch des Reiches zu Rheinfelden. 1 63, 3r3; II 113, 114, 124,
   415, 444, 519, 550, 572, 578, 637, 692, 714, 718, 724, 731, 737.
tüb, s. düb.
tult = Tag, Fest eines Heiligen. 1 25, 336, 529; II 674 u. ö.

Glossar.

t w i n g, thwing (qnln. II 591) = ein Teil der niederen Gerichtsbarkeit und deren Gebiet, besonders in der Formel: twing und ban. I 1, 4—6, 9, 59, 70, 76—526; II 336, 344, 349, 410, 415, 417, 420 etc.—771. Vergl. auch ban.
t w i n g e n = nötigen, zwingen. I 300, 527.

U

(û e b e n (eine Strasse) = begehen, benutzen. I 486.
u f f e ä t e = Auflagen, Steuern. II 743.
u f g a n = im Kurse steigen (von Münzen). II 728.
u n g e l t, das mere, minder: nngeldum, ungeltum, minus, majus = Umgeld (falsch: Obmgeld), Abgabe bei Getränke-Einfuhr in städtischen Ortschaften. I 411, 461; II 115, 167, 220, 225, 261, 264, 741, 743, 744, 748, 754. (S. a. Idiotikon, II 241 ff.).
u n g e n o s s e = Einer, der nicht derselben Herrschaft oder auch nicht demselben Hose angehört (bei Verehelichung). I 527.
u n i v e r s i t a s = Gesammtheil der Leute eines Ortes, Gemeinde. II 269.
a r b a r, arbor = einstragendes Grundstück, Zinseinkünfte derselben und Verzeichnis. I 35, 30, 39, 51, 53, 54, 287, 230, 242, 252, 237, 260; das alt urborbuch, II 740; urbargült, II 379.
u r f o r, urfär = unbestimmbar (hier nicht etwa Landungsplatz), sondern Hammel oder Widder (für Grindelwald). II 440, 554. S. a. spinuwider. (Vergl. Idiotikon, I 444, 445).
u s b u r g e r = Ausburger, ausserhalb des Weichbildes einer Stadt wohnende Bürger derselben; ander usburger. I 491.
û g e l e n d e = auswärtiges Land, änssores Gefilde. II 126.
u s l ü t e (uslaiti = Schreibfehler oder eigenes Wort von anderer Bedeutung) = ausserhalb des Dorfes oder Hofes wohnende, aber dahin steuerpflichtige Leute. I 68; II 105, 255.
u s s i d e l, umideling = aus dem Gebiet der Herrschaft ausgezogene, aber noch derselben steuerpflichtige Leute. I 65, 112, 115, 119, 120, 122, 124, 141, 205, 228, 247, 250, 281, 282, 304, 383, 483.
u s s m a n = ein von Aussen her zugezogener Mann, ein neuer Ansiedler, der nicht Bürger ist. II 742. S. a. advena.

V

Siehe auch F.

v a c h = Fischwehr, Stromschnelle, zum Legen der Reussen. II 22. S. a. piscina. (Vergl. Idiotikon, I 638, fach 2).
v a d e n = Grenzzaun. I 270.
v a l (l) = Todfall, Heimfall eines bäuerlichen Lebens oder Zinsgutes durch den Tod seines Inhabers, besw. die von dessen Erben dem Grundherren zu entrichtende Gebühr. I 23, 33, 37, 38, 95, 165, 213, 229, 271, 274, 284, 507, 516; II 305, 407, 418, 606, 653, 661, 696, 747.
v a l l e n = 1. gefallen. II 413, 502, 624, 627, 775. 2. = anheimfallen, zukommen (von Gütern und Gefällen.) I 13, 67, 114, 227, 259, 281, 283, 342, 407, 527; II 660, 664, 677, 680, 684, 685, 693—695, 698, 700, 708, 712, 744, 749, 751, 780. 3. = den Fall beziehen. I 66, 100, 342.
v a r, fer = Fähre. I 75, 112, 134, 271; II 592, 667.
v a r = Farren, Zuchtstier. II 124. S. a. pfarre(n).
v a r d e l, fardel = Ballen, Bündel (Tuch). II 745, 752.
v a s (s) = Fass, Gefäss (Wein u. a.). II 455, 753.

v a s(e) n a c h t h ů n, fasnachthůn = Fastnachthubn, ein zur Fastenzeit der Herrschaft zu entrichtender Hube. I 2—9, 11, 12, 16, 17, 22—30, 50, 64, 65, 68—73, 81, 88, 103, 111—114, 116, 122, 320, 341—345, 347, 349—529; II 553, 567, 568, 747, 753, 764, 774, 775. S. a. haberhůn.

v a s i m u s, vasmůs, fasmůs = Gemüse, aus dem eine Fastenspeise in Musform gemacht wird, was doch kaum etwas anderes als Hirse oder Erbsen sein kann.] 99, 124, 128, 163, 164, 222, 246, 279, 301, 306, 312—314, 318, 320, 322, 342, 345, 349, 422, 423; II 100, 369, 751 (vergl. Idiotikon, IV 491). S. a. smalsat.

v e c t u r a = Transport (von Naturalabgaben). II 169.

v e l l i g = fällig vom Leben, die zur Abgabe des Todfalles verpflichtet sind. II 425.

v e n t e r ovis = Schafsleib, Schafsbauch als Abgabe. II 82. (Vergl. Idiotikon, IV 975.)

v e o d a r i u s = Lehensinhaber, Huber. II 144, 148. S. a. huber.

v e r e r s c h a t z e n = den Ehrschatz entrichten, hier in der Form der Fallabgabe, die vom gewöhnlichen Ehrschatz befreit. I 95.

v e r t = Fahr, Fähre oder Fährte, Überfahrte, das Recht, Personen u. Waren ausschliesslich über einen See oder Fluss zu fahren oder zu führen. I 217. (S. a. feri]. Idiotikon, I 1037 38).

v e r v o g t s t ü r e n (sich) = eine Vogtsteuer entrichten, sich derselben mit einer bestimmten Abgabe entledigen. I 109.

v e s e n, veson, wesen = (unenthülster) Spelt. I 89, 354, 384, 365, 304, 398, 401, 402, 406, 409, 440, 458, 460, 465—468, 485; II 405.

v i g e n = Feigen. II 746.

v i g i l a t o r = Hüter, Wächter, besonders auf Burgen. II 58, 78, 137, 139, 144, 147, 149. S. a. wachter.

v i l l a = Dorf. II 1, 17, 19, 24, 32, 45, 48, 51—53, 60, 152—154, 170, 193, 195, 199, 200, 202, 206, 207, 212, 210—222, 226, 230, 237, 239—244, 246, 247, 251, 257, 258, 260, 267—270, 297, 318—322, 330, 338—342, 344, 348, 349, 355, 366, 371—374, 451—453.

v i l l a n u s = Dorfbewohner. II 270.

v i l l i c a = Meierin. II 47, 48.

v i l l i c a t u s = Maieramt. II 363. S. a. meieramt.

v i l l i c u s = Meier. II 47, 48, 60, 75, 78, 84, 142, 146, 148, 155, 156, 165, 192, 202, 221—224, 226, 227, 229, 255, 260, 275, 276, 288, 299, 300, 306, 308, 328, 320, 332, 335; II 320. S. a. meier.

v i n e a, vinagium, vinarium = Weinberg, Weingarten. II 42, 71, 148, 207, 271, 365, 370, 386, 451.

v i n i t o r = Weinbauer, Weingärtner, Winzer. II 32, 73, 76.

v i n u m terre = Landwein. II 161, 162, 218/219.

v i r i d a r i u m = Garten, Baumgarten. II 214, 216.

v i s c h = Fisch. I 82, 86, 89, 134, 201, 340, 358, 360, 361, 364, 365, 503; II 116, 395, 398, 399, 527, 627.

v i s c h e n t i, vischetz, fischentz = ein Ort, wo gefischt wird, das der Herrschaft zustehende und von ihr verliehene Recht zu fischen. I 86, 89, 99, 151, 201, 213, 348, 375, 393, 398, 411—413, 418, 420, 423, 425, 426, 432, 433, 430, 443, 461, 462; II 417, 443, 458, 468, 494, 495, 499, 502, 505, 527, 548, 561, 565, 592, 607, 708, 761, 777. S. a. piscina.

v i s c h p h e n n i n g = Fischzins, Geldabgabe an Stelle von Fischen. I 361, 367, 503, 510.

v i v a r i u m = Weier, Teich. II 259. S. a. wier.

v l a b s, flachs = Werg, Flachs. I 33; II 391, 393, 395, 396. S. a. werch.

v o g t = Kastvogt über Gotteshausgüter (die habsburgische Herrschaft selbst). Schirmherr, aber auch Verwaltungsbeamter der Habsburger ohne Zusammenhang mit Gotteshäusern. I 14—23, 30, 40, 50, 53, 54, 58, 59, 67—114,

171—205, 374, 498—507—529; II 99, 108, 109, 178, 441, 481, 488, 559, 560, 564, 570, 602, 695, 701, 704, 718, 724, 725, 728, 731, 747, 748, 750, 756, 776. S. a. advocatus, lantvogt.

vogtei, vogtie(e), vogty, fügtlig, vogtay = Kastvogtei über ein Gotteshaus, Scholzherrschaft, Verwaltungsgebiet eines Vogtes, Gerichtsgewalt. I 23, 220, 255, 281, 286, 289, 317, 342, 345, 362—366, 382, 383, 385, 401, 442, 453, 457, 471, 500, 519; II 99, 105, 109, 111, 118, 390, 391, 398, 402, 404—406, 419, 439, 444, 462, 475, 491, 485, 489, 494—497, 500, 509, 511, 512, 515, 519, 523, 532—535, 546, 550, 551, 553, 556, 557, 559, 563—500, 569—571, 573, 577, 580, 583—585, 587—589, 669, 671, 672, 685, 687, 691, 695, 702, 751, 760, 761, 766, 767, 769, 771, 772, 773, 777, 779. S. a. advocatia.

vogtgüter = zu einer Kastvogtei gehörige Güter. II 551, 565.

vogthaber = Zinshaber für den Vogt. II 751.

vogthün = ein dem Vogte zu entrichtendes Huhn. I 13.

vogtkerne(n) = die an den Vogt in Kernen zu entrichtende Abgabe. I 264; II 66, 533.

vogtlût = zu einer Kastvogtei gehörige Leute. I 5, 6, 115, 298, 310; II 411, 551, 565, 592.

vogtman = zu einer Kastvogtei gehöriger Mann. I 358, 360, 362, 365.

vogtpfenning = Vogtsteuer, Geldabgabe der unter habsburgischer Kastvogtei stehenden Gotteshausleute. I 362.

vogtrecht, vogtreht = Naturalabgabe der unter habsburgischer Kastvogtei stehenden Gotteshausleute, auch der Freien an den habsburgischen Landgrafen, nicht aber der Eigenleute. I 6, 7, 21, 33, 59, 64, 65, 67—70, 75, 77, 81, 108—111, 113—115, 140—143, 146, 165, 167, 169—497—519; II 519, 678, 704, 749.

vogtstûr = Geldsteuer, welche von Gotteshausleuten unter habsburgischer Kastvogtei, von Freien unter habsburgischer Landgrafschaft, aber auch von Eigenleuten der Grafen von Habsburg bezahlt wurde. I 2, 59, 69—73, 75, 80, 83—85, 90—92, 115, 119, 124, 166, 225, 318, 358, 361, 304, 367, 368; II 405, 533—535, 748, 755, 768, 769, 775.

vorst(en)ampt = Amt des Försters oder Waldhüters. I 255, 355, 413.

vorster = Förster, Waldhüter. I 255, 539. S. a. nemorarius.

vorstümlochen = zu Lehen erteiltes Försteramt. I 98.

vrevel, vrävel, vräven, fräfel, frävel, fräßi, vrefel, vrafen, frafiny = Frefel, Vergehen, besondern in Verbindung mit duhb, aber auch die entsprechende Busse (vergl. Idiotikon, I 1287). I 1, 2, 3, 4—527; II 353, 366, 561, 741—743, 745, 747—750, 762.

vri, vry, adject. = frei, selbständig, unabhängig, Gegensatz von eigen (von Leuten und Gütern etc.). I 33, 34, 67, 69—72, 86, 111, 113, 179—182, 212, 222, 275, 276, 278—280, 285, 294, 302, 304, 306, 308—310, 343, 465, 526. S. a. liber (adject.).

vrie, vrye = Freier (Bauer), im Gegensatz zum Eigenmann und Hörigen, der aber doch unter habsburgischer Landgrafschaft steht. I 72, 240, 275, 276, 291, 294, 298, 343, 526, 527, 529; II 446.

vritpheuning = Friedepfennig? jährliche Abgabe an die Herrschaft für die Gewährung von Sicherheit und Schutz über freie Eigengüter. I 172.

vritschatz = Friedepfennige. I 176.

vronochse = eher zum Frondienst gelieferter Zugochse, als wie I 202 erklärt ist, Zuchtstier. I 202.

W

wachs = Wachs als Abgabe. I 22, 23, 40, 52, 53, 190, 295, 345, 349, 475; II 425, 433, 746.
wachter = Wächter. I 129; II 109, 744. S. a. vigilator.
wachtpfenning, wachtphenning = Wachtpfennig, Abgabe für Bewachung, auch Geldabgabe statt des Wachtdienstes. I 292, 305, 317, 320, 324—327; II 400.
wachtage = Wechtage, eigentlich Wochentage, wohl mit Fronden für einen Wochentag belastete Güter. I 507.
waizen, weitze, weissen, wernen = Weizen, Getreideart. I 1 ff.; II 22—24, 377—399. S. a. triticum.
wege = Strömungen eines Gewässers, Fischerei-Strecken. I 221.
weg(e)lôsi, weg(e)losi = Weglösung, schwäbischer Ausdruck (doch II 402 auch kiburgisch) für „erschatz", die Abgabe von Lehensgut bei eintretendem Wechsel des Inhabers oder des Lehensherrn, oder Ahnungsgeld; beide Erklärungen stossen auf das Bedenken, dass das Wort hier wie in der von Lexer zitierten Stelle für eine regelmässige jährliche Abgabe vorkommt. Sollte die Form „weglos" die richtige sein, so wäre es eher auf eine Abgabe für Wege und Strassen zu beziehen. I 343, 370, 372, 381, 385, 390, 402, 403, 437, 438, 440, 456; II 222, 224, 402. S. a. erschatz.
weihel, waihel, weyhel, wiebel = Weihel, Gerichtsdiener. I 71, 113, 148, 157, 170, 280; II 751. S. a. preco.
weidhûbe, weibhube, waihelhube, weybelhube = eine aus Weidegründen bestehende Hufe, oder eher die dem Weibel verliehene Hufe. I 51, 113, 118, 149, 156, 170, 184, 224, 343, 377, 399, 444, 459; II 449, 497. (Vergl. Idiotikon. II 960—962; s. a. mansus preconis; Lexer führt beides gesondert an, aber aus dem Urbar, dessen Orthographie hier wechselt).
weigla = Napf. II 169, 170.
weissen, weizen, s. waizen.
welche lehen = welsches Lehen, im Gegensatz zum Mannlehen, auch auf Frauen übertragbar (Elsass). II 416. S. a. lehen.
werch = Werg, von Flachs oder Hanf. I 279, 292, 295, 310, 311, 323, 326, 342, 345, 349, 393; II 369. S. a. stabs.
werschatz (warandia) = Abgabe, hier ein beweglicher Brückenzoll. II 112, 133.
werten, s. waizen.
wesen, s. vesen.
weyhelhube, s. weidhûbe.
widem(e), widen = Kirchengut, zur Dotation einer Pfarrkirche bestimmtes Grundstück. I 71, 75, 85, 92, 109, 111, 122, 129, 172, 231, 233, 237, 239, 240, 241, 247, 252, 273, 303, 309, 318, 347, 348, 351, 371, 384, 390, 440, 449; II 129, 378, 404, 685.
widemer = Inhaber (einer wideme), eines Pfarrkirchengutes. I 505.
widemvogtai = Vogtei über Pfarrkirchengut. II 883.
wiehel, s. weibel.
wier, wijer, wyer, wigger = Weier, Teich. I 409; II 413, 420, 423, 425, 433, 435, 473, 574, 581, 779. S. a. tich, vivarium.
wighafter hû = festes, für den Kriegsfall befestigtes Gebäude, Thurm, festes Haus, Burg. I 101.
wiltban = alleiniges Jagdrecht. I 528; II 434, 750.
win = Wein. I 11, 12, 15—18, 20—23, 40, 44, 45, 53, 54, 56, 58, 87, 89, 92, 93, 109, 114, 129—166, 184, 221, 254, 255, 301, 320, 324, 336, 337, 342, 345, 351, 355, 358, 359, 389, 413, 489, 529; II 392, 398, 423, 426, 545, 748, 752.

Glossar. 297

w i n h a n = Abgabe für Schenkgerechtsame, Gebühr an die Herrschaft für die Erlaubnis, Wein auszuschenken. I 455.
w i n h e r = getrocknete Weinbeeren. II 746.
w i n t e r g e r s t e n z e h e n d = Zehnten von Wintergerste. I 99.
w i n z e h e n d e = Zehnten an Wein. II 478.
w i r t = 1. Hauswirt, Hausvater. I 274, 367, 374, 380, 421; II 509, 570, 747, 771. 2. = Gatte. II 706. 3. = Gastwirt. II 729. S. a. tabernarius.
w i s a t (von wisen = besuchen) = herkömmliche Schenkung oder Abgabe seitens der Eigenleute an die Herrschaft bei Gelegenheit des Besuches des Herrn oder Vogtes und Amtmanns. I 507.
w i s h a b e r = wohl mit wisat und wisunge zusammenhängend, zu Geschenken dargebrachter Hafer. I 270. (Vergl. Wiset-Haber, Idiotikon, I 270).
w i s k o r n = zu Geschenk dargebrachtes Korn. I 274.
w i s p h e n n i n g = Wiesenzins, Abgabe von Grundstücken oder eher zu wisat = als Geschenk dargebrachtes Geld. I 493.
w i s u n g e = wisat; Darbringung eines Geschenkes von Seiten der Eigenleute an die Herrschaft. I 71—73, 123; II 2.
w i t r a i t e = ausserhalb der Hofmark liegendes Land; z. B. Neugereute (siehe Lexer, III 954). I 417, 420.
w u n n e, w ů n = Weideland, Weide. Formel: wunn und weide. I 13; II 458.
w y e r, v. wier.
w y s s p f e n n i n g = weisser, silberner Pfenning. II 751.
w y s s w e r k = Wiesland. II 506.

Y
Siehe auch I.

y n g h e r = Ingwer, ein Gewürz. II 746.

Z
Siehe auch C.

z e h e n d (e), zehende, cehenda, sehnt, zehent; Dimin. zehondli, zehntli, zendli 'hier als Laienzehnten im Besitz der Habsburger,. I 13, 15, 22, 23, 31—36, 37, 39, 40, 52, 80, 94, 95, 00, 105, 147, 151, 152, 172, 203, 208, 209, 220, 270, 277, 278, 296, 299, 316—318, 342, 347, 391—393, 406, 420, 508; II 116 117, 177, 181, 396, 397, 412, 422—424, 429, 430, 432, 435 bis 438, 443, 446, 447, 449, 459, 460, 461, 463, 464, 468, 470, 473, 476, 480- 490, 494—498, 502—506, 509—511, 513—515, 521, 522, 524, 525, 534 -566, 580, 582, 589, 591—604, 638, 640, 667, 681, 762—765, 768, 770, 771, 773, 774, 776, 778, 779.
z e h e n d b l e t z = kleines, zehnpflichtiges Grundstück, Zehntfeld. I 97.
z e l g e = bestelltes Feld. II 511, 522, 523, 550, 552, 587.
z e n t n e r g ů t = zentnerschweres Gut. eine gewisse Art von Waren (siehe Lexer, III 1059). II 752.
z i g e r = Zieger (-stock); Kräuterkäse als Abgabe. I 152, 191—194, 212, 213, 283, 294, 300, 305, 478, 482; II 402, 708, 740, 752, 753. S. a. seracium.
z i n s, cins = Grundzins, Naturalabgabe von Grundstücken. I 1, 2, 4, 6, 7, 9, 12, 20—23, 25, 31, 33, 35—40, 44, 45, 50—53, 59, 65, 64, 68, 70, 72, 75, 86, 88—91, 93, 96—99, 102—106, 110, 112, 114, 121, 254, 301, 302, 326, 328, 336, 341, 384, 386, 411, 430, 442, 446, 450, 474—510; II 97, 116, 377, 385, 401, 405—407, 458, 558, 740—744, 747—751, 754.
z i n s e n = Zins entrichten. I 87, 212; II 415, 742—743.
z i n s e r = Zinsleute (einer Kirche). I 422.

z i n s h a b e r = Hafer als Abgabe. II 751.
z i n s h a f t = zinsbar, zinspflichtig (von Ostern etc.). I 67; II 102.
z i n s h ü n e r = Hühner als Abgabe. I 482; II 753.
z i n s l e c h e n = zinsbares Lehen. II 574.
z i n s p f e n n i n g = Zinsgeld, Abgabe von Zinslehen. II 89, 103, 105, 404, 607, 751.
z i t k û, Plural von zitkû = 2—2½jährige Kuh, die noch nicht empfangen hat und erst im 4. Jahr kalben kann. (Vergl. Idiotikon, III 97). I 500.
z o g, zug = Kriegzug, aber auch eine wohl für militärische Zwecke gemachte Abteilung und Anzahl von Leuten. II 413, 419, 429, 554, 560, 580, 693. S. a. gezöge.
z o l = Zoll, Abgabe für Durchpass. I 6, 8, 12, 13, 45, 46, 68, 75, 117, 121; 129, 138, 158, 160, 218, 221, 257, 337, 338, 397, 486, 489, 496, 517, 528, II 112, 115, 125, 130, 133, 180, 406, 413, 440, 462, 591, 616, 631, 635, 652, 642, 670, 700, 703, 741, 742, 744, 748, 752, 754, 763. S. a. teloneum.
z o l h u s = Zollhaus. I 121.
z o l l e n = Zoll entrichten. I 129; II 744.
z o l l e n t = zollpflichtig (von Leuten und Städten). I 120.
z o l l e r = Zolleinnehmer. I 337, 338; II 540.
z o p h = Zipfel, Zopf, ein Mass ? II 752.
z u g e = Züge, Vorrichtungen zum Fischfang. I 215.

WERT-ANGABEN.

I. Übersicht

der

Münzen, Masse und Gewichte.

1. Münzen.

angster (ʒ) = bessere Pfenninge = 2 Haller oder Stebler, im 14. Jahrhundert eingeführt (in Zürich seit 1364 genannt), hier erst im Pfandregister von 1380. II 624, 707.

Argentinensis moneta = bischöfliche Strassburger-Münze, -Währung, Argentinensem (ℬ) = Strassburger-Pfund, nur im Elsass. I. 19, 20, s. a. Strassburger.

Baseler = Basler-Münze, -Währung, -Geld (Mark, ℬ, ß, ₰), im Elsass, Sundgau, Schwarzwald, Elfingen und Rein, Dötzberg, Luzern. 11—15, 25, 31—35, 40—56, 58—76, 85, 93—105, 218. II 601, 614, 618, 696, 775.

Bilian = schon damals (z. B. in Frankreich 1295) eine aus Silber und Kupfer oder Erz gemischte Metallmasse, die auch in Stäben oder Barren vorhanden war; daher leitet Du Cange das Wort von billus = baculus ab, wahrscheinlicher als die Ableitung von der piemontesischen Stadt Biella; latein. billia, französ. billon, hier speziell für eine Münzsorte in Ursern, 5 ℬ = 1 Mark. I 286 (vergl. Idiotikon IV. 1170).

Brisger, Prisger, alte = Breisgauer-Münze, -Währung, -Geld (ℬ, ß, ₰), in St. Blasien, Krenkingen, Diessenhofen. Breisach war schon unter den alemannischen Herzogen und den Zähringern eine Münzstätte (Escher, p. 34). I 80—82, 84—86, 344. II 640, 700.

Costenzer, K., Costentzer, Constantienses = bischöfliche Konstanzer-Münze, -Währung, -Geld (ℬ, ß, ₰), im Thurgau und in Schwaben, bis gegen Ende des 14. Jahrhunderts im alten Fuss von 42 ß = 504 ₰ aus der Mark. I 313, 344, 358, 360—363, 364, 365, 367—394, 403—462, 471; II 71, 83, 141, 151—155, 157, 159, 161—165, 167, 218, 219, 225, 227, 228, 232, 234, 236, 237, 247—250, 252, 260, 261, 380, 386, 398, 399, 400, 485, 498, 506, 687, 689, 695, 706, 700.

denarius = Pfennig (den., d), bisweilen auch im deutschen Text, doch darf man die Abkürzung ₰, welche im I. Band überall vorkommt (1 72—522), nicht mit dem lateinischen Wort, sondern mit „Pfennig" auflösen. $^1/_{10}$ ß. I 12, 19, 21, 22, 70, 71; II 12, 49, 53, 54, 55, 59, 61, 63, 65, 66, 76, 81 97, 152—159, 161—170, 172, 173, 200, 211, 217, 242, 247, 380, 393, 397, 502, 752—755.

ducaten = Dukaten, venezianische Goldmünze, ca 12 Frs., damals schwerlich schon anderswo geprägt, hier erst im Steuerregister von 1388. II 727.

goldin, guldein = Gulden, in Florenz 1253 geschaffen als Goldmünze im Werte von 1 ℬ, nach dem Pfandregister von 1380 (II 677 und 710) der fünfte Teil einer Mark, in der Zürcher Münzordnung von 1376 und 1388 = 1 ℬ der schlechten Zürcher Pfennige, wovon 6 ß 4 ₰ aus der Mark gemacht wurden. I 218; II 591, 500, 605, 606, 621—625, 631, 632, 638, 641—643, 651—653, 655—658, 660—675—728—754.

Haller, Hallenses (₰, ₰, d.) = Heller, ursprünglich die in Schwäb. Hall geprägten geringhaltigen Pfennige, bis auf die Hälfte schlechter als andere, nur in schwäbischen Gebieten vorkommend. I 396—402, 458—470; II 167, 220—224, 258, 262, 778.

helbeling = eine Münze im Wert eines halben Pfennigs, nur im Amt Kloten. I 251; vergl. obolus.

Imperial, imperialis (₰, ₰, eigentlich denarius imperialis) = eine in Italien seit dem 12. Jahrhundert übliche Reichsmünze, die den deutschen Pfennigen entsprach, aber noch schlechter war, da 1 Mark zu 5 ℔ billion geprägt und da 1310 auf 1 Konstanzer Schilling 34 imperiales gerechnet wurden (Poinsignon, p. 27, vergl. auch Du Cange); hier für Graubünden. I 526—529.

Losener = Lausanner Münze, -Währung, im Amt Freiburg (₰, ₰, ₰), 1485 und 486, besser als die übrigen Pfennige, so dass um 1201 nur 537 Lausanner Pfennige aus der Mark geschlagen wurden (Escher, p. 54) und der Pfennig nach heutigem Silberwerte 10 Cts. gilt.

mark, marc, marca, march, silvers, gelts = 16 Loth feines Silber, ca. 230—234 Gramm. Daraus wurden zur Zeit Albrechts 56 Schilling oder 672 Pfennige wirklicher Münze geschlagen und 10 mark = 28 ℔ gerechnet, 1 mark = 2,8 ℔. I 3, 14, 15, 23, 30, 40, 44—54, 58, 74, 76, 95, 105, 128—131, 134, 139, 144, 151, 155, 156, 159, 160, 162, 106, 172, 177, 179, 181, 193, 200, 203, 204, 208, 211, 218, 230, 231, 255, 271, 274, 291, 297, 304, 317, 320, 329, 339, 341, 342, 345, 350, 353—355, 371, 373, 374, 377, 384, 389, 395, 397, 399, 401, 404, 409, 411, 418, 420, 426, 436, 437, 445, 454, 457, 462, 492, 497, 517, 529; II 42, 88, 90, 91, 103, 105, 107—111, 113—120, 121—126, 128, 129, 131—135, 148, 151, 153, 155—158, 163, 166, 176, 178—193, 206, 214, 215, 221, 223, 224, 225, 232, 234—236, 258, 259, 359, 388, 413, 430, 432, 444, 446, 449, 458, 476, 483, 503, 506, 509, 510, 513, 514, 524, 541, 542, 546, 550, 551, 578, 582, 593—659, 604—692, 694—712 740—742, 744, 748, 755—757, 762, 777.

obolus, obolus = Helbeling, ½ Pfennig (vergl. II 66 mit I 251). II 66, 67.

pfenning, pfenig, phening (₰) = Pfennig, Scheidemünze, die um 1300 allein wirklich vorhandene und kursierende Münze für Geldwerte in ₰, ₰ etc., so dass 12 Pfennige auf 1 Schilling, 240 Pfennige auf 1 ℔ gingen, 672 auf 1 feine (Kölner) Mark zu 16 Loth feines Silber. Die nach verschiedenen Münzstätten benannten Pfennige waren um 1300 meist ungefähr gleichwertig, etwas mehr oder weniger als 10 Cts. oder 7 jetzige Reichspfennige; so die Basler, Berner, Haller, Schaffhauser, Strassburger, Zofinger, Zürcher, nur die Lausanner und Konstanzer waren besser; für spätere Urbaraufnahmen der 2. Hälfte des 14. Jahrhunderts kommen viel geringere Pfennige in Betracht, die bis auf die Hälfte verschlechtert sind, 1200 auf 1 Mark, mit Ausnahme der bis 1376 beim alten Münzfuss bleibenden Konstanzer, vergl. alle diese Währungen unter den Lokalnamen. I 18, 38, 86, 105, 110, 112, 113, 123, 139, 140, 141, 143, 144, 146, 149, 151, 152, 156, 157, 167, 170—172, 175, 180, 184, 185, 193—195, 205, 210, 212, 213, 217, 227, 236, 237, 239, 240, 242, 246, 253, 267, 274, 276, 278—280, 284, 300, 302, 305, 306, 308, 309, 311—313, 316, 317, 323, 325, 339, 341—345, 354, 365, 389, 390, 394, 401, 431, 440, 452, 480, 481, 492, 503, 504, 508, 516, 521; II 116, 117, 124, 126, 176—179, 363, 383, 384, 386, 389, 396, 398, 414, 416, 418, 419, 424, 425, 441, 446, 448, 449, 502, 511, 539, 546, 554, 561, 678, 686, 687, 695, 733, 741, 748, 749, 751, 752, 754, 755, 765, 768, 769, 771, 775, 780, s. a. denarius.

Schafuser = Schaffhauser-Münze, -Währung (₰, ₰, ₰), nur im Amt Krenkingen, vom Kloster Allerheiligen 1333 an die Stadt verpachtet. I 86—91.

schilling = Schilling, bis zum Anfang des 15. Jahrhunderts nicht wirklich vorhandene, bloss ideale Rechnungssumme, zu 12 Pfennig gerechnet, 20 Schilling auf 1 ℔ (₰). I 1, 2, 6—9, 11—13, 15, 17—522, 529; II 1—777.

stebler, **stäbler** (F, O, d.) = Stäbler, eine Art schlechte Pfennige, benannt nach dem darauf geprägten Bischofstab; man sollte mit Escher p. 223 glauben von Konstanz, da sie im Urbar, allerdings erst seit 1361, im Aargau und Thurgau erwähnt werden; aber Poinsignon Münzgeschichte von Konstanz p. 31 leitet sie vielmehr von Basel ab und kennt sie erst seit 1399. Sie wurden übrigens an verschiedenen Orten geprägt, angeblich auch in Zürich schon 1359 (Loxer), wo aber die Stadtbücher I, p. 209 sie 1364 zu den fremden Münzen rechnen. Doch erwähnt das Pfandregister von 1380 auch Stebler der Zürcher Münze (II 679). II 480, 498, 502, 546, 679, 686, 691, 693, 702, 703, 741, 744—749.

Stevening, Stefninger (F, O, d.) = Stefninger, burgundische Pfennige, benannt nach der Kathedrale von St. Stephan zu Besançon; hier nur im Amt Dattenried im Elsgau vorkommend (F, O). I 35, 36, 38—40, 53, 54, 56.

Strassburger = Strassburger Pfennige oder -Währung (F, O, d), nur im Elsass vorkommend. I 19—23, 40, 51—54, 56; II 489. s. a. Argentinensis moneta.

Turicensis moneta, denarii = Zürcher Münze, Währung nach Zürcher Pfennigen (F, O, d); im Kyburger Urbar, in den habsb. Aemtern Embrach und Winterthur. I 265; II 80, 92, 396, 398, 400.

Turnes, grosser = französische Silbermünze, für den Wert von 1 O, 58 Stück aus 1 Mark, zuerst 1266 in Tours geprägt; Tournois, grossus Turonensis, hier nur für den Gotthardzoll fremder Waren vorkommend (F und O). I 218.

Winterthurer gelöte (march silber) = Winterthurer Münze? oder wohl nur Winterthurer Gewicht für Pfennige einer andern (Zürcher oder Zofinger?) Münze. II 677.

Zovinger müntz = Zofinger Münze (F, O), II 700, 750. Gegen Ende des 14. Jahrhunderts keineswegs auf Zofingen eingeschränkt, wie Dr. H. Meyer, die ältesten Münzen von Zürich 1840, p. VII und p. 24, annimmt; obwohl gerade die Zürcher Münzordnung von 1257 (? Tschudi) die Zofinger Münze auf ihre Ringmauer einschränken wollte, wurde sie im Urbar sogar für Winterthur gebraucht. Schon die Grafen von Froburg hatten versucht, der Zofinger Münze grössere Ausdehnung zu geben; die Habsburger, welche die Stadt 1285 erwarben, setzten dies dann nach und nach für ihre Besitzungen durch (Escher, p. 219).

Zürcher gelt, müntze, pfenning etc. = Zürcher Münze, -Währung (Mark, F, O, d), im Schwarzwald (nur vereinzelt für Säckinger Besitz), im Siggental, Baden, Eigen, Vilmergen, Lenzburg, Winterthur und in einem Teil des Amtes Frauenfeld. Zürich war schon unter den alemannischen Herzogen eine Münzstätte; etwa im 11. Jahrhundert ging das Münzrecht an die Aebtissin über; mit Ende des 13. Jahrhunderts wurde die Ausübung faktisch doch vom Rat bestimmt. Im Laufe des 14. Jahrhunderts wurden die Zürcher Pfennige immer schlechter; sie kommen aber in den späteren Urbaraufnahmen Habsburgs nur selten ausdrücklich vor. I 77, 109, 112, 113, 115—117, 120, 122—125, 127, 129, 132—136, 156—158, 162, 165, 309, 313, 314, 317, 324, 334—336, 339, 362, 365, 367, 370, II 380, 616, 670, 685—686, 689—691, 700.

2. Masse.

ā me (n) öme, latinisiert omina = Eimer, Weinmass von 1/2 Saum oder 50 Liter (so in Basel noch Anfang des 19. Jahrhunderts, hier fast nur für Elsass gebraucht). I 12, 15, 17, 21, 23, 45, 53, 56; II 386, 412, 418, 419, 424, 425, 443, 449, 591.

bysling, bislech = gestrichenes Viertel, ein Getreidemass, wo der Rand und der Inhalt in einer Fläche liegen, nur 6 statt 9 immi enthaltend. I 96, 269; II 212 (vergl. Idiotikon IV 1702/1703; bisleich viertel kommt in einer Rubikoner Urkunde vom Mai 1289 vor und bedeutet auch laut Geschichtsfreund 45, p. 144 gestrichenes Mass).

bitschart, bitzschart = ein Getreidemass, im Elsass (französ. bichet, in
    Freiburg = 12 Immi), so viel als 4 Viertel oder 1 Mütt. I 36—39.
blutschin = ein Block, Stück, Salsmass (von 3 Ztr. Gewicht). II 745.
Celler (mes) = Getreidemass von Radolfzell, Gh. Baden. I 453, 457; II 398,
    vergl. Zeller Mass.
chorus = Malter oder Mütt (Isidor lib. XIV. cap. 26 = 30 Mütt), Getreide-
    mass; hier wohl ein kleineres, in Fertones geteilt, für Weizen und Spelt
    wie für Hafer. II 6—13, 24, 25.
cifus, ciphus = Napf, Kopf, Becher, Weinmass. II 67. s. a. kopf.
dagwerk, s. tagwerk.
Dyessenhover mes = Mass von Diessenhofen, Kt. Thurgau, für Mütt und
    Viertel Kernen, gleich dem Winterthurer Mass, grösser als das Zürcher,
    da 2 Mütt Winterthurer = 9 Viertel Zürcher. I 311, 346, 352.
Ehinger mes, mensura in Ehingen = Mass von Ehingen, Getreidemass, im
    Kgr. Württemberg. I 458, 400, 464—469, 471.
elne = Elle, Längenmass von 2 Fuss, für Tuch. I 272. 284, 497. 503, 529, s. a. alna.
ferto = Vierling, ¹/₄ Viertel (im Zürcher Urkundenbuch V, nr. 1724, 1757,
    1826 und 1905); auch als Unterabteilung der Mark Silber, also wohl =
    4 Loth; hier für Getreide, Pfeffer. I 30; II 6, 8, 9, 12, 22—24; s. a.
    vierding, vierling.
fierdenteil, fierteil, firdexal s. vier(e)nzal, fiertel, s. vierteil.
Frankes mes = fränkisches Mass (für Salz und Pfeffer), unbestimmbar. I 455.
frustum (fehlerhaft frustrum; so auch in anderen Quellen, vergl. Du Cange)
    = Stück, von Getreide, Geld etc., stets so viel, dass es den Wert von
    ¹/₁₆ Mark Silber ausmacht. I 343; II 48, 52, 81, 88, 89, 91, 95, 98, 142,
    146, 148, 172, 173, 182, 183, 186—190, 200, 201, 202, 204—206, 208, 210,
    211, 214, 219, 352, 363, 366, 385, 397, 681, s. a. pecia, stack.
fron mes = von der Herrschaft festgesetztes Mass (allgemein oder lokal?),
    nur im Amt Frauenfeld vorkommend und hier 1 Malter fronmes = 1 Mütt
    Wiler mess gerechnet. I 358.
füeitze (Plur.) = füeze, als Fuss, Längenmass. I 485 (auch im Zürcher
    Urkundenbuch VI, nr. 2103).
hofmes = in einem Hofe, hier dem Stiftshof zu Luzern, geltendes Getreide-
    mass, kleiner als das sonst in Luzern geltende, 12 Malter Hofmass =
    8 Malter Luzerner Mass. I 209 (vergl. Idiotikon IV 434).
hufen = Haufen, ein Mass für Getreide, kleiner als 1 Mütt. I 65.
hütte = Hutte, Tragkorb, ein bestimmtes Mass, die hütten. I 529.
Imi, ime, imü = ein Getreidemass, der 9. Teil eines Viertels, etwas grösser
    als das frühere Zürcher Mässli, in den Aemtern Grüningen, Winterthur
    und Oltigen; 10 Zürcher Immi = 1 Viertel Winterthurer Mass (I 339).
    I 209, 270, 329—332, II 22, 24; aber auch eine Abgabe vom Kornmarkt
    im Betrag eines Immi; hier in Rapperswil. II 709 (vergl. Idiotikon I 223).
Juchart, juchert, jüchart = Jucharte, Morgen, Flächenmass für Aecker,
    Wald, aber für letzteren grösser, in Bern 40,000 resp. 45,000 ☐', Zürich
    36,000 resp. 40,000 ☐' (32—36 Aren). I 12, 35, 37, 38, 37, 103, 104,
    202—205, 208, 209, 234, 235, 387, 392, 394, 398, 461, 462, 468; II 413, 415,
    417—420, 424, 425, 427, 432, 437, 448, 450, 460, 461, 463—473, 476—480,
    486, 487, 489, 490, 496, 498, 500, 502—506, 508, 511, 512, 522, 529, 532,
    536, 539, 542, 544, 545, 550, 563, 568, 573, 576, 765, 767, 772, 775—777;
    jeuch II 532, s. a. morgen.
jugerum = Juchart. II 220, 248, 348, 365.
kopf, (Plural) köppho = Kopf, rundliches Gefäss als Weinmass, in Zürich
    = 2 Mass. 2 köppho des besten wines in Kloten. I 255 (kommt sonst
    auch für Getreide vor, z. B. Bubikoner Urkunde von 12** „kopb bahern").
Lucern mes = Getreidemass von Luzern, 1 Mütt = 139 Liter, aber das Hof-
    mass des Stiftes nur 107 Liter. I 194, 196, 200—209, 217, 478.

Wert-Angaben. 305

malter, maldrum, mallorum = Malter, grösstes Getreidemass à 4 Mütt; Zürcher Malter = 339 Liter, Winterthurer = 414 Liter; hier aber selten mit lokalen Angaben Zürcher, Winterthurer mess; vorzugsweise für Hafer. I 94, 95, 98, 99, 105, 108, 121, 124, 125, 128, 132—136, 144, 151—493; II 1—5, 17, 18, 25—36, 53—62, 64, 65, 71—76, 79—82, 84—89, 93—95, 117, 118, 137, 151—252, 377—687. 728, 743, 746, 751, 761—763, 765, 768, 770, 774, 776—778.

manmatt, man(s)mad mat (t) = Flächenmass für Wiesen, die württembergische Mannsmahd oder Tagewerk war = 1 alte Juchart oder 1¹/₂ neue württembergische Morgen; eigentlich so viel, als ein Mann an einem Tage abmähen kann; hier meist für schwäbische Gegenden, nur einmal für Thurgau. II 461, 465, 466, 468, 469, 479 (in einer Urkunde der Fontes rerum Bernensium III, nr. 499 so erklärt: mansmath = unius opera diei).

manwerk, -werch = Mannesarbeit, Feldmass für Wiesen und Reben; eigentlich so viel, als ein Mann an einem Tage brackern kann, gleichbedeutend mit Tagwerk; das Zürcher Mannswerk Wiesen war 32,000 ☐', ein württembergisches 47 Aren; hier meist für Elsass und Schwaben; aber auch Aargau. I 12, 22, 25, 35, 37; II 413, 417, 432, 439, 442, 415, 448, 451, 460, 466, 537, 539, 541, 753.

Mengen, mensura de = Getreidemass von Mengen, Kgr. Württemberg. II 157, 159; Meynger mes = Mengener Mass, I 466.

mentag, mantag = Feldmass von ¹/₄ Hufe (I 33), eigentlich so viel als gemenntes (Zug)-Vieh in einem Tage umpflügen kann; dann aber auch die Frohndienstleistung des mennens für einen Tag (I 13), hier nur für Elsass. I 13, 33; II 415, 440, 451, 461, 463.

Merstetter mes = Getreidemass von Mehrstetten, Kgr. Württemberg. I 465, 467.

modius = Mütt, Scheffel, mittleres Getreidemass = ¹/₄ Malter = 4 Viertel. I 239, 256, 265, 308, 386; II 1—4, 19, 20, 22—36, 47—55, 98, 131, 135, 137—154, 182, 199—203, 283, 385, 386, 393, 397, 486, 503, 510, 512, 516, 519, 522, 526, 543, 544, 577, s. a. mūL

morgen = Feldmass = eine Juchart (?), vielleicht eigentlich so viel als in einem Morgen umgepflügt werden kann (?); hier nur in Ensisheim, aber sonst sehr verschieden, 1 badischer Morgen = 36 Aren, 9 badische Morgen = 10 Frankfurter Morgen, württembergischer Morgen = 31¹/₂ Aren; aber 1 alte Juchart = 1¹/₂ württembergische Morgen. I 11, s. a. juchart.

Mümpelgart mes (s) = Getreidemass vom Mömpelgard, Montbéliard in Frankreich. II 416.

müt, mütt(e), mut(t) = Mütt, mittleres Getreidemass; bald ohne, bald mit lokaler Angabe, wie I p. 64 Züricher mess, I 295 Winterthurer mess etc. (im Schwarzwald). Das Zürcher Mütt hielt bis ins 19. Jahrhundert hinein 82,8 Liter, das St. Galler Mütt 78 Liter, Schaffhauser 88 Liter, Winterthurer 96 Liter, Wiler ca. 100 Liter. I 25, 59, 64, 65, 69—73, 75, 76, 80—94, 96—98, 100, 101, 103—114, 121, 122, 124—129, 132, 133, 137—187, 191, 196—198, 200—205, 209, 212, 220; II 96—98, 100—102, 106, 109—113, 116, 117, 119, 122—130, 176, 177, 179, 219, 369, 377—385, 387—389, 392, 394, 399, 401—422, 433, 473, 474, 478, 479, 485, 486, 490, 491, 495—498, 502, 503, 512—527, 529, 531, 592, 537, 687, 691, 742—744, 749, 751, 753, 755, 757, 760—762, 764—772, 776, 778, 780 (vergl. auch Scheffel).

mutteli = Salamass (schwerlich von mütt abzuleiten). I 455.

napf (Plural napphe, nepphe) = Napf als Hohlmass für Butter; im Entlebuch 7¹/₂ ℔. I 212, 213; II 173, s. a. weigle (vergl. Idiotikon IV 452).

ort = Viertail (eines Pfennigs?), hier wohl nur scherzhafter Ersatz für einen unbekannten Posten. II 106.

ōme, omina, s. āme.

Pfirter mes = Getreidemass von Pfirt, im Elsass. II 415.

Wert-Angaben.

p s e u m a = Saum, Weinmass. II 26, s. a. Sôm.

q u a r t a l e = Viertel. I 1, 2, 3 und überall; II 6, 7, 8 und überall im lateinischen, zuweilen auch im deutschen Text statt viertel.

Rödelinger mes = Mass von Riedlingen, Kgr. Württemberg; 1 Malter Kernen zu 8 ß Konstanzer. I 386—389, 392—394, 461, 462; II 157, 159—167, 219, 228, 229, 250.

s c h a t z, schaz = Flächenmass für Weinberge, ¹/₄ Mannwerk (vergl. Lexer); nur im Elsass. II 417, 424, 427, 432, 433, 435, 436, 442, 445.

s c h e f f e l, schöffel = Scheffel, Getreidemass, identisch mit Mütt, wie die Vergleichung von II 174 mit I 99 beweist. II 174, 464, 769, 774.

s c h y b e = Scheibe, Salzmass (im Gewichte von ca. 150 ℔). II 745.

s e s t e r (abgeleitet von sextarius) = ein classisches Mass für Getreide, Salz etc., kleiner als 1 Viertel und zwar weniger als ¹/₄ desselben, also wohl der 8. Teil eines Viertels (?) (In Basel gab es kleine und grosse Sester von 16 resp. 8 auf das Viertel). I 15, 20—23, 40, 52, 53; II 410, 425, 433, 437, 443, 449, 591.

s ô m, soome, sóm, son, soma = Saum, Saumladung, ein Trocken- und Flüssigkeitsmass für Wein, Honig, Oel, aber auch für Leinwand (II 744); eigentlich so viel, als ein Saumtier tragen kann, ein Zürcher Saum enthielt bis 1837: 176 Liter trübe, 165 lautere Flüssigkeit, ein Winterthurer Saum 172 resp. 161 Liter. I 12, 40, 44, 58, 89, 92, 109, 114, 120, 307, 319, 324, 336, 342, 345, 351, 358, 359, 386, 492, 529; II 161, 162, 218, 398, 400, 407, 422, 433, 441, 743—746, 748, 754, s. a. pseuma.

s t r û b k = Fass, auch grosses Salzmass. II 745, 746.

s t u c k = Stück, ein Quantum beliebiger Einkünfte an Naturalien oder Geld, aber stets so viel, dass es ¹/₁₆ Mark Silber ausmacht oder 1 Mütt Kernen; vergl. II 178 mit II 185 und I 247 mit II 691 betr. Neerach: Gleichsetzung von 20 Stuck mit 2 mark; es ist eine vorzugsweise bei Verpfändungen, aber doch auch zur Schätzung unmittelbarer Einkünfte der Herrschaft gebräuchliche Bezeichnung. Diese Bezeichnung scheint aus dem Kirchenrecht zu stammen, um die Pfrandeinkünfte gleichmässig zu schätzen und kommt hiefür in zürcherischen Pfrandenbüchern noch bis ca. 1830 vor, so dass hier 1 Stuck gesetzt wird = 1 Mütt Kernen oder 1 Malter Hafer, 6 Viertel Schmalsaat, 6 Viertel Roggen, 10 Viertel Väsen, 1 Eimer Wein, 5 ß Geld, 100 Wellen Strob; die Nutzung von ¹/₂ Juchart Reben = 4 Stuck, 1 Juchart Acker = 2 Stuck, 1 Kuh Heuwachs = 2 Stuck, Zehnten per 1 Juchart = 1 Stuck. Trotz Veränderung der Werte scheint dies auch schon im 13. Jahrhundert ungefähr gegolten zu haben, da laut Urkunde von 1271 (Z. U. B. IV, nr. 1470) 20 frusta mensure Turicensis = 20 modii tritici gerechnet und auf 6 ß monetae Turicensis geschätzt werden, also 1 Stuck = 6 6 Zürcher Pfennige. Ferner rechnet eine Zürcher Urkunde von 1290: 4 Stuck Korngülten = 20 Mütt Kernen, wonach 1 Stuck = 5 Mütt. I 51, 53, 75, 102, 328, 339, 353; II 97—109, 112—116, 122—124, 127, 133, 174, 176–179, 379, 383, 396, 418, 470, 474—485, 487—551, 557, 559, 575, 593, 597, 618, 626, 646, 677, 678, 681, 691, 694, 733, 751, 752, 760, 761, 763—770. Auch in unbestimmtem Sinne für Stücke (Eichen, Landstücke, Reben, II 418, 422); auch Kloben (Flachs I 33) und für verschiedenartige Posten. II 618, 691, s. a. frustum, pecia.

S u l g e r mes, mensura de Sulgen = Mass der Stadt Sulgau, im Kgr. Württemberg. I 385—388, 390, 391, 394; II 161, 197, 219, 227, 228.

t a g w a n, tagwerk, dagwerk = Tagwan 2, Feldmass für Wiesen, eigentlich so viel, als ein Mann in einem Tag bearbeiten resp. abmähen kann; hier nur für schwäbische Gegenden, in Württemberg 1¹/₄ Morgen oder 47 Aren. II 463, 465—469, 471—473, s. a. auch Mannwerk.

T h u n e r mes = Mass von Thun, Kt. Bern, für Getreide und Bohnen. I 478, 492.

Thuricensis mensura = Zürcher Getreidemass. II 56, 57, 59, 60, 71—73, 82—85, 137—145, 149.
ulna = Elle, Längenmass, nur für Tuch. II 6, 68, 81, u. a. eine.
Uracher mes = Getreidemass von Urach, im Kgr. Württemberg. I 465, 466.
Veringer mes, mensura in Veringen = Getreidemass von Veringenstadt, im Kgr. Preussen, das Malter Kernen zu 6 ß Haller, scheinbar doppelt so teuer als 1 Malter Rödlinger Mess zu 3 ß Konstanzer, wenn man nicht wüsste, dass die Konstanzer Pfennige ungefähr doppelt so gut waren. I 397, 402; II 222—224.
vierding, vierdung = Vierling, Getreidemass; auch für Pfeffer und für Silber. I 73, 207, 222, 455; II 616, vergl. vierling und ferto.
vier(e)nzal, vierdenzal = ein Getreidemass von 2½ Viertel. I 12, 13, 15, 27—30, 31, 44, 55, 56; ßrdezal II 443 (hier nur im Elsass, vergl. aber auch Idiotikon I 1022).
vierling = ¼ eines Viertels Getreidemass = ¹/₁₆ Mütt. I 346.
vierteil, viertel, ßerdenteil, vierdenteil, ßerteil, ßertel, viertail, vierteli, viertelt = ¼ Mütt, Getreidemass, in Zürich = 20.7 Liter, in Winterthur 24 für glatte, 27 für rauhe Frucht; auch das Urbar I 339 kennt den Unterschied: 9 Viertel Zürcher = 8 Viertel Winterthurer Mess. I 1, 15, 31, 52, 55, 56, 65, 70—73, 84—89, 92, 93, 96—99, 102—107, 109, 115, 120, 121, 123, 125—491; II 97, 98, 101, 102, 106, 113, 122, 123, 176—178, 212, 221, 378, 380, 381, 383—385, 390, 393, 396, 402, 403, 405, 412—417, 422, 424, 427, 440, 447, 458, 463, 464, 477, 480, 482, 485, 486, 489, 490, 495, 497, 503, 506, 511, 519, 520, 522, 523, 525, 527, 529, 531, 533, 538—591, 621, 704, 747, 751, 757, 761, 766—769, 771, 773, 774—776, 778, u. a. ferto, quartale.
Wiler, mass, mensura de Wil, mes, Weiler = Getreidemass von Wil, Kt. St. Gallen, 1 Mütt = 1 Malter fronmess. Das Wiler Viertel war noch im Anfang des 19. Jahrhunderts bedeutend grösser als das St. Galler, da es 1293 franz. Kubikzoll statt bloss 980 enthielt, etwa 25 statt 20 Liter, hier nur im Amt Frauenfeld. I 358—367. II 70, 71, 82, 84, 397—399.
Winterthurer mes = Getreidemass von Winterthur, erheblich abweichend vom Zürcher, grösser, da nach I 352: 2 Mütt Winterthurer = 9 Viertel Zürcher, 1 Mütt = 111 Liter, mit dem Zürcher konkurrierend in den Aemtern Kyburg, Winterthur und Teile von Diessenhofen und Frauenfeld. I 291—323, 326—339, 350, 352, 365, 366, 368. II 57, 59, 61, 70—73, 82, 138—144, 389, 391, 402, 403, 406.
Zeller mes = Getreidemass von Bischofszell, Kt. Thurgau (?). I 364. II 398.
zoph = Zipfel, Zopf, ein Mass für Weiss- oder Uettwaren (?). II 752.
Zovinger mes = Mass von Zofingen, Kt. Aargau. I 182, 187, 192; II 582.
Zürcher mes(s) = Getreidemass von Zürich, 1 Mütt = 83 Liter. I 61, 140, 242, 243, 258, 267, 270, 291, 292, 294—299, 301—306, 309, 310, 312, 315—317, 319, 320, 323—329, 330—333, 335, 339, 341, 345, 350, 352, 362, 370; II 389, 390, 398, 401, 402, 405, 406, 486, 487, 516, 691.

3. Gewichte.

Frenkes gewicht = fränkisches Gewicht (?), unbestimmbar. I 455; vergl. Frenkes mes.
libra = Pfund, Münzgewicht. II 194, 222, 224, 347, 400.
pfund = Pfund, Gewicht, hier nur ideelle Münzeinheit von 240 Pfennigen; um 1300 gingen 2½ ß auf eine Mark Silber. I 1, 2, 3 und überall; II 1, 2, 4 und überall.
pondus = Pfund, für Hols, im Sinn von Gewicht auch für Silber. II 4, 42.

r u b = Rub oder Ruben, ein Gewicht von 16²/₃ oder 25 ℔; hier ausnahmsweise für Fische gebraucht. „26 rub vische" I 20]; wenn nicht die Lesart der zwei ohnehin ältern Stuttgarter Handschriften „Rössfische" = Fische aus der Reuss doch richtiger ist, als die der Berner Handschrift.
T u r i c e n s e pondus = Zürcher Gewicht für Silber. II 42.
T u r i c e n s i s libra = 1 ℔ Zürcher Pfennige. II 400.
u n z e = Unze, Feingewicht für Metalle und Münzen, 2 Loth, so dass 8 Unzen auf 1 Mark giengen; 4 unze pfenig. II 416.
Z e n t n e r = Zentner, Gewicht von 100 ℔; hier erst seit 1394. II 745, 746, 752, 753.

II. Erklärung
der
Münzen, Masse und Gewichte.

1. Münzen.

Für das eigentliche Urbar König Albrechts und die ältern Aufzeichnungen sind die Münzverhältnisse und Münzsorten trotz dem grossen Umfang des Gebietes sehr einfach und wenig zahlreich; erst in den spätern Aufzeichnungen aus den mittleren und letzten Dezennien des 14. Jahrhunderts kommen weitere Münzsorten vor. Es liegt dies teils daran, dass das Münzwesen sich erst im Laufe des 14. Jahrhunderts in dieser Weise entwickelte, z. B. Angster und Stäbler erst seit der zweiten Hälfte des 14. Jahrhunderts geprägt wurden; teils aber wohl auch daran, dass König Albrecht und Burkhart von Frick möglichste Gleichmässigkeit der Ansätze herzustellen suchten, um die Summierungen zu erleichtern. Denn man darf doch kaum annehmen, dass weitere Münzsorten noch nicht bekannt oder nicht in diesen Gegenden verbreitet gewesen seien; um so weniger als sie dann an vereinzelten Stellen doch genannt worden, wie „bilian, gulden, holbeling, turnes", doch je einmal vorkommen und die Zürcher Münzordnung von 1335 weitere fremde Münzen kennt, wie Venetier, Krützer (Zürcher Stadtbücher I p. 69). Im ganzen bestätigt aber auch das Zürcher Urkundenbuch für das 13. Jahrhundert die einfachen Münzverhältnisse des Urbars. Doch sagt Pfeiffer jedenfalls zuviel, wenn er (Glossar p. 355) meint, der Pfennig sei bis zum 15. Jahrhundert in diesen Gegenden die einzige Goldsorte gewesen, die wirklich vorhanden war. Dass schon um Mitte des 14. Jahrhunderts weitere Sorten von auswärts eingeführt wurden, zeigen sowohl der zweite Band des Urbars als die Zürcher Stadtbücher, die Abschiede und zahlreiche andere Quellen.

Die einzige im Inland geprägte Münze waren um 1300 die sog. Pfenninge oder denarii; es waren Brakteaten, d. h. einseitig geprägte eckige Silberblechstückchen, die wenigstens in Zürich nur zirka

0,4 Gramm wogen. (Meyer die ältesten Münzen Zürichs p. 47—62). Allerdings kommen eine Anzahl verschiedener Münzstätten für die im Urbar verzeichneten Einkünfte in Betracht und die Pfennige wurden damals mit verschiedenen Lokalbezeichnungen versehen: Baseler, Brisger, Costanzer, Schaffhuser, Stefninnger, Strassburger, Zofinger und Zürcher.

Allein der Unterschied zwischen den von diesen verschiedenen Münzstätten geprägten Pfennigen scheint zu dieser Zeit um 1300 unerheblich gewesen zu sein, da eine Zürcher Münzordnung um 1335, welche neue Zürcher Pfennige einführt und die alten verbietet, doch alle Freiburger (Brisger), alte Baseler, alte Zürcher und kronechte Zofinger Pfennige ganz gleich wertet, so dass man „der aller ein lot nemen sol umb 3½ ß nůwer pfenninge" (Zeller, Zürcher Stadtbücher I p. 70), also 3½ ß = 42 Pfennige auf das Lot, 16 Lot auf 1 Mark Silber = 672 Pfennige. Dann ist freilich noch von gemeinen Pfennigen die Rede, deren nur 3 ß 3 ₰ neuer Pfennige auf 1 Lot gerechnet werden, d. h. 3¼ ß = 39 ₰.

Auf die Gleichwertigkeit verschiedener Pfennige deutet auch die Stelle einer Zürcher Urkunde von à 1286: 250 ₰ monetae Turicensis vel equipollentis (Z. U.-Buch V. nr. 1964). Wesentlich besser waren nur die runden Constanzer Pfennige, deren nur 504 aus 1 Mark Silber geschlagen wurden, nach einer Konvention der Bodenseemünzstätten von 1240.

Wohl wegen dieser geringen Wertverschiedenheit nennt das Urbar sehr häufig die Münzstätte oder Währung gar nicht, oder setzt sie stillschweigend voraus; so bei Zofingen, wo nach Erwähnung des Schlagschatzes von der Münzstätte natürlich nur die von derselben geprägte Münze gemeint sein kann (I p. 494), aber auch in den Ämtern Muri, Affoltern, Zug, Willisau, Spitzenberg, Wohlhusen, Rothenburg, Habsburg, Richensee, Münster; bei letzterem Amt drückt es sich sogar (I p. 227) zweideutig oder absichtlich unbestimmt aus: „2½ ß der müntze, die da danne gengo und gebo ist", was vielleicht auf die von Habsburg begünstigte Konkurrenz der Zofinger mit der Zürcher Münze deutet. Auf ähnlichen Wechsel der Währung lässt auch die Angabe schliessen, dass in der Rechtung von St. Blasien in einem Jahr Basler, im andern Brisger Pfennige entrichtet wurden, wenn nicht ersteres ein Schreibfehler ist (I p. 85).

Die bei einigen Rödeln vorhandenen Summierungen geben die Münzstätte zum Teil im Unterschied vom Text an, z. B. bei Embrach (I p. 265 „denariorum Thuricensium"), zum Teil gar nicht (Kloten I p. 256). Einzig die Summierung des Wiener Rodels über Amt Winterthur (vgl. die Beschreibung des Materials) unterscheidet die hier vorkommenden, allerdings besonders verschiedenen Zürcher- und Konstanzer-Pfennige.

Wo die Münzstätten genannt werden, und dies geschieht hauptsächlich in Grenzgebieten der Münzkreise, da greifen sie oft in ein und demselben Amt merkwürdig durcheinander. Im Amt Waldshut, wo sonst Basler Währung galt, wird ein allerdings im Aargau liegendes Vogtrecht nach Zürcher Pfennigen berechnet (I p. 77); im Amt Frauenfeld wird teils nach Konstanzer teils nach Zürcher Münze gerechnet, sogar in derselben Ortschaft, wie Horgenbach, Gachnang, Erchingen, (I p. 362, 365, 367, 370). Im Amt Krenkingen werden ein einziges Mal Brieger genannt, sonst überall Schaffhauser Pfennige (I p. 86). Am auffallendsten ist es, dass auch im Amt Diessenhofen einmal Brisger vorkommen (I p. 344). Die Haller sind hier auch nichts anderes als eine Art Pfennige, nach der Stadt Hall benannt, hier nur in schwäbischen Gegenden vorkommend.

Die Unterschiede zwischen den Pfennigen dieser verschiedenen Münzstätten sind also um 1300 noch so geringfügig, dass sie in der folgenden Zusammenstellung ebenso ignoriert werden können, wie in den meisten Summierungen des Urbars. Wenn Naturalien, Stücke Vieh etc. in verschiedenen Gegenden zwar verschieden gewertet wurden, wie Pfeiffers Preisübersicht p. 367 zeigt, so liegt dies nicht an Verschiedenheit der Münzwährung, sondern an der verschiedenen Qualität der Naturalien und Tiere; z. B. wird im gleichen Amt (Aarburg) 1 Schwein bald zu 15 bald zu 10 ß gewertet (I p. 89) oder in Glarus ein Schaf bald zu 4 ß bald zu 3¹/₂ bald zu 33 ₰ = 2³/₄ ß (I p. 508, 515).

Das Verhältnis des Pfennigs zum Schilling stand allgemein für alle Münzstätten und Währungen fest, so dass 12 ₰ = 1 ß, 20 ß = 1 ₰ waren, also das Pfund zu 240 ₰ gerechnet wurde; es ist das Verhältnis, das seit der Karolingerzeit festgestellt war und heute noch im englischen Münzsystem existiert: 1 Pound Sterling = 20 ß = 240 pences; doch darf man sich dadurch nicht verleiten lassen, den Wert des mittelalterlichen Pfundes dem englischen gleichzusetzen. Wirklich in geprägten Münzen oder vielmehr geschlagenen Brakteaten waren nur die Pfennige vorhanden, Schilling und Pfund waren nur ideale Rechnungsmünzen, Pfunde wurden überhaupt nie geprägt, wenigstens nicht unter diesem Namen, Plapparte im Wert eines Schillings in Zürich erst seit 1417. Die weitern im Urbar nur ganz vereinzelt vorkommenden Münzsorten stammen aus fremden Gegenden: bilian und imperial aus Italien, turnos (tournois) aus Frankreich, Gulden aus Italien oder aus den Rheinlanden; sie alle kommen in Albrechts Urbar nur an der Gotthardstrasse und in Graubünden vor. Erst in den spätern Urbaraufzeichnungen treten neue im Lauf des 14. Jahrhunderts aufgekommene Münzsorten hervor: Angster seit 1380 (II 624 und 707), Stebler seit 1361 (II 490 ff, 679 ff), Gulden häufiger erst seit 1380.

Wenn nun schon das Verhältnis der Pfennige zum Pfund feststand, so nahm doch durch häufige Münzverschlechterung der Silbergehalt der Pfennige fortwährend ab. Während die Silberdenare der sächsischen Kaiser im 10. Jahrhundert zirka 20 Gran wogen, wogen die Brakteatenpfennige des 12. Jahrhunderts nur noch zirka 10 Gran, d. h. zirka 0,4—0,5 Gramm. Der Silbergehalt wurde nach Mark Silber bestimmt, einem hauptsächlich in Köln noch bis 1857 gebräuchlichen Münzgewicht, welches im Mittelalter wohl überall ziemlich gleich war, auch wenn ausdrücklich vom „marca librae Turicensis" geredet wird (Zürcher Urkundenbuch II nr. 513 zu à 1238) oder von „mark silber Zürcher gelötes" (V nr. 1781). Die Zürcher Mark Silber war noch im Anfang des 19. Jahrhunderts der Kölner sehr ähnlich, sogar etwas besser: 200 Zürcher = 201 Kölner Mark. Die Mark hatte 8 Unzen oder 16 Lot, das Lot 4 Quentli à 4 Pfennig à 16 Gran. (Flügels Kurszettel, Frankfurt 1859 p. 269.) Bei grossen Summen und im Grossverkehr wurde nach Mark fein Silber gerechnet und in Silberbarren bezahlt, an deren Stelle nach Mitte des 14. Jahrhunderts die Goldmünzen (Gulden etc.) traten.

Wie unsicher übrigens diese Schätzung der Kölner Mark für das Mittelalter ist und wie viel besser die Kölner Pfennige waren, deren um 1282 nur 144 aus 1 Mark geschlagen wurden, hat Hilliger nachgewiesen (Hist. Vierteljahrsschrift III 1900 p. 180—186.) Hiernach wog die Kölner Gewichtsmark feines Silber nur zirka 215 Gramm. Die der Zürcher wohl ähnlichste Konstanzer Mark wog 230,314 Gramm, war also etwa 3 1/2 Gramm leichter als die Kölner. (Poinsignon Münzgeschichte v. Konstanz 1870 p. 2.) Ueber die Zürcher Pfennige, die ja im Urbar sehr häufig vorkommen und wohl auch oft gemeint sind, wo die Währungsangabe fehlt, wie bei den aargauischen Ämtern (vgl. G. v. Wyss Abtei Zürich Beil. nr. 41 Urkunde v. 4 1240 über den Münzkreis der Abtei), sind wir durch Urkunden besonders gut unterrichtet. 1208 bestimmte die Äbtissin, dass 588 Pfennige auf die Mark Zürcher Gewichts gehen sollten und daran bei der Feuerprobe keinesfalls mehr als 1 ß = 12 ₰ fehlen dürfte (Zürcher Urk.-Buch II nr. 513). Hiernach war die Mark damals etwas weniger als 2 1/2 ℔. Nach der Münzverleihung von 1241 gingen schon 618 ₰ auf die Mark. (Z. U. B. II nr. 559.) 1272 trat eine kleine Verbesserung ein, da jetzt nur 51 ß „mit Gewicht" also 612 ₰ auf die Mark Silber gehen durften; was freilich wieder ziemlich illusorisch wird durch die Konzession, dass bei der Probe 16—18 ₰ mehr gestattet seien (Z. U. B. IV nr. 1504). Dieses Wertverhältnis würde also etwa für das kiburgische Urbar und die ältesten habsburgischen Aufnahmen von 1273—81 gelten (II p. 1—135), wo meist Zürcher Münze gemeint sein muss, obschon die Währung nirgends angegeben wird. Die Verschlechterung der Zürcher Pfennige vollzog sich auffallend rasch.

1288 gingen 56 Zürcher Schilling auf die Mark, da eine Urkunde (Z. U. B. VI nr. 2015) sagt: „tribus libris denariorum monete Turicensis minus quatuor solidis, que cedunt loco unius marco". 1291 gingen schon 58 Schilling Haller = 696 ₰ auf die Mark; nahezu 3 ℔. (Urk. vom 19. Februar 1291. Gerbert Codex epist. 252. auch im VI. Bd. des Z. U. B. nr. 2085), ein Beweis, dass diese Haller wenigstens hier noch nicht halbe Pfennige sind, wie Zeller, Stadtbücher I p. 69 für 1335 annimmt. Der Richtebrief von 1304 rechnet die Mark zu 3 ℔, wenn er den Kawertschen und Juden verbietet, die Mark wöchentlich teurer als um 6 ß, das ℔ teurer als um 2 ₰ zu leihen (Arch. f. Schweizergesch. V p. 263). Mit diesem Ansatz stimmt ungefähr eine ziemlich gleichzeitige Angabe eines habsburgischen Pfandrodels, den ich nicht zu 1320 sondern in die Zeit

Albrechts setze, mit der Angabe, dass 10 Mark = 28 ℔ seien,' also 56 ₰ oder 672 ₰ auf die Mark gehen (II p. 388). Die vorauszusetzenden Pfennige waren demnach etwas besser bewertet als die Zürcher durch den Richtebrief, obwohl es sich hier um das zürcherische Amt Kloten handelt. Diese in einer habsburgischen Aufzeichnung stehende Angabe darf man wohl als die massgebende für das Urbar Albrechts betrachten. Anderwärts gab es noch schlechtere Münzen; von der mailändischen gingen schon im Jahr 1288 sogar 8 ℔ auf 1 Mark (Zürcher Urk.-Buch VI nr. 2034), so dass die auch im Urbar vorkommenden italienischen Pfennige oder Imperialen wohl so zu rechnen sind. Wenn man annehmen darf, dass die Kölner Mark auch im Mittelalter wie später zirka 234 Gramm (nach Hilliger nur 215) wog und dass mit der Mark des habsburgischen Urbars diese gemeint sei, hatte der Pfennig nicht viel mehr als ⅓ Gramm Silbergehalt, d. h. etwa ¹/₁₅ einer neuen Reichsmark zu 5 Gramm, so dass der mittelalterliche Pfennig etwa = 7 neuen Pfennigen oder etwas weniger als 10 Cts. wäre; die mittelalterliche Mark = 45 neuen Reichsmark oder zirka 60 Fr., das Pfund etwa 20 Fr. Auf eine Vergleichung der wirklichen Kaufkraft des Geldes im allgemeinen verzichtet man besser, da sowohl der Silberwert als der Wert, das gegenwärtige Verhältnis der Lebensmittel und das Bedürfnis nach denselben sich gänzlich verändert haben, so dass solche Berechnungen, soweit sie allgemeine Werte beanspruchen wollen, sich in lauter Zirkelschlüssen bewegen.

Für die letzten Aufzeichnungen im 2. Band, Lehenbücher und Pfandregister aus der 2 Hälfte des 14. Jahrhunderts, kommen noch die in dieser Zeit stark veränderten Münzverhältnisse in Betracht im Sinne starker Verschlechterung des Silbergehaltes. Schon 1322 rechnet eine Anweisung auf die Zürcher Reichssteuer die Mark genau zu 3 ℔. (Zeller, Zürcher Stadtbücher I p. 38). Eine neue Münzordnung von 1335 rechnet von den wohl absichtlich herabgesetzten alten Pfennigen 5 ℔ auf die Mark, und bestimmt, dass man für 2 ₰ alter nur 1 ₰ neuer Pfennige geben soll. (Zürcher Stadtbücher I p. 70 und 99. 1 Gulden wurde = 1 ℔ gesetzt. Dass die neuen Pfennige in der Tat doch schlechter waren als die alten, ergibt sich aus der Vereinbarung von 1343, wonach man 16 neue Pfennig für 1 ₰ der alten (12 ₰) schlug (Stadtbücher I p. 136 und doch 14 Haller nur = 1 ß neuer Zürcher Pfennige rechnete p. 137), woraus sich ergibt, dass die den Juden verschuldeten Ratsherren mit der Münzverschlechterung auch ihre Schulden herabsetzten. Nach einem Münzvertrag von 1344 zwischen Zürich, Basel und dem österreichischen Landvogt, also drei für das Urbar wesentlich in Betracht kommenden Parteien, sollten Basel und Zofingen für die Mark feines Silber 4 ℔, Zürich 4 ℔ 1 ß bezahlen, nicht weil die Zürcher Mark schwerer, sondern weil die Zürcher Münze schlechter war, wie denn Basel und Zofingen aus der Mark 4 ℔ 6 ß 6 ₰ ausmünzten, Zürich aber 4 ℔ 7 ß 6 ₰. (Eidgen. Abschiede I p. 417 und Stadtbücher I p. 136.)

Konstanz machte diese Verschlechterung nicht mit und behielt den alten Münzfuss, so dass der Schilling Konstanzer 1351 auf 22 (statt 12) neue Zürcher Pfennige gewertet wurde, wohl aber Schwäbisch Hall, so dass 13 Haller auf 1 ß neuer Zürcher gingen (Stadtbücher I p. 176). Doch wurden die Haller 1362 in Zürich ganz verboten (I p. 202). 1364 verschlechterte Zürich seine Pfennige wieder so, dass 4¹/₂ ℔ auf die Mark Silber gingen, von den wieder zugelassenen Hallern aber 21 auf einen neuen Zürcher Schilling gerechnet wurden, Konstanzer Pfennige dagegen nur noch mit 18 Pfennigen bezahlt wurden. (Stadtbücher I p. 209.)

1376 wurden wieder neue Pfennige gemacht, deren 1 ℔ oder was hier zum gleichen Wert angesetzt wird, 1 Gulden, auf 30 ß (statt 20 oder 21) alte gerechnet wurde. 1 ß Konstanzer galt jetzt schon 3 ß der alten Zürcher Pfennige, aber nur 2 ß neuer, die den Hallern gleichgesetzt wurden. (Stadtb. I p. 255.) Man sieht daraus deutlich, dass die Wechselkurse der neuen Münzordnungen gerade die bessern fremden Münzen zum Teil weit unter ihren Wert herabdrückten, um ihre Konkurrenz auszuschliessen. Es rührt wohl auch eher von dieser Tendenz als von Verschiebung des Wertverhältnisses zwischen Gold und Silber, wenn der schon 1335 und 1364 einem Pfund der damaligen bessern Pfennige gleichgesetzte Gulden jetzt auch nur ein ℔ der neuen Pfennige gelten sollte. Noch tiefer steht der wahre Silbergehalt dieser neuen Münze nach der Münzverleihungsurkunde von 1376, nach welcher aus einer lötigen Mark Silber 6 ℔ 5 ß dieser mindern Pfennige oder 3 ℔ 2 ß der grössern (ältern?), gemacht wurden. (G. v. Wyss Gesch. der Abtei Z. Beilage nr. 437.)

1388 machte Zürich aus der Mark Silber 6 ℔ 14 ß, ohne dass hier noch Doppelpfennige erwähnt wurden. (G. v. Wyss Beilage 441); 1400 sogar 8 ℔ 16 ß; 1405 aber nur 7 ℔ 16 ß (G. v. Wyss Beilage 449 und 452); 1415 nur 5 ℔ 13 ½ ß Angster (daselbst nr. 457). Mit Ausnahme von Konstanz, wo der Rat den Bischoff noch 1368 an beabsichtigter Münzverschlechterung verhinderte und der Münzfuss von 1240 bis 1376 der gleiche blieb, auch dann nur 3 ℔ 10 ß aus der Mark geschlagen wurden (Poinsignon, Münzgeschichte von Konstanz p. 3), haben wohl alle im Urbar vorkommenden Münzstätten im Laufe des 14. Jahrhunderts ähnliche Verschlechterungen vorgenommen. Für die Aufzeichnungen aus der 2. Hälfte des 14. Jahrhunderts sind, abgesehen von den verschiedenen Münzsorten, auch die Pfennige der verschiedenen Münzstätten von verschiedenem Wert.

Das Pfandregister von 1380 setzt die Mark = 5 Gulden. Dies ist, Gleichheit der Gulden vorausgesetzt, günstiger als die Zürcher Münzordnung von 1376 und 1388, welche 1 fl. = 1 ℔ setzt und aus der Mark 6 ℔ 4 ß macht. Diese Zürcher Münzordnung setzt den Gulden wohl absichtlich zu niedrig an; der habsburgische Ansatz dürfte der richtige sein, jedenfalls für diese Urbaraufzeichnungen der massgebende; die Mark gilt hier 5 ℔ = 1200 ₰.

Bei all diesen Münzverschlechterungen ist es besonders merkwürdig, dass die Ansätze der Steuern und anderer Geldabgaben, wie sie in Albrechts Urbar stehen, gar keine Rücksicht darauf nahmen, sondern durch alle Jahrhunderte und alle Umwälzungen der Münz- und Wertverhältnisse hindurch gleich blieben, bis zu ihrer Ablösung, die zum Teil erst im 19. Jahrhundert erfolgte. Alle spätern Urbaraufnahmen halten diese Posten nach Pfennigen, Schillingen und Pfunden fest (vgl. Schweizer, die habsburgischen Vogtsteuern im Jahrbuch f. Schweizergesch. VIII p. 158—162). Dadurch nahmen die damaligen habsburgischen Untertanen an allen Vorteilen der Münzverschlechterung Anteil und die Steuern wurden faktisch immer geringer, nicht nur wegen der schlechteren Ausmünzung, sondern später noch mehr wegen der Entwertung des Silbers. Umgekehrt erhielten die Naturalabgaben immer höhern Wert. Wohl um den Rückgang der Geldsteuern zu vermeiden, hat schon Albrechts Urbar bei einzelnen Städten die Steuer nach Mark berechnet wie bei Zug, Zofingen und Winterthur (I p. 152, p. 497, p. 339).

2. Masse und Gewichte.

Ueber den vielbetonten Gegensatz zwischen mittelalterlicher Natural- und moderner Geldwirtschaft ist zu beobachten, dass schon Albrechts Urbar keineswegs reine Naturalwirtschaft sondern eine gemischte zeigt, ja ein Streben auf Umwandlung von Naturalabgaben in Geld, und im allgemeinen einen Zustand, wie er in schweizerischen Gegenden bis ins 19. Jahrhundert fortdauerte. Nicht nur existieren fast überall reine Geldsteuern; auch bei den ursprünglich in Naturalien entrichteten Grundzinsen kommen Geldposten neben Naturalien vor oder sind schon an deren Stelle getreten (z. B. I, p. 1 Zeile 12 das gut ze Rinowe giltet ze zinse 35 quart siliginis, alsviel gerste und 4 ₰ 10 ß). Nicht nur wurden in Tieren bestehende Abgaben häufig nach dem Geldwert geschätzt: die Ausdrücke „mulchaphennige, swinphennige, vischphennig, tagwanphenning", weniger sicher „swingelt, salzgelt, schafgelt", können sich doch wohl nur auf ursprüngliche Naturalgaben beziehen, die schon in Geld verwandelt sind (vgl. Glossar). Es wäre also irrtümlich, hier von reiner Naturalwirtschaft zu reden.

Nach allem muss es absolut unmöglich erscheinen, diese verschiedenen Masse zusammenzurechnen und auf eine moderne Einheit zu reduzieren. Die Naturalabgaben lassen sich nur ganz im Groben summieren, indem die lokalen Verschiedenheiten der Mütt, Malter etc. ignoriert werden, in der Hoffnung, dass sie sich gegenseitig ungefähr aufheben. Auch Stäblin erklärt in der Württemberger Geschichte I p. 798, dass mittelalterliche Preise nicht mit modernen verglichen werden können. Wollte man vollends nach der kühnen Gewohnheit mancher Historiker alles in heutigen Geldwert umsetzen, so würde dieser Versuch schon an der Tatsache kläglich scheitern, dass die im Urbar angegebene Schätzung derselben Getreideart in ganz benachbarten Ämtern verschieden ist: z. B. 1 Malter Vesen Rüdlinger Mass 3 ß Konstanzer, Sulger Mass 6 ß Konstanzer, Veringer Mass 5 ß Haller, während das Malter Kernen nach Veringer Mass 6 ß Haller, nach Sulger 6 ß Konstanzer, nach Rüdlinger 3 ß Konstanzer gilt. Noch verschiedener werden Stücke Vieh geschätzt und zwar an denselben Orten. In Vilmergen soll ein Schwein von der einen Schupposs 5 ß, von der nächsten 6 ß wert sein (I 163). Die Schätzung der Schweine differiert im ganzen von 2 ¹/₄ — 15 ß (272, 189). Dies dürfte doch über die Unterschiede von Alter und Mästung hinausgehen; denn auch die besonders genannten Frischlinge variieren von 18 ₰ (1 ¹/₂ ß) bis 3 ß (93 und 242). Wohl gibt es nun eine Werteinheit, die für Geld wie für alle möglichen Naturalien immer dieselbe darstellen soll, das „Stuck", welches sowohl im Urbar wie in gleichzeitigen Urkunden auf ¹/₁₀ Mark, für diese Zeit also auf 5,6 ß geschätzt wird. Wenn aber laut Urkunden 1 Stuck = 1 Mütt Kernen oder 1 Malter Hafer sein soll, so entsprechen diese 5,6 ß weder in der einen noch in der andern Geldwährung den im Urbar vorhandenen Schätzungen eines Malters Hafer auf 2 ß Konstanzer oder 4 ß Haller und eines Mütt (¹/₄ Malter) Kernen auf ³/₄ ß Konstanzer oder 1 ¹/₂ ß Haller; in der letzteren für das Urbar doch eher massgebenden schlechten Münze ist der Unterschied besonders gross: Hafer über 5 ¹/₂ statt 4 ß und Kernen über 5 ¹/₂ statt 1 ¹/₂ ß; ist doch solbst das Wertverhältnis zwischen beiden Getreidearten in beiden Schätzungen ganz verschieden. Also auch mit dem viel versprechenden Stuckbegriff, der sich für zürcherische Pfrundeinkommen bis 1830 erhielt, ist hier wenig anzufangen. Wie sollte auch das Stuck trotz aller Preis- und Verkehrsveränderungen vom 13. bis 19. Jahrhundert gleichen Wert behalten haben. Es liegt ihm wohl eine kanonische Vorschrift zu Grunde, die man buchstäblich festhielt, ohne die Wertveränderungen zu berücksichtigen.

Weit komplizierter als die wenigstens für Albrechts Zeit noch einfachen Münzverhältnisse sind diejenigen der Masse; einfacher dagegen die der Gewichte, unter welchen nur ein rätselhaftes vorkommt: „Frenkes gewicht". Zwar bestehen auch hier gewisse Grundlagen, dass 1 Malter = 4 Mütt, 1 Mütt = 4 Viertel, 1 Viertel = 4 Vierling ist; aber die Grösse dieser Masse sind an den verschiedenen hier in Betracht kommenden Orten sehr ungleich; die Masskreise stimmen mit den Münzkreisen durchaus nicht überein, sind viel kleiner und weniger gut gegen einander abgegrenzt. In mehreren der freilich nur zu Verwaltungszwecken ziemlich willkürlich gebildeten Ämtern des Urbars kommen zwei oder drei verschiedene Maase vor, ja in ein und derselben Ortschaft gilt verschiedenes Mass. So wird das Vogtrecht der freien.Leute zu Schalken und Ottikon im Amt Kyburg für Kernen nach Winterthurer, für Hafer nach Zürcher Mass bestimmt, in Neschwil und Erikon gerade umgekehrt (I 294, 298, 299). Auch im Amt Winterthur wird bald bald nach Züricher bald nach Winterthurer Mass gerechnet (I 309 —) selbst innerhalb des Hofes Lindberg (I 320) und in den Gärten vor Winterthur (I 328, 330 335). Und doch war damals schon, wie noch bis 1836 die Verschiedenheit beider Getreidemasse erheblich, da das Urbar selbst I 339 sagt: 9 vierteil Zürich mes tünt 8 vierteil Winterthurer, 10 immi 1 vierteil. Im Amt Diessenhofen galt neben dem selten vorkommenden Diessenhofer (I 341, 346) auch Zürcher (344, 345, 350, 352) und Winterthurer Mass (350), zum Teil wieder innerhalb derselben Ortschaft, ja für dieselbe Mühle (I 350). Diessenhofer und Winterthurer Mass schätzt das Urbar I 352 „vielnach gelich"; 2 Mütt Winterthurer = 9 Vierteil Zürcher. Im Amt Frauenfeld herrschen sogar 5 Masse: neben dem Zürcher (362, 370, 372) und Winterthurer (365, 368) das nur hier vorkommende grössere Wiler Mass (358—367) das von Bischofszell oder Radolfszell stammende Zeller Mass (364) und ein wohl lokales zum Hof Frauenfeld gehöriges Fronmass, dessen Malter nur 1 Mütt Wiler Mass, also 4 mal kleiner ist (358).

Ähnlich geht in denselben schwäbischen Ämtern Sulger und Rüdlinger Mass so bunt durcheinander, dass auch im Amt Sulgen selbst das letztere ebenso häufig vorkommt als ersteres (I 386—389, 392—394). Und doch schätzt der Urbarverfasser (394) das Sulger Mass genau doppelt so hoch als das Rüdlinger: „man schetzet an herrengülte 1 malter chernen Rüdlinger mass umb 3 ß Costanzer, 1 malter Sulger mess umb 6 ß Costanzer". Das später folgende Veringer Mass wird für ein Molter Kernen auf 6 ß Haller geschätzt, in dieser schlechteren Münze, die viel schlechter ist als die Konstanzer Pfennige, aber etwa gleichwertig den Zürcherischen.

Das auch für Sigmaringen, Scher und Gutenstein geltende Mass von Mengen entspricht der Schätzung des Sulger und Veringer Masses (I 446). Im Amt Aach gilt das Celler Mass (453 und 457) von Radolfszell, für welches aber gar keine Schätzung angegeben wird; daneben Frenkes (fränkische?) Mass für Salz und Pfeffer (455). Ebenso fehlt eine Schätzung für das Uracher (466), das Ehinger und das Merstetter Mass, die im Amt Hohengundelfingen so durcheinandergeben, dass sogar in Merstetten selbst das Ehinger Mass gebraucht wird (464 und 467). Trotz der grossen Verschiedenheiten wird bei manchen Ämtern das lokale Mass gar nicht angegeben, auch wo es durchaus nicht selbstverständlich ist; so beim Amt Friedberg, bei sämtlichen elsässischen Ämtern, deren Masse schon nach den eigentümlichen Ausdrücken sester, viernzal, mentag, schatz, sehr verschieden von denjenigen aller übrigen Ämter waren, aber doch auch unter sich gewiss so wenig einheitlich als die Münzen. Wenn auch für das Amt Ensisheim die viernezal = 2 ½ Viertel geschätzt wird, so weiss man hier nicht, was für ein lokales Mass gemeint ist (I 15, 31). Ebenso fehlt jede lokale Massbestimmung in den Schwarzwälder Ämtern; es dürfte doch hier ein Ausnahmefall sein, dass für einen einzigen Posten mitten im Amt Wehr Zürcher Mass angegeben wird (I 64); endlich auch bei den aargauischen Ämtern, wo das wieder nur einmal genannte Zürcher Mass (p. 140) schwerlich allgemein galt. Die Vielgestaltigkeit der Masse rührt wohl daher, dass ihre Bestimmung Sache der Gemeindebehörden war und dass man je nach wechselnden Beziehungen zu grösseren Orten und Märkten und je nachdem es konvenierte, ein grösseres oder kleineres Mass zu haben, dasselbe lokal änderte. So bleibt nicht viel anderes übrig, als diese Masse ohne Unterscheidung ihrer grossenteils unbekannten lokalen Abweichungen als gleichwertig zu rechnen und anzunehmen, dass die Abweichungen sich gegenseitig ungefähr aufheben. Scheint es doch, dass auch der Leiter der Urbaraufnahme auf eine einheitliche Summierung des ganzen Ergebnisses verzichten musste. Wenigstens hat sich keine Spur eines solchen Versuches erhalten.

III. Summierung
der Posten des Urbars König Albrechts.

Ensisheim . . .	398	Pfd.	277½	Pfd.
Landsberg . . .	67	Pfd.	32	Pfd.
Albrechtstal . .	400	Mk.	400	Mk.
	259	Pfd.	204	Pfd.
Landser	10	Mk.	10	Mk.
	58	Pfd.	42	Pfd.
Dattenriet . . .	50	Mk.	50	Mk.
	455	Pfd.	255	Pfd.
Burgleben i. Els.	2857	Mk.		
	474	Pfd.	—	
Seckingen . . .	20	Mk.	10	Mk.
	24	Pfd.	22	Pfd.
Wehr	104	Pfd.	—	
Schwarzwald und	74	Mk.	34	Mk.
Waldshut . .	301	Pfd.	254	Pfd.
St. Ulrichen . . .	35	Pfd.	—	
Krenkingen . .	65	Pfd.	39	Pfd.
Elfingen und Rein	26	Mk.	26	Mk.
	23½	Pfd.	20½	Pfd.
Bötzberg . . .	6	Mk.		
	10½	Pfd.		
Siggental . . .	84	Pfd.	68	Pfd.
Baden	22	Mk.	22	Mk.
	92	Pfd.	58	Pfd.
Mellingen . . .	17	Mk.	8	Mk.
Eigen	60	Mk.	60	Mk.
	53	Pfd.	29	Pfd.
Aarau	115	Pfd.	60	Pfd.
Brugg	34	Mk.	16	Mk.
	161	Pfd.	91	Pfd.
Muri	36	Pfd.	32	Pfd.
Meienberg . . .	20	Mk.	20	Mk.
	88	Pfd.	34	Pfd.
Frei-Amt . . .	47	Pfd.	29	Pfd.
Zug	36	Mk.	28	Mk.
	121	Pfd.	111	Pfd.
Lenzburg . . .	212½	Mk.	212½	Mk.
	189	Pfd.	116	Pfd.
Vilmergen . . .	47	Mk.	47	Mk.
	128	Pfd.	99	Pfd.
Sursee	98	Mk.	90½	Mk.
	7½	Pfd.	7½	Pfd.
Sempach . . .	34½	Mk.	19½	Mk.
	84	Pfd.	72	Pfd.
Willisau . . .	98	Pfd.	76	Pfd.

	Verschiedenes		
Hülsen-früchte etc.	Fische Aale	Eier	Käse etc.
Mütt	—	—	—
—	—	—	—
—	..	—	—
Bohnen 8	—	—	352– –424
—	—	—	—
—	—	—	—
—	—	—	—
—	—	—	—
—	—	—	—
—	—	—	—
Erbsen 2	—	160	—
—	400	—	—
—	—	880	—
verschiedene Hülsenfrüchte 24–27	—	100	—
—	—	—	—
—	—	60	—
Hülsenfrüchte 6½	—	2865	—
—	—	—	—
Erbsen 2	—	190	—
—	—	—	—
—	—	—	—
—	—	—	—
—	—	—	—
—	16 à 8400	—	Ziger St. 6
—	—	—	—
16	—	2235	—
—	—	—	—
—	—	—	—
—	—	—	—

Wert-Angaben.

Amt	Geld Maximum	Geld Minimum	a. e.	Fruch. Getreide Maximum	Fruch. Getreide Minimum	Hafer Maximum	Hafer Minimum
			Pfnd	Malter	Malter	Malter	Malter
Kasteln	5 Pfd.	—	—	$11^{1}/_{2}$	—	$6^{1}/_{2}$	—
Spitzenberg . .	41 Pfd.	—	—	26	—	17	—
Wolhusen . . .	4 Mk. 298 Pfd.	4 Mk. 248 Pfd.	—	$1/_{2}$	—	25	—
Rothenburg . .	48 Mk. 324 Pfd.	48 Mk. 220 Pfd.	—	$25^{1}/_{4}$	—	$57^{1}/_{2}$	$56^{1}/_{2}$
Habsburg . . .	29 Mk. 173 Pfd.	29 Mk. 139 Pfd.	—	24	23	$37^{1}/_{2}$	$36^{1}/_{7}$
Luzern	55 Mk. 1289 Pfd.	40 Mk. 582 Pfd.	—	2	—	$3^{1}/_{2}$	—
Richensee . . .	$4^{1}/_{2}$ Pfd.	—	—	19	—	—	—
Münster	82 Mk. 87 Pfd.		—	$42^{1}/_{2}$	—	8	—
Regensberg . .	$16^{1}/_{2}$ Pfd.	$14^{1}/_{2}$ Pfd.	24	$6^{1}/_{6}$	—	$12^{1}/_{2}$	—
Kloten	218 Pfd.	$164^{1}/_{2}$ Pfd.	369	$32^{1}/_{4}$	—	15	—
Embrach . . .	58 Pfd.	45 Pfd.	97	$26^{2}/_{4}$	—	20	—
Grüningen . . .	32 Mk. 181 Pfd.	32 Mk. 155 Pfd.	124	$82^{1}/_{4}$	$76^{2}/_{4}$	95	83
Einsideln . . .	30 Pfd.	20 Pfd.	55	—	—	—	—
German	13 Pfd.	—	—	—	—	—	—
Urseren	10 Pfd.	—	—	—	—	—	—
Kiburg	7 Mk. 236 Pfd.	7 Mk. 213 Pfd.	876	$68^{1}/_{4}$	—	98	—
Winterthur . .	90 Mk. 154 Pfd.	90 Mk. 87 Pfd.	198	$153^{2}/_{4}$	—	136	—
Stadt Winterthur	150 Mk. $107^{1}/_{2}$ Pfd.	60 Mk. $107^{1}/_{2}$ Pfd.	—	—	—	—	—
Diessenhofen . .	131 Mk. 118 Pfd.	121 Mk. 79 Pfd.	—	$71^{1}/_{4}$	—	32	—
Tengen	$17^{1}/_{2}$ Mk. 46 Pfd.	15 Mk. 26 Pfd.	—	$11^{1}/_{3}$	—	8	—
Frauenfeld . . .	145 Pfd.	102 Pfd.	124	$20^{1}/_{4}$	—	7	—
Friedberg . . .	47 Mk. 58 Pfd.	47 Mk. 52 Pfd.	—	$209^{1}/_{4}$	—	132	104

Wert-Angaben.

Vieh				Verschiedenes				W
Rind-vieh	Schafe etc.	Schweine	Geflügel usw. tot.	Hülsen-früchte etc.	Fische Aale	Eier	Käse etc.	Allerlei	Maxi-mum
				Men					f.
—	—	7	18	1	—	100	—	—	—
—	—	15	76	—	—	520	114 Ziger 2 Maas Eger 41	Schultern 15 Werke 2 Pfd.	—
—	20	2	11	—	—	110	Käse 2	—	—
10	—	11	19	—	26 Rab.	360		—	—
—	—	—	—	—	2600	530	Ziger 67 Käse 8 Butter 6 Söph	—	—
—	—	2	—	8	22 1200	—	—	Schiern 72	—
—	—	8	132	—	100	—	—	Nüsse 2½ Hött Pfeffer 1 Pfd.	—
—	—	6	15 64	2	—	100 400	—	—	—
—	—	15	—	5	1980 110 A	100	—	Men 15 Süt Pfeffer 4 Pfd. Werg 4 Kl. Tuch 24 E.	—
—	—	—	—	—	—	—	Käse 1 Ziger 1	—	—
—	21	—	—	—	4081	—	Eger 83	Tuch 40 E. Ziegenh. 6 Pfeffer 10 Pfd.	—
2	Ziek. St. 4	52	65	10	—	1327	Eger 7 1500-1900 E.	Men 8 Süt Werg 23 Kl. Barin 4 Pfd. Brücken 2	5½
—	24	82	366	47	—	6746 -3786	—	Mist 145 F. Heu 8 F.	—
—	—	—	—	—	—	—	—	—	—
8	—	23	179	21	1	1019	—	Oel 1 Samm Werg 30 Kl. Wesks 4 Pfd.	4½
—	27	—	—	—	—	—	—	Mist 3 F. Strecken 8 F.	⁰⁄₀
—	—	—	—	—	—	660	—	Schultern 12 Schmil 1 Süt	—

Amt	Geld			Versch. Getreide		Hafer	
	Maximum	Minimum	a. o.	Maximum	Minimum	Maximum	Minimum
			Pfund	Malter	Malter	Malter	Malter
Saulgau	74 Mk. 81 Pfd.	64 Mk. 72 Pfd.	—	467	416 1/2	131	120 1/2
Veringen	77 Mk. 92 Pfd.	77 Mk. 91 Pfd.	—	295	290	137 1/2	132 1/2
Sigmaringen	30 Mk. 119 Pfd.	28 1/2 Mk. 100 1/2 Pfd.	—	246	232	123 1/2	117 1/2
Gutenstein	28 Pfd.	26 Pfd.	—	50 1/2	—	26 1/2	—
Scher	25 Mk. 94 1/2 Pfd.	25 Mk. 80 Pfd.	—	131 1/2	—	59	—
Mengen	80 Mk. 31 Pfd.	40 Mk. 81 Pfd.	—	71 1/2	—	4	—
Hewen	20 Pfd.	—	—	55 1/2	—	17	—
Ach	85 Pfd.	48 Pfd.	—	55 1/4	—	19 1/2	—
Wartstein	40 Mk. 149 Pfd.	40 Mk. 130 Pfd.	—	22 3/4	—	14	—
H. Gundelfingen	68 Pfd.	58 Pfd.	—	9	—	25 1/2	—
Interlaken	166 1/2 Pfd.	104 1/2 Pfd.	140	7 1/2	—	17 1/2	9
Freiburg	20 Mk. 120 Pfd.	20 Mk. 45 Pfd.	—	—	—	—	—
Aarburg	12 Mk. 139 1/2 Pfd.	12 Mk. 102 1/2 Pfd.	—	132 1/4	130	18	—
Zofingen	30 Mk. 8 Pfd.	20 Mk. 8 Pfd.	—	65	—	17	—
Glarus	6 Mk. 1851 Pfd.	6 Mk. 1065 Pfd.	—	—	2	—	—
Lags	137 Mk.	82 Mk.	—	—	—	—	—
Total	4977 1/2 Mk. 9869 Pfd. zusammen ca. 8500 Mk. = 1/2 Million Fr. Silberwert.	1956 Mk. 6244 Pfd. zusammen = 4186 Mk.	1507	3308 Geldwert 1820 fl.	1658 1/4 Geldwert 664 fl.	1916 1/2 Geldwert 192 fl.	1006 Geldwert 100 fl.

Wert-Angaben.

| Vieh ||||| Verschiedenes |||||| Wein ||
Rind-vieh	Schafe etc.	Schweine	Geflügel usw. Imb	Hülsen-früchte etc.	Fische etc.	Eier	Käse etc.	Allerlei	Maxi-mum	Mini-mum
				Mört					f.	f.
—	—	—	149	—	—	240	38	Heu 14 F. Bohuil 1 V. Schaltern 2 Salz 1/2 V. Werg 20 BL	—	1/2 S.
—	—	—	168	—	—	2160	140	Schaltern 4 Bohuil 2 Bäl	—	—
—	—	5	271	1	—	2035	—	Bohuil 6 1/2 Bäl	—	—
—	—	—	62	—	—	1350	—	Heu 14 1/2 F. Schaltern 29	—	—
—	—	—	48	—	—	1110	—	Schaltern 2 Bohuil 5 F.	—	—
—	—	—	11	—	—	180	—	—	—	—
—	—	1	55	—	—	210	—	Heu 2 F. Schaltern 2	—	—
—	12	—	12	—	—	270	—	Salz 18 M. Pfaltz 21 V.	—	—
—	—	—	82	—	—	120	—	Bohuil 2 F.	—	—
—	—	—	107	—	—	1620	120	Zieg.-K. 4 Schaltern 4	—	—
—	Widder 29	16	7	1	—	—	Ziger 17	—	7 1/2	8 1/2
—	—	—	—	—	—	—	—	—	—	—
—	—	7	8	—	—	—	—	Pfeffer 1 Pfd.	—	—
—	—	5	—	—	—	—	—	—	—	—
Kühe 19 R. 2	Schafe 130	5	21	—	108	—	90 B. 4 1/2 [V.	Hufeisen 1 Schindeln 500 Salz 2 1/2 V. Pfeffer 1 Pfd. Tuch 30 E.	—	—
—	—	—	—	—	—	—	—	Pfeffer 12 Pfd.	—	—
27	462 2.4	674	8586	149 1/2 –152 1/2	ca. 19768 126 A	23607 23647	2665– 2737 Ziger 174	—	144 1/2	61 1/2

BESCHREIBUNG,

GESCHICHTE UND BEDEUTUNG

DER

HABSBURGISCHEN URBARAUFZEICHNUNGEN

VON

PROF. P. SCHWEIZER.

I. Persönliche Bemerkungen.

Als ich 1894 das Vorwort zum I. Bande schrieb, auf dessen Inhalt hier wieder zu verweisen ist, hatte ich noch keine Ahnung, dass die Abfassung der Einleitung mir selbst zufallen würde; vielmehr gedachte ich damals noch, die inhaltlichen Resultate meiner Studien über das Urbar in einer Geschichte König Albrechts zu verwerten, während die von Herrn Dr. Maag zu bearbeitende Einleitung der Urbarausgabe sich auf die formelle Darstellung des benützten Materials beschränken würde. Dies alles gestaltete sich ganz anders, als kurz vor Beendigung der Publikation des Materials und vor Drucklegung der fünf letzten Bogen der ersten Hälfte des II. Bandes der vorzügliche Bearbeiter Herr Dr. Maag leider unheilbar erkrankte und bald darauf, am 30. Oktober 1899, starb.

Auf Wunsch des Gesellschafterates entschloss ich mich nun, die Bearbeitung der Einleitung zu übernehmen, wofür teils einige Vorarbeiten von Herrn Dr. Maag betreffend das benützte Material vorlagen, teils ein schon in den achtziger Jahren verfasster Entwurf von mir selbst betreffend Albrechts Finanzverwaltung und Urbar, welcher eigentlich für meine Geschichte König Albrechts bestimmt war. Da ich inzwischen durch Beschäftigung mit ganz anderen Gebieten von der Bearbeitung eines solchen Werkes immer weiter abgekommen war und anderseits die Leitung des so umfangreich gewordenen II. Bandes des Urbars eine grössere Einleitung verlangte, entschloss ich mich, auch die inhaltliche Verwertung meiner Urbarstudien in dieser Einleitung niederzulegen; ich hoffe, damit den Benützern einen guten Dienst zu leisten.

Eine den Inhalt verwertende und darstellende Einleitung entspricht ja auch dem sonstigen Gebrauch in den meisten Teilen dieser „Quellen".

Gegenüber dem Vorwort des I. Bandes ist ferner noch zu berichtigen, dass das Glossar nicht mehr von dem leider inzwischen ebenfalls verstorbenen Herrn Prof. Götzinger bearbeitet werden konnte, dem wir allerdings noch eine Anzahl von Worterklärungen verdanken, sondern Herr Prof. Dr. Bachmann in Zürich die philologische Prüfung des von Herrn Dr. W. Glättli zusammengestellten Wortregisters übernommen hat. Ferner verzichteten wir darauf, das doch nicht direkt zum habsburgischen Urbar gehörige Verzeichnis der Briefe der Veste Baden in diese Publikation einzuschliessen, beschlossen aber, das enger mit dem Urbar verwandte und dasselbe vorzüglich ergänzende Lehenbuch von 1361 aufzunehmen. Dieses nahezu 200 Druckseiten umfassende Lehenbuch hat der ersten Hälfte des II. Bandes einen so starken Umfang gegeben. Die Aufnahme war aber notwendig, um den ganzen Umfang der habsburgischen Rechte und Besitzungen darzustellen.

II. Notwendigkeit einer neuen Ausgabe.

Die Berechtigung, die Ausgabe Pfeiffers (im XIX. Band der Bibliothek des Literarischen Vereins in Stuttgart 1850) durch eine neue zu ersetzen, dürfte sich, nachdem auch Schulte, Habsburger Studien in M. I. Ö. G. Quellen VII, p. 514 eine solche gefordert hat, schon aus der blossen Vergleichung des so viel grösseren Umfangs unserer Ausgabe ergeben, deren II. Band grösstenteils unediertes Material bietet. Aber auch der schon von Pfeiffer edierte Teil, der sich hauptsächlich mit unserem I. Bande deckt, ist hier so weit möglich nach den genaueren Originalrödeln der ursprünglichen Aufnahme ediert, nicht nach der von Pfeiffer zu Grunde gelegten angeblichen Reinschrift, welche in Wahrheit nur ein wohl mehrere Dezennien später (ca. 1330) angefertigtes Kopialbuch ist. Sie darf für die Ausgabe so wenig massgebend sein, als man Urkundenbücher auf Grund eines Kopialbuches herausgibt, soweit die Originale vorhanden sind. Auch die Ungleichmässigkeit der Vorlagen und ihre Abwechslung, die dadurch veranlasst wird, dass ein grosser Teil der Originalrödel fehlen und dann doch die sogenannte Reinschrift benützt werden muss, hie und da, wo diese lückenhaft ist, auch spätere Kopien, bildet keinen Grund gegen die Richtigkeit dieses Verfahrens und des Grundsatzes, für jeden Teil die beste und ursprünglichste Ueberlieferungsform zu benützen.

Bei seiner Ueberschätzung der Reinschrift, welche er (Vorwort p. XV) als „die offizielle Redaktion" bezeichnet, fehlte Pfeiffer die richtige Erkenntnis von der Originalität der Rödel so sehr, dass er eine besondere Berücksichtigung des in Luzern befindlichen und ihm in schöner Abschrift mitgeteilten Originalrodels über das Amt Embrach nicht für notwendig hielt, obschon dieser Rodel mit der Reinschrift in manchen Punkten nicht ganz übereinstimmte. Ebenso begnügte er sich, den von Aebi edierten Teil des Aarauer Rodelheftes nach diesem Drucke zu wiederholen, und liess sich auch, als er erfuhr, dass der Rodel noch viel mehr enthalte, als Aebi ediert hat, die Gelegenheit entgehen, sich nach Kopps Anerbieten von den in Aarau befindlichen neun weitern Rodelstücken genaue Abschriften zu verschaffen, da er ja für diesen Abschnitt die Vergleichung dreier Handschriften habe. Wie erheblich auch in inhaltlicher Beziehung die Abweichungen der Reinschrift Pfeiffers von den Originalrödeln sind, zeigen unsere Varianten I, p. 257—265. Die Vernachlässigung einer Einsicht der Zürcher Rödel, deren Existenz ihm durch Kopp bekannt geworden war, verschloss ihm die Erkenntnis, dass das Urbar ausser dem Verzeichnis der positiven Einkünfte noch zwei weitere Teile enthielt, Verzeichnisse über die Pfandschaften und über die zu revozierenden Güter und Leute. Aus Pfeiffers Vorwort ergibt sich, dass er keinen einzigen Originalrodel selbst gesehen hat, als höchstens vielleicht, was auch unklar bleibt, die zwei schwäbischen Rödel Kaisers, welche zum Teil schon wegen ihrer Bücherschrift nicht zu den Originalrödeln gehören.

Immerhin hat Pfeiffer (vgl. seine Vorrede p. XXIII) die wenigen Rödel, die ihm genauer bekannt waren, für die Herstellung der richtigen Schreibweise des ganzen Textes benützt, und sich, freilich nicht ganz genügend, gehütet, bei der philologischen Behandlung des Textes „alles über einen mittelhochdeutschen Kamm zu scheren". (Scharf kritisiert auch Schulte, Habsburger Studien, Mittl. I. Ö. G. Quellen VII, 514 Pfeiffers Ausgabe.) Die in den handschriftlichen Ueberlieferungen gar nicht begründeten Längezeichen in Form von Circumflexen über den Vokalen sind eine willkürliche Zutat Pfeiffers, vielfach am unrechten Ort angebracht, wie p. 3 bei „gît",

„hât", p. 159 „ôffe", p. 2 „icglîchiu", oder willkürliche und missverständliche Ersetzung und Verdrängung eines übergeschriebenen Vokals: p. 2 „hûs" statt „hũs" (elsässisch) p. 156 „hérschaft" statt „hèirschaft". Diese von Pfeiffer ganz vernachlässigten, bald nebengesetzten, bald mit ·· oder - ersetzten, übergeschriebenen Vokale werden hier mit litterae columnales genau nach der Vorlage wiedergegeben und so z. B. gleich im 1. Satz p. 1 gedruckt: „gũlten, stũre, nũtze" statt der willkürlichen Schreibung Pfeiffers: „gũlte, stiure, nutze", obwohl hier beiden Ausgaben nur die Reinschrift zu Grunde liegt. Im 2. Satz p. 1 hat Pfeiffer ebenso willkürlich „diub unde vrevel" gesetzt anstatt „tûb und vrefen". Eigentümlich verkürzte oder verlängerte Formen wie „hũnr" oder „herbisthêeinr" (I. p. 93), „brũeil" (I. p. 87), „gũeillin" (I. p. 86) haben wir nach den Rödeln genau wiedergegeben, während sowohl die Reinschrift als Pfeiffer sie zu „hũner", „brũle", „gũllin" verflacht haben.

Wir glauben damit namentlich germanistischen Benützern einen guten Dienst zu tun, obgleich unsere Ausgabe, von Historikern bearbeitet, auch vorzugsweise für Historiker bestimmt ist. Die zahlreichen Variantenangaben geben Rechenschaft von all diesen Verbesserungen. Wie stark die Pfeiffersche Ausgabe auch von dem erst später 1856 durch Kopp (vgl. dessen Geschichtsblätter, II. p. 136) entdeckten Borner Reinschrift-Fragment abweicht, habe ich schon in meiner Abhandlung „Geschichte der habsburgischen Vogtsteuern" im Jahrbuch für Schweizergesch. 1883, p. 29 nachgewiesen, wo zuerst die Notwendigkeit einer neuen Ausgabe angedeutet wurde. Besonders belastend ist es für Pfeiffer, dass ihn Lassberg schon 1813 darauf aufmerksam gemacht hatte, es dürften sich vermutlich auch in Bern Fragmente der Reinschrift befinden (vgl. Briefwechsel zwischen Lassberg und Uhland ed. Pfeiffer 1870, p. 279). Zu den rein formellen und sprachlichen kommen aber auch eine grosse Zahl inhaltlicher Berichtigungen betreffend einzelne Wörter, Zahlen und Ortsnamen. So korrigierte Pfeiffer p. 11, Zeile 24 (neue Ausg. I. p. 14, Z. 14) auch der „Reinschrift" gegenüber das richtige „Marpach" in Muorbach und verwechselte zwei ganz verschiedene classische Klöster mit einander; oder Pfeiffer p. 143 „Obern-Urdorf" statt „Oberndorf" d. h. Ober-Dietlikon (vgl. I. p. 118), obwohl Aebi die richtige Lesart aus dem Rodel gab.

Seite 83 las Pfeiffer nach der Reinschrift „Súntzeu" und erklärte Sünikon, während der Rodel „Bintzen" hat und Binz bei Wettingen gemeint ist; vgl. l. p. 115. Die vielfach unrichtigen Erklärungen Pfeiffers betreffend die Ortsnamen sind in unserem viel reichhaltigeren Kommentar erheblich berichtigt, namentlich an Hand des zu Pfeiffers Zeit noch nicht existierenden Siegfried-Atlas.

Mit diesen Bemerkungen soll nur die Notwendigkeit der neuen Edition gerechtfertigt, keineswegs die für ihre Zeit ebenso bedeutende als verdienstliche Arbeit unseres Landsmannes Pfeiffer herabgesetzt werden. Bildete sie doch ein halbes Jahrhundert hindurch die einzige Publikation dieser für Historiker wie Germanisten so wertvollen Quelle. Der Vorzug der Uebersichtlichkeit und Handlichkeit für das eigentliche Einkünfteverzeichnis, das sie ja vollständig enthält, wird ihr auch vor unserer neuen Ausgabe immer noch gewahrt bleiben, da in dieser bei dem verhältnismässig kleinen Format der Text von dem fast allzureichen Kommentar beinahe erdrückt wird.

Darum mag hier auf die Absichten Pfeiffers und die an seine Ausgabe geknüpften Erwartungen hingewiesen werden. Schon 1843 machte eine Mitteilung der Beilage nr. 85 der „Augsburger Allg. Zeitung" über die Leistungen des Literarischen Vereins von Stuttgart die Absicht kund, das „Urbarbuch herauszugeben, welches König Albrecht 1292—1302 durch seinen Schreiber Burkhardt von Frick aufsetzen liess." „Ob der Verein die Freunde der mittelalterlichen Geschichte durch Eröffnung dieser fast gänzlich unbekannten und unbenützten Fundgrube wird erfreuen können, hängt vom Erfolg der Versuche ab, die er angestellt hat, um die grösseren und kleineren Bruchstücke desselben wieder zu vereinigen. Das Beste könnten dabei die Gelehrten der Schweiz tun, und da vielleicht in keinem Lande der Sinn für Spezialgeschichte stärker verbreitet ist, so darf man in dieser Richtung wohl das Beste hoffen".

Dieser wohl von einem Vereinsmitglied ausgehende Appell an die Schweizer Gelehrten wurde schon nach drei Tagen in einem Brief Kopps an den Stuttgarter Verein vom 29. März 1843 beantwortet. (Diesen und zwei folgende Briefe Kopps an Gfrörer und Pfeiffer hat mir der jetzige Präsident des Vereins Herr Prof. Hermann Fischer in Tübingen aufs freundlichste mitgeteilt). Der mit dem Urbar durch häufige Benützung am besten vertraute Geschichtschreiber der Eidgenössischen Bünde sprach sein „Vergnügen" darüber aus, dass die Edition des Urbars „in den Wünschen des Vereins liege", gab wichtige Aufschlüsse über das Material, bestehend aus einer „Reinschrift", deren ausserschweizerischer Teil in den Händen Lassbergs liege, 2 Blätter betreffend Glarus in Luzern selbst; aber auch aus den Rödeln, welche die „eigentliche Aufnahme" bildeten, „der Reinschrift vorausgingen" und von Kopp selbst in Aarau, Zug, Zürich und Luzern entdeckt worden seien; endlich aus der vollständigen Abschrift im Luzerner Staatsarchiv.

Ohne sich selbst zur Bearbeitung anzubieten oder andere vorzuschlagen, schliesst Kopp mit der Bitte an den Verein, bei allfälliger Herausgabe das Staatsarchiv Luzern nicht übergehen zu wollen.

Auf die unbekannte Antwort des Vereinssekretärs Gfrörer verzeichnete Kopp am 15. April 1843 seine Ratschläge und Weisungen für „einen künftigen Herausgeber, wer es immer sein möge", bezeichnete als „Grundlage des Abdruckes die Lassbergsche Reinschrift, deren Lücken durch die Rödel und, wo diese auch fehlen, durch die Luzerner Abschrift zu ergänzen seien; doch wollte er auch die von der Reinschrift nicht berücksichtigten Pfandrödel aufgenommen wissen. Schliesslich antwortet er aber auf die, wie es scheint, ganz direkt an ihn gerichtete Frage: „ob er die Herausgabe für den Verein übernehmen wolle", mit der Erklärung, er habe sich „vor Jahren selbst mit dem Gedanken getragen", jetzt aber sei es „fast unmöglich", da sein Beruf und seine geschichtliche Arbeit ihm fast die ganze Zeit wegnehme. „So sehr ich für die Herausgabe bin und gern das Unternehmen unterstützen will, so lieb wäre es mir gleichwohl, wenn die Arbeit von jemand anderem übernommen werden könnte." Man merkt aus dem Briefe und dem Vorschlag, einen Abschreiber unter seiner Leitung zu bestellen, dass Kopp doch noch an die Möglichkeit dachte, die Edition auf diese Weise selbst zu leiten. Eine definitive Ablehnung richtete er erst am 29. Dezember 1843 an Franz Pfeiffer, der inzwischen Sekretär des Vereins geworden war, schlug nun aber Hermann von Liebenau zum Herausgeber vor, dem er Rat und Hülfe zugesagt habe. H. v. Liebenau hat denn auch, wie sein Sohn mir gütigst mitteilt, begonnen, Pfandrödel und Offnungen der österreichischen Meierhöfe zu kopieren.

Dass dieser Vorschlag unbeantwortet blieb, ist leicht zu begreifen, wenn man beachtet, dass Pfeiffer selbst schon am 14. Februar 1843, bevor die Korrespondenz des Vereins mit Kopp begonnen hatte, in einem leider nicht edierten Briefe sich an Lassberg gewandt hatte, um das in dessen Besitz befindliche Fragment der Reinschrift des Urbars zur Benützung zu erbitten. In der freilich unberechtigten Befürchtung, dass über diesem neuen Unternehmen Pfeiffers damals noch nicht vollendete Edition des Barlaam und Josaphat verzögert werde, gab Lassberg eine etwas hinhaltende Antwort, die Handschrift sei gegenwärtig nicht in seinen Händen und er wisse nicht bestimmt, wann sie wieder in seinen Besitz komme; auch habe Rektor Aebi (in Aarau) die Absicht, das Ganze herauszugeben, wenn es ihm gelingen sollte, den Text wieder zu vervollständigen. Nur, wenn man so glücklich sei, alle Bruchstücke der Haupthandschrift wieder zu vereinigen, dann erst lasse sich an eine Herausgabe denken, an welche Lassberg gerne selbst Hand gelegt hätte, wenn er nicht zu alt wäre. Auch verstimmte es Lassberg, dass jener Zeitungsartikel vom 26. März 1843 die Edition ankündigte, bevor der Verein den Freiherrn förmlich um Benützung seiner Handschrift ersucht hatte; denn Pfeiffers Brief vom 14. Februar sei erst gleichzeitig mit jenem Zeitungsartikel in seine Hand gekommen. Mit dieser Anpreisung seiner unentbehrlichen Handschrift mag Lassberg allerdings dazu beigetragen haben, Pfeiffer zu seiner Ueberschätzung der sogenannten Reinschrift als offizieller Redaktion zu verleiten, andererseits gab der Freiherr aber auch ganz ähnlich wie Kopp die richtigen Direktionen für die Einrichtung der Edition, wie sie von Pfeiffer leider nicht in jeder Beziehung befolgt worden sind. Schon den Andeutungen über die Fragmente der Reinschrift ist Pfeiffer so wenig nachgegangen, dass er sich das von Lassberg mit Recht in Bern vermutete Bruchstück entgehen liess. Wenn Lassberg ferner die Forderung stellte, dass die Ausgabe wenig Wert hätte, falls „sie nicht mit geographischen Noten" versehen wäre (p. 280), sowie mit einem „vollständigen topographischen Register" und womöglich mit „Noten über die jetzigen politischen und statistischen Verhältnisse der darin aufgeführten Orte" (p. 283), so erhält man fast den Eindruck, dass der Freiherr seinen Freund Pfeiffer nicht ganz für den richtigen Mann hielt, sondern eher einen Historiker dafür wünschte. Diese Vermutung bestätigt sich dadurch, dass Lassberg am 16. Juni 1843 (p. 285) die schon versprochene Zusendung des in seine Hände zurückgekehrten Codex an Pfeiffer nochmals verschob, um diesem mitzuteilen, Eutychius Kopp habe infolge jenes Zeitungsartikels sich anerboten, die Herausgabe zu besorgen und die in der Schweiz zerstreuten Fragmente der Urschrift zu sammeln und dem Werke einzuverleiben. Dies ist allerdings etwas mehr, als was Kopp am 29. März und 15. April zugesagt hatte, aber doch nicht geradezu unrichtig. Sodann äussert er sich Pfeiffer gegenüber mit einer nicht missverständlichen Deutlichkeit: „Gewiss konnte diese Arbeit in keine besseren Hände fallen, als in die des Herrn Prof. Kopp! Und wie ich vernehme, hat der Literarische Verein dies Anerbieten angenommen, auch seitdem Prof. Kopp mich um meine Handschrift angegangen." Lassberg schloss wohl aus letzterer Tatsache mit Unrecht auf erstere; er war damals noch nicht Mitglied des Vereins.

„Nun können Sie leicht denken, dass ich hiedurch in Verlegenheit gesetzt bin; denn da Sie schon früher mir schrieben, dass Sie die Redaktion der fraglichen Ausgabe übernommen haben und der Verein sich deshalb niemals mit mir in unmittelbares Einvernehmen gesetzt hat, so kann ich auch nicht wissen, an welchen der beiden Herausgeber ich nun den Codex abgeben soll? — Können Sie, mein hochgeachteter Freund, mich hierüber endlich ins klare bringen, so werden Sie mich verbinden".

Pfeiffer scheint diesen Wink nicht recht verstanden zu haben; es ist fortan in Lassbergs Briefen nicht mehr die Rede vom Urbar; auch die Korrespondenz des bis zum Auftreten Adalbert Kellers etwas stagnierenden Vereines gibt gar keinen Aufschluss darüber, als dass Pfeiffer bis Frühjahr 1849 den Text vollständig kopiert hatte und die Drucklegung von Ende März bis Ende August 1850 durchgeführt wurde. Doch zeigt Pfeiffers Ausgabe und Vorrede p. XVI, dass der Freiherr seine „Haupthandschrift mit gewohnter Güte zur Benützung mitgeteilt hat", und zwar schon im gleichen Jahr 1843 (wie mir Herr Prof. Fischer mitteilt). Auch Kopp, welchem die Ausgabe nächst Lassberg gewidmet ist, erklärte sich zur Unterstützung Pfeiffers bereit; doch liegt vielleicht in der früheren Rivalität beider oder wenigstens in der Ablehnung Liebenaus die Erklärung, warum Pfeiffer (p. XV), Kopps „mehr als freundliches Anerbieten", wegen Vergleichung der Rödel „nach Aarau zu gehen, nicht annehmen konnte, ohne unbescheiden zu sein". Kopp hat übrigens in der Schweizerischen Geschichtsforschenden Gesellschaft in Beckenried 1851 den Antrag gestellt, Pfeiffer wegen seiner durch Herausgabe des Urbars erworbenen Verdienste als Ehrenmitglied aufzunehmen (Beilage nr. 36, p. 508 in Lütolfs Biographie Kopps 1868) und diesen Antrag in einer Weise begründet, die jeden Gedanken an eine Verstimmung auf seiner Seite ausschliesst und der Ausgabe Pfeiffers uneingeschränktes Lob spendet: „der Herausgeber hat alles geleistet, was beim gegenwärtigen Stande der Forschung nur immer möglich war", eine „erschöpfende geschichtliche Einleitung, einen reinen Text, zunächst nach der ursprünglichen Reinschrift oder doch nach den derselben zu Grunde liegenden Rödeln" (ein auffallendes Lob, da Kopp die von Pfeiffer nicht benützten Aargauer Rödel und das Berner Reinschrift-Fragment schon seit 1837 kannte; vgl. Lütolf p. 162), „eine Erläuterung des Geographischen, welche an den meisten Orten durchaus richtig ist". Nur zum Schluss deutet er an, dass „die noch vorhandenen Rödel doch noch verdienen, besonders abgedruckt zu werden". Hiemit und mit dem Verlangen nach einer „genauen Karte des anfangenden 14. Jahrhunderts, sowie nach Beantwortung der Frage, wie Habsburg zu den im Urbar verzeichneten Besitzungen kam, hat Kopp Forderungen gestellt, welche in unserer neuen Ausgabe endlich erfüllt sind.

Wenn nach diesen Aeusserungen Kopp, der überhaupt das Urbar schon 1837 eigentlich entdeckt und die betreffenden Archivare auf die Bedeutung und den Charakter der in ihren Archiven befindlichen Fragmente erst aufmerksam gemacht hat (Lütolfs Kopp p. 162 und 287), ein viel geeigneterer und besser orientierter Bearbeiter gewesen wäre als Pfeiffer, so begreift man doch leicht, dass er, eben damals mit dem 1845 erschienenen ersten Band seiner Geschichte der Eidgenössischen Bünde vollauf beschäftigt, die Bearbeitung des dazu unentbehrlichen Urbars gerne einem andern überliess. Von der Idee, es selbst zu bearbeiten, scheint er so schnell zurückgekommen zu sein, dass dieselbe seinem fleissigen Biographen ganz verborgen blieb. Lütolf sagt (p. 287) nur, Kopp habe 1843 dem Literarischen Verein die Herausgabe des Urbars empfohlen und dieselbe sei 1847 beschlossen und Pfeiffer übergehen worden, da Kopp auf Anfrage erklärt habe, er könne sich nicht anders beteiligen als etwa durch Rat. Die Darstellung widerspricht aber nicht allein dem Briefe Lassbergs, dem man vielleicht einen Irrtum zutrauen könnte, sondern auch jenem Artikel der „Allgemeinen Zeitung", wonach die Herausgabe schon 1843 beschlossen war.

Im germanistischen Lager wurde die Publikation ungünstiger aufgenommen als im historischen. Jakob Grimm warnte Pfeiffer schon 1845: „Der Verein muss sich nicht zu leicht den Historikern hingehen, die mit dem, was sie für wichtig halten, schnell eine Menge Bände anfüllen, sondern mehr auf das poetisch-sprachliche sehen. Jene bringen ihren Kram doch auf anderem Weg in die Welt." Damit gar kein Zweifel übrig bleibe, welches Werk damit gemeint sei, schrieb er nach Erscheinen desselben 1851: er habe nur den Wunsch, dass Pfeiffer sein Talent, wie es sich neulich am habsburgischen Urbar erwiesen habe, auch in andern Gegenständen bewähren möchte. („Germania" XI, p. 115 und 119.) Soweit hat ja Grimm ganz recht, dass das Urbar in diese literarische Sammlung nicht recht hineinpasst, und es bildet eine weitere Rechtfertigung unserer neuen Ausgabe, dass die alte in einer sonst für Historiker wenig in Betracht kommenden Sammlung versteckt und nahezu (bis auf 49 Exemplare) vergriffen ist.

III. Aeltere und neuere Editionen von Bruchstücken des Urbars.

Wenn auch Pfeiffer das Urbar im ganzen als eine damals „noch fast gänzlich unbekannte und unbenützte Fundgrube" mit Recht bezeichnen konnte, fehlte es doch nicht ganz an älteren Versuchen, kleinere Stücke des Werkes zu publizieren; und bei der grossen Zahl von Abschriften war auch schon älteren Historikern eine Benützung der Quelle ermöglicht. Aegidius Tschudi, der eine vollständige Abschrift besass, benützte sie in seiner Chronik I, p. 222 und 223 zur Aufzählung der von König Albrecht gemachten

Gebietserwerbungen und bezeichnete p. 224 die Quelle als „Urbar der Söhne König Albrechts, 1310 durch ihren Rechenschreiber Meister Burkhardt von Fricke hergestellt". Seine Abschrift beruht auf der Luzerner Handschrift, welche er laut eines Briefes von 1569 an den Stadtschreiber Zacharias Blotz benützt hat. (Geschichtsfreund II, p. 157: „das österreichische Urbarbuch habe ich wieder empfangen", d. h. wohl zur wiederholten Benützung, nicht umgekehrt, dass es Tschudis Eigentum und Vorlage der Luzerner Handschrift gewesen wäre, da diese schon 1519 geschrieben ist).

A. Die vor der Pfeifferschen Ausgabe gedruckten Bruchstücke sind folgende:

1. Herrgott, Genealogia gentis Habsburgicæ 1737, II, p. 566 bis 580, edierte unter dem aus Tschudis Handschrift geschöpften Titel: „Dis sind die rechtunge, als Herzog Rudolf und Herzog Albrecht, Küng Rudolfs sune, die Grafen ze Habsburg sind, ze Baden, Habsburg und Lenzburg haben sollen, ufgerechnet anno domini 1299" die drei genannten Aemter (in unserer Ausgabe I, p. 116—130, 206—215 und 155—163) auf Grund einer damals im gemeineidgenössischen Archiv des unteren Schlosses Baden befindlichen Handschrift, d. h. des unter den Rödeln beschriebenen Pergamentheftes des Staatsarchivs Aargau, und notierte dazu die Varianten einer Handschrift des Tschudi-Archives in Greplang. Die zum Herzogstitel Albrechts und zu König Rudolf übel stimmende Jahrzahl 1299 dürfte eine unglückliche Vermutung Tschudis sein; aus dem Aarauer Rodel stammt sie nicht, steht aber in dem jetzt in der St. Galler Stiftsbibliothek befindlichen Tschudi-Codex.

2. Balthasar, Historische Merkwürdigkeiten des Kantons Luzern 1786 und 1787 edierte II. 70 und 111 und III. 44 und 127 den Titel der Luzerner Handschrift und 3 Stellen über Rothenburg, Sempach und Sursee.

3. Zay, Goldau und seine Gegend, 1807 p. 7—9 edierte die Stelle betreffend den Hof zu Art (I, p. 212 und 213) nach einem nicht näher bezeichneten „alten Manuskript", also aus einer sehr abgeleiteten Quelle, etwa Zurlaubens Abschrift.

4. Raiser, damals Kanzleidirektor in Eichstätt, gab 1817 das Amt Sickenthal in der Zeitschrift für Baiern II. 1, p. 362—366

(vgl. auch p. 266) nach der seit 1806 in seinem Besitz befindlichen Handschrift von 1511 heraus (in unserer Ausgabe I p. 108—116). Es bildet eine Beilage seiner Geschichte der Reichsabtei Elchingen, weil diese die ursprünglich ihr gehörigen Besitzungen im Siggenthal gegen näher gelegene mit dem unter habsburgischer Vogtei stehenden Kloster St. Blasien 1150 vertauschte; vgl. daselbst p. 261 und 263 und die Urkunde bei Gerbert Historia Silvae Nigrae III, p. 76, nr. 51; ein Vorgang, den Maag in seinen Noten I, p. 108 nicht erwähnt hat.

5. Stadlin, Topographie des Kantons Zug I, 4 p. 732—734, edierte 1824 das „Officium in Zug" (in unserer Ausgabe I, p. 149—154), aber, wie verschiedene Abweichungen zeigen, nicht nach dem im Stadtarchiv Zug befindlichen Originalrodel, sondern wohl nach der Abschrift Zurlaubens oder einer ähnlichen, da er dem Werke denselben Gesamttitel gibt, wie Hallers Bibliothek der Schweizergeschichte, II., p. 467, nr. 1897: „dies ist das Urbarbuch der Herzoge von Oesterreich, gestellt von König Albrechts seligen Sünen durch Meister Burckarten anno 1309".

6. Lassberg selbst edierte nach seiner „Reinschrift", aber, wie schon Pfeiffer p. 140 mit zahlreichen Berichtigungen bemerkt, ungenau, das Blatt 62, enthaltend das „Officium in Lags" im „Anzeiger für Kunde teutscher Vorzeit" 1837, p. 282 und 283 (in unserer Ausgabe I., p. 522—529.)

7. Aebi edierte unter dem Titel „Bruchstücke aus dem österreichischen Urbar" im Programm der aargauischen Kantonsschule 1840, p. 15—20, den Originalrodel des Staatsarchives Aargau, umfassend das Amt Baden und die Rechtungen zu Mellingen, Aarau und Brugg (I., p. 116—131 und 137—139). Diese auf Kopps Anregung (Lütolf p. 161) zurückgehende Edition ist mustergültig, insofern sie Originalrödel zu Grunde legt; Pfeiffer hat aber diese Wegleitung so wenig verstanden, dass er sich bemühte, diesen Abdruck des von ihm nicht direkt eingesehenen Aargauer Originalrodels durch Vergleichung mit der Raiserschen Handschrift und dem Abdruck Herrgotts zu verbessern, da er für diejenigen Teile, welche in der sogenannten Reinschrift fehlen, auch deren Ableitungen noch den Originalrödeln vorzog. Aebi sagt p. 14, er beabsichtige die „einzelnen Ur-Teile", womit er wohl die Original-

rödel meint, zu sammeln und das ganze Urbar herauszugeben und sei bereits im Besitz nicht unbeträchtlicher Stücke; er wurde wohl durch Pfeiffers Unternehmung davon abgebracht.

8. J. Grimm hat schon 1840 im I. Bande seiner Weistümer p. 813—814 das Officium in Lags „aus einem Urbar von 1303" abgedruckt, ohne nähere Angabe der handschriftlichen Quelle und mit flüchtiger Andeutung, dass dasselbe Stück schon drei Jahre früher von Lassberg ediert worden sei. Diese Oberflächlichkeit der Quellenangaben und die willkürliche Auswahl einzelner Stücke dieses Werkes, das am besten gar nicht oder dann vollständig in die betreffenden Abteilungen der Weistümer aufzunehmen war, wiederholt sich im IV. Band, der erst 1863 herauskam, mit willkürlicher Aufnahme von Stellen über einige elsässische Dinghöfe, Hirsingen, Tattenriet, Ruelisheim, Regisheim, Biederten (Weistümer IV. p. 14, 26, 108, 130, 257) nach „einem Rotel in Pergament von 1303 des Archives der Präfektur des Oberrheines", ohne eine Ahnung, dass dieser ganze Rodel schon 1858 von Trouillat ediert worden war; selbst die Zugehörigkeit zum habsburgischen Urbar und die Uebereinstimmung mit der ihm sonst wohlbekannten Edition Pfeiffers scheint Grimm erst bei der letzten dieser Stellen bemerkt zu haben, wo er zum Citat „Rotel von 1303" hinzufügt: „aus anderer Quelle mit geringen Abweichungen im habsburgischen Urbarbuche von Pfeiffer".

9. Schneller edierte 1844 im Geschichtsfreund I. p. 307—311 einen damals in seiner Privatsammlung, jetzt im Stadtarchiv Luzern befindlichen Originalrodel von 1281 über die verpfändeten Güter des Amtes Zug (bei Pfeiffer p. 342—344 nach Schneller, in unserer Ausgabe II. p. 116—121).

10. Chorherr Stocker edierte 1848 im Geschichtsfreund V. p. 3—21 einen habsburg-österreichischen Pfandrodel von 1281—1300 über Aargauer und Schwarzwald-Aemter nach einer aus der Mitte des XV. Jahrhunderts stammenden Abschrift im Familienarchiv von Mülinen in Bern. (In unserer Ausgabe II p. 96—135).

11. Friedrich Bell, Luzerner Archivar, edierte 1849 im Geschichtsfreund VI. p. 29—58 die Aemter resp. Rechnungen Meienberg, Zug, Ursern, Gersau, Einsideln, Sursee, Sempach, Willisau, Casteln, Wolhusen, Rotenburg, Habsburg, Luzern, Richensee und

Münster (in unserer Ausgabe I. 144—146, 149—154, 177—189, 191—233, 282—287), nach der Luzerner Handschrift von 1519 und mit den Bemerkungen „ein Teil des verstümmelten Originals" liege bei Lassberg, eine Abschrift von 1511 bei Raiser und „es wäre zu wünschen, dass das Urbar einmal vollständig mit den noch vorhandenen Urschriften zusammengehalten veröffentlicht würde"; ein auffallender Wunsch ein Jahr vor Erscheinen der Pfeifferschen Ausgabe, an der schon seit sechs Jahren mit Kopps und des Staatsarchivars Krütli Hülfe gearbeitet wurde!

12. Wegelin gab 1850 in seinen Regesten von Pfäfers p. 34 nr. 224 nicht sowohl einen Abdruck als einen Extrakt der Urbarstelle betreffend den Hof Quarten (in unserer Ausgabe I. p. 518 und 521), was nur wegen der ungeheuerlichen Datierung 1359 (!) bemerkenswert ist. „Das Regest beruht auf einer neuern Abschrift des Urbars im St. Gallischen Stiftsarchiv Bd. Nr. 151".

Damit sind die vor der Pfeifferschen erschienen Editionen, soviel mir bekannt ist, vollständig aufgezählt; sie enthalten zusammengenommen nur einen sehr kleinen Teil des Einkünfteurbars, nicht nur weil jede dieser Editionen nur ein kleines Bruchstück umfasst, sondern auch weil verschiedene derselben nur wieder die gleichen Stücke enthalten, wie z. B. Herrgott mit Aebi, Bell mit Balthasar und Stadlin sich teilweise deckt, ebenso Grimm mit Lassberg.

B. Nach Erscheinen der Pfeifferschen Ausgabe edierte Bruchstücke.

Von den nach Erscheinen der Pfeifferschen Ausgabe 1850 edierten Bruchstücken verdienen diejenigen, welche nur Nachdrucke der Pfeifferschen Edition sind, keine ausdrückliche Erwähnung, wie z. B. Mohr Codex dipl. von Graubünden 1852—54 II. p. 179 die Grafschaft Lags, Blumer Urkundensammlung zur Geschichte des Kantons Glarus 1865 I. p. 118—127 das Amt Glarus, das Fürstenbergische Urkundenbuch 1885 V. 315—317 einige Stellen aus den schwäbischen Aemtern mit der Datierung 1313 abdruckte; Oechsli, Anfänge der schweiz. Eidgenossenschaft 1891, Regesten p. 146 die Stellen über das Gebiet der IV Waldstätte. Wohl aber verdienen alle diejenigen späteren Editionen Erwähnung, welche entweder neue, bei Pfeiffer nicht enthaltene Stücke betreffen oder in seiner Ausgabe enthaltene Stücke nach besseren Vorlagen, namentlich Originalrödeln geben.

Kopp, der die Mängel und Unvollständigkeit der Pfeifferschen Ausgabe am besten kannte, begann gleich 1851 mit Edition eines Zuger Original-Pfandrodels von 1293 aus dem Zürcher Staatsarchiv im Archiv für K. Ö. G. Q. I. p. 145 (in unserer Ausg. II. 193—194). Sodann edierte Kopp 1856 im II. Band seiner Geschichtsblätter, p. 146—175 einen Teil des Registers der Verpfändungsurkunden von zirka 1380 (in unserer Ausgabe II. p. 593—675) nach der (Original-?) Papierhandschrift im Staatsarchiv Luzern; in den Beilagen dazu p. 197 nochmals das Zürcher Rödelchen, das er schon im Archiv für Österr. Gesch.-Quellen 1851 ediert hatte, sodann p. 198—199 ein neues Zürcher Rödelchen betreffend Pfandschaften der Herzogin Agnes im Aargau von zirka 1290 (in unserer Ausgabe II. p. 182—186), endlich p. 199—205 einzelne Bruchstücke aus dem im Archiv Innsbruck befindlichen Lehenbuch von 1361, dessen von Kopp verlangte vollständige Veröffentlichung erst unsere Ausgabe II. p. 408—592 liefert. Kopps einleitende Ausführungen „Zur Verwaltung der Herrschaft Oesterreich in den obern Landen" p. 136—146 geben bei aller Anerkennung der Arbeit Pfeiffers doch bedeutende Winke betreffend ihre Unvollständigkeit, indem sie nachweisen, dass zur Urbararbeit im weiteren Sinne auch das Pfandregister und das Lehenbuch gehörten.

Trouillat lieferte 1858 in seinen Monuments de l'histoire de l'ancien évêché de Bâle III. p. 43—73 die umfangreichste Edition von zusammenhängenden Originalrödeln und zwar der durch Erwähnung des Verfassers und Abfassungsjahres besonders interessanten elsässischen Rödel aus dem Archiv des damaligen Departements du Haut-Rhin in Colmar (in unserer Ausgabe I. p. 1—55).

G. v. Wyss edierte 1858 im Archiv f. Schweizergeschichte XII p. 145—174 das Urbarbuch der Grafen von Kiburg nach einer Copie, welche die auch das Habsburger Urbar umfassende Handschrift der Stadtbibliothek Bern enthält (in unserer Ausgabe II. p. 1—36 zum Teil nach einem Original-Rodel des Staatsarchivs Zürich).

Der Geschichtsfreund von 1875 XXX. p. 297 edierte die schon von Pfeiffer nach Kopps Abschrift p. 317—323 abgedruckten

Pergamentrödel des Stadtarchives Luzern nochmals, doch wohl
direkt nach den Originalen, welche hier als „Konzepte oder erste
Entwürfe" bezeichnet werden (in unserer Ausgabe II. p. 336—343
und 272—281; doch sind hier die Seitenzahlen zu korrigieren:
p. 336 soll es in Note a heissen Geschichtsfreund XXX. „299" ff.
statt „266", und auf p. 272 Note a: Pfeiffer S. „317" ff. statt „311").

Flückiger, Professor in Strassburg, geborner Berner, gab 1881
in der schweizer. Wochenschrift für Pharmacie, XIX. Jahrgang
nr. 11 p. 107—112 das Glait zu Aarau, auf Grund einer von Prof.
Hidber abgeschriebenen Stelle aus der Papier-Handschrift des
Wiener Staatsarchives nr. 496, welche die Jahrzahl „1394" trägt
(in unserer Ausgabe II. 745 und 746 nach derselben Handschrift
mit Varianten des Aarauer Ratsmanuals. Dieselbe Stelle hat
Bäbler 1884 in der Oberrheinischen Zeitschrift 37. p. 118 abgedruckt nach dem Aarauer Ratsmanual).

Schweizer gab 1883 im Jahrbuch für Schweiz. Geschichte
VIII. p. 29—31 Varianten des Berner Reinschriftfragmentes gegenüber der hier auf der Kaiserschen Handschrift beruhenden Ausgabe Pfeiffers (nicht berücksichtigt in unserer auf Rödeln beruhenden Ausgabe I. p. 155—176).

Pater Ringholz teilte 1888 im Geschichtsfreund 43 p. 326
die Einsideln betreffenden Stellen aus den von mir entdeckten und
1885 in „Freiheit der Schwyzer" (Jahrbuch X. 22) zuerst benützten
Zürcher Revokationsrödeln mit, welche 1891 auch Oechsli Regesten
p. 160 notierte (in unserer Ausgabe II. p. 364).

Die Fontes rerum Bernensium edierten 1889 IV. p. 384—387
den im Staatsarchiv Bern liegenden, bisher, wie es scheint, unbekannten Originalrodel über das Amt Interlaken, aber natürlich
ohne das auf demselben Rodel enthaltene Amt Freiburg (in unserer Ausgabe I. p. 472—483); sodann IV. p. 387—388 das Amt
Spitzenberg aus der Berner Handschrift des XV. Jahrhunderts (in
unserer Ausgabe I. p. 189—191).

Merz edierte 1894 in der Argovia XXV. p. 10 und 1898 in
den Rechtsquellen des Kantons Aargau I. 1. p. 13—14 die Rechtung zu Aarau nach dem Originalrodel des Staatsarchives Aargau
(in unserer Ausgabe I. p. 137), daselbst p. 49 das Glait zu Aarau
(in unserer Ausgabe II. p. 745 und 746) und 1899 in Rechtsquellen

II. p. 14 die Rechtsame zu Brugg und eine andere Brugg betreffende Stelle aus dem Amt Elfingen und Rein (in unserer Ausgabe I. 138 und p. 100).

Welti edierte 1898 in den Rechtsquellen des Kantons Aargau II. 1. p. 1 die Rechtung zu Baden nach dem Aarauer Originalrodel (in unserer Ausgabe I. p. 128 und 129). Uebrigens sind diese Aargauer Rechtsquellen erst nach der 1894 datierenden Ausgabe unseres hier in Betracht kommenden I. Bandes erschienen.

IV. Verzeichnis und äussere Beschreibung des Materials zum I. Band.

A. Die Rödel.

1. Pergament-Rodel im oberelsässischen Bezirksarchiv zu Colmar C. 45, über die elsässischen Aemter mit Ausnahme der zwei letzten Absätze der Burglehen; Pfeiffer unbekannt, 1858 von Trouillat III. 43—73 nr. 32 ediert, aber ungenau (vgl. auch Schulte Habsburger S. 27 Note 1), unserer Ausgabe ohne Angabe der Quelle zu Grunde gelegt I. S. 1—55 Zeile 3 und II. S. 266—269.

Der Rodel hat eine Gesamtlänge von 558 cm. und eine Breite von 15—17 cm. und besteht aus 13 resp. 15 Stücken ungleichen und mehrfach durchlöcherten und geflickten Pergaments, welche nicht mit Pergamentstreifen zusammengeflochten, sondern nur mit Bindfaden zusammengenäht sind. Die sonst bei solchen Rödeln gebräuchliche erstere Art der Verbindung hat in diesem Rodel auch früher nie bestanden, da keine Einschnitte zum Durchziehen der Streifen vorhanden sind. Doch ist die gegenwärtige Verbindung der folgenden Stücke ursprünglich beabsichtigt und durch einander entsprechende Zeichen am Fusse des einen und am Kopfe des andern Stückes von der Texthand selbst angegeben; beim 1. und 2. Stück mit a und b, beim 2. und 3. mit ⁚⁚, beim 3. und 5. mit einem durch die zwei Stücke geteilten Winkelzeichen, sodass sich schon daraus ergibt, dass das 4. Stück nachträglich hier eingeschoben ist; dies geschah vielleicht, wenn auch wohl früher und vom ursprünglichen Schreiber selbst, auch mit dem 5. Stück, da unter dem ⁚⁚ des 3. ein „c" steht, zu welchem erst auf dem 6. Stück das „d" folgt. Am Fuss des 6. steht „e", am Kopf des 7. „f", beim 7. und 8. „g" und „h", beim 8. und 9. „i" und „k", beim 10. und 11. das Zeichen ╫, beim 11. und 12. Φ.

Leider finden sich in Dr. Maags Anmerkungen sonderbare Irrtümer betreffend den Umfang der Stücke dieses Rodels, wie ich mich an Hand des neuerdings erbetenen Originals überzeuge: S. 23 Note d steht zum 2. Mal, wie schon S. 15 Note m: „Ende des 5. Rodelstückes" anstatt des „6."; S. 27 Note i vollends falsch: „Ende des 6. Rodelstückes" zu einer Stelle, welche in der Mitte des Textes des 7. Stückes steht; dieses 7. Stück schliesst so, wie dann S. 30 Note k wieder richtig angegeben ist. Dagegen steht S. 52 Note f wieder falsch: „Ende des 12. Rodelstückes" statt „des 11." Dafür ist die Angabe des wirklichen Endes dieses 12. Rodelstückes ganz vergessen, es fällt mit S. 54 Zeile 15 zusammen, und durch dieses Versehen ist leider auch versäumt worden, die interessante Tatsache zu konstatieren, dass die wichtige Stelle, wo Burkhard von Frick sich nennt, nur auf dem ganz kleinen 13. Stück steht, welches 13 cm. lang, 17 cm. breit ist und ursprünglich den Schluss des Rodels bildete.

Nicht am Fuss dieses 13. Stückes, sondern am Kopf angenäht, also auf dem 13. Stück liegend, findet sich ein ganz schmaler Pergamentstreifen von 20 cm. Länge und 7—8½ cm. unregelmässiger Breite, zwar von derselben Hand geschrieben wie der eigentliche Rodel, aber kaum dazu gehörig, da er „bona revocanda" enthält, für welche wohl ein besonderer Rodel existierte, wie bei den schweizerischen Aemtern. Dieses Stück ist daher mit den übrigen Revokationsrödeln im II. Band 266—269 abgedruckt worden. Ein Teil des Textes dieses 14. Stückes ist auf der Rückseite des 13. wiederholt von derselben Hand, so dass man vermuten könnte, auch das 13. Stück habe eigentlich zu einem Revokationsrodel gehört, zumal da es gar nicht vollständig ist und das angekündigte Steuernverzeichnis gar nicht mitteilt. Es ist wohl nur ein misslungener Anfang zu diesem Verzeichnis, dessen Rückseite dann zu einem ähnlichen Versuch für den Revokationsrodel benützt wurde. Nachdem aber dieser in Trümmer gegangen und das vollständige 13. Stück des Einkünfterodels verloren gegangen war, hat man jenen Ueberrest des Elsässer Revokationsrodels zum Ersatz an den Einkünfterodel genäht. Dies kann erst nach Herstellung der Reinschrift geschehen sein, da diese den Schluss der Elsässer Burglehen vollständig bringt, während schon die zwei Stuttgarter Handschriften einige Zeilen am Schluss weglassen.

Das in der ursprünglichen Nummerierung der Rodelstücke übergangene 4. Stück ist von anderer Hand und gehört auch inhaltlich gar nicht ins Habsburgische Urbar, obwohl die Reinschrift diese Stellen ebenfalls aufgenommen hat (auch Pfeiffer p. 10 letzte Zeile — p. 11 Z. 20). Dieses 4. Stück zeichnet sich auch durch ganz anderes, schlechtes und durchlöchertes Pergament aus. (Vgl. I. S. 14 Note n; der dort versprochene Exkurs 1 wird hiemit erledigt, da in diesem Schlussband Exkurse nicht am Platze sind.) Die hier genannten Orte Isenheim, Oberhergheim, Merxheim und Rädersheim wurden nämlich 1291 von Habsburg an das Kloster Murbach abgetreten im Austausch gegen Luzern (vgl. I. S. 215 Note 2) und keineswegs, wie Schulte Habsb. Studien p. 91 vermutet, bald nachher wieder zurückgegeben; Isenheim erscheint noch 1313 im Besitz Murbachs (Schöpflin Alsatia dipl. II. 104 und Trouillat III. 181); das Burglehen zu Oberhergheim, welches Herzog Rudolf 1289 verlieh (Alsatia II. 42), fehlt im Burglehenverzeichnis des habsburgischen Urbars (I. S. 40). Der Originalrodel rechnet in seiner Summierung I. S. 15 die 71 ₰ und 100 quartalia silig. nicht mit, und erhält daher eine Summe, welche genau um soviel niedriger ist, als die der Reinschrift: 448 statt 519 ₰ und 1555 statt 1655 quart. silig. Die Stelle dürfte aber doch von einem habsburger Beamten vor 1291 aufgenommen sein.

Auf dem 8. Stück ist ein Pergamentstück von 11 cm. Länge und 17 cm. Breite mit einer Stecknadel angeheftet; trotz dieser modernen Befestigungsart und obschon es von der ursprünglichen Stücknummerierung ausgeschlossen ist, gehört es inhaltlich zu diesem Rodel; es ist von der gleichen Hand geschrieben und enthält den Schluss des Amtes Landser, der auf dem 7. Stück noch fehlt (I. S. 31 Z. 1—10). In ähnlicher Weise fehlen dem Rodel 6 Absätze aus der Mitte des Amtes Ensisheim, welche zwischen das 3. und 5. Rodelstück hineingehören, da wo als falscher Ersatz das gar nicht zum Rodel gehörige 4. Stück eingeschoben ist

(l. S. 14 Z. 12—15 Z. 4). Auf dem 6. Stück fehlt ein Satz (S. 19 Note a). Inmitten des 12. Stückes fehlt ebenfalls ein Satz, den die Reinschrift enthält (S. 52 Z. 25 und 26). Da anderseits der Rodel auch eine Anzahl Sätze und Worte enthält, welche in der Reinschrift fehlen (S. 3 Note e; 46 Note f; 48 Note f; 53 Note e), manche Sätze umgestellt sind, auch Orthographie und Ausdrucksweise der Reinschrift vielfach verschieden ist vom Rodel (z. B. hat der Rodel immer „quartalia", „libras", die Reinschrift „vierteil", „pfunt"), so kann bei all diesen Verschiedenheiten die Reinschrift unmöglich direkt von diesem Rodel abgeschrieben sein; es muss ein Mittelglied dazwischen liegen, und als solches ergibt sich sehr einfach die verlorene Originalausfertigung in Rodelform, wenn man den vorhandenen Rodel als Konzept betrachtet. Dass er bloss Konzeptcharakter hat, und dass Originalausfertigungen in Rodelform existierten, ergibt sich aus der weiteren Betrachtung dieses Rodels und aus den unten zu konstatierenden Originalrödeln über andere Gegenden.

Als Konzept charakterisiert den Rodel schon der über den Beginn des Textes von der gleichen Hand gesetzte Vers:

„Huius districtus cape res per carminis ictus
De Vrik Burcardus me dat non carmine tardus".

Trouillat las „disticus" = distichon, mit unrichtiger Auflösung des übergesetzten Abkürzungszeichens, welches nicht bloss für i, sondern für ri steht. Districtus (sonst = twing) hat dann die allerdings ungewöhnlich umfassende Bedeutung des ganzen Herrschaftsgebietes im Elsass und carminis ictus bezieht sich wohl auf die Namen der elsässischen Aemter, welche als Hexameter (nicht Distichon) und Versus memorialis gelesen werden können:

„Ensisheim, Landsburg, Albrechtsthal, Lindser, Datténriol".

Der Vers ist von grösster Bedeutung, da er nur von Burkhard selbst herrühren kann, von den folgenden Copisten, wie dem der Reinschrift, weggelassen wurde, somit wenigstens mit grösster Wahrscheinlichkeit dafür spricht, dass die für den Vers wie fast den ganzen Text des Rodels übereinstimmende Handschrift diejenige Burkhards ist. Solche Memorierverse kommen in den Originalausfertigungen nirgends vor. Die Hand des Verses und des Textes ist daher mit B zu bezeichnen, da sie diejenige

Burkhards von Frick ist. Dies wird noch dadurch bestätigt, dass am Schluss dieses Rodels und von derselben Hand die einzige Stelle des Urbars steht, wo Burkhard sich selbst und zwar in erster Person nennt, in jener vielbesprochenen Stelle (S. 55 Z. 1): „als mir meister Burch. von Vrike, des Römeschen küniges schriber, wol kunt ist", aus welcher so viele unberechtigte und übertriebene Schlüsse gezogen worden sind, bald dass Burkhard die Reinschrift, bald dass er sämtliche Rödel geschrieben habe. Allein diese Hand B begegnet sonst nirgends; sie weicht sehr entschieden von den sämtlichen Händen aller übrigen Rödel ab. Diese Schrift ist noch entschiedener kursiv als diejenigen der übrigen Rödel. Die Schleifen der nach oben verlängerten Buchstaben b d l h sind rund, nicht wie bei Hand A dreieckig, und vollständig geschlossen; die Verlängerungen nach unten bei g, h und z sind ganz horizontal nach links rückwärts gezogen, nicht einfach abwärts. Das a erscheint bald einfach einstöckig, oben zugespitzt, wie sonst in keinem anderen Rodel, bald entschieden zweistöckig, aber so dass, wie in keinem andern Rodel, der obere Stock die unverlängerten Buchstaben stark überragt. Am auffallendsten ist die eigentümliche Form des r, dessen Schlussbogen ganz ungewöhnlich lang und dick gezogen ist, während er in allen übrigen Rödeln sehr dünn und kurz, oft kaum sichtbar ist. Diese eigentümliche r-Form ist als eine persönliche Eigentümlichkeit zu betrachten und vielleicht dadurch veranlasst, dass das r in Burkhart von Fricks Namen zweimal vorkommt und der lange Zug den kurzen Namen etwas verlängern und deutlicher machen soll. Als Angehöriger der königlichen Kanzlei hat sich Burkhard eine charakteristische Unterschrift gebildet. Die Schrift enthält auch im Unterschied von den meisten übrigen Rödeln, gerade den Konzeptrödeln der Hand C, gar keine verzierten Initialen, nur einfache Majuskeln, unter welchen einige erheblich von den prononciert gothischen Majuskeln anderer Rödel abweichen und einfachere, der Capitale entsprechende Formen zeigen, wie namentlich das wieder in Burkhards Namen vorkommende B, aber auch L, M, R und S. (Vgl. die Facsimiletafel.)

Wie durch diese Einfachheit der Schrift stellt sich der Rodel auch durch Verwendung schmaler und ursprünglich schon beschädigter, ungleichmässiger Pergamentstücke als Konzept dar, ebenso durch Streichungen, Korrekturen und Rasuren, wie sie gleich auf dem 1., aber auch auf dem 12. Stück vorkommen. Zwar hat dieser Rodel nicht so grosse leere Stellen wie die übrigen Konzeptrödel, aber Lücken von 4 oder 5 Zeilen kommen mehrfach vor. Diesen Lücken entsprechen meistens inhaltliche Dorsualnotizen von der gleichen Hand B, welche weiteren Nachforschungen und Ergänzungen rufen, die dann in der Reinschrift teils eingesetzt, teils nicht berücksichtigt sind.

Auf dem 1. Stück steht in verkehrter Richtung: „Investigandi sunt redditus ville Bilolzhein". Es ist nicht ganz klar, ob dieses mit dem Eintrag über die Steuer „darkommener" Leute auf der Vorderseite (S. 3 Z. 6) erledigt ist; die Reinschrift hat hier noch den Zusatz „und von jedem hus ein vasnachthûn", was wohl ein Resultat der Nachforschung bildet; dagegen hat sie den unmittelbar folgenden Satz betreffend Holtzwilr und Rietwilr weggelassen. (S. 3 Note e).

Auf dem 2. Stücke steht die S. 7 Note b abgedruckte Dorsualnotiz, wo aber statt „Rûdhart" zu lesen ist „Burchart", was vielleicht auf Durkhart von Frick selbst geht. Unten auf diesem 2. Stücke steht „Summa in Ensichsheim", was hier nicht am Platze ist, da diese Summe erst am Schluss des 6. Stückes folgt. Auf dem 6. und 7. Stücke stehen als Dorsualnotizen zwei zum Text gehörige und dorthin verwiesene Stücke (S. 19 Note b und 23 Note i), welche die Reinschrift wohl nach Vorgang der Originalausfertigung ohne weiteres in den Text gesetzt hat. Auf dem 7. Stück steht auch die S. 27 Note 1 edierte Dorsualnotiz, welche eine Untersuchung der Ansprüche des Herrn von Bergheim auf Ranzwiler verlangt. Wenn nachher auf dem 11. Stück diese Herbergsteuer von Runzwiler als Burglehen des von Bergheim erscheint (S. 49), das auf 30 Jahre vorpfändet gewesen sei, so ist sehr fraglich, ob dies mit Maag als Anerkennung der Ansprüche Bergheims betrachtet werden darf; denn es scheint hier nur von einer vergangenen Verpfändung die Rede zu sein: „ist wol uf 30 jar gestanden ze pfunde", das letztere Wort setzt allerdings erst die Reinschrift hinzu. Jedenfalls ist aber an der ersten jener Dorsualnotiz entsprechenden Stelle (S. 27) keine Aenderung und

Streichung der habsburgischen Einkünfte erfolgt. Vermutlich ist die Vorpfändung inzwischen konstatiert, auf der Originalausfertigung des Rodels bemerkt, dann aber abgelöst und in ein Burglehen verwandelt worden.

Die übrigen Stücke tragen keine Dorsualnotizen, abgesehen davon, dass das 13. auch auf der Rückseite überschrieben ist.

Dagegen stehen auf der Rückseite des 1. Stückes in verkehrter Richtung noch einige Titelaufschriften von andern Händen: Oben von einer Hand des 16. Jahrhunderts, die sich fast auf allen nichtschweizerischen Rödeln für derartige Aufschriften findet und dem Innsbrucker Schatzarchiv angehören muss, daher als Hand J zu bezeichnen ist: „Ensheim, Albrechtstal, Scherweiler, Lannser etc. 1303. Urbar vorder Landen und Gränzen Ober-Elsass". Von einer Hand von Anfang des 14. Jahrhunderts: „Daz ampt ze Ensisheim". Von einer Hand des 18. Jahrhunderts, welche beweist, dass der Rodel damals schon im Elsass lag: „Etat général des revenues de la maison d'Autriche" und von einer Hand des 19. Jahrhunderts: „5 m. de long, 16 cm. de large, 14 pièces C. 45".

2. Pergament-Rodel im bad. General-Landes-Archiv zu Karlsruhe über die Aemter (resp. Rechtungen) Seckingen, Wehr, Waldshut, St. Blasien, Krenkingen und Anfang von Elfingen; Pfeiffer nicht bekannt, erst während der Bearbeitung unserer Ausgabe entdeckt und darin zu Grunde gelegt I. S. 56 Zeile 21 bis Seite 95 Z. 20. Dieser Rodel hat eine Gesamtlänge von 577½ cm. und eine Breite von 19—20 cm.; er besteht aus 13 Pergamentstücken von ungleicher Länge 31—55 cm., welche alle durch Pergamentstreifen mit einander verflochten sind, ausgenommen das nur mit Faden angenähte letzte. Das erste Stück ist oben, das letzte unten ohne Einschnitte, so dass also in dieser ursprünglichen Weise nichts weiter zu dem Rodel gehört hätte. Hingegen zeigt der untere Rand des letzten Stückes Nadellöcher, welche beweisen, dass wohl später noch ein weiteres Stück angenäht wurde, welches dann wieder verloren gegangen ist.

Die Stücke sind von der Texthand selbst je unten, nur die zwei letzten oben, auf dem durch die Flechtung nach rückwärts gelegten Falz mit A—N fortlaufend nummeriort; unten auf dem letzten Stück steht noch ein wohl auf das folgende, nicht mehr

vorhandene Stück bezügliches „O". Eine ähnliche Nummerierung
der Stücke zeigt sonst nur noch der Zürcher Rodel Nr. 6, der
von einer andern Hand geschrieben scheint.

Oben am rechten Rand des 1. Stückes ist ganz wie am Aarauer
Rodel und am Zürcher Rodel nr. 6 ein Pergamentstreifen von
5 cm. Höhe, 17 cm. Breite als Titel (index σίλλυβος, vgl. Wattenbach Schriftwesen p. 162) angenäht, worauf von der Hand der Reinschrift (Rs) steht: „An disem Rodel sint verschriben dü Empter,
so hie nach vo(r)schriben stant: des ersten das Ampte ze Sockingen,
der Walt und Waltzhût, das tal ze Worre, über das Gotzhus ze
Sant Blesin, dü Rehtung ze Ervingen (sic) und ze Roin, der Botzberg aller, dü nüwo Chronckingen und dü Rehtung im Sickental".

Der Rodel hat also von jeher oder zum mindesten seit Anfertigung der Reinschrift, zirka 1330, noch mehr Stücke enthalten,
nämlich nicht nur, was aus dem Beginn des Amtes Elfingen und
Rein selbstverständlich ist, noch den Hof Rein, sondern auch die
Aemter Bözberg und Siggenthal, für welche weder Rödel noch der
Reinschrifttext mehr vorliegen, welche aber in der Berner Handschrift (Hs. 1) und andern Abschriften der Reinschrift wirklich
an dieser Stelle folgen.

Die Dorsualnotizen des Rodels gewähren wichtige Aufschlüsse über seinen ursprünglichen Umfang und Charakter. Auf
dem ersten Stück steht von einer Hand des 14. Jahrhunderts,
welche auch die Ueberschriften auf dem Aarauer-, Zuger- und
Stuttgarter-Rodel schrieb und überall als Hand H bezeichnet wird:
„Officium advocati de Baden preter Brulingen, Tilindorf, Bondorf,
theloneum in Wallzhût et preter Bremgarten et omnes valles".
Die Orte: Bräunlingen, Dillendorf und Bonndorf, alle drei süd-
westlich von Donaueschingen gelegen, die althabsburgische Stadt
Bremgarten im Aargau und die mit omnes valles doch wohl ge-
meinten Waldstätte kommen im Urbar wirklich nicht vor; nur
die Ausnahme des Zolles in Waldshut bleibt rätselhaft, da er im
Urbar und auch in diesem Rodel enthalten ist. Merkwürdig ist
auch, dass der ganze Schwarzwald zum Amt des Vogtes in Baden
gerechnet wird.

Unter diese Notiz hat eine wohl dem Innsbrucker Archiv angehörige, daher mit J bezeichnete Hand des 16. Jahrhunderts,

welche in ähnlicher Weise auf den Stuttgarter Rödeln vorkommt, in grossen dicken Zügen die kaum zutreffende Jahrzahl „1301" und darunter in kleinen feinen Zügen das Wort „Urbar Swaben" geschrieben; weiter unten steht von einer Hand des 14. Jahrhunderts „Ernestus" und noch tiefer in umgekehrter Richtung von einer Hand des 14. oder 15. Jahrhunderts die Worte „Die ist geschriben"; die beiden letztern Notizen wohl auf eine Abschrift bezüglich. Dazwischen steht von neuerer Hand des 18. Jahrhunderts: „1301 Nr. 24".

Das 2., 3. und 6. Stück sind im untern Teil der Vorderseite leer und zwar das 2. zu etwa ⅔, als ob man noch erhebliche Nachträge erwartet hätte; doch fehlen gerade diesem Rodel die auf andern vielfach vorkommenden auf Ergänzungen hinweisenden Dorsualnotizen. Das 7. Stück ist in seiner oberen Hälfte leer, auf dem letzten 13. Stück stehen nur zwei Zeilen als Schluss zu dem im 12. Stück verzeichneten Hof Elfingen. Die übrigen Stücke sind ziemlich vollgeschrieben. Der letzte Drittel des 1. Stückes, ein Absatz des 5. und einer des 8. Stückes sind erst nachträglich von derselben Hand, aber mit hellerer Tinte und kleinerer Schrift geschrieben. Diese grossen Lücken und häufigen Nachträge machen den Eindruck, dass dieser Rodel nur ein Konzept darstellt, nicht eine Reinschrift oder Originalausfertigung.

Die Hand des Textes ist in allen Stücken dieses Rodels die gleiche, stimmt aber weder mit derjenigen des Colmarer Rodels (B) noch mit denjenigen der meisten Zürcher und Stuttgarter Rödel überein (Hand A), eher mit dem Aarauer Rodel und dem 2. Stück des Berner Rodels (vgl. die Facsimilie-Tafel).

Diese Hand, die hier als C bezeichnet wird, ist schöner und dicker als die des Colmarer Rodels B. Sie ist zwar auch, wie fast alle diese Rodelschriften eine entschieden kursive Gothik, aber die Schleifen der nach oben verlängerten Buchstaben haben nach Art der französischen und englischen Kursive, die übrigens auch in habsburgischen Urkunden vielfach vorkommt (vgl. die für diese Zeit sehr dürftigen Kaiserurkunden in Abbildungen VIII. 16[d] und meine zahlreichen Photographien und Facsimiles von Urkunden Albrechts), eine dreieckige Form und sind nicht ganz geschlossen, während sie bei B abgerundet und geschlossen sind. Die a sind meist auch im obern Teil ganz geschlossen und zweistöckig, bei B meist einstöckig oder im oberen Stock offen und überhöht. Die Majuskeln sind stärker gothisch entwickelt und mit saitenartigen Parallelstrichen überspannt; eigentümlich ist L mit einer dreieckigen Verlängerung nach unten, G mit einer gleichen nach oben. Die bei Hand B ganz fehlenden verzierten Initialen sind hier besonders kunstvoll oder wenigstens gross und umständlich gezeichnet und weichen dadurch auch von den einfacheren, aber einheitlicheren der Hand A entschieden ab. Während diese die am Anfang jedes Absatzes meist „D" lautende Initiale so bildet, dass der innere Raum des D schwarz ausgefüllt, aber innerhalb dieser Füllung wieder ein weisser Raum in Form einer vierblättrigen Blume ausgespart wird, zeigen die grösser gehaltenen Initialen (D und S) der Hand C im Karlsruher und Aarauer Rodel keine schwarze Füllung, sondern ein System feiner Parallellinien, welche mit Punkten ausgefüllt, mit kurzen, haarähnlichen Saitenstrichen besetzt und aussen und innen mit blattartigen Ornamenten verziert sind. Initialen dieser Art finden sich auch in Königsurkunden Albrechts, z. B. in denjenigen für Weissenau und Weingarten von 1299 in Stuttgart (Böhmer nr. 149 und 153), sowie in der des Stadtarchives Sursee von 1299 (nr. 163); aber ebenso auch Initialen, welche denjenigen der Hand A entsprechen in Albrechts Urkunden von 1300, 1301 und 1304 (Böhmer nr. 300, 333, 469 und 487 alles nach meinen Originalphotographien und Facsimilia; in den Kaiserurkunden und Abbildungen zeigt höchstens VIII Tafel 15 Initialen, welche der Hand C einigermassen entsprechen). Die Hand C hat auch einige orthographische Eigentümlichkeiten, namentlich häufig th, bei thwing, thub, etheswenne, theile; media statt tenuis: „dal, duferne", komplizierten Vokalismus in „hûeinr" und „vastimûeitzes"; sodann „nikt" statt nicht, häufig „fsmachthûn" statt mit v, und einige eigentümliche Wendungen „hat ze richtenne" statt wie A „rihtet" oder B „hat zo richtende".

3. Pergamentheft im Staatsarchiv Aargau über die Aemter Baden, das Eigen, Aarau, Brugg, Lenzburg, Vilmergen; zum ersten Mal ediert von Herrgott, dann von Aebi im Programm der Aarauer Kantonsschule 1840, aber nur die fünf ersten Blätter und das kleine, jetzt zwischen dem sechsten und achten Blatt ein-

genähte siebente Blättchen betreffend Aarau. Pfeiffer benützte
S. 143—157, Z. 10 nur Aebis Druck und liess den Rodel mit
Brugg aufhören, obschon er während der Drucklegung erfuhr, dass
der Rodel noch mehr Blätter enthalte und „sich wahrscheinlich auch
über die Aemter im Eigen, Lenzburg und Vilmeringen erstrecke"
(Vorwort XV und S. 143 Note). In unserer Ausgabe ist I, S. 116,
Z. 6—139, Z. 4 und S. 155—176, Z. 16 das ganze Heft zum ersten
Mal ediert und zu Grunde gelegt, allerdings unterbrochen durch
einige nicht in diesem Rodel enthaltene Aemter, wie auch die Abschriften der hier fehlenden Reinschrift noch mehr Aemter hier
einschieben und das Aarauer Heft aus zwei Hälften besteht, deren
jede einen besondern Rodel gebildet zu haben scheint.

Das Heft besteht aus 14 Pergamentstücken von ungleicher
Länge, 16—45 cm, und einer Breite von 21—23 cm. Die Stücke
sind jetzt, und zwar wie Hr. Staatsarchivar Dr. Herzog vermutet,
seit 1830 durch seinen Vorgänger Bronner, mit weissem Faden an
ihrem linken Rand zu einer Art von Heft zusammengenäht, welches
freilich nicht aus in einander gelegten Doppelblättern, sondern nur
aus einfachen Blättern besteht; aber, wie die Einschnitte am obern
und untern Rand der meisten Stücke zeigen, bildeten sie ursprünglich einen Rodel oder vielmehr zwei Rödel, welche ganz wie beim
Karlsruher Rodel mit Pergamentstreifen zusammengeflochten waren.
Solche Einschnitte haben ganz regelmässig die acht ersten Stücke
mit Ausnahme des nicht zum Rodel gehörigen und besonders
niedrigen, nur 16 cm hohen siebenten Stückes und mit Ausnahme
des untern Randes des letzten Stückes. Da am letztern die Einschnitte fehlen, kann man annehmen, dass der erste Rodel hier
mit dem Schluss des Eigen (I S. 136) zu Ende war.

Umgekehrt lassen die Einschnitte am obern Rand des jetzigen
ersten Stückes schliessen, dass hier noch etwas vorausging. Dass
der ursprüngliche Rodel in der Tat hier noch zwei Stücke voraus
hatte, zeigt die von der Texthand am obern Rand des ersten Stückes
geschriebene Ordnungsnummer „Tertius" (von Aebi falsch „Secund"
gelesen). In gleicher Weise sind alle Stücke dieser ersten Hälfte
ausser dem siebenten am obern Rand, wo dieser früher vom Übereinandergreifen und Zusammenflechten verdeckt war, mit entsprechenden Ordnungszahlen bezeichnet: „quartus, quintus, sextus, septimus,

octavus, nonus", eine Art der Nummerierung, die auf keinem andern Rodel vorkommt, aber der Buchstabennummerierung des Karlsruher Rodels und der ähnlichen eines Zürcher Rodels einigermassen entspricht. Die noch vorhandenen Stücke dieses ersten Rodels haben eine Gesamtlänge von 268 cm und eine Breite von 20—21 cm. Das nicht nummerierte siebente Stück betreffend die Rechte in Aarau und Brugg ist nur 16 cm hoch, aber 23½ cm breit, und von anderer Hand (A) geschrieben als alle übrigen. Es kann daher nicht ursprünglich zu diesem Rodel gehört haben, wie es auch weder unten noch oben Einschnitte zeigt. (In unserer Ausgabe I, S. 137—139.)

Was die zwei fehlenden ersten Stücke enthalten haben, ist schwer zu ermitteln, da die Abschriften der Reinschrift in diesen Partien etwas verschiedene Reihenfolge haben und schon die Reinschrift selbst die Rödel schwerlich in der ursprünglich beabsichtigten Reihenfolge kopiert hat. Jedenfalls kann der Abschnitt über Lage, welcher in der Kaiserschen und der Berner Handschrift und bei Pfeiffer hier vorangeht, nicht zu diesem Rodel gehört haben, sondern höchst wahrscheinlich muss es irgend ein aargauisches Amt gewesen sein. Bötzberg und Siggenthal, welche unsere Ausgabe hier vorangehen lässt, können kaum in Betracht kommen, da sie zum Karlsruher Rodel gehörten; viel eher die in den Handschriften darauf folgenden Aemter Muri und Meienberg; dagegen hätten die 16 übrigen Aemter, welche nach denselben Handschriften und bei Pfeiffer hier noch zwischen diesen und dem Amt Baden stehen, unmöglich auf den zwei ersten Stücken dieses Rodels Raum finden können; auch sind ja für diese Partie mehrere selbständige Originalrödel vorhanden: der Zuger Rodel, der Berner Rodel und mehrere Zürcher Rödel. Es tritt hier klar zu Tage, dass die Reihenfolge der Reinschrift, die doch wohl derjenigen ihrer Abschriften entsprach, von der Einteilung der Rödel, und somit von der ursprünglich beabsichtigten Reihenfolge der Aemter abweicht. Sie schiebt sehr ungeschickt zentralschweizerische, west- und ostschweizerische Aemter zwischen die aargauischen ein; unsere Ausgabe hat zwar die Zürcher und Berner Aemter an eine andere Stelle gesetzt, aber doch nicht ganz die richtige Reihenfolge hergestellt, indem sie diesem ersten Aarauer Rodel Bötzberg und

Siggenthal vorangehen, dagegen die Aemter Muri und Meienberg samt Zug, Urseren und Affoltern erst nach diesem Rodel folgen lässt und damit doch wieder die zwei Rödel des Aarauer Heftes in unnatürlicher Weise auseinander reisst.

Ausser den Aemtern Muri und Meienborg scheint auf diesen zwei verlorenen Stücken noch der eigentliche Anfang des Amtes Baden oder irgend ein Titel gestanden zu haben; denn es ist doch sonderbar und ungewöhnlich, dass der jetzige Anfang des Rodels das Amt, von welchem er handelt, gar nicht nennt, und nicht einmal auf der Rückseite einen Titel zeigt.

Der später eingeschobene Zettel betreffend Aarau und Brugg hätte wohl nicht zwischen die beiden letzten Blätter eingeheftet werden sollen, so dass er das Eigen auseinanderreisst, sondern, wie in unserer Ausgabe, erst auf das letzte Blatt folgen sollen. Geographisch musste er doch diesem Rodel angehören.

Der zweite Rodel des Aarauer Heftes besteht aus sechs Pergamentstücken von gleichmässigerer Länge, 41—47 cm, und einer Breite von 23 cm; also breiter als der erste Rodel; Gesamtlänge 260 cm. Die Blätter haben keine ursprüngliche Nummerierung mit Ausnahme des ersten Stückes, welches oben auf der Rückseite ein „A" zeigt; doch ist wahrscheinlich diese Buchstabennummerierung bei den übrigen Stücken auch vorhanden gewesen und nur mit dem obern Rande abgeschnitten, da dieser in der Tat bis in die für die Pergamentstreifen bestimmten Einschnitte hinein beschnitten ist. Eine moderne Hand und Tinte hat dann die Stücke am äussern obern Rand der Vorderseite mit X—XV nummeriert, was wohl erst nach Verbindung der beiden Rödel zu einem Heft geschah, da X an die Nummer „nonus" anschliesst. Als Ergänzung des letzten Satzes zu dem bis unten vollgeschriebenen letzten Stück ist hier noch ein kleiner Pergamentzettel von 10 cm Höhe angenäht und mit zwei Zeilen betreffend Rudathal beschrieben; doch zeigen die Einschnitte am obern Rande, dass dieser Zettel in ursprünglicher Weise am vorhergehenden Stück des zweiten Rodels befestigt war.

Ganz wie beim Karlsruher, sind auch in beiden Teilen des Aarauer Rodels für allfällige Nachträge leere Zwischenräume für 5—10 Linien gelassen, bald in der Mitte der einzelnen Stücke zwischen ihren Textabsätzen, bald im untern Teil der Stücke.

Eine Eigentümlichkeit dieser beiden Aarauer Rödel, welche noch bestimmter ihren Conceptcharakter bezeichnet, ist das Vorkommen von willkürlichen Notizen resp. Schreibübungen am untern Rand der Vorderseite mehrerer Stücke, wo sie allerdings durch das Zusammenflechten derselben verdeckt waren.

Am Fuss des ersten Stückes steht eine, wie es scheint, lateinische Bemerkung, die allerdings durch Rasur so unleserlich geworden ist, dass sich nicht entscheiden lässt, ob sie den Charakter einer Schreibübung hatte oder den einer an falscher Stelle angebrachten Dorsualnotiz. Am Fuss des dritten Stückes steht von der Texthand „omnibus omnia" und darunter noch die obere Hälfte eines h und d von zwei sonst mit dem untern Rand weggeschnittenen Worten. Am Fuss des neunten Stückes steht ebenfalls von der Texthand „ave Rosula", wohl ein Liebesseufzer, auf dem zehnten das unverständliche „Muna", vielleicht eine Mahnung an die dick gewordene Tinte.

Die Dorsualnotizen sind auf diesen beiden Rödeln sehr zahlreich und zum Teil im Zusammenhang mit den Lücken der Vorderseiten. Auf dem ersten Stück steht unten eine Dorsualnotiz von drei Zeilen, die so radiert ist, dass man nur noch das erste Wort „Vacat" und den Namen „Mellingen" lesen kann; auf dem zweiten Stück steht oben eine ebenfalls radierte Notiz von vier Worten, deren erstes „Nota", deren letztes „Ilodale" lautet.

Auf dem fünften Stück stehen die drei in unserer Ausgabe I. S. 130, Note 1 und 3 edierten Dorsualnotizen, und zwar die erste: „hic non est scripta atura oppidi Badon" oben in grösserer Schrift von Hand H, die zwei andern betreffend „antiqua rodalia" weiter unten von einer kleinern Hand, welche solche lateinische Notizen auf den Rücken anderer Rödel geschrieben hat, wie auf dem Zürcher Rodel betreffend Grüningen, und die identisch scheint mit der Texthand des letztern, nämlich A.

Auf dem sechsten Stück steht oben: „Nota, quod septimus debet includi", d. h. dass man nicht vergessen soll, das vorhergehende, mit „septimus" nummerierte Stück wieder einzuflechten, welches wohl behufs der von anderer Hand geschriebenen Nachtragung über Mellingen abgelöst worden war. Diese Notiz und die weiter unten stehende betreffend Windisch, welche I. S. 134, Note 3 abgedruckt ist, sind von der Texthand (C) dieses Rodolheftes, die dazwischen stehende I. S. 136 edierte Notiz über Halderwang von Hand G geschrieben.

Auf dem kleinen später eingeschobenen siebenten Stück stehen von Hand G die I. S. 138 edierten Dorsualnotizen, welche weitere Nachforschungen verlangen. Diese sind aber nie gemacht worden, da nicht nur auf der Vorderseite dieses Konzeptrodels, sondern auch in den Abschriften der Reinschrift der Zinsertrag der Hofstätten von Brugg unausgefüllt geblieben ist. Die Vermutung von Dr. Maag, dass der in der 3. Dorsualnotiz verlangten Ergänzung des Zollertrags „sub advocato" die Textstelle der Vorderseite betr. Zollertrag unter dem von Wolen entspreche, ist kaum richtig, da diese Stelle in einem Zug mit dem übrigen Text geschrieben ist und durchaus nicht das Aussehen eines Nachtrages hat. Werner von Wohlen war allerdings Vogt von Baden, aber nachweisbar nur 1281 1294, später Schultheiss von Brugg, also wohl verschieden von dem advocatus zur Zeit der Urbaraufnahme, der sein Nachfolger war. Uebrigens widerlegt Dr. Maag sich selbst II. p. 108 Note 1 mit der Bemerkung: „Im Urbar (I. 167) erscheint Werner von Wolen im Streit mit den habsburgischen Vögten. Damals war er nicht mehr Vogt von Baden, da ihm 1298 Heinrich der Meier von Zofingen gefolgt war". Dieser ist also der in der Dorsualnotiz gemeinte advocatus.

Auf dem achten Stück steht von der Hand H, welche solche Titel auch auf dem Karlsruher, Colmarer und Stuttgarter Rodel geschrieben hat, der Titel: „Officium advocati de Baden". Es ist dies eben das letzte, ursprünglich neunte Stück des ersten Aarauer Rodels.

Der zweite Rodel hat ganz ähnliche Dorsualnotizen von denselben Händen. Auf seinem zweiten Stück (dem 10. des jetzigen Heftes) steht von der Texthand C die Seite 159 Note 3 edierte Notiz betreffend die Hälfte des Forstes Sur. Die dort gemachte Bemerkung, dass diese Verpfändung wirklich auf der Vorderseite nachträglich eingetragen worden sei, ist kaum zutreffend, denn die mit dem übrigen Text in einem Zug geschriebene Stelle: „der forst halbe ze Suru der gillet II swin" etc. hat trotz der Rasur bei „der" gar nicht den Charakter eines Nachtrages und betrifft wohl nur die andere unverpfändete Hälfte dieses Forstes. Ebensowenig zutreffend ist die Bezeichnung dieser Dorsualnotiz als „Anweisung Burkhards von Frick an den Vogt"; denn die Dorsualnotiz ist von derselben Hand wie der Text und diese Hand ist gänzlich verschieden von der im Colmarer Rodel vorliegenden Hand Burkhards.

Zwei Bleistiftnotizen des 18. Jahrhunderts, die von einem Geschichtsforscher herrühren dürften, beziehen sich auf den obenstehenden Text des folgenden Stückes und zwar auf die Vilmergen betreffende Urkunde König Rudolfs von 1274: „Herzog Leopold gibt Wettingen ze kouffen von den hüben ze Vilmergen 5 Malter Haber und 12 Schwin, die jedes 8 ß wert sein sol und zu jeglichem 1 fuoss, der 15 ₰ werth sein soll, A. 1316" (letzteres bezieht sich auf die im Urbar I. p. 164 Z. 11 verzeichneten 4 Huben). Auf die erstere Vergabung von 1274 bezieht sich die I. 164 Note 1 edierte Notiz, welche auf dem elften Stück, nicht auf dessen Rücken, sondern quer an den linken Rand der Vorderseite geschrieben ist, wahrscheinlich von Hand II, nur in kleinerer Schrift, als diese sonst für Titel vorkommende Hand gewöhnlich schreibt. Diese Hand soll sich nach Dr. Herzog in Wettinger Urkunden seit 1289 finden.

Es liegt hier einmal, gegenüber den Ergänzungen verlangenden Dorsualnotizen der umgekehrte Fall vor, dass eine schon eingeschriebene Einnahme als ungültig widerrufen wird; da die beiden Höfe Vilmeringen an Wettingen vergabt sind, schreibt die Hand bei den beiden Zinsposten je ein „Vacat" samt Kreuz zwischen die Zeilen und an den Rand mit Wiederholung der Kreuze die erklärende Notiz. Dr. Maag hat S. 163 Zeile 12 Mitte das erste „vacat" vergessen, das sich auf den obern Hof bezieht. Es wirft ein bedenkliches Licht auf die Reinschrift und wohl auch auf die dazwischen stehende Originalausfertigung der Rödel, dass von dieser Korrektur im Berner Fragment der Reinschrift und in ihren Abschriften keine Notiz genommen ist, vielmehr die widerrufenen Zinsposten ohne jene Erklärung aufgenommen sind. Allerdings könnte dies auch einen andern Grund haben, dass vielleicht die Notiz erst nach Herstellung der Reinschrift auf den Rodel geschrieben worden wäre; indessen hat die Hand II eher ältern als jüngern Charakter, verglichen mit der Reinschrift; auch berücksichtigt diese Notiz nur die ältere jener in der Bleistiftnotiz berührten Vergabungen von 1274, nicht die jüngere von 1316, ist

also wohl vor letzterm Datum geschrieben, was von der Reinschrift schwerlich gelten kann.

Auf der Rückseite desselben elften Stückes steht von der auch auf dem Karlsruher und Stuttgarter Rodel für Titel vorkommenden Hand II des 14. Jahrhunderts parallel mit der Langseite: „Werre, Seckingen, Nigra Silva, Waltzhût, Bötzperg, daz Eigen, Sant Ludeierein gût [1]), Brugge, Arowe und ein teil des Ergowes". Dieser merkwürdige Titel setzt nicht nur die Verbindung der beiden ursprünglich getrennten Aarauer Rödel voraus samt dem von anderer Hand geschriebenen Stück betreffend Aarau und Brugg, sondern auch einen direkten Zusammenhang derselben mit dem Karlsruher Rodel, dessen von der gleichen Hand geschriebene Dorsualüberschrift auch schon auf die Aarauer Rödel hinweist. Die Verbindung beruht darauf, dass die Schwarzwälder Aemter damals, als dieser Titel geschrieben wurde, d. h. wohl etwa gegen Mitte des 14. Jahrhunderts, zum Amt des Vogts von Baden gerechnet wurden, einem Amt im weiteren Sinne, welches eine ganze Reihe der im ursprünglichen Urbar genannten Aemter zu einem grössern Verwaltungsbezirk zusammenfasst.

Diese allerdings auch nicht ursprüngliche Verbindung der drei Rödel ergibt eine ganz andere, aber geographisch richtigere Reihenfolge als die in der Reinschrift eingeschlagene, nach welcher zwischen die aargauischen Aemter Muri und Baden eine ganze Reihe zentral- und westschweizerischer Aemter eingeschoben werden.

Auf der Rückseite des 13. Stückes steht von Hand II in umgekehrter Richtung: „Officium sculteti in Lenzburg", auf der Rückseite des letzten Stückes des Aarauer Heftes steht von einer andern Hand des 14. Jahrhunderts: „Officium Lentzburg"; doch muss auch dieses Amt dem Verwaltungsbezirke des Vogtes von Baden angehört haben, da das 11. Stück, auf welchem jener umfassende Titel steht, sich schon auf das Amt Lenzburg bezieht.

An das letzte 14. Stück ist ein Pergamentstreifen von 21 cm. Breite und 10 cm. Höhe angenäht, der auf der Vorderseite in

---

[1]) Dieser im Einkünfte-Urbar sonst nicht vorkommende Name kann sich nur auf Besitzungen der Propstei St. Leodegar in Luzern beziehen und zwar auf die zu diesem Rodel gehörigen Höfe Elfingen und Rein, welche Habsburg 1291 mit Luzern selbst von Murbach gekauft hatte.

zwei Zeilen von einer von der eigentlichen Texthand verschiedenen
Hand den letzten Absatz des Amts Lenzburg betreffend Rüdatal
enthält (I. S. 176 Note c). Auf der Rückseite des Streifens steht
von einer Hand von zirka 1400 (derselben welche auf dem Embracher Rodel des Staatsarchivs Zürich notierte „die ist geschriben")
die wohl auf eine Abschrift bezügliche Notiz: „Copiatum est per
Johannem"; darunter von einer Hand des 18. Jahrhunderts:
„Schlossarchiv nr. 47", auf das Archiv der eidgenössischen Landvögte im niedern Schloss zu Baden bezüglich.

Ein noch kleinerer Pergamentstreifen von nur 5 cm. Höhe
und 20 cm. Breite ist auf der vordern Seite des Aarauer Heftes
angenäht, muss aber ursprünglich am obern Ende des jetzt verlorenen ersten Rodelstückes als Indexzeddel für den ganzen Rodel
befestigt gewesen sein, da er ganz die Form des Indexzeddels am
Karlsruher- und am grossen Zürcher Rodel hat und ebenfalls von
der Hand der Reinschrift den Titel enthält:

„An disem Rodel sind verschriben die Empter, so hie nach
geschriben stant: des ersten des Ampt ze Baden, dâ Rehtung in
dem Eygen, das Ampte ze Lentzburg, ze Arowe und ze Brugge".
Dieser Zeddel setzt voraus, dass die beiden Aarauer Rödel mit
einander, aber nicht mit dem Karlsruher Rodel vereinigt waren,
welcher ja einen besonderen Indexzeddel von derselben Hand besitzt.
All dies beweist, dass im Laufe des 14. Jahrhunderts mehrfach
Veränderungen in der Verbindung der Rödel stattfanden, wie denn
alle Stücke des Aarauer Heftes am obern und untern Rand auch
Nadellöcher und vielfach noch Reste von Bindfadenbefestigung
zeigen.

Die Hand des Textes ist in beiden Teilen des Aarauer Heftes
in der Hauptsache einheitlich mit Ausnahme des später eingeschobenen siebenten Stückes betreffend Aarau und Brugg, der Stelle
betr. Mellingen auf dem fünften Stück, eines Nachtrages auf dem
zwölften Stück (I. S. 168 Note g), dreier Absätze des vierzehnten
Stückes betr. Adelswile, Guntzwile, Lûtwile (I. S. 175, wo aber die
Verweisung auf Note b in Zeile 5 zu streichen und zu Zeile 10
zu setzen ist und Seite 176 eine Bemerkung zu Lûtwile fehlt) und
des letzten Absatzes über Rüdatal auf dem Schlusszeddel. Diese
Stellen sind von Hand A geschrieben.

Der ganze übrige Text des Aarauer Heftes zeigt eine Hand, welche die grösste Aehnlichkeit mit derjenigen des Karlsruher Rodels hat und wohl unbedenklich mit dieser Hand C identifiziert werden darf. Die eigentümlichen und kunstvollen Initialen auf dem ersten und neunten Stück entsprechen ebenfalls denjenigen des Karlsruher Rodels (vgl. die Facsimiletafel, welche unter C die Initiale des neunten Stückes des Aarauer Heftes gibt). Auch die Orthographie „thwing", „etheswenne", stimmt überein.

Diese Aarauer Rödel sind also auch nach dem Schriftcharakter als Konzepte zu betrachten, worauf schon die leer gelassenen Stellen und die weiterer Nachforschung rufenden Dorsualnotizen hinwiesen. Dadurch wird dieses Rodelheft für die Entstehungsgeschichte des Urbars nur umso interessanter. Dass von ihm eine Originalausfertigung in Rodelform von der Hand A gemacht wurde, darf man wohl daraus schliessen, dass die Hand A die oben verzeichneten Nachträge in beiden Aarauer Rödeln geschrieben hat.

4. Pergamentrodelstück im Staatsarchiv Zürich, Stadt und Landschaft nr. 2746, über das Freiamt Affoltern, Pfeiffer unbekannt, der hiefür nur die Kaisersche Handschrift benützte, in unserer Ausgabe I. S. 147—149 zum ersten Mal ediert. Das Stück, 28 cm. hoch, 22½ cm. breit, zeigt unten Einschnitte und Nadellöcher, oben nicht, doch scheint der obere Rand abgeschnitten zu sein. Das Stück kann nicht wohl den Anfang eines Rodels gebildet haben, da es weder mit einem Amtstitel noch mit einer Initiale beginnt, vielmehr mit dem auf Fortsetzung eines Amtes deutenden Zeichen C (§). Sein Inhalt bildet in den Abschriften der Reinschrift den Schluss des Amtes Meienberg, nachher folgt das Amt Zug. Dass auch in der Anordnung der Rödel derjenige von Zug hier folgte und unten an diesem Stück befestigt war, macht die Uebereinstimmung der Breite der beiden Stücke und die genaue Korrespondenz zwischen ihren Einschnitten und Nadellöchern höchst wahrscheinlich. Die Hand des Textes ist ebenfalls dieselbe, A, die hier zum ersten Mal begegnet, aber für die meisten folgenden Rödel in Betracht kommt.

Die Hand A ist regelmässiger, breiter und dicker, also auch deutlicher als B und C, ebenfalls kursiv, aber mit dreieckig zugespitzten Schleifen der nach oben verlängerten Buchstaben, wie sie in der englischen und französischen Urkundenschrift des 13. Jahrhunderts, aber auch in vielen habsburgischen Urkunden um 1300 vorkommen. Der letzte Zug des b, z und auslautenden n ist fast horizontal weit nach links gezogen, während er bei Hand B und C häufig gerade abwärts geht. Die für A charakteristischen Initialen kommen in diesem Stück nicht zur Anwendung.

Orthographische Verschiedenheiten gegenüber B und C sind: heirschaft statt herschaft, och statt öch, vreuel statt vrevel, vrefel oder vrefen; dube statt dub, dûb oder thûb, twing statt thwing.

Auf der Rückseite steht von einer Hand des 16. Jahrhunderts, welche viele Urkunden der Abteilung „Stadt und Landschaft" in ähnlicher Weise überschrieben hat und wahrscheinlich dem Verfasser des ersten Registers derselben, dem Zürcher Stadtschreiber Joh. Escher vom Luchs 1515—1564, angehört: „Rödeli, darinn der herschaft Osterrich recht stand, so dieselb im frygen ambt hat gehebt"; darunter die Nr. „10", darüber mit Rotschrift „16" von neuern Händen.

5. Pergamentrodel im Stadtarchiv Zug über das Amt Zug, von Pfeiffer benützt p. 90—93, aber nur durch Vermittlung einer allerdings genauen Abschrift Kopps und Seite XV und 90 mit dem unrichtigen Citat „Staatsarchiv Zug"; in unserer Ausgabe I. S. 149 bis 154 dem Text zu Grunde gelegt. Der Rodel besteht aus einem einzigen Stück Pergament in einer Höhe von 46 cm. und Breite von 23 cm. Der obere Rand zeigt Nadellöcher sowohl als Einschnitte und einen halb abgerissenen Pergamentstreifen, genau entsprechend dem unteren Ende des vorhergehenden Rodels über das Freiamt Affoltern, so dass kein Zweifel sein kann, dass dies die ursprüngliche Reihenfolge der Rödel war. Der untere Rand zeigt keine Einschnitte, aber Nadellöcher, so dass der Rodel nach der ursprünglichen Anordnung hier zu Ende war, bei irgend einer Neuordnung aber hier noch ein weiteres Stück angenäht wurde. Dass dieses schwerlich das in der Reinschrift, resp. ihren Abschriften, hier folgende Amt Urseren war, lässt sich aus der von der bekannten Titelhand II auf die Rückseite des Zuger Rodels geschriebenen Aufschrift schliessen: „Officium advocati de Baden". Dieses deutet auf direkten Zusammenhang des Zuger Rodels mit den Aarauer und Karlsruher Rödeln, welche hier allerdings nicht

in ihrer Konzeptform, sondern in der verlorenen Originalausfertigung von Hand A folgten.

Denn der Text des Zuger Rodels wie auch seine I. S. 150 Note edierte Dorsualnotiz sind von der Hand A geschrieben. Einen Titel hat der Rodel auf der Vorderseite nicht, aber der Text beginnt mit der für die Hand A charakteristischen Initiale „D", in deren schwarzausgefülltem Innern eine vierblättrige Blume ausgespart ist.

6. Grosser Pergamentrodel des Staatsarchivs Zürich, Stadt und Landschaft nr. 3288ᵃ über die Aemter Regensberg (ganz), Kloten und Embrach: Pfeiffer nicht bekannt, da seine unklare Andeutung im Vorwort XVI oher auf den folgenden Zürcher Rodel Nr. 8 geht; unserer Ausgabe zu Grunde gelegt I. S. 233—265 und mit R. 1 bezeichnet; doch ist die Angabe S. 256 Note e „Ende des Rodels" missverständlich und nicht auf diesen, sondern auf den folgenden Zürcher Rodel R. 2 zu beziehen. (Nachher S. 257 bis 282 haben die Bezeichnungen R. 2 und R. 3 wieder eine andere Bedeutung, was sehr verwirrend ist.) Dieser grösste der Zürcher Rödel hat eine Gesamtlänge von 270 cm. und eine Breite von 23—24 cm. und besteht aus 6 Stücken von ungleicher Länge, welche durch Pergamentstreifen aneinander geflochten sind; nur das sechste Stück betr. Embrach ist bloss mit Bindfaden angenäht, also wohl nicht ursprünglich zu diesem Rodel gehörig, wie denn am Fusse des fünften Stückes eine den ganzen ursprünglichen Rodel umfassende Schlusssummierung (summa istius cedule) über die Aemter Regensberg und Kloten steht und für das Amt Embrach noch besondere Rödel vorhanden sind. Dieses letzte Stück unterscheidet sich auch durch Mangel von Dorsualtiteln von den übrigen; es trägt gar keine Einschnitte und scheint also einen besonderen Rodel für sich allein gebildet zu haben und zwar die Originalausfertigung des Amts Embrach von Hand A.

Der obere und untere Rand des ganzen Rodels (aber auch der untere des fünften Stückes) sind ohne Einschnitte, so dass nie etwas weiteres daran befestigt war. Dass aber die Hinzufügung des sechsten Stückes schon bei Anfertigung der Reinschrift geschah und dieser Rodel ihr zu Grunde lag, beweist der am Kopf des Rodels angenähte Pergamentstreifen mit dem von der Hand der Reinschrift geschriebenen Titel: „An diesem Rodel [sint] verschriben du empter, dü hie nach geschriben stant: zem ersten das ampte ze Regensberg, ze Chlotten und ze Emmerach".

Die Hand des Textes ist A samt dem für diese Hand charakteristischen Initialen; von anderer kleinerer und etwas späterer Hand stammt einzig die Summierung am Schluss des fünften Stückes; es ist wahrscheinlich dieselbe Hand, welche die Summierungen des angeblich erst 1320 geschriebenen Pfandrodels ebenfalls nachträglich hinzufügte (vgl. II. S. 385 Note g). Uebrigens sind solche Summierungen in den Originalausfertigungen der Hand A sonst nicht vorhanden; z. B. gar nicht in den Stuttgarter Rödeln.

Von Dorsualnotizen, die sich auf den Text beziehen, finden sich auf diesem Rodel nur zwei, die eine gestrichen, die andere radiert, erstere S. 255 Note abgedruckt, aber auch diese ist, was dort nicht angegeben wurde, wieder gestrichen. Sie ist von Hand A und lautet: „Restat adhuc villa Thübelndorf in toto et Rode in toto preter sturam". In der Tat ist auf der Vorderseite bei Rode kein Ertrag eingesetzt, sondern eine Lücke von mehreren Zeilen gelassen und bei Dübendorf kann man sich denken, dass das mit „villa" gemeinte Dorf durch den bloss den Meyerhof betreffenden Eintrag nicht berücksichtigt sei. Aber die Streichung deutet doch an, dass die Nachforschungen keine weiteren Resultate ergaben oder dass man überhaupt auf Nachforschungen verzichtete. Die unvollständige Stelle betreffend Rode findet sich auch im 2. Rodel (Nr. 8), in der Reinschrift aber ist Rode überhaupt weggelassen. Die als bekannt vorausgesetzte Steuer von Rode (Roth) fehlt übrigens nicht, wie S. 255 Note 5 angegeben ist, sie steht nur weiter oben S. 248.

Die andere halb radierte Dorsualnotiz steht auf der Stelle, die dem Text betreffend Noerach entspricht; sie ist also wohl auf die hier notierte, wie es scheint, auch radierte und korrigierte Steuersumme zu beziehen.

Obschon die Titel der Aemter schon auf der Vorderseite von Hand A angegeben sind, hat eine andere Hand der gleichen Zeit diese Titel auch auf die Rückseite geschrieben: am Fusse des 2. Stückes: „officium Regensperg", aber nur die obere Hälfte dieses Titels; denn er ist der Länge nach durchschnitten worden, um hier zur Zusammenflechtung mit dem 3. Stück einen Pergamentstreifen zu gewinnen, auf welchem jetzt die untere Hälfte dieses Titels steht. Aehnlich erging es dem Titel „officium Cloten" am Fuss des 3. und 5. Stückes; seine untere Hälfte erscheint auf dem Streifen, welcher das 4. und 5. Stück verbindet; doch ist über der obern Hälfte des beschnittenen Titels auf dem 5. Stück nochmals von derselben Hand der ganze Titel wiederholt worden. Diese Erscheinung ist ein Beweis, dass sowohl diese Titelaufschrift als die Zusammenflechtung der Stücke der Handschrift wegen in die erste Hälfte des 14. Jahrhunderts fällt. Von einer viel späteren Hand, wohl des 16. oder 17. Jahrhunderts, und aus dem Zürcher Archiv stammt die am obern Rand des Rodels stehende arabische Nummer „13" und die Rotschriftnummer „24".

7. Pergamentstück im Staatsarchiv Zürich, Stadt und Landschaft nr. 3288° über das Amt Emhrach, von Pfeiffer nicht benützt, in unserer Ausgabe I. 257—265 für die Varianten benützt und als R₂ bezeichnet. Das Pergament ist 65 cm. lang, 24 cm. hoch, zeigt vom obern Rand mitten durch die 11 ersten Zeilen einen später entstandenen Riss oder Schnitt, aber keinerlei Einschnitte am obern oder untern Rand, die auf Zusammenhang mit weitern Stücken schliessen lassen. Fadenspuren am obern Rand scheinen eher auf Befestigung eines Titelzeddels als auf Zusammenhang mit einem vorhergehenden Textstück zu deuten. Der Text zeigt viele Rasuren, Streichungen und über die Zeilen geschriebene Korrekturen, viele Kreuze an beiden Randseiten. Den Schluss des von der ursprünglichen Hand C geschriebenen Textes bildet eine allgemeine Stelle über die Rechte der Leute, welche den andern Rödeln über Emhrach fehlt und mehr den Charakter einer Offnung hat. Unmittelbar darauf hat die Hand A eine von C vergessene Stelle nachgetragen (vgl. den Zusatz I. p. 264 Note c und h). Nach einem leeren Raum hat Hand A den Satz über die Steuer des Amts nach dem Wortlaut des vorhergehenden sechsten Rodels hinzugefügt und mit einem Kreuz vor dem eigentümlichen Schlusssatz der Hand C hierauf verwiesen, ohne aber letztern Satz zu streichen. Die lateinische Summierung, mit welcher der sechste Rodel schliesst, fehlt hier. Dieses Pergamentstück erscheint in allen Beziehungen als Konzept, namentlich wegen der nur in Kon-

zepten vorkommenden Hand C, die sich hier zwar nicht ganz sicher, aber mit Wahrscheinlichkeit erkennen lässt. Die für C charakteristischen Initialen kommen zwar nicht vor, da das Stück überhaupt keine Initialen zeigt, aber die Formen der Buchstaben, namentlich der Majuskeln B G und L. Ebenso entspricht die Orthographie der Hand C; z. B. nikt, fasnachthůn.

Eigentliche Dorsualnotizen finden sich nicht. Am obern Rand der Rückseite steht in umgekehrter Richtung von einer A ähnlichen Hand aus Anfang des 14. Jahrhunderts „Ymbr", daneben von einer Zürcher Archivhand des 16. Jahrhunderts: „Embrach". Gegen den untern Rand hin steht von einer Hand des 15. Jahrhunderts die wohl auf eine der im Zürcher Staatsarchiv liegenden Abschriften dieser Zeit bezügliche Bemerkung: „Die ist geschriben", eine Bemerkung, die von derselben Hand auch auf einigen andern, im II. Band edierten Rödeln des Zürcher Archivs steht (Stadt und Landschaft nr. 3285 und 3286ᵇ). Parallel zum Seitenrand gegen unten steht von der auch auf den übrigen von C geschriebenen Rödeln begegnenden Titelhand H: „Vrowenvelt ot Wintertur", woraus man schliessen darf, dass nach einer unter diesen Konzeptrödeln getroffenen Ordnung diese zwei Aemter auf das Amt Embrach folgen sollten, was allerdings von der Anordnung des oben beschriebenen sechsten Rodels ebenso abweicht als von derjenigen der Reinschrift, da in beiden Embrach auf Kloten folgt und in der Reinschrift vor Grüningen steht. Eher unterstützt wird diese Reihenfolge durch den unten (Nr. 12) zu erwähnenden Wiener Rodel, in welchem Embrach auf Winterthur folgt; sowie durch die zwar nicht zusammenhängenden, aber beisammen im Luzerner Staatsarchiv liegenden Rödel über Embrach einerseits, Kyburg und Winterthur anderseits.

8. Pergamentrodel im Staatsarchiv Zürich, Stadt und Landschaft nr. 3287, den Schluss des Amtes Regensborg und das ganze Amt Kloten enthaltend, von Pfeiffer nicht benützt und ihm nur durch ungenaue Mitteilung bekannt, als ob dieser Rodel auch noch den Anfang des Amtes Embrach enthielte (Vorwort XVI); die wenigen von Pfeiffer p. 107—111 angegebenen Varianten dieses Rodels sind meistens falsch. In unserer Ausgabe I. S. 241 Z. 6—256 sind die Varianten dieses Rodels mit R.ʳ angegeben, etwas ver-

wirrlich, da dann von Seite 256 an mit R. ? wieder ein ganz anderer
Rodel (Nr. 7) bezeichnet wird. Der Rodel besteht aus drei ungleich langen Stücken, die mit Pergamentstreifen zusammengeflochten
sind, hat eine Gesamtlänge von 149 cm. und eine Breite von
24 cm. Die drei Stücke sind ähnlich wie beim Karlsruher Rodel
von der Texthand selbst so nummeriert, dass am obern Rand des
ersten Stückes „B", am untern „C" steht, ebenso auf dem zweiten
Stück „D" und „E", am obern Rand des dritten „F", am untern
dieses letzten Stückes steht nichts. Aus dieser Nummerierung
geht klar hervor, dass der Rodel mit dem dritten Stück zu Ende
ist, dagegen oben, wie auch die Einschnitte am obern Rande des
Rodels zeigen, noch ein Stück fehlt, das mit „A" bezeichnet war
und wohl den Anfang und grössten Teil des Amts Regensberg
enthalten haben muss.

Der allerdings auch am untern Rand mit A bezeichnete Embracher Rodel in Luzern (Nr. 9) passt inhaltlich nicht vor den
Schluss des Amtes Regensberg. Alle drei Stücke zeigen ursprüngliche Löcher im Pergamente und zwar zum Teil mitten in der
Schrift. Dagegen kommen weder Korrekturen und Rasuren noch
nachträgliche Zusätze vor; auch keine Dorsualnotizen, die zum
Inhalt Bezug haben.

Die Rückseite zeigt lediglich die Nummer „8" und eine im
15. Jahrhundert geschriebene Aufschrift: „Kloten und Kibburger
Ambt", eine Aufschrift, die freilich in ihrem zweiten Teile nicht
zum jetzigen Inhalt des Rodels passt und ebensoviel geographische
wie orthographische Unkenntnis verrät, daher nicht wohl die Annahme eines Zusammenhangs mit einem Rodel über das Kyburger
Amt begründen kann.

Die Handschrift ist verschieden von derjenigen der bisher beschriebenen Rödel, aber identisch mit der Hand des Zürcher Rodels
über Grüningen (Nr. 11). Von letzterm ist ein Facsimile auf der
Tafel für diese als D bezeichnete Hand gegeben. Wahrscheinlich
ist von derselben Hand auch der jetzt (Nr. 9) zu beschreibende
Luzerner Rodel, obschon einige Buchstaben etwas anders aussehen, wie namentlich h, dessen Schlusszug hier vertikal abwärts
geht anstatt eine nach links rückwärts gezogene Schleife zu bilden;
übrigens weist das Facsimile beide h-Formen auf.

9. Pergamentrodel im Staatsarchiv Luzern über das Amt Embrach. Pfeiffer erhielt vom Staatsarchivar Krütli eine schöne Abschrift, fand jedoch „die Abweichungen nicht wesentlich und hielt eine besondere Berücksichtigung dieses Rodels nicht für notwendig", da ihm „für dieses Amt die Reinschrift, also die offizielle Rezension, zu gebote stand" (Vorwort XV), ein in jeder Beziehung unzutreffendes Urteil. Unsere Ausgabe hat I. 257—265 die erheblichen Varianten dieses Rodels mit R. ₂ notiert. Uebrigens stimmen diese meist mit R. ₁, so dass die Rödel Nr. 7 und 9 sich sehr nahe stehen und erhebliche gemeinsame Abweichungen von Nr. 6 (R. ₁), welcher die Vorlage der Reinschrift bildete, aufweisen. Der Rodel besteht aus zwei ungleich langen mit einem Pergamentstreifen zusammengeflochtenen Stücken, hat eine Gesamtlänge von 58 cm. und eine Breite von 24 cm. Das erste Stück ist in seiner Mitte durch einen ursprünglichen, früher vernähten Riss beschädigt. Der obere Rand zeigt weder Einschnitte noch Nadellöcher, wohl aber der untere Rand des zweiten Stückes beides, sowie über seiner Mitte den Buchstaben „A", der wohl eine Nummerierung bedeutet, aber die beiden Stücke als eines und als Anfang eines grösseren Rodels bezeichnet. Vermutlich folgte hier, wie in der Reinschrift, das Amt Gröningen und zwar derjenige Rodel, von welchem das Schlussstück von der gleichen Hand und Breite noch in Zürich erhalten ist (vgl. Nr. 11). Die Hand ist als D zu bezeichnen.

Auf dem untern Rand der Rückseite steht in umgekehrter Richtung von einer Hand von zirka 1600, wahrscheinlich derjenigen des Luzerner Stadtschreibers Cysat d. ä., die Notiz: „Der Herrschaft Österreich Lehen und Nutzungen im Hoff Emmerach und anderswo. Nota: schribs in's Urbar". Letzteres kann natürlich nicht auf die schon 1519 nicht nach Rödeln, sondern nach der Reinschrift gemachte Urbarhandschrift in Luzern bezogen werden, sondern auf ein um 1600 angelegtes, mir unbekanntes Urbar des Luzerner Staatsarchives. Parallel zum unteren Ende des Seitenrandes steht von derselben Hand Cysats: „Österrychische Ynkommen und gerechtigkeiten im Ärgöw und Zürichgöw ernüwert a° 1305". Aus dieser Notiz könnte man schliessen, dass weitere verlorene Stücke dieses Rodels aargauische Gegenden betrafen, nicht das in der Reinschrift folgende Amt Gröningen; allein die spätere Entstehung dieser Notiz kann für die ursprüngliche Reihenfolge der Rödel nichts beweisen und nur die Vermutung begründen, dass um 1600 ein Rodelstück über den Aargau und zwar vielleicht nur den Luzernischen Aargau, d. h. die Aemter Sempach, Sursee, Richensee, Münster, in Luzern lag und dort mit dem Embracher Rodel irgendwie verbunden wurde. Ein besonderes Schicksal muss das Urbarmaterial über den Luzerner Aargau ohnehin gehabt haben, da weder die Rödel noch die Reinschriftstücke hierüber erhalten sind, während diejenigen über den jetzigen Kanton Aargau vollständig vorliegen. Es ist anzunehmen, dass Luzern diese Rödel samt den betreffenden Partien der Reinschrift in seinen speziellen Besitz gebracht habe und dass sie hier irgendwie verloren gegangen seien, da Luzern jetzt merkwürdigerweise nur noch Rödel über Gebiete, die ihm niemals gehört haben, besitzt. Ein Revokationsrodel über Richensee hat sich ja auch im Stadtarchiv Luzern noch erhalten (II. p. 272—281 und 336—343).

Die drei verschiedenen Rödel, welche für das Amt Embrach existieren, sind lehrreich für die Entstehung der ganzen Urbaraufnahme. Nr. 7 (R. ₂) von Hand C scheint der älteste zu sein und auf Vorarbeiten eines lokalen Beamten zu beruhen, der allerlei für die allgemeine Urbaraufnahme entbehrliche Einzelheiten aufnahm, z. B. die Termine für Entrichtung der Abgaben und Stellen aus Offnungen; er ist dann von Hand A zunächst revidiert, an den zu reduzierenden Stellen mit Kreuzen am Rand bezeichnet, um einige Posten ergänzt und mit einem abgeänderten Schlusssatz versehen worden. Nr. 9 (R. ₃) ist eine Abschrift von Nr. 7 (R. ₂), welche den neuen Schlusssatz an Stelle des alten gesetzt, aber die von A dort hinter dem alten Schlusssatz nachgetragenen Posten auch hinter statt vor den neuen Schlusssatz gestellt, die bloss mit Randkreuzen angedeuteten Reduktionen aber nicht berücksichtigt hat. Nr. 6 (R. ₁) ist die von A geschriebene Ausfertigung, welche alle von derselben Hand auf Nr. 7 angedeuteten Aenderungen durchführt, sowie noch weitere, namentlich eine auf Nr. 7 nicht angedeutete Abänderung des ersten Satzes, welche den Eingangsworten der übrigen Aemter besser entspricht.

10. Pergamentrodel im Staatsarchiv Zürich, Stadt und Land-

schaft nr. 3288b, über das Amt Grüningen und die Rechtung zu Einsiedeln, Pfeiffer ganz unbekannt, in unserer Ausgabe I. 266—283 zu Grunde gelegt. Der Rodel hat eine Gesamtlänge von 140 cm., eine Breite von 24 cm. und besteht aus 3 ungleich langen Stücken, welche mit Pergamentstreifen, aber nachträglich auch noch mit Faden verbunden sind. Einschnitte sind weder am obern noch am untern Rand, doch zeigen an letzterm zahlreiche Nadellöcher und ein Fadenrest, dass hier, wohl erst nachträglich, noch etwas befestigt war. Das erste Stück ist an seinem rechten Rande der ganzen Länge nach bis tief in die Schrift hinein durch Mäusefrass zerstört, so dass die Lücken aus der Reinschrift ergänzt werden mussten. Die Hand des Textes ist A samt ihren charakteristischen Initialen. Das Pergament ist gut; Korrekturen kommen nur selten vor und erklären sich als Beseitigung von Abschreibefehlern.

Auf der Rückseite steht die auf eine Verpfändung des Hofes Mönchaltorf bezügliche, daher erst unter den Pfandrödeln (II. S. 396 Note 1) abgedruckte Dorsualnotiz von einer A sehr ähnlichen Hand: „Nota, quod . . liberi quondam marschalchi de Landenberg ultra sortem principalis debiti, quod percipere haberent singulis annis virtute obligationis sibi facto de XX marcarum redditibus, percipiunt singulis annis XII frusta et hoc perceperunt bene a XX et VIII annis circa". Dies führt von unserm Rodel, den man etwa von 1307 datieren kann, auf 1279 zurück, d. h. auf die Abfassungszeit des Rodels des Schultheissen Wezilo, in welchem wirklich diese Verpfändung eingetragen ist: „domino de Landenberch curtis in Altorf pro redditibus 20 marcas" (II. p. 91).

Auf dem zweiten Stück steht von derselben Hand die Dorsualnotiz: „Restat adhuc Vischatal", als ob damit einem Nachtrag gerufen würde. Die Einkünfte von Fischenthal sind aber auf der Vorderseite allerdings nicht dieses zweiten, sondern des dritten Stückes verzeichnet, ohne dass dieser Eintrag das Aussehen eines nachträglichen Zusatzes hätte (I. S. 280). Doch ist nach diesem Absatz gegen die sonstige Gewohnheit dieses Rodels eine Lücke von vier Zeilen gelassen, so dass vielleicht doch noch etwas von den Einkünften zu Fischenthal fehlt. Dass die Einkünfte in der Tat grösser gewesen sein müssten, lässt eine 1314 erfolgte Verpfändung vermuten, welche Güter im Fischenthal, zu Wellnau und anderswo um 260 Mark versetzt (II. p. 695).

Am untern Rand der Rückseite des ersten Stückes steht unter dem Streifen in umgekehrter Richtung von Hand A der Titel „Grüningen", darüber von Hand A „Da mihi", wohl blosse Schreibübung. Am untern Rand des zweiten und dritten Stückes steht von einer D ähnlichen Hand „Grueningen". An den obern Rand der Rückseite des ersten Stückes hat eine Zürcher Archivhand des 16. Jahrhunderts geschrieben: „Ambt Grüningen".

11. Pergamentstück im Staatsarchiv Zürich. Stadt und Landschaft (früher ohne Nummer, von mir nummeriert) 3288[4], über den Schluss des Amtes Grüningen von Ettenhausen an und über Einsideln, Pfeiffer unbekannt; in unserer Ausgabe I. S. 280 Z. 19 bis 283 Z. 6 sind die wenigen Varianten mit R. ₂ angegeben, womit hier also ein ganz anderer Rodel gemeint ist als mit dem R. ₂ für Embrach. Dagegen wurde vergessen anzugeben, wo dieser Rodel beginnt und aufhört und was mit diesem R. ₂ gemeint ist. Das Pergament ist ungewöhnlich weich und lederartig, sonst gut, 25 cm. hoch, 24 cm. breit und zeigt oben Einschnitte sowie Nadellöcher, am untern Rand nur Nadellöcher und Fadenspuren. Es ist klar, dass es den Schluss eines aus mehreren Stücken bestehenden Rodels über das Amt Grüningen gebildet haben muss, und zwar eines Konzeptrodels, da der Ausfertigungsrodel über Grüningen von Hand A vollständig vorliegt und die Hand dieses Stückes mit der des Luzerner Rodels über Embrach identisch ist, also wahrscheinlich auch mit D. Von diesem Rodel ist das Facsimile für die Hand D genommen.

Auf der Rückseite steht, wahrscheinlich von D: „Rodale verum", was sich sehr wohl von einem Konzept, als der Vorlage der Ausfertigung, sagen lässt.

12. Pergamentrodel im Staatsarchiv Luzern über den Schluss des Amtes Kyburg und den Anfang des Amtes Winterthur. Pfeiffer (p. XVI) kannte den Rodel nur aus einer Mitteilung Kopps, liess ihn aber, obwohl er glaubte, es seien beide Aemter vollständig darin enthalten, wohl aus ähnlichen Gründen wie den Luzerner Rodel über Embrach, unbenützt; in unserer Ausgabe ist er dem Text zu Grunde gelegt von I. S. 299 Z. 23—318 Z. 14. Der Rodel hat eine Gesamtlänge von 177 cm., eine Breite von 24 cm. und besteht aus vier Stücken von ungleicher Länge. Das Perga-

ment ist gut, abgesehen von einigen ursprünglichen, vernähten
Rissen an den Rändern ausserhalb der Schrift und einigen späteren
Beschädigungen durch Wurmfrass und Feuchtigkeitsflecken. Das
erste Stück ist mit dem zweiten, das dritte mit dem vierten
durch Pergamentstreifen zusammengeflochten, dagegen das zweite
mit dem dritten, mit welchem das Amt Winterthur beginnt, nur
durch Faden verbunden. Das erste Stück zeigt oben, das vierte
unten Einschnitte für Pergamentstreifen. Ursprünglich müssen
also die zwei ersten Stücke mit einigen vorhergehenden einen besonderen
Rodel über das Amt Kyburg gebildet haben, die zwei
letzten mit weiteren Stücken einen besondern Rodel über das Amt
Winterthur. Es ergibt sich aus diesem Beispiel besonders klar,
dass die Verbindung mit Pergamentstreifen die ältere und ursprüngliche
ist, diejenige mit Bindfaden bedeutend später erfolgte,
zu einer Zeit, in welcher die ursprünglichen Rödel nur noch fragmentarisch
vorlagen, sowie dass jedes Amt einen besonderen Rodel
bildete, wenigstens für die Originalausfertigung. Dieser gehört
nämlich der Rodel an, da er von Hand A herrührt und deren
charakteristische Initialen zeigt. Von anderer, aber gleichzeitiger
Hand ist nur die Summierung der Einkünfte des Amtes Kyburg,
ganz am Fuss des zweiten Stückes und von dem daran geflochtenen
dritten Stücke verdeckt; sie fehlt, wie alle diese Sommierungen,
in der Reinschrift und bei Pfeiffer, was I. S. 308 Note c zu bemerken
vergessen wurde. Am obern Rand der Vorderseite steht
von derselben Hand, von zirka 1600, welche eine ähnliche Notiz
auf den Rücken des Luzerner Rodels über Embrach schrieb, d. h.
von Stadtschreiber R. Cysat dem ältern: „Österrychisch Urbar
1292, was der Graffschafft Kyburg zůgehört hat". Dieselbe Hand
hat an den linken Rand neben die vier ersten Absätze jedesmal
„Zurich" geschrieben, auf dem zweiten und vierten Stück bei Neubrechten
und bei dem Vorbehalt der Pfründe Heiligenberg eine
zeigende Hand an den Rand gezeichnet und bei den in die Hunderte
reichenden römischen Zahlen betreffend Neubrechten die arabischen
Zahlen beigesetzt, auch das Wort „Wyn" als Erklärung an den
Rand geschrieben.

Auf der Rückseite steht am untern Rand des ersten Stückes
in verkehrter Richtung von Hand A der Titel: „Kyburg"; am
untern Rand des zweiten Stückes: „Offm. Kyburg".

Bei dem Rodel liegt ein Papierzeddel, auf welchem die Hand Cysats in grosser Schrift nach Wiederholung des Titels „Uralter Urbar, was die Herrschaft Österrych . . . . . a° 1292 vernüwert" die Bemerkung hinzufügt: „Ist diser Zytt alles in der Statt Zürich gwalt, das Gottshuss uff dem Heiligen Berg mit allem kostlichen Heiligthumb alles uff dem Boden hinweg geschlissen, zerstöret und das Ynkommen an weltlichen Gebruch verwendt nach Zwinglins leer". (Cysats Hand hat auch in der Luzerner Copie der Reinschrift von 1519 Seite 1 eine erklärende Bemerkung geschrieben).

13. Pergamentrodel im Staatsarchiv Wien (Rep. I, Band IV, hier zum Jahr 1400!), über die Aemter Kyburg, Winterthur und Embrach; Pfeiffer unbekannt, auch in unserer Ausgabe bisher noch nicht benutzt, da mir erst nach Erscheinen des I. Bandes 1895 Herr Professor Thommen eine Abschrift mitteilte. Indessen hätte der Rodel doch nicht unserer Edition der betreffenden Aemter zu Grunde gelegt werden können, da er kein Originalrodel ist, sondern eine etwas spätere Abschrift darstellt und zwar merkwürdigerweise eine Abschrift von der Hand der Reinschrift, welche sonst nie auf Rödeln erscheint. Dieses erhellt (noch deutlicher als aus dem von H. Prof. Thommen mitgeteilten Facsimile von zwei Zeilen) aus den photographischen Reproduktionen, welche die Direktion des Wiener Staatsarchives auf meine Bitte vom Anfang des ersten und des letzten Rodelstückes herstellen liess. Thommen und Voltellini setzten die Schrift, noch ohne ihre Identität mit der Hand der Reinschrift zu erkennen, in die zweite Hälfte des 14. Jahrhunderts, wohl etwas zu spät, aber jedenfalls ist sie etwas später als die Originalrödel.

Doch ist der Rodel keineswegs etwa aus Blättern der Reinschrift zusammengesetzt, da gerade diese drei Aemter im Zürcher Fragment der Reinschrift vollständig vorliegen; ebensowenig stammt er aus einem allfälligen Doppel des Reinschriftcodex. Er zeigt nämlich keine Verwendung von roter Farbe, keine Blattzahlen, sondern durchaus Rodelform, da auch die drei einzelnen Pergamentstücke aus denen er durch Verflechtung mit Pergamentstreifen zusammengesetzt ist, viel länger und breiter sind als eine Seite des Reinschriftcodex und überhaupt keiner Codexform entsprechen.

Sie haben eine Länge von 78, 75 und 76 cm. und eine Breite von 23 cm., also eine Gesamtlänge von 229 cm.

Der Rodel entspricht in der äussern Form den übrigen älteren Rödeln, mit der Ausnahme, dass die Schrift breiter und kürzer ist und dass sie sich auch auf die Rückseite aller drei Stücke erstreckt, was nur bei dem dritten Stuttgarter Rodel der Fall ist, der in Bücherschrift geschrieben, ebenfalls eine Abschrift darstellt. Die Vorderseite der drei Stücke enthält das ganze Amt Kyburg und den Anfang des Amts Winterthur bis S. 311 Z. 3. Die Rückseite führt hier fort mit „Bi Richembach" und enthält auf den zwei ersten Stücken das Amt Winterthur bis „Wingarten" (S. 324 Z. 6), auf dem dritten Stück das Amt Embrach.

Der Wiener Rodel ist also eine Abschrift des betreffenden Urbarteiles in Rodelform und es ist denkbar, dass der Schreiber der Reinschrift das ganze Einkünfteurbar auch in dieser Rodelform kopiert habe, obschon sonst keine anderen Fragmente einer solchen Copie vorliegen. Jedenfalls gewinnt der Hersteller der Reinschrift durch die Entdeckung eines Rodels von seiner Hand eine grössere Bedeutung, wenn auch nicht in dem Sinne, dass man ihn als Teilnehmer der ursprünglichen Urbaraufnahme betrachten darf. Denn die Schrift des Rodels wie der Reinschrift ist entschieden mehrere Dezennien später als die der Konzept- und Originalrödel, und mein Urteil über diese Hand wird von Voltellini und Thommen noch bestätigt. Auch die Prüfung des Textes ergibt dasselbe Resultat. Es finden sich sehr wenig bessere Lesarten, wohl aber neben orthographischen Abweichungen allerlei Fehler, die nur ein etwas flüchtiger Abschreiber machen konnte; z. B. zu I. S. 289 Z. 6: „die lute mohten ez erliden" statt „nicht erliden", S. 300 Z. 4 „zigner" statt „zigern". Eine Verbesserung bietet wohl S. 294 Z. 13 das Wort „habern", welches nach 7 mütt in der Reinschrift fehlt, ähnlich S. 295 Z. 18 das in der Reinschrift ausgefallene Wort „vierteil" vor nussen. Bei andern Abweichungen in Zinsposten, z. B. S. 292 Z. 14 XXV statt „XV kloben werckes" oder S. 298 Z. 15 XV statt XVI G d. ist allerdings schwer zu sagen, ob der Rodel oder die Reinschrift Recht hat.

Dies lässt sich erst von da an konstatieren, wo (S. 299 Z. 23) der Luzerner Originalrodel beginnt. Hier macht der Schreiber in

Rodel zuweilen dieselben Fehler wie in der Reinschrift, z. B. S. 301 Z. 6 „weilen" statt „veilen win", aber auch Fehler, welche die Reinschrift nicht hat, wie S. 300 Z. 7 „kitkû" statt zitkû, 303 Z. 8 „Badeswile" statt Baldeswile, aber im gleichen Artikel Z. 12 ist die fehlerhafte Wiederholung von „twing" vermieden.
S. 304 Z. 6 wo der Luzerner Rodel „ussidelinge", die Rs. „usschidelinge" hat, stimmt der Wiener Rodel in seinem „usscheidelinge" mehr mit dem Originalrodel in Luzern überein. Entscheidend dafür, dass der Wiener Rodel vom Luzerner Originalrodel abgeschrieben ist und nicht von der Reinschrift, ist die Tatsache, dass er am Schlusse des Amts Kyburg S. 308 die nur im Luzerner Rodel stehende lateinische Summierung ebenfalls enthält.

Daher gewinnt nun der Wiener Rodel eine grosse Bedeutung für den Schluss des Amtes Winterthur, welcher im Luzerner Rodel fehlt und in unserer Ausgabe S. 318 Z. 15 nur nach der Reinschrift ediert ist, wie übrigens auch für den im Luzerner Rodel ebenfalls fehlenden Anfang des Amts Kyburg (S. 287—299). Indessen sind die Abweichungen von der Reinschrift nicht erheblich: S. 321 Z. 2 „stâre", statt „vogtstâre", S. 322 Z. 8 „Brüle" statt „Büle", Z. 10 „Tanne" statt „Halde"; diese Lesarten sind kaum richtig, wohl aber zu S. 323 Z. 20 „kylcherre" statt „kelberren". Mit Wülflingen und Buch S. 324 Z. 6 bricht der Wiener Rodel den Text des Amts Winterthur ab, enthält also den Schluss dieses Amts, der sich noch über 10 Druckseiten erstreckt, nicht mehr, ebenso wenig trotz der Ankündigung in der Ueberschrift des Amts die Rechtung in der Stadt Winterthur; dagegen enthält er hier, als ob das Amt wirklich zu Ende wäre, die in der Reinschrift fehlende Summierung, welche hier als Nachtrag zur Ausgabe mitzuteilen ist:

„Summa istius cedule: primo in denariis 125 pfunt et 6 ^{1}/$_2$ schilling Thuricenses, item 2^1/$_2$ libre Constanciense; summa tritici 568 modii, 1 quartale; summa avene 83^1/$_2$ maltor 3 quartalia; summa siliginis 15 modii; summa leguminum 40 modii 3 quartalia; summa porcorum 71; summa pullorum 291, exceptis pullis carnis brivi (sic); summa ovorum 14 milia 15^1/$_2$ ovis (sic); item 6 karr(ata) feni; item ad maius 40 seumas vini".

Indessen sind diese Summen soviel grösser als die vorher verzeichneten Posten und enthalten so vieles, wie z. B. die 40 Saum Wein, was erst in dem nicht mehr auf dem Wiener Rodel stehenden Teile des Amts Winterthur (S. 319 Z. 13) folgt, dass diese Summierung von einem vollständigeren Rodel abgeschrieben sein muss, deswegen aber nur umsomehr Wert hat.

Auffallend ist auch, dass nach dieser Summierung, die den Schluss des Amts Winterthur bildet, das sonst nirgends in diesem Zusammenhang stehende Amt Embrach folgt. Die Tatsache, dass gerade Rödel über Kyburg, Winterthur und Embrach auch in Luzern liegen, könnte allerdings auf die Vermutung führen, dass diese Aemter einen zusammenhängenden Rodel bildeten.

Allein der Luzerner Rodel über Embrach ist nicht die Vorlage des Wiener Rodels; dieser stimmt vielmehr mit dem ersten Zürcher Rodel, sowie auch mit der Reinschrift überein und weicht sowohl von den zwei andern Zürcher Rödeln über Embrach als vom Luzerner Rodel ab.

Dies zeigt sich gleich im Eingang: „Dis sint nutze und rehte, die dû herschaft hat an lûten, an gûten und an gerihte in dem ampt ze Emmerrach, dû chöffet sint umb den grafen von Tockenburg und die dû herschaft ze lehen hat von dem gotzhus ze Strasburg". (Vgl. S. 257 Note a die erheblichen Abweichungen der Rödel 2 und 3 und des Luzerner Rodels von diesem nach dem ersten Zürcher Rodel edierten Text).

Auch am Schluss dieses Amtes, wo der zweite Zürcher Rodel stark abweicht und die Reinschrift eine Stelle vergessen hat, folgt der Wiener Rodel nicht dieser, sondern dem ersten Zürcher Rodel, auch darin, dass er die sonst einzig in diesem Rodel vorhandene lateinische Summierung ebenfalls hinzugefügt, allerdings in den zwei ersten Posten etwas abweichend 57 und 17 statt 58 und 16 ß ₰, aber diese geringfügige Abweichung kann auf einem Abschreibfehler beruhen. Da in diesem ersten Zürcher Rodel das Stück betreffend Embrach nicht in ursprünglicher Weise befestigt ist, kann dieses Amt ganz wohl ursprünglich mit Kyburg und Winterthur statt mit Regensberg und Kloten einen Rodel gebildet haben.

Nachträge und Korrekturen sind nicht vorhanden, abgesehen von einigen Berichtigungen, die der Schreiber selbst gemacht hat.

Auf der grösstenteils vom Text bedeckten Rückseite des Rodels findet sich eine einzige Dorsualnotiz auf dem 12 cm. langen textfreien Ende, wo eine dicke, kurze, sonst unbekannte Hand des ausgehenden 16. Jahrhunderts den Archivvermerk geschrieben hat: „Rodel 1400. Kyburg, Wintertaur, Emerach".

14. Erster Pergamentrodel im k. Staatsarchiv zu Stuttgart über das „Officium Schiltungi advocati in Meyngen" (Friedberg und Saulgau); von Pfeiffer laut Vorwort XV direkt benützt, aber in seinem auf der Reinschrift beruhenden Text p. 245—259 doch nur zur Angabe von Varianten verwendet, unserer Ausgabe zu Grunde gelegt I. S. 370 Z. 9—394 Z. 12.

Dieser, wie der andere Stuttgarter Rodel befanden sich zur Zeit ihrer Benützung durch Pfeiffer 1843 im Besitz des Ritters von Raiser in Augsburg, der dieselben nebst anderm Material zum Urbar 1806 in (Salzburg oder) Konstanz antiquarisch angekauft hatte (vgl. Pfeiffer p. XV und Raisers eigene Angabe in der Zeitschrift für Baiern 1817 II. 1. p. 26). Vermutlich gingen die beiden Rödel 1843 gelegentlich der durch Stälin vermittelten Benützung Pfeiffers oder erst nach Raisers Tod 1853 an das Würtembergische Staatsarchiv über, obgleich laut Allg. Deutscher Biographie XXVII. S. 189 Raisers Sammlung noch jetzt in Augsburg liegt. (Ueber seinen Nachlass vgl. unten bei den Handschriften.)

Der erste Rodel hat eine Gesamtlänge von 235 cm., eine Breite von zirka 24 cm. und besteht aus fünf Stücken von ungleicher Länge, welche unter sich durch Pergamentstreifen in ursprünglicher Weise zusammengeflochten sind. Das erste Stück ist oben, das letzte unten ohne Einschnitte oder Nadellöcher, so dass dieser Rodel von jeher ein abgesondertes Ganzes gebildet haben muss.

Die Stücke zeigen im Gegensatz zum Karlsruher und Aarauer Rodel keinerlei Nummerierung durch Buchstaben oder Zahlen. Die Reihenfolge der Aemter ist in diesem wie im folgenden Stuttgarter Rodel die gleiche, wie in der Reinschrift, abgesehen davon, dass in letzterer der Untertitel „Sulgen" übrigens von einer spätern Hand hineingeschrieben ist.

Die Handschrift des ganzen Textes ist A mit der charakteristischen Initiale dieser Hand („Dis"). Im Text finden sich keine grösseren Lücken und für Nachträge berechnete Zwischenräume, keine Korrekturen und Nachträge, so dass dieser Rodel eine Reinschrift oder Originalausfertigung darstellt und durchaus nicht Konzeptcharakter hat, wie die Rödel von Colmar, Karlsruhe und Aarau.

Von den Dorsualnotizen bezieht sich nur eine einzige auf den Inhalt und auch diese ist derart, dass sie nicht zur Eintragung in den Text bestimmt und geeignet war, weil sie nur eine vorübergehende Verpfändung betrifft. Sie steht auf dem zweiten Stück in umgekehrter Richtung, scheint ebenfalls von Hand A geschrieben und lautet: „Nota, quod stura civium in Sulgen obligata est dicto Wildon civi in Meyngen usque ad festum beati Martini posito (sic statt „posita") sub annis domini MCCCXI".

Diese in wenigen Jahren erlöschende Verschreibung wollte man in das für die Dauer bestimmte Urbar nicht eintragen; sie findet sich auch nicht in der jedenfalls nach 1311 geschriebenen Reinschrift; wohl aber findet sie sich fast gleichlautend in dem gleichzeitig, 1306, geschriebenen Pfandrodel, wohin sie auch gehört (II. p. 254), ein Beweis für die Gleichzeitigkeit der Pfandrödel und die gegenseitige Beziehung.

Die übrigen Dorsualnotizen betreffen nur Titel und Archivvermerke. Auf dem ersten Stück stehen in umgekehrter Richtung zum Text folgende: Von der Hand H: „Officium Schiltungi advocati in Meyngen" (der in die Reinschrift aufgenommene Titel; die Bemerkung unserer Ausgabe I. S. 370 Note b: „Hs. hat einfach Meingen" ist missverständlich, nur auf i statt y zu beziehen). Darunter steht, fast verblichen, von der Hand der Reinschrift, welche also sicher diesen Rodel als Vorlage benützte: „In Sulgen, in Rudelingen et in caustro (!) Busse" (von Pfeiffer p. 245 ungenau wiedergegeben). Darunter von der Innsbrucker Hand J in kleinerer Schrift: „Fridberg, Sulgew, Buss etc. 1303 Nr. 114. Urbar Swaben".

Unten auf der Rückseite des zweiten, vierten und fünften Stückes steht in verkehrter Richtung von Hand A oder einer sehr ähnlichen: „Comitia in Fridberg", resp. „Comitia Fridberg", so dass also Pfeiffer p. 245 diesen Titel doch nicht „von sich aus" setzte, wie es in unserer Ausgabe I. S. 370 Note b heisst.

15. Zweiter Pergamentrodel im k. Staatsarchiv in Stuttgart

über die schwäbischen Aemter Gutenstein und so fort bis zum Schluss des Urbars mit Gundolfingen. Pfeiffer p. 275—298 benützte diesen Rodel, ebenso wie den ersten Stuttgarter Rodel, als sie noch in Raisers Besitz waren, und zwar kannte er 1843 auch noch ein erstes jetzt spurlos verlorenes Stück dieses Rodels, welches das Amt Sigmaringen enthielt, samt einer Dorsualnotiz. Unsere Ausgabe I. 415—427 musste sich für Sigmaringen an die Reinschrift halten, wie es übrigens auch Pfeiffer getan hat, und konnte nur die von Pfeiffer kaum vollständig notierten Varianten des Rodels angeben; dagegen hat sie für den Rest der schwäbischen Aemter I. 427—471 diesen Rodel zu Grunde gelegt. Jetzt hat der Rodel noch eine Gesamtlänge von 293 cm. und eine wechselnde Breite von 24 1/2—25 1/2 cm. Er besteht noch aus sieben Stücken von ungleicher Länge, von welchen aber das letzte nur mit drei Zeilen beschrieben ist, den Schlusszeilen der Reinschrift.

Das erste, zweite und dritte, sowie das sechste und siebente Stück sind durch Pergamentstreifen verbunden, dagegen das dritte mit dem vierten, das vierte mit dem fünften und das fünfte mit dem sechsten nur durch Faden und ohne eine Spur von Einschnitten. Dagegen zeigt das jetzige erste Stück am obern Rand Einschnitte und den Rest eines Pergamentstreifens, so dass das jetzt fehlende Stück über Sigmaringen ebenfalls in ursprünglicher Weise mit dem Rodel verbunden war. Uebrigens entspricht diese ganze Reihenfolge des Rodels auch für die nur mit Faden verbundenen Stücke genau der Reihenfolge der Reinschrift, welche nur etwas mehr Abteilungstitel enthält, von einer spätern Hand eingesetzt. Für die sämtlichen schwäbischen Aemter steht also die Reihenfolge fest. Das Pergament ist gut, abgesehen von einigen ursprünglichen und zugenähten Löchern, wie sie namentlich das letzte und zweitletzte Stück aufweisen. Trotz der im allgemeinen schönen Schrift finden sich einige Rasuren und Korrekturen, in dem Passus über die Stadt Mengen (S. 444 Note e) und über den letzten Absatz des Amtes Hewen, wo der Schreiber diesen Satz zuerst vergessen und den Beginn des folgenden Amtes Aha geschrieben, dann wieder unvollständig radiert hat (S. 452); zugleich ein Beweis, dass die beiden Stücke vier und fünf in einem Zuge geschrieben sind, obschon sie nur mit Faden verbunden sind.

Die Hand ist A samt ihren charakteristischen Initialen. Die I. S. 445, 452, 460 und 461 edierten Dorsualnotizen sind ebenfalls von Hand A und stehen auf dem dritten, vierten und sechsten Stück; dagegen ist die S. 453 abgedruckte Dorsualnotiz nicht von A sondern von einer gleichzeitigen grössern Hand; ebenso die S. 449 edierte ähnliche Dorsualnotiz am obern Rand des vierten Stückes, aber verdeckt von dem untern Rand des dritten.

Folgende Titelaufschriften stehen auf der Rückseite: am Fuss des ersten Stückes von Hand A: „Officium Sigmering"; am obern Rand des vierten Stückes von der auch auf dem ersten Stuttgarter Rodel begegnenden Titelhand II: „Regimen castri dicti du Nuwen Hewen" und ebenfalls von II auf dem fünften Stück: „Officium domini Ulrici de Klingenberch". Von Hand A unten auf dem sechsten Stück „Wartstein", unten auf dem siebenten: „Comitia Wartstein". Unten auf dem letzten Stück steht von einer zollhohen dicken Hand J, die dem 16. Jahrhundert und dem Innsbrucker Archiv angehört: „Sigmering etc. 1313", darunter in kleiner Schrift, aber wohl von derselben Hand J: „Urbar Swaben Nr. 8".

16. Pergamentrodel im Staatsarchiv Bern über die Rechtung zu Interlaken und das Amt Freiburg, von Pfeiffer laut Vorwort XV nach einer Abschrift Kopps für die Varianten zu dem auf der Kaiserschen Handschrift beruhenden Abdruck p. 95—99 benützt; in unserer Ausgabe ist der Rodel zu Grunde gelegt I. S. 472—487. Der Rodel besteht aus zwei nur mit Bindfaden zusammengenähten, nicht ursprünglich zusammengehörigen Stücken von ungleicher Breite, Höhe und Handschrift. Das erste Stück betreffend Interlaken ist 51 cm. hoch, 23 cm. breit und zeigt auch am obern Rand Nadellöcher, so dass hier noch ein Stück angenäht war, wenn auch wohl nicht in der ursprünglichen Anordnung. Die Hand dieses ersten Stückes ist A, wie schon die Initiale zeigt. Der erste Absatz dieses Rodels ist als Probe für die Hand A auf der Facsimiletafel abgebildet. Die I. S. 475, 476 und 482 abgedruckten Dorsualnotizen, deren erste (476) Kopp und Pfeiffer übersehen haben, sind ebenfalls von A. Am untern Rand hat Hand A in verkehrter Richtung den Titel geschrieben: „Officium Interlucense". Am obern Rand steht ausser einigen modernen Auf-

schriften und Nummerierungen in verkehrter Richtung von einer sonst in diesem Material nirgends begegnenden Hand von zirka 1600, welche der Tendenz nach einem Berner anzugehören scheint: „K. 24. Ist kein Nutz, jha gilt gar nüt und mag in keinen Rächten bestehen".

Das zweite Stück dieses Rodels ist 19 cm. hoch, 21 cm. breit und enthält das Amt Freiburg, das allerdings auch in den Abschriften der Reinschrift auf Interlaken folgt, aber mit demselben weiter nichts zu tun hat und in der ursprünglichen Anordnung kaum mit diesem zu einem Rodel gehören konnte. Die Hand dieses Stückes ist unzweifelhaft C, wie schon die mit dem Aarauer und Karlsruher Rodel stimmende Initiale zeigt, aber auch die C eigentümliche Orthographie: thwing, nikt, füeize". Dieses zweite Stück gehört also zu den Konzeptrödeln, nicht wie das erste zu den Originalausfertigungen. Dorsualnotizen und Titelschriften finden sich nicht. Die beiden verschiedenen Rodelstücke weisen besonders deutlich einen redaktionellen Unterschied auf, der auch für alle übrigen Rödel zwischen den Händen A einerseits, B und C anderseits besteht; im Eingangssatz jedes Amtes schreiben B und C regelmässig: „Dis sint die gülte, nütze, recht und gewohneit" oder ähnlich, jedenfalls immer mit dem Wort „gülte", während A dieses Wort fast überall weglässt und meist nur „nütze und recht" schreibt. Ausnahmen, als Folge gedankenlosen Abschreibens des Konzepts kommen allerdings auch vor; z. B. in dem von A geschriebenen Luzerner Rodel über das Amt Wintorthur, wo aber auch die Reinschrift und der von ihrer Hand geschriebene Wiener Rodel „gült" haben; ebenso bei Lenzburg in dem Berner Fragment und bei Frauenfeld im Zürcher Fragment. Dass es in der vollständigen Reinschrift noch mehr solche Ausnahmen gegeben haben muss, zeigen ihre Abschriften, welche das Wort „gült" bei Bötzberg, Siggenthal, Freiburg, Glarus, Baden, Eigen, Lenzburg, aufweisen.

Die verschiedenen Arten der Rödel.

Aus der Betrachtung der einzelnen Rödel und ihrer Vergleichung ergibt sich folgendes Resultat:

Es existieren noch 16 Rödel mit einer Gesamtlänge von 3468½ cm. und einer Breite von 15—25½ cm. als Rest einer

Rodelsammlung, welche das gesamte in der Reinschrift und ihren Abschriften enthaltene Einkünfteurbar enthalten haben muss. Doch dürfen diese Rödel nicht einfach addiert und als gleichwertige direkte Vorlagen der Reinschrift betrachtet werden. Die ursprüngliche Aufnahme in Konzeptform stellen die fünf Rödel von Hand C dar, und es darf zu diesen Konzepten wohl auch noch der Colmarer Rodel von Hand B gerechnet werden, welchen Burkhard von Frick als ersten Versuch und Muster eigenhändig geschrieben hat. Wenn auch diese D- und C-Rödel hauptsächlich die elsässischen, badischen und aargauischen Aemter betreffen, für welche keine weiteren Rödel von andern Händen vorliegen, so zeigt doch der C-Rodel über Embrach (Nr. 7), dass die Hand C auch für zürcherische Aemter tätig war, dass sie auf diesem Rodel durch A korrigiert wurde und dass dieser Text die Vorlage für den ganz von A geschriebenen Rodel Nr. 6 bildete. Aus diesem allerdings vereinzelten Beispiel, zusammengenommen mit dem konzeptartigen Charakter der C-Rödel ergibt sich doch mit grosser Wahrscheinlichkeit der Schluss, dass die Hand C für alle Aemter nur Konzepte geschrieben hat, aus welchen dann die Hand A Originalausfertigungen in Rodelform herstellte. Die C-Rödel erscheinen auch dadurch als ursprüngliche Aufnahme, dass sie meist ihre einzelnen Stücke mit Buchstaben oder Zahlen nummerieren, um die richtige Reihenfolge zu sichern, während die Hand A, welche nach der von C hergestellten Reihenfolge arbeitet, dieser Nummerierung nicht mehr bedarf.

Die Vergleichung der vier verschiedenen Rödel über Embrach beweist aber auch, dass eine Hand D den Rodel Nr. 9 ebenfalls vom Konzeptrodel C, nicht von A abgeschrieben hat, wie ein solcher D-Rodel auch für die Aemter Regensberg und Kloten (Nr. 8) und ein weiterer für den Schluss des Amtes Grüningen vorhanden ist (Nr. 11). Diese D-Rödel sind nicht, wie ich anfangs vermutete, die allererste Aufnahme durch die lokalen Amtmänner, sondern, wie die vielfachen Fehler in Ortsnamen zeigen (vgl. I. p. 249 Note a und b), etwas flüchtige Abschriften der C-Rödel, allerdings wohl für den lokalen Gebrauch bestimmt.

Der Wiener Rodel endlich zeigt, dass für die Aemter Kyburg, Winterthur und Embrach noch eine weitere Abschrift von der Reinschrifthand existierte, welche wie die Reinschrift selbst nach den A-Rödeln gemacht ist und entweder einen blossen Versuch zu einer Reinschrift in Rodelform darstellt oder vielleicht auch einen Ueberrest einer vollständigen Abschrift des Urbars in dieser Form. Man möchte letzteres für wahrscheinlicher halten, da für einen blossen Versuch wohl eher direkt aufeinanderfolgende Aemter aus dem Anfang des Urbars gewählt worden wären. Dann hätte also das vollständige Rödelmaterial in vier verschiedenen Exemplaren existiert, einem Konzept, einer Ausfertigung und Abschriften beider.

Es scheint, dass schon im 14. Jahrhundert einzelne A-Rödel verloren gingen und durch C-Rödel ersetzt wurden, da wenigstens die angenähten Titelzeddel der Reinschrifthand sich sowohl an drei C-Rödeln als an einem A-Rodel finden, ebenso die Titelband II auf B-, C- und A-Rödeln. So wäre es doch nicht unmöglich, dass einige C-Rödel auch als Vorlage der Reinschrift zugezogen werden mussten. Anderseits ist auch in dem sonst ganz von C geschriebenen Aarauer Rodel ein Stück von Hand A eingenäht und auf einem sonst von C geschriebenen Stück ein Absatz von Hand A hinzugesetzt.

Weitere Verluste erklären sich aus der Zerreissung des ganzen Materials im 15. Jahrhundert durch die Eidgenossen und aus der Verschleuderung desselben im Anfang des 19. Jahrhunderts durch Oesterreich, wie in der Geschichte des Urbars auseinanderzusetzen ist.

Aus dem noch erhaltenen Material und der Vergleichung der Hände lässt sich immerhin konstatieren, dass die Urbaraufnahme in allen ihren Stadien und für alle Gebiete eine einheitliche Arbeit war. Abgesehen von dem eigenhändigen Anfang Burkhards von Frick für die elsässischen Aemter sind die Konzeptrödel überall von Hand C, die Ausfertigungsrödel von Hand A hergestellt, höchstens bei den nur für einige Zürcher Aemter erhaltenen Rödeln mit Abschriftcharakter von den Händen D und Rs. bleibt fraglich, ob hier eine Beschränkung auf diese Gegenden und ein rein lokales Interesse vorliegt.

B. Die Handschriften.

Da die Rödel bei weitem nicht mehr vollständig vorhanden sind, haben die ältesten Handschriften noch eine grosse Bedeutung als einzige Grundlage für längere Teile des Textes, und da auch die älteste Handschrift, die sogenannte Reinschrift, die einzige, welche direkt nach den Rödeln angefertigt ist, nur noch fragmentarisch vorliegt, kommen ihre unmittelbaren Ableitungen auch noch für grosse Partien des Einkünfteurbars in Betracht, hauptsächlich die älteren, welche vor der am Ende des 15. Jahrhunderts erfolgten Zerteilung der Reinschrift entstanden sind. Gerade diese ältesten Abschriften hat Pfeiffer, der zur Ergänzung der Reinschrift überall die spätere Kaiser-Handschrift zuzieht, nicht gekannt, wie die beiden Stuttgarter Handschriften; ja eine dieser alten Handschriften, die Münchener, ist erst nach Erscheinen unserer Ausgabe, während der Bearbeitung dieser Beschreibung entdeckt worden.

1. Die sogenannte „Reinschrift," über deren wahren Charakter und Schicksale der Abschnitt über die Geschichte des Urbars Aufschluss gibt, dürfte ihrem Schriftcharakter nach kaum vor 1330 entstanden sein und zwar als ein zum bequemen Gebrauch der Verwaltung angefertigtes Kopiebuch nach der Originalausfertigung der Rödel. Die Schrift ist eigentümlich dick und breit und könnte dadurch den Eindruck einer noch späteren Entstehung machen, wie der Wiener Rodel von derselben Hand von Wiener Archivbeamten und Prof. Thommen auf 1400 angesetzt wurde. Indessen ist diese späte Datierung unmöglich, und die Schrift findet ähnliche Beispiele aus der ersten Hälfte des 14. Jahrhunderts: in Könnekes Bilder-Atlas p. 50 (Rosengarten-Handschrift in Frankfurt), sowie in Schriften der Zürcher Kanzlei (in Einträgen des ersten Stadtbuches von 1335 und in Originalurkunden von 1343). Dass die Reinschrift 1329 noch nicht existierte oder wenigstens noch nicht auf Kosten der Rödel als massgebendes Original betrachtet wurde, ergibt sich aus einer 1329 auf Befehl Herzog Albrechts durch Rudolf von Aarburg aufgenommenen Kundschaft über die Verhältnisse der Kirche Sursee, worin Rudolf dem Herzog erklärt, er habe „uwer alten rodel und uwer briefe, die bi üwers vatern ziten gemachet worden, gesehen und gelesen (Geschichtsfr. XVIII. 169 und oben I. 178, Note 1), während in einer ähnlichen Kundschaft von 1394 „das alt urborbuch" zitiert wird (II. 749).

Die Reinschrift besteht aus gutem dickem Pergament, das nur hie und da, meist am Rand, selten in der Mitte, kleine arsprüngliche Löcher (z. B. Donaueschinger Fragment fol. 4, 10, 14, 16, Zürcher Fragment fol. 92, 94, 95, 104, die zwei letzteren inmitten der Schrift, aber von ihr umgangen) oder zusammengenähte Risse (Z. Frg. fol. 97) zeigt. Das Format ist Klein-Folio 29½ cm. hoch, 21½ cm. breit. Das ganze Buch ist vor der Schrift, wie einige ganz leere Seiten des Zürcher Fragments 108b—111b und das im Donaueschinger Fragment enthaltene, ganz unbeschriebene, aber linierte Schlussheft der Reinschrift zeigen, mit je 35 feinen Tintelinien durchliniert worden, von welchen die zwei obersten und die zwei untersten durch die vertikalen Randlinien bis ans Ende der Blätter gezogen sind. Der Linienabstand wurde mit einem Zirkel bestimmt, wie die Löcher am äusseren Rand der Blätter beweisen.

Sämtliche vorhandene Blätter, auch die nicht beschriebenen, sind in der Mitte des oberen Randes mit römischen Zahlen nummeriert, wahrscheinlich doch von der Hand des Textschreibers, da die Tinte genau entspricht und die etwas abweichende Form der Zahlen vielleicht nur von ihrer bedeutend grösseren Ausführung herrührt. Die Reinschrift hat nicht, wie die meisten Rödel, überall Raum zu Nachträgen gelassen; nur am Schluss der drei geographischen Hauptabschnitte sind einige Blätter leer gelassen; zwischen den elsässischen und schwarzwäldischen Aemtern sind ⅔ der Seite 18b leer; nach den mit Amt Frauenfeld abschliessenden zürcherisch-thurgauischen Aemtern sind 7 Seiten, fol. 108b—111b, leer gelassen, am Schluss der schwäbischen Aemter und des ganzen Codex sind 16 leere, aber linierte Seiten. Man scheint mehr als nur gelegentliche Nachträge erwartet zu haben; vielleicht Verzeichnisse der Verpfändungen oder der Bona revocanda wie sie in besondern Rödeln gerade für die zürcherischen und schwäbischen Aemter vorliegen.

Die einzelnen Hefte sind meist Sexterne, d. h. sie bestehen aus je sechs ineinander gelegten Doppelblättern; ausgenommen das zweite Heft, welches nur drei Doppelblätter enthält, fol. 13—18, und, wie es scheint, das verlorene sechste, welches nach der Berner Handschrift nur Blatt 56—62 enthalten hätte; indessen macht schon die ungerade Zahl der sieben Blätter wahrscheinlich, dass hier noch einige leere vorhanden waren; endlich enthält das leere letzte Heft nur vier Doppelblätter. Die Blätter der ersten Hälfte jedes Sexterns sind an der untern Ecke des äussern Randes mit den Buchstaben a—f nummeriert, die der zweiten Hälfte mit den Zahlen I—VI von einer andern, aber gleichzeitigen Hand. Ausserdem ist jedes Heft auf seiner letzten Seite an der äussern Ecke des untern Randes von der Texthand mit einer Ordnungszahl versehen: das Donaueschinger Fragment mit I"', II"', III"', XI"', XII"', XIII"', das unvollständige Bernerheft mit VII"', die Zürcher Hefte mit V"', VIIII"', X"'; von späterer Hand des 15. Jahrhunderts sind auf der ersten Seite jedes Heftes die entsprechenden arabischen Ordnungszahlen in die Mitte des untern Randes gesetzt worden. Diese Kustoden, sowie die Blattbezeichnungen und die freilich nur am Schlusse des 1. und 11. Heftes, ebenfalls von der Hs.-Hand, angegebenen Reklamanten, d. h. Wiederholungen der zwei ersten Worte des folgenden Heftes, sind sehr wertvoll, um den Umfang der Lücken zu berechnen.

Die Kleinschrift ist nämlich, seit sie gegen Ende des 15. Jahrhunderts zwischen Oesterreich und einzelnen eidgenössischen Orten geteilt wurde, nur noch in zerstreuten Fragmenten vorhanden.

Verloren sind das 4. Heft ganz, vom 5. Hefte die zwei ersten Blätter 43 und 44, das 6. Heft mit Ausnahme des 4., 5. und 7. Blattes (fol. 59, 60 und 62), die erste kleinere Hälfte des 7., das ganze 8. Heft, also 3½ von 13 Heften oder 36 von 143 Blättern, nicht 51 wie Pfeiffer XVI angibt, der die Zürcher Blätter falsch zählt und das Berner Fragment nicht kennt.

Die erhaltenen Fragmente sind folgende:

a) das Donaueschinger Fragment in der fürstlich Fürstenbergischen Bibliothek, Codex 691 des Katalogs von Barack, ehemals im Besitz Laussbergs, seit zirka 1805, vorher in einem österreichischen Archiv (Konstanz oder Freiburg?) wie der nellenburgische Archivar Hundswadel dem Biographen Tschudis, Ildephons Fuchs, versicherte (Fuchs II. p. 153); von Pfeiffer vollständig benützt, in unserer Edition zu Grunde gelegt für die Partien, für welche keine Rödel vorhanden sind; d. h. I. 55 Z. 4—56 Z. 20: Schluss der Burglehen im Elsass; I. 394 Z. 13—427, Z. 7: Rechtung zu Veringen und Riedlingen und Amt Sigmaringen; I. 522 Z. 10—529, Z. 15: Amt Lags und II. 221—223 und 225—

226: zwei irrtümlich in die Reinschrift hineingenähte lateinische Zeddel. Dieses Fragment besteht aus sechs vollständigen Heften und zwar den drei ersten (fol. 1—30) und den drei letzten (fol. 112—143) des ursprünglichen Codex, wozu noch das Blatt 62 aus dem mittleren Teil, betreffend Officium Lags, kommt, zwischen dem 2. und 3. Heft, also an falscher Stelle eingeheftet. Nach dem 3. Heft war ein von Liebenau geschriebenes Facsimile der in Luzern liegenden Blätter 59 und 60 betreffend Glarus eingeheftet (jetzt nicht mehr da). Am Schluss der schwäbischen Aemter und des ganzen Einkünftourbars ist auf den ursprünglich leeren Seiten 131 b und 132 a die Rechtung in Tengen von einer Hand des ausgehenden 15. Jahrhunderts nachgetragen, wohl nach dem Text des Zürcher Fragments der Reinschrift und zur Zeit der Extradierung an Oesterreich. Die letzten Seiten 132 b—143 b sind ganz leer, aber liniert und paginiert. Es ist das ansehnlichste unter allen Fragmenten, besonders da es auch den Einband umfasst, freilich kaum den ursprünglichen, wohl aber den bei der Zerlegung des Codex bestehenden und wohl noch über 1415 zurückgehenden Einband. Es sind zwei vielleicht ursprüngliche Holzdeckel, um 1415 mit rosenrotem Leder überzogen und mit Schliessen versehen, ganz wie die von zirka 1415 stammende Berner und die Münchener Handschrift des Urbars, oder wie das 1414 geschriebene Diplomatar des Klosters Rüti im Staatsarchiv Zürich und viele andere Codices des 15. Jahrhunderts. Der braune Lederrücken ist aus neuerer Zeit, da der alte Rücken nach Entfernung der mittleren Hefte zu breit war. Auf der vorderen Aussenseite des Deckels steht „1303 ex archivo Zurich." Ein Register des Schatzarchives in Innsbruck aus dem 16. Jahrhundert beschreibt den Codex mit dem roten Ledereinband, der Zahl 1303 und seinem jetzigen Inhalt (Schatzarchiv 3, fol. 1824). Auf dem ersten, nicht ursprünglichen und nicht nummerierten Pergamentblatt hat Lassberg vorn einen Papierzeddel mit der Stelle Hallers II. nr. 1897 über die übrigen Urbarhandschriften aufgeklebt; auf der Rückseite steht ein Verzeichnis der in diesem Fragment enthaltenen Aemter von einer Hand des 17. Jahrhunderts, welche aber bei Angabe der Blattzahlen L statt C las. Zwischen Blatt 15 und 16 ist ein Papierzeddel mit den auch auf dem innern Ueberzug des vordern Deckels vorkommenden

Wasserzeichen, Ochsenkopf mit Kreuz und Krone, eingeklebt; darauf sind von einer Hand des 15. Jahrhunderts die „limites landgraviatus superioris Alsatiae" angegeben.

b) Das Luzerner Fragment umfasst nur die zwei Blätter 59 und 60 der Reinschrift betreffend die Rechtung zu Glarus (ohne deren Anfang und Schluss), welche in eine Papierhandschrift des Staatsarchivs Luzern eingeheftet sind. Pfeiffer hat sie nur nach einem Facsimile des Dr. H. von Liebenau benützt, welches im Donaueschinger Fragment lag; unsere Ausgabe hat die Originalblätter zu Grunde gelegt von I. Seite 508 Z. 8 an bis 516 Z. 11, wo aber fol. 60b nicht, wie es dort heisst, das ganze Wort „herschaft" steht, sondern nur die erste Silbe. Allerdings hat eine Hand von zirka 1600 die Ergänzung „schafft sind" daneben geschrieben. Dieselbe Hand bemerkt darunter am Fuss der letzten Seite „da manglet noch dz verloren ist," und am obern Rand des ersten Blattes: „Anno 1303 Zu Glarus und im Oberland." Ebenfalls von dieser Hand scheinen zwei an den Rand geschriebene Ortsnamenerklärungen „Näffels" und „uff Keritzen."

c) Das Berner Fragment, in der Berner Stadtbibliothek, Ms. Hist. Helv. IX. 14. (früher VI. 75a), besteht aus den sieben Blättern 69—75 der Reinschrift, so dass die fünf ersten Blätter dieses 7. Heftes abgeschnitten sind, aber die mit „f" beginnenden Blattnummern und die Heftnummerierung VII" auf dem letzten Blatt das Verhältnis zum Codex anzeigt. Die Blätter enthalten den Schluss der Rechtung im Eigen, die Rechtungen zu Aarau und Brugg, das Amt Lenzburg und die Rechtung zu Vilmergen, geben übrigens von all diesen Titelüberschriften nur eine einzige: „Officium in Lentzburg," und zwar in roter Farbe, wie auch nur dieser Abschnitt mit einer roten Initiale beginnt. Nur an Stelle der Rechtung zu Aarau hat eine Hand des ausgehenden 15. Jahrhunderts das Wort „Aarauw" mit schwarzer Tinte hineingeschrieben.

Pfeiffer hat diese Blätter gar nicht benützt, noch erwähnt, und für diese Partie die Kaisersche Abschrift zu Grunde gelegt, obwohl ihm Laassberg schon 1843 die Vermutung mitgeteilt hatte, dass sich Fragmente der Reinschrift in Bern befinden (Briefwechsel zwischen Laassberg und Uhland ed. Pfeiffer p. 279), und obwohl

Kopp dieses schon seit 1836 wusste (Lütolf p. 163) und 1856 in den Geschichtsblättern II. 136 mitteilte.

Nachdem ich gerade von diesem Punkt aus und durch eine Vergleichung der Pfeifferschen Ausgabe mit dem Berner Fragment 1883 im Jahrbuch für Schweizergeschichte VIII. 153 und 163 begonnen hatte, die Notwendigkeit einer neuen Ausgabe nachzuweisen, ist es allerdings ein unglückliches Versehen, dass in unserer Ausgabe vergessen wurde, die Existenz dieser Blätter anzugeben und ihre Varianten zu notieren; wenn man auch allerdings keine Veranlassung hatte, sie dem Abdruck zu Grunde zu legen, da hier die Aarauer Originalrödel vorliegen. Die Berner Blätter setzen ein mit I. 135 Z. 29: „Da sint öch 3 hüben" und enthalten das von hier bis Seite 139 Z. 4 Abgedruckte, ferner Seite 155—176, so dass also unsere Ausgabe, welche noch die Aemter Muri, Meienberg Affoltern und Zug zwischen hineinschiebt, der Reihenfolge der Reinschrift nicht entspricht, wohl aber die Ausgabe Pfeiffers, womit freilich noch nicht gesagt ist, dass die Reinschrift die ursprünglich beabsichtigte Reihenfolge wiedergebe. Alle erheblichen Varianten habe ich übrigens im Jahrbuch VIII. 163—165 angeführt; dies kann als Ergänzung unserer Ausgabe dienen. Korrekturen und Nachträge finden sich nur an zwei Stellen, wo die ursprüngliche Hand der Reinschrift vergessene Worte an den Rand setzt.

d) Das Zürcher Fragment, nächst dem Donaueschinger das umfangreichste, liegt im Staatsarchiv Zürich unter den „Urkunden der Stadt und Landschaft Zürich" nr. 1866. Es wurde von Pfeiffer nur nach einer „sorgfältigen Abschrift des Staatsarchivars Meyor von Knonau" benützt, der aber die im 10. Heft befindlichen nicht zürcherischen Aemter übergangen und den Umfang der einzelnen Blätter nicht notiert zu haben scheint. Dadurch wurde Pfeiffer, Vorwort XVII. und Seite 229 Note (die beiden Stellen stimmen nicht zusammen) zu der irrtümlichen Annahme verleitet, dass das Blatt 102 (welches übrigens auf seiner ersten Seite und auf zwei Zeilen der zweiten den Schluss des Amtes Winterthur und nur den Anfang des Amts Diessenhofen enthält, also mit der von Pfeiffer im Text Seite 229—231 angenommenen Lücke gar nicht einmal stimmen würde), sowie die Blätter 105—111 fehlen und dieses Zürcher Fragment nur 26 statt 35 Blätter enthalte. Auch edierte er die Rechtung zu Tengen nach der späteren Kopie im Donaueschinger Fragment anstatt nach den Originalblättern in Zürich. So rächt sich die Vernachlässigung der eigenen Einsichtnahme.

Unsere Ausgabe hat dieses Fragment nur für den Anfang des Amtes Kyburg (I. 287—299 Z. 23), den Schluss des Amtes Winterthur und für die Aemter Diessenhofen, Tengen und Frauenfeld zu Grunde gelegt (l. 318 Z. 15—370, Z. 8), da für die übrigen Partien Rödel vorlagen; doch sind auch da die Abweichungen der Reinschrift angegeben.

Das Zürcher Fragment, dessen Umschlag die 1874 abgelöste Öffnung des Freigerichts Brüggen bildete, umfasst zwei durch eine Lücke getrennte Partien. Die erste besteht aus dem fünften Heft der Reinschrift ohne das weggeschnittene erste Blatt, also aus den Blättern 45—55. Auf dem untern äusseren Rand des ersten Blattes steht von einer andern Hand des 14. Jahrhunderts der halbverwischte Name „Herman," womit vielleicht ein Abschreiber gemeint ist. Dieser Teil enthält in der obern Hälfte der Seite 45a den bei der Zerteilung der Reinschrift durchgestrichenen Schluss des Amtes Freiburg, entsprechend unserer Ausgabe I. 485 Z. 5, wo aber der Berner Original-Rodel zu Grunde gelegt und nur die Varianten angegeben wurden. Fol. 45a Mitte folgt mit einem von der Reinschrift-Hand schwarz geschriebenen Titel und von der roten Hand davorgesetzten C das „Officium Regensberg"; dann im untern Teil von fol. 47a mit ebenso geschriebenem Titel das „Officium Kloten," dessen Titel merkwürdiger Weise mitten in diesem Amt fol. 50a vor dem Abschnitt über den Kelnhof zu Kloten selbst nochmals, in gleicher Schrift wiederholt wird (vgl. l. 253 Note c). In der Mitte der Seite 50b folgt das „Officium in Emmerach" mit gleich geschriebenem Titel; Mitte 52a des „Officium Grüningen"; unten auf Seite 55b steht noch der als nicht zürcherisch wieder gestrichene Anfang der „Rechtung über das golzhus zu den Einsidellen," deren Titel ganz von der roten Hand nachträglich auf die hiezu nicht recht genügende Absatzlinie geschrieben ist und vom ursprünglichen Schreiber nicht vorgesehen war. Nach einer grossen Lücke folgt das neunte Heft, Blatt 88, mit dem Amt Kyburg, dessen Titel allein unter allen Aemtertiteln von der roten Hand geschrieben ist, und zwar ohne dass der ursprüngliche Schreiber auch nur Raum dazu ausgespart hätte, ganz am obern Rand neben der Blattzahl. Der Text des Amts Kyburg beginnt ganz oben an der Seite, und es ist höchst auffallend, dass der Schreiber für dieses höchst wichtige Amt keinen Titel gemacht haben sollte; vielleicht gingen auf der vorhergehenden verlorenen Seite noch einige einleitende Worte mit dem Titel des Amts voraus; doch lässt sich dies weder beweisen noch widerlegen, da für den Anfang dieses Amts kein Rodel mehr vorhanden ist. Es kann auch auf Versehen und Vergesslichkeit des Schreibers beruhen, besonders da er die für Beginn des neuen Amts erforderliche rote Initiale vorgesehen und ausgespart hat. Unten auf Seite 93 steht „Officium Winterthur" mit einem von der ursprünglichen Hand geschriebenen schwarzen Titel. Mitten in diesem Amt ist S. 98 b vor „Ze Wingart" (l. S. 324) ein Absatz von vier leeren Linien gemacht, statt der sonst gebräuchlichen zwei Linien, als ob hier ein Titel eingesetzt werden sollte; dagegen hat der Schreiber auf Seite 100 b da, wo die rote Hand den Titel „Dú rechtung in der stat ze Wintertur" einsetzte, nur zwei dazu nicht recht genügende Linien leer gelassen. Seite 101 b oben folgt das „Officium Dyessenhoven" mit ursprünglichem Titel. Seite 104 b untere Hälfte hat die rote Hand in den hiezu nicht genügenden Raum von zwei Linien den Titel: Dú rechtunge ze Tengen" hineingesetzt, während der ursprüngliche Schreiber diesen allerdings Tengen betreffenden Abschnitt zum Amt Diessenhofen gerechnet zu haben scheint. Dieser noch die ganze folgende Seite einnehmende Abschnitt ist als nicht zürcherisch durchgestrichen. Seite 105 a—108 a folgt das „Officium Vrowenfelt," dessen Titel der Schreiber der Reinschrift anfangs vergessen zu haben scheint, wie den des Amts Kyburg; er hat ihn dann mit schwarzer Tinte über der obersten Linie nachgetragen. Die untersten Linien der Seite 108 a und die folgenden sieben liniirten Seiten dieses zehnten Heftes sind ganz leer, obschon sie nicht den Schluss des Codex bilden, in welchem vielmehr noch die drei letzten Hefte des Donaueschinger Fragmentes folgen. Der Schreiber wollte also entweder den Uebergang zu den schwäbischen Aemtern durch einen grossen Absatz markieren, wofür freilich sieben Seiten zuviel wären, oder wahrscheinlicher hat er einen grösseren Nachtrag zu den schwei-

zerischen Aemtern vorausgesehen, wie ja in der Tat nicht alle
habsburgischen Besitzungen in der Schweiz im Urbar vorkommen.
Eine Zürcher Kanzleihand des 17. Jahrhunderts hat neben
alle Aemtertitel (nicht aber neben die gestrichenen Rechtungen)
geschrieben: „ingrossiert," mit Bezug auf eine Kopie (vgl. Wattenbach Schriftwesen p. 296 und 439).
Die Texthand ist in allen Fragmenten der Reinschrift
dieselbe und identisch mit der Textschrift des Wiener Rodels, sowie
mit der Hand, welche die Titelzeddel des Karlsruher, des Aarauer und
des grössten Zürcher Rodels (nr. 6) geschrieben hat. Sie ist dicker
und breiter als die Rodelhandschriften, aber einfacher und weniger
verschnörkelt. Auch Nachträge und Korrekturen, welche auf den
ursprünglichen Blättern vorkommen, z. B. auf dem zweiten Blatt
des ersten Heftes (vgl. I. Seite 5, Note a), zeigen wohl hellere
Tinte, aber dieselbe Hand, ebenso Korrekturen mit Rasuren auf
Blatt 14 b und 15 b. Auf einigen an die Blätter angenähten Pergamentzeddeln stehen Nachträge: zunächst von derselben Hand zu
Blatt 46 des Zürcher Fragments (I. 216 Note d) ein Satz, der
auch im Originalrodel steht, also wohl vom Schreiber anfänglich
nur vergessen und bei der Kollationierung nachgetragen wurde;
dann im elften Heft zwischen fol. 117 und 118 und 121 und 122
(vgl. unsere Ausgabe I. 397 Note 3 und 410 Note 1), von einer
andern feinen und spitzigen Hand, welche Lassberg lediglich, weil
er darin die an Ort und Stelle aufgenommenen Aufzeichnungen
erblickt, mit einer auf den zweiten Zeddel gesetzten Notiz, als
„Hand Meister Burkards" bezeichnet, längere Notizen über Einkünfte in Veringen und Rüdlingen, welche schon wegen der
lateinischen Sprache nicht zu dieser Urbaraufnahme gehören
können und von Dr. Maag daher im II. Band p. 221—223 und
225—226 als Teile einer besonderen Urbaraufnahme, deren weitere
Stücke in Innsbruck liegen, abgedruckt wurden. Wie jene drei
Innsbrucker Stücke haben auch diese zwei Zeddel unter sich ganz
ungleiche Dimensionen, der erste 21 cm. Höhe, 11 cm. Breite,
der zweite 17 cm. Höhe, 18 Breite; zudem ist der erste auf der
Rückseite in umgekehrter Richtung überschrieben. Sie können
daher nie einen Rodel zusammen gebildet haben, sondern stellen
getrennte Stücke einer unmittelbaren lokalen Aufnahme dar.

Diese zwei letztern Zoddel sind wohl erst im 19. Jahrhundert, als die zerstreuten Rodel- und Reinschriftstücke in den Handel und in Privathände gelangten, hier angenäht worden und würden daher für eine Beziehung Burkhards zur Reinschrift gar nichts beweisen. Aber es lässt sich überhaupt nicht nachweisen, viel eher widerlegen, dass wir hier die Hand Burkhards von Frick vor uns haben, da von einer Uebereinstimmung mit der Hand des wohl einzig von Burkhard herrührenden Elsässer Rodels gar keine Rede ist; noch viel weniger allerdings kann die Hand der ganzen Reinschrift diejenige Burkards sein, obschon Barack im Handschriftenkatalog von Donaueschingen, nr. 691, diese Eigenhändigkeit für „sehr wahrscheinlich" hält. Die Handschrift der beiden Zoddel entspricht vielmehr derjenigen der in Innsbruck liegenden übrigen Fragmente desselben schwäbischen Rodels über das Amt des Vogtes Schiltung, wie ich bei nochmaliger Vergleichung der beiderseitigen Originale konstatierte. Nach seiner lateinischen Sprache kann dieser Rodel überhaupt nicht zu der von Burkhard geleiteten Urbaraufnahme gehören, sondern höchstens zu einer von Vogt Schiltung (1303—1306 Vogt in Mengen) gelieferten Vorarbeit. Dies wusste auch eine im 14. Jahrhundert geschriebene Notiz auf dem zweiten Zeddel, welche von der in Ueberschriften der Stuttgarter und Karlsruher Rödel vorkommenden Hand K herrührt, noch ganz richtig anzugeben. „Urbora officii Schillungi sub brevitate concepta." Einzig in diesem gleichen elften Heft fol. 118, 119 und 121 zu den Rechtungen Veringen und Riedlingen sind einige Randnotizen über Veränderungen der Einkünfte von einer spätern Hand, und zwar zirka 1500, betreffend Graf Jörg (von Württemberg?) hinzugefügt; d. h. nach der Auslieferung dieses Fragments an Oesterreich. Nach dem Schluss der schwäbischen Aemter und des ganzen Einkünfteurbars der ursprünglichen Hand folgt von einer Hand vom Ende des 15. Jahrhunderts auf fol. 131b und 132a nachgetragen die Rechtung von Tengen, welche, von der Reinschrifthand zwischen den Aemtern Winterthur und Frauenfeld geschrieben, sich auf Blatt 104b und 105a im Zürcher Fragment findet, dort aber als nicht schweizerisch gestrichen wurde, ebenso wie im Donaueschinger Fragment der noch am Schluss des dritten Heftes stehende Anfang des Amtes Elfingen in ganz gleicher Weise durchgestrichen ist.

Diese Streichungen wie jene Nachtragung sind wohl bei der Auslieferung des nicht schweizerischen Teiles der Reinschrift an Oesterreich gemacht worden.

Von einer andern, aber gleichzeitigen Hand sind rote Ueberschriften, rote Initialien und rote Striche in die Anfangsbuchstaben jedes Absatzes eingesetzt worden. Die roten Initialien sind grösser, aber weit einfacher als die der Rödel. Von den Ueberschriften sind diejenigen der eigentlichen Aemter oder, wie sie hier heissen, „officia" zum Teil von der ursprünglichen Hand mit schwarzer Tinte geschrieben, so dass die rote Hand nur ein C (§) davor setzt und einen Strich in den Anfangsbuchstaben des Namens; andere sind ganz von der roten Hand geschrieben und zwar gleich im ersten Heft alle Aemtertitel ausser dem (schwarzen) „officium Dattenried"; auch „Das Amt ze Kyburg" ist von der roten Hand geschrieben, ganz oben an die Seite gesetzt, wo dieses Amt ohne ursprünglichen Titel, und ohne Platz für einen solchen zu lassen, beginnt; ebenso der Titel „Oficium in Lentzburg" im Berner Fragment, welches in unserer Ausgabe I. 155 nicht benützt ist. Dagegen hat die rote Hand die von der ursprünglichen nicht vorgesehenen Titel der von ihr sogenannten Rechtungen in die dazu nicht recht genügenden Zwischenräume hineingesetzt, um z. B. vom Officium Gröningen „dû rechtunge über das Gotshus zu den Einsidellen" abzutrennen; ebenso fol. 100 b „die rechtung in der Statt ze Wintertur," fol. 104 b „die rechtung ze Tengen;" im Donaueschinger Fragment: die „ander rechtung ze Einsichshein, die rechtungen zů St. Blesien, Veringen, Rüdlingen, Gutenstein, Schere, Mengen und Gundolfingen". An allen übrigen Stellen, wo Pfeiffer Rechtungstitel angegeben hat, finden sich diese in den erhaltenen Reinschriftfragmenten nicht oder nur etwa von späterer Hand angedeutet, wie im Berner Fragment „Arouw" steht, an Stelle der Rechtungen Brugg und Vilmaringen gar nichts. Die Titel dieser drei Rechtungen, wie auch denjenigen von Mellingen, hat Pfeiffer aus der Haiser'schen Handschrift genommen, da er das Berner Fragment nicht kannte. Auch die Titel „Sulgen, Sigmeringen, Mengondorf, Mundrachingen" hat eine spätere Hand des ausgehenden 15. Jahrhunderts in die Reinschrift hineingesetzt. Da der ursprüngliche Schreiber der Reinschrift viel weniger Ueberschriften

machte als die Abschriften der Reinschrift und sogar einige von
Aemtern und alle der Rechtungen wegliess, ist nicht mehr genau
zu ermitteln, wie es sich mit den Titeln der verlorenen Teile der
Reinschrift verhielt. Die Ungleichmässigkeit der Ueberschriften
spricht entschieden dagegen, dass die Reinschrift eine offizielle
Schlussredaktion sei, welche die Rödel ergänze und in die richtige
Reihenfolge bringe; dies hat erst die spätere rote Hand einigermassen
versucht. Die Reinschrift entspricht hierin der Ungleichmässigkeit
der Rödel. Diese haben nur zum Teil ursprüngliche
Ueberschriften der Aemter auf der Vorderseite, wie die Zürcher
und Luzerner Rödel und zwar in lateinischer Sprache „Officium;"
andere haben nur auf der Rückseite etwas später geschriebene
Ueberschriften, wie die Stuttgarter Rödel, in welchen einzig der
Titel „Officium Hewen" von der ursprünglichen Hand stammt.
Die Aarauer, Berner, Zuger, Karlsruher und Colmarer Rödel haben
gar keine Titel auf der Vorderseite. Am auffallendsten ist, dass
die rote Hand der Reinschrift auch den von der schwarzen geschriebenen,
am Karlsruher, Aarauer und am grossen Zürcher Rödel
genähten Titelzeddeln nicht entspricht, sondern „das ampt ze
Elfingen und ze Rein" schreibt, während der ursprüngliche Schreiber
auf dem Zeddel schrieb: „die rechtung ze Ervingen und ze Rein."
Es lässt sich daher auch nicht mit Sicherheit sagen, ob es in dem
fehlenden Teil der Reinschrift „das ampt in Sickental" hiess, wie
in Hs. s, oder „die rechtung in Sickental," wie auf dem Zeddel.
Diese Zeddel sind wohl etwas später geschrieben als die Reinschrift
und erst von der roten Hand für diese benützt worden,
aber nicht genau.

Was die Anordnung und Reihenfolge der Aemter in der Reinschrift
betrifft, so steht sie auch für die verlorenen Partien durchaus
fest und zwar in der Weise, wie sie Pfeiffer nach der Kaiserschen
Handschrift gibt und wie sie überhaupt in den meisten
Handschriften sich findet, ausgenommen die ältere Stuttgarter, die
Strassburger und Tschudi. Die ganze Seiteneinteilung der Reinschrift
ist uns erhalten im Register der Luzerner Handschrift;
diejenige des vierten Heftes in der Berner Handschrift, welche
auch die Hefteinteilung der Reinschrift innehält.

Endlich muss in der Reinschrift, sei es von der ursprünglichen,

sei es von einer wenig späteren Hand, spätestens seit Mitte des
14. Jahrhunderts, noch ein Titel und ein Register der Aemter samt
Einleitung vorhanden gewesen sein, da diese Stücke sowohl schon
in der Münchener Handschrift um 1360, als in der zweiten Stuttgarter, der Luzerner, Innsbrucker und der Kaiserschen Handschrift
gleichlautend enthalten sind, in der Luzerner sogar mit den Blattzedduln der Reinschrift. Dieses Register folgt aber nicht der in
der Reinschrift eingeschlagenen Reihenfolge der Aemter, sucht vielmehr, möglicherweise im Anschluss an die ursprüngliche Reihenfolge der Rödel, eine geographisch befriedigendere Reihenfolge herzustellen, wie sie in der Beschreibung der Münchener, der zweiten
Stuttgarter und der Luzerner Handschrift angegeben wird.

2. Erste Stuttgarter Handschrift, gross 4° 29/22 cm.,
Pfeiffer nicht bekannt, in unserer Ausgabe als Hs. 3 bezeichnet
und für Varianten-Angaben benützt I. S. 96—116; 140—146;
177—239; 490—522. Papier, Wasserzeichen: Kreis durch eine
horizontale Linie geteilt, darüber ein Kreuz ☿, aber nur auf dem
Vorsteckblatt und Schlussblatt; die beschriebenen Blätter sind
von rauherem Papier und haben verschiedene Wasserzeichen: ein
Hirschgeweih für das erste und dritte Heft; für das zweite und
fünfte eine dreizinkige Gabel, deren Stiel ein Kreuz bildet; für
das vierte ein Zeichen, das nach Keinz, Wasserzeichen des 14.
Jahrhunderts, eine Pferdebremse vorstellt und in Tiroler Akten
von 1367 vorkommt; das drittletzte Blatt dieses vierten Heftes
hat jedoch ein anderes Wasserzeichen: drei Kirschen mit zusammenhängenden Stielen. Die Hefte sind mit Ausnahme des
ersten auf der linken Ecke unten bezeichnet mit B, C, D und E.
Die Blätter sind am obern Rande rechts von einer späteren Hand
mit arabischen Ziffern 1—57 nummeriert, dieselbe spätere Hand
hat oben auf das erste Blatt die Jahrzahl 1303 geschrieben. Nur
im zweiten Heft hat die Texthand am untern Rande rechts
römische Blattnummern gemacht, im fünften Heft an gleicher
Stelle die Blätter mit Buchstaben a—f nummeriert. Die Lineatur
beschränkt sich mit Ausnahme des ersten Heftes, wo sie ganz
fehlt, auf vier Randlinien auf allen vier Seiten der Blätter, die
aber von der Schrift wenig respektiert wurden.

Die Hand des Textes ist, obgleich die Tinte, wohl nur infolge von Verdünnung mit Wasser, mehrmals wechselt, durch alle fünf Hefte dieselbe, eine stark kursive Schrift des mittleren 14. Jahrhunderts, ähnlicher derjenigen der Originalrödel, als derjenigen der Reinschrift. Korrekturen und Zusätze finden sich nirgends. Dagegen hat der Schreiber für eine nicht vollzogene Einsetzung farbiger Initialen überall Raum gelassen und den betreffenden Buchstaben klein daneben gesetzt, ausser im ersten Heft, wo er einfache Majuskeln an Stelle der Initialen der Reinschrift setzte.

Auf dem wohl später, in Innsbruck, angebrachten Pergamentumschlag findet sich von einer Hand der zweiten Hälfte des 16. Jahrhunderts der Titel „Urbar über ettliche österreichische Einkhumen in Vorlanden 1303"; ferner die Archivbezeichnung „Lad. 9" und auf einem unten aufgeklebten Papierzeddel die Nummer „65", beides aus dem 19. Jahrhundert. Ohwohl diese Handschrift an Alter der Reinschrift sehr nahe stehen muss, scheint sie doch, wie die Vergleichung mit unserer Ausgabe zeigt, von ihr abgeleitet, da sie gleich im Anfang bei allen Abweichungen der Reinschrift vom Colmarer Rodel der ersteren folgt; natürlich nicht ohne neue orthographische Abweichungen. Möglich wäre freilich auch, dass sie wie die Reinschrift direkt von den für Elsass verlorenen Ausfertigungsrödeln der Hand A abgeschrieben wäre. Diese Frage kann nur für diejenigen Partien entschieden werden, für welche sowohl die A-Rödel als die Reinschrift und Stuttgarter Hs. vorliegen, d. h. die Zürcher Aemter. Diese Vergleichung ergibt zweifellos, dass die erste Stuttgarter Hs. nicht von den Rödeln, sondern nur von der Reinschrift abgeleitet sein kann; sie macht z. B. den nur aus der eigentümlichen Schreibung des s in der Reinschrift erklärlichen Fehler „Totsliderm" statt „Tosridern" oder, wie die beiden Rödel richtiger und klarer schreiben, „Tösriedern" (I. 250, Note g).

Doch enthält diese viel kleinere Handschrift lange nicht alles, was in der Reinschrift stand, ist vielmehr blosses Fragment. Gleich bei den elsässischen Aemtern fehlt das ganze Amt Dattenried (I. S. 31—39), dann eine Stelle bei den Burglehen im Elsass (S. 53, Z. 1—54, Z. 15). Hierauf folgt ein Satz, der zwar bei Pfeiffer p. 38 fehlt, aber in der Reinschrift steht, also von Pfeiffer nur aus Unachtsamkeit weggelassen ist.

Zwar folgt die Handschrift gegen den Schluss der Burglehen im Elsass der Reinschrift über die Stelle hinaus, wo der Colmarer Rodel aufhört, schliesst aber mit Albrechtsthal (I. 56, Zeile 15, erstes Wort und neue Ausgabe) und lässt die letzten sechs Linien weg.

Dann folgt im zweiten Heft, fol. 11, mit Weglassung der schwarzwäldischen und einiger aargauischer Aemter gleich das „Officium ze Mure", welches in der Reinschrift verloren ist und nach Hs. 1 ediert wurde. Die Stuttgarter Hs. entspricht aber den unten angegebenen Abweichungen der Hs. 3, welche mit ihr identisch ist.

Ebenso verhält es sich mit den hier anschliessenden Officia Meyenberg samt Freiamt Affoltern, welches also zu diesem Amt gehört und keinen eigenen Titel hat. Es folgen „Officium in Zuge", „Officium Urseron", dessen Bezeichnung als Amt also wohl auch in der Reinschrift steht, und so fort alle Aemter und Rechtungen in der Reihenfolge der Pfeifferschen Ausgabe nach der Kaiserschen Handschrift, mit der Ausnahme, dass die Rechtung zu Zofingen keinen Titel hat, sondern zum Amt Aarburg gehört; ebenso fehlt der Titel „die rechtung ze Wallenstat", welche also zu der „rechtung ze Glarus" gehört, ebenso fehlen die Titel der Rechtungen Mellingen, Aarau, Brugg und Vilmeringen. Da dieses alles der ursprünglichen Reinschrift entspricht, so dürfte der in dieser, wie auch in der andern Stuttgarter Handschrift stehende Titel „officium Sursee" entgegen der Note auf Seite 177 doch berechtigt sein und wenigstens auf die Reinschrift zurückgehen. Ausnahmsweise stehen dagegen die Titel „die rechtunge ze Lucerren" und „die rechtung über das gotzhus Münster". Der ausnahmsweise deutsche Titel „Daz ampt ze Kiburg" entspricht wieder genau der Reinschrift, wo er von der roten Hand so eingesetzt ist; ebenso „die rechtung in der stat ze Wintertur".

Im Anfang des Amtes Diessenhofen bricht diese Handschrift plötzlich ab mit dem auf die Kirche in Diessenhofen bezüglichen Satz (I. 341 Z. 14) oben an ihrer Seite 45ᵇ und lässt diese Seite mit Ausnahme der ersten Linie leer.

In gänzlicher Abweichung von der Reihenfolge der Reinschrift folgen im fünften Heft fol. 46 das „Officium in Segkingen" und die übrigen schwarzwäldischen Aemter, dann „officium ze Elfingen und ze Rein" abweichend von der Reinschrift, welche „das ampt" hat;

dann folgt das „officium uffen dem Bötzberg", „officium in Sigkental". Mit diesem schliesst die Handschrift. (l. 116 Z. 5.) Sie ist also nicht ganz vollständig. Es fehlen ihr, abgesehen vom Amt Dattenried, den Burglehenstellen und dem Schluss der elsässischen Aemter, der grösste Teil des Amtes Diessenhofen, das ganze Amt Frauenfeld und die Rechtung zu Tongen, endlich die sämtlichen schwäbischen Aemter.

Warum die sonst ziemlich genau und sorgfältig geschriebene Handschrift im Anfang des Amts Diessenhofen so plötzlich abbricht, alles in der Reinschrift folgende weglässt und die schwarzwäldischen Aemter am Schluss statt nach den schwäbischen bringt, bleibt rätselhaft. Die Annahme, dass die Hefte teils verloren gegangen, teils in falscher Reihenfolge eingebunden seien, erklärt den plötzlichen Abbruch im Amt Diessenhofen nicht, auch sind die Kustoden der Hefte von der Texthand selbst geschrieben; spätere Abschriften haben die Reinschrift noch vollständig benützt.

Diese Handschrift hat trotz ihres Alters ziemlich viele und erhebliche Fehler, besonders in Ortsnamen, nicht in elsässischen, aber in schweizerischen, z. B. I. S. 96 Note f: Wifar statt Lunfar, S. 98 Note i: fürstümlehen statt vorstümlechen, 101 Note a: wirthaften statt wighaften, S. 182 Note b: Schöpech statt Schölsch, S. 189 Note e: Vistalden statt Urstalden; oder Seite 190 Note b: Boningen statt Bollingen. An anderen Stellen hat sie aber auch bessere Lesarten als spätere Abschriften der Reinschrift, z. B. S. 142 das richtige Ytental statt Eutal der Berner Handschrift. Hie und da enthält sie auch Worte, die in der Berner Hs. 1 aus Versehen ausgefallen sind, z. B. 110 Note d: „der sint". S. 187 Note a enthalten die beiden Stuttgarter Handschriften (nicht nur Hs. 3!), die in Hs. 1 fehlende Angabe der Mindeststeuer. Seite 201 Note c steht hier die in Hs. 1 und Hs. 2 fehlende Stelle „uff dâ burg".

Trotz ihres der Reinschrift nahezu gleichkommenden Alters und ihrer direkten Ableitung ist die Handschrift leider wegen ihrer willkürlichen Reihenfolge für die Frage der Reihenfolge in der Reinschrift wenig brauchbar und wegen ihrer willkürlichen Orthographie auch für die Textherstellung der in der Reinschrift fehlenden Partien nur da verwendbar, wo ihre Lesarten sich vor denjenigen der übrigen Handschriften von selbst aus inneren Gründen als richtig darstellen. Den grössten Wert hat die Handschrift dadurch, dass ihre den Rödelhandschriften sehr nahestehende Hand die schwierig zu datierende Hand der Reinschrift doch zeitlich den Rödeln näher bringt und verbietet, die Reinschrift später als 1330 zu setzen.

Für elsässischen Ursprung der Handschrift spricht ganz besonders, dass sie nicht nur die elsässischen Namen richtiger schreibt als die schweizerischen, sondern sogar schweizerische Namen in anklingende elsässische verwandelt, wie sie im Amt Urseren aus dem „Grafen von Raprechtzwile" einen Grafen von „Rapoltzwile" macht (I. S. 285 Note d). Die Handschrift ist wohl von einem habsburgischen Beamten in Ensisheim nach der in Baden befindlichen Reinschrift kopiert worden; doch muss auch sie nach Innsbruck gekommen sein, da sie mit ihrer nr. 65 im Extraditionsverzeichnis an Konstanz ca. 1760 vorkommt.

3. Zweite Stuttgarter Handschrift, Pfeiffer nicht bekannt, in unserer Ausgabe als IIs. 1 bezeichnet und für Variantenangaben benützt an denselben Stellen wie die ältere Stuttgarter Handschrift. Klein-Folio, 32/23 cm. Papier, Wasserzeichen: Ochsenkopf mit Kreuz, nur auf den loeren Blättern vorn und hinten andere Wasserzeichen. Arabische Blattzahlen (in der Form des 15. Jahrhunderts) in der Mitte des obern Randes bezeichnen die 139 paginierten Blätter; keine Kustoden, aber Reklamanten am Schluss jedes Heftes. Die Lineatur beschränkt sich auf vier mit Tinte gezogene Randlinien auf allen vier Seiten.

Die Hand ist auf den 139 paginierten Blättern durchweg die gleiche, eine breite kurze gothische Kursive aus dem Anfang des 15. Jahrhunderts; für die nirgends eingesetzten Initialen ist Platz ausgespart. Auch an den Rand geschriebene Nachtragungen vergessener Stellen sind von dieser Hand. Die Aemtertitel sind in grosser dicker Gothik mit Tinte geschrieben, wohl von derselben Hand. Den paginierten Blättern gehen sechs unpaginierte vorher mit verschiedenen anderen Wasserzeichen, das erste, dritte und sechste sind leer; auf dem zweiten Blatt hat dieselbe Hand, welche den ganzen übrigen Text schrieb, den Titel, ersten Absatz und die fünf ersten Worte des zweiten Absatzes des Amts Ensisheim geschrieben; wohl erste Probe oder misslungener Versuch; vermutlich gefiel die hier gleich eingesetzte schwarze Initiale nicht. Auf das vierte und fünfte Blatt hat eine ganz andere spätere, dem 16. Jahrhundert angehörige Hand das Verzeichnis der im Text vorkommenden Aemter und Rechtungen mit arabischen Blattzahlen geschrieben, dabei das im Text stehende Amt Krenkingen übersehen. Von den Rechtungen stehen nur die in der Reinschrift begründeten, aber nicht: Walenstatt, Mellingen, Aarau, Brugg, Vilmeringen.

Der Text entspricht der Reihenfolge der Reinschrift und enthält sämtliche bei Pfeiffer abgedruckte Aemter und Rechtungen vollständig; nur lässt er merkwürdiger Weise auch den Schluss der andern Rechtung zu Ensisheim weg, ähnlich wie die ältere Stuttgarter Handschrift, aber so, dass hier noch eine Zeile mehr steht als dort: „uffen das mayertôm ze Hirsingen X lib. Basler" (I. 56. Z. 15).

Nach dem Schluss des Urbartextes folgt auf dem letzten 139. Blatt folgende Bemerkung, nach welcher die Handschrift 1416 oder 1417 geschrieben sein muss:

„Das recht Urber Büch, darab ditz Büch, von dem das Büch [1]) geschriben ist, hat der von Zug Botten, nämlich Hensly Sailer [2]) und (Lücke für einen zweiten Namen?) genomen an Fritag post exaltationem sancte crucis anno domini M°CCCC°XVII° etc."

Darauf folgt der auch in vielen andern Handschriften vorhandene Titel:

»Dis ist das Urber Büch der edlen hochgepornen fürsten der hertzogen von Österrich, daran verschriben sint ir gülte, nütze und ir rechtunge, die sy hand in den emptern und an den stetten, als hie vor geschriben stàt, sy sigen gross oder klaine, oder wie si gunant sind, nach der londer gesetzt und gewonheit, es sige ze Elsäs, in Albrechtztal, vor Ortemberg heruf, als das gebirge gàt, und vor dem gebirge unz gen Enseshaim und uff der Hart und, was zů der landgräfschaft in obern Elsas höret, ze Datten-

---

[1]) Ist dies nur fehlerhafte Wiederholung oder ist doppelte Ableitung gemeint? Doch wohl ersteres.

[2]) Johannes Seiler, Mitglied des Inneren Rates in Zug seit 1416 und Tagsatzungsgesandter 1416—1419, vgl. Abschiede I. Register.

riel und ze Landeser und in dem tal ze Werre und uffen dem
Walde und òch uffen dem Walde, dem man spricht der Swarzwalt
und von Küngsbrunnen untz ze Úris Wiesen und in allem Frickttal
untz an die Ar und in Ergòwe und ze Hinderlappen, im Siegental, im Zürichgòw, in Kloggòwe, in Turgòwe, ze Clarus, ze Lags
und was ze Swaben ist, wie das genant ist etc.

Welches ampt, pflognisse oder rechtunge dehainer man haben
wil oder wissen, der sol er suchen davor nach der zal, als er da
verschriben ist, dor vindetzt". Es scheint also doch ein Register
von der Texthand gegeben zu haben, das später durch ein anderes
ersetzt wurde. Die vorhergehende Beschreibung des Urbars von
„Dis ist das Urborbuch" an steht auch in der mindestens 100 Jahre
späteren Kaiserschen Handschrift (vgl. Pfeiffer Vorwort p. XVIII).
Dieselbe Stelle, noch vermehrt durch Angabe des Verfassers Meister Burkhart 1309, aber ohne Registereinleitung, gibt auch Haller
II. nr. 1897 an und nach ihm Fuchs: Tschudi II. p. 152.

Auf der vorderen Seite des Pergamentumschlages dieser Handschrift steht von der Innsbrucker Hand des 16. Jahrhunderts J
gross und dick geschrieben der Titel: „Das Urbarpuch uber das
haws Osterreich aus den Aidgnossen komen" etc. Darunter ebenfalls von der Hand J sehr dick die Jahrzahl „1303," klein der
Titel: „Urbar vorderen Landen" und wieder gross und dick die
Nummer „85." An das hintere Blatt des Pergamentumschlages
ist zur Herstellung eines über den vorderen Schnitt des Buches
übergreifenden Deckels eine nach der Schriftseite zusammengelegte
und zusammengenähte Pergamenturkunde befestigt, ein Lehenbrief
des Herzogs Sigmund für Heinrich Mentelberger betreffend den
Hof zu Martinsberg, mit dem Datum: „geben ze Insprugg an Eritag nach sand Matheus . . . . . im vierzehenhundert zway und
achtzigisten jare." Der Umschlag und seine Aufschriften sind also
in Innsbruck hergestellt und jene grosse dicke Hand, welche auch
auf andern Rödeln Jahrzahlen und Titel geschrieben hat, gehört
sicher der Kanzlei oder dem Archiv von Innsbruck an.

Diese Handschrift hat weniger Fehler als die ältere Stuttgarter Handschrift und weicht weniger von der Bernerhandschrift,
resp. wohl auch von der hier fehlenden Reinschrift ab; mitunter hat
sie sogar bessere Lesarten als die Bernerhandschrift (Hs. 1), z. B.

I. S. 105 Note c richtig „gebösert" statt des falschen „gebessert"
in IIa. 1 und Hs. 2; S. 105 Note g haben beide Stuttgarter Handschriften „Mûrbach" statt des falschen „Mûrbasch" der IIa. 1,
S. 110 Note g „jegenlicher" statt der falschen Lesart von IIa. 1
„eigenlicher" und Hs. 2 „etzliche".

Die direkte Ableitung von der Reinschrift ist zweifellos, nur
für die Schlussbemerkung über Registerbenützung bleibt fraglich,
ob sie schon in der Reinschrift vorhanden war.

4. **Münchner Handschrift**, im Reichsarchiv in München
weder von Pfeiffer noch in unserer Ausgabe bisher benützt, abgesehen von einer Notiz Baracks erst 1899 in München entdeckt,
wovon uns Herr Archivrat Dr. Baumann gütigst in Kenntnis setzte,
und unserem Staatsarchiv zur Benützung zugesandt. Der Codex
trägt auf zwei vorn aufgeklebten Zeddeln eine ältere Signatur
„T 36." und eine neuere „K. b. allg. Reichsarchiv, Tirol Grafschaft nr. 19", stammt also aus Innsbruck, da sich diese Signatur
nicht auf den Inhalt, sondern nur auf die Herkunft beziehen kann.
Dieser gar nichts baierisches enthaltende Codex kam ins Münchner
Archiv durch die bei Abtretung Tirols an Baiern 1805 im folgenden
Jahr vollzogene Extradition eines grossen Teiles des Innsbrucker
Archives (vgl. Schönherr, Die Archive in Tirol, p. 55), welcher
1814 nur teilweise zurückgestellt wurde.

Es ist ein Pergament-Codex, freilich von schlechtem, vielfach
durchlöchertem und geflicktem Pergament, in Folio 35:25 cm.,
bestehend aus 91 mit römischen Zahlen von anderer Hand als der
Text nummerierten Blättern und aus acht Heften, welche auf
dem untern Rand der letzten Seite nummeriert sind mit primus,
secundus etc. Im ersten Heft steht auch auf der ersten Seite
„primus." Die erste Hälfte jedes Heftes ist von der ursprünglichen
Hand am untern Rand rechts mit schwarzen Blattnummern „a—f"
versehen, in der Mitte des untern Randes mit roten Blattnummern
I—VI; die zweite Hälfte der Hefte, resp. der Doppelblätter hat
keine Nummern.

Die drei ersten Seiten, welche von der Texthand ein Register
der Aemter und Rechtungen samt Blattzahlen enthalten, haben
Tintenlinien für jede Zeile, der auf den übrigen Seiten enthaltene
Text hat nur vier Randlinien und Linien zur Trennung der inhaltlichen Absätze.

Dem Register geht eine Einleitung voraus, welche abgesehen von orthographischen Abweichungen und der durch die Voraus- statt Nachstellung bedingten Anordnung „als bie nach gescriben stat" anstatt „hie vor geschriben," wörtlich übereinstimmt mit der zweiten Stuttgarter Handschrift, der Raiserschen und der Luzerner Handschrift, oder besser gesagt, in der Münchner Handschrift, welche unter all diesen Ableitungen der Reinschrift die älteste ist, zuerst auftritt.

Im übrigen stimmt sie mit der in Pfeiffers Vorrede p. XVIII zweiter Absatz bis p. XIX Z. 2 nach der Raiserschen Handschrift gedruckten Stelle: „Diz ist dz Urbor Buch ..... swie dez genant ist." Dagegen fehlt sowohl die in der zweiten Stuttgarter Hand- schrift dieser Stelle vorausgehende Angabe, dass der von Zug Bote das rechte Urbarbuch 1417 genommen habe, als die in der Rai- serschen Handschrift und bei Pfeiffer XVII vorausgehende Stelle betreffend Transsumpt von 1511, da die Handschrift älter ist als diese beiden Ereignisse. Wohl aber steht in der Münchner Hand- schrift die bei Raiser, wie es nach Pfeiffer scheint, fehlende An- weisung zur Benützung des Registers in nahezu gleichlautender Form, wie sie in der zweiten Stuttgarter Handschrift vorliegt: „Swelhes ampt, phlegnissen oder rechtünge keiner man aber haben wil oder wissen, der sol es süchen har nach nach der zal, als da verschriben ist, der vindetz."

Die den einzelnen Registertiteln vorgesetzten römischen Zahlen sind von anderer Hand und von schwärzerer Tinte als der Text und zwar von derselben Hand, welche die ihnen entsprechenden Zahlen der einzelnen Blätter des Codex geschrieben hat. Das Register enthält auch das im Stuttgarter Register vergessene Amt Krenkingen.

Die Münchner Handschrift ist also jedenfalls keine Kopie der zweiten Stuttgarter, sondern, da sie älter ist, eher umgekehrt. Ihr Register ist auch viel ausführlicher gehalten als jenes; statt einfach „officium" oder „ambt" oder „rechtung" wie dort, heisst es hier: „I. Daz ampt und die phegnissin zu Einseshein und daz dar zů hört" und so weiter, alles in deutscher Sprache und etwas umständlich, wie z. B.: „die phlegnissin ze Habspurg enant sewes untze Art" oder „die rechtunge über lüte und über gůt in dem

Eygen." Auch hier wie in der zweiten Stuttgarter Handschrift sind von den Rechtungen nur die in der Reinschrift begründeten angeführt, also nicht Wallenstad, Brugg, Vilmeringen.

Sehr auffallend ist, dass dieses Register in der Reihenfolge der Titel nicht nur von den andern Handschriften, sondern auch von den Blattzahlen der Münchner Handschrift selbst sehr vielfach und stark abweicht und zwar nicht etwa willkürlich oder alphabetisch, sondern nach einem strengen geographischen Plan, dessen Anordnung wohl ziemlich richtig die ursprünglich beabsichtigte Reihenfolge der Rödel trifft.

Die „ander rechtunge und nütze, die gen Ensesheim hörent," folgt gleich auf das erste Amt „Ensisheim," wie es auch natürlicher ist, als am Schluss aller übrigen Aemter des Elsass. Weniger klar ist, warum das Amt Waldshut den Rechtungen Seckingen und Werre vorangeht. Amt Krenkingen folgt erst zwischen Bötzberg und Sickental.

In der mittleren Partie, wo die Reinschrift fehlt und die Abschriften eine besonders unbefriedigende Reihenfolge haben, wird die Vermengung der zürcherischen mit den aargauischen Aemtern gelöst, das Amt Baden zwischen Meienberg und Zug eingeschoben; auf Hinderlappen und Freiburg folgen Arburg und Zofingen, Einsideln (!), Lenzburg u. s. w. (wie in Pfeiffers Register p. XXVII) bis Luzern; dann folgt (der Titel Richensee fehlt ganz!) das Amt Glarus, die Rechtung Glarus, Lags, Münster, Eigen(!); erst jetzt die zürcher Aemter in etwas veränderter Reihenfolge: Grüningen, Embrach, Regensberg, Kyburg, Winterthur und die „ander rechtung in der Stadt Winterthur," Kloten und die „ander rechtung zu Kloten" (entsprechend dem wiederholten Titel in Rödel und Reinschrift); Frauenfeld, Diessenhofen, Tengen, anders gestaltet als in der Reinschrift. Hierauf folgen am Schluss die schwäbischen Aemter in der gleichen Reihenfolge wie in der hier vorhandenen Reinschrift, und mit Uebergehung der auch in der Reinschrift erst von einer spätern Hand eingesetzten Titel „Sulgen, Mengendorf und Mundrakingen."

Der Text des Urbars beginnt auf der folgenden Seite II b mit mit dem Amt Ensisheim mit Weglassung des in der Reinschrift von der spätern roten Hand eingesetzten Titels dieses Amtes.

Im einzelnen stimmt der Text hier mehr mit den Abweichungen der Reinschrift überein als mit dem Colmarer Originalrodel; doch hat die Münchner Handschrift auch der Reinschrift gegenüber orthographische Abweichungen und stimmt sogar in der Orthographie „ze richtende" statt „richtenne" mit dem Rodel. Doch ist dies mehr Zufall und im ganzen sicher, dass die Münchner Handschrift eine Ableitung der Reinschrift ist, da sie z. B. den im Rodel stehenden, in der Reinschrift fehlenden Absatz betr. Holzwiler (I. p. 9) ebenfalls woglässt; dagegen den im Rodel fehlenden Zusatz der Reinschrift betr. vasnachthuhn zum vorhergehenden Absatz ebenfalls gibt. Der Titel des folgenden Amtes „Officium Landspurg" steht am Rand der Seite, wo der Text ohne besonderen Absatz beginnt. Der Schluss der Burglehen im Elsass ist vollständig wie in der Reinschrift; die in den zwei Stuttgarter Handschriften fehlenden Schlusssätze stehen hier.

Auch für die folgenden Partien, wo die Reinschrift fehlt, sind die Titel der eigentlichen Aemter, die im Register stehen, regelmässig am Rand des Textes angegeben, so dass man annehmen darf, diese Titel seien auch in der Reinschrift vorhanden gewesen; z. B. die von Dr. Maag bezweifelten Titel: „Officium Sursee und „Officium Sempach." Dagegen fehlen auch hier die Titel: Aarau, Brugg, Rechtung Vilmeringen.

Der Text der Münchner Handschrift ist nicht immer korrekt; der Abschreiber hat oft falsch gelesen, ähnlich wie andere Abschreiber der Reinschrift; er macht z. B. denselben Fehler wie die ältere Stuttgarter und die Strassburger Handschrift „Muarte" statt „Quarte"; doch ist dies durch das eigentümliche unciale M der Reinschrift so nahe gelegt, dass dies an und für sich nicht für einen Zusammenhang dieser Abschriften spricht. Sehr gedankenlos sind die Fehler im Beginn der Rechtung in dem Eygen: „die graffen sint ze Landespurg" statt „Habsburg" und im Amt Lenzburg (I. p. 171) „ze Baden Schongowe" statt: „ze beden Schongowen;" letzteren Fehler hat übrigens auch die erste Stuttgarter Handschrift.

Der ganze Text samt Register ist von ein und derselben Hand geschrieben, einer Kursive der zweiten Hälfte des 14. Jahrhunderts.

Eine andere Hand hat mit roter Farbe die Initialen des

Textes bei jedem neuen Amt geschrieben und durch den Anfangsbuchstaben jedes Unterabsatzes einen roten Strich gemacht, etwa auch die schwarzen Amtstitel unterstrichen und hie und da C (§) an den Rand eines neuen Unterabsatzes geschrieben.

Eine dritte Hand und zwar diejenige von zirka 1600, welche dieselben Amtstitel auf die Stuttgarter Rödel schrieb, begegnet ausschliesslich in den schwäbischen Aemtern und hat hier an den Rand bezüglicher Textstellen die Namen „Friedberg, Diermedingen, Mengen, Bussen, Ober-Mengen, Harthausen, Schär, Enselingen, Altheim, Sulgenstat, Laitzen, Kruchenwiess, Munderkingen, Voringen, Zwifalten" und zweimal das Wort „Kirchensatz" geschrieben.

Nach dem Schluss des Textes, der mit dem Schluss der Reinschrift (I. p. 471 Z. 4) übereinstimmt, folgt unten auf S. LXXXX a der Münchner Handschrift, ohne erheblichen Absatz und ohne neuen Titel, folgende von österreichischer Seite herrührende Aufzeichnung über Vorletzungen, welche sich die Eidgenossen gegenüber einer gewissen „Richtung" zu Schulden kommen liessen:

„§. Dis sint die Stücke, daran die von Zürich, dù von Lucerne und die Waltstette überhant an der richtunge, dù min herre von Oesterrich nu ze jungest mit inen genomen hat, dar über si beiderthalb einander geben hant ir offene besigelten Briefe; des ersten:

Als dù richtbriefe bewisent, dz dù von Zürich und dù von Lucerne sich abtùn und ussen soltent aller irer usburger, die minem herre von Österrich und sinen dienern zugehörent, da hant bede stete noch alles in ir schirm- und burgrecht alle dù selbe usburger, der si sich nach der richtung anen solten, und hant sunderlich dù von Lucerne sider der richtung ze burgern genomen etzowievil gesezzener wirt uffen dem lande us dem ampt ze Rotenburg, die minem herren von Oesterrich und den sinen zugehörent" u. s. w.

Die angezogene „Richtung" ist, wie aus der Uebereinstimmung des Inhalts der zitierten Artikel hervorgeht, der Regensburger Friede vom 23. und 25. Juli 1355, ediert in den Abschieden I. p. 291. Die Klagen, welche nicht lange nachher (jüngst) abgefasst sind, müssen doch wohl erst nach 1364 entstanden sein, da, wie G. v. Wyss im Anzeiger f. Schweizer Gesch. 1866 p. 55 nachwies (vgl. auch Dierauer I. p. 279), der unter diesen Klagen figurierende Ueberfall Zuge erst 1364 stattfand, aber jedenfalls vor dem Thorbergischen Frieden 1368; die Klagen sind also zwischen 1364 und 1368 verfasst unter Rudolf IV. Ungefähr um dieselbe Zeit dürfte auch nach der Schrift die Münchner Abschrift des Urbars geschrieben sein.

Auf diese ungefähr zwei Seiten füllenden Klagen folgt auf dem letzten Blatt des Codex eingeleitet durch die Worte: „Datum per copiam" die sich aber noch eher auf die vorhergehenden Klagen beziehen dürften, eine Kopie der „Nütze und Rechte in der Grafschaft Lags", obschon dieses Amt bereits auf den Blättern XLIII und XLIIII dieses Codex vollständig enthalten war, von derselben Hand geschrieben. Darunter und am Schluss der ganzen Handschrift stehen die Worte:

„Dis ist ein abschrifft von der grafschaft von Lags".

Aeusserlich ist der Codex in Holzdeckel gebunden, welche mit rosenrotem Leder überzogen und mit einem Lederriemen zum Verschluss versehen sind, ganz wie die Reinschrift in Donaueschingen und wie die Berner Handschrift.

Auf der Vorderseite des roten Deckels steht von jener dicken Hand des Innsbrucker Archivs J in grosser Schrift „Urberbuch 1350"; dann in kleiner Schrift: „ladl 65 Urb. Nr. 114". Ein nicht ursprünglich zum ersten Heft des Codex gehöriges, wohl erst beim Einbinden hinzugefügtes Vorstehblatt von stärkerem Pergament enthält eine lateinische Notariatsurkunde eines Notars Raynald von 1340, wie es scheint, in Rom ausgestellt; der obere Teil und der linke Rand sind mit Teilen des Textes abgeschnitten. Sie betrifft einen Streit über ein Canonicat, wahrscheinlich im Tirol, und bestätigt die Vermutung, dass der Codex nicht vor Mitte des 14. Jahrhunderts eingebunden wurde.

5. **Handschrift der Stadtbibliothek Bern. Hist. Helv. VI. 75**, Pergament, Klein-Folio; in unserer Ausgabe mit Hs. 1 bezeichnet und überall zu Grunde gelegt, wo weder Reinschriftfragmente noch Rödel vorliegen, unpraktischer Weise aber nach fingierten Blattzahlen, statt nach den in der Handschrift stehenden Seitenzahlen zitiert. Diese von Pfeiffer im Vorwort XX ausführlich nach Stürlers (wie es scheint, vielfach missverstandenen) Angaben beschriebene, aber eigentlich nicht für seine Edition benützte Handschrift stammt

nicht, wie Pfeiffer sagt, aus der Mitte, sondern, wie auch die Schrift derjenigen der zweiten Stuttgarter Handschrift dem Zeitcharakter nach entspricht, entschieden aus dem ersten Drittel des 15. Jahrhunderts, genauer aus der Zeit nach Eroberung der Burg Baden 1415, aber vor 1430, dem Ende der Amtszeit des Borner Stadtschreibers Heinrich von Spaichingen. Sie enthält drei verschiedene Teile, welche alle für unsere Ausgabe in Betracht kommen und, zwar nicht sofort, da die Aussenseiten der einzelnen Hefte gelb geworden sind, aber doch wohl schon vor Mitte des 15. Jahrhunderts zu einem Bande vereinigt wurden, da dessen aussen mit rosenrotem Leder bekleidete Holzdeckel innen mit drei unvollendeten und unbrauchbaren Urkunden der Berner Stadtkanzlei überzogen sind, deren erste das Datum 1405, die zweite 1416 trägt, die dritte unvollendete derselben Zeit und der Kanzlei Thun angehört, wo Heinrich von Spaichingen Stadtschreiber war.[1]) Der Codex hat abgesehen vom vierten Heft keine ursprüngliche Blätterzählung; erst eine ganz moderne Hand hat mit Bleistift arabische Seitenzahlen an den äusseren Rand gesetzt, welche von 1 bis 270 durch alle drei Teile des Codex gehen.

Von diesen drei Teilen kommen die beiden letzten, das Kyburger Urbar und das Habsburger Pfandregister von 1380, erst für den II. Band (S. 1—36 und 593—675) in Betracht, für den I. Band nur der erste, aber allerdings weitaus grösste Teil des Codex Seite 1—233. Er enthält eine Kopie der Reinschrift des Einkünfteurbars. Sie ist auf gutes festes Pergament geschrieben, das nur hie und da am Rand zugenähte Risse zeigt. Die Lineatur beschränkt sich auf vier mit Bleistift gezogene Randlinien. Die zwölf Hefte, aus 3—5 Doppelblättern bestehend, haben am obern Rand des ersten Blattes Kustoden: „primus, 2"", 3"" u. s. w. bis 12"" in arabischen Ziffern des 15. Jahrhunderts.

Reklamanten stehen nur am Schluss des ersten Heftes, dessen

---

[1]) Eine von Herrn Prof. Tobler mir mitgeteilte Notiz aus dem Berner Stadtschreiberrodel: „1477 Mauritii, abgeschrieben ein Urberbuch, so ettwan der heerschaft von Oestrich gewesen ist, und Bartholome Huber von Baden harbracht hat, ist vast lang und tüt VI ß ₰"", lässt sich der Zeit nach weder auf diese noch auf eine andere der bekannten Handschriften beziehen, wohl aber auf die Stelle der Abschiede III. 1. p. 12.

letzter Satz erst im zweiten vollendet wird. Sonst schliessen alle Hefte, obgleich sie keineswegs immer mit dem Schluss einer Abteilung oder auch nur eines Satzes übereinstimmen, mit einem leeren Raum von mehreren Zeilen, einer ganzen Seite oder sogar mehreren Seiten. Dies hat seinen Grund darin, dass diese Handschrift genau der Hefteinteilung der (möglicherweise damals schon zerstückelten) Reinschrift folgt und auch deren leere Seiten nachahmt. Am deutlichsten ist ersteres am Schluss des dritten Heftes zu beobachten, wo die Berner Handschrift mitten in einem Zinsposten des Hofes Elfingen und mitten in der etwa siebenten Zeile von unten abbricht, genau entsprechend dem Schluss des dritten Heftes des Donaueschinger Fragmentes. (Vgl. I. 93 Z. 7 und Note c.) Ebenso genau entsprechen das 5., 9. und 10. Heft den Zürcher Fragmenten und zwar so, dass die Berner Abschrift am Schluss des 9. Heftes mitten im officium Wintertur 1½ Seiten leer lässt, um sich wieder mit der Hefteinteilung der Reinschrift in Uebereinstimmung zu setzen. Am Schluss des 10. Heftes hat die Abschrift ganz wie die Reinschrift sechs Seiten leer gelassen, wovon aber zwei Blätter später herausgeschnitten wurden.

Dass die Hefte damals schon auseinandergenommen waren, möchte man besonders aus dem Wechsel der Hände für die einzelnen Hefte schliessen. Dieser Wechsel ist stärker als Pfeiffer annimmt, der die Beschreibung der Handschrift durch Stürler missverstanden haben muss, wie schon die falschen Seitenzahlen für den Schluss des ersten Heftes, 23 statt 20, zeigen, und die Behauptung, dass das fünfte Heft (Seite 75—96) von der gleichen Hand sei, wie das erste, während es im ganzen Codex keine grössere Verschiedenheit gibt als gerade diese beiden Hände. Nach genauer Vergleichung der im ganzen ziemlich ähnlichen und gleichzeitigen Hände komme ich zu dem wohl auch von Stürler abweichenden Resultat, dass jedes Heft von verschiedener Hand ist und keine Hand sich wiederholt. Wenn Stürler im I. Heft die Hand des Berner Stadtschreibers H. v. Spaichingen erkannte, so mag dies für dieses Heft richtig sein, aber schwerlich für irgend ein anderes, ebenso, wenn er in andern Heften zwei untergeordnete Schreiber der Berner Stadtkanzlei erkennen will; aber wenn er im ganzen nur vier verschiedene Hände in den zwölf Heften findet, sehe ich in jedem Heft eine andere Hand. Der gegenwärtige Berner Staatsarchivar, Herr Dr. Türler, will auch nur die Hefte 1 und 3 einerseits, 11 und 12 anderseits denselben zwei Händen zuschreiben, aber in keiner dieser Hände diejenige Spaichingens sicher erkennen. In den zehn übrigen Heften findet er ebensoviel verschiedene Hände. Ganz abzulehnen ist die Vermutung Fluris im Anzeiger für Schweizer Gesch. 1899 Heft 1 und 2, dass das 1., 3. und 11. Heft von Konrad Justinger herrühre. Dazu kommen noch Verschiedenheiten der Ausstattung. Das 4. Heft unterscheidet sich nicht nur vom 3., dessen Hand nach Stürler dieselbe sein soll (Seite 33—73), sondern auch von allen übrigen Heften durch Angabe der Blattzahlen, und zwar beziehen sich diese römischen Zahlen XXXI—XLII nicht auf diese Berner Handschrift, für welche sie 26—37 wären, sondern auf das verlorene vierte Heft der Reinschrift, vom Anfang des Amtes Elfingen bis Mitte des Amtes Urseren. Dieser Schreiber hat also die Blattzahlen mit abgeschrieben und würde diess gewiss auch für die übrigen Hefte getan haben, wenn er noch weitere geschrieben hätte. Er verwendet die rote Farbe auch für Initialen und Striche in den Majuskeln und für die schon in der Reinschrift stehenden Aemtertitel. Rote Farbe verwendet sonst nur noch das (auch nach Stürler) von einer ganz andern Hand herrührende 9. Heft (Seite 160—181), aber die roten Striche finden sich in sparsamerer Anwendung nur bei Absätzen, die Initialen haben eine ganz andere Form; die Blattzahlen LXXXVIII und LXXXVIIII der hier für Amt Kyburg noch existierenden Reinschrift waren auf den zwei ersten Blättern mit kopiert worden, aber mit schwarzer Tinte und sind wieder radiert worden. Endlich verwendet noch das 12. Heft, das auch nach Stürler von einer andern Hand geschrieben ist als alle übrigen, rote Farbe, aber wieder in etwas anderer Weise für viel einfachere Initialen, für Aemtertitel und für Striche durch sämtliche Majuskeln, von Blattzahlen keine Spur. Dieses Heft trägt die Unterschrift des Abschreibers: „Per me Bertholdum Egen". Nach Stürler soll dieser Berchthold Egen ein dritter Gehülfe des Berner Stadtschreibers H. von Spaichingen sein; ich finde einen Berthold Egon als Boten der Stadt Rottweil in den Abschieden 1475 (Eidg. Abschiede II. 565), der freilich weder nach Zeit noch Amt identisch sein kann. In der Lineatur weichen die einzelnen Hefte ebenfalls ab: das 1. und 3. haben nur Randlinien mit Bleistift, das 2., 6., 10. nur Zeilenlinien mit Tinte, das 4. und 5. Zeilenlinien mit Bleistift, das 7. Zeilenlinien mit Bleistift nach Zirkellöchern, das 8. Zeilen- und Randlinien mit Bleistift, das 9. nur Randlinien mit Tinte, das 11. und 12. gar keine Linien.

Während die arabischen Heftnummern am obern Rand der ersten Seite überall von der gleichen Hand herzurühren scheinen, ist die Behandlung am Schluss jedes Heftes durch seinen Schreiber verschieden; das 1. und 11. Heft geben die Reklamanten, das elfte dazu auch noch die Zahl „XI"', die übrigen Hefte haben gar keine Bezeichnung am Schluss.

Sehr ungleich ist auch die Behandlung der Aemtertitel. Das 1. Heft hat ausser dem ganz fehlenden ersten Titel die übrigen in grosser Tintenschrift über den Text gesetzt. Das 2. setzt den Titel, ohne Zwischenraum im Text zu lassen, an den Rand; das 3., 6., 7. und 11. lassen Platz für Initialen und Titel, die wohl mit roter Farbe hätten eingesetzt werden sollen, und schreiben beides in ganz kleiner Schrift über die Lücke; im 4. Heft sind Initialen und Titel auf die klein vorgezeichnete Tintenschrift mit roter Farbe eingesetzt, im 5. sind die in kleiner Tintenschrift vorgezeichneten Titel neben die Lücken an den Rand gesetzt, im 8. stehen die klein vorgeschriebenen Titel teils über der Lücke, teils am Rand, dann aber so, dass sie mit dem Seitenrand parallel laufen; das 9. hat die Titel von Anfang an rot eingesetzt und daher nicht mit Tinte vorgezeichnet, das 10. die Aemtertitel mit grosser Tintenschrift eingesetzt, die Rechtungstitel nur mit kleiner Schrift am Rand, das 12. hat die Titel in kleiner Tintenschrift am Rand vorgeschrieben, aber auch mit roter Farbe Titel und Initialen eingesetzt.

Dass jedes Heft von einer andern Hand sei, ist auch viel wahrscheinlicher, als dass mehrere von derselben seien; denn die Abschrift wurde schwerlich deswegen für jedes Heft einzeln gemacht, um die Hefteinteilung der Reinschrift zu verewigen, sondern aus einem äussern Grund, weil man genötigt war, die Kopiearbeit in möglichst kurzer Zeit zu erledigen, sei es, dass die Vorlage für ganz kurze Zeit nach Bern geschickt wurde, sei es dass

Bern sein ganzes Kanzleipersonal nach Luzern schickte und nicht lange entbehren konnte.

Die Reinschrift wurde daher in ihre einzelnen Hefte auseinandergenommen, wenn dieses nicht zur Vorbereitung ihrer Verteilung schon geschehen war, und jedes Heft wurde von einem besonderen Kanzlisten kopiert, alle zu gleicher Zeit. Dieses Verfahren und diese Einrichtung der Berner Handschrift hat den Vorteil, uns aufs genaueste mit der Hefteinteilung und der Reihenfolge der Reinschrift auch für ihre verlorenen Partien bekannt zu machen. Sie zeigt, dass das verlorene 4. Heft mit Blatt XXXI im Anfang des Amts Elfingen und Rein begann (unsere Ausgabe I. S. 93, Z. 7), die Aemter Bötzberg, Siggenthal, Muri, Meienberg, Zug und die erste Hälfte des Amts Urseren enthielt und mit Blatt XLII schloss; also die von Pfeiffer nach der Kaiserschen Handschrift gegebene Reihenfolge richtig ist. (Unsere Ausgabe will überhaupt nicht die Reihenfolge der Reinschrift, sondern die wahrscheinliche Reihenfolge der Rödel geben und bringt das Amt Urseren später I. S. 265, nach der Berner Handschrift, Hs. t, aber mit der unpraktischen Zitierung fingierter und hier noch dazu falsch gezählter Blattzahlen 37a statt 36a, oder statt der in der Handschrift stehenden Seitenzahl 71.) Ferner zeigt diese Handschrift, dass die zwei verlorenen ersten Blätter des 5. Hoftes wirklich den Schluss von Urseren und die Aemter Gersau, Interlaken und Freiburg enthielten, womit dann das Zürcher Reinschrift-Fragment anschliesst; der verlorene Anfang des 6. Heftes enthielt Aarburg, Zofingen und Glarus, die verlorene erste Hälfte des 7. Baden, Mellingen, Eigen, das ganz verlorene 8. Heft: Sursee, Sempach, Willisau, Casteln, Spitzenberg, Wolhusen, Rotenburg, Habsburg extra lacus, Luzern, Richensee, Münster.

6. Handschrift des Stadtarchives Strassburg, zitiert von Schöpflin Alsatia II. 17 Note e, von Haller, Zweiter Versuch eines kritischen Verzeichnisses aller Schriften betreffend die Schweiz p. 65, und in seiner Bibl. II. 476, deren Beschreibung sich aber keineswegs auf die zuerstgenannte, sondern auf die Luzerner Handschrift bezieht und beide fälschlich als Originale bezeichnet; ebenso in einem Brief Schöpflins an Zurlauben 1761 (Zurl. Ms. 7 tom. V. 438 nach Mitteilungen Herzogs und Zurlauben, Tableau topograph.

I. 1717: „l'original de ce terrier est à Strassbourg"). Pfeiffer hat sie p. XXII erwähnt, aber gar nicht benützt; für unsere Ausgabe ist sie als wertlos auch nicht benützt worden.

Der Codex ist in einen Pergamentumschlag eingebunden, auf dessen Rücken ein dicker Lederstreifen aufgenäht ist. Fünf zum Heften im Innern verwendete Pergamentstreifen zeigen Urkundenschrift des 15. Jahrhunderts elsässischen Inhalts, z. B. „unser amptmann ze Rappoltswiler" und „unser gued. herr von Rappoltstein". Auf dem Umschlag steht vorn von einer Hand des 17. oder 18. Jahrhunderts der Titel, der nur für den Anfang passt: „Autographum continens reditus et officia Landgraviorum superioris Alsatie de anno 1303, vide fol. 10 (est copie de 15 N). J. D. G. Lad. 116 fasc. 9". In der untern Ecke steht: „Zu der Stadt Strassburg löbl. Archiv gehörig". Der Codex hat Quartformat 22/30 cm. und besteht aus 58 Blättern Papier mit einem Wasserzeichen, welches einen Anker mit Kreuz (oder Armbrust mit Pfeil? letzteres, freilich in etwas anderer Form, ein beliebtes Wasserzeichen vom Ende des 14. Jahrhunderts, vgl. Keinz nr. 210) darstellt und in Zürcher Manuscripten nicht vorkommt. Das erste Blatt, von anderem Papier mit Ochsenkopf, und das 56. Blatt sind leer. Eine Paginatur ist erst in neuerer Zeit unten mit Bleistift angebracht worden. Die Schrift ist eine enge, deutliche, obwohl nicht eben schöne Kursive aus dem Anfang des 15. Jahrhunderts.

Rote Striche heben die schwarzen Initialen und andere Majuskeln, wie auch die Zahlen hervor, fehlen aber auf den Seiten 32b—36a; rote Farbe haben auch die Reklamanten am Schluss der Hefte. Die Sprache zeigt eine eigentümliche, wohl elsässische Dialektfärbung, z. B. Eylsass, Ensessheim, weyssen (weizen), öbern (obern). Im Übrigen entspricht der Wortlaut im allgemeinen der Reinschrift, auch wo sie vom Colmarer Rodel abweicht; doch fehlen gewisse Partien, wie gleich das ganze Amt Dattenried, eine Stelle mitten in den Burglehen (I. S. 53 Z. 1—54 Z. 15) und die acht letzten Sätze der elsässischen Abteilung (S. 56 Z. 16—20). Für die folgenden Aemter weicht die Reihenfolge gänzlich von der Reinschrift ab, so dass auf die elsässischen zunächst Muri, Meienberg, Zug, Urseren folgen und die übergangenen schwarzwäldischen Aemter samt Elfingen und Rein, Bötzberg und Siggenthal den

Schluss bilden, die Aemter Frauenfeld, Diessenhofen (mit Ausnahme des Anfangs), Tengen und die sämtlichen schwäbischen Aemter gänzlich fehlen. Um so sonderbarer ist die nach diesem unvollständigen Text und am Ende des Amts Siggenthal, das in der Reinschrift weit vorn steht, vom Schreiber angebrachte Bemerkung: „Explicit liber, scriptor sit crimine liber". Die Vorlage kann nicht die Reinschrift sein, ist dagegen ganz sicher ihre älteste Abschrift, die erste Stuttgarter Handschrift, mit welcher die Strassburger in allen Auslassungen, wie in der abgeänderten Reihenfolge und in den auf elsässischen Ursprung deutenden Fehlern bei Ortsnamen aufs genaueste übereinstimmt; wie z. B. Rappoltzwile statt Raprechtswile (I. S. 285), Leitern statt Lucern (S. 288), Muarte statt Quarte (S. 518). Hier liegt also das erste Beispiel einer nicht direkt von der Reinschrift abgeleiteten Kopie vor nach der ebenfalls für Elsass bestimmten und von einem elsässer Beamten hergestellten Stuttgarter Handschrift. Sogar das Format und die Zahl der Blätter in beiden Handschriften stimmen ziemlich genau überein; auch in der Seiteneinteilung sucht der Abschreiber anfangs eine Uebereinstimmung innezuhalten. Nach drei leeren Seiten folgt noch ein von anderer, aber ähnlicher Hand beschriebenes Blatt (57), mit einem schon vorher (Blatt 18 und 19) vorhandenen Stück aus dem Amt Embrach, beginnend „und ein vasnachthůn; der meyger hat ein hoff....." bis zum Schluss dieses Amts (I. S. 261 Z. 6—265 Z. 8). Dieses besondere Interesse für das Amt Embrach, welches Lehen des Bistums Strassburg war, erklärt sich wieder aus dem elsässischen Ursprung der Handschrift.

Für die Textkritik ist diese Handschrift als blosse Ableitung der auch schon sehr fehlerhaften Stuttgarter Handschrift wertlos, sie macht auch etwa neue Fehler, die sich nur aus der undeutlichen Schreibung der Stuttgarter Handschrift erklären, z. B. „Brüttigen" statt „Brůngon" (I. S. 297), oder „Weitkenlos" statt Strassburger Handschrift „Werckenlos", Berner Handschrift „Wurkenlos" (I. S. 114).

7. Handschrift des Staatsarchives Luzern von anno 1519 (?), schon beschrieben von Haller Bibl. d. Schweiz. Gesch. II. 476, Aebi und Pfeiffer XX; benützt von Pfeiffer für die mit Lc angegebenen

Varianten zu den nach der Kaiserschen Handschrift edierten Partien p. 65—95, 126—133, 172—201; in unserer Ausgabe ist diese Handschrift gar nicht benützt.

Sie hat Holzdeckel, welche, wie die Reinschrift und die Berner- und Münchner Handschrift, mit rosenrotem Leder überzogen sind; doch ist dieses Leder, was den Einband doch in eine spätere Zeit verweist, mit einem gepressten Muster versehen, auf welchem ein einköpfiger Adler mit einer Lilie wechselt. Auf dem vordern Deckel ist ein Pergamentzeddel mit einem Titel von Cysats ä. Hand aufgenagelt: „Das Österrychisch Urbar der Lächen, Rechtungen und Gfällen der Fürsten von Österrych in Ergöw und disen obern tütschen Landen, wie harin begriffen".

Auf dem ersten Pergamentblatt ist ein anderes Blatt aufgeklebt, auf welchem die Luzerner Kanzlei im Juli 1696 eine Erklärung gibt, beginnend: „In der Canzley der Statt Luzern liegt eine durch Augustin Klughammer von Constanz, Substitut zu Luzern, gefertigte Copia in einem Buch von dem Urbar" etc. und schliessend: „dass diese gegenwärtige Abschrift in Treuen us der Copia von dem Urbarbuch, welche Copia zu Yngang gemeldeter Massaen in der Canzlei Luzern liget, gezogen worden und derselben ähnlich syn wird, züget..... 6. Juli 1696 Canzley Luzern". Diese Beglaubigung scheint sich auf eine 1696 gemachte abgeleitete Kopie zu beziehen, die aber nicht mehr vorhanden ist, wenigstens nicht in Luzern.

Eine entsprechende, aber ältere Notiz von der Hand des Luzerner Stadtschreibers R. Cysat des ältern um 1600 geschrieben, steht auf der ersten beschriebenen Seite in dem Zwischenraum, den der ursprüngliche Schreiber zwischen dem Titel und dem Register gelassen hat:

„Dieser Urbar wart ufgerichtet und geschriben anno 1303 us Befehl Herzog Albrechts Römischen Königs durch Meister Burkhard von Frick seinen Schreiber. Diser Urbar war zu Baden im Argow im Schloss behalten und kam darnach in der Eidgenossen Hand, aber diss gegenwärtig Büch ist us demselbigen abgeschriben durch Augustin Klughammer von Constanz Substituten zu Lucern anno 1519". Auch der in Luzern befindliche Embracher Rodel trägt eine Notiz von Cysat (vgl. oben Seite 8). Ds Klughammer, nach gütiger Mitteilung von Herrn Staatsarchivar v. Liebenau, in den Jahren von 1512—1521 in Luzern als Substitut angestellt war und während der Pestzeit 1518—1519 das Protokoll führte, dürfte das von Cysat angegebene Datum lediglich aus letzterer Tatsache und einer Vergleichung der Handschrift kombiniert sein und nicht hindern, die Handschrift etwas früher zu datieren, da sie als Vorlage der 1511 geschriebenen Kaiserschen und Innsbrucker Handschrift gedient zu haben scheint. Für diese Zeit passt auch der Schriftcharakter; ebenso das eine Traube darstellende Wasserzeichen. Denn die Handschrift besteht, abgesehen von zwei leeren Pergamentblättern, welche vorn und hinten eingelegt sind, aus Papier. Die 225 Blätter des Textes sind vom ursprünglichen Schreiber, also Klughammer selbst, mit römischen Zahlen bezeichnet; nicht gezählt und bezeichnet sind die fünf ersten Blätter, von welchen das erste leer ist, die vier übrigen Titel und Register enthalten. Dieser in der Reinschrift nicht mehr vorhandene Titel ist jedenfalls etwas späteren Ursprungs als die eigentliche Abfassung des Urbars, wie schon die für König Albrechts Zeit nicht passende Bezeichnung „herzogen von Oesterrich" zeigt; doch steht er samt der Registereinleitung genau in dieser Form, abgesehen von orthographischen Abweichungen, schon in der 100 Jahre älteren zweiten Stuttgarter Handschrift von zirka 1416 (vgl. oben S. 405), ja schon in der noch aus dem 14. Jahrhundert stammenden Münchner Handschrift. Da alle diese Handschriften von einander unabhängig nach der Reinschrift geschrieben sind, so muss dieser Titel und die Registereinleitung, also auch das Register, schon im 14. Jahrhundert in der Reinschrift vorhanden gewesen sein, sei es vom ursprünglichen Schreiber der Reinschrift, sei es als ein etwas späterer Zusatz, weil die Fassung der Titel im Register stark von derjenigen im Text der Reinschrift abweicht. Das Register ist ebenfalls direkt aus der Reinschrift abgeschrieben, da es neben den auf die Luzerner Handschrift bezüglichen Blattzahlen auch diejenigen der Reinschrift gibt. Diese Angabe, welche für die Konstatierung der Reihenfolge in den verlorenen Reinschriftpartien von grösster Wichtigkeit ist, wurde von Klughammer deswegen gemacht, weil zwar nicht sein Text, aber sein Register eine ganz andere Reihenfolge eingeschlagen hat, und zwar nicht etwa eine alphabetische, sondern eine geographische, und genau dieselbe, welche sich in der Münchner Handschrift findet, auch in derselben ausführlichen Fassung, welche den im Text stehenden Titeln der Reinschrift gar nicht entspricht. Den Schluss dieses Registers bilden die „Rechtungen Mellingen, Aarau, Vilmeringen, Richensee, Sulgen, Mundrachingen, Brugg, Wesen, Walestatt", deren Titel im Text der Reinschrift erst von späterer Hand eingesetzt sind und daher auch im Register nicht standen; darum hat die Luzerner Handschrift hier die Reinschriftblätter nicht notiert; im Register der Münchner Handschrift fehlen denn auch diese Rechtungstitel, die vielleicht erst von Klughammer hinzugefügt wurden. Trotz der Uebereinstimmung im Register ist nicht anzunehmen, dass die Luzerner Handschrift nach der Münchner und nicht nach der Reinschrift kopiert sei, in welcher dieses Register auch gestanden haben muss. Die Luzerner Handschrift entspricht in Bezug auf Ortsnamen, z. B. die elsässischen, meist genauer der Reinschrift, als die Münchner, während diese anderseits die Fehler der Luzerner nicht teilt; sondern andere macht. Die Hand ist überall dieselbe mit Ausnahme einer Korrektur von einer Hand des ausgehenden 16. Jahrhunderts auf fol. 115, welche statt des diesem Schreiber unverständlichen Namens „Eigen" darüber geschrieben hat „Argöw", und einer andern Korrektur derselben Zeit, welche fol. 124 den Fehler Klughammers, „der Abt" statt „der ober" (hof), noch verschlimmert durch die Erklärung „zu Mure" (I. S. 163 Z. 9). Die Münchner Handschrift hat hier deutlich „öber", so dass der Fehler nicht aus ihr stammen kann, sondern nur aus einer Abkürzung der Reinschrift. Zahlreiche Randnotizen hat dieselbe Hand des ausgehenden 16. oder des 17. Jahrhunderts bei dem Luzern besonders betreffenden Amt Habsburg extra Lacus fol. 142—145 an den Rand geschrieben, um bei den einzelnen Ortschaften die Gebietszugehörigkeit anzugeben, z. B.: „hört gan Meggen", „hört gen Schwytz" etc.

Die Luzerner Handschrift ist also keine der ältesten, aber doch eine der direkten Abschriften der Reinschrift und eine ziemlich gute, besser als die ältere Stuttgarter und die Münchner Handschrift; sie hätte für unsere Ausgabe doch wohl hie und da zur Herstellung der richtigen Lesarten der verlorenen Reinschriftpartien benützt werden dürfen, wenigstens in Fällen, wo die drei benützten Handschriften differieren. Allerdings verdient die ebenso genaue und 100 Jahre ältere Berner Handschrift den Vorzug. Soweit man nach Stichproben urteilen kann, entscheidet bei Differenzen die Luzerner Handschrift in der Tat zu Gunsten der dem Druck zu Grunde gelegten Berner Hs. 1. und gegen die Stuttgarter; z. B. bei den Varianten I. S. 216, 217.

8. Raiser Handschrift. Die von Pfeiffer zur Ergänzung der verlorenen Partien der Reinschrift in erster Linie benützte Papierhandschrift des bairischen Regierungsdirektors Ritter von Raiser in Augsburg, welche freilich wegen ihres späten und abgeleiteten Ursprunges eine solche Bevorzugung vor den älteren Abschriften nicht verdiente, ist seitdem spurlos verloren gegangen und befindet sich laut mehrfacher Erkundigung nicht in dem Nachlass Raisers, welchen seine Witwe 1858 dem historischen Kreisverein für Schwaben und Neuburg schenkte. (Vgl. den Katalog der Bibliothek dieses Vereins von 1867 p. 119—123. Ueber den früheren Umfang der Manuscripte Raisers um 1840 orientiert Hormayrs Taschenbuch für vaterl. Gesch. XXIX S. 291, doch wird auch hier keine alte vollständige Handschrift des Urbars angeführt). Sie ist von Pfeiffer p. XVII so beschrieben worden, dass sie mit keiner der übrigen Handschriften identisch sein kann, weder nach der Zahl der 165 Blätter, noch nach der Pergamentdecke und ihrem wohl aus Innsbruck stammenden Titel. In der Tat enthält das in der ersten Hälfte des 16. Jahrhunderts geschriebene Inventar des Schatzarchives Innsbruck 3 fol. 1827 den Eintrag: „Noch ein Vidimus davon (vom Habsburger Urbar) durch Johann Storchen zu Luzern erlangt anno 1511 in Weiss gebunden und durch Johann Ried vidimiert und geschrieben".

Mit Pfeiffers Beschreibung der Raiser Handschrift stimmen der Name Joh. Storch und die Jahrzahl 1511; dagegen stimmt der Name des Schreibers Joh. Ried nicht mit dem von Pfeiffer angegebenen Luzerner Notar Diebold Schilling, noch die Bezeichnung „rothe Buch"; und dies macht die Identität wieder zweifelhaft. Rätselhaft ist die in der Vidimierung der Raiserschen Handschrift beschriebene Originalvorlage eines roten Buches in Luzern von 225 Blättern. Die Reinschrift hat nur 143 Blätter und lag 1511 nicht mehr in Luzern. Die Luzerner Handschrift, welche genau diese Blätterzahl hat, soll acht Jahre später geschrieben sein; die Uebereinstimmung der Blätterzahl und des roten Einbands ist aber doch so auffallend, dass man vermuten darf, die erst um 1600 geschriebene Notiz über die Verfertigung der Luzerner Handschrift durch Klughammer sei falsch und die Luzerner Handschrift sei schon 1511 vorhanden gewesen. Freilich hat sich Pfeiffer auf Grund einer Vergleichung der beiden Handschriften gegen die Ableitung der Raiserschen aus der Luzerner ausgesprochen; aber dann würde die Vorlage eine gänzlich verschwundene Handschrift sein.

In Raisers Nachlass in der Bibliothek des Vereins für Schwaben und Neuburg finden sich gegenwärtig nur noch von Raisers Hand geschriebene Kopien von Teilen des Urbars. Der Folioband nr. 5 enthält die schwäbischen Aemter. Der von Raiser, wie er auf dem Titelblatt sagt, in Eichstätt, wo er sich 1810—1817 befand, bearbeitete Quartband nr. 4 enthält die 34 schweizerischen Aemter des Urbars in willkürlicher Reihenfolge mit hübschen Kärtchen und Anmerkungen, beginnend mit Eigen, schliessend mit Rotenburg. Der Anfang ist aus Herrgott abgeschrieben, für die übrigen Aemter ist keine Quelle angegeben; beim Siggenthal ist auf die Edition verwiesen, welche Raiser selbst in der Zeitschrift für Baiern II. 1. p. 362—366 gemacht hat. Dort redet er, p. 366, von einer Handschrift, welche er noch nicht besass, sondern nur in Constanz 1806 abschrieb. Da er sie aber als „vidimierte Abschrift des ganzen Urbars" bezeichnet, ist es doch wohl dieselbe, die er nach Pfeiffer noch im gleichen Jahr 1806 selbst erwarb.

Bevor er diese Handschrift kennen gelernt hatte, gab er in seinen 1801 und 1802 geschriebenen Oktavbändchen nr. 6, 7 und 8 Abschriften einzelner Stücke des Urbars, welche, wie die genaue Beschreibung, z. B. über die spätere Nachtragung der Rechtung zu Tengen, und die Angabe der Blattzahlen des Originals beweisen, aus der Reinschrift direkt abgeschrieben sind und daher nur die im Donaueschinger Fragment enthaltenen Partien umfassen (Raisers Oktavband VIII. p. 963). Raiser berichtet, p. 969, die Reinschrift, „rotes Buch" genannt, sei im letzten Dezennium des

18. Jahrhunderts von der Vorderösterreichischen Regierung in Freiburg aus dem Innsbrucker Schatzarchive an die Sigmaringer Lehenbereulungskommission gesandt und bei dieser Gelegenheit in Stockach 1798 von ihm selbst kopiert worden. (Auch bei Pfeiffer p. XIV.) Im sechsten Oktavband gibt Kaiser für die schwäbischen Aemter andere, viel niedrigere Blattzahlen, als die Reinschrift hat, aber nur, weil er L statt C las, ein bei der Schreibart des C naheliegender, auch von dem spätern Register der Reinschrift selbst begangener Fehler (vgl. oben S. 63). Die nachher in seinen Besitz übergegangene vollständige Handschrift des Urbars, aus der er 1817 die schweizerischen Aemter abschrieb, dürfte er in seiner erst 1806 erlangten Stellung als Oberjustizrat für Schwaben und Tirol bei der Einverleibung eines Teils Vorderösterreichs und Tirols in die Krone Baiern benützt haben (A. D. B.), da diese Handschrift wohl wie die Münchner damals aus Innsbruck an Baiern extradiert wurde. Weil die Münchner Handschrift älter und besser war, wurde diese Handschrift von 1511 vermutlich dem Oberjustizrat überlassen oder verkauft. Leider sagt der Quartband nr. 4 nichts über diese Handschrift. Ihr Verlust ist nicht so sehr zu bedauern, da sie keine der ältesten ist und die Innsbrucker als gleichzeitiger Doppel gelten kann. Uebrigens muss sie doch wohl irgendwo vorhanden sein.

9. Die engste Verwandtschaft und übereinstimmende Entstehung mit der Kaiserschen Handschrift hat die mir von Herrn Archivdirektor Prof. Dr. Mich. Mayr gütigst zur Einsicht gesandte Innsbrucker Handschrift (Statthalterei-Archiv U. 5). Auf diese Handschrift war ich zunächst durch Herrn Prof. Thommens Auszüge aus den Repertorien des Schatzarchivs von zirka 1525 aufmerksam geworden, worin fol. 1827 bemerkt ist: „Ain Vidimus des urbarbuechs in schwarz damaschg eingebunden mit dem österreichischen Schilt, so zu Lucern anno 1511 erlangt worden". Auf Grund hievon wurde in Innsbruck eine Handschrift gefunden, deren Pappdeckel in der Tat noch mit Resten schwarzen Damasts überzogen sind und Spuren von rotem Wachs zeigen, mit welchem wohl jener Schild befestigt war. Der Rücken besteht aus Fragmenten einer Pergamenthandschrift liturgischen Charakters aus dem 10. oder 11. Jahrhundert. Eine Rückenaufschrift des 18. Jahr-

hunderts lautet: „Kaiserliche Urbare in Schwaben 1511". Das Papier in Klein-Folio misst 31/21 cm., das Wasserzeichen ist ein Kreis mit Stange und schiefem Kreuz, auf den unpaginierten Blättern im Anfang eine Bischofsmütze. Der Band enthält 160 mit den Zahlen III—CLXIII paginierte Blätter, vorn und hinten eine Anzahl ursprünglich nicht paginierte. Die Blätterzahl stimmt ungefähr, aber nicht genau mit den 165 gezählten und 4 ungezählten der Kaiser Handschrift. Nach zwei leeren Vorstehblättern folgt auf den unpaginierten Blättern 3—8 ein sonst nur in der Kaiserschen Handschrift vorhandenes „Register ditz Urbarpuechs nach dem Alphabeth geordnet". Z. B.:

A. Das Ambt und phlegnuss in Albrechtsthal etc. fol. X.

Das Ambt und phlegnuss ze Aarburg fol. LXX.

Die Foliozahlen stimmen zum Text dieses Codex.

Dieses Register, wie das folgende geographische, verspricht auch „du Rechtung zu Underwalden"; es ist aber nichts anderes gemeint als das Amt Habsburg, in welchem eine Unterwaldner Ortschaft, Kersiten, vorkommt.

Auf dem neunten Blatt folgt die auch in der Kaiserschen Handschrift vorhandene, von Pfeiffer XVII abgedruckte Einleitung der Vidimierung vom 17. April 1511 betreffend diese 165 Blätter enthaltende Kopie (die auf Rasur stehende Zahl ist ebensowenig genau wie für die Kaiser Handschrift) auf Grund des vom kaiserlichen Rat Johannes Storch vorgewiesenen roten Buches von 225 Blättern. Folio 10 folgt der wohl schon in der Reinschrift, aber auch in den Luzerner und andern Handschriften vorhandene Titel „Diss ist das Urbarpuech der edlen h. Fürsten etc." (Pfeiffer XVIII); dann, was in der Raiserschen Handschrift nach Pfeiffer nicht vorhanden zu sein scheint (?), das Register der Aemter in geographischer Reihenfolge, so dass aber die in der Reinschrift nicht mit Titel versehenen Rechtungen erst am Schluss stehen, d. h. ganz wie in der Luzerner, Stuttgarter und Münchner Handschrift, nur ohne die dort enthaltene Anweisung zur Benützung des Registers. Die beigefügten Blattzahlen III—CLXII entsprechen der Innsbrucker Handschrift selbst, nicht etwa einer Vorlage.

Die ursprüngliche Blattnummerierung beginnt erst auf dem 15. Blatt mit III, wo auch der Text des Urbars mit „Officium

Ensisheim" beginnt. Der Text ist von derselben Hand wie alles vorhergehende, nur in kleinerer Schrift; er schliesst fol. CLXIII° mit „Gassenzungen". Sehr auffallend ist, dass die in der Raiser Handschrift (Pfeiffer XIX) am Schluss des Textes folgende Vidimation hier fehlt, obschon die Einleitung vor dem Text auf den „nachgeschriebenen Notar" verwies. Da nach der Raiserschen Handschrift ihr Schreiber Diebold Schilling (der Chronist) ist, in der verlorenen weissen Innsbrucker Handschrift aber Johannes Ried, so ist fraglich, ob bei gegenwärtiger Handschrift an einen dieser beiden oder an einen unbekannten dritten zu denken ist; wahrscheinlich letzteres, da die drei Abschriften gleichzeitig wohl nach Diktat von drei verschiedenen Personen in Luzern geschrieben wurden. Die Handschrift scheint auch ihrem Text nach eng mit der Raiserschen verwandt, z. B. I. p. 193 Note b hat sie denselben Fehler, den Pfeiffer nach der Raiser Handschrift bringt: „über verberg griff"; die Vorlage beider muss doch die Luzerner Handschrift sein, deren roter Einband und Blätterzahl zur Beschreibung stimmt und deren Erstellung wohl irrtümlich erst auf 1519 gesetzt wurde. Dass die Schreiber ihre Vorlage für die Original-Reinschrift halten, ist in ihrer Vidimation nicht gesagt, nur in der wohl bedeutend späteren (in Innsbruck) geschriebenen Aufschrift der Raiser Handschrift. Storch musste eben nehmen, was ihm sein Gönner in Luzern gab. (Vgl. unten die Geschichte des Urbars).

10. Handschriften des Staatsarchives Zürich über einzelne Teile des Einkünfteurbars.

a) Beim Urbarmaterial unter den Urkunden Stadt und Landschaft Zürich Nr. 3289 liegt ein Papierheft von 12 Blättern, deren letztes leer ist, in 4°, Wasserzeichen ein schreitender Bär, wie er sonst erst im Anfang des 16. Jahrhunderts vorkommt. Doch gehört die schöne Kanzleischrift der zehn ersten Blätter noch entschieden dem Ende des 15. Jahrhunderts an, ebenso wie die ganz andere Hand des 11. Blattes, welche auf der siebenten Zeile mitten in einem Satz des Amtes Grüningen beginnt.

Das Heft scheint einen Teil eines sonst verlorenen Codex gebildet zu haben und zwar dessen drittes Heft, da die Blätter oben mit XXV—XXXV, unten für die erste Hälfte des Heftes mit c^1—c^4 nummeriert sind; beides von der ersten Texthand. Der

Text beginnt mitten im Amt Siggenthal (I. S. 112 Z. 14 unserer Ausgabe), und die 24 vorhergehenden Blätter können in dieser kleinen gedrängten Schrift sehr wohl die ganze vorhergehende Partie des Urbars nach der Reihenfolge der Reinschrift enthalten haben. Das Heft hat nämlich ganz die Reihenfolge der Reinschrift und enthält dieser gemäss die Aemter Muri bis Grüningen samt Einsideln, also keineswegs bloss zürcherische Aemter. Aber eben, weil die zwei ersten Hefte nichts Zürcherisches enthielten, mögen sie beseitigt worden sein. Da das Heft im Anfang einige Aemter enthält, welche in der Reinschrift verloren sind, käme es für die Herstellung der richtigen Lesarten in Betracht, wenn sich beweisen liesse, dass es eine direkte Abschrift der Reinschrift wäre, die ja Ende des 15. Jahrhunderts in Zürich gewesen sein muss. Es scheint aber eher eine Abschrift der Berner Hs. ı, soviel man nach seiner Uebereinstimmung mit deren Varianten schliessen kann (vgl. z. B. I. S. 142 Note a und 143 Note b und c).

b) Von derselben Hand, welche das letzte Blatt des eben beschriebenen Hoftes geschrieben hat, ist ein anderes Handschriftfragment des Staatsarchivs Zürich, Stadt und Landschaft Nr. 1867. Da das Format und die Art der Heftung mit einem dünnen Pergamentstreifen auch übereinstimmen, so dürfte dieses Heft demselben Codex angehört haben, obwohl sich hier gar keine Blätterzählung findet und das Wasserzeichen ein anderes ist: ein Ochsenkopf mit T darüber.

Das Fragment ist ein Heft von acht Doppelblättern samt zwei halben, deren eines in dieses Heft als zweites Blatt gehört, dem die zweite leere Hälfte weggeschnitten ist, während das andere halbe Doppelblatt den Schluss des vorhergehenden Heftes bildete. Die fünf letzten Seiten sind leer.

Das Fragment enthält die Aemter Kyburg und Winterthur samt der Rechtung in der Stadt Wintorthur.

Die beiden Fragmente a und b enthalten also sämtliche Zürcher Aemter, und dies bestätigt die Vermutung, dass aus einer vollständigen Urbarkopie die nicht zürcherischen Aemter als wertlos beseitigt worden seien.

Die Kopie ist nicht genau; sie hat aus Flüchtigkeit einzelne Stellen zuerst weggelassen und nur zum Teil nachher am Rand nachgetragen; besonders in Ortsnamen enthält sie viele Fehler z. B. Brůtligon statt Brůngon (wie die erste Stuttgarter und die Strassburger, doch legen die Buchstabenformen der Reinschrift diese Verlesung nahe), Frättniken statt Erfrettlinkon; auch andere Fehler wie Fronvaslo statt Fronwage. Die Kopie beruht jedenfalls nicht auf einem Rodel, sondern auf der Reinschrift oder einer ihrer älteren Ableitungen. Nur am Schluss nach der Rechtung Winterthur und nach einer halbleeren Seite überrascht sie mit einer Stelle aus dem Kiburger Urbar über die Einkünfte der Stadt Winterthur, beginnend: „Winterture infra muros", und schliessend: „Winterture sunt mansus XV", (II. S. 26 Z. 3—9). Ob dies aus der Berner Handschrift stammt oder aus einem verlorenen, aber schon unvollständigen Stück des Originalrodels, ist kaum zu ermitteln; eher letzteres, da sonst der Kopist schwerlich so plötzlich abgebrochen hätte.

c) In der Archivabteilung Stadt und Landschaft „zu nr. 3289" findet sich ein ebenso mit Pergamentstreifen gehefteles Heft etwas kleineren Formates und mit einem Wasserzeichen, welches ein S darstellt und in der ersten Hälfte des 15. Jahrhunderts vorkommt. Es besteht aus fünf beschriebenen und vier leeren Blättern. Die Hand, eine schöne regelmässige Kanzleikursive, gehört der ersten Hälfte des 15. Jahrhunderts an; nur die elf letzten Zeilen zeigen eine ganz andere flüchtige Hand derselben Zeit. Eine Paginatur ist nicht vorhanden. Das Fragment beginnt mit der Ueberschrift: „An diesem Rodel sind dew Empter verschriben, so hie nach vorschriben stand, zem ersten das ampte zo Grüningen, dew Rechtung zu den Einsidelen, das ampte ze Arburch und das ampte zo Zovingon". Dass die Kopie in der Tat nach einem der noch jetzt in Zürich liegenden Originalrödel für Grüningen und nicht nach der Reinschrift gemacht ist, zeigt die in der Reinschrift stark verkürzte Stelle betreffend Dürnten (I. S. 271 Z. 1—6). Auch in allen übrigen Differenzen zwischen Reinschrift und Rödeln folgt die Kopie den Rödeln. Diesen folgt auch die zweite Hand, welche die letzten zwei Linien des Amts Grüningen und die Rechtung Einsideln hinzugefügt hat. Damit hört aber die Kopie mitten im Heft auf und liefert die im Titel versprochenen Aemter Aarburg und Zofingen nicht mehr, welche damals noch zu diesem Rodel gehört zu haben scheinen, wie sie auch in der Reinschrift hier folgen. Sie sind als nicht zürcherisch weggelassen worden.

d) Ein viertes Fragment, das jetzt in der Urbarienabteilung des Staatsarchives Zürich liegt, besteht aus acht unten mit arabischen Zahlen numerierten ehemals zusammengebundenen Heften von je sechs Blättern, welche oben mit römischen Zahlen I—XLVII gezählt sind. Format 4°, Wasserzeichen: Traube, wie in der Luzerner Handschrift. Die Schrift des Textes gehört dem Ende des 15. oder Anfang des 16. Jahrhunderts an. Der von anderer Hand geschriebene Titel: „Uszug von dem Urbar zu Lutzern über der Statt Zürich Herrschafften" zeigt, dass es eine Kopie der fast gleichzeitigen Luzerner Handschrift, wenn nicht eine direkte der Reinschrift selbst ist, sich aber auf die auch in einem vorausgehenden Verzeichnis genannten Zürcher Aemter „Grüningen, Embrach, Regensberg, Kyburg, Winterthur, Winterthur Statt und Kloten" beschränkt. Diese Reihenfolge der Aemter entspricht zwar nicht der wirklichen Reihenfolge in der Reinschrift und der Luzerner Handschrift, wohl aber genau der Reihenfolge im Register dieser beiden Handschriften. Sehr wahrscheinlich auf diese Handschrift bezieht sich ein Brief vom Montag nach Ottilie 1500 von Hans Kiel, Schreiber zu Luzern, an Bürgermeister und Rat von Zürich, wonach Kiel im Auftrag des verstorbenen Bürgermeisters Konrad Schwend (1489—1499) aus dem zu Baden eroberten Urbar Oesterreichs abgeschrieben hat, was darin über Zürichs Landschaft steht, und um Belohnung bittet (Staatsarchiv Zürich Akten „Luzern"). Kiel war um 1494 Unterschreiber in Luzern (Abschiede III. 1. p. 462 zu anno 1494), um 1500 Ratsschreiber.

11. Die Tschudi-Handschriften und ihre Ableitungen.

a) Wiener Handschrift von Stücken des Habsburger Urbars im Staatsarchiv Wien „Codex 748; 920/b, olim Schweitz nr. 21"; von Pfeiffer p. 194 nur für die Rechtung zu Luzern benützt nach einer von Kopp erhaltenen Abschrift Chmels von 1838; Herrn Dr. Maag durch eine Beschreibung Prof. Thommens bekannt, in unserer Ausgabe mit Recht nicht benützt.

Dieser sogenannte Codex besteht aus zwei ganz verschiedenartigen, und wie es auf einer Notiz auf der inneren Seite des Deckels heisst, erst „im Dezember 1864" in einen Kartonband vereinigten Heften.

Das erste Heft besteht aus zwölf Blättern bräunlichen Papiers von 33 cm. Höhe, 21 cm. Breite, ohne Wasserzeichen. Dieses Heft ist nur Fragment einer umfassenderen, vielleicht vollständigen Abschrift des Einkünfteurbars, da ausser der modernen Bleistift-Paginatur 1—24 noch eine ursprüngliche Seitenzählung mit arabischen Zahlen und mit Tinte von der Textband geschrieben vorhanden ist, mit 69 beginnt und mit 91 schliesst, indem sie die Rückseiten der Blätter nicht paginiert, aber mitzählt. Was auf den fehlenden 68 ersten Seiten stand, lässt sich nicht bestimmen, da das Fragment eine ganz willkürliche, besondern Zwecken des Schreibers entsprechende Reihenfolge der Aemter zeigt; doch wird die als nr. 11c zu beschreibende Handschrift des Stiftsarchivs St. Gallen hiefür einen Fingerzeig geben. Die erste Seite 69 dieses Fragments beginnt nämlich mit dem vom Abschreiber wohl selbst gemachten Titel: „Münster im ergöw", darunter noch der aus der Vorlage entnommene Spezialtitel „Die Rechtung über des gotzhus ze Münster". Es folgt der Text des Amts Münster, der in unserer Ausgabe I. S. 225 Z. 14—233 Z. 7 abgedruckt ist. Darauf folgen Seite 69ᵇ nicht, wie in der Reinschrift, die Zürcherisch-Thurgauischen Aemter, sondern die Luzernischen, zunächst in der gewöhnlichen Reihenfolge: Surseo, Sempach, Willisau, Casteln, Spitzenberg, Wolhusen, Rotenburg, dann mit Weglassung des in den Abschriften der Reinschrift hier folgenden „officium castri Habsburg extra Lacus" gleich die Stadt Luzern; hierauf in einer von jenen Abschriften wieder gänzlich abweichenden Reihenfolge: Zug, Einsideln, jetzt erst „Habspürg ennent Sewes und Art, Gersowe, Urseren, Lags in Churwalden, Officium Vallis Clarona, die rechtung ze Clarus".

Dass diese Reihenfolge mit der Reinschrift sowenig als mit ihren Abschriften übereinstimmt, zeigen die Nummerierungen der erhaltenen Reinschriftblätter betreffend Lags und Glarus. Indessen ist die Reihenfolge des Wiener Fragments geographisch richtiger.

Der Text weicht namentlich in den Schlussätzen erheblich ab von unserem hier nur auf der Handschrift 1 beruhenden Druck I. S. 521 und 522; doch mag diese Aenderung auf willkürlicher Abkürzung des Schreibers beruhen. Er setzt über die Summierung den Titel: „Summa dieses ampts jürlich inkomen" und lässt dann die Worte „dů summa" bei jedem einzelnen Posten weg. Am Schluss fügt er einen selbstberechneten Durchschnittsertrag hinzu: „Zu gemeinen jaren 1470 lib. blr., tůt 735 müntz gl."

Dieselbe Hand fügt am Rand auf allen Seiten rechtshistorische Bemerkungen hinzu; z. B. beim Titel Münster: „ererbt von Kiburg"; beim zweiten Satz: „Leben vom Rich"; auf der letzten Seite bei Walenstat: „koufft von Meiern von Windeck, von Montfortern und von Kilchmattern". Bei der Steuer des Tagwans Schännis fügt er die für seine damalige Datierung des Urbars bezeichnende Bemerkung hinzu: „Ab anno domini 1308 usque 1318". Zu Luzern bemerkt er: „Von Küng Albrecht erkouft a. d. 1299 vom Gotzhus Murbach", korrigiert dies aber mit „Rudolf" und „1271", obgleich ersteres richtiger war. Bei Art bemerkt er: „koufft vom Gotzhus Heronismünster im Ergöw". Zu Wapch (Lags): „Wäpchen im Sernftal".

Diese an sich nicht viel sagenden Bemerkungen gewinnen doch ein besonderes Interesse, da mit absoluter Sicherheit konstatiert werden kann, obwohl Kopp und Pfeiffer davon keine Ahnung hatten, dass dieses ganze Fragment samt den Randnotizen von der wohlbekannten Hand des Chronisten Tschudi herrührt und die Abschrift mit ihrer eigentümlichen Gruppierung und den Erklärungen unzweifelhaft als Material für seine Chronik dienen sollte und gedient hat. Seine Abschrift ist trotz der abweichenden Reihenfolge nach der Luzerner Handschrift von 1519 (?) hergestellt, welche Tschudi von Stadtschreiber Zacharias Bletz 1569 zur Benützung erhielt (vgl. oben Seite 9). Denn dieser vollständigen und eigenhändigen Kopie des Urbars durch Tschudi muss das Fragment angehören, nicht der von Landschreiber Bodmer hergestellten, welche sich auf die drei argauischen Aemter beschränkt (vgl. unten Seite 434). Dass in der Tat eine vollständige Abschrift des Urbars auf 268 Seiten (Fuchs p. 154 gibt die doppelte Zahl 532, weil er wohl irrtümlich die Angabe Hallers auf Blätter bezog) von Tschudis Hand mit derartigen Handglossen existierte, ergibt sich aus G. E. Haller, Versuch einer kritischen Verzeichnis aller Schriften betreffend die Schweiz, 1762 II. p. 67—69, sowie aus Zurlaubens Abschrift M. 7 tom. IV. 1—134, welche die Handbemerkungen Tschudis betreffend Erbschaft, Kornmass, Münze, Käufe, Lehen etc. ebenfalls aufnahm. Diese vollständige Kopie Tschudis befand sich nach Angaben, die ich meinem Freunde Staatsarchivar Dr. Herzog in Aarau verdanke, früher in der Tschudi-Sammlung in Greplang, verschwand aber Ende 1760 vor dem Verkauf an St. Gallen spurlos. Jetzt ist also wenigstens ein Fragment dieser Handschrift in Wien konstatiert.

Der Wortlaut des Textes ist am nächsten verwandt mit der Hs. s und der von Pfeiffer benützten Handschrift Kaisers, wie z. B. die Varianten I. S. 229 und 187 zeigen, erheblich abweichend von der in unserer Ausgabe hier benützten Hs. 1.

Dem aus der Luzerner Handschrift abgeschriebenen Titel hat Tschudi, wie sich aus Hallers zweitem Versuch, p. 67, ergibt, noch eine Angabe betreffend Verfasser und Abfassungszeit hinzugefügt, die in keiner anderen Handschrift steht, obschon man nach Hallers Bibl. II. 468 glauben könnte, sie wäre auch in der Luzerner, ja in der Strassburger Handschrift vorhanden, welche überhaupt keinen Titel trägt; sie lautet: „Das wart gestellt von Küng Albrechts seligen Sünen den Herzogen von Österich durch Meister Burckarten u. d. 1309 jare".

Das zweite Heft des Wiener Codex besteht aus 30 mit Bleistift von moderner Hand nummerierten Blättern von weissem Papier von 36 cm. Höhe, 24 cm. Breite mit zwei abwechselnden Wasserzeichen, welche eine heraldische Lilie und die Buchstaben I. A. V. G. darstellen. Es enthält von einer schönen Hand des ausgehenden 18. Jahrhunderts in neuer deutscher Kursive lediglich eine Abschrift der im ersten Heft enthaltenen Kopie Tschudis, aber ohne die Randbemerkungen derselben. Dieses zweite Heft ist also neben dem ersten gänzlich wertlos.

b) Handschrift der Stiftsbibliothek St. Gallen in dem Codex nr. 659, beschrieben von Ildephons Fuchs: Tschudis Leben und Schriften 1805. II. p. 152 (irrtümlich nach Hallers auf die Luzerner Handschrift bezüglicher Beschreibung, besser 159 und genauer von Scherrer Verzeichnis der Handschriften der Stiftsbibliothek St. Gallen, p. 215, bloss ziliert bei Haller II. p. 468 und Pfeiffer XXII, für seine und unsere Ausgabe nicht benützt.

Der Codex enthält auf 500 Seiten Papier in Folio fünf verschiedene aus der Familie Tschudis stammende, aber, abgesehen von einigen Ueberschriften und Nachträgen, nicht von seiner eigenen Hand geschriebene Manuskripte verschiedenen Formates und von verschiedenen Händen des 15., 16. und 17. Jahrhunderts. Das letzte dieser Stücke, von einer Hand des mittleren 16. Jahrhunderts auf den 40 letzten Seiten 463—501 schmal Folio enthält eine Kopie des habsburgischen Urbars für die Aemter Baden, Habsburg (Eigen) und Lenzburg. Es sind aargauische Aemter, welche sich in dem Wiener Fragment der eigenhändigen Kopie Tschudis nicht finden, wohl aber in dem mit Benützung einer Greplanger Handschrift edierten Fragment bei Herrgott II. 566—580. Namentlich stimmt der von Herrgott gegebene Titel genau mit demjenigen überein, welchen Tschudis eigene Hand über dieses Manuskript gesetzt hat: „Die ist die Rechtung, als Herzog Rudolf und Herzog Albrecht, Künig Rudolfs Süne, die Grafen ze Habsburg sind, ze Baden, Habsburg und Lenzburg haben sollent, ufgezeichnot a. d. 1299". Es ist, wie schon die unrichtige Voranstellung des jüngern Bruders Rudolf und die unpassende Zahl 1299 zeigt, ein Fabrikat Tschudis und verdient daher trotz Fuchs, p. 155, keinerlei Beachtung für die Datierung des Urbars, steht auch im Widerspruch mit dem ebenfalls von Tschudi in seiner eigenhändigen Kopie des Urbars gemachten Zusatz zum Titel: „Gestellt von K. Albrechts sel. Sünen durch Meister Burkhard 1309". Beide Datierungen sind Vermutungen von Tschudi, während Pfeiffer p. IX für die erstere Herrgott verantwortlich machen will, der sie nur aus Tschudis Handschrift abschrieb. Wirklich ist im Verkaufskatalog von 1767 unter nr. 69 dieser St. Galler Codex 659 verzeichnet im Umfang von 32½ beschriebenen Seiten und mit dem auf das Jahr 1299 bezogenen Titel.

Von Tschudis Hand sind auch die einzelnen Titel der drei Aemter, einige Korrekturen von Namen und Seite 471 eine Notiz, dass „Küngsfelden noch nit gebuwen war, als diser Rodel gemacht", woraus hervorgeht, dass die Kopie auf dem Aarauer Rodel, nicht auf der Reinschrift, beruht. Der Text ist von einer ganz anderen grösseren Hand, die nach Mitteilung Dr. Herzogs und nach meiner Vergleichung dem Landschreiber Bodmer in Baden angehört und wirklich stimmt mit Aktenstücken der Grafschaft Baden im Staatsarchiv Zürich, welche Bodmer um 1535 teils in seinem eigenen Namen, teils im Namen des Landvogts Tschudi geschrieben hat. Diese Kopie ist also um 1535 gemacht, zirka 40 Jahre früher als die von Tschudi selbst geschriebene vollständige Kopie des Urbars.

c) Handschrift des Stifts-Archivs St. Gallen. Codex B nr. 151. Papier 368 Seiten, wovon 359 beschrieben, alles von der gleichen Hand aus der Mitte des 18. Jahrhunderts. Da das Wasserzeichen mit zwei aufrechten Bären das St. Galler Wappen darstellt, dürfte diese Abschrift nach dem bald darauf verschollenen Autograph Tschudis von Seite des Klosters St. Gallen hergestellt sein. Voraus geht auf den neun ersten Blättern ein Stammbaum der Habsburger und eine Abhandlung über sie mit dem Titel: „Grafen von Habsburg Ursprung". Schon dies weist auf Arbeiten Tschudis hin, vgl. Fuchs II. p. 32 nr. 13. „Aegidii Tschudi Genealogia der Grafen von Habsburg" 15 Seiten Folio, wozu Fuchs freilich bemerkt, es sei nicht mehr in St. Gallen (auch im Verzeichnis von Jos. Leodegar Tschudi 1768 nr. 32). Dann folgen auf den 17 nächsten Blättern argauische Aemter des Urbars: Baden, Eigen, Lenzburg mit demselben von Tschudi verfassten Titel und mit der Jahrzahl 1299, welchen die Handschrift der Stiftsbibliothek St. Gallen und der Druck bei Herrgott trägt.

Nach diesem Stücke, welches die von Bodmer für Tschudi gefertigte Abschrift des Aarauer Rodels wiedergibt, folgt auf den übrigen mit 1—359 paginierten Seiten eine vollständige Abschrift des Urbars, beginnend mit dem Titel: „Die ist das Urberbuch", und samt dem Zusatz Tschudis zu diesem Titel über die Abfassung „durch Meister Burckarten im Jahr 1309". Die Aemter beginnen mit dem Elsass und folgen zunächst der Reihenfolge der Luzerner Handschrift bis zum Schluss des Amts Bötzberg (Pfeiffer p. 78, unsere Ausgabe I. 107). Dann wird aber das schon im ersten Teil dieser Handschrift enthaltene Eigen (unsere Ausg. 132—136) eingeschoben, und es folgen in ganz abgeänderter Reihenfolge: Siggenthal, Arburg, Zofingen, Hinderlappen, Freiburg, Baden (zum zweiten Mal), Lenzburg (hier richtig „Moslerowe" statt „Haslerowe", wie es im ersten Teil dieser Handschrift und in Herrgotts auf derselben Grundlage beruhenden Druck heisst; vgl. I. Seite 160, Note d). Dann folgen Richensee, Muri, Meienberg, Münster, Sursee, Sempach, Willisau,

Kasteln, Spitzenberg, Wohlhusen, Rotenburg, Luzern; dann Zug, Einsiedeln, Habsburg, Gersau, Urseren, Lags, Glarus, Grüningen, Kyburg, Winterthur, Frauenfeld, Diessenhofen, Kloten, Embrach, Regensberg; dann Aha, Wartstein, Tengen, Hewen, Mengen, Sigmaringen, Scheer, Sulgen, Munderkingen, Hohen-Gundolfingen, Veringen, Rüdlingen.

Diese Reihenfolge ist wieder das Werk Tschudis und stimmt auch genau mit seiner eigenhändigen Handschrift in Wien überein, soweit in diesem Fragment dieselben Aemter enthalten sind. Die Handschrift des St. Galler Stiftsarchives ist also eine Kopie der grösstenteils verlorenen eigenhändigen Kopie Tschudis und überliefert uns die eigentümliche Reihenfolge derselben. Auch die historischen Notizen und Erklärungen, welche Tschudi beifügt, sind am Rand wiedergegeben; Seite 1 bei Ensisheim beginnend mit „Sequani".

Von diesen zwei verschiedenen Handschriften Tschudis, teils der vollständigen eigenhändigen, teils der von Bodmer geschriebenen über die drei argauischen Aemter, sind eine Reihe späterer Kopien gemacht worden, worüber ich die meisten Angaben der Freundlichkeit von Herrn Staatsarchivar Dr. Herzog in Aarau verdanke:

Von der Bodmerschen: die Handschrift der Stiftsbibliothek St. Gallen, wenn sie nicht mit Bodmer identisch ist; und die Abschrift, welche Zurlauben nach der damals noch in Greplang befindlichen Vorlage herstellte (Ms. 8 Tom. II. 415—434).

Von der eigenhändigen vollständigen Kopie Tschudis mit ihrer willkürlichen Reihenfolge und ihren Randglossen: die Engelberger-Handschrift, von Abt Joachim Albini 1707, kopiert zugleich mit anderen Greplanger Manuskripten durch Vermittlung des Engelberger Kanzlers Ludwig Tschudi (vgl. Zurlauben Stemmatographie 83, p. 73). Ableitungen dieser Engelberger Handschrift sind diejenige von Muri, welche Leodegar Schmid 1782 herstellen liess (Zurlauben Stemmatographie 64, p. 160); sie befindet sich jetzt wohl in Muri-Gries im Tirol; aber auch wieder eine Kopie Zurlaubens (in der Aargauer Kantonsbibliothek Ms. Zurlaubens 7 Tom. IV. p. 1—134. Vermutlich eine direkte Kopie der Tschudischen ist die Handschrift des Stiftsarchives St. Gallen aus dem 18. Jahrhundert.

Ebenfalls direkte Ableitung von Tschudi c) ist wenigstens teilweise die Handschrift der Zürcher Stadtbibliothek J 1; Papier Folio, 284 Seiten Text von einer Hand des 18. Jahrhunderts. Für die Ableitung von Tschudi spricht der Titel und der Tschudische Zusatz mit dem Jahr 1309; die Mitaufnahme der als solche bezeichneten Glossen Tschudis p. 78 betreffend Eigen und p. 230 die Summierung von Glarus. Die ersten 120 mit roter Tinte paginierten Seiten haben die mit der Handschrift des St. Galler Stiftsarchives übereinstimmende eigentümliche Reihenfolge. Diese hört aber mit Seite 120 auf, da der Schreiber im Anschluss an das Amt Meienberg, welches mit dem zürcherischen Freiamt Affoltern schliesst, auf Seite 121—186 die sämtlichen Zürcher Aemter folgen lässt. Dieser Teil ist zwar von derselben Hand geschrieben, hat aber eine eigene schwarze Paginatur, welche mit 1 beginnt und der wirklichen Reihenfolge der Seiten nicht entspricht; zunächst folgen Seite 1—39 die Aemter Grüningen, Kyburg und Winterthur; dann Seite 51—66 Kloten, Embrach und Regensberg; dann erst Seite 39—50 Frauenfeld und Diessenhofen. Diese Paginierung wird merkwürdigerweise gegen Ende des Codex auf der Seite rot 231—284 wieder aufgenommen und fortgesetzt für die schwäbischen Aemter, zuerst mit Seite 95—119, dann auf Seite rot 257 mit den schwarzen Zahlen 67—94. Der Reihenfolge der Reinschrift entsprechen weder die roten noch die schwarzen Seitenzahlen, da z. B. der Schlusssatz der Reinschrift „Gossenzugen" mitten in den schwäbischen Aemtern steht mit Seite rot 244, schwarz 108. Wohl aber entsprechen die schwarzen Zahlen der eigentümlichen und willkürlichen Reihenfolge Tschudis, wie sie aus der Handschrift des Stiftsarchivs St. Gallen bekannt ist. Auf der ersten dieser schwarz paginierten Seiten, bei Grüningen, hat eine andere kleine Hand des 18. Jahrhunderts an den Rand geschrieben: „Rotulus originalis extat in Archivio Thuric., Grossmünster Tr.", auch einige Stellen darnach berichtigt und am Schluss des Amts Grüningen p. 9 die im Rodel hier folgende Rechtung Einsiedeln hinzugeschrieben. Die ursprüngliche Hand folgt aber keineswegs dem Grüninger Original-Rodel, sondern, wie die freilich wieder gestrichenen Randbemerkungen z. B. „Leben von St. Gallen vor Zeit dero von Regensberg" zeigen, der Tschudi-Handschrift. Es zeigt sich gerade hier, dass Tschudi bei

unklaren Stellen, um sie verständlicher zu machen, sich starke
Abweichungen vom Text seiner Vorlage erlaubte, z. B. bei der
interessanten Stelle über die Steuerverhältnisse des Hofes Dürnten
(I. S. 271 Z. 1—6 unserer Ausgabe), wo schon die Reinschrift
vom Original-Rodel abweicht. Unser Codex, d. h. wohl Tschudi,
schreibt hier: „Desselben hofes lüte[n] sollend helfen [stüren] die
lüte des hofes ze Altorf; nun [sind die lüte ze Altorf] jetzo mit
Bitte überhept der stüre und [geschach] auch das von des Küngs
gebote [wegen] und damit sind auch jetz die lüt [so in den hof
Türnten dienend], verdorben". Die eingeklammerten Worte hat
Tschudi dem Reinschrifttext hinzugefügt.

Eine Abschrift der beiden Tschudischen Handschriften, der
eigenhändigen wie der von Landschreiber Bodmer, also ganz der
Handschrift des Stiftsarchivs St. Gallen entsprechend, enthält eine
ebenfalls aus diesem Archiv stammende, aber durch den Toggenburger Krieg in das Zürcher Staatsarchiv (St. Galler Archiv
X. 81) gebrachte Handschrift vom Ende des 17. Jahrhunderts.
Sie beweist zunächst, dass das Stift St. Gallen längst vor dem
Ankauf der Tschudi-Handschrift schon im 17. Jahrhundert mindestens zwei Abschriften der beiden Urbarhandschriften in Grepp-
lang hat anfertigen lassen. Die Handschrift ist auf Papier mit
einem das St. Galler Wappen darstellenden Wasserzeichen (zwei
Bären), klein-Folio, geschrieben. Sie ist unvollständig; schon
der Rücken zeigt, dass sie früher einen Teil eines Bandes bildete,
dessen Anfang und Deckel entfernt wurde. Neben oder unter
den wieder durchgestrichenen Seitenzahlen 1—198 stehen von
anderer Hand die wohl an die fehlenden Blätter des Bandes
anschliessenden Blattzahlen 221—318. Da die erste Seite mit
Grüningen beginnt und dieses Amt als zehntes nummeriert ist, ist
anzunehmen, dass in dem vollständigen Bande noch neun Aemter
vorausgingen, aber schwer zu sagen welche, da sowohl die Reinschrift als Tschudi weit mehr als neun Aemter vor Grüningen
haben. Was noch vorhanden ist, entspricht in Reihenfolge, Text-
abweichungen und Glossen zunächst bis Seite 160 der vollständigen
Kopie Tschudis bis zu ihrem Schluss; dann folgt nach drei leeren
Blättern auf Seite 167 (Blatt 303) von gleicher Hand eine Kopie
der Bodmerschen Abschrift des Rodels über Baden, Eigen und
Lenzburg samt dem auf 1299 bezogenen Titel Tschudis.

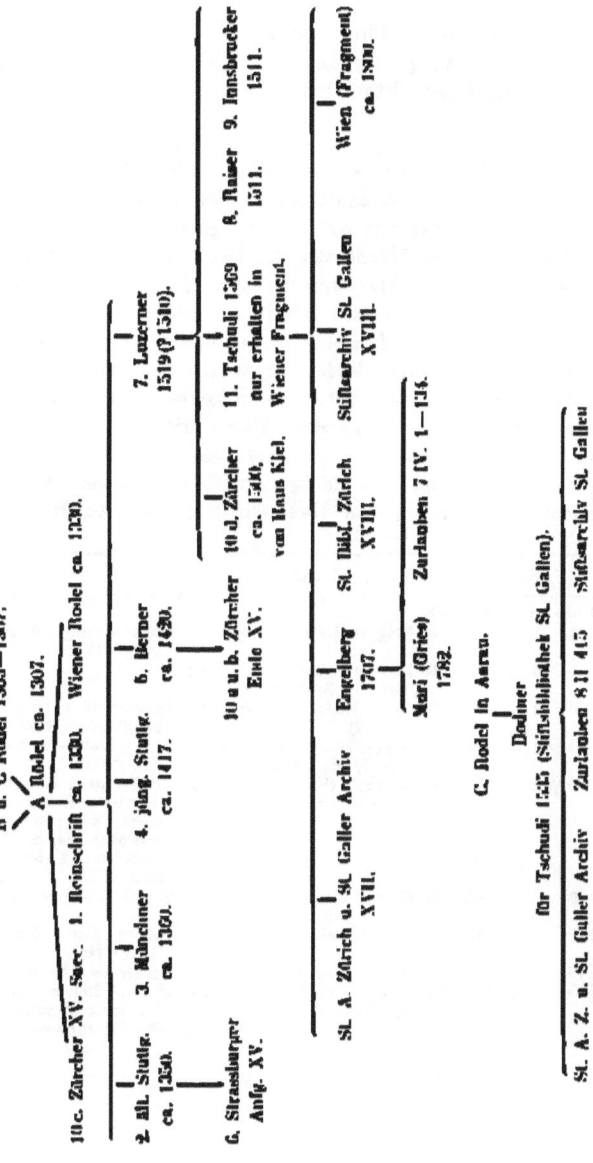

Uebersicht über die in der neuen Ausgabe zu Grunde gelegten Rödel und Handschriften zu Albrechts Einkünfteurbar im 1. Band.

Diese Uebersicht ist um so notwendiger, als in den Textnoten in der Regel nur der Schluss eines benützten Rodels in fettem Drucke markiert, über den Beginn eines neuen Rodels, resp. einer neuen Vorlage anderer Art, nichts gesagt wurde, so dass der Benützer über die Grundlage des Druckes und die Bezeichnung der Varianten nicht klar werden kann. Dazu kommt, dass einige Angaben betreffend Schluss der Rödel missverständlich oder geradezu irrtümlich sind und hier korrigiert werden müssen. Da auch ganz verschiedene Rödel verwirrlich mit denselben Nummern R_1, R_2, R_3 bezeichnet sind, habe ich in Klammern die Nummern meiner Materialbeschreibung beigesetzt. Dabei tritt auch der Unterschied von Pfeiffers Ausgabe hervor, welche Rödel nur selten und in zweiter Linie benützte, dem Text die Reinschrift und, wo sie fehlt, eine der spätesten Abschriften, die Handschrift Raisers, zu Grunde legte.

Band I				Grundlage	Varianten
Seite	Zeile	Seite	Zeile		
1	1 bis	55	3	Orig.-Rodel in Colmar (Nr. 1).	Donaueschinger Reinschrift, fol. 1—17 b.
55	4	56	20	Donaueschinger Reinschrift fol. 17 b Schluss, 18 a u. b.	—
56	21	95	20	Orig.-Rodel in Karlsruhe (Nr. 2).	Donaueschinger Rs., fol. 19 bis 30 (bricht S. 93, Z. 7 ab).
95	21	116	5	Berner Hs., fol. XXXI = Maag Hs. 1, Blatt 26 b—33 a).	2. u. 1. Stuttgarter Hs. Maag. Hs., 2 und 3).
116	6	139	4	Concept-Rodel in Aarau, 1. Hälfte (Nr. 3).	Pfeiffer nach Raiser. (Berner Reinschriftfragment, fol. 60 von S. 135 Z. 9 von unten bis S. 139. hier nicht benützt, aber im Jahrbuch VIII. 163 angegeben).
139	5	146	18	Berner Hs., = Hs. 1, Bl. 33 a—35 b.	2. und 1. Stuttgarter Hs.
147	1	149	6	Orig.-Rodel in Zürich (Nr. 4).	Berner, 2. u. 1. Stuttgarter, Raiser Hs.
149	7	154	15	Orig.-Rodel in Zug (Nr. 5).	Berner Hs. (Rs. fehlt!)
155	1	176	16	Concept-Rodel in Aarau, 2. Hälfte (Nr. 3).	Pf. nach Raiser (Benützung der Berner Reinschrift, fol. 70—75, versäumt).

Beschreibung der habsburgischen Urbaraufzeichnungen.

Band I				Grundlage	Varianten
Seite	Zeile	Seite	Zeile		
177	1	213	7	Berner Hs. = Hs.₁, Bl. 70a bis 81b.	Beide Stuttgarter und Pf. nach Raiser.
233	8	265	11	Orig.-Rodel in Zürich (Nr. 6). S. 241 Note d, dass hier der 2. Rodel beginne und 256 Note e. „Ende des Rodels" besteht sich nur auf den zur Vergleichung zugezogenen 2. Rodel.	2. Zürcher Rodel für S. 241 bis 256 (Nr. 8; nicht Grundlage!), Zürcher Reinschrift, Berner Hs. 3. Zürcher Rodel (Nr. 7) und Luzerner Rodel (Nr. 9) für S. 257 bis 265 (Varianten beider unter „R. 3" vermischt!).
266	1	283	16	Orig.-Rodel in Zürich (Nr. 10).	Anderer Zürcher Rodel als „R. 2" (Nr. 11) für S. 280, Z. 19 bis 283, Z. 6.
283	7	287	3	Berner Hs. = Hs.₁, fol. 37 und 38.	2. u. 1. Stuttgarter Hs. 2 u. 3 und Pf. nach Raiser.
287	4	299	22	Zürcher Reinschrift, fol. 88 bis 91a.	Wiener Rodel nicht benützt.
299	23	318	14	Original-Rodel in Luzern (Nr. 12).	Zürcher Reinschrift, fol. 91a bis 96b. Wiener Rod. nicht benützt.
318	15	370	8	Zürcher Reinschrift, fol. 97a bis 108a. (Für die Seiten 283—324 Z. 6 hätte der allerdings erst nach unserm Druck entdeckte Wiener Rodel von der Hand der Rs. als teilweise bessere Grundlage benützt werden können; Nr. 13); die nur hier enthaltene Summierung vgl. oben II, 2, S. 379.	Pfeiffer n. ungenauer Kopie der Z. Rs. Wiener Rodel bis S. 324 Z. 6 nicht benützt.
370	9	394	12	1. Orig.-Rodel in Stuttgart. (Nr. 14).	Donaueschinger Rs., fol. 112 bis 117a.
394	13	427	7	Donaueschinger Reinschrift, fol. 117b—125a.	Pfeiffer nach dem damals noch vorhandenen Orig.-Rodel zu Seite 415—427.
427	8	471	4	2. Orig.-Rodel in Stuttgart (Nr. 15).	Donaueschinger Hs., fol. 125a bis 141 (Schluss der Rs.).
471	1	487	8	Orig.-Rodel in Bern (Nr. 16).	Berner Hs. bis Seite 483, Z. 5, dann Zürcher Hs. fol. 45a.
483	1	508	7	Berner Hs. = Hs.₁, fol. 51a bis 53b.	2. u. 1. Stuttgarter Hs. Hs. 2 u. 3, und Pfeiffer nach Raiser.
508	8	516	11	Luzerner Reinschrift fol. 59 und 60.	Berner Hs., 2. und 1. Stuttgarter Hs. Hs.₁₁ und ₂.
516	12	522	4	Berner Hs. = Hs.₁, fol. 56a bis 57a.	2. u. 1. Stuttgarter Hs. Hs. 2 und 3.
522	10	529	15	Donaueschinger Reinschrift, fol. 62.	—

NB. Im I. Band beruhen also 291 Seiten auf Rödeln, 117 auf der Reinschrift, 121 auf der Berner Hs. Nicht für den Text der Ausgabe benützt, nur

Beschreibung der habsburgischen Urbaraufzeichnungen.

in der Beschreibung p. 377 behandelt, sind von Rödeln der Wiener Rodel (Nr. 13) betreffend die Aemter Kyburg, Winterthur und Embrach; von Handschriften die Strassburger als blosse Ableitung der ältern Stuttgarter Hs., die Münchner und die Innsbrucker, welche erst nach Vollendung des I. Bandes entdeckt worden; die Zürcher Abschriften und die Tschudi'schen als wertlos; die Luzerner Hs. als zu spät; die verlorene Kaiserache nur durch Vermittlung des Pfeiffer'schen Druckes.

Für den II. Band ist eine solche Zusammenstellung nicht nötig, da die wechselnden Vorlagen in den Noten zum Text und genauer in der folgenden Beschreibung besprochen werden.

V. Verzeichnis des Materials zum II. Band.

Das Material zum II. Band besteht vorzugsweise aus Rödeln oder Kopien von Rödeln; einen Codex bildet nur das Lehenbuch. Die Beschreibung muss sich hier genau nach der Reihenfolge unserer Ausgabe richten.

I. Aufzeichnungen aus der Kiburgischen Zeit.

1. Das Kyburger Urbar, 1261 oder spätestens 1264 aufgenommen:

a) Am vollständigsten enthalten im zweiten Teil des Codex der Berner Stadtbibliothek Hist. Helv. VI, 75, dessen erster und grösster Teil die Berner Kopie der Reinschrift des Habsburger Urbars bildet (vgl. oben Seite 412). Ohne besonderen Titel folgt auf Seite 235—242 dieses Codex in einem unnummerierten Pergamentheft, dessen zwei letzte Blätter abgeschnitten sind, von der Hand, welche das elfte Heft der Urbarhandschrift dieses Codex geschrieben hat und welche oben die Hand Heinrichs von Spaichingen selbst sein soll, also von zirka 1420, die Abschrift des Kyburger Urbars aus einer längst verlorenen Quelle, welche vermutlich Rodelformat hatte und aus dem Archiv der Veste Baden stammte. Nach dieser Handschrift ist das Kyburger Urbar sowohl von Georg von Wyss 1858 im Archiv f. Schweiz. Gesch. XII, 155 ff. und in den Fontes rerum Bernensium II, 534 ff. ediert, als in unserer Ausgabe Band II. S. 1—36; Pfeiffer hat diesen Teil des Codex nicht ediert, aber kurz beschrieben p. XXI und dabei fälschlich über 1246 hinaufgesetzt, weil der Ort Fraubrunnen (II, p. 15) darin noch Mülinen heisse, das Kloster also noch nicht bestanden habe. Dies kann sich höchstens auf eine zu Grund liegende ältern Aufzeichnung beziehen; auch kam die Anwendung des neuen Namens erst allmählich auf, und Urbarien sind in den Ortsnamen besonders konservativ. Sicher ist, dass dieser Text des Urbars frühestens 1261 abgefasst ist, da (S. 2) gleich im Anfang eine in diesem Jahr durchgeführte Bereinigung erwähnt wird, anderseits kann es auch nicht nach Aussterben der Kyburger 1264 verfasst sein, weil damit eine Teilung der darin verzeichneten Aemter eintrat. Als Kyburger Urbar ist diese Aufzeichnung nur durch einen Untertitel gesichert, da es ungefähr in der Mitte (p. 26) heisst: „Isti sunt redditus comitum de Kiburch, Winterture et in confinio". Auch umfasst es jedenfalls den grössten Teil der Kyburgischen Besitzungen. Vollständig ist es kaum; doch darf man auch nicht wohl mit G. v. Wyss vermuten, dass auf den zwei vorn weggeschnittenen Blättern der fehlende Anfang enthalten war; der ganze Codex zeigt auch sonst solche innere Ränder weggeschnittener leerer Blätter zwischen den einzelnen Heften, und überdies gehören diese weggeschnittenen Blätter zum letzten Heft des Habsburger Urbars, nicht zu dem des Kyburger, wie man am obern Rand deutlich sieht. Ist das Urbar nicht vollständig, so gilt dies schon von der Vorlage des Abschreibers und erklärt sich aus der Rodelform des Originals. Am Schluss hat jedenfalls nichts weiter vorgelegen, da der Schreiber mit der vierten Zeile der letzten Seite aufhört. Es ist auch kein plötzliches Abbrechen, wie G. v. Wyss annimmt, sondern das Amt Baden ist hier, wie die Summierung zeigt, zu Ende. Der Abschreiber hat auch hier wie im Habsburger Urbar die Initialen weggelassen; doch spricht dies nicht gegen die Rodelform der Vorlage, da auch einige Rödel farbige Initialen haben und zwar gerade einer der ältesten, betreffend Windegg von 1274 (II. S. 68). Die Sprache ist wie bei allen älteren Rödeln lateinisch.

b) Ein Bruchstück dieses Kyburger Urbars in Rodelform habe ich im Staatsarchiv Zürich, Stadt und Landschaft nr. 3288[b] aufgefunden, auf der Rückseite des dritten Stückes des ältesten Habsburger Rodels von 1273, oder besser gesagt, die leere Rückseite dieses Kyburger Rodels ist als drittes Stück des Habsburger Rodels benützt worden. Es ist ein unregelmässiges Stück schlechten Pergaments von 15 cm. Höhe, 13 cm. Breite, in kleiner nicht kursiver Schrift des 13. Jahrhunderts und enthält nur das Amt Baden in einer nicht genau der Berner Handschrift entsprechenden Form, sondern mit den in unserer Ausgabe II, S. 32—36 angegebenen Varianten. Doch sind einige Worte, die im Rodel fehlen, auch in der Berner Handschrift erst über der Zeile nachgetragen; aber auch sonstige Abweichungen, besonders in Zahlen, zeigen, dass das Rodelstück nicht direkte Vorlage der Berner Handschrift sein kann. Am stärksten weicht der Schlusssatz über die Summierung ab.

Aber gerade hier zeigt sich, dass selbst für die Posten der Berner Handschrift die Summierungen des Rodels noch eher richtig wären als ihre eigenen, in welchen z. B. 76 Schweine gezählt worden, während ein einziger Posten schon 77 beträgt und die Summe 222. Der Rodel hat 170 und es ist sehr wahrscheinlich, dass der Abschreiber die auch in seiner Vorlage stehende Zahl CLXX missverstanden hat, als ob etwas davon zu subtrahieren wäre, da er sagt: „77 per totum minus 1".

Der Rodel hat durchaus den Charakter eines Konzepts, während die Berner Handschrift nach einer berichtigten und ergänzten Originalausfertigung etwas fehlerhaft kopiert zu sein scheint. Jedenfalls beweist dieses kleine Stück, dass auch das Kyburger Urbar Rodelform hatte und in verschiedenen Formen, Konzept- und Ausfertigungsrödeln existierte. Da ich übrigens im Gegensatz zu der Note b, S. 55 die Handschrift identisch finde mit dem auf der Rückseite stehenden Habsburger Urbarstücke von 1273, so könnte man annehmen, dass der Verfasser des letztern sich hier mit blosser Abschrift eines Kyburger Rodelstücks begnügt habe, um eine neue Aufnahme zu vermeiden.

2. Für die zwei Kiburgischen Revokationsrödel der Gräfin Margaretha von 1265 und 1271 mögen die Beschreibungen genügen, welche sowohl unsere Ausgabe II. 37 Note, als das Zürcher Urkundenbuch IV. nr. 1304 und 1452 und Kopp Urkunden II. 101 geben, da das in Turin befindliche Original auf einem breiten Pergamentstreifen, samt Doppel auf einem schmäleren Pergamentstreifen, nicht verwandt wird. Interessant ist, dass auf diesem Rodel den Verzeichnissen zwei Kiburgische Urkunden von 1254

und 1264 vorausgehen, und besonders, dass das zweite Verzeichnis
sich ausdrücklich auf Urkunden stützt und deren Signaturen mit
Buchstaben und Zeichen angibt; vgl. Zürch. Urk.-Buch IV. nr. 1452.
Die habsburgischen Revokationsrödel zitieren keine Urkunden; das
Pfandregister von 1380 zitiert sie nur nach dem Datum, nicht
nach Signaturen.

II. Aeltere habsburgische Aufzeichnungen.

1. **Habsburgischer Rodel von zirka 1273 über Eigen und
Bötzberg** samt einigen Summierungen, im Staatsarchiv Zürich Stadt
und Landschaft nr. 3288 ᵇ ᶜ ᵈ ᵉ, in unserer Ausgabe II. 47—55
zum ersten Mal ediert. Der Rodel besteht aus drei sehr ungleichen Pergamentstücken; das erste ist 40 cm. lang und bloss
11 cm. breit, gegen unten überhaupt sehr unregelmässig, das zweite
ist bloss 5 cm. lang, 12 cm. breit, das dritte ist 15 cm. lang und
13 cm. breit, unten unregelmässig. Die drei Stücke sind nur mit
Faden zusammengenäht, die zwei ersten auf der rauhen Rückseite
nicht beschrieben, das dritte trägt auf der Rückseite das oben
S. 443 erwähnte Fragment des Kiburger Urbars; die mit diesem
Fragment (trotz S. 55 Note b) übereinstimmende Hand des dritten
Stückes ist eine andere als die auf den zwei ersten Stücken; doch
sind beide Hände aus dem 13. Jahrhundert, eine kleine, nur
wenig kursive Gothik. Der obere Rand des ersten Stückes zeigt
oben Einschnitte, der untere Rand des letzten zeigt Fadenspuren,
so dass anzunehmen ist, dass früher oben und unten noch weitere,
jetzt verlorene Stücke befestigt waren und die vorliegenden nur
Bruchstücke einer umfassenderen Aufzeichnung sind. Wegen der
Unregelmässigkeit der Pergamentstücke und der kleinen, vielfache
Korrekturen aufweisenden Schrift, möchte man den Rodel als Konzept betrachten, obwohl keine Spur von Originalausfertigung für
diese Aufnahme vorhanden ist. Die Datierung beruht lediglich
darauf, dass hier althabsburgische Aemter (Eigen) mit kiburgischen
zusammengefasst sind, also nach 1264, und dass andererseits noch
das in Wezilos Rodel von 1279 verschwundene Amt Zell hier (p. 54)
noch vorkommt. Die Folgerung aus der Stelle „Regis lantgarba"
auf Rudolfs Königtum, ist sehr unsicher, nicht nur, weil Rex auch
königliche Rechte im allgemeinen bedeuten könnte, sondern weil

es ebenso gut Eigenname des Zinsers sein kann, und Landgarben häufig als habsburgische Einkünfte, auch bei der Laufenburger Linie vorkommen (II. 769 und Glossar). Vielleicht ist es der in derselben Gegend bei Brugg vorkommende Name Reigio (II. 538).

2. Habsburger Rodel über die zürcherischen Aemter, von 1274, aus vier Pergamentstücken von 21 cm. Breite und 275 cm. Gesamtlänge, früher im Besitz Raisers, jetzt im Staatsarchiv Stuttgart; schon von Pfeiffer p. 309—316 ediert, in unserer Ausgabe II. 56—67; auf die andere Seite ist der Habsburger Rodel über die schwäbischen Aemter (ed. II. 150—167) um 1290 geschrieben worden; beide Handschriften zeigen eine von der Kursive der übrigen Rödel sehr abweichende eckige Bücherschrift samt roter Farbe für Initialen und Ueberschriften der Aemter von anderer Hand. Am Anfang jedes Postens steht statt des mit § edierten C ein Kreuz. Wieder von anderer Hand von zirka 1300 sind die Summierungen am Schluss jedes Absatzes und sonstige Nachträge zwischen den Zeilen und in den Absätzen geschrieben. Die Datierung beruht darauf, dass das 1273 noch vorkommende Amt Illnau hier nicht mehr existiert, wohl aber das 1279 verschwundene Amt Zell.

3. Pergamentrodelstück im Staatsarchiv Luzern; von Pfeiffer p. 346 ediert, in unserer Ausgabe II. 68 und 69. Das Stück hat nur 10 cm. Länge, 20 cm. Breite, ist aber unten und oben abgeschnitten, so dass unten noch die Spitze eines roten Buchstabens vor dem auf demselben Pergamentstück folgenden Titel sichtbar ist und oben wohl die Spuren früherer Befestigung an einem andern Stück eines grössern Rodels nur durch Abschneiden beseitigt sind. Wenn nicht demselben Rodel, so gehört das Stück doch derselben Aufnahme und Zeit an wie die Vorderseite des oben genannten Stuttgarter Rodels von zirka 1290; denn die bücherschriftartige Hand, sowie die farbige Behandlung der Initialen und des Titels „hii sunt redditus in Windegge" ist genau dieselbe; ebenso die abweichende Hand, welche Korrekturen, hier über der dritten Zeile, gemacht hat. Am obern Rand neben dem Titel steht von der natürlich in dem an Oesterreich extradierten Rodel in Stuttgart nicht vorkommenden Hand des Luzerner Stadtschreibers Cysat um 1600 die Notiz: „der herrschaft Oesterrych

Ynkommen zû Windegk im Gastal", unter dem Titel von älterer Hand, Ende des 15. Jahrhunderts, die (falsche) Datierung „Anno 1303"; über dem Wort „cendringos" von Cysats Hand die (falsche) Erklärung „Ziger", über dem folgenden „item" die Ergänzung „pisces".

In der untern Ecke rechts befindet sich ein früher zugenähter Riss im Pergament. Die Rückseite ist leer.

In unserer Ausgabe II. 68, Note 1 ist das Versehen begangen worden, diese Handschrift mit derjenigen der sogen. Rückseite des Stuttgarter Rodels, d. h. des älteren Rodels von 1274 zu identifizieren, anstatt mit derjenigen der sogen. Vorderseite, d. h. des Rodels von 1290, mit der sie allein in der noch entschiedeneren Bücherschrift und in der eigentümlichen Initialenbehandlung mit hellblauer Farbe stimmt, obwohl dieser spätere Rodel jetzt nur noch schwäbische Aemter enthält. Es ergibt sich daraus der Beweis, dass er sich auch auf schweizerische Gegenden erstreckte und dass dieses kleine Windegger Rödelchen nicht von 1274, sondern erst von 1290 zu datieren ist.

4. Rodel des Schulheissen Wezilo von 1279 über die zürcherischen Aemter, im Staatsarchiv Zürich, Stadt und Landschaft nr. 3282; zum ersten Mal ediert in unserer Ausgabe II. 70—81, die Rückseite 82—95. Der Rodel besteht aus drei Pergamentstücken, welche mit Pergamentstreifen zusammengeflochten sind, und hat eine Gesamtlänge von 123 cm. und eine ziemlich gleichmässige Breite von 13—13¹/₄ cm. Die beiden ersten Stücke sind auch auf der Rückseite mit Schrift bedeckt, nur die Rückseite des dritten Stückes ist leer. Die Hand ist, abgesehen von einigen Zusätzen, überall dieselbe, auch auf der Rückseite, obschon diese nicht ein Verzeichnis der Einkünfte, sondern eines über die Verpfändungen in denselben zürcherischen, aber auch in den thurgauischen Aemtern enthält. Die Schrift ist wenig kursiv und sehr ähnlich der zweiten Hand des Rodels von 1273, so dass man die Frage aufwerfen darf, ob nicht das letzte Stück jenes Rodels mit seinen Summierungen und dem Kiburger Rodel auf der Rückseite eigentlich zu diesem Rodel von 1279 gehörte.

Der obere Rand des Rodels zeigt Nadellöcher und scheint auch deswegen, weil er mit einem §-Zeichen (C) beginnt, nicht der ursprüngliche Anfang zu sein, wohl aber der Anfang der unter Wezilos Verwaltung stehenden Aemter.

Er enthält viele Streichungen und Zusätze am Schluss der Aemter von verschiedenen anderen, gröberen, aber gleichzeitigen Händen (vgl. die Textnoten). Dies gilt ebenso sehr für die Rückseite.

Der Rodel zeigt keine Dorsualnotizen, aber einen aufgenähten Papierzeddel, auf dem eine Hand des XV. Jahrhunderts geschrieben hat: „Ein summa versetzter gütern Annen herzogin von Österrich im Ergow, und wie fil zins jedem gehört". Natürlich bezieht sich dies gar nicht auf diesen Rodel, sondern wahrscheinlich auf den Aargauer Pfandrodel der Herzogin Agnes von 1290 (II. 174—192).

Abgefasst ist der Rodel jedenfalls nicht vor 1278, da er die Verpfändung Neerachs an Johannes (nicht, wie es Seite 89, Note 6, heisst, Hermann den k.) von Bonstetten verzeichnet, welche das Pfandregister II. 681 vom 26. August 1278 datiert, aber noch nicht die Verpfändung des Hofes Zell von 1281 (II. 698 zu vgl. mit II. 74 und 88); jedenfalls kann der Rodel nicht nach 1282 verfasst sein, da Albrecht noch „comes" heisst; aber wohl noch vor 1281, da Albrecht in diesem Jahr in Oesterreich war und die Verwaltung der obern Lande seinem Bruder Hartmann überliess.

5 a. Habsburger Pfandrodel von 1281, Kopie aus der ersten Hälfte des 15. Jahrhunderts im Archiv der Familie von Mülinen in Bern, die bis 1415 dem habsburgischen Beamtenkreis im Aargau angehörte, ediert von Stocker im Geschichtsfreund V. 3—21, nach dieser Edition wieder abgedruckt von Pfeiffer 332—345 mit willkürlichen sprachlichen Aenderungen; in unserer Ausgabe II. 96—115 und 126 Z. 9—135 nur nach dem Geschichtsfreund, da die Handschrift damals nicht zu finden war (vgl. II. p. 96); inzwischen hat sie, wie Maag auch in den Nachträgen II. 784 bemerkte, Herr Fr. v. Mülinen wieder gefunden und mir gütigst zur Einsicht gesandt. Es ist ein Papierheft in 4°, Wasserzeichen p mit Kreuz. Die erste Hälfte nimmt eine Kopie des Pfandregisters von 1391 ein (vgl. unten), die zweite Hälfte von einer andern Hand des 15. Jahrhunderts enthält zunächst auf sieben Seiten eine Kopie des lateinischen Pfandrodels von 1300, dann auf den

14 letzten Seiten die des deutschen Pfandrodels von 1281. Stocker und Pfeiffer haben diese verkehrte Reihenfolge beibehalten und alles als einzigen Rodel abgedruckt; unsere Ausgabe hat die zwei nach Sprache und Zeit ganz verschiedenen Rödel auseinandergenommen und chronologisch eingereiht. Ausser einigen bloss orthographischen Abweichungen ergibt die Vergleichung die Korrekturen S. 98 Z. 10: 35$^1/_2$ statt 36$^1/_2$; Z. 11: 15$^1/_2$ statt 16. S. 103 Z. 4 Henmann von Waldwil statt Hartmann von Baldwile, wie auch der Geschichtsfreund las; S. 104 Z. 9 Bernwil statt Beinwil; freilich macht die Handschrift auch Fehler, wie Seite 106 Z. 9 von Glatte und Z. 13 vol glerte (!) statt „von geleite"; S. 124 Z. 1 „Do gewan von" statt „Tageron und".

5 b. Bruchstück des Originalrodels von 1281, welcher die eben erwähnte Kopie im Archiv von Mülinen zu Grunde lag, im Stadtarchiv Luzern, früher im Besitz Schnellers, die Aemter Zug, Kasteln, Mellingen, Bötzberg und Waldshut umfassend; teilweise ediert von Schneller im Geschichtsfreund I. 307—311 und nach diesem Druck bei Pfeiffer p. 342—344; in unserer Ausgabe II. 116—126 nach dem Original. Dieses ist ein 21 cm. langes, 14—16 cm. breites, unregelmässig geschnittenes Pergamentblatt, auf beiden Seiten beschrieben von einer schwach kursiven Hand der zweiten Hälfte des 13. Jahrhunderts. Die durch lateinische Sprache sich vom deutschen Text unterscheidenden Summierungen sind von anderer Hand und Tinte klein in die Absätze hineingeschrieben, wie wohl auch in den verlorenen Teilen des Rodels. Oben auf der Vorderseite steht von einer Hand von zirka 1600 (Cysat?): „Under küng Ruodolffs, der grauw zu Habspurg was, 1281"; dann von Schnellers Hand: „Sum Josi. Schneller".

Unsere Ausgabe stellt die Seite voran, welche mit dem Amt Zug beginnt; die früheren Ausgaben haben nach der Mülinen-Handschrift die mit dem Amt Bötzberg beginnende Rückseite vorangestellt, aber auch die im jetzigen Rodelbruchstücke nicht mehr vorhandenen Aemter Schwarzwald und Säckingen noch vor Zug, Kasteln und Mellingen. Die letztere Reihenfolge dürfte richtiger sein, da Mülinens Kopie noch den vollständigen Originalrodel benützte, dessen jetzt vorhandenes Bruchstück oben und unten Nadellöcher zeigt und auch durch Zeichen die Reihenfolge der

Stücke andeutet. Für eine direkte Ableitung der Mülinen-Kopie von diesem Luzerner Originalfragment sprechen auch die Fehler der Kopie, welche meist an Stellen eintreten, wo das Original undeutlich ist, besonders bei Abkürzungen und in den von der zweiten Hand geschriebenen Summierungen; z. B. S. 118 Z. 9 und 10: „in officio Munster de Zug" statt „ministri de Zug"; und „maltaria spicarium" statt „speltarum". Das Original hat Konzeptcharakter und zeigt vielfache Streichungen und andere Korrekturen der ersten Hand.

6. Rodel über Einkünfte und Verpfändungen in den Aemtern Kiburg und Winterthur, unter Konrad von Dillendorf um 1290 aufgenommen; zweites und drittes, ursprünglich drittes und viertes Stück des aus drei verschiedenen Aufnahmen zusammengesetzten Rodels des Staatsarchivs Zürich, Stadt und Landschaft nr. 3281, zum ersten Mal ediert in unserer Ausgabe II. 136—149; vorher ganz unbekannt. Die beiden Pergamentstücke sind zusammen 140 cm. lang, aber jedes nur 10—11 cm. breit; sie unterscheiden sich durch diese geringe Breite und durch Zusammenflechtung mit Pergamentstreifen von den breitern ersten Stücken dieses Rodels, welche erst nachträglich mit Faden angenäht sind. Die Stücke sind etwas ungleichmässig geschnitten; das letzte hat in der Mitte ein ursprüngliches grosses Loch, das früher vernäht war und von der Schrift umgangen wird. Die Schrift gehört dem Ende des 13. Jahrhunderts an, ist klein und unregelmässig, aber gar nicht kursiv; sie hat sehr viele Abkürzungen, Streichungen und Korrekturen von der ursprünglichen Hand, aber auch eine Menge orthographischer Fehler, da der Schreiber der von ihm angewandten lateinischen Sprache nicht recht gewachsen und von einer dialektischen Aussprache (vielleicht nach Diktat) beeinflusst ist. Namentlich setzt er gerne die Media statt Tenuis: cividade, redidibus etc.; aber auch secxta statt sexta. Das erste der beiden Stücke enthält auf der obern Hälfte seiner Rückseite den Schluss des Rodels mit dem Amt Winterthur; weiter unten hat eine ganz andere kursive zierliche Hand noch die Worte geschrieben: „Item in Sultz. Item scopozza".

Die Rückseite des zweiten Stückes war ursprünglich leer und ist später zu Dorsualnotizen benützt worden, erstens von einer

Hand des 15. Jahrhunderts: „Die hat Nycolaus geschrieben"; und von einer (Zürcher?) Hand des 16. Jahrhunderts: „Zweiter österreichischer Rodel". Erstere Notiz ist wohl auf eine im 15. Jahrhundert angefertigte Kopie bezüglich, wie auch auf dem Embracher Rodel in Zürich steht „die ist geschriben" (p. 370) und auf dem Aarauer Rodel „Copiatum est per Johannem",; vgl. oben Seite 364. und auf andern Rödeln des II. Bandes nr. 3285 und 3286". Freilich ist gerade von diesem Rodel nirgends eine Kopie vorhanden.

7. Pergamentrodel im Staatsarchiv Stuttgart (der dritte daselbst), früher im Besitz des Ritters Dr. von Raiser in Augsburg, der den Rodel samt andern durch antiquarischen Ankauf in Salzburg oder Constanz erworben hatte, von Pfeiffer 1843 kopiert und im Anhang Seite 299—316 ediert, in unserer Ausgabe ist II. p. 56 —67 die ältere Rückseite, II. p. 150—167 die Vorderseite dieses Rodels ediert. Während Pfeiffer keinen Versuch gemacht hat, diesen Rodel zu datieren und sein Verhältnis zum eigentlichen Urbar zu bestimmen, hat Dr. Maag ermittelt, dass die ältere sogen. Rückseite mit den zürcherischen Aemtern Zoll, Kyburg, Embrach, Schwamendingen und Kloten schon wegen der zum Teil abweichenden Benennung und Umgrenzung der Aemter um 1274 verfasst sein muss (vgl. oben den Rodel nr. 4); die Vorderseite, welche die schwäbischen Aemter enthält, um 1290, vgl. II. p. 56 und 150; dass also beide mit der erst 1303 beginnenden, in ganz anderer Schrift und Sprache geschriebenen Urbaraufnahme Burkhards von Frick nichts zu tun haben, wenn sie auch dabei vielleicht zur Vergleichung zugezogen worden sind, obwohl gerade für diese Gegenden keine Dorsualverweisungen auf „antiqua rodalia" vorkommen.

Der Rodel hat eine Länge von 275 cm., eine Breite von 21 cm. und besteht aus vier Pergamentstücken, welche durch Faden zusammengenäht sind, aber mit viel engeren Stichen als die übrigen Rödel; das obere Ende des ganzen Rodels zeigt keine Nadellöcher, wohl aber das untere. Nirgends befinden sich Einschnitte, welche auf eine früher bestehende Zusammenflechtung durch Pergamentstreifen hinweisen könnten. Das Pergament ist fest und gut mit Ausnahme des fast gar nicht beschriebenen letzten Stückes, welches einen ursprünglich zugenähten Riss und zwei spätere Löcher von Mäusefrass zeigt.

Beide Seiten sind mit horizontalen und Rand-Linien von Tinte liniert, auf der Vorderseite auch das leere Schlussstück, auf der Rückseite gehen die Zeilenlinien über den Schluss des Textes bis auf die Mitte des dritten Stückes, woraus wohl zu schliessen ist, dass der ursprüngliche Rodel von 1274 kein viertes Stück enthielt und dieses aus schlechterem Pergament bestehende Stück erst um 1290 angenäht wurde, da das neue Verzeichnis der schwäbischen Aemter mehr Platz brauchte.

Die Rückseite enthält den oben unter nr. 3 beschriebenen Rodel von 1274 in weniger entschiedener Bücherschrift.

Am obern Rand über dem Beginn des Textes steht von der Innsbrucker Hand des 16. Jahrhunderts, welche auch auf dem zweiten Stuttgarter Rodel entsprechende Notizen schrieb, die auf den Text der Vorderseite bezügliche Aufschrift in zollhoher dicker Schrift: „Urbar zu Zoll, Bussen, Menngen, Fridberg (dies fast verblichen, dann deutlich:) etc. 1302", dann in kleiner Schrift, aber doch wohl von derselben Hand: „L. 114. Urbar Swaben".

Die Hand der Vorderseite von zirka 1290 ist eine noch grössere dickere Bücherschrift ohne kursive Elemente; die Ueberschriften sind von derselben Hand, aber mit roter Farbe geschrieben, die auch rote Striche in die Majuskeln des Textes gemacht hat. Die grossen Initialen jedes Abschnitts sind hellblau und mit roten Linien kunstvoll umgeben. Dieselbe Hand und dieselben hellblauen Initialen zeigt der kleine Windegger Rodel in Luzern, der also ein Stück dieser Aufnahme von 1274 bildete und wohl mit diesem Rodel zusammenhing. Nachträge von kursiver Hand des ausgehenden 13. Jahrhunderts sind an verschiedenen Stellen bei Absätzen hineingeschrieben.

8. Rodel von zirka 1290 über Einkünfte und Pfänder in den Aemtern Zug, Hormatswil, Freiamt, Original im Staatsarchiv Zürich, Stadt und Landschaft nr. 3281*, früher zweites, jetzt erstes Stück dieses Rodels, ein Pergamentstück von 70 cm. Länge und 17 cm. Breite; Pfeiffer unbekannt; in unserer Ausgabe II. 168—173 zum ersten Mal ediert. Unten ist der viel schmälere, gleichzeitige Rodel Konrads von Dillendorf mit Faden angenäht. Obschon das Pergament besser, die Handschrift schöner und sorgfältiger ist als beim Dillendorfer Rodel, scheint dieser Rodel doch ein unvollendetes Kon-

zept zu sein, da Korrekturen von einer andern Hand vorkommen, die ganze untere Hälfte der vordern Seite leer gelassen ist, auch auf der obern sich zwischen Einkünften und Verpfändungen des Amts Zug ein Zwischenraum von etwa zehn Zeilen findet und die Rückseite in drei sehr weit auseinander liegenden Absätzen beschrieben ist. Es handelt sich wohl um eine erste Probe für eine umfassende Urbaraufnahme, welche die Summierung sämtlicher Aemter, also das letzte Ziel der Aufgabe mehr in den Vordergrund stellt, als es bei den späteren Aufnahmen geschah, aber wohl eben an der Unausführbarkeit dieser Aufgabe scheiterte.

9. Rodel der Herzogin Agnes von 1290; Original im Staatsarchiv Zürich, Stadt und Landschaft nr. 3281*, früher oben am 8. Rodel angenäht und dessen erstes Stück bildend; ein Pergamentstück 37 cm. lang, 14 cm. breit. Die Hand weicht durchaus von den Händen der beiden andern Stücke dieses früher vereinigten Rodels ab, ist schöner und grösser, doch nicht frei von Korrekturen und Rasuren. Der Rodel ist auf beiden Seiten von derselben Hand beschrieben und zwar fortlaufend, ohne grössere Zwischenräume. Auf der Rückseite steht in dem untern leeren Raum in verkehrter Richtung von einer andern gleichzeitigen Hand: „In dem Eigen requiram istas litteras", was sich auf die Belege zu den auf der Vorderseite genannten Verpfändungen im Eigen bezieht.

Der Rodel ist, wie eben diese Verpfändungen zeigen, zwischen Mai und Herbst 1290 verfasst, wohl auf Herzog Albrechts Veranlassung, um festzustellen, was der Witwe seines Bruders Rudolf gehöre. Er ist in unserer Ausgabe II. 174—181 zum ersten Mal ediert.

10.—15. Rodel über verpfändete Güter der Herzogin Agnes etc. von zirka 1290; Staatsarchiv Zürich, Stadt und Landschaft nr. 3286 ***. Dieser Rodel ist aus sechs Pergamentstücken von sehr ungleicher Länge und Breite zusammengesetzt, die mit Bindfaden zusammengenäht, jetzt aber zum Teil von einander abgelöst sind. Die Handschrift ist auf jedem Stücke eine andere trotz den entgegengesetzten Bemerkungen II. 187 und 195 Note a, wohl aber stimmt die Hand des 5. (d) mit derjenigen des 9. Rodels (3281*). Das 1. Stück ist 22 cm. lang, 7 cm. breit; die fast gar nicht kursive Schrift reicht bis auf den obern Teil der Rückseite. Es ist schon von Kopp, Urkunden II. 145 und Geschichtsblätter II. 197, ediert, dann in unserer Ausgabe II. 193 und 194. Das 2. Stück ist 44 cm. lang, 16 cm. breit, nur auf der Vorderseite beschrieben, von einer ziemlich kursiven, aber dicken Hand; ediert von Kopp, Geschichtsblätter II. 198—199 und in unserer Ausgabe II. 182—186. Das 3. Stück, 13 cm. lang, 9 cm. breit, ist von einer ähnlichen, aber nicht identischen Hand nur auf der Vorderseite beschrieben; in unserer Ausgabe II. 187 zum ersten Mal ediert. Das 4. und 5. Stück (nur letzteres nummeriert mit 3281[4]) sind ganz kleine mit Bindfaden verbundene Pergamentstücke von 6 cm. Länge, 10 cm. Höhe, resp. 9 cm. und 13 cm., und ganz verschiedener Handschrift; die des 4. hat Aehnlichkeit mit der des Dillendorfer Rodels (nr. 6), besonders auch in der Anwendung langer f im Auslaut statt Schluss s; das 5. stimmt mit der Hand des 9. Rodels (3281[3]) überein und dürfte um so mehr zu diesem gehören, als es ihm auch die deutsche Sprache gemein hat und dadurch von dem gegenwärtigen, sonst durchaus lateinischen Rodel (3286) entschieden genug abweicht. Es ist ein Fehler, dass unsere Ausgabe dieses Stück II. 194, wo es zum ersten Mal ediert ist, mit diesem statt mit jenem Rodel verbunden und ausserdem vor das hier folgende und zu diesem Rodel gehörige 4. Stück gestellt hat, dessen Text erst Seite 196 und 197 folgt.

Es dürfte ja auch sachlich klar genug sein, dass die im 4. Stück verzeichneten Steuern zu den Einkünften und nicht zu den Verpfändungen der Herzogin Agnes gehören, dass also dieses Stück mit den „Steuern der vorgeschriebenen Aemter" allerdings den Schluss einer grösseren Aufzeichnung bildet, aber nicht dieses Rodels 3286, wie es Seite 195 Note 1 heisst, sondern des 9. Rodels 3281; auf diesen 9. Rodel samt diesem seinem ursprünglichen Schlusstücke bezieht sich daher wohl auch die auf 3286[4] stehende Dorsualnotiz „die ist auch geschriben" von einer Hand des 15. Jahrhunderts, wohl derselben, welche eine ähnliche Notiz auf den 6. Rodel (Dillendorfer) schrieb. Das 6. Stück (3286[5]) ist 54 cm. lang und zirka 11 cm. breit, aber unregelmässig zugeschnitten; es zeigt nicht nur oben, wo es früher (falsch) mit 3286[4] verbunden war, Nadellöcher, sondern auch unten, so dass auch hier früher einmal ein weiteres Stück befestigt gewesen sein muss. Auch diese Hand weicht von allen übrigen Stücken dieses Rodels entschieden ab und zeigt mehrfache Korrekturen. Das Stück ist in unserer Ausgabe II. 188—192 zum ersten Mal ediert; sonderbar genug, dass es Kopp entging, der doch die beiden ersten Stücke dieses Rodels ediert hat.

16. Verzeichnis von Einkünften, Verpfändungen und entfremdetem Gut, von 1300; Kopie aus der ersten Hälfte des 15. Jahrhunderts im Familienarchiv von Mülinen, in unserer Ausgabe II. 198—217 nicht direkt benützt, sondern nur nach der Ausgabe im Geschichtsfreund V. 3—21 und Pfeiffer 324—332, da die Kopie damals nicht aufgefunden werden konnte; sie ist mir inzwischen von Herrn Prof. v. Mülinen wieder zur Einsicht gesandt worden. Die Handschrift ist schon oben beim Rodel 5ᵃ beschrieben worden; sie stellt, nachdem sie in der ersten Hälfte das Pfandregister von 1380 gegeben hat, in der zweiten Hälfte diesen jüngern lateinischen Rodel auf sieben Seiten dem ältern deutschen von 1281 voran (vgl. oben Seite 449) und scheint zwei Dorsualnotizen des verlorenen Original-Rodels in den Text hineingesetzt zu haben (vgl. Seite 200 Note b und 210 Note a).

17a. Drei Pergamentstücke mit lateinischen Urbaraufzeichnungen betreffend schwäbische Gegenden im Stattbalterei-Archiv in Innsbruck, im sogen. „Pestarchiv", Urkunden II. 350; Pfeiffer nicht bekannt; in unserer Ausgabe zum ersten Mal ediert II. S. 216—221 Z. 9; II. S. 223 Z. 8—225 Z. 6 und II. S. 226 Z. 8—229.

Diese drei Stücke haben ebenso, wie die zur gleichen Aufzeichnung gehörigen zwei in das Donaueschinger Reinschriftfragment eingenähten Pergamentstücke so ungleiche Dimensionen, dass sie unmöglich zusammen einen Rodel gebildet haben können; das erste betreffend das officium Schiltungi ist 25 cm. hoch, 15 cm. breit, nur auf der Vorderseite beschrieben; das zweite ist 22 cm. hoch, 10 cm. breit; sein Text greift auf den obern Teil der Rückseite über; das dritte ist 10 cm. hoch, 20 breit; die Rückseite ist übers Kreuz mit der Vorderseite beschrieben. Auch hat schwerlich je eines dieser Stücke zu irgend einem Rodel gehört. Das erste und zweite sind schmäler als alle sonstigen Rodelstücke, das dritte hat zwar eine den übrigen Rödeln entsprechende Breite, ist aber nur auf der Vorderseite in der Breitenrichtung beschrieben, während dieselbe Hand auf der Rückseite die Fortsetzung nach der Längsrichtung geschrieben hat. Dieser Richtungswechsel wäre bei einem Rodel unmöglich. Die drei Stücke zeigen auch keine Einschnitte oder Nadellöcher, überhaupt keine Spur davon, dass sie je mit andern Stücken verbunden gewesen wären. Das schlechte, mehrmals in der Mitte durchlöcherte Pergament, die wenig sorgfältige Schrift, die vielfachen Streichungen und zwischen die Zeilen gesetzten Korrekturen lassen darauf schliessen, dass es sich hier um einen ersten Versuch einer neuen Urbaraufnahme handelt, und zwar um die ursprünglichen an den einzelnen Orten aufgenommenen Notizen, welche in dieser Form noch nicht zu einem grösseren Ganzen verbunden werden konnten; immerhin sind sie schon als direkte Vorarbeiten zum albertinischen Urbar zu betrachten, dessen deutsche Rödel zum Teil wörtliche Uebersetzungen dieser lateinischen Notizen enthalten. (Vgl. II. S. 218 Note 1.)

Diese lateinische Vorarbeit rührt vielleicht von dem schwäbischen Vogt Schiltung her, resp. von seinem Schreiber, jedenfalls nicht von Burkhard von Frick, dessen Hand Lassberg in den seinem Codex eingenähten Zeddeln erkennen wollte; denn auch diese zwei Zoddel zeigen dieselbe Hand. Allerdings hat diese Hand eine grosse Aehnlichkeit mit den ebenfalls in lateinischer Sprache abgefassten Revokationsrödeln der thurgauischen und zürcherischen Gegenden im Staatsarchiv Zürich und Luzern, so dass doch die Möglichkeit eines direkten Zusammenhanges mit der allgemeinen Urbaraufnahme durch einen Schreiber Burkhards von Frick vorliegt. Dorsualnotizen auf dem ersten Stück: „Schiltung 1300" von einer unbekannten Hand des 16. Jahrhunderts; darüber und darunter die Worte: „Ertingen || Urbar Swaben" von der Hand J des 16. Jahrhunderts, welche die letzteren Worte auch auf den zweiten und dritten Stuttgarter Rodel und auf den Colmarer Rodel geschrieben hat. Auf dem dritten Stück steht von ebenderselben Innsbrucker Hand „Althaim, Ertingen, Wleingen etc. 1300. Urbar Swaben",

b) Zwei Pergamentstücke mit lateinischen Urbaraufzeichnungen betreffend Veringen und Riedlingen, eingenäht zwischen das 117. und 118. und das 121. und 122. Blatt des Donaueschinger

Fragments der Reinschrift, das erste 21½ cm. hoch, 10½ cm. breit, das zweite 17 cm. hoch und 19 cm. breit; von Pfeiffer ediert p. 260 in Note ** und p. 268 Note *, in unserer Ausgabe II. S. 221—223 und 225—226. Das erste Stück ist auf beiden Seiten beschrieben, aber auf der Rückseite in umgekehrter Richtung; auf dem zweiten Stücke greift der Text mit einigen Linien auf die Rückseite über, ohne die Richtung zu wechseln; dagegen ist eine wieder gestrichene Linie der Rückseite parallel mit der Breitseite geschrieben.

Die Hand ist dieselbe wie bei den Innsbrucker Stücken. Auf der Rückseite des zweiten Stückes steht von der Hand II, welche entsprechende Notizen auf die Innsbrucker Stücke und auf die Stuttgarter Rödel schrieb: „Urbora officii Schiltungi sub brevitate concepta". Lassbergs auf den zweiten Zeddel geschriebene Bemerkung, dass der Text dieser Zeddel von der Hand Meister Burkhards sei, ist ganz unerweislich; im Gegenteil differiert die Handschrift ganz von derjenigen des wohl mit Sicherheit von Burkhard geschriebenen Colmarer Rodels. (Vgl. Facsimile I.)

c) Zu diesen schwäbischen Einkünfterödeln von 1300 gehört noch ein weiterer betreffend Schere und Mengen Dorf, welcher Herrn Dr. Maag leider entgangen ist, weil er von seinem bisherigen Besitzer, Herrn Dr. Th. v. Liebenau, nicht mehr erhältlich war. Indessen hatte er mir diesen Rodel in den achtziger Jahren zur Benützung gesandt und ich habe eine Kopie davon genommen, welche hier nachzutragen ist. Dieser kleine Rodel besteht aus einem auf beiden Seiten beschriebenen Pergamentstück von 20½ cm. Höhe und 11 cm. Breite, ohne Spuren weiterer Befestigung und zeigt die Hand A.

Die Vorderseite enthält die Redditus de Schere und beweist gleich im ersten Satz, dass der Rodel älter sein muss als der Pfandrodel von 1306, da der dort als verpfändet erwähnte Hof Gemmingen (II. 242) hier noch der Herrschaft gehört. Die lateinische Sprache und die ganze Ausdrucksweise stimmt mit den übrigen Rödeln von 1300 überein. Der Text dieses Rodels lautet:

Redditus de Schere. Curia Gemmingen iuxta opidum Schere, bona Rûdogeri et bona dicta Studach dominii propria reddunt in censu VIII. malt. tritici, VIII maltra siliginis, VIII maltra avene et I libr. Costenzer. — Sunt ibidem XIIII bona dominii propria eidem curie pertinentia, quorum quotlibet preter unum reddit pro carne XI ß et III ₰ et unum bonum roddit pro carnibus VII ß Const.

† Item preter curiam est ibi quoddam bonum dominii dictum Hůgs gůt, quod reddit XVIII ß et I quartale ovorum.

† Item bonum dicti Mullers XII ß I q. ovorum.

† Item bonum dicti Rinsmitz VII ß.

† Item bonum sutricis VII ß. Item bonum dicte Schererin VII ß. Item bonum H. Barer VII ß.

Item bonum fabri VII ß et IIII pullos.

Item bonum dicti·Frischembergers XII ½ ß. — — —

Item molendinum ibidem reddit pro carnibus VI lib. Constentzer et in censu II lib. et I quartale ovorum.

Item de censibus arearum III lib. et VII ß₰.

Sunt ibi V aree sine domibus, que censum non reddunt.

(Nachträglich zwischen die Zeilen hineingesetzt.)

Item de orto dicti Clingelers I quartale papaveris.

Item de orto dicti Hagen I quartale papaveris.

Item de orto dicti Horants I quartale papaveris.

Item custos frugum I quartale ovorum.

Bei Pfeiffer, Reinschrift und Hauptrödel im ersten Satz zusammengezogen, ohne Namen „da hyent garten, dů gellent, ... magöl."

Pastor I q. ovorum.

Item ibidem quedam piscina, que reddere potest X lib.

Dominium habet conferre ecclesiam in Schere, que preter prebondam vicarii X marcas.

Civitas castrum Schere, quedam domus et II orti castro pertinentes sunt dominii proprii.

Stura maior XXII lib.; minor XIIII lib. Const.

Item omnia judicia.

Item una piscina an der Loucha XXX ß.

Rückseite.

In villa Menge curia queda villici reddit in censu / V maltra tritici, V maltra siliginis et XV ß₰ Const. pro carnibus, I quartale ovorum, II pullos et I ß₰ ze weglösi.

Item quedam alia curia reddit IIII maltra siliginis, IIII maltra aveni, XV ß pro carnibus, I q. ovorum, II pullos et I ß ze weglôsi.

(Pfeiffer III m. aveni.)

Item ibidem bonum quoddam reddit in censu IIII ½ maltra siliginis.

Item ibidem molendinum reddit III lib. ₰ pro carnibus.

Item census ortorum XVIII ½ ß₰. Item ibidem quedam curia reddit in censu IIII maltra tritici, IIII siliginis, VIII ß₰, II pullos, I quartale ovorum et I ß ze weglôsi.

Item bonum dicti Ralle VII ß Const.

Item ibidem bonum dicti Egenstorfer I lib. XXX ₰.

(Diese 2 Zeilen sind gestrichen!)

Item de orto Berch. dicti Birchmeyger II quartalia papaveris, que valent.

(Bei Pfeiffer zusammengezogen mit obigem cens. ortorum.)

Item de dote ecclesie reddit jure advocaticio XX maltra tritici, XX maltra siliginis, XX maltra avene. Item de quodam molendino, cuius proprietas pertinet ecclesie in Büchowe, pro jure advocaticio reddit I modium tritici.

Item sacrista daro debet II quartalia ovorum. Et dictus Banwart V ß₰ singulis annis. Stura maior hominum predicte ville reddit (gestrichen) stura maior X lib., minor VII lib. Const. Item omnia judicia et quilibet I pullum carnisprivalem. —

III. Rödel zum grossen Urbar König Albrechts 1306.

A. Pfandrödel.

1. Bruchstück eines Pfandrodels über die argauischen Aemter, im Staatsarchiv Zürich, Stadt und Landschaft, ohne Nummer; nur 9 cm. lang, 12 cm. breit, mit Fadenresten und Nadellöchern an den beiden Seitenrändern, so dass dieses Zeddelchen vielleicht an einem grösseren Rodel angenäht war. Die Handschrift stimmt mit der Concept-Hand C des Aarauer und Karlsruher Rodels; in unserer Ausgabe zum ersten Mal ediert II. 230 und 231. Die lateinische Sprache und ihre ganze Ausdrucksweise stimmt zwar nicht mit dem Einkünfteurbar, wohl aber mit den gleichzeitig aufgenommenen Pfandrödeln über die schwäbischen Aemter und den

Revokationsrödeln. (II. 232 ff.) Von den schweizerischen Pfandrödeln dieser Aufnahme ist nur dieses kleine Bruchstück erhalten, sowie die in unserer Ausgabe p. 376 zu spät (1320) datierte Übersetzung.

2. Pfandrodel über die schwäbischen Besitzungen. Der Originalrodel ist mit andern Stücken des Raiser'schen Nachlasses spurlos verschwunden; doch enthält der zu Augsburg im Besitz des historischen Vereins liegende Nachlass noch zwei Kopien von Raisers Hand; die eine A₁ in dem Folioband V ist unserer Ausgabe (der ersten dieses Rodels) II. 232—265 zu Grunde gelegt; die andere, ein Oktavband nr. 10, Seite 125—156, ist für die Varianten benützt worden; doch sind beide Kopien fehlerhaft, wie denn Raiser in der zweiten sagt, der Originalrodel sei schwer zu lesen. Wenn Raiser diesen Rodel, wohl wegen der Verpfändungen an H. de Magenbuch (II. 240), von 1313 datiert, übersieht er, dass gerade diese Verpfändung schon von 1292 datiert und 1313 nur erneuert wurde, dass ihre 1307 erfolgte Vermehrung noch nicht im Rodel steht, dieser also 1306 entstanden ist, wofür noch andere Beweise sprechen. Dass der Rodel nicht vor 14. März 1306 entstanden ist, zeigen die Erwähnungen der an diesem Tage ausgestellten Verpfändungen Herzog Friedrichs an H. v. Eberhardsweiler zu Mengen und an Burkhard v. Hertenstein (II. 243 Note 6). Die Erwähnung einer noch bestehenden, 1311 ablaufenden Verpfändung zeigt auch klar, dass dieses Jahr noch nicht erreicht ist (II. 254 Note 4). Dass dieselbe Verpfändung im gleichen Wortlaut als Dorsualnotiz auf dem Einkünfterodel steht (I. 384 Note 1), beweist am besten die gegenseitige Beziehung und Gleichzeitigkeit beider Arten von Rödeln trotz der abweichenden Sprache.

B. Revokationsrödel.

Dass zu der Urbaraufnahme unter König Albrecht auch Rödel über entfremdete Güter und Leute in grossem Umfang gehört haben, habe ich zuerst an Hand der nur im Zürcher Staatsarchiv in grösserer Zahl vorhandenen Rödel dieser Art konstatiert („Freiheit der Schwyzer" im Jahrbuch f. Schwiz. Geschichte X, p. 22); auf Grund dieses Nachweises konnten dann auch einige wenige Bruchstücke solcher Rödel in andern Archiven als Teil dieser Aufnahme erkannt werden. Noch mögen weitere Rödel dieser Art unerkannt in den Archiven ruhen. Pfeiffer kannte einen einzigen Rodel dieser Art, denjenigen betreffend Richensee, Seite 317—323. Die Bezeichnung Revokationsrödel entspricht dem darin gebrauchten Ausdruck, der, zunächst auf Leute bezüglich, doch schon im 8. Jahrhundert auf Güter übertragen wurde (Capitulare Haristalense § 13, Mon. Germaniae Leges 4° Sectio II. 1. p. 50).

1. Elsässer Revokationsrodel, am 13. Stück des Elsässer Einkünfterodels in Colmar angenähtes Pergamentstück von 20 cm. Länge und 7—8½ cm. Breite, von der Hand Burkhards von Frick geschrieben, also vielleicht Bruchstück eines umfassenden Elsässer Revokationsrodels; Pfeiffer unbekannt, ediert bei Trouillat III. 72 und 73 und in unserer Ausgabe II. 266—269.

2. Rappoltsteiner Revokationsrodel. Das Original war im Besitz von Herrn Staatsarchivar v. Liebenau, von dessen Vater nebst zwei anderen Rödelchen, bei einem Juden Laubheimer in Constanz gekauft, wie auch Kaiser seine Rödel um 1806 in Constanz erwarb. Zuerst ediert v. Liebenau (Vater) in Königin Agnes p. 14 nr. VIII mit der irrigen Bemerkung, dass sowohl diese Rödel als die Reinschrift des Urbars von Burkhard von Frick geschrieben seien; dagegen scheinen die drei Liebenauschen Rödel (diesen ersten habe ich nie gesehen, aber die zwei andern) von derselben Hand geschrieben zu sein, wie die Zürcher Revokationsrödel. In unserer Ausgabe II. 269—271 ist der Abdruck Liebenaus, Argovia V. 14. zu Grunde gelegt, eine Abschrift Liebenaus der Edition im Urkundenbuch der Herrschaft Rappoltstein I. 184.

3. Revokationsrodel über Leute im Amt Richensee, Original-Pergamentrodel im Stadtarchiv Luzern, auf der Rückseite des Rodels, dessen Vorderseite die später folgenden entfremdeten Güter enthält. Der Rodel besteht aus vier Stücken, hat eine Gesammtlänge von 66 cm., und eine Breite, die bei den zwei ersten Stücken 15½ cm., bei den zwei letzten nur 13 cm. beträgt. Die drei ersten Stücke sind mit Pergamentstreifen zusammengeflochten, das vierte ist nur mit Faden angenäht; auch enthält diese Seite des vierten Stückes nichts mehr vom Text, sondern lediglich einige neuere Archivnotizen und eine auf die Vorderseite bezügliche Notiz:

in unserer Ausgabe II. 321—327 in richtigem Zusammenhang ediert und der Nachweis geliefert, dass die darin genannten Personen zu 1306 besser passen als zu 1360. Thommen gibt leider keine äussere Beschreibung des, wie er mir Ende 1900 schrieb, seither in Wien wieder verschollenen Rodels, der doch wohl aus Pergament und aus 1 oder 2 Stücken besteht und Originalcharakter hat. Doch hat er uns damals ein Facsimile von zwei Zeilen geliefert, welches durchaus die Hand der Zürcher Revokationsrödel erkennen lässt, also die Zugehörigkeit zu dieser Urbaraufnahme unter Albrecht bestätigt.

7. Pergamentstück des Staatsarchives Luzern über homines revocandi in den Aemtern Diessenhofen und Hewen, Pfeiffer unbekannt, in unserer Ausgabe II. 328—332 zum ersten Mal ediert. Das Stück ist 19 cm. hoch und 21 cm. breit, und zeigt weder Einschnitte noch Nadellöcher, scheint aber am obern Rand beschnitten zu sein, so dass es möglicherweise doch einem grösseren Rodel angehört haben könnte. So weit sich bei der Verschiedenheit der Sprache erkennen lässt, scheint es von Hand A geschrieben, jedenfalls ist seine Hand identisch mit derjenigen, welche den im Staatsarchiv Zürich befindlichen Rodel über Bona revocanda in den Aemtern Diessenhofen und Tengen geschrieben hat, sowie mit der des grossen Zürcher Revokationsrodels, dessen Dorsualtitel ja auf diesen Rodel hinweist. Der Text der Vorderseite schliesst mit dem Anfang eines unvollendeten Satzes: „Zo Y" (nicht „in V." wie es II. 332 Note c heisst!), wohl auf einen mit Y beginnenden Ortsnamen bezüglich.

Auf der Rückseite steht von derselben Hand der II. 331 und 332 abgedruckte Satz über das Connubium mit den Leuten des Herrn von Wyda. Eine Hand von zirka 1600, wahrscheinlich diejenige Cysats, hat auf die Rückseite geschrieben: „Von wegen der eigenen Lütten dess Gottsbus S. Bläsius im Thurgöw und zu Diessenhoffen".

8. Pergamentrödelchen betreffend homines revocandi im Amt Sigmaringen im Privatbesitz des Herrn Th. v. Liebenau in Luzern; von dessen Vater (um 1806?) bei dem Juden Laubheimer in Constanz gekauft und in den Beilagen zur Königin Agnes, Argovia V. 15 ediert; nach diesem Druck, da das Original nicht

mehr erhältlich war, in unserer Ausgabe II. 333—335 ediert. Als ich noch in den achtziger Jahren das Original benützen konnte, merkte ich mir zwei Berichtigungen zu Liebenaus Edition an, welche auch in unserer Ausgabe anzubringen wären: Seite 333 Zeile 6 „Seyler" statt „Doyler" und Zeile 8 fehlt vor mancipium das Wort „villicus".

Das Rödelchen ist 14 cm. hoch und 17. cm. breit. Die Hand ist A, d. h. die der Originalausfertigungen in Rodelform und keineswegs, wie H. v. Liebenau Argovia V. 15 und 29 annahm, diejenige Burkhards von Frick und der Reinschrift, wie ja diese 2 Hände auch ganz verschieden sind.

Die Vermutung Maags, dieser Rodel sei nur Bruchstück eines grössern, wird bestätigt durch den oben II, 2, S. 460 erwähnten Titel des 5. Revokationsrodels.

9. Revokationsrodel über Güter im Amt Richensee und Willisau, Vorderseite des oben unter nr. 3 beschriebenen Revokationsrodels über Leute in ersterem Amt, im Stadtarchiv Luzern, fehlerhaft ediert von Pfeiffer S. 317—320, Geschichtsfreund XXX. S. 299 (nicht 266 wie Maag angibt), und in unserer Ausgabe II. 336—349. Auf dem sonst nicht beschriebenen 4. Stück dieses Rodels steht die Dorsualnotiz, welche II. Seite 342 Note 1 abgedruckt ist und einer weiteren Nachforschung ruft, ob der im Text als Usurpation bezeichnete Besitz der Herren von Baldegg in Herzingen nicht doch infolge ihrer Burghut ihnen als Burglehen gehöre. Für diese Burglehen gab es nicht, wie man aus dieser Notiz vermuten möchte, besondere Rödel; sie waren in den Pfandrödeln verzeichnet, von welchen aber für diese Gegend nur Bruchstücke erhalten sind, vgl. II. 230 und 243. Aus dieser nicht erledigten Aufforderung zu weiterer Nachforschung, sowie aus den vielen Korrekturen und Streichungen dieses Rodels bestätigt sich der auch für die andere Seite des Rodels angenommene Konzeptcharakter.

10. Revokationsrodel über Güter in den zürcherischen Aemtern, im Staatsarchiv Zürich, Stadt und Landschaft, bezeichnet „zu nr. 3284", zum ersten Mal ediert in unserer Ausgabe II. Seite 349—365. Es ist ein Pergamentrodel aus 3 mit Pergamentstreifen zusammengeflochtenen Stücken in einer Gesamtlänge von 94 cm. und einer Breite von 21 cm. Die Hand ist A. Der Text be-

schränkt sich auf die Vorderseite; auch auf dieser sind die zwei
untern Drittteile des letzten Stückes leer und schon vorher grosse
leere Zwischenräume zwischen den einzelnen Aemtern. Der Titel
des ersten Amts ist in grösserer Schrift, aber von derselben Hand
A an den Kopf des Rodels gesetzt, als ob er sein Gesamttitel
wäre: „Bona revocanda circa officium Regensperg". Die vier folgenden
Aemter haben gar keine Titel.

Auf der Rückseite steht am Fusse des 2. Stückes von Hand
A die Ueberschrift: „Bona revocanda in officiis Regensperg et
Cloton", obschon gerade diese Aemter auf dem 1. Stück enthalten
sind, auf dem 2. vielmehr die Aemter Embrach, Kyburg und Grüningen.
Unten auf dem 3. Stück steht der zu allgemeine Titel:
„bona revocanda". Auf dem 1. Stück stehen von Hand A die
zwei auf Seite 355 (inkonsequenterweise im Text) abgedruckten Dorsualnotizen;
auf dem 2. Stück die Seite 365 abgedruckte Notiz:
letztere ist interessant durch die sonst nie (ausser im Text des
folgenden 11. Rodels und auf Burkhard von Frick bezogen im
Einkünfteurbar I. S. 55) vorkommende Anwendung der ersten
Person „ego non poteram informari". Dieser Rodel gestattet die
bestimmteste Datierung zwischen 10. Dezember 1306 (Tod des
Marschalls von Landenberg) und der Ermordung des noch als
regierend erwähnten Königs Albrecht am 1. Mai 1308, und liefert
damit den Beweis, dass diese Revokationsrödel trotz der lateinischen
Sprache zum Urbar Albrechts gehörten.

11. Revokationsrodel über Güter in den Aemtern Diessenhofen
und Tengen, im Staatsarchiv Zürich, Stadt und Landschaft,
nr. 3284; zum ersten Mal ediert in unserer Ausgabe II.
S. 366—371. Es ist ein Pergamentstück von 35 cm. Länge und
21½—23½ cm. Breite. Die Hand ist A, die Rückseite ganz leer.
Obgleich das Stück keine Spur von Befestigung an einem grösseren
Rodel zeigt, gehört es doch inhaltlich zu den Revokationsrödeln
über die Zürcher Aemter; und es dürften wohl auch die
dazwischen fehlenden Rödel über bona revocanda der Aemter Winterthur
und Frauenfeld ebenso vorhanden gewesen sein, wie diese
Aemter im Rodel über homines revocandi vorkommen; diese allerdings
nach Wien verschleppt, wo vielleicht auch die anderen noch
zu finden wären.

12. Revokationsrodel betreffend das Amt Interlaken, im Staatsarchiv Bern, ediert in Fontes rerum Bernensium IV. 45 und in unserer Ausgabe II. 371—374.

Es ist ein Pergamentstück von 15 cm. Höhe, 23 cm. Breite, mit Einschnitten am obern Rand, welche andeuten, dass es einem grössern Rodel angehörte. Dies ergiebt sich auch aus der von der gleichen Hand A (nicht H!) geschriebenen Dorsualaufschrift: „Bona revocanda in officio advocati de Baden". Dazu dürften ausser den vorhandenen Rödeln von Richensee und Lenzburg noch weitere jetzt verlorene betreffend die übrigen Aemter im Aargau gehört haben.

Eine spätere Dorsualnotiz aus der zweiten Hälfte des 15. Jahrhunderts, dem Dialekt nach von einem Oesterreicher geschrieben, wohl schon unmittelbar nach der Extradition, aber etwa 50 Jahre älter als die übrigen Innsbrucker Notizen auf andern Rödeln, lautet: „Die sint der herschef (!) alt rodel und raittung von iren amptluten und auch ir nütz und gült hin und her in irn land zů ainander gesammelt. Doch vindet man mer rodel, die alt und geracht sind, bey ainander in ain lidrun vass, darab auch das urbarbuch geschriben ist". Darin liegt eine sehr richtige Erkenntnis des Verhältnisses der Reinschrift zu den Rödeln, wie sie nur möglich war, wenn, wie in Innsbruck im 16. Jahrhundert, noch der grösste Teil des Materials vorhanden war. Freilich wurden gerade die Revokationsrödel nicht in die Reinschrift aufgenommen, falls es nicht auch für diese und die Pfandrödel eine besondere Reinschrift gab. Der Text ist von Hand A geschrieben; wenigstens jedenfalls von derselben Hand, wie die Zürcher Revokationsrödel. Schon dies, wie der Ausdruck „officium Interlacense" und die Uebereinstimmung mit andern habsburgischen Revokationsrödeln, zeigen, dass die Fontes rerum Bornensium irrten, wenn sie diesen Rodel noch der früheren Eschenbachschen Herrschaft über Interlaken zuschrieben und ins Jahr 1300 statt 1307 setzen wollten.

IV. Spätere Aufzeichnungen (nach Albrecht).

1. Pfandrodel über Zürcher und Thurgauer Aemter, angeblich erst von zirka 1320 (?!) im Staatsarchiv Zürich, Stadt und Landschaft, nr. 3285, zum ersten Mal ediert in unserer Ausgabe II. S. 376—400.

Es ist ein Pergamentrodel aus 6 Stücken, die mit Pergamentstreifen zusammengeflochten sind, in einer Gesamtlänge von 295 cm. und einer Breite von 15 cm. Der Text beschränkt sich auf die Vorderseite und steht hier zwischen den mit Tinte gezogenen Linien. Die Schrift ist eine breite, nur schwach kursive Gothik, und diese Hand findet sich nirgends im übrigen Urbarmaterial. Am Schluss jedes Amtes steht die Summierung in viel kleinerer Schrift, von anderer Hand nachträglich hinzugefügt. Diese kleine Schrift hat sehr grosse Aehnlichkeit mit der Schrift der Summierungen, wie sie auf Einkünfterödeln des albertinischen Urbars vorkommt, z. B. dem Zürcher Rodel nr. 3288" (vgl. oben II a Seite 368), woraus dann zu schliessen wäre, dass diese Summierungen auch dort erst nach 1320 geschrieben wären, oder dass dieser Rodel doch älter ist. Auch in der Anordnung unterscheidet sich dieser Rodel von allen andern dadurch, dass vor jedem Amt statt eines eigentlichen Titels nur der Name des Amts in etwas höherer Schrift steht und die einzelnen Aemter mit einem aus Blattornamenten gezeichneten Band von einander getrennt sind, und zwar meist ohne Uebereinstimmung mit der Teilung der Pergamentstücke. Die Sprache ist zwar deutsch wie in Albrechts Urbar, beruht aber auf einer lateinischen Vorlage, die vielfach missverständlich übersetzt ist; z. B. wie ich schon in einem Vortrag von zirka 1885 nachwies, ist „liberi" regelmässig mit „Kinder" anstatt „Freie" übersetzt; z. B. II. S. 394 Z. 6 „auf der chinde lute guot", ähnlich S. 378 Z. 4, S. 396 Z. 4. Schon dies weist auf einen österreichischen Uebersetzer, der sich keine freien Bauern vorstellen kann; ebenso die Entstellung des in Oesterreich unbekannten Ausdruckes schupposs, scoposss zu „schüphaus" (S. 377 Z. 7 u. s. f.) oder schüphus (389 Z. 10), besonders aber die regelmässige Diphthongisierung der Vocale; z. B. auzzer, swein, sleufmüter, sleure; haus, diseu, und die vorwiegenden ai in viertail, waitzen, mayr, ayr, Sehaim, schulthaiz, Verwechslung von media und tenuis in mulder, purger; endlich rein österreichische Formen wie „geraitet" (388 Z. 6), „schöt" statt „kloben" vlachses (391 Z. 2; vgl. Lexer). Auch in der Schreibung der Ortsnamen kommen viele Fehler vor. Die Rückseite ist leer bis auf die am untern Rand stehende Notiz von einer Hand des 15. Jahrhunderts: „Die auch geschriben", was auf eine wohl in der Schweiz gemachte Kopie deutet; die Hand ist ähnlich derjenigen, welche auf den Zürcher Rodel nr. 3288' betreffend Embrach schrieb: „Die ist geschrioben", und scheint einer der Hände der Berner Urbarhandschrift zu entsprechen, obwohl diese den Pfandrodel nicht enthält. Am obern Rand steht von einer Hand des Zürcher Archivs aus dem 16. Jahrhundert: „6. Verpfänte güter zu Winterthur, Frowenfeld, Kyburg und Regensperg etc. von der herrschaft".

Die späte Datierung um 1320, welche Maag Seite 376 für diesen Rodel vorschlug, habe ich schon während der Korrektur in einem noch vorliegenden Brief von 1896 bezweifelt; nachdem jetzt das hiefür entscheidende Pfandregister vorliegt, muss ich sie für unrichtig erklären und diesen Pfandrodel für die Urbaraufnahme Albrechts und den Anfang des Jahres 1308 in Anspruch nehmen. Die Beweisführung Maags, Seite 376 Note 1, ist teils überhaupt unrichtig, teils beruht sie schon auf der vorgefassten Meinung, dass gerade nur um 1320 erscheinende Personen statt gleichnamiger früherer gemeint sein sollen. Von den Seite 376 zum Beweis angeführten Personen kommt Johannes von Münchwilen schon 1301 in einer Urkunde des Staatsarchivs Zürich, Rüti, nr. 58, vor; Walther von Gachnang erhielt ein Pfand schon 1303 (II S. 709), ist also fälschlich als Beweis benützt; Konrad von Wellenberg erscheint nicht erst in Urkunden von 1324, sondern schon im Revokationsrodel von 1306 (II S. 323); der von Bonstetten ist nicht einer der unmündigen Söhne Hermanns des jüngern, deren Unmündigkeit sie übrigens keineswegs hindern konnte, im Pfandbesitz dem Vater zu folgen (S. 387); jene von 1278 datierende Verpfändung erhielt vielmehr Johannes von Bonstetten (S. 681), ein Bruder Hermanns des jüngern, was auch zu S. 89 Note zu berichtigen ist; hier kommt also ein Sohn dieses vor 1285 verstorbenen Johannes in Betracht. Dass statt des im Revokationsrodel (S. 288) noch erwähnten Meiers von Dürnten hier nur seine Kinder vorkommen (S. 394), erklärt sich daraus, dass hier und dort, (wie es sich auch um ganz verschiedene Rechte handelt, dort um usurpierte Eigenleute, hier um ein versetztes Pfand), verschiedene Angehörige dieser Familie gemeint sind, im Pfandrodel Heinrich, dessen Witwe, eine Tochter Konrads von Schlatt, schon in einer Rütiurkunde von 1302 vorkommt; dort wahrscheinlich Eglolf. Dass Gottfried Schenk von Liebenberg, dessen Witwe und Kinder unser Pfandrodel nennt (S. 377 und 393), noch 1315 lebte, ist auch unrichtig, da schon der Revokationsrodel von 1306 (S. 306) nur die domina pincerna de Liebenberg, also wohl Witwe, anführt. Der im Pfandregister (S. 686) zu 1315 genannte Gottfried von Liebenberg muss also schon eines jener in unserem Pfandrodel erwähnten Kinder sein. Urkundlich kommt ein Gottfried von Liebenberg noch 1316 vor, aber wohl ein jüngerer, zumal seine Witwe noch 1360 genannt wird (S. 477).

Dieser unhaltbaren Beweisführung Maags aus den Namen steht das gewichtige Bedenken entgegen, dass das Pfandregister von 1308 nicht nur, wie Maag p. 376 zugibt, einige Verpfändungen vom Jahr 1308 enthält, die unserem Pfandrodel fehlen, vielmehr sämtliche 23 Verpfändungen aus den Jahren (Sommer) 1308—1320, welche das Pfandregister verzeichnet, unserm Rodel unbekannt sind, während er von den früher datierten zirka 20 Verpfändungen nur zwei (nr. 229e und 231) weglässt, was sich aus Vergesslichkeit oder auch aus anderen Gründen eher erklären lässt.

Dieser Rodel ist also keineswegs von 1320 zu datieren, sondern als ein unzweifelhafter Bestandteil der Urbaraufnahme unter König Albrecht zu betrachten; allerdings nicht als Original, sondern als eine vielleicht einige Jahre später angefertigte Uebersetzung des verlorenen lateinischen Originalrodels von zirka 1306. Die Datierung der Landenberger Verpfändung auf 28 Jahre früher (S. 395) ist also keineswegs eine „offenbar gedankenlose Uebersetzung" der Dorsualnotiz von 1307, sondern stammt aus demselben Jahr 1307, und stimmt genau zu dem Pfandrodel von 1279 (S. 91). Ebensowenig ist dann die Anführung des laut Revokationsrodel (II. 364) 1306 verstorbenen Johannes von Alben (II. 397) ein Versehen, wie Maag (II. 364) annimmt, sondern ein Beweis, dass der Pfandrodel noch etwas früher im Jahr 1306 geschrieben wurde.

2. Rodel der Herren von Eppenstein über Einkünfte im Amt Kyburg um 1330; zum ersten Mal ediert in unserer Ausgabe II. S. 401—407, im Staatsarchiv Zürich, Stadt und Landschaft,

nr. 1868. Es ist eigentlich kein Rodel, sondern zwei in Heftform ineinander gelegte Doppelblätter von Papier in Schmal-Folio. Das Papier ist durch Feuchtigkeit beschädigt. Das Wasserzeichen, eine Stange, welche durch zwei Kreise und ein Kreuz geht, entspricht der Figur 30 des Verzeichnisses von Keinz und den Jahren 1366—1392. Die kurze breite Schrift gehört auch entschieden in die zweite Hälfte des 14. Jahrhunderts. Es kann hier also, was Maag entging, nur eine mehrere Dezennien spätere Abschrift des Originals vorliegen.

Auch die inhaltliche Hauptfrage hat Maag gar nicht erwähnt, ob dieser Rodel Einkünfte verzeichnet, welche die Eppensteiner für das Haus Habsburg einzogen, oder Einkünfte, welche den Eppensteinern selbst gehörten infolge von Amtslehen oder Verpfändung. Maag setzt einfach ersteres als selbstverständlich voraus. Dies kann aber kaum richtig sein, da sonst nicht eine Anzahl Orte vorkommen könnten, die im Habsburgischen Einkünfteurbar fehlen, wie Billikon, Staufenthal, Eschikon, Kleinikon, Gotzenwil, die Wiese zu Seen, Wisendangen, ferner einige Steuern, welche das Urbar nicht kennt, und ebensowenig die Vogtei Kloten, welche ein eigenes Verwaltungsamt der Habsburger bildete, zum Amt Kyburg gerechnet werden könnte. Der Eppensteinische Besitz an einem dieser Orte, Gotzenwil, wird im Revokationsrodel von 1306 als Usurpation bezeichnet (S. 322). Aus diesem Beispiel ergibt es sich klar, dass es sich um Einkünfte handelt, welche nicht mehr den Habsburgern zukommen, sondern den Eppensteinern und zwar als Amtslehen oder Verpfündung zur Besoldung ihrer Verwaltung der Vogtei Kyburg, welche Eberhard von Eppenstein 1314—1339 als Pfleger innehatte. Da indessen immer vom Amt der von Eppenstein die Rede ist und sich mehrere Herren von Eppenstein als Pfleger von Kyburg nicht nachweisen lassen, dürfte eher an eine Frau und zwar an die Witwe Eberhards zu denken sein, die einen Nachgenuss dieser Besoldung oder ein Pfandrecht gehabt haben mag und als deren Vogt Eppo von Eppenstein 1335 erwähnt wird. Sie war nach einer Urkunde von 1334 (Thommen I. p. 232) eine Tochter Hermanns von Ottikon, der sich in Urkunden von 1284 und 1296 als Zeuge nachweisen lässt (Zürcher Urkundenbuch V. nr. 1903 und Original aus Wettingen, vgl. Bd. VI). In derselben Urkunde verzichtet sie auf Gülten und fahrendes Gut, welches die Herzoge Albrecht und Otto ihr schuldig waren. In einer andern Urkunde desselben Jahres 1334 (Staatsarchiv Zürich, Pfrundurkunden) verzichtet sie auf ihr Leibding an Zehnten zu Kyburg, Brünggen, First und Ottenhausen zu Gunsten des Klosters Allerheiligen. 1335 verkauft sie Güter zu Rümlikon und Bützwil an Töss (Staatsarchiv Zürich, Urkunden Töss). 1334 verkauft sie mit Einwilligung Herzog Ottos den Hof Illingen an den Spital Winterthur (Staatsarchiv Zürich, Embrach).

Diese Witwe hatte also sehr bedeutende Besitzungen im Gebiet des Amts Kyburg und scheint sie 1334 und 1335 veräussert, zum Teil auch den Habsburgern zurückgestellt zu haben. Die in der erst angeführten Urkunde genannten Gülten und Güter rühren jedenfalls von der Kyburger Pflegschaft ihres Mannes her, und es handelt sich hier um ein ganz ähnliches Geschäft, wie als 1316 die Witwe des frühern Vogts von Kyburg, Rudolfs von Alt-Landenberg, sich über ihre Forderungen mit Herzog Leopold auseinandersetzte betreffend Verpfändungen, die ihr Mann empfangen hatte, und zwar zum Teil dieselben, die im Eppensteiner Rodel vorkommen, wie Kloten und Ottenhausen(Diener: das Haus Landenberg p. 24). Es waren dies Einkünfte, die wohl dem jeweiligen Vogt von Kyburg als Besoldung verpfändet wurden. So war auch um 1365 der damalige Vogt von Kyburg, Hugo Thumb von Neuenburg, Pfandbesitzer der Einkünfte (Bär, Grafschaft Kyburg p. 67 und Urbar II. 693: „als man Kyburg von im lost").

Hienach wäre der Eppensteiner Rodel vom Standpunkt des Habsburger Urbars als Pfandrodel zu betrachten und ins Jahr 1335 zu setzen. Für diese Zeit lässt sich auch der mehrfach vorausgesetzte Krieg, den Maag nicht nachzuweisen vermochte, in dem Krieg Oesterreichs gegen Luzern 1338 finden, wobei Herzog Otto Adel und Landsässen im Aar- und Thurgau zu Angriffen ermahnte und die österreichischen Gebiete durch die Eidgenossen schwer geschädigt wurden (Tschudi I. p. 325, oder auch in dem Krieg von 1336, welchen die Waldstätte vielleicht gerade zur Verhinderung der Urbaraufnahme in ihrem Gebiet erhoben; vgl. Dierauer I. p. 166).

Der Witwe von Eppenstein kommen aber nicht alle in diesem

Rodel verzeichneten Einkünfte zu; nur die in der ersten Hälfte des Rodels (bis Seite 405 Zeile 2) verzeichneten. In der zweiten Hälfte ist nicht mehr vom Amt der von Eppenstein die Rede, sondern vom Amt Kyburg, d. h. den Einkünften, welche dem Herzog zukommen, der auch am Schluss angeredet wird mit „gnediger herr" und „min herr". (Die Bezeichnung gnädiger Herr wird auch im Lehenbuch von Herzog Rudolf IV. gebraucht.) Dieser von Maag nicht bemerkte Unterschied ergibt sich schon daraus, dass die Steuern und ihre Summierung zweimal verzeichnet sind (S. 404 und 406), was sonst unerklärlich wäre; zuerst einige Steuern aus dem Amt Kyburg und von Kloten (von letzterem die S. 404 angegebenen 14 ⨂ und nicht 3 ⨂, wie die Note 1 Seite 405 meint), zusammen mit irrtümlicher Berechnung 112 ⨂, die der Eppensteinerin zukommen; dann die Steuern, die dem Herzog nach Abzug der verpfändeten, aber auch nach Abzug der Eppensteinschen zukommen; denn es sollte hier heissen „ân (d. h. ohne) der von Eppstein amt". Diese Steuer beträgt 200 ⨂ und mehr, kann also nicht mit der vorher angeführten Steuer in dem Amt von Eppenstein identisch sein.

3. **Verzeichnis Habsburgischer Lehen** von 1361 aus dem ersten Lehenbuch des Archives in Innsbruck, teilweise, nämlich für die aargauischen Lehen, schon 1856 von Kopp Geschichtsblätter II. 199—205 ediert und p. 139 kurz beschrieben; in unserer Ausgabe vollständig II. 406—592. Lehenbücher aus älterer Zeit existieren sonst nur von geistlichen Herrschaften, wie die der Magdeburger Erzbischöfe (Gesch. Quellen d. Provinz Sachsen XVI), für weltliche Herrschaften sonst erst aus späterer Zeit, wie das Lehenbuch des Markgrafen Friedrich I. von Brandenburg über die fränkische Markgrafschaft Ansbach-Baireuth 1421—1440, ediert im Archiv für Gesch.- und Altertumskunde von Oberfranken 1887 XVII. p. 14—236, und das für Kurpfalz, unter Pfalzgraf Friedrich verfasst von Peter Harer um 1500. Ein Hohenlohisches Lehenbuch verfasste der aus dem Bauernkrieg bekannte Sekretär Wendel Hippler; vgl. Zeitschrift für das württembergische Franken X. p. 154. Obwohl die Aufnahme dieses Lehenbuches den zweiten Band sehr stark belastet hat, war sie doch erforderlich, um über den sonst aus keiner Quelle ersichtlichen Teil des habsburgischen

Eigentums zu orientieren, welcher zu Lehen gegeben war. Dieses Eigentumsrecht ist allerdings noch mehr illusorisch als das in Pfand- und Revokationsrödeln verzeichnete; übrigens enthält es auch Gebiete, welche erst nach 1308 erworben wurden, wie die Grafschaft Pfirt (1324), welche übrigens selbst Lehen vom Bistum Basel war und gerade 1361 vom Bischof an Herzog Rudolf verliehen wurde (Thommen Urkunden I. p. 422). Dieses erste Lehenbuch ist eine Papierhandschrift von 23 cm. Breite und 31 cm. Höhe, in braunes Leder gebunden, und enthält 487 Blätter, von verschiedenen Händen der zweiten Hälfte des 14., 15. u. Anfang des 16. Jahrhunderts geschrieben; ein dicker Sammelcodex, dessen einzelne Teile vielfach besondere Paginierung haben und erst nachträglich eine durchlaufende erhielten. Für unsere Edition kommen nur die Blätter 1—51 und 91 in Betracht, da die Blätter 52—90 und 92—108 teils die im bisherigen enthaltenen Lehen des Elsass und Schwabens in zwei schlechteren Copien wiederholen, teils Fremdartiges enthalten und der Rest des Codex Copien von österreichischen Urkunden des 14. und 15. Jahrhunderts bringt; aber auch von Folio 113 an Lehenbriefe betr. schweizerische Gegenden aus dem Anfang des 15. Jahrhunderts, z. B. fol. 282 über Rapperswil. Dieser erste Teil bis fol. 51 besteht aus 4 Heften, deren 1. fol. 1—18 die Lehen im Sundgau, Elsass und Schwaben enthält nebst sechs leeren Blättern; das Wasserzeichen ist teils ein Jagdhorn, teils ein Ochsenkopf. Das zweite Heft enthält fol. 25 und 26 die Lehen der Grafschaft Pfirt, Wasserzeichen: Glocke. Das dritte Heft fol. 27 bis 40 die Lehen im Thurgau, Wasserzeichen: Traube. Das vierte Heft fol. 41—51 die Lehen im Aargau, Wasserzeichen: Ochsenkopf. Die Hand des ersten und vierten Heftes ist dieselbe, ausser dass im 1. folio 11 für die lateinische Stelle eine andere eintritt. Die zwei andern Hefte haben andere, auch unter sich verschiedene Hände, doch sind alle aus dem Ende des 14. Jahrhunderts. Dieser erste Teil bildete wohl ursprünglich ein besonderes Buch, da er mit den Worten beginnt: „An disem bůch sind vermerket miner herrschaft von Oestorrich Sezzlehen und Manlehen, als die herzog Rådolf seliger gedechtnüsse in der Statt Zovingen hat verlihen 1361". Das also erst nach Rudolfs IV. Tod (1365) niedergeschriebene Verzeichnis ist nach gleichzeitigen Reverszeddeln gearbeitet,

mit welchen die Empfänger sich zur Annahme des Lehens bereit
erklärten und von welchen noch einige Exemplare sich erhalten
haben, wie z. B. das des Edlen Heinrich von Delle bei Trouillat III.
410 ediert ist (vgl. unsere Ausgabe II. 410 Note und II. 455 Note b),
dasjenige des Heinrich von Ansoltingen im Staatsarchiv Bern, ed.
Fontes rer. Bernensium IV. 388 (unsere Ausgabe II. 472 Note a)
und das des Peter Bischof im St. A. Bern, ed. Fontes IV. 388 (vgl.
uns. Ausg. II 556 Note a).

Das Verzeichnis schliesst sich ziemlich genau dem Wortlaut
der Reverse an, nur mit Uebertragung von der ersten in die
dritte Person und Abkürzung der Formeln; doch fällt das Verzeichnis hie und da infolge mechanischer Copierung auch in die
erste Person (410 Note, 413 Z. 8; 418 Z. 16; 425 Z. 10), ein
Fehler, der etwa auch bemerkt und korrigiert wird. Dass nicht die
in dritter Person ausgestellten Lehenbriefe benützt wurden, erklärt
sich daraus, dass diese ja nicht in den Händen der Herrschaft,
sondern der Empfänger waren. Der, soviel mir bekannt, einzige
Lehenbrief von 1361, der sich erhalten hat, worin Herzog Rudolf
die Bäder in Baden an Heinrich Kaufmann verleiht (Thommen I.
p. 427 nach Orig. in Wien), ist im Lehensregister nicht verzeichnet;
doch ist daraus, wie aus dem Fehlen von Verleihungen späterer
Jahre, wohl nicht auf Unvollständigkeit zu schliessen, weil das
Register nur die am Lehenhof in Zofingen im Januar 1361 erteilten
Lehen enthält, jener Lehenbrief aber von Baden 12. März 1361
datiert. Dagegen ist es sehr wohl denkbar, dass an jenem Lehenshof nicht alle habsburgischen Lehen erteilt wurden, weil schwerlich alle Lehensträger erschienen und dass also insofern das
Register keine vollständige Uebersicht der im letzten Viertel des
14. Jahrhunderts existierenden Lehen gibt. Das Verzeichnis schliesst
sich den Reversen auch in der Sprache an, da eine kleine Partie
entsprechend den hiefür teilweise erhaltenen Reversen lateinisch ist
(II. 451—457; dazwischen p. 455 auch wieder ein deutscher Eintrag). Dagegen vermochte der Schreiber einige französische Reverse wegen Unkenntnis dieser Sprache nicht wiederzugeben (Seite
457). Aus derselben Notiz ergibt sich, dass diese Reverse in Form
von Zeddeln (teils auf Pergament, teils auf Papier, teils besiegelt,
teils nicht) ausgestellt waren und in einem Sack beisammen lagen.

Selbst den verschiedenen Dialekten der deutschen Sprache schliesst sich das Verzeichnis vielfach an, namentlich dem elsässischen resp. sundgauischen, z. B. S. 414 Z. 11 bůwhof, 415 knecht (?), bürg, 418 nument, 432 bürste; im Thurgau: gütli. Spricht dies im ganzen für Genauigkeit in Wiedergabe der Originalien, so kommen doch auch Fehler vor, namentlich in Ortsnamen, z. B. Stcken statt Stokken p. 472; in dem Weg statt mit dem Weg p. 556, und bedenkliche Versehen mit Weglassung mehrerer wesentlicher Worte, ja ganzer Linien eines Originalreverses; z. B. 431 Note a, 435 Note a, 459 Note a.

Die Blätter 25 und 26 und der mit Blattnummer 91 eingeschobene schmale Zettel enthalten spätere, um 1400 von Katharina, Gemahlin Leopolds IV., erteilte Verleihungen (p. 590—592). Ein auf Pergament geschriebenes Original dieses Lehenbuches befand sich schon um zirka 1530 im Schatzarchiv Innsbruck, in dessen Inventar I. 55 es verzeichnet ist: „ain pergameni lehensregister in roth pretter eingebunden inhaltend die lehen von hertzog Ruedolf von Österreich etc. anno 1361 verliehen, als in Sunggew Elsass, Turgew, Schwaben, Ergew und auf dem Polzberg." Dass damals auch ein Teil der Originalzeddel in Innsbruck waren, lässt ein weiterer Eintrag desselben Repertoriums V. 1044 schliessen: „Etlich zusammengepunden vorlegen habspurgisch lebenzetel und noteln, ungevarlich anno 1321" (vielmehr 1361!). Ein vorderösterreichisches Lehenbuch in französischer Uebersetzung, betitelt: „Extrait regardant les Fiefs principaux de la s. Maison d'Autriche situés aux Pays du Vorland ou Pays antérieurs et aux environs" ist im Bezirksarchiv Colmar vorhanden, ein grosser Folioband von 924 Blättern mit der Signatur C 25 und österreichische Belehnungen aus den Jahren 1276—1631 enthaltend, von Schöpflin Alsatia illustrata II. 18 Note 7 als „Vor(der) Oesterreichisch Lehen Buch" bezeichnet, von Stoffel Topographisches Wörterbuch, Einleitung XLVI als „Urbarpuch des Landes zu Elsassen 1394". Die von Herrn Archivrat Pfannenschmidt uns mitgeteilten Jahrzahlen lassen nun allerdings erkennen, dass es sich nicht um das auf 1361 beschränkte Lehenbuch handeln kann; denn wenn auch die Schlusszahl auf eine Fortsetzung desselben bis nahe an die Zeit des Ueberganges an Frankreich bezogen werden kann, so passt doch jedenfalls die Anfangszahl nicht auf das Innsbrucker Lehenbuch; wohl aber trifft sie nahezu mit den ältesten Einträgen des um 1380 abgefassten Pfandregisters zusammen, welche von 1278 datieren und wo auch Einträge mit „etc. LXXVI" vorkommen (II. S. 606), welche hier vielleicht irrtümlich mit 1276 statt 1376 ergänzt sind. Daher liegt die Vermutung nahe, dass die wohl vom Ende des 17. Jahrhunderts stammende Uebersetzung das Pfandregister und das Lehenbuch vereinigt und Fortsetzungen des einen oder beider enthält. Eine andere Möglichkeit wäre, dass über die vorhandene Lehensreverse gleichzeitig um 1380 ein ähnliches Register angelegt worden wäre, wie das Pfandregister. Leider ist die Handschrift nicht versendbar.

6. **Pfandregister** von zirka 1380; eigentlich wohl schon im Jahr 1379 angelegt, da die jüngsten Einträge des keineswegs chronologisch, sondern geographisch geordneten Registers bis zum 11. März 1379 reichen (Nr. 31, 68 und 209) und Leopold III., der 1386 bei Sempach fiel, als „jetzt herzog Lüpolt" bezeichnet wird. Schade, dass das Register nicht bis zu seinem Tod reicht, da vermutlich zur Vorbereitung des Sempacher Krieges noch zahlreiche Verpfändungen stattfanden, wie auch die frühern in der Regel mit Kriegsrüstungen zusammenhängen, z. B. Albrechts 1292 und 1301.

a) Original, Papierhandschrift im Staatsarchiv Luzern, mit einem von Cysats a. Hand betitelten Kartondeckel, die Pfandschaften im Aargau und im Amt Regensberg umfassend, nicht aber diejenigen im Thurgau, also unvollständig, zuerst von Kopp Geschichtsblätter II. p. 140 beschrieben und p. 146—175 abgedruckt, dann in unserer Ausgabe II. 593—675 zu Grunde gelegt und hier als L 1 bezeichnet. Die ursprüngliche Handschrift ist ein Heft von 16 Blättern, deren erstes leer ist, mit einem Hifthorn als Wasserzeichen, wie es Keinz, Wasserzeichen des XIV. Jahrhunderts, München 1896 nr. 179 gerade zum Jahr 1380 notiert; die 12 übrigen leeren und bis auf das erste am Schluss folgenden Blätter sind von jüngerm Papier mit späterm Wasserzeichen, Hand mit Blume und Firmanamen (Farna?).

Ein negativer Beweis für die Abfassung vor Ende 1380 ist das Fehlen einer in einem Vidimus des Innsbrucker Schatzarchives VI. 123 enthaltenen Verpfändung Leopolds an Hans von Bonstetten betreffend Grafschaft und Veste Kyburg um 4100 fl. vom

1. Dez. 1380 (Lichnowsky IV. nr. 1537, Thommen II. p. 144).
Die Schrift stammt von zwei verschiedenen Händen des spätern 14. Jahrhunderts, so dass die zweite schöne spitze Hand die mittleren Blätter X^b und XIV^a umfasst und die flüchtige runde Hand der ersten Blätter auf dem letzten XV^a wiederkehrt. Die Blattzahlen I^a—XV^a sind von moderner Hand (Kopp?). Das letzte XV. Blatt dürfte falsch umgelegt sein und vor das erste gehören, wie dann sein Text über das Amt Regensberg in den Copien c, d und e dem Aargau vorausgeht. Eine neuere Hand (Cysat?) hat auf der ersten Seite arabische Jahrzahlen übergeschrieben und auf Seite XIII^b die Namen der Luzernischen Ortschaften an den Rand gesetzt.

b) Copie, St. A. Luzern, noch unvollständiger, von Kopp daselbst p. 140 beschrieben, in unserer Ausgabe II. 593 ff. für Varianten benützt als L. 2, aus 12 Blättern Papier bestehend, das erste und letzte unbeschrieben; Wasserzeichen: Ochsenkopf mit Kreuz, Schrift vom Anfang des XV. Jahrhunderts, doch wechselt die Hand auf der vierten Seite. Das Amt Regensberg geht voran, vom Aargau ist hier nur die erste Hälfte des Original-Heftes enthalten bis oben an Seite VI^b (in unserer Ausgabe II. S. 624 Nr. 61).

c) Copie in der Stadtbibliothek Bern Ms. Hist. Helv. VI 75, dritter und letzter Teil des Codex, dessen erster und grösster Teil die Berner Abschrift der Reinschrift bildet. Dieser dritte Teil, Seite 243—270, des Codex besteht im Gegensatz zu den beiden andern Teilen aus Papier, dessen Wasserzeichen einen Ochsenkopf mit Kreuz darstellt; in einer Form, wie sie im Zürcher Archiv in Manuskripten von 1407—1422 vorkommt. Dieser Zeit gehört auch die Schriftart an, wenn es auch nicht richtig ist, dass sie Stürler für identisch mit der Hand des ersten Heftes dieses Codex erklärt und dem Berner Stadtschreiber Heinrich von Speichingen zuschreibt. Eher liesse sich eine der andern Hände dieses Codex darin erkennen, etwa die des zweiten Heftes, und der Berner Stadtkanzlei wird die Hand ja sehr wahrscheinlich angehören. Die Copie ist wohl eine direkte Abschrift des Luzerner Originals, da sie genau ebenso weit reicht und die Abweichungen nur orthographische oder Schreibfehler sind. Unsere Ausgabe bezeichnet sie in den Varianten mit He 1.

d) Copie im Besitz der Familie von Mülinen in Bern, auf den ersten 17 Blättern eines Papierheftes, deren erstes nur den Titel trägt: „Copyen der herrschaft Oesterreich zinsen und pfandschaften von disen landen". Inhaltlich ist der Umfang derselbe wie bei *a* und *c*; nur stehen die dort folgenden Pfandschaften im Amt Regensberg hier am Anfang auf Blatt II°. Das Manuskript ist beschrieben und verglichen in Kopps Geschichtsblättern II. 140 ff. Unsere Ausgabe hat vergessen, es zu erwähnen und zu vergleichen. Es fragt sich, ob es direkt vom Original oder, was wahrscheinlicher ist, von der Berner Copie abgeleitet ist, oder endlich vom Zürcher Manuskript *e*; da es aber die Ortsnamenfehler der Zürcher Copie nicht teilt, so kann es doch nicht von dieser abgeleitet sein. Da die Schrift auf das Ende des 15. Jahrhunderts weist, ist eine Ableitung von den im Anfang desselben Jahrhunderts geschriebenen Copien wahrscheinlich. Das Wasserzeichen *p* mit Kreuz darüber entspricht ebenfalls der Zeit von zirka 1470. Das Heft onthält übrigens noch einen auf zwei leere Blätter folgenden zweiten Teil, eine Copie des Pfandrodels von 1300, abgedruckt II. 198 ff., sowie des Pfandrodels von 1281 ed. II. S. 96 bis 135, beide Copien dort als verloren bezeichnet, inzwischen von Herrn Prof. v. Mülinen wiedergefunden und mir zugestellt. Die Hand der zwei letzten Abschnitte ist der des ersten ähnlich, aber nicht identisch, das Wasserzeichen ist im ganzen Heft dasselbe.

e) Copie im Staatsarchiv Zürich, Urk. Stadt und Landschaft zu nr. 3289; ein Papierheft von 18 Blättern, wovon das erste, abgesehen vom Titel, und die zwei letzten unbeschrieben sind. Das Wasserzeichen ist ein schreitender Bär mit einem T darüber. Die Schrift ist im ganzen Heft dieselbe und gehört wohl der Mitte des 15. Jahrhunderts an. Schon des Schriftalters wegen ist sie eher Vorlage als Copie der Mülinen-Handschrift, mit welcher sie die Voranstellung des Amts Regensberg gemein hat. Kopp kannte diese Copie nicht; in unserer Ausgabe sind ihre Varianten mit Z angegeben, doch sind sie dem Original gegenüber unbedeutend und fehlerhaft, besonders in Namen: wie II. p. 598 „Bregetz" statt „Gretz", p. 623 „Maroy" statt „Matray"; hie und da ist doch auch ein Fehler des Originals berichtigt, wie p. 624: „Causimodogeniti". Diese Copie beschränkt sich wie die bisherigen und das Luzerner Original auf den Aargau und das Amt Regensberg.

f) Original des Pfandregisters für den Thurgau im St. A. Zürich, Stadt und Landschaft nr. 1869; in unserer Ausgabe II. 676—712 ediert; die Bemerkung p. 676 „unediert" ist insofern ungenau, als Hermann von Liebenau den Inhalt in abgeänderter chronologischer Reihenfolge schon im Anzeiger für Schweizer-Geschichte 1858 und 1860 unter dem Titel „Regesten der Habsburger" mitgeteilt hat, mit der nicht erfüllten Verheissung, die Quelle am Schluss mitzuteilen; sie ist aber unzweifelhaft dieses Zürcher Ms., wie auch Herr Th. von Liebenau mir versichert. Das Papiermanuskript besteht aus fünf einfachen Blättern, deren zweite, wohl leere Hälfte abgeschnitten ist und aus fünf ineinandergelegten vollständig beschriebenen Doppelblättern, beide Teile von derselben Hand des ausgehenden 14. Jahrhunderts, welche die zweite Hälfte des Luzerner Originals geschrieben hat und mit demselben Wasserzeichen, einem Hifthorn, welches auch im Luzerner Original vorliegt. Das Zürcher und das Luzerner Stück sind also unzweifelhaft Fragmente derselben Originalhandschrift, die sich vermutlich auch über die andern Gegenden erstreckte. Dieses Pfandregister wurde wohl ebenso wie die Reinschrift des Urbars unter die Orte verteilt. Der Text erstreckt sich über 22½ Seiten, die übrigen 9½ sind leer. Oben an der ersten Seite steht die Ueberschrift von derselben Hand: „Hie sint vermerket miner herren der hertzogen von Österrich phender und gült in dem Thurgöw", und in der Tat beschränkt sich dies Manuskript auf den Thurgau und enthält weder den Aargau noch das Amt Regensborg. Auch inhaltlich bildet es also den zweiten Teil zu dem Pfandregister über den Aargau. Eine wohl aus Zürich stammende Hand des 16. Jahrhunderts hat an beiden Rändern bei jedem Eintrag die betreffenden Ortsnamen, aber nur, wenn sie Zürchergebiet betrafen, geschrieben oder auch die Bemerkung, dass die Pfandschaft abgelöst sei: „ist glöst"; eine ausführlichere Bemerkung betreffend Ablösung: „dis zween solz hat man von Hansen von Saal glosd im XVII jar" steht im Innern bei Nr. 190 (II. S. 685 Note a, wo aber die Erklärung im XVII. jar = 1417 falsch ist, da die Schrift auf 1517 weist, ein Johannes von Saal noch Lea sowohl um 1500 als um

1400 vorkommt und eine Ablösung durch Zürich 1417 noch nicht möglich war, während von habsburgischer Seite nach dem Verlust des Archives 1415 ein Eintrag nicht mehr gemacht werden konnte). An vielen Stellen sind grüne Wachsklümpchen als Merkzeichen aufgedrückt. Auf der letzten Rückseite steht von einer Zürcher Kanzleihand des 16. Jahrhunderts: „Der herschaft von Österrich Urber pfandschaften halb Nr. 3".

Im Zürcher Manuskript kommen mehr Fehler oder Verschreibungen vor als in der Luzerner Hälfte, vielleicht weil der Schreiber mit Aargauer Verhältnissen besser vertraut war. Bei Jahrzahlen des 13. Jahrhunderts hat der ans 14. gewöhnte Schreiber meist ein C zu viel geschrieben und dies nicht überall durch Rasur korrigiert (vgl. II. 694 Note a und c); sonderbarer ist, dass er einmal mit 1399 statt 1379 über seine eigne Zeit hinausgeht (S. 704 Note 3); noch schlimmer, weil nicht ohne weiteres erkennbar, sind Fehler wie 1305 statt 1315 (S. 678 Note 4) oder 1299 statt 89 (S. 684 Note 2). Auch sind etwa falsche Namen geschrieben „küng Rûdolf" statt „Albrecht" zum Jahr 1301, wobei man dann im Zweifel sein könnte, ob Jahrzahl oder Name falsch ist (695 Note 2 und 4).

Auch Ortsdaten scheinen hie und da unrichtig (701 Note 6, 702 Note 4). Zuweilen sind die Regesten ungenau gefasst, was sich nur erkennen lässt, wenn die Urkunde noch vorhanden ist (707 Note 2; 708 Note 3 und 7; 693 Note 1); fast immer sind sie dürftig und ungenügend. Diese Mängel beeinträchtigen den Wert und die Zuverlässigkeit dieses Teiles des Registers gerade für diejenigen Urkunden, welche aus keiner andern Quelle bekannt sind und machen doch fraglich, ob das Manuscript Original sei.

g) Eine Copie dieses Registers der Thurgauer Pfandschaften liegt im Staatsarchiv Wien, Codex 955, geschrieben zu Anfang des 19. Jahrhunderts auf 46 Seiten, wohl nach dem Zürcher Original. Die von Hrn. Prof. Thommen mir 1895 mitgeteilte Abschrift zeigt, dass Inhalt und Reihenfolge genau dem Zürcher Manuskript entsprechen. Nur die Ueberschrift scheint zu fehlen. Die Regesten sind vom ersten bis zum letzten vorhanden, wie in unserer Ausgabe II. S. 676—712. Die Ableitung von dem einzig für diesen Inhalt existierenden Zürcher Ms. ist zweifellos, da die Fehler desselben hier wiederholt und noch vermehrt sind; z. B. S. 694 Note c „1200" ohne secundo statt „1300 secundo"; oder S. 695 „küng Rudolf" statt „Albrecht". Nur in einem Fall ist diese Copie richtiger, wenn Prof. Thommens Copie stimmt: S. 684 Note 2 steht 1289 statt des falschen 1299 des Zürcher Manuskripts. Dr. Maag hat II. 676 diese Copie nicht angeführt, obschon er die Abschrift Prof. Thommens in seinen Händen hatte.

h) Eine Copie der Schwarzwald und Säckingen betreffenden Partie des Pfandregisters (nr. 111—142) übergab 1280 Melchior Russ dem österreichischen Rat Marchward von Baldegg; sie scheint identisch mit einer jetzt im Staatsarchiv Wien befindlichen Handschrift von 11 Folioblättern mit grünem Fragment des Luzerner Staatssiegels. (Das Nähere vgl. unten in der Geschichte des Urbars.) Diese Handschrift wurde erst 1902 auf meine Anfrage in Wien entdeckt. Maag kannte nur eine wohl spätere Ableitung, welche Lorenz, Herzog Leopold und die Schweizerbünde 1860 p. 47—50 edierte und welche ebenfalls nur die schwarzwälder Stellen enthält.

7. Verzeichnis aargauischer Steuern von 1388 und 89; Original, Papierhs. im Staatsarchiv Wien, aufgefunden von Hrn. Prof. Thommen, in unserer Ausgabe II. 713—733 zum ersten Mal ediert und hier schon genügend beschrieben. Dasselbe Wasserzeichen, eher Hifthorn als Trinkhorn, findet sich auch auf der Luzerner und der Zürcher Handschrift des Pfandregisters von 1379, was freilich kein Grund ist, dasselbe als 10 Jahre spätere Copie zu betrachten. Das Register ist von dem Steuererheber Wilhelm Hegnauer selbst 1389 verfasst und enthält auch seine Kostenrechnung (p. 725). Nur in letzterer, als Aufenthaltsort, sind etwa Städte genannt, nicht bei der Besteuerung, wie Maags Ueberschrift irrtümlich voraussetzt.

8. Aehnliches Verzeichnis von zirka 1390, Original Papierhs. im Staatsarchiv Wien, von einer andern Hand Ende des 14. Jahrhunderts, in unserer Ausgabe II. 734—738 zum ersten Mal ediert. Wie die Handschrift, scheint auch die Steuererhebung eine andere zu sein, ein oder mehrere Jahre später, da einige Steuern in beiden Verzeichnissen mit sehr verschiedenen Summen vorkommen, wie die Chorherren von Zofingen, Zurzach, Wettingen, letztere 200 gegen 10 Gulden (S. 720 und 737). Dieses Register enthält übrigens viele früher nicht genannte Orte, namentlich auch

Städte. Diese Steuererhebung hängt vielleicht mit der hier folgenden Kundschaft von 1394 zusammen.

9. Kundschaft über die habsburgischen Rechte in aargauischen Aemtern; datiert von 1394; zwei verschiedene Papierhefte der Hofbibliothek Wien Cod. 492 und 496; zuerst in unserer Ausgabe II. 739—754 ediert; abgesehen von der im zweiten Heft stehenden Geleitsordnung von Aarau (II. 745), welche schon in der Zeitschrift für schweiz. Pharmacie 1881 nr. 11 und Argovia XXV. 40 abgedruckt wurde. Diese Kundschaften sind interessant, weil sie zeigen, wie man vermutlich schon bei den Vorbereitungen zu Albrechts Urbar vorging, welches auch hier ausdrücklich zu Grunde gelegt und erwähnt wird als „das alt urborbůch" (s. 749); anderseits ergibt sich eine Veränderung und Vermehrung der Einkünfte und Rechte.

Der zweite Teil (C 496) steht auch im Aarauer Ratsmanual mit Zusätzen und Abweichungen, die unter den Varianten angegeben sind. Diese Fassung ist von Bäbler in der Zeitschrift für Geschichte des Oberrheins 37 p. 118 und besser von Merz in den Rechtsquellen des Kantons Aargau I. 49 ediert.

10. Verpfändungen im st. blasischen Waldamt; Pergamentstücke des Landesarchives in Karlsruhe aus dem 15. Jahrhundert, zum ersten Mal ediert in unserer Ausgabe II. S. 755. Dieses kleine Verzeichnis dürfte eine spätere Copie oder besser Uebersetzung eines Stückes des verlorenen Pfandrodels von 1306 betreffend Schwarzwald sein. Es entspricht, abgesehen von der deutschen Sprache in der Form seiner Einleitung „dis ist pfand", und mit der Einleitung jedes Absatzes durch „item" den schwäbischen Pfandrödeln von 1306; vgl. II. 257: „Hec sunt pignora obligata". Allerdings scheint der Uebersetzer dem Zweck des wohl für den unbekannten Pfandinhaber selbst bestimmten Auszuges entsprechend einiges geändert, namentlich den Namen des Inhabers weggelassen zu haben. Diese Einkünfte sind sowohl im Pfandrodel von 1281 (II. 129) noch als unverpfändet bezeichnet, wie im Urbar Albrechts (I. 79) unter den Einkünften verzeichnet, können aber sehr wohl in der Zeit zwischen Aufnahme des Einkünfteurbars, das im Schwarzwald etwa 1304 aufgenommen wurde, und der des Pfandrodels von 1306 verpfändet worden sein. Darauf, dass mit diesen

Posten etwas vorging, deuten auch zwei im 14. Jahrhundert geschriebene Auszüge der betreffenden Urbarstelle über Hierholz und Finsterlingen im Archiv St. Blasien (Karlsruhe 21/224 und 379).

11a. **Ausserordentliche Steuern im Aargau**, zirka 1350, zum ersten Mal ediert in unserer Ausgabe II. 756—757, Notizen auf einem 22 cm. langen, 11 cm. breiten Papierstreifen des St. A. Zürich, Stadt und Landschaft nr. 9288 i; auf beiden Seiten beschrieben, unten Nadellöcher, so dass wohl hier irgend ein verwandtes Stück angenäht war. Das Wasserzeichen ist ein längliches Dreieck, welches Keinz nr. 18 nur als Beizeichen zu andern ältesten Wasserzeichen vor 1320 aus dem Tiroler Archiv nr. 12 und 14 kennt. Da das Dreieck am Rand steht und eine Ecke abgeschnitten ist, könnte es wohl mit einem jener andern Hauptzeichen I. O verbunden gewesen sein. Auch der Schrift nach scheint mir das Stück entschieden älter zu sein als Maags Ansetzung um 1350, und zwar in das erste Dezennium des 14. Jahrhunderts zu gehören, da die Schrift sehr grosse Aehnlichkeit mit derjenigen der Originalrödel des albertinischen Urbars hat, wenn ich sie auch nicht bestimmt mit einer der Hände A B C oder D identifizieren möchte; die gröbere Hand der Rückseite ist der Hand D ganz besonders ähnlich. Maags Datierung beruht lediglich auf der willkürlichen Vermutung, dass diese Steuern mit dem Zürcher Krieg von 1351 zusammenhängen, während er doch selbst auf ähnliche Steuern hinweist, welche in einem von ihm noch vor 1300 gesetzten Rödelchen verzeichnet sind (II. 195).

Die in diesem Rodel genannten Personen können auch sehr wohl um 1306 gelebt haben, namentlich Konrad Kloter, welchem Herzog Leopold I. in einer von Herzog Otto 1330 bestätigten, also 1308—1326 ausgestellten Urkunde ein Pfand verschrieb (II 596, nicht 576!) und Peter von Moggen, dessen Witwe schon 1338 vorkommt (Geschichtsfreund 25 p. 308), während er noch um 1325 lebt. Der am Schluss genannte „de Rüda" kann nur Hartmann von Rüda sein, der 1324 Pfleger von Sempach und Sursee war (Kopp Gesch. V. 1 p. 480).

Die hier verzeichneten Steuern sind allerdings bedeutend höher als im Einkünfteurbar: z. B. Zofingen 80 statt 20—30 Mark; Aarau 80 Mark, d. h. 200 $\overline{\pi}$ statt 50—150 $\overline{\pi}$; Säckingen 60 statt

10—20 Mark. Daraus lässt sich allerdings schliessen, dass es sich um eine ausserordentliche Steuer handelte, vielleicht aber auch nur in der Form einer Vorausbezahlung für mehrere Jahre, wie dies mit den Reichssteuern der Reichsstädte oben unter König Rudolf etwa geschah; vgl. Zürcher Urkundenbuch V. nr. 1868. Die Rückseite enthält übrigens, was Maag übersehen zu haben scheint, dieselben Städte mit beinahe um die Hälfte niedrigeren Ansätzen. Dieses Verzeichnis kann also nicht wohl in dasselbe Jahr gehören oder es müsste dann die einfache Jahressteuer angeben. An Kriegen, welche einen Vorausbezug oder eine Erhöhung der Steuer veranlassen konnten, ist auch im Anfang des Jahrhunderts kein Mangel; z. B. könnte der Blutrachekrieg oder Albrechts Rüstung gegen Böhmen 1307 und 1308 noch in Betracht kommen. Berücksichtigt man, dass schon sein Einkünfteurbar in den am spätesten, 1307, aufgenommenen Zürcher Aemtern eine ganz ähnliche einmalige Erhöhung über das Maximum angibt, so läge die Vermutung nahe, dass man diese Steuer unmittelbar nach der Urbaraufnahme auch im Aargau erhoben hätte. Aus all diesen Gründen datiere ich dieses Verzeichnis von zirka 1308 oder spätestens 1324. Der Verfasser des ersten Teils ist ein Vogt oder Amtmann, der sich in erster Person, leider ohne Namen und Amt, nennt, parallel mit den Vögten von Baden und Richensee und dem Ammann von Zug. Es muss ein Amt sein, dessen Hauptstadt vorher genannt ist, also wohl Lenzburg.

11 b. Einkünfte des Amts Interlaken (angeblich von 1350! statt 1309), Pergamentstück des Staatsarchives Zürich, Stadt und Landschaft nr. 3288 c (nicht 3208 e!), zum ersten Male ediert in unserer Ausgabe II. 757. Das schmale lange Pergamentstück ist 25 cm. lang und bloss 5½—6 cm. breit, zeigt oben und unten Nadellöcher und Fadenspuren, gehörte also einem Rodel an, keinesfalls aber dem Steuerverzeichnis, mit welchem unsere Ausgabe dieses gar nicht auf Geldsteuern beschränkte Stück willkürlich in Verbindung brachte. Die zweifellose Identität mit Hand A beweist die gleichzeitige Entstehung dieses Stückes mit den Ausfertigungsrödeln des albertinischen Urbars.

Die allerdings durchgestrichene Bemerkung gleicher Hand am Kopf des Streifens „Nota quod" (nicht Nota 9!) lässt vermuten, dass

dieser Streifen ein Nachtrag zum Originalrodel von 1308 über die
Einkünfte des Amts Interlaken ist und ähnliche Bedeutung haben
muss, wie die wirklich auf jenem Rodel stehenden Dorsualnotizen
(vgl. I. 476 Note 2). Da diese Dorsualnotizen von „homines exteriores dominii Interlacensis", die im Haupttext nicht erwähnt sind,
aber auch von älteren Steuerrödeln der Eschenbachschen Herrschaft reden, so liegt wahrscheinlich in diesem Stück ein den
Dorsualnotizen zu vergleichender und am Einkünfterodel angenäht
gewesener Nachtrag vor, der die Einkünfte der zu Interlaken im
engern Sinne gehörenden, aber ausser der Stadt liegenden Güter
verzeichnet und zwar auf Grund eines Eschenbacher Rodels. Zu
der Steuerleistung der homines exteriores von 360 ₰, wie sie die
zweite Dorsualnotiz erwähnt, stimmt das hier angegebene jährliche
Steuermaximum von 121 ₰ ziemlich gut, wenn man vom Kauf
der Herrschaft bis zur Aufzeichnung der Dorsualnotiz drei Jahre
annimmt; dann fiele dieser Nachtrag wie die Dorsualnotizen ins
Jahr 1309. Es ist nämlich nicht notwendig, absolute Gleichzeitigkeit dieser Dorsualnotizen, die ja Nachträge sind, mit der Vorderseite anzunehmen. Die Nichtübereinstimmung mit dem Urbarposten
erklärt sich daraus, dass dort fehlende Posten hier nachgetragen
werden und der Verkauf dieses Teils der Güter erst nach der
vollendeten Zahlung der homines exteriores an die Kaufsumme
vollzogen wurde. Jedenfalls hätte dieses Stück als Nachtrag oder
Note zum I. Band Seite 472—476 behandelt werden sollen und
nicht als Anhängsel der ausserordentlichen Steuern im Aargau,
mit denen es gar keine Verwandtschaft hat.

VI. Lehensverzeichnisse der Laufenburger, im Staatsarchiv
Wien, eine der wertvollsten Entdeckungen, welche Hr. Professor
Thommen dort gemacht hat, in unserer Ausgabe II. 758—780
zuerst ediert. Obwohl diese Lehen nicht von der ältern Linie der
Habsburger herrühren, sind sie doch zur genauen Kenntnis ihres
Besitzes in negativer Weise wichtig, weil der Besitz beider Linien
dieselben Landschaften, ja zum Teil Ortschaften betrifft, und überhaupt bunt durcheinander geht.

Die handschriftliche Grundlage, deren Beschreibung nur auf
etwas kurzen Mitteilungen von Hrn. Prof. Thommen beruht, besteht
aus zwei Teilen, welche nach Form und Zeit verschieden sind und

deren richtige chronologische Ausscheidung und Bestimmung erst bei der nach Herrn Maags Erkrankung erfolgten Drucklegung gemacht wurde.

1. Drei Papierblätter, wovon zwei zusammenhängen, von verschiedenen Händen im Anfang des 14. Jahrhunderts beschrieben, enthalten ein wohl als fragmentarisches Original oder gleichzeitige Copie zu betrachtendes Verzeichnis der Lehen, welche um 1318 (d. h. zwischen 1316—20) Graf Johannes I. von Habsburg-Laufenburg erteilte.

2. Diesem Manuskript liegen fünf kleine Papierzettel bei mit Notizen von verschiedenen Händen aus dem Anfang des 15. Jahrhunderts. Sie sind wohl nur dürftige Fragmente von Vorarbeiten zu einem neuen Lehensverzeichnis über die Verleihungen, welche Graf Rudolf von Sulz, Gemahl der Laufenburger Erbtochter Ursula nach dem Tode des letzten Laufenburgers Johannes IV. 1408 vornahm. Diese Notizen beruhen auf Reversen der Empfänger, ganz ähnlich wie das Lehenbuch der ältern Linie von 1361. Nur der letzte dieser Zettel und zwar ganz (nicht nur die zweite Hälfte!) ist umgekehrt ein vom Grafen Rudolf an den Lehensinhaber gerichteter Mahnbrief.

VI. Geschichte des Urbars.

Das Wort „urbar" oder „urbor" abgeleitet vom ahd. urpëran, irboran = hervorbringen, bedeutet: 1) ursprünglich den natürlichen Ertrag eines Grundstückes; 2) zwar schon im 13. Jahrhundert (vgl. Lexer), aber doch, wie Kluge mit recht bemerkt, erst in übertragener Bedeutung, das zinstragende Grundstück selbst; 3) die vom abhängigen Bebauer desselben an den Herrn zu bezahlende Abgabe in Naturalien oder Geld als Grundzins, Zehnten, Vogtrecht, Steuer etc.; 4) die schriftliche Zusammenstellung sämtlicher Abgaben einer Herrschaft. In diesem letztern Sinne wurde es gewöhnlich mit = buch zusammengesetzt (vgl. Lexer und die Kundschaft v. 1394 II 749 Z. 11: „das alt urborbůch") oder mit einer lateinischen Endung versehen „urbarium", dadurch die Betonung auf die 2. Silbe gerückt und das Wort zu einem Neutrum gestempelt, was beides gewöhnlich auch festgehalten wurde, wenn man die lateinische Endung wieder abwarf. Der habsburgische Pfandrodel von 1306 braucht zur Bezeichnung des Einkünfteregisters oder eigentlichen Urbars noch die lateinische Femininform „urbora" (II. 237 Z. 6; 239 Z. 1; 252 Z. 2; 257 Z. 10; 260 Z. 13), einmal (242 Z. 3) auch das Adjektiv „in rodali urboro". Uebrigens schwanken die Gelehrten zwischen der deutschen Betonung Úrbar und der lateinischen Urbár, etwa auch zwischen Noutrum und Masculinum, obschon das Wort auch im Mhd. nur als Neutrum und Femininum vorkam. Im französischen Sprachgebiet scheint das Wort nicht gebräuchlich mit Ausnahme des belgischen „orboir" (vgl. Du Cange). Das Adjektiv „urbar" (machen) ist erst im Nhd. entstanden. Im ersten ursprünglichen Sinne auf den Ertrag oder die ertragenden Güter bezogen, kommt das Wort noch in den nach Mitte des 13. Jahrhunderts geschriebenen, aber auf einer älteren Arbeit von Mitte des 12. Jahrhunderts beruhenden Acta Murensia vor; zwar in der Güterbeschreibung, aber nicht auf diese, sondern auf die unmittelbaren Klostergüter bezogen: „exceptis agris pratis et silvis, que ad nos ex toto, quod dicunt urbara, pertinent" (Quellen z. Schweizergeschichte III. 2. p. 65); auf direkte Einkünfte und auf unmittelbare Besitzungen bezogen in einer Urkunde des Bischofs von Regensburg 1224 (Du Cange s. v. „urbor"). Bei weltlichen Herrschaften bezeichnet es die Amtsgüter, Grafschaftsdomänen (vgl. Lexer „waz ir grafschaft ze urbar ist gesat an liuten und an güto", Gerh. 6264; „die güt, die in die urbar der selben marggrafschaft nit gehören", M. II. 2, 439). In Ottokars Rationarium Austriae wird das Wort ebenfalls auf zinsbare Grundstücke bezogen „proventus urborum" (Rauch S. S. Austriae II p. 5). Ganz ähnlich kommt das Wort im habsburgischen Urbar selbst, übrigens nur in dem von Burkhard von Frick selbst verfassten Teil über das Elsass in dieser dreifachen Bedeutung vor; in der ersten nur für das einzige von der Abtei Murbach erworbene Amt Dattenried im Sinne des Gesamtertrages gewisser Höfe, Güter und Dörfer, welche wohl als Domänen der Landgrafschaft im unmittelbaren Besitz der Herrschaft stehen und durch einen Meyer bewirtschaftet werden: „dû urbar (Hs. urbor) von Kürzel giltet ze zinse ... und aber von urbar ze zinse" (I. S. 35 Z. 13 u. 15); „die urbar zo Vaveresch giltet ..; die urbar der dörfer ze Güntscherasch giltot..; die urbar ze Bübendorf und ze Thecort" (S. 36); — die urbar desselben meiertums giltot (S. 39 Z. 3).

Im weitern Sinne wird es für die Einkünfte jeder Art gebraucht bei der Summierung der andern Rechtung zu Ensisheim: „summa der urbar, diu davor geschriben ist" (S. 53 Z. 15, 19 u. 27).

Auf die schriftliche Zusammenstellung wird das Wort zwar kaum in der von Pfeiffer (Glossar p. 361 Text p. 36 Z. 23) hiefür zitierten Stelle „nicht geschriben zû der urbar" (S. 51 Z. 4) bezogen (denn hier liegt wohl die obgenannte Anwendung vor), wohl aber in einer in der Reinschrift fehlenden Bemerkung des Colmarer Models „als da vor in der urbar geschriben ist" (S. 53 Note c).

Ausser den classischen Aemtern kommt der Ausdruck Urbar im Albertinischen Urbar nirgends vor und die Stelle für Anwendung auf die schriftliche Aufzeichnung ist so vereinzelt und unbestimmt, dass man annehmen kann, diese Bedeutung sei eben erst im Entstehen begriffen, um so mehr, als sie in ältern Urbarien noch gar nicht vorkommt. Dagegen bezeichnet die Kundschaft von 1394 die Reinschrift als „das alt urborbûch" (II 749).

Das Titelblatt, welches das Werk als „Urberbuch" bezeichnet, erscheint zuerst in der Münchner Handschrift um 1365 und ist, auch wenn es in der Reinschrift vorhanden war, derselben kaum vor Mitte des 14. Jahrhunderts beigefügt worden.

Für die Entwicklungsgeschichte der Urbarien hat Inama Sternegg in Löbers Archival. Zeitschrift II 30 drei Perioden aufgestellt, zu deren Charakterisierung hier nur einige Beispiele aus der Schweiz angeführt werden.

Den Inventarien, Breviarien und Polyptycha der Karolinger Zeit gehören ein aus der 2. Hälfte des 8. Jahrhunderts stammendes Verzeichnis von Kirchen, Gütern und Hörigen des Klosters St. Gallen an (Wartmann U. B. v. St. Gallen I 16), aber auch folgende zürcherische Stücke: der in fingierte Urkundenform gefasste grosse Rotulus des Chorherrenstifts Zürich aus dem 9. und 10. Jahrhundert, der sich im Eingang als „descriptio recum Turicinae ecclesiae" bezeichnet; aber auch ein von 893 datiertes Verzeichnis der zum Hof Zürich gehörigen und der Abtei zinspflichtigen Leute (Zürcher Urkundenbuch I nr. 37, 140 und 160, die spätern ausführlichern

Urbarien sind vom Urkundenbuch ausgeschlossen worden). Dem Ende der 2. Periode, welche das 10.—12. Jahrhundert umfasst, gehört an der 2. Rotulus des Grossmünsterstifts von Ende XII. Jahrhunderts (beschrieben im Z. U. B. 1 p. 11), der schon ganz eigentlichen Urbarcharakter hat. Er reicht mit einem Eintrag von 1230 (ed. Z. U. B. 1. nr. 365 und 461) auch in die 3. Periode hinüber. Noch dem 12. Jahrhundert gehören an: ein Zinsrodel des Klosters Engelberg (Gesch. Freund XVII 245), eine Güterbeschreibung von Allerheiligen in Schaffhausen und die ursprüngliche von Muri (Quellen z. Schweizergeschichte III). Im 13. Jahrhundert sind Klosterurbarien schon ziemlich zahlreich, seltener Urbarien weltlicher Herrschaften. Obwohl schon Karl der Grosse befahl, die zu seinem Fiskus gehörigen Lehen ebenso wie die kirchlichen zu verzeichnen (Leges II. 1, p. 177), ist das älteste erhaltene Urbar eines weltlichen Territoriums das zirka 1240 entstandene Urbar des Herzogtums Bayern (ed. in Monumenta Boica XXXVI, 1). Es ist wie das habsburgische in deutscher Sprache abgefasst und zwar mit einer sehr ähnlichen Ausdrucksweise, es zeigt ebenso eine Einteilung in Aemter. Dagegen enthält es nur Steuer-Abgaben und Einkünfte aller Art, aber gar keine Angaben über die Gerichtsbarkeit an sich und keine über die Erwerbung der Herrschaften. Das zweitälteste weltliche Urbar, wenigstens nach der Datierung von Lorenz 1247—1252 (nach dem Herausgeber Chmel im Notizenblatt z. Archiv f. Oesterreich. Geschichte 1855 p. 333 wäre es 1275, also später als das kiburgische abgefasst und sogar später als die ersten habsburgischen Aufzeichnungen in den obern Landen) ist das Oesterreichische Urbar König Ottokars, betitelt: „liber urbarum et redituum per totam Austriam". Es ist ziemlich kurz gehalten, zeigt weder eine systematische Anordnung noch eine Einteilung der Ortschaften nach Aemtern, obschon es von Aemtern (officia) redet, und hat überhaupt sehr wenig Aehnlichkeit mit dem habsburgischen Urbar, wie auch die Sprache lateinisch ist.

Das ebenfalls unter Ottokar 1265—67 angelegte Rationarium Austriae und das unter Rudolf oder genauer gesagt unter der Landesregierung Albrechts etwa 1287 verfasste Rationarium Austriae (ed. Rauch Scriptores rerum Austriacarum II, der es aber zu früh unter Rudolf ansetzt, während darin schon die am 31. August 1280 erfolgte Gründung von Tuln, aber auch Güterverkäufe an Herzog Albrecht, wie der des Konrad von Summerau p. 109 erwähnt werden, und ein ähnlicher in einer Urkunde vom 5. Februar 1287 vorliegt, vgl. Urkundenbuch des Landes ob der Enns IV p. 55), sind ebenfalls noch in lateinischer Sprache geschrieben und stellen in mehr systematischer Weise die Einkünfte von Zoll, Münze und Gerichtsbarkeit in den Städten den Einkünften der ländlichen Grundbesitzungen (urborum) voran, stimmen aber in andern Beziehungen so sehr mit unserm habsburgischen Urbar überein, dass man annehmen darf, Albrecht habe sie vielfach als Muster für seine Aufzeichnungen benützt. Auch in diesem Rationarium Austriae sind nämlich die einzelnen Einkünfte viel genauer spezifiziert als in dem materiell für das habsburgische zu grunde liegenden Kiburger Urbar; es wird zuweilen eine ganze Geschichte für einen einzelnen Posten, Dorf oder Hof gegeben und es werden besonders auch Verpfändungen, Verleihungen, Usurpationen, Erwerbungen etc. aufgezeichnet (z. B. Rauch II p. 5, 7, 10, 27, „tenet ea violenter" 109), wie in den habsburgischen Pfand- und Revokationsrödeln und in den Dorsualnotizen der Einkünfteödel. Letztern entspricht auch die Einteilung in Officia mit besonderm Titel und Summierung der Posten am Schluss einzelner Aemter (z. B. Rauch II p. 55, 58 „Summa totalis officii in Celle"; 110 und 113), auch die Angabe der Zahlungstermine und des Geldwertes einzelner Naturalabgaben, wie besonders der Schweine und Käse.

Wenn nun auch das Rationarium Austriae in einigen Beziehungen als Muster für das Urbar Albrechts gedient haben mag, so bezieht sich dies keineswegs auf die Idee eines Urbars an sich. Die ersten fragmentarisch erhaltenen Urbaraufnahmen unter König Rudolf sind noch vor seinem Krieg gegen Ottokar 1273 und 1274 entstanden, und falls es hiezu überhaupt eines speziellen Musters bedurfte, war dieses das kiburgische Urbar.

Mag auch dieses Kiburger Urbar in der Gestalt, wie es vorliegt, erst beim Uebergang der Herrschaft an die Habsburger 1264 abgefasst sein, so weist es doch (II p. 2) auf eine 1261 durchgeführte Revision oder Neuredigierung einer noch ältern Aufnahme hin und beweist, dass die Kiburger ganz ohne habsburgischen Einfluss schon Urbarien angelegt hatten und damit, soviel wir wissen, allen andern weltlichen Herrschaften in diesen Gegenden vorangegangen sind. Für Abfassung vor Dezember 1263 spricht die Erwähnung der damals von Hartmanns des jüngern Witwe verkauften Besitzungen zu Dieterswil und Rapperswil (Z. U. B. III nr. 1240 vgl. mit Urbar II p. 13 und 14). Die äussere Voranlassung mag, wie schon der erste Herausgeber G. v. Wyss vermutete (Archiv XII 149), das Verkommnis von 1257 gewesen sein, wodurch Hartmann der ältere seinen Neffen Hartmann den jüngern zum Erben seiner Besitzungen einsetzte (Z. U. B. III nr. 1007). Von Vollständigkeit und sorgfältiger Redaktion ist das Kiburger Urbar doch weit entfernt. Es fehlen Freiburg, sowie alle übrigen Besitzungen in Burgund, vielleicht weil sie Hartmann der jüngere 1257 seiner Gemahlin Elisabeth verschrieben hatte (Z. U. B. III nr. 1029); das Berner Oberland, die Besitzungen um Zürich, z. B. die Vogtei Seebach (Z. U. B. III nr. 1204), die in der Centralschweiz, Diessenhofen und alles, was im jetzigen Kanton Thurgau lag, überhaupt alle Städte und Burgen. Die Schenkungen letzterer an den Bischof von Strassburg erklärt dieses insofern, als sie vom Bischof 1260 nicht dem Grafen, sondern seiner Gattin Margaretha verliehen wurden (Z. U. B. II nr. 599 u. 600 und III nr. 1108 u. 1116). Andrerseits scheint das Urbar doch einen Teil der von Hartmann dem ältern an seine Gemahlin Margaretha verschriebenen Besitzungen zu enthalten (Z. U. B. II nr. 550, 552—556), wenn es nicht doch andere Güter in denselben Ortschaften sind. Auch innerhalb der im Urbar enthaltenen Aemter scheint vieles zu fehlen. Das Fehlen der Grafschaftsrechte im Thurgau, Glarus und um Zürich könnte auch dadurch zu erklären sein, dass Hartmann der ältere sie am 10. Juni 1264 an König Richard zu Gunsten seiner Gemahlin aufgab (Z. U. B. III nr. 1265). Dann müsste freilich die Abfassung des Urbars auf 1264 heruntergerückt werden, wogegen ausser oben angeführten Gründen auch die Erwähnung der im Juli 1264 an Heiligenberg vergabten Güter spricht (Z. U. B. III nr. 1274).

Indessen gibt es einen zuverlässigen Beweis, dass das Kyburger Urbar auch in der Berner Handschrift nicht mehr vollständig erhalten ist; der Revokationsrodel über das im Kyburger Urbar fehlende Amt Diessenhofen zitiert für den ehemaligen Besitz der Kiburger „rodalia antiqua", mit welchem doch in erster Linie ein verlorener Teil des Kyburger Urbars gemeint sein dürfte (II 367, Zeile 15 und Noto; wie auch 2 weitere Stellen Seite 368). In der Tat scheint die auf der Rückseite des Originalfragments des Kyburger Rodels stehende Summierung thurgauischer Aemter von derselben Hand und ebenfalls zum Kyburger Urbar zu gehören (ed. II 53—55 zum Jahr 1273); dann muss dieses auch die Aemter Diessenhofen und Frauenfeld umfasst haben.

Wenn das Kyburger Urbar vermutlich die Einkünfte der Grafen vollständig enthielt, so beschränkt es sich doch, soviel wir wissen, auf ein blosses Verzeichnis der wirklichen ledigen Einkünfte, ohne Angaben über Erwerbung und Begründung derselben und ohne Erwähnung der Gerichtsbarkeit. Pfandrödel sind aus kyburgischer Zeit nicht vorhanden und haben auch schwerlich existiert, weil die Kyburger nicht so grosse kostspielige Kriege führten und Erwerbungen machten.

Erst der Streit mit den Habsburgern über die Erbschaft veranlasste die Witwe Hartmanns des ältern, 1265 und 1271 Verzeichnisse über die Besitzungen anzulegen, welche ihr zum Wittum verschrieben waren, aber von Rudolf von Habsburg weggenommen wurden, Verzeichnisse, die sich mit den spätern Revokationsrödeln Albrechts vergleichen lassen, nur dass das Machtverhältnis und die Rechtsgrundlage entgegengesetzt sind (II 36—46).

Aus der Zeit König Rudolfs von Habsburg sind, wie sich erst aus den Inedita unserer Ausgabe ergibt, nicht nur die schon früher bekannten Pfandrödel von 1281, sondern auch eine ganze Reihe von Einkünfterödeln verschiedener schweizerischer Aemter aus verschiedenen Jahren vorhanden. Sie können nicht als successiv hergestellte Teile einer das ganze Gebiet umfassenden Urbaraufnahme betrachtet werden, sondern nur als lokale Aufnahme einzelner Beamter, weil zum Teil dieselben Gegenden mit veränderter Aemtereinteilung in verschiedenen, nicht gleichzeitigen Rödeln vorkommen. Eher wäre denkbar, dass jede einzelne dieser Aufnahmen Bruchstück einer durchgeführten oder beabsichtigten vollständigen Urbararbeit wäre. Am wahrscheinlichsten ist dies für den ersten dieser Rödel, der, wenn man sein drittes von anderer Hand geschriebenes Stück als später angenäht betrachten darf, nur altbabsburgische Gegenden enthält und daher noch älter als 1273 ja 1264, somit älter als das kiburgische Urbar sein könnte, mit dessen Fragment er zusammengenäht ist. Der Abschnitt über Verpfändungen und die Summierungen am Schluss machen auch wahrscheinlich, dass ein vollständiges Urbar beabsichtigt war (II 47—55).

Das angenähte aber von anderer Hand geschriebene 3. Stück dieses Rodels (II 53—55) ist entweder noch kiburgisch oder nach dem Uebergang der darauf verzeichneten Gegenden an Habsburg geschrieben; es fällt durch seine hohen Summen auf, welche die unter sich ziemlich gut stimmenden Summen des kiburgischen Urbars aber auch des folgenden Habsburger Rodels weit übersteigen. Aus dem letztern Grund ist der Schluss Maags (II 54 Note), dass dieses Stück nicht kiburgisch sein könne, hinfällig. Das Fehlen von Geldeinkünften und die Schrift verbietet aber, an eine spätere Zeit zu denken.

Auch der vom Dezember 1274 zu datierende Rodel (II 56—69) fällt durch seine Einteilung in kleine und andere als später benannte Aemter auf. Er enthält die aus der kiburgischen Erbschaft stammenden Aemter, sowie die zwischen 1264—1274 gekauften Aemter Embrach und Kloten, über deren Erwerbungszeit sich leider nichts bestimmtes ermitteln lässt. Vermutlich war der Verkauf Embrachs durch die Grafen von Toggenburg Folge ihrer ungünstig verlaufenen Fehde mit Rudolf von Habsburg um 1267. Insofern könnte dieser Rodel sehr wohl als Fortsetzung des ersten angesehen werden, wenn man dessen 3. Stückes als älter, d. h. noch kiburgisch, betrachtet. Eine vielleicht beabsichtigte Fortsetzung der Urbaraufnahme wurde durch die böhmischen Kriege und durch den Uebergang der obern Lande an Graf Albrecht unterbrochen.[1]

Dieser begann ohne Anknüpfung an die bisherigen eine neue Aufnahme (II 70—95) über dieselben zürcherischen und thurgauischen Aemter, die er zum Teil anders benannte und dem Schultheiss Wetzel von Winterthur zur gemeinsamen Verwaltung übergab, vermehrt um das inzwischen zirka 1276 erworbene Amt Grüningen (vgl. I 267 Note). Da auch dieser Rodel am Anfang unvollständig erhalten zu sein scheint und das wohl zu dieser Gruppe gehörige Amt Kloten fehlt, ist sehr wohl möglich, dass die damalige Urba-

---

[1] Redlich hatte in seinem Rudolf v. Habsburg p. 580 ff. keine Veranlassung, die selbständige Tätigkeit der Söhne zu betonen.

risierung sich noch über weitere Aemtergruppen erstreckte; freilich kann sie durch den Uebergang der Verwaltung an Albrechts Bruder Hartmann und den frühen Tod desselben wieder unterbrochen worden sein. Das vorliegende Fragment ist dadurch interessant, dass es nach den Einkünften auf der Rückseite des Rodels auch die Verpfändungen in denselben Aemtern verzeichnet und dass diese schon einen sehr grossen Umfang haben, wohl durch den 2. Krieg gegen Ottokar 1278 veranlasst, wie es etwa ausdrücklich heisst ox stipendio, d. h. für geleisteten Kriegsdienst (II 83), und unter den Pfandinhabern bekannte Teilnehmer an diesem Krieg, wie die Herren von Ramswag, vorkommen, oder die aus dem Pfandregister genauer bekannte Verpfändung an Johann von Bonstetten vom August 1278 für Lieferung eines Streithengstes (II 89 u. 681). Es ist die erste Urbararbeit, die sich bestimmt datieren lässt und zwar auf 1279, und die einen Verfasser und seinen Auftraggeber nennt. Besonders interessant ist es, dass dieser, Graf Albrecht, gleich bei seiner ersten selbständigen Verwaltungstätigkeit eine solche Arbeit veranlasst. Diese erstreckte sich auch über die aargauischen Aemter samt Zug, welche der Vogt von Baden, Werner von Wohlen, verwaltete, sowie über die schwarzwäldischen Aemter; denn es ist klar, dass den Pfandrödeln, welche über diese Gegenden Ende März und Anfang April 1281 abgeschlossen wurden (II 96—135), auch Einkünfterödel entsprochen haben müssen, die verloren gegangen sind. Die Daten beziehen sich allerdings auf eine Zeit, in welcher Albrecht nicht mehr in den obern Landen war, aber nur auf die letzte Abrechnung, so dass die umständliche Aufnahme mit Zeugeneinvernahmen (II 120) noch vor Albrechts Abreise (September 1280) begonnen haben oder wenigstens auf seine Anordnung zurückgehen kann. Albrecht hat also nicht, wie Kopp Geschichte (III 2, p. 304) meint, den Vater nachgeahmt. Die Existenz einer früheren umfassenden Urbaraufnahme halte ich nicht für so ganz ausgeschlossen, wie Schulte p. 516, doch ist das wahrscheinlichste, dass die früher geplanten Aufnahmen nie vollständig zur Ausführung gekommen seien, wie übrigens auch Albrechts Urbar ja nicht ganz vollständig ist.

Unter der folgenden Verwaltung des Herzogs Rudolf II. nahm der 1288 zum Vogt von Kyburg gesetzte Ritter Konrad von Dillen-

dorf 1289 und 1290 über einen Teil derselben Aemter, Winterthur und
Kyburg, wieder einen neuen Rodel auf (II 136—149). Dieser hat schon
seiner Einleitung nach nur persönliche Bestimmung für den neuen Verwalter, ist also nicht Teil einer neuen umfassenden Urbarisierung,
knüpft auch gar nicht an die frühern Rödel an, sondern befolgt
eine andere für die Verwaltungspraxis geeignete Methode, ledige
und verpfändete Einkünfte für jeden Ort zusammenzustellen. Der
Rodel enthält eigentlich nichts anderes als drei Jahresrechnungen
über die zwei Aemter für die Jahre 1288—90, Rechnungen, wie sie
wohl für alle Aemter jährlich gestellt wurden, aber sich sonst nicht
erhalten haben. Er hat also eigentlich keinen Urbarcharakter, ist
aber nur desto interessanter für die Finanzverwaltungsgeschichte.
Daraus erklärt sich auch die schlechte Orthographie, welche einem
für die Dauer bestimmten Werke nicht anstände. Die regelmässigen
Verweisungen auf die Posten des vorhergehenden Jahrgangs lassen
vermuten, dass die Rechnung für alle 3 Jahre gleichzeitig gestellt,
also nur alle 3 Jahre Rechnung abgelegt wurde. Uebrigens hängt diese
Rechnungsablegung im Jahre 1290 vielleicht mit dem auf den 10. Mai
dieses Jahres fallenden Tod Herzog Rudolfs II. zusammen und war
in diesem Fall dann doch für Herzog Albrecht bestimmt, der nun
die Verwaltung der obern Lande wieder übernahm, wenn er auch
erst 2 Jahre später wieder daselbst erschien, nachdem er inzwischen,
etwa 1287, das Rationarium Austriae hatte aufnehmen lassen.

Im gleichen Jahr 1290 oder noch eher 1292 ist aber wieder eine
eigentliche Urbaraufnahme für schweizerische und namentlich für die
zum Teil kurz vorher erworbenen schwäbischen Aemter erfolgt (II
150—173, aber auch 68 und 69 der von Maag unrichtig von 1274 datierte Windegger Rodel, vgl. II 2 p. 446). Diese Aufnahme dürfte eher
noch etwas später 1291 oder 1292 fallen, da der Ausdruck „duces"
(p. 150) mir nicht so entscheidend scheint, um zur Ansetzung
vor Rudolfs Tod zu nötigen, während das Vorkommen erst 1291
angekaufter Gebiete (Veringen und Munderkingen; vgl. I 459 Note
3 und 394 Note 1) eine frühere Datierung doch nicht zulässt. Die
Entstehung muss zwischen den Ankauf Veringens am 5. Februar 1291
(Lichnowsky Reg. I nr. 173) und die Erwerbung des noch nicht im
Rodel vorkommenden Sigmaringen, d. h. 13. November 1292, fallen.

Der wohl unter Herzog Rudolf II. vor 1290 angefertigte Rodel über Zug und aargauische Aemter dürfte eher etwas älter sein, da er mit seiner Vermischung von Einkünften und Verpfändungen an den Rodel Dillendorfs erinnert (II 168—173).

Unmittelbar nach Rudolfs II. Tod, noch im Sommer 1290, wurde ein Verzeichnis über die der Witwe Agnes verschriebenen Einkünfte in den aargauischen Aemtern aufgenommen (II 174—181), ebenso über die dort bestehenden Pfandschaften; auch die Aufnahme dieses Rodels dürfte auf Anordnung Albrechts, nicht der Herzogin, zurückgehen, da er in der Urkunde von 1295, welche dieses Wittum mit Geld ablöst, sagt, dass er es ihr angewiesen habe („quod sibi deputavimus" II 175 Note). Die Anführung eines Pfandbriefs mit „litteram vestram" (II 191) bezieht sich auch eher auf Albrecht, da die Herzogin in 3. Person „domina mea ducissa" heisst. Indessen können, was Maag übersehen hat, die lateinischen Pfandrödel der Herzogin Agnes (p. 182—195) nicht mit dem vorhergehenden deutschen gleichzeitig sein, da sie zum Teil dieselben Aemter mit immer höheren Verpfändungen anführen. Diese Verpfändungen dürften wie diejenigen, welche Albrecht zum gleichen Zwecke machte, für den Krieg gegen die Laufenburger Linie und Zürich 1292 bestimmt gewesen sein; oder sollte Agnes selbst zu den Laufenburgern gehalten haben, da Rudolf von Laufenburg selbst mit 800 Mark unter diesen erhöhten Verpfändungen vorkommt? (II p. 184). Jedenfalls muss man die 3 lateinischen Rödel von 1292 (statt 1298) datieren, wie Maag den letztern dieser Rödel von 1293 datiert, weil er den Kriegszug Albrechts gegen Luzern bereits voraussetzt. Nach Ablösung dieser Verpfändungen an Agnes 1295 dienten diese Rödel wohl als Hülfsmittel zur Herstellung des Urbars.

Eine darauf gerichtete Arbeit liegt aber erst wieder aus dem Jahre 1300 vor und beschränkt sich auf die zum Schloss Lenzburg gehörigen Einkünfte (II 198—217). Dieser Rodel macht durchaus nicht den Eindruck eines Fragments oder Versuches einer umfassenden Arbeit oder gar Vorarbeit zum grossen Urbar (wie Kopp Gesch. III, 2 p. 305 wollte). Er fasst wieder mit den Einkünften auch Verpfändungen und Revokationen zusammen. Es handelt sich wohl wieder um eine Auseinandersetzung in der Familie und Versorgung des Herzogs Johannes, da die Aemter dieselben sind wie im Rodel der Agnes und gerade am gleichen Tage, von welchem der Rodel datiert, am 5. Februar 1300, Albrecht der Braut seines ältesten Sohnes Rudolf Wittum und Morgengabe anwies und kurz vorher, am 11. November 1299, die Ergänzung des Schiedsgerichts angeordnet hatte, welches einst König Rudolf zur Ermittlung der Entschädigungssumme Albrechts an Johanns Vater aufgestellt hatte und gerade Lenzburg dem Johann angewiesen war (vgl. Kopp Gesch. I, 504 und III, 2 p. 12, Pfeiffer p. 324 und Böhmer Reg. Albrechts nr. 265).

Wie alle diese früheren Aufzeichnungen auf bestimmte äussere Veranlassungen und meist auf Teilungen und Abfindungen in der Dynastie zurückzuführen sind, so mag auch beim Gesamturbar König Albrechts neben dem allgemeinen Gedanken einer ökonomischen Rechenschaft die spezielle Absicht einer gleichmässigen Teilung der Einkünfte unter die Söhne und Herzog Johannes mitgespielt und den äussern Anstoss zum Beginn der Arbeit gegeben haben, um so mehr als die Arbeit gerade in dem Zeitpunkt begann, da Albrecht die bisher selbst geführte Verwaltung den Söhnen und dem Neffen übergeben wollte, dessen Ungeduld dann durch die lange Dauer der Arbeit erweckt wurde (H. v. Liebenau und Königin Agnes p. 16). Allerdings überwiegt bei dieser gross angelegten, nicht nur auf Einkünfte beschränkten Arbeit der allgemeine Zweck der Urbarisierung, der ja Albrecht schon bei den Aufnahmen von 1279 vorgeschwebt hatte. Zu einer solchen Zusammenstellung auf Grund ganz neuer Arbeiten nötigte auch die Erwerbung zahlreicher Herrschaften, welche Albrecht seit 1300 angekauft hatte, wie das (nach Nabholz Geschichte der Freiherren von Regensberg p. 74 wohl erst 1302, nicht schon 1290) angekaufte Regensberg, das erst 1306 erworbene Interlaken und die besonders zahlreichen Ankäufe schwäbischer Gebiete, von welchen noch der Rodel von 1290 nur den geringsten Teil enthielt. Auch die Verpfändungen waren immer mehr angewachsen und die Ansprüche auf Gebiete und Rechte, welche in andern Händen lagen. Ueber die Anordnung zu der grossen Urbararbeit ist zwar durchaus nichts Schriftliches bekannt, weder eine Instruktion, noch eine indirekte Erwähnung; aber aus dem Zeitpunkt des Beginnes 1303 und der Nennung des Schreibers des römischen Königs ergibt sich zur Genüge, dass der König selbst die Anordnung zur Aufnahme gab, da er bis 1304 als Stellvertreter oder Vormund der in Oesterreich weilenden Söhne und des Neffen die oberen Lande selbst verwaltete, häufig besuchte und sich oben im Jahr 1303 im Elsass befand, wo der Anfang der Aufzeichnung gemacht wurde (Am 4. Januar in Hagenau, vgl. Böhmer Reg.).

Unzweifelhaft ist Albrecht selbst der eigentliche Urheber der Urbaridee, da sie überall, wo er eine neue Verwaltung übernimmt, unter ganz verschiedenem Beamtensystemen ins Werk gesetzt wird; zuerst 1279 in den schweizerischen Gegenden, dann um 1287 in Oesterreich und wieder in den obern Landen nach dem Tod Rudolfs II. um 1290 oder 1292; endlich vor und bei Ueborgabe der Verwaltung an die Söhne 1300 und 1303.

Die seit Tschudi (Chronik I. p. 224) allgemein verbreitete Annahme, dass der eigentliche Verfasser des „Urbarbuches", Meister Burkhard von Fricke, der Rechenschreiber der Söhne König Albrechts sei, beruht nicht, wie man nach Haller (Bibl. II nr. 1897) glauben sollte, auf dem in einigen Abschriften der Reinschrift vorhandenen und vermutlich auf diese selbst zurückgehenden, wenn auch schwerlich mit dem Text gleichzeitigen Titelblatt; denn gerade diese Stelle über den Verfasser fehlt in dem sonst gleichlautenden Titel der Handschriften von Stuttgart (nr. 2), München, Luzern, Raiser (Pfeiffer XVIII) und wurde erst von Tschudi selbst seiner eigenen Abschrift hinzugefügt, und zwar in folgender Fassung (vgl. oben II 2 p. 434): „Das wart gestellt von König Albrechts seligen Sünen den Herzogen von Oesterrich durch Meister Burkkarton a. d. 1309 jaro". Es ist dies eine Kombination Tschudis aus der Urbarstelle, welche Meister Burkhard des Königs Schreiber nennt, und dem Titel der Luzerner Handschrift, welche das Urbarbuch den Herzogen von Oesterreich zuschreibt. Eine richtigere Notiz hierüber hat Cysat der ältere auf das Titelblatt der Luzerner Handschrift geschrieben, wonach das Urbar aº 1303 auf Albrechts Befehl durch seinen Schreiber Burkhard von Fricke geschrieben wurde (vgl. oben II 2 p. 420).

Von da bis auf Kopp und Pfeiffer galt Burkhard von Frick als Verfasser des Urbarbuches, welches man als einen Codex betrachtete (s. z. B. Johannes v. Müller I 594) und in der 1837 bekannt werdenden Handschrift Lassbergs gefunden zu haben glaubte.

Nachdem Kopp schon deutlich die originale Bedeutung der Rödel betont hatte, umging Pfeiffer, weil er die Originalrödel nicht einsah, in höchst unklarer Ausdrucksweise die Frage, ob Burkhard die Rödel verfasst oder nur die Reinschrift redigiert habe und in welchem Verhältnis sie zu einander stehen.

Darüber konnte nur eine genaue Vergleichung der Hände Aufschluss geben. Aber auch der erste, der wenigstens an einem Punkte eine solche versuchte, Lassberg, war auf falscher Fährte, als er, wohl erst nach der Benützung durch Pfeiffer, welcher hier p. 268 nichts von Burkhard sagt, die Hand Burkhards zwar nicht im Text der Reinschrift, sondern auf den in diese eingenähten Zetteln erkennen wollte (oben II 2 p. 396), wohl in der Meinung, Burkhard habe damit eine Korrektur und Ergänzung geliefert. Allerdings hat diese Hand aber eine sehr grosse Aehnlichkeit mit der Hand A, welche die Originalausfertigungsrödel geschrieben hat.

Hermann v. Liebenau bemerkte 1868 in seinen urkundlichen Nachweisen zur Lebensgeschichte der Königin Agnes (Argovia V, 15 und 23), merkwürdigerweise gerade zu den in seinem Besitz befindlichen Rödeln, welche von der Hand A geschrieben sind: „dem Burkhard von Fricke danken wir das Urbar wie das gleichzeitige Copialbuch von Königsfelden" und letzteres sei „von derselben Hand wie die Reinschrift, soweit in beiden Büchern die 1. Hand reicht"; die Donaueschinger Handschrift gleiche in allen Aeusserlichkeiten dem Königsfelder Copialbuch (Agnes S. 481); endlich schreibt er eine Urkunde des Herzogs Leopold für Töss von 1312 der Hand Meister Burkhards zu, da er mit der Königin Witwe Elisabeth nach Wien gereist sei. „Seine Hand ist auf diesem Brief im Vergleich mit den Rödeln zum Urbar leicht erkennbar." Dabei fällt zunächst der Widerspruch auf, dass die Hand Burkhards bald in den Rödeln, bald in der Reinschrift gesucht wird, obschon die Schrift beider so verschieden wie möglich ist und die Reinschrift nur eine Hand zeigt. Vielleicht hatte H. v. Liebenau ein Faksimile jenes eingenähten Zettels auf die Hand der ganzen Reinschrift bezogen. Von den beiden identisch sein sollenden Handschriften hat das Königsfelder Copialbuch, wovon mir Dr. Herzog mit gleichem Urteil ein Facsimile sandte, zwar jedenfalls eher noch Aehnlichkeit mit der Reinschrift als mit

den Rödeln, die im Staatsarchiv Zürich befindliche Tösser Urkunde
viel eher mit den Rödeln als mit der Reinschrift, aber nur insofern
jene eine Bücherschrift, diese eine cursive Urkundenschrift ist; von
Identität kann in beiden Fällen keine Rede sein. Die Aehnlichkeit
der Tösser Urkunde mit der Rödelhand A ist zwar ziemlich gross,
aber die Hand A ist oben gar nicht diejenige Burkhards.

Es ist das sicherste Resultat meiner umfassenden Handschriften-
vergleichung, dass die Hand Burkhards von Fricke sich nicht in
der den meisten Rödeln gemeinsamen Hand A, sondern einzig und
allein im Colmarer Rodel findet (vgl. die 1. und 2. Facsimiletafel).
Jene Stelle, wo Burkhard sich in 1. Person nennt, darf nicht
auf die Reinschrift bezogen werden, sondern nur auf den zu Grunde
liegenden Rodel, auf dessen letztem ursprünglichem Stück sie sich
findet. Freilich ist nicht einmal sicher, ob dieses 13. Stück zum
ursprünglichen Rodel gehörte (vgl. oben II 2 p. 348). Diesen elsässischen Rodel nur für eine Abschrift von anderer Hand zu erklären,
und eine verlorene Originalausfertigung von Hand A vorauszusetzen,
verbietet sein ganzes vielmehr konzeptartiges ursprüngliches Aussehen und der ganz persönliche Charakter des am Kopf stehenden
Verses, womit sich Burkhard nochmals als Verfasser nennt. Diesen
Vers hätte ein Copist nicht wiederholt, wie er auch nicht in der
Reinschrift steht und vermutlich schon in den allerdings dazwischen
liegenden Ausfertigungsrödeln von Hand A weggelassen wurde.
Da aber die sehr eigentümliche Hand des Colmarer Rodels sonst
im ganzen Rodelmaterial nirgends mehr vorkommt, bleibt nur der
Schluss übrig, dass Burkhard einzig den Elsässer Rodel selbst geschrieben hat. Damit würde sehr zweifelhaft, ob man Burkhard
überhaupt als den eigentlichen Verfasser und Leiter der Urbaraufnahme auch in den schweizerischen und schwäbischen Gegenden
betrachten darf, wenn es nicht gelingt, urkundliche Zeugnisse für
seine Tätigkeit nachzuweisen. So gut auch seine Anwesenheit im
Elsass für das Jahr 1303 durch eine Urkunde vom 3. Oktober bezeugt ist, worin „maystor Burkard des römischen chüniges schriber"
neben dem ebenfalls in jener Urbarstelle genannten Rüediger dem
Vogt von Ensisheim vorkommt (Reg. rerum Boicarum V 54); in
der Schweiz lässt er sich für die betreffenden Jahre 1303—1308
nicht nachweisen. Ueber seine Herkunft und sein Leben ist wenig

sichores bekannt. (Am vollständigsten zusammengestellt von Schumann in d. A. D. B. VII 376, aber noch mit Irrtümern betreffend Urbarabfassung.) Dem um Mitte des 14. Jahrhunderts vorkommenden ritterlichen Geschlecht von Fricke, habsburg-laufenburgischen Ministerialen (II 490), gehört er schwerlich an, da er in Zeugenlisten erst nach den Ritterbürtigen folgt. Dass er das canonische Recht kennt, hat schon Schulte hervorgehoben; er kennt aber auch das Lehenrecht nach den libri feudales, mit deren Stelle I Titel 4 § 4 seine Ausführungen über streitige Burglehen I p. 49 und 51 genau übereinstimmen. Der Magistertitel beweist, dass er Kleriker war und auf einer Universität studiert hatte; daher nannte er sich bald einfach Meister Burkhard, bald nach seinem Geburtsort von Frick. Mit dem 1270 und 1271 vorkommenden „frater Burkardus de Vrikko" (Herrgott Geneal. II 424 und 430 und anderen Urkunden von Leuggern) darf er wohl auch nicht verwechselt werden, da dieser als Johanniter in Klingnau bis 1283 mehrfach erwähnt wird (Nachweise von Dr. Herzog aus dem Copialbuch Leuggern, auch in Mones Oberrhein. Zeitschrift I 463 und XII 296), und wohl eben dem ritterlichen Geschlecht von Fricke angehörte, unser Meister sich aber nie frater nennt und nicht Klostergeistlicher oder gar Johanniter war. (Eine allerdings unsichere Stütze erhielte die Identifizierung mit den Johannitern durch meine Beobachtungen, dass eine zwar in Winterthur ausgestellte, aber für die Johanniter v. Klingnau bestimmte Urkunde von 1289 im St. A. Aargau, eine dem Elsässer Rodel namentlich im r ähnliche Schrift zeigt.) Er dürfte sich von Anfang an der Schreiberlaufbahn oder besser gesagt der Finanzverwaltung gewidmet haben. Geradezu komisch wirkt es, dass H. v. Liebenau (Argovia V 25) und Rocholz (Argovia XVI p. XIII) ihn wegen der zwei Knittelverse auf dem Colmarer Rodel und ihrer eher ironischen Behauptung „non carmine tardus" zum Dichter, ja zum Minnesänger machen wollen.

Sicher kommt er zuerst am 2. Januar 1293 vor als „magister Burchardus de Fricke", Zeuge einer in St. Blasien ausgestellten Urkunde des Grafen von Stühlingen für St. Blasien (Argovia XVI p. XIV), also wohl, bevor er überhaupt in habsburgischen Diensten war, jedenfalls vor Beginn der Urbaraufzeichnung. Dann lässt er

sich, abgesehen von jener Elsässer Urkunde, erst nach Beendigung
der Arbeit und nach Albrechts Ermordung in einer zu Brugg am
11. März 1311, von dortigen Bürgern ausgestellten Urkunde für
Königsfelden nachweisen (Kopp Gesch. IV, 1, p. 268, Argovia XVI,
p. XIV). Am 13. Mai 1312 wird er als Zeuge einer in Wien von
der Königin Elisabeth ausgestellten Urkunde angeführt (Hueber
Austria ex archivis Mellicensibus illustrata p. 46). Dies ist nach
der neueren Auffassung der Zeugenlisten, und nachdem die Königin
Witwe und Herzog Leopold 1311 in Brugg gewesen waren, kein
sicherer Beweis, dass Burkhard selbst in Wien war. Jedenfalls
widerspricht sich H. v. Liebenau sonderbar, wenn er (Nachweise
p. 25) ihn in Wien am 13. Oktober 1312 eine Urkunde schreiben
lässt, dagegen bei der Abreise der Königin Elisabeth im Sommer
1311 annimmt, er sei bei Agnes in Königsfelden zurückgeblieben
(K. Agnes p. 57). Noch schwächer ist ein zweites Zeugnis für Uebersiedlung nach Wien, dass in einer Urkunde Friedrichs des Schönen,
am 1. Oktober 1313 in Ulm ausgestellt, ein Otto von Wien als
„scolaris Burchardi de Fricke, protonotarii ducis Alberti" genannt
wird (Lichnowsky III nr. 223, Hanthaler Fasti Campililienses II,
1 p. 157; dagegen steht in Hanthalers Recensus Campililieniais etc.
I 211 ganz anders: „ad commendationem magistri Burkardi de
Friezze, protonotarii ducis Leupoldi intercedit apud nos pro Ottone
clerico de Wienna", so dass in diesem Falle gar nicht an unsern
Burkhard zu denken wäre; aus der noch im Wiener Staatsarchiv
erhaltenen Urkunde, deren Copie mir Herr Prof. Redlich gütigst
mitteilte, heisst es doch „ad exhortationem magistri Burchardi de
Fricke illustris ducis Liupoldi prothonotarii". Mit dieser Berich-
tigung ergibt sich nur, dass Burkhard nach Albrechts Ermordung in
den Kanzleidienst Leopolds übergegangen war, der damals die obern
Lande verwaltete und sich ausschliesslich hier aufhielt; seine Für-
bitte nötigt nicht einmal, eine Anwesenheit in Ulm anzunehmen,
geschweige denn in Oesterreich).

Uebrigens lässt sich Burkhard in dieser Stellung als Protonotar Leopolds sonst nirgends nachweisen und kommt auch
fortan in den obern Landen so wenig vor als in Oesterreich. Denn
es ist unzulässig, einen erst 1353—1356, dann aber gleich mehrmals vorkommenden Burkhard, Schreiber der Königin Agnes, für

den Magister B. von Fricke zu halten (Archiv f. Schweiz. Gesch. II 36 und 37, Liebenau Agnes p. 533 und 542; Urkundenbuch d. Stadt Baden I 28 und 29). Dieser Burkhard kommt auch vor in einem leider undatierten, aber wohl der Mitte des 14. Jahrhunderts angehörigen Brief des Abts Johannes (II? 1336—1341) v. Kappel an Johannes Wisendanger notarius ducis Austriae et rectoris ecclesiae in Leybach betr. Hinterlassenschaft von dessen Bruder Stephan, Mönch in Kappel, welcher „a domino Burk. notario dominae reginae et dicto Mesikon recepit CCVI florenos (St. A. Z. Akten Kappel). Es gibt gar keinen Beweis dafür, dass er Schreiber der Königin Agnes war, als jene ganz unhaltbare Annahme, er habe um 1333 das Copialbuch von Königsfelden geschrieben. Der ganze Zusammenhang Burkhards von Fricko mit Königin Agnes ist Phantasie. Die zuverlässige Erwähnung in einer Konstanzer Rechnung vom 24. Februar 1314 „magistro Burkardo de Frikke II lib. de littera ducis" (Kopp Gesch. IV, 1, p. 343) lässt auch keinen bestimmten Schluss auf seine Tätigkeit und seinen Aufenthaltsort zu, macht aber eher wahrscheinlich, dass er damals in der Schweiz und im Dienst Herzog Leopolds tätig war, welcher sich um diese Zeit in Basel und Baden befand.

Er dürfte aber damals sowenig als unter König Albrecht der diplomatischen Kanzlei angehört haben, sondern der im Mittelalter, auch bei Städten wie Zürich, stets davon getrennten Finanzverwaltung. Wenn er sich oberster Schreiber nennt, heisst dies nicht Protonotar, da er auch sonst nie als in jener zweifelhaften Urkunde von 1312 so genannt wird, sondern erster Rechenschreiber, Chef der Finanzkanzlei, und es ist daraus auch zu schliessen, dass er in dieser Finanzverwaltung noch andere Schreiber unter sich hatte. Gleichzeitiger Protonotar und dann auch Hofkanzler war Johannes v. Dirbheim, früher Probst v. Zürich, später Bischof v. Strassburg 1306—1328. Das unter ihm angelegte Urbar dieses Bistums mag, wie Schulte 516 vermutet, auf das Muster und gelegentliche Beschäftigung mit der Urbararbeit zurückgehen.

Dem Mangel direkter Zeugnisse für die Anwesenheit Burkhards in schweizerischen Gegenden zur Zeit der Urbaraufnahme kommt glücklicherweise ein indirekter, aber sehr gewichtiger Beweis zu Hülfe. Eine Kundschaft von zirka 1330 betreffend Beromünsters Gerichtsbarkeit in Neudorf beruft sich auf die unter Probst Ulrich von Landenberg (1283—1313) fallende Zeit, „do meister Burkhard in dem Lande schrieb". (Geschichtsfreund 27 p. 244, von Pfeiffer nicht verwertet.)

Hält man dies mit der Urbarstelle aus dem Elsass zusammen, so ergibt sich der Schluss, dass Burkhard doch auch in der Schweiz die Urbaraufnahme leitete und man vielleicht nur deswegen seinen Namen nicht in andern Urkunden findet, weil er ausschliesslich damit beschäftigt war. Der Ausdruck „schrieb" braucht, zumal es sich um eine fast 30 Jahre spätere Aussage handelt, nicht so wörtlich genommen zu werden, dass er die in Aargau aufgenommenen Rödel, welche, soweit erhalten, gerade wieder eine andere Hand zeigen als B und A, eigenhändig geschrieben haben müsste. Er dürfte vielmehr die gerade wieder in dieser Urkunde bezeugten Kundschaften eingezogen, die dazu einberufenen Versammlungen präsidiert, also die mündlichen Verhandlungen geleitet haben, während ein ihn begleitender Schreiber die daraus sich ergebenden Aufnahmen nach Burkhards Diktat niederschrieb. Selbst die Konzeptrödel konnten wohl erst aus diesen lokalen Einzelaufzeichnungen zusammengestellt werden, mussten daher nochmals ins Reine geschrieben werden in der Form der sogen. Ausfertigungsrödel. Da diese letztern überall, wo sie erhalten sind, dieselbe Hand (A) zeigen, für Schwaben wie für die schweizerischen Aemter, für Einkünfte wie Revokationen und Pfandschaften, hat man diese Hand als diejenige Burkhards betrachten wollen. Aber gerade im Elsass und im Aargau, wo Burkhards Tätigkeit am bestimmtesten nachgewiesen ist, tritt diese Hand nicht auf, und wenn dies auch wohl nur daher rührt, dass hier bloss Konzeptrödel, keine Ausfertigungsrödel mehr vorhanden sind, so macht doch eben die Betonung dieses Unterschieds höchst unwahrscheinlich, dass der Leiter der Arbeit gerade nur die letztern geschrieben habe. Dies war ja eine blosse Copistenarbeit, vermutlich von einem untergeordneten Schreiber besorgt, der bei der Aufnahme an Ort und Stelle gar nicht dabei war. Darum hat auch diese Hand A die grösste Aehnlichkeit mit Urkunden der habsburgischen Kanzlei. Viel grössere Wahrscheinlichkeit hätte es an sich, dass Burkhard jene Dorsualnotizen geschrieben hätte, die namentlich auf Konzeptrödeln vorkommen und weitere Nachforschung verlangen (I 130, 136, 138); aber auch diese sind nur auf dem Elsässer Rodel von Burkhards Hand, auf dem Aarauer Konzeptrodel dagegen teils von C teils von A, die allerdings auch dies auf Anweisung oder Diktat Burkhards geschrieben haben mögen. Vom gesamten Urbarmaterial hat Burkhard einzig den Elsässerrodel selbst geschrieben, wohl um sich hier, wo die ganze Arbeit ihren Anfang nahm, in die Sache hineinzuarbeiten und ein Muster für die Fortführung der Arbeit aufzustellen. Dass auch für elsässische Aemter noch andere Exemplare, vielleicht von Hand A, existierten, ergibt sich aus dem Repertorium des Innsbrucker Schatzarchivs von zirka 1525, welches fol. 1819 und 1820, nach dem ersten mit dem jetzt in Colmar befindlichen Rodel wohl identischen Elsässerrodel von angeblich 1313 „noch einen Rodel über Albrechtsthal, Ensisheim und Tattenried" von 1303 verzeichnet, ja hierauf noch einen dritten „Gesamtrodel über die Urbar im Elsass". Nach derselben Quelle fol. 400 gab es sogar ein Pergamentheft mit des Vogts Rudolf Rechnungen über die österreichischen Aemter in Elsass von 1306. Ein weiterer Grund zur eigenhändigen Aufnahme im Elsass mochte für Burkhard darin liegen, dass der Vogt Rudolf unzuverlässig, ja im Anklagezustand war, da dieselbe Quelle auch einen „Rodel wider desselben Vogts Rudolfen raithungen und beswärden im Elsass gegen ihn" vom Jahr 1306 verzeichnet.

Dies bestätigt nun doch die von Schulte versuchte, von Maag (I 54 Note) bestrittene Beziehung einer Stelle der Colmarer Annalen von 1303 betreffend Gefangensetzung des königlichen Prokurators im Turm zu Ensisheim auf diesen Vogt Rudolf, der hier in der Tat zu richtiger Rechnungstellung gezwungen werden musste. Aehnliche Zweifel lagen vielleicht gegen die Amtsverwaltung des Amtmanns von Glarus, Bilgeri v. Wagenberg, vor, da dieser nach demselben Repertorium III fol. 441 im Jahr 1308 eine Rechenschaft über seine Amtsführung ablegen musste.

Die Aufnahme schloss sich wohl den grössern Komplexen von Aemtern an, welche auf diese Weise unter einem Vogt oder Pfleger zusammengefasst waren. Für die schwäbischen Aemter nahm der Vogt Schiltung in Mengen eine solche Stellung ein. (Vgl. I 372 Note). Von ihm und jedenfalls nicht von Burkhard sind vielleicht die lateinischen Rödel über die schwäbischen Aemter geschrieben (II 218—229), welche als Vorbereitung der Urbaraufnahme dienten und von welchen zwei Stücke in die Reinschrift eingenäht sind, obgleich sie auch grosse Aehnlichkeit mit Hand A zeigen; ganz sicher von Hand A, also von dem Burckhard begleitenden Schreiber, und nicht, wie Pfeiffer p. X vermutet, von Schiltung, sind die Ausfertigungsrödel der schwäbischen Aemter geschrieben.

Die Abfassungszeit lässt sich für die schwäbischen wie für die schweizerischen Aemter nur negativ nach den vorausgesetzten Verhältnissen bestimmen. So setzt die Nichterwähnung des noch im Rodel von 1290 (II 155) verzeichneten Patronats der St. Martinskirche in Mengen und die dies erklärende Dorsualnotiz des zweiten Stuttgarter Rodels die noch erhaltene Vergabungsurkunde des Herzogs Friedrich vom 4. August 1304 voraus (I 445 Note 2). Die schwäbischen Rödel können also jedenfalls nicht vor diesem Datum abgefasst sein, anderseits nach zwei andern Dorsualnotizen auch nicht nach 1311 resp. 1313, da eine bis zu diesem Jahr laufende Verpfändung, resp. ein Steuererlass, noch in Kraft sind (I 384 Note 1 und 461 Note 2). Es ist nur ein Missverständnis der letztern Dorsualnotiz, wenn eine wohl in Innsbruck um 1530 geschriebene Aufschrift diesen Rodel selbst von 1313 datiert, worauf auch Pfeiffer p. X Gewicht legt. Ebenso verhält es sich mit der noch von Schulte p. 513 auf die Abfassung bezogenen Jahrzahl 1311; sie bezeichnet nur den künftigen Ablauf einer noch bestehenden Verpfändung.

Genauere Anhaltspunkte für die Zeit der Aufnahme in Schwaben gibt der wohl ziemlich gleichzeitig, wenn auch erst unmittelbar nach Beendigung der betreffenden Einkünfterödel, aufgenommene Pfandrodel (II 232—265). Für die Gleichzeitigkeit spricht, dass er die in jenen zwei Dorsualnotizen vermerkte Verpfändung bis 1311 fast wörtlich gleich im Text enthält (II 254); für Abfassung unmittelbar nach den Einkünfterödeln spricht es, dass diese als „urbora" (II 237 und 239, wo ich „in urbora primo positam" anders als Maag verstehe = irrtümlich zuerst, d. h. in dem zuerst angefertigten Einkünfterodel, unter die Einkünfte gesetzt). Dieser Pfandrodel verzeichnet aber ziemlich viele Verpfändungen, welche der erst seit 1304 handelnde Herzog Friedrich beurkundete, und

noch solche vom 14. März 1306 (II 249 Note 6 und 261 Note 1).
Wenn also wenigstens der Pfandrodel nicht vor diesem Datum geschrieben sein kann und die Einkünfterödel nur ganz kurze Zeit vorher, frühestens 1305, so beweist die Vergleichung der zweiten Dorsualnotiz, welche den Steuererlass dem König, d. h. Albrecht, zuschreibt, mit der betreffenden Stelle des Pfandrodels (II 264), welche den Termin „abhinc" beginnen lässt, dass der Steuererlass von König Albrecht selbst gewährt wurde, und nach Analogie mit dem Steuererlass für Winterthur (Kopp Gesch. III 1 p. 125) könnte man einen sechsjährigen Termin annehmen, und käme dann für die Gewährung desselben und also auch für die Abfassung des Rodels auf 1307; dazu stimmt auch, dass die von 1307 datierte Verpfändungsvermehrung an Heinrich von Magenbuch im Pfandrodel noch nicht erwähnt scheint (II 240); jedenfalls fällt die Urbaraufnahme in Schwaben noch vor Albrechts Ermordung, also zwischen März 1306 und 1. Mai 1308.

Eine dritte Aemtergruppe bildeten die schwarzwäldischen und die aargauischen Aemter samt Zug, Freiamt, Luzern, den Waldstätten und Interlaken, welche laut gleichzeitigen Aufschriften des Karlsruher, Zuger und Aarauer Rodels (II, 2 p. 354) unter Verwaltung des Vogts von Baden standen; dieses Amt bekleidete seit 1298 und bis mindestens 1307 Heinrich der Meier von Zofingen (II 108 Note 1, Kopp Gesch. III 2 p. 304 und IV 1 p. 57). Die Entstehung des Aargauer Einkünfterodels kann nicht vor und nicht viel nach 27. August 1305 fallen, da der an diesem Tag sein Testament aufsetzende Schenk Hartmann von Wildegg (Pfeiffer p. 159 aus Archiv Wettingen) in einer Dorsualnotiz des Aarauer Einkünfterodels wie auch im Text (I. 165) schon als tot erwähnt und demgemäss auch auf der Textseite der seiner Witwe zu Leibding gesetzte Hof Halderwang weggelassen ist (I 136). Dagegen scheinen diese Rödel noch vor Ende 1307 aufgenommen zu sein, da die Verpfändung des Haferzolls zu Brugg durch König Albrecht und Herzog Johann vom 27. Oktober 1307 (II 644) noch nicht von den Zolleinkünften des Urbars (I 138) abgezogen ist, sowenig als ähnliche Verpfändungen Leopolds von 1308 und 1310 (II 596 und 643).

Dass die aargauischen Pfandrödel ganz verloren sind, erschwert diese Untersuchung sehr. Das Amt des Schultheissen von Lenzburg scheint nur eine Unterabteilung des umfassenderen Amts des Vogts von Baden gewesen zu sein, vielleicht noch von der Zeit her, wo Lenzburg dem Herzog Johannes angewiesen war. Unter den Aemtern, welche nach Dorsualnotiz und Urkunde vom August 1306 zur Pflege des Vogts Heinrich von Baden gehörten, wurde Interlaken so spät erworben, dass es schon deswegen nicht vor dem Verkauf durch die Herren v. Eschenbach im Sommer 1306 aufgenommen sein kann (Kopp Gesch. III 2 p. 284, unsere Ausgabe I 472 und II 371), eher noch etwas später, da zwischen diesem Kauf und der Abfassung des Rodels eine gewisse Zeit verstrichen sein muss, wenn auch nicht, wie Kopp meint, 4 Jahre, sondern wohl nur 1 oder 2, wie Maag (I 476 Note 1) annimmt.

Die zürcherischen Aemter standen, wie die Aufschrift des Zürcher Revokationsrodels zeigt, unter dem Vogt v. Kyburg, damals Ritter Jacob, Vogt von Frauenfeld, dem also selbstverständlich auch dieses thurgauische Amt unterstand (Urkunde von 1298 bei Herrgott nr. 564, Jacobo advocato de Vroenvelde vel advocato in Chyburch, qui pro tempore fuerit", vgl. Bär die Grafschaft Kyburg p. 54), während Diessenhofen ganz allein und selbständig nach derselben Dorsualnotiz unter seinem eignen Truchsess gestanden haben muss, höchstens noch mit dem Amt Tengen zusammengefasst, da über beide ein gemeinsamer Revokationsrodel existiert und Tengen auch in der Reinschrift so eigentümlich zwischen Diessenhofen und Frauenfeld eingeschoben ist (I 352 und II 369). Vom Schreiber des Vogts von Kyburg dürften die Spezialrödel herrühren, welche für mehrere Zürcher Aemter, Embrach, Kyburg, Winterthur, Grüningen, Kloten, neben den Ausfertigungsrödeln der Hand A noch vorhanden sind, da sie unter sich die gleiche sonst unbekannte Hand D zeigen und der Text durch etwas grössere Ausführlichkeit abweicht (II, 2 p. 371 und 375). Aber ein Konzeptrodel von der Hand C ist für das Amt Embrach vorhanden und ist von Hand A korrigiert (II, 2 p. 369). Derselbe Konzeptschreiber hat also Burkhard auch in die Zürcher Gegenden begleitet. Die Rödel der Hand D stellen aber nicht etwa Vorarbeiten des Vogtes dar, sondern eine ziemlich genaue Kopie der Konzeptrödel mit teilweiser Berücksichtigung der Korrekturen der Hand A. Der Vogt hat die Konzeptrödel sofort während der Arbeit für die Zwecke seiner Verwaltung kopieren lassen und es dürfte wohl dies auf höhere Anordnung überall so geschehen sein, damit die Beamten wüssten, was sie zu liefern hätten.

An vorbereitende Aufnahmen der Vögte, wie sie Pfeiffer annimmt, ist überhaupt nicht zu denken, da die Urbaraufnahme gerade die Verwaltung und die Lieferungen der Vögte kontrollieren wollte, wie die Vorgänge in Ensisheim zeigen, und da die Vögte vielfach als Pfandinhaber und Okkupanten gegen die Herrschaft interessiert waren, wie der frühere Vogt von Baden, Werner von Wohlen (II 108 und 178 und I 167), und Jacob v. Frauenfeld (II 695). Während der Aufnahme des Urbars in der Herrschaft Grüningen, und zwar zwischen derjenigen des zuerst verfassten Revokationsrodels und der des Einkünfterodels, muss der am 10. Dezember 1306 verstorbene Marschall Hermann von Landenberg gestorben sein, da er in ersterm an einer Stelle noch als lebend erwähnt wird (II 299, aber nicht 291 und 296!), in letzterm seine Kinder an seine Stelle treten (I 271). Doch ist vielleicht bei jener Stelle des Revokationsrodels an ein Versehen oder eine gedankenlose Abschrift einer ältern Vorlage zu denken, da andere Stellen desselben Rodels auch nur seine Kinder erwähnen. Jedenfalls ist der Einkünfterodel, wahrscheinlich auch der Revokationsrodel, erst 1307 geschrieben. Die Erwähnung des Königs an derselben Stelle (I 271) spricht dafür, dass die Aufnahme vor Albrechts Tod geschah, und noch bestimmter geht dies aus der Stelle „per manum nunc regis Alberti" desselben Rodels hervor (II 361).

Eine Dorsualnotiz des Einkünfterodels und der doch gleichzeitige Pfandrodel (II 395 und 396) lassen eine Verpfändung an Hermann von Landenberg vor ungefähr 28 Jahren geschehen sein; dies führt von 1307 genau auf das Jahr 1279 des Rodels Wezilo's, welcher wirklich (II 91) diese Verpfändung anführt und in Ermangelung der Verpfändungsurkunde, wie der unbestimmte Ausdruck zeigt, wohl der einzige Beweistitel dafür war.

Nach alledem ergibt sich das Resultat, dass die eigentliche Urbaraufnahme, d. h. die Anfertigung der Konzeptrödel an Ort und Stelle im Elsass 1303 und 1304 (I p. 21, wo aber letztere Zahl auf die unmittelbare Zukunft gehen kann), im Aargau und Schwarzwald frühestens 1305, in Schwaben und in den zürcherischen und thurgauischen Gegenden sowie in dem erst 1306 erworbenen Amt

Interlaken 1307 stattfand, aber die ganze Arbeit, soweit sie überhaupt ausgefürt wurde und noch vorliegt, vor der Ermordung Albrechts am 1. Mai 1308 beendigt war. Zwar mögen vielleicht die Ausfertigungsrödel, aber ohne deswegen etwas am Text zu ändern, nach Albrechts Tod hergestellt worden sein, und jedenfalls gilt dies von der Reinschrift; aber diese hat keine selbständige Bedeutung. Nicht nur die in ihr aufgenommenen Einkünfterödel, auch die Pfand- und Revokationsrödel wurden im Konzept vor Albrechts Tod vollendet; ja gerade für den grossen Zürcher Revokationsrodel liegt dieser Beweis am klarsten vor (II 361). Diese dreifache Arbeit wurde unter Burkhards Leitung überall gleichzeitig besorgt und damit gewinnt diese Arbeitsleistung einen viel grössern Umfang, als ihn die Reinschrift und die fast ganz auf diese beschränkte Pfeiffersche Ausgabe zeigt. Zu den in unserm I. Band edierten Einkünfterödeln sind noch die im II. Band Seite 230—400 edierten Pfand- und Revokationsrödel zum Urbar Albrechts und Burkhards von Frick hinzuzunehmen, und auch diese letztern sind nur dürftige Ueberreste einer Arbeit, die sich auch über die andern Gegenden erstreckt haben muss. Von den Aargauer Pfandrödeln fehlt alles bis auf ein minimes Bruchstück (II 230), obschon ältere Aufzeichnungen beweisen, dass gerade im Aargau sehr viel verpfändet war. Die Revokationsrödel sind fast nur für die zürcherischen Aemter erhalten, doch zeigen ganz dürftige Fragmente, dass es auch für Elsass, Aargau (II 266—268; 336—348 und 371) und für Schwaben solche Rödel gab (II 332—335).

Es ist dies für so wenige Jahre eine gewaltige Arbeit, besonders wenn man die Umständlichkeit der Untersuchungen berücksichtigt und die äusserst verwickelten Verhältnisse, die an sehr vielen Orten die Aufnahme von Kundschaften, wie in Neudorf (I 229), notwendig machten. Ja es scheint sogar, dass überall die Aufnahmen auf mündliche Aussagen der Pflichtigen gestützt wurden, was freilich nur dann ausdrücklich erwähnt wird, wenn es sich um Einschränkung habsburgischer Rechte handelt. Verfuhr man doch noch 1484 in dieser Weise laut Tagsatzungsbeschluss (Abschiede III 1 p. 183: „da die Grafschaft Baden bisher kein Urbar ihrer Rechtsame hat, sollen die Alten heute zusammenberufen und aus ihren Aussagen ein solches gebildet werden"). So wurden eidliche Kundschaften aufgenommen von den Leuten des Hofes zu Niederlnl (I 13) über die vor 1238 geschehene Verpfändung, über das geteilte Patronat der Kirche Landser (I 25), Kundschaften über die Vogtsteuer von Säckingen (I 58), eidliche Kundschaft über die Gerichtsbarkeit in Wogenstetten (I 60), über die zweifelhafte Zugehörigkeit von Rotenfluh, Bonken und Kienberg zur Landgrafschaft Frickgau (I 60, 61 und 62), über die Steuer zu Ennetbaden (I 112), über Ungleichheit des Zinses der Huben zu Rain (I 96), über die Gerichtsbarkeit in Albisrieden (I 119), die im Ruodstal (I 176), über die Steuer von Sursee (I 177), über die Verhältnisse der Leute von Beromünster (I 227), über Steuerfreiheit der Freien zu Buchheim in Sigmaringen (I 421), über Abgaben der Mühle zu Krauchenwies (I 425). Aus Dorsualnotizen, Pfand- und Revokationsrödeln lassen sich die Beispiele noch vermehren (I 460 Note 1; juxta assertionem juratorum).

Die letzten Beispiele lassen vermuten, dass auch die bei den zürcherischen Aemtern regelmässige Erklärung „die lüte mochten es (das Steuermaximum) nicht erliden", auf mündlicher Aussage der Steuerpflichtigen beruht (I 237, 239, 245 ff — 282, 289, 328, 361—370). Dies ergibt sich sogar sicher aus einer Stelle des ausführlichern Konzeptrodels von Embrach, wo es am Beginn dieses Satzes heisst: „die lüte sprechent öch uffen ir eit" (I 264 Note a), ebenso aus der Erklärung der Bürger von Winterthur, welche die Summe ihrer Vermögenssteuer angeblich nicht mehr wissen (I 339), und aus der Textstelle betreffend Ennetbaden, wo die Leute eidlich erklären, dass sie so grosse Steuer nicht mehr „erliden mögen" (I 112). Bei solchen Kundschaften wurden auch Klagen der Leute über Bedrückungen der Vögte erhoben und notiert, z. B. zu Hohen Tengen (I 374) und zu Degerfelden (I 114), wo gesagt wird, dass ein für gütliche Vermittlung eines Meiers gegebenes Geschenk von andern spätern Vögten in „böse Gewohnheit gebracht" wurde. Auch von Belehnten und sonstigen Berechtigten, welche der habsburgischen Herrschaft ein Recht bestritten, wurden Kundschaften eingezogen, von Hugo von Dattenriet (I 37), von Werner von Wohlen, dem ehemaligen Vogt v. Baden (I 167), von den Herren von Hallwil (I 172), von Reinach (I 174). Selbstverständlich ist, dass alle Beamten, Pfleger, Vögte, Schultheissen, Ammänner,

Meyer, Kellner, Weibel, Förster etc. einvernommen wurden, schon
weil sie selbst einen Teil der Einkünfte erhielten; aber die moralische Bedeutung dieser Urbarisierung liegt darin, dass die Herrschaft sich keineswegs an die einseitigen Angaben der Vögte und
Beamten hielt, welche die Leute bedrücken und die Herrschaft
doch betrügen konnten, sondern dass sie überall auch die Untertanen selbst befragen und ihre Aussagen beschwören liess, es
auch gar nicht zu verheimlichen suchte, sondern sich für alle Zeit
merkte und notierte, wenn die Leute die ausserordentliche Steuer
zu hoch fanden und erklärten, sie nicht mehr ertragen zu können,
oder wenn sie sagten, dass sie unmöglich mehr als das bisherige
leisten könnten (I 451 zu Leipferdingen), dass man sie höher besteuert habe, als ihre herkömmliche Verpflichtung gehe (I 85); ja
selbst, wenn sie gänzliche Steuerfreiheit beanspruchten (I 421).
Solche freimütige Bemerkungen dürfte Burkhard allerdings nur
dann haben notieren lassen, wenn er sich von der Richtigkeit der
Behauptung vollständig überzeugt hatte, namentlich wenn durch
Veräusserungen von Seiten der Herrschaft selbst die Zahl der
Steuerpflichtigen sich erheblich vermindert hatte (I 112, 271, 282,
302). Aber derartige Bemerkungen sind doch sehr häufig und auch,
wo keine Unerträglichkeit konstatiert ist, wird unbedenklich hervorgehoben, dass die habsburgische Herrschaft gegenüber frühern
Eigentümern die Steuer stark erhöht oder überhaupt erst eingeführt habe (I 177, 179, 321, 339, 476). Hierüber ist schon (s. Pfeiffer VIII) mit Recht gesagt worden, es gereiche dem Fürsten, der
die Wahrheit hören, und dem Diener, der sie sagen mochte, gleich
sehr zur Ehre. Wenn man Burkhard wegen seiner Arbeit eine
„grosse staatsmännische Begabung" zuschreiben wollte (Anzeiger
f. Schweizergeschichte 1887 p. 47) oder ihn als Finanzminister bezeichnete (Hohenbaum van der Meer handschriftliche Geschichte
des Klosters Rheinau in der Zürcher Kantonsbibliothek), während
er doch höchstens Finanzsekretär war, so ist dies wohl zuviel gesagt, aber neben der Freimütigkeit verdient besonderes Lob seine
Genauigkeit bis ins kleinste und einzelnste der äusserst verworrenen Verhältnisse, seine Befähigung, unbeirrt durch seine formalistisch juristischen Studien, die auch nur zum Vorteil der Arbeit
etwa hervortreten (Schulte Habsburger Studien p. 18), und ebenso

unbeirrt durch den Allegorismus und Wunderglauben, der bei seinen meisten Zeitgenossen sich überall geltend macht, die wirklichen tatsächlichen Verhältnisse bis ins kleinste Detail darzustellen, soweit es irgend zu seiner Arbeit gehörte. Kein einzelner Pfennig, kein Huhn oder Ei, Schock Nüsse, Hufeisen oder Kloben Flachs ist ihm zu gering für die Notierung.

Diese Genauigkeit im einzelnen hat das habsburgische Urbar freilich mit andern Urbarien von geringerem Umfang gemein; aber dadurch zeichnet es sich aus, dass es nicht nur finanzielle, direkte Einkünfte verzeichnet, sondern auch die Rechte der Gerichtsbarkeit in allen ihren verschiedenen Abstufungen, auch mit andern Herrschaften geteilte und alternierende Rechte, und dass es fast überall auf den Ursprung und die Herkunft der betreffenden Rechte zurückgeht, die aus sehr verschiedenartigen Titeln und Stellungen der Habsburger entspringen. Gerade dies macht das habsburgische Urbar zu einer Geschichtsquelle ersten Ranges, wenn man es etwa mit dem dürftigen kiburgischen vergleicht oder auch mit viel spätern Klosterurbarien dieser Gegenden. Die Anregung zu dieser Erweiterung der Urbararbeit scheint aber weniger von Burkhard als von Albrecht selbst ausgegangen zu sein, da schon sein von ganz andern Beamten aufgenommenes Rationarium Austriae von zirka 1287 diese Vorzüge zeigt. Dort sind auch schon Angaben über Verpfändungen und Usurpationen anderer Herrschaften enthalten, ganz wie sie im ersten elsässischen Teil von Burkhards Urbar auch mit den Einkünften vermischt aufgezeichnet sind. Die grössere Zahl von Verpfändungen und Usurpationen in schweizerischen Gegenden und die dort als Hülfsmittel vorliegenden Pfandrödel von 1281 und kiburgischen Revokationsrödel scheinen dann die Veranlassung gegeben zu haben, dass man in den schweizerischen und schwäbischen Aemtern besondere Rödel für Verpfändungen und Revokationen anlegte.

Es ist daher nicht richtig, wenn Schulte, der die unedierten Pfand- und Revokationsrödel nicht kannte, (Habsb. Studien p. 514) sagt, Burkhard habe beim elsässischen Rodel einen weitergehenden Plan gehabt, als er und seine Nachfolger ihn für die Schweiz und Schwaben durchführten, sondern eher umgekehrt; man hat in diesen Gegenden besondere und noch genauere Rödel über die Belastung des Besitzes mit Pfandschaften angelegt, und die auch für Elsass vorhandenen Fragmente von Revokationsrödeln sind zum Teil erst nachträglich an den Einkünfterodel angenäht (II 266 Note a), zum Teil noch jetzt in ganz andern Händen (II 269). Die auf 1303 bezügliche Steuererhebung ist wohl eine nur aus Versehen mit dem Rodel verbundene Rechnungsablegung des Vogts Rudolf (I p. 55).

Auffallend ist es allerdings, dass diese Rödel nicht wie die Einkünfterödel in deutscher Sprache, sondern wie die unmittelbaren Vorarbeiten zu jenen (II 218—229) in lateinischer Sprache abgefasst wurden, obwohl die Handschrift der Ausfertigungsrödel dieselbe zu sein scheint. Man mochte vielleicht vorziehen, diese zu Ungunsten der Herrschaft sprechenden Verzeichnisse in einer weniger allgemein verständlichen Sprache abzufassen, andererseits das Verständnis der wichtigeren Einkünfterödel auch den Herzogen selbst zu erleichtern. Die Herstellung der Pfand- und Revokationsrödel muss noch bedeutend mühsamer gewesen sein, da jede einzelne Pfandschaft entweder auf vorgewiesene Urkunden oder auf mündliches Zeugnis gestützt werden musste. Im schwäbischen Pfandrodel II 232—263 sagt der Verfasser, d. h. wohl der diktierende Burkhard, mehrmals (232—236, 245) „Vidi litteras" (p. 233 und 237—241 und 252) begnügt er sich mit „ut dicit" oder „dicitur", oder „asserit, se habere".

In den Revokationsrödeln mussten über die sehr verschiedenartigen Ursachen der Entfremdung ebenfalls eidliche Kundschaften aufgenommen werden (II 266 ut asseritur per sacramenta, II 361 licet homines per sacramentum dicant). Dass hiebei die Ansprüche der wirklichen Inhaber als widerrechtlich hingestellt werden, ist durch die Aufnahme in den Revindikationsrodel selbstverständlich, geschieht aber nicht ohne Begründung (z. B. II 267 quae episcopus Basiliensis sibi indebite usurpavit), wegen Versäumnis der Lebensmutung (II 268), wegen unerlaubten Verkaufes (II 340 „in hoc fieri iujuria dominio"), wegen Zugehörigkeit zu Klostergütern, welche Habsburg erworben hat oder über welche es die Vogtei besitzt (II 272, 290, 296, 302, 318), wegen Zugehörigkeit zu einem Eigenhof, dessen Leuten die Auswanderung verboten ist (II 286, 292), wegen Zugehörigkeit zur frühern kiburgischen etc. Herrschaft (II 366 ff), begründet mit Zitaten aus dem Kiburger Urbar (339, 341 in antiquis rodalibus), wegen freiwilligen, aber revolutionären Anschlusses der Leute an einen fremden Herrn und Gegner der Herrschaft (II 344, 348). Eine ausführliche und interessante Begründung, die auf gründliche Rechtskenntnis schliessen lässt, ist die, dass ein Verkauf regensbergischer Rechte an den Bischof v. Constanz ungültig sei, weil es sich um ein Lehen handle, dessen ein Geistlicher nicht fähig sei (350), oder dass die Erbfolge eines Bruders ungültig sei, weil die betreffenden Lehen nicht gemeinsam, sondern geteilt waren (351). In einigen Fällen wird das Recht der Habsburger als zweifelhaft bezeichnet (II 269 „dubium est, si advocatia pertineat dominio an non", ähnlich p. 365), ja mitunter werden sogar umgekehrt die Begründungen und Rechtstitel der occupierenden Gegenpartei angeführt (II 273 qui dicunt sibi jus advocaticium competere a quondam advocatis de Hotenburg, ähnlich 274 dicentibus, se easo infeodatos, und p. 309 dicente, se eosdem emisse, 312 dicet se infeodatum esse a dominio, ähnlich 313, 327), oder es wird eine ausnahmsweise Vergünstigung betreffend gemeinsamen Besitz an Eigenleuten zugegeben (II 342).

Diese Arbeit bedurfte ganz besonders eines vertrauenswürdigen, von andern habsburgischen Beamten unbeeinflussten Mannes, weil in der Mehrzahl der Fälle die Usurpatoren nicht fremde Herren, Gegner der Habsburger waren wie etwa die Schwyzer (364), einzelne Bürger von Zürich (286, 289, 292, 318), die Freien von Tengen (302, 303, 307, 350), der Bischof v. Constanz (301, 349), der Graf von Toggenburg (320, 324), sondern vielmehr die eigenen Beamten der Habsburger und ihre Nachkommen, die vertrautesten Vasallen, Ministerialen und Hofbeamten, denen stellvertretende Verwaltung, Kriegführung, Vizelandgrafschaft, Hofämter überlassen waren, wie die Kinder des Herrn von Baldogg, König Rudolfs Prokurator in den obern Landen (II 273, 275, 276, 277, 278, 279, 307, 308, 309, 310, 314, 315, 327, 342, 353, 354), die Kinder des während der Urbarisierung verstorbenen Marschalls Hermann v. Landenberg (II 291, 295, 296, 299, 300, 305, 306, 307, 308, 309, 310, 311, 313, 315, 316, 320, 327, 360), Ulrich von Rüssegg, der habsburgische Landrichter im Aar- und Zürichgau (II 272, 274, 343), des Königs Albrecht Zahlmeister (dispensator 1305) Pilgeri v. Wagenberg (312, 313), die kiburgischen Schenken von Liebenberg (306, 310, 311,

312, 327), die habsburgischen Ministerialen von Liebegg (273), Rinach (273, 281), Liola (273, 336, 339), Heidegg (274, 341, 357), Büttikon (279, 280, 281, 343), Schenken (281), zum Thor (302), Eppenstein, Ottikon, Phenli (360), Schwandegg (330), Wiesendangen (361), Schad von Kiburg (316), die mit den Truchsessen v. Diessenhofen verwandten Hettlinger (322, 367), der ehemalige Pfleger von Kiburg II. von Seen oder sein Sohn (314, 359), der damalige Vogt von Kyburg und Pfleger aller Zürcher und Thurgauer Aemter Jacob v. Frauenfeld, Hofmeister des Königs (326) und sein Nachfolger Rudolf v. Trostberg (279, 346), der habsburgische Vogt II. v. Wida (331, 367, 369).

Aus alledem ergibt sich einerseits, dass die Beamten der Herrschaft ihre Befugnisse vielfach zum eignen Vorteil benutzten, anderseits, dass es der Herrschaft in Ermangelung ordentlicher Urbarisierung und Archivordnung vielfach an Mitteln mangelte, die Ansprüche ihrer frühern Beamten zu untersuchen. So gesteht der Verfasser des Zürcher Revokationsrodels selbst ein, es sei im Amt Kyburg kaum ein Hof oder eine Steuer, woran nicht Ritter oder Bürger einen Teil als Kammerlehen beanspruchten, aber er habe nicht ergründen können, nach welchem Rechte sie diese Einkünfte bezogen (II 365); in einem andern Fall weiss er trotz eidlicher Einvernahme der Leute nicht, ob Burglehen oder Verpfändung vorliegt (361). Das Register der Pfandurkunden wurde freilich erst 1380 angelegt. In dem (nicht spätern) Pfandrodel nimmt er dann doch gemäss den Aussagen der Inhaber Burglehen an (392).

Mit den ihr entgegenstehenden Ansprüchen nahm es die Herrschaft keineswegs leicht; auch in Fällen, wo sie die Macht gehabt hätte, dieselben zu ignorieren oder zu kassieren, tat sie dies wenigstens in der Aufzeichnung nicht; Ansprüche von Bürgern habsburgischer Eigenstädte, wie Winterthurs (Hoppeler p. 358, Johannes Scultetus 317) oder von niedrigen Beamten (Meyer v. Dürnten 288) wurden wenigstens vorläufig anerkannt. Eher wurden etwa Ansprüche von Klöstern ignoriert.

Durch die Erkenntnis, dass eine geordnete Finanzverwaltung und dadurch zu erzielende Hebung der Einnahmen die Grundlage der Hausmacht sei, zeichnet sich Albrecht vor allen weltlichen Fürsten seiner Zeit aus; diesen heute selbstverständlichen Grundsatz auf Habsucht und Neigung zu ungerechter Bedrückung zurückzuführen, wäre nicht nur lächerlich, sondern würde dem ganzen Charakter und Geist des Urbars widersprechen und geht auf Tschudis (Chronik I 222) tendentiöse, nur auf die Waldstätte zugeschnittene Darstellung zurück.

Die Arbeit war so bedeutend, grossartig und genau, dass die folgenden Herzoge keine neue Urbarisierung mehr aufnahmen, sondern sich mit Vervielfältigungen und Ergänzungen des Urbars Albrechts begnügten, aber auch den Eidgenossen, welche sich dieser Länder zum Teil bemächtigten, erschien das Urbar so unentbehrlich, dass sie es als wichtige Beute betrachteten. So hat das Urbar denn eine ganze Schicksalsgeschichte.

Abgesehen von dem nicht eigentlich habsburgische Einkünfte betreffenden Eppensteiner Rodel v. 1335 und dem der jüngern Linie angehörigen Lehensverzeichnis von 1318, erfolgten Ergänzungen des Urbars erst in der zweiten Hälfte des 14. Jahrhunderts: das Lehenbuch Rudolfs IV. von 1361, das Pfandregister Leopolds III. von 1380 und einige kleinere Steuer- und Verpfändungsverzeichnisse und Kundschaften von 1324, 1389, 1390 und 1394.

Der Aufbewahrungsort des gesamten Rodelmaterials scheint von Anfang an bis 1415 Baden im Aargau gewesen zu sein, da sich auf schwäbischen wie schweizerischen Rödeln, auf Konzeptwie Ausfertigungsrödeln Dorsualnotizen von derselben Hand des 14. Jahrhunderts (H) finden und darin mehrfach das „officium advocati de Baden" genannt wird. Von der gleichen Hand H sind auch die Dorsualnotizen der Stuttgarter Rödel „officium Schiltungi advocali in Meyngen" und „officium domini Ulrici de Klingenberch".

Auch die sogen. Reinschrift muss dann um 1330 in Baden hergestellt worden sein, da ihre Hand den Aarauer, Karlsruher, und den grossen Zürcher Rodel mit Indexzetteln versehen, aber auch den Wiener Rodel über die Zürcher Aemter geschrieben hat. Letzterer und die von D geschriebenen Rödel mögen in den betreffenden Aemtern selbst gelegen haben. Abschriften des Einkünfteurbars wurden in dieser Zeit, soviel bekannt, nur zwei gemacht: die ältere Stuttgarter um 1350, die Münchener um 1360, beide nach der Reinschrift.

Dieses gesamte Urbarmaterial und das ganze habsburgische

Archiv der obern Lande wurde 1415 von den Eidgenossen mit Stadt und Feste Baden erobert und, wie es scheint, zunächst unverteilt in den Wasserturm zu Luzern gebracht (Tschudi Chronik II 26, Abschiede I p. 155, Justingers Berner Chronik ed. Stierlin und Wyss 1819 p. 303: „antwurt den Eidgenossen die Veste und die Briefe, so darinne warent, wurden geführt gen Luzern".

Abgesehen von Kopien oder Vorarbeiten, welche zum Teil bei den einzelnen Aemtern geblieben sein mögen, wie z. B. schon bei Eroberung Rothenburgs 1393 ein Urbarbuch in die Hände der Luzerner fiel, die es für Feststellung der Steuern der Höfe dieses Amtes benützten (gütige Mitteilung von H. Th. v. Liebenau aus dem Ratsprotokoll I 78), umfasste das Archiv der Feste Baden wohl das gesamte Material zum Urbar: die Konzeptrödel, Ausfertigungsrödel, die Reinschrift, deren jetzt in Stuttgart und München befindliche Abschriften, die ältern Rödel vor Albrecht wie die spätern und eine grosse Anzahl von Urkunden, die zum Teil als Beweismaterial für die Urbarposten dienen konnten. Dazu gehörte auch ein jetzt im Wiener Staatsarchiv liegendes Verzeichnis der Briefe der Feste Baden von zirka 1385, welches eigentlich ebenfalls in diese Urbaredition hätte aufgenommen werden sollen, aber wegen Platzmangel der Publikation von H. Professor Thommen überlassen wurde und im III. Band seiner Urkunden zur Schweizergeschichte erscheinen wird. Nach den mir gegenwärtig allein vorliegenden Auszügen bei Kopp Geschichte der eidg. Bünde II, 1 p. 738 war das Archiv in Laden aufgestellt und diese mit Buchstaben bezeichnet. Das Verzeichnis beginnt mit den Worten: „Primo ligt unser herrschaft Urbarbuch und die Rödel, darab es geschriben ist, mit andern Rödeln in einer Trucken, die ist mit geharem Leder überzogen; item ein ander Buch ligt auch da bey, daran sind vermerkt alle Setz und Pfand unser Herrschaft". Bei letzterm Buch ist, wie schon Kopp Geschichtsblätter II p. 140 urteilte, eher an das allerdings nur noch in Heftform vorhandene und vielleicht nur einen Teil jenes Buches (und zwar den schweizerischen) darstellende Pfandregister von 1380 zu denken, als an einen zweiten Band der Reinschrift, der die Pfandrödel und dann wohl auch die Revokationsrödel enthalten haben könnte. Da diese Rödel einen wichtigen Bestandteil der albertinischen Urbaraufnahme bilden, wäre es an sich nicht unwahrscheinlich, dass sie in die Reinschrift aufgenommen wurden; allein es wäre dann kaum denkbar, dass sich keine Spur davon weder von einem zweiten Band der Reinschrift selbst noch in ihren zahlreichen Abschriften erhalten hätte.

Die Herzoge von Oesterreich, für deren Verwaltung das Urbar wie das ganze Archiv unentbehrlich war, erhoben unaufhörliche Reklamationen für die Rückstellung. Schon 1421 bat der Landvogt in Schwaben um Abschriften der Pfandschaftsbriefe (Abschiede II. p. 1). Am 2. Oktober 1423 erschienen der Kanzler und der Küchenmeister des Herzogs Friedrich in Luzern und baten den Rat, „die brief, so hinder uns ligent und uns nit nützent, hinuszegeben" (Abschiede II. 24). Der Rat beschloss, dies vor die Eidgenossen zu bringen; doch ist nicht bekannt, was diese beschlossen. Jedenfalls wurde damals nichts herausgegeben, da die Tagsatzung vom Juli 1425 auch dem Grafen von Lupfen die Extradition einiger zu Baden eroberten Briefe verweigerte (Absch. II. 37). Durch Brief vom 8. Juli 1424 verwendete sich König Sigismund bei den Eidgenossen für Herausgabe der Elsass und Sundgau betreffenden Urbarbücher, Register und Briefe, welche auf der Veste Baden gewesen und von den Eidgenossen zu Handen des Reiches eingenommen worden seien, an die Herzogin Katharina (Abschiede II. 94 Note und Altmanns Regesten nr. 5899). Er wiederholte diese Aufforderung 1431 und 1435 ebenso erfolglos, mit der sehr richtigen Begründung, dass die zu Baden genommenen Briefe nicht dem Herzog Friedrich allein, sondern dem ganzen Haus Oesterreich, auch dem Herzog Albrecht, gehören (Absch. II. 94 und 95; Altmann nr. 8945 und 11054, Lichnowsky V. nr. 3375, Geschichtsfreund IX. p. 227). Auch der Bischof von Constanz und seine Brüder die Herrn von Höwen bemühten sich 1437 vergeblich, unter falschen Vorspieglungen die Briefe betreffend Höwen und Engen von den Luzernern herauszulocken (Absch. II. 122).

Dem Begehren an und für sich, alle Archivalien, welche nicht eidgenössisches Gebiet betreffen, herauszugeben, waren die Eidgenossen zu willfahren geneigt; aber einerseits betrafen manche Stücke und gerade die Reinschrift und einzelne Rödel des Urbars zugleich eroberte, ja schon viel früher eidgenössisch gewordene (Zug, Glarus etc.) Gebiete und solche, die österreichisch geblieben waren, anderseits war eine bestimmte Grenz- und Besitzausscheidung bei der ausgesprochenen Feindseligkeit und den Revanchegelüsten Oesterreichs noch gar nicht erreicht. Erst nach endgültigem Friedensschluss und Verzicht Oesterreichs auf den eroberten Aargau konnte eine Auslieferung der Archivalien für die österreichischen Gebiete stattfinden. Diese Bedingung stellte die Tagsatzung in Zürich im Januar 1432 dem österreichischen Gesandten, welcher im Namen des Herzogs die bei Eroberung Badens gefundenen Briefe und Rödel ohne jede Einschränkung heraus verlangte. Die Antwort lautet: „Ist sach, dass uns die herschaft von Oesterrich brief giht, darin sie sich verschribt für sich, ir erben und für das hus von Oesterrich, dass sie uns das land, so wir erobert und inhabend von unsers herren des küngs wegen, niemer mer ansprechind noch anlangind und uns noch unser nachkomen weder umb das land, umb lüt, umb die brieff, so das selb land antreffend, niemer mer beküm̄brind, so wellen wir dieselben andern brieff, so unser land, lütt, die die Eidgnosschaft und die, so zu uns gehörend, nit antreffend und die noch vorhanden sind, wiedergeben durch bet unsers gnädigen herrn des Römschen küngs und unsers herrn von Oesterrich, denselben unseren herrn von Oesterrich". (Abschiede II. p. 93). Sehr mit Unrecht findet Pfeiffer (Vorwort p. XII) diese Zumutung „mehr als naiv"; es ist ihm entgangen, dass sie von Oesterreich in der ewigen Richtung erfüllt wurde und die schliessliche Auslieferung eine Folge derselben war.

Die Richtigkeit dieses Grundsatzes sah Oesterreich selbst ein, so dass es nun mit Ausnahme der Erzherzogin Mechthild, die 1453 einige Briefe, allerdings nur Elsass, Sundgau und Hohenberg betreffend, begehrte (Absch. II. 266), keine neuen Reklamationen mehr erhob, bis die ewige Richtung mit den Eidgenossen am 11. Juni 1474 zu stande kam, nicht ohne dass Oesterreich auch hiebei noch, freilich vergeblich, versuchte, eine Hintertüre für Rückforderung der Eroberungen offen zu lassen.

Hier vergass Herzog Sigmund nicht, sich in einem besondern Artikel auszubedingen, dass die Eidgenossen ihm „überantworten söllen alle brief, urberbücher, register und geschriften, so sie inhabend und der herschaft Oesterrich zustand . . . ., usgescheiden die brieff, rödel oder geschriften, so die inhablichen land, stett,

aloss der Eidgnosschaft bes(1?)agend". (Abschiede II. p. 914;
vgl. auch die Entwürfe p. 475 und 477). Die vom Herzog schon
während der Vorverhandlung begehrte Ausscheidung der Archi-
valien (Absch. II. p. 486), Briefe und Urbarbücher beschloss die
Tagsatzung im Oktober 1474 durch Boten sämtlicher Orte in
Luzern vornehmen zu lassen (II. 513). Um die Archivalien in
Empfang zu nehmen, sandte der Herzog seinen Kämmerer Felix
Harber, seinen Sekretär Hans Wyser und seinen Diener Ulrich
Rieder am 15. Oktober nach Luzern (II. 514).

Erst im Sommer 1477 wurde ein bescheidener Anfang mit
Auslieferung von 12 Urkunden gemacht, welche der Sohn des
Luzerner Stadtschreibers Melchior Russ im Juli persönlich nach
Innsbruck brachte (vgl. unten).

Vor der Julitagsatzung 1478 begehrten die Boten des Herzogs
Sigmund, der Rasp und Hans Lanz, nochmals, „dass man die brief
im Wasserthurn zu Lucern ersuch und ihm zu handen gebe das,
so ihm nach lut der ewigen Richtung zugehöre", beschwerten sich
zugleich, dass einige dieser Briefe an Basel ausgeliefert worden
seien. Die Tagsatzung beschloss, die verlangten Urkunden unver-
züglich heraussuchen zu lassen, dagegen soll auch der Herzog
die vertragsmässige Verbriefung betreffend Oeffnung der Städte am
Rhein aufrichten und zustellen (Absch. III. 1. p. 11).

Obwohl letztere Bedingung nie erfüllt wurde und die Eidgenossen nach wiederholten Reklamationen (p. 17, 21, 47, 49, 69,
87, 102, 117, 137, 143, 147) schliesslich im Juni 1483 darauf verzichteten (p. 152 und 155), lieferten sie doch dem Hans Lanz die
Oesterreich betreffenden Urkunden im Juli 1478 in der Hauptsache
aus, soweit sie nicht zugleich eidgenössische Gebiete betrafen, oder
vorher an andere, wie Basel und die Grafen von Sulz, abgegeben
worden waren. Dies ergibt sich klar aus dem von Kaiser bei-
gebrachten, von Pfeiffer (XIII) auszugsweise mitgeteilten Protokoll
der Grafen Rudolf und Alwig von Sulz von 1480, wonach die für
Oesterreich durch Hans Lanz zu Luzern ausgesuchten Briefe vor
2 oder 3 Jahren wirklich extradiert wurden.

Noch erscheint Oesterreich immer nicht ganz befriedigt.
Am 20. März 1480 stellte der von Rüssegg (Jakob von Rüssegg
oder der Luzerner Stadtschreiber Melchior Russ, Herr zu Rüssegg?

Absch. III. 1. p. 39) namens der Herzoge an die Tagsatzung zu
Luzern die Forderung um Aushändigung der ihnen angehörigen,
allfällig noch zu Baden liegenden Urkunden und Register, die gemäss der ewigen Richtung herauszugeben seien (III. 1. p. 61); es
wurde eine Antwort auf die nächste Badener Tagsatzung verheissen,
aber dann nicht gegeben. (Wenigstens steht nichts im gedruckten
Abschied p. 68—70). Doch erhellt aus der Pfandrodelcopie von
Russ, dass gleich an der Luzerner Tagsatzung am 20. März
Extraditionen stattfanden. Auch darf aus jener Forderung immerhin geschlossen werden, dass alles bei der gemeinsamen Aussuchung
in Luzern verlangte Material extradiert war und Oesterreich nur
vermutete, es sei noch einiges in Baden zurückgeblieben. Zu den
vermissten Stücken gehören, wie das Wort „Register" andeutet,
gerade die österreichischen Teile des Urbars. Diese befanden sich
aber damals weder im Wasserturm zu Luzern noch zu Baden,
sondern teils in Privathänden, teils waren sie nach andern Orten
gebracht worden, um Copien davon zu machen. Das Fehlen der
Reinschrift war schon bei der Extradition vom Juli 1478 konstatiert
worden laut Beschluss: „die Boten von Bern sollen das Begehren
des Herzogs von Oesterreich in Betreff des Urbarbuchs, das Bartho-
lomaeus Huber von Luzern weggeführt habe, heimbringen und ihn
anhalten, dies und alles, was er bezüglich Oesterreichs und ge-
meiner Eidgenossen hat, nach Luzern abzuliefern" (III. 1. p. 12).
Huber war der Bote Berns an den Tagsatzungen zu Luzern 1477
und 1478 gewesen (p. 3 und 7). Die Wegführung muss schon 1477
erfolgt sein, da es im Berner Stadtschreiberrodel heisst: „Mauritii
1477 abgeschrieben ein urbarbůch, so etwan der herschaft von
Oesterreich gewesen ist und Bartholome Hůber von Baden her-
bracht hat, ist vast lang und tůt VI ₰ ₰" (Mitteilung von Hr.
Prof. G. Tobler). Weder von dieser Abschrift noch von der Rückstellung des Originals ist eine Spur vorhanden, da die Berner Hs.
etwa 60 Jahre älter ist, wie auch die von Mülinenschen Pfandrödel-
Copien aus der ersten Hälfte des 15. Jahrhunderts stammen. Nur
die Rückstellung von zwei Sexternen, welche nach dieser Annahme
erst jetzt aus dem Buche herausgeschnitten wurden, erwirkte 1477
oder 1478 Melchior Russ, der Sohn des gleichnamigen Stadtschreibers
von Luzern. (Vgl. die Mitteilung von Dr. R. Maag im Anzeiger

f. Schweizergesch. 1899 Bd. VIII nach einer Aufzeichnung des Schatzarchives Innsbruck). Dieser Sohn und Gehülfe des Stadtschreibers hatte schon im Juli 1477 eine Anzahl österreichischer Urkunden persönlich nach Innsbruck gebracht und dem herzoglichen Rat Hans Lanz von Liebenfels übergeben. Er bemühte sich nun auch, von Luzern an Schwyz geliehene Briefe zurückzuerhalten, und erwirkte 1478 den Tagsatzungsbeschluss betreffend das nach Bern entführte Urbarbuch: „so han ich mich vast gearbeitet umb das urberbůch, so zu Bern litt, das es zu minen handen keme und wol zum dritten dur eigen knecht geschickt hab, und zum letzten hand sy mir II sexter geschickt und hand sy uss dem rechten bůch geschnitten; doch nüt dester minder so můs es mir werden; dann min herrn von Luzern wend mir helfen und fürdrung tůn ... Ich will angends um das urbarbůch schicken und wil es denn abschriben und minem gnedigen herrn das antwůrten, wenn einer kumpt mit mins gnedigen herrn gnadenbriefen, dem will ich es antworten und geben und sonst niema geben." So schrieb Russ um 1480, um eine Belohnung für seine Mühe zu erhalten. Seine Bemühungen um Auswirkung weiterer Extraditionen scheinen sich noch bis 1483 hingezogen zu haben, da ihm nach dem Innsbrucker Raitbuch von 1484 damals 24 fl. bezahlt wurden.

Wann die Reinschrift, wohl damals ihrer in Bern gebliebenen Blätter für Lenzburg beraubt, von Bern zurückkam und ob Russ wirklich eine Abschrift herstellte, ist unbekannt. Keine der noch existierenden Handschriften kann in diese Zeit versetzt werden.

Was 1477 und 78 mit den Originalrödeln geschah, ist auch nicht genauer bekannt. Da Russ nur sagt, er habe 1477 dem Hans Lanz auch noch vil brief, rödel und copien geben, die er nicht speziell anführt, bleibt fraglich, welche Rödel dabei gewesen und ob sie in Original oder in Copie gegeben worden seien. Von dem noch in Luzern und Zürich liegenden Pfandregister von 1380 gab Russ dem österreichischen Rat Marchwart von Baldegg nur eine von ihm selbst geschriebene Copie heraus, da, wie er hervorhebt, nur der kleinste Teil dieses Registers österreichisch gebliebene Gegenden, Schwarzwald, Rheinfelden und Säckingen betraf. (Vgl. oben II, p. 649—662 und II, 2 p. 482.) Ja er beschränkte sich auf diesen Teil; denn seine Copie ist zwar nicht identisch mit der von Lorenz

(Herzog · Leopold III. und die Schweizerbünde 1860 p. 47—50) edierten, schlechten und wohl spätern Handschrift des Staatsarchivs Wien (deren Varianten oben II. 649—662 angegeben sind) und die gegenwärtig in Wien nicht zu finden ist, wohl aber mit einem auf meine Anfrage hin 1902 in Wien entdeckten Foliopapierheft von 11 Blättern mit blauer Seidenschnur und einem grünen Sigelfragment, das dem Luzerner Stadtsigel entspricht. Die Ueberschrift lautet: „Diss nachvolgend ist geschriben us etlichen alten besigleten brieven, urbarbüchern und rödlen, die aber anders ouch begriffent, das min herrn die Eitgnossen berüret". Der Text enthält die Nummern 123—131, 136—140, 111—122, 141—142 unserer Ausgabe p. 649—662. Das Heft enthält aber auch die entscheidenden Notizen über die genaue Zeit der Uebergabe fol. 3ᵇᵉ: Diss nachvolgend brieff hat mins herrn stattschreibers sun selbst an die Etsch geantwurt von Lucern" und fol. 6ᵃ: „Was hernach geschriben stat und gezeichnet ist, das hand min herren von Lucern uff mentag nach Judica anno 1480 herrn Jacoben von Rüssegg zu handen und im namen mines gnedigen herrn von Oesterrich ingeantwurt und geben"; fol. 10ᵃ: „Diss nachvolgend hat der canzler vorin ... en enweg gefürt und ist noch eigentlich hie geschriben in ein urherbüch von ein stuk an das ander, was jeglichos gerechtigkeit hat". Wenn man letztern Satz auf die Auslieferung der österreichischen Reinschriftteile beziehen darf, so ist hiefür das genaue Datum 1480 festgestellt. Diese wertvolle Mitteilung und Entdeckung verdanke ich dem Direktor des Wiener Staatsarchives Hrn. Dr. Winter. In der Luzerner Handschrift bezeichnete Russ diese Stellen mit O als nicht schweizerisch. Auf die noch jetzt in Luzern befindlichen Kyburger und Embracher Rödel bezieht sich wahrscheinlich die Abschiedsnotiz vom Juni 1494 (III. 1 p. 457): „Gedenken, als Hans Russ von Luzern uf disen Tag geredt hat, dass er der herrschaft von Oesterrich alt Urbar umb die grafschaft Kyburg, auch ander grafschaften und herrschaften in unser Eidgenossschaft gelegen wisende, in einem hus hab". Da dies sich ausdrücklich nur auf eidgenössische Gebiete bezieht, so ist anzunehmen, dass die Extradition damals vollendet war und die österreichischen Rödel nicht mehr bei den schweizerischen lagen. Auf die Reinschrift lässt sich hieraus kein Schluss ziehen. Pfeiffers Annahme (XIIII), dass sich auch die Reinschrift unter den 1476 oder 77 herausgegebenen Urkunden und Rödeln befunden habe, ist nach all diesen Zeugnissen unrichtig. Da Russ um 1480 erst zwei Hefte der Reinschrift, wohl die zwei ersten, Elsass betreffenden, erhalten hatte, kann die noch vier weitere Hefte und ein Blatt umfassende Extradition erst nach Abfassung seines Schreibens, aber wohl vor seiner Belohnung 1484 erfolgt sein.

Auf diese Zeit, Ende des 15. Jahrhunderts, weisen auch die unmittelbar vor der Extradition noch in Luzern oder nach derselben in Innsbruck geschriebenen Titel schwäbischer Rechtungen im letzten Heft der Reinschrift und die wohl in Luzern geschriebene Copie der Rechtung von Tengen am Schluss des ursprünglichen Urbartextes.

Dass und wie die Reinschrift 1480 zwischen Oesterreich und den einzelnen eidgenössischen Orten zerteilt wurde, lässt sich einzig aus dem jetzigen Zustand des Codex und den verschiedenen Aufbewahrungsorten seiner Fragmente schliessen; Nachrichten und Aufzeichnungen scheint es darüber nicht zu geben. Aus dem Schreiben von Russ geht nur hervor, dass die zwei ersten elsässischen Sexterne schon in Bern um 1478 herausgeschnitten wurden. Die weitere Ausscheidung dürfte Russ selbst besorgt und die erwähnten Einträge selbst hineingeschrieben haben. Das dritte Heft erhielt nach den Schwarzwälder Aemtern und Krenkingen noch einige Zeilen von dem schweizerisch gewordenen Amte Elfingen; diese Stelle wurde einfach durchgestrichen und das Heft ganz an Oesterreich abgegeben. Die drei letzten, schwäbische Gegenden betreffenden Hefte konnten ebenfalls ohne weiteres extradiert werden. In den mittleren Heften war nichts österreichisch als die zwischen den Aemtern Diessenhofen und Frauenfeld stehende Rechtung von Tengen; sie wurde in dem zurückbehaltenen Hefte durchgestrichen und eine Copie davon an den Schluss des Urbartextes im letzten an Oesterreich extradierten Teil geschrieben. Auffallend ist, dass das 62. Blatt der Reinschrift, das Amt Lags betreffend, ausgeschnitten und extradiert wurde. Dieses Amt war allerdings streng genommen nicht eidgenössisch, aber doch auch nicht als österreichisch zu betrachten. Der Deckel des Codex wurde ebenfalls extradiert.

Schwieriger ist es, zu bestimmen, wann und wie sich die Eidgenossen in den zurückbehaltenen Rest des Materials teilten.

Obwohl der grösste Teil des Badener Archivs schon gleich nach der Eroberung Badens nach Luzern gebracht wurde, fanden von hier aus doch teils Ausleihungen, teils willkürliche Entführungen vieler Stücke nach einzelnen Orten statt. So nahmen schon im Mai 1417 die Zuger Boten die Reinschrift mit heim (vgl. oben II, 2 p. 405), wie um 1477 Bartholomäus Huber sie nach Bern schleppte; nachdem man noch 1475 den Schreiber von Luzern beauftragt hatte, über Thurgauer Lehen im Urbar zu Luzern nachzusehen (Absch. II. p. 559); eine Anzahl Briefe hat Luzern aus dem Wasserturm um 1478 an Schwyz geliehen (Bericht von M. Russ); da sich mit Ausnahme der Stelle eines im Archiv der Familie von Mülinen erhaltenen Pfandrodels (II. p. 134) und einiger Stellen in Revokationsrödeln betreffend Einsideln (II. p. 364) nichts mehr über Schwyz vorfindet und die im Register der Briefe des Archivs Baden verzeichneten Urkunden des Grafen von Froburg und der Gräfin Anna von Kyburg betreffend Schwyz (Kopp Geschichte der eidg. Bünde II. 1 p. 739 und 741) verloren sind, darf man jetzt gestützt auf die Angabe von Russ mit grösserer Bestimmtheit, als es früher schon von Kopp geschah (IV. 2 p. 132 Note 1 und von mir in den Habsburgischen Vogtsteuern, Jahrbuch für Schweizergeschichte VIII. 20), annehmen, die Schwyzer hätten den grössten Teil der sie betreffenden Urkunden vernichtet und damit tritt auch wieder die Möglichkeit auf, dass doch Urbaraufzeichnungen über das Gebiet der Schwyzer und übrigen Waldstätte existiert haben, welche die Grafschaftsrechte betreffen möchten. (Vgl. meine Freiheit der Schwyzer im Jahrbuch für Schweizergeschichte X. p. 18.) Haben doch die Schwyzer sogar Urkunden des Badener Archives, welche ihr Gebiet gar nicht betrafen, bis heute in ihrem Archiv behalten, wie gleich die erste Nummer des Verzeichnisses der Briefe der Feste Baden (Kopp II. 1 p. 739).

Uri scheint die für seine Angelegenheiten in Betracht kommenden Briefe bis zum Brand von Altorf aufbewahrt zu haben (Kopp II. 1. p. 740 Nr. 4). Die Glarus betreffenden Urkunden wurden merkwürdigerweise nach Innsbruck extradiert[1], nicht aber die Urbarrödel; die Reinschriftblätter über die Rechtung zu Glarus

---

[1] Z. B. der Lehenbrief der Aebtissin von Säckingen über das Meieramt Glarus von 1288, vgl. Archiv f. Schweiz. Gesch. III 89.

und der Rodel über Windegg, Schännis und Benken blieben in
Luzern. (Vgl. oben II, 2 p. 392 u. 446 und Kopp p. 742 nr. 12 und p.
293 Note 6.) Auch Zürich behielt aus Missverständnis des Inhalts einzelne Briefe, die sein Gebiet gar nicht betrafen, sondern die jüngere
Herrschaft Kyburg (Kopp p. 741 nr. 8, Zürcher Urkundenbuch IV.
nr. 1464) und das württembergische Markgröningen, dessen Benennung „Grüningen" auf die zürcherische Stadt dieses Namens
bezogen wurde (vgl. meine Vogtsteuern p. 10 Note 2, diese Urkunden
stehen nicht im Badener Verzeichnis, können aber doch nur aus
dem österreichischen Archiv stammen). Auch an nicht eidgenössische Orte wurden einzelne Briefe ausgeliehen, wie an die Herrn
von Hewen (Abschiede II. p. 122), die Grafen von Sulz, an Basel
(Absch. III. 1 p. 11) und sechs Briefe an Freiburg i. Ue. 1429
(Kopp II. p. 740 Nr. 5). Basel und Freiburg behielten diese Briefe.

Ueber die Verteilung der Stücke der Reinschrift ist ebenfalls nichts
näheres bekannt, als dass sie um 1477 noch als Ganzes nach Bern
gebracht wurde und bis dahin für die Gebiete einzelner Orte nur
Copien gemacht wurden, wie für das zürcherische Grüningen in
der ersten Hälfte des 15. Jahrhunderts (oben II, 2 p. 427 und
meine Vogtsteuern p. 21). Zu diesem Zwecke und für Ausscheidung
der zürcherischen Hefte scheint die Reinschrift eine Zeitlang in
Zürich gelegen zu haben und von hier aus extradiert worden zu
sein, da auf dem Deckel des Donaueschinger Fragments, allerdings
undeutlich, steht: „ex archivo Zurich".

Die übrigen Zürcher Kopien vom Ende des 15. Jahrhunderts
dürften erst gemacht worden sein, nachdem Zürich seine Rödel und
Reinschriftstücke erhalten hatte. Merkwürdig ist, dass es keine
Rödel für das Amt Kyburg und Winterthur erhielt, sondern der
eine dieser Rödel samt einem Embracher in Luzern blieb, ein anderer Rodel über Kyburg, Winterthur und Embrach sogar nach
Wien kam (II, 2 p. 377). Freilich ist es nicht wahrscheinlich, dass
dieser letztere Rodel, der ausnahmsweise von der Reinschrifthand geschrieben ist, von den Eidgenossen an Oesterreich extradiert wurde;
entweder wurde er von Anfang an für die Herzoge hergestellt, oder
er wurde von Zürich bei seiner Verbindung mit Oesterreich im alten
Zürichkrieg 1442 infolge der Abtretung der verpfändeten Grafschaft Kyburg extradiert, wie diese Richtung bestimmt: „Zürich

soll die Grafschaft übergeben und alle die Briefe, so von Kyburg
darrürend." (Abschiede II p. 788 und 801. Nach Abschiede II
p. 150 nahmen die Zürcher Boten die Briefe über Kyburg zu den
Verhandlungen nach Aachen mit.)

Dies würde freilich voraussetzen, dass Zürich schon vor 1442
diese Rödel erhalten hätte; dies ist aber so gut möglich, wie
Basel und Freiburg schon 1429 Briefe aus dem Badener Archiv
erhielten. Die zweite Erwerbung Kyburgs durch Zürich 1452 berechtigte als blosse Pfandschaft nicht zur Forderung, dass Oesterreich die Rödel herausgebe (vgl. Bär Zur Geschichte der Grafschaft
Kyburg, 1898 p. 99). Bern erhielt die Rödel über seine oberländischen Gebiete und die Reinschriftstücke über einen Teil des
Aargaus, während die Rödel über den Aargau wohl von Anfang
an in Baden blieben.

Die Rödel über Frauenfeld, Diessenhofen und Kyburg befanden sich schon 1459 in Luzern; denn nur diese können mit den damals
reklamierten Urbarbüchern und Rödeln, die das Gotteshaus St.
Gallen betreffen, gemeint sein (Absch. II p. 297).

Von den schweizerischen Reinschriftteilen und Rödeln ist aber
weit mehr verloren gegangen als von den an Oesterreich ausgelieferten. Während letztere, allerdings jetzt in verschiedenen
Archiven zerstreut, nahezu vollständig noch vorhanden sind, fehlen
(was den allein kontrollierbaren 1. Band betrifft) für die schweizerischen Gebiete die Rödel für Elfingen samt Rein, Bötzberg,
Siggental, Muri, Meienberg, Sursee, Sempach, Willisau, Kasteln,
Spitzenberg, Wolhusen, Rotenburg, Habsburg, Luzern, Richensee,
Münster, Gersau, Urseren, Aarburg, Zofingen, Glarus, Lags; in
den Reinschriftfragmenten sind nur die Zürcher Ämter fast vollständig mit Ausnahme des Freiamts Affoltern erhalten, von allen
übrigen schweizerischen Ämtern nur einige Blätter betreffend
Lenzburg und Glarus. Rätselhaft ist es, dass gerade für das Gebiet Luzerns, in dessen Archiv das ganze Material 65 Jahre lang
aufbewahrt war und Rödel für andere Gebiete sich erhalten haben,
gar nichts mehr vorhanden ist. Man möchte hier an absichtliche
Vernichtung denken, wenn nicht die Aufbewahrung einiger Rödel
des II. Bandes und eine vollständige Abschrift der Reinschrift dagegen spräche. So ist der Verlust eher daraus zu erklären, dass

das Material in Privathände goriet, wie die Reinschrift und der Kyburger Rodel 1494 im Hause von Hans Russ waren und der Revokationsrodel betr. Richensee noch 1844 in Besitz Schnellers war und dann in das städtische statt in das kantonale Archiv kam (II. p. 116). (Anders die Liebenauschen Rödel, die aus der Zerstreuung des Innsbrucker Anteils stammen.) Auch die Reinschriftblätter über Lenzburg waren wohl in Berner Privatbesitz, da sie sich jetzt in der Stadtbibliothek statt im Staatsarchiv befinden.

Die an Oesterreich extradierten Materialien befanden sich seit 1480 im Innsbrucker Schatzarchiv, welchem Kaiser Maximilian I. und manche seiner Nachfolger besonderes Interesse schenkten. Sie lassen sich daselbst vollständig nachweisen in dem ca. 1530 vom Archivar W. Putsch aufgenommenen Repertorium des Schatzarchivs in 7 Bänden. (Schönherr Die Archive in Tirol p. 65 der Mitteilungen der k. k. Zentralkommission N. F. X, und Dr. Mich. Mayr des k. k. Statthalterei-Archivs zu Innsbruck p. 6.) Die genaue Beschreibung der Bücher macht die Identifizierung leicht, obschon bei den Rödeln auch die Möglichkeit vorliegt, dass es sich um einen Doppel handelt. Die Stücke sind folgende:

1) Repertorium Bd. III. fol. 1821: „ain langer pergameniner über einander gewundener rodl, darin sein vermerkt der landtgrafen im ober Elsass und graven zu Pfirdt rent, gült und gerechtigkeit im Sunkhew, Albrechtsthal und gen Orttenburg gehörig — 1304 —" ist zweifellos der Colmarer Rodel. Die Identität lässt sich bei diesem wie bei allen in Innsbruck gewesenen Rödeln nachweisen, durch Dorsualaufschriften von einer Hand des beginnenden 16. Jahrhunderts, die auch in Überschriften auf Urbarien der Herrschaft Rothonburg und der Grafschaft Tirol sich findet (nach gütiger Mitteilung von Herrn Archivdirektor Prof. Dr. Mich. Mayr).

2) III. fol. 1817: „ain pergameniner übereinander gewundener rodl der österreichischen Ämbter und rechten zu Seckkingen, am Wald, zu Waldshuet, zu Weer, über das gotshaus zu St Blasy, über die rechtung zu Ervingen(!) und zu Stein (! statt Rein), der Botzberg, die new Krenkhingen und über das Sickhenthal a° 1300". Dieses Regest entspricht samt Fehlern genau dem Titelzettel von der Reinschrifthand am Karlsruher Rodel (vgl. oben Seite 23) und berechtigt daher nicht zur Annahme, dass die hier mitgenannten

schweizerischen Stücke betreffend Rain, Bötzberg und Sickenthal, die sich jetzt nicht mehr in diesem Rodel finden, wirklich nach Innsbruck ausgeliefert worden seien; vielmehr dürften diese Stücke bei der Extradition abgetrennt und zurückbehalten worden sein. Die Identität mit dem Karlsruher Rodel bestätigt dessen Dorsualnotiz von der Innsbrucker Hand: „1301 Urbar Swaben".

3) VI. fol. 124: „ain langer pergameniner übereinander gewundener rodoll des Urbars und der recht der grafschaft Kyburg und herrschaft Winterthur, auch des amts zu Emerach, des Stifts Strassburg lehenschafft von dem von Tockenburg erkauft, gemacht ungevarlich anno 1400." Dies ist der von der Reinschrifthand geschriebene Rodel, der jetzt in Wien liegt, aber, wie mir nach der vom dortigen Archiv gelieferten Beschreibung scheint, ebenfalls von der gleichen Innsbrucker Hand die Dorsualnotiz trägt: „Rodel 1400. Kyburg, Winterturr, Emerach". Dass dieser Rodel zu den Extraditionen von 1480 gehört, ist damit freilich nicht gesagt, um so weniger, als er in einem anderen Band des Repertoriums verzeichnet ist als die übrigen; er kann also, wie oben angenommen, schon während des alten Zürichkrieges ausgeliefert worden sein. Da er aber kein österreichisches Gebiet betraf, wurde er nicht an die vorderösterreichische Regierung in Freiburg abgegeben, sondern nach Wien gesandt, wo man gegen Ende des 18. Jahrhunderts mit dem Gedanken umging, die verpfändete Grafschaft Kyburg auf diplomatischem Weg zurückzugewinnen, wie wenigstens die Zürcher Regierung im Prozess gegen Pfarrer Waser 1780 befürchtete.

4) III fol. 1812: „ain übereinander gewundener pergameniner rodel dor österreichischen gült und gerechtigkeit der Grafschaft Fridtberg und der ämbter zu Mengen, Rudlingen, Sulgew und zum Bussen, ungevarlich ano 1350" — ist der 1. Stuttgarter Rodel, der von der Innsbrucker Hand die Aufschrift trägt: „Fridberg, Sulgew, Buss etc. 1303, Urbar Swaben."

5) III. fol. 1813: „ain rödele über die ämbter Radolfszell und Aha, gemacht ungevarlich a° 1300", würde nur dem 5. Stücke des 2. Stuttgarter Rodels entsprechen, das allerdings gerade nicht in ursprünglicher Weise, sondern nur durch Faden mit dem 4. und 6. Stücke verbunden ist. Merkwürdig ist nur, dass die übrigen Stücke

dieses jetzt noch vorhandenen Rodels nicht im Repertorium zu stehen scheinen; doch wäre es möglich, dass Hr. Prof. Thommen einige dieser nicht schweizerischen Einträge bei seinem verdienstvollen Auszug übersehen hätte.

6) III. fol. 1814: „ain langer pargameniner übereinander gewundener rodel der gülten und gerechtigkaiten zu Veringen und Rudlingen von dem graven Veringen und Landau erkaufft 1304", (voraus geht noch ein ähnliches Regest mit a° 1310, das sich wohl auf einen Doppel oder Konzept bezieht). Dieser Rodel ist jetzt ganz unbekannt, war auch nicht im Besitz Raisers und ist der einzige der in Innsbruck gewesenen Rödel, der verloren ging.

7) III. fol. 401: „ain übereinander gewundener pergameniner rodel Pilgrins von Wagenberg ambtmanns zu Glarus und dasselbe umb raittung a° 1308." Hiermit kann schwerlich einer der spurlos verschwundenen Urbarrödel über Glarus gemeint sein, den die Eidgenossen gewiss nicht extradiert hätten, sondern, wie der Ausdruck „raittung" zeigt, eine Amtsrechnung oder allgemeine Rechenschaft, welche der Amtmann auf Verlangen König Albrechts direkt an diesen lieferte (ähnlich wie Vogt Rudolf von Ensisheim vgl. oben II, 2 p. 506), und welche vermutlich in Albrechts persönlicher Verwahrung, nie in Baden war. Sie scheint verloren.

Von den im II. Bande edierten Rödeln sind folgende im Innsbrucker Repertorium nachzuweisen:

8) III. fol. 1811 und nochmals ähnlich fol. 1812: „ain langer pargameniner übereinander gewundener rodel inhaltend die Gült zu Mengen, Buossen, Zell und in der Grafschaft Fridtberg daselbs umb 1302". Dies ist der II. p. 150—167 und 56—67 edierte 3. Stuttgarter Rodel von zirka 1290, dessen Rückseite die zürcherischen Ämter Zell, Kiburg, Embrach, Schwamendingen und Kloten für 1274 enthält. Dass er extradiert wurde, beruht entweder auf einer Verwechslung des zürcherischen Zell mit einem süddeutschen oder müsste aus der Verbindung Zürichs mit Oesterreich 1442 datieren. Praktischen Wert hatte diese Aufzeichnung der Rückseite übrigens nicht, da sie schon durch Albrechts Urbar antiquiert wurde.

9) II. fol. 41 und abgekürzt VI. fol. 1811: „ain langer pergameniner übereinander gewundener rodel, darin sein aufgeschrieben etliche pfandschaften und Lehen von Oesterreich zu Sigmaringen,

Hedingen, Lenzen (Leitzen) u. s. w. (fast alle im Rodel genannten Ortschaften wurden angeführt), datiert 1313." Es ist der damals im Besitze von Kaiser befindliche, jetzt spurlos verlorene Pfandrodel, der II. p. 232—265 nach Kaisers Abschrift ediert ist.

10) III. fol. 1811: „ain rödele über das Amt Schiltung, darein Mundrichingen und Sigmaringen gehören, gemacht ungeverlich a° 1300", ist der jetzt noch in Innsbruck befindliche Rodel, ediert II. 218—221. Die zwei andern jetzt noch in Innsbruck befindlichen Pergamentstücke, welche zu dieser Aufnahme gehören (ed. II. 223 und 226—229), sowie die in das Donaueschinger Reinschrift-Fragment eingenähten Stücke derselben Aufnahme (II. 221 und 225) müssen damals auch schon in Innsbruck gewesen sein, wenn sie auch in Hrn. Prof. Thommens Auszügen aus dem Repertorium nicht vorkommen.

11) III. fol. 1828: „ain urbarzedel des ambts Tattenried 1405" ist vielleicht, mit falschem Datum, das an den Colmarer Rodel angenähte Stück, ed. II. 266—269.

12) III. fol. 1830 „ain übereinander gewundener Rodel von Pargamen, begreiffend die österreichischen Aigenleut in das Schulthaissen ambt zu Winterthaur und Frawenfeld gehörendt, so durch ander genossen wurden und wider zu ersuechen sein. 13 . . ." Dies ist der von H. Prof. Thommen im Wiener Staatsarchiv entdeckte Revokationsrodel (II. 321—327). Dass man diesen Rodel herausgegeben hätte, nachdem Frauenfeld von den Eidgenossen 1458 erobert, 1461 von Oesterreich abgetreten, 1467 auch Winterthur an Zürich verkauft worden war, ist sehr unwahrscheinlich; dagegen kann die Abtretung vor dieser Zeit durch die Eidgenossen oder Zürich erfolgt sein, vielleicht auch schon 1442. Dass der damit zusammenhängende Revokationsrodel über Diessenhofen (II. 328) in Luzern zurückblieb, wäre dann freilich eine Inkonsequenz.

13) III. fol. 1830. „ain solcher Rodel von etlichen gütern in Ergew und daselbst um ligond, die ander leut inhaben und doch der herrschaft von Oesterreich zuegehören und zu ersuechen sein; 13 . . ." Betreffend Güter im Aargau ist nur ein einziger Revokationsrodel bekannt, der im Stadtarchiv Luzern liegt (II. 336 bis 349) und Richensee betrifft. Es muss sich um einen Doppel dieses

Rodels handeln oder noch eher um einen ganz unbekannten Revokationsrodel über die Grafschaft Baden oder andere aargauische Aemter. Höchst unwahrscheinlich wäre aber, dass man gerade etwas über den 1415 eroberten Aargau herausgegeben hätte. Es liess sich auch denken, dass König Albrecht von Anfang an Doppel der Revokationsrödel, welche ja diplomatische oder gerichtliche Massregeln zu ihrer Verwirklichung erheischten, für sein persönliches Archiv verlangt hätte und diese nachher auf anderm Wege nach Innsbruck gekommen wären.

14) I. fol. 56. „ain lehenbüchel, darin sein registriert die lehenzetel, so die Sweitzer mit andern östorreichischen briofen zu Baden genomen und die nachmalen ertzherzog Sigmunden a° 1451 in einer bericht mitsambt den andern briefen, sovil der noch im turn zu Lucern vorhanden gewest sein, widergegeben haben, 1380". Dies ist das damals noch nicht mit dem dicken Codex verbundene, nur 108 Blätter umfassende Lehenbuch, das jetzt noch in Innsbruck liegt (ed. II. 408—592). Die erst um 1530 vermutungsweise angenommene Jahrzahl 1451 kann wenigstens in diesem Umfang nicht richtig sein und beruht auf Verwechslung der ewigen Richtung von 1474 und der von ihr begründeten Auslieferungspflicht, mit einem nur projektierten Verständnis zwischen Sigmund und den Eidgenossen 1450 (Abschiede II. p. 243).

Die diesem Buch zu Grunde liegenden Lehenrevers-Zettel, von denen einige II. 410 und 455 ediert sind, befanden sich zum Teil ebenfalls in Innsbruck V. fol. 1044: „etlich zusammengebunden verlegen habspurgisch lehen, zetel und noteln, ungeverlich anno 1321" (1361?). Auf eine von diesem Papiercodex zu unterscheidende Pergamentreinschrift des Lehenbuches, die Rudolf IV. wohl von Anfang an in seinem persönlichen Archiv behielt, deutet ein weiterer Eintrag (I. 55 vgl. oben II, 2 p. 476).

15) Dass das im Repertorium nicht vorkommende Pfandregister in einer Copie von Russ nach Innsbruck geliefert wurde und jetzt in Wien liegt, ergab sich schon oben.

16) III. fol. 1817: „ain urbar-register der rent und gült zu der vest Lauffenburg gehörig 1400" ist wahrscheinlich das jetzt in Wien befindliche Laufenburger Lehenverzeichnis von 1318 und 1408 (ed. II. 758 ff).

Im ganzen ergibt sich, dass um 1530 in Innsbruck alle uns bekannten, nicht schweizerische Gebiete betreffenden Rödel vorhanden waren, mit Ausnahme des Einkünfterodels von Tengen (I. 352), der wohl mit den thurgauischen Rödeln verbunden in der Schweiz blieb und hier verloren gegangen ist, sowie des Pfandrodels von 1281, der neben schweizer. Gebiet auch Waldshut, Säckingen und Wehr betrifft (II. 124—135) und nur in Copie erhalten ist; dass aber auch einige Schweizergebiet betreffende Rödel in Innsbruck lagen, wie andererseits die Revokationsrödel betreffend Leute in Hewen und wohl auch Sigmaringen in Luzern, die Revokationsrödel betr. Güter in Tengen aber in Zürich blieben (II. 369). Die Ausscheidung war trotz der extra bestellten Untersuchungskommission nicht reinlich und klar durchgeführt worden.

Auch das Reinschriftfragment und einige direkte und indirekte Abschriften der ganzen Reinschrift lassen sich im Innsbrucker Repertorium nachweisen: III. fol. 1824: „ain alt in rot leder eingebundenes buech, darauf die iarzal 1303, darinnen die gülten, steurn, nuz und recht, so die herzogen von Österrich, die lantgrafen sint im obern Elsass, haben in dem ambt und in der statt zu Ensishaimb, Lanzburg, Albrechtsthal, Landseer, Tattenriet, mer andere recht zu Ensisheim, Lags, Seckhingen, Werre, Walde und Walzhuet, St. Bläsien, Krenkkingen, Fridberg, Sulgen, Veringen, Rüedlingen, Sigmeringen, Guetensteiu, Schere, Mengen, Hewen, Aha, Wartstein, Munderchingen, hochen Gundelfingen und Tengen; id est de anno 1303". Die hier genannten Aemter entsprechen genau den im Donaueschinger Fragment enthaltenen; namentlich sichert die an sich falsche Einreihung des 62. Blattes betr. Lags zwischen das 2. und 3. Heft und die Stellung Tengens an den Schluss, wo dieses im Original nicht ausgelieferte Amt durch Copie ergänzt wurde, die Identität.

Ein unmittelbar vorher III. fol. 1824 stehender Eintrag: „ain rot pargamene buech in pretter gebunden, darauf steet geschriben: vordere land, inhaltend die urbar und recht zu allen oesterreichischen landen und herrschaften im Elsass, Sünchhgew, Preissgew, Schwarzwald, in der Aidgnoesschaft und den schwäbischen herrschaften, so die grafen von Werdenberg, hern von Zymerm und Gundelfingen und truchsessen von Waldburg inhaben, gemacht ungeverlich a° 1350" ist, wie das Pergamentmaterial, die in rotem Leder gebundenen Holzdeckel und die wirklich darauf stehende Jahrzahl 1350 zeigen, die Münchner Handschrift, die in der Tat aus Innsbruck stammt (II, 2 p. 407).

Der fol. 1826 folgende Eintrag: „ain rot buech, hat doctor Hieronymus Baldung hergeben. Das Original ist zu Lucern gelegen und durch der von Zug potten genommen, ynhaltend die urbar und gerechtigkeiten der vorderen und schwäbischen landt und Aidgnosschaft, nemlich ...." (Reihenfolge wie Pfeiffer.) „Diz buech ist abgeschriben a° 1417". Dies ist, wie die Bemerkung über die Zuger Boten und das Jahr 1417 zeigt, die jüngere Stuttgarter Handschrift, obgleich sie jetzt keinen roten Einband, sondern nur einen Pergamentumschlag trägt (II, 2 p. 404).

Die Erwähnung des 100 Jahre später lebenden Doktors Hieronymus Baldung kann sich nicht auf die Herstellung der Abschrift, sondern nur darauf beziehen, dass Baldung kurz vor Herstellung des Repertoriums diese Handschrift dem Archiv Innsbruck zustellte, sei es, dass er sie in Ensisheim vorfand oder von den Eidgenossen erhielt, oder, was am wahrscheinlichsten ist, dass er sie zu historischen oder juristischen Studien aus Innsbruck selbst geliehen hatte. Pius Hieronymus Baldung aus Schwäbisch Gmünd war 1510 Rat der vorderösterreichischen Regierung in Ensisheim und entdeckte eben im Jahr 1511 verlorene Handschriften des Cajus und Paulus im Kloster Murbach. (A. D. B. II. p. 19.)

Wie diese nach jener Titelnotiz doch wohl von Schweizern hergestellte Copie, die gerade für Ensisheim unvollständig ist, (vgl. II, 2 p. 405) anders als vorübergehend nach Ensisheim gekommen sein sollte, wäre schwer zu erklären. Dass gerade dieses Buch aus der Eidgenossenschaft kam, sagt der Titel auf dem Umschlag, und die Verwendung einer Innsbrucker Urkunde von 1482 für den Umschlagdeckel lässt vermuten, dass dieses Buch zu den Extraditionen von 1480 gehörte und dieser vordere Deckel schon mit dem frühern roten Einband verbunden war.

Eine Erwerbung dieses Buches durch Baldung direkt aus der Schweiz wäre auch nicht ausgeschlossen, da Dr. Baldung neben Johannes Tübler im Oktober 1519 als Gesandter Karls V. an die

Tagsatzung in Zürich kam betreffend Unterstützung der einhelligen Königswahl und Abschluss einer näheren Vereinigung. (Abschiede III. 2 p. 1198). Es wäre wohl möglich, dass er bei dieser Gelegenheit diese Handschrift etwa in Privatbesitz aufgestöbert und erworben hätte. Indessen entscheidet ein darauf folgendes Regest einer leider im Wortlaut nicht erhaltenen Urkunde eher zu Gunsten blosser Rückstellung eines geliehenen Buches, wenn es heisst: „ain urkhund, dass Dr. Hieronymus Baldung ain alts urbarbüch über die V. Ö. Lande und herschaften hinaus zugestellt worden, 12. Septbr. a° 1521".

Ein III. fol. 1827 folgender Eintrag: „ain vidimus des urbarbuechs in schwarz damaschg eingebunden mit dem österreichischen schilt, so zu Luzern anno 1511 erlangt worden" bezieht sich auf die jetzt noch in Innsbruck befindliche Handschrift; der folgende Eintrag: „noch ein Vidimus davon durch Johann Storchen zu Lucern erlangt anno 1511 in weiss gebunden und durch Johann Ried (der 1511 Kopien alter kaiserl. Freiheiten schrieb und nach Wien sandte und das Heldenbuch schrieb, vgl. M. Mayr das Stalthalterei-Archiv in Innsbruck p. 13) vidimiert und geschrieben, darauf steht geschrieben: „Storch 1417", kann sich kaum auf die ebenfalls 1511 geschriebene und von Storch erlangte Kaisersche Handschrift beziehen, die von Diebold Schilling, damaligem Notar in Luzern und Agenten des Kaisers (G. v. Wyss Historiographie p. 142), vidimiert wurde; daher kann die von Kaiser 1806 antiquarisch erworbene Handschrift, die von Andre Teubler, Sekretär der Innsbrucker Raitkammer, kollationiert wurde, auch nur aus Innsbruck stammen. Dies beweist, dass der kaiserliche Rat Johannes Storch, welchen Maximilian mit Creditiv vom 16. April 1510 samt andern Räten an die Tagsatzung in Zürich, dann auch an die Februartagsatzung von 1511 in Baden und Luzern sandte, (Abschiede III. 2 p. 488 und 535), gleichzeitig 3 Abschriften von der Luzerner Handschrift nehmen liess, um neben den ausgelieferten Reinschriftfragmenten auch noch Abschriften des ganzen in der Reinschrift enthaltenen Urbars zu besitzen. Diese Herstellung von Abschriften bildet das Ende der ganzen Bemühung Oesterreichs für Erlangung des Urbarmaterials, abgesehen von den viel späteren Erwerbungen aus Tschudis Nachlass.

Das in Innsbruck sorgfältig vereinigte Urbarmaterial wurde

später durch verschiedene Extraditionen wieder zerstreut. Die Verhandlungen zwischen Wien und Paris betreffend Auslieferung der Archivalien Ober Elsass und Sundgau führten 1763 zur Extradierung des Urbar-Rodels, der jetzt in Colmar liegt, aber, wie es scheint, auch noch anderer Stücke, wie Lehensverzeichnisse und vermutlich auch der jetzt in Strassburg liegenden Handschrift (in den Mitteilungen der K. K. Zentralkommission N. F. X und Dr. Mich. Mayr das K. K. Statthalterei-Archiv in Innsbruck p. 21 und 22, Schönherr Archive in Tirol p. 50). Die 1752 vollzogene Verlegung der Regierung der vorderösterreichischen Lande von Innsbruck nach Konstanz zog die Überführung des grössten Teiles des Urbarmateriales nach sich, eigentlich des ganzen, wenn nicht die Vorschrift Maria Theresias, kein unnötiges Material zu extradieren, einige Einschränkungen gestattet hätte. (Schönherr Archive Tirols p. 51; M. Mayr p. 20 und 24.) So blieb z. B. die Innsbrucker Handschrift als Doppel der ausgelieferten Raiserschen zurück; das Lohenbuch, weil es damals schon mit Tiroler Lehensverzeichnissen zu einem Bande vereinigt war; anderes, sogar einige schwäbische Rödelchen, wohl mehr aus Versehen, oder weil sie nicht im Schatzarchiv, sondern im sogen. Festarchiv lagen.

Von 90 ausgelieferten Urbarien der Jahre 1300—1746 bezieht sich die erstgenannte Jahrzahl auf die Reinschrift und einige ihrer Kopien; sie sind auch speziell im Empfangs-Verzeichnis der Extradition genannt:

„Nr. 65. Urbar des Hauses Oesterreich aus der Eydgnossenschaft 1303" ist die erste Stuttgarter Handschrift, welche auf einem unten am Deckel aufgeklebten Papierzettel die Nr. 65 trägt und bisher im Innsbrucker Repertorium nicht nachzuweisen war.

„Nr. 66. Urbar des Hauses Oesterreich aus der Eydgnossenschaft 1303" erinnert an die Aufschrift der zweiten Stuttgarter Handschrift „aus den Aidgnossen kommen", welche aber die Nummer 85 trägt, ist aber vielmehr identisch mit der Raiserschen Handschrift, welche nach Pfeiffer XVII die Nummer „66" auf dem Deckel trägt.

„Nr. 67. Urbar des Hauses Oesterreich respektive Schwaben, Schwarzwald, Elsass, Frickthal, Sigental, Ergaw, Zürichgaw, Kleggau, Turgew und anderen 1300, 1511", kann, wie letztere

Zahl zeigt, nur eine der drei 1511 gemachten Kopien sein; also, da die Kaisersche schon konstatiert, die schwarze in Innsbruck zurückgeblieben ist, nur die spurlos verlorene weissgebundene des Innsbrucker Repertoriums. (M. Mayr p. 26 hat freilich nicht wie Schönherr die Zahl 1511, sondern 1311, irrt auch darin, dass er p. 27 die Nr. 65—67 auf die Reinschrift beziehen will, die zum grösseren Teil in Donaueschingen, zum kleinern in Stuttgart sei, während in Stuttgart sich nichts von der Reinschrift findet, wohl aber 2 Kopien derselben.)

Merkwürdigerweise ist in diesem Verzeichnis die Reinschrift nicht genannt; sie blieb aber auch wirklich noch länger in Innsbruck, da Kaiser (hs. Oktavband VIII 969) berichtet, die Reinschrift, „rothes Buch" genannt, sei im letzten Dezennium des 18. Jahrhunderts von der vorderösterreichischen Regierung in Freiburg aus dem Schatzarchiv Innsbruck an die Sigmaringer Lehenbereutungskommission gesandt und bei dieser Gelegenheit 1798 in Stockach von ihm kopiert worden. Dagegen kommen im Extraditionsverzeichnisse einige der Rödel vor. „Nr. 73 Roll Pierment wegen Sigmaringen de a° 1313", der jetzt zum Teil verlorene Kaisersche Rodel (oben II. 2. p. 532 Nr. 9). — „Nr. 74. Copia Urbars Zell, Mengen und Bussen in Latein nebst denen comitüs Fridberg de anno 1303", der 3. Stuttgarter Rodel von 1290. Auffallend ist, dass der 1. Stuttgarter Rodel und der Karlsruher Rodel fehlen; doch enthält diese Quittung vielleicht nur eine von verschiedenen Extraditionssendungen.

Eine weitere Extradierung vorländischer Akten erfolgte 1788 in 8 Kisten nach Freiburg i. Br. Auch hiebei mag sich Urbarmaterial befunden haben, vielleicht gerade die 2 genannten Rödel, da das Freiburger Archiv bald darauf wegen Kriegsgefahr geflüchtet wurde und 1805 infolge Abtretung der Vorlande an Baden und Württemberg an diese beiden Staaten verteilt werden musste. (Schönherr p. 54.) Dasselbe hätte auch mit den in Constanz liegenden Archivalien geschehen sollen; hier scheint aber, gerade was das Urbarmaterial betrifft, eine unordentliche Verschleuderung erfolgt zu sein. Wie dies möglich war, ist nicht recht begreiflich; aber die Tatsache lässt sich daraus schliessen, dass eine Anzahl der von Innsbruck nach Constanz extradierten

Archivalien 1805 und 1806 in Constanz bei Antiquaren gekauft wurde. Der bairische Regierungsdirektor Ritter von Raiser in Augsburg kaufte 1806 in Constanz bei einem Antiquar um billigen Preis die nach ihm benannte Handschrift, aber auch in Constanz und (angeblich?) Salzburg die 3 jetzt zum grössten Teil in Stuttgart befindlichen Rödel (Pfeiffer XIX, XV und p. 299) und wohl auch den jetzt verschwundenen Pfandrodel (II. 2. p. 460). Dr. Hermann v. Liebenau in Luzern kaufte 1806 bei dem Juden Laubheimer in Constanz 2 Revokationsrödel betr. Rappoltstein und Sigmaringen, aber auch einen Einkünfterodel betr. Scheer und Mengen-Dorf (vgl. oben II. 2. p. 461 und 464). Wohl um dieselbe Zeit und auf dieselbe Weise erwarb Lassberg das österreichische Fragment der Reinschrift, welches vorher in einem vorderösterreichischen Archiv lag (vgl. II. 2 p. 390). Würtemberg erwarb die Raiserschen Rödel, allerdings nicht ganz vollständig, erst nach 1850, vermutlich aus dem Nachlass Raisers; über Zeit und Art der Erwerbung ist dem Stuttgarter Archiv nichts mehr bekannt. Baden scheint 1805 eben sowenig von dem Archivmaterial in Freiburg und Constanz erhalten zu haben; doch bemühte sich 1838 der Karlsruher Archivdirektor Mone mit Erfolg um Ausscheidung und Auslieferung der Urkunden nunmehr badenaischer Lande aus Wien und Innsbruck (M. Mayr p. 34 und Zellwegers Briefe im Jahrbuch f. Schweizergeschichte XIII, 2 p. 48*). Vielleicht kam dabei der Schwarzwälder Rodel, von welchem seit dem Innsbrucker Repertorium 1530 nichts mehr bekannt ist, nach Karlsruhe; bei dieser Extradition dürfte die aus dem 18. Jahrhundert stammende Dorsualnotiz „1301 nr. 24" geschrieben worden sein.

Die im gleichen Repertorium registrierte Münchener Handschrift dürfte auch erst infolge der Abtretung Tirols an Baiern im Pressburger Frieden vom 26. Dezember 1805 aus Innsbruck nach München extradiert worden sein mit einem grossen Teil der übrigen 1806 und 1813 abgelieferten Archivalien, worunter 27 der ältesten Urbarien genannt wurden. (Mich. Mayr p. 31.) Dass die Handschrift in der ohnehin nie vollständig durchgeführten Rückstellung nach Innsbruck nicht inbegriffen war, erklärt sich daraus, dass ihr Inhalt Gebiete betraf, die jetzt nicht mehr österreichisch waren; allerdings auch nicht baierisch. Dazu kommt, dass zu verschiedenen Zeiten, namentlich unter Maria Theresia auch Extraditionen aus Innsbruck nach Wien stattfanden.

Auf diese Weise war nun das Material der habsburgischen Urbaraufnahmen in soviel verschiedenen Archiven zerstreut, dass es Pfeiffer noch nicht gelang, alles zusammenzufinden, dass während der Vorbereitung, ja des Druckes unserer Ausgabe noch manche wertvolle Stücke neu entdeckt wurden, wie Karlsruher Rodel, Laufenburger Lehenverzeichnis, Kyburger Rodel in Wien, Revokationsrodel in Innsbruck, Münchener und Innsbrucker Handschrift, und hiernach zu erwarten ist, dass in Zukunft an Hand dieser Ausgabe und Beschreibung noch neue Stücke entdeckt werden können.

VII. Inhaltliche Bedeutung des Urbars.

Aus der grossen finanzstatistischen Aufzeichnung, dem Urbar Albrechts und den spätern Aufzeichnungen, welche dasselbe in verschiedenen Beziehungen ergänzen, lässt sich die Finanzverwaltung der Habsburger in den obern Landen während des 14. und 15. Jahrhunderts darstellen, aber auch über ihre verschiedenartigen Rechte und ihre Stellung zu den Untertanen lässt das Urbar Albrechts im Unterschied von andern Urbarien manche Schlüsse zu. Diese Resultate sollen hier kurz angedeutet werden, wie etwas ähnliches auf Grund weniger zahlreichen Quellen schon 1856 von Kopp in den Geschichtsblättern I 263 und II 135 versucht wurde.

1. Die rechtlichen Verhältnisse der Habsburger zu den verschiedenen Klassen der Bevölkerung.

Aus den verschiedenartigen Stellungen, welche die Habsburger in den obern Landen einnahmen, floss ihnen eine grosse Summe von Einkünften zu, welche sich über die Einnahmen anderer Herrschaften der Gegend namentlich dadurch erhoben, dass nicht nur Eigenleute im Verhältnis zur Grundherrschaft in Betracht kommen, sondern auch die am meisten begüterten Freien an die Habsburger als Inhaber der Landgrafschaft, die Gotteshausleute an dieselben als Vögte der meisten Klöster und Kirchen der Gegend Steuern und andere Abgaben zu entrichten hatten. Dieser verschiedenartige Ursprung der Einkünfte nötigte dazu, im Urbar auch die verschiedenartigen Stellungen und Rechte der Herrschaft und die Verhältnisse der verschiedenen Klassen der Steuerpflichtigen zu erörtern; gerade dies macht die habsburgischen Urbaraufzeichnungen so viel interessanter, reichhaltiger und vielseitiger als gewöhnliche Herrschafts- und Klosterurbarien und macht dieses Urbar zu einer Quelle, welche ebenso sehr für die Rechts- und Verfassungsgeschichte, Standes- und Bevölkerungsverhältnisse als für Finanz- und Wirtschaftsgeschichte in Betracht kommt. Um Zusammensetzung und Aufbau der habsburgischen Einkünfte und Rechte darzulegen, muss mit Auseinanderhaltung dieser verschiedenen Stellungen begonnen werden, gerade weil das Urbar Albrechts mit seiner geographisch-territorialen Einteilung nach Aemtern diese Unterschiede weniger deutlich hervortreten lässt. Auch die diesem Bande beigegebene Karte soll namentlich dazu dienen, diese verschiedenen Stellungen und Rechte durch verschiedene Farben hervorzuhoben.

a. Die Eigenleute. Am einfachsten ist das Verhältnis der Habsburger zu ihren Eigenleuten, da es sich nicht wesentlich von den Rechten anderer Grundherrschaften unterscheidet, auch darin nicht, dass im einzelnen wieder lokale Verschiedenheiten innerhalb desselben Herrschaftsgebietes vorkommen, wie dies im Mittelalter allgemein war und in gewissen Beziehungen z. B. im Erbrecht bis ins 19. Jahrhundert hinein fortdauerte. Nur eben dadurch, dass die Eigenleute nicht die einzige und nicht einmal die überwiegende Klasse der Untertanen waren, mögen sich ihre Verhältnisse hier etwas anders und wohl im ganzen günstiger gestaltet haben, da man sie in manchen Beziehungen nach Analogie der höhern Klassen behandelte (vgl. auch Friedr. von Wyss Schweizerisches öffentl. Recht 1892 p. 24 und 27). Unwillkürlich macht sich das Streben nach einer gewissen Gleichartigkeit in der Behandlung verschiedener Klassen von Untertanen geltend, wenn auch die Urbaraufnahme gerade den Zweck hatte, die Verschiedenartigkeit hervorzuhoben und man daher eine Absicht der Gleichmacherei den Habsburgern nicht vorwerfen kann. Ein Blick auf die Karte zeigt, dass die Eigenleute zahlreicher waren in den althabsburgischen Gebieten, dem allerdings erst von dem Grafen v. Hohenberg erworbenen Albrechtsthal (Schulte Habsb. Studien, Separat p. 16 und 49

Mitteilung VII p. 528 und 561), Landser im Elsass, Eigen, Bözberg, Lenzburg, überhaupt im Aargau, als in den von Kyburg ererbten Gegenden des Zürich- und Thurgaues. Gerade im Amt Kyburg selbst, der unmittelbaren Umgebung des Stammsitzes jener frühern Grafen, fällt die geringe Zahl von Eigengütern und Eigenleuten gegenüber andern Bevölkerungsklassen und Rechtstiteln auf. Ebenso in der von den Freiherren von Regensberg erkauften Herrschaft und in der von den Grafen von Nellenburg erkauften Grafschaft Fridberg. Zahlreicher sind die Eigengüter wieder in den von den Grafen von Veringen und von Montfort erkauften Aemtern Veringen, Riedlingen, Sigmaringen, Scheer und Mengen. Viele Eigengüter mit besonders hohen Abgaben, wozu dann auch Todfall und Besthaupt gehören, sind von geistlichen Herrschaften erkauft oder sonst irgendwie erworben, wie vom Kloster Murbach die Höfe Elfingen und Rain (I p. 92—102), oder im Elsass die Dinghöfe Regisheim (p. 2), Hirsungen (33) von Murbach, Dattenried (Dolle) von Basel und Murbach (I 36).

Es gibt kaum eine andere Quelle, die so klar macht, wie wenig man in dieser Zeit des Mittelalters noch von geschlossenem Territorialbesitztum reden kann; auch die Karte lässt grosse Lücken innerhalb der einzelnen Aemter erscheinen. Die Vergleichung mit dem Laufenburger Lehenverzeichnis (II. p. 758 ff.) zeigt, wie die Besitzungen beider Linien in die gleichen Ortschaften hineingriffen. Selbst in Herrschaften, welche die Habsburger als ganze gekauft haben, gehören ihnen meist nur einzelne Güter und Höfe in dieser und jener Ortschaft. Allerdings greifen dann wieder die grossen Höfe mit ihren dazu gehörigen Huben und Schupposen in weitem Umkreis über die betreffende Ortschaft hinaus; aber ebenso gut können auch Höfe anderer Herrschaften in die zum Teil habsburgischen Ortschaften hineingreifen, wie z. B. in dem an Habsburg steuerpflichtigen Dorf Seebach zwei Höfe des Chorherrenstifts Zürich lagen, die dann allerdings unter habsburgischer Vogtei standen (I p. 243). Diese Unvollständigkeit der Herrschaftsrechte innerhalb einer einzelnen Ortschaft war auf der Karte nicht darstellbar; hier wurden alle Ortschaften, wo Habsburg irgendwelche, wenn auch unbedeutende Rechte hatte, als habsburgisch bezeichnet; die Beschränkung im einzelnen ergibt sich nur aus der betreffenden

Urbarstelle. An den meisten Orten besassen die Habsburger nur einzelne Güter, Aemter, Wiesen, Gärten, Weinberge, Mühlen etc. Da das Flächenmass der betreffenden Grundstücke oft nicht angegeben wird, lässt sich der Umfang des Besitzes nicht genauer berechnen. Beschränkt man sich auf ungefähre Zusammenstellung der grösseren, einigermassen geschlossenen Besitzobjekte an Eigengütern mit Ausschluss der vereinzelten Grundstücke, so besassen die Habsburger, soweit das Einkünfteurbar vollständig und in den Angaben klar ist, zu Eigen 28 Städtchen, 164 Höfe, 43 Burgen, 76 Kirchen, 14 Forste, für die grosse Ausdehnung des Gebietes eine auffallend geringe Summe. Am klarsten ergibt sich die Lückenhaftigkeit und Beschränktheit dieser Besitzungen in territorialer Beziehung aus der Tatsache, dass mit Ausnahme von acht Dörfern im Wehratal (I 64) und den Dörfern Wülflingen und Buch (321 und 323) kein einziges Dorf als solches den Habsburgern zu eigen gehört, sondern höchstens einzelne Höfe, Güter oder auch nur eine gewisse Gerichtsbarkeit und ein Besteuerungsrecht, nie aber der für die Eigenschaft allein charakteristische Grundzins. Nirgends sonst bezeichnet das Urbar ein Dorf als eigen, wie bei den Städten regelmässig geschieht. Es kommt wohl etwa vor, dass einige Dörfer in einen herrschaftlichen Hof dienen, (10 kleine Dörfer oder Weiler zum Hof Dörnten, 10 zu Arth I p. 268—270 und 213), doch ist auch dies kaum als Eigenschaft zu betrachten und findet sich, abgesehen von den Dinghöfen Arth und Adelwil (180 und 213) hauptsächlich bei dem vom Kloster St. Gallen erkauften und zu Lehen erteilten Hof Dörnten (I p. 268). Auch Fr. v. Wyss: Abhandlungen z. Gesch. des schweiz. öffentlichen Rechts p. 18 nimmt an, dass gerade St. Gallen die früheste Grundherrschaft über ganze Dörfer entwickelte, setzt aber für weltliche Herren diese Dorfherrschaft wohl etwas zu früh an, wenn er p. 27 annimmt, dass schon von 1000 an fast alle Gemeinden unter Grundherrschaft gekommen seien; immerhin findet er auch p. 86, dass die Grundherrschaft über ganze Gemeinden selten in weltlicher Hand lag. Es darf also in Bezug auf die habsburg. Herrschaft noch gesagt werden, was vom 8. und 9. Jahrhundert galt, dass der Grundherr fast durchweg nur einzelne Teile von Dörfern besitzt (F. v. Wyss p. 6). Mit andern Worten: Die habsburgischen

Eigengüter erscheinen nur als eine Art Domänen im heutigen Sinne. Es scheint, dass die älteren Klöster infolge ihrer Immunitätsprivilegien eine geschlossenere und vollständigere Grundherrschaft besassen als die Habsburger und Kyburger, da, wie hier St. Gallen, auch Beromünster das ganze Dorf Münster besass, worüber Habsburg dann ein Vogteirecht hatte (227); doch behauptet gerade hier das Kloster, dass die Habsburger nicht einmal über ihre daselbst gesessenen Eigenleute ein Recht hatten.

Gerade in Bezug auf Eigenleute bestand wohl die stärkste und zu den meisten Konflikten führende Rivalität zwischen den immer mehr um sich greifenden Klöstern und den grössern weltlichen Herrschaften, namentlich denjenigen, welche auch landgräfliche Rechte besassen, wie Kyburg und Habsburg. Sie tritt dann am stärksten in den Kämpfen Rudolfs von Habsburg gegen das Kloster St. Gallen und den Bischof von Strassburg hervor, die man doch nicht einseitig vom Standpunkt des Klosters und seiner Geschichtschreiber betrachten darf. Die Rivalität tritt auch in der Besetzung der Dorfkirchen zu Tage, welche die Klöster sich zu inkorporieren und mit schlechtbesoldeten Vikaren zu besetzen trachteten, während die Habsburger ihre zahlreichen Eigenkirchen zu Stadt und Land wohl meist nur mit Präsenzpflicht, wie in Winterthur, verliehen. Das Urbar deutet zuweilen diese Konflikte an: „es ist öch ein krieg um das vogtrecht ze Lattenrein zwischen der herschaft und dem Bischof von Strassburg" (I p. 21). Ueberhaupt beruht die Steuerpflicht ganzer Dörfer häufiger auf Vogteirecht als auf Eigenschaft, z. B. im Amt Regensberg. Sogar in der um die Stammburg gelegenen Gegend, welche speziell „das Eigen" heisst und als altes freies Sondergut der Habsburger betrachtet wird, besitzen sie in mehreren Ortschaften, wie Hausen, Mülligen, nur einzelne Schupposen und Hofstätten (134 und 135). Im Amt Habsburg extra lacus, das man auch als alten Eigenbesitz betrachtet, werden die Steuerpflichtigen des Dorfes Meggen als freie Leute bezeichnet (212). So werden noch in vielen Dörfern, wo Habsburg Eigenleute besitzt, daneben auch Freie und Gotthausleute erwähnt, wie zu Geislingen neben einem habsburgischen Meierhof ein Kelnhof St. Blasiens, aber auch eine freie Schuppos und andere freie Güter liegen (p. 86), zu Horheim der habsburgische Meierhof nur die

Hälfte von Twing und Bann über das gleichnamige Dorf besitzt
(89), zu Lönigen neben einem habsburgischen Hof drei Höfe des
Klosters Berau liegen (90), zu Gersau neben dem habsburgischen ein
Hof Muris (284), zu Ellikon neben dem habsburgischen Kelnhof
auch freier Leute Güter (309). Auch in Schwyz, dessen Bewohner
in ihrer grossen Mehrzahl immer frei waren, besass ja Habsburg
zwei Eigenhöfe (II p. 134). Die Höfe dürfen also nicht etwa als
gleichbedeutend mit den betreffenden Dörfern angenommen werden.
Die verschiedenen Herrschaftsverhältnisse an scheinbar habsburgischen Orten würden noch viel zahlreicher, wenn aus dem Urbar auch
diejenigen Herrschaften ersichtlich wären, über deren Untertanen
den Habsburgern keine Rechte zustanden; nur in Streitfällen werden
solche Herrschaften etwa im Urbar genannt (I 167 für Wohlen).
Ueber die Leute der Klöster hatten sie gewöhnlich das Vogteirecht,
über die von weltlichen Herrschaften dagegen in der Regel keinerlei
Rechte. Wie bunt die Besitzungen der ältern und jüngern Linie
des Hauses Habsburg durcheinander gingen und auch noch etwa
streitig waren (II 762 Note 11), darauf wirft das Laufenburger
Lehenverzeichnis von 1318 einiges Licht. In dem zum Einsiedler
Dinghof Neuheim gehörigen und daher unter habsburgischer Gerichtsbarkeit stehenden Dörfchen Winzwilen (I 153) besassen die Laufenburger einen von ihnen zu Lehen erteilten Hof (II 773). In Walt,
dessen Dorfleute an die ältere Linie steuerpflichtig waren (I 247),
hatten von der jüngeren zwei Zürcher Bürger einen wohl früher
regensburgischen Hof zu Lehen (II 773). Auch in Dörfern des
Amts Muri, über welche die ältere Linie Gerichtsbarkeit ausübte
(I 141 und 143), hatte die jüngere Lehen zu erteilen (II 775).

Wie stark andere, zum Teil sehr unbedeutende Herrschaften
in das habsburgische Gebiet eingriffen, zeigen die Revokationsrödel;
auch wenn man die habsburgische Revindikationsforderung hier
überall zugibt, sind doch die Usurpationen kaum erklärlich ohne
die Voraussetzung, dass die betreffenden Herren auch andern unbestrittenen Besitz in der Gegend hatten. In Biederlal, wo Habsburg durch Kauf einen Eigenhof und die Gerichtsbarkeit über das
ganze Dorf besitzt, ist doch ausdrücklich vorausgesetzt, dass die
Leute zum Teil anderen Herrschaften gehören (I p. 13 „swez diu
liute sint").

Worauf die vielfach vorkommende Gerichtsbarkeit über ganze Dörfer beruht, wird gar nicht immer gesagt (z. B. I 160 Amt Lenzburg), oft rührt sie von der Grafschaft her (I 119). Aber auch in erkauften Herrschaften, wo die niedere und mittlere Gerichtsbarkeit „Twing und Bann, Dub und Frefel" den Habsburgern zusteht, kann die Grafschaft mit der hohen Gerichtsbarkeit einer ganz anderen Herrschaft gehören, wie die einzigen wirklichen Eigendörfer, welche Habsburg besass, in der Grafschaft der Markgrafen von Hochberg lagen (I 66).

Jedenfalls besassen die Habsburger nirgends ausser in diesen acht Dörfern des Wehratales und in Wülflingen und Buch über ganze Dörfer eine Grundherrschaft im eigentlichen wörtlichen Sinne, dass der ganze Grund und Boden ihnen gehört hätte und von den sämtlichen Dorfbewohnern bloss als eine Art bäuerlichen Lehens gegen Grundzins bebaut worden wäre. Nur in dem Sinne kann man von Grundherrschaft über ganze Dörfer reden, dass den Habsburgern vielfach flurpolizeiliche Aufsicht oder Gerichtsbarkeit zuzustehen scheint; unter der Bezeichnung „Twing und Bann" besitzt die Herrschaft ein Recht, die für die landwirtschaftliche Ordnung erforderlichen Gebote und Verbote zu erlassen mit Bussen von 3—9 Schilling, ein Recht, das früher den freien Dorfgenossen zugestanden hatte und bald nachher, hie und da schon im 14., allgemeiner im 15. und 16. Jahrhundert wieder an die selbständig werdende Gemeinde kam (Fr. v. Wyss p. 34 und 44); es wäre dies also ein exceptioneller vorübergehender Zustand, der sich gerade auf die Zeit des habsburgischen Urbars bezieht. (Die von Fr. v. Wyss p. 33 zitierte Urkunde von 1044, vgl. Zürcher Urk.-Buch I nr. 233, in welcher „bannus" in diesem Sinne zum ersten Mal vorkommt, ist wegen ihren vielen Sonderbarkeiten vermutlich eine der vielen Fälschungen Grandidiers.) Uebrigens ist die Bedeutung von Twing und Bann keineswegs klar, da mitunter gerade die sich mit der Interpretation deckende Gerichtsbarkeit über Maasse, Allmend, Uebergriffe und andere kleine Gerichte davon ausgenommen wird (I 193 und 195), in andern Fällen umgekehrt die Ausdehnung bis auf blutige Verwundung als Regel erscheint (unz an den lib, II 552, âne über das plût II 477). Wie Habsburg zu dieser Twing und Bann- Gerichtsbarkeit gelangte, ist nicht bekannt; jedenfalls rührt sie nicht „aus wirklicher Grund- und Leibherrschaft

über die ganze Gemeinde" (Fr. v. Wyss p. 35), welche die Habsburger
fast nirgends besassen, sondern eher aus der Grundherrschaft über
einen Teil des Dorfes (Fr. v. Wyss 35), namentlich über einen Hof,
so dass in den Verhandlungen über die Benützung der gemeinsamen Allmend und Flurordnung etc. der den vereinzelten Bauern
überlegene Hofmeier den Vorsitz und die Leitung gewann und
daraus allmählich ein herrschaftliches Recht entwickelte. Bei ihren
Höfen stand Twing und Bann den Habsburgern in der Regel zu,
nur auf die Höfe und eigenen Grundstücke in Dietikon und Schlieren
beziehen sich die Ausdrücke „cum districtibus bannis et juribus
dominii" in der habsburgischen Urkunde von 1259 (Zürcher Urk.-
Buch III nr. 1079, von Fr. v. Wyss p. 34 auf die Gemeinden angewendet). Ebenso beschränkt das Urbar diese Gerichtsbarkeit
oft auf die zum betreffenden Hof gehörigen Leute (I 20:!). Doch
besitzt Habsburg nicht in allen Ortschaften, wo es Höfe oder sonst
erhebliche Eigengüter hat, auch Twing und Bann, wie es gelegentlich auch diese Rechte über Leute anderer Herrschaften ausübt
(in Enkendorf I p. 65). Twing und Bann steht z. B. den Habsburgern trotz Eigengütern nicht zu in Stetten (I 123), Altenburg
(I 133), welches doch zum ältesten Allodialbesitz gehörte, da der
zweitälteste Ahne der Habsburger, Lanzelin, sich Graf v. Altenburg nannte (Acta Murensia in Quellen f. Schweizergeschichte III,
2 p. 5 und 6), Staufen (158), Sur (159), Lindau (304), an mehreren
Orten des Amtes Winterthur (317—319), ja sogar, allerdings nur
selten und ausnahmsweise, etwa bei Eigenhöfen, wie dem an die
Baldegg verliehenen Dinghof Schaffhausen (163). Häufig war gerade die Twing- und Bann-Gerichtsbarkeit noch geteilt unter alle
im Dorf begüterten Herrschaften, da oben keine die Oberhand erlangt hatte (Fr. v. Wyss p. 40 „es hat da jeder man twing und
bann über die sinen"). Indessen beziehen sich die zitierten Urbarstellen I 246, 249, 250 und 347 auf Orte, wo Habsburg nur Vogteirechte hat und zwar speziell über Güter des Zürichbergklosters,
es dürfte hier eine besondere Abmachung oder ein Schiedsspruch
zu Grunde liegen. Oder die Gerichtsbarkeit war sonst nur zur
Hälfte in habsburgischen Händen, „den halben Teil twinges und
bannes" (I 64, 74, 89, 91) oder zu einem Drittteil (457), oder zu
zwei Drittteilen (I 175, II 203), ja in dem eigenen Dinghof Hir-

sungen nur zu einem Fünfteil (I 33), an einigen Orten wurde die Gerichtsbarkeit alternierend mit einer oder zwei anderen Herrschaften alle zwei oder drei Jahre ausgeübt, so in Gippingen mit der jüngeren Laufenburger Linie (I 77). Eine Stelle des Urbars betr. Wohlen (I 167) scheint zwar den Grundsatz aufzustellen, dass Twing und Bann von nichts anderem herrühre als von Eigenschaft. Allein der Grundsatz wird hier gar nicht von den Habsburgern, welche hier keine Eigengüter, nur Kirchenvogtei über Schupposen von Muri und Hermetswil, besitzen, aufgestellt, sondern von ihrem Konkurrenten Werner v. Wohlen, der hier allerdings einen Hof und mehr als den vierten Teil der Güter zu eigen besitzt. Trotzdem wird ihm nach langen Streitigkeiten mit den habsburgischen Vögten, zu denen er selbst eine Zeitlang gehörte, durch ein Kompromiss nur der vierte Teil, d. h. die Hälfte der von Habsburg beanspruchten Hälfte, von Twing und Bann überlassen. So spricht die Stelle eher dagegen, dass der in einem Dorf am meisten begüterte Grundherr Twing und Bann über das ganze besitzen soll. Ueber den Ursprung der eignen Twing- und Bann-Gerichtsbarkeit spricht sich das Urbar nie aus, während diejenige über Düb und Frefel sehr oft ausdrücklich auf die Grafschaft zurückgeführt wird, namentlich im Amt Baden (p. 117—119, 122). In der Tat zeigt sich besonders im Elsass, aus Vergleichung der Offnungen mit dem Urbar, dass Habsburg häufig die Düb- und Frefelgerichtsbarkeit in einem Dorfe besitzt, in welchem ein Dinghof mit Twing und Bann einem Kloster gehört, so in Morsweier, Balgau, Winzenheim, Sigolsheim, Kienzheim, (Grimm Weistümer IV p. 94, 130, 173, 216, 218); in andern Fällen war sich der Urbarverfasser auch über den Ursprung dieser Gerichtsbarkeit unklar und leitete sie jedenfalls nicht von Eigengut ab, wenn er sich ausdrückt „die herschaft richtet da von gewohnheit düb und frevel" (I 65, 109, 110, 111, 112, 113, 114, 115, 116, 244, 341, 450, 451 und 453). Trotzdem ist das wahrscheinlichste, dass gerade bei den Habsburgern Twing und Bann in den meisten Fällen ebenfalls auf der Grafschaft beruht (wie auch Fr. v. Wyss p. 40 andeutet), zumal da sich diese Gerichtsbarkeit ebenso häufig ausschliesslich auf Freie als auf Eigenleute bezieht (z. B. 182, 223, 279, 294, 298, 299). Es scheint mir daher auch nicht zutreffend, wenn Schulte: Habsburger Studien

(M. J. Ö. G. VII 522) die „niedere" Gerichtsbarkeit über Düb und
Frefel als Grundherrlichkeit und als Grundlage für das Besteuerungsrecht erklärt, vielmehr hat Zeumer: die deutschen Städtesteuern
dieses Besteuerungsrecht richtiger auf die Grafschaft zurückgeführt.
Allerdings fehlt die Düb- und Frefelgerichtsbarkeit zuweilen auch
an Orten, wo Habsburg einen Eigenhof hat, wie in Löhningen nur
„Twing und Bann über die Lüte allesamt" erwähnt wird (I 90);
allein Habsburg besass eben die Grafschaft über den Klettgau
nicht. Ueberhaupt ist bei all diesen Urbarstellen über Twing und
Bann, Düb und Frevel zu beachten, dass es sich doch eigentlich
nur um die Einkünfte an Bussen handelt und damit über die wirk-
liche Ausübung der Gerichtsbarkeit, ob der herrschaftliche Beamte
sie allein ausübte oder nur eine Versammlung der Dorfleute oder
ihrer Vertreter präsidierte und ihr Urteil verkündete und vollzog,
nichts gesagt (auch Fr. v. Wyss 44 nimmt das Urteil der Dorf-
insassen als Regel an); nicht einmal dass die ganze Busse an die
Herrschaft fiel, da laut Offnung von Büntzen (Argovia IV 347), wo
Habsburg über Düb und Frefel richtete (I 141), die Hälfte an die
Gemeinde, nur die andere an die Herrschaft fiel. Wenn sich dies
hier auf landwirtschaftliche Einungen, also Twing und Bann, bezieht
und auf das Kloster Muri, so kann in andern Fällen für die habsburgische Gerichtsbarkeit ähnliches gelten. Liegen auch diese
Offnungen nur in spätern Handschriften vor, so verzeichnen sie
doch altherkömmliche Rechtsverhältnisse und es ist nicht notwendig,
sie in einen Gegensatz zu den vom Urbar bezeugten zu bringen.
Aus den meisten Offnungen wird deutlich genug, dass die Ausdrücke, welche eigentlich Rechte bezeichnen, hier nur den Bezug
der damit verbundenen Einkünfte bedeuten.

Von einer Grundherrschaft in ganz uneigentlichem Sinne, die
auf sogenannter „weltlicher Vogtei" beruhen soll (Fr. v. Wyss p. 40),
wird hier besser nicht gehandelt, da das habsburgische Urbar eine
weltliche Vogtei nicht kannte und diese, auch wenn sie in diesem
Gebiete vorkommen sollte, eher bei der Klasse der Freien als der
Eigenleute zu besprechen wäre.

Auf dem Lande war also Habsburg verhältnismässig weniger
begütert als die geistlichen Herrschaften der Gegend; es besass
fast gar keine Dörfer als solche im ganzen Umfang zu Eigen; die

ziemlich zahlreichen Höfe hatte es meist erst in den letzten fünfzehn Jahren vor Abfassung des Urbars käuflich von andern geistlichen und weltlichen Herrschaften erworben. Der ursprüngliche, althabsburgische Eigenbesitz war minim und sehr zerstreut.

Die geringe Zahl der Eigenleute ergibt sich auch aus den Revokationsrödeln, da hier vorwiegend Eigenleute von Klöstern verzeichnet sind, über welche Habsburg nur das Vogtrecht reklamiert, z. B. im ganzen Rodel über Richensee (II 272—281), wo sogar einige Freie vorkommen (p. 277, 311 und 322) und natürlich auch in dem über Einsiedeln (II 296). Um habsburgische Eigenleute handelt es sich nur bei den von St. Gallen erkauften Höfen Dürnten und Mönchaltorf (II 286—296).

Die geringe Ausdehnung des Eigengutes kommt wohl zum Teil daher, dass schon in ältesten Zeiten die Ahnen der Habsburger den grössten Teil ihrer Eigengüter an Klöster geschenkt hatten, an Ottmarsheim im Elsass (Schulte: Habsburger Studien p. 1 ff) und an Muri im Aargau (Quellen f. Schweizergesch. III 2), bei letzterm allerdings mit Vorbehalt der Vogteirechte. Dazu kommt noch, dass alles zu ritterlichen Mannlehen und Burglehen erteilte Gut tatsächlich nicht mehr im Besitz der Habsburger stand und keine Einkünfte brachte. Dass aus denselben Gründen auch im Elsass nur noch Trümmer des alten Eigengutes der Habsburger vorhanden waren, hat Schulte p. 528 betont.

Von Menschenkauf ist selten die Rede, und wenn es I 470 heisst: „von den beiden (Rittern) von Gundolfingen sind gekouft wol hundert Menschen", so ist noch keineswegs gesagt, ja nicht einmal wahrscheinlich, dass sie als Eigenleute gekauft wurden, da Habsburg von ihnen lediglich Steuer, nicht Grundzins erhebt, und es sich hier weit eher um Besteuerungsrecht von Freien oder Vogtleuten handeln dürfte als um Eigenleute, die nicht getrennt von den Gütern verkauft, resp. erwähnt würden.

Für die genauere Darstellung der Rechtsverhältnisse der habsburgischen Eigenhöfe sind nur wenige Offnungen vorhanden und von diesen zehn Rechtsquellen gehört die Hälfte den vom Kloster Murbach 1291 erkauften Höfen Malters, Stans, Küsnacht, Emmen und Meggen an, in welchen Habsburg eigentlich nur die Stellung des Vogts einnimmt, Steuern und Fischabgaben bezieht, während

die der grundherrlichen Meier-Gerichtsbarkeit die Grundzinse und
der Jagdbann zum Teil, das Fallrecht und der Ehrschatz überall
dem Gotteshaus Luzern angehörten (Grimm Weistümer I 165, 166,
IV 358 und 375). In den vier andern für die Verhältnisse habsburgischer Eigenleute allein in Betracht kommenden Dörfern und
Höfen Wülflingen, Neerach, Ossingen und Andelfingen besitzt Habsburg ein etwas eingeschränktes Fallrecht mit Besthaupt und Bestgewand, bei Ungenossenehen einen noch grössern Anteil am fahrenden Gut, aber nirgends irgend ein Erbrecht am liegendem Gut.
Dieses fällt, wo keine Kinder vorhanden sind, an den nächstgesessenen Hof- oder Dorf-Genossen (Grimm I 95 Ossingen, I 100 Andelfingen; diese Offnungen gehören dem 14. Jahrhundert an). Das
Urbar (I 344 und 349) bezeichnet diese Höfe als Lehen von Reichenau und kennt noch kein Fallrecht und keine Ungenossenbusse,
wohl aber die volle niedere Gerichtsbarkeit. Dagegen erbt nach
der Offnung von Neerach (Grimm I 87 und IV 315) der Landgraf
das liegende Gut, falls keine Kinder vorhanden sind. Es handelt
sich hier um einen eigenen Meyerhof. Auch hier sagt das Urbar
(I 247) nichts von diesem Erbrecht, erwähnt überhaupt nur die volle
niedere und mittlere Gerichtsbarkeit und das Besteuerungsrecht.

Die Offnung des althabsburgischen Wülflingen erwähnt Frohndienste in Form von Tagwen und Fuhren für je einen Tag im Jahr,
die mildeste Form der mit Unrecht so berüchtigten Frohndienste
(Grimm I 138). Das Urbar (I 322) weiss nichts von diesem Frohndienst, wohl aber von einem der Offnung unbekannten Erbrecht der
Herrschaft an verfallenem oder ledigem Gut, Besteuerungsrecht,
Futterhaber, volle Gerichtsbarkeit, Eigentumsrecht über die Allmend.
So differieren die meist bedeutend später geschriebenen Offnungen
vielfach von den Angaben des Urbars, bestätigen aber im ganzen
den Eindruck, dass die habsburgischen Eigenleute sich eher einer
günstigeren Stellung erfreuten als diejenigen anderer Grundherrschaften, dass namentlich bei geistlichen Grundherrschaften das
Erbrecht der Herrschaft beim Mangel von Verwandten strenger
ausgebildet war und das Fallrecht dort meistens galt (Offnungen von
Engelberg, St. Blasien zu Birmensdorf und Urdorf, Schännis zu
Knonau, bei Grimm I. p. 1, 29 und 52). Dieses berüchtigte Recht
muss geradezu als eine Eigentümlichkeit geistlicher Grundherr-

schaften betrachtet werden. Die Habsburger hatten das Besthaupt nur im Albrechtsthal, in den Höfen St. Dizier, Elfingen, Vilmergen, Art, Gersau und Wesen. Die übrigen Höfe, wo sie es noch bezogen, hatten sie von Klöstern gekauft oder zu Lehen erhalten, wie Dattenried (Delle) von Basel und Murbach (I 36), Hirsungen von Murbach (I 33) und Dürnten vom Kloster St. Gallen (I 271). In manchen habsburgischen Höfen mag das Besthaupt einem Unterbeamten zugekommen sein und deswegen im Urbar fehlen, wie in Sundhofen dem Meyer (Grimm Weistümer IV 154 Urb. I p. 3). Sehr selten ist bei Habsburger Höfen auch die in Klosteröffnungen meist neben dem Fall erwähnte Abgabe des Ehrschatzes (Grimm IV 1, 9, 21, 36, 41, 44, 107, 144, 216); im habsburg. Urbar kommt der Ehrschatz überhaupt nur an vier Stellen vor: in Oiselingen beschränkt auf den Bannwart (I 87), in dem von Murbach erkauften Rein, nur auf den Zehnten bezüglich (99), von den früher St. Gallischen Zehnten zu Egg (278) und in Winterthur auf das Hirtenamt beschränkt (339); also wo er nicht von frühern Klostergut rührt, betrifft er lediglich den Inhaber eines bestimmten Amtes. Andere Lasten, wie die Beherbergung des Vogts und wohl auch etwa des Grafen selbst, waren nur im Elsass allgemein; anderswo lasteten sie auf dem Kelnhof des unter habsburgischer Vogtei stehenden Klosters (I 359—367).

Nicht nur besassen die Habsburger überall weit weniger Dinghöfe mit Huben als die Klöster der betreffenden Gegenden, sie erhoben auch weit geringere Steuern davon; dies ergibt sich deutlich aus einem Pergamentzettel, der irrtümlicherweise mit dem Colmarer Rodel verbunden worden ist (vgl. Materialbeschreibung II. 2 p. 349) und Orte betrifft, welche Habsburg schon 1291 an Murbach abgetreten hatte. Der Zettel dürfte doch seiner ganzen Ausdrucksweise nach aus der habsburgischen Zeit stammen, er verzeichnet z. B. zu Isenheim eine Steuer von 18 δ im Maximum, Herberg nach Gnaden, Fastnachthühner, Twing und Bann, Düb und Frefel (Pfeiffer p. 10—11). Mag man auch annehmen, dass die in der Murbacher Öffnung von 1382 verzeichneten Huben schon vor 1291 dem Kloster gehörten und sie mehr diese frühern als die 1291 erworbenen Güter betrifft, so sind doch die Zinse der einzelnen Huben mit 14 β bis 1 δ (Grimm Weistümer IV p. 127) viel grösser als die Zinse von Huben habsburgischer Dinghöfe, wie Regisheim, wo jede Hube nur 2 ß bezahlte [Urbar I p. 2], oder Dattenried, wo 10 Huben 10 Viertel Roggen, 29 Viertel Haber und 12 ℔ 17 ß bezahlten (I 36), oder in einem Dinghof St. Amarins zu Brinighofen wo jeder Montag 7 Viertel Roggen und 1 Viertel Dinkel, 10 Viertel Haber und 4 ℔ 8 ß gibt (Grimm IV 41); im habsburgischen Hof Biederlal dagegen gibt jeder Montag 2 Viernzal (¼ Viertel) Dinkel, 1 Viernzal Haber und 1 Huhn (I p. 13); vom Kelnhof Küsnacht bezog Habsburg 8 Malter Dinkel, 2 Malter Haber, das Gotteshaus Luzern aber 30 Malter Korn, 2 Malter Haber (I 209 und Grimm IV 359), in Malters Habsburg 3 Malter Haber, 3 Malter Dinkel, das Gotteshaus 57 Malter Kernen (I 204 und Grimm IV 376).

Es ergibt sich also, dass die Habsburger im Verhältnis zu der grossen Ausdehnung ihrer Herrschaft sehr wenig Eigengüter und Eigenleute besassen, dass die Lasten derselben geringer waren als die der Eigenleute von Klöstern und dass die Verhältnisse der habsburgischen Eigenhöfe nur da ähnliche sind, wo die Höfe in den letzten Dezennien vor der Urbarabfassung von Klöstern erworben sind.

Für die im Urbar erwähnten Städte und Burgen gilt genau das Gegenteil von dem, was über die Dörfer zu sagen war; sie werden meist ausdrücklich als „Eigen der Herrschaft" bezeichnet, oder, soweit sie nicht im formellen Sinne habsburgisches Eigen sind, erscheinen sie doch als Lehen eines andern Obereigentümers im Besitz der Herrschaft, wie die Stadt Interlaken (Unterseen) Lehen des gleichnamigen Klosters, die Stadt Ensisheim Lehen von Strassburg war und doch Hauptstadt der elsässischen Aemter. Ausdrücklich als eigen der Herrschaft werden bezeichnet die 16 Städte: Mellingen, Aarau, Brugg, Meienberg, Zug, Sursee, Sempach, Luzern, Zofingen, Wesen, Tengen, Riedlingen, Sigmaringen, Scheer, Mengen, Munderkingen, ziemlich genau die Hälfte der 33 Städte, welche das Urbar überhaupt nennt. Ebenfalls sicher anzunehmen ist die Eigenschaft, wenn auch nicht ausdrücklich bemerkt, bei folgenden Städten, die als ererbt oder gekauft angeführt werden und deren Hofstätten der Herrschaft zinsbar sind: Landser, Dattenried, das sogar in den gleichnamigen Hof zinsbar ist, Lenzburg, Winterthur, Diessenhofen, Friedberg, Veringen, Freiburg i. Ue. Abgesehen von dem auffallender Weise nirgends genannten und auch in Rödeln ausgeschlossenen Bremgarten, gibt das Urbar ganz unvollständigen Aufschluss über Baden und besonders über Frauenfeld, wo die Hauptstelle zu fehlen scheint, da es mehrmals bei den Dörfern des Amtes heisst, die Leute sollen je 2 Tagwan tun in der Herrschaft Weingarten zu Frauenfeld, aber weder dieser Weingarten selbst noch die Stadt angeführt wird, die doch damals schon Stadtrecht und Sigel besass. Vielleicht beanspruchte der auch sonst mit Verpfändungen bedachte Vogt und Hofmeister Jacob v. Frauenfeld die Einkünfte von der Stadt, sagte aber dem Urbarverfasser lieber gar nichts darüber, wie auch die über das Amt vorhandenen Pfand- und Revokationsrödel die Stadt nicht erwähnen; erst im Verzeichnis der Städtesteuern von 1390 kommt sie mit einer bescheidenen Steuer vor (II 734). Walenstad ist nicht als eigen bezeichnet, weil der Graf v. Sargans die Grafschaft und einen Teil der Gerichtsbarkeit daselbst innehalte (I 520). Nur Vogteirecht über Städte, die Eigen von Gotteshäusern waren, besass Habsburg in Aha, Radolfszell (I 453) und Saulgau (I 383). Einzig in Waldshut werden nur einzelne Höfe und Rechte als Eigen der Herrschaft bezeichnet, so dass hier ein ähnliches Verhältnis vorzuliegen scheint, wie bei Dörfern (I 75). Es war wohl eine für die freien Bauern des Schwarzwaldes gegründete Stadt, die man dann eher den Staufern als den der Städtefreiheit abgeneigten Habsburgern zuschreiben dürfte (Schulte p. 560).

Wie es kommt, dass fast alle Städte eigen sind, ist nicht bestimmt nachzuweisen, doch waren die meisten verhältnismässig junge Gründungen der Habsburger oder einer vorhergehenden Herrschaft und konnten daher nur auf eigenem Grund erbaut werden, der aus bisherigen Gütern bestand und etwa noch durch Käufe abgerundet wurde. Der Zins von den am Markt gelegenen Hofstätten ist als eine Art Grundzins zu betrachten; auch Zinse für Fleischerbänke, Bäckerverkaufsstände und ähnliche kommen vor für Winterthur, Zofingen, erst später für Aarau (I 336, 496, II 744, 749). Folge der Gründung und des Grundeigentums ist auch die habsburgische Eigenkirche, Ernennung des Priesters und Bezug der überschüssigen Einkünfte, aber nicht in dem Maasse wie bei Kirchen, welche Klöstern inkorporiert waren. Dies ist bei Städten weit regelmässiger als bei Landgemeinden. (Stutz: Gesch. d. kirchlichen Benefizialwesens).

Im Städtegründen waren die Habsburger weder sehr eifrig noch sehr glücklich und am allerwenigsten liberal (dies habe ich in einer Abhandlung über „Habsburgische Stadtrechte und Städtepolitik" in den Festgaben für Büdinger 1898 ausführlicher nachgewiesen). Die Mehrzahl der im Urbar erscheinenden Städte war von anderen Dynastien gegründet, durch Erbfolge, Kauf, Tausch oder Delehnung an die Habsburger übergegangen. Die älteren Habsburger vor König Rudolf haben höchstens zwei Städte gegründet: Bremgarten und Brugg, letzteres ihre bevorzugte Residenz am Fusse der Stammburg Habsburg. Die von Rudolf und Albrecht und ihren Nachkommen verliehenen Stadtrechte waren, soweit sie nicht bloss ältere bestätigten, den Mustern der Zähringer und Kiburger nachgebildet, aber meist mit erheblichen Einschränkungen der Autonomie zu Gunsten der Herrschaft versehen. Für diese Städte kann also die für die Zähringer Städte und Reichsstädte zutreffende Bemerkung nicht gelten, dass das Bürgertum die alte Gemeindefreiheit wieder herstellte (Fr. v. Wyss Schweizerisches öffentliches Recht p. 25). Zu erheblicher Blüte ist, etwa mit Ausnahme von Winterthur, keine dieser Städte gelangt, die Zeit erfolgreicher Städtegründung war überhaupt vorbei. Die zähringischen Stadtrechtsprivilegien, welche mehr auf nationalökonomische Hebung des Wohlstandes zielten als auf direkte Vorteile der Herrschaft, wurden schon etwa von den Kiburgern, noch entschiedener von den Habsburgern in dem Sinne umgebildet, dass die Städte direkt finanziellen und militärischen Nutzen abwerfen sollten, durch besonders hohe Besteuerung und Heranziehung von Bürgern zu ritterlichen Ministerialen.

Bei aller wörtlichen Anlehnung an die Zähringer Privilegien der beiden Freiburg im Breisgau und Uechtland stehen die habsburgischen Städteprivilegien doch in starkem Gegensatz dazu, gerade in den wichtigsten für die Autonomie und Lebensfähigkeit der Städte entscheidenden Punkten. Die von den Zähringern hochherzig und verständig den Bürgern eingeräumten Rechte, den höchsten Vorsteher der Stadt, Vogt oder Schultheissen, samt Weibel, Zöllner, Torwächter und anderen Unterbeamten nicht nur frei zu wählen, sondern, wenn sie den Bürgern missfallen, auch wieder abzusetzen, die Selbstwahl des Priesters, die Ausübung freier Gerichtsbarkeit in drei jährlichen Volksversammlungen ohne willkürliches Eingreifen des Herrn, die absolute Steuerfreiheit und die wenigstens bei Freiburg im Breisgau ausgesprochene Erschwerung der Aufnahme von Ministerialen und Eigenleuten des Stadtherrn, sind von den Habsburgern beseitigt, ja ins Gegenteil verändert worden. Nach Ideen, die im 13. Jahrhundert hervortraten und hauptsächlich auf Friedrich II. und seine sizilianischen Vorbilder zurückgingen, haben die Habsburger, wie sie in der Verwaltung ihrer ländlichen Aemter und in der Reichsregierung das auf dem Lehenswesen beruhende erbliche Beamtentum durch absetzbare Beamte zu verdrängen suchten (Schulte Habsb. Studien p. 517 und 518), auch die Wahl der städtischen Magistrate durch die Bürgerschaft beseitigt und die Besetzung dieser Stellen an sich gebracht. Dies lässt sich am genauesten bei Freiburg im Uechtland nachweisen, wo schon die Kyburger die Priesterwahl und wohl auch noch andere Freiheiten modifizierten, nach dem Verkauf an Habsburg aber 1289 die Söhne König Rudolfs die Besetzung des Schultheissenamtes und die Pfarrstelle für sich in Anspruch nahmen, allerdings nachher 1309 gerade dieser Stadt gegenüber wegen ihrer besondern Treue ausnahmsweise auf diese Rechte verzichteten. (Recueil diplomatique du canton de Fribourg I p. 96, 105, 128, 130, II p. 31—33.) Das vor letzterer Urkunde abgefasste Urbar (1487) nimmt noch ausdrücklicher als anderswo das Recht der Einsetzung und Absetzung des Schultheissen, ja auch des Rates für die Herrschaft in Anspruch und gestattet also dieser bedeutendsten aller habsburgischen Städte keine Spur von Autonomie, auch die Zinsfreiheit der Hofstätten, welche Ratsmitglieder besitzen, ist eher eine Belohnung dieser von der Herrschaft abhängigen Ratsherren als etwa eine liberale Konzession.

Die Herrschaft schreibt sich Twing und Bann, Dub und Frevel und alle Gerichte zu; ebenso die Zolleinkünfte. Wenn von einer Steuer hier nicht die Rede ist, wie sonst bei allen andern Städten, so kann dies entweder daran liegen, dass diese Partie, welche unter dem Titel „Amt Freiburg" nur von der Stadt redet, auch hierin unvollständig ist, oder daran, dass die Bürgerschaft einen wesentlichen Beitrag an die Kaufsumme von 3040 Mark geleistet hatte und dafür Steuerfreiheit erhielt (ähnlich wie die Bürger von Hinderlappen-

Unterseen, vgl. I p. 476). Die Beschränkung der Aufnahme von Eigenleuten und Ministerialen des Herrn zu Bürgern durch Forderung freiwilliger einstimmiger Annahme, die sich im Privilegium des breisgauischen Freiburg doppelt findet (Gaupp Deutsche Stadtrechte II p. 21 § 15 und 18) und wohl auch im ursprünglichen Privileg für Freiburg i. Ue. vorhanden war, haben schon die Kiburger gestrichen, ja ins Gegenteil verkehrt, da sie beim Vorkauf ihre kurz vorher zu Bürgern aufgenommenen Ministerialen und ihre an Bürger erteilten Mannlehen sich vorbehielten (Fontes rerum Bernensium III 216). König Albrecht behandelte Freiburg so sehr als Eigengut, dass er die Stadt 1300 für die Verlobung seines Sohnes mit der Schwester des Königs von Frankreich zum Wittum verschrieb (Böhmer Reg. nr. 243 und 265).

Dass die Habsburger im Freiburger Privilegium die wichtigsten Bestimmungen der Zähringer über städtische Autonomie strichen, geschah nicht nur aus lokalen zufälligen Gründen, sondern beruht auf einem in allen habsburgischen Stadtrechtsurkunden befolgten allgemeinen Grundsatz dieser Dynastie. Ihre Städtepolitik sucht die wenigen grösseren Städte wie die kleinen Landstädtchen dem System der landesfürstlichen Amtmänner zu unterwerfen und in deren Verwaltungsämter einzureihen, die Städte zu einer ergiebigen Einnahmsquelle zu machen und ihre Bürger zu ritterlichen Ministerialen und Burgmannen heranzuziehen. In dem ebenfalls auf zähringer Muster beruhenden Stadtrecht Diessenhofens haben schon die kiburgischen Gründer die Selbstwahl des Schultheissen auf den Fall der Einstimmigkeit beschränkt, während sonst die Ernennung durch den Grafen nach Belieben erfolgte, die Beschränkung der Heeresfolge auf eine Tagreise und die Steuerfreiheit überhaupt nicht gewährt (Puppikofer Gesch. des Thurgaues 1. Aufl. Beilage 7), wohl aber die Ausschliessung der Ministerialen. Die Habsburger, die letztern Punkt kaum billigen konnten, waren hier nicht in der Lage, etwas zu ändern, da ihnen der Bischof v. Constanz und der Abt von St. Gallen die Stadt streitig zu machen suchten (Zürcher Urkundenbuch III nr. 1073) und Rudolf das bisherige Stadtrecht von 1260 einfach durch nachträgliche Anhängung seines von 1264 bis 1273 geführten letzten Grafensiegels anerkannte, auch als König 1274 die Kyburger Privilegien ohne Anführung des Inhalts bestätigte.

Das Urbar (I p. 341) entspricht hier der alten Handfeste, was die Einkünfte betrifft. Die Summe des Hofstättenzinses 3¹/₂ ₰ ₰ würde, da jede Hofstatt einen Schilling zinset, 70 Hofstätten ergeben, dazu noch die 12 oder 24 zinsfreien Hofstätten der Ratsherren, zirka 90 Hofstätten, für die heute noch geringe Ausdehnung des Städtchens nicht zu wenig. Ueber die weitere Abgabe von 5 ₰ ₰ für das von der Stadt abgelöste Münzrecht stand in der Handfeste nichts. Zu der frühern Stadtsteuer rechneten die Habsburger noch eine ursprünglich freiwillige Verehrung von 4 ₰, die man der Gräfin v. Kyburg, zu deren Wittum die Stadt gehörte, „zu Kram" gegeben hatte. Wie wenig es unter den Habsburgern zu der von den Kyburgern noch als möglich erwähnten freien und einstimmigen Wahl des Schultheissen durch die Bürger kam, aber auch wie wenig hier der doch im Stadtrecht garantierte Ausschluss der Ministerialen von Bürgerrecht und städtischen Aemtern galt, ergibt sich aus der Tatsache, dass das Schultheissenamt wie die Würde der Truchsessen von Diessenhofen in den Händen des kiburg-habsburgischen Ministerialgeschlechtes von Hettlingen lag, ein Widerspruch der faktischen Verhältnisse mit den Privilegien, wie er sich auch bei Reichsstädten, z. B. Zürich findet (vgl. meine Anfänge der Zürcher Politik im Zürcher Taschenbuch 1888 p. 128 und Zürcher Urkundenbuch IV nr. 1535 und V nr. 1646).

Am interessantesten wäre das Stadtrecht Bremgartens für die habsburgische Städtepolitik, wenn diese von jeher habsburgische Stadt ihr Privileg nicht unter ganz besondern Umständen erlangt hätte, um sie zum Hauptstützpunkt der Fehde gegen die Edlen von Regensberg zu machen (Vitoduran im Archiv f. Schweizergesch. IX 20). Wie Schrift und Sigelfragment zeigen, verlieh Graf Rudolf um 1259 dieser schon bestehenden Ortschaft das Recht Freiburgs im Breisgau, mit dessen Grafen er damals zusammenkam (Böhmer Reg. p. 464). So erklärt sich aus momentanen Verhältnissen die ungewohnte Liberalität, dass gleich im ersten Artikel die Aufnahme von Ministerialen und Eigenleuten ohne Freilassung verboten, dann auch Selbstwahl des Schultheissen und Freiheit von Vogtrecht gewährt wird. (Ediert ist nur eine spätere unbeglaubigte Form von 1309 bei Kurz und Weissenbach Beiträge zur Geschichte des Aargaus p. 239.) Da Bremgarten im Urbar rätselhafterweise fehlt und nach der Ueberschrift des Karlsruher Rodels zu schliessen auch in den Rödeln weggelassen wurde, während doch 1290 ein officium Bremgarten erscheint (II 111, Note 4 und p. 186) lässt sich das Privileg nicht mit dem Urbar vergleichen, wohl aber lassen Urkunden vermuten, dass die im Privileg gewährte Liberalität kurzen Bestand hatte, da schon 1258 ein habsburgischer Ministeriale, Burkhard von Baar, das Schultheissenamt bekleidete, und 1281 hohe Zölle und Hofstättenzinse, von welchen das Privileg gar nicht redet, an Rudolf von Baar verpfändet waren (II p. 111 und 112, 635). 1290 wird eine Steuer Bremgartens von 14 Mark erwähnt, höher als von Brugg und Mellingen (II 195; auch 647 und 734). Die 1309 den Herzogen vorgelegte Neuausfertigung des alten Privilegs scheint nicht bestätigt und besigelt worden zu sein.

Eine neue und selbständige Stadtrechtsverleihung durch die Habsburger findet sich zuerst bei Winterthur.

Die erste Stadtrechtsurkunde für Winterthur wurde schon vor dem Erlöschen des kyburgischen Hauses am 22. Juni 1264 von Graf Rudolf von Habsburg unter so eigentümlichen Verhältnissen ausgestellt, dass sich aus ihr noch nicht sicher auf die freiwillige Politik Rudolfs schliessen lässt. (Ediert im Zürcher Urkundenbuch III. nr. 1268, Facsimile in der Jubiläumsschrift von Goilfus: Der Stadtrechtsbrief von Winterthur 1864; auch bei Gaupp I. p. 135 mit der im folgenden zitierten Nummerierung der Artikel). Ist auch die Art, wie Rudolf zur Ausstellung der Urkunde für eine noch kyburgische Stadt bei Lebzeiten Hartmanns des ältern gelangte, trotz aller Hypothesen noch nicht recht erklärt, so muss es doch entweder im Einverständnis mit dem alten, wohl schon kranken Hartmann gegenüber den aufrührerischen Bürgern oder umgekehrt im Einverstandnis mit letztern gegen den rechtmässigen Herrn geschehen sein, so dass in beiden Fällen die Handlungsfreiheit Rudolfs einigermassen beschränkt war. Gegenüber Früheren, welche den ersten Fall annahmen, möchte man den zweiten für wahrscheinlicher halten, wenn man beachtet, wie dieses Stadtrecht der bürgerlichen Autonomie immer noch günstiger war, als die später von den Habsburgern nach diesem Muster verliehenen Stadtrechtsprivilegien. Infolge jener eigentümlichen Verhältnisse hat das Winterthurer Stadtrecht individuelleren Charakter als die

meisten andern und enthält zum Teil Bestimmungen über Dinge
welche in andern gar nicht berührt sind und also nirgends ent-
lehnt sein können; eine in dieser späten Zeit seltene Unabhängigkeit.

Auf gegebenen lokalen Verhältnissen und vorhergegangenen
Vereinbarungen mit den Kyburgern beruhen die beiden ersten
Artikel, welche das Weichbild der Stadt und den Marktfrieden
umschreiben, der letzte Artikel (§ 14), dass die zerstörte Burg
nicht wieder aufgebaut werden soll und der neunte, dass die Steuer
in der bei einer kyburgischen Erbteilung bestimmten Höhe von
100 ₰ bleiben soll, eine von den Habsburgern bald verletzte Bestimmung (vgl. das Habsburgische Urbar I. p. 339).

Ungewöhnlich für Städte sind einige weitere dem Winterthurer
Stadtrecht eigentümliche Artikel (§ 5, 7 und 8), Verleihung des
Connubiums, Nichterbfolge eines Herrn für die Besitzung eines
Hörigen innerhalb der Stadt, und die nur an das Stadtrecht Freiburgs i. Br. einigermassen anklingende Milderung der Fallpflicht,
Freiheitsbeschränkungen, welche bei andern Städten gar nicht existierten, daher nicht erst aufgehoben oder gemildert werden mussten,
und welche darauf hindeuten, dass Winterthur bis dahin noch
keine eigentliche Stadt im juristischen Sinne war, sondern in ähnlichen Abhängigkeitsverhältnissen stand wie die umliegenden Dörfer,
dass also auch dieses habsburgische Privilegium nicht auf einer
älteren kyburgischen Vorlage beruhte.

Vielmehr scheinen einzelne Artikel dieses Stadtrechts auf eine
Offnung zurückzugehen, wie solche Weistümer nicht nur bei Dörfern
und Höfen, sondern auch bei den „oppida", den Städten ohne
eigentliches Stadtrecht, z. B. Grüningen, vorkommen. Dafür sprechen
gewisse Aehnlichkeiten mit Offnungen kyburgischer und habsburgischer Dörfer der Umgegend. Der vierte Artikel über die Verpflichtung des Herrn, sich mit dem Urteil der Bürger zu begnügen,
entspricht der Offnung des althabsburgischen Wülflingen: „wär
dass ein Vogt zu ir keinem üdt ze sprechen hat . . . . ., da sol
er ein gemein recht von im nemen ze Wülflingen vor den hofjüngern, und was man da recht git, des sol im benugen". (Grimm,
Weistümer I. p. 137 oben). Der sechste Artikel betreffend Allmend mit dem Ausdrucke „Gemeinwerch" hat ebenfalls mehr Ana-
logien mit Dorfoffnungen als mit den betreffenden Artikeln von

Flumet, Freiburg im Uechtland und Diessenhofen, z. B. mit den Offnungen von Wülflingen, von Ossingen und Kyburg. (Grimm Weistümer I. p. 138 und 96 und IV. 337.) Der Strafrechts-Artikel 13 klingt in der Ausdrucksweise an die Offnung der Grafschaft Kyburg und die von Bassersdorf an (Grimm I. p. 18, Art. 7 u. IV. p. 285, Art. 32). Der fünfte und siebente Artikel betreffend Fall und Erbrecht des Herrn erinnern trotz der Milderung an Bestimmungen der Offnung der Grafschaft Kyburg und des ebenfalls kyburgischen Andelfingen (Grimm I. p. 20, Art. 25 und I. p. 100), ferner Ossingen, Bassersdorf und Binzikon (Grimm I. p. 95, IV. p. 280, Art. 9 u. 20; IV. 272). Das Connubium der Leute verschiedenen Standes und verschiedener Herrschaften (Art. 8) ist vorbereitet durch die Genossame zwischen Habsburg und 5 Gotteshäusern in den Offnungen von Bassersdorf, Kyburg, Affoltern, Binzikon (Grimm IV. p. 280, 338, 393, 272).

Den Offnungen von Kyburg und Andelfingen (Grimm I. p. 18 und 100) entspricht der zweite Artikel, dass über Hofstätten nur von den Genossen geurteilt werden soll, der freilich auch im Stadtrecht Freiburgs im Uechtland vorkommt. Sogar der erste Artikel erinnert mit seiner bei Stadtrechten ungewöhnlichen Grenzbeschreibung des Friedkreises viel mehr an Dorfoffnungen.

Soll für die übrigen 5 Artikel (§ 3, 10—13), welche spezifisch stadtrechtliche Bestimmungen enthalten, ein Vorbild gesucht werden, so könnte es nur in den Städten zu finden sein, welche ebenfalls dem habsburgischen Gebiete angehörten: Diessenhofen, Bremgarten und Freiburg im Uechtland. Aber auch bei diesen wenigen Artikeln, welche sich einigermassen mit den beiden kyburgischen Stadtrechten vergleichen lassen, fallen mehr Unterschiede als Aehnlichkeiten auf: es werden zwar in diesen Artikeln dieselben Verhältnisse behandelt und mitunter ähnliche Ausdrücke angewendet, wie bei Freiburg (weniger bei Diessenhofen); aber die Regelung dieser Fragen geschieht in einem ganz andern entgegengesetzten oder beschränkenden Sinne. Wenn Rudolf dabei überhaupt an das Freiburger oder Bremgartner Stadtrecht dachte, so geschah dies nur, um auszudrücken, dass es in Winterthur nicht so gehalten werden solle. Während die Stadtrechte der Freiburger Familie den Bürgern ein förmliches Wahlrecht, zum Teil sogar ein Absetzungsrecht für die Schultheissenstelle zuschreiben und dem Herrn bloss die Einsetzung und Bestätigung vorbehalten, nur bei Diessenhofen auch die Wahl, falls die Bürger nicht einstimmig sind, ja im Freiamt Affoltern sogar den Bauern die freie Wahl des Vogtes mit Majorität zukommt (Grimm IV. p. 394), wird bei Winterthur die Wahl des Schultheissen, der hier bezeichnender Weise den sonst nur herrschaftlichen Beamten zukommenden Titel „minister" führt und der zeitweise die ganze Grafschaft Kyburg verwaltete (vgl. Habsburg. Urbar II. p. 70), vom Herrn unter blossem Beirat der Bürger in Anspruch genommen, wenn auch in etwas unklaren Ausdrücken, so dass die deutsche Uebersetzung von 1297 den Artikel zu Gunsten der Stadt fassen konnte. Die übrigen städtischen Aemter behält sich die Herrschaft ganz allein vor, während sie bei Freiburg und seinen Tochterstädten den Bürgern überlassen wurden. Es sind dies, wie aus dem Urbar (I. p. 339) hervorgeht, die Aemter des Hirten, des Försters und des Zöllners, die vom Schultheissen besetzt wurden. Vom Pfarrer, dessen Wahl in Freiburg den Bürgern zusteht, ist hier nicht die Rede, aber aus dem Urbar bekannt, dass er vom Herrn gesetzt wurde. Anstatt der Freiburg im Uechtland zugesicherten Steuerfreiheit ist hier ein hohes und doch bald überschrittenes Maximum festgesetzt, wie dies auch in manchen Dorfoffnungen geschah (Bassersdorf, Altstetten, Affoltern, Grimm IV. p. 281, 298, 393).

Die sonst allgemeine Verjährung der Hörigkeit für Leute, welche Bürger geworden und Jahr und Tag ohne Rückforderung ihres Herrn geblieben sind, soll hier (§ 11) für die Eigenleute des Stadtherrn selbst nicht gelten. Dies war ein wohlfeiles Privilegium auf Kosten anderer Herren, eine alte Politik dieser Herrschaft, da sich dieselbe Bestimmung schon in der Offnung des althabsburgischen Wülflingen findet (Grimm, I. p. 138: „ob ein frömd man kom gen Wülflingen und da sesshaft ist jar und tag unangesprochen, der sol dannenhin stüren und dienen als meines herrn eigen man", ähnlich für das Freiamt Affoltern (Grimm IV. 393, Art. 13); es war aber eine kurzsichtige Absperrung für die weitere Entwicklung der Stadt und einer einheitlichen Bürgerschaft. Das Gegenteil von der Liberalität der zähringischen Stadtrechte, nach welchen kein Ministerial oder Eigenmann ohne Zustimmung der Bürger

aufgenommen werden soll, enthält die Schlussbestimmung des eilften
Artikels, dass die Bürger ohne Genehmigung des Stadtherrn niemand aufnehmen dürfen, eine der Offnung von Töss entsprechende
Beschränkung (Grimm I. 133 „doch sol dheiner ohne vorwüssen
und verwilligung eines herrn zu Kyburg nit angenomen werden").

Der Subjektswechsel, der sich in diesem Artikel findet, dass
statt des Herrn die Bürger in erster Person reden, ist in Stadtrechten nicht selten und kann die Echtheit nicht verdächtigen,
dürfte aber aus den Verhandlungen vor dem Uebergang der kyburgischen Herrschaft an Habsburg stammen, um so mehr als der
Herr hier unbestimmt bezeichnet wird („sine illius voluntate, qui
civitatem in sua tenuerit potestate, quemquam in civem recipere
non debemus").

Da die für Unabhängigkeit und Selbstverwaltung wichtigsten
Bestimmungen der Freiburger Stadtrechte den Winterthurern nicht
einmal mit Modifikationen verliehen, sondern zum Teil ausdrücklich abgesprochen worden sind, lässt sich von einer Verwandtschaft
dieses Privilegiums mit der Freiburger Familie nicht reden, höchstens
von einem Gegensatz. Das Winterthurer Stadtrecht ist eine selbständige Schöpfung Rudolfs aus lokalen und speziellen Verhältnissen, aus der früheren Offnung der noch nicht eigentlich städtischen
Gemeinde, aus aufgedrängten Forderungen der Bürger beim Uebergang an Habsburg, aber auch, wie die augenscheinlichen Beschränkungen dieser Forderungen und die Vergleichung mit freieren
Stadtrechten zeigen, aus eigenen politischen Ideen der Habsburger
hervorgegangen. Freilich scheint die habsburgische Politik sich
unter dem Drange der Lage nicht vollständig geltend gemacht zu
haben und zu manchen Konzessionen gezwungen worden zu sein,
aber es ist doch schon genügend angedeutet, dass sie von einer
vollständigen Autonomie der Städte in den Hauptpunkten, der
Beamtenwahl, Ausschliessung der Ministerialen, Befreiung der einwandernden Untertanen der eigenen Herrschaft, sowie von Steuer-
und Zollfreiheit und Beschränkung der Heeresfolgepflicht, nichts
wissen wollte, dass sie die Stadtbürger durchaus als Eigenleute
betrachtete und sie in manchen Beziehungen sogar ungünstiger
stellte, als die freien oder selbst die hörigen Bauern der umliegenden kyburgischen wie auch der habsburgischen Gegenden.

Genossen doch laut später niedergeschriebenen, aber inhaltlich älteren Offnungen die freien Bauern der Grafschaft Kyburg und manche unter habsburgischer Vogtei stehende Dörfer das Privilegium, nicht weiter mit dem Grafen reisen zu müssen, als dass sie zu Nacht wieder an der Herberge seien (Offnungen von Brünggen, vgl. Jahrbuch für Schweizergeschichte X 29; ähnlich die von Mühlheim und Wald, vgl. Grimm, Weistümer I, p. 264 und das Hofrecht von Wald in der Sammlung der Offnungen im Staatsarchiv Zürich).

Das Recht, ihre Besitzungen unter einander zu verkaufen, hatten manche Bauerngenossenschaften der Gegend, wie die der Grafschaft Kyburg, des Freiamts Affoltern, der Herrschaft Grüningen (Offnung von Brünggen im Jahrbuch X 27, Affoltern und Dinzikon bei Grimm IV 271 und 392). Noch häufiger ist das den Freiburger Stadtrechten gemeinsame, den Winterthurern fehlende Recht freien Abzuges in diesen Offnungen (Winkel, Wülflingen, Binzikon, Bassersdorf, Altstetten bei Grimm I. 88 und 136, IV. 271, 281, 299).

Die den Bürgern Winterthurs vorenthaltene Zollfreiheit genossen doch in eben derselben Stadt die Bürger von Kyburg, ja auch die freien Bauern der Grafschaft (Offnung von Brünggen im Jahrbuch X p. 28 und Grimm IV. 338).

Dieses erste von ihnen selbst geschaffene Stadtrecht haben die Habsburger als Grundlage für alle weiteren Stadtrechtsverleihungen benützt, aber erst nachdem es in Winterthur selbst noch bedeutende Veränderungen im Sinne ihrer Politik erfahren hatte.

Nur in einer Mitteilung des Winterthurer Rechtes an die 1296 von Herzog Albrecht damit begabte Stadt Mellingen ist nebst einer aus eigner Rechtsprechung des Rates entstandenen Statutensammlung mit einer Uebersetzung des Stadtrechtes von 1264 eine zweite Stadtrechtsurkunde Rudolfs von 1275 erhalten, die sich durch nicht kanzleimässige Titulatur („Küng Rudolf von Roma von gottes genaden kündet" statt 1. Person, zu welcher der folgende Satz mit „unser" übergeht) und durch das an den römischen Kalender erinnernde Datum „try tage vor Merzen anvange" als Uebersetzung eines lateinischen Originals kennzeichnet. (Ediert von Bluntschli, Staats- und Rechtsgeschichte von Zürich I, 490, Gaupp I, p. 141 und Zürcher Urkundenbuch IV nr. 1585). An Fälschung ist wegen der Bescheidenheit der verliehenen Rechte und Uebertragung derselben auf andere Städte nicht zu denken. Eine formelle Fälschung ist dagegen die „Chunch Albrecht" zugeschriebene Neuausfertigung derselben Urkunde mit eben so falscher Intitulatio, auf radiertem Pergament und mit einem Sigel, dessen Vorderseite abgeschürft ist, dessen Rückseite aber die nur bei Rudolf vorkommenden drei schildförmigen Rücksigel mit Kreuz zeigt; im Stadtarchiv Winterthur.

In diesem zweiten Privileg verlieh Rudolf den Winterthurern, ohne das dadurch teilweise modifizierte frühere Stadtrecht zu erwähnen, sechs Gnaden, von welchen sich zwei mit den früheren einigermassen berühren. Die eine (vierte), dass die Bürger vor jedem beliebigen Richter klagen dürfen, aber nur vor ihrem Schultheiss angeklagt werden können, ist umfassender, als der einschlägige Artikel des ersten Privilegs, der nur für die in der Stadt gelegenen Besitzungen gilt; es ist ein förmliches Privilegium de non evocando, wie es die Habsburger häufig, aber nur zu Gunsten der von ihnen ernannten Richter verliehen; doch steht es hinter den bezüglichen Artikeln Freiburgs i. Br. und Bremgartens dadurch zurück, dass keine Strafe auf die Ziehung vor fremde Gerichte gesetzt ist. Die andere (sechste) Gnade, jeden Vogtmann als Bürger aufzunehmen, so dass er dem Herrn ferner nach Vogtrecht diene, dehnt die 1264 auf Eigenleute beschränkte Fortdauer der Dienstpflichten innerhalb der Stadt auf die Freien aus; denn die Vogtleute sind nichts anderes als die freien Bauern der Grafschaft Kyburg. Gerade dieses Vogtrecht war in den Stadtrechten Freiburgs i. Br. und Bremgartens (§ 39 und 36), ebenso wie die Hörigkeit, ausdrücklich aufgehoben, um eine einheitliche Bürgerschaft herzustellen, während Rudolf in Winterthur alle ausserhalb bestehenden Standesunterschiede auch innerhalb der Stadt fortdauern liess.

Von den vier übrigen Gnaden betrifft eine die Verpflichtung des im Unterschied von Freiburg durch den Herrn gewählten Priesters, in der Stadt zu wohnen, die drei anderen gehören dem Lehenrecht an, welches den Bürgern nach edler Leute Sitte aktiv und passiv verliehen wird, auch in weiblicher Erbfolge, wie es Diessenhofen 1251 garantiert worden war, und mit direkter Verleihung von Afterleben nach Aussterben der zwischen den Bürgern und

Herrschaft stehenden kiburgischen Ministerialen. Mit Anerkennung ökonomischer und sozialer Vorteile, die ja in der Erhebung zum ritterlichen Ministerialenstand liegen, untergräbt dieses zweite Privileg ebenso wie mit der Fortdauer des Vogtrechtes die Einheitlichkeit der Bürgerschaft und ihre Annäherung an den Freienstand, Entwicklungen, die auf Grund des ersten Privilegs noch einigermassen möglich waren, und stellt sich in den schroffsten Gegensatz zu den Stadtrechten der Freiburger Familie, welche die Aufnahme von Ministerialen und Eigenleuten erschwerten.

Das erste mit dem zweiten nicht recht harmonierende und den Habsburgern jetzt kaum mehr genehme Privilegium von 1264 ist man in Vergessenheit geraten; es ist zwar nie förmlich aufgehoben, aber auch nie mehr ausdrücklich bestätigt worden, während das zweite von Friedrich dem Schönen 1315 neu ausgefertigt wurde. Wie König Rudolf und seine Söhne sich zum Stadtrechte von 1264 stellten und wie weit sie von den früheren Anwandlungen zähringischer Liberalität in ihrer Städtepolitik zurückgekommen waren, zeigt am besten die Tatsache, dass sie für die noch nicht privilegierten Städte des Aargaues nicht etwa das von Rudolf einst im Breisgau entlehnte Vorbild des Stadtrechts von Bremgarten benutzten, sondern das von ihnen selbst geschaffene Stadtrecht von Winterthur zu Grunde legten, auch von diesem aber gewissermassen die sechs Gnaden des zweiten Privilegs verliehen, vom ersten dagegen alle ihnen nicht genehmen Bestimmungen weglassen, wie den Beirat der Bürger bei der Schultheissenwahl, den Ausschluss der Ritter von diesem Amt, die Verweisung der Klagen des Herrn an das Stadtgericht, die Abschaffung des Falls, Garantierung des freien Connubiums und die Beschränkung der Steuer. So hergestellte, ihrer Politik entsprechende Stadtrechtsformular teilten sie dann freigebig an die meisten Städte des Aargaues aus: Aarau 1283 (ed. Boos Urkundenbuch von Aarau p. 12 und besser in Rechtsquellen der Stadt Aarau I, p. 1), an Brugg 1284 (Kopie im Stadtarchiv Brugg, Echtheit zweifelhaft), an Sursee 1299 (schlosses Original, ed. im Geschichtsfreund I, p. 68), an Lenzburg 1306 (ed. Liebenau, Königin Agnes, p. 409), an Baden, ohne Datum, von Leopold I. oder III. (ed. Welti in Argovia I. p. 36), Zofingen 1363.

nur letzterer aber auf Eigenleute, angewendet werden, findet sich bei den freien Bauern nirgends ein Anhaltspunkt für die Annahme einer weltlichen Vogtei. Der etwa vorkommende Ausdruck „Vogt und Schirmer" dürfte ohne weiteres auf die Stellung und Pflicht des Landgrafen zu beziehen sein. Dies gilt auch vom Verhältnis der Habsburger zu der freien Genossenschaft von Schwyz [Urkunde Rudolfs des alten von 1217 bei Kilhet p. 363 „wann oech ich von rechter erbschaft rechter vogt und schirmer der vorgenanden Lüten von Schwiz bin"], ja wohl auch von der Tätigkeit Rudolfs in Uri 1257 bei Rilliet p. 367.

Denn auch in Uri dürfte neben den Gotteshausleuten der Abtei eine Genossenschaft Freier bestanden haben. Da aber diese Täler im eigentlichen Urbar nicht erwähnt sind, hat es keinen Zweck, auf diese schwierige Streitfrage hier einzugehen [meine Ansicht ist aus der Abhandlung über die Freiheit der Schwyzer im Jahrbuch X zu ersehen und für Uri in einem unedierten Vortrag vor der geschichtsforsch. Gesellschaft entwickelt worden]. Jedenfalls bestanden keine wesentlichen Verschiedenheiten zwischen der Lage der Freien des Tales Schwyz und derjenigen der Freien im Freiamt Affoltern oder in der Grafschaft Kyburg, höchstens dass letztere etwas mehr zwischen Gotteshausleuten und Eigenleuten zerstreut waren. Meist bildeten diese zerstreut wohnenden Freien doch für Gerichtszwecke bestimmt organisierte Genossenschaften mit einem Freigericht an bestimmter Dingstatt, einem freien Vorsteher und besondern Rechtsamen, wohl Ueberreste der alten Hundertschaftsgerichte. Wie der Name Hunno in verschiedenen Gegenden der Schweiz, in Schaffhausen, Schwyz etc. vorkommt, haben sich auch in Franken bis in die Reformationszeit Zentgrafen und Zentgerichte als eine Art Bauerngerichte erhalten. Am deutlichsten ist dies in dem heute noch sogenannten „Freiamt", einem Ausdruck, der damals noch nicht als geographischer Begriff den ganzen Bezirk Affoltern bezeichnete, sondern nur die Personen und Güter der dort unter andern Leuten zerstreut wohnenden, aber doch in ansehnlicher Anzahl vorhandenen Freien. Ihre Verhältnisse stellt eine Offnung dar, welche, die älteste unter allen Offnungen freier Bauern, noch beinahe in Albrechts I. Zeit zurückreicht. [Grimm IV p. 391, besser in Argovia 1861 p. 126. Für die Erklärung vgl.

Fr. v. Wyss über die freien Leute, in d. Zeitschrift f. schweiz. Recht 18 p. 42 ff und Abhandlungen z. Gesch. des Schweiz. öff. Rechts p. 188 ff]. Sie zeigt die Verhältnisse weit deutlicher als das Urbar, welches vorzugsweise auf die Einkünfte gerichtet, wenigstens in der Reinschrift, das Freiamt zu dem nach der Eigenstadt Meienberg benannten Amt rechnet, eine ganz willkürliche Verbindung, die vielleicht erst bei Herstellung der Reinschrift gemacht wurde, da von dem betroffenden Rodel gerade nur noch das gesonderte Teilstück des Freiamtes übrig geblieben ist (I. p. 147). Immerhin gibt das Urbar deutlicher den Umfang des Freiamts durch Anführung der dazu gehörigen Orte an: Bonstetten, Hedingen, Aesch, Dachelsen, Lunnern, das verschwundene Ernbrechlikon, Affoltern, Zwillikon, Berikon, Rifferswil, Aeugst, Mettmenstetten, Rossau und die verschwundenen Gangolzwil und Zweiern. Es erwähnt auch die beiden Weidhuben oder Weibelhuben an den von der Offnung als Blutgerichtsstätten bezeichneten Orten Rifferswil und Berikon und gibt die Summe der von den Leuten des Freiamts bezahlten Steuern an mit dem Minimum von 24 und dem Maximum von 42 ff samt 13 Mütt Futterhaber und Fastnachthühnern. Da die fast gleichzeitige Offnung statt der Steuersumme angibt, dass jeder einzelne, der im Froiamt sitze, dem Herrn zweimal im Jahr zu Maien und Herbst je 1 β steuern soll, sowie 1 Viertel Haber und 1 Fastnachtshuhn, so liesse sich vielleicht die Zahl der zu diesem Amt gehörigen Freien auf Grund der Minimalsteuer auf 240 berechnen, wozu auch der Futterhaber ungefähr mit 208 stimmen würde, wenn man annähme, dass „Mütt" verschrieben sei statt des für Haber gebräuchlichen „Maltor". Freilich besteht zwischen Urbar und Offnung die Differenz, dass ersteres eine veränderliche, letztere eine fixierte Steuer annimmt, aber die Zahl von etwa 240 freien neben überwiegenden unfreien Bauern in diesen 14 Dörfern erscheint doch an sich plausibel und entspricht ungefähr der noch im 16. und 17. Jahrhundert unter zürcherischer Herrschaft bezogenen Vogtsteuer von 23 ff 12 β 10 ₰, wie sie in einem von 1534 datierten Urbar der Vogtsteuer im Amt Knonau angegeben ist: „dies ist die Stür, so der fry Amtmann, der Untervogt von Affoltern, minen Herren inzücht" von 12 Bauern in Affoltern, 3 in Zwillikon, 3 in Tunsen, 3 in Borsikon, 2 in Mettmenstetten,

1 in Rossau, 1 in Hedingen, 2 in Tachelsen, 2 in Lunnern, 1 in Hauptikon, 4 in Rifferswil, im ganzen 34 freie Bauern.

Ausser dieser persönlichen Steuer hatte jeder Freie dem Landgrafen Kriegsdienst zu leisten mit Schild und Speer, aber nur für einen Tag, so dass er auf die Nacht wieder zu Hause sei. An der Dingstatt Rifferswil fanden zwei gebotene Jahrgerichte statt, im Mai und im Herbst, für alle Genossen, welche auch nur sieben Fuss weite Güter im Freiamt hatten. Die Offnung ist in merkwürdiger Weise verbunden mit dem Recht der Grafschaft über den Aargau, vielleicht, weil eben damals das Freiamt erst zu dieser Grafschaft geschlagen und in Bezug auf Hoheitsrechte und Blutgericht dem habsburgischen Landrichter oder Vizelandgrafen im Aargau und Zürichgau oder Reusstal unterstellt wurde. Daher werden mitten in dieser Offnung die Grenzen und Rechte der ganzen Grafschaft Aargau vom Zürichsee bis nach Zofingen angegeben. In dem viel engern Umfang des Freiamts Affoltern gab es für das landgräfliche Blutgericht zwei Gerichtsstätten, Berikon und Rifferswil, letztere übereinstimmend mit der Freiamtsgerichtsversammlung; erstere eine schon für 1153 bezeugte alte Landgerichtsstätte (in publico mallo Berchheim, vgl. Zürcher Urkundenbuch I. p. 185), die zum aargauischen Kelleramt und obern Freiamt gehörte (Argovia IX 26). Auf der vom Urbar vorzeichneten Weidhube stand noch 1674 ein Galgen, der erst 1734 zusammenfiel. An den letztern Versammlungen sitzt dem Gericht über Frevel der Vogt vor, ein habsburgischer Beamter, schwerlich wie Fr. v. Wyss meint, der gar nicht nachweisbare Vogt des blossen Verwaltungsamtes Meienberg, eher etwa der Vogt von Baden; dem Gericht über Eigen und Erbe an Freiamtsgütern dagegen sitzt der von den Genossen mit Handmehr aus ihrer Mitte erwählte und vom Vogt ohne weiteres zu bestätigende Freiamtmann vor. Im Blutgericht als Gehülfe des Vogts tätig, hatte der Freiamtmann doch in der Civilgerichtsbarkeit und vielleicht auch in andern Beziehungen eine selbständige Wirksamkeit, die Aufsicht über Erhaltung der die reale Grundlage der Freiheit bildenden freien Güter, die an Ungenossen nur durch seine Hand verkauft werden konnten, während Genossen unter einander ihre Güter ohne gerichtliche Vermittlung verkaufen durften. Bei erbloser Hinterlassenschaft hält er zunächst das Gut ein Jahr lang in seiner Hand und überantwortet es erst, wenn sich kein rechter Erbe zeigt, dem Landgrafen. Dieses Erbrecht des Landgrafen, das die Freien gewissermassen auf den Aussterbeetat setzt, ist auffallend und im Widerspruch nicht nur mit Offnungen anderer freier Genossenschaften, wie der von Brünggen, sondern auch mit solchen von Gotteshausleuten, wie Bassersdorf, wo in Ermangelung eines Erben der nächste Nachbar folgt. Ebenso wird das Verkaufsrecht für die im Freiamt liegenden Güter beschränkt durch ein Verkaufsrecht der Geteilten, d. h. derjenigen, die infolge früherer Erbteilungen Stücke des früher einheitlichen Gutes besitzen, dann auch der nächsten Erben, dann der Freiamtsgenossen und erst, wenn diese es nicht kaufen wollen, darf es an einen Nichtgenossen veräussert werden, aber nur durch die Hand des Freiamtmannes und so, dass er durch Verjährung allfälliger Eigenschaft gegenüber einem frühern Herrn zum vollberechtigten Genossen des Freiamts wird. Alle diese Bestimmungen sind auf strengste Erhaltung des Freienstandes und Ausschliessung anderer Elemente gerichtet; besonders auch auf Erhaltung der realen Grundlage der Freiheit, der freien Güter, während die freien Reichsritter, z. B. Götz von Berlichingen und schon seine Vorfahren, kein einziges Gut und kein Schloss besassen, das nicht Lehen von geistlichen oder weltlichen Fürsten war.

Diese vielleicht mehr auf dem Wunsch der Freien selbst als auf habsburgischer Politik beruhende Ausschliesslichkeit wirkte natürlich auf allmähliche Verminderung der Zahl der Freien ein.

Eine bessere Fürsorge für Vermehrung des Freienstandes zeigt die Offnung des freien Amts zu Willisau, die noch ein weiteres zur innern Burg Wolhausen gehöriges Freiamt erwähnt (Grimm IV 386). Die Grafschaft zu Willisau gehörte aber nicht mehr zur althabsburgischen Landgrafschaft im Aargau, sondern war bei der Erbteilung von 1238 der Laufenburger Linie zugefallen und erst 1273 von der ältern Linie zurückgekauft worden (oben I p. 181 Note). Im Unterschied von der doch viel spätern, erst 1408 datierten Offnung redet das Urbar gar nicht von einem „Freiamt" Willisau, und verzeichnet hier an allen Orten neben Freien auch Gotteshausleute und andere Leute (Eigenleute?), die der Herrschaft gehören, erwähnt aber doch bei Egolzwil eine „Weibhube", die dem

Landgericht der Herrschaft dient. Die Steuer der Freien ist nicht wie in Affoltern ausgeschieden, sondern inbegriffen in der Steuer des ganzen Amtes Willisau mit seinen dreierlei Bevölkerungsklassen. Doch war wohl gerade das Freiamt, d. h. die zerstreut und vereinzelt wohnenden Freien in einem über die Herrschaft Willisau weit hinausgehenden Umkreis, vielleicht einer alten Cent, von jeher mit der Landgrafschaft verbunden und schon vor 1273 der ältern Linie zugehörig. Erst die Erwerbung der Laufenburger Rechte vermischt die verschiedenen Bevölkerungsklassen und zwar nur für die im Urbar vorwiegend berücksichtigte Finanzverwaltung. Dass die rechtliche Organisation des Freiamts Willisau fortbestand, zeigt ja die viel spätere Offnung von 1408 (vgl. Fr. v. Wyss Oeffentl. Recht p. 204 und Segesser Rechtsgeschichte Luzerns I 619). Die Orte, wo die Herrschaft nichts als das landgräfliche Blutgericht besass, sind ohnehin im Urbar nicht erwähnt. Um den Freienstand zu erhalten, ist allerdings auch hier den Freien Verehelichung mit den hier in denselben Ortschaften wohnenden Eigenleuten der Herrschaft verboten, weil die Kinder unfrei würden, wohl aber wird ihnen Verheiratung mit Angehörigen anderer Freiämter, die zu den Aemtern Wolhusen und Rotenburg gehören, gestattet. Um den Stand der Freien zu erhalten und zu vermehren, wird bestimmt, dass alle Leute, welche in das Freiamt und die Grafschaft Willisau ziehen, sogar Eigenleute aus österreichischen Landschaften und Städten, daselbst zu freier Hand dienen und das Freiamtsrecht geniessen, d. h. von den Lasten der Eigenschaft frei sein sollen, eine äusserst liberale Bestimmung, von der freilich ungewiss ist, ob sie schon zu Zeiten Albrechts I. galt oder erst von Luzern bei der Erwerbung von 1408 und Aufstellung dieser Offnung eingeführt wurde; indessen hätte doch Luzern kaum eine solche Bestimmung über Aufhebung der österreichischen Rechte an weggezogenen Städtebürgern treffen können, wenn sie nicht schon zu österreichischer Zeit gegolten hätte, um so weniger, als gleich nachher die Rechte anderer Herren über ihre weggezogenen Eigenleute garantiert werden. Auch illegitime Kinder, die in der Grafschaft geboren sind, gehören dem Freiamt (Segesser Rechtsgeschichte I 629 bezieht den Ausdruck: „Fründschaftskind" umgekehrt auf eheliche Kinder; aus andern Offnungen ergibt sich aber, dass gerade die illegitimen dem Landgrafen gehören). Ebenso dient die aufgestellte Freizügigkeit unter den verschiedenen Freiämtern des Aargaues zur Erhaltung der Freien, allerdings im Gegensatz gegen die mehr vereinzelten freien Genossenschaften des Zürich- und Thurgaues. Mit Ausnahme des Strafrechts, das schon wegen des erst Ende des 14. Jahrhunderts aufgekommenen Leumundsprozesses (vgl. Zürcher Hexenprozess im Z. Taschenbuch 1902) und der häufigen Anwendung der Todesstrafe eine neue Fassung verrät, dürfte die Offnung im übrigen den Verhältnissen der österreichischen Zeit entsprechen; was namentlich die Abgaben betrifft, so kommt sie ungefähr auf dieselbe Zusammenfassung der Freien und Eigenleute zu einer Getreide- und Hühnersteuer zurück, wie sie im Urbar vorliegt; schon deshalb ist es kaum berechtigt, einen Gegensatz zwischen Urbar und Offnung anzunehmen. Gerade in Bezug auf die Einkünfte bestand das freie Amt im engern Sinne, auf die freien Personen und ihre Steuern und Bussen beschränkt, schon zur österreichischen Zeit, wie Verpfändungen von 1321, 1376, 1383 und 1407 beweisen. (Erstere im Pfandregister II p. 639, die spätern von Segesser I 631 und 634). In der Urkunde von 1376 ist ausdrücklich das „Korngeld vom fryen Amt zu Willisau" als verpfändet genannt, und zwar 30 Malter Roggen und Dinkel und 6 Malter Haber, ersterer Posten etwas höher als die im Urbar genannten 24 Malter Dinkel und 4 Malter Roggen, letzterer „6 Malter Haber, die auch die Fryen jährlich gebn ze Futer", bedeutend niedriger als die im Urbar verzeichneten „16 Malter Haber zu Futer", vielleicht ein Zeichen, dass die freie Bevölkerung um 1300 noch viel zahlreicher war, beinahe um zwei Dritteile.

Von dem in derselben Offnung erwähnten Freiamt, das zu der innern Burg Wolhusen gehört, findet sich im Urbar ebenso wenig eine Andeutung, ja es redet hier überhaupt nicht von Freien, sondern nur von Leuten, die mit der Burg als eigen gekauft wurden; aber dies spricht nicht gegen die frühere Existenz dieses Freiamts; immerhin deutet das Urbar durch eine am Schluss des Amtes Wolhusen gemachte Verweisung auf die Futterhabersteuer der Leute von Willisau (I 196) die von der Offnung angegebene Beziehung beider Aemter zu einander an. Aus der Nichterwähnung der im Amt Wolhusen vorhandenen Freien darf man schliessen, von „der vryen gnozami zu Gundoldingen" und von freien Leuten, die zu den Dinghöfen Heliswil und Adelwil gehören (I 180 und 181 vgl. auch Segesser I 430 und Fr. v. Wyss 212). Nur für Muri ist die Existenz Freier trotz Futterhaber aus dem Urbar nicht nachzuweisen, das hier nur Vogtrecht über Gotteshausleute verzeichnet. Damit ist aber das spätere Freiamt Muri nicht erschöpft. Dazu gehörte z. B. auch die von der Reichsvogtei Zürich herrührende ehemals eschenbachsche Vogtei über den Hof Boswil (I 141 Note 1, dem Kloster Muri gehörte nur der Kelnhof; vgl. die Offnung in Argovia IV 315).

Nach allem darf man für Albrechts I. Zeit eine sehr zahlreiche freie Bevölkerung des Aargaues annehmen, von der das Urbar nur einen unvollkommenen Begriff gibt, weil manche dieser freien Genossenschaften keine andere Verpflichtung hatten als den Besuch der Landgerichte für Fälle der höhern Gerichtsbarkeit.

An den Grenzen des Zürichgaus gegen den Aargau nördlich vom Freiamt Affoltern gab es in Dietikon, Schlieren und Weiningen ebenfalls freie Bauern, die im Urbar nicht ausdrücklich genannt sind, da es (I 117 und 118) nur die von der Grafschaft herrührende Dub- und Frefelgerichtsbarkeit anführt sowie in dem nahen Altstetten eine Weidhube der Grafschaft. Indessen sagt eine habsburgische Urkunde von 1259, in welcher die Grafen beider Linien ihre Eigenhöfe in Dietikon und Schlieren an das Kloster Wettingen verkaufen, dass sie hiebei die Grafschaftsrechte in einem von Altenfluh bei Birmensdorf bis nach Altstetten hinauf gehenden Umkreis sich vorbehalten, nicht aber die Vogtei über die freien Leute und die Leute der unter habsburgischer Vogtei befindlichen Gotteshäuser, sofern diese Leute nicht aus dem betreffenden Gebiet auswandern (Zürcher Urkundenbuch III nr. 1079). Daraus ergibt sich, dass hier ebenfalls bis 1259 eine freie Bevölkerung unter habsburgischer Landgrafschaft bestand, dass aber auch die wohl nur in der Twing- und Banngerichtsbarkeit (dies ergibt sich aus der Offnung von Dietikon, die auf jenen Verkauf Bezug nimmt; Argovia IV. 246) bestehenden Rechte über diese Freien an das Kloster verkauft und nur die hohe Gerichtsbarkeit bei der Landgrafschaft blieb; eine überraschende Tatsache, dass auch Freie oder wenigstens die niedere Gerichtsbarkeit über sie verkauft werden konnten, sofern sie nicht, von ihrer Freizügigkeit Gebrauch machend, sich durch Auswanderung dieser klösterlichen Herrschaft entzogen. Auf die Vogtei über Güter der Freien von Dietlikon macht auch der Edle Ulrich von Regensberg schon 1255 Anspruch, mit der Behauptung, sie sei ihm bei einer 1252 geschehenen Vergabung der Brunnau bei Dietlikon durch die Habsburger überlassen worden (Z. U.-Buch II nr. 835 und III nr. 954).

Unter Regensberger Vogtei steht auch die hierbei erwähnte Genossenschaft der Freien von Weiningen, einer im habsburgischen Urbar nicht vorkommenden Ortschaft. Die Offnung der Herrschaft Weiningen redet von einer im habsburgischen Urbar nicht erwähnten Weidhube in Erendingen (Schauberg Zeitschrift f. Zürcher Rechtsquellen I p. 83), wo das Urbar nur Vogteirechte über St. Blasiensche Güter kennt (I 111); doch führt dieses freie Leute mit vogtbaren Eigengütern zu Ober-Endingen und zu Würenlingen an und bei letzterem auch eine Weidhube (I 113). Diese Orte liegen in dem ursprünglich zum Zürichgau gehörigen und dann von den Habsburgern mit dem Amt Baden verbundenen Siggental, wo noch 1245 Rudolf von Wart als kiburgischer Justiziar des Zürichgaues richtete (Z. U. B. II nr. 625). Hier existierte noch 1427 ein gemeinsames Gericht für die gemeinen Freien dieses Amtes, welche sich beklagen, dass freie Güter zu Würenlingen in die Hand von Ungenossen gekommen seien. Es scheint aber, dass das Freigericht schon fast ausser Gebrauch gekommen war, da man nicht nur, wohl in Ermangelung eines eignen Landrichters, denjenigen des Klettgau zuziehen, sondern das Gericht einstellen, das heisst die Frage verschieben musste, bis die Sidelen (gewissermassen den Schöffonstühlen vergleichbar) des Kelnhofes Zurzach mit freien Richtern besetzt seien (Argovia 1862 p. 192 vgl. Fr. v. Wyss p. 178). Eine Regensberger Urkunde von 1294 redet sogar von Sempermannen. In der von Habsburg erworbenen Herrschaft Regensberg sassen Freie nur zu Schleinikon und Dachsleren (I 241), die nach einer spätern Offnung zu Weiningen gehören (Grimm IV 319).

Zahlreicher waren die Freien im Amte Grüningen, in einer Reihe kleiner Ortschaften, die zum Teil durch ihren Namen sich als Ansiedlungen eines Geschlechts, einer Sippe, verraten, in Binzikon, Bertschikon, Hombrechtikon, Vollikon, Dändlikon, Uessikon,

Izikon, Holzhausen, Walfershausen, Wernoldshausen, Ettenhausen, Esslingen, Maur, Fischenthal, Gossau, Freien-Egg und Kilchen-Egg. Dass das Urbar mit seinen willkürlich und nur nach geographischen Gesichtspunkten gebildeten Verwaltungsämtern diese Orte unter dem Amt Grüningen aufführt, kann keinen Anlass geben, sie zur eigentlichen Herrschaft Grüningen zu rechnen, die nur aus der Burg Grüningen und den Höfen Mönchaltorf und Dürnten bestehend, seit dem 8. Jahrhundert der Abtei St. Gallen gehörte, unter der Vogtei der Regensberger stand, diesen 1254 vollständig verpfändet, 1284 aber an die Söhne König Rudolfs verliehen wurde (Z. U. B. II nr. 874 und V nr. 1906). Die freien Ortschaften dürften immer unter den Kiburgern und Habsburgern als Landgrafen gestanden haben und erst von letztern für den Bezug der Einkünfte dem Amtmann von Grüningen unterstellt worden sein. Die erst aus zürcherischer Zeit stammende Offnung von 1435 hat dann diese Zugehörigkeit zur Herrschaft Grüningen und die Gerichtsbarkeit des dortigen Vogts oder Amtmannes über diese Freien wohl gerade auf Grund des von Zürich erworbenen und mehrfach kopierten Urbarabschnittes (vgl. oben II 2 p. 429) bestimmter betont. (Abweichend von Fr. v. Wyss p. 182, der gestützt auf jene neuerdings von Below und Keutgen so schwer angefochtene Theorie der erweiterten Immunität eine unbekannte Erweiterung der St. Galler Herrschaft annimmt, obschon sich eine solche über Grüningen, Mönchaltorf und Dürnten hinaus nirgends nachweisen lässt; sogar der Zehnten zu Egg gehörte nicht dem Kloster, vgl. Z. U. B. II nr. 748, III nr. 1040 und 1114). Ohne irgend etwas von der angeblichen Zugehörigkeit zu St. Gallen und zur Burg Grüningen, wie dies bei Dürnten und Mönchaltorf geschieht, zu sagen, führt das Urbar (I 275) an der Spitze der Abteilung über die freien Leute dieses Amts ausdrücklicher als sonst „der vryen luten dingstat zu Binzikon an, da dieselben vryen ir recht bietent und nemen umb ir eygen". Dingstatt kommt in dieser Gegend, wenn auch die Beziehung auf Binzikon nicht sicher ist, als Ortsname vor, in einer Urkunde von 1253, welche gar nichts mit St. Gallen zu tun hat, sondern von Allerheiligen zu Schaffhausen herrührt (Z. U. B. II nr. 867). Die älteste Offnung, obwohl erst 1435 aufgezeichnet, lässt deutlich den Charakter des Froigerichts einer freien Genossenschaft unter dem Landgrafen erkennen (Schauberg Zeitschrift f. schweizer. Rechtsquellen I p. 38 und Grimm IV 270). Auf der „fryen Dingstatt zu Binzikon" soll zweimal jährlich im Mai und im Herbst Gericht gehalten werden, im dritten Jahr aber zu Bertschikon, wie noch 1511 Binzikon abwechselnd mit Bertschikon als freie Dingstatt für die sieben Dörfer Binzikon, Freienegg, Gossau, Bertschikon, Ottikon, Izikon und Wernetshausen bezeichnet wird; es sind nur noch die Hälfte von den Dörfern, wo das Urbar Freie nannte, sei es dass diese Freien verschwunden waren, oder dass sie andern Amtssitzen zugeteilt wurden. Berechtigt, aber auch verpflichtet an diesen Versammlungen, wo die Offnung verlesen wurde, zu erscheinen, sind alle Genossen, welche mindestens sieben Schuh weit freie Güter innerhalb des Dorfetters besitzen, ganz wie in der Offnung des Freiamts Affoltern, ausserdem aber auch alle rechten Freien, auch wenn sie keines dieser freien Güter besitzen (so versteht Fr. v. Wyss p. 183 das „old aber ein rechter fry", doch scheint mir diese Auffassung des Gegensatzes nicht ganz sicher). Ebenso wählen auch hier die freien Hausgenossen einen Freien aus ihrer Mitte zum Richter über ihre Güter; dass sie auch dem Vogt den Vorsitz überlassen können, der dann gleichermassen richten soll, als ob ein Freier da sässe, ist wohl eine spätere Entwicklung, umso mehr als die noch etwas spätere, 1480 niedergeschriebene, im übrigen wörtlich gleiche Offnung des Dinghofes Dürnten einfach den Vogt von Grüningen oder einen, den dieser dazu verordnet, zum Richter des freien Hofgerichts macht (Grimm IV 276, Schauberg p. 31 Note und Bluntschli Rechtsgeschichte I p. 234). Zu Binzikon soll sonst der Vogt den Richtstab nur in die Hand nehmen, wenn es sich um eine Busse, d. h. um Frefelgericht, handelt. Bei stössigem Urteil entscheidet nicht der Herr von Grüningen, sondern die Mehrheit der Freien selbst, an deren Urteil der Vogt gebunden ist. Ein Fremder, der Anspruch auf zugehörige Güter erhebt, darf es nur vor dem Freigericht tun; Ansprüche eines fremden Herrn an einen, der ein freies Gut besitzt, verjähren mit drei Jahren. Die Genossen haben ein Vorkaufsrecht auf die zur Dingstatt gehörigen Güter und können einem fremden Erwerber noch drei Jahre lang das Gut gegen seinen Willen abkaufen, indem sie das Geld über die Schwelle werfen. Doch haben die Genossen das Recht, ihre Güter zu verkaufen und bezahlen keinen Abzug, falls sie nicht in eine eigene Herrschaft oder eine Reichsstadt ziehen. Letztere Ausnahme geht sicher auf die Zeiten des Habsburger Urbars zurück, dessen Revokationsrödel viele aus dem Amt Grüningen nach Zürich gezogene Eigenleute reklamieren (II 286—296); es wäre sonderbar genug, wenn diese Bestimmung unter Zürichs Herrschaft beibehalten worden wäre; übrigens hat Zürich noch um Mitte des 16. Jahrhunderts solche Abzugssteuern unter dem Namen Fall erhoben (St. A. Z. Amtsrechnungen von Grüningen). Es wird aber gleich ein, wohl neuer, Artikel (XIII) eingeschoben, der diese Ausnahme für Zürich, die einzige Reichsstadt, die hier in Betracht kommen kann, wieder aufhebt, eine Einschränkung, welche die Habsburger sicherlich nicht gemacht haben. Für freie Güter oder Mannlehen gilt auch jene ausnahmsweise Abzugssteuer nicht, woraus sich ergibt, dass diese Freien neben den freien Eigengütern nicht nur bäuerliche Zinslehen, sondern auch ritterliche Mannlehen haben konnten, eine Einrichtung, die der habsburgischen Tendenz entspricht, Bauern und Bürger zu ritterlichem Ministerialendienst heranzuziehen. Noch 1528 werden im Amt Grüningen Besitzer von Mannlehen erwähnt (Akten Grüningen). Das Connubium der Freien mit den Gotteshausleuten von Einsiedeln, St. Gallen, Reichenau, Zürich, Pfäffers, Schännis und Säckingen kann auch nur auf Habsburgs Tendenz zurückgehen, zwischen den verschiedenen Klassen seiner Angehörigen eine gewisse Freizügigkeit herzustellen. Daher findet sich die Genossame dieser sieben Gotteshäuser in allen Offnungen habsburgischer Orte des Zürichgaus. Dagegen sind die Genossen dieser Gotteshäuser, auch wenn sie im Gebiet der freien Dingstatt geboren sind, dem Herrn von Grüningen fallpflichtig mit dem Besthaupt. Diese allerdings auf Gotteshausleute eingeschränkte Fallpflicht, die bei habsburgischen Besitzungen immer nur erscheint, wo die Habsburger in die Rechte eines Gotteshauses eingetreten sind, wie bei Dürnten und Mönchaltorf (I 271 und 274), erklärt sich hier wohl aus der Uebereinkunft, welche mit jenen sieben Gotteshäusern wegen des Connubiums im Sinne der Gegenseitigkeit geschlossen werden musste. Die Freiheit ist in diesem Fall doch eine durch die charakteristische Abgabe der Hörigkeit beschränkte.

Freie Leute beerbt der Herr auch in Ermangelung von Leibeserben nicht; sie haben freies Testierrecht über ihre Fahrhabe. Aber Harnisch, Waffen, Werkzeug und Häuser gehören zum liegenden Gut; dieses scheinen die Genossen zu erben und niemals der Herr. Diese Verhältnisse erhielten sich, wenigstens was die Abgaben des Vogtrechts betrifft, genau in denselben Posten an Geld und Naturalien auch unter zürcherischer Herrschaft bis zur Ablösung 1840 und 1848 (vgl. meine habsburgischen Vogtsteuern im Jahrbuch f. Schweizergeschichte VIII 166). Auch die Abgabe des Falles wurde von Zürich noch um Mitte des 15. Jahrhunderts erhoben, so dass z. B. 1558 die Einnahmen vom Fall im Amt Grüningen 187 ß betrugen (Grüninger Amtsrechnung im St. A. Z.). Allerdings hat Zürich gleich nach Erwerbung der Herrschaft Grüningen aus den Händen der Gessler, die alten Rechte der Leute vielfach eingeschränkt, wie die während des alten Zürichkrieges erhobenen Klagen von 1441 beweisen (Akten Grüningen). Eine Kundschaft, die damals bei den Bauern aufgenommen wurde, zeigt, dass diese in grosser Zahl an den Landtagen teilnahmen, wo Gericht gehalten und Todesurteile gefällt wurden. Die Bauern klagen, Zürich hätte allerlei ungünstige Neuerungen getroffen, indem es von den in diesem Gericht zum Tode Verurteilten nicht nur die fahrende Habe, auch die liegenden Güter in Anspruch nehme, die früher den Genossen zukamen, dass es Leute auch wegen ehrbarer Sachen und blosser Bussen in den Turm sperre, den Bauern die freie Wahl des Weibels entzogen und statt der früher auch hier geltenden Beschränkung der Heerfahrtspflicht bis zum Sonnenuntergang, die Leute gezwungen habe, sogar bis nach der Lombardei zu ziehen. Aehnliche Beschwerden erhoben die Grüninger schon 1411 bei Herzog Friedrich (vgl. Hottinger Siebzehn Beschwerdeschriften, im Archiv f. Schweizergeschichte VI p. 133). Auch in dieser Gegend hatte es früher noch weitere freie Genossenschaften gegeben, die nicht unter der kyburgischen Landgrafschaft, sondern unter anderen Vögten standen und von diesen an Klöster verkauft wurden. Dies mag das Schicksal vieler freier Gemeinden gewesen sain, obschon es schwerlich ohne ihre Zustimmung geschehen konnte. 1244 verkauften die Grafen von Toggenburg ihre Vogtei über die freien Leute (homines liberales) von Ferrach an das ganz nahe dabei liegende Kloster Rüti. Zur Belohnung ihrer Zustimmung bestätigte das Kloster den Leuten die Rechte ihres freien Standes in Form einer Offnung. Abgesehen von einem 6 ff betragenden Zins, der wohl das früher an die Toggenburger bezahlte Vogtrecht oder die Vogtsteuer repräsentiert, sollen sie von aller weitern Besteuerung frei sein, aber unter der Gerichtsbarkeit des Propstes stehen, so dass sie also das früher wohl geübte Recht, einen freien Richter aus ihrer Mitte zu wählen, verlieren. Von der Fallpflicht der Eigenleute sind sie zwar frei, aber das Connubium mit den Eigenleuten des Klosters und das Verbot anderer Heiratsverbindungen, also auch mit andern Freien, musste sie allmählich doch immer mehr den Eigenleuten gleichstellen und in diesen aufgehen lassen (Z. U. B. II nr. 516 und 517 in deutscher und latein. Fassung. Wer letztere gesehen hat, wird nicht so unbedingt mit Fr. v. Wyss p. 183 diese für das Original halten, da sie nach Schrift und Pergamentfarbe einen sehr zweifelhaften Eindruck macht, wie eine spätere Abschrift oder Fälschung; allerdings kann auch die faksimilierte deutsche Fassung nicht vor zirka 1280 geschrieben sein).

In ganz ähnlicher Weise verkauften die Ritter von Bernegg 1277 ihre Vogtei über die freien Leute zu Ringwil, die sie von den Grafen von Nellenburg und Veringen zu Lehen hatten, an das Johanniterhaus Bubikon samt Höfen und Eigengütern daselbst (Z. U. B. V nr. 1650 und 1651, von Fr. v. Wyss nicht erwähnt).

Die Grüningen benachbarte Herrschaft Greifensee gehörte zwar auch nicht den Habsburgern, sondern den Grafen von Rapperswil, wurde aber um 1300 von Gräfin Elisabeth von Rapperswil mit Einwilligung ihres Gemahls des Grafen Rudolf von Habsburg-Laufenburg und wohl unter dem Einfluss des Königs Albrecht an dessen getreusten Diener Hermann von Landenberg, Marschall von Oesterreich, verpfändet (Urkundenbuch v. St. Gallen III 304); auch gehörte das Blutgericht zum Teil zur Grafschaft Kyburg, zum Teil zu Grüningen, war also in beiden Fällen in Händen der Habsburger (Fr. v. Wyss p. 179). Die in dieses Gebiet gehörige Offnung von Nossikon 1431 erwähnt eine Dingstatt mit sieben fryen Stuhlsässen, eine Art Schöffen, die um Eigen und Erb urteilen. Wenn das Urteil unter ihnen stössig werde, müssten noch weitere Freie befragt werden (Grimm I. 24). Zu diesem Hof Nossikon und zu

seinem Freigericht gehörten nach einem Urbar der Herrschaft
Greifensee von 1483 (Fr. v. Wyss p. 180) 24 Güter zu Ober-Uster,
Freudwil, Wil, Volketswil, Nänikon, Hegnau, Werikon, Robenhausen und Greifensee. Da ist es nun merkwürdig (und von Fr.
v. Wyss übersehen worden), dass auch das habsburgische Urbar
von der freien Leute Gut zu Freudwil Vogtrecht, Fastnachtshühner,
Twing und Bann, Düb und Frefel in Anspruch nimmt (I 298) und
in Volketswil neben Vogtrecht über Güter von Allerheiligen auch
eine alle Leute des Dorfes umfassende Steuer und gleiche Gerichtsbarkeit (I 292). Darunter sind doch wohl auch die zur Dingstatt
Nossikon gehörigen Freien begriffen. Dass Habsburg auch sonst
noch Besitz in der Herrschaft Greifensee hatte, allerdings weiter
verliehenen und verpfändeten, beweisen die im Pfandrodel erwähnten
Burgrechtlehen in Uster (II 389), Vogteigüter in Freudwil und
Volketswil (II 390 und 496; vgl. auch die älteren Aufzeichnungen
II p. 30, 31, 59, 89, 358 und 688); ähnlich zu Werikon (II 480).

Für die Grafschaft Kyburg unterstützen sich die Angaben
des Urbars und einige Offnungen in besonders glücklicher Weise.
Schon zur kyburgischen Zeit bildeten die um Kyburg sitzenden
Froien eine Genossenschaft, welche das sonst nicht auf Standesverhältnisse eingehende kyburgische Urbar als „advocatia super
liberos" bezeichnet (II p. 30). Gegenüber den Kyburgern, deren
Grafschaft ihrem Kern nach in einer eximierten Allodialherrschaft
bestand und damit nur dürftige Reste der Landgrafschaft Thurgau
und Zürichgau verband (da das 1245 zum Zürichgau gerechnete
Siggental von den Habsburgern zum Aargau geschlagen wurde,
lässt sich von da an kein zürichgauisches Landgericht mehr nachweisen und es dürften im kyburgischen Gebiet der Habsburger
nur noch thurgauische Landgerichtstätten existiert haben), und
möglichst mit dem Eigenbesitz zu verschmelzen strebte, haben die
schon im Aargau über zahlreiche freie Genossenschaften gesetzten
Habsburger den freien Stand der Bevölkerung auch hier bestimmter
betont und besser zu erhalten gesucht. Das Urbar Albrechts führt
im Unterschied vom kyburgischen die freien Leute an den einzelnen
Orten an: zu Tagelswangen, Schalchen, Erikon, Brüggen, Fehraltorf, Madetswil, Neschwil, Ottikon, Eidberg, Hermatswil, Teilingen,
Birchwil, Wermatswil, Ettenhausen, Wetzikon und die Ussidelinge,

die im Amt Kyburg in eine besondere Steuer nach Kyburg zu steuern haben (I 291—308).

Dass dieser Vogtei auch eine Gerichtsgenossenschaft mit Freiengericht an bestimmter Dingstatt entsprochen habe, was der scharfsinnige erste Erforscher dieser Verhältnisse in Ermangelung einer Offnung anfänglich nur als Vermutung äussern konnte, hat bald eine glänzende Bestätigung gefunden durch Entdeckung einer Offnung der freien Gerichtsstatt unter der Buche zu Brünggen. [Fr. v. Wyss in d. Zeitschr. f. schweiz. Recht XVIII p. 26. Staatsarchivar Strickler entdeckte 1874 diese Offnung von Brünggen auf dem Umschlag des Zürcher Fragments der habsburg. Urbar-Reinschrift, was allen frühern Urbarforschern entgangen war, zugleich ein Beispiel für das Schicksal solcher Freigerichtsoffnungen. Uebersehend, dass Fr. v. Wyss sie in der Zeitschrift f. schweiz. Recht XIX, II p. 3 schon mit Erläuterungen abgedruckt hatte, gab ich sie als Beilage zur „Freiheit der Schwyzer" im Jahrbuch X p. 27 mit selbständiger Erklärung. Leider ist diese Offnung in den Abhandlungen z. Gesch. des schweizer. öff. Rechts v. Fr. v. Wyss nur in einer Anmerkung p. 170 Note 2 erwähnt, nicht in den Text hinein verarbeitet.]

Diese Offnung ist wie die von Binzikon erst unter zürcherischer Herrschaft niedergeschrieben, 1433 vom Untervogt zu Kyburg H. Meyer, beruft sich aber doch auf eine unter dem vorhergehenden Landvogt Hans Schwend dem ältern wohl beim Uebergang an Zürich 1424 angestellte Erkundigung bei den wenigen alten Leuten, die noch etwas von ihrer Gewohnheit und Rechtung wussten. Aehnlich wie die Offnungen des Freiamts Affoltern und die von Binzikon von zwei Gerichtsstätten reden, so handelt auch die Offnung von Brünggen sowohl von den Freien, die unter die Buche gen Brünggen gehören, einer von der Kyburg nur eine halbe Stunde entfernten Gerichtsstätte, als auch von äussern Freien in der Grafschaft Kyburg und andern Besitzern freier Güter, die nicht nach Brünggen gehören, sondern eine eigene leider nicht genannte Dingstatt mit genau denselben Rechten haben. Da das Urbar in den Aemtern Kyburg und Winterthur gar keine Weibelbuben anführt, nicht einmal bei Brünggen selbst, und diejenige zu Wilisdorf bei Diessenhofen (I 343) wohl zu weit abliegt, lässt sich diese andere Dingstatt nicht leicht bestimmen. Man könnte an Hafnoren bei Sirnach denken, eine alte Landgerichtsstätte, für welche aus kyburgischer wie aus habsburgischer Zeit und unter Vorsitz habsburgischer Vizelandgrafen Landgerichte bezeugt sind (Z. U. B. III nr. 965, IV nr. 1595 und 96). Dies gehört freilich schon zum Thurgau ebenso wie die Landgerichtsstätte zur Lauben bei Frauenfeld (Z. U. B. IV nr. 1324). Dagegen liegt Eschlikon (bei Dynhard?), wo 1294 ein Thurgauer Landtag abgehalten wurde, noch im jetzigen Kanton Zürich. Da übrigens diese Oeffnung in öffentlicher Gerichtssitzung von dem durch die Freien zum Richter gesetzten Untervogt zu Kyburg in der Vorburg ausgestellt ist, wäre es das einfachste, diese Vorburg oder Stadt Kyburg als zweite Gerichtsstätte zu betrachten, die freilich sehr nahe bei Brüngen liegt. An das spätere „Äussere Amt" jenseits der Thur zu denken, verbietet die Herkunft der Zeugen; neben den Zeugen aus näherliegenden Orten, Eschikon, Ottikon, Nesswil, welche wohl den innern Freien angehören, kommen noch drei Zeugen aus weiter südlich gelegenen Orten vor, Freudwil, Bärenswil, Hof (letzteres bei Bärenswil oder Egg zu suchen). Da Bärenswil im Urbar gar nicht vorkommt, im Gegenteil ein aus dem Amt Kyburg nach Bärenswil übergesiedelter Bauer als vom Herrn von Bärenswil widerrechtlich usurpiert bezeichnet wird (II 315), dürfte die Verbindung dieser äussern mit den innern Freien erst aus späterer Zeit stammen, vielleicht infolge gemeinsamer Pfandschaft. Der wesentliche Inhalt der Oeffnung entspricht so ziemlich demjenigen der Oeffnungen von Binzikon und Affoltern. Wenn der Herr von Kyburg Gericht halten will im Mai oder im Herbst, so ladet er alle Inhaber freier Güter, sie seien persönlich Freie oder nicht, wenn sie auch nur sieben Schuh weit von diesen Gütern besitzen, bei Busse unter die Buche nach Brüngen, soll dann einen Freien zum Richter setzen, oder wenn kein geeigneter da ist, können die Freien auch einen andern dazu setzen, ihm den Stab bieten und ihn freien; hiezu wurde in zürcherischer Zeit, wie bei Erlass dieser Oeffnung selbst geschah, gewöhnlich der Untervogt gewählt. Die sieben Beisitzer aber müssen freien Standes sein und namentlich dürfen über die freien Güter nur Freie urteilen, sei es mit Hand oder Mund. Aehnlich wie in Nossikon beschränkt sich also gewohnheitsmässig die Aeusserung eines mündlichen Urteils auf sieben Freie, die dort Stuhlsässen hiessen; die übrigen Freien pflegten nur noch mit Handaufheben ihre Zustimmung oder Ablehnung dieses Urteils auszudrücken, ähnlich wie schon in der altgermanischen Volks- und Hundertschaftversammlung nach Tacitus. Eine Eigentümlichkeit dieser Offnung ist aber, dass ausser den Freien in Fragen, welche nicht die freien Güter betrafen, an der Versammlung und Abstimmung auch unfreie Inhaber freier Güter teilnehmen durften, ja sogar Hintersassen, die für den eigentlichen Inhaber das Gut bebauten. Es gab also unter diesen kyburgischen Freien auch Männer, welche das landwirtschaftliche Gewerbe nicht persönlich ausübten, sondern wie Edle durch einen bäuerlichen Lehenmann betreiben liessen. Es waren dies wohl Abkömmlinge ursprünglich freier Bauern, die nach jener auch durch die Offnung von Binzikon bezeugten Tendenz der Habsburger zum ritterlichen Ministerialendienst gezogen wurden, da nicht abzusehen ist, was sie sonst getrieben haben sollten. Die Ministerialen aber waren trotz ihrer eigentlich mehr theoretischen persönlichen Unfreiheit berechtigt, an den landgräflichen Gerichten mit den Freien zu erscheinen, ja sie bildeten einen erheblichen Teil dieser Landtage und spielten eine entscheidende Rolle dabei zu Gunsten der herrschaftlichen Politik; sie sind eine Art Fortsetzung der Comites des Tacitus, die auch schon die Entscheidung der Abstimmung im Sinne der Principes gaben. Für ihre Dienstsachen hatten die Ministerialen allerdings ihr eigenes Hofgericht im Kilchhof zu Winterthur, konnten aber von diesem an das Landgericht appellieren. Hiefür besitzen wir eine interessante Urkunde von 1277 (Z. U. B. V nr. 1687). Ein von der Aebtissin von Lindau an das Kloster Töss verkauftes Gut in dem bei letzterm gelegenen Lüchenthal wurde von den Leuten von Lüchenthal, die als persönlich freie aber belehnte Bauern zu betrachten sind, als Erblehen angesprochen. Darüber sass der Ammann der Herrschaft Kyburg in Anwesenheit der Dienstmannen Kyburgs im Kilchhof zu Winterthur zu Gericht. Gegen das vom Herrn von Bichelsee vorgeschlagene und mit Mehrheit angenommene Urteil, welches den Lüchenthalern die Beweispflicht mit Zeugen oder Urkunden auflegte, appellierte ein anderer Dienstmann, Konrad von Schlatt, an den „Landtag", der nichts anderes sein kann als das gräfliche Landgericht, an wel-

chem Dienstmannen, wie edle und bäuerliche Freie, teilnahmen. Hier
erhielt die Meinung Bichelsees wiederum das Mehr, und der Ammann
verkündigte in einem folgenden zu Illnau gehaltenen Hofgericht
dies als definitives Urteil, da die Lüchenthaler den Beweis
nicht erbringen konnten. In einem dritten wieder im Kilchhof
gehaltenen Hofgericht leisteten sie daher Verzicht (vgl. auch Fr.
v. Wyss Oeff. Recht p. 270; doch möchte ich den „Landtag" nicht
für einen blossen Ausschuss des Landgerichts, sondern für dieses
selbst halten, wie es für die thurgauischen Gerichtsstätten Hafneren
und zur Lauben und zum Teil ebenfalls für Ministerialengüter bezeugt
ist; vgl. Z. U. B. III nr. 965, natürlich ist es nicht zu verwechseln
mit den viel beschränktern Gerichtsstätten der freien
Bauerngenossenschaften). Nach dem weiteren Wortlaut der Offnung
soll der Herr von Kyburg nur dabei sitzen und hören, was sein
Recht sei oder der Freien Rechtung. Die Freien haben freies
Recht, ihre Güter zu verkaufen oder zu vermachen, wem sie wollen,
auch an Unfreie, nur müssen sie das Gut zuerst einem Freien,
dann einem unfreien Genossen der freien Güter anbieten und zwar
5 β billiger als einem andern; andere Käufer haben umgekehrt
dem Herrn von Kyburg einen Dritteil der Kaufsumme zu entrichten;
von letzterer Abgabe sind die Güter der äussern Freien befreit,
so dass diese also eine noch etwas günstigere Stellung einnehmen.
Stirbt ein Freier, ohne Leibeserben oder Vermächtnis zu hinterlassen,
so erhält der zunächst gesessene Freie das Gut. Will der Herr
von Kyburg in den Krieg ziehen, so sollen die Freien mit ihm
ziehen und reisen, doch so, dass sie auf die Nacht wieder an der
Herberge sind; gegenüber der Offnung von Affoltern, welche
den Freien berechtigt, schon bei Sonnenuntergang wieder zu Hause
zu sein, ist diese blosse Zusicherung eines Nachtquartiers eine
auffallende Ausdehnung der Heerfolgepflicht, die doch wohl erst
in späterer Zeit, vielleicht erst seit der zürcherischen Herrschaft
oder infolge der Kriege mit Zürich, eingerichtet wurde, wie ja die
Eidgenossen überall den frühern habsburgischen Untertanen eine
viel weitergehende Kriegsdienstpflicht auflegten. Dazu soll der
Herr von Kyburg die inneren und äusseren Freien, letztere auch
gegen andere Herren, bei ihren Rechten handhaben und schirmen
und dafür von jedem jährlich ein Huhn erhalten, das bei den

äussern „Freihuhn" heisst („án fürwort" deutet auf die ursprüngliche Freiwilligkeit der „Bede"); zu weitern und eigentlichen Steuern sollten wenigstens die äussern nicht verpflichtet sein. Diese auch für die innern Freien stillschweigend vorausgesetzte Steuerfreiheit widerspricht aber dem Urbar, welches von den Freien des Amts Kyburg, gerade auch zu Brünggen selbst (I 297), sowohl Vogtrecht als Geldsteuer in erheblichem Betrage verlangt; und dies ist nicht etwa eine habsburgische Neuerung, schon im Kyburger Urbar ist eine Natural- und Geldsteuer von der advocatia super liberos vorausgesetzt (II p. 30). Es ist wohl eher umgekehrt an eine Erleichterung von Seite Zürichs zu denken als Kompensation für die ausgedehnte Dienstpflicht; dies bestätigt die Auffassung, dass die Vogtsteuer der Freien eigentlich eine Militärpflichtersatzsteuer sei.

Die Rechtung der äussern Freien ist der für die Urkunde zu Grunde gelegten Rechtung der innern sehr ähnlich, meist gleich, zeigt aber doch in den bei einigen Artikeln angegebenen Abweichungen den Charakter grösserer Freiheit und Unabhängigkeit von Kyburg; besonders sind sie mit Ausnahme des auch von ihnen zu entrichtenden Freihuhns befreit von allen Steuern, was bei den innern nicht ausdrücklich gesagt ist und zur habsburgischen Zeit gar nicht der Fall war. Vielleicht liegt gerade nur darin der Grund, dass das Urbar von den äusseren Freien nicht redet. Nach der Offnung soll der Herr von Kyburg die äusseren Freien gegen widerrechtliche Zumutungen anderer Herren schützen, besonders auch in Behauptung ihres etwa angefochtenen freien Standes. Dies macht den Eindruck, dass die Gerichtsbarkeit über diese äussern Freien mit Ausnahme des dem Grafen verbliebenen Blutgerichts an kleinere Herrschaften, Gerichtsherrn, gekommen sei und dass sie beim Grafen nur Schutz gegen weitergehende Unterwerfung und Herabdrückung zu Eigenleuten suchten. So erscheint auch die Grafschaft Kyburg als ein Hort des freien Standes und der freien Güter in weiterm Umkreis, eine Auffassung, die eher auf die habsburgische als die kiburgische, jedenfalls nicht auf die züreherische Zeit zurückgeht. Da Zürich jene Gerichtsherrschaften, zu welchen die äussern Freien gehörten, ebenso oder noch früher erwarb wie die Grafschaft, hatte es kein Interesse, die äussern Freien gegen die Gerichtsherrschaft zu schützen, ausser dass es die Kompetenz derselben gegenüber dem Grafschaftsgericht abgrenzt, und hat wenigstens in der spätern von 1506 datierenden Offnung der ganzen Grafschaft Kyburg mit seiner nivellierenden Tendenz von Froien wie Eigenleuten das Fastnachtshuhn ohne Unterschied und nicht mehr unter dem Namen „Froihuhn" gefordert (Grimm I, 18). Diese nicht ohne weiteres auf habsburgische Zeit zurückzubeziehende Offnung schreibt der Herrschaft Kyburg das Recht zu, die freien Leute, Eigenleute, unverliehenen Gotteshausleute, Landzüglinge, Bastarden, alles ohne Unterschied zu beherrschen und zu bevogten, sowohl in den hohen als in den kleinen Gerichten der Grafschaft. Diese Offnung führt auch allgemein die Fallpflicht ein, ohne die Freien davon auszunehmen, falls wenigstens die Frau dem Haus Kyburg gehört; sie lässt zwar die von Habsburg begründete Genossame mit den sieben Gotteshäusern bestehen, insofern sie keine Busse auf solche Heiraten setzt, lässt aber die Erbschaft solcher Ehen vollständig an das Haus Kyburg fallen, wenn die Mutter oder der Vater Hörige eines Gotteshauses oder Edelmanns waren, so dass die Kinder nur ein billiges Vorkaufsrecht haben. Das freie Abzugsrecht bleibt nur den Landzüglingen, d. h. den in die Grafschaft erst eingewanderten Leuten. Andere Leute, die weder zu den Eigenen des Hauses Kyburg noch zu den unverliehenen Gotteshausleuten, noch zu den Landzüglingen gehören — diese können nur die Froien sein, die aber wohl geflissentlich nicht als solche bezeichnet werden — haben Vermächtnisrecht über ihre Güter. Die Kriegsdienstpflicht wird natürlich unter Berufung auf alte Gewohnheit festgehalten, aber die zu dieser Gewohnheit gehörige Beschränkung beseitigt. Nur ganz am Schluss redet diese Offnung ausdrücklich von den freien Leuten, aber nicht um ihre Freiheit zu betonen, sondern nur um zu sagen, das die „Fryen" wie die Eigenleute, Gotteshausleute, Landzüglinge und Unehlichen dem Herrn von Kyburg jährlich ein Fastnachtshuhn zu geben haben.

 Trotz dieser ungünstigen Tendenz der zürcherischen Grafschaftsoffnung hat sich doch gerade die Gerichtsorganisation der kyburgischen Freien bis zur Revolutionszeit erhalten. Dies zeigen die von 1605—1750 erhaltenen Protokolle des alten Landgerichts der Grafschaft, welches noch in dieser Zeit unter der Linde vor der Kirche zu Kyburg mehrmals jährlich gehalten wurde und doch dafür spricht, dass die zweite Gerichtsstätte der Brüngger Offnung eben hier zu suchen ist oder die Brüngger Dingstatt hieher verlegt wurde. Hier urteilen zirka 12 Bauern, die nur Freie sein können, aus dem ganzen Umfang der Grafschaft als „freies Landgericht" unter dem Vorsitz des Landvogts von Kyburg über Malefizsachen, wie Mord und Hexerei, mit voller Kompetenz zu Todesurteilen ohne Berufung an den Zürcher Rat. (Malefizbuch von Kyburg im Staatsarchiv Zürich, schon berührt im „Zürcher Hexenprozess" im Taschenbuch 1902.) Dieses freie Landgericht ist verschieden vom Grafschaftsgericht, das, in der Burg abgehalten, nur leichtere Fälle behandelt, und steht in einer eigentümlichen Konkurrenz mit dem sonst für die ganze Landschaft, auch für kyburgische Gegenden ausgeübten Malefizgericht des Zürcher Rates. Wahrscheinlich hatte es seine Kompetenz jenem gegenüber gerade nur für die Rechte der freien Bauern erhalten. Eine Parallele dazu bildet das ebenfalls aus Bauern bestehende und als „Landtag" bezeichnete Malefizgericht der Landvogtei Wädensweil von zirka 1501—1646 (daselbst); freilich war diese Gegend niemals habsburgisch. Auch in der Landvogtei Grüningen bestand noch im 16. und 17. Jahrhundert eine Malefizgerichtsbarkeit, welche unter Vorsitz des Vogtes von 12 Bauern unter dem Namen „Landtag", etwa auch „Landsgemeinde", ausgeübt wurde und wobei häufig Todesurteile gefällt und vollstreckt wurden; z. B. 1535, 1536, 1538, 1541, 1550. Neben diesem damals wohl in Grüningen selbst gehaltenen Landtag werden die Maien- und Herbstgerichte zu Binzikon, Wald, Fischenthal, Altorf, Dürnten nur noch als untergeordnete Gerichte erwähnt. (Amtsrechnungen von Grüningen im St.-A. Z.). 1541 wird geklagt, dass bei Berufung zum Gericht niemand kam; aber 1551 wurden die erledigten Stellen im Gericht zu Grüningen wieder besetzt und das 1550 umgeworfene Hochgericht zu Grüningen wieder aufgerichtet (Akten Grüningen). Diese drei Beispiele zeigen aber doch, dass sich gerade in zürcherischen Gegenden freie Bauern mit der Kompetenz höchster Gerichtsbarkeit trotz aller Herrschafts- und Verfassungsumwälzungen bis in das 18. Jahrhundert erhalten haben. Wie viel zahlreicher müssen die durch ihre Isolierung immer mehr abnehmenden Freien zur Zeit des Urbars gewesen sein!

Kürzlich ist für Fehraltorf, wo das Urbar (I 298) Freie und Vogtleute mit Vogtrecht erwähnt, eine Offnung von 1474 entdeckt worden, die zwar meist vom Weidgang und andern landwirtschaftlichen Dingen handelt, aber doch gleich im ersten Artikel noch der landgräflichen Gerichtsbarkeit erwähnt, indem sie sagt: „alle Zwing und Bänn und alle Gericht zu Altorf gehörend einem Landgrafen zu Kyburg zu. Item es soll ein jeglich hushab zu Altorf einen Landgrafen gewonlich dienst tun und geben ein vasnachthuhn. Item es ist ouch recht, dass die von Altorf sond haben einen Weibel, und wen das Meer erwelt, dem sol es ein Vogt lichen etc." (Unediert, 1886 im Gemeindearchiv in zwei Exemplaren aufgefunden, deren eines dem Staatsarchiv überlassen wurde.) Dies stimmt sowohl mit den Offnungen der übrigen Freigerichte als mit der Stelle des Urbars über Altorf (I 298): „ze Altorf der vrien und der vogtlüte gut giltet ze vogtrechte 7 mütt und 1 viertel kernen Zürich mess. Es git je der man ein vasnachthuhn. Die herschaft hat da twing und ban und richtet düb und frevel". Mit den „Vogtleuten" sind vermutlich Gotteshausleute unter habsburgischer Vogtei gemeint, jedenfalls nicht Eigenleute, da bei diesen die Abgabe nie „Vogtrecht" heisst.

In dem ebenfalls zur Grafschaft Kyburg gehörigen Amt Kloten erwähnt das Urbar zwar nirgends freie Leute, lässt aber durchblicken, dass neben den angeführten Gotteshausleuten und Eigenleuten noch andere Leute den Habsburgern steuerpflichtig sind, da in den meisten Fällen das ganze Dorf Geldsteuer (Vogtsteuer) und Fastnachthühner entrichtet und unter der Düb- und Frefelgerichtsbarkeit der Herrschaft steht. Z. B. in Opfikon erwähnt das Urbar (I 245) nur ein Gut des Zürichbergklosters, fährt aber fort: „es git jeder man ein vasnachthun. Die liute des vorgenanden dorfes hant gegeben ze stüre jerglich nicht mor danne 3½ ₰." Aehnlich verhält es sich bei Seebach, Oberhausen, Riedon, Wallisellen, Oberhasli, Oberglatt, Schwamendingen, Oerlikon, Kloten. Die Mehrzahl dieser steuerpflichtigen und unter habsburgischer Frefelgerichtsbarkeit stehenden Dorfeinwohner können also doch nicht Gotteshausleute noch Eigenleute sein, sondern nur dem Landgrafen direkt unterstehende, d. h. freie Leute. Dass das Urbar dies nicht ausdrücklich erwähnt, rührt vielleicht daher, dass hier infolge zahlreicher Besitzungen zürcherischer Gotteshäuser die Organisation eigentlicher freier Genossenschaften und Freigerichte verschwunden war und sich ein gemeinsames Gericht für die Freien und die ebenfalls unter kyburgischer Vogtei stehenden Gotteshausleute gebildet hatte. Dies ging hier um so leichter an, als die sogen. „freien Gotteshausleute" der Zürcher Kirchen eine besonders günstige, den Freien ähnliche Stellung hatten. Daher betonen noch die dem Anfang des 15. Jahrhunderts angehörigen Offnungen von Kloten und Bassersdorf (Grimm IV 279 und Schauberg Zeitschrift I 187), dass hohe und niedere Gerichte dem Haus zu Kyburg, aber auch der Bauersame selbst von alters her gehören und an zwei Jahresgerichten ausgeübt werden, unter Vorsitz des kyburgischen Vogtes, aber nach dem Urteil der Hausgenossen, die auch den Weibel wählen und absetzen.

Ausserhalb der jetzigen Schweiz finden sich Freie namentlich im Schwarzwald, selten im eigentlichen Schwaben, wo sie fast nur in den hohenzollerschen Gegenden vorkommen, im Amt Sigmaringen zu Talheim, Buchheim, Ablach, Hausen etc. (I p. 421 und 426).

c. Gotteshausleute. Gerade die zunächst an der Reichsstadt Zürich gelegenen Aemter des Urbars zeigen am meisten Gotteshausleute, aber auch eine so starke Annäherung derselben an den Stand der Freien, dass sich oft schwer sagen lässt, worin der faktische Unterschied zwischen den unter habsburgischer Vogtei stehenden freien Gotteshausleuten und den unter habsburgischer Landgrafschaft stehenden Vollfreien bestand. Für die Habsburger höchstens darin, dass diese Gotteshausleute nicht die Land- und Grafschaftsgerichte besuchten, sondern besondere Vogteigerichte, wo keine ritterlichen Ministerialen erscheinen konnten. Für die Bauern selbst bestand allerdings der wesentliche Unterschied darin, dass zu den an Habsburg zu entrichtenden Steuern noch Grundzinse und Abgaben aller Art für das Gotteshaus hinzukamen, dass auch dieses meist noch eine niedere Gerichtsbarkeit hatte, die Belastung also eine doppelte war und die habsburgischen Steuern deswegen nicht geringer waren.

Diese Klasse erscheint im Urbar so zahlreich und auf sie ist auch eine so grosse Zahl von Offnungen bezüglich, dass ihre Lage nur an einzelnen Beispielen erörtert werden kann. Dagegen sind

verschiedenen Arten von Kirchenvogtei zu unterscheiden und
e Gotteshäuser aufzuzählen, über deren Leute Habsburg irgend-
welche Vogteirechte besass. Obwohl die Kirchenvogtei eigentlich gerade als richterliche
Amtung der von der gräflichen Gerichtsbarkeit eximierten Im-
munitätsherrschaften betrachtet wird und somit eine Aufhebung
der landgräflichen Rechte bedeutete, hatten doch die Habsburger
ust überall im Gebiet ihrer ursprünglichen Grafschaften die
Kirchenvogtei an sich gebracht; nicht nur bei den von ihnen
selbst aus ihrem Besitz gestifteten Klöstern sich das Vogteirecht
vorbehalten, sondern auch bei den ältesten Klöstern die Vogtei
lor meisten Besitzungen erwerben, welche in ihren Gegenden
lagen. War es ihnen doch unter Rudolf sogar gelungen, die
Reichsvogtei über die Stadt Zürich und ihre Gotteshäuser selbst
in die Hände der habsburgischen Vizelandgrafen zu legen; eine
Kombination, die freilich mit dem Verlust der Krone dahinfallen
musste. Was ihnen an Rechten der Gerichtsbarkeit und Steuern
durch die Immunität der geistlichen Besitzungen und ihre Exemtion
von der Grafschaft entzogen war, brachten die Habsburger als
Kirchenvögte vielfach doch wieder ein, verwandelten so diese Einrichtung ins Gegenteil von dem, was sie sein sollte, und machten
sie ganz illusorisch. Dieses Beispiel warnt zugleich zur Vorsicht
gegen die herkömmliche verfassungsgeschichtliche Doktrin, welche
auf dem schroffen Gegensatz zwischen Vogtei und Grafschaft basiert
und vergisst, dass die historische Wirklichkeit oft mit diesen Gegen-
sätzen ein blosses Spiel trieb. Damit fallen z. B. auch manche der
Bemerkungen, welche Waitz in seiner scharfen Kritik der eidg.
Bünde Keppe gemacht hat, dahin.

Die ganze Frage mündet schliesslich in den neuerdings wegen
des Städtewesens entbrannten Streit über die Wirkungen und Folgen
der Immunität ein und spricht für die neuere, diese Wirkungen
beschränkende Ansicht.

Bei einer Herrschaft von der grossen Ausdehnung und ver-
hältnismässigen territorialen Geschlossenheit, wie der habsburgischen, musste die Bedeutung der Exemtion geistlicher Immunitäten
fast ganz zurücktreten; an vielen Orten flossen die Gotteshausleute mit den unter der Grafschaft stehenden Freien, ja mit den

habsburgischen Eigenleuten in eine einzige Gerichtsgenossenschaft zusammen; aber auch die Offnungen von Ortschaften, die vorwiegend von Gotteshausleuten bewohnt sind, stimmen mit denjenigen freier Bauerngenossenschaften fast ganz überein und lassen beide Klassen in ganz ähnlicher Lage gegenüber den Habsburgern erscheinen (z. B. Bassersdorf, vgl. unten). Auch das Urbar, das doch darauf ausgeht, den rechtshistorischen Ursprung der Rechte überall zu ergründen und zu betonen, muss doch in vielen Gegenden und Ortschaften auf die Unterscheidung dieser Klassen verzichten. Es fasst für Steuer und Gerichtsbarkeit oft ganze Dörfer zusammen, obschon es darin Gotteshaushöfe erwähnt. (I p. 4 „das dorf ze Theigenheim und der münchhof, der darinne lit von Paris"; dagegen ist p. 23 die Kirchenvogtei für Schorwiler genau ausgeschieden; ähnlich p. 110 in Ennetbaden, wo Güter von Habsburg, St. Blasien und Einsiedeln erwähnt sind.)

Auch wo das Urbar den Ursprung der Rechte genau unterscheidet, nimmt doch die habsburgische Aemterorganisation, die rein geographisch ist, keine Rücksicht auf die Verschiedenheit der Bevölkerungsklassen und fasst meist zwei, oft alle drei Klassen in ein Amt zusammen, wie die beiden Aemter Säckingen und Wehr aus landgräflichen, Kastvogtei- und weltlichen Herrschaftsrechten bestehen (I 56—66). Vielleicht am buntesten ist das Amt Kloten zusammengesetzt, aus Vogtei über Güter des Chorherrenstiftes Grossmünster, der Abtei Zürich, der Augustinerchorherren auf dem Zürichberg, der Cistercienserinnen im Selnau, der Lazariter in Gfenn, aber doch auch aus habsburgischen Eigenhöfen zu Kloten und zu Neerach, zu welch letztern mehrere Dörfer gehörten; vielleicht auch aus Freien, obschon sie nicht ausdrücklich erwähnt sind; denn auch in Ortschaften, wo nur ein einzelnes Gotteshausgut erwähnt wird, sind doch alle Leute des Dorfes steuerpflichtig an Habsburg (z. B. in Opfikon I p. 245) und neben den zum Amt Kloten gerechneten Aussiedelungen in Birchwil werden nachher beim Amt Kyburg auch freie Leute in Birchwil genannt (I 252 und 306). Aehnlich fasst das Amt Grüningen mit den organisierten Genossenschaften freier Leute die von den Regensbergern erworbenen Kirchenvogteien und von St. Gallen zu Lehen erhaltene Höfe, Vogteirechte über Güter des Klosters Schännis und einige wenige habsburgische Eigengüter (letztere I p. 279) zusammen. Auch die Rechtung zu Einsiedeln war, wie's scheint, zz diesem Amte geschlagen. Seltener sind Kirchenvogteirechte in den schwäbischen Aemtern, wo von Rudolf und Albrecht erkaufte Eigengüter vorwiegen; doch kommen auch hier vereinzelte Vogteirechte über Besitz des Klosters Reichenau (I 377, 386 und 456), des Schaffhauser Klosters Allerheiligen (I 376), der Reichsabtei Isny (382), der Klöster Weingarten (I 403), St. Blasien (437), Beuron (412) und des Bistums Konstanz (453) vor.

Die Erwerbung der Vogtei ist zeitlich selten nachweisbar; vielleicht ist gerade in diesen Gegenden die Exemtion der geistlichen Immunitäten von der Gaugrafschaft überhaupt nie durchgedrungen (wie F. v. Wyss, Oeff. Recht, p. 40 allgemein als möglich annimmt); darauf deutet der besonders bei der Vogteigerichtsbarkeit vom Urbar häufig gebrauchte Ausdruck: „die herrschaft richtet von gewonheit dûb und vrevel"; (vgl. I, 215—247, 251—256). Die vorliegenden Urkunden enthalten eher Verzichtleistungen auf bisher habsburgische Vogteirechte, wie z. B. 1292 Herzog Albrecht auf Vogteirechte über Güter des Klosters Katharinenthal zu Basadingen und Rudolfingen verzichtete, freilich nur in Bestätigung einer kyburgischen Urkunde von 1262 (Herrgott Geneal. III, p. 507 und und 548 mit falschem Datum 1282). Ebenso verzichtete Albrecht 1298 auf Vogtsteuern des dem Kloster Wettingen gehörigen Hofes Rossberg und verbot seinem Vogt, hier Steuern zu erheben (Archiv f. Oesterr. Gesch.-Quellen VI 163). Dies war freilich nur die letzte Konsequenz der schon von Rudolf 1274 beurkundeten Schenkung dieses Hofes an das von aller Vogtei befreite Cistercienserkloster. Ohne nötigende Veranlassung oder Vorteil, wie beim Tausch mit Murbach, waren die Habsburger nicht leicht zur Verzichtleistung bereit, viel weniger als die Kyburger, von welchen viele solche Verzichte erhalten sind (Z. U. B. II nr. 533 zu Gunsten Kappels, III nr. 985 zu Gunsten Feldbachs). Im Gegenteil waren die Habsburger geneigt, jene früheren Verzichte zu ignorieren oder anzufechten und noch weitere Rechte als die blosse Vogtei zu beanspruchen; so im Streit mit der Abtei Zürich über die Kapelle Schlieren 1245; (Z. U. B. II nr. 619), wo ihnen ein Schiedsgericht nur die Vogteirechte zusprach; und selbst gegenüber Schenkungen ihrer eigenen

Vorführen, wie 1247 Graf Rudolf in Bezug auf den von seinem Grossvater an Kappel vergabten Hof Baar (Z. U. B. II nr. 650 und 856 und 910). Nachher hielten sie noch mehrere Jahre lang das zum Hof gehörige Patronatsrecht der Kirche zurück. Auch die Abtretung der Vogtei über die von ihrer Gründung Muri an die Cistercienser von Wettingen abgetauschte Kirche Thalwil verzögerten die Habsburger mehrere Jahre lang (Z. U. B. III nr. 984). Der so häufige Verkauf von Vogteirecht an die betreffende Kirche selbst oder eine andere beweist ja auch, dass man den Zweck der Vogtei ganz vergessen hatte. (Z. U. B. V nr. 1960, 1993, VI nr. 2081, 2091.) Am auffallendsten ist, dass ein Kloster (Katharinenthal) Vogtei und Meieramt an sich kauft, sich aber den bisherigen Vögten zu jährlichen Naturalabgaben verpflichtet, die nicht viel anderes sind als die fortdauernde Vogtsteuer. (Z. U. B. III nr. 1121). Beim Verkauf von Dietikon und Schlieren an Wettingen 1259 behielten die Habsburger sich nebst den Grafschaftsrechten das Patronat und die Vogtei über die Kirche Dietikon vor (Z. U. B. III nr. 1079). Wo sie etwa ein vereinzeltes Vogteirecht abtraten, da taten sie es nicht unentgeltlich, sondern durch Verkauf, wie Rudolf die Vogtei in Lüchenthal 1273 an das Kloster Töss verkaufte (Z. U. B. IV nr. 1520).

Es wäre ungerecht, dieses Verhalten nur auf Habsucht zurückzuführen. Die verhältnismässig geschlossene Territorialmacht der Habsburger lag im öffentlichen Interesse der Ordnung und Sicherheit gegenüber der mittelalterlichen Zerstückelung durch geistliche Immunitäten. Die Habsburger waren in der ganzen Gegend die einzige Macht, welche durch Verbindung der verschiedenen Bevölkerungsklassen eine gewisse Freizügigkeit und freies Conubium ermöglichte, die Vertreter der alten öffentlichen Gerichtsgewalt gegenüber dem partikularistischen Wirrwarr.

Die dem Haus Habsburg zustehenden Vogteirechte über Kirchengut waren sehr ausgedehnt und bildeten einen sehr bedeutenden Teil der Gesamtrechte und Einkünfte, eine willkommene Ergänzung und Abrundung zu den Rechten, welche auf andern Titeln beruhten, da Kirchengüter überall zerstreut waren und fast in jeder Ortschaft mit freiem und herrschaftlichem Gut beisammen lagen. In der Hand der mächtigen Habsburger hatte die Vogteigerichtsbarkeit grösseren Umfang und mehr Bedeutung als in der eines kleinen lokalen Vogtes aus dem Freiherrn- oder Ritterstande (F. v. Wyss Oeff. Recht, p. 39). Die Habsburger besassen meist die Dieb- und Frevelgerichtsbarkeit über das Kirchengut, d. h. die höhere Gerichtsbarkeit; sehr oft auch die niedere, Twing und Bann; nur selten kommt bei ihnen die sonst gewöhnliche Beschränkung des Vogts auf ⅓ der Gerichtsbussen vor.

Zwei verschiedene Formen sind bei der Kirchenvogtei zu unterscheiden (F.v.Wyss, Zeitschr. f. Schweiz. Recht XVII und XVIII, hat den Unterschied zuerst gemacht, aber in seinem Oeffentlichen Recht nicht wiederholt). Die ältere, einfachere und umfassendere Form war die Kastvogtei über die Klöster selbst und ihre gesamten Besitzungen oder den grössten Teil derselben. Die andere, gerade für die Habsburger häufigere Form war die Vogtei über einzelne Güter von Kirchen, deren Kastvogtei in andern Händen lag. Aber innerhalb jeder dieser Formen gestalteten sich die Vogteiverhältnisse wieder sehr verschieden zu den einzelnen Gotteshäusern.

Ueber 10 Klöster besass Habsburg zur Zeit des Urbars das **Kastvogteirecht**. Von Anfang an hatte es sich dasselbe vorbehalten über seine eignen Gründungen Muri und Hermetswil durch ausdrückliche Verfügung von 1085 (Quellen zur Schweiz. Gesch. III 2 p. 34), welche die Vogtei an das jeweilen älteste Glied der Dynastie knüpfte mit Ausschluss jeder Lehensherrlichkeit des Reiches (Geschichtsfreund 27 p. 258).

Auch nach der Gründung wurden diesen eigenen Klöstern, die mit Eigenkirchen in gewissen Beziehungen verglichen werden können, vom Vogt selbst viele Güter geschenkt, über welche er sich dann beliebig mehr Rechte, als einem gewöhnlichen Vogt zukamen, namentlich die niedrige Gerichtsbarkeit, vorbehielt; teils schenkten die Stifter umgekehrt solchen doch von ihnen abhängigen Klöstern unbedenklich etwa auch das Vogtrecht selbst. So erhielt Muri schon von Rudolf 1259 das Vogtrecht der Güter in Islikon (Herrgott Geneal. II p. 346 jus advocatie bonorum), das freilich entfernt genug vom Kloster, im Thurgau liegt und im Urbar wirklich gar nicht vorkommt. Der Verzicht war hier erforderlich wegen Veräusserung des Gutes durch Muri an die von Vogtei befreiten Cistercienserinnen von Frauenthal (Kopp Gesch. II 2 p. 481).

Doch auch in dem nahe gelegenen Waltiswil schenkte Albrecht
der Weise 1239 den Klöstern Muri und Hermetswil Güter samt
dem Vogtrecht, welches Burkhard von Baar von den Klöstern zu
Lohen erhielt, wohl als eine Art Untervogt, dessen Rechte Graf
Albrecht bestätigte (Herrgott II p. 489). Im Urbar (I 140) fehlt
wirklich das Vogtrecht, d. h. nur die so benannte Steuer; die
Twing und Bann-, Düb- und Frefelgerichtsbarkeit blieb beim Haus
Habsburg. Das Urbar redet bei Muri nicht von Kastvogtei,
wohl aber die Offnungen, die hier geradezu charakteristisch sind
für die eigentliche Kastvogtei. (Grimm V 83 und 85 und Argovia
IV 239 und 292). Hienach soll um des Gotteshauses Eigen und
Erb niemand richten als der Kastvogt an des Gotteshauses Statt.
Von den Bussen des Dinghofes Muri selbst erhielt der Vogt nur
einen Drittel. Auch soll der Vogt dem Gotteshaus gegen Widersetz-
lichkeit seiner Zinsleute helfen. Die Grundzinse und Fallabgaben
des Besthauptes kamen ausschliesslich dem Kloster zu; dagegen
bezog Habsburg von den meisten Besitzungen ein Vogtrecht und übte
fast überall in seinem Amt Muri die Düb- und Frefelgerichtsbarkeit, nur an zwei Orten (I 140) auch noch Twing und Bann, welche
Gerichtsbarkeit laut Offnungen meist dem Gotteshaus zustand.

Auch zu Bünzen, wo das Urbar I 141 nur Frefelgericht
erwähnt, übten noch die eidgenössischen Landvögte die Kastvogtei
mit Gerichtsbarkeit über Erb und Eigen aus und behielten ⅔ der
Bussen; dagegen war es wohl eine eidgenössische Neuerung, dass
der Kastvogt die höchste Instanz für Appellationen war; wohl aber
war er wie zu Albrechts Zeiten auf die Frefelgerichtsbarkeit beschränkt. Twing und Bann gehörten dem Kloster und werden in
der Offnung definiert als Gericht über Geldschulden, Uebergriff
und Mäss, Kauf und Verkauf, Zins und Efäden, also keineswegs
bloss landwirtschaftliche Dinge; bei diesen hatte vielmehr auch die
Gemeinde mitzusprechen und die Hälfte der Bussen von Einungen
über Holz und Feld zu beziehen (Offnung von 1568 in Argovia
IV p. 330 ff). Die Offnung des murenser Kelnhofes Boswil von
1421 (Argovia IV 315) schreibt merkwürdigerweise dem Vogt
ein Vogtrecht von 60 Mütt Steuerkernen zu, von welchem das
Urbar I 141 nichts weiss, da es hier nichts als Düb- und Frefelgericht erwähnt.

Unter habsburgischer Kastvogtei stand, wie zwar nicht das Urbar, aber ältere Urkunden bezeugen, auch das elsässische Kloster Murbach (castaldus in Urkunden von 1196—1213 bei Herrgott Geneal II. 205 und 220). Vom Abt hatten die Habsburger früher die Vogtei über Besitzungen im Elsass wie um Luzern zu Lehen getragen und zum Teil an Untervögte, wie an die Herren von Rothenburg, weiter verliehen; aber am 16. April 1291 kaufte König Rudolf für seinen Sohn Albrecht und dessen Neffen Johann die luzernischen Besitzungen samt der Kirchenvogtei und trat dafür die Vogtei über die elsässischen an das Kloster ab (I p. 2 und 215, vgl. auch Segesser Rechtsgeschichte der Stadt und Republik Luzern I 125 und die Urkunde im Geschichtsfreund I 210). — Dieses Geschäft ist wohl ein Beweis dafür, dass man auf die alte Kastvogtei als Gesamtvogtei über das Kloster keinen Wert mehr legte und alles nur noch auf die Vogteirechte über einzelne Besitzungen ankam.

Da die von Pfeiffer (p. 11) noch aufgenommene Stelle des Urbars über die abgetauschten elsässischen Orte wohl einer vor 1291 aufgenommenen Urbarisierung angehört oder andere Rechte als die abgetauschten betrifft (vgl. I p. 14 und II 2 p. 349), so verzeichnet das Urbar nur noch ein einziges Murbacher Vogteirecht im Elsass, das über den Dinghof Blotzheim (I 30); bei Weckolsheim hat nur Pfeiffers falsche Korrektur Murbach statt Marbach eingesetzt (I 14). Die zum Teil erhaltenen Offnungen dieser Elsässer Dörfer wissen nichts von habsburgischer Vogtei (Grimm IV 126—130; es ist daher eine unrichtige Vermutung Schultes p. 531, dass jene abgetauschten Orte bald wieder durch andere ersetzt worden seien). Ebenso hatten die Habsburger noch die Murbacher Vogtei über die aargauischen Höfe Elfingen und Rein vom Abt zu Lehen getragen, bis Rudolf 1291 diese Höfe ganz zu Eigen kaufte (I 92 und 95). Bei Rogisheim und einigen andern Orten, wo das Lehensverhältnis noch fortdauerte, erwähnt das Urbar (I 2) die faktisch bedeutungslos gewordene Oberlehensherrlichkeit Murbachs über das Vogteirecht gar nicht. Dass das Kloster überhaupt die Vogtei gerade dem Landgrafen selbst zu Lehen gab, ist ja wieder eine Verdrehung der Bestimmung der Kirchenvogtei. Dagegen erwähnt das Urbar (I 163) die Murbacher Lehensherrlichkeit beim Dinghof

zu Schafisheim, vielleicht nur, weil die Grafen dieses Recht weiter
an die Herren von Baldegg verliehen hatten. Da die ursprüngliche
Bedeutung der Kirchenvogtei als Schutz gegen Eingriffe öffentlicher
Beamter, aber auch die strenge Ausschliessung der geistlichen
Herren von Ausübung weltlicher Gerichtsbarkeit ganz in Vergessenheit geraten war, entsprachen solche Lehensverhältnisse und Ab-
tauschungen den beiderseitigen Interessen, im Sinne der Zeit möglichst alle Rechte in einem bestimmten Territorium in eine Hand
zu bringen und dafür entlegenen Besitz auszutauschen. Dieses Ziel
wurde so sehr ohne Rücksicht auf den frühern Unterschied der
kirchlichen und weltlichen Rechte verfolgt, dass sowohl die wegen
Inkompetenz der Geistlichen gegründete Vogtei wieder an die
geistliche Herrschaft abgetreten als auch so rein weltliche Rechte
wie Zehnten einfach an weltliche Herren übertragen werden konnten.
In diesem Fall reservierte sich Murbach gar keine Art von Rechten,
ausser einigen der wichtigsten Collaturen, wie der Kirche Luzern
und der Kirche Sempach; im übrigen wurden auch die Patronats-
rechte samt den Einkünften der Pfründen und der rein kirchlichen
Zehntenabgabe abgetreten. Obwohl schon früher etwa Zehnten in
weltlichen Händen lagen und dies bei ursprünglichen Eigenkirchen
wohl in der Regel der Fall war, ist doch der grösste Teil, ja
man kann sagen die Gesamtheit, der im habsburgischen Urbar
verzeichneten Zehnten durch Kauf oder Tausch oder Belehnung
von Klöstern erworben (Waitz Verfassungsgeschichte VIII 360,
Stutz Geschichte des kirchlichen Benefizialwesens 1895 I bespricht
diese Eigenkirchen).

Ausdrücklich als Kastvögte bezeichnet das Urbar die Habsburger für St. Blasien (I 79); in merkwürdigem Gegensatz zu
dessen kaiserlichen und päpstlichen Privilegien freier Vogtwahl
hatte König Konrad IV. diese Vogtei an den Grafen Rudolf verpfändet (I 67 Note 3 und 79 Note 1; vgl. auch Schulte 558 und
Redlich Rudolf von Habsburg p. 84). Habsburg bezog von St. Blasiens
Besitzungen im Schwarzwald Vogtrecht und Vogtsteuer und richtete
Düb und Frefel, wofür etwa auch Düb und Totschlag steht, aber
niemals Twing und Bann, so dass diese niedere Gerichtsbarkeit
wohl dem Kloster zustand. Doch besitzt Habsburg auch Twing
und Bann über einige entlegene St. Blasische Besitzungen in andern

Aemtern: Krenkingen (I 86 und 87), Siggenthal (I 112, 115), Ilegensberg (239, 241) und Ilowen (450). Diese zerstreuten Besitzungen des Klosters standen in so verschiedenartigen Verhältnissen, dass auch das Urbar hier etwa mit der Ausführlichkeit einer Offnung reden muss (I 239 und namentlich I 109 „des vogtes recht ist: ....*). Der Vogt bezog hier meist ⅓ der Bussen. Die Offnung des St. Blasischen Waldamtes schreibt dem Vogt das Gericht über Diebstahl und Todschlag zu, was genau den meisten Urbarstellen entspricht; doch darf er es nicht innerhalb des Zwinges und Bannes des Klosters ausüben, so dass hier die Immunität sich sogar gegen den Vogt kehrt, der eigentlich gerade der Immunitätsbeamte sein sollte! Von den Maien- und Herbstgerichten des Abts hat er ⅓ der Bussen. Gotteshausleute darf er nicht verpfänden, so dass diese besser gestellt waren als das Kloster selbst, auch nicht am Abzug hindern. Bei Eintreibung der auch im Urbar verzeichneten Vogthennen hilft ihm der Waibel des Klosters. (Grimm IV 489).

Aus dieser Offnung ergibt sich auch, dass der Vogt seine Gerichtsbarkeit über Diebstahl und tötliche Verwundung nicht innerhalb des eigentlichen Immunitätsbezirkes St. Blasiens ausüben darf, sondern ausserhalb des Klosters Zwing und Bann ziehen muss und es werden im 22. Artikel als Gerichtsstätten hiefür die nicht in des Klosters Gericht gehörigen Dörfer Brunnadern und Happingen angegeben, die auch das Urbar nicht zur Rechtung St. Blasien, sondern zum Amt Schwarzwald und Waldshut rechnet; doch erwähnt es dabei diese Gerichtsbarkeit über Leute von St. Blasien gar nicht, kennt vielmehr nur freie Leute und habsburgisches Eigengut an beiden Orten und nimmt auch die Twing- und Banngerichtsbarkeit in Anspruch (I 72 und 73). Dies alles macht den Eindruck, dass es sich hier gar nicht um eine des Gotteshauses und seiner Immunität wegen begründete Vogtei, sondern um Fortdauer der landgräflichen Rechte in Bezug auf die Kriminalgerichtsbarkeit handle.

Die Offnung spricht dem Vogt Vogtlämmer zu (§ 68), die auch im Urbar bei den zur Rechtung St. Blasien gehörigen Orten erscheinen (I 80, 81, 83 und 84). Schwerere Abgaben, Landgarben, Zehnten, Frohndienste und Fallrecht kamen ausschliesslich dem

Kloster, nicht dem Vogt zu. Selbst der Kriegs- oder Landsturmdienst war nicht dem Vogt, sondern dem Abt zu leisten. Uebrigens besass St. Blasien noch weitere Höfe, die im habsburgischen Urbar nicht vorkommen und unter anderer Vogtei als der des eigentlichen Kastvogts standen; z. B. zu Eckingen, Detmeringen, Mottenberg, wo vermutlich die benachbarten Grafen von Lupfen und Stühlingen die Vogteirechte ausübten (Grimm Widmer I 306—310). Ueber einen vom Kloster Fischingen an St. Blasien verkauften Hof in Bassersdorf hatten die Toggenburger bis zu diesem Verkauf 1243 die Vogtei (Z. U. B. II nr. 577). In andern Fällen focht Habsburg die in andern Händen liegenden Vogteirechte über Güter St. Blasiens an, wie die Revokationsrödel zeigen (II 350 in projudicium dominii). Auch hier hat die Immunität und Vogtei die gräfliche Gerichtsbarkeit nicht aufgehoben. Eher könnte man die Vogtei der Zürcher Familie Müllner über die St. Blasier Höfe Birmensdorf und Urdorf als eine von den Habsburgern verliehene Untervogtei auffassen (Grimm I 29), zumal die Habsburger hier doch noch Düb und Frefel von der Grafschaft wegen zu richten hatten (Urbar I 118 und 119). Wohl aber besass Habsburg das Vogteirecht über andere Besitzungen St. Blasiens in schweizerischen Gegenden, zu Kirchdorf, Erendingen und Ennetbaden im Siggenthal (I 109—111), zu Otelfingen und Oberweningen im Amt Regensberg (I 239 und 241). Hier hatte Habsburg meistens die volle Gerichtsbarkeit: Twing und Bann, Düb und Frefel. Manche dieser St. Blasier Vogteirechte waren auch verpfändet oder von andern Herrschaften usurpiert (II 302—371), wie die Vogtei über Lufingen (II 357), wo das Urbar (I 263) nur das Vogtrecht von einem einzelnen Gut erwähnt.

Andere Kirchenvogteien besass Habsburg als Nachfolger Kyburgs teils durch unmittelbare Erbschaft, teils durch Belehnung vom Reich. So war die Kastvogtei über das Augustinerinnenkloster zu Schännis von den Lenzburgern, den Gründern des Klosters, auf die Kyburger, von diesen auf die Habsburger übergegangen, ohne Vermittlung des Reiches als vollkommen erbliches Recht der Dynastie (Kopp Gesch. der Eidg. Bünde II 1 p. 294). Schon 1230 hatte Graf Hartmann der ältere diese Vogtei seiner Gemahlin zum Heiratsgut verschrieben (Zürcher Urkundenbuch I nr. 459 und II nr. 550—556); aber Graf Rudolf entzog der Witwe mit anderm

Besitz auch diese Vogtei (Zürcher Urkundenbuch IV nr. 1304 und 1452 und Urbar II p. 42). Das Urbar schreibt (I 498) den Habsburgern ausdrücklich die Kastvogtei über das Kloster zu; aber Habsburg übte über die Schänniser Besitzungen, sogar über den Hof Schännis selbst noch grössere Rechte aus als über die bisher behandelten Klöster. An den Höfen Schännis und Benken besass Habeburg ausser der unbeschränkten Vogtei, zu der die ganze Gerichtsbarkeit gehörte, noch ein Eigentumsrecht auf den vierten Teil der zwei Höfe, bezog daher Grundzinse und den zum Hof Schännis gehörigen Zoll in Wesen (I p. 499 und 517). Es ist wohl möglich, dass die Kyburger von dem verarmten Kloster allerlei Besitz gekauft haben, wie 1257 durch den Amtmann von Windegg ein Gut zu Bültikon und die auch im Urbar vorkommenden Schafzinse in Glarus (Zürcher Urkundenbuch III. nr. 1013). Selbst das Kollaturrecht für die Kirchen zu Schännis und Benken durfte die Aebtissin nur unter Zustimmung des Vogtes ausüben (II p. 69).

An den etwas weiter entlegenen Besitzungen des Klosters Schännis hatte die Herrschaft kein Miteigentum, aber volles Vogtrecht mit Steuern und gesamter, auch niederer Gerichtsbarkeit; so über die Höfe zu Castel und Echtelzwil bei Wald im jetzigen Kanton Zürich (I 280) und über die wohl im Aargau zu suchenden Huben zu Aesch und Goldbach (I 115), zu Rüti bei Dätwil (I 120), zu Nieder-Kulm (I 162), zu Adelswil (I 175) und zu Niederwyl, wo jedoch der Meyer des Gotteshauses die niedern Bussen bezog (I 166).

Auffallender Weise und gegen seine sonstige Gewohnheit erwähnt das Urbar die Schänniser Rechte nicht bei zwei der bekanntesten und bedeutendsten Besitzungen dieses Klosters, den Höfen Wald und Knonau, und schreibt sich hier Gerichtsbarkeit und Steuern zu, ohne von Vogteirecht zu reden (I 280 und 153). Auf absichtlicher Ignorierung kann dieses kaum beruhen, da im erstern Fall gleich im vorhergehenden Satz bei benachbarten Ortschaften das Besitzrecht von Schännis angegeben ist. Trotzdem machen es noch viel spätere Offnungen von Wald 1411 und 1441 und von Knonau 1414 klar, dass diese Höfe dem Kloster Schännis gehörten (Grimm IV 290 und für Wald in der handschriftlichen Offnungensammlung des Staatsarchivs Zürich und bei Pestalutz Statuten).

Allerdings schreibt auch das Hofrecht von Wald Zwing und Bann und alle Gerichte der Herrschaft Grüningen zu und gibt eine zwar mit Vorsicht aufzunehmende aber interessante historische Erklärung über Entstehung dieses Rechtes, das auch hier nicht auf die Kastvogtei zurückgeführt und nicht als eigentliche Kirchenvogtei, sondern als eine freiwillig gewählte Schirmvogtei der Herrschaft Oesterreich erklärt wird. (Sowohl in den Klagen von 1411 im Archiv f. Schweizergeschichte VI 139 als in dem Hofrecht von ca. 1441.) Im Hofrecht heisst es: „Als vor zyten die herrschaft Oesterrich und ir vögt zu Kyburg gar guten frid und schirm schafften in der grafschaft Kyburg, do wurbent die hoflüt von Wald dahin um schirm und taten das mit rat und willen der äbtissin zu Schännis; wer die grafschaft inhat, soll sie schirmen und zwürend im jar gericht halten zu mayen und herbste; darumb sollen die hoflüt jerlich geben gen Kyburg 4 nüwe rossysen. Das bestund nun lange zyt, dass sy das taten, unbekümmert von allen stüren, reisen und andern diensten, ausser bussen. Als darnach Grüningen an die herrschaft Oesterrich kam (1284) und der hof Wald näher dabei war, kamen die hoflüte mit willen der äbtissin und des vogtes zu Kyburg in unserer herrschaft schirm nach Grüningen mit beding, jerlich 12 ₰ Zürcher münz um den schirm zu geben". Letztere Steuer, welche in den Beschwerden von 1411 als von jeher bestehend vorausgesetzt wird, entspricht dem ein einziges Mal erhobenen Maximum des habsburgischen Urbars für die Steuer der Orte Castel, Echtolzwil, Laupen und Wald zusammen. An dieser Darstellung der Leute, die fast 200 Jahre nach der angeblichen Begründung der Schirmvogtei verfasst ist, und auf der vom Urbar (II 344) verpönten Wahl eines Schirmvogts zum Nachteil des bisherigen Vogts oder des Landgrafen beruht, dürfte kaum viel mehr richtig sein, als dass die Gerichtsbarkeit zur Grafschaft Kyburg schon gehörte, bevor Oesterreich die Herrschaft Grüningen kaufte; sie dürfte wohl überhaupt nie durch die Immunität des Klosters aufgehoben worden sein; sonst wäre sie ja erst recht den Kyburgern und Habsburgern als Kastvögten des Klosters zugefallen.

In Knonau, welches das Urbar nicht, wie es später unter Zürichs Herrschaft immer geschah, zum Freiamt Affoltern, sondern

zu dem grösstenteils Habsburg eigenen Amt Zug rechnet, schreibt
es der Herrschaft nur die Gerichtsbarkeit über Diib und Frefel
zu und eine Steuer, die für eine ganze Reihe von Dörfern zusammengefasst 100 ₰ beträgt (I 153), aber von Vogtei ist auch
hier keine Rede. Zu Knonau besass Schännis schon 1240 einen
Meyer (Zürcher Urkundenbuch II nr. 531), den Stammvater der
bekannten Zürcher Familie, welche 1400 auch die Vogtei Knonau
erwarb, 1512 aber die ganze Besitzung an die Stadt Zürich verkaufte. Die Vogtei war nie direkt in habsburgischen Händen gewesen, sondern schon im 12. Jahrhundert bei den Herren von
Hünenberg, dann bei den Seon, Landenberg und Heidegg. Aus
diesem Grunde kommt sie nicht im Urbar vor. Die von 1414
datierende Offnung redet vom Vogt, der damals ein Meyer von
Knonau war (Grimm IV 290). Die Schänniser Besitzungen bilden
einen sichern Beweis, dass auch ein Kastvogt über ein Stift selbst
durchaus nicht die Vogtei über alle seine Besitzungen haben musste.
Uebrigens heben die Revokationsrödel II 365 hervor, dass gerade
Schännis, St. Blasien und die Abtei Zürich einzelne Güter im Amt
Grüningen haben, die jedes Vogteirechtes entbehren (jure advocaticio
carentes). Es mag hier ein Verkauf oder eine Verleihung vorliegen, wie von den Revokationsrödeln in vielen Fällen zugegeben wurde (II 274, 309, 312, 313, 327), aber hier nicht mehr
konstatiert werden konnte. Natürlich fehlt es in den verwickelten
Verhältnissen der Zeit auch nicht an unberechtigten, mit der Zeit
in Kraft erwachsenen Usurpationen, wie sie die Revokationsrödel
vielfach voraussetzen.

Ueber das Augustiner Chorherrenstift Ittingen, welches von
Hadrian IV. das Recht erhalten hatte, seine Kastvögte selbst zu
wählen, hatte trotzdem die Abtei St. Gallen die Vogtei an sich
gebracht und an die Grafen von Kyburg verliehen. Rudolf von
Habsburg verzichtete zunächst auf die Nachfolge in den St. Galler
Lehen, liess sich aber dann 1271 vom Abt mit einigen Mannlehen
belehnen, wobei freilich etwas unklar bleibt, ob darin die Vogtei
über Ittingen inbegriffen ist oder nicht (Z. U. D. IV nr. 1468,
Maag I 369 behauptet es etwas zu bestimmt). Wenn Kuchimeister
(St. Galler Mitteilungen XVIII 154) von gewaltsamer Besitzergreifung
durch König Rudolf redet, so dürfte diese sich vielleicht gerade

auf das durch St. Gallens Vogtei vorletzte Privileg Hadrians IV. stützen. Noch in einem Vergleich von 1301 behielten beide Teile ihre Rechte vor (Wartmann III 316). Aber das Urbar schreibt den Habsburgern einfach die Kastvogtei über Ittingen und gewisse Vogtsteuern und -rechte zu, ohne auch nur von einer Oberlehensherrlichkeit St. Gallens zu reden (I 369). Die Vogteirechte und die darauf beruhenden Steuern waren übrigens seit 1301 zum Teil an Heinrich von Schwandegg verpfändet (II 399 und 695), so dass die Habsburger von den Leuten dieses Gotteshauses nur 10—20 ℔ bezogen (I 369). Sonst hatte die Herrschaft von dieser Vogtei keine weitern Rechte als Steuern von einem Gute zu Uesslingen (I 368), ein Posten, der samt einer nachher verschwundenen Heuabgabe zu Ittingen selbst schon in Wezilos Rodel 1279 vorkommt (II 71).

Die im Urbar mehrmals betonte Kastvogtei über das Augustinerinnenkloster Säckingen (I 56, 57, 59, 63, 66, 507, 509) mit seinen ausgedehnten Besitzungen im Frickgau, Schwarzwald und im Tal Glarus hatten die Habsburger nicht von der Aebtissin, sondern vom Reich zu Lehen, da Friedrich I. 1173 aus der Lenzburger Erbschaft sie samt der Vogtei Zürich an Albrecht den Reichen verlieh als Ersatz für die dem Reich übergebene Pfullendorfer Erbschaft seiner Gemahlin (Otto von St. Blasien in Mon. German. XX 314 und Böhmer Fontes III 601; vgl. auch Blumer im Archiv für Schweizer-Geschichte III, Kopp Gesch. II 1 p. 293 ff gegen Tschudi, der I p. 222 diese Erwerbung erst dem König Albrecht zuschrieb; Schulte Habsburger Studien p. 536 und Schulte im Jahrbuch für Schweiz.-Gesch. XVIII 1—156; besonders p. 118.).

In einem gewissen Gegensatz zu dieser Ueberlieferung steht aber eine Urkunde von 1264, in welcher Graf Hartmann der ältere von Kyburg seine Reichslehen, die Grafschaft im Thurgau, das Tal Glarus und die Vogtei um Zürich an König Richard aufgab, damit er sie seiner Gemahlin Margaretha verleihe (Z. U. B. III nr. 1265), die sie dann auch in ihrem Revokationsrodel von 1271 auf Grund einer verlorenen königlichen Urkunde (Urbar II p. 46) gegenüber der habsburgischen Usurpation beansprucht. Den Widerspruch zwischen der Uebertragung an Habsburg 1173 und dem kyburgischen Besitz sucht man nun zu lösen durch die ganz uner-

weisliche Annahme, Friedrich I. habe die Vogtei in Glarus von
der Säckinger Vogtei ausgenommen (Schulte p. 118, Redlich Rudolf
p. 14), vergisst aber dabei, dass die Urkunde von 1264 nebst der
Vogtei Glarus auch die Vogtei um Zürich nennt, die wohl identisch
ist mit der von Otto von St. Blasien genannten advocatia Turicensis.
Diese Verbindung ist also alt. Gegen die habsburgische Vogtei
spricht freilich auch die Urkunde betreffend den Urnerboden von
1196, welche den Pfalzgrafen Otto von Burgund als „advocatus
Claronensium" bezeichnet (Z. U. B. 1 nr. 356). Zur Lösung dieser
Widersprüche ist es vielleicht am einfachsten anzunehmen, Barba-
rossa habe Glarus samt der Vogtei um Zürich den Habsburgern
wieder entzogen zu Gunsten seines Sohnes Otto, den er 1189 zum
Grafen von Burgund ernannte (Stumpf nr. 4516, Giesebrecht VI 213).
Aus der Verheiratung seiner Urenkelin mit Hartmann dem jüngern
erklären sich die Ansprüche Kyburgs (I p. 515). Jedenfalls haben
die Habsburger die Vogtei über das Tal Glarus erst aus der
Kyburger Erbschaft und infolge von Auseinandersetzungen mit
Margaretha erhalten. Das Urbar betont für diese Vogtei im Gegensatz zu der über Säckingen den Charakter des Reichslehens.
Dass das Meyeramt im Tal Glarus bis 1288 den kyburgischen
Ministerialen und Beamten von Windegg im Gasterland zustand,
spricht auch für enge Beziehung Kyburgs zum Tal Glarus. Die
Burg Windegg selbst samt der Vogtei Schännis verschrieb Hartmann der ältere seiner Frau zum Heiratsgut (Z. U. B. I nr. 459).
König Rudolf veranlasste die Aebtissin von Säckingen, dieses Meyeramt über das Tal Glarus samt den Burgen im Gaster, Windeck
und Wandelberg, nach dem Tode des Meyers Diethelm von Windegg, der es bisher zu Lehen getragen hatte, 1288 an seine Söhne,
den damals mit dem österreichischen Aufstand beschäftigten Herzog
Albrecht und Rudolf, zu verleihen (Archiv f. Schweizergeschichte
III p. 89; die Urkunde scheint aus der Veste Baden nach Innsbruck gekommen zu sein). Allerdings scheinen die spätern Meyer
von Windegg doch wieder Rechte auf das Meyeramt geltend gemacht zu haben, auf welche Hartmann von Windegg erst einige
Wochen nach König Albrechts Ermordung am 15. Juni 1308 verzichtete (Tschudi I 144, das Original kopierte ich 1880 in Wien,
seitdem ist es von Thommen ediert worden).

Die Herzoge von Oesterreich nahmen damit eine Stellung an, die sie formell zu unfreien Ministerialen der Aebtissin machte, ihnen aber im Glarnerland eine so abgerundete und lückenlose Territorialmacht verschaffte, wie sie eine solche sonst nirgends besassen. Die Meyer von Windegg scheinen den grössten Teil der grundherrlichen Rechte der Aebtissin an sich gebracht zu haben. Die Habsburger vereinigten hier die meisten grundherrlichen mit den vogteilichen Rechten. Als Meyer bezogen sie sogar einige Zehnten und Fallabgaben von gewissen Gütern; nur von den Huben nahm die Aebtissin die Fälle (I 507); dazu kamen eine Menge Grundzinse, und die Steuern waren hier höher als irgendwo, da sie sich auf 1691 ℔ beliefen (I 521). Als Meyer hatten die Herzoge Twing und Bann, als Vögte über Dieb und Frefel zu richten (I 509). Durch diese Kombination verschiedener Stellungen und Befugnisse hatten die Habsburger im Tal Glarus weit höhere Einkünfte und Berechtigungen als irgendwo sonst; hier allein kann man von einem zusammenhängenden Territorialbesitz reden. In Säckingen selbst und dessen Umgebung war die Stellung der habsburgischen Kastvögte ebenfalls bedeutend, obschon sie sich im Hof Hornussen mit einem andern Meyer in die Gerichtsbussen teilen mussten (I 59). Im Städtchen Säckingen selbst, wo ein Meyerhof als Lehen der Herrschaft erst in den Lehenbüchern angeführt wird (II 589), hatten sie die volle Gerichtsbarkeit und empfingen sogar vom Schultheissenamt, das ihr Vogt zu Baden, Heinrich von Zofingen, gekauft hatte, eine ebenso grosse Abgabe wie die Aebtissin (I 58), dazu ein besonderes Kastvogtrecht, das sich sonst nirgends findet, und überdies noch die 10—20 Mark betragende Vogtsteuer, die allerdings infolge der Urbaraufnahme auf die alt herkömmliche Abgabe von 14 Saum Rotwein beschränkt wurde (I 58). Der Streit über die Steuerverteilung zwischen Vogt und Aebtissin geht übrigens schon auf 1207 zurück, da damals ein Schiedsgericht dem Grafen von Habsburg verbot, Steuern zu erheben, bevor der Grundzins an das Kloster bezahlt sei (Herrgott Geneal. II 210). Dies ist wohl der älteste Beleg für Existenz von Vogtsteuern überhaupt und ein Beweis, dass sie keineswegs etwa erst während des Interregnums entstanden als Entgelt für ein freiwillig eingegangenes Schirmverhältnis. Im ganzen Amt Säckingen führt das Urbar doch ausser dem Städtchen nur den Hof Hornussen als Klostergut an; sonst besteht dieses Amt aus lauter Rechten der Landgrafschaft Frickgau über Frois. Auch im Amt Wehr, in dessen Einleitung das Urbar (I 63) von der Kastvogtei über Säckingen redet, wird doch kein einziges Gut dieses Klosters angeführt; dagegen kommen im Amt Schwarzwald auch Vogtrechte über Säckinger Besitz vor und zwar so, dass die Meyer des Klosters die niedere Gerichtsbarkeit und ⅔ der Bussen haben (I 67, 70, 77). Trotz dieser ausgedehnten Rechte hatte Habsburg doch nicht über alle Besitzungen Säckingens Vogteirecht. Die Vogtei über Mumpf, wo sich das Urbar nur auf landgräfliche Rechte stützt (I 60), war wohl schon damals wie noch 1535 in andern Händen (vgl. die Offnung in Argovia IV 243, die dem Stift Fallrecht zuschreibt). Das zur Säckinger Vogtei gehörige Laufenburg war bei dem Toilungsvertrag 1232 an die danach benannte jüngere Linie des Hauses Habsburg übergegangen (Rödlich: Rudolf von Habsburg p. 79), zum Teil als Lehen mit allen grundherrlichen Rechten (vgl. Z. U. B. II nr. 734). Mit dem eigentlichen Tal Glarus vereinigte die habsburgische Verwaltung auch die ihr aus ganz anderm Titel zustehenden Rechte über ihren eigenen Hof zu Wesen, der von Meran an Kyburg gekommen war, da Hartmann der jüngere den Hof als Heiratsgut von seiner Schwiegermutter Alix von Meran, einer Enkelin des Pfalzgrafen Otto von Burgund, erhielt (oben I 515). Dies bestätigt noch bestimmter den kyburgischen Ursprung der Glarner Besitzungen. Zum Amt Glarus schlugen die Habsburger auch noch Vogteirechte über den dem Kloster Pfäfers gehörigen Hof Quarten. Dass aber die Gründe dieser Vereinigung lediglich in der Verwaltungspraxis, nicht in gemeinsamen Rechtstiteln lagen, beweist die strenge Unterscheidung der verschiedenartigen Stellungen, deren Ursprung hier in so alte Zeiten zurückgeht.

Reichslehen war auch die Vogtei über das Collegiatstift St. Michaels Münster oder Beromünster, seit Friedrich I. diese Vogtei 1173 nach Aussterben der Gründer, der Grafen von Lenzburg, an das Reich genommen hatte. Trotz der Aufnahme in unmittelbaren Königsschutz kam sie doch als Reichslehen an die Kyburger und während des Interregnums an Rudolf von Habsburg. Dieser nahm sie bei seiner Thronbesteigung, obwohl sie seiner eigenen

Dynastie zustand, am 29. Oktober 1273 wieder als unveräusserlich an das Reich, scheint sie aber im Widerspruch mit dieser Urkunde doch wieder an seine Söhne verliehen, ja für die Aussteuer der englischen Braut seines Sohnes Hartmann verpfändet zu haben (Kopp Gesch. der eidg. Bünde II 1 p. 505 und Herrgott Geneal. II p. 438). Jedenfalls besass Albrecht die durch Hartmanns Tod 1281 wieder erledigte Vogtei über Beromünster, allerdings mit ganz ungewöhnlich beschränkten Rechten, genau so, wie sie durch einen Schiedsspruch von 1223 infolge Missbrauchs der Kyburger festgesetzt worden waren (Abgedruckt von Aebi im Geschichtsfreund 28 p. 315, vgl. mit Urbar I p. 225.) Das Urbar, unterstützt von der auf Burkhards von Frick persönliche Tätigkeit hinweisenden Urkunde, beweist, dass jene 1223 gemachten Einschränkungen von den Habsburgern und speziell von Albrecht nicht allein unverletzt beobachtet, sondern noch vermehrt worden sind. Genau wie nach jenem Schiedsspruch durfte auch nach dem Urbar, welches hier auf eidlichen Aussagen der Leute beruht, der Vogt nur zweimal jährlich in Beromünster Gericht halten; aber wenn ihm 1223 noch gestattet worden war, die Steuer nach Festsetzung des Propstes durch einen Boten einzusammeln, so weist Albrechts Urbar die ganze Steuereinsammlung im Dorf selbst dem Propst allein zu und gestattet keinem herrschaftlichen Beamten, zu diesem Zweck im Dorf zu erscheinen; eine in dieser Zeit seltene Betonung der alten strengen Immunität. Die Steuer, welche nach dem Schiedspruch jeweilen durch gemeinsame Vereinbarung festgestellt werden sollte, ist nun auf eine unveränderliche Summe fixiert; wie damals sind noch jetzt die auf den Chorherrenhöfen sitzenden Leute steuerfrei. Immer noch erhält der Vogt von den Gerichtseinkünften und Fällen nur den dritten Teil; aber im Dorf selbst richtet der Propst allein über Twing und Bann und Frefel, nur die eigentliche Kriminalgerichtsbarkeit über Diebstahl und Totschlag steht dem Vogte zu, der aber nicht mehr, wie nach dem Schiedsspruch, im Dorf selbst, sondern ausserhalb des Dorfetters richtet. Auffallend ist auch, wie die im 14. Jahrhundert niedergeschriebene Offnung die Vogtei ausdrücklich dem Landgrafen als solchem zuschreibt („ein vogt, das ist ein landgraf", bei Segesser I 719, Grimm IV 388). Der Pfandrodel von 1281, welcher Münster zum Amt Kastelen rechnet,

verzeichnet eine Verpfändung der gesamten Vogtsteuer von Münster
im Betrag von 62 ℔ an Albrecht von Rormoos und Chuon von
Rinach; diese muss zu Albrechts Zeiten gelöst worden sein, da
Herzog Leopold 1316 wieder einen Teil dieser Steuer verpfändete
(II p. 119 und 645). Erst infolge des Sempacherkrieges wurde
auch Münster wie andere Klöster einer Kriegssteuer unterworfen
(II p. 721, 724, 728, 736).

Doch fehlte es nicht an Streitigkeiten zwischen Beromünster
und seinen habsburgischen Vögten; der Richenseer Revokationsrodel beansprucht als kyburgische Erbschaft die Fischenz im Hallwilersee, welche das Stift widerrechtlich im Besitz habe (II 337).

Eher vom Abt als vom Reich trug das Haus Oesterreich die
Kastvogtei über das Benediktinerstift Einsideln zu Lehen. Als
die frühern Vögte, die Grafen von Rapperswil, welche die Kastvogtei und alle ausserhalb des Berges Etzel gelegenen Vogteien
vom Kloster zu Lehen trugen (Z. U. B. III nr. 1136), mit Rudolf II.
1283 im Mannesstamm ausstarben, versäumten dessen Schwester
Elisabeth und ihr Gemahl Graf Ludwig von Homberg, die Lehen
beim Abt zu muten. Abt Heinrich II. verlieh sie seinem Bruder
Rudolf von Güttingen; der König aber veranlasste diesen gegen
Entschädigung mit 200 Mark zum Verzicht, liess die Besitzungen
um 1285 durch Schultheiss Dietrich Wetzel von Winterthur, den
Verwalter des Amtes Kyburg, einziehen (Z. U. B. VI nr. 2042)
und die gesamten Vogteirechte durch den Abt an seine Söhne verleihen; doch gab er später, 1289, die Vogtei über einige der äussern
Höfe am Zürichsee: Stäfa, Erlenbach, Pfäfikon, Wollerau, Mäne-
dorf und Tuggen, der Gräfin Elisabeth zurück. Trotzdem erwähnt
Albrechts Revokationsrodel diese Höfe noch, als ob ihm irgend
ein Revindikationsrecht zustände (II 355). Aber auch die Edlen
von Wädenswil hatten Vogteirechte über Einsidler Leute in ihrer
Gegend und verkauften diese mit ihrer Herrschaft an das Johanniterhaus Bubikon, welches sie 1290 dem schon von Wädenswil
belehnten Gottfried von Hünenberg überlassen musste (Z. U. B. nr. 2087).
Das Verhältnis der Habsburger zum Kloster war durchaus kein
feindliches; vielmehr hatte das Kloster von den Gegnern der Habsburger zu leiden, durch die alten, auch 1282 und unter König
Albrecht wieder hervortretenden Marchenstreitigkeiten mit Schwyz,

sowie durch einen von dem zu König Adolf haltenden Grafen Rudolf von Habsburg-Rapperswil oder seinen Untervogt unternommenen Ueberfall auf den Hof Pfäffikon (P. O. Ringholz Gesch. des Stifts Einsideln p. 116, 121 und 159. Ganz unhistorisch ist die Darstellung von Hartmanns Annales Heremi p. 276, wonach König Albrecht 1299 den Abt gezwungen hätte, seinen Sohn Leopold zum Vogt anzunehmen). Albrecht erhob 1299 den Abt in den Reichsfürstenstand und verlieh ihm die Regalien.

Im Tale Einsideln selbst, wo der Abt wohl höhere Rechte ausübte, verzeichnet das habsburgische Urbar nur unbedeutende Abgaben an Molken und Geld; von Gerichtsbarkeit ist gar nicht die Rede (I 282). Erheblicher waren für Einkünfte und Gerichtsbarkeit der Vögte die ausserhalb liegenden, weit zerstreuten Höfe und Güter Einsidelns. Solche lagen zu Nussbaumen im Siggental (I 110), zu Aegeri, Neuheim, letzterer Hof mit acht zugehörigen Dörfern (I 152 und 153), Niedernhof im Amt Münster (231), Brütten und Illnau im Amt Kyburg (286) und vier Schuppossen bei der Burg Kastelen (198). Ueber den Einsidler Hof zu Boppelsen und wohl auch Güter zu Dällikon und Affoltern bekannte noch 1285 Lütold VIII. von Regensberg, die Vogtei vom Abt zu Lehen (Z. U. B. V. nr. 1928) zu tragen, vielleicht infolge einer Verwechslung mit der Vogtei über das von den Regensbergern gegründete, Einsideln inkorporierte Nonnenkloster Fahr. Da das Urbar (p. 240) auch diesen Hof zu Boppelsen anführt, dürfte dieses Vogteirecht mit der Herrschaft Regensberg um 1290 oder sogar erst 1302 (Nabholz Freiherren von Regensberg p. 74) an die Habsburger übergegangen sein. In diesen äussern Höfen Einsidelns übten die Habsburger meist die volle Gerichtsbarkeit aus: Twing und Bann, Dub und Frevel, in Boppelsen nur mit Ausnahme der Blutgerichtsbarkeit, wobei allerdings fraglich bleibt, wem diese sonst gehört haben kann als dem Landgrafen im Aar- und Zürichgau. Wahrscheinlich schliesst das Urbar die Blutgerichtsbarkeit nur deswegen aus, weil sie keine Einnahmen zur Folge hatte. Ueberall bezogen die Habsburger Fastnachthühner und erhebliche Vogtsteuern in Geld. Obschon das Urbar den Habsburgern in diesen Höfen meist die volle Gerichtsbarkeit zuschreibt, macht Brütten, wie auch die spätere Offnung zeigt, eine Ausnahme. Das Urbar beansprucht die volle Gerichtsbarkeit nur über den allerdings in den Hof Brütten gehörigen Kelnhof Illnau, in Brütten selbst nur die Düb- und Frefelgerichtsbarkeit. Nach der Offnung hielten der Abt und sein Meyer auch Maien- und Herbstgerichte; aber diese scheinen sich nur auf die Hofgüter, ihre Verleihung, Verzinsung und Vererbung, Fallabgaben und Abzug zu beziehen (Grimm I 144, wo aber der erste, den Meyer nennende Artikel fehlt, den ich hier aus der Original-Offnung des Staatsarchives nachtrage: „Erstlich sprechent die hofjünger; wenn ein moyer ein herpstgericht oder ein mayengericht heisst gepieten, das uff denselben tag alle die dar sond komen, die hofjünger sind; die innert etters gesessen, so man die offnung anfacht, die ussern, ee dass die offnung des hofrechts uskom; wer das nit thäte, der sol III ß gen ze besserung").

Dem Vogt schreibt diese Offnung nur das Recht zu, dieses Maiengericht am Konradstag (2. Mai Gründer Engelbergs) zu besuchen, die Bussen für Frevel einzuziehen und für seine Schirmpflicht eine sogenannte Raubsteuer von 33 ℔ zu beziehen, eine Summe, die ungefähr der zwischen 30—35 ℔ schwankenden Vogtsteuer entspricht, welche das Urbar für Brütten und einige dazu gehörige Weiler angibt (I 290). Die Umlage der Steuer geschieht aber durch Steuermeier, welche von den Hofjüngern gewählt werden.

In Widerspruch zum Urbar scheint sich der sogen. Hofrodel von Einsideln zu setzen, der allerdings erst im Anfang des 15. Jahrhunderts geschrieben ist, insofern er nicht nur für die Höfe am Zürichsee, sondern auch für den im Urbar (I 153) erwähnten Hof Neuheim gelten will (Grimm I 149) und auch hier dem Gotteshaus Twing und Bann, Einung, Ursätze und alle Gerichte ausser den vom Vogt zu richtenden Düb und Frefel zuschreibt. Indessen macht auch das Urbar den hienach erst verständlichen Unterschied, dass im Dinghof Neuheim und den acht zugehörigen Weilern die Herrschaft überall Düb und Frefel zu richten habe, Twing und Bann aber nur über ihre Leute zu Hinterburg. Unter diesem „ihre Leute" sind also nur die Eigenleute der Herrschaft, nicht die unter ihrer Vogtei stehenden Gotteshausleute zu verstehen und es scheint hienach, dass auch die Fastnachthühner nur von den Eigenleuten entrichtet wurden. Anders verhielt es sich freilich im Hof Aegeri, wo jedermann ein Fastnachthuhn gab und die ganze Gerichts-

barkeit dem Vogt gehörte, aber keine habsburgischen Eigenleute
erwähnt sind (I 152). Die im 14. Jahrhundert niedergeschriebene
Offnung (Grimm I 159) verzeichnet hier die Rechte der österreichischen Vogteiherrschaft, aber nicht diejenigen über den Einsidler Hof, sondern über einen bedeutenderen Hof der Fraumünsterabtei in Zürich und ist daher für die Vogteiverhältnisse besonders
interessant. „Der herr von Oesterrich soll ze meyen und ze herbste
sin gericht haben in dem tal ze Egre", hat auch „twing und bann
und alle Gerichte" im ganzen Tal. Vom Einsidlerhof ist nur gesagt, dass seine Leute Genossen des Fraumünsterhofes seien. Hier
vereinigte Habsburg die Vogtrechte über die Höfe zweier Gotteshäuser, obwohl das Urbar nur von einem redet.

Albrechts Revokationsrödel beanspruchen auch das Vogtrecht
über ausgewanderte Einsidler Gotteshausleute und entfremdete
Güter, die unter anderweitige Vogtei gekommen waren; über solche
entfremdete Einsidler Leute, die am rechten Ufer des Zürichsees
und in der Grüninger Gegend sassen, existiert ausnahmsweise sogar
ein besonderer Revokationsrodel (II 296—301; aber auch II pag.
275—280; 290, 305, 318, 331, 333). Sogar in elsässischen und
schwäbischen Aemtern wurden solche Einsidler Leute reklamiert.
Die spätern Habsburger erteilten dann solche usurpierte Vogteirechte gutwillig zu Lehen (II 561 und 580). Alpen im Tal Einsideln selbst und an seiner Grenze okkupierten die Schwyzer noch
zu Albrechts Zeit trotz dem schon 1217 gegen sie gefällten Schiedsspruch Rudolfs des alten (II 364).

Die Kastvogtei über das Chorherrenstift Embrach nimmt das
Urbar (I 257) merkwürdigerweise nicht für die Herrschaft in Anspruch, obschon nicht recht abzusehen ist, wer sie sonst besessen
hätte, wann sie nicht etwa ganz, wie mindestens einzelne Vogteirechte seit der Toggenburger Zeit, an die Edlen von Teufen verliehen war (II 312 und Z. U. B. IV nr. 1377). Die Kastvogtei
gehörte, wenigstens nach Aussage eines Gotteshausmannes von 1280,
eigentlich dem Reich (Z. U. B. V pag. 101 „quod sit servus ecclesie
Imbriacensis et rex sit suus advocatus ratione imperii").

Ueberhaupt sind die Verhältnisse dieses kleinen Amtes etwas
kompliziert. Das Urbar führt sie auf Kauf von dem Grafen von
Toggenburg und Lehen vom Bistum Strassburg zurück; es ist aber

nicht recht klar, ob beides sich auf das ganze Amt bezieht oder
nur auf die eine Hälfte desselben, oder ob die eine Hälfte Lehen
von Strassburg, die andere von Toggenburg erkauft sei. Der nur
in zwei Rödeln stehende Zusatz zwischen beiden Hälften: „Dis̄
voglei der güten, die eigen sint des gotzhuses von Embrach, hat
auch die herrschaft gekauft umb die herren von Toggenburg" (I 260
Note b) lässt schliessen, dass beide Hälften von Toggenburg erkauft sind, aber nur die erste, 3 Kelnhöfe zu Bächli, die Weisshaldenmühle und einige Schupposson, Lehen von Strassburg sind.
Dieser Strassburger Besitz stammt nicht aus der Kyburger Vergabung, die nicht von diesen Gegenden redet, sondern wird noch
in spätern Offnungen (Grimm IV 340 und I 111) auf den Stifter
des Gotteshauses Embrach zurückgeführt; die betreffende Urkunde
von 1044 liegt noch in einer etwas zweifelhaften Ueberlieferung
vor (Z. U. B. I. nr. 233 nur nach einer Copie des von Bloch als
Fälscher entlarvten Grandidier und inhaltlich vielfach auffallend,
von den auch unter sich abweichenden Angaben beider Offnungen
wieder verschieden). Allerdings kommt eine noch im Original
erhaltene Urkunde von ca. 1052 (Z. U. B. I nr. 237) dieser Ueberlieferung zu Hülfe, da hier das Strassburger Domkapitel die Vergabung seines frühern Milchorherrn Hunfried betreffend Grundstücke in Embrach gegen Ansprüche seiner Schwester und ihrer
Söhne durch Verleihung eines Teiles dieser Grundstücke sichert.
Gerade um diesen Verwandten, welche ihn enterben wollten, seinen
Besitz zu entziehen, vergabte ihn Hunfried in jener ersten Urkunde
an den Bischof von Strassburg, darunter, was er an Gütern und
Eigenleuten in Embrach besass. Eine Teilung der Embracher Güter,
die vielleicht mit der aus dem Urbar ersichtlichen zusammenfällt,
bestand also schon seit 1052; da Adelheid und Hunfried Kinder
eines Grafen von Mümpelgard-Wülflingen waren, dürfte Adelheids
Teil an die Kyburger oder an die Toggenburger gekommen sein.
Der Teil des Amtes Embrach, welcher die Strassburger Lehen
umfasst, beruht nicht auf Vogteirecht und gehört in die nachher
zu behandelnde Abteilung der Lehen von Gotteshäusern. Hier ist
nur die zweite Hälfte zu besprechen, die von den Toggenburgern
erkauften Vogteirechte über Eigengüter Embrachs, meist Schuppossen, einige Mühlen und Höfe, umfassend (I p. 260—265); doch

sind auch hier einige Eigengüter der Herrschaft erwähnt, ein Weingarten und ein „sunder holz", das Embracher Hard (264). Sonst bezieht die Herrschaft überall nur Vogtrechtabgaben und eine für beide Teile des Amtes zusammengefasste Steuer, die zwar schon unter der Toggenburger Herrschaft bestand, aber von Habsburg auf mehr als die doppelte Summe gesteigert worden ist. Die Vogteigerichtsbarkeit erstreckte sich auf Dub, Frevel und Gülten.

Die ältere, von 1370 datierende Offnung von Embrach ist dadurch besonders interessant, dass sie neben des Propstes und der Chorherren Rechtung auch die des Vogtes und der Gotteshausleute anführt und alle von einander unterscheidet (Grimm IV 339, aber nur auszugsweise und mit Weglassung des im Original des St. A. Z. Embrach nr. 1045 stehenden Datums LXX, d. h. 1370). Sie schreibt dem Propst Twing und Bann und alle Gerichte und Frevel, ausgenommen Diebstahl und Blutgericht, zu, weicht also in Bezug auf Frevel vom Urbar ab, doch räumt sie dem Vogt von Kyburg das Recht ein, diese Gerichte zu besuchen. Wie nach dem Urbar dem Vogt, entrichteten die Gotteshausleute auch dem Propst ein Fastnachthuhn. Unter dem kurzen Titel „des Vogtes rechtung" verzeichnet die Offnung die Verpflichtung aller Gotteshausleute zu zwei Frohntagwen und Mistlieferung in des Königs Weingärten, womit wohl der vom Urbar der Herrschaft als eigen zugeschriebene Weingarten gemeint ist, so dass diese Stelle auf einer ältern, unter einem habsburgischen König, etwa Friedrich dem Schönen, verfassten Offnung beruhen dürfte. Andere Frohndienste beziehen sich auf die Erndte und die im Urbar zum ersten Teil des Amtes gerechneten Kelnhöfe.

Nur die Chorherrn beziehen Besthaupt und andere Fallabgaben. Eine spätere Offnung von 1518, die ausdrücklich Neuerungen einführen will (Grimm I 111), schreibt dem Propst ähnlich Twing und Bann und Frevelgerichtsbarkeit bis an das Malefiz zu, beschränkt die Teilnahme an der Gerichtsversammlung auf 12 von den 4 Quartieren zu wählende Richter, lässt auch den Landgrafen von Kyburg oder seinen Anwalt dabei teilnehmen, redet dann aber noch von einem „gemeinen Gericht", d. h. wohl dem Propst und Vogt zur Behandlung von Freveln gemeinsamen; wozu der Propst 6 und der Vogt von Kyburg auch 6 Richter setzt und der Weibel des letztern dabei sitzt, um die Sachen, die ihm zustehen, zu behandeln. Dem Vogt schreibt diese Offnung alle Gebote und Verbote im Gericht zu, die 9 Schilling übersteigen, den Bezug eines Fastnachthuhns von jedem Gotteshausmann, das im Urbar nicht erwähnte Recht über den Brodverkauf und Weinschank, letzteres Tavernenrecht freilich von Kyburg schon weiter verliehen an die Wagenberg-Heidegg. Sie erwähnt auch 4 von der Gemeinde gewählte Dorfmeier, welche alle Sachen in Holz und Feld bei des Propstes Bussen gebieten. Diese Flurgerichtsbarkeit gehörte also hier nicht mehr zu Twing und Bann und vielleicht auch früher nur insofern, als die Bussen dafür der Herrschaft zufielen (vgl. die oben II 2 p. 550 geäusserte Vermutung).

Sachen, für welche die Dorfmeyer allein nicht kompetent sind, sollen sie an die ganze Gemeinde gelangen lassen, die als richterliche Gemeindeversammlung entscheidet, auch den Förster wählt, der Holz und Feld behütet und die Bussen dem Propst abliefert. Nur die, welche den Gemeinde- und Gotteshausbeamten die Busszahlung verweigern, bestraft der Vogt.

Unklar ist die Frage, wann Habsburg diese Rechte von Toggenburg erkaufte und wie sie in Toggenburger Besitz kamen. Es existiert zwar eine Urkunde von 1299, in welcher die beiden Grafen Friedrich von Toggenburg gegenüber König Albrecht und seinen Söhnen auf ihre Ansprüche an das nicht näher beschriebene Gut zu Embrach gegen Bezahlung von 400 Mark verzichteten, aber schon die Erwähnung des Schadens, den ihnen König Rudolf selig deswegen zugefügt, zeigt, dass es sich nur um endgültigen Verzicht in einer schon längere Zeit schwebenden Sache handelte. (St. A. Z. Urkunden Stadt und Landschaft nr. 2016, aus dem österreichischen Archiv in Baden stammend.) Dass König Rudolf beide Hälften des Amtes Embrach schon in seinem ersten Königsjahr besass, zeigt sein von 1274 (nicht 1279!) datierender Rodel (II p. 61), der die ganze zweite Hälfte und den grössten der ersten dieses Amtes fast in allen Posten und auch nahezu in der Gesamtsumme verzeichnet (zur ersten Hälfte gehören: scop. Heinrici de Marchrein, Eschincon de Bongarten, Conradi fabri, curia de Bechi, molendinum ze den Wisinen, Chûnradus et Waltherus cellerarius). Die Erwerbung, die Albrechts Urbar auf Grund der 1299 erlangten

Verzichturkunde als Kauf bezeichnet, dürfte gewaltsam während der Fehde gegen die Regensberger um 1266 geschehen sein; in diese waren laut der wohl unterrichteten Colmarer Chronik auch die Toggenburger verwickelt (Böhmer Fontes II 45; diese wie auch die Zürcher Chroniken erzählen die Einnahme des Toggenburgischen Uznaberg). Auch der Rodel Weziloa verzeichnet das Amt Embrach mit beiden Hälften (II 78); dagegen kommt das Amt in dem allerdings fragmentarischen Kyburger Urbar noch nicht vor. Verpfändet war im Amt Embrach nur wenig und zwar aus beiden Hälften (II 386); allerdings waren ziemlich viele Eigenleute und einige Güter des Amtes unter die Vogtei andrer Herren, namentlich der Wagenberg-Heidegg, geraten (II 311 und 353—357), die behaupteten, sie seien schon von den Toggenburgern damit belehnt gewesen und beim Uebergang an Habsburg von neuem belehnt worden (II 313). Wenn Albrecht dieses zu bezweifeln scheint, so beweist dies wiederum, dass dieses Amt schon geraume Zeit früher, nicht erst 1299, an die Habsburger gekommen sein muss. Die zweifelhafte Urkunde von 1281, durch welche König Rudolf den Hartmann von Heidegg, Sohn der Adelheid von Wagenberg, mit der Wagenburg belehnte, erwähnt wirklich solche Embracher Leute, wie auch das von der Offnung bezeugte, im Urbar fehlende Tavernenrecht des Vogts zu Embrach selbst (Z. U. B. V. nr. 1810) und die Vogtei über Lufingen, welches der Revokationsrodel freilich dem Kloster St. Blasien zuschreibt, wie übrigens andere zum Amt Embrach gerechnete Güter den Zürcher Gotteshäusern (II 357). Eine solche Vogtei okkupierte der Herr von Rümlang; eine andere der Zürcher Bürger Johannes Biber über Embracher Gut zu Bassersdorf und Nürensdorf (II 353). Ja der Edle von Teufen berief sich sogar auf eine Abmachung, wonach die Vogtei über Güter und Leute Embrachs, die jenseits bestimmter Grenzen liegen oder wohnen, ihm von Rechts wegen gehöre und wo das Revindikationsrecht der Herrschaft aufhöre (II 312). Ist auch von einer solchen Abmachung nichts bekannt, so erhält sie doch eine gewisse Unterstützung durch die Offnung von 1518 (Grimm I 112), welche zu den vier Quartieren des Gotteshausbesitzes auch die Gegend zwischen Töss und Thur rechnet, während das Urbar jenseits der Töss keine einzige Embracher Besitzung verzeichnet, ja überhaupt zwischen dem untern Lauf beider Flüsse keine habsburgischen Besitzungen, wie die Karte zeigt, ausser dem alten Buch und Wülflingen. Hier lagen aber die Burgen der Freien von Teufen und hier scheinen sie wirklich, wie sie nach dem Revokationsrodel behaupteten, eine Art von eigenem Territorium (dominium) besessen zu haben (vgl. die Karte des Kantons Zürich im Z. U. B. IV). Auf dem gleichen Grundsatz beruhten auch Vogteien, welche die Herren von Liebenberg und Schlatt, blosse Ministerialen der Habsburger, beanspruchten. Vielleicht liegt hier nicht sowohl eine Abmachung als eine alte Gaugrenze zwischen Thur- und Zürichgau zu Grunde, oder eher zwischen Burgund und Schwaben, da noch laut einer Urkunde von 1255 Glattfelden am rechten Ufer der Glatt zu Burgund gerechnet wurde (Z. U. B. III nr. 952). Die Grenze zwischen Thur- und Zürichgau lief zwischen Glatt und Töss, aber näher dem untern Lauf der letzteren; vgl. den Historischen Atlas der Schweiz, Karte III und die Karte in den Quellen z. Schw. G. III).

Auch von den Embracher Besitzungen standen keineswegs alle unter Habsburgs Vogtei; von den vier Quartieren, in welche die Offnung sie einteilt, nur zwei; von den beiden andern zwischen Töss und Thur und zwischen Glatt und Limmat erwähnt das Urbar keine einzige Besitzung.

Mit diesen neun Gotteshäusern sind die Klöster erschöpft, welche als solche unter Habsburgs Kastvogtei standen, wenn auch oft nicht für den ganzen Umfang ihrer Besitzungen; aber fast noch bedeutender waren Vogteirechte der Habsburger über Besitzungen von Klöstern, welche als solche nicht unter ihrer Kastvogtei waren, schon weil solche meist reichsunmittelbare Klöster zu den ältesten und begütertsten gehörten. Auch die habsburgischen Könige verfuhren doch nicht mit allen aus Reich gezogenen Kirchenvogteien so, wie Rudolf mit Beromünster. Die bedeutendsten dieser Vogteien behielten Rudolf wie Albrecht beim Reich oder verpfändeten sie höchstens vorübergehend, wie die über St. Gallen an Ulrich von Ramswag. Diese habsburgischen Vogteirechte scheinen zwar in Widerspruch zu stehen mit den Privilegien freier Vogtwahl oder unmittelbarer Reichsvogtei, welche diese Gotteshäuser meist besassen; aber diese bezogen sich doch nur auf das Kastvogteirecht über das Kloster selbst und seine nächste Umgebung und wurden

auch hiefür nicht immer beobachtet, wie schon das Beispiel
Beromünsters zeigt. Die weiter entfernten Besitzungen standen
oft unter ganz verschiedenen Vogteiherrschaften, so dass gerade
diese reichsunmittelbaren Klöster eine ganze Anzahl verschiedener
Vögte hatten. Man nimmt gewöhnlich an, dass diese Zersplitterung der Kirchenvogteien eine spätere Entwicklung war, die erst
nach Aussterben der Zähringer eintrat (Oechsli Anfänge der Eidgenossenschaft p. 136; Fr. v. Wyss Schweiz. Oeffentl. Recht p. 314
und 408; doch ist auch hier p. 310 schon zugegeben, dass bei
reicheren Klöstern eine Mehrzahl von advocati existierte, und p. 314
dass die Unterstellung neuerworbener Kirchengüter unter den
Kastvogt wenigstens im 13. Jahrhundert nicht mehr Regel war).
Die Obergewalt, welche die Zähringer seit Aussterben der Grafen
von Lenzburg-Baden 1172—1218 eingenommen zu haben scheinen,
ist nicht nur gegenüber der Folgezeit, sondern auch gegenüber der
Vergangenheit ein vorübergehender Ausnahmezustand; schon die
Lenzburger hatten, wie nachher Kyburger und Habsburger, die
Vogtei über die meisten in ihrer Grafschaft liegenden Kirchengüter inne. Der Grundsatz, dass der bisherige Besitzer der Vogteirechte, besser gesagt, der landgräflichen Rechte, durch den blossen
Ankauf eines Grundstückes seitens einer Kirche nicht ohne weiteres
seine Rechte zu Gunsten eines Kirchenvogts verlieren kann (Fr.
v. Wyss 315), dürfte doch schon über das 13. Jahrhundert zurückgehen; und wo Grafen als Vögte einzelner Kirchengüter in Betracht
kommen, kann von ihrer Unterordnung unter den Kastvogt des
Klosters und sogenannter niederer Vogtei (Fr. v. Wyss 311) keine
Rede sein, nicht einmal wenn dieser ein nicht habsburgischer König
war, wie Adolf von Nassau. Im Gegenteil haben die Habsburger
auch solche Vogteirechte an ihre Ministerialen weiter verliehen,
so dass man erst diese als niedere Vögte bezeichnen könnte. Gerade
diese Vogteirechte über Besitz von nicht unter ihrer Kastvogtei
stehenden Klöstern scheinen die Habsburger nach altem Vorgang
auf Grund ihrer landgräflichen Rechte auszuüben; darum stehen
gerade solche Vogteileute den Freien am nächsten, die auch
direkt unter dem Landgrafen stehen, wie dies die betreffenden
Offnungen deutlich zeigen. Der Uebergang an ein Kloster hat
an den bisherigen Rechten des Landgrafen nichts verändert;

für die Leute selbst kommen allerdings die Abgaben an das Kloster
hinzu.

In vielen Fällen handelt es sich freilich nicht um frühere
Freie, sondern um frühere Eigenleute der Kyburger oder der Habsburger selbst oder ihrer Vasallen und Dienstleute, so dass die
Grafen sich bei der Vergabung oder dem Verkauf an ein Kloster
beliebig viele Rechte vorbehalten konnten. So scheint es sich mit
den Vogteirechten im Thurgau zu verhalten, wo das Urbar ohnehin
sehr selten Freie erwähnt. Hier hatte Habsburg und wohl schon
Kyburg einige Vogteirechte von dem seit Karolinger Zeit mit
Immunität, freier Abt- und Vogtwahl begabten Kloster Reichenau
zu Lehen (Brandi: Reichenauer Urkundenfälschungen p. 82 und 87.
erwähnt mehrere Vögte, scheint mir aber ihre Gewalt allzusehr auf
Usurpation zurückzuführen, obschon die Fälschungen gerade die
Vogtei zu beschränken suchen), und zwar über die Höfe Mühlheim,
Eschikofen, Lustorf, Horgenbach, Wellhausen, Gachnang, Erchingen
und Mettendorf (I 357—367); in letzterm Hof und in dem nahen
Wetzikon werden übrigens auch freie Leute erwähnt, die mit den
Vogteileuten steuern und dasselbe Gericht besuchen (361 und 367).

Die 1475 erneuerte Offnung des Kelnhofes Mühlheim (Grimm
I 259) stimmt noch ziemlich genau mit den Angaben des Urbars
überein, schreibt der Herrschaft Oesterreich die Vogtei zu, beschränkt aber die vom Urbar in Anspruch genommene Gerichtsbarkeit über Düb und Frevel auf „Uebergriff, Ueberfäng und hohe
Gerichtsbarkeit mit Stock und Galgen; Zwing und Bann, und die
nicht über 3 ß steigende Busse dafür gehören dem Abt allein, die
höheren Frevelbussen werden zwischen Vogt und Abt geteilt. Dem
Abt allein kommen auch der Ehrschatz und die Fallabgaben des
Besthauptes und Bestgewands zu, ebenso die Bestrafung der Ungenossenehen, Bäckerei- und Tavernenrecht. Dem Vogt schreibt
die Offnung drei Jahrgerichte zu, das Vogtrecht ungefähr in dem
vom Urbar angegebenen Betrag, von der Vogtsteuer nur die alte,
gesetzte von 3 ß 5 ₰ (nach dem Urbar ähnlich 5 ß von jeder der
13 Huben), nicht aber die vom Urbar noch dazu erwähnte Steuer
von 9—12 ℔. Die Hofjünger müssen mit dem Vogt in seine Kriege
ziehen, aber nur bis Sonnenuntergang, bei Kriegen des Abtes zieht
sie dagegen der Vogt in seinen Schirm und zu seinen Handen;

ein deutliches Beispiel, dass wohl überall die Gotteshausleute nicht dem Kloster und dem Vogt zu Kriegsdienst verpflichtet waren, obgleich gerade Reichenau dem Reiche kriegsdienstpflichtig war (Brandi: Die Reichenauer Urkundenfälschungen I 76); der Abt war wohl auf seine Vasallen und Ministerialen angewiesen. Wenn beide Herren sie im Krieg nicht zu schirmen vermöchten, dürfen die Leute sogar in österreichischen Städten Schirm- und Burgrecht nehmen, aber nur für die Dauer des Kriegs. Da es die Sache des Vogtes war, nach Beendigung des Krieges zur Heimkehr zu mahnen, mag er diese Mahnung etwa zu Gunsten Frauenfelds und Diessenhofens unterlassen haben.

Diese Berechtigung, in österreichischen Städten dauernd Bürger zu werden, ist den Leuten des ebenfalls unter habsburgischer Vogtei stehenden Reichenauer Hofes Wellhausen durch die Offnung geradezu garantiert, für den Fall, dass die Leute von beiden Herren gegen ihre beiderseitigen Uebergriffe und Bedrängnis nicht genügend geschirmt werden könnten; also sogar für den Fall, dass der Abt sie gegen Uebergriffe des habsburgischen Vogtes nicht zu schützen vermöge. Letzterer brauchte also nur seine Kompetenzen zu überschreiten, um die Leute in seine eigenen Städte zu treiben und dadurch zu seinen Eigenleuten zu machen (Grimm I 249). Es wäre interessant, zu konstatieren, ob solche Einbürgerungen erfolgt sind. Dafür spricht die Erwähnung des Hauses Borschius von Erchingen im Diessenhofer Stadtbuch, Ende XIV. Jahrhunderts. Dem Abt blieben nur die Fallabgaben vorbehalten, dem Vogt nur die „hohen Gerichte"; nämlich die Frevel, über die ein sogenannter „Vogtmeier" richtet, so genannt, weil auch das Meieramt an den Vogt übergegangen war. Wenn dieser Vogtmeier (in einer allerdings unklaren Stelle) als Stellvertreter des Abtes bezeichnet wird, so kann dies doch nur bedeuten, dass der Vogt vom Abt belehnt ist. Damit stimmt das Urbar überein, da es den Habsburgern die Dieb- und Frevelgerichtsbarkeit zuschreibt. Die vom Urbar verzeichneten Einkünfte des Vogts an Vogtrecht, Vogtsteuer und Frohndiensten werden von der Offnung nicht erwähnt mit Ausnahme der Fastnachthühner, dagegen viel erheblichere Einkünfte des Klosters. Umgekehrt erwähnt nur die Offnung die auch hier auf einen Tag beschränkte Kriegsdienstpflicht gegenüber dem Vogt mit dem ungewöhnlichen Zusatz, dass die Gotteshausleute die „Mauern" des Vogtes sollen schirmen und retten helfen, was sich wohl wieder auf die Städte und eine Art Burgmannenpflicht bezieht. Dagegen erwähnt die Offnung des Reichenauer Hofes Langenerchingen, einer Erwerbung, die bis auf die Karolinger zurückgeht (Brandi II 62), das Vogtrecht ziemlich übereinstimmend mit dem Urbar (Grimm I 265: 5 Malter Haber (?) 10½ Mütt Kernen, 4½ ℔; das Urbar I 36 rechnet für jede der 12½ Huben 1 Mütt Kernen (?) = 4¼ Malter, für Hof und Mühle je 5 Mütt, von jeder Hube 5 ß = 3 ℔ 7 ß, eine Abgabe von 5 Malter Korn von jedem Hof wird auch dem Kastvogt schon in den Reichenauer Fälschungen des 9. Jahrhunderts zugesprochen; vgl. Brandi p. 68), dagegen wird die nach dem Urbar 24—34 ℔ betragende Vogtsteuer von der Offnung nicht erwähnt, welche ungenau das Vogtrecht als Vogtsteuer bezeichnet. Uebereinstimmend mit dem Urbar schreibt die Offnung dem Vogt die „hohen Gerichte" zu, „nämlich Frevel", die er in drei Jahrgerichten, wo möglich gleichzeitig mit denen des Abts, zu behandeln hat. Auch bei Verweigerung des Grundzinses und der vom Meyer für die Twing und Bann-Gerichtsbarkeit verhängten niedrigen Bussen greift der Vogt mit seiner Strafgewalt ein. Vom Kriegsdienst sagt diese Offnung nichts.

Die beiden Offnungen deuten an, dass die Gerichtsbarkeit des Vogtes über den Kreis der eigentlichen Hofjünger hinausgeht, auf alle andern Leute, die in den Gerichten sesshaft sind (Grimm I 249 und 265), die Gewalt des Vogtes also umfassender ist als die des Grundherrn.

Auch in dem vom Urbar vergessenen Städtchen Frauenfeld gab es Reichenauer Gotteshausleute, für die eine besondere Offnung aus dem 15. Jahrhundert existiert (Grimm IV 403). Obwohl diese von einem Vogt gar nicht redet und sogar die Verehlichung mit österreichischen Untertanen verbietet, ist es doch sicher, dass die Habsburger wie schon die Kyburger hier das Vogteirecht ausübten, ja es zeigt sich gerade hier, dass die eigentlichen Regierungsrechte dem Vogt allein ohne Beteiligung des Grundherrn zukamen. War auch Frauenfeld gegen Ende des 11. Jahrhunderts auf einem zum Reichenauer Hof Erchingen gehörigen Territorium gegründet worden, so scheint doch die Stadtgründung eher von den Grafen von Kyburg als vom Kloster ausgegangen zu sein (Puppikofer Gesch. des Kantons Thurgau 2. Aufl. I 560 und 778). Albrecht verlieh schon 1294 und als König 1302 der Stadt Frauenfeld, die er im letzten Privileg sogar „civitas" nennt, stadtrechtliche Gnaden nach dem Muster der beiden Winterthurer Privilegien und gerierte sich also durchaus als Herr der Stadt (Puppikofer Gesch. des Thurgaus 1. Aufl. 141 und 46). Bei der hierin zugegebenen Verjährung der Hörigkeit behielt er sich doch auch die Fallabgaben vor, die Reichenau laut Offnung von den ursprünglichen Einwohnern erhob und verpflichtete die ins Bürgerrecht aufgenommenen Unterlanen der Herzoge von Oesterreich zur Fortentrichtung der Vogtsteuer, verbot aber eine weitere Aufnahme, sobald die Summe dieser Vogtsteuer 10 ₰ erreiche. Dies musste gerade die Reichenauer Gotteshausleute betreffen, die sich durch Uebersiedlung in die Stadt den Verpflichtungen gegen das Gotteshaus entziehen konnten, nicht aber denjenigen gegen die Vögte. Die in beiden Privilegien verliehene Lehensfähigkeit der Töchter dürfte sich doch wohl mehr auf habsburgische Lehen ausserhalb der Stadt beziehen, als auf die Reichenauer Lehen, welche namentlich die Hofstätten in der Stadt umfassten und für welche die Offnung ebenfalls die weibliche Erbfolge garantiert, aber auch die Huldigung an den Abt verlangt. Immerhin ergibt sich aus dem Lehenbuch von 1361, dass ein Frauenfelder Bürger auch Güter im Stadtgebiet vom Herzog zu Lehen hatte (II 510). Es ist eigentümlich, wie die beiderseitigen Quellen die gegenseitigen Rechte gänzlich ignorieren und wie die habsburgischen Vögte in ihren Stadtrechtsurkunden bedeutende Privilegien verleihen, ohne auch nur eine Zustimmung des Grundherrn zu erwähnen.

Das Urbar verzeichnet allerdings keine Rechte und Besitzungen in Frauenfeld, nicht einmal den Weingarten der Herrschaft, für welche die Leute der Reichenauer Höfe doch frohndienstpflichtig sind. Eher als eine Lücke im Urbar (wie Puppikofer I 637 meint), ist hier anzunehmen, dass die Vogteirechte dem Untervogt verpfändet oder geradezu verliehen waren, dem oft genannten Jakob, Vogt von Frauenfeld, Hofmeister König Albrechts, und dass auch die Stadtprivilegien sich eher gegen diesen als gegen den Abt richteten. Jakob ist bekannt als Inhaber und sogar als Austeiler von Verpfändungen im Namen der Herrschaft (II 695, 701 und 704). Sein Sohn Johannes hatte wirklich nach dem Lehenbuch von 1361 die Burg Frauenfeld zu Lehen, ein gleichzeitiger Vogt von Frauenfeld, Heinrich Rüdlinger, den Weingarten im Murgtal (II 480 und 682). Dass dies Lehensverhältnis schon zu König Albrechts Zeit existierte, deutet der Revokationsrodel an, nach welchem der Hofmeister Zürcher Gotteshausleute im Amt Frauenfeld okkupierte (II 326). Durch förmliche Verpfändungsurkunden übergaben ihm die Könige Rudolf und Albrecht Rechte über freie Leute im obern Thurgau (Wartmann Urk.-Buch der Abtei St. Gallen III 338 und 356). Er ist einer der mächtigsten Beamten, der zwar der Herrschaft grosse Dienste leistet, aber dafür auch sehr viel von ihren Einkünften in Beschlag nimmt. Auch in den Höfen Reichenaus waren die habsburgischen Vogtrechte schon 1279 zum Teil verpfändet an verschiedene Herren (II 82—84), ebenso nach dem zu Albrechts Urbar gehörigen Pfandrodel (II 397—400), wonach Vogtsteuern von Reichenauer Höfen zur Begründung von Burgrechtslehen betreffend Frauenfeld benützt wurden (auch II p. 709). Nicht nur die Vogtei, sondern die Grundherrschaft selbst hatte Habsburg von Reichenau zu Lehen über den Kelnhof Ossingen (I 344), so dass dieser eigentlich zu den nachher zu erörternden Lehen von Gotteshäusern gehört. Die alte Offnung (Grimm I 94) redet gar nicht von der Oberlehensherrlichkeit des Klosters, spricht vielmehr der Herrschaft Oesterreich Zwing und Bänn zu, ja sogar die charakteristischen Rechte geistlicher Grundherrschaften, Besthaupt- und Ungenossenbussen, handelt aber nicht ausdrücklich von der Düb- und Frevelgerichtsbarkeit, wie das Urbar. Dagegen erstreckte sich das habsburgische Vogteirecht auch über einige Reichenauer Besitzungen in schwäbischen Gegenden, zu Marbach und Herbrechtingen im Amt Friedberg, Dürmentingen, Unlingen und Hallingen im Amt Saulgau (I 377, 386—390).

Vom Augustiner Chorherrenstift Kreuzlingen standen nur zwei Höfe zu Ober-Oringen im Amt Winterthur und zu Trüllikon im Amt Diessenhofen unter habsburgischer Vogtei (I 321 und 347), auch diese wohl nur deswegen, weil die betreffenden Ortschaften ohnehin den Habsburgern sonst ganz gehörten, die eine infolge von eigener Grundherrschaft über den Haupthof Nieder-Oringen, die andere infolge der noch zu erwähnenden Vogtrechte über Rheinauergut. Daher erklärt sich auch der Unterschied, dass die Habsburger in Trüllikon, wo sie ausschliesslich Vogtrechte über Besitz verschiedener Gotteshäuser haben, nur die Dub- und Frefelgerichtsbarkeit ausüben, während jedermann, d. h. ein jeder Grundherr, Twing und Bann über die seinen hat, in Oringen dagegen Twing und Bann über beide Höfe den Habsburgern zusteht. Die habsburgische Vogtei in beiden Orten wird auf einen förmlichen Schirmauftrag zurückgeführt und die Vogtabgabe festgesetzt in einer Kyburger Urkunde von 1263 (Z. U. B. III nr. 301); daher redet auch das Urbar hier von einer „gesatzten Vogtsteuer" und von einem Vogtrecht, welches „durch Schirm" gegeben wird. Trotz dieser vertraglichen Festsetzung ist, wie bei Winterthur, die Vogtsteuer Oringens von den Habsburgern höher getrieben worden, auf 8—12 $\mathit{ꝝ}$, ja einmal bis auf die als unerträglich bezeichnete Höhe von 20 $\mathit{ꝝ}$. An Kreuzlingen hatte schon 1198 Graf Rudolf von Habsburg Güter zu Eibingen, Hirschlatt und Hiltishausen vergabt, ohne sich Vogteirechte vorzubehalten (Puppikofer, Gesch. des Thurgaus I 327); daher erscheinen diese Orte nicht im Urbar. Auf andere Kreuzlinger Vogteirechte hatten schon die Kyburger verzichtet (Z. U. B. III nr. 1074, 1217 und 1225).

Die Kastvogtei über das Kloster Rheinau hatte zwar Kaiser Friedrich II. 1241 von den Edlen von Krenkingen für das Reich gekauft, Konrad IV. aber wieder an die Krenkinger verpfändet (Z. U. B. II nr. 551, 557 und 639); von diesen kam sie erblich an die jüngere Linie des Hauses Habsburg, die sie zur Zeit des Urbars 1282—1315 ausübte (Z. U. B. VI nr. 2168). Trotzdem hatte die ältere Linie die Vogtei über eine ganze Anzahl von Rheinauer Besitzungen zu Oerlingen, Nieder-Morthalen, Trüllikon, Mörlen, Wildensbuch, Rüedivar, Klein-Andelfingen und Torlikon im Amt Diessenhofen (I 345—351), aber auch jenseits des Rheines zu Uttenhofen im Amt Tengen (354) und Oberlauchringen, Erzingen und Mettingen im Amt Krenkingen (86, 87 und 90), überall mit der Gerichtsbarkeit über Düb und Frefel, zuweilen auch mit der über Twing und Bann (346, 347, 348, 351, 354, 86) oder einem Teil derselben (347 den dritten Teil), in Erzingen und Wisswil von beiden Teilen der Gerichtsbarkeit nur die Hälfte (87, 88), in

Mettlingen nur Twing und Bann, eine auffallende Ausnahme von der
Regel, dass der Vogt die Dûb und Frefelgerichtsbarkeit ausübt (90).
    Ueber die Güter des Benediktinerklosters St. Johann im
Thurtal, zu Ober-Illnau und Baltenswil, besassen die Habsburger
aus kyburgischer Erbschaft die Vogtei mit voller Gerichtsbarkeit
(I 289 und 303). Obwohl dieses Kloster das Privileg freier Kast-
vogtwahl besass und 1227 zu Gunsten des Königs Heinrich davon
Gebrauch gemacht hatte (Urk.-Buch der Abtei St. Gallen III nr. 862
und 863), dürfte doch hier in der Nähe der Kyburg die gräfliche
Gewalt von Anfang an festgehalten worden sein; erwähnt doch
schon das Kyburger Urbar Vogtrechte an beiden Orten (II 31).
    In Unter-Illnau besass das Kloster Allerheiligen in Schaff-
hausen durch Vergabung des Grafen Adalbert von Mörsburg seit
zirka 1100 einen Dinghof und andere Güter, worüber die Habsburger
schon um 1274 (II 60) das Vogteirecht mit beiden Arten der Gerichtsbarkeit ausübten (I 293); ebenso über Güter dieses Klosters
in Volketswil (I 292) Vogtrechte, die schon im Kyburger Urbar erwähnt sind (II 31); ähnlich zu Herbrechtingen und Marbach im Amt
Friedberg (376 und 377), wo aber die habsburgische Erwerbung auf
Kauf von den Nellenburgern zu beruhen scheint; und zu Büsslingen
im Amt Tengen (I 354). Hier besass Allerheiligen den niederen
Hof, das ebenfalls in Schaffhausen gelegene Kloster St. Agnes
den oberen Hof, die habsburgischen Vögte aber ausser der vollen
Gerichtsbarkeit auch das sonst nur mit Grundherrschaft verbundene
Tavernen- und Backrecht, Försteramt und gemeinsam mit dem
Abt die Verleihung der Kirche. Dies beruht alles auf käuflicher
Erwerbung von den Herren von Tengen, die sich letzteres Recht
erstritten hatten, wieder ein Beispiel, dass speziell grundherrliche
Rechte sich mit der Vogtei nur da verbinden, wo die Habsburger
schon ausgebildete Rechte anderer Herrschaften erworben haben,
nicht in althabsburgischen und kyburgischen Vogteigebieten, in
welchen dem Vogt meist nur die gräfliche Gerichtsbarkeit zusteht.
    Von den Lazaritern in Gfenn stand nur ein kleines Gütlein
auf dem Baltsberg bei Kloten unter habsburgischer Vogtei, wenn
nicht die ungewöhnliche Ausdrucksweise des Urbars (I 254) vielmehr bedeutet, dass die Lazariter dieses Gütlein von Habsburg
zu Lehen haben, wofür auch die Abgabe von 6 Pfennig cher

sprechen würde; sie bestand schon um 1274 (II 66; bonum quod habent illi de Sancto Lazaro); ähnlich hatten die Lazariter ein anderes Gut bis 1263 von den Habsburgern indirekt zu Lehen gehabt (Z. U. B. III nr. 1242).

Die ausgedehntesten Vogteirechte besass Habsburg über die in der Stadt Zürich gelegenen Gotteshäuser, obwohl diese für sich selbst schon durch die Einrichtung der Reichsvogtei Zürich von habsburgischer Kastvogtei formell befreit waren; wenn auch die habsburgischen Könige diese vorher von Bürgern ausgeübte Reichsvogtei wieder mit ihren Anhängern, ja mit den Vizelandgrafen im Aargau und Thurgau besetzten, zogen sie dieselbe doch nicht direkt an ihre Dynastie, so dass diese Reichsvogtei im Urbar unmöglich aufgenommen werden konnte. (Vgl. Z. U. B. IV nr. 1534 und V nr. 1646 und Anfänge der Zürcher Politik im Zürch. Taschenbuch 1888). Gleichwohl standen die ausserhalb des Stadtgebietes in der Grafschaft Kyburg, speziell im Amt Kloten, gelegenen Besitzungen dieser Kirchen unter habsburgischer Vogtei. Dass dies schon auf kyburgischer Zeit und Erbschaft beruht, lässt sich freilich aus dem fragmentarischen Kyburger Urbar nicht nachweisen, da hier einzig die Vogteirechte über das Fraumünstergut in Rümlang erwähnt sind, diese aber im habsburgischen Urbar gerade fehlen, vermutlich, weil sie, wie schon zur Kyburger Zeit, an die Manesse weiter verliehen (II 36), jetzt laut Revokationsrodel durch die Herren von Rümlang auf Grund eines Kaufes von der Gräfin von Rapperswil okkupiert waren (II 309). Das Patronat der Kirche Rümlang war schon 1212 dem Vogt von Rapperswil als Belehntem der Kyburger zugesprochen worden (Z. U. B. I nr. 368, 369 und 375). Besser als das erst infolge käuflicher Erwerbung Tengenscher Rechte um 1280 erweiterte Amt Kloten, bezeichnete das frühere, 1274 und 1279, existierende Amt Schwamendingen den Umkreis dieser Vogteien über die zürcherischen Kirchengüter, da bei diesem Amt gar nichts anderes verzeichnet ist als Besitz der Zürcher Gotteshäuser (II 64 und 77). Das frühere Amt Kloten (II 66) beschränkte sich auf die Tengenschen Erwerbungen; in der späteren Organisation der Aemter zur Zeit des Urbars wurde weniger Rücksicht auf gemeinsamen Ursprung der Rechte genommen und das frühere Amt Schwamendingen zum Amt Kloten gezogen.

Von den Zürcher Gotteshäusern kommen in Betracht: die Abtei Fraumünster, die Propstei Grossmünster, das Augustiner-Chorherrenstift auf dom Zürichberg, für ganz vereinzelte Güter noch das Cistercienserinnenstift Selnau und das Spital Zürich. An den meisten Orten lagen Besitzungen zweier oder dreier dieser Gotteshäuser, und die habsburgischen Vogteirechte erstreckten sich über alle diese Güter und ganze Ortschaften in Bezug auf Gerichtsbarkeit und Vogtsteuer; nur die Vogtrechtsabgabe beruht auf den einzelnen Gütern. In Seebach waren die Besitzungen der Abtei und Propstei so verwickelt und vermischt, dass der gemeinsame Kellner 1263 beschuldigt wurde, er könne oder wolle die Besitzungen der beiden Stifte nicht unterscheiden und masse sich ein Erblehenrecht an dem salischen Laude der Propstei an (Z. U. B. III nr. 1204), ein charakteristisches Beispiel, wie sich solche Klosterbeamte, noch mehr als die der Habsburger, Uebergriffe zu Gunsten ihrer Herrschaft erlaubten. Von der Abtei standen doch nur die Güter zu Seebach und Wallisellen im Amt Kloten und ein Gütlein zu Dielsdorf unter habsburgischer Vogtei, in Wallisellen mit der vollen Gerichtsbarkeit, in Seebach nur mit Düb und Frefel, in Dielsdorf war gerade beim Frefelgericht ausgenommen, was dem Mann an den Leib geht (I 237, 244, 246). Das allgemeine Recht der Fraumünster Gotteshausleute war, dass sie ihren Vögten, wie auch aus dem Urbar ersichtlich ist, ein Fastnachthuhn gaben und von ihnen auch wegen Ehe mit Ungenossen bestraft werden konnten, ein Recht, das sonst häufiger den Klöstern selbst zustand (z. B. Einsiedeln; vgl. Grimm I 145 mit Grimm IV 331 Rechte der Abtei Zürich über ihre Gotteshausleute). Als Genossen für das Connubium galten die Gotteshausleute der Propstei Zürich, der Klöster Einsiedeln, Pfäfers, St. Gallen, Reichenau und Säckingen, also meist ebenfalls unter habsburgischer Vogtei stehende Klöster; es mag wohl Habsburg an der Begründung dieses Genossenverbandes mitgewirkt haben. Im Verhältnis zu diesen wenigen Vogteirechten werden auffallend viele Gotteshausleute der Abtei Zürich in den Revokationsrödeln reklamiert (II 303—326), nicht nur im Amt Kloten, auch im Amt Kyburg und am Zürichsee.

Die Offnung über die Rechte der Abtei zu Seebach von 1487 stimmt mit dem Urbar darin überein, dass der Vogt von Kyburg über „Dieb und Frevin" richten und das Stift vor Gewalttat schirmen soll. Vom wöchentlichen Gericht des Stiftsamtmanns erhält der Vogt zirka ¹/₃ der Bussen, das Vogtrecht beträgt hier 8¹/₂ Mütt Kernen, 14 Viertel Haber und 1 Fastnachthuhn, während das Urbar nur 5²/₄ Mütt Kern, aber ebenfalls 14 Viertel Haber und Hühner angibt. (Diese unedierte und unbekannte Offnung habe ich im Fraumünster Kopierbuch des Stadtarchives III, pag. 849 gefunden.) Für die Genosame werden hier nur Einsiedeln, Reichenau und St. Gallen angegeben.

Stärker war die habsburgische Vogteigewalt über Gotteshausleute und einzelne Besitzungen des Chorherrenstiftes Grossmünster, obwohl gerade dessen Probst im Unterschied von andern Gotteshausvorstehern befähigt war, höhere Gerichtsbarkeit auszuüben. In den innerhalb der Reichsvogtei Zürich gelegenen Höfen Fluntern, Albisrieden, Rüfers und Rüschlikon hatte er die volle Gerichtsbarkeit samt Bussenbezug, auch in Kriminalsachen, sogar bis zur Todesstrafe: (§ 2 „omnem jurisdictionem et merum imperium.... de violentiis et injuriis, maleficiis" etc. und § 21: „per suum justiciarium habet judicia publica per penam sanguinis et ultima supplicia exercere"; vgl. Grimm IV 323—326). In Fluntern hatte er einen Waibel und einen Weidhube, ein Halseisen (Pranger) und einen Galgen (Vögelins Altes Zürich II 561 und 567). Der Reichsvogt hatte in diesen Höfen so wenig zu richten als die Habsburger. Für Albisrieden, welches zur Grafschaft Habsburg gehört und in dessen Nachbarorten die Habsburger überall Düb und Frevelgericht und Weidhuben besitzen, gibt das Urbar auf Grund einer Kundschaft dieses ausnahmsweise Verhältnis ausdrücklich zu, dass von Recht und aller Gewohnheit niemand Düb und Frevel zu richten hat als der Propst, der diese Gerichte vom Reich empfängt (I 119). Es handelt sich hier nicht nur um die graue Theorie der Spiegel, welche alle Gerichtsbarkeit vom König herleitet; es liegen bestimmte Urkunden vor. Schon 1255 verkaufte Jakob Müllner, der spätere Reichsvogt Zürichs, diese Vogteirechte zu Albisrieden an den Propst und versprach, die Genehmigung seiner Lehensherren, der Schnabelburger, und ihres obersten Lehensherrn, des Königs Wilhelm, auszuwirken (Z. U. B. III nr. 940). Wie schon dieser, belehnten auch die folgenden Könige, Richard 1262 und Rudolf 1275, den Propst mit dieser

Vogtei (Z. U. B. III nr. 1199 und IV nr. 1605—1607). So ist es
recht auffallend und wohl auf alte Zeit zurückzuführen, dass über
andere Propsteibesitzungen die Habsburger nicht nur die gewöhnlich dem Vogt zustehende Dub- und Frefelgerichtsbarkeit ausüben,
sondern vielfach auch die niedere Gerichtsbarkeit „Twing nnd
Bann". Dies mag allerdings daraus zu erklären sein, dass an
diesen Orten das Chorherrenstift nur einzelne Güter, nicht ganze
geschlossene Höfe besass, und dass die Erwerbung einzelner Güter
die bisherige gräfliche Gerichtsbarkeit und Organisation nicht zu
durchbrechen vermochte. Anders verhielt es sich mit eigentlichen
Höfen, die, an denselben Orten gelegen, von anderen Klöstern
samt der Vogtei erworben wurden und daher im Urbar gar nicht
erscheinen, selbst wenn ein solches Kloster unter habsburgischer
Kastvogtei stand.

So verkaufte 1243 Fischingen einen Hof in Bassersdorf an
St. Blasien, und die Grafen von Toggenburg verzichteten zu Gunsten
St. Blasiens auf die Vogtei (Z. U. B. II nr. 577). In der gleichen
Ortschaft hatte das Chorherrenstift Zürich 2½ Huben, die den
Habsburgern vogtrechtpflichtig waren. Wie das Urbar hier Dub
und Frevel, Twing und Bann in Anspruch nimmt (I 251), schreibt
auch die von anno 1400 stammende Offnung alle Gerichte und
Bussen der Grafschaft Kyburg zu, ebenso Fastnachthühner un-
gefähr in der vom Urbar erwähnten Höhe, das Vogtrecht von den
Huben der Chorherren und ganz gegen Gewohnheit der Offnungen
auch die Vogtsteuer (Schauberg, Beiträge III 297 und Grimm IV
279). Der Landgraf bestraft Ungenossenehen, welche über die Genossenschaft der fünf Gotteshäuser St. Regula, Einsiedeln, Reichenau,
St. Gallen und Säckingen hinausgehen. Zu diesem Gericht gehören
auch die kyburgischen Rechte in Brüttisellen, Baltenswil, Birchwil,
Ortschaften, welche das Urbar zum Amt Kyburg rechnet, wieder
ein Beweis, dass die Aemtereinteilung des Urbars sich nur auf den
Bezug der Einkünfte, nicht auf jurisdiktionelle und politische Ver-
bände bezieht; in Birchwil handelt es sich um Rechte über freie
Leute (I 306). Da auch in Bassersdorf nur vier Huben den Gotteshäusern gehörten, scheint auch hier die übrige Bevölkerung frei
zu sein und geniesst in der Tat eine sehr weitgehende Autonomie,
da die Bauern die Steuereinnehmer (Dorfmeyer) und sogar den

Waibel mit Handmehr aus ihrer eigenen Mitte wählen; dieser hat die Aufsicht über Wald und Feld und erhält besondere Abgaben. Das sind Refugnisse, wie sie Gotteshausleute höchstens in privilegierten Städten geniessen, auf dem Lande meist nur freie Gemeinden. Weit entfernt von allgemeiner Fallpflicht geniessen die Bassersdorfer das Recht freien Abzugs und ein Erbrecht auf Güter kinderloser Nachbarn; nur Uneheliche und Landzüglinge erbt der Landgraf. Ja dieser schützt sogar die Gotteshausleute, die an die Propstei gehören, gegen das bei solchen Grundherrschaften sonst übliche Fallrecht und Erbrecht an Kinderlosen, mit der Bestimmung der Offnung: „es soll ihn doch kein herr nit erben, sondern der nächst nachgebur, der an dasselbe gotteshus gehört" (§ 22). Nirgends ist es klarer als hier, dass der Landgraf als solcher wie als Vogt von Gotteshausleuten der Gegner der einzelnen Grundherren ist und die Leute, wie es hier heisst, „schirmen soll vor ungewöhnlichen Sachen (Uebergriffen) und fremden Gerichten; gleichviel wes herrn einer ist" (§ 11). Ebenso garantierte der Landgraf den an das Stift gehörigen Leuten wie den übrigen das Recht, ihre Güter beliebig zu verkaufen und zu vermachen. Dies ist keineswegs das allgemeine Recht der Zürcher Gotteshausleute, da der Propst von seinen Höfen Fallabgaben erhob, den Waibel selbst ernannte und von verkauften Gütern eine Abgabe bezog (Grimm IV 327—331).

Auch beim Zwinghof Winkel lässt das Urbar in eifriger Notierung der Vogtrechte über vereinzelte Güter der Chorherrenstifte Zürich und Embrach, und zwar in zwei verschiedenen Aemtern (I 250 und 264), die direkten habsburgischen Rechte zurücktreten, obgleich sie laut Offnung viel bedeutender sind (Offnung ed. Jecklin im Anzeiger f. Schweizergeschichte 1891 p. 142). Nur nebenbei wird die volle Gerichtsbarkeit über das ganze Dorf erwähnt, sowie die Vogtsteuer. Die Offnung des im Urbar nicht als solchen genannten Twinghofes erklärt in einem ziemlich grossen Umfang die Leute der fünf Gotteshäuser steuerpflichtig und kriegsdienstpflichtig in den Twinghof, weist aber alle Freien, von welchen im Urbar nichts gesagt ist, zum Gehorsam gegen den Landgrafen von Kyburg an; die daselbst wohnenden Eigenleute gehören ihm mit Leib und Gut, wie auch Uneheliche und Landzüglinge. Von diesen Eigenleuten erhebt er eine Fallabgabe und bei Kinderlosigkeit fällt ihm das ganze Erbe zu; die Zürcher Gotteshausleute sind frei von Fallabgaben, erben einander gegenseitig und geniessen ein so freies Vermächtnisrecht, dass sie, wie es sprichwörtlich heisst, das ihrige einem Hund an den Schwanz binden können. Auch hier erscheint der Landgraf als derjenige, der die Gotteshausleute bei den Rechten Freier schirmt, sie vor fremden Gerichten schützt, ihnen Geleit zu freiem Abzug gewährt, die Genossame unter den fünf Gotteshäusern garantiert und die Bussen für Ungenossame bezieht, aber nur ⅓ der Bussen, welche die Bauern über landwirtschaftliche Dinge selbst verhängen. Das von Berchtold von Jestetten okkupierte Vogteirecht über eine dem Kloster Muri gehörige Schupposse zu Winkel nahm Albrecht ebenfalls in Anspruch (II 352). Um 1318 war merkwürdigerweise eine Vogtei zu Winkel mit grösserem Vogtrecht, als sie das Urbar verzeichnet, Lehen der Laufenburger Linie an den Zürcher Rudolf Biber (II 761 und 776), wie es scheint, aus der Regensberger Erbschaft. Zum Twinghof Winkel scheint nach der Offnung auch der Chorherrenhof zu Oberhasli zu gehören (nur nach der etwas spätern Offnung bei Grimm I 87 fängt der Kreis des Twinghofes Winkel zu Oberhasli an, in der ältern erst bei Niederglatt), obschon das Urbar (I 247) diesen Hof ganz selbständig anführt; doch nimmt es auch hier die ganze Gerichtsbarkeit in Anspruch. Aehnlich gehörte der Chorherrenhof zu Nassenwil, den das Urbar selbständig mit voller Gerichtsbarkeit anführt (I 255), laut Offnung des 16. Jahrhunderts zum Twinghof Neerach, der den Habsburgern früher eigentümlich zugehörte (Grimm IV 317). Allerdings deutet das Urbar an anderer Stelle (248) an, dass dieser und andere Orte mit den Leuten von Neerach steuern, und schon nach einer Kundschaft von 1450 mussten die von Nassenwil mit der Grafschaft Kyburg reisen, dienen und steuern (St. A. Z. Akten Neuamt).

Alle Gerichte hatte Habsburg auch über den Chorherrenhof zu Ditikon (bei Dielsdorf), von welchem keine Offnung und sonst keine Beziehung zum Grossmünster bekannt ist; auch dieser Hof steuerte mit Neerach; doch war seine Steuer verpfändet (II 386). Ueber andere Orte hat der Propst selbst Twing und Bann inne, und die habsburgische Gerichtsbarkeit beschränkt sich auf Dieb

und Frevel, wie es sonst für Kirchenvogtei Regel oder wenigstens
häufiger ist. Zu Oerlikon, wo das Urbar das Vogtrecht von 11
dem Chorherrenstift gehörigen Schupposscn, Fastnachthühner, die
Düb- und Frevelgerichtsbarkeit und eine Vogtsteuer notiert (I 253),
hat der Vogt laut Offnung (Grimm I 73) zwar auch Gerichtsbarkeit
über den Meyer selbst, aber nur in Düb- und Frevelsachen und
muss dem Meyer 100 von seinen Fastnachthühnern abgeben; der
Vogt hat gar kein Recht auf landwirtschaftliche Bussen, welche
die Leute vielmehr selbst anordnen und beziehen. Die Oerlikoner
Allmend stiess mit derjenigen der Stadt Zürich an Schwends Beifang zusammen und auf diese Gegend möchte sich die Nachricht der
Colmarer Annalen beziehen: „1279 filius Rudolfi regis Thuricensium
est pecora depredatus" (Böhmer Fontes II 13). In dem nahen
Schwamendingen verzeichnet das Urbar (252) ganz ähnliche Rechte
über den Dinghof der Propstei; doch soll nach der Offnung der
Vogt sich mit dem Vogtrecht begnügen und keine weiteren Steuern
erhoben, während das Urbar von seiner hohen Vogtsteuer nur den
Kellner befreit. Ungenossenehen ausserhalb der fünf Gotteshäuser
soll der Vogt so schwer strafen, dass es andere abschreckt (Offnung des 15. Jahrhunderts bei Hotz, Zur Geschichte des Grossmünsterstifts Zürich p. 10). In Dübendorf, wo die Propstei einen
Meyerhof und in Seebach, wo sie zwei Höfe besass (I 256 und 243),
hatte der Vogt nur die hohen Gerichte, welche die Offnung ausdrücklich erklärt als Düb und Frevel, die das Blut anrühren. (In
der späteren Offnung aus Waldmanns Zeit, bei Schauberg Zeitschrift I 98, ist dies weniger deutlich, da der an Stelle des
Propstes getretene Waldmann und nachher der zürcherische Obervogt
nur die niederen Gerichte, der Vogt von Kyburg die hohen hat.)
In Oberhausen und Stettbach (I 245 und 253) schreibt die Offnung
von 1393 übereinstimmend mit dem Urbar alle kleinen Gerichte,
die hier ausdrücklich mit Twing und Bann, d. h. Gericht um Eigen
und Erb, Steg und Weg, Goldschuld und Efaden, und ⅓ der
Bussen von landwirtschaftlichen Einungen (also nicht nur letzteren!),
umschrieben werden, dem Kustos des Chorherrenstifts zu bis auf
Düb und Frevel, die dem Vogt von Kyburg gehören (Grimm IV 302).

Ein grosser Teil der Besitzungen des Zürcher Chorherrenstifts
und der Abtei lag ausserhalb der Grafschaft Kyburg und aller habs-

burgischen Vogteigewalt. Die Chorherrenhöfe Höngg, Meilen, Albisrieden, Höfers, Rüschlikon und zum Fallenden Brunnen standen unter ausschliesslicher Gerichtsbarkeit des Propstes, der dazu gar keines Vogtes bedurfte. Nur für den Hof zum Fallenden Brunnen ist es auffallend, dass schon die ältesten habsburgischen Urbaraufzeichnungen von 1274 und 1279 dort ein Vogtrecht notieren, wie noch Albrechts Urbar (II 65 und 77 und I 249), letzteres aber gar keine Gerichtsbarkeit in Anspruch nimmt. Es ist wahrscheinlich, dass es sich hier um alte Schenkungen von Königshöfen handelt, deren Gerichtsbarkeit viel strenger von der Grafschaft geschieden und eximiert war als anderes Kirchengut.

Das Cistercienserkloster Selnau und Spital Zürich hatten nur je eine Schuppos unter habsburgischer Vogtei, ersteres zu Oberhasli, das zum Zwinghof Winkel gehörte (I 247), letzteres zu Buchs im Amt Regensberg (I 240); über beide Besitzungen hatte Habsburg alle Gerichte.

Zahlreichere, meist im Amt Kloten gelegene Güter unter habsburgischer Vogtei besass das Augustiner Chorherrenstift auf dem Zürichberg zu Rieden, Wallisellen, Höri, Niederglatt, Oberglatt, Wangen, Bassersdorf, Opfikon und Oberweningen (I 245—255), letzteres Zürichberggut zum Amt Kloten gerechnet, obschon die von Regensberg erworbenen Vogtrechte zu Oberweningen über St. Blasiergut beim Amt Regensberg verzeichnet sind (I 241). Die volle Gerichtsbarkeit hatte Habsburg einzig über die Zürichberggüter zu Bassersdorf und Wallisellen, wo es ja noch andere landgräfliche und Vogteirechte ausübte. An den übrigen Orten ist entweder gesagt: „es richtet jeder man über die sinen", d. h. jede Grundherrschaft hat volle Gerichtsbarkeit, oder es steht gar nichts, was auf dasselbe herauskommen dürfte. Ein späteres Urbar der Grafschaft Kyburg schreibt gleichwohl dem Vogt von Kyburg die höhern Gerichte in Opfikon zu, die kleineren der Bauersame, welche sie 1527 nach Aufhebung des Klosters an sich kaufte (Schauberg Zeitschrift I 134). Daselbst erwarb 1292 auch die Abtei Zürich einen Hof von dem Zürcher Bürger Rudolf von Opfikon, der sich aber die Vogtei darüber vorbehielt (Z. U. B. VI nr. 2192). In Rieden dagegen scheint nach der Öffnung für Dietlikon und Rieden der Meyer des Klosters alle Gewalt an sich

gebracht zu haben, da weder vom Propst noch Vogt die Rede ist
(Schauberg Zeitschrift I 111) und „der herr und meier" sogar
das „Vogtkorn", auch die Vogtsteuer bezieht und die Reispflicht in
Anspruch nimmt.

Hiemit sind alle habsburgischen Vogteirechte über Gotteshausgüter erwähnt. So unbedeutend auch manche dieser Besitzungen und ihre Abgaben erscheinen mögen, so bilden sie doch zusammen eine grosse Summe und halten für die Habsburger den hohen Wert, dass sie die meisten in der Grafschaft Kyburg gelegenen Gotteshausbesitzungen mit den anderweitigen Herrschaftsrechten über Freie und eigne Leute unter einen Hut brachten, alles zu einer verhältnismässig geschlossenen Territorialherrschaft verbanden und damit auch der durch weitere Vergabungen an Kirchen drohenden Zersplitterung der Grafschaftsrechte vorbeugten. Dem Umfang nach sind die Vogteirechte vielleicht die ausgedehntesten unter den verschiedenen Rechtstiteln der Habsburger. Dabei darf freilich nicht übersehen werden, dass es im Umkreis der habsburgischen Gebiete und Grafschaften noch eine ganze Anzahl Klosterbesitzungen und sogar Klöster gab, über welche Habsburg kein einziges Vogtrecht ausübte. Es waren dies vorzugsweise Klöster jüngerer Orden, der von aller Vogtei befreiten Cistercienser in Kappel, Wettingen und Frauenthal, der Prämonstratenser in Rüti, der Barfüsser, Dominikaner und Augustiner samt Frauenklöstern in Zürich, Winterthur, Töss, Oetenbach, Katharinenthal, Paradies. Solchen Klöstern gegenüber, die freilich ungefährlich waren und keine eigentlichen territorialen Mächte bildeten, haben namentlich die Kyburger, zum Teil auch noch die Habsburger selbst, auf Vogteirechte und Gerichtsbarkeit verzichtet oder ihren Ministerialen gestattet, Vergabungen in diesem Sinne zu machen. (Letzteres zu Gunsten Kappels 1236; vgl. Z. U. B. II nr. 503, für Wettingen 1298 daselbst nr. 518 und 1252 nr. 835 und 870; III nr. 1228; für Katharinenthal 1292, Z. U. B. VI nr. 2198).

Ausdrücklich überliessen die Habsburger diesen Klöstern auch Vogteirechte, wie 1256 das über die Kirche Thalweil an Wettingen (Z. U. B. III nr. 984); 1267 die Vogtei über Rutlisberg an Kappel (Z. U. B. IV nr. 1345); 1269 die Vogtei über Hufach dem Bischof von Strassburg (Herrgott II 414); 1273 die Vogtei im Lüchental käuflich dem Kloster Töss (Z. U. B. IV nr. 1520); 1298 verzichtete Albrecht zu Gunsten Wettingens auf die Steuer von dessen Hof in Rossberg (Archiv f. Oesterr. Gesch.-Quellen VI 163).

Noch auffallender ist es, dass Graf Gottfried von Habsburg-Laufenburg sein Vogtrecht über einen freien Bauern an das Kloster Selnau abtrat (Z. U. B. III nr. 1281); dazu hätte sich die ältere Linie schwerlich verstanden, da dieses Vogtrecht nichts anderes ist als das Schirmrecht des Landgrafen.

Durch die Vogteirechte dieser Klöster war die habsburgische Gerichtshoheit doch vielfach durchbrochen.

2. Habsburgische Lehen von Gotteshäusern und vom Reich.

Umfassendere Rechte als die blosse Vogtei verschaffte den Habsburgern eine ganz andere Beziehung zu Kirchengütern, der Lehensbesitz an solchen. Obschon das Lehen eigentlich theoretisch den Empfänger erniedrigte und vom Lehensherrn abhängig machte, waren doch schon seit dem 11. Jahrhundert von weltlichen Fürsten und selbst vom König vielfach geistliche Lehen gesucht und der Grundsatz ausgebildet worden, dass die Lehen von geistlichen Stiften keine Standeserniedrigung für den Empfänger zur Folge haben. Da dann die Lehenspflicht für einen mächtigen Vasallen immer mehr nur in äusseren Formen der Huldigung und des indirekten Tafeldienstes bestand als in einer wirklichen Abhängigkeit und tatsächlichen Verpflichtungen, so wurde das Lehen zu einem vielbegehrten Mittel, geistliches Gut in weltliche Hände zu bringen und dauernd darin zu erhalten (Waitz, Deutsche Verfassungsgeschichte VI p. 75 ff., namentlich p. 98 und 102; besser als die mehr nach theoretischen Quellen arbeitenden Rechtsgeschichten von Juristen). Auch die theoretischen Quellen des Lehenrechts, libri feudales, sächsisches Lehenrecht und Lehenrecht des Schwabenspiegels, bezeugen ja, dass das ritterliche Lehenrecht sich immer mehr zu Gunsten des Vasallen bis zu einem fast vollständigen Eigentumsrecht entwickelte, und die Urkunden beweisen, dass auch die von der Theorie noch festgehaltenen Schranken in Wirklichkeit überall durchbrochen wurden. Die Erblichkeit der

Lehen war bis auf die weitesten Grade durchgeführt, wenn es auch oft wie bei Kyburg-Habsburg zum Streit über die Erbfolge kam. Die von den einen Theoretikern zugegebene, von andern bestrittene Verkäuflichkeit der Lehen (libri feudales I, Titel 13) wurde in Wirklichkeit meist so ausgeübt, dass dem Lehensherrn höchstens ein nachträglicher Konsens, eine rein formelle Verleihung an den Käufer übrig blieb; selbst wenn er den Verkauf lange Zeit anzufechten versucht hatte (Z. U. B. V nr. 1729). Oft fehlt sogar jede Erwähnung einer Zustimmung des Lehensherrn (z. B. Z. U. B. V nr. 1781 Hermann v. Bonstetten verkauft ein Lehen von Klingen 1280); nur ganz selten ist von einer Entschädigung des Lehensherrn die Rede, so dass der Vasall ihm ein anderes Gut zu Lehen aufträgt; doch scheint es sich dann um bäuerliche Erblehen zu handeln (Z. U. B. V nr. 1946 und 1957), oder um Reichslehen, die während des Interregnums dem Reich entfremdet. von König Rudolf zurückverlangt wurden (Z. U. B. IV nr. 1605 bis 1607, VI nr. 2024, 2026 und 2216). Gewöhnlich verzichtet der Lehensherr einfach auf sein nominelles Obereigentumsrecht, während der Vasall den ganzen Kaufpreis erhält (Z. U. B. VI nr. 2045—2047, 2055). Viel eher war von Ersatz die Rede, wenn der Vasall ein Lehen aufsendete (Z. U. B. VI nr. 2168). Und wo dies nicht der Fall ist, erscheint die dann meist vorliegende Vergabung an ein Kloster fast ausschliesslich als Verdienst des Vasallen. Lehen unmündiger Kinder konnten vom Vormund verkauft werden mit dem blossen Versprechen, die Kinder nach Erlangung ihrer Mündigkeit anzuhalten, dass sie das Lehen nachträglich dem Lehensherrn aufgeben (z. B. betr. St. Galler Lehen im Z. U. B. V nr. 1899). Nur durch die Wortlosigkeit der Oberlehensherrschaft war es möglich, dass auch über den theoretisch so klaren Lehensbesitz Zweifel entstehen konnten; dass etwa schiedsgerichtlich entschieden werden musste, ob ein Besitz Lehen sei oder nicht (Z. U. B. III nr. 1114 und 1239) und die habsburgischen Revokationsrödel viele Güter in Anspruch nahmen, deren Inhaber sich auf Lehensbesitz beriefen. Nicht nur bezahlten solche ritterliche Mannlehen keinen Lehenszins und konnten daher nicht, wie die bäuerlichen Zins- und Erblehen wegen Zinsversäumnis eingezogen werden (Z. U. B. VI nr. 2276), sondern auch die statt des Zinses ursprünglich auf ihnen lastende

Verpflichtung zum Kriegsdienst und andern Vasallendiensten war fast ganz in Vergessenheit geraten, so dass der Lehensherr für seine Kriege seine Vasallen mit Gold und Verpfändung von Einkünften erkaufen musste und sich fast keine Gründe mehr fanden, Mannlehen als verwirkt einzuziehen. Darum machte es auch wenig Bedenken mehr, Mannlehen an Klöster oder Weltgeistliche zu verleihen (Z. U. B. IV nr. 2249). Verzinsliche Erblehen kommen nur bei der jüngern Linie des Hauses Habsburg vor, deren Stifter 1244 den Hügel mit der Neuhabsburg von der Abtei Zürich zu Erblehen gegen Wachszins empfing (Z. U. B. II nr. 612). Wie die Urkunden zeigt auch das Urbar, dass der Lehensbesitz faktisch dem Eigentum nahezu gleichkam und vor dem Vogteirecht namentlich das voraus hatte, dass die gesamten Rechte und Einkünfte des nominellen Eigentümers oder Lehensherrn an den Belehnten übergingen; meistens waren es grundherrliche Rechte, doch konnte ja auch nur die Vogtei zu Lehen gegeben werden; oft vereinigte sich beides in den Händen der Habsburger. Von den geistlichen Lehen hatten sie daher verhältnismässig grössere Einkünfte als von Vogteien und von landgräflichen Rechten über Freie, auch grössere als von ihren Eigengütern, da geistliche Besitzungen und Höfe meist bedeutender waren als weltliche. Diese übrigens nicht sehr zahlreichen Lehen wurden mit allen Einkünften in das Einkünfteurbar aufgenommen, ohne jede Last oder Beschränkung ausser dem in der Regel angegebenen Ursprung; doch fehlt mitunter auch diese Angabe. Anderseits musste freilich im Urbar alles weggelassen werden, was die Habsburger selbst an ihre Vasallen verliehen hatten, während verpfändete Güter doch in der Regel im Einkünfteurbar aufgenommen wurden. Der Lehensbesitz der Habsburger stammt ausschliesslich von geistlicher Seite, da Belehnung von Seite weltlicher Herren doch eine Standeserniedrigung zur Folge gehabt hätte, und besteht meist aus grundherrlichen Rechten über bedeutende Höfe.

Das Verhältnis der Habsburger zu diesen Lehengütern kam ganz dem zu ihren Eigengütern gleich, nur dass sie hier auch Einkünfte bezogen, welche fast ausschliesslich geistlichen Herrschaften eigentümlich waren, wie Zehnten und Fallabgaben. Die gewöhnlichen Abgaben, nicht Vogtrecht, sondern Grundzins ge-

nannt, kamen ungeteilt dem Inhaber des Lehens zu, gar nichts
dem Lehensherrn, während beim blossen Vogteiverhältnis dieser den
grössern Teil bezog. Doch rührten die Lehen gerade von den
ältesten und mächtigsten Stiften her, die von Vogtei durch Privilegien der Reichsunmittelbarkeit frei waren und insofern nicht
unter der habsburgischen Vogtei standen, namentlich von den
Bistümern Strassburg und Konstanz und von der Abtei St. Gallen.
Zum Teil mochte das Lehensverhältnis auf alten Traditionen beruhen, welche an die Säkularisationen der ältesten Karolinger und
der Bayern- und Schwabenherzoge erinnern; in andern Fällen aber
waren diese Belehnungen den betroffenen Stiftern zwangsweise
infolge von Kriegen und mit Benützung der Reichsgewalt durch König
Rudolf aufgedrängt worden; einige wohl auch durch freiwilliges
Einverständnis befreundeter und verwandter geistlicher Fürsten
oder Schutzbedürfnis derselben entstanden. Die faktische Erblichkeit der Lehen entfremdete diese Güter ihren geistlichen Herren
immer mehr, bis etwa die belehnte Dynastie ausstarb und dann,
wenn das Stift nach ältern lehensrechtlichen Grundsätzen einen
indirekten Erben nicht anerkennen wollte, ein schwerer Kampf
eintrat. Gewisse erbliche Ansprüche und Anknüpfungen an bisherige Zustände liegen auch bei den von Rudolf erzwungenen Belehnungen vor. Die alten Habsburger hatten gar keine geistlichen
Lehen, vielleicht mit Ausnahme der Stadt Ensisheim, die nirgends
als im Urbar als Lehen Strassburgs erscheint (I 1), dies aber auch
erst infolge der Kämpfe und Verträge mit Rudolf geworden sein
mag. Sonst ist alles, was das Urbar an geistlichen Lehen anführt,
von Seite anderer weltlicher Herrschaften an die Habsburger gekommen oder erst von König Rudolf in Anspruch genommen
worden. Dagegen hatten die Kyburger wohl seit älterer Zeit
einige Lehen vom Bischof von Konstanz und vom Abt von St. Gallen,
darunter auch solche, die nicht an die Habsburger übergingen
oder wenigstens nicht im Urbar erscheinen, wie von St. Gallen eine
Wiese im Ratihard bei Diessenhofen. Eine Ausnahme bilden
Güter in Seuzach, wo Rudolf 1263 ein Konstanzer Lehen dem
Bischof zu Gunsten der Lazariter in Gfenn aufgab, welchen es die
Afterlehenträger vergabten (Z. U. B. III nr. 1242); doch erscheinen
noch im habsburgischen Lehenbuch II 478, 484 u. s. w. bis 522

Güter in Seuzach, die möglicherweise von Habsburg weiter verliehene Konstanzer Lehen waren. St. Galler Lehen in Tegernau gab Hartmann von Kyburg 1243 dem Abt zu Gunsten des Klosters Rüti auf (Z. U. B. II nr. 589, 590 und 591); einen Zehnten zu Dorf 1260 dem Bischof von Konstanz zu Gunsten von Töss (Z. U. B. III nr. 1115).

Je älter und enger die Verbindung dieser Lehen mit dem übrigen Kyburger Gebiet im Laufe der Zeit geworden war, desto grösseren Verlust drohte der Heimfall dieser Lehen dem präsumtiven Nachfolger zu bringen. Für Rudolf v. Habsburg, der im Eigengut, in der Grafschaft und Vogteirechten nachfolgen sollte, war die Gewinnung dieser Lehen ebenso notwendig, als seine Nachfolge für konkurrierende Nachbarn und für die Lehensherren selbst unerwünscht erschien. Mit jenem, aussterbenden Dynastien eigenen, schwankenden und launenhaften Gebahren machten die Kyburger und besonders Hartmann der ältere bald den Habsburgern Hoffnung, bald ihren Gegnern; in letzterer Richtung kam es so weit, dass sie selbst ihr Eigengut zu Lehen von Strassburg und Konstanz machen wollten, um es den habsburgischen Erben zu entziehen. Hartmann der ältere vergable 1244 den grössten Teil seines Eigengutes oder gar das ganze, darunter auch die Burgen und Städte Kyburg, Winterthur, Baden, Uster, Windegg, Wandelberg, Schännis, beide Liebenberg, Mörsburg und Stettenberg, un die bischöfliche Kirche Strassburg und empfing sie vom Bischof zu Lehen (Z. U. B. II nr. 599 und 600; über Zurückbehaltenes vgl. Z. U. B. III nr. 1026 und 1050; es scheinen aber nur weiterverliehene Güter gewesen zu sein, da Hartmann noch 1264 sagt, er habe alle Eigengüter an Strassburg aufgegeben, mit Ausnahme von 100 Mark Einkünften; vgl. Z. U. B. III ur. 1274). Da hiebei die Nachfolge nur direkten Nachkommen der beiden Hartmann garantiert wurde, verlor Habsburg seine eventuellen Ansprüche auf diese frühern Eigengüter Kyburgs, war aber begreiflicherweise wenig geneigt, solche Umtriebe anzuerkennen, die mit der ultramontanen Parteistellung der Kyburger im Kampf gegen die Hohenstaufen zusammenhingen und darauf hinausliefen, die Lehen schliesslich an die Grafen von Savoyen zu bringen (Redlich, Rudolf v. Habsburg p. 97). Zunächst noch ohne Aussicht auf eigene Succession verteidigte Rudolf hier die Rechte des jüngern Hartmann gegen savoyische Intriguen. Wohl um dieselbe Zeit scheint Hartmann der ältere die Stadt Diessenhofen und anderes an den Bischof von Konstanz und den Abt von St. Gallen vergabt zu haben, freilich in so unklarer Weise, dass die beiden geistlichen Fürsten 1259 einen Vertrag über gleichmässige Teilung dieser Schenkung schliessen mussten (Wartmann, Urk.-Buch der Abtei St. Gallen III nr. 946 und Z. U. B. III nr. 1073). Diese Vergabung scheint Hartmann der jüngere missbilligt zu haben, da sich die beiden geistlichen Herren 1259 verpflichten mussten, den älteren Hartmann wie einander selbst gegen Angriffe seines Neffen und Rudolfs von Hab-burg zu schützen (Z. U. B. III nr. 1067 und 1073). Dagegen scheint der jüngere Hartmann Anteil oder Anwartschaft an der Strassburger Belehnung gehabt zu haben, da er 1248 erklärte, diese Lehen sollen an den Bischof zurückfallen, falls er selbst die Gemahlin seines Oheims in ihren Wittumsgütern schädige (Z. U. B. II nr. 728 und 756). Der auf diesen Bischof folgende Bischof von Strassburg, Walther von Geroldseck, nahm bei seinem Antritt 1260 diese kyburgischen Lehen in Besitz und wurde von Hartmann dem ältern als Oberlehensherr anerkannt, sogar für Lehen seiner Ministerialen (Z. U. B. III nr. 1110, 1111 und 1116). Schon zehn Tage vor dieser nominellen Besitznahme belehnte der Bischof auch Hartmanns Gemahlin Margaretha mit diesen Lehen (Z. U. B. III nr. 1108) oder mindestens mit dem ihr zum Leibding verschriebenen Teil derselben (dies behauptet Redlich p. 715; indessen sind die in der Vergabung an Strassburg 1244 genannten Besitzungen auch zum grossen Teil identisch mit den an Margaretha verschriebenen, sowie mit den an Hartmann verliehenen; die Belehnungen Hartmanns und seiner Gemahlin können sich auf dieselben Orte beziehen, da es sich für Margaretha nur um eine anwartschaftliche Belehnung handelt; auch der Schiedsspruch von 1264 Z. U. B. III nr. 1266 beweist dies) und verriet damit den eigentlichen Zweck des Scheingeschäfts. Man darf wohl dem St. Galler Chronisten Kuchimeister glauben, wenn er behauptet, der Abt von St. Gallen, Berchtold von Falkenstein, hätte gehofft, Winterthur und andere dieser Lehen an sich zu bringen und deswegen den Bischof im Krieg gegen die Bürger von Strassburg unterstützt (Nüwe Casus sancti Galli ed. Meyer von Knonau cap. 22 p. 64). Eben diese Berechnung veranlasste wohl Rudolf von Habsburg damals, 1261, von der Partei des Bischofs zu derjenigen der Stadt überzugehen (Redlich, Rudolf von Habsburg p. 91 begründet sehr gut die politische Notwendigkeit dieses Parteiwechsels mit den elsässischen Verhältnissen, leugnet aber zu entschieden die Möglichkeit einer Rücksicht auf die Kyburger Frage). Dass der Bischof infolge des für ihn unglücklichen Krieges auf sein Oberlehensrecht zu Gunsten Rudolfs verzichtet hätte, ist nicht anzunehmen, wenn auch allerdings dieser Krieg seinem Recht faktisch noch die letzte Bedeutung genommen haben mag. Indessen anerkannte der alte Hartmann in seiner letzten Urkunde vom 28. Juli 1264, welche auch von Rudolf besiegelt wurde, die strassburgische Lehensherrlichkeit (Z. U. B. III nr. 1274). Wenn Kuchimeister (cap. 25) über diese Zeit berichtet, Hartmann habe, erbittert über die Winterthurer, welche seinen Turm zerstörten, am Landtag all sein Gut dem Grafen Rudolf zu rechtem Lehen erteilt, so kann damit, soweit die Strassburger Lehen in Betracht kommen, nur Afterlehen gemeint sein, das dann allerdings durch Hartmanns Tod zu Lehen erster Hand wurde. Rudolf anerkannte ja noch 1271, dass diese Lehen von verschiedenen geistlichen Herren herrühren (omnia feoda sua, que a diversis tam ecclesiasticis quam secularibus personis tenebat, nobis concedere voluisset, Z. U. B. IV nr. 1468). Freilich deutet dieselbe Urkunde an, dass man sich gerade um den hier nicht genannten Bischof von Strassburg sehr wenig kümmerte und sein Oberlehensrecht eine blosse Formalität war. Was Winterthur betrifft, hat Rudolf wohl eher mit den Bürgern als mit Hartmann sich verständigt. Meine auch von Redlich gebilligte Ansicht, dass Rudolf eher mit den Winterthurern als mit Hartmann sich verständigte, wird noch dadurch unterstützt, dass er den von Hartmann seiner Frau verschriebenen Wald Eschenberg (Z. U. B. III nr. 875) der Stadt überliess. Das Urbar nimmt gar keine Notiz mehr von der Strassburger Lehensherrlichkeit, soweit es sich um Kyburger Gut handelt. Wenigstens bezeichnet es gerade Winterthur, Kyburg und Windegg als eigen; wenn die übrigen Orte der Vergabung von 1244 meist fehlen, so rührt dies nicht daher, dass sie Lehen von Strassburg sind, da ja solche Lehen gerade im Urbar wegen tatsächlicher Einkünfte verzeichnet würden, sondern daher, dass sie weiter verliehen sind, wie nachweisbar Uster (II 389, 486), Wandelberg (I 504) Liebenberg (II 477), Mörsburg (II 487 und Hauser, die Mörsburg); bei Baden mag Verpfändung oder Unvollständigkeit des Urbars der Grund sein, Stettenberg war wohl an St. Gallen übergegangen (vgl. Z. U. B. II nr. 599 Note), da schon Abt Berchtold um 1270 dort einen Turm baute (Kuchimeister cap. 23). Die Lehensherrlichkeit des Bischofs war übrigens von Anfang an eine blosse Formalität, da sich Hartmann vorbehalten hatte, über diese Lehen zu verfügen, so dass der Bischof einfach zustimmen musste (Redlich p. 102). Dass Bischof Walther nicht nur eine Verfügung zu Gunsten Habsburgs anerkannt, sondern auch ganz auf seine Lehensherrlichkeit verzichtet haben möchte, ist gar nicht unwahrscheinlich, wenn man beachtet, wie auch Rudolf in seinem Frieden mit dem Bischof 1266 auf seine Vogtei über die bischöfliche Stadt Rufach verzichtete (Kopp II, 2 p. 627). Allerdings sucht ein Strassburger Lehenbuch des 14. Jahrhunderts dieses Lehen noch einmal geltend zu machen (Redlich 746). Von Strassburger Lehen kyburgischen Ursprungs ist also im Urbar gar nicht die Rede. Dagegen bezeichnet es einen Teil der von den Toggenburgern erkauften Besitzungen im Amt Embrach als Lehen vom Gotteshaus Strassburg und beweist damit wenigstens, dass es Lehensrechte dieses Bistums nicht absolut und überall ignorieren wollte. Freilich lag hier alter auf Urkunden des 11. Jahrhunderts beruhender Strassburger Besitz vor, nicht eine spätere künstliche Machenschaft, die nur dazu bestimmt war, Habsburg um die Succession zu bringen. In dem Teil des Amts Embrach, der auf Strassburger Lehen beruhte, bezogen die Habsburger Geldsteuern, wie schon die Toggenburger, und erhebliche Grundzinse, nicht Vogtrecht, wie in der andern dem Stift Embrach gehörigen Hälfte des Amtes. Auffallend ist, dass die mit dem Grundeigentum belehnte Herrschaft auch im ersten Teil des Amtes die gewöhnlich dem Grundherrn zustehende Twing- und Banngerichtsbarkeit nicht besitzt. Der Probst kann sie in diesem Teil auch nicht gehabt haben, da ihm hier die Grundherrschaft nicht gehörte; vermutlich war sie in den Händen der Ritter von Wagenburg-Heidegg, welche schon 1279 Pfandschaften auf diesen von Strassburg herrührenden Höfen hatten (II 94) und sich auf Belehnung aus Toggenburgischer Zeit beriefen (II 313). Die etwas zweifelhafte Belohnungsurkunde Hartmanns von Habsburg an II. v. Heidegg-Wagenburg erwähnt Twing und Bann für Lufingen, das aber eine im Einkünfteurbar nicht erwähnte Besitzung St. Blasiens ist (II 357 und Z. U. B. V nr. 1810). Auch verzeichnet das Lehenbuch von 1361 eine Menge von Gütern und Rechten im Amt Embrach, die an die Heidegg verpfändet sind, darunter aber keine von denjenigen, welche das Urbar zu den Strassburger Lehen rechnete (II 475 vgl. mit I 257—265).

Klarer als das Schicksal der Strassburgischen ist das der Konstanzischen und St. Gallischen Kyburger Lehen, da hiefür urkundliche und chronistische Zeugnisse vorliegen. Der Bischof von Konstanz scheint von den kyburgischen Vergabungen, die freilich für ihn nicht, wie für St. Gallen, von Hartmann dem ältern endgültig bestätigt wurden, wenig erhalten zu haben. Diessenhofen, welches Bischof und Abt 1259 auf den Fall des Todes von Hartmann und Margaretha unter sich gleich zu teilen und gegen Angriffe Rudolfs von Habsburg und Hartmanns des jüngern zu verteidigen beschlossen (Z. U. B. III nr. 1073), wird vom Urbar als habsburgisches Eigen bezeichnet (I 341) und war dies schon vor Rudolfs Königswahl, da er sein letztes gräfliches Sigel an die Stadtrechtsurkunde hängte. Worauf die geistlichen Fürsten ihren Anspruch auf diese von den Kyburgern gegründete und ihnen eigentümlich zugehörige Stadt stützten, ist allerdings nicht ersichtlich. Im Übrigen handelt es sich bei den Konstanzer Lehen nicht um eine Machenschaft des alten Hartmann wie bei den strassburgischen, sondern um alte, schon unter den Vorgängern bestehende Verhältnisse, wie begreiflich, da Konstanzer und Kyburger Besitz im Thurgau vielfach in einander griffen; immerhin ist es wohl möglich, dass Hartmann der ältere auch dem Bischof von Konstanz Güter zu Lehen auftrug, welche er seiner Gemahlin verschreiben wollte, da einige dieser Konstanzer Lehen in den Verschreibungen genannte Orte betreffen, wie Reutlingen und Stadel (Z. U. B. II nr. 555 u. 556). Insofern hatte Rudolf wohl Veranlassung, auch konstanzische Lehen anzufechten und hat es wirklich getan. Nach längerem Streit wurde durch ein Schiedsgericht 1264 geurteilt, dass alle Konstanzer Lehen, auch die der Gräfin Margaretha zu Leibding verschriebenen (solche gab es also!), nach Hartmanns und

Margarethas Tod an den Bischof zurückfallen, mit Ausnahme derjenigen in Andelfingen. Gailingen und Dörflingen, welche Hartmann an Rudolf abgetreten habe und der Bischof diesem jetzt zu erblichem Recht verleihen soll (Z. U. B. III nr. 1266). Diesem Schiedsspruch entsprechen die Angaben des Urbars keineswegs, sei es, dass er von Albrecht nicht beachtet, sei es, dass er später rückgängig gemacht wurde, vielleicht beim Krieg zwischen beiden und nach der Niederlage der bischöflichen Partei bei Winterthur 1292. Denn unter den drei von Rudolf ausdrücklich zu Lehen genommenen Orten bezeichnet das Urbar einzig den Hof in Gailingen als Konstanzer Lehen (I 342), bei Dörflingen redet es zwar von Gotteshausleuten, aber ohne den Lehensherrn anzugeben (I 341, so dass Maag hier kaum richtig auf benachbarte Klöster schloss); bei Andelfingen redet es gar nicht von Gotteshausleuten noch von Lehen ausser solchen Rheinaus in Klein-Andelfingen (349 u. 351); immerhin lässt auch hier der Besitz von Zehnten und der Bezug von Vogtrecht geistlichen Ursprung erraten. Dagegen führt das Urbar noch andere Konstanzer Lehen auf, und zwar gerade solche, die einst der Gräfin Margaretha verschrieben gewesen waren und auf die Rudolf 1264 verzichtet hatte. Es sind dies mehrere Höfe und Güter zu Stadel, ein Hof und zwei Schupposssen zu Reutlingen (313 und 314); dazu noch der nicht von Kyburg herrührende, sondern von den Edlen von Tengen vor 1274 gekaufte Kelnhof in Kloten (I 254 und II 66). Da dieselben Güter in Reutlingen und Stadel schon im Weziloes Rodel um 1279 in habsburgischem Besitz erscheinen und Margaretha sie noch 1271 beanspruchte (II 42 u. 72), sind sie wohl schon nach ihrem Tode am 4. September 1271 oder 1272 an Rudolf verliehen worden (Kopp, II 1 p. 464 und Z. U. B. IV nr. 1576), wohl noch in den letzten Jahren des am 20. Februar verstorbenen Bischofs Eberhard von Waldburg, der sich den Habsburgern näherte und ihnen beim Ehevertrag mit Meinhard von Tirol als Bürge diente (Regesten der Bischöfe I nr. 2351), eher als unter dem mit der ältern Linie verfeindeten Bischof Rudolf von Habsburg-Laufenburg. Doch stand auch dieser im Anfang noch gut mit König Rudolf, erschien an seinem Reichstag zu Nürnberg Ende 1274 und belehnte seine Söhne 1275 mit Toggenburgischen Lehen (Regesten der Bischöfe I nr. 2368 und 2373). In diesen

Jahren 1272—1275 ist also eine freiwillige Verleihung der Konstanzer Lehen an die Habsburger sehr wohl möglich.

Von den anerkannten Konstanzer Lehen bezogen die Habsburger sehr bedeutende Grundzinse, einige hohe Geldsteuern, hie und da Zehnten und übten die gesamte Gerichtsbarkeit aus, nirgends aber ein Fallrecht, auch in Kloten nicht, wo erst die spätere Offnung ihnen ein solches gegenüber Unehlichen und Landzüglingen einräumt. Im übrigen schreibt auch diese der Grafschaft Kyburg die volle Gerichtsbarkeit zu und verpflichtet alle in Kloten gesessenen Leute, dem „Landgrafen" zu dienen; von der Konstanzer Lehensherrlichkeit redet sie nirgends, obschon sie den vom Urbar als Lehen bezeichneten Kelnhof erwähnt (§ 24 und 45), nur von der Vogtei über Zürcher Gotteshausleute. Besonders auffallend ist, dass die Genossame der fünf Klöster nicht einmal auf Gotteshausleute von Konstanz ausgedehnt wird, dass der eigentlich konstanzische Kelnhof zerteilt und an einzelne Bauern verkauft wurde und der doch noch vorhandene Kellner als Stellvertreter des Vogts Gericht hält (§ 67 und 75). So scheint hier die längst nur formelle Oberlehensherrlichkeit des Bischofs in Vergessenheit geraten zu sein (Schaubergs Zeitschrift I, p. 186).

Von Klöstern kommt ausser einigen wenig bedeutenden Lehen von Reichenau in Ossingen, Dürmentingen, Unlingen, Haltingen, Bussen und Hattingen (I 344, 386, 388, 390, 392, 451) und einem schon 1266 resignierten Lehen zu Mettendorf (Herrgott II 397) nur St. Gallen als Lehensherr Habsburgs in Betracht. Diese St. Galler Lehen hatte der alte Hartmann, als er kurz vor seinem Tode auf einem Landtag seine übrigen kirchlichen Lehen an Rudolf weiter verlieh, sich wohl auf Verlangen des Abts ausdrücklich vorbehalten (Z. U. B. IV nr. 1468, genauer als Kuchimeister cap. 25), und Rudolf selbst hatte sich in einer verlorenen Urkunde damit einverstanden erklärt. Gleich nach Hartmanns Tode war aber zwischen Abt Berchtold und Graf Rudolf, der nur auf die Verleihung zu Afterlehen, nicht auf die Succession im unmittelbaren Lehensrecht verzichtet hatte, Streit entstanden, was zu diesen St. Galler Lehen gehöre, ein leicht erklärlicher Streit, wenn man beachtet, wie unklar und verwickelt solche Lehensverhältnisse waren und wie gerade hier Orte oder Teile von Orten, die unter den Strassburger und Konstanzer Lehen vorkamen, nun als St. Galler Lehen angesprochen wurden, wie Uster, Seen, Sulz (Z. U. B. IV, nr. 1468 vgl. mit III nr. 1266 und II 599). Sollte Hartmann diese Scheinvergabung an beide Bischöfe und an den Abt zugleich gemacht haben, nach dem Grundsatz: doppelt oder dreifach genäht, hält besser, so würde sich auch der Anspruch von Konstanz und St. Gallen auf Diessenhofen erklären. Nachdem der Umfang dieser Güter und ihr Heimfall an den Abt schiedsgerichtlich bestimmt worden war, verstand sich Abt Berchtold 1271 dazu, Weisslingen und Sulz, die der Gräfin Witwe verschrieben waren, aber auch alle übrigen ihm von Kyburg heimgefallenen Mannlehen an Rudolf zu verleihen, freilich mit einer in dieser Zeit gegenüber einem so mächtigen Vasallen ungewöhnlichen Betonung der Vasallenpflicht und Huldigung (Z. U. B. IV nr. 1468). Die Lehen von St. Gallen wie von Konstanz galten vorher formell als Lehen Margarethas; diese überliess sie aber 1267 faktisch an Rudolf gegen Zusicherung gewisser Einkünfte und Anweisung der Schlösser Baden, Mörsburg und Mosburg, von welchen die zwei ersteren merkwürdigerweise wieder zu den Strassburger Lehen gehörten (Z. U. B. IV nr. 1358. Der vortrefflichen Abhandlung Meyers v. Knonau im Jahrbuch f. Schweizer Gesch. VII „die Beziehungen des Gotteshauses St. Gallen zu den Königen Rudolf und Albrecht", der ich mich im ganzen hier anschliesse, kann ich nur in dem Punkte nicht beistimmen, dass Rudolf sich über die früheren Festsetzungen hinweggesetzt habe.) Wenn Kuchimeister cap. 26 von seinem st. gallischen Standpunkt diese Lehen einfach für den Abt in Anspruch nimmt, so zeigt die Vertragsurkunde von 1271, dass Rudolf wenigstens formell keineswegs seinen Verzicht auf die Lehen gebrochen hat, im Gegenteil diesen neu bestätigt und der Streit nur darüber waltet, was zu den Lehen gehöre, ein durch die Unklarheit der kyburgischen Vergabungen selbst veranlasster Streit. Übrigens bezog sich dieser Streit damals vorwiegend auf die Vogtei Ittingen und den Hof Zell, nicht auf die nachher genannten Orte. Ittingen war nicht erst von Hartmann, sondern schon 1162 von Herzog Welf dem Kloster St. Gallen übertragen, doch von Welf wie durch Hadrian IV. die Weiterverleihung der Vogtei verboten worden. Dieses Verbot hatte St. Gallen zu unbekannter Zeit durch Verleihung an die Kyburger verletzt und dies durch Verleihung an Rudolf neuerdings wieder getan. Denn man kann die Urkunde von 1271 nicht wohl anders verstehen, als dass alle darin genannten Güter zwar als St. Galler Lehen erklärt, aber auch an Rudolf neu verliehen werden. Wenn Kuchimeister cap. 39 behauptet, Ittingen sei nie an Rudolf verliehen und um 1284 von ihm gewaltsam eingenommen worden, so befindet er sich in beiden Beziehungen im Widerspruch zu dieser Urkunde von 1271. Im Gegenteil scheint St. Gallen selbst an jener Abmachung gerüttelt und deswegen das von ihm selbst verletzte Privilegium Ittingens hervorgezogen zu haben, so dass dann unter Abt Wilhelm neuer Streit entbrannte und beide Teile noch 1301 sich ihre Ansprüche vorbehielten (Wartmann III nr. 1130). Demgemäss konnte Albrecht in seinem Urbar sich die Kastvogtei zuschreiben, dieselbe aber nicht als Lehen von St. Gallen bezeichnen (I 368, dies ist auch von Redlich p. 548 übersehen worden). Diese Erklärung der Sache ist um so sicherer, als der andere Ort, um den man sich bis 1271 gestritten hatte, der Hof Zell, für den St. Gallen keine päpstlichen Privilegien ausfindig machen konnte, im Urbar ausdrücklich als St. Galler Lehen anerkannt (I 294), vom Kloster aber niemals reklamiert wird. Ebenso bezeichnet das Urbar noch drei weitere von den 1271 genannten Höfen als St. Galler Lehen: Wellnau, Erisberg und Seen mit vielen zugehörigen Gütern (I 300, 303, 315). Sonderbar ist, dass einerseits die Mehrzahl der 1271 genannten Lehen im Urbar teils nicht als solche, teils überhaupt nicht genannt sind, anderseits aber doch auch Besitzungen, die 1271 nicht verliehen wurden, als St. Galler Lehen angeführt werden, wie der Kelnhof zu Pfäffikon (301). Bei sechs der 1271 genannten Orte gibt das Urbar gar keinen Rechtstitel an und lässt unbestimmt, ob sie Eigentum oder Lehen sind, so bei Burg, Hirsgarten, Garten, Hürnen, Oberlangenhard, Guntalingen (I 295 – 299, 343). Da an drei andern jener Orte, Erikon, Teilingen und Madetswil, nur Rechte über Freie erwähnt werden, könnte man annehmen, dass, wie hier, überall andere Güter als die Lehengüter an denselben Orten gemeint seien. Indessen redet auch die Urkunde von 1271 bei diesen drei Orten von Vogtei und es hindert nichts anzunehmen, dass eben die Vogtei über die dortigen Freien an das Kloster St. Gallen gekommen sei (ähnlich wie die zu Ferrach an das Kloster Rüti) und dass sie gerade wegen der Unnatur dieses Verhältnisses an den Landgrafen zurückverliehen worden sei. Vier andere der 1271 genannten Orte: Heingartsegg, Zengi, der Hof in dem See und die Vorburg Uster erscheinen überhaupt nicht im Urbar und sprechen, da sich dies höchstens bei Uster aus Weiterverleihung zu Burgrechtsleben erklärt (II 389), gegen die Annahme, dass sich Habsburg mehr anmasste, als was ihm 1271 zugesprochen wurde. Dass umgekehrt drei jener Lehen im Urbar als habsburgisches Eigen bezeichnet sind und zwar abgesehen vom Hof Lindau, welcher vielleicht von dem im Urbar genannten Riethof verschieden ist, gerade die Höfe in Sulz und Weisslingen, welche 1271 ganz ausdrücklich an Rudolf verliehen wurden, würde wieder zum entgegengesetzten Schluss führen. Aus diesen Widersprüchen gibt es nur einen Ausweg, anzunehmen, dass zwischen der Belehnung von 1271 und der Aufnahme des Urbars allerlei Veränderungen durch Austausch von Besitzungen vorgegangen seien, über welche sich keinerlei Nachrichten erhalten haben. An vertragswidrige Aufhebung des Lehensverhältnisses von Seiten Albrechts zu denken, verbietet schon die Beobachtung, dass keineswegs alle Veränderungen den Habsburgern günstig waren und sie einzelne Lehen ganz verloren haben, während für andere der Abt ausdrücklich als Lehensherr genannt wird. Bei der faktischen Bedeutungslosigkeit der Oberlehensherrschaft, namentlich gegenüber dem König, hätte ein solcher Vertragsbruch auch gar keinen Wert gehabt.

Trotz all dieser Veränderungen blieben Rudolf und Albrecht immer noch Vasallen des Abts und bekannten sich im Urbar als solche auch noch für eine Anzahl weiterer Lehen, die sie sich später vom Kloster zu verschaffen wussten; weit entfernt also, sich dieser Vasallität zu schämen, suchten sie diesen Lehensbesitz zu vermehren. Es war ein Hauptmittel in Rudolfs Hauspolitik, seinen Söhnen geistliche Lehen zu erwerben, wie er die Herrschaft über Österreich mit Erwerbung der dortigen Lehen vom Erzbischof von Salzburg und den Bischöfen von Regensburg, Passau und Freising 1277 vorbereitete (Regesten Rudolfs bei Böhmer — Redlich nr. 765, 788, 828, 880, 893). Zu solchen Erwerbungen gab ihm die ökonomische Verlegenheit des Klosters St. Gallen Gelegenheit.

Abt Berchtold hatte die ursprünglich im Obereigentum des Klosters stehende Burg Grüningen samt den Dinghöfen Dürnten und Mönchaltorf und der Vogtei darüber von dem bisherigen Vogt und Lehensträger der Grundherrschaft, Lütold von Regensberg, zurückgekauft oder genauer gesagt, zurückzukaufen versucht; aber die Kaufsumme, deren Bezahlung wegen Rechnungsdifferenzen hinausgeschoben worden war, wurde vom folgenden Abt Ulrich von Güttingen verschleudert und deshalb das Lehen in bisherigem Umfang an den St. Galler Ministerialen Walther von Elgg verpfändet (Kuchimeister cap. 31, 33, 34, 36 und 37; vgl. auch Z. U. B. IV nr. 1332, wonach Grüningen noch 1260 im Distrikt des Regenbergers lag und dieser dort einen Amtmann hatte). Von diesem, der ihm 1273 als Bürge gegenüber Meinhard von Tirol diente (Z. U. B. IV nr. 1508), löste Graf Rudolf noch kurz vor seiner Königswahl das Pfand und begehrte dann von dem durch ihn begünstigten Abt Ulrich, der sich zur Krönungsfeier in Köln einstellte, dass er ihm Grüningen als Lehen zu kaufen gebe. Darin lag um so weniger eine verletzende Zumutung oder gar ein Vertragsbruch des Königs, als der Abt mit seiner Partei im Konvent beschlossen hatte, wegen der Schuldenlast des Klosters die Burg Grüningen und andere Besitzungen auf die öffentliche Gant zu bringen und keinen andern Käufer fand als den König (Z. U. B. V nr. 1906: exposuit venditioni ... per quas facilius posset resurgere ecclesia ... emptores invenit; solche Güterverkäufe wegen Schuldenlast kommen auch bei andern Klöstern vor, z. B. bei der Abtei Zürich; vgl. Z. U. B. IV nr. 1470), der es doch wohl vor der öffentlichen Ausbietung unter der Hand kaufte und damit das Kloster noch vor dieser Schande bewahrte. Hier mag man wohl später, als das Kloster sich gerade infolge dieses Verkaufes wieder etwas von seiner Schuldenlast erholte, den Verkauf bedauert und sich dann, wie Kuchimeister es darstellt, gedacht haben, dass Abt Ulrich ungern darein willigte. Für Ulrich war dies eher eine Erlösung aus der ökonomischen Zerrüttung. Er wurde von der Schuldverpflichtung gegen Walther von Elgg und den immer wachsenden Bürgschafts- und Einlagerausgaben befreit, ohne etwas zu verlieren als die Möglichkeit des längst misslungenen Rückkaufes eines Besitzes, den das Kloster seit vielen Dezennien nicht mehr innegehabt hatte. Das

Oberlehensrecht dagegen und die Möglichkeit eines einstigen Heimfalls blieb dem Kloster gewahrt. (Mit Meyer von Knonau, Jahrbuch VII p. 15 kann ich in der Annahme nicht übereinstimmen, dass der König dem Kloster das Eigentum endgültig entwinden wollte. Dies sagt eigentlich nicht einmal Kuchimeister; die Urkunde des Abts Wilhelm von 1284, welche diese Vorgänge erzählt, Z. U. B. V nr. 1906, betont den Vorbehalt des Eigentums für das Kloster, „proprietate ad ipsum monasterium permanento" und verkauft die Besitzungen nur „titulo feodi". Wie scharf das jus feodale von jus proprietatis unterschieden wird, zeigt die Urkunde Rudolfs von 1267 im Z. U. B. IV nr. 1346. Faktisch ist ja der Unterschied nicht sehr gross, wohl aber rechtlich.) Verkauf von Lehen ist im Mittelalter ein sehr häufiges Rechtsgeschäft, allerdings häufiger von einem Vasallen an den andern als vom Lehensherrn an einen Vasallen (doch reden die libri feudales I Titel 7 und 16 auch von letzterm und verpflichten den Lehensherrn bei Aufhebung des Lehens zur Rückzahlung; Titel 24 lässt die Tochter, also überhaupt Verwandte in weiblicher Linie, nur folgen, wenn sie das Lehen kauft), weil ein Lehengut selten im Besitz des Lehensherrn war, auch hier ja nur formell; Rudolf hatte den tatsächlichen Besitz schon durch Lösung der Verpfändung gewonnen und wollte nur aus dem blossen Pfandbesitz einen Lehensbesitz machen. (Von Lehen, die auf Verpfändung beruhen, reden auch die libri feudales I Titel 27 und 28, namentlich davon, dass eine nicht gelöste Verpfändung Lehen des Gläubigers wurde.) Ebenso konnte umgekehrt ein Vasall das Lehen an den Lehensherrn verkaufen, wie 1294 Lütold von Regensberg Kaiserstuhl und Tengen mit allen Mannlehen an den Bischof von Konstanz verkaufte (Z. U. B. VI nr. 2280 und 2287). Gewalttat hätte eher vorgelegen, wenn Rudolf den Pfandbesitz als Eigentum behandelt und die Belehnung des Abts nicht nachgesucht hätte. Dass die Kaufsumme eine erheblichere ist, als sie der Lehensherr bei Verkäufen eines Vasallen an den andern erhält, rührt davon her, dass das Lehensverhältnis schon früher in Verpfändung verwandelt worden war und dass Rudolf auch die dem Kloster unerschwingliche Kaufsumme, die Pfandsumme samt den Bürgschaftssummen und wohl noch anderweitige Schulden bezahlen musste. Der König kaufte also die Burg Grüningen und

die zwei Höfe als Lehen um 2000 Mark, wovon 1450 Mark teils dem
Edlen von Regensberg für den vom Kloster niemals bezahlten Kauf,
teils den Einlagerbürgen zukamen, der Rest von 550 Mark aber,
wie bei solchen Käufen gebräuchlich, nicht sofort bezahlt und dann
infolge von eintretenden Streitigkeiten mit dem folgenden Abt
Wilhelm erst nach einer neuen Vereinbarung 1284 an diesen bezahlt wurde. Die Vermehrung der ursprünglichen Kaufsumme um
550 Mark erklärt sich sehr einfach daraus, dass die wohl gerade
soviel betragende Pfandsumme Walthers von Elgg dazugeschlagen
werden musste; auch dieser Rest kam also nicht dem Kloster
St. Gallen zu, sondern dem Pfandinhaber, wenn Rudolf diesen nicht
schon bei der früheren Lösung ausbezahlt hatte. Für den Abt,
der nichts von dem Geld erhielt, war die Quittung eine reine Formalität, erfordert durch den Grundsatz, dass die Verwandlung von
Pfand in Lehen nur durch den Lehensherrn geschehen konnte, aber
auch durch die Vorschrift des kanonischen Rechts, dass Besitz des
Klosters nur zum Nutzen desselben veräussert werden durfte. Ob
in der gar nicht erhaltenen Verkaufsurkunde von zirka 1274 etwas
über die Zahlung an Walther von Elgg gesagt war, muss dahingestellt bleiben; die Urkunde von 1284 erwähnt in ihrem Rückblick auf die wesentlichen Vorgänge dessen nicht mehr, weil inzwischen die überhaupt nur aus Kuchimeister bekannte Verpfändung schon gelöst war und der Pfandbesitz schon in Rudolfs Hand
lag. Dagegen gelang es dem Abt Wilhelm 1282, wohl gerade
infolge der Schuldenbefreiung, die ebenfalls an Walther verpfändeten Höfe Elgg und Aadorf zu lösen, allerdings nur gegen Erlass
der Reklamationen wegen ungebührlicher Einkünfte, die Walther
von Leuten und Gütern des Klosters erhoben hatte und die ihm
jetzt sogar zu Leibding verschrieben wurden (Z. U. B. V nr. 1833).
Dagegen verzichtete auch Walther auf alle Schadenersatzansprüche
wegen Grüningens. (Hierin liegt eine indirekte urkundliche Bestätigung der Verpfändung Grüningens an Elgg.)

Daraus ergibt sich nun doch, dass der Abt sich gegen Walther
wegen Grüningens irgend etwas hatte zu Schulden kommen lassen,
sei es, dass er ihm die Verpfändung gewaltsam entreissen wollte,
sei es, dass schon sein Vorgänger Ulrich beim Verkauf an Habsburg den Pfandbesitz Walthers ignoriert hatte. (Dann wäre Kuchi-

meisters Nachricht, dass der König das Pfand schon gelöst hatte. irrtümlich.) Als nach dieser notwendigen Vorbereitung und Zustimmung Walthers der Vertrag zwischen dem König und Abt Wilhelm am 30. September 1284 zu Stande kam (Z. U. B. V nr. 1906), brauchte man von Walthers beseitigten Ansprüchen nicht mehr zu reden, wie denn Rudolf tatsächlich schon vorher diese Besitzungen innegehabt und nach dem 1279 verfassten Rodel Weziloa die Einkünfte von Grüningen, Altorf und Dürnten bezog (II p. 81 und zwar stimmt der hier angeführte Zins Dürntens von 120 Mütt Kernen ziemlich genau zur Addition der einzeln angeführten Posten des Urbars; ebenso für Grüningen die drei Mütt Kernen). Ausser den bisher an der Kaufsumme noch nicht bezahlten 550 Mark quittierte der Abt jetzt noch 250 weitere, eine Erhöhung des früher bestimmten Preises, durch welche der Kauf besser gerechtfertigt werden sollte. Diese Erhöhung beruht allerdings nicht auf blossem Wohlwollen des Königs, sondern sie ist der eigentliche Preis, den der Abt selbst für die Einwilligung in den Lehensverkauf und die Belehnung erhalten sollte, da alles übrige den Gläubigern zukam. Es ist daher auch in dieser Urkunde (wie ich es von andern mehrfach im Z. U. B. nachgewiesen habe) keine bedeutungslose Formel, wenn der Abt auf die Einrede wegen „non numerate vel non tradite nobis pecunie" verzichtet. Es ist einer der Verkäufe, wie sie heute noch bei stark mit Hypotheken belasteten Grundstücken vorkommen. Die Formel hat hier sogar noch die weitere Bedeutung, dass die damals (1284) quittierte Summe überhaupt noch nicht ganz bezahlt wurde. Von den 800 quittierten Mark erhielt Wilhelm nur 400; die übrigen 400 wurden erst 1291 seinem Gegenabt Konrad bezahlt und von diesem an einen Bruder des Abts Wilhelm, den Grafen Rudolf von Montfort. zur Lösung des ihm von Wilhelm verpfändeten Neu-Ravensburg bezahlt, eine Verpfändung, die Wilhelm wohl gerade auf diese Kaufsumme anwies und lediglich im Interesse seiner Familie und zum Schaden des Klosters machte (Z. U. B. VI nr. 2125). Dafür verlieh Abt Konrad Grüningen neuerdings an die Herzoge Albrecht und Rudolf. Diese Verzögerung der Zahlung kann nicht den Habsburgern allein Schuld gegeben werden, sondern muss, wie jene Formel auch andeutet, auf mündlicher Verabredung der Parteien und überhaupt auf damaligen Zahlungsgewohnheiten bei so grossen Summen beruhen; bei eigenmächtiger Vorenthaltung des Geldes hätte der Abt weder die Quittung ausstellen noch die Belehnung erteilen müssen. Dass der König seine günstige Lage und die ökonomische Verlegenheit des Klosters geschickt ausnutzte, soll natürlich durchaus nicht bestritten werden, nur die Ausübung widerrechtlichen Zwanges.

An den ökonomischen Misständen war das Kloster selbst schuld durch dezennienlange Misswirtschaft einer Reihe von Aebten, ebenso wie am moralischen und wissenschaftlichen Verfall. Ist es doch bezeichnend genug, dass die ganz verweltlichten Konventualen des durch seine Schreibkunst früher berühmten Klosters in Urkunden von 1291 und 1293 (Z. U. B. VI nr. 2125 und 2258) gestehen müssen, dass sie nicht einmal ihre Unterschrift schreiben können, während die Königssöhne schon 1279 den Vertrag König Rudolfs mit dem Papst eigenhändig unterschrieben. (Kaiserurkunden in Abbildungen Lieferung VIII Nr. 10.) Wenn der Klostergeschichtschreiber sowohl die schlechte Verwaltung des Klosters als ihre Ausnützung durch den König tadelt, so kann man doch vom Standpunkt der habsburgischen Verwaltung und Politik die Handlungsweise Rudolfs nur sehr geschickt finden und selbst von allgemeinerem Standpunkt aus sie nicht als rechtswidrig und unmoralisch verdammen. Rudolf suchte hier einfach seinem Hause zu sichern, was die Kyburger und die Regensberger, in deren Stellung die Habsburger einrückten, schon besassen und das Kloster tatsächlich schon verloren und auch mit dem gänzlich misslungenen Versuch des antihabsburgischen Abts Berchtold doch nicht zu gewinnen vermocht hatte. Schon der 1239 verstorbene Abt Konrad I hatte die zu Grüningen gehörigen Höfe Dürnten und Mönchaltorf an Hartmann den Ältern von Kyburg verpfändet, dieser aber 1253 die Verpfändung seinem Schwestersohn Lütold von Regensberg überlassen, der ohnehin schon die Vogtei darüber, wie über viele andere St. Galler Besitzungen besass (Z. U. B. II nr. 874). Wegen der Verdienste, die sich Lütold um das Kloster erworben hatte, verpfändete Abt Berchtold an dessen Schwiegersohn 1269 noch weitere Einkünfte von Dürnten und Mönchaltorf (Z. U. B. IV nr. 1426). Es ist dies einer jener gegen den jüngern mit Habsburg verbundenen Hartmann gerichteten Streiche. Rudolfs Krieg gegen die

Regensberger und Toggenburger um 1266 wurde gerade auch in diesen Gegenden geführt, da das eingenommene Uznaberg nahe bei Dürnten liegt; Habsburg suchte auch hier die kyburgischen Rechte in allen Beziehungen wieder herzustellen; es war schon genug davon unwiderbringlich verloren, wie Hartmann schon 1243 zwei St. Galler Lehen in der Grüninger Gegend zu Gunsten des Klosters Rüti aufgegeben hatte (Z. U. B. II nr. 589 und 590; auch Redlich Rudolf p. 548 billigt diese Auffassung). Grüningen muss ebenfalls nicht nur unter Regensberger Vogtei, sondern im tatsächlichen Besitz der Regensberger gewesen sein, da sie dort 1248 und 1260 einen Amtmann hatten (Z. U. B. II nr. 748). Dieser wohl auch von Kyburg her erworbene Pfandbesitz der Regensberger, der von ihrer älteren Vogtei über diese St. Galler Besitzungen zu unterscheiden ist, muss auch schon zu Gunsten der Regensberger in Lehen verwandelt worden sein, da die Urkunde von 1284 bestimmt von einem Lehensbesitz Regensbergs redet, welcher über die Vogtei hinausgeht. Die Habsburger haben also auch in dieser Beziehung lediglich die schon früher bestehenden Rechte der Regensberger wie der Kyburger wieder herzustellen gesucht und auch dies war ihnen nur möglich, weil dem Kloster durch eigene Schuld der Versuch der Rückerwerbung dieser längst entfremdeten Besitzungen gänzlich misslungen war. Während des Krieges zwischen Habsburg und Regensberg mochte diese Rückerwerbung vielleicht den Zweck haben, diese St. Galler Besitzungen für neutral zu erklären und zu sichern, überdies auch sie den Habsburgern zu entziehen, zu denen Abt Berchtold in feindlichem Verhältnis stand; aber seit dem Friedensschluss und der Verständigung von 1271 über die Kyburger Lehen hatte der Abt keinen vernünftigen Grund mehr, diese für ihn doch unerschwinglichen Grüninger Besitzungen dem faktischen Inhaber zu verweigern. Die Aebte Wilhelm und Konrad verliehen also die Burg Grüningen mit Vogtei, Patronat und allen übrigen Rechten und den Höfen Altorf und Dürnten ganz in gleicher Weise, wie sie die Regensberger einst besassen, an die Königssöhne, und demgemäss bezeichnet auch Albrechts Urbar diese drei Orte als Lehen von St. Gallen. Wie schon (oben II 2 p. 580) ausgeführt, ist es unrichtig, noch weitere im Urbar nicht als Lehen bezeichnete Orte des Amtes Grüningen, oder gar die Vogtei über die dortigen Freien dazu zu rechnen und diese Lehen auf die ganze spätere Herrschaft Grüningen auszudehnen. In den Lehenurkunden ist überall nur vom oppidum oder castrum Grüningen und der Vogtei darüber und von den beiden Höfen die Rede, in welche allerdings einige benachbarte Orte, wie im Urbar angegeben, gehörten, aber durchaus nirgends von der Vogtei über die Freien von Binzikon etc. Auch Kuchimeister redet nirgends von einer Herrschaft Grüningen, nur von Vogtei über den Ort Grüningen und andere Güter, d. h. die zwei von ihm nicht genannten Höfe (cap. 31). Damit stimmt das Urbar genau überein, nur dass es im ersten Satz das ganze Amt zu den Lehen zu rechnen scheint, mit einer Ungenauigkeit, die sich auch sonst etwa in den einleitenden Sätzen findet, wie z. B. beim Amt Embrach, wo die Einleitung, dass es Lehen von Strassburg sei, auch nur für den ersten Teil gilt. (Auch Maag I 266 Note 1 hat dies bei Grüningen missverstanden im Anschluss an Fr. v. Wyss.) Wenn nun auch die Habsburger die Oberlehensherrschaft des Abtes ausdrücklich erwähnten und zugaben, so hat diese doch auch hier infolge der vorher auseinander gesetzten Entwicklung des Lehensrechts sehr wenig faktische Bedeutung. Der Lehensherr übt, solange das Lehen dauert, gar keine Rechte über die verliehenen Besitzungen aus und bezieht gar keine Einkünfte von ihnen; dies kommt alles dem Vasallen zu. Die verliehenen Leute und Besitzungen waren den Habsburgern gerade so unterworfen, wie wenn sie ihr Eigentum gewesen wären, und die habsburgischen Einkünfte waren noch höher als bei habsburgischen Eigengütern, weil sie sowohl Vogtei als Grundherrschaft zu Lehen hatten und die von Klöstern herrührenden Herrschaften erheblichere und mannigfaltigere Abgaben entrichteten als die ursprünglich habsburgischen. Vogtei und Grundherrschaft floss hier in eins zusammen und, da diese Vereinigung schon unter den Regensbergern statt gefunden hatte, wurde gar nicht unterschieden zwischen grundherrschaftlichen und Vogteiabgaben; nur bei Dürnten ist ausnahmsweise eine Vogtsteuer von 9 ß neben dem Grundzins notiert, hat hier aber die Bedeutung von Vogtrecht, nicht Vogtsteuer (I p. 267). Dazu kommt in den beiden Höfen die nur bei geistlichen Herrschaften gebräuchliche Fallabgabe des Besthauptes und ein herrschaftliches Erbrecht am

fahrenden Gut, wie es Habsburg sonst nirgends hatte. An allen
drei Orten übt Habsburg die volle Gerichtsbarkeit und bezieht die
Bussen. Wären die Habsburger so sehr auf die Erwerbung dieser
einträglichen Orte versessen gewesen, um auch zu unerlaubten
Mitteln zu greifen, so würden sie diese Orte nicht gleich wieder
verpfändet haben und am wenigsten an St. Galler Ministerialen,
wie die Herren von Landenberg, welchen Rudolf oder Albrecht
schon vor 1279, also vor dem endgültigen Abschluss des Belehnungs-
geschäfts, die Burgrechtslehen in Grüningen und den Hof Mönch-
altorf schon wieder verpfändete (II 91, 362, 395, 396). Ja schon
das Kloster hatte den Landenbergern den zu Altorf gehörigen
Zehnten verliehen (II 363). Da auch Einkünfte von Dürnten an
den dortigen Meyer, ebenfalls einen St. Galler Ministerialen, verpfändet wurden (II 394), dieselben Orte unter den von Habsburg
vergebenen Lehen erscheinen (II 525) und schliesslich die aus
solchem Pfandbesitz allmählig entstandene Herrschaft Grüningen
aus der Hand der Gessler an Zürich gelöst wurde, scheint es das
regelmässige und ununterbrochene Schicksal dieser Gegend gewesen
zu sein, sich im Zustand der Verpfändung zu befinden. Nicht
sowohl die Habsburger als diese spätern Pfandinhaber haben dann
die so ausgebildete Pfandherrschaft dem Kloster St. Gallen allmählich entfremdet, so dass nun bald gar keine Rede mehr von
der Lehensherrlichkeit war.

In dem ausführlichen Hofrecht Mönchaltorfs von 1439 wird
St. Gallen gar nicht als Oberlehensherr genannt, nur unter den
Klöstern angeführt, mit welchen die Leute in Genossame stehen;
es handelt von einer einheitlichen Herrschaft Grüningen, die alle
Rechte ausübt und alle Einkünfte bezieht, wie sie im Urbar stehen
(Grimm Weistümer I 11). Ganz ähnlich verhält es sich mit dem
nach 1480 bestätigten Hofrecht von Dürnten, dessen Jahrgerichte
vom Vogt berufen und geleitet werden; ihm kommen auch Fallabgaben und Gerichtsbussen zu. (Grüninger Urbar von 1480 und
Jeeger Buch von 1519; bei Grimm IV 276 nur in kurzem Auszug
mit der irrtümlichen Behauptung, es sei eine fast wörtliche Wiederholung der Offnung von Binzikon, schon deshalb falsch, weil die
Freien von Binzikon ihren Richter selbst wählten.) Von Grüningen
selbst ist keine Offnung vorhanden; dass das Städtchen 1435 in

Verbindung mit der freien Dingstatt Binzikon steht, die ihren Nachtag in Grüningen haben soll (Grimm IV 270), kann erst unter den spätern Pfandherrschaften entstanden sein. Diese Verschmelzung der Eigenhöfe mit den freien Genossenschaften und die Reklamationen, welche die Angehörigen der Herrschaft Grüningen gegen anfänglich versuchte Uebergriffe Zürichs erhoben (oben II 2 p. 583), erklären es, dass die Offnung auch den Eigenleuten des Hofes Dürnten Vergabung ihres fahrenden Gutes gestattet, während hier ausnahmsweise das Urbar, die alte St. Galler Gewohnheit festhaltend, strenger ist, das ausschliessliche Erbrecht des Herrn am fahrenden Gut und eine Abgabe von 3 β für die Erbfolge in liegenden Gütern verlangt (I 271).

Wie wenig aber die ganze spätere Herrschaft Grüningen unter Habsburg stand, erhellt schon daraus, dass infolge einer Vergabung der Gräfin von Rapperswil 1286 das Kloster Rüti auch einen Hof in Ober-Dürnten samt Twing, Bann und Vogtrecht besass, über welchen Habsburg nicht einmal die Vogtei, einzig das wohl von der Grafschaft herrührende Blutgericht besass (Bergerbuch fol. 92, Z. U. B. V nr. 1960. Oberdürnten besitzt eine eigene Offnung in einem Hofrodel des St. A. Z.).

Vom Städtchen (oppidum) oder, wie es im Urbar heisst, der Burg Grüningen, die ebenfalls Lehen St. Gallens war, ist weder eine Offnung noch ein Stadtrecht vorhanden, wohl aber ein sogen. Dingstattrodel von 1419 (Bergerbuch fol. 41), der mit demjenigen der alten freien Dingstatt Binzikon übereinstimmt; zu den Genossen dieser Dingstatt zählt das zürcherische Amtsrecht des 17. Jahrhunderts die innern und äussern Bürger Grüningens; auch schon nach der Binziker Offnung hatte das Gericht seinen Nachtag zu Grüningen auf der Lotze (Grimm IV 270). Diese Verbindung der Freien von Binzikon mit den Eigenleuten der Burg Grüningen kann erst unter der Gessler'schen, wo nicht erst unter der zürcherischen Herrschaft erfolgt sein.

Endlich bezeichnet das Urbar (I 234) noch einen Teil der Vorburg von Regensberg und eine Anzahl Güter dieses Amtes als Lehen von St. Gallen, mit welchem ja die Regensberger als Vögte viele Beziehungen hatten. Mit den angeführten sind noch nicht alle st. gallischen Lehen der Habsburger erschöpft. Auch die

Burg Elgg liessen sich die Königssöhne 1289 von dem ihnen ergebenen Abt Konrad verleihen, nachdem die Erbtochter Gepa und ihr den Habsburgern ergebener Gemahl Hartmann von Baldegg dem Abt dieses Lehen aufgesendet hatten (Z. U. B. VI nr. 2065). Diese Belehnung erwähnt aber das Urbar so wenig als Kuchimeister. Der Grund des Schweigens mag beim Urbar darin liegen, dass dieses ohnehin mit fortdauernden Verpfändungen aus st. gallischer Zeit (II 708) belastete Lehen von den Habsburgern gleich weiter verliehen wurde, wahrscheinlich an Hartmann von Baldegg selbst, wie er und die Landenberger auch in Revokationsrödeln und Pfandregistern für Elgg genannt werden (II 327, 681 und 682).

Die gesamten Bemühungen Rudolfs um Behauptung der geistlichen Lehen haben noch eine höhere politische Bedeutung als ein Kampf gegen das Umsichgreifen der toten Hand. Zu allen Zeiten haben bedeutende Vertreter der weltlichen Macht und der öffentlichen Interessen diesen Kampf aufgenommen, seit den Säkularisationen der ersten Karolinger und der Baiern- und Schwabenherzoge des 10. Jahrhunderts bis auf Zwingli, zu dessen bedeutendsten Plänen die Aufhebung der Abtei St. Gallen gehörte. Rudolf, der ja ein Erbe der Alemannenherzoge war und das Herzogtum Schwaben wieder herzustellen suchte, wehrte einer weiteren Durchlöcherung der Reste herzoglicher und gräflicher Befugnisse durch geistliche Immunitäten. Seine Macht basiert vorwiegend auf alten Grafschaftsrechten über Freie und auf der faktisch ziemlich gleichbedeutenden Vogtei über Gotteshausleute. Die weitere Besteuerung derselben durch geistliche Grundherrschaften, die ihre Untertanen viel stärker belasteten, als die Habsburger ihre Eigenleute, suchte er möglichst zu beseitigen. Dadurch und durch Begründung einer gewissen Freizügigkeit unter den Angehörigen verschiedener Gotteshäuser handelten die Habsburger im öffentlichen Interesse gegen die mittelalterliche Zerstückelung und Verwirrung. Dies erkannten auch die Untertanen sehr wohl, da sie bei käuflichen Erwerbungen der betroffenen Gebiete durch Habsburg mit stark erhöhten Steuern mitwirkten, die doch nur auf ihrer Bewilligung beruhen können. Die historische Beurteilung dieses Kampfes darf sich doch nicht wohl auf den Standpunkt der toten Hand stellen.

Ausser den Gotteshauslehen kommen für die Habsburger noch

Reichsleben in Betracht. Neben den schon erwähnten Kirchenvogteien über Beromünsterer und Säckinger Besitz in Glarus (I 226, 509) führt das Urbar die „freie Vogtei" zu Urseren an (I 285), die eigentlich auch nur eine Vogtei über Gotteshausleute des Klosters Dissentis war, aber seit sie König Rudolf nach dem Aussterben der Rapperswiler an seine Söhne verliehen hatte, von diesen doch ähnlich behandelt wurde, wie sogenannte „freie Gotteshausleute" (Oechsli Anfänge der Eidgenossenschaft p. 332). Es ist allerdings, wie die bisherigen Ausführungen zeigen, gar nichts aussergewöhnliches, wenn solchen Vogtleuten gestattet wurde, ihren Ammann selbst zu wählen. Der scheinbar singuläre Ausdruck „vrige vogteye" findet doch seine Analogie in dem Freiamt Affoltern des Urbars (II 2 p. 570 ff) und den übrigen von anderen Quellen bezeugten Freiämtern. Allerdings handelt es sich dort um Freie, aber es ist ja nicht ohne Beispiel, dass auch Vogteien über freie Leute an ein Kloster übergingen, ohne den freien Stand wenigstens dem Namen nach zu ändern; so die Vogtei über die Freien zu Ferrach an das Kloster Rüti (Z. U. B. II nr. 516 und 517 und oben II 2 p. 583); auch die zum grossen Teil Gotteshäusern gehörigen Bassersdorfer wählten Weibel und Steuereinnehmer selbst (oben II 2 p. 634). Die angrenzende und in diesem Zusammenhang (I 266) auch „frye Grafschaft" genannte Grafschaft Lags war ein Ueberrest der alten Grafschaft Oberrhätien und ein mindestens auf König Rudolf zurückgehendes Reichslehen der Habsburger. (Es ist reine Willkür, wenn Tschudi I 224 alles, was im Urbar steht, auf Albrecht und auf seine falsche Urbardatierung 1299 zurückführen will; dies hätte I p. 523 Note bestimmter zurückgewiesen werden dürfen.) Auch die bei Lags gelegene Burg Lagenberg wird besonders als Reichslehen bezeichnet (I 528).

Reichslehen an einzelnen Gütern, an einem Dinghof und an freien Leuten des Reichsdorfes Habchern, gehörten zu der Herrschaft Interlaken, welche die Habsburger 1306 von den Freiherren von Eschenbach erkauften (I 472—480). Eines dieser Eschenbachschen Reichslehen, das Dorf Wangen, war dieser Herrschaft durch Afterlehensträger, die Freiherren von Wädenswil, entfremdet worden, da ein Afterlehenserbe sich direkt von König Adolf statt vom Herrn von Eschenbach belehnen liess. Seinen Besitz bezeichnet ein habsburgischer Revokationsrodel als widerrechtlich (II 372 freilich mit einem Fehler in den Personalangaben, der auf Missverständnis der Eschenbachschen Mitteilung oder Tradition beruhen dürfte). Ein urkundlich bezeugtes Reichslehen am Zehnten in Mühlhausen im Elsass, den König Konrad 1253 an den Grafen Rudolf verlieh (Böhmer Regesten des Grafen p. 463 und Acta 293), fehlt im Urbar; vielleicht weil es wie der Hof Mühlhausen weiter verliehen war (II 420); ebenso fehlt die vom gleichen König verliehene Feste Kelsteig (Böhmer Acta 293). Vielleicht waren diese Verleihungen so wenig verwirklicht worden, wie die Versprechung Konradins, nach seiner Königswahl dem Grafen Rudolf die Reichslehen Hartmanns des jüngern zu verleihen (Z. U. B. IV nr. 1341). Nach Konradins Tod verband sich gleichwohl Rudolf 1271 mit den Grafen von Habsburg-Laufenburg und Werdenberg, die vom Reich und vom Herzogtum Schwaben herrührenden Reichslehen der jüngern Herrschaft Kyburg zu teilen, liess sich aber von dem laufenburgischen Gemahl der Erbtochter nicht sowohl kyburgischen als habsburgischen Besitz abtreten (Kopp Gesch. II 1 p. 741). Die Bedeutung der Reichslehen für das Haus Habsburg muss dazu beigetragen haben, Rudolf zur Annahme der Königskrone geneigt zu machen.

3. Die Passiven der habsburgischen Finanzwirtschaft.

Schon aus dem bisherigen ergaben sich genug Beispiele dafür, dass die Entwicklung des Lehensrechts zu Gunsten der Vasallen den Habsburgern nicht überall günstig war. Wo sie selbst als Lehensherren in Betracht kommen, haben sie ganz ähnlich wie das Reich und die Gotteshäuser den Nachteil dieser Entwicklung erfahren. Alle ritterlichen Mannlehen, welche die Habsburger an ihre Vasallen und Ministerialen verliehen hatten, bedeuteten den vollständigen Verlust aller mit dem verliehenen Gut oder Recht verbundenen Einkünfte für die Dauer des Lehensverhältnisses, und da dieses erblich war, trat nur selten ein Heimfall ein und auch darüber gab es oft noch Streit. Darum schliesst das Einkünfteurbar alle verliehenen Güter gänzlich aus, während es bloss verpfändete Güter und Rechte meist anführt. Nur die Revokations-

rödel reden etwa von streitigen Fällen über Lehensbesitz, den die
Habsburger anfechten oder anzweifeln (II 312, 319, 345, 348,
350, 351, 363, 366, 367, 368, 369, 372). Die meisten dieser Streitfälle gehen auf Delehnungen zurück, die unter früheren Herrschaften, Kyburgern, Toggenburgern, Eschenbachern, Tengen, oder
wenigstens in älterer Zeit, vor Rudolfs Thronbesteigung (II 367,
369) geschehen sein sollen. Ueber die seit 1273 von ihm selbst
erteilten Lehen scheint das Urbar doch eine genauere Kenntnis
zu besitzen, die es aber nur negativ verrät, mit Ausnahme der
elsässischen Abteilung, welche Lehensansprüche und Burglehen erwähnt (I 6, 8, 34, 36, 37, und das Burglehenverzeichnis p. 40—56).
Im Amt Wohr ist von verliehener Twinggerichtsbarkeit die Rede
(I 63 und 66). Sonst macht nur noch die Erwähnung eines Marschallamtslehens an die Hallwil eine Ausnahme (I 174). Da das
älteste habsburgische Lehenbuch von 1361 stammt (II 408—592)
und sich in den mehr als 50 Jahren seit Abfassung des Urbars
Albrechts vieles in den Lehenverhältnissen verändert haben muss,
wohl im Sinne einer Vermehrung der Lehen, so ist es schlechterdings unmöglich, zu bestimmen, was für verliehene Besitzungen zu
Albrechts I. Zeit unter habsburgischer Lehenshoheit standen. Doch
hätte dies auch wegen der Bedeutungslosigkeit der lehensherrlichen
Rechte wenig Wert. Nur einzelne Urkunden werfen noch etwas
Licht auf diese Lehen, sind aber nur spärlich vorhanden, da die
kleinen Vasallen keine ordentlichen Archive hatten. So sind fast
nur Urkunden bekannt, in welchen die Habsburger auf Lehensrechte verzichten, wie Graf Rudolf 1263 auf zwei Hofstätten zu
Humlikon, welche der bisherige Lehensträger dem Kloster Töss
verkaufte (Z. U. B. III nr. 1202), oder 1262 auf ein Gut zu Dietikon,
das an die Eschenbacher und Schnabelburger, von diesen als Afterlehen an die Ritter von Wil verliehen war, zu Gunsten Wettingens
(Z. U. B. III nr. 1228), 1260 auf Güter bei Rotenburg zu Gunsten
der Lehensträger selbst, zweier Bürger von Laufenburg (Herrgott
II 364, 394 und 400 und Z. U. B. IV nr. 1346), 1266 auf ein von
den Rittern von Schönenwerd resigniertes Gut in Schlieren zu Gunsten
Wettingens (Z. U. B. IV nr. 1314); auch in der Ueberlassung der
bisher von den Schnabelburgern zu Lehen getragenen Vogtei zu
Rattlisberg an das Kloster Kappel 1267 scheint eher ein Verzicht

als eine Lebensübertragung zu liegen (Z. U. B. IV nr. 1344, 45, 47 und 48, wo zwar wie bei Böhmer von Verleihung die Rede ist; aber wenn „conferre" dafür zu sprechen scheint, spricht „donare" dagegen, und noch mehr die Freiheit der Cistercienser von aller Vogtei). 1277 verzichteten die Grafen Albrecht und Hartmann auf ihr Lehensrecht an Gütern in Altstetten, welche die damit belehnten Zürcher Bürger Schafli an die Schwestern von Konstanz verkauften (Z. U. B. V nr. 1660). 1286 gestatteten die Herzoge Albrecht und Rudolf einen Lehenstausch zu Gunsten der Johanniter in Kolmar betreffend Güter in Wezelheim (Orig. in Kolmar). 1289 schenkte Herzog Rudolf den Hof Dickbuch auf Bitte des Lehensträgers dem Kloster Töss (Z. U. B. VI nr. 2045—2047), welchem der Afterlehensträger ihn verkauft hatte.

Die Zahl dieser doch gewiss eher ausnahmsweisen Verzichtleistungen lässt schliessen, dass die fortdauernden Belehnungen weit zahlreicher gewesen seien. Urkundliche Beweise gibt es dafür nur wenige. 1268 belehnte Graf Rudolf den Freiburger Bürger Ulrich von Maggenberg mit einer Vogtei an der Sense (Anzeiger f. Schweizergeschichte 1857 p. 4). Ein Lehen des Hesso von Greifenstein an Dorf und Bann zu Westhus im Elsass wird erwähnt, weil Graf Albrecht 1278 gestattet, ein Willum darauf anzuweisen (Schöpflin Alsatin II 17). Merkwürdigerweise sind von dem nur kurze Zeit die obern Lande verwaltenden Bruder Albrechts, dem Ende 1281 ertrunkenen Grafen Hartmann, zwei Lehenbriefe vorhanden, einer auffallend früh, von 1276, über die Feste Kienberg (Solothurner Wochenblatt 1821 p. 21—28), der andere aus den letzten Lebenswochen, vom Oktober 1281, über die Wagenburg, beide etwas zweifelhaft überliefert (Der erste in deutscher Uebersetzung, der zweite in einem Vidimus von 1452 resp. 1485, vgl. Z. U. B. V nr. 1810; beide von einer in dieser Zeit auffallenden Ausführlichkeit und letzterer mit Angaben, die erst in der zweiten Hälfte des 14. Jahrhunderts möglich waren). Trotz diesen dürftigen Anhaltspunkten dürften die Lehen aus habsburgischen Eigengütern unter Albrecht schon ziemlich zahlreich gewesen sein, wohl verhältnismässig so zahlreich wie bei der Laufenburger Linie, für welche sich ein Lehensverzeichnis von 1318 erhalten hat (II p. 758), und zwar mit Lehen, welche meist mitten in die Besitzungen der ältern Linie hineingreifen, wie die Vogteien zu Winkel, Höri, Tätwil und zu Mumpf (II p. 760, 761 und 771 vgl. mit I 121, 250 und 264). Zum Teil waren diese Lehen streitig zwischen beiden Linien (II 762). Dieses Verzeichnis zeigt, dass auch etwa geteilte Lehensherrschaft vorkam, wie der Hof Oeschinen halb von Habsburg-Laufenburg und halb vom Bistum Konstanz Lehen war (II p. 770).

Dass auch zwischen den beiden Linien des Gesamthauses Habsburg manche Lehen gemein waren, ergibt sich aus Verzichtbriefen (z. B. Z. U. B. III nr. 1229 und IV nr. 1314 betreffend von Aftervasallen verkaufte Güter in Dietikon und Lehensherrschaft in Schlieren).

Hiebei muss zugleich daran erinnert werden, dass die Ministerialen und ihre Dienstleistungen, welche viel wichtiger waren als die Pflichten der Vasallen, im Urbar gar nicht erwähnt und der grosse Umfang des habsburgischen Ministerialverbandes, dem der grösste Teil des niedern Adels wie auch Städtebürger angehörten, nur aus Urkunden ersichtlich ist. (Vgl. in den Registern des Z. U. B. unter Habsburg die Verzeichnisse der Ministerialen).

Bestimmter waren die Vasallenverpflichtungen bei Burglehen und Kammerlehen. Burglehen, die zum Verteidigungsdienst einer bestimmten Burg verpflichteten und entweder mit dem Wohnsitzrecht in der Burg selbst (burgsess, vgl. II p. 617, 641, 709 und 710 und Glossar, wo die Identifizierung mit Burglehen zu korrigieren ist) oder mit einer beliebigen Anweisung auf gewisse Einkünfte, auch mit eigentlicher Verpfändung belohnt wurden, galten nach den libri feudales nur auf ein Jahr oder eine bestimmte Anzahl von Jahren (I tit. 2); doch war nach deutschen Quellen das Burglehen im 13. Jahrhundert auch schon erblich und zwar noch weniger eingeschränkt als das Mannlehen (Lassberg: Schwabenspiegel, Lehensrecht § 136—142, Homeyer: Sachsenspiegel II Lehensrecht II p. 557). Dagegen stimmen alle Quellen darin überein, dass der Burgmann sein Gut nicht weiter verleihen darf und dass er das Lehen verliert, wenn er die Burghutpflicht verletzt oder versäumt. (Homeyer II p. 558 und 560, Schwabenspiegel, Lehensrecht § 136, 149). Von der Einrichtung der Burglehen haben die Habsburger wohl nach dem Vorgang der Hohenstaufen umfassenden Gebrauch gemacht (Schulte p. 58), ausser dem niedern Adel auch Stadtbürger und Bauern zu Burgmannen gemacht und, was auffallender ist, sogar Frauen und Kinder, aber wohl nur infolge der Erblichkeit. Diese Tendenz bezeichnet die Anekdote im 1. Kapitel des Matthias von Neuenburg (Böhmer Fontes IV p. 149), nur vielleicht etwas missverständlich, indem sie die Sammlung von Vasallen auf Kosten der Befestigung der Burg betont. Besonders zahlreich waren Burgmannen und Burglehen im Elsass; zur Verteidigung dortiger Burgen wurden sogar Adelige zugezogen, die nicht im Elsass wohnten oder wenigstens nicht von dort stammten (Urbar I p. 41—54), wie ja auch Heinrich IV. fränkische Burgmannen nach Sachsen setzte. Nur für das Elsass gibt das Urbar ein Verzeichnis der Burgmannen, die zu jeder Burg gehörten. Als Burglehen sind hier niemals die Burgen selbst verliehen, sondern immer bestimmte Geldsteuern oder Naturalabgaben auf dem Lande als Anweisung oder förmliches Pfand.

Auch in den schweizerischen Aemtern fehlt es nicht an Burglehen, obschon das Einkünfteurbar sie nicht verzeichnet. Dafür werden sie in den Pfandrödeln und gemischten Rödeln erwähnt; schon im Rodel Wezilos 1279 kommt ein landenbergisches Burglehen im Amt Grüningen vor (II 91). Viele Burglehen aus dem Aargau und Schwarzwald erwähnt der Pfandrodel von 1281 (II 102, 108, 125, 127, 130) und aus der Grafschaft Kyburg der Dillendorfer Rodel von 1290 (II 137, 139, 146 und 148). Nicht minder verzeichnet der Rodel der Herzogin Agnes von 1290 Burglehen im Aargau (II 178—180). Der zu Albrechts Urbar gehörige Pfandrodel bezieht ein Burglehen ausdrücklich auf die Kyburg, eines auf Wülflingen, eines auf Uster (II 378, 383, 389), bei andern bezeichnet er den Charakter des Burglehens als zweifelhaft (II 389, 392), bei einem scheint es sich um die Burg Windeck oder Grüningen zu handeln (II 394), bei einem andern sicher um letztere (II 396). Das Lehenbuch kennt ausser elsässischen (II 432 und 433) auch thurgauische und aargauische Burglehen für Wülflingen, Kyburg und Frauenfeld (II 474, 485, 499, 509, 510, 541) und bezeichnet freilich auch eine Anzahl Burgen selbst als Lehen, doch eben nicht als Burglehen, wie im Thurgau die Burgen Hettlingen,

Wagenburg, Wandelberg, Teufen, Liebenberg, Frauenfeld, Altikon, Wyden, Mörsberg, Reinsberg (II 474, 475, 477, 480, 483, 484, 487, 518, 519, 520, 526), im Aargau nur den Turm zu Freudenau, die Burg bei Aarau, Wildenberg, Auenstein, Schönenwerd, auffallend wenig für den an Burgen so reichen Aargau (II 530, 547, 549, 551, 552); etwa auch bloss Burgruinen, Burgställe oder die Hofstatt, auf der die Burg stand (II 474, 533). Im Pfandregister kommen nur wenige Burglehen vor (II 641, 705). Die Revokationsrödel erwähnen einige Posten, von welchen zweifelhaft ist, ob sie durch blosse Verpfändung oder als Burglehen veräussert (II 361), wie auch Burglehen, welche widerrechtlich verkauft worden sind (II 345). Solche Zweifel sind so wenig auffallend, dass die libri feudales schon von derartigen Fällen reden (I tit. 4 § 3).

Aus schwäbischen Gegenden sind nur durch die Pfandrödel von 1306 einige Burglehen bekannt (II 243, 248, 249, 251, 257, 265).

Kammerlehen waren nach den libri feudales (II tit. 2 § 1) Lehen an blossen Einkünften, die nicht direkt vom Belehnten erhoben, sondern erst aus dem Kammeramt des Lehensherrn bezahlt wurden. Nach dem Schwabenspiegel-Lehensrecht § 99 sind sie keine rechten Lehen.

Eine Belastung der Einkünfte bedeuteten sie aber doch. Da im Einkünfteurbar nur zweimal von Kammerlehen die Rede ist, in den Aemtern Kyburg und Winterthur und in einem sehr unbedeutenden Betrag (I p. 300 und 317), möchte man glauben, diese Lehensform spiele in der habsburgischen Verwaltung eine geringe Rolle, wenn nicht der Revokationsrodel (II 365) die bedenkliche Bemerkung brächte, es sei im Amt Kyburg kein Hof oder keine Steuer, aus der die Ministerialen und Bürger nicht einen Teil als Kammerlehen ansprechen. So wären denn auch diese als Kammerlehen verschriebenen Einkünfte von den reinen Einkünften abzuziehen, aber sie sind in ihren Beträgen unbekannt, mit Ausnahme einiger Ausgaben des späteren Lehenbuches betr. Kammerlehen aus der Steuer von Glarus (II 483) 5 ff, zwei Stuck Geld zu Seen (488) und ein Kammerlehen zu Ottenhausen (502).

Müssten schon diese ausgegebenen Lehen gewissermassen zu den Passiva der habsburgischen Finanzwirtschaft gerechnet werden, so gab es noch andere Belastungen, welche auch die im Einkünfteurbar verzeichneten Einnahmen schmälerten. Eigentliche dauernde Schuldenlasten, wie sie bei Klöstern und bei andern weltlichen Herren, etwa Regensbergern und Rapperswilern sich finden, liessen zwar die Habsburger nicht aufkommen; aber für eine bare, direkte Auszahlung hatten sie doch zu wenig Bargeld zur Verfügung, um die Ausgaben ihrer komplizierten Verwaltung und ihrer weitreichenden Politik zu decken. Hier mussten sie schon sehr früh zum Mittel der Anweisung auf gewisse Einkünfteposten oder auch zur eigentlichen Verpfändung greifen. Da solche Posten doch nicht, wie die Lehen einen dauernden Verlust bedeuteten, obwohl sie nach 30-jähriger unbestrittener Dauer in Lehen verwandelt werden konnten (libri feudales I tit. 28), sondern wieder eingelöst werden sollten, zum Teil, nach einer freilich von Habsburg nur selten angewendeten Verpfändungsform zu abniessendem Pfand (II 92, 254, 391), nach einer bestimmten Zahl von Jahren frei wurden, jedenfalls gegen Rückzahlung der Pfandsumme immer lösbar waren, nahm man sie gleichwohl ins Einkünfteurbar auf, legte aber besondere Rödel über die Verpfändungen an.

Solche Pfandrödel sind aus der habsburgischen Verwaltung schon von 1279 und 1281 vorhanden (II p. 82 und 96) und wurden auch von Albrecht wieder zur Ergänzung des Einkünfteurbars angeordnet (II p. 231 ff und 376 ff, fälschlich von 1320 datiert). Die Gewohnheit der Verpfändung ist im Haus Habsburg im Gegensatz zu Kyburg alt, wie schon der Teilungsvertrag von 1238 Pfandschaften erwähnt (Kopp, Gesch. II p. 581).

Diese successiven Pfandrödelaufnahmen zeigen doch, dass die Hoffnung auf Wiedereinlösung sich nicht erfüllte, die Verpfändungen dauernd blieben und sich stets vermehrten, also doch von den Einkünften abgezogen werden sollten, um ein richtiges Bild der wirklichen Einnahmen zu erhalten. Dies ist in den Einkünfterödeln, wie sie in der Reinschrift zusammengestellt sind, nicht geschehen, mit Ausnahme des Elsass, wo Burkhard von Frick auch die Belastungen, Verpfändungen wie Revokationen und Burglehen. in dieselben Rödel aufnahm. In schweizerischen Gegenden wurden besondere Pfand- und Revokationsrödel angelegt, diese aber nicht in die Reinschrift aufgenommen. Auch in Rodelform ist eine Gesamtabrechnung mit Subtraktion der Verpfändungen nicht erhalten;

die Arbeit scheint auch in dieser Beziehung Fragment geblieben zu sein. Da gerade die zu Albrechts Urbar gehörigen Pfandrödel bisher ganz unbekannt waren, sind die Schlüsse, welche bisher auf die habsburgischen Finanzverhältnisse gezogen wurden, unrichtig, auch diejenigen Schultes, welcher zwar die Verpfändungen im Elsass kannte, aber gerade wegen der Vermischung derselben mit den Einkünften annehmen musste, auch die schweizerischen Verpfändungen wären, wenn solche existiert hätten, bei den Einkünften notiert worden. Die auch von Pfeiffer X und unbestimmter von Kopp (Geschichtsblätter II 136) geäusserte Ansicht, dass die verpfändeten Posten von den Einkünfterödeln ausgeschlossen worden seien und dadurch wenigstens teilweise die im Urbar vorhandenen Lücken erklärt werden könnten, ist nicht zutreffend und würde höchstens die Auslassung Bremgartens erklären, nicht aber viele andere Lücken, wie die Waldstätte, Rheinfelden (vgl. II 652 und 653) und Frauenfeld, bei welch letzteren vielmehr eine Verleihung der Grund sein wird (oben II 2 p. 626). Durch zahlreiche Beispiele lässt sich jetzt beweisen, dass verpfändete Güter, die auch in Pfandrödeln vorkommen, dennoch in die Einkünfterödel ohne jede Bemerkung aufgenommen, also auch einzelne Posten schwerlich aus diesem Grunde ausgeschlossen worden sind. Der Hof Neerach, welcher nach dem Pfandregister von 1380 (II 681) schon seit 1278 verpfändet war und wirklich in Wezilos Rodel von 1279 als Pfand an Johann von Bonstetten erscheint (II 89), wird in den Einkünfterödeln genau mit denselben Einzelposten angeführt (I 246), so dass über die Identität gar kein Zweifel walten kann. Im Kyburger Urbar und ältesten Habsburger Rodel von 1274 sind diese Posten wohl noch unbelastet (II 36, 65), während der 1307 aufgenommene Rodel sie ausdrücklich als verpfändet bezeichnet (II 387). Wenn statt einer Reihe von Naturaleinkünften in der Verpfändung nur ein einzelner Posten oder eine kleine Geldsumme genannt wird, so lässt sich allerdings kein Beweis führen, ob dieser Posten in den Einkünfterödeln mitgerechnet oder abgezogen sei, aber nach obigem Beispiel ist ersteres wahrscheinlicher. Jedenfalls kommen viele Verpfändungen vor, die gegen 100 Jahre gleich blieben und sich von Generation zu Generation vererbten, wie Anna von Radegg 1380 einen von Herzog Albrecht 1292 ausgestellten Pfandbrief zeigte, den sie von den Landenberg erbte, betreffend 50 Stuck Korn auf den Hof Zell. Mussten die Habsburger doch sogar Pfandschaften von frühern Herrschaften übernehmen, wie einen von der Abtei St. Gallen an die Landenberg verpfändeten Posten in Elgg (II 682), der nur deswegen nicht im Einkünfteurbar erscheint, weil Elgg verliehen war. Ein klares Beispiel bietet doch wieder der Bierhof zu Kyburg, den das Einkünfteurbar mit ganz gleichen Posten wie die Rödel von 1274 und 1279 anführt (I 306, II 58 und 75), obschon er seit 1292 ganz verpfändet war (II 698). Ueber eine im Pfandregister ohne Ortsangabe verzeichnete Verpfändung (II 699) besitzen wir noch die Urkunde von 1288, worin Herzog Rudolf einem Ritter von Klingenberg einen oberen Hof verpfändet, dessen Name zwar fehlt, dessen Posten aber genau mit den im Urbar verzeichneten des obern Hofes Sulz stimmen, wie auch die daselbst gelegene Hube eines Herrn Peter (Z. U. B. VI nr. 2010, wo die Urkunde irrtümlich auf einen der Kelnhöfe bei Winterthur bezogen wurde, vgl. mit Urbar I 312). Eine weitere Verpfändungsurkunde von 1292 betreffend den alten oder niedern Hof zu Sulz, die Ganzenhube und den Rest der Petershube (Z. U. B. VI nr. 2208) stimmt ebenfalls mit den im Urbar I 312 aufgezeichneten Posten überein.

Um noch aus dem Aargau, wo die Verpfändungen weniger früh beginnen, ein Beispiel zu bringen, zählt das Urbar I 121 bei Dättwil genau dieselben Posten auf, wie schon das Kyburger Urbar (II 33), obgleich das Pfandregister (II 602) eine Verpfändung von 1278 auf diesem Hof verzeichnet. Ebenso steht es mit dem Hof Hitzkirch (I 222, vgl. mit II 3 und II 634, Verpfändung von 1288).

Diese Beispiele genügen wohl, um darzutun, dass verpfändete Posten regelmässig in die Einkünfterödel aufgenommen wurden, besonders da eine Dorsualnotiz des Aarauer Rodels betreffend den Forst bei Sur den Grundsatz direkt ausspricht, wenn ein Posten sich bei näherer Nachforschung bloss als verpfändet erweise, sei er auf die Vorderseite des Rodels einzutragen (I 159 Note 3 und II 2 p. 361). Die Eintragung ist allerdings in diesem Falle nicht erfolgt, weil die Nachforschung unterlassen wurde, oder ergab, dass es sich um Lehen handelte, wie denn mehrere Lehen betreffend

Sur vorkommen (II 550, 569, 578, 584). Auch der von Burkhard von Frick eigenhändig geschriebene Elsässerrodel bekennt bei seiner ausnahmsweisen Hinzufügung der verpfändeten und verliehenen Einkünfte den Grundsatz, dass sie von den vorher verzeichneten Einkünften abzuziehen wären (I 40 „abnemen und abslan die stüre und die gülte, die die herschaft verwechselt, verliehen oder versetzt hat"); die Subtraktion ist dann auch wirklich ausgeführt (I 53).

Die bisher angenommene, entgegengesetzte Voraussetzung würde zu dem Schluss nötigen, Albrecht habe alle von seinem Vater eingegangenen Verpfändungen wieder gelöst, da die in Rudolfs Pfandrodel von 1281 erwähnten Posten fast alle auch in den Einkünfterödeln Burkhards von Fricks vorkommen. (Vgl. das Gut am Sandweg unter Lenzburg in I 155 mit II 96; aber auch im Pfandrodel von 1300 II 209 und im Pfandregister von 1380 II 636). Gerade dieses Register beweist ja eine successive Vermehrung der Verpfändungen und spricht mit seinen bis 1278 zurückgehenden Einträgen gegen eine regelmässige oder auch nur häufige Wiedereinlösung älterer Verpfändungen.

Albrecht hat die Verpfändungen noch vermehrt, wie sein Einkünfte und Verpfändungen unterscheidender Rodel von 1300 und das spätere Pfandregister mit ziemlich zahlreichen Einträgen von 1292—1308 zeigen; z. B. verpfändete er oder sein Bruder Rudolf 1285 den Hof Rüdikon an die Herren von Ostrach (II 201). Auch musste im Rodel von 1300 konstatiert werden, dass die Kyburger, die überhaupt selten oder nie Verpfändungen gemacht zu haben scheinen, alle Güter unbelastet besassen, welche jetzt Vertraute der Herzoge innehatten, ohne Rechtstitel und Urkunden darüber vorweisen zu können (II 201). Freilich sind gerade diese Posten nicht ins Einkünfteurbar aufgenommen, weil hier unklar war, ob sie durch Verpfändung oder auf andere Weise, etwa als Lehen, veräussert worden seien, wie dann gleich nachher ausdrücklich von Lehen die Rede ist (II 209). Der Rodel enthält also mehr bona revocanda als verpfändete. Immerhin sind diejenigen Posten, welche hier schon als verpfändet angegeben werden, im Einkünfteurbar doch enthalten, wie die 40 Mütt Kernen Vogtrecht im Amt Muri, von welchen der Rodel (II 214) 26 Mütt als verpfändet anführt, im Urbar nicht vermindert, sondern erhöht erscheinen. Der gleichzeitig mit dem Einkünfteurbar aufgenommene Pfandrodel (II 376 ff., unrichtig von 1320 statt 1307 datiert) verzeichnet ebenfalls verpfändete Posten, die im Einkünfteurbar stehen. wie den Hof zu Furt (II 384 vgl. mit I 322), oder Arnolds Hub bei Winterthur (II 384 vgl. mit I 326).

Diese Tatsache führt zu einem ganz andern Urteil über die Finanzlage der Habsburger, als es Schulte p. 551 ohne Kenntnis der meisten dieser Pfandrödel ausgesprochen hat, als wären die Habsburger ungefähr so reich, wie die Erzbischöfe von Mainz, die zu den reicheren unter den Kurfürsten gehörten; vielmehr dürfte Albrecht, für welchen allein die Summierung des Urbars gelten kann, abgesehen natürlich von den bedeutenderen österreichischen Einkünften, kaum so reich gewesen sein, wie der ärmste der Kurfürsten, der Erzbischof von Trier, wenn man überhaupt die Schätzungen des Colmarer Chronisten für zuverlässig halten will. So trefflich diese Quelle im allgemeinen ist, kann man doch nicht recht begreifen, woher sie zur Kenntnis dieser Finanzverhältnisse kommen soll, deren Berechnung den Eigentümern selbst schwer genug fiel.

Von den im ersten Band verzeichneten und in der Werttabelle (II 2 p. 322) summierten Einkünften müssten die verpfändeten abgezogen werden, um die unbelasteten wirklichen Einkünfte zu erhalten. Dies ist freilich nur teilweise möglich, weil nicht von allen Aemtern die Pfandrödel erhalten sind; aber man kann von den erhaltenen ungefähre Schlüsse auf die fehlenden Pfandschaftsverzeichnisse machen. Die beiden gleichzeitig mit den Einkünfterödeln von Burkhard von Frick aufgenommenen Pfandrödel umfassen, der eine die sämtlichen zürcherischen Aemter und das thurgauische Amt Frauenfeld (II 376 ff.), der andere die schwäbischen Aemter Sigmaringen, Friedberg, Veringen und Wartstein (II 232 bis 265). Ein dürftiges Bruchstück eines aargauischen Pfandrodels beschränkt sich auf zwei Posten (II 230), obwohl hier schon um 1281 und 1290 zahlreiche Verpfändungen existierten (II 96—131, 168, 178, 188, 198 ff.). Ueber die elsässischen, schwarzwäldischen, aargauischen, luzernischen und ostschweizerischen Aemter fehlt es ganz an geichzeitigen Pfandrödeln. Der Zürcher Pfandrodel gibt selbst die Summierung der verpfändeten Posten für jedes Amt an, zwar nicht ganz genau, wie bei all diesen Summierungen; aber es kommt hier wenig auf das Detail an (II 385, 388, 393, 397 und 400).

Für das Amt Winterthur gibt der Wiener Rodel die (II 2 p. 379) nachträglich edierte Summierung der Gesamteinkünfte, um nur die wichtigsten zu nennen:

	Pfd. Geld	Mütt Kernen	Malter Haber	Mütt Roggen	Mütt Schmalsaat	
	130	568	85½	15	40;	davon abgezogen
die verpfändeten	55	653½	82½	12½	34⅘	
bleibt	+ 75 ₰	− 85½ (?)	¼	2½	5½	

Hier waren also die Einkünfte durch Verpfändungen fast ganz aufgezehrt. Für Kyburg gibt der Luzerner Rodel die Gesamteinkünfte an (I p. 308):

	Pfd. Geld	Mütt Kernen	Malter Haber	Mütt Roggen	Mütt Schmalsaat	
	231	267	93	3	13;	davon abgezogen
die verpfändeten	44	213	60	—	3	
bleibt	187	54	33	3	10	

Günstiger steht es für die Aemter Kloten und Regensberg (I 256 und II 388):

	Pfd. Geld	Mütt Kernen	Malter Haber	Mütt Roggen	Mütt Schmalsaat	
Gesamteinkünfte	216	148	29	5	6;	davon abgezogen
die verpfändeten	17	38	6	4	2	
bleibt	199	110	23	1	4	

Für Embrach gibt der Rodel die Gesamteinkünfte an auf (I 265):

	58 ₰ Geld,	121 Mütt Kernen,	88 Mütt Haber; davon abgezogen
die verpfändeten	6	29	16
bleibt	52	92	72

Wieder erheblicher sind die Verpfändungen in den Aemtern Grüningen und Frauenfeld, für welche das Einkünfteurbar keine Summierungen angibt. Der schwäbische Pfandrodel gibt auch keine Summierungen, doch erscheinen hier die Verpfändungen ziemlich bedeutend. Im Amt Frauenfeld sind nicht nur sämtliche Naturalabgaben, sondern auch fast das ganze Steuergeld 70 ₰ 15 ß von der 79 ₰ betragenden Bruttosumme verpfändet, im Amt Grüningen 135 Mütt Kernen, 50 Malter Haber, 9 Mütt Gemüse, 29 ₰ Zinsgeld.

Für die Elsässer Aemter hat Burkhard von Frick eigenhändig die Verpfändungen summiert, von den Bruttoeinkünften abgezogen und in den Hauptposten folgendes Resultat erhalten (I 54):
Anstatt der Minimalsteuer der Bruttoposten in Geld von
12 Mark, 511 ₰ Basler, 212 ₰ Strassburger, 115 ₰ Stefninger
bleibt nur —   . 323 .   . 145 .   .   115 .   .

Aus dem im Pfandrodel fehlenden Amt Diessenhofen lehrt uns das Pfandregister doch auch Verpfändungen von 1292 auf die Kernengült von Guntalingen und die Steuer der Stadt Diessenhofen kennen (II 690 und 694). Waren von den zürcherisch-thurgauischen Aemtern drei fast ganz verpfändet und kein einziges ganz unbelastet, auch von den schwäbischen Einkünften etwa die Hälfte verpfändet, von den elsässischen etwa ein Drittel, so darf man wohl annehmen, dass es überall ähnlich stand und durchschnittlich die Hälfte aller Einkünfte verpfändet war.

Die Zusammenstellung der genannten Aemter, für welche die Verpfändungssumme bekannt ist, ergibt, dass von der Goldsteuer durchschnittlich ein Viertel verpfändet war, von den Naturalien mehr, durchschnittlich wohl die Hälfte. So wird es im Durchschnitt in allen Aemtern gewesen sein. Somit sind die Einkünfte, die das Einkünfteurbar und unsere Werttabelle angibt, wesentlich zu reduzieren, wohl etwa um den dritten Teil. Dies ergibt bei der Goldsteuer statt des Minimums von 11128 ₰ nur 7250 ₰. Um hier eine wohl sicherere Vergleichung heranzuziehen, bezog die Stadt Zürich, die damals noch kein Landschaftsgebiet besass, im Jahre 1357 eine Goldsteuer von 1901 ₰ und laut Säckelamtsrechnung von 1337 noch anderweitige Geldeinkünfte von 524 ₰, zusammen 2425 ₰, dabei freilich fast keine Naturaleinkünfte, aber an Geld doch den dritten Teil der gesamten Geldeinkünfte der habsburgischen Herrschaft in allen obern Landen.

So grosse Verdienste sich Albrecht durch die Urbaraufnahme um das Finanzwesen erwarb, war er doch genötigt, die vom Vater schon begonnenen Verpfändungen bestehen zu lassen und noch zu vermehren. Dies wird aber genügend erklärt und entschuldigt durch die grossen Schwierigkeiten, welche nach des Vaters Tode ihm entgegentraten und die grossen Aufgaben, die er sich nachher stellte. Das ohne die Ermordung wohl erreichbare Ziel einer starken erblichen Monarchie hätte erlaubt, die Verpfändungen wieder zu lösen und seine Finanzpolitik gerechtfertigt. Der grösste Teil seiner Verpfändungen wie auch der früheren fällt in Kriegszeiten und ist der Vorbereitung und Durchführung der Kriege gewidmet. 14 von den 20 Verpfändungen, die ihm das Pfandregister zuschreibt, fallen in das Jahr 1292, d. h. in die Zeit des Krieges mit Zürich und dem Bischof von Konstanz. Alle diese Verpfändungen geschahen zur Belohnung von Diensten oder Lieferungen, welche von habsburgischen Vasallen und Ministerialen im Zürich- und Thurgau geleistet wurden. Denn diese fühlten sich durch das blosse Lehens- und Dienstverhältnis keineswegs verpflichtet, während der Dienstherr doch seiner Verpflichtung zur Ausstattung heiratender Ritter nachkam. Für Kriegsdienstleistung und Lieferung von Streitrossen wurden mit unabniessenden Verpfändungen von jährlich 1 bis 11 Mark und zehnfach so grosser Schuldsumme die folgenden Ritter belohnt: Hermann Amstad, der Schultheiss von Schaffhausen, der Meyer von Mörsburg, Hartmann von Baldegg, Beringer und Hermann von Landenberg, Egbrecht von Goldenberg, Konrad von Gachnang, Johannes von Humlikon, Rudolf von Seen, Hans von Strass (II p. 677—703 und im Z. U. B. VI nr. 2205—2222). Spätere Verpfändungen Albrechts fallen mit dem Krieg gegen die rheinischen Kurfürsten im Jahr 1301 und 1302 zusammen (II 690, 694, 695, 698), wie er auch deren Vasallen und Ministerialen in den Rheinlanden durch eine Menge von Verpfändungen aus Reichsgut gegen ihre Herren gewinnen musste.

Die selteneren, zu anderen Zeiten geschehenen Verpfändungen haben andere Zwecke: Belohnung von Amtleuten oder Aussteuerung von Ministerialen. Heiratssteuern erhielten bei ihrer Verheiratung: Bernhard, der Vogt von Baden, und Peter von Mülinen, der Schultheiss von Brugg (II 108, 133 und 602), Wetzel, der Schultheiss von Winterthur 1278 (II 686), Rudolf von Stein 1280 (II 657), Rudolf von Klingenberg 1288 (II 699), Konrad der Zoller von Winterthur 1290 (II 690), Konrad von Dillendorf, Pfleger zu Kyburg 1292 (II 695), Berchtold von Mülinen zu Brugg 1301 (II 643); auch

Töchter von Ministerialen zu ihrer Verheiratung (II 627, 635, 683, 687, 705) oder zum Eintritt in ein Kloster (II 710) und eine Hofdame der Herzogin (II 602); im ganzen Pfandregister kommen 14 Verpfändungen für Heiratssteuern vor.

Andere Verpfändungsgründe sind ziemlich vereinzelt: für Gelddarlehen kommen auffallenderweise nur fünf Fälle vor, mit nicht sehr bedeutenden Summen von 150 Gulden (II 599), 300 Mark (639), 500 Gulden (606), 600 Gulden (664) und 1500 Gulden (696) und 20 Mark (690); für Botenlohn in ferne Länder drei Fälle (693 und 700); für Belohnung eines Landvogts zwei (682 und 699); für Entschädigung von Einlagerbürgen vier (624, 656, 682, 686); Entschädigung für Kriegskosten und ähnliches fünf (605, 613, 642, 700, 707); für bauliche Verbesserung verliehener oder verpfändeter Burgen neun (630, 632, 657, 660, 663, 675, 696, 702), für Lösung anderweitig verpfändeter Güter, die man wohl lieber in der Hand des Lösenden sah, 18 (z. B. 621, 638, 650, 662); für Abfindung und Ausstattung von Angehörigen der habsburgischen Dynastie 3: der englischen Braut des Grafen Hartmann 1281 wurden zwei Höfe in Schwyz verpfändet (II 134); der Witwe Rudolfs II. wurden 1290 alle aargauischen Aemter samt Zug zugewiesen (II 174). Seinem Neffen Johann wies Albrecht 1295 Lenzburg und Kyburg an (Z. U. B. VI nr. 2332, letzteres im Urbar nicht notiert). Weitaus die meisten Fälle betreffen aber Kriegsdienst, nämlich 125, und Pferdelieferung 33. Einige Verpfändungen kombinieren zwei dieser Gründe (z. B. 677, 690, 702, 705); in etwa 32 Fällen ist der Grund nicht angegeben, weil die ursprüngliche Verpfändung in alte Zeiten fällt.

Bei Verpfändungen um Dienst wurden die dynastischen Angelegenheiten nicht immer streng von denjenigen des Reiches unterschieden; in einem Fall ist ausdrücklich vom Dienst für König Albrecht und das Reich die Rede (653), wie ja noch häufiger Reichsgut für Interessen des Hauses Habsburg verwendet wurde und die Vermischung von Staats- und Privatkasse beim deutschen Königtum herkömmlich war. Das Pfandregister zeigt eine starke Vermehrung der Verpfändungen seit Albrechts Tod und dann wieder seit etwa Mitte des 14. Jahrhunderts. Von den 274 Verpfändungen stammen 35 aus der Zeit Albrechts von 1278 bis zum 1. Mai 1308;

106 aus der Zeit seiner Söhne Friedrich und Leopold 1308—1330, also hier eine starke Vermehrung, namentlich in den Jahren des Blutrachekriegs 1308, des Morgartenkriegs 1315 und des Kriegs mit Ludwig dem Bayern um 1322; aus der friedlicheren Zeit von 1330—1350 stammen nur 31 Verpfändungen; in der Zeit der grossen Kriege mit den Eidgenossen und Zürich seit 1351 nahmen die Verpfändungen wieder zu, aus den 50er Jahren zwar nur sieben, aus den 60er Jahren 33 und aus den 70er Jahren 111. Bei Abfassung des Pfandregisters 1380 machten die Verpfändungen schon einen enormen Betrag aus, der mehr als die Hälfte aller Einkünfte verschlang und ein bedenkliches Licht auf die habsburgische Finanzwirtschaft warf. An Einlösung war jetzt gar nicht mehr zu denken. Die unglücklichen Kriege mit den Eidgenossen nötigten zu weiteren Verpfändungen und nahmen ein Gebiet nach dem anderen samt den Einkünften weg, besonders auch das so einträgliche Tal Glarus, wo von Verpfändungen nichts bekannt ist. Aber ebenso gefährlich wie die kriegerische Taktik der Eidgenossen war die wirtschaftliche Konkurrenz der aufstrebenden Städte, namentlich Zürichs. Schon lösten reiche Bürger von dem verarmten Adel die verpfändeten habsburgischen Einkünfte und Herrschaften an sich und bereiteten den Uebergang an die Stadt vor. (Vgl. die Karte z. Z. U. B. IV). Die direkten Erwerbungen der Stadt aus habsburgischen Gebieten beginnen allerdings erst im folgenden Jahrhundert mit der Lösung des verpfändeten Grüningen 1408; Herzog Friedrich versetzte der Stadt Zürich direkt 1407 die Herrschaft Regensberg und die Stadt Rapperswil, 1409 die Stadt Bülach. (Bär, Grafschaft Kyburg p. 76, Zürcher Stadtbücher II p. 11). Doch war auch die 1385 von Zürich erworbene Vogtei Thalwil ein österreichisches Lehen (Zürcher Stadtbuch I p. 280).

Gleichzeitig bemühte sich Zürich schon um Erwerbung der Grafschaft Kyburg, was dann erst nach Aechtung Herzog Friedrichs mit Hilfe König Sigismunds gelang. (Z. Stadtbücher II p. 99 und 184). Jahrhundertelang blieb Zürich im Pfandbesitz dieser Grafschaft. Die eroberte Stadt Baden war auch zum Teil verpfändet (Stadtbücher II p. 271). Das sind die Folgen der habsburgischen Verpfändungen, der schlimmsten Seite des habsburgischen Finanzwesens. An Zürich verloren die Habsburger mit Ausnahme des 1415 eroberten Freiamts kein Gebiet durch die Waffen, sondern durch wirtschaftliche Schwäche. Dem habsburgischen Gebiet fehlten aufblühende Städte; es rächte sich jetzt, dass Habsburg die städtische Autonomie niedergehalten hatte. Aber auch das Aufblühen Zürichs wäre nicht möglich gewesen ohne eine ökonomisch gut situierte, kaufkräftige Landschaft, und es ist doch Habsburgs Verdienst, die Landbevölkerung und besonders auch die freien Bauern in solchem Zustand erhalten, die Steuern in Albrechts Urbar trotz aller Abnahme des Goldwertes dauernd fixiert zu haben.

Inhaltsverzeichnis.

	Seite
Register der Orts- und Personen-Namen. Von Dr. W. Glättli.	1—298
Wertangaben	299—327
I. Übersicht der Münzen, Masse und Gewichte.	
II. Erklärung der Münzen, Masse und Gewichte.	
III. Summierung der Posten des Urbars König Albrechts. Von Dr. W. Glättli.	
Beschreibung, Geschichte und Bedeutung der Habsburgischen Urbaraufzeichnungen. Von Prof. P. Schweizer	329 ff.
I. Persönliche Bemerkungen	331—331
II. Notwendigkeit einer neuen Ausgabe	332—340
III. Ältere und neuere Editionen von Druckstücken	340—347
IV. Verzeichnis und äussere Beschreibung des Materials zum ersten Band.	347 ff.
A. Die Rödel	347—387
B. Die Handschriften	387—442
V. Verzeichnis des Materials zum zweiten Band	443 ff.
I. Aufzeichnungen aus der Kiburgischen Zeit	442—445
II. Ältere habsburgische Aufzeichnungen	445—459
III. Rödel zum grossen Urbar König Albrechts	459—467
IV. Spätere Aufzeichnungen	467—487
VI. Geschichte des Urbars	487—541
VII. Inhaltliche Bedeutung des Urbars	541 ff.
1. Die rechtlichen Verhältnisse der Habsburger zu den verschiedenen Klassen der Bevölkerung	541 ff.
a) Die Eigenleute	542—569
b) Die Freien	569—594
c) Die Gotteshausleute	594—639
2. Habsburgische Lehen von Gotteshäusern und vom Reich	639—664
3. Die Passiven der habsburgischen Finanzwirtschaft	664—681

www.ingramcontent.com/pod-product-compliance
Lightning Source LLC
Chambersburg PA
CBHW021219300426
44111CB00007B/357